R을 이용한 웹스크레이핑과 데이터분석

Web Scraping and Data Analysis with R

곽기영

도서출판 청람

| 머리말 |

지난 수십 년간 인터넷과 월드와이드웹(World Wide Web)은 급속한 성장을 거듭해 왔고 우리의 생활 방식을 획기적으로 변화시켰습니다. 그로 인해 인터넷에는 우리가 상상할 수 있는 거의 모든 유형의 방대한 데이터가 축적되어 왔습니다. 이러한 데이터는 인간의 행동을 이해하고 비즈니스 의사결정을 하는 데 있어서 중요한 정보를 제공합니다. 어떤 데이터는 단순한 형식의 정형화된 텍스트로 저장되어 있어 비교적 쉽게 분석에 활용할 수 있는 반면, 어떤 데이터는 비정형적 구조로 인해 활용을 위해서는 좀 더 복잡한 기술과 절차가 요구되기도 합니다. 웹사이트 상에 게시된 비구조화된 데이터로부터 분석을 위해 필요한 구조화된 데이터를 추출하는 과정을 웹스크레이핑(web scraping)이라고 합니다. 이 책은 웹상에 다양한 방식으로 저장된 데이터를 R을 이용하여 자동으로 수집하는 체계적인 방법과 수집한 데이터를 활용한 데이터분석 및 시각화 기법을 소개합니다.

이 책은 다음과 같은 특징을 갖습니다. 첫째, 웹스크레이핑 과정에 필요한 기반기술을 가능하면 특정 프로그래밍 언어와 독립적으로 설명하려고 노력하였습니다. 이 책은 비록 R을 바탕으로 웹스크레이핑 과정을 소개하고 있기는 하지만 웹스크레이핑의 중요한 개념적 · 기술적 요소는 어느 언어나 도구를 사용하더라도 공통적인 이해가 필요한 부분이라고 믿고 있기 때문입니다. 둘째, 가능한 여러 분야의 사례를 포함하였습니다. 웹스크레이핑의 어려움 중의 하나는 데이터 수집 과정에 매우 많은 경우의 수가 존재한다는 것입니다. 따라서 모든 문제를 해결할 수 있는 만병통치약과 같은 단일 접근법은 존재하지 않습니다. 갖가지 형태의 웹사이트로부터 여러 방식의 데이터 추출 과정을 접해봄으로써 이러한 어려움을 어느 정도 극복할 수 있을 것입니다. 셋째, 단순히 데이터 수집에 그치지 않고 가능하면 데이터분석과 시각화 과정을 함께 경험해볼 수 있도록 하였습니다. 이 책은 웹스크레이핑 방법을 소개하는 것이 주목적이긴 하지만 데이터 수집은 궁극적으로 분석을 목적으로 한다는 것을 간과할 수는 없습니다. 따라서 수집한 데이터를 이용하여 가능한 범위 내에서 머신러닝, 텍스트마이닝 및 토픽모델링, 네트워크분석, 시계열분석 등의 데이터분석을 수행하였습니다. 또한 다양한 관점에서 데이터를 시각화하여 분석 과정에

풍부함을 더할 수 있도록 하였습니다. 그러나 이 책의 주목적이 웹스크레이핑이라는 점을 고려하여 데이터분석은 수집한 데이터의 활용 방법 및 특성을 이해하는 수준에서 간결하게 다루었으며 그에 대한 설명도 제한적인 수준에서 그쳤습니다. 그래서 이 책에서 보다 깊이 소개하지 못한 데이터분석 기법들은 필자의 다른 책에서 다루는 것으로 미룰 수밖에 없었습니다.

이 책을 집필하고 출간하기까지는 많은 사람들의 도움이 있었습니다. 도서출판 청람의 이수영 대표는 이 책이 출판될 수 있도록 아낌 없는 지원을 하였으며, 편집부는 편집과 관련된 전문적 의견을 제시하여 필자가 내용을 가다듬는 데 보다 집중할 수 있도록 도움을 주었습니다. 집필 과정에서 의지할 수 있는 가족이 없었다면 이 책의 출간은 더욱 오랜 시간이 걸렸을지도 모릅니다. 끝으로 아내와 아들, 딸에게 고마움을 전합니다.

2022년 4월

곽기영

이 책의 동영상 강의와 R 스크립트 코드 및 예제 파일은 다음 사이트에서 볼 수 있습니다.

동영상 강의: https://www.youtube.com/곽기영

R 스크립트 코드 및 예제 파일: https://github.com/kykwahk

| 차례 |

Contents

Chapter 6 셀레니움

Chapter 7 JSON

Chapter 8 API

Appendix
Tidyverse

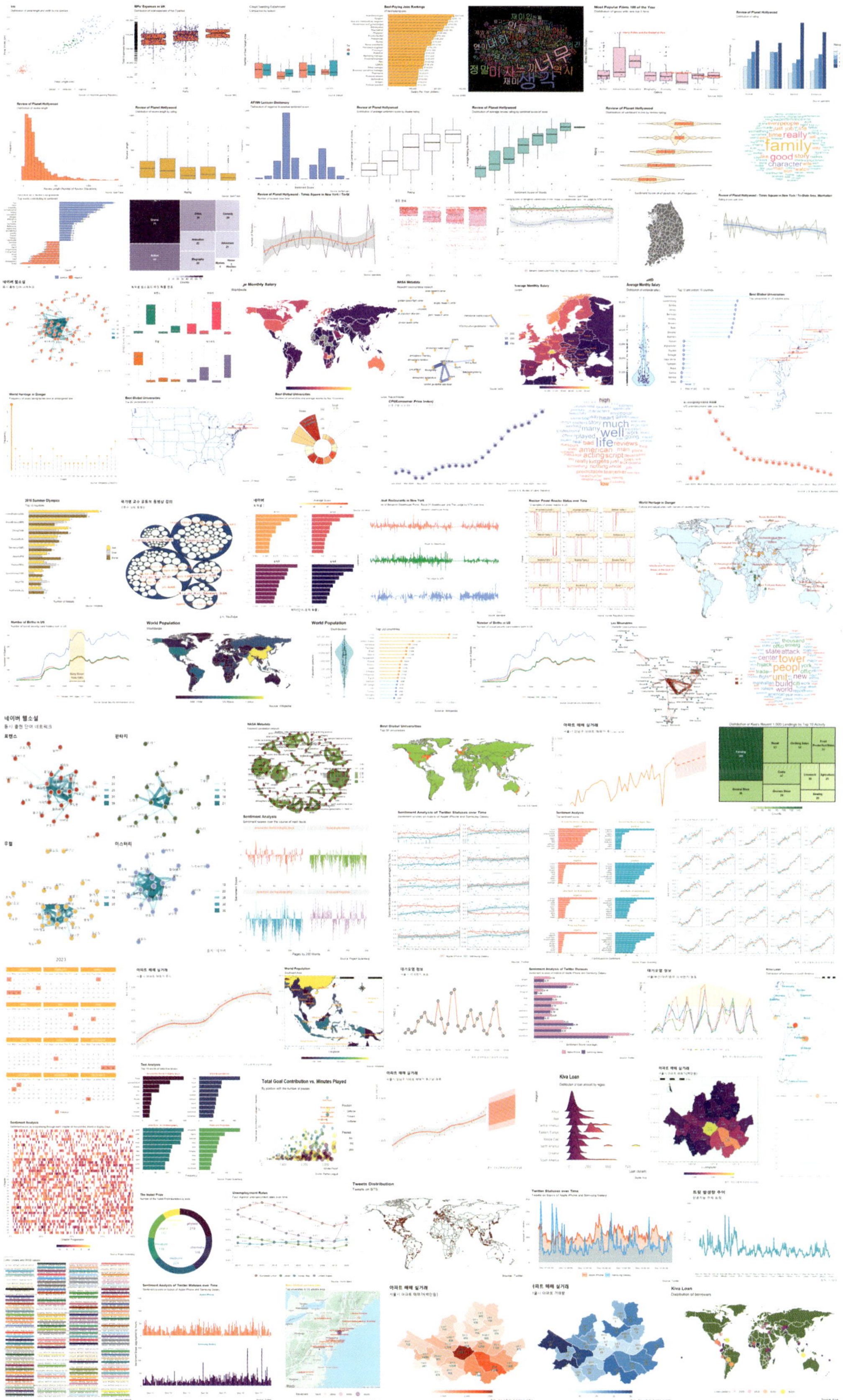

Chapter 1

R을 이용한
웹스크레이핑과 데이터분석

웹스크레이핑 개요

Chapter 01

웹스크레이핑 개요

1.1 웹 데이터 수집

월드와이드웹(World Wide Web)의 급격한 성장은 데이터를 공유하고, 게시하고, 배포하고, 수집하는 방법을 획기적으로 변화시켰다. 지금 이 순간에도 방대한 양의 데이터가 다양한 형태로 온라인상에 저장되고 있다. 이러한 데이터는 인간의 행동을 이해하고 비즈니스 의사결정을 하는 데 있어서 중요한 정보를 제공한다. 이제는 데이터 부족이 문제가 아니라 복잡하게 얽혀있는 온라인상의 막대한 데이터를 어떻게 가져와서 분석에 활용할 수 있는지가 더 중요한 문제가 되었다.

웹스크레이핑(web scraping)이란 웹사이트로부터 데이터를 수집하는 과정을 말한다. 어떤 데이터는 정형화된 텍스트 형식으로 저장되어 있어서 간단히 읽어들이거나 단순히 다운로드하는 것만으로 쉽게 데이터를 수집할 수 있다. 하지만 불행히도 대부분의 웹상의 데이터는 그렇지 못하다. 사실 웹사이트로부터 데이터를 수집하는 작업은 쉽지 않은 일이다. 왜냐하면 웹상에 콘텐츠를 게시하고 저장하는 데는 많은 복잡한 기술(HTML, XML, JSON 등)이 동원되기 때문이다. 예를 들어, 웹사이트에는 실제 데이터와는 무관한 수많은 HTML 태그(HTML tag)가 포함되어 있고 원하는 데이터를 얻기 위해서는 이를 제거하는 작업이 필요하다. 따라서 좀 더 정교한 웹스크레이핑을 위해서는 웹상에 데이터를 저장하는 이러한 다양한 기술에 익숙해질 필요가 있다.

웹상에 데이터를 저장 또는 게시하는 데 이용되는 기술과 데이터를 추출하는 기술은 서로 밀접한 관계가 있다. 이 두 종류의 기술은 [그림 1-1]과 같은 관계를 갖는다. 웹사이트상의 데이터는 일반적으로 HTML 문서, XML 문서, JSON 문서 형태로 저장되고 이들 문서는 궁극적으로 텍스트(text)로 표현된다. 이러한 형태로 저장된 웹상의 데이터는 HTML/XML 파서(HTML/XML parser), XPath(XML Path language), CSS 선택자(CSS selector), JSON 파서(JSON parser), 정규표현식(regular expression) 등의 기술을 이용하여 추출할 수 있다. 웹 데이터는 저장 형태 및 관련된 추출 기술에 따라 다양한 방식으로 추출할 수 있다. 여기에서는 이들에 대해 본격적으로 다루기에 앞서 웹 데이터 저장 기술, 추출 기술, 추출 기법 각각에 대해 간략히 살펴본다.

그림 1-1 웹 데이터의 저장 및 추출 기술과 추출 기법. 웹상에 데이터를 저장 및 게시하는 데 이용되는 기술과 데이터를 추출하는 기술은 서로 밀접한 관계가 있다. 웹 데이터의 저장 형태 및 관련된 기술에 따라 웹 데이터 추출 기법은 달라질 수 있다.

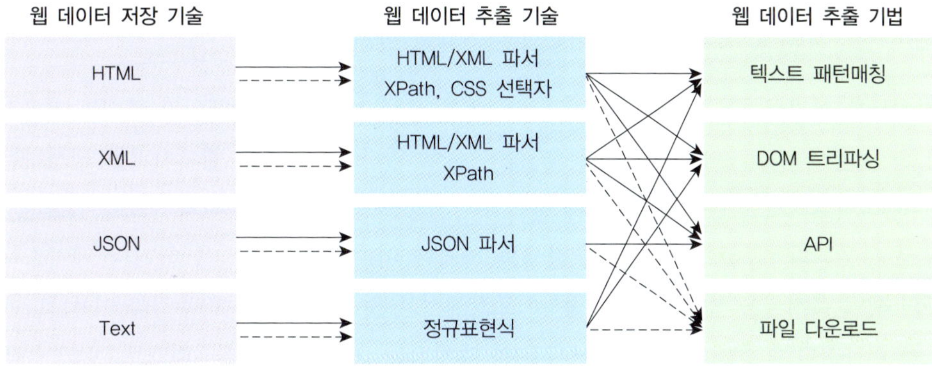

1.2 웹스크레이핑 기술 및 기법

먼저 웹상에 데이터를 저장 및 게시하는 데 이용되는 기술을 살펴보자.

- **HTML**: 웹사이트를 서핑하면서 웹브라우저(web browser)를 통해 보게 되는 웹페이지 뒤에는 기본적으로 HTML(HyperText Markup Language)이라는 기술이 숨어 있다. HTML은 웹페이지를 생성하는 마크업 언어(markup language)로서 문서가 화면에 출력되는 외양을 정의하거나 문서의 구조를 기술하기 위한 목적으로 사용된다. 구글에서 키워드 검색을 하거나 아마존에서 쇼핑을 하거나 페이스북상에서 친구의 생일 축하글을 게시하는 등 웹사이트상에서 무엇을 하든 웹브라우저를 이용한다는 것은 HTML을 이용한다는 것을 의미한다. HTML은 데이터를 텍스트, 테이블, 리스트, 링크 등의 다양한 방식으로 저장한다. 그러나 HTML 문서 내에는 화면상에 데이터의 외관을 표현하는 코드와 실제 데이터를 저장하는 코드가 함께 섞여 있으며 이들의 역할은 종종 서로 구분된다. 따라서 웹사이트로부터 데이터를 자동으로 추출하고 수집한 데이터를 처리하기 위해서는 HTML과 HTML이 데이터를 저장하는 방법에 대한 기본적인 지식이 필요하다.
- **XML**: XML(eXtensible Markup Language)은 웹상에서 데이터 저장과 교환을 위해 널리 사용되는 데이터 포맷 가운데 하나이다. XML과 HTML은 모두 마크업 언어이기 때문에 기본적으로 많은 측면에서 유사하다. 그러나 XML은 데이터를 저장하는 것이 주요한 목적인 반면, HTML은 데이터의 외양을 표현하는 데 초점이 맞추어져 있다. 따라서 HTML 문서는 웹브라우저에 의해 화면상에 멋지게 표현되는 반면, XML 문서를 웹브라우저로 열어보면 사용자 정의 태그(user-defined tag)로 감싸진 데이터만 볼 수 있다. 하지만 XML의 사용자 정의 태그는 저장하고자 하는 데이터의 구조에 적합하도록 확장될 수 있기 때문에 XML은 HTML에 비해 데이터 저장에 보다 적합한 유연성을 갖는다. 웹 애플리케이션 간의 데이터 교환에 널리 사용되고 있는 XML의 인기로 인해 웹사이트로부터 데이터를 수집할 때 XML에 대한 기본적인 이해는 필수적이다.
- **JSON**: JSON(JavaScript Object Notation)은 XML과 마찬가지로 데이터 저장과 교환을 위해 설계된 데이터 포맷이다. JSON은 XML과 함께 많은 웹 애플리케이션에서 웹 개발자에게 데이터를 제공하기 위한 포맷으로 널리 이용되고 있다. 예를 들어, 트위터(Twitter)의 API(Application Programming Interface)는 트위터 데이터를 JSON 포맷으로 제공한다. JSON은 XML에 비해 그 구조가 매우 단순하고 가볍다는 장점을 갖는다.
- **텍스트**: 웹사이트로부터 데이터를 추출할 때 궁극적으로 다루게 되는 데이터는 텍스트(plain text)이다. HTML, XML, JSON에 의해 생성되는 데이터 구조는 모두 텍스트를 담는 컨테이너(container)로서의 역할을 하며 내부의 데이터는 파싱(parsing) 과정을 거쳐 텍스트 형태로 추출된다. 텍스트는

구조화된 데이터일 수도 있지만 많은 경우 비구조화된 형태를 갖는다.

앞서 살펴본 다양한 데이터 포맷으로부터 실제 데이터를 추출하기 위한 기술은 다음과 같다.

- **HTML/XML 파서**: HTML/XML 파서는 HTML/XML 문서를 읽어들여 계층적인 DOM(Document Object Model) 트리 구조의 문서로 변환한다. 곧이어 살펴볼 XPath와 CSS 선택자는 변환된 DOM 문서의 계층적 트리 구조상에서 노드를 탐색함으로써 필요한 데이터를 추출한다.
- **XPath**: XPath는 일종의 쿼리 언어(query language)로서 HTML/XML 문서로부터 특정 부분을 탐색하는 데 이용된다. XPath는 HTML/XML 문서의 특정 요소에 접근하기 위한 경로를 정의하고, 웹스크레이핑 도구는 이 경로 정보를 바탕으로 문서에 접근하여 데이터를 추출한다.
- **CSS 선택자**: CSS(Cascading Style Sheet)는 HTML 문서의 스타일을 정의하여 웹페이지가 출력되는 외양을 결정한다. CSS는 웹페이지의 HTML 요소에 대한 스타일을 정의하는 역할을 하기 때문에 이러한 요소와 스타일 간의 관련성을 이용하여 웹페이지로부터 특정 요소에 포함된 데이터를 추출하는 목적으로도 사용된다. CSS 선택자는 웹페이지 내의 특정 HTML 요소를 선택하는 데 이용되며, 웹스크레이핑 도구는 선택된 HTML 요소로부터 데이터를 추출한다.
- **JSON 파서**: JSON 파서는 JSON 구조의 데이터 포맷을 텍스트 형식의 데이터로 변환한다. HTML/XML 문서와 비교하여 JSON 문서는 구조가 단순하기 때문에 파싱 과정 또한 상대적으로 쉽다. 또한 JSON 포맷으로부터의 데이터 추출은 XPath와 같은 쿼리 언어를 필요로 하지 않는다.
- **정규표현식**: 정규표현식은 특정한 규칙을 갖는 문자열 패턴을 표현하는 방법으로 많은 프로그래밍 언어에서 문자열의 검색이나 치환 작업을 위해 종종 사용된다. 텍스트에서 규칙적인 구조의 패턴을 보이는 요소(예를 들면, 주소, 전화번호 등)를 추출할 때 유용하다. 이뿐만 아니라 정규표현식은 HTML/XML 문서에 적용하여 문서 내의 특정 부분을 탐색하고 추출하는 데도 이용할 수 있다. HTML/XML 문서에는 앞서 살펴본 XPath를 이용하는 것이 일반적으로 선호되는 방법이지만 추출하려는 데이터가 XPath로 추출된 요소 내에 숨겨져 있으면 정규표현식을 추가로 이용할 필요가 있다. 또한 추출하고자 하는 데이터가 HTML 문서 여기저기에 흩어져 있는 경우에는 XPath나 CSS 선택자를 적용할 수 없으며, 이 경우 정규표현식이 유일한 대안이 된다.

웹사이트에 저장된 데이터의 형태와 이와 관련된 데이터 추출 기술에 따라 웹사이트로부터의 데이터 수집은 크게 네 가지 방식으로 수행할 수 있다. 다음 장부터 이 네 가지 방식에 대해 관련된 기술과 함께 자세히 다룬다.

- **파일 다운로드**(file download): 단순히 웹상의 파일을 내려받거나 읽어들인다. 엄밀히 얘기하면 이 방식은 웹스크레이핑이라고는 할 수 없으나 웹 데이터를 수집한다는 관점에서 볼 때 반드시 필요한 접근법 가운데 하나이다.

- **텍스트 패턴매칭**(text pattern matching): 웹페이지를 텍스트 형식으로 읽어들인 후 정규표현식을 이용한 패턴매칭을 통해 필요한 데이터를 수집한다.
- **DOM 트리파싱**(Document Object Model tree parsing): 웹페이지를 웹 요소의 노드로 구성된 트리 구조로 파싱한 후 XPath와 CSS 선택자를 이용하여 데이터를 수집한다.
- **API**(Application Programming Interface): 웹사이트가 제공하는 웹서비스를 통해 데이터를 수집한다.

Chapter 2 파일 다운로드

Chapter 02

파일 다운로드

2.1 파일 읽기

웹상에는 수집하고자 하는 데이터가 즉시 사용 가능한 파일 형태로 저장되어 있는 경우가 있다. 웹사이트에 링크된 파일은 R에서 제공하는 파일 읽기용 함수를 그대로 이용하여 R 환경으로 읽어들일 수 있다. 파일 이름을 인수로 지정하는 대신에 파일이 위치한 URL을 지정한다. 예를 들어, 테이블 형식의 텍스트 파일을 읽는 데 사용하는 `read.csv()` 함수, `read.table()` 함수, `read.fwf()` 함수, `readr` 패키지의 `read_delim()` 함수를 이용하여 웹사이트에 저장된 데이터 파일을 직접 불러올 수 있다. 웹사이트상의 파일을 라인 단위나 항목 단위로 읽기 위해서는 `readLines()` 함수와 `scan()` 함수를 이용할 수 있다. 엑셀 파일과 같은 스프레드시트 파일은 `readxl` 패키지의 `read_excel()` 함수나 `openxlsx` 패키지의 `read.xlsx()` 함수로 읽어올 수 있다. 여기에서는 웹사이트로부터 파일을 다운로드할 때 사용할 수 있는 R의 다양한 파일 읽기 함수를 살펴본다.

CSV

CSV(Comma-Separated Value) 형식은 데이터 입력 파일로서 가장 보편적으로 사용되는 데이터 포맷이다. R을 비롯하여, 스프레드시트 프로그램, 데이터베이스 소프트웨어, 통계 패키지 등 대부분의 소프트웨어 프로그램이 CSV 파일 형식을 지원한다. CSV 파일 형식은 쉼표(,)를 이용하여 데이터 요소를 구분하기 때문에 테이블 형식의 데이터를 표현하는 데 적합하다. 각 라인은 하나의 행을 나타내며, 각 행은 쉼표로 구분된 데이터 항목으로 구성된다. 예를 들어, 다음과 같이 네 개의 행과 세 개의 열로 구성된 CSV 파일을 만들어보자(product.csv 파일). 첫 번째 행은 헤더(header) 라인으로 열의 이름을 나타낸다.

```
<product.csv 파일>
id,name,price
A001,Mouse,30000
A002,Keyboard,90000
A003,USB,50000
```

read.csv() 함수는 첫 번째 인수(file)로 주어진 CSV 파일을 읽어들여 데이터프레임을 생성한다. read.csv() 함수는 파일을 읽어들일 때 달리 지정하지 않는 한 CSV 파일의 첫 라인에 헤더가 포함되어 있다고 가정한다(header=TRUE). 첫 번째 라인으로부터 헤더를 읽어서 데이터프레임의 열 이름으로 사용한다. 또한 달리 지정하지 않는 한 각 데이터 항목은 쉼표로 구분되어 있다고 가정한다(sep=",").

```
> read.csv(file="product.csv")
    id     name price
1 A001    Mouse 30000
2 A002 Keyboard 90000
3 A003      USB 50000
```

파일에 헤더가 포함되어 있지 않을 때는 다음과 같이 header=FALSE를 지정한다(product-with-no-header.csv 파일). R은 자동으로 데이터프레임의 열 이름을 생성한다.

<product-with-no-header.csv 파일>
A001,Mouse,30000
A002,Keyboard,90000
A003,USB,50000

```
> read.csv("product-with-no-header.csv", header=FALSE)
    V1       V2    V3
1 A001    Mouse 30000
2 A002 Keyboard 90000
3 A003      USB 50000
```

테이블

테이블(table) 형식의 데이터는 가장 보편적 형식의 데이터이다. 테이블 형식의 데이터는 다음과 같은 특성을 갖는다. 각 라인은 하나의 레코드(record)로 구성되며, 각 레코드 안에는 필드(field)가 공백, 탭, 콜론, 쉼표 등과 같은 구분자(delimiter)에 의해 구별되고, 각 레코드는 동일한 개수의 필드를 갖는다. 앞서 살펴본 CSV 형식도 테이블 형식의 한 예이다. 예를 들어, 다음과 같은 테이블 형식 데이터를 생성해보자(product.txt 파일). 여기에서 필드는 공백으로 구분되어 있다.

<product.txt 파일>

```
id name price
A001 Mouse 30000
A002 Keyboard 90000
A003 USB 50000
```

테이블 형식의 데이터를 읽기 위해서는 read.table() 함수를 이용한다. read.table() 함수는 구분자로 구별된 텍스트 데이터를 읽어들여서 데이터프레임을 생성한다. read.csv() 함수와 유사하지만 그보다는 좀 더 다양한 옵션을 제공한다. read.table() 함수는 달리 지정하지 않는 한 데이터 필드가 빈칸(공백 또는 탭)에 의해 구분되어 있다고 가정한다.

```
> read.table(file="product.txt")
    V1       V2    V3
1   id     name price
2 A001    Mouse 30000
3 A002 Keyboard 90000
4 A003      USB 50000
```

출력된 결과를 보면 첫 번째 행에 열 이름이 입력되었다. 이는 read.table() 함수는 데이터에 헤더가 포함되어 있지 않다고 가정하기 때문이다(header=FALSE). 따라서 여기 예의 데이터 파일처럼 첫 번째 라인에 헤더가 포함되어 있다면 다음과 같이 header=TRUE를 지정한다.

```
> read.table("product.txt", header=TRUE)
    id     name price
1 A001    Mouse 30000
2 A002 Keyboard 90000
3 A003      USB 50000
```

빈칸이 아닌 다른 문자로 필드 간 구분이 이루어져 있으면 sep 인수에 해당 구분 문자를 지정한다. 예를 들어, 다음과 같이 콜론(:)으로 필드 간 구분이 이루어진 데이터 파일(product-colon.txt 파일)을 입력하기 위해서는 sep 인수에 콜론을 지정한다.

<product-colon.txt 파일>

```
id: name: price
A001: Mouse: 30000
A002: Keyboard: 90000
A003: USB: 50000
```

```
> read.table("product-colon.txt", sep=":", header=TRUE)
    id     name price
1 A001    Mouse 30000
2 A002 Keyboard 90000
3 A003      USB 50000
```

read.table() 함수는 데이터 파일에 포함된 문자 NA를 결측값으로 간주한다. 만일 데이터 파일에 결측값을 나타내는 문자로 다른 문자가 사용되었다면 na.strings 인수에 그 문자를 지정하여 파일을 읽어들일 때 결측값으로 인식되도록 한다. 예를 들어, 결측값을 마침표(.)로 나타낸 파일(product-missing.txt 파일)을 읽어들이려면 다음과 같이 na.strings="."를 지정한다. 그러면 마침표는 결측값을 나타내는 NA로 변환되어 저장된다.

```
<product-missing.txt 파일>
id name price
A001 Mouse 30000
A002 Keyboard .
A003 USB 50000
```

```
> read.table("product-missing.txt", header=TRUE)
    id     name price
1 A001    Mouse 30000
2 A002 Keyboard     .
3 A003      USB 50000
> read.table("product-missing.txt", header=TRUE, na.strings=".")
    id     name price
1 A001    Mouse 30000
2 A002 Keyboard    NA
3 A003      USB 50000
```

readr 패키지의 read_delim() 함수 또한 테이블 형식의 데이터를 읽어올 수 있다.[1] delim 인수에 필드 간 구분자를 지정한다. col_names 인수에는 데이터 파일의 첫 번째 라인에 헤더가 포함되어 있는지 여부를 논리값으로 지정한다. 또는 헤더가 없을 경우에는 새로운 열 이름을 지정할 수 있다.

1 read_delim() 함수는 텍스트 파일을 데이터프레임이 아닌 티블(tibble) 형식으로 변환한다. 티블 형식은 데이터프레임의 한 특수한 형태이다.

```
> library(readr)
> read_delim("product.txt", delim=" ", col_names=TRUE)
Rows: 3 Columns: 3
-- Column specification --------------------------------------------------------
Delimiter: " "
chr (2): id, name
dbl (1): price

i Use `spec()` to retrieve the full column specification for this data.
i Specify the column types or set `show_col_types = FALSE` to quiet this message.
# A tibble: 3 x 3
  id    name     price
  <chr> <chr>    <dbl>
1 A001  Mouse    30000
2 A002  Keyboard 90000
3 A003  USB      50000
> read_delim("product-with-no-header.csv", delim=",", col_names=c("ID", "NAME", "PRICE"))
Rows: 3 Columns: 3
-- Column specification --------------------------------------------------------
Delimiter: ","
chr (2): ID, NAME
dbl (1): PRICE

i Use `spec()` to retrieve the full column specification for this data.
i Specify the column types or set `show_col_types = FALSE` to quiet this message.
# A tibble: 3 x 3
  ID    NAME     PRICE
  <chr> <chr>    <dbl>
1 A001  Mouse    30000
2 A002  Keyboard 90000
3 A003  USB      50000
```

테이블 형식의 데이터 파일 가운데는 고정된 길이로 데이터 필드를 구분하는 경우가 종종 있다. 이처럼 데이터 항목들이 고정된 길이를 가질 때는 `read.fwf()` 함수를 이용하여 데이터를 읽어들인다. 예를 들어, 첫 번째 필드 네 자리, 두 번째 필드 10자리, 세 번째 필드 여덟 자리로 이루어진 고정길이 파일(product-fwf.txt 파일)로부터 데이터를 읽어보자. 첫 번째 필드와 두 번째 필드 사이에는 한 칸의 공백이 있다.

<product-fwf.txt 파일>

```
A001 Mouse        30000
A002 Keyboard     90000
A003 USB          50000
```

read.fwf() 함수를 이용하여 이 파일로부터 다음과 같이 데이터를 읽어들인다. 첫 번째 인수(file)에는 읽어들일 파일 이름을 지정한다. widths 인수에는 각 데이터 필드의 길이를 차례대로 지정한다. 음수가 지정되면 read.fwf() 함수는 그 숫자만큼의 열을 건너뛴다. 0이 지정되면 해당 필드는 결측값으로 채워진다. 여기에서 인수로 지정된 −1은 첫 번째 필드(길이 4)와 두 번째 필드(길이 10) 사이에 있는 한 칸의 공백을 나타낸다.

```
> read.fwf(file="product-fwf.txt", widths=c(4,-1,10,8))
    V1         V2    V3
1 A001 Mouse      30000
2 A002 Keyboard   90000
3 A003 USB        50000
```

데이터 파일 내에 필드의 이름이 포함되어 있지 않을 때 read.fwf() 함수는 자동으로 이름을 부여한다. 데이터를 읽어들일 때 필드의 이름, 즉 열의 이름을 지정하려면 col.names 인수를 이용한다.

```
> read.fwf("product-fwf.txt", widths=c(4,-1,10,8), col.names=c("id", "name", "price"))
    id       name price
1 A001 Mouse      30000
2 A002 Keyboard   90000
3 A003 USB        50000
```

비정형 텍스트

입력하려는 데이터가 테이블 형식이면 앞에서 살펴본 read.table() 함수, read.csv() 함수, read.fwf() 함수, read_delim() 함수 등을 이용하여 R 환경으로 읽어들일 수 있다. 하지만 우리가 다루어야 할 데이터가 항상 이렇게 정형화되어 있는 것은 아니다. 데이터 구조가 복잡하거나 불규칙적일 때는 readLines() 함수나 scan() 함수가 유용하다. 다음과 같이 다소 불규칙해 보이는 구조를 갖는 데이터 파일(won-dollar.txt 파일)로부터 데이터를 읽어보자.

<won-dollar.txt 파일>

```
2014-11-27 1116.70 1078.30 2014-11-28 1127.89 1089.11
2014-12-01 1130.13 1091.27 2014-12-02 1130.13 1091.27 2014-12-03 1131.86 1092.94
2014-12-04 1134.51 1095.49
2014-12-05 1134.51 1095.49 2014-12-08 1139.60 1100.40
2014-12-09 1134.51 1095.49 2014-12-10 1121.79 1083.21
```

테이블 형식의 데이터가 아니기 때문에 read.table() 함수, read.csv() 함수, read.fwf(), read_delim() 함수 등을 이용할 수는 없다. 테이블과 같이 정형화된 형식이 아닐 때는 readLines() 함수나 scan() 함수를 이용하여 라인 단위나 데이터 항목 단위로 데이터를 읽는다. readLines() 함수는 데이터 파일로부터 라인 단위로 데이터를 읽어서 다음과 같이 문자 벡터를 반환한다. 첫 번째 인수(con)에 읽어들일 파일 이름을 지정한다.

```
> readLines(con="won-dollar.txt")
[1] "2014-11-27 1116.70 1078.30 2014-11-28 1127.89 1089.11"
[2] "2014-12-01 1130.13 1091.27 2014-12-02 1130.13 1091.27 2014-12-03 1131.86 1092.94"
[3] "2014-12-04 1134.51 1095.49"
[4] "2014-12-05 1134.51 1095.49 2014-12-08 1139.60 1100.40"
[5] "2014-12-09 1134.51 1095.49 2014-12-10 1121.79 1083.21"
```

readLines() 함수는 읽어들인 라인 개수만큼의 원소를 갖는 문자 벡터로 반환한다. 다음과 같이 paste() 함수를 이용하면 모두 결합된 하나의 원소를 갖는 문자 벡터로 만들 수 있다.

```
> paste(readLines(con="won-dollar.txt"), collapse=" ")
[1] "2014-11-27 1116.70 1078.30 2014-11-28 1127.89 1089.11 2014-12-01 1130.13 1091.27
2014-12-02 1130.13 1091.27 2014-12-03 1131.86 1092.94 2014-12-04 1134.51 1095.49 2014-
12-05 1134.51 1095.49 2014-12-08 1139.60 1100.40 2014-12-09 1134.51 1095.49 2014-12-10
1121.79 1083.21"
```

n 인수에 읽어들일 라인의 개수를 지정하여 입력할 라인의 개수를 제한할 수 있다. 예를 들어, 다음과 같이 처음 두 개 라인만 읽어들일 수 있다.

```
> readLines("won-dollar.txt", n=2)
[1] "2014-11-27 1116.70 1078.30 2014-11-28 1127.89 1089.11"
[2] "2014-12-01 1130.13 1091.27 2014-12-02 1130.13 1091.27 2014-12-03 1131.86 1092.94"
```

scan() 함수는 readLines() 함수에 비해 보다 풍부한 기능을 제공한다. scan() 함수는 라인 단위가 아닌 데이터 항목 단위로 데이터를 읽고 처리한다. 첫 번째 인수(file)에 읽어들일 파일 이름을 지정한다. what 인수에는 scan() 함수가 읽어들일 데이터 항목의 유형을 지정한다. numeric(), integer(), complex(), character(), logical() 등을 지정할 수 있다. 예를 들어, 다음과 같이 what=character()를 지정하면 데이터 파일을 읽어들일 때 각 데이터 항목은 문자로 처리된다. scan() 함수는 what 인수에 지정된 패턴을 모든 데이터 항목에 대해 반복적으로 적용한다. 각 데이터 항목을 원소로 갖는 하나의 문자 벡터로 저장된다.

```
> scan(file="won-dollar.txt", what=character())
Read 30 items
 [1] "2014-11-27" "1116.70"    "1078.30"    "2014-11-28" "1127.89"    "1089.11"
 [7] "2014-12-01" "1130.13"    "1091.27"    "2014-12-02" "1130.13"    "1091.27"
[13] "2014-12-03" "1131.86"    "1092.94"    "2014-12-04" "1134.51"    "1095.49"
[19] "2014-12-05" "1134.51"    "1095.49"    "2014-12-08" "1139.60"    "1100.40"
[25] "2014-12-09" "1134.51"    "1095.49"    "2014-12-10" "1121.79"    "1083.21"
```

what 인수는 여러 데이터 유형을 포함하는 리스트 형식으로 지정할 수 있다. scan() 함수는 파일의 데이터를 읽을 때 what 인수에 지정된 데이터 유형이 동일한 패턴으로 반복적으로 나타난다고 가정한다. 여기 예로서 제시한 원 달러 환율 데이터는 불규칙해 보이지만 실제로는 일정한 패턴을 가지고 있다. '날짜, 살 때 환율, 팔 때 환율'의 순서로 데이터 항목이 반복된다. scan() 함수의 what 인수를 다음과 같이 리스트 형식으로 지정하여 날짜는 문자로, 살 때 환율과 팔 때 환율은 숫자로 읽어들인다.

```
> scan("won-dollar.txt", what=list(character(), numeric(), numeric()))
Read 10 records
[[1]]
 [1] "2014-11-27" "2014-11-28" "2014-12-01" "2014-12-02" "2014-12-03" "2014-12-04"
 [7] "2014-12-05" "2014-12-08" "2014-12-09" "2014-12-10"

[[2]]
 [1] 1116.70 1127.89 1130.13 1130.13 1131.86 1134.51 1134.51 1139.60 1134.51 1121.79

[[3]]
 [1] 1078.30 1089.11 1091.27 1091.27 1092.94 1095.49 1095.49 1100.40 1095.49 1083.21
```

날짜, 살 때 환율, 팔 때 환율이 각각 리스트의 세 개 원소에 저장된다. 데이터를 읽어들일 때 다음과 같이 리스트 원소에 이름을 부여할 수도 있다. 그러면 날짜, 살 때 환율, 팔 때 환율의 데이터 구분이 보다 명확해진다.

```
> scan("won-dollar.txt",
+       what=list(date=character(), buy=numeric(), sell=numeric()))
Read 10 records
$date
 [1] "2014-11-27" "2014-11-28" "2014-12-01" "2014-12-02" "2014-12-03" "2014-12-04"
 [7] "2014-12-05" "2014-12-08" "2014-12-09" "2014-12-10"

$buy
 [1] 1116.70 1127.89 1130.13 1130.13 1131.86 1134.51 1134.51 1139.60 1134.51 1121.79

$sell
 [1] 1078.30 1089.11 1091.27 1091.27 1092.94 1095.49 1095.49 1100.40 1095.49 1083.21
```

scan() 함수는 이 밖에도 유용하게 활용할 수 있는 다양한 인수를 제공한다. 예를 들어, nlines 인수에는 읽어들일 라인의 개수를 지정하며, 반대로 skip 인수에는 읽지 않고 건너뛸 라인의 개수를 지정한다. 다음과 같이 처음 두 개 라인만을 읽어들이거나(nlines=2), 세 개 라인을 무시하고 네 번째 라인부터 데이터를 읽어들일 수 있다(skip=3).

```
> scan("won-dollar.txt",
+       what=list(date=character(), buy=numeric(), sell=numeric()), nlines=2)
Read 5 records
$date
[1] "2014-11-27" "2014-11-28" "2014-12-01" "2014-12-02" "2014-12-03"

$buy
[1] 1116.70 1127.89 1130.13 1130.13 1131.86

$sell
[1] 1078.30 1089.11 1091.27 1091.27 1092.94

> scan("won-dollar.txt",
+       what=list(date=character(), buy=numeric(), sell=numeric()), skip=3)
Read 4 records
$date
[1] "2014-12-05" "2014-12-08" "2014-12-09" "2014-12-10"
```

```
$buy
[1] 1134.51 1139.60 1134.51 1121.79

$sell
[1] 1095.49 1100.40 1095.49 1083.21
```

스프레드시트

일반 텍스트 파일이 아닌 스프레드시트(spreadsheet) 형식의 엑셀 파일로부터 데이터를 직접 읽어들이기 위해서는 별도의 패키지 설치가 필요하다. 예를 들어, 다음과 같이 readxl 패키지에 포함된 read_excel() 함수를 이용하여 엑셀 파일을 데이터프레임 형식으로 읽어올 수 있다.[2] 첫 번째 인수(path)에는 엑셀 파일을 지정하고 두 번째 인수(sheet)에는 읽어들일 워크시트 번호를 지정한다. readxl 패키지의 read_excel() 함수는 달리 지정하지 않는 한 첫 번째 행을 변수 이름으로 사용한다(col_names=TRUE).

2 read_excel() 함수는 사실 엑셀 파일을 티블 형식으로 변환한다. 티블 형식은 데이터프레임의 한 특수한 형태이다.

<product.xlsx 파일>

	A	B	C	D
1	id	name	price	madein
2	A001	Mouse	30000	KR
3	A002	Keyboard	90000	CN
4	A003	USB	50000	US

```
> library(readxl)
> read_excel(path="product.xlsx", sheet=1)
# A tibble: 3 x 4
  id    name     price madein
  <chr> <chr>    <dbl> <chr>
1 A001  Mouse    30000 KR
2 A002  Keyboard 90000 CN
3 A003  USB      50000 US
```

openxlsx 패키지에 포함된 read.xlsx() 함수 또한 앞서 살펴본 read_excel() 함수와 유사한 방식으로 사용할 수 있다.

```
> library(openxlsx)
> read.xlsx(xlsxFile="product.xlsx", sheet=1)
    id     name price madein
1 A001    Mouse 30000     KR
2 A002 Keyboard 90000     CN
3 A003      USB 50000     US
```

그 밖에 xlsx 패키지, XLConnect 패키지, gdata 패키지 등도 엑셀 파일을 읽는 데 사용할 수 있다. xlsx 패키지는 read.xlsx() 함수와 read.xlsx2() 함수(대용량 파일일 때 사용)를 지원한다. gdata 패키지에서는 read.xls() 함수를 이용할 수 있으며, XLConnect 패키지에서는 readWorksheetFromFile() 함수를 사용할 수 있다.

2.2 사례

아이리스 @UCI

UCI 머신러닝 리포지토리(UCI Machine Learning Repository) 웹사이트(https://archive.ics.uci.edu/ml/index.php)로부터 아이리스(iris) 꽃의 꽃받침과 꽃잎의 길이 및 폭 데이터를 읽어보자.[3] 데이터 파일을 살펴보면 데이터 항목이 쉼표(,)로 구분되어 있다. 따라서 read.csv() 함수로 데이터를 읽어올 수 있다. read.csv() 함수에 다음과 같이 파일 이름 대신에 URL을 인수로 제공한다. URL을 이용하는 것을 제외하고는 자신의 컴퓨터에서 CSV 파일을 읽어들일 때와 모든 것이 동일하다. URL에는 HTTP 서버뿐만 아니라 FTP 서버도 포함할 수 있다.

3 UCI 머신러닝 리포지토리 웹사이트는 머신러닝(machine learning) 및 지능형 시스템과 관련된 데이터를 공유하는 커뮤니티로서 UC 어바인대학(University of California, Irvine)에서 관리하고 있다. 아이리스 데이터 파일은 UCI 머신러닝 리포지토리 웹사이트에서 'iris'를 검색하여 쉽게 찾을 수 있다.

```
> url <- "https://archive.ics.uci.edu/ml/machine-learning-databases/iris/iris.data"
> iris <- read.csv(url, header=FALSE)
> head(iris)
   V1  V2  V3  V4          V5
1 5.1 3.5 1.4 0.2 Iris-setosa
2 4.9 3.0 1.4 0.2 Iris-setosa
3 4.7 3.2 1.3 0.2 Iris-setosa
4 4.6 3.1 1.5 0.2 Iris-setosa
5 5.0 3.6 1.4 0.2 Iris-setosa
6 5.4 3.9 1.7 0.4 Iris-setosa
```

읽어들인 데이터는 데이터프레임 형식으로 저장된다. 향후 분석의 편의를 위해 다음과 같이 열 이름을 변경한다.

```
> colnames(iris) <- c("sepal.length", "sepal.width",
+                     "petal.length", "petal.width", "species")
```

이렇게 수집한 데이터는 이제 분석에 활용할 수 있다. 예를 들면, 아이리스 꽃의 꽃받침과 꽃잎의 길이 및 폭에 대한 요약 통계량과 꽃 종류별 평균은 다음과 같다.

```
> summary(iris)
  sepal.length  sepal.width  petal.length  petal.width    species
 Min.   :4.300 Min.   :2.000 Min.   :1.000 Min.   :0.100 Length:150
 1st Qu.:5.100 1st Qu.:2.800 1st Qu.:1.600 1st Qu.:0.300 Class :character
 Median :5.800 Median :3.000 Median :4.350 Median :1.300 Mode  :character
 Mean   :5.843 Mean   :3.054 Mean   :3.759 Mean   :1.199
 3rd Qu.:6.400 3rd Qu.:3.300 3rd Qu.:5.100 3rd Qu.:1.800
 Max.   :7.900 Max.   :4.400 Max.   :6.900 Max.   :2.500
> aggregate(iris[1:4], list(species=iris$species), mean)
          species sepal.length sepal.width petal.length petal.width
1     Iris-setosa        5.006       3.418        1.464       0.244
2 Iris-versicolor        5.936       2.770        4.260       1.326
3  Iris-virginica        6.588       2.974        5.552       2.026
```

꽃잎 길이와 폭 데이터를 이용하여 다음과 같이 산점도를 그릴 수 있다. 생성된 그래프는 [그림 2-1]과 같다.4 세 종류의 아이리스 꽃은 꽃잎 길이와 폭에 의해 비교적 명확히 구별된다. Setosa의 길이와 폭이 가장 작으며 Virginica가 가장 크다.

4 이 책에서는 수집한 데이터를 시각화할 때 ggplot2 패키지를 이용한다. 그러나 별도로 설명이 필요한 경우 이외에는 ggplot2 패키지의 세부적인 사용 방법은 본문에서 다루지 않는다. 이 패키지를 처음 접하거나 익숙하지 않은 독자는 '부록 Tidyverse'의 'A.5 그래픽: ggplot2 패키지'를 먼저 학습하기 바란다.

```
> library(ggplot2)
> windows(width=7.0, height=5.5)
> ggplot(iris, aes(x=petal.length, y=petal.width, color=species, shape=species)) +
+   geom_point(position="jitter") +
+   scale_color_discrete(labels=c("Setosa", "Versicolor", "Virginica")) +
+   scale_shape_discrete(labels=c("Setosa", "Versicolor", "Virginica")) +
+   labs(x="Petal Length (cm)", y="Petal Width (cm)",
+        title="Iris",
+        subtitle="Distribution of petal length and width by iris species",
+        caption="Source: UCI Machine Learning Repository") +
+   theme(plot.title=element_text(face="bold"),
+         axis.text=element_text(face="bold"),
+         legend.position="bottom",
+         legend.title=element_blank())
```

▶ 그림 2-1 ▌**아이리스 꽃잎 길이와 폭의 분포.** 아이리스 꽃은 꽃잎 길이와 폭에 의해 그 종류가 비교적 명확히 구분된다.

빈번히 이용하는 파일은 필요할 때마다 인터넷을 통해 읽어오기보다는 자신의 컴퓨터로 다운로드하여 사용하는 것이 좋다. 다음과 같이 표준패키지(`utils` 패키지)에 포함된 **`download.file()`** 함수를 이용해서 파일을 다운로드하여 저장한다. 이후 사용할 때 **`read.csv()`** 함수를 통해 읽어들인다. **`download.file()`** 함수의 첫 번째 인수에는 URL을 지정하고 두 번째 인수(`destfile`)에는 저장할 파일 이름을 지정한다.

```
> download.file(url, destfile="iris.csv")
> iris <- read.csv("iris.csv", header=FALSE)
```

원자력 발전소 @NRC

미국의 원자력규제위원회(NRC, National Regulatory Commission)는 원자력 발전소 가동 현황을 매일 업데이트하여 웹사이트(https://www.nrc.gov)에 공개하고 있다.5 이 데이터 파일을 다운로드하여 시계열 그래프로 시각화한다.

5 https://www.nrc.gov 웹사이트에 접속한 후 『NRC LIBRARY > Dccument Collections > Events, Reports Associated With > Power Reactor Status Report | Archive > Power Status (raw data text file) for the last 365 Days』의 경로로 찾아 들어가면 원자력 발전소 가동 상태를 기록한 데이터 파일에 접근할 수 있다. 또는 구글에서 'Power Reactor Status Report'를 검색하는 것도 한 방법이다.

파일 읽기 함수에 URL을 지정하여 직접 읽어올 수도 있지만 웹사이트 상황에 따라서는 그러한 접근을 허용하지 않는 경우가 있다. 이럴 때 다음과 같이 웹사이트로부터 HTML 문서를 가져온 후 텍스트로 변환하여 읽어들인다.

```
> library(httr)
> url <- "https://www.nrc.gov/reading-rm/doc-collections/event-status/reactor-
status/PowerReactorStatusForLast365Days.txt"
> get <- GET(url)
> txt <- content(get, as="text")
> cat(txt)
```

데이터 파일을 살펴보면 데이터 항목이 '|'로 구분되어 있다. 따라서 구분자로 사용된 문자를 식별할 수 있도록 `read_delim()` 함수에 `delim="|"`를 지정한다. 그리고 시계열 그래프 생성을 위해 날짜 열(ReportDT)을 `Date` 객체로 변환한다.6

6 R에서 제공하는 날짜 및 시간 표현 형식은 `strptime()` 함수의 도움말(`?strptime`)을 참고한다.

```
> library(readr)
> npower <- read_delim(txt, delim="|")
> head(npower, 3); tail(npower, 3)
# A tibble: 3 x 3
  ReportDt              Unit                Power
  <chr>                 <chr>               <dbl>
1 2/1/2022 12:00:00 AM  Arkansas Nuclear 1    100
2 2/1/2022 12:00:00 AM  Arkansas Nuclear 2    100
3 2/1/2022 12:00:00 AM  Beaver Valley 1       100
# A tibble: 3 x 3
  ReportDt              Unit         Power
  <chr>                 <chr>        <dbl>
1 2/2/2021 12:00:00 AM  Watts Bar 1    100
2 2/2/2021 12:00:00 AM  Watts Bar 2     90
3 2/2/2021 12:00:00 AM  Wolf Creek 1   100
> npower$ReportDt <- as.Date(npower$ReportDt, format="%m/%d/%Y")
> head(npower, 3); tail(npower, 3)
# A tibble: 3 x 3
  ReportDt    Unit                Power
  <date>      <chr>               <dbl>
1 2022-02-01  Arkansas Nuclear 1    100
2 2022-02-01  Arkansas Nuclear 2    100
3 2022-02-01  Beaver Valley 1       100
```

```
# A tibble: 3 x 3
  ReportDt   Unit         Power
  <date>     <chr>        <dbl>
1 2021-02-02 Watts Bar 1    100
2 2021-02-02 Watts Bar 2     90
3 2021-02-02 Wolf Creek 1   100
> dim(npower)
[1] 34521     3
```

원자력 발전소 목록으로부터 처음 12개의 발전소를 추출한 후 ggplot2 패키지를 이용하여 일별 가동 상태를 그래프로 그려보면 [그림 2-2]와 같다. 월 이름을 영문 약어(date_labels="%y-%b"에서 %b 부분)로 나타내기 위해 로케일을 미국 표준으로 설정하였다(Sys.setlocale("LC_TIME", "English")).

```
> some <- npower[npower$Unit %in% unique(npower$Unit)[1:12],]
> some
# A tibble: 4,380 x 3
   ReportDt   Unit               Power
   <date>     <chr>              <dbl>
 1 2022-02-01 Arkansas Nuclear 1   100
 2 2022-02-01 Arkansas Nuclear 2   100
 3 2022-02-01 Beaver Valley 1      100
…(중략)
 8 2022-02-01 Browns Ferry 2       100
 9 2022-02-01 Browns Ferry 3        85
10 2022-02-01 Brunswick 1           87
# ... with 4,370 more rows
> library(ggplot2)
> Sys.setlocale("LC_TIME", "English")
[1] "English_United States.1252"
> windows(width=7.0, height=7.0)
> ggplot(some, aes(x=ReportDt, y=Power)) +
+   geom_line(col="red") +
+   facet_wrap(~ Unit, scale="free_y", nrow=4) +
+   scale_x_date(date_labels="%y-%b", date_breaks="3 months") +
+   labs(x="", y="Power",
+        title="Nuclear Power Reactor Status over Time",
+        subtitle="12 samples of power reactor in US",
+        caption="Source: Nuclear Regulatory Commission") +
```

▶ 그림 2-2 **원자력 발전소 가동 현황.** 12개 원자력 발전소의 지난 일년간의 일별 가동 현황을 비교할 수 있다.

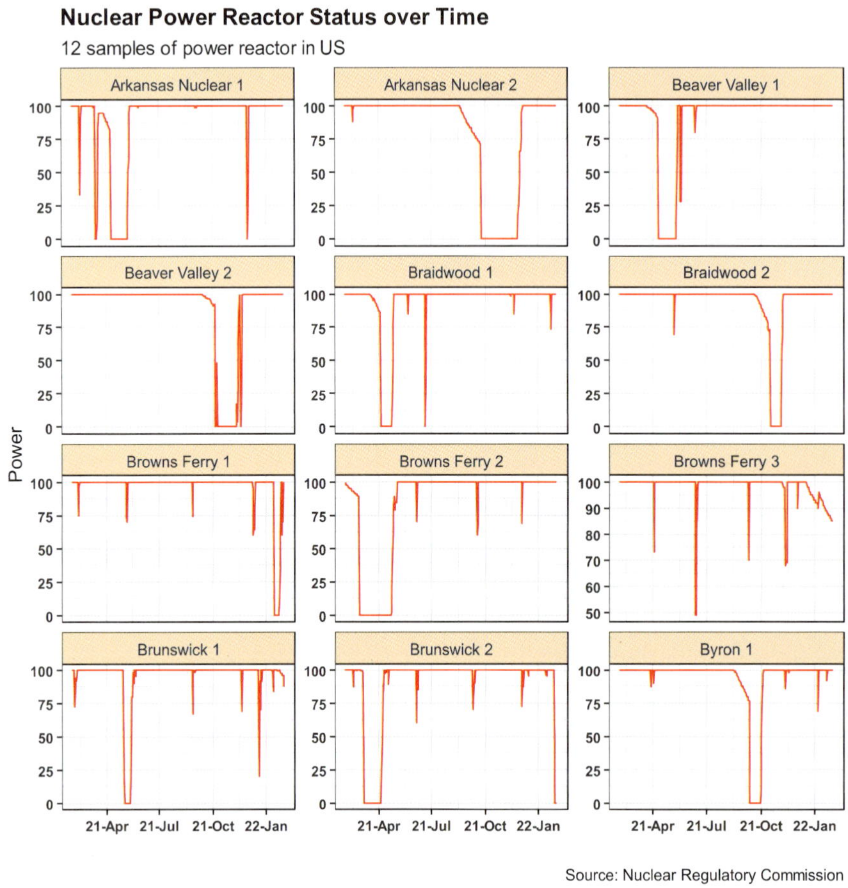


```
+   theme_bw() +
+   theme(plot.title=element_text(face="bold"),
+         strip.background=element_rect(fill="wheat"),
+         axis.text=element_text(size=8, face="bold"),
+         legend.title=element_blank())
> Sys.setlocale()
[1] "LC_COLLATE=Korean_Korea.949;LC_CTYPE=Korean_Korea.949;LC_MONETARY=Korean_
Korea.949;LC_NUMERIC=C;LC_TIME=Korean_Korea.949"
```

이러한 방식으로 웹사이트에 직접 접근하여 필요한 데이터를 자동으로 가져오면 데이터가 매일 바뀌더라도 앞의 과정을 거쳐 비교적 쉽게 새로운 데이터를 반영한 업데이트된 그래프를 생성할 수 있다.

인공강우 @StatLib

StatLib 웹사이트(http://lib.stat.cmu.edu/datasets)로부터 인공강우 실험 데이터를 수집해보자.[7] StatLib 웹사이트로부터 가져올 텍스트 데이터는 다음과 같은 형식으로 저장되어 있다.

```
These data are those collected in a cloud-seeding experiment in Tasmania
between mid-1964 and January 1971. Their analysis, using regression
techniques and permutation tests, is discussed in:

     Miller, A.J., Shaw, D.E., Veitch, L.G. & Smith, E.J. (1979).
     'Analyzing the results of a cloud-seeding experiment in Tasmania',
     Communications in Statistics - Theory & Methods, vol.A8(10),
     1017-1047.

The rainfalls are period rainfalls in inches. TE and TW are the east and
west target areas respectively, while NC, SC and NWC are the corresponding
rainfalls in the north, south and north-west control areas respectively.
S = seeded, U = unseeded.

PERIOD SEEDED SEASON   TE    TW    NC    SC    NWC
   1      S   AUTUMN  1.69  3.73  1.65  1.80  3.33
   2      U   AUTUMN  0.74  0.78  1.09  0.79  1.59
   3      S   WINTER  0.81  0.86  2.39  0.36  2.06
   4      U   WINTER  1.44  2.01  2.96  1.27  4.05
   5      S   WINTER  2.48  4.61  4.16  2.16  6.00
…(중략)
```

이 데이터는 인공강우 실험 데이터로서 두 개 목표 지역과 세 개 통제 지역의 강우량(인치 단위)이 기록되어 있다. TE와 TW는 동쪽과 서쪽 목표 지역의 강우량을 나타내며, NC, SC, NWC는 각각 북쪽, 남쪽, 북서쪽 통제 지역의 강우량을 의미한다. SEEDED는 인공강우 실시 여부를 나타낸다. S는 인공강우를 실시했음을 의미하고 U는 실시하지 않았음을 뜻한다. 웹사이트상에 저장된 텍스트 데이터에는 14개 라인에 걸쳐 데이터에 대한 설명이 포함되어 있고 1개 라인은 데이터 헤더 부분이 차지하고 있다. 이어서 108개 라인에 걸쳐 여기서 가져오고자 하는 실제 데이터가 저장되어 있다.

---

7 StatLib 웹사이트는 통계 관련 데이터와 소프트웨어를 공유하는 커뮤니티로서 카네기멜론대학(Carnegie Mellon University)에서 관리하고 있다. 여기에서 사용하고 있는 데이터셋은 StatLib 웹사이트 http://lib.stat.cmu.edu/datasets/cloud 또는 미러 사이트인 http://ftp.uni-bayreuth.de/math/statlib/datasets/cloud에서 다운로드할 수 있다.

scan() 함수는 데이터값(즉 숫자, 단어 등) 단위로 데이터를 읽어온다. scan() 함수를 이용하여 웹사이트 상의 데이터를 읽기 위해서는 파일 이름 대신에 URL을 제공한다. 데이터를 읽어들일 때 설명 부분과 데이터 헤더 부분을 건너뛰기 위해서 skip=15를 지정한다. 그리고 nlines=108을 지정하여 데이터 부분을 읽어들인다. what 인수에 리스트 형식으로 변수 이름과 데이터 유형을 지정한다.

```
> cloud.seeding <- scan("http://lib.stat.cmu.edu/datasets/cloud",
+                       skip=15,
+                       nlines=108,
+                       what=list(period=character(),
+                                 seeded=character(),
+                                 season=character(),
+                                 te=numeric(),
+                                 tw=numeric(),
+                                 nc=numeric(),
+                                 sc=numeric(),
+                                 nwc=numeric()))
Read 108 records
```

scan() 함수는 다음과 같이 여덟 개의 원소를 갖는 리스트를 반환한다. 리스트의 여덟 개의 원소는 각각 데이터 필드에 대응된다.

```
> str(cloud.seeding)
List of 8
 $ period : chr [1:108] "1" "2" "3" "4" ...
 $ seeded : chr [1:108] "S" "U" "S" "U" ...
 $ season : chr [1:108] "AUTUMN" "AUTUMN" "WINTER" "WINTER" ...
 $ te     : num [1:108] 1.69 0.74 0.81 1.44 2.48 0.84 0.37 0.37 1.33 3.38 ...
 $ tw     : num [1:108] 3.73 0.78 0.86 2.01 4.61 2.39 1.37 0.84 2.31 5.56 ...
 $ nc     : num [1:108] 1.65 1.09 2.39 2.96 4.16 2.76 1.08 0.26 2.53 2.76 ...
 $ sc     : num [1:108] 1.8 0.79 0.36 1.27 2.16 0.87 0.85 0.47 1.08 3.1 ...
 $ nwc    : num [1:108] 3.33 1.59 2.06 4.05 6 4.17 3.45 0.9 3.65 5.06 ...
> cloud.seeding
$period
  [1] "1"  "2"  "3"  "4"  "5"  "6"  "7"  "8"  "9"  "10" "11" "12" "13"
 [14] "14" "15" "16" "45" "46" "47" "48" "49" "50" "51" "52" "53" "54"
 [27] "55" "56" "57" "58" "59" "60" "61" "62" "63" "64" "65" "66" "67"
…(중략)
```

```
$seeded
  [1] "S" "U" "S" "U" "S" "U" "U" "S" "U" "S" "S" "U" "S" "U" "S" "U" "S" "U" "U" "S"
 [21] "S" "U" "U" "S" "U" "S" "S" "U" "U" "S" "U" "S" "U" "S" "S" "U" "S" "U" "U" "S"
 [41] "S" "U" "U" "S" "S" "U" "U" "S" "U" "S" "U" "S" "S" "U" "S" "U" "S" "U" "S" "U"
…(중략)
 ⋮
> cloud.seeding$season
  [1] "AUTUMN" "AUTUMN" "WINTER" "WINTER" "WINTER" "WINTER" "WINTER" "WINTER" "SPRING"
 [10] "SPRING" "SPRING" "SPRING" "SPRING" "SPRING" "SUMMER" "SUMMER" "SUMMER" "SUMMER"
…(중략)
 [91] "AUTUMN" "AUTUMN" "WINTER" "WINTER" "WINTER" "WINTER" "WINTER" "WINTER" "WINTER"
[100] "WINTER" "SPRING" "SPRING" "SPRING" "SPRING" "SPRING" "SPRING" "SPRING" "SPRING"
```

데이터프레임으로 변환하려면 다음과 같이 as.data.frame() 함수를 이용한다.

```
> cloud.seeding <- as.data.frame(cloud.seeding)
> cloud.seeding
    period seeded season   te   tw   nc   sc  nwc
  1      1      S AUTUMN 1.69 3.73 1.65 1.80 3.33
  2      2      U AUTUMN 0.74 0.78 1.09 0.79 1.59
  3      3      S WINTER 0.81 0.86 2.39 0.36 2.06
…(중략)
106    192      U SPRING 2.37 1.94 2.46 2.47 2.39
107    193      S SPRING 0.02 0.08 0.05 0.02 0.09
108    194      U SPRING 0.92 2.09 0.61 0.87 1.35
```

이렇게 읽어들인 데이터는 후속 분석을 위해 다양하게 활용될 수 있다. 예를 들어, 다음과 같이 요약 통계량을 계산하거나, 인공강우 실시 여부에 따른 강수량 평균을 구해볼 수 있다. 인공강우를 실시한 경우가 그렇지 않은 경우에 비해 강우량이 더 많다.

```
> summary(cloud.seeding[4:8])
       te               tw              nc              sc             nwc
 Min.   :0.0000   Min.   :0.060   Min.   :0.000   Min.   :0.020   Min.   :0.0400
 1st Qu.:0.5125   1st Qu.:0.890   1st Qu.:0.410   1st Qu.:0.535   1st Qu.:0.8825
 Median :0.9100   Median :1.555   Median :1.285   Median :0.995   Median :1.9150
 Mean   :1.2326   Mean   :2.046   Mean   :1.506   Mean   :1.202   Mean   :2.1929
 3rd Qu.:1.6750   3rd Qu.:3.000   3rd Qu.:2.132   3rd Qu.:1.663   3rd Qu.:3.0500
 Max.   :6.0000   Max.   :6.930   Max.   :9.420   Max.   :4.020   Max.   :7.8400
```

```
> colMeans(subset(cloud.seeding, select=c(te, tw),
+                  subset=(seeded=="S" & season=="AUTUMN")))
      te       tw 
1.390833 2.047500 
> colMeans(subset(cloud.seeding, select=c(te, tw),
+                  subset=(seeded=="U" & season=="AUTUMN")))
      te       tw 
1.188333 1.970833 
```

그런데 이러한 결과는 계절이 가을일 때이다. 계절별로 인공강우 실시가 미치는 영향은 다를 수 있다. 계절별로 인공강우 실시 여부에 따라 강우량이 차이가 있는지 그래프로 확인해보자. 예를 들어, 다음과 같이 동쪽 목표 지역의 강우량을 계절별 인공강우 실시 여부에 따라 구분하여 상자도표로 나타낼 수 있다. 생성된 상자도표를 보면 봄과 가을인 경우가 여름과 겨울인 경우에 비해 인공강우를 실시했을 때 강우량이 더 많다.

```
> library(ggplot2)
> windows(width=7.0, height=5.5)
```

그림 2-3 인공강우 실시에 따른 계절별 강우량 분포. 인공강우 실시가 강우량에 미치는 영향은 봄과 가을일 때 비교적 크게 나타난다.

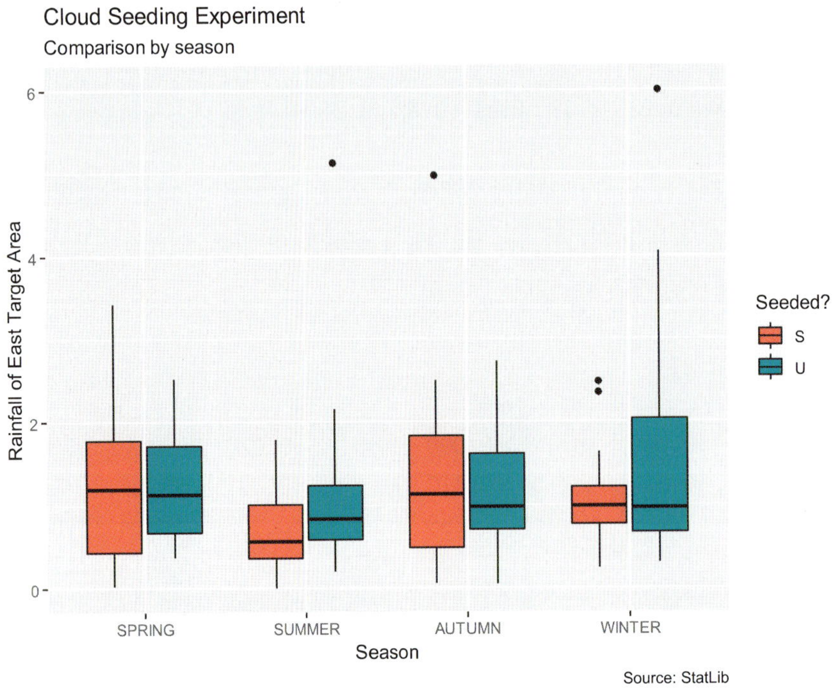

```
> ggplot(cloud.seeding, aes(x=factor(season,
+                                    levels=c("SPRING",
+                                             "SUMMER",
+                                             "AUTUMN",
+                                             "WINTER")),
+                           y=te, fill=seeded)) +
+   geom_boxplot() +
+   labs(x="Season", y="Rainfall of East Target Area",
+        title="Cloud Seeding Experiment",
+        subtitle="Comparison by season",
+        caption="Source: StatLib",
+        fill="Seeded?")
```

이상한 나라의 앨리스 @프로젝트 구텐베르크

텍스트를 라인 단위로 읽기 위해서는 readLines() 함수를 이용한다. 프로젝트 구텐베르크(Project Gutenberg)는 저작권 보호 기간이 지났거나 기증된 도서를 디지털 콘텐츠로 바꾼 뒤 누구나 사용할 수 있도록 무료로 제공하고 있다. 프로젝트 구텐베르크 웹사이트(https://www.gutenberg.org)에 게시된 루이스 캐롤(Lewis Carroll)의 Alice's Adventures in Wonderland(이상한 나라의 앨리스) 텍스트 데이터를 읽어보자. readLines() 함수의 encoding 인수에는 문자 인코딩 방식을 지정한다. 여기에서는 유니코드 인코딩 방식인 UTF-8을 지정하였다. readLines() 함수를 통해 읽어들인 각 라인은 문자 벡터의 하나의 원소로 저장된다.

```
> url <- "https://www.gutenberg.org/files/11/11-0.txt"
> alice <- readLines(url, encoding="UTF-8")
> alice[1:10]
 [1] "The Project Gutenberg eBook of Alice's Adventures in Wonderland, by Lewis Carroll"
 [2] ""
 [3] "This eBook is for the use of anyone anywhere in the United States and"
 [4] "most other parts of the world at no cost and with almost no restrictions"
 [5] "whatsoever. You may copy it, give it away or re-use it under the terms"
 [6] "of the Project Gutenberg License included with this eBook or online at"
 [7] "www.gutenberg.org. If you are not located in the United States, you"
 [8] "will have to check the laws of the country where you are located before"
 [9] "using this eBook."
[10] ""
```

```
> paste(alice, collapse=" ")
[1] "The Project Gutenberg eBook of Alice’s Adventures in Wonderland, by Lewis
Carroll This eBook is for the use of anyone anywhere in the United States and most
other parts of the world at no cost and with almost no restrictions whatsoever.
…(중략)
```

앞에서 살펴봤던 scan() 함수도 웹사이트상의 텍스트를 읽어들일 때 이용할 수 있다. readLines() 함수는 첫 번째 라인부터 텍스트를 읽어야 하는 반면, scan() 함수는 skip 인수에 지정된 라인 개수만큼을 건너뛰고 읽을 수 있다. scan() 함수의 이러한 특성을 이용하여 Alice's Adventures in Wonderland에서 앞부분의 프로젝트 구텐베르크 소개 부분을 건너뛰고 1장 시작 부분부터 텍스트를 읽어보자.

웹사이트의 원문 텍스트를 살펴보면 텍스트의 처음 54개의 라인은 프로젝트 구텐베르크의 소개 부분이기 때문에 scan() 함수에 skip=54를 지정하여 이 부분을 건너뛴다. 그리고 Alice's Adventures in Wonderland의 1장 시작 부분부터 한 라인씩 데이터값을 차례대로 읽어들여 문자 벡터의 원소로 저장한다. scan() 함수는 데이터값(여기서는 단어) 단위로 텍스트를 읽기 때문에 원문 그대로 출력하기 위해서는 paste() 함수를 이용하여 이를 모두 이어 붙인다. 여기에서는 이러한 과정을 for 루프로 10번 반복하여 모두 10개 라인을 출력한다. 건너뛸 라인 개수는 한 라인을 읽을 때마다 업데이트된다.

```
> alice.chap1 <- character(10)
> skip <- 54
> for (i in 1:10) {
+   one.line <- scan(url, what="", skip=skip, nlines=1, encoding="UTF-8")
+   alice.chap1[i] <- paste(one.line, collapse=" ")
+   skip <- skip + 1
+ }
> alice.chap1
 [1] "CHAPTER I."
 [2] "Down the Rabbit-Hole"
 [3] ""
 [4] ""
 [5] "Alice was beginning to get very tired of sitting by her sister on the"
 [6] "bank, and of having nothing to do: once or twice she had peeped into"
 [7] "the book her sister was reading, but it had no pictures or"
 [8] "conversations in it, “and what is the use of a book,” thought Alice"
 [9] "“without pictures or conversations?”"
[10] ""
```

Chapter 3

R을 이용한
웹스크레이핑과 데이터분석

텍스트 패턴매칭

Chapter 03

텍스트 패턴매칭

3.1 정규표현식

웹상에는 단순한 텍스트 형식보다는 HTML 태그를 포함한 다양한 웹 요소로 가득찬 보다 복잡한 형식의 데이터가 대부분이다. 정규표현식(regular expression)을 이용하여 웹 문서로부터 불필요한 요소를 제거하고 필요한 데이터만을 추출할 수 있다. 예를 들어, HTML 태그 패턴(<…>)을 정규표현식으로 표현하여 제거해야 할 부분을 식별한 후 이를 바탕으로 HTML 문서로부터 데이터를 추출한다.

정규표현식은 특정한 규칙을 갖는 문자열 패턴을 표현하는 방법으로 많은 프로그래밍 언어에서 문자열의 검색이나 치환 작업을 위해 종종 사용된다. 예를 들어, ABC, ABBA, ACE 등은 모두 A로 시작하는 문자열이다. 정규표현식은 이러한 'A로 시작하는 문자열'이라는 규칙을 정의한다. 정규표현식을 이용하면 문자열의 패턴을 바탕으로 고정된 문자열이 아니라 특정 규칙을 만족하는 문자열을 검색할 수 있다.[1]

정규표현식은 연속된 문자열로 정의되며, 일반적으로 알파벳 문자 및 숫자(alphanumeric character)와 특수 문자(special character)의 조합으로 이루어진다.[2] 정규표현식에 사용되는 특수 문자는 메타문자(metacharacter)라고 하며, . \ | ( ) [ ] { } ^ $ * + ? 등이 있다. 정규표현식의 문자열 패턴은 일정한 문법(syntax) 규칙에 따라 정의된다. 따라서 정규표현식을 활용하기 위해서는 우선 문자열 패턴을 정의하기 위한 정규표현식 문법, 즉 정규표현식 표현 방법을 이해할 필요가 있다. R의 다양한 텍스트 처리 함수는 정의된 정규표현식을 바탕으로 문자열을 탐색하고, 추출하고, 치환하고, 분할한다. 이 함수들은 HTML 문서로부터 불필요한 웹 요소를 제거할 때뿐만 아니라 추출한 텍스트를 전처리할 때도 유용하게 활용할 수 있다. 여기에서는 우선 정규표현식 문법을 살펴보고, 이어서 다음 섹션에서 이를 적용할 수 있는 텍스트 처리 함수에 대해 알아본다.

1 `?regex`를 실행하면 R에서의 정규표현식 사용 방법에 대한 도움말을 볼 수 있다.

2 한글 텍스트를 검색할 경우 정규표현식에는 한글 문자가 포함될 수 있다. 그러나 여기에서는 편의상 한글 문자는 별도로 다루지 않으며 알파벳 문자만을 기준으로 설명한다. 하지만 적용되는 원리는 한글에서도 동일하다. 한글 텍스트를 다룬 예는 '제4장 XPath'의 '4.3 사례'를 참고한다.

문자열 매칭

기본적으로 모든 문자(알파벳 문자, 숫자, 알파벳 문자와 숫자의 조합 등)는 그 자체로 하나의 정규표현식이 된다. 하나의 문자도 정규표현식이 될 수 있다. 텍스트 처리 함수를 이용하면 문자로 이루어진 정규표현식 패턴과 일치하는 문자열을 검색할 수 있다. 예를 들어, 다음과 같이 X-men이 포함된 문자열을 검색할 수 있다.

```
> string <- c("banana is yellow",
+             "panda is next to bamboo",
+             "X-men are dancing the samba")
> string
[1] "banana is yellow"            "panda is next to bamboo"
[3] "X-men are dancing the samba"
> grep(pattern="X-men", x=string)
[1] 3
> grep(pattern="X-men", x=string, value=TRUE)
[1] "X-men are dancing the samba"
```

grep() 함수의 첫 번째 인수(pattern)에 찾고자 하는 문자열을 지정하면 두 번째 인수(x)로 지정된 텍스트 벡터에서 해당 문자열을 포함하고 있는 원소의 위치나 값(value=TRUE를 지정한 경우)이 반환된다.

문자열 매칭은 기본적으로 대문자와 소문자를 구별한다. 예를 들어, 다음의 첫 번째 코드에서는 주어진 문자열에 x-men은 없기 때문에 매칭은 이루어지지 않았고, 따라서 빈 문자가 반환된다. grep() 함수에서 대소문자 구별 없이 매칭하기 위해서는 ignore.case=TRUE를 지정한다.

```
> grep("x-men", string, value=TRUE)
character(0)
> grep("x-men", string, value=TRUE, ignore.case=TRUE)
[1] "X-men are dancing the samba"
```

정규표현식은 단어 단위로만 정의되는 것은 아니며 어떠한 문자열이든 가능하다. 예를 들어, 다음과 같이 단어의 일부분이나 문자와 공백(space)의 조합도 정규표현식으로 나타낼 수 있다.

```
> grep("ana", string, value=TRUE)
[1] "banana is yellow"
> grep("next to", string, value=TRUE)
[1] "panda is next to bamboo"
```

때로는 매칭되는 특정 위치에 관심을 가질 수도 있다. 정규표현식 시작 부분의 ^(caret, 캐럿) 메타문자는 텍스트의 시작을 나타내고, $ 메타문자는 텍스트의 끝을 나타낸다. 이를 이용하면, 예를 들어 다음과 같이 텍스트의 시작이 ba인 문자열과 텍스트의 끝이 ba인 문자열을 탐색할 수 있다.

```
> grep("ba", string, value=TRUE)
[1] "banana is yellow"          "panda is next to bamboo"
[3] "X-men are dancing the samba"
> grep("^ba", string, value=TRUE)
[1] "banana is yellow"
> grep("ba$", string, value=TRUE)
[1] "X-men are dancing the samba"
```

|(pipe, 파이프) 메타문자 또한 매우 유용하다. |를 이용하여 OR 조건을 만족하는 패턴을 찾을 수 있다. 다음과 같이 banana가 포함된 문자열 또는 bamboo가 포함된 문자열을 검색할 수 있다.

```
> grep("banana|bamboo", string, value=TRUE)
[1] "banana is yellow"    "panda is next to bamboo"
```

지금까지는 고정된 문자열을 매칭하는 정규표현식을 살펴보았다. 그러나 정규표현식은 이러한 고정된 형태보다는 좀 더 유연하고 일반화된 형태의 매칭 조건을 표현할 수 있다. 메타문자 .(period, 마침표)는 그 가운데 가장 많이 사용하는 매칭 방법 가운데 하나이다. .는 임의의 한 문자를 대체한다. 예를 들어, 다음 정규표현식 p.는 p 뒤에 오는 어떠한 문자든 매칭한다. 따라서 여기 텍스트에서는 pa(panda)가 매칭된다.

```
> grep("p.", string, value=TRUE)
[1] "panda is next to bamboo"
```

문자 클래스

문자를 대괄호 [ ]로 감싸면 대괄호 안에 포함된 문자와 하나라도 일치하는 문자열을 매칭한다. [ ]에는 알파벳 문자, 숫자, 특수 문자 등 어떠한 형태의 문자든 포함될 수 있으며, 이렇게 정의된 문자를 문자 클래스(character class)라고 한다.

예를 들어, 다음 코드는 P 또는 p가 포함된 문자열을 매칭한다.

```
> string <- c("R is free software.",
+             "The R Foundation for Statistical Computing",
+             "Platform: x86_64-w64-mingw32/x64")
> string
[1] "R is free software."
[2] "The R Foundation for Statistical Computing"
[3] "Platform: x86_64-w64-mingw32/x64"
> grep("[Pp]", string, value=TRUE)
[1] "The R Foundation for Statistical Computing"
[2] "Platform: x86_64-w64-mingw32/x64"
```

문자의 범위를 이용하여 문자 클래스에 문자 리스트를 지정할 수도 있다. 문자 범위는 -(dash, 대시) 메타문자를 이용한다. 예를 들어, 다음의 첫 번째 코드는 0부터 9까지의 숫자가 포함된 문자열을 탐색한다. 이는 [0123456789]를 사용한 것과 같다. 문자에 대해서도 동일한 원리가 적용된다. [A-C]는 A부터 C까지의 알파벳 대문자를 매칭한다.

```
> grep("[0-9]", string, value=TRUE)
[1] "Platform: x86_64-w64-mingw32/x64"
> grep("[0123456789]", string, value=TRUE)
[1] "Platform: x86_64-w64-mingw32/x64"
> grep("[A-C]", string, value=TRUE)
[1] "The R Foundation for Statistical Computing"
```

알파벳 문자와 숫자뿐만 아니라 문장부호(punctuation)나 공백도 정규표현식에 포함할 수 있다. 따라서 이 문자들도 문자 클래스의 원소가 될 수 있다. 예를 들어, 다음 코드는 알파벳 소문자 z와 마침표 .를 매칭한다. z는 어느 문자열에도 포함되어 있지 않으므로 .를 포함하고 있는 문자열만이 반환된다. 문자 클래스에 지정된 마침표는 앞에서 살펴본 특별한 의미(즉 임의의 문자 대체)를 더 이상 갖지 못한다. 문자 클래스에서 마침표는 글자 그대로의 .를 나타낸다.

```
> grep("[z.]", string, value=TRUE)
[1] "R is free software."
```

문자 클래스로 지정된 문자 집합의 맨앞에 ^ 메타문자를 추가하여 문자 클래스의 매칭을 반대의 의미로 사용할 수 있다. 즉 문자 클래스에 지정되지 않은 모든 문자를 매칭한다.[3] 예를 들어, 다음 코드는 숫자, 알파벳 문자, 그리고 빈칸 이외의 문자를 포함한 문자열을

3 앞에서 살펴보았듯이 ^ 메타문자는 정규표현식에서 문자열의 시작 부분을 나타낸다. 여기에서 설명하고 있는 문자 클래스 내부에서의 ^은 그것과는 다른 의미를 갖는다.

탐색한다. 따라서 이 코드는 . - : _ / 등의 문장부호를 포함하고 있는 문자열을 출력한다.

```
> grep("[^0-9a-zA-Z ]", string, value=TRUE)
[1] "R is free software."                  "Platform: x86_64-w64-mingw32/x64"
```

지금까지는 매칭에 사용할 문자 집합을 직접 지정하는 방식으로 문자 클래스를 정의하였다. 그러나 일반적으로 빈번히 사용되는 매칭 패턴이 존재한다. 예를 들어, 우리는 종종 텍스트 전처리를 위해 텍스트로부터 알파벳 문자와 숫자의 조합으로 이루어진 패턴을 찾는다거나 문장부호가 포함된 패턴을 탐색한다. 정규표현식은 이처럼 사용 빈도가 높은 패턴을 사전에 정의한 문자 클래스를 제공한다. [그림 3-1]에 사전에 정의된 문자 클래스의 예를 제시하였다.

사전 정의 문자 클래스(predefined character class)는 사용자가 지정하는 문자 클래스와 마찬가지로 대괄호 [ ]를 이용하여 지정한다. 예를 들어, 다음과 같이 텍스트로부터 알파벳 문자를 제거할 수 있다.

```
> string <- "Tweet (@tweet) Food for thought 2030-12-31"
> string
[1] "Tweet (@tweet) Food for thought 2030-12-31"
> gsub(pattern="[[:alpha:]]", replacement="", x=string)
[1] " (@)    2030-12-31"
```

그림 3-1 ▌ 사전 정의 문자 클래스. 정규표현식에 사전에 정의된 문자 클래스를 사용할 수 있다.

문자 클래스	설명
[:digit:]	숫자: 0 1 2 3 4 5 6 7 8 9, [0-9]
[:lower:]	알파벳 소문자: [a-z]
[:upper:]	알파벳 대문자: [A-Z]
[:alpha:]	알파벳 문자: [[:lower:][:upper:]] 또는 [A-z]
[:alnum:]	알파벳 문자 + 숫자: [[:alpha:][:digit:]] 또는 [A-z0-9]
[:punct:]	문장부호: ! " # $ % & ' ( ) * + , - . / : ; < = > ? @ [ ] ^ _ ` { | } ~
[:blank:]	블랭크 문자: 스페이스(space), 탭(tab)
[:space:]	스페이스 문자: 스페이스(space), 탭(tab), 새라인(newline), 폼피드(form feed), 캐리지리턴(carriage return)
[:print:]	프린트 가능 문자: [[:alnum:][:punct:][:space:]]
[:graph:]	그래프 문자(사람이 읽을 수 있는 문자): [[:alnum:][:punct:]]

gsub() 함수는 일치하는 모든 문자열을 새로운 문자열로 대체한다. 첫 번째 인수(pattern)에는 찾고자 하는 문자열을 지정하고 두 번째 인수(replacement)에는 바꾸고자 하는 새로운 문자열을 지정한다. 그리고 세 번째 인수(x)에는 대상이 되는 전체 텍스트를 지정한다.

만약 다음과 같이 [ ]로 감싸지 않으면 정규표현식은 :alpha:을 사용자 정의 문자 클래스 내의 매칭 문자로 인식하여 : a l p h 각각을 매칭하고, gsub() 함수는 이들을 텍스트로부터 제거한다. 사전 정의 문자 클래스를 사용할 때는 이 점을 주의할 필요가 있다.

```
> gsub(pattern="[:alpha:]", replacement="", x=string)
[1] "Tweet (@tweet) Food for tougt 2030-12-31"
```

사전 정의 문자 클래스 가운데 몇 가지를 더 살펴보자. 정규표현식으로 지정된 다음 코드의 문자 클래스는 각각 알파벳 문자 및 숫자, 문장부호, 숫자, 공백을 찾아 * 문자로 대체한다.

```
> gsub("[[:alnum:]]", "*", string)
[1] "***** (@*****) **** *** ******* ****-**-**"
> gsub("[[:punct:]]", "*", string)
[1] "Tweet **tweet* Food for thought 2030*12*31"
> gsub("[[:digit:]]", "*", string)
[1] "Tweet (@tweet) Food for thought ****-**-**"
> gsub("[[:blank:]]", "*", string)
[1] "Tweet*(@tweet)*Food*for*thought*2030-12-31"
```

사전 정의 문자 클래스에도 ^ 메타문자를 이용하여 역매칭을 수행할 수 있다. 다음 코드는 공백을 제외한 문자를 찾아서 _ 문자로 대체한다.

```
> gsub("[^[:blank:]]", "_", string)
[1] "_____ ________ ____ ___ _______ __________"
```

사전 정의 문자 클래스로 원하는 패턴을 만들지 못할 경우에는 문자 클래스에 새로운 문자를 추가함으로써 정규표현식을 확장할 수 있다. 예를 들어, 다음 코드는 텍스트로부터 문장부호와 숫자, 그리고 공백을 제거한다.

```
> gsub("[[:punct:]0-9 ]", "", string)
[1] "TweettweetFoodforthought"
```

문자 클래스는 반복해서 지정할 수 있기 때문에 문자 클래스를 이용하여 반복하여 출현하는 패턴을 지정할 수도 있다. 예를 들어, t로 시작하고 t로 끝나면서 그 사이에 세 개의 알파벳 문자를 포함하고 있는 문자열을 탐색하고 싶다고 했을 때 다음과 같이 t와 t 사이에 문자 클래스 [:alpha:]를 세 번 연속하여 지정할 수 있다. 여기에서 메타문자 .는 사용할 수 없다. 왜냐하면 .는 알파벳 문자뿐만 아니라 임의의 모든 문자, 즉 공백이나 문장부호 등도 포함하기 때문이다.

```
> gsub("t[[:alpha:]][[:alpha:]][[:alpha:]]t", "*", string)
[1] "Tweet (@*) Food for thought 2030-12-31"
```

그런데 만약 반복 출현 횟수가 다섯 번, 10번, 또는 그 이상으로 증가하면 이러한 방법은 그다지 효율적이지 못할 뿐만 아니라 정규표현식 작성 과정에서 에러 가능성이 커진다.

수량자

앞서와 같은 문제에 대한 해결 방법으로 정규표현식에 수량자(quantifier)라는 메타문자를 사용할 수 있다. 반복 패턴을 적용할 문자 바로 뒤의 중괄호 { } 안에 해당 문자의 반복 출현 횟수를 지정한다. 수량자를 사용하면 zzzzz와 같은 정규표현식 패턴을 z{5}와 같이 간단하게 나타낼 수 있다. 다음 두 코드는 각각 t와 t 사이에 알파벳 문자 세 개와 다섯 개가 반복되는 패턴을 탐색하여 * 문자로 대체한다.

```
> string <- "Tweet (@tweet) Food for thought 2030-12-31"
> gsub("t[[:alpha:]]{3}t", "*", string)
[1] "Tweet (@*) Food for thought 2030-12-31"
> gsub("t[[:alpha:]]{5}t", "*", string)
[1] "Tweet (@tweet) Food for * 2030-12-31"
```

정규표현식에서 사용 가능한 수량자는 [그림 3-2]와 같다. 상대적으로 사용 빈도가 높은 ? * + 수량자를 포함한 수량자의 사용 예를 다음 코드와 같이 살펴보았다.

```
> string <- c("x", "xz", "xyz", "xyyz", "xyyyz", "xyxyxyz")
> string
[1] "x"       "xz"      "xyz"     "xyyz"    "xyyyz"   "xyxyxyz"
> grep("xy?z", string, value=TRUE)
[1] "xz"      "xyz"     "xyxyxyz"
> grep("xy*z", string, value=TRUE)
[1] "xz"      "xyz"     "xyyz"    "xyyyz"   "xyxyxyz"
```

```
> grep("xy+z", string, value=TRUE)
[1] "xyz"    "xyyz"    "xyyyz"   "xyxyxyz"
> grep("xy{2}z", string, value=TRUE)
[1] "xyyz"
> grep("xy{2,}z", string, value=TRUE)
[1] "xyyz" "xyyyz"
> grep("xy{2,3}z", string, value=TRUE)
[1] "xyyz" "xyyyz"
```

수량자는 문자 한 개에만 적용할 수 있는 것은 아니다. 여러 개의 문자로 구성된 패턴에 수량자를 적용하기 위해서는 먼저 메타문자 ( )를 이용하여 대상 문자를 그룹화한다. 그런 다음 그룹화한 문자 집합에 대해 수량자를 지정한다. 예를 들어, 다음 코드의 정규표현식은 그룹화된 xy 문자열이 최소 두 번에서 최대 세 번 반복되는 패턴을 탐색한다. 따라서 이러한 조건을 충족하는 문자열의 문자 개수는 최소 네 개(= 2×2)에서 최대 여섯 개(= 2×3)가 된다. 여기에서는 다음과 같이 xy가 세 번 반복되는 xyxyxy 패턴의 문자열을 반환한다.

```
> grep("(xy){2,3}", string, value=TRUE)
[1] "xyxyxyz"
```

문자 묶음을 그룹화하지 않은 다음 코드의 정규표현식과 비교해보자. 다음 코드는 y만이 수량자의 적용을 받으며, 따라서 y가 두 번 또는 세 번 반복되는 패턴을 탐색한다.

```
> grep("xy{2,3}", string, value=TRUE)
[1] "xyyz" "xyyyz"
```

그림 3-2 **수량자.** 정규표현식에 문자의 반복 출현 횟수를 지정한다.

수량자	설명
?	앞 문자는 없거나(0회) 또는 1회 출현함(최대 1회)
*	앞 문자는 0회 이상 반복됨(최소 0회)
+	앞 문자는 1회 이상 반복됨(최소 1회)
{n}	앞 문자는 정확히 n회 반복됨
{n,}	앞 문자는 n회 이상 반복됨
{n, m}	앞 문자는 n회 이상, m회 이하 반복됨(n~m회)

그리디 매칭 vs. 레이지 매칭

텍스트 내 반복 문자의 패턴매칭에는 두 가지 접근 방법이 있다. 정규표현식이 기본적으로 채택하는 그리디(greedy) 방식은 지정된 패턴의 탐색 범위를 가능한 넓게 하여 패턴매칭을 수행한다. 이 방식은 우선 전체 텍스트를 읽어들여 반복 문자를 최대한 많이 매칭하려고 시도한다. 이러한 첫 번째 매칭 시도가 실패하면 텍스트의 끝에서부터 거꾸로 한 번에 한 문자씩 제외해가며 패턴매칭을 다시 시도한다. 텍스트를 거슬러 올라가며 패턴매칭을 시도하는 이러한 백트래킹(backtracking) 과정은 패턴매칭이 성공하거나 텍스트로부터 더 이상 제외할 문자가 남지 않을 때까지 반복한다.

반면에 레이지(lazy, non-greedy, reluctant) 방식은 이와 정반대의 접근법을 채택한다. 이 방식은 반복 문자를 가능한 좁은 범위에서 매칭하려고 한다. 텍스트의 앞에서부터 한 번에 한 문자씩 추가하며 패턴매칭을 시도한다. 텍스트의 끝까지 이러한 과정을 반복하여 매칭되는 모든 문자열을 반환한다. 정규표현식 엔진은 그리디 방식을 기본으로 패턴매칭 작업을 수행하기 때문에 레이지 방식으로 변경하기 위해서는 수량자 ? * + 뒤에 메타문자 ?를 추가한다.

예를 들어, 다음과 같이 텍스트를 생성한 후 이로부터 A로 시작하면서 Z로 끝나는 문자열을 탐색해 보자.

```
> string <- "eeeAiiZoooAuuuZeee"
> string
[1] "eeeAiiZoooAuuuZeee"
> regmatches(x=string, m=gregexpr(pattern="A.*Z", text=string))
[[1]]
[1] "AiiZoooAuuuZ"
```

regmatches() 함수는 매칭되는 문자열을 추출한다. 첫 번째 인수(x)에는 탐색 대상이 되는 텍스트를 지정하고 두 번째 인수(m)에는 regexpr() 함수 또는 gregexpr() 함수에 의해 반환되는 매칭 데이터 객체를 지정한다. regexpr() 함수는 정규표현식에 의해 매칭되는 첫 번째 문자열의 위치와 길이 데이터를 벡터 형식으로 반환한다. 반면에 gregexpr() 함수는 매칭되는 모든 문자열의 위치와 길이 데이터를 리스트 형식으로 반환한다.

여기에서 gregexpr() 함수에 지정된 정규표현식 A.*Z는 문자열을 그리디 방식으로 탐색한다. 가능한 넓은 범위를 대상으로 A로 시작하면서 Z로 끝나는 패턴을 탐색한다. 우선 A를 매칭하고 이어서 .*는 가능한 많은 .를 매칭하려고 시도한다. 그러면 이러한 탐색 결과는 A부터 시작하는 전체 문자열인 AiiZoooAuuuZeee가 된다. 그런 다음 Z를 매칭려고 시도한다. 읽어들인 전체 문자열에서 Z가

▶ 그림 3-3 ▌**그리디 매칭.** 가능한 넓은 범위에서 매칭한다.

매칭되지 않았기 때문에 이 첫 번째 매칭 시도는 실패로 끝난다. 따라서 하나 더 적은 `.`로 두 번째 매칭을 시도한다. 그러면 이번에 읽어들인 문자열은 AiiZoooAuuuZee가 되고 이 역시 마지막에 `Z`가 포함되어 있지 않으므로 매칭 실패이다. 이러한 백트래킹 과정을 몇 번 더 반복하면 마침내 `Z`까지 매칭되는 AiiZoooAuuuZ를 얻게 되고 `A.*Z`의 패턴매칭이 성공적으로 완수된다. 이러한 그리디 매칭 과정은 [그림 3-3]과 같다.

이번에는 다음과 같이 A로 시작하면서 Z로 끝나는 모든 가능한 문자열을 탐색해보자.

```
> regmatches(string, gregexpr("A.*?Z", string))
[[1]]
[1] "AiiZ"  "AuuuZ"
```

여기에서 `gregexpr()` 함수에 지정된 정규표현식 `A.*?Z`는 문자열을 레이지 방식으로 탐색하여 매칭한다. 우선 `A`를 매칭하고 이어서 `.*?`는 가능한 작은 `.`를 매칭하려고 시도한다. 즉 처음에는 추가로 아무런 문자열도 읽어들이지 않는다. 그런 다음 `Z`를 매칭하려고 시도한다. 하지만 현재 탐색 대상 문자열은 A만 포함하고 있으므로 이 시도는 실패로 끝난다. 따라서 하나 더 많은 `.`로 두 번째 매칭을 시도한다. 그러면 이번에 읽어들인 문자열은 Ai가 된다. 아직 `Z`가 매칭되지 않았기 때문에 하나 더 많은 `.`로 세 번째 매칭을 시도한다. 여전히 `Z`가 매칭되지 않았기 때문에 매칭 시도는 역시 실패한다. 이러한 과정을 한 차례 더 반복하면 AiiZ를 얻게 되고 패턴매칭이 성공적으로 완수된다. 하지만 텍스트 전체에 대한 탐색이 아직 완료되지 않았기 때문에 텍스트의 나머지 문자열에 대해서도 동일한 과정을 반복한다. 그러면 AuuuZ라는 추가 매칭 결과를 얻게 된다. 따라서 정규표현식

▶ 그림 3-4 ▌**레이지 매칭.** 가능한 좁은 범위에서 매칭한다.

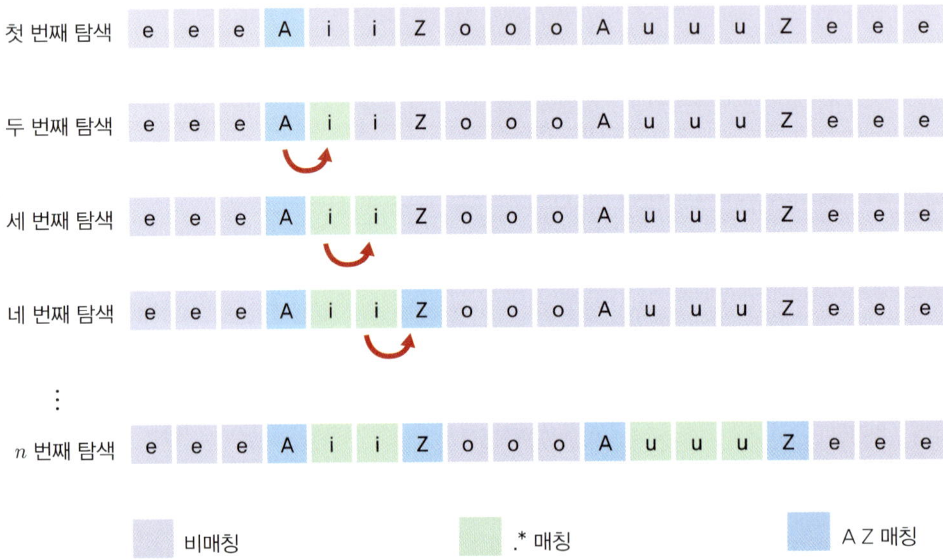

`A.*?Z`는 앞서와 같이 두 개의 문자열을 매칭한다. 이러한 레이지 매칭 과정은 [그림 3-4]와 같다.

레이지 방식의 패턴매칭은 HTML 문서로부터 태그를 제거하고 문자열만을 추출할 때 특히 유용하다. 다음과 같이 그리디 방식으로 <…> 부분을 제거하려고 시도하면 텍스트 부분까지 함께 삭제된다. 왜냐하면 그리디 방식은 가능한 넓은 범위에서 패턴매칭을 하므로 이 경우에는 가장 왼쪽의 < 태그로부터 가장 오른쪽의 > 태그까지가 하나의 패턴으로 매칭되기 때문이다.

```
> html.doc <- "<TITLE>Happy Days</TITLE>"
> gsub("<.*>", "", html.doc)
[1] ""
```

반면에 레이지 방식은 가능한 작은 범위에서 일치하는 패턴을 탐색하므로 `<TITLE>` 부분과 `</TITLE>` 부분은 각각 개별적으로 매칭된다. 따라서 다음과 같이 레이지 방식으로 패턴매칭을 하면 태그 부분만을 제거할 수 있어 HTML 문서로부터 원하는 텍스트를 추출할 수 있다.

```
> gsub("<.*?>", "", html.doc)
[1] "Happy Days"
```

이스케이프 시퀀스

R에는 문자열 내에 직접 코딩할 수 없는 특수 문자가 있다. 예를 들어, R에서는 작은따옴표(single quote)와 큰따옴표(double quote)를 문자열을 정의하는 용도로 사용하기 때문에 작은따옴표로 문자열을 정의했으면 그 문자열 내에 다시 작은따옴표를 사용할 수 없다. 따라서 작은따옴표를 아포스트로피(apostrophe)로 사용한 다음 코드는 에러가 발생한다.

```
> string <- 'Alice's Adventures'
Error: unexpected symbol in "string <- 'Alice's"
```

이때 이 작은따옴표를 문자열을 정의하는 특수한 용도가 아니라 문자 그대로 작은따옴표로 사용하고 싶으면 이스케이프 문자(escape character) \(backslash)를 이용해야 한다. 작은따옴표 앞에 \를 붙임으로써 작은따옴표는 이제 '문자열 정의'라는 특별한 의미로부터 '이스케이프'하여(즉 벗어나서) 작은따옴표 본래의 용도(의미)로 사용할 수 있게 된다. 문자열 내에서 \로 시작하는 문자 조합을 이스케이프 시퀀스(escape sequence)라고 하며 문자열 내에 특수한 용도의 문자를 포함시키기 위해 사용된다. 예를 들어, 문자열 내에 작은따옴표를 포함하기 위해서는 다음과 같이 \'를 이용한다.

```
> string <- 'Alice\'s Adventures'
> string
[1] "Alice's Adventures"
```

R에는 다양한 용도의 이스케이프 시퀀스가 있다. 예를 들어, 다음 텍스트에는 두 개의 이스케이프 시퀀스 \t와 \n을 포함하고 있다. 각각 텍스트에 탭과 새라인을 삽입한다. 이스케이프 시퀀스가 적용된 텍스트를 출력하려면 cat() 함수를 이용한다. [그림 3-5]에 R에서 사용 가능한 주요 이스케이프 시퀀스를 정리하였다.

```
> string <- "long\t\ttab lines can be\nbroken with newlines"
> string
[1] "long\t\ttab lines can be\nbroken with newlines"
> cat(string)
long		tab lines can be
broken with newlines
> gsub("\t\t", " ", string)
[1] "long tab lines can be\nbroken with newlines"
> cat(gsub("\t\t", " ", string))
long tab lines can be
broken with newlines
```

그림 3-5 ▌이스케이프 시퀀스. 문자열 내에 직접 표현할 수 없는 특수 문자를 나타낸다.

이스케이프 시퀀스	설명
\n	새라인(줄바꿈, newline)
\r	캐리지리턴(carriage return)
\t	탭(tab)
\b	백스페이스(backspace)
\\	역슬래시(backslash)
\'	작은따옴표, 큰따옴표 안에서 사용하면 이스케이프 불필요("'")
\"	큰따옴표, 작은따옴표 안에서 사용하면 이스케이프 불필요('"')

이스케이프 시퀀스는 R의 텍스트 처리 함수와 정규표현식에도 동일하게 적용된다. 정규표현식에서 메타문자(. \ | ( ) [ ] { } ^ $ * + ?)는 특별한 의미를 갖는다. 예를 들어, .는 정규표현식에서 마침표가 아니라 임의의 문자를 나타내는 특별한 용도로 사용된다. .를 메타문자가 아닌 마침표 문자 그대로의 의미로 사용하려면 메타문자의 특별한 의미를 '이스케이프'하도록(즉 벗어나도록) 정규표현식에 알려 주어야 한다.

\는 정규표현식에서 특별한 용도로 사용되는 메타문자의 특별한 의미를 제거하는 역할을 한다. 메타문자를 있는 그대로 본래의 의미로 사용하기 위해서는 \.와 같이 \를 문자 앞에 추가한다. 그런데 \ 또한 정규표현식 내에서 이스케이프 목적의 특별한 용도로 사용되는 메타문자이기 때문에 그대로 두면 메타문자로 인식된다. \.는 문자 그대로 인식되어야 하므로 다른 메타문자와 마찬가지로 \를 특별한 용도로부터 이스케이프한다. 즉 \ 앞에 \를 하나 더 추가함으로써 \ 자체의 메타문자로서의 특별한 의미를 제거할 필요가 있다. 따라서 메타문자를 본래의 의미 그대로 매칭하기 위해서는 \\.와 같이 두 개의 \가 문자 앞에 필요하다. 예를 들어, 다음 코드는 텍스트로부터 마침표(.) 문자를 찾아서 ! 문자로 대체한다.

```
> string <- "I need 100$, but she gave me a ^. I\\don't\\know\\why."
> cat(string)
I need 100$, but she gave me a ^. I\don't\know\why.
> gsub(".", "!", string)
[1] "!!!!!!!!!!!!!!!!!!!!!!!!!!!!!!!!!!!!!!!!!!!!!!!!"
> gsub("\\.", "!", string)
[1] "I need 100$, but she gave me a ^! I\\don't\\know\\why!"
```

다음과 같은 몇 가지 예를 더 살펴보자.

```
> gsub("\\$", " dollars", string)
[1] "I need 100 dollars, but she gave me a ^. I\\don't\\know\\why."
> gsub("\\^", "carrot", string)
[1] "I need 100$, but she gave me a carrot. I\\don't\\know\\why."
> gsub("\\\\", " ", string)
[1] "I need 100$, but she gave me a ^. I don't know why."
```

첫 번째와 두 번째 코드는 $와 ^을 각각 dollars(앞에 한 칸의 공백 포함)와 carrot으로 대체한다. 마지막 코드는 텍스트로부터 \를 제거한다. 이는 이스케이프 문자 \를 문자 그대로의 의미로 사용한 예이다. \는 그 자체로 이스케이프 문자이기 때문에 문자 그대로 텍스트에 포함하기 위해서는 \를 이용하여 이스케이프 시퀀스로 만들어야 한다(즉 \\). 이를 정규표현식에서 그대로 매칭하기 위해서는 앞서와 마찬가지로 두 개의 \로 이루어진 \\가 추가로 필요하다. 따라서 문자 \를 매칭하기 위해서는 결과적으로 네 개의 \, 즉 \\\\가 필요하게 된다.

정규표현식 전체를 문자 그대로의 고유 의미로 사용하고 싶으면 모든 메타문자 앞에 \\를 하나하나 덧붙이는 것보다 더 효율적인 방법이 있다. 텍스트 처리 함수의 인수 지정을 통해 정규표현식 내 모든 문자가 원래의 의미 그대로 인식되도록 한다. 예를 들어, 다음과 같이 gsub() 함수의 인수로서 fixed=TRUE를 지정하면 정규표현식 전체가 문자 그대로 해석된다.4 결과는 모든 메타문자 앞에 \\를 추가한 것과 동일하다.

```
> gsub("\\^\\.", "carrot!", string)
[1] "I need 100$, but she gave me a carrot! I\\don't\\know\\why."
> gsub("^.", "carrot!", string, fixed=TRUE)
[1] "I need 100$, but she gave me a carrot! I\\don't\\know\\why."
```

문자 클래스 시퀀스

대부분의 메타문자는 문자 클래스 안에서는 그 특별한 의미를 상실한다. 예를 들어, 문자 클래스 안의 . 문자는 글자 그대로 마침표로 해석된다. 그런데 여기에는 두 가지 예외가 있다. 앞서 문자 클래스를

4 문자 그대로 인식하고 싶은 패턴을 지정하는 방식은 텍스트 처리 함수에 따라 다르다. gsub() 함수나 grep() 함수와 같은 base 패키지의 함수에서는 fixed=TRUE를 지정한다. 텍스트 처리에 많이 사용하는 stringr 패키지의 함수에서는 fixed() 함수를 이용한다. 예를 들어, 다음과 같이 텍스트로부터 ^. 문자 패턴을 추출하여 carrot!으로 대체할 수 있다: str_replace_all(string=string, pattern=fixed("^."), replacement="carrot!"). base 패키지와 stringr 패키지의 텍스트 처리 함수는 이후 섹션에서 좀 더 자세히 살펴본다.

그림 3-6 ▌문자 클래스 시퀀스. 사전 정의된 문자 클래스를 이스케이프 시퀀스 형태로 간략하게 나타낼 수 있다.

문자 클래스 시퀀스	설명
\w	단어 문자(word character): `[[:alnum:]_]`
\W	단어 문자를 제외한 문자(non-word character): `[^[:alnum:]_]`
\d	숫자(digit): `[[:digit:]]`
\D	숫자를 제외한 문자(non-digit): `[^[:digit:]]`
\s	스페이스 문자(space character): `[[:space:]]`
\S	스페이스 문자를 제외한 문자(non-space character): `[^[:space:]]`
\b	단어 경계의 빈 문자열(word boundary): 단어 양쪽 끝의 빈 문자열
\B	단어 경계가 아닌 빈 문자열(non-word boundary): 단어 양쪽 끝을 제외한 빈 문자열
\<	단어 시작(word beginning)
\>	단어 끝(word end)

다룰 때 소개했듯이 ^ 문자와 - 문자는 문자 클래스 내에서도 특별한 용도로 사용된다. 문자 클래스의 맨앞에 ^을 삽입하면 문자 클래스로 지정된 문자 집합에 대해 역매칭을 수행한다. -는 문자 집합을 범위로 나타낼 때 사용할 수 있다. 단 - 문자가 문자 클래스의 앞이나 뒤에 위치하면 문자 그대로의 의미로 해석된다. 문자 클래스 가운데 일부는 이스케이프 문자 \를 이용한 이스케이프 시퀀스 형태로 제공되며, 이를 문자 클래스 시퀀스(character class sequence)라고 한다. [그림 3-6]에 정규표현식으로 사용 가능한 주요 이스케이프 시퀀스를 정리하였다.

이러한 문자 클래스 시퀀스를 예를 통해서 보다 구체적으로 살펴본다. 예를 위해 다음과 같은 문자열을 생성한다.

```
> string <- "<123> Alice's Adventures in Wonder_land!-$10"
> string
[1] "<123> Alice's Adventures in Wonder_land!-$10"
```

\w는 단어를 구성하는 문자(word character)를 나타낸다. 단어 구성 문자에는 알파벳 문자, 숫자, 그리고 _가 포함된다(_를 제외한 다른 문장부호와 공백은 포함되지 않는다). 예를 들어, 다음 코드의 정규표현식 \\w는 주어진 텍스트로부터 단어를 구성하는 문자 하나하나를 매칭한다. < > ' ! - $ 그리고 공백은 단어 구성 문자가 아니므로 매칭되지 않는다. 반면 숫자 123 및 10, 알파벳 문자, 그리고 _는 단어를 구성하는 문자로서 정규표현식에 의해 매칭된다.

```
> gsub("\\w", "*", string)
[1] "<***> *****'* ********** ** ***********!-$**"
```

그런데 단어를 구성하는 개별 문자보다는 많은 경우 단어 자체에 관심을 갖는다. 단어 단위의 매칭은 앞에서 살펴본 메타문자 +를 이용한다. 예를 들어, 다음 코드의 정규표현식 \\w+는 주어진 텍스트로부터 단어를 매칭한다.

```
> gsub("\\w+", "*", string)
[1] "<*> *'* * * *!-$*"
```

정규표현식 \\W(대문자 W)는 \\w에 의해 매칭되는 문자 집합의 반대 집합을 매칭한다. 예를 들어, 다음 코드는 텍스트로부터 단어가 아닌 문자, 즉 < > ' ! - $ 그리고 공백을 찾아 +로 대체한다.

```
> gsub("\\W+", "+", string)
[1] "+123+Alice+s+Adventures+in+Wonder_land+10"
```

\d는 숫자를 나타낸다. \D(대문자 D)는 숫자가 아닌 문자, 즉 알파벳 문자, 문장부호, 공백 등을 매칭한다. 예를 들어, 다음 두 정규표현식은 각각 숫자 부분과 숫자가 아닌 부분을 매칭한다.

```
> gsub("\\d+", "*", string)
[1] "<*> Alice's Adventures in Wonder_land!-$*"
> gsub("\\D+", "+", string)
[1] "+123+10"
```

\s는 공백을 나타낸다. 반대로 \S(대문자 S)는 공백이 아닌 문자는 모두 매칭한다. 다음 코드는 각각 공백과 공백이 아닌 부분을 찾아서 *와 +로 대체한다.

```
> gsub("\\s+", "*", string)
[1] "<123>*Alice's*Adventures*in*Wonder_land!-$10"
> gsub("\\S+", "+", string)
[1] "+ + + + +"
```

한 칸의 공백뿐만 아니라 다음과 같이 새라인, 탭, 폼피드 등 어떤 형태의 공백이든 매칭한다.

```
> cat("Badly \t spaced text \n can be fixed.")
Badly          spaced text
 can be fixed.
```

```
> gsub("\\s+", " ", "Badly \t spaced text \n can be fixed.")
[1] "Badly spaced text can be fixed."
> gsub("\\S+", " ", "Badly \t spaced text \n can be fixed.")
[1] "  \t    \n       "
```

\b는 단어 경계를 매칭한다. 여기에서 단어 경계란 단어 양쪽 끝(word edge)의 빈 문자열을 의미하며 단어 문자와 비단어 문자 사이의 전환 지점을 나타낸다. 다음 코드는 각 단어의 양쪽 끝을 _로 대체한다.5

5 gsub() 함수는 기본 모드에서는 \b를 지원하지 않는다. 이를 사용하기 위해서는 perl=TRUE를 추가로 지정한다. stringr 패키지의 함수는 별다른 추가 인수 지정 없이 \b를 사용할 수 있다.

```
> gsub("\\b", "_", string, perl=TRUE)
[1] "<_123_> _Alice_'_s_ _Adventures_ _in_ _Wonder_land_!-$_10_"
```

예를 들어, Wonder_land의 끝에 s를 붙여서 Wonder_lands로 만들고 싶다고 해보자. 다음과 같이 d를 ds로 바꾸려고 하면 Wonder_land의 d뿐만 아니라 Adventures의 d 또한 ds로 변경된다.

```
> gsub("d", "ds", string)
[1] "<123> Alice's Adsventures in Wondser_lands!-$10"
```

이럴 때 다음과 같이 \b를 이용하면 단어와 비단어의 경계에 있는 d만이 매칭되어 Wonder_land만이 Wonder_lands로 변경된다.

```
> gsub("d\\b", "ds", string, perl=TRUE)
[1] "<123> Alice's Adventures in Wonder_lands!-$10"
```

앞서와 유사하게 \B는 다음과 같이 \b가 매칭하지 않는 부분을 매칭한다.

```
> gsub("\\B", "+", string, perl=TRUE)
[1] "+<1+2+3>+ A+l+i+c+e's A+d+v+e+n+t+u+r+e+s i+n W+o+n+d+e+r+_+l+a+n+d!+-+$1+0"
```

\b를 사용한 예를 한 가지 더 살펴보자. 예를 들어, 다음과 같은 문자 벡터에서 Korea만을 추출하려고 한다.

```
> txt <- c("Korea", "Korean", "Koreans")
> txt
[1] "Korea"   "Korean"   "Koreans"
```

이때 다음과 같이 Korea를 패턴으로 지정하여 Korea를 추출하려고 하면 Korea뿐만 아니라 문자열 Korea를 포함하고 있는 Korean과 Koreans까지도 함께 추출된다.

```
> grep("Korea", txt, value=TRUE)
[1] "Korea"   "Korean"  "Koreans"
```

이럴 때 다음과 같이 \b로 단어의 앞뒤를 감싸면 Korea만이 추출된다. 이는 Korea 앞뒤에 단어의 경계가 포함된 패턴을 매칭하라는 의미이기 때문에 Korean과 Koreans는 매칭되지 않는다.

```
> grep("\\bKorea\\b", txt, value=TRUE, perl=TRUE)
[1] "Korea"
```

이 경우에는 다음과 같이 단어의 뒤에만 \b를 지정해도 같은 결과를 얻을 수 있다.

```
> grep("Korea\\b", txt, value=TRUE, perl=TRUE)
[1] "Korea"
```

끝으로 \<와 \>는 각각 단어의 시작과 끝에 있는 빈 문자열을 매칭한다. 전체 텍스트 라인의 시작과 끝을 매칭하는 ^과 $와는 다르다는 점에 주의하자. 예를 들어, 다음 정규표현식 \<b는 banana와 bamboo 각 단어 맨앞의 b를 모두 매칭한다.

```
> txt <- "banana is next to bamboo and panda"
> txt
[1] "banana is next to bamboo and panda"
> gsub("\\<b", "*", txt)
[1] "*anana is next to *amboo and panda"
```

반면에 ^b는 다음과 같이 텍스트 라인 맨앞의 b(banana)만을 매칭한다.

```
> gsub("^b", "*", txt)
[1] "*anana is next to bamboo and panda"
```

이와 유사하게 a\>와 a$도 각각 단어 맨뒤의 a와 텍스트 라인 맨뒤의 a를 매칭한다.

```
> gsub("a\\>", "*", txt)
[1] "banan* is next to bamboo and pand*"
> gsub("a$", "*", txt)
[1] "banana is next to bamboo and pand*"
```

백레퍼런스

정규표현식을 이용하여 문자열 패턴을 매칭할 때 한 번 매칭된 것과 동일한 문자열을 나중에 다시 매칭할 수 있다. 이러한 매칭 방법을 백레퍼런스(backreference)라고 한다. 백레퍼런스는 텍스트 내의 반복되는 문자열을 탐색할 때 유용하다. 예를 들어, 텍스트에 동일한 문자열이 여러 번 출현할 때 해당 문자열을 그룹화하여 첫 번째 매칭을 수행하고 이후 출현하는 동일한 문자열들은 백레퍼런스를 이용하여 반복적으로 재매칭할 수 있다. 백레퍼런스는 `\N`과 같은 형식을 갖는다. 여기에서 `N`은 재매칭을 위해 정규표현식에 정의한 문자열 그룹의 순서를 나타낸다. 백레퍼런스 그룹은 아홉 개까지 가능하다.

예를 들어, 텍스트로부터 처음 등장하는 알파벳 문자를 찾고 그 알파벳 문자를 이후 문자열에서 다시 매칭하고 싶다고 하자. 그러면 재매칭하고자 하는 알파벳 문자를 소괄호로 그룹화하고(즉 `([[:alpha:]])`) 재매칭을 위해 이를 `\1`과 같은 형식으로 참조한다. 다음 코드는 전체 텍스트에서 'a small thing makes a'를 추출하여 *로 대체한다.

```
> txt <- "# a small thing makes a big difference #"
> txt
[1] "# a small thing makes a big difference #"
> gsub("([[:alpha:]]).+\\1", "*", txt)
[1] "# * big difference #"
```

여기에서 `[[:alpha:]]`에 의해 처음으로 매칭된 알파벳 문자는 a이다. 따라서 백레퍼런스 `\1`은 앞에서 매칭된 a를 나타낸다. 이 정규표현식은 처음 매칭된 a부터 백레퍼런스에 의해 매칭된 다음 a까지의 문자열을 반환한다(즉 'a small thing makes a').

레이지 방식으로 매칭하려면 다음과 같이 `perl=TRUE`를 지정한다. 여기에서는 'a sma'(a~a), 'ing makes a bi'(i~i), 'ere'(e~e)가 매칭되어 *로 대체된다.[6]

6 `base` 패키지와 `stringr` 패키지의 텍스트 함수는 정규표현식을 다루는 방식에 있어서 다소 차이가 있다. 왜냐하면 정규표현식에는 서로 다른 두 가지 표준이 존재하는데 `base` 패키지는 R의 기본설정인 POSIX 확장 정규표현식을 사용하고 `stringr` 패키지는 Perl 정규표현식을 채택하기 때문이다. R은 이 두 가지 방식을 모두 지원한다. `base` 패키지의 텍스트 함수에 `perl=TRUE`를 추가로 지정하면 `stringr` 패키지의 텍스트 함수와 동일한 방식으로 정규표현식을 다룰 수 있다. 예를 들어, `str_replace_all(txt, "([[:alpha:]]).+\\1", "*")` 및 `str_replace_all(txt, "([[:alpha:]]).+?\\1", "*")`는 각각 `gsub("([[:alpha:]]).+\\1", "*", txt, perl=TRUE)` 및 `gsub("([[:alpha:]]).+?\\1", "*", txt, perl=TRUE)`와 동일한 결과를 출력한다.

```
> gsub("([[:alpha:]]).+?\\1", "*", txt, perl=TRUE)
[1] "# *ll th*g diff*nce #"
```

다음과 같은 HTML 코드로부터 태그 사이의 텍스트(여기에서는 '100%')를 추출하려고 한다.

```
> html <- "<div class='power'>100%</div>"
```

여러 가지 방법이 있을 수 있지만 백레퍼런스를 이용하여 다음과 같이 추출할 수 있다.

```
> gsub("(<.*?>)(.*)(<.*?>)", "\\2", html)
[1] "100%"
```

여기에서 패턴으로 세 개의 문자열 그룹 `(<.*?>)`, `(.*)`, `(<.*?>)`이 정규표현식으로 지정되어 있다. 첫 번째와 세 번째 문자열 그룹에 의해 태그가 매칭되고 두 번째 문자열 그룹에 의해 태그 사이의 텍스트가 매칭되므로 전체 HTML 코드를 백레퍼런스 \2(즉 태그 사이의 텍스트)로 대체하면 추출하려는 텍스트를 얻을 수 있다.

한 가지 예를 더 살펴보자. 미국의 주에는 그 이름이 New로 시작하는 주가 다음과 같이 네 개가 있다. 대소문자 구별 없이 매칭하기 위해서는 `ignore.case=TRUE`를 지정한다.

```
> state.name
 [1] "Alabama"        "Alaska"         "Arizona"        "Arkansas"
 [5] "California"     "Colorado"       "Connecticut"    "Delaware"
…(중략)
[45] "Vermont"        "Virginia"       "Washington"     "West Virginia"
[49] "Wisconsin"      "Wyoming"
> grep("^New", state.name, value=TRUE, ignore.case=TRUE)
[1] "New Hampshire" "New Jersey"     "New Mexico"     "New York"
```

이름이 New로 시작하는 주 가운데 x 또는 y가 포함된 주를 찾아서 New를 대문자 NEW로 바꿔보자. 물론 여러 가지 방법이 있을 수 있지만 여기에서는 백레퍼런스를 이용하여 다음과 같이 해볼 수 있다.

```
> state <- gsub("^New(.*[xy].*)", "NEW\\1", state.name, ignore.case=TRUE)
```

New로 시작하면서 이후에 x 또는 y가 포함된 문자열 패턴을 `(.*[xy].*)`로 그룹화한다. 그런 다음 대문자 NEW와 함께 백레퍼런스 \1로 매칭된 결과(New 이후 나타나는 문자열)를 대체할 문자열로 지정하면 New로 시작하면서 이후에 x 또는 y가 포함된 주 이름의 New 부분이 대문자로 변경된다. 다음과 같이 확인해볼 수 있다. New로 시작 하는 네 개 주 가운데 x 또는 y가 포함된 세 개 주의 시작 이름이 대문자 NEW로 변경되었다.

```
> grep("^New", state, value=TRUE, ignore.case=TRUE)
[1] "New Hampshire" "NEW Jersey"    "NEW Mexico"    "NEW York"
```

예: 전화번호부

가상의 예를 통해 지금까지 살펴본 정규표현식을 정리해보자. 이름과 전화번호가 수록된 다음과 같은 텍스트 데이터를 웹사이트로부터 수집하였다고 가정하자. 이 텍스트로부터 정규표현식을 이용하여 이름과 전화번호를 추출하려고 한다.

```
> telephones <- "Barabasi, Albert-Laszlo917 1843James Bond(02)563-1987(1)John F. Kennedy051-776-5879(123)Dr. Who(062) 324-9576McCartney, J. Paul0648323912"
> telephones
[1] "Barabasi, Albert-Laszlo917 1843James Bond(02)563-1987(1)John F. Kennedy051-776-5879(123)Dr. Who(062) 324-9576McCartney, J. Paul0648323912"
```

먼저 이름과 전화번호가 텍스트 내에 어떤 구조로 표현되어 있는지 살펴볼 필요가 있다. 텍스트는 이름과 전화번호의 쌍으로 이루어져 있으며 모두 다섯 명의 전화번호가 수록되어 있다. 이름에는 알파벳 문자뿐만 아니라 마침표(.), 쉼표(,), 하이픈(-) 등의 문장부호와 공백이 포함되어 있다. 그 밖의 다른 특수 문자는 보이지 않는다. 전화번호는 이름에 비해 매우 불규칙해보인다. 지역코드가 없는 번호도 있으며, 지역코드에 괄호가 있기도 하고 없기도 하다. 또한 번호 사이에 하이픈이 포함되어 있는 전화번호가 있는 반면 그렇지 않은 전화번호도 있다. 전화번호 마지막 괄호 안에 내선번호가 포함된 번호도 눈에 띈다. 이름과 전화번호를 추출하기 위한 정규표현식은 이러한 다양한 구조의 패턴을 수용할 수 있어야 한다.

먼저 이름은 다음과 같이 추출할 수 있다.

```
> name <- unlist(regmatches(telephones, gregexpr("[[:alpha:]., -]{2,}", telephones)))
> name
[1] "Barabasi, Albert-Laszlo" "James Bond"              "John F. Kennedy"
[4] "Dr. Who"                 "McCartney, J. Paul"
```

이름을 추출하기 위해 사용한 정규표현식을 살펴보자. 먼저 문자 클래스 [[:alpha:]]를 이용하여 알파벳 문자를 찾는다. 그런데 이름에는 알파벳 문자뿐만 아니라 마침표, 쉼표, 하이픈, 공백 등이 포함되어 있으므로 이들까지 포함된 정규표현식 [[:alpha:]., -]으로 확장한다. 이때 하이픈은 문자 클래스 내에서 앞이나 뒤에 위치시킨다. 하이픈은 중간에 위치하면 범위를 나타내는 메타문자(즉 대시)로 인식되므로 에러가 발생한다. 그런 다음 지정된 문자들이 최소 두 번 이상 매칭되도록 수량자 {2,}를 지정한다. 수량자를 지정하지 않으면 문자 클래스에 포함된 문자들이 문자 단위로 하나씩 추출된다. 또한 수량자는 최소 두 개 이상의 문자로 구성된 문자열을 추출하도록 지정할 필요가 있다. 그렇지 않으면 전화번호 사이의 하이픈과 공백도 함께 추출된다.

```
> unlist(regmatches(telephones, gregexpr("[[:alpha:]., -]", telephones)))
 [1] "B" "a" "r" "a" "b" "a" "s" "i" "," " " "A" "l" "b" "e" "r" "t" "-" "L" "a" "s"
[21] "z" "l" "o" "-" "J" "a" "m" "e" "s" " " "B" "o" "n" "d" "-" "J" "o" "h" "n" " "
[41] "F" "." " " "K" "e" "n" "n" "e" "d" "y" "-" "-" "D" "r" "." " " "W" "h" "o" " "
[61] "-" "M" "c" "C" "a" "r" "t" "n" "e" "y" "," " " "J" "." " " "P" "a" "u" "l"
> unlist(regmatches(telephones, gregexpr("[[:alpha:]., -]{1,}", telephones)))
 [1] "Barabasi, Albert-Laszlo" "-"                "James Bond"
 [4] "-"                       "John F. Kennedy"  "-"
 [7] "-"                       "Dr. Who"          " "
[10] "-"                       "McCartney, J. Paul"
```

이번에는 다음과 같이 전화번호를 추출해보자.

```
> pattern <- "\\(?(\\d{2,3})?\\)?(-| )?\\d{3}(-| )?\\d{4}\\(?(\\d{1,3})?\\)?"
> phone <- unlist(regmatches(telephones, gregexpr(pattern, telephones)))
> phone
[1] "917 1843"         "(02)563-1987(1)"   "051-776-5879(123)" "(062) 324-9576"
[5] "0648323912"
```

전화번호 추출에 사용된 정규표현식은 다소 복잡해보인다. 이는 텍스트에 포함된 전화번호의 형식이 그만큼 다양하기 때문이다. 정규표현식을 다음과 같이 다섯 부분으로 분해해서 자세히 살펴보자.

▶ \\(?(\\d{2,3})?\\)?: 이 부분은 지역코드를 나타낸다. 가운데 \\d{2,3}은 2~3자리 숫자로 구성된 지역코드를 의미한다. 지역코드를 모든 전화번호가 갖고 있지는 않기 때문에 생략될 수도 있다는 것을 정규표현식으로 나타내야 한다. 이를 위해 이 부분을 괄호로 감싸고 여기에 ?를 추가한다. 지역코드는 앞뒤에 \\(와 \\)를 추가하여 지역코드를 괄호 안에 포함시킨다. 전화번호에 지역코드가 포함되어 있지 않거나 괄호를 사용하지 않으면 이 또한 불필요하기 때문에 생략될 수 있다는 의미로 ?를 뒤에 추가한다.

- (-|)?: 이 부분은 지역코드와 국번 사이의 연결 문자를 나타낸다. 둘 사이에는 -이나 공백으로 연결되어 있다. 그러나 이 또한 없을 수 있기 때문에 전체를 괄호로 감싼 후 ?를 추가한다.
- \\d{3}(-|)?: 이 부분은 국번 및 이어지는 전화번호와의 연결문자를 나타낸다. 국번은 3자리 숫자로 이루어져 있고 전화번호는 -이나 공백으로 연결되어 있다. 앞서와 마찬가지로 연결문자는 없을 수도 있기 때문에 전체를 괄호로 감싼 후 ?를 추가한다.
- \\d{4}: 이 부분은 전화번호 숫자 4자리를 나타낸다.
- \\(?(\\d{1,3})?\\)?: 이 부분은 내선번호를 나타낸다. \\d{1,3}은 1~3자리 숫자로 구성된 내선번호를 의미한다. 내선번호는 모든 전화번호에 포함된 것은 아니기 때문에 전체를 괄호로 감싸고 ?를 추가하여 없을 경우 생략될 수 있도록 한다. 내선번호는 괄호 안에 포함되어야 하므로 앞뒤에 \\(와 \\)를 추가한다. 또한 내선번호가 없으면 생략될 수 있기 때문에 ?를 뒤에 추가한다.

이름과 전화번호를 추출했으므로 이제 이를 이용하여 다음과 같이 데이터프레임 형식으로 전화번호부를 생성할 수 있다.

```
> data.frame(Name=name, Phone=phone)
                   Name            Phone
1 Barabasi, Albert-Laszlo       917 1843
2            James Bond   (02)563-1987(1)
3        John F. Kennedy 051-776-5879(123)
4               Dr. Who    (062) 324-9576
5     McCartney, J. Paul       0648323912
```

참고로 다음 섹션에서 살펴볼 stringr 패키지의 텍스트 처리 함수를 이용하면 다음과 같이 이름과 전화번호를 추출할 수 있다. 함수의 사용 방법이 조금은 덜 복잡해보인다.

```
> library(stringr)
> name <- unlist(str_extract_all(telephones, "[[:alpha:]., -]{2,}"))
> pattern <- "\\(?(\\d{2,3})?\\)?(-| )?\\d{3}(-| )?\\d{4}\\(?(\\d{1,3})?\\)?"
> phone <- unlist(str_extract_all(telephones, pattern))
> data.frame(Name=name, Phone=phone)
                   Name            Phone
1 Barabasi, Albert-Laszlo       917 1843
2            James Bond   (02)563-1987(1)
3        John F. Kennedy 051-776-5879(123)
4               Dr. Who    (062) 324-9576
5     McCartney, J. Paul       0648323912
```

3.2 텍스트 함수

stringr 패키지와 R의 표준패키지인 base 패키지는 정규표현식을 이용하여 텍스트 내 패턴을 탐색하고 처리할 수 있는 다양한 함수를 제공한다. 여기에서는 base 패키지와 stringr 패키지에 포함된 텍스트 처리 함수에 대해 차례대로 살펴본다. 텍스트 처리 함수는 [그림 3-7]과 같은 유형의 텍스트 처리를 지원한다.

base 패키지

패턴검출

패턴검출(pattern detection) 함수는 텍스트 벡터에서 패턴의 존재 여부를 탐색한다. base 패키지의 grep() 함수는 텍스트 벡터 내에 특정 패턴이 존재할 경우 그 패턴과 일치하는 원소의 위치를 인덱스로 반환하거나 해당 원소 자체를 반환한다. 예를 들어, 다음 코드는 세 개의 원소를 갖는 텍스트 벡터로부터 data 문자열을 포함하고 있는 원소의 인덱스를 반환한다.

그림 3-7 **텍스트 처리 유형.** 텍스트 처리 함수는 패턴검출, 패턴위치 탐색, 패턴추출, 패턴치환, 패턴분할 등 패턴을 이용한 다양한 텍스트 처리 작업을 수행한다.

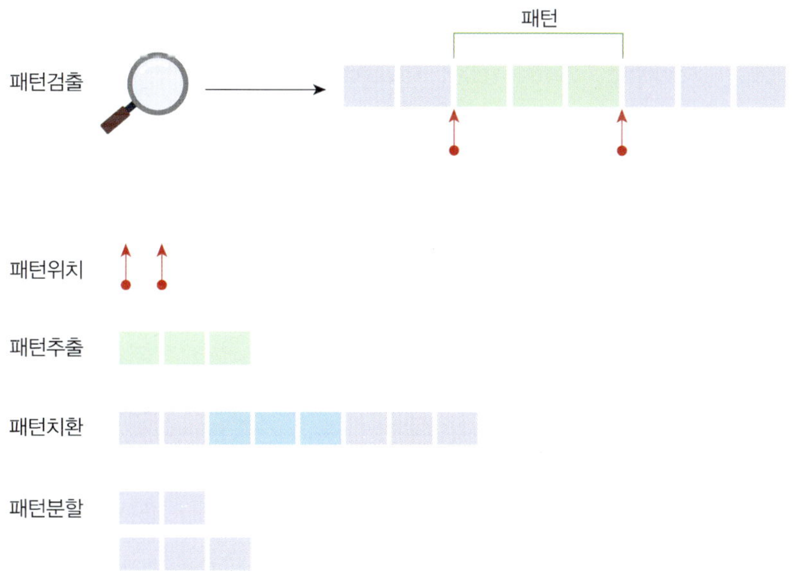

```
> string <- c("data analytics is useful",
+             "business analytics is helpful",
+             "visualization of data is interesting for data scientists")
> grep("data", string)
[1] 1 3
```

인덱스가 아닌 원소값을 출력하려면 다음과 같이 value=TRUE를 인수로 지정한다.

```
> grep("data", string, value=TRUE)
[1] "data analytics is useful"
[2] "visualization of data is interesting for data scientists"
```

이는 다음과 동일하다.

```
> string[grep("data", string)]
[1] "data analytics is useful"
[2] "visualization of data is interesting for data scientists"
```

invert=TRUE 인수를 지정하면 grep() 함수는 역매칭을 수행하여 패턴을 포함하고 있지 않은 원소를 반환한다. 다음 코드는 텍스트 벡터로부터 useful 또는 helpful 문자열을 포함하고 있지 않은 원소를 반환한다.

```
> grep("useful|helpful", string, value=TRUE, invert=TRUE)
[1] "visualization of data is interesting for data scientists"
```

grepl() 함수는 패턴탐색 결과를 인덱스 대신 논리값으로 반환한다. 패턴이 존재하면 TRUE를 반환하고 그렇지 않으면 FALSE를 반환한다. 다음 코드는 각 원소가 data 문자열을 포함하고 있으면 TRUE를 반환하고 그렇지 않으면 FALSE를 반환한다.

```
> grepl("data", string)
[1]  TRUE FALSE  TRUE
```

grepl() 함수는 패턴의 존재 여부를 논리값으로 반환하기 때문에 sum() 함수를 함께 사용하면 텍스트 벡터 내에 패턴이 존재하는 원소의 개수를 쉽게 계산할 수 있다. 다음 코드는 state.name 데이터셋으로부터 New라는 문자열이 포함된 주 이름을 출력하고, sum() 함수를 이용하여 그 개수를 계산한다. 대소문자 구별 없이 매칭하기 위해서는 ignore.case=TRUE를 지정한다.[7]

[7] 이는 base 패키지의 텍스트 함수에 모두 공통적으로 적용된다.

```
> head(state.name)
[1] "Alabama"    "Alaska"     "Arizona"    "Arkansas"   "California" "Colorado"
> grepl("new", state.name, ignore.case=TRUE)
 [1] FALSE FALSE FALSE FALSE FALSE FALSE FALSE FALSE FALSE FALSE FALSE FALSE FALSE
[14] FALSE FALSE FALSE FALSE FALSE FALSE FALSE FALSE FALSE FALSE FALSE FALSE FALSE
[27] FALSE FALSE  TRUE  TRUE  TRUE  TRUE FALSE FALSE FALSE FALSE FALSE FALSE FALSE
[40] FALSE FALSE FALSE FALSE FALSE FALSE FALSE FALSE FALSE FALSE FALSE
> state.name[grepl("new", state.name, ignore.case=TRUE)]
[1] "New Hampshire" "New Jersey"    "New Mexico"    "New York"
> sum(grepl("new", state.name, ignore.case=TRUE))
[1] 4
```

패턴위치

패턴이 문자열 내에서 정확히 어디에 위치하는지 알기 위해서는 패턴위치(pattern location) 함수를 이용한다. regexpr() 함수는 텍스트 벡터의 각 원소(즉 문자열)에서 첫 번째 패턴매칭이 이루어지는 시작 위치와 매칭 길이를 제공한다. 다음 코드는 텍스트 벡터의 각 원소에서 data 문자열이 매칭되는 위치 정보를 제공한다.

```
> regexpr("data", string)
[1]  1 -1 18
attr(,"match.length")
[1]  4 -1  4
attr(,"useBytes")
[1] TRUE
```

첫 번째 출력 결과 '1 −1 18'은 각 원소에서 data 문자열의 첫 매칭이 이루어진 시작 위치를 나타낸다. −1은 매칭된 문자열이 없음을 의미한다. 첫 번째 원소는 첫 번째 문자에서 첫 매칭이 이루어졌고, 두 번째 원소는 해당되는 문자열이 없으며, 세 번째 원소는 18번째 문자에서 첫 매칭이 이루어졌다. 두 번째 출력 결과 '4 −1 4'는 각 원소에서 매칭된 문자열 길이를 나타낸다. −1은 매칭된 문자열이 없음을 의미한다. 첫 번째와 세 번째 원소에서 네 개의 문자로 구성된 문자열(즉 data)이 매칭되었다.

gregexpr() 함수는 regexpr() 함수와 동일한 정보를 제공한다. 다만 첫 매칭이 아닌 모든 매칭에 대해 매칭 시작 위치와 길이를 반환한다. 따라서 결과는 벡터 형식이 아닌 리스트 형식으로 출력된다. 다음 코드는 텍스트 벡터의 각 원소에서 data 문자열이 매칭되는 모든 위치 정보를 제공한다.

```
> gregexpr("data", string)
[[1]]
[1] 1
attr(,"match.length")
[1] 4
attr(,"useBytes")
[1] TRUE

[[2]]
[1] -1
attr(,"match.length")
[1] -1
attr(,"useBytes")
[1] TRUE

[[3]]
[1] 18 42
attr(,"match.length")
[1] 4 4
attr(,"useBytes")
[1] TRUE
```

출력된 리스트의 세 번째 원소를 보면 두 개의 시작 위치 정보(18, 42)가 포함되어 있다. 이는 텍스트 벡터의 세 번째 원소는 data 문자열을 두 개 포함하고 있으며, 각각 18번째와 42번째 문자에서 매칭이 이루어지고 있다는 것을 나타낸다.

패턴추출

텍스트로부터 특정 문자열을 추출하거나 이를 다른 문자열로 치환하는 작업은 빈번히 수행되는 텍스트 전처리 작업 가운데 하나이다. 패턴매칭에 의한 문자열의 추출은 패턴추출(pattern extraction) 함수를 이용한다. regmatches() 함수는 regexpr() 함수나 gregexpr() 함수로부터 산출된 매칭 정보(위치, 길이)를 바탕으로 문자열을 추출한다. regmatches() 함수에 regexpr() 함수가 사용되면 첫 매칭 문자열만 추출되고, gregexpr() 함수가 지정되면 모든 매칭 문자열이 리스트 형식으로 반환된다. 다음 코드는 텍스트 벡터의 각 원소로부터 data 문자열을 추출한다.

```
> regmatches(string, regexpr("data", string))
[1] "data" "data"
```

```
> regmatches(string, gregexpr("data", string))
[[1]]
[1] "data"

[[2]]
character(0)

[[3]]
[1] "data" "data"
```

invert=TRUE 인수를 지정하면 regmatches() 함수는 역매칭을 수행한다. 다음 코드는 텍스트 벡터의 각 원소로부터 data 문자열을 제외한 나머지 문자열을 추출한다.

```
> regmatches(string, gregexpr("data", string), invert=TRUE)
[[1]]
[1] ""                          " analytics is useful"

[[2]]
[1] "business analytics is helpful"

[[3]]
[1] "visualization of "    " is interesting for " " scientists"
```

패턴치환

특정 문자열을 다른 문자열로 치환하려면 sub() 함수나 gsub() 함수와 같은 패턴치환(pattern replacement) 함수를 이용한다. sub() 함수는 첫 번째 매칭되는 문자열만 치환하고 gsub() 함수는 모든 매칭 문자열을 치환한다. 다음 코드의 sub() 함수는 텍스트 벡터로부터 data 문자열을 찾아 매칭되는 첫 번째 문자열만 text 문자열로 대체한다.

```
> sub("data", "text", string)
[1] "text analytics is useful"
[2] "business analytics is helpful"
[3] "visualization of text is interesting for data scientists"
```

매칭되는 data 문자열을 모두 text 문자열로 치환하려면 다음과 같이 gsub() 함수를 이용한다.

```
> gsub("data", "text", string)
[1] "text analytics is useful"
[2] "business analytics is helpful"
[3] "visualization of text is interesting for text scientists"
```

패턴분할

패턴을 구분자로 사용한 문자열 분할은 패턴분할(pattern split) 함수를 이용한다. strsplit() 함수는 주어진 패턴을 바탕으로 문자열을 분할한다. strsplit() 함수의 첫 번째 인수(x)에는 텍스트 벡터를 지정하고 두 번째 인수(split)에는 분할을 위해 구분자로 사용할 문자열 패턴을 지정한다. 다음 코드는 공백을 구분자로 사용하여 문자열을 분할한다.

```
> strsplit(x=string, split=" ")
[[1]]
[1] "data"      "analytics" "is"        "useful"

[[2]]
[1] "business"  "analytics" "is"        "helpful"

[[3]]
[1] "visualization" "of"            "data"          "is"            "interesting"
[6] "for"           "data"          "scientists"
```

공백을 기준으로 텍스트가 분할되므로 단어가 추출된다. 결과는 리스트 형식으로 출력되기 때문에 이를 벡터로 변환하기 위해서는 unlist() 함수를 이용한다. 이때 unique() 함수를 함께 사용하면 중복된 단어를 제거할 수 있다.

```
> unlist(strsplit(string, " "))
 [1] "data"          "analytics"     "is"            "useful"        "business"
 [6] "analytics"     "is"            "helpful"       "visualization" "of"
[11] "data"          "is"            "interesting"   "for"           "data"
[16] "scientists"
> unique(unlist(strsplit(string, " ")))
 [1] "data"          "analytics"     "is"            "useful"        "business"
 [6] "helpful"       "visualization" "of"            "interesting"   "for"
[11] "scientists"
```

stringr 패키지

base 패키지의 기본적인 텍스트 처리 함수와 유사하게 stringr 패키지 또한 정규표현식을 지원하는 다양한 함수를 제공한다. stringr 패키지는 base 패키지에서 제공하는 패턴검출, 패턴위치, 패턴추출, 패턴치환, 패턴분할 함수를 동일하게 갖고 있으며, 일부 함수는 base 패키지에서 지원하지 않는 추가 기능을 제공한다.

stringr 패키지의 함수는 또한 일관된 형식을 제공한다. 대부분의 경우 str_*whatever*() 또는 str_*whatever*_all()과 같은 형식을 갖는다. 전자는 첫 번째 매칭 결과만을 처리하고 후자는 모든 매칭 결과를 처리한다. 여기에서 *whatever*는 문자열 위치 탐색(locate), 문자열 추출(extract, match), 문자열 치환(replace) 등의 텍스트 처리 요청을 나타낸다. stringr 패키지의 함수는 base 패키지에서 제공하는 함수와 달리 첫 번째 인수(string)에 텍스트 벡터를 지정하고 두 번째 인수(pattern)에 문자열 패턴을 지정한다. 추가로 필요한 인수는 그 이후에 지정한다.

패턴검출

텍스트 내에 문자열 패턴의 존재 여부를 확인하기 위해서는 다음과 같이 str_detect() 함수를 이용한다. 텍스트에 패턴이 존재하면 TRUE를 반환하고 그렇지 않으면 FALSE를 반환한다. 이는 base 패키지의 grepl() 함수와 동일하다.

```
> library(stringr)
> string <- c("data analytics is useful",
+             "business analytics is helpful",
+             "visualization of data is interesting for data scientists")
> str_detect(string=string, pattern="data")
[1]  TRUE FALSE  TRUE
```

패턴매칭은 대소문자를 구별하기 때문에 텍스트 처리 함수는 data와 DATA를 서로 다른 문자열로 인식한다. 텍스트 벡터에 data는 포함되어 있지만 DATA는 없으므로 다음 코드는 텍스트 벡터의 각 원소에 대해 모두 FALSE를 반환한다.

```
> str_detect(string, "DATA")
[1] FALSE FALSE FALSE
```

대문자와 소문자를 구별하지 않고 패턴매칭을 하려면 fixed() 함수를 이용한다. 다음과 같이 fixed() 함수에 ignore_case=TRUE를 지정하여 패턴의 대소문자 구별을 무시할 수 있다.[8]

8 이는 stringr 패키지의 텍스트 함수에 모두 공통적으로 적용된다.

```
> str_detect(string, fixed("DATA", ignore_case=TRUE))
[1]  TRUE FALSE  TRUE
```

fixed() 함수는 문자 패턴을 정규표현식이 아닌 있는 그대로의 형태로 매칭하려고 할 때 유용하다. 예를 들어, 다음 코드에서 패턴 a.z는 정규표현식으로 간주된다. 따라서 a.z의 .는 임의의 문자를 나타내므로 a□z 형태의 모든 문자열(즉 abz, ayz, a.z)이 매칭된다.

```
> str_detect(c("abz", "ayz", "a.z"), "a.z")
[1] TRUE TRUE TRUE
```

이때 a.z를 있는 그대로의 형태로 매칭하려면 다음과 같이 fixed() 함수를 사용한다. .는 더 이상 정규표현식에서의 특수한 의미로 해석되지 않으며, 따라서 a.z만이 본래의 형태 그대로 매칭된다.

```
> str_detect(c("abz", "ayz", "a.z"), fixed("a.z"))
[1] FALSE FALSE  TRUE
```

이는 다음과 같이 정규표현식에 이스케이프 시퀀스를 사용한 것과 동일하다.

```
> str_detect(c("abz", "ayz", "a.z"), "a\\.z")
[1] FALSE FALSE  TRUE
```

패턴위치

패턴이 매칭된 정확한 위치를 알기 위해서는 str_locate() 함수와 str_locate_all() 함수를 이용한다. str_locate() 함수는 첫 매칭이 이루어진 문자열의 시작 위치와 종료 위치를 행렬 형식으로 제공한다. str_locate_all() 함수는 모든 매칭 문자열에 대해 시작 위치와 종료 위치를 리스트 형식으로 제공한다. 리스트의 각 원소는 텍스트 벡터의 각 원소에 대응되며 행렬 형식을 갖는다. 이 두 함수는 각각 base 패키지의 regexpr() 함수 및 gregexpr() 함수와 유사한 정보를 제공한다.

```
> str_locate(string, "data")
     start end
[1,]     1   4
[2,]    NA  NA
[3,]    18  21
```

```
> str_locate_all(string, "data")
[[1]]
     start end
[1,]     1   4

[[2]]
     start end

[[3]]
     start end
[1,]    18  21
[2,]    42  45
```

패턴추출

문자열 추출은 str_extract() 함수와 str_extract_all() 함수를 이용한다. str_extract() 함수는 첫 번째 매칭된 문자열을 추출하며 str_extract_all() 함수는 모든 매칭 문자열을 추출한다. 이 두 함수는 base 패키지의 regmatches() 함수와 동일한 기능을 수행한다.

```
> str_extract(string, "data")
[1] "data" NA     "data"
> str_extract_all(string, "data")
[[1]]
[1] "data"

[[2]]
character(0)

[[3]]
[1] "data" "data"
```

str_extract_all() 함수는 문자열 추출 결과를 리스트 형식으로 반환한다. simplify=TRUE를 지정하면 다음과 같이 행렬 형식으로 결과를 출력할 수 있다.

```
> str_extract_all(string, "data", simplify=TRUE)
     [,1]   [,2]
[1,] "data" ""
[2,] ""     ""
[3,] "data" "data"
```

만일 추출된 문자열 자체에만 관심이 있다면 unlist() 함수를 이용하여 다음과 같이 문자 벡터로 변환한다.

```
> unlist(str_extract_all(string, "data"))
[1] "data" "data" "data"
```

정규표현식을 이용하여 문자열을 추출할 때 매칭 패턴을 소괄호 ( )로 그룹화하여 매칭 결과를 그룹별로 추출할 수 있다. str_match() 함수는 첫 번째 매칭된 문자열과 함께 정규표현식의 각 그룹별 매칭 결과를 행렬 형식으로 제공한다. 첫 번째 열은 전체 매칭 결과이고 두 번째 이후의 나머지 열은 각 그룹별 매칭 결과이다. stringr 패키지에 포함된 sentences 데이터셋의 처음 다섯 개 텍스트로부터 관사가 붙은 단어를 추출해보자.

```
> sentences5 <- sentences[1:5]
> sentences5
[1] "The birch canoe slid on the smooth planks."
[2] "Glue the sheet to the dark blue background."
[3] "It's easy to tell the depth of a well."
[4] "These days a chicken leg is a rare dish."
[5] "Rice is often served in round bowls."
```

str_extract() 함수를 이용하여 다음과 같이 관사와 함께 사용된 단어를 추출할 수 있다. 정규표현식의 첫 번째 그룹은 관사를 매칭하고 두 번째 그룹은 단어를 매칭한다. 각 텍스트로부터 첫 번째 매칭된 문자열이 추출되었다.

```
> str_extract(sentences5, "(a|A|the|The) (\\w+)")
[1] "The birch" "the sheet" "the depth" "a chicken" NA
```

str_match() 함수는 str_extract() 함수의 결과를 행렬의 첫 번째 열로 제공하고 두 번째 열 이후에 각 소괄호에 의해 매칭된 그룹별 매칭 결과를 제공한다.

```
> str_match(sentences5, "(a|A|the|The) (\\w+)")
     [,1]        [,2]  [,3]
[1,] "The birch" "The" "birch"
[2,] "the sheet" "the" "sheet"
[3,] "the depth" "the" "depth"
[4,] "a chicken" "a"   "chicken"
[5,] NA          NA    NA
```

여기에서 첫 번째 열은 전체 매칭 결과(관사 + 단어 부분)이고, 두 번째 열은 첫 번째 그룹의 정규표현식에 의해 매칭된 결과(관사 부분)이며, 세 번째 열은 두 번째 그룹의 정규표현식에 의해 매칭된 결과(단어 부분)이다.

str_match_all() 함수는 모든 매칭 문자열에 대해 전체 매칭 결과와 함께 그룹별 매칭 결과를 제공한다. str_match() 함수와 달리 리스트 형식으로 출력된다. 리스트의 각 원소는 행렬로 구성되며 텍스트별 모든 매칭 결과가 그룹별 매칭 결과와 함께 제공된다.

```
> str_extract_all(sentences5, "(a|A|the|The) (\\w+)")
[[1]]
[1] "The birch"  "the smooth"

[[2]]
[1] "the sheet" "the dark"

[[3]]
[1] "the depth" "a well"

[[4]]
[1] "a chicken" "a rare"

[[5]]
character(0)

> str_match_all(sentences5, "(a|A|the|The) (\\w+)")
[[1]]
     [,1]         [,2]  [,3]
[1,] "The birch"  "The" "birch"
[2,] "the smooth" "the" "smooth"

[[2]]
     [,1]        [,2]  [,3]
[1,] "the sheet" "the" "sheet"
[2,] "the dark"  "the" "dark"

[[3]]
     [,1]        [,2]  [,3]
[1,] "the depth" "the" "depth"
[2,] "a well"    "a"   "well"
```

```
[[4]]
     [,1]        [,2] [,3]
[1,] "a chicken" "a"  "chicken"
[2,] "a rare"    "a"  "rare"

[[5]]
    [,1] [,2] [,3]
```

str_match() 함수와 str_match_all() 함수는 정규표현식에 의한 매칭 결과를 매칭되는 요소별로 분해해서 데이터를 추출하려고 할 때 유용하다. 예를 들어, 앞서 '3.1 정규표현식'에서 다루었던 전화번호부 추출 예의 경우 다음과 같이 이름과 전화번호 추출 정규표현식을 각각 그룹화한 후 str_match_all() 함수를 이용하여 이들의 매칭 결과를 행렬 형식으로 개별적으로 저장할 수 있다.

```
> telephones <- "Barabasi, Albert-Laszlo917 1843James Bond(02)563-1987(1)John F.
Kennedy051-776-5879(123)Dr. Who(062) 324-9576McCartney, J. Paul0648323912"
> name.pattern <- "([[:alpha:]., -]{2,})"
> phone.pattern <- "(\\(?(\\d{2,3})?\\)?(-| )?\\d{3}(-| )?\\d{4}\\(?(\\d{1,3})?\\)?)"
> phonebook <- str_match_all(telephones, paste0(name.pattern, phone.pattern))
> phonebook <- phonebook[[1]]
> phonebook
     [,1]                                   [,2]                      [,3]
[1,] "Barabasi, Albert-Laszlo917 1843       "Barabasi, Albert-Laszlo" "917 1843"
[2,] "James Bond(02)563-1987(1)"            "James Bond"              "(02)563-1987(1)"
[3,] "John F. Kennedy051-776-5879(123)"     "John F. Kennedy"         "051-776-5879(123)"
[4,] "Dr. Who(062) 324-9576"                "Dr. Who"                 "(062) 324-9576"
[5,] "McCartney, J. Paul0648323912"         "McCartney, J. Paul"      "0648323912"
     [,4]  [,5] [,6] [,7]
[1,] NA    NA   "-"  NA
[2,] "02"  NA   "-"  "1"
[3,] "051" "-"  "-"  "123"
[4,] "062" " "  "-"  NA
[5,] "064" NA   NA   NA
```

이름 추출 결과는 행렬의 두 번째 열에 포함되어 있고 전화번호 추출 결과는 행렬의 세 번째 열에 저장되어 있다(나머지 열은 전화번호 추출 정규표현식 내의 그룹화된 부분 매칭 결과이다). 결과 행렬로부터 이름과 전화번호를 각각 다음과 같이 추출한다.

```
> phonebook[,2]
[1] "Barabasi, Albert-Laszlo" "James Bond"              "John F. Kennedy"
[4] "Dr. Who"                 "McCartney, J. Paul"
> phonebook[,3]
[1] "917 1843"          "(02)563-1987(1)"   "051-776-5879(123)" "(062) 324-9576"
[5] "0648323912"
> data.frame(Name=phonebook[,2], Phone=phonebook[,3])
                     Name             Phone
1 Barabasi, Albert-Laszlo          917 1843
2              James Bond   (02)563-1987(1)
3         John F. Kennedy 051-776-5879(123)
4                 Dr. Who    (062) 324-9576
5      McCartney, J. Paul        0648323912
```

패턴치환

패턴매칭된 문자열을 다른 문자열로 대체하기 위해서는 str_replace() 함수와 str_replace _all() 함수를 이용한다. str_replace() 함수는 첫 번째 매칭된 문자열을 치환하고 str_replace _all() 함수는 매칭된 문자열을 모두 대체한다. 텍스트 벡터와 문자열 패턴을 첫 번째 인수와 두 번째 인수로 차례로 지정하고 세 번째 인수(replacement)에는 치환할 문자열을 지정한다. 이 두 함수는 각각 base 패키지의 sub() 함수 및 gsub() 함수와 동일하다.

```
> str_replace(string=string, pattern="data", replacement="text")
[1] "text analytics is useful"
[2] "business analytics is helpful"
[3] "visualization of text is interesting for data scientists"
> str_replace_all(string, "data", "text")
[1] "text analytics is useful"
[2] "business analytics is helpful"
[3] "visualization of text is interesting for text scientists"
```

패턴분할

문자열의 분할은 str_split() 함수를 이용한다. 이는 base 패키지의 strsplit() 함수와 동일하다. 다음과 같이 텍스트를 공백으로 분할하여 단어만 추출할 수 있다.

```
> str_split(string, " ")
[[1]]
[1] "data"      "analytics" "is"        "useful"

[[2]]
[1] "business"  "analytics" "is"        "helpful"

[[3]]
[1] "visualization" "of"            "data"          "is"            "interesting"
[6] "for"           "data"          "scientists"
```

분할 결과는 리스트로 출력되기 때문에 문자 벡터로 변환하려면 다음과 같이 `unlist()` 함수를 이용한다.

```
> unlist(str_split(string, " "))
 [1] "data"          "analytics"     "is"            "useful"        "business"
 [6] "analytics"     "is"            "helpful"       "visualization" "of"
[11] "data"          "is"            "interesting"   "for"           "data"
[16] "scientists"
> unique(unlist(str_split(string, " ")))
 [1] "data"          "analytics"     "is"            "useful"        "business"
 [6] "helpful"       "visualization" "of"            "interesting"   "for"
[11] "scientists"
```

분할 후 생성할 문자열의 개수를 `n` 인수에 지정할 수 있다. 예를 들어, 공백을 구분자로 사용하여 텍스트를 분할하되 분할된 문자열을 최대 세 개까지만 허용하고 싶다면 다음과 같이 `n=3`을 인수로 지정한다. 리스트가 아닌 행렬 형식으로 출력하려면 `simplify=TRUE`를 지정한다.

```
> str_split(string, " ", n=3)
[[1]]
[1] "data"       "analytics"  "is useful"

[[2]]
[1] "business"   "analytics"  "is helpful"

[[3]]
[1] "visualization"                              "of"
[3] "data is interesting for data scientists"
```

```
> str_split(string, " ", n=3, simplify=TRUE)
     [,1]            [,2]        [,3]
[1,] "data"          "analytics" "is useful"
[2,] "business"      "analytics" "is helpful"
[3,] "visualization" "of"        "data is interesting for data scientists"
```

그 밖의 유용한 함수

텍스트 전처리 과정에서 텍스트 내 문자의 개수를 아는 것이 필요할 때가 있다. 다음과 같이 str_length() 함수를 이용한다. 공백을 포함한 문자의 개수가 반환된다.

```
> str_length(string)
[1] 24 29 56
```

텍스트 내에서 특정 문자열이 몇 번 출현하는지가 궁금할 수도 있다. 다음과 같이 str_count() 함수를 이용하여 텍스트 벡터 내 각 원소별로 문자열 출현 횟수를 계산할 수 있다.

```
> str_count(string, "data")
[1] 1 0 2
```

다음 코드는 단어의 출현 횟수를 계산한다.

```
> str_count(string, "\\w+")
[1] 4 4 8
```

str_pad() 함수는 텍스트의 양쪽 끝에 공백이나 여타 다른 문자를 채워넣을 수 있다. 예를 들어, 다음 코드는 텍스트의 왼쪽 끝에 공백을 채워넣어 모든 텍스트의 길이를 동일하게 맞춘다.

```
> str_pad(string=c("a", "abc", "abcde"), width=6, side="left", pad=" ")
[1] "     a" "   abc" " abcde"
```

str_pad() 함수의 첫 번째 인수(string)에는 대상 텍스트를 지정한다. 두 번째 인수(width)에는 문자를 채워넣은 후의 최종 텍스트 길이(즉 문자 개수)를 지정한다. 세 번째 인수(side)에는 문자를 채워넣을 방향을 지정한다. left, right, both를 지정할 수 있다(기본값은 left). 네 번째 인수(pad)에는 채워넣을 문자를 지정한다(기본값은 공백(" ")).

10 미만의 숫자 앞에 0을 붙여 1부터 12까지의 숫자를 모두 동일하게 두 자리가 되도록 만들고 싶다고

하자. 그러면 다음과 같이 str_pad() 함수를 이용할 수 있다. 날짜 텍스트를 전처리할 때 월을 두 자리로 만들어야 할 경우 유용하다.

```
> mon <- c(1:12)
> str_pad(mon, 2, side="left", pad="0")
 [1] "01" "02" "03" "04" "05" "06" "07" "08" "09" "10" "11" "12"
```

str_trim() 함수는 텍스트의 양쪽 끝 공백을 제거한다. 먼저 str_pad() 함수를 이용하여 다음과 같이 텍스트의 양쪽 끝에 공백을 추가해보자.

```
> str.pad <- str_pad(string, max(str_length(string)), side="both", pad=" ")
> str.pad
[1] "                data analytics is useful                "
[2] "             business analytics is helpful              "
[3] "visualization of data is interesting for data scientists"
```

str_trim() 함수는 두 번째 인수(side)에 지정된 방향의 공백을 제거한다. 다음과 같이 str_pad() 함수에 의해 텍스트의 양쪽에 삽입되었던 공백이 제거되었다.

```
> str_trim(string=str.pad, side="both")
[1] "data analytics is useful"
[2] "business analytics is helpful"
[3] "visualization of data is interesting for data scientists"
```

텍스트를 결합할 때 str_c() 함수를 사용하면 편리하다. base 패키지의 paste() 함수와 유사한 작업을 수행한다. str_c() 함수는 기본적으로 공백 없이 문자열을 결합한다. sep 인수에는 텍스트 결합에 사용할 구분자를 지정한다.

```
> str_c("data", "mining")
[1] "datamining"
> str_c("data", "mining", sep=" ")
[1] "data mining"
```

결합할 텍스트 벡터의 길이가 다르면 재사용 규칙(recycle rule)이 적용되어 길이가 짧은 벡터가 반복 사용된다. 예를 들어, 다음과 같이 'is useful'이 두 번 사용되어 결합된다.

```
> str.mining <- str_c(c("data mining", "text mining"), "is useful", sep=" ")
> str.mining
[1] "data mining is useful" "text mining is useful"
```

결합으로 생성한 문자열 벡터를 모두 연결하여 하나의 단일 텍스트 벡터로 변환하려면 collapse 인수에 연결할 문자를 지정한다. 예를 들어, 다음 코드는 생성된 두 개의 문자열 벡터를 ;으로 결합하여 하나의 텍스트로 반환한다.

```
> str_c(str.mining, collapse="; ")
[1] "data mining is useful; text mining is useful"
```

collapse 인수를 사용한 예를 하나 더 살펴보자. 다음 코드는 결합된 문자열 벡터를 새라인을 나타내는 이스케이프 시퀀스(\n)로 연결하여 두 개 행에 걸쳐 출력한다.

```
> str_c(str.mining, collapse="\n")
[1] "data mining is useful\ntext mining is useful"
> cat(str_c(str.mining, collapse="\n"))
data mining is useful
text mining is useful
```

끝으로 문자열의 일부를 추출하는 함수를 살펴보자. str_sub() 함수는 문자열의 위치 정보를 이용하여 부분 문자열(substring)을 추출한다. 다음과 같이 start 인수와 end 인수에 추출하려는 문자열의 시작 문자 위치와 종료 문자 위치를 지정한다. 다음 코드는 시작 위치와 종료 위치가 각각 첫 번째 문자와 네 번째 문자인 문자열을 추출한다.

```
> str_sub(string=str.mining, start=1, end=4)
[1] "data" "text"
```

문자열의 일부를 추출한 후 다른 문자열로 대체하기 위해서는 다음과 같이 할당 연산자(<-)를 이용한다. str_sub() 함수에 의해 추출된 다섯 번째 문자, 즉 공백이 -으로 치환된다.

```
> str_sub(str.mining, 5, 5) <- "-"
> str.mining
[1] "data-mining is useful" "text-mining is useful"
```

str_sub() 함수의 start 인수와 end 인수에는 음수를 지정할 수 있다. 음수를 지정하면 시작 문자 위치와 종료 문자 위치를 결정할 때 문자의 개수를 끝에서부터 거꾸로 센다. 다음 코드는 추출하려는 문자열이 끝에서 두 번째부터 시작한다는 의미이므로 마지막 두 개 문자로 구성된 문자열을 추출한다.

```
> str_sub(string="abcdefg", start=-2)
[1] "fg"
```

다음 코드는 추출하려는 문자열의 종료 위치가 끝에서 세 번째 문자라는 것을 나타내므로 마지막 두 개 문자를 제외한 문자열을 추출한다.

```
> str_sub(string="abcdefg", end=-3)
[1] "abcde"
```

3.3 인코딩

웹사이트로부터 텍스트 데이터를 추출할 때면 종종 한글이 깨지는 문제에 부딪치게 된다. 한글 깨짐 현상은 다양한 이유로 발생하기 때문에 이러한 문제를 한꺼번에 해결할 수 있는 단 한 가지 방법은 존재하지 않는다. 그러나 한글 깨짐 현상은 일반적으로 문자 인코딩(character encoding)과 관련하여 발생하기 때문에 인코딩에 대한 기본적인 이해가 있으면 문제 해결에 도움이 될 수 있다.

문자 인코딩이란 사람이 읽을 수 있는 문자를 컴퓨터에서 사용할 수 있도록 문자 코드(character code)로 부호화하는 방법을 가리킨다. 예를 들어, 알파벳 A는 이진수로 나타낸 코드값 01000001로 표현된다. 문자와 코드값 간에는 둘 간의 대응 관계를 나타내는 변환 테이블이 있어서 이를 통해 문자와 코드값 간 변환이 이루어진다. 이 테이블을 문자셋(character set) 또는 코드페이지(code page)라고 한다. 그런데 세상에는 많은 다양한 언어가 있기 때문에 이 언어들을 표현하는 고유한 문자 또한 다양하다. 예를 들어, 키릴 문자, 아랍 문자, 그리스 문자 등에는 서유럽 언어에서 사용하는 알파벳 문자가 아닌 고유의 특수한 문자가 포함되어 있다. 한글도 여기에 해당한다. 따라서 문자와 코드값 간에는 이 언어들의 변환을 수용하기 위한 다양한 변환 테이블이 존재하게 된다.

그런데 문제는 이처럼 문자를 변환하는 테이블이 다양하게 존재하기 때문에 어떤 테이블이 문자를 인코딩하는 데 사용되었는지 정확히 모르면 인코딩된 코드값이 어떤 문자인지 제대로 파악하기 어렵다는 데 있다. 따라서 텍스트 데이터를 생성할 때의 인코딩 방식과 이를 처리할 시스템에서 사용하는 인코딩 방식이 다르면, 즉 변환 테이블이 서로 다르면 텍스트 데이터는 원래의 문자대로 표현되지 못하고 깨지는 현상이 발생하게 된다.

R은 운영체제에서 채택하고 있는 인코딩 방식에 따라 텍스트를 처리한다. 한글 윈도우의 경우 운영체제에 내장된 로케일(locale)에 따라서 텍스트 인코딩을 수행한다.9 현재의 로케일 설정 내용을 보려면 다음과 같이 `Sys.getlocale()` 함수를 이용한다. 현재의 로케일 설정이 한글 윈도우 운영체제하에서 한글 버전 R 설치 당시의 상태 그대로라면 다음과 같이 한국 로케일 설정이 출력된다.

9 로케일은 언어, 화폐, 숫자, 날짜 등에 대한 로컬 사용 환경을 설정한 환경변수를 의미한다. 사용 중인 컴퓨터의 숫자와 화폐 관련 로케일을 보려면 `Sys.localeconv()` 함수를 이용한다. R은 설치 시 운영체제의 정보를 바탕으로 로케일을 설정한다.

```
> Sys.getlocale()
[1] "LC_COLLATE=Korean_Korea.949;LC_CTYPE=Korean_Korea.949;LC_MONETARY=Korean_
Korea.949;LC_NUMERIC=C;LC_TIME=Korean_Korea.949"
```

현재 로케일에서 사용 중인 문자셋은 LC_CTYPE 카테고리에서 확인할 수 있다. 한글 윈도우의 경우에는 다음과 같이 Korean_Korea.949로 설정되어 있다.[10]

```
> Sys.getlocale(category="LC_CTYPE")
[1] "Korean_Korea.949"
```

숫자 949 뒤에 숨겨져 있는 실제 문자 인코딩명은 CP949로서 한글 윈도우에서 기본적으로 채택하고 있는 인코딩 방식이다. 다음과 같이 localeToCharset() 함수를 이용하여 현재 시스템에서 채택하고 있는 인코딩명을 확인할 수 있다.[11]

```
> localeToCharset()
[1] "CP949"
```

R에서의 인코딩 과정에 대한 이해를 위해 다음과 같은 한글을 포함하고 있는 텍스트를 만들어보자. 여기에서는 한글 윈도우 환경을 가정한다.

```
> star <- "별 헤는 밤, Copyright 1941. 윤동주."
> star
[1] "별 헤는 밤, Copyright 1941. 윤동주."
```

한글 윈도우 환경에서는 입력과 출력 모두 기본적으로 CP949 인코딩을 가정한다. 따라서 한글이 입력된 텍스트는 아무런 인코딩상의 문제 없이 정상적으로 출력된다. 그런데 다음과 같이 Encoding() 함수로 텍스트에 선언된 인코딩을 확인해보면 CP949가 아닌 unknown이다. 왜냐하면 R에서 텍스트는 latin1, UTF-8, bytes 등 세 가지로만 인코딩되도록 선언될 수 있기 때문이다. 따라서 이 세 가지에 해당하지 않으면 모두 unknown으로 간주된다.

```
> Encoding(star)
[1] "unknown"
```

---

10 LC_COLLATE 카테고리 또한 문자셋과 관련된 로케일을 나타낸다. 이 카테고리에는 로케일에 따른 문자 비교 방법이 지정된다. 한글 윈도우를 사용할 경우 Korean_Korea.949가 지정되며 문자열 소팅(sorting) 시 한글 체계에 따라 소팅이 이루어진다.

11 CP949에서 CP란 Code Page를 의미하며 마이크로소프트사가 도입한 확장 완성형(또는 통합형) 한글 인코딩 체계이다. 완성형 한글 인코딩 체계인 EUC-KR(Extended Unix Code-KR)을 확장하여 현대의 거의 모든 한글을 수용할 수 있게 만들어졌다(EUC-KR은 2,350개의 한글 글자를, CP949는 11,172개의 한글 글자를 표현할 수 있다). 리눅스(Linux) 운영체제나 애플 컴퓨터의 맥OS(macOS)는 유니코드 표준 인코딩 방법인 UTF-8을 사용한다.

unknown으로 선언된 텍스트의 인코딩 방식은 시스템의 로케일을 통해 유추할 수 있다. 앞에서 `localeToCharset()` 함수를 이용하여 확인했듯이 텍스트에 적용된 실제 인코딩 방식은 CP949 이다.

```
> localeToCharset()
[1] "CP949"
```

`iconv()` 함수를 이용하여 텍스트에 적용된 인코딩 방식을 변경할 수 있다. 예를 들어, 다음 코드는 텍스트의 인코딩 변환 테이블을 현 시스템 로케일의 기본 인코딩인 CP949에서 유니코드 인코딩인 UTF-8으로 변환한다.[12] 그러면 텍스트는 이제 UTF-8으로 인코딩된 문자열로 변경된다. UTF-8은 유니코드 인코딩이기 때문에 여전히 한글은 정상적으로 잘 출력된다.

12 UTF-8(Unicode Transformation Format – 8-bit)은 유니코드(unicode) 한 문자를 1바이트(byte, 즉 8 bits)에서 4바이트까지 사용하여 나타낸다. 따라서 한글과 같은 멀티바이트 문자(multi-byte character)를 비롯한 세계 각국의 다양한 문자를 수용할 수 있어 국제표준으로 널리 사용되고 있다. 한글을 2바이트로 표현하는 EUC-KR이나 CP949와 달리 UTF-8에서 한글은 3바이트로 표현된다. UTF-8은 1,112,064개의 문자를 표현할 수 있다.

```
> star2 <- iconv(x=star, from=localeToCharset(), to="UTF-8")
> Encoding(star2)
[1] "UTF-8"
> star2
[1] "별 헤는 밤, Copyright 1941. 윤동주."
```

이제 한글이 깨지는 현상을 한번 재현해보자. UTF-8 형식으로 인코딩 변경된 텍스트를 시스템으로 하여금 마치 원래 CP949 인코딩으로 생성되었던 것처럼 인식하도록 한다. 이를 위해서 다음과 같이 `Encoding()` 함수를 이용하여 텍스트의 인코딩 선언을 CP949 인코딩으로 재설정한다. 그러면 시스템은 이 텍스트를 CP949로 인코딩된 것으로 간주한다.

```
> Encoding(star2) <- "CP949"
```

그리고 텍스트를 출력하면 다음과 같은 한글 깨짐 현상이 발생한다. 시스템은 CP949 인코딩 테이블에 따라 문자를 변환하려고 하는데 실제 텍스트는 UTF-8으로 인코딩되었기 때문에 발생하는 현상이다.

```
> star2
[1] "蹂<84> <ed>뿤<eb>뒬 諛<a4>, Copyright 1941. <ec>씱<eb>紐二<bc>."
```

웹사이트를 방문하거나 웹사이트로부터 텍스트를 추출했을 때 간혹 접하게 되는 한글 깨짐 현상은 지금처럼 인코딩 테이블의 불일치에 기인한 경우가 많다. 다음처럼 인코딩 방식을 일치시키면 종전과 같이 한글 깨짐 현상이 더 이상 발생하지 않는다.

```
> Encoding(star2) <- "UTF-8"
> star2
[1] "별 헤는 밤, Copyright 1941. 윤동주."
```

R에는 현재 374개의 인코딩 테이블이 등록되어 있다. 인코딩 방식의 전체 목록은 다음과 같이 iconvlist() 함수를 이용하여 살펴볼 수 있다.

```
> length(iconvlist())
[1] 374
> sample(iconvlist(), 10)
 [1] "x-iscii-ka"  "IBM865"      "x-cp20936"   "windows-1256"  "CP950"
 [6] "ISO_8859-1"  "CP949"       "x-mac-ce"    "iso_8859-7"    "IBM284"
```

지금까지 살펴본 것처럼 한글 깨짐을 방지하기 위해서는 먼저 다루고자 하는 텍스트가 어떤 인코딩 방식을 채택하고 있는지 알 필요가 있다. readr 패키지에 포함된 guess_encoding() 함수를 이용하면 웹사이트의 인코딩 정보를 확인할 수 있다. 첫 번째 인수(file)에 텍스트 또는 웹페이지 주소를 지정한다. guess_encoding() 함수는 문자셋 검출 알고리즘을 이용하여 사용 가능성이 높은 인코딩 방식을 신뢰도가 높은 순으로 알려준다. 예를 들어, 다음 코드는 네이버 웹사이트 (https://www.naver.com)의 UTF-8 인코딩 가능성이 100%라는 것을 보여준다.

```
> library(readr)
> guess_encoding(file="https://www.naver.com")
# A tibble: 2 x 2
  encoding      confidence
  <chr>              <dbl>
1 UTF-8               1
2 windows-1252        0.33
```

또한 대부분의 웹사이트는 HTML 문서의 헤더(header)에 인코딩 정보가 포함되어 있다. 많은 경우 <meta> 태그의 charset 속성에서 인코딩 정보를 찾을 수 있다. 예를 들어, 다음과 같이 네이버 웹사이트의 <meta> 태그 내 charset 속성을 보면 웹사이트 인코딩이 UTF-8으로 이루어졌음을 알 수 있다.

```
> library(stringr)
> html <- readLines(con="https://www.naver.com")
> unlist(str_extract_all(html, "<meta.+?>"))[1:2]
[1] "<meta charset=\"utf-8\">"
[2] "<meta http-equiv=\"X-UA-Compatible\" content=\"IE=edge\">"
```

이러한 인코딩 정보는 웹페이지 소스(즉 HTML 문서의 콘텐츠)를 읽어올 때 필요할 수 있다. 웹스크레이핑할 때 인코딩 정보를 올바르게 제공하지 않으면 깨짐 현상이 발생하기도 하지만, 예를 들어 다음과 같이 HTML 문서 자체를 읽어오지 못하는 경우도 생길 수 있다.

```
> library(readr)
> library(httr)
> guess_encoding(file="https://www.mk.co.kr")
# A tibble: 5 x 2
  encoding   confidence
  <chr>           <dbl>
1 EUC-KR          1
2 GB18030         0.72
3 EUC-JP          0.62
4 Big5            0.49
5 ISO-8859-1      0.3
> get <- GET(url="https://www.mk.co.kr")
> html <- content(get, as="text", encoding="UTF-8")
> html
[1] NA
```

인코딩 정보를 올바르게 제공하면 HTML 문서가 정상적으로 읽혀진다.

```
> html <- content(get, as="text", encoding="EUC-KR")
> unlist(str_extract_all(html, "<li class=('first2'|'add')>.*?</li>"))
[1] "<li class='first2'>서울특별시 중구 퇴계로 190</li>"
[2] "<li class='add'>☎ 02) 2000-2114</li>"
[3] "<li class='add'>인터넷신문등록번호 : 서울 아01043</li>"
[4] "<li class='add'>등록일자 : 2009.11.30</li>"
[5] "<li class='add'>발행일 : 2009.11.30</li>"
[6] "<li class='add'>발행인/편집인 : 김정욱</li>"
```

3.4 사례

게티스버그 연설 @에이브러햄 링컨 온라인

미국 링컨(Abraham Lincoln) 대통령의 게티스버그(Gettysburg) 연설을 소개한 에이브러햄 링컨 온라인 웹사이트로부터 정규표현식을 이용하여 연설문을 수집해보자(http://www.abrahamlincolnonline.org/lincoln/speeches/gettysburg.htm). 웹페이지로부터 정규표현식을 이용하여 원하는 텍스트(여기에서는 연설문)를 추출하기 위해서는 그 텍스트가 웹페이지의 HTML 코드상에 어떻게 표현되어 있는지 알 필요가

▶ 그림 3-8 ▌ **게티스버그 연설.** 에이브러햄 링컨 온라인 웹사이트로부터 게티스버그 연설문을 수집한다. 웹페이지의 소스코드를 보려면 웹페이지상에서 오른쪽 마우스 버튼을 클릭하여 나타나는 컨텍스트 메뉴에서 '페이지 소스 보기'를 선택한다(또는 키보드의 Ctrl + U 키 입력).

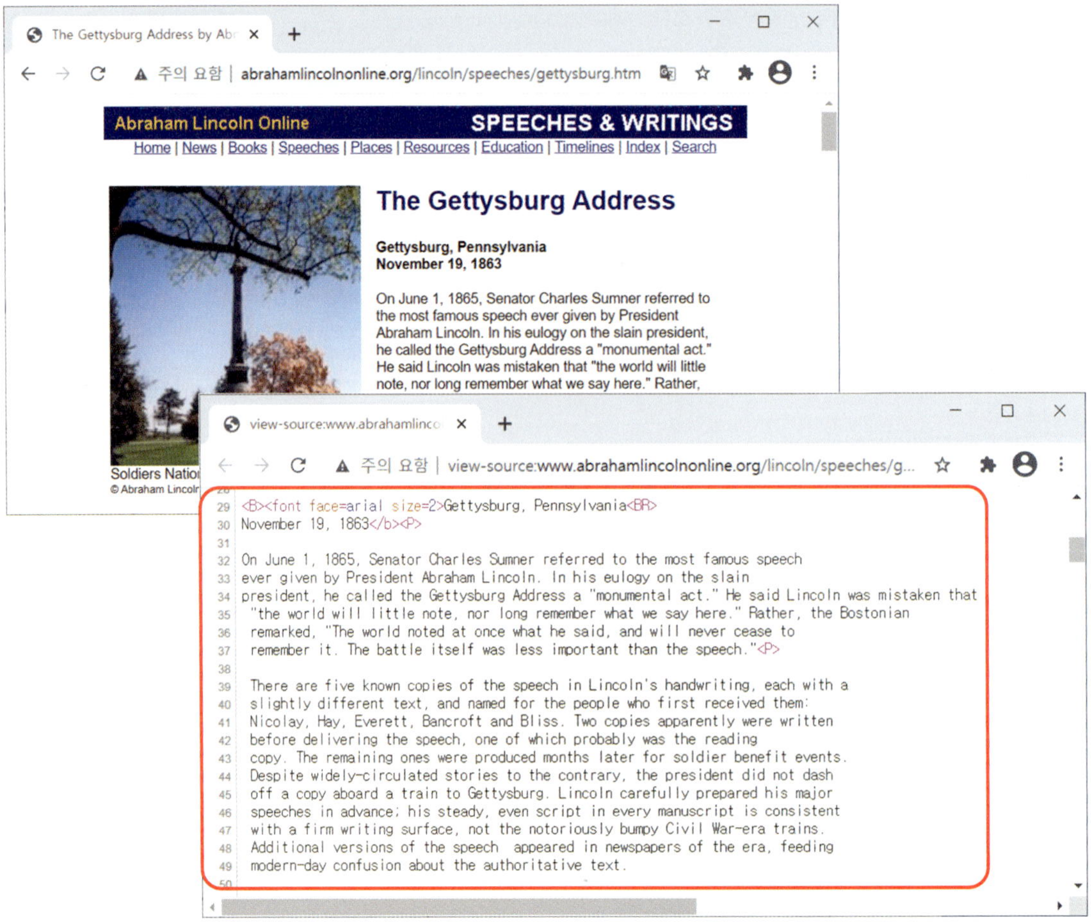

있다. 웹페이지상에서 오른쪽 마우스 버튼을 클릭하고 이어서 나타나는 컨텍스트 메뉴에서 '페이지 소스 보기'를 선택한다.13 또는 키보드에서 Ctrl + U 키를 입력한다. 그러면 [그림 3-8]과 같이 웹페이지의 소스코드(source code)를 확인할 수 있다.

웹페이지의 HTML 코드를 살펴보면 연설문 텍스트는 <p> 태그 안에 포함되어 있고, 다행히도 이 웹페이지는 구조가 단순하여 HTML 태그를 제거하는 것만으로 원하는 텍스트를 추출할 수 있을 것으로 보인다. 다음과 같이 RCurl 패키지의 getURL() 함수를 이용하여 웹페이지를 읽어들여 텍스트 형식으로 변환한다. getURL() 함수는 HTML 문서를 문자 벡터로 반환한다. 그런 다음 gsub() 함수를 이용하여 HTML 텍스트에서 HTML 태그 패턴의 정규표현식(여기에서는 <.*?>)과 일치하는 부분을 삭제한다.14 그러면 HTML 문서로부터 태그가 제거된 텍스트를 추출할 수 있다.

```
> library(RCurl)
> url <- "http://www.abrahamlincolnonline.org/lincoln/speeches/gettysburg.htm"
> html <- getURL(url)
> html
[1] "<HTML>\n<HEAD>\n<META NAME=\"description\" VALUE=\"Abraham Lincoln's Gettysburg
Address\">\n<META NAME=\"keywords\" VALUE=\"Abraham Lincoln Gettysburg
Address\">\n<TITLE>The Gettysburg Address by Abraham
Lincoln</TITLE>\n</HEAD><BODY>\n<BODY
…(중략)
> class(html)
[1] "character"
> pattern <- "<.*?>"
> text <- gsub(pattern, "", html)
> text
[1] "\n\n\n\nThe Gettysburg Address by Abraham Lincoln\n\n\n\n\n\nHome |\nNews
|\nBooks |\nSpeeches |\nPlaces |\nResources |\nEducation | \nTimelines |\nIndex
|\nSearch \n\n\n\n\t\n\tSoldiers National Cemetery\n\t&copy Abraham Lincoln
…(중략)
```

추가로 다음과 같이 두 개 이상의 연속된 줄바꿈(\n), 탭(\t) 등을 텍스트로부터 제거하고 양끝의 공백도

13 이 책에서는 크롬(Chrome) 웹브라우저를 기준으로 설명한다.

14 앞에서 살펴보았듯이 정규표현식은 그 자체로 매우 복잡한 개념이다. 숙달되지 않으면 패턴을 정확히 표현하기도 어렵고 제대로 표현된 것인지 검증하기도 쉽지 않다. 정규표현식은 HTML 태그 패턴을 매우 다양한 방식으로 나타낼 수 있다. 예를 들어, 가능한 많은 경우의 수를 고려한 다음과 같은 더욱 정교한 정규표현식도 사용할 수 있다: "</?\\w+((\\s+\\w+(\\s*=\\s*(?:\".*?\"|'.*?'|[^'\">\\s]+))?)+\\s*|\\s*)/?>". 이 정규표현식은 다음 웹사이트를 참고하였다: http://haacked.com/archive/2004/10/25/usingregularexpressionstomatchhtml.aspx/.

삭제한다.

```
> text <- gsub("\\s{1,}", " ", text)
> text <- trimws(text)
> text
[1] "The Gettysburg Address by Abraham Lincoln Home | News | Books | Speeches | Places
| Resources | Education | Timelines | Index | Search Soldiers National Cemetery &copy
Abraham Lincoln Online The Gettysburg Address Gettysburg, Pennsylvania November 19,
1863 On June 1, 1865, Senator Charles Sumner referred to the most famous speech ever
given by President Abraham Lincoln. In his eulogy on the slain president, he called
the Gettysburg Address a \"monumental act.\" He said Lincoln was mistaken that
…(중략)
```

국가코드 @UN

UN 웹사이트로부터 ISO(international organization for standardization)의 세 자리 국가코드를 추출해보자(https://unstats.un.org/wiki/display/comtrade/Country+Code). 이를 위해서는 먼저 세 자리 국가코드와 그에 대응되는 국가명이 HTML 문서상에서 어떻게 표현되어 있는지 확인할 필요가 있다. 앞서와 같이 웹브라우저의 페이지 소스 보기 메뉴를 통해서 확인할 수도 있지만 [그림 3-9]와 같이 웹브라우저 개발자 도구(DevTools)의 요소탐색기(element inspector)를 이용하면 편리하다. 요소탐색기(개발자 도구의 Elements 패널)는 웹페이지의 특정 부분이 소스코드의 어느 부분에 대응되는지 또는 그 반대로 소스코드의 특정 부분이 웹페이지의 어느 부분에 대응되는지 쉽게 파악할 수 있도록 해준다.

요소탐색기를 이용하기 위해서는 웹페이지상의 빈 공간에서 오른쪽 마우스 버튼을 클릭하고, 이어서 나타나는 컨텍스트 메뉴에서 '검사'를 선택한다. 또는 키보드에서 Ctrl + Shift + C 키를 입력한다.[15] 실행된 개발자 도구의 Elements 패널에서 좌측 화살표 모양의 요소 선택 아이콘( )을 클릭한 후 이어서 웹페이지의 콘텐츠를 선택하면 대응되는 소스코드가 하이라이트된다. 또는 그 반대로 소스코드를 선택하면 대응되는 웹페이지의 콘텐츠가 하이라이트된다.

15 개발자 도구를 열기 위해서는 F12 키나 Ctrl + Shift + I 키를 입력한다. 직전에 실행했던 개발자 도구 패널이 열린다.

웹페이지를 보면 세 자리 국가코드와 그에 대응되는 국가명은 전체 목록이 일정한 형식으로 저장되어 있다. 이러한 저장 패턴을 정규표현식으로 정의하여 국가코드와 국가명을 추출한다. 이를 위해 우선 HTML 문서를 텍스트로 변환한다. 다음과 같이 `getURL()` 함수를 이용하여 웹페이지를 읽어들여 HTML 문서를 문자 벡터로 변환한다.

▶ 그림 3-9 ▌ **ISO 국가코드.** UN 웹사이트로부터 ISO 세 자리 국가코드를 수집한다. 개발자 도구의 요소탐색기(Elements 패널)를 이용하려면 웹페이지상에서 오른쪽 마우스 버튼을 클릭하여 나타나는 컨텍스트 메뉴에서 '검사'를 선택한다(또는 키보드의 Ctrl + Shift + C 키 입력). 요소 선택 아이콘을 클릭한 후 웹페이지상에서 콘텐츠를 클릭하여 대응되는 소스코드를 확인할 수 있다. 또는 소스코드를 클릭하여 웹페이지상의 대응되는 콘텐츠를 확인할 수 있다.

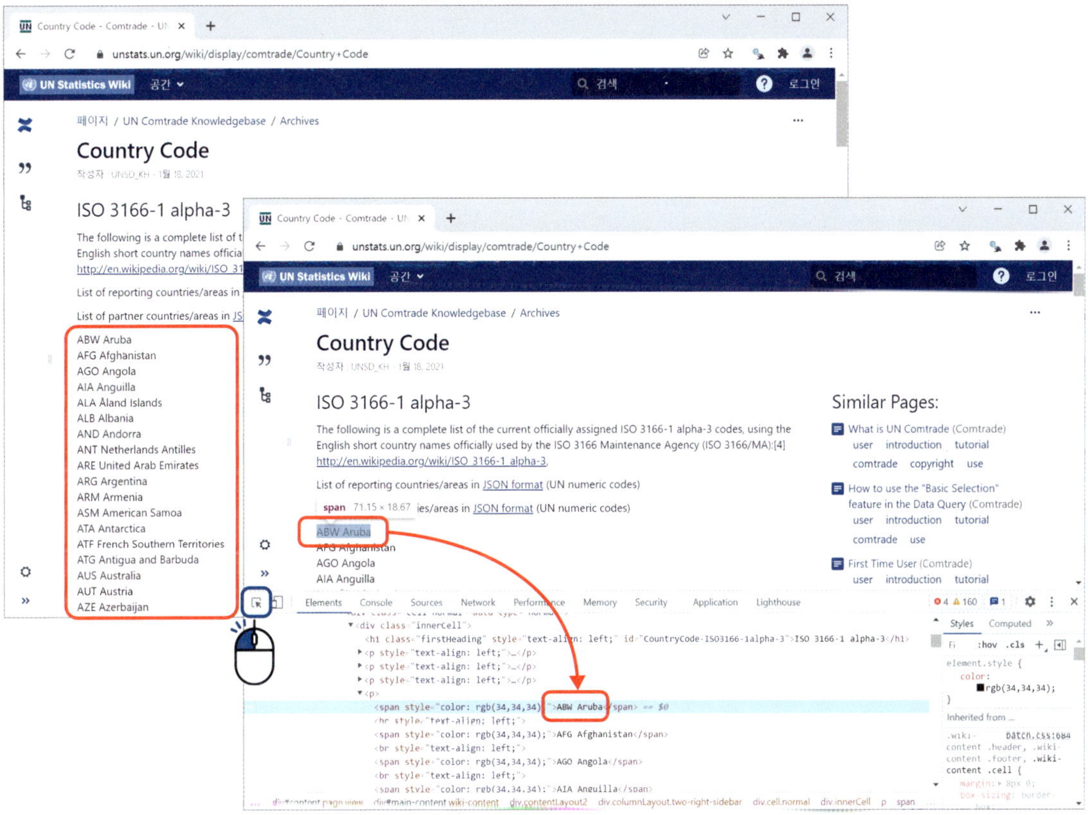

```
> library(RCurl)
> url <- "https://unstats.un.org/wiki/display/comtrade/Country+Code"
> html <- getURL(url)
> html
[1] "\n\n<!DOCTYPE html>\n<html lang=\"en-GB\" >\n<head>\n<title>Country Code -
Comtrade - UN Statistics Wiki</title>\n\n\n\n\n\n\n\n\n\n<meta http-equiv=\"X-UA-
Compatible\" content=\"IE=EDGE,chrome=IE7\">\n<meta charset=\"UTF-8\">\n<meta
id=\"confluence-context-path\" name=\"confluence-context-path\"
content=\"/wiki\">\n<meta id=\"confluence-base-url\" name=\"confluence-base-url\"
content=\"https://unstats.un.org/wiki\">\n\n…(중략)
> class(html)
[1] "character"
```

또는 여기에서는 다음과 같이 표준패키지에 포함된 readLines() 함수를 이용하여 라인 단위로 읽어들일 수도 있다.

```
> html <- paste(readLines(url), collapse=" ")
> class(html)
[1] "character"
```

다음과 같이 httr 패키지의 GET() 함수를 이용할 수도 있다. GET() 함수로부터 반환된 객체를 content() 함수(httr 패키지) 또는 as() 함수(methods 패키지)를 이용하여 문자 벡터로 변환한다.

```
> library(httr)
> html.obj <- GET(url)
> html <- content(html.obj, type="text")
> html <- as(html.obj, "character")
> class(html)
[1] "character"
```

HTML 문서를 읽어들여 텍스트 형태의 문자 벡터로 변환하는 방법은 이 밖에도 여러 가지가 있다. 예를 들어, xml2 패키지의 read_html() 함수와 curl 패키지의 curl() 함수를 이용한 다음 코드는 모두 동일하게 HTML 문서를 문자 벡터로 변환한다.

```
> library(xml2)
> html.obj <- read_html(url)
> html <- as(html.obj, "character")
> class(html)
[1] "character"

> library(curl)
> html.obj <- curl(url)
> html <- readLines(html.obj)
> class(html)
[1] "character"
```

국가코드와 국가명을 정규표현식으로 나타내기 위하여 문자열의 구조를 살펴본다. 웹페이지를 살펴보면 국가코드와 국가명은 일정 규칙을 갖는 정형화된 패턴을 갖고 있다. 예를 들어, 국가코드와 국가명은 다음과 같은 다양한 형식으로 저장되어 있으며 여기에는 일정한 규칙이 있다.

```
ABW Aruba
SGS South Georgia and the South Sandwich Islands
COD Congo, the Democratic Republic of the
VIR Virgin Islands, U.S.
CIV Côte d'Ivoire
VAT Holy See (Vatican City State)
GNB Guinea-Bissau
```

기본적인 구조는 세 자리 국가코드, 한 칸의 공백, 그리고 국가명이다. 그런데 국가명은 하나의 단어로만 제한되는 것이 아니라 여러 단어로 구성될 수 있다. 또한 국가명에는 쉼표(,), 마침표(.), 아포스트로피(', apostrophe), 괄호, 그리고 하이픈(-)을 포함하고 있다. 따라서 정규표현식으로 국가명을 추출하기 위해서는 이러한 모든 가능성을 고려해야 한다. 다음과 같이 정규표현식을 정의한다.

```
> pattern <- "[A-Z]{3}\\s([[:alpha:],.'()-]+\\s?){1,}"
```

이 정규표현식을 다음과 같이 두 부분으로 나누어서 자세히 살펴보자.

- `[A-Z]{3}\\s`: 이 부분은 국가코드를 나타낸다. 국가코드는 영문 알파벳 대문자로 구성되어 있으며 세 자리로 고정되어 있다(`[A-Z]{3}`). 국가코드 뒤에는 한 칸의 공백이 따른다(`\\s`).
- `([[:alpha:],.'()-]+\\s?){1,}`: 이 부분은 국가명을 나타낸다. 국가명은 하나 이상의 알파벳 문자, 쉼표, 마침표, 아포스트로피, 괄호, 하이픈으로 구성되어 있다(`[[:alpha:],.'()-]+`). 여러 단어로 구성된 국가명의 경우 알파벳 문자, 쉼표, 마침표, 아포스트로피, 괄호, 하이픈, 그리고 공백(`\\s?`)으로 이루어진 단어가 한 개 이상 나타날 수 있으므로 전체를 괄호로 감싸고 수량자를 추가한다(`{1,}`).

읽어들인 HTML 문서에 정규표현식을 적용하여 일치하는 패턴을 추출한다. `str_extract_all()` 함수는 리스트 형식으로 데이터를 저장하기 때문에 `unlist()` 함수를 이용하여 벡터로 변환한다. 그런데 추출된 결과를 보면 앞의 여섯 개는 국가코드와 국가명이 아니다. 따라서 앞의 여섯 개 원소를 삭제한다.

```
> library(stringr)
> country.code <- unlist(str_extract_all(html, pattern))
> head(country.code, 8)
[1] "YPE html"       "MMM yyyy"        "MMM dd,"       "RSS feed."
[5] "SON format"     "SON format"      "ABW Aruba"     "AFG Afghanistan"
```

```
> country.code <- country.code[-c(1:6)]
> head(country.code)
[1] "ABW Aruba"           "AFG Afghanistan"  "AGO Angola"   "AIA Anguilla"
[5] "ALA Åland Islands"   "ALB Albania"
```

이렇게 추출한 텍스트를 다음과 같이 데이터프레임 형식으로 저장하여 국가코드 테이블을 생성한다.

```
> code <- str_sub(country.code, start=1, end=3)
> country <- str_sub(country.code, start=5)
> iso3code <- data.frame(code=code, country=country)
> dim(iso3code)
[1] 246   2
> head(iso3code, 3); tail(iso3code, 3)
  code     country
1  ABW       Aruba
2  AFG Afghanistan
3  AGO      Angola
    code      country
244  ZAF South Africa
245  ZMB       Zambia
246  ZWE     Zimbabwe
```

직업별 연봉 @CNBC

CNBC(https://www.cnbc.com) 웹사이트로부터 높은 연봉을 받는 직업과 직업별 평균 연봉 데이터를 수집해보자. 유망 직업을 소개한 뉴스 기사 웹페이지(https://www.cnbc.com/2020/01/06/the-best-paying-jobs-of-2020-from-us-news-and-world-report.html)에는 평균 연봉을 기준으로 상위 25개 직업이 [그림 3-10]과 같은 형태로 게시되어 있다.

웹페이지에 게시된 형태를 보면 직업명과 연봉은 정형화된 패턴을 갖고 있다. 이러한 패턴을 정규 표현식으로 정의하여 데이터를 추출한다. 이를 위해 우선 HTML 문서를 텍스트로 변환한다. 다음과 같이 `httr` 패키지의 `GET()` 함수와 `content()` 함수를 이용하여 웹페이지를 읽어들여 HTML 문서를 문자 벡터로 변환한다.

▶ 그림 3-10 ▌ **직업별 연봉.** CNBC 웹사이트로부터 유망 직업에 대한 직업별 평균 연봉 데이터를 수집한다.

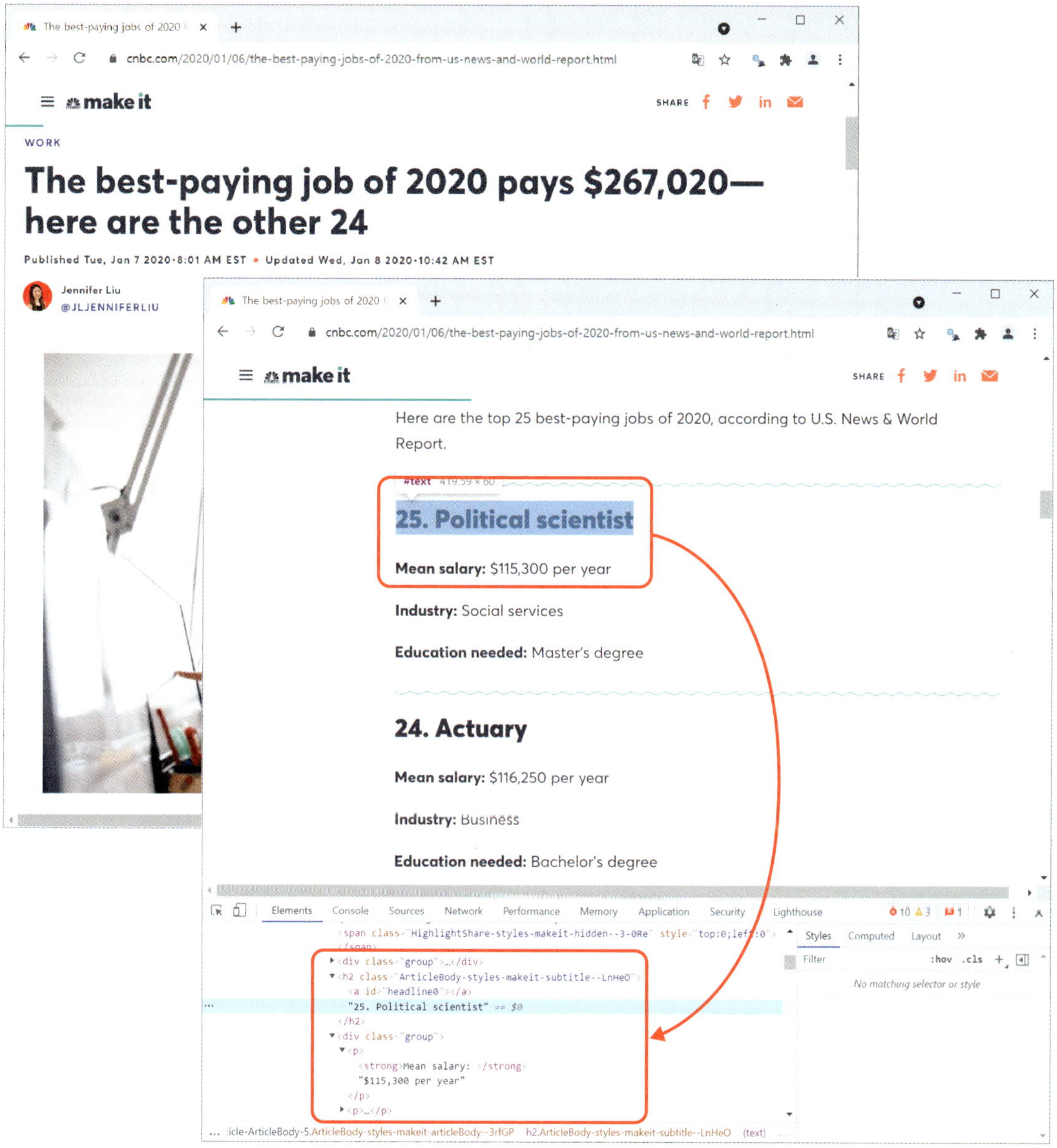


```
> library(httr)
> url <- "https://www.cnbc.com/2020/01/06/the-best-paying-jobs-of-2020-from-us-news-and-world-report.html"
> html <- content(GET(url), type="text")
```

직업명과 연봉을 정규표현식으로 나타내기 위하여 웹페이지에 게시된 문자열의 구조를 살펴본다. 추출하고자 하는 데이터는 웹페이지상에 다음과 같은 형식으로 저장되어 있다.

25. Political scientist

Mean salary: $115,300 per year

먼저 직업명의 패턴을 살펴보자. 직업명은 순위와 함께 저장되어 있다. 기본적인 구조는 순위를 나타내는 1~2자리 숫자와 마침표(.), 한 칸의 공백, 그리고 직업명이다. 직업명은 하나 이상의 단어로 구성된다. 이러한 패턴을 다음과 같은 정규표현식으로 정의할 수 있다.

```
> job.pattern <- "(\\d{1,2}\\.)\\s([A-Za-z\\s]+)"
```

이 정규표현식을 다음과 같이 두 부분으로 나누어서 살펴보자.

- `(\\d{1,2}\\.)\\s`: 이 부분은 순위를 나타낸다. 순위는 1부터 25까지의 한 자리 또는 두 자리의 숫자와 마침표(.)로 구성되어 있다(`\\d{1,2}\\.`). 또한 순위 다음에는 한 칸의 공백이 따른다(`\\s`).
- `([A-Za-z\\s]+)`: 이 부분은 직업명을 나타낸다. 직업명은 알파벳 문자와 한 칸 공백으로 이루어진 단어로 구성되어 있다(`[A-Za-z\\s]`). 여러 단어로 구성된 직업명의 경우 알파벳 문자와 공백의 조합이 한 번 이상 나타날 수 있으므로 수량자를 추가한다(+).

이제 HTML 문서에 정규표현식을 적용하여 일치하는 패턴을 추출한다. 그런데 HTML 코드를 살펴보면 여기에서는 동일한 패턴이 한 번 더 나타난다. 따라서 다음과 같이 처음 매칭된 25개 결과만을 가져온다.

```
> library(stringr)
> job <- unlist(str_extract_all(html, job.pattern))[1:25]
> job
 [1] "25. Political scientist"          "24. Actuary"
 [3] "23. Optometrist"                  "22. Financial advisor"
 [5] "21. Pharmacist"                   "20. Business operations manager"
 [7] "19. Sales manager"                "18. Lawyer"
 [9] "17. Pilot"                        "16. Financial manager"
[11] "15. Marketing manager"            "14. Podiatrist"
```

```
[13] "13. IT manager"                          "12. Petroleum engineer"
[15] "11. Nurse anesthetist"                   "10. Dentist"
[17] "9. Pediatrician"                         "8. Prosthodontist"
[19] "7. Physician"                            "6. Psychiatrist"
[21] "5. Orthodontist"                         "4. Obstetrician and gynecologist"
[23] "3. Oral and maxillofacial surgeons"  "2. Surgeon"
[25] "1. Anesthesiologist"
```

이어서 연봉 부분의 패턴을 살펴보자. 연봉 부분은 웹페이지상에서는 한 줄로 게시되어 있는 것처럼 보이지만 실제 HTML 코드를 보면 'Mean salary: ' 텍스트 부분은 별도의 태그(<strong>)로 처리되어 있고 연봉 숫자 부분은 그로부터 분리되어 그 상위의 태그(<p>)에 포함되어 있다.

```
<p><strong>Mean salary: </strong>$115,300 per year</p>
```

따라서 이러한 문자열 구조를 반영하여 다음과 같이 정규표현식을 정의한다.

```
> salary.pattern <- "(Mean salary:\\s<.+?>)\\$[\\d+,]+"
```

이 정규표현식을 다음과 같이 두 부분으로 나누어서 살펴보자.

- (Mean salary:\\s<.+?>): 이 부분은 'Mean salary:' 텍스트, 공백, 그리고 태그(<strong>)를 나타낸다.
- \\$[\\d+,]+: 이 부분은 연봉 금액을 나타낸다. $ 기호에 이어서 하나 이상의 숫자와 1,000 단위를 나타내는 콤마(,)로 구성되어 있다(\\$[\\d+,]). 연봉액이 많을 경우 이러한 숫자와 콤마는 여러 번 반복될 수 있으므로 수량자를 추가한다(+).

HTML 문서에 정규표현식을 적용하여 일치하는 패턴을 추출하고 숫자로 변환한다. readr 패키지의 parse_number() 함수는 텍스트에 포함된 1,000 단위 표시 콤마(,)나 화폐 단위와 같이 숫자가 아닌 문자(non-numeric character)를 제거하여 숫자 형식으로 변환한다.

```
> library(readr)
> salary <- unlist(str_extract_all(html, salary.pattern)) %>%
+   parse_number()
> salary
 [1] 115300 116250 119980 121770 123670 123880 140320 144230 146660 146830 147240
[12] 148220 152860 156370 174790 175840 183240 191400 196490 220380 225760 238320
[23] 242370 255110 267020
```

순위가 포함된 직업명 데이터와 연봉 데이터를 데이터프레임(티블) 형식으로 저장한다. 순위와 직업명은 별도의 열로 분리하고 연봉이 높은 순서에서 낮은 순서로 정렬한다.

```
> library(tibble)
> library(tidyr)
> library(dplyr)
> jobsalary <- tibble(job=job, salary=salary) %>%
+   separate(col=job, into=c("rank", "job"), sep="\\. ", convert=TRUE) %>%
+   arrange(rank)
> jobsalary
# A tibble: 25 x 3
    rank job                              salary
   <int> <chr>                             <dbl>
 1     1 Anesthesiologist                 267020
 2     2 Surgeon                          255110
 3     3 Oral and maxillofacial surgeons 242370
 4     4 Obstetrician and gynecologist   238320
 5     5 Orthodontist                     225760
 6     6 Psychiatrist                     220380
 7     7 Physician                        196490
 8     8 Prosthodontist                   191400
 9     9 Pediatrician                     183240
10    10 Dentist                          175840
# ... with 15 more rows
```

이제 이렇게 수집한 데이터를 그래프로 시각화해보자. 직업별 연봉의 분포를 다음과 같이 막대도표로 나타낼 수 있다. [그림 3-11]의 막대도표를 보면 의료 분야의 직업이 대체로 높은 급여를 받고 있다.

```
> library(ggplot2)
> library(scales)
> windows(width=7.0, height=5.5)
> ggplot(jobsalary, aes(x=reorder(job, salary), y=salary)) +
+   geom_col(color="gray50", fill="orange") +
+   geom_text(aes(label=paste0("$", format(salary, big.mark=","))), size=3,
+             fontface="bold", color="dimgray", hjust=-0.1) +
```

```
+   scale_y_continuous(limit=c(0, 300000), labels=comma) +
+   coord_flip() +
+   labs(x=NULL, y="Salary Per Year (dollars)",
+        title="Best-Paying Jobs Rankings",
+        subtitle="25 best-paying jobs",
+        caption="Source: CNBC") +
+   theme_minimal() +
+   theme(plot.title=element_text(face="bold"),
+         axis.text=element_text(face="bold"),
+         axis.line.x=element_line(color="gray"),
+         panel.grid.minor=element_blank(),
+         legend.position="bottom",
+         legend.title=element_blank())
```

그림 3-11 **직업별 연봉.** 의료 분야가 다른 분야에 비해 상대적으로 연봉이 높다.

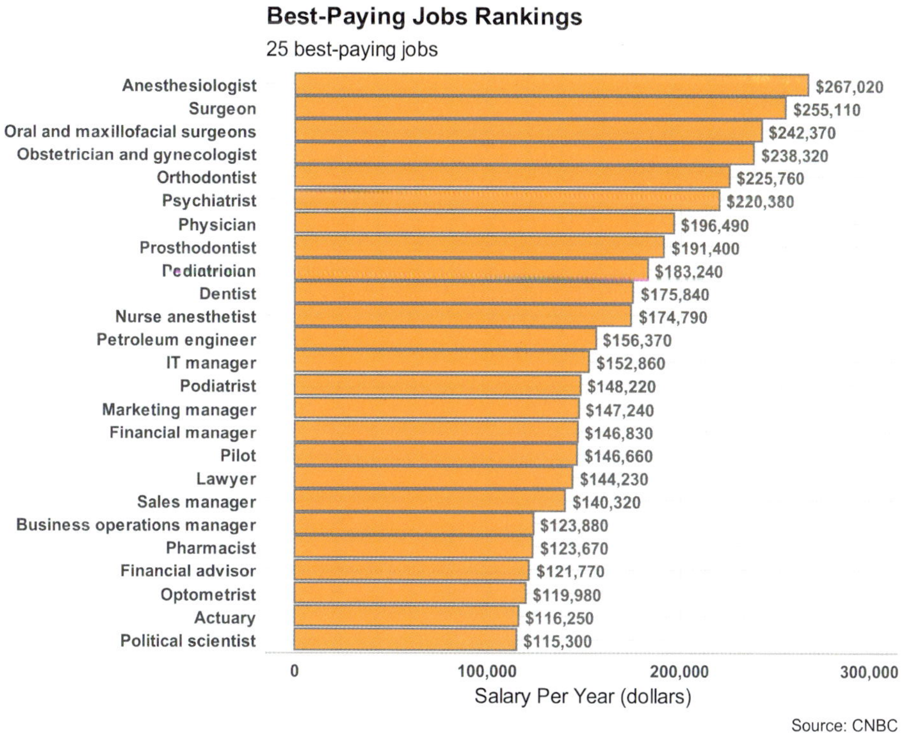

지금까지 살펴본 사례들은 상대적으로 구조가 복잡하지 않은 웹사이트의 예이다. 정규표현식을 이용한 텍스트 추출 방법이 복잡한 구조를 갖는 다양한 HTML 문서에서 모두 성공적으로 동작하기 위해서는 일반적으로 보다 정교한 정규표현식이 필요하다. 정규표현식은 일단 익숙해지면 어떠한 패턴이든 자유롭게 표현할 수 있다는 장점이 있다. 그러나 웹페이지를 구성하는 다양한 HTML 태그로부터 원하는 텍스트 또는 데이터를 정확히 추출할 수 있는 정교한 정규표현식을 만드는 것은 쉽지 않은 작업이다.

Chapter 4

R을 이용한
웹스크레이핑과 데이터분석

XPath

4.1 HTML 구조
4.2 XML 구조
4.3 HTML/XML 파싱과 노드셋 추출
4.4 XPath와 노드셋/데이터 추출
4.5 사례

Chapter 04

XPath

4.1 HTML 구조

XPath(XML Path language)는 XML(eXtensible Markup Language) 문서의 특정 부분에 접근하기 위한 경로 지정 방식으로서 웹페이지상의 데이터를 읽어올 때 가장 보편적으로 사용되고 있다. XML 문서는 노드(node, 태그와 그 안에 포함된 텍스트)의 트리 구조로 구성되기 때문에 이러한 계층적 경로 구조를 이용하면 XML 문서의 요소(element)와 요소의 속성(attribute)에 접근할 수 있다. HTML 문서는 XML 문서와 마찬가지로 노드의 트리 구조로 표현되므로 HTML 문서 또한 XPath를 이용한 접근이 가능하다.

HTML 문서나 XML 문서와 같이 트리 구조의 노드로 표현되는 데이터 구조 모델을 DOM(Document Object Model)이라고 하며 XPath는 이러한 DOM 트리 구조를 이용한 데이터 추출 방법을 제공한다. XPath를 이용한 웹스크레이핑은 HTML 문서나 XML 문서의 구조에 대한 이해를 필요로 하기 때문에 여기에서는 우선 HTML/XML 문서의 기본적인 구조를 살펴본다. 이어서 HTML/XML 문서 구조에 대한 이해를 바탕으로 XPath를 이용한 웹스크레이핑 방법을 살펴본다.

HTML은 웹페이지를 생성하는 마크업 언어(markup language)이다. 마크업이란 문서 내의 특정 위치에 삽입된 문자 또는 기호를 의미하며 문서가 화면 또는 프린터에 출력되는 외양을 정의하거나 문서의 구조를 기술하기 위한 목적으로 사용된다. HTML/XML에서는 < >(angle bracket, 화살괄호)가 마크업을 위해 사용되며 일반적으로 태그(tag)라고 부른다.

HTML 문서는 HTML 요소로 구성되고 HTML 요소는 태그로 표현된다. HTML 태그는 문서의 여러 다양한 부분, 예를 들면 헤드라인, 링크, 테이블, 이미지, 텍스트 등을 정의한다. 태그는 HTML 문서가 적절히 표현될 수 있도록 웹브라우저(web browser)에게 문서의 구조와 문서 각 부분에 대한 정보를 제공한다. 따라서 우리가 웹브라우저를 통해 보는 것은 HTML 문서 자체가 아니라 HTML 문서가 웹브라우저를 통해 해석된 결과이다.

HTML 문서의 코드는 기본적으로 단순한 문자 텍스트이다. 따라서 일반적인 텍스트 편집기(예를 들면, 워드패드)를 이용하여 생성하거나 편집할 수 있다. 다음은 간단한 HTML 코드의 예이다.

```
<!DOCTYPE html>
<html>
  <head>
    <title>Recommended Books</title>
  </head>
  <body>
    <h1>Books for Seaside Reading</h1>
    <p>Reading List</p>
    <table>
      <tr>
          <th>Title</th>
          <th>Author</th>
          <th>Publisher</th>
      </tr>
      <tr>
          <td>The Old Man and The Sea</td>
          <td>Ernest Hemingway</td>
          <td>Scribner</td>
      </tr>
      <tr>
          <td>Moby Dick</td>
          <td>Herman Melville</td>
          <td>Simon and Brown</td>
      </tr>
    </table>
    <br>
    <a href="http://www.amazon.com">Click Here to Buy</a>
  </body>
</html>
```

여기에서는 이 코드를 다음과 같은 간단한 R 코드를 이용하여 books.html이라는 이름의 HTML 파일로 생성해보자.

```
> html.string <- c(
+   '<!DOCTYPE html>',
+   '<html>',
+   '<head>',
+   '<title>Recommended Books</title>',
+   '</head>',
+   '<body>',
+   '<h1>Books for Seaside Reading</h1>',
+   '<p>Reading List</p>',
+   '<table>',
+   '<tr> <th>Title</th> <th>Author</th> <th>Publisher</th> </tr>',
+   '<tr> <td>The Old Man and The Sea</td> <td>Ernest Hemingway</td> <td>Scribner</td> </tr>',
+   '<tr> <td>Moby Dick</td> <td>Herman Melville</td> <td>Simon and Brown</td> </tr>',
+   '</table>',
+   '<br>',
+   '<a href="http://www.amazon.com">Click Here to Buy</a>',
+   '</body>',
+   '</html>'
+ )
> writeLines(html.string, "books.html")
```

파일이 정상적으로 생성되었는지 확인하기 위하여 작업 디렉토리에 생성된 books.html 파일을 더블 클릭하거나 다음과 같이 `pander` 패키지의 `openFileInOS()` 함수를 이용하여 생성한 HTML 문서를 오픈한다. 웹브라우저에 의해 HTML 문서가 출력되는 것을 볼 수 있다.

```
> library(pander)
> openFileInOS("books.html")
```

앞서의 HTML 코드 파일(books.html)을 웹브라우저로 열어보면 [그림 4-1]과 같은 전형적인 형태의 웹페이지를 볼 수 있다. 웹브라우저상에서 HTML 태그는 보이지 않으며 웹브라우저는 HTML 태그를 이용하여 웹페이지의 콘텐츠를 생성하고 화면에 출력한다. [그림 4-2]와 같은 웹페이지의 소스코드(source code)를 확인하기 위해서는 출력된 웹페이지상에서 오른쪽 마우스 버튼을 클릭하고 이어서 나타나는 컨텍스트 메뉴에서 '페이지 소스 보기'를 선택한다.[1] 또는 키보드에서 Ctrl + U 키를 입력한다.

1 이 책에서는 크롬(Chrome) 웹브라우저를 기준으로 설명한다.

▶ 그림 4-1 ❚ **HTML 문서의 웹브라우저 뷰.** 웹브라우저는 HTML 태그 정보를 이용하여 웹페이지를 생성한다.

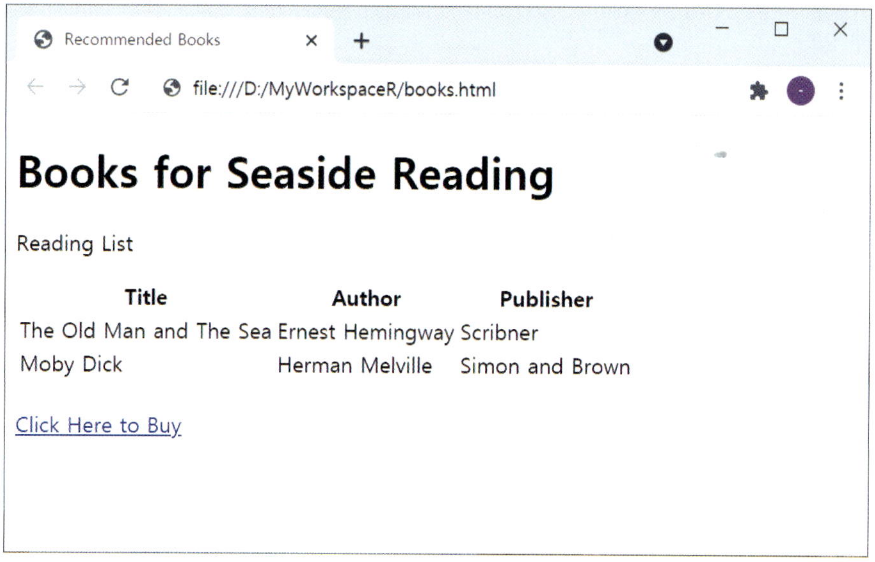

▶ 그림 4-2 ❚ **페이지 소스 보기.** 웹페이지상에서 오른쪽 마우스 버튼을 클릭하여 나타나는 컨텍스트 메뉴에서 '페이지 소스 보기'를 선택한다(또는 Ctrl + U 키 입력).

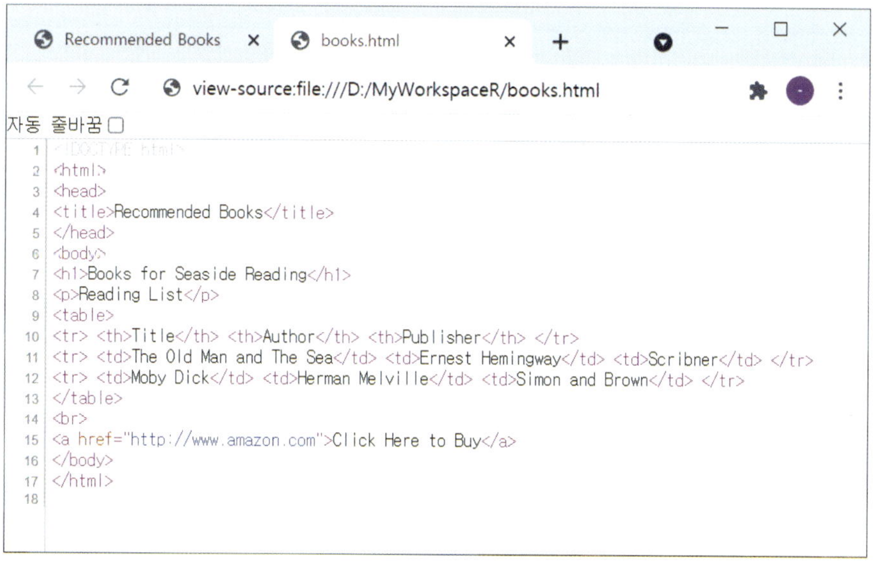

웹페이지의 특정 부분이 소스코드의 어느 부분에 대응되는지 또는 그 반대로 소스코드의 특정 부분이 웹페이지의 어느 부분에 대응되는지 알기 위해서는 웹브라우저의 개발자 도구를 활용하면 편리하다. [그림 4-3]과 같이 개발자 도구 내의 요소탐색기를 이용한다. 웹페이지상의 빈 공간에서 오른쪽 마우스 버튼을 클릭하고, 이어서 나타나는 컨텍스트 메뉴에서 '검사'를 선택한다. 또는 키보드에서

▶ 그림 4-3 ▌ **요소탐색기.** 웹페이지상에서 오른쪽 마우스 버튼을 클릭하여 나타나는 컨텍스트 메뉴에서 '검사'를 선택한다(또는 키보드의 Ctrl + Shift + C 키 입력). 웹페이지 콘텐츠와 소스코드 간의 대응관계를 탐색할 수 있다.

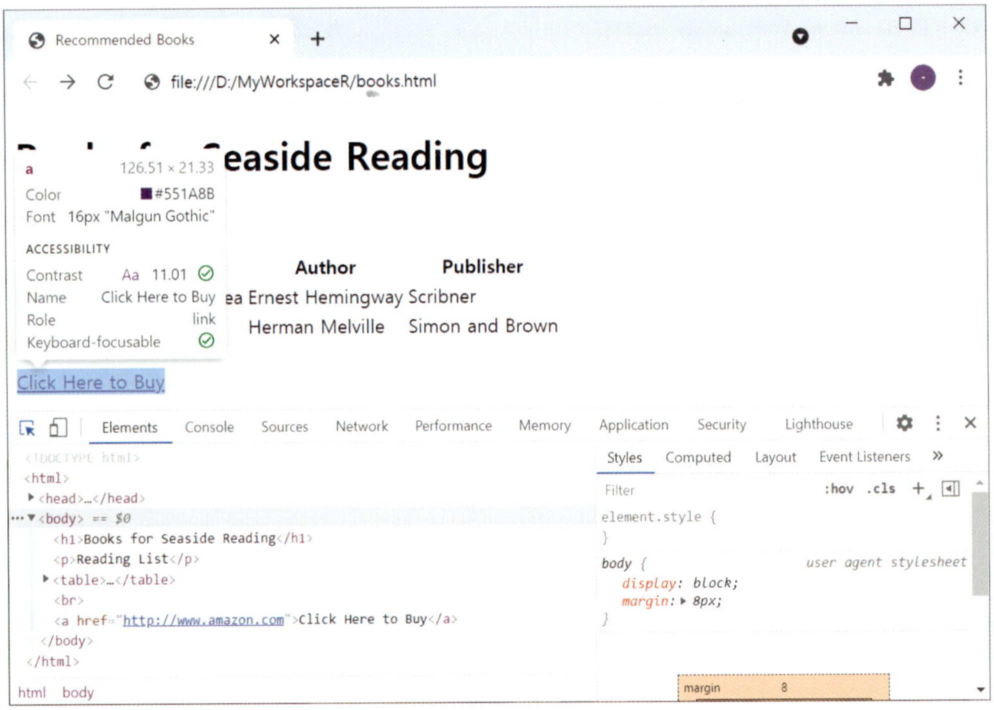

Ctrl + Shift + C 키를 입력한다. 실행된 개발자 도구 Elements 패널 좌측의 화살표 모양의 요소 선택 아이콘( )을 클릭한 후 웹페이지의 특정 콘텐츠를 선택하면 대응되는 소스코드가 하이라이트된다. 반대로 특정 소스코드를 선택하면 대응되는 웹페이지 콘텐츠가 하이라이트된다.

그러나 '요소탐색기'로부터 출력된 코드와 '페이지 소스 보기'를 통해 보는 코드는 항상 일치하지는 않는다. 페이지 소스 보기는 웹서버로부터 웹브라우저로 전달된 원래의 HTML 코드를 그대로 보여 준다. 하지만 웹브라우저는 때때로 HTML 문법(syntax) 오류를 바로잡거나 자바스크립트(JavaScript)를 실행하여 동적으로 코드를 수정하기도 한다. 따라서 요소탐색기를 이용하여 요소를 탐색할 때는 이렇게 동적으로 생성된 코드가 출력될 수 있다. 또한 이러한 부가적인 작업은 웹브라우저마다 조금씩 다르게 처리되므로 그 결과로 출력되는 HTML 코드 역시 웹브라우저마다 조금씩 차이가 있을 수 있다. 개발자 도구를 활용할 경우에는 Sources 패널에서 페이지 소스 보기에서와 같은 원래의 HTML 소스코드를 확인할 수 있다.

HTML 요소는 다음과 같이 시작 태그(start tag)와 종료 태그(end tag), 그리고 그 사이에 포함된 텍스트 형식의 콘텐츠로 구성된다.[2]

2 시작 태그와 종료 태그, 즉 start tag와 end tag는 각각 opening tag와 closing tag라고 부르기도 한다.

```
<tagname>Content goes here</tagname>
```

태그는 두 개의 태그 쌍(pair)으로 구성된다. 첫 번째 태그를 시작 태그라고 하고 두 번째 태그를 종료 태그라고 한다. 종료 태그는 시작 태그와 같은 이름을 사용하며 태그 이름 앞에 / 기호를 삽입한다. HTML 태그는 대문자와 소문자를 구분하지 않는다. 따라서 대문자와 소문자 어느 것을 사용해도 괜찮으나 일반적으로 소문자 사용을 권장한다.

태그는 평범한 텍스트를 웹브라우저에 의해 특별한 의미로 해석되는 HTML 문서로 변환한다. 예를 들어, 다음의 `<title>` 태그는 태그 사이의 텍스트를 웹브라우저의 탭상에 웹페이지 제목으로 표시한다. HTML 요소를 가리킬 때는 < >를 빼고 `title`처럼 화살괄호 내부의 이름만을 사용하기도 하지만 일반적으로 HTML 요소와 태그는 종종 서로 같은 의미로 사용되며 흔히 혼용된다.

```
<title>Recommended Books</title>
```

요소는 시작 태그와 종료 태그를 가질 것이 권장되지만 이러한 규칙이 모든 요소에 대해 적용되지는 않는다. 예를 들어, 줄바꿈(line break)을 나타내는 `<br>` 태그는 대응되는 종료 태그 없이 사용할 수 있다. 이처럼 콘텐츠가 포함되지 않은 HTML 요소를 빈요소(empty element)라고 한다. 빈요소는 `<br/>`과 같이 시작 태그의 끝에 / 기호를 추가하는 방식으로 별도의 종료 태그 없이 시작 태그 내에서 '종료'될 수 있다. 이는 콘텐츠 없이 `<br></br>`과 같이 종료 태그를 명시적으로 사용한 것과 동일하다.

요소는 추가 정보를 제공하는 속성을 가질 수 있다. 속성은 시작 태그 안에 포함되며 속성이 여러 개 있을 경우 속성과 속성 사이는 빈칸으로 구분한다. 속성값은 속성 이름과 = 기호 뒤에 인용부호(작은따옴표 또는 큰따옴표)와 함께 지정한다. 예를 들어, 이미지를 정의하는 다음의 `<img>` 태그는 `src`, `alt`, `width`, `height` 속성을 갖고 있다. 각각 이미지 파일 이름, 이미지가 보이지 않을 때 나타낼 텍스트, 픽셀 단위로 표현된 이미지의 폭과 높이를 나타낸다.

```
<img src="toystory.jpg" alt="Toy Story" width="300" height="600">
```

HTML 문서는 계층적인 트리 구조를 갖는다. [그림 4-2]의 HTML 코드를 보면 가장 상위에 있는 `<html>` 태그 사이에 여러 태그가 포함되어 있다. `<head>` 태그와 `<body>` 태그를 최상위의 `<html>` 태그가 감싸고 있다. `<title>` 태그는 `<head>` 태그 내에 포함되어 있으며 `<h1>`, `<p>`, `<table>`, `<a>` 태그는 모두 `<body>` 태그 내에 포함되어 있다. `<body>` 태그 내의 콘텐츠만이 웹브라우저에 의해 화면에 출력된다. `<table>` 태그 내에는 세 개의 `<tr>` 태그가 자리하고 있고

▶ 그림 4-4 ▌ HTML 문서의 트리 구조. 태그는 다단계 계층 구조를 갖는다.

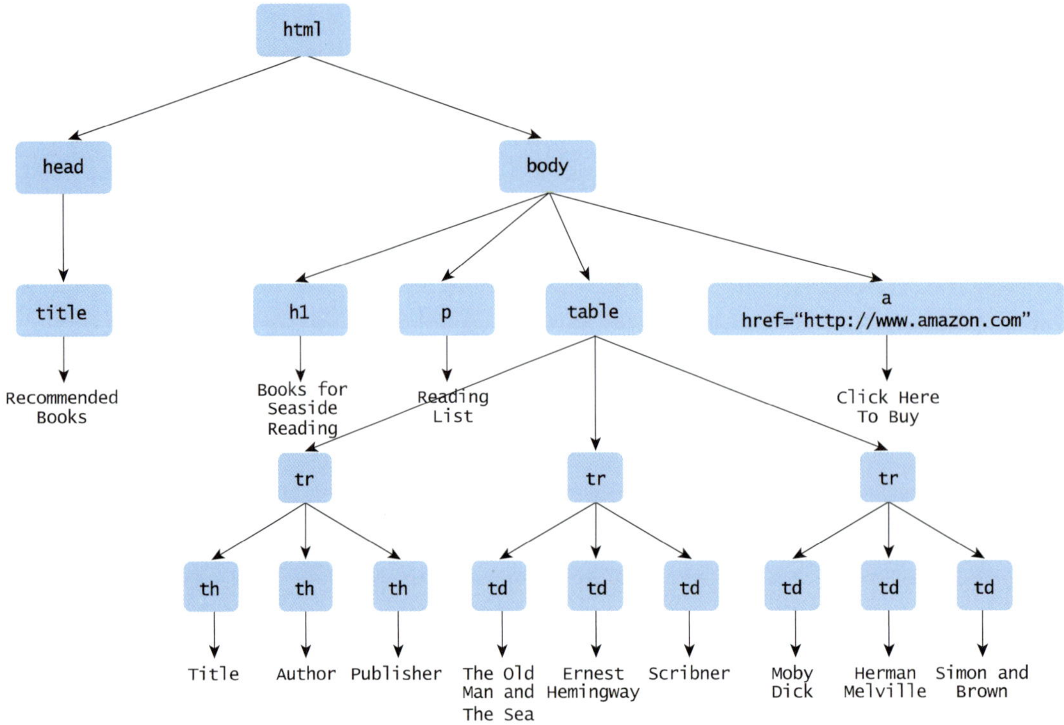

각 <tr> 태그 내에는 <th> 태그와 <td> 태그가 포함되어 있다. 이러한 태그 간 다단계 레이어 구조는 계층적인 트리 구조로 효과적으로 표현된다. 태그를 노드로 표현하여 그래프로 나타내면 [그림 4-4]와 같다. 최상위의 <html> 루트 노드를 시작으로 노드들이 가지치기를 하면서 노드 간 계층적 구조를 보여준다.

HTML 문서는 일반적으로 HTML 버전 정보를 웹브라우저에게 알려주는 선언 부분으로 시작한다. 이러한 정보를 DTD(Document Type Definition)라고 한다. HTML은 수십년 동안 발전을 거듭해왔기 때문에 다양한 버전이 존재한다. 따라서 사용한 HTML 버전이 명시적으로 지정되지 않으면 웹브라우저는 웹페이지 생성 시 제대로 동작하지 않을 수 있다. [그림 4-2] HTML 코드의 첫 번째 행 <!DOCTYPE html>은 현재 작성된 HTML 문서가 HTML5 버전이라는 것을 나타낸다. 웹브라우저는 이 정보를 바탕으로 HTML5의 규칙에 따라 웹페이지를 생성한다.

HTML에서 일부 문자는 특수한 목적으로 사용된다. 예를 들어, <와 >는 태그를 나타내기 위해 사용된다. 이러한 문자를 예약문자(reserved character)라고 한다. 예약문자는 특수한 목적으로 사용되기 때문에 HTML 문서 내의 콘텐츠로 사용할 수 없다. 따라서 웹페이지에 '3 < pi but 4 > pi'라는 문장을 게시하고자 할 때 다음과 같이 <와 >를 그대로 HTML 콘텐츠로 사용하는 것은 불가능하다. 왜냐하면 웹브라우저는 <와 >를 태그를 나타내는 마크업 문자로 해석하기 때문이다.[3]

```
<p>3 < pi but 4 > pi</p>
```

<와 >를 문자 그대로 나타내기 위해서는 이 예약문자를 문자 엔티티(character entity)라고 하는 문자열로 변환해야 한다. 문자 엔티티의 문자열은 앰퍼샌드(&, ampersand), 엔티티 이름, 세미콜론(;)으로 이루어지며 **&entity_name;**과 같은 형식을 갖는다. <와 >에 대응되는 문자 엔티티는 각각 **<**과 **>**이다. 따라서 이 문자를 웹페이지상에서 제대로 출력하기 위해서는 앞의 코드는 다음과 같이 새로 작성할 필요가 있다.

```
<p>3 &lt; pi but 4 &gt; pi</p>
```

이 밖에도 HTML 문서에서 자주 사용되는 문자 엔티티로 ** **이 있다. HTML 코드상에 입력된 공백(space)은 연속으로 몇 개를 입력해도 웹브라우저에 의해 하나의 공백으로 간주된다. 10개의 공백을 삽입했더라도 웹브라우저는 아홉 개의 공백을 제거하고 한 개만을 웹페이지상에 공백으로 표현한다. 원하는 만큼의 공백을 삽입하기 위해서는 다음과 같이 문자 엔티티 ** **을 이용한다. 다음 코드는 'Table of Contents'를 출력하고 줄바꿈을 한 후(<br>) 세 칸 띄고(   ) 'Introduction'을 출력한다. [그림 4-5]에 문자 엔티티의 몇 가지 예를 정리하였다.[4]

```
<p>Table of Contents<br>   Introduction</p>
```

그림 4-5 | HTML 문자 엔티티. 예약문자를 콘텐츠로 사용하기 위해서는 문자 엔티티로 대체해야 한다.

문자	엔티티 이름	설명
<	<	less than
>	>	greater than
&	&	ampersand
"	"	double quotation mark
'	'	single quotation mark (apostrophe)
©	©	Copyright
		non-breaking space

3 잠시 후에 살펴보겠지만 여기에서 <p> 태그는 태그 내의 콘텐츠를 웹페이지상에 하나의 단락(paragraph)으로 나타낸다.

4 문자 엔티티의 전체 리스트는 다음 웹사이트를 참고한다: https://dev.w3.org/html5/html-author/charref.

HTML은 매우 다양한 태그와 속성을 갖고 있다. 여기에서는 HTML의 모든 요소를 하나하나 구체적으로 다루기보다는 웹스크레이핑과 관련하여 활용도가 높은 요소를 중심으로 살펴본다.

헤딩

헤딩(heading) 태그는 헤드라인을 <h1>부터 <h6>까지 여섯 단계로 정의한다. <h1> 태그는 가장 중요한 헤드라인을 나타내며 가장 크게 표현된다. <h6> 태그는 가장 덜 중요한 헤드라인을 나타내며 가장 작게 표현된다.

```
<h1>heading of level 1. This will be the most biggest.</h1>
<h2>heading of level 2. This will be the second biggest.</h2>
⋮
<h6>heading of level 6. This will be the smallest.</h6>
```

패러그래프

패러그래프(paragraph) 태그 <p>는 태그 내의 콘텐츠를 하나의 단락으로 나타낸다. 웹브라우저는 단락의 앞뒤에 자동으로 한 행을 삽입한다.

```
<p>This is a paragraph.</p>
```

단락 내에서는 줄바꿈을 하거나 공백을 추가로 삽입해도 단락의 출력 형태에 영향을 미치지 않는다. 다음 코드는 줄바꿈이 있는 것처럼 보이지만 실제로 웹브라우저는 줄바꿈 없이 전체 단락을 한 줄로 출력한다. 또한 단어 사이와 문장 사이는 한 칸의 공백만 갖는다.

```
<p>
This is a paragraph.
   The browser will remove any extra spaces and extra lines when displayed.
</p>
```

단락 내에서 줄바꿈을 하기 위해서는 <p> 태그 내에서 명시적으로
 태그를 사용한다. 두 개 이상의 공백을 삽입하기 위해서는 문자 엔티티 을 이용한다.

포맷

포맷(formatting) 태그는 텍스트를 특별한 형식으로 꾸미거나 의미를 부여함으로써 텍스트를 강조한다. <b> 태그는 텍스트를 볼드체(bold)로 나타낸다. <strong> 태그 또한 텍스트를 볼드체로 표현하며 동시에 의미적으로 중요하다는 것을 강조한다. <i> 태그는 텍스트를 이탤릭체(italic)로 나타낸다. <em> 태그 역시 텍스트를 이탤릭체로 만들면서 동시에 의미적으로 중요하다는 것을 강조한다.

```
<b>This text is bold.</b>
<strong>This text is strong.</strong >
<i>This text is italic.</i>
<em>This text is emphasized.</em>
```

웹브라우저는 <strong> 태그는 볼드체로, <em> 태그는 이탤릭체로 나타내기 때문에 겉으로 보기에는 <b> 태그 및 <i> 태그와 차이가 없다. 그러나 이 태그들은 의미에 있어서 차이가 있다. <b> 태그와 <i> 태그는 단순히 텍스트를 볼드체와 이탤릭체로 나타낼 뿐이나, <strong> 태그와 <em> 태그는 태그 내 텍스트에 '중요하다'는 의미를 추가로 부여한다. 따라서 예를 들어 웹브라우저가 스크린 리더(screen reader)를 사용하여 텍스트를 음성으로 변환할 때 해당 부분을 만나면 좀 더 강한 억양으로 발음하거나 그 부분이 강조되었다는 것을 표현해준다.

포맷 태그로는 이 밖에도 <del>(삭제; 가운데 줄), <ins>(삽입; 밑줄), <mark>(하이라이트), <small>(작은 글씨체), <sub>(아랫첨자), <sup>(윗첨자) 등이 있다.

CSS

CSS(Cascading Style Sheet)는 HTML 문서의 스타일(디자인, 레이아웃 등)을 정의하여 HTML 요소가 화면상에서 출력되는 모양을 결정한다. CSS는 웹페이지의 콘텐츠와 스타일을 분리함으로써 스타일의 적용 및 변경을 용이하게 한다. 스타일 정의는 보통 외부의 CSS 파일(.css 확장자를 갖는 파일)에 저장된다. 이처럼 별도의 파일에 웹페이지의 스타일을 정의하면 CSS 파일 하나만 변경함으로써 해당 스타일을 적용한 모든 웹페이지의 스타일을 한꺼번에 변경할 수 있다.

CSS는 다음과 같이 선택자(selector)와 선언블록(declaration block, { })으로 구성된다.

```
selector {property1: value1; property2: value2;}
```

선택자는 스타일을 적용하고자 하는 HTML 요소를 나타낸다. 선언블록에는 적용할 스타일을 정의한다.

중괄호 { } 내에 스타일 속성명과 속성값 쌍을 콜론(:)을 구분자로 사용하여 정의한다. 여러 개의 속성을 정의할 경우 세미콜론(;)으로 속성을 구별한다. CSS 선언은 세미콜론으로 끝난다. 다음 CSS 정의는 웹페이지 내 모든 <p> 태그의 콘텐츠를 10픽셀 크기의 파란색 글씨로 가운데 정렬한다.

```
p {
   color: blue;
   text-align: center;
   font-size: 10px;
}
```

CSS 선택자(CSS selector)는 웹페이지 내에서 특정 HTML 요소를 선택하는(찾는) 데 이용된다. 요소 이름, ID, 클래스 등이 CSS 선택자로 이용될 수 있다. 요소 선택자(element selector)는 요소 이름으로 특정 요소를 선택한다. 다음 코드는 웹페이지 내의 모든 <h1> 요소를 선택하고 그렇게 선택된 모든 <h1> 요소의 콘텐츠는 웹브라우저에 의해 12픽셀 크기의 빨간색 글씨로 표현된다.

```
h1 {
    color: red;
    font-size: 12px;
}
```

ID 선택자(ID selector)는 HTML 요소의 id 속성을 이용하여 특정 요소를 선택한다. 특정 id 속성을 갖는 요소를 선택하기 위해서는 요소의 id 속성 이름 앞에 해시(#, hash)를 붙인다. 다음 코드는 id="s1" 속성을 갖는 HTML 요소에 적용되는 스타일을 정의한다. 콘텐츠는 옅은 파란색 배경에 이탤릭체로 표현된다.

```
#s1 {
    background-color: lightblue;
    font-style: italic;
}
```

클래스 선택자(class selector)는 특정 class 속성을 갖는 HTML 요소를 선택한다. 특정 class 속성을 갖는 요소를 선택하기 위해서는 요소의 class 속성 이름 앞에 마침표(., period)를 붙인다. 다음 코드는 class="center" 속성을 갖는 모든 HTML 요소의 콘텐츠를 파란색으로 가운데 정렬한다.

```
.center {
        color: blue;
        text-align: center;
}
```

특정 HTML 요소만이 class 속성에 의해 선택되도록 지정할 수도 있다. 요소 선택자와 클래스 선택자를 함께 사용하여 마침표 앞에 요소 이름을 지정한다. 다음 코드는 class="center" 속성을 갖는 <p> 요소만이 지정된 스타일의 적용을 받는다.

```
p.center {
        color: blue;
        text-align: center;
}
```

하나의 HTML 요소가 두 개 이상의 클래스를 참조할 수도 있다. 다음 코드에서 <p> 요소는 .center와 .large CSS의 스타일을 모두 따른다.

```
<p class="center large">This paragraph is styled with center and large CSS.</p>
```

요소들이 동일한 스타일을 갖는다면 이들을 그룹화하여 코드를 단순화할 수 있다. 선택자를 그룹화하기 위해서는 각 선택자를 쉼표(,, comma)로 구분한다. <h1>, <h2>, <p> 세 요소에 대한 CSS를 다음과 같이 한꺼번에 정의할 수 있다.

```
h1, h2, p {
        color: blue;
        text-align: center;
}
```

CSS는 세 가지 방식으로 HTML 문서에 삽입할 수 있다: 외부 스타일 시트(external style sheet), 내부 스타일 시트(internal style sheet), 인라인 스타일 시트(inline style sheet). 외부 스타일 시트 방식은 외부에 별도의 파일로 스타일 시트를 저장한다. 외부 스타일 시트를 사용하면 스타일 시트가 저장된 한 개의 파일만 수정함으로써 전체 웹사이트의 스타일을 한꺼번에 변경할 수 있다. 외부 스타일 시트 파일에는 HTML 태그가 포함되어서는 안 되며, .css 확장자를 갖는 파일로 저장되어야 한다. 다음과 같은 <body> 태그와 <h1> 태그에 대한 CSS는 별도의 외부 스타일 시트 파일, 예를 들면 mystyle.css로 저장할 수 있다.

```
body {
     background-color: lightblue;
}

h1 {
   color: navy;
   margin-left: 15px;
}
```

그러면 이렇게 생성한 외부 스타일 시트 파일의 스타일을 다른 웹페이지에 적용할 수 있다. 스타일이 적용될 웹페이지의 `<link>` 태그 내 `href` 속성에 외부 스타일 시트 파일을 참조하기 위한 정보(즉 파일 이름)를 지정한다. `<link>` 태그는 `<head>` 태그 내에 위치한다.

다음 HTML 코드는 앞에서 생성한 mystyle.css 파일의 스타일을 적용한다. 외부 스타일 시트 파일에 정의된 CSS에 따라 웹페이지는 전체적으로 옅은 파란색 배경으로 나타난다. 헤딩은 네이비 색상의 글씨로 표현되며 15픽셀의 왼쪽 마진을 갖는다.

```
<head>
  <link rel="stylesheet" type="text/css" href="mystyle.css">
</head>
<body>
  <h1>This is an external styled heading.</h1>
  <p>This is an external styled paragraph.</p>
</body>
```

하나의 웹페이지만을 대상으로 스타일을 정의할 경우 내부 스타일 시트 방식이 사용될 수 있다. 내부 스타일 시트는 `<head>` 태그 내에서 `<style>` 태그를 이용하여 정의한다. 다음 HTML 문서는 `<style>` 태그 내에서 정의된 스타일이 적용된다.

```
<head>
  <style>
    body {
         background-color: linen;
    }

    h1 {
       color: red;
       margin-left: 20px;
```

```
    }
  </style>
</head>
<body>
  <h1>This is an internal styled heading.</h1>
  <p>This is an internal styled paragraph.</p>
</body>
```

인라인 스타일 시트 방식은 하나의 요소에 대해서만 스타일을 정의할 때 유용하다. 인라인 스타일 시트는 요소의 style 속성에 지정한다. 다음 코드는 <h1> 요소의 색상과 왼쪽 마진을 변경한다.

```
<h1 style="color: maroon; margin-left: 40px;">This is an inline styled heading.</h1>
```

링크

링크(link) 태그 <a>는 연결된 텍스트나 이미지를 클릭함으로써 웹페이지 간의 이동이나 웹페이지 내에서 특정 부분으로의 이동을 가능하게 한다. 웹사이트 간 내비게이션은 대부분 링크 태그를 통해서 이루어진다. 웹스크레이핑을 할 때 하나의 특정 웹페이지가 아니라 그 웹페이지와 연결된 모든 웹페이지로부터 데이터를 추출해야 하는 경우가 종종 있다. 이때 연결된 페이지의 링크를 따라가면서 한 페이지에서 다른 페이지로 이동하며 데이터를 수집하게 되는데, 이동할 페이지에 대한 정보는 <a> 태그에 저장된 연결 웹페이지 주소로부터 얻게 된다.

<a> 태그는 HTML 문서를 다른 HTML 문서와 연결시킴으로써 HTML을 단순한 마크업 언어에서 하이퍼텍스트(hypertext) 마크업 언어로서의 역할을 수행하게 한다. HTML 링크는 하이퍼링크(hyperlink)로서, 사용자는 링크를 클릭하여 다른 문서로 이동할 수 있다. <a> 태그는 href 속성을 가질 수 있다. href 속성에는 웹사이트 주소가 속성값으로 지정된다. 다음의 <a> 태그는 텍스트(Click Here to Buy)와 하이퍼링크(http://www.amazon.com)를 연결함으로써 텍스트를 클릭하여 지정된 주소로 이동할 수 있도록 한다.

```
<a href="http://www.amazon.com">Click Here to Buy</a>
```

<a> 태그는 사실 다른 HTML 문서로의 연결뿐만 아니라 한 문서 내의 특정 부분으로의 이동을 가능하게 하는 북마크(bookmark)로서의 기능도 지원한다. 문서 내에 지정된 북마크와 연결시킴으로써 문서 내에서의 내비게이션을 좀 더 편리하게 만들어준다. 북마크를 이용하여 문서 내에서 이동하기 위해서는

먼저 북마크를 생성하고 <a> 태그를 이용하여 북마크와의 연결을 설정한다. 예를 들어, 웹페이지의 다른 곳에서 <h2> 태그로 점프하려면 우선 다음과 같이 <h2> 태그 내에 id 속성으로 북마크를 생성한다. id 속성에는 요소에 대한 식별자를 지정한다.

```
<h2 id="C3">Chapter 3</h2>
```

그런 다음 <a> 태그를 이용하여 href 속성에 북마크를 # 기호와 함께 지정하여 북마크를 텍스트와 연결한다. 이제 연결된 텍스트(Jump to Chapter 3)를 클릭하면 지정된 위치(#C3)로 이동한다.

```
<a href="#C3">Jump to Chapter 3</a>
```

북마크가 다른 웹페이지에 포함되어 있을 경우에는 다음과 같이 북마크를 웹페이지 주소와 함께 지정한다.

```
<a href="http://www.example.com/tag.html#C3">Jump to Chapter 3</a>
```

테이블

HTML 문서의 테이블(table)은 <table> 태그로 정의한다. 테이블의 행은 <tr> 태그로 정의한다. <tr> 태그 내에서 헤더와 셀값을 정의할 수 있다. 테이블 헤딩은 <th> 태그로 정의한다. 테이블 헤딩은 기본값으로 볼드체로 나타나며 가운데 정렬된다. 테이블의 데이터, 즉 셀값은 <td> 태그로 정의한다. 다음 HTML 코드는 [그림 4-1]의 웹페이지에서와 같은 테이블을 생성한다.

```
<table>
  <tr> <th>Title</th> <th>Author</th> <th>Publisher</th> </tr>
  <tr>
    <td>The Old Man and The Sea</td>
    <td>Ernest Hemingway</td>
    <td>Scribner</td>
  </tr>
  <tr> <td>Moby Dick</td> <td>Herman Melville</td> <td>Simon and Brown</td> </tr>
</table>
```

테이블에 스타일을 적용하기 위해서는 CSS를 이용한다. 다음 코드는 테이블에 한 줄로 된 경계선을 삽입하는 CSS를 정의한다.[5]

5 border-collapse: collapse;을 생략하면 두 줄로 된 경계선이 삽입된다.

```
table, th, td {
                border: 1px solid black;
                border-collapse: collapse;
}
```

리스트

리스트(list) 태그는 리스트(목록) 형식의 콘텐츠를 정의한다. 순서 없는 리스트(unordered list)는 `<ul>` 태그로 정의한다. 리스트 내의 개별 항목은 `<li>` 태그로 정의한다. 각 항목은 기본값으로 검은색 삭은 원 모양의 불릿으로 표현된다. 불릿의 모양은 `<ul>` 테그 내에서 `style` 속성으로 변경할 수 있다(disc, circle, square, none 등).

```
<ul>
  <li>HTML</li>
  <li>XML</li>
  <li>JSON</li>
</ul>
```

순서 있는 리스트(ordered list)는 `<ol>` 태그로 정의한다. 리스트 내의 개별 항목은 `<li>` 태그로 정의한다. 각 항목은 기본값으로 숫자 불릿으로 표현된다. 순서를 나타내는 불릿의 모양은 `<ol>` 태그 내에서 `type` 속성으로 변경할 수 있다(1, A, a, I, i 등).

```
<ol>
  <li>HTML</li>
  <li>XML</li>
  <li>JSON</li>
</ol>
```

HTML은 또한 기술 리스트(description list)를 지원한다. 기술 리스트는 용어(term)와 그에 대한 설명으로 구성된다. 기술 리스트는 `<dl>` 태그로 정의한다. 그 내부에 `<dt>` 태그와 `<dd>` 태그로 각 용어와 그에 대한 설명을 지정한다.

```
<dl>
  <dt>HTML</dt>
  <dd> - HyperText Markup Language</dd>
  <dt>XML</dt>
```

```
    <dd> - eXtensible Markup Language</dd>
  </dl>
```

리스트 내의 개별 항목은 새로운 리스트를 포함할 수 있으며 이미지나 링크와 같은 다른 HTML 요소를 포함할 수도 있다.

그룹

그룹(grouping) 태그인 <div> 태그와 <span> 태그는 HTML 문서에서 섹션을 정의할 때 유용하다. <div> 태그와 <span> 태그는 그 자체로는 태그 내 콘텐츠의 모양에 어떠한 영향도 미치지 않으며 단지 문서의 구획을 정의하는 역할을 한다. <div> 태그는 다수의 다른 HTML 요소를 그룹화하는 데 이용된다. 반면에 <span> 태그는 하나의 HTML 요소 내에서 일부 콘텐츠만을 별도로 그룹화하는 데 사용된다. 그룹 태그를 CSS와 함께 사용하면 그룹화된 섹션에 대한 스타일을 손쉽게 정의할 수 있다.

다음 코드는 <div> 태그와 <span> 태그 내의 콘텐츠 스타일을 style 속성에 지정된 스타일 시트에 따라 출력하도록 한다.

```
<div style="background-color:lightblue; color:navy;">
  <h1>Apple</h1>
  <p>A round fruit with smooth green, yellow, or red skin and firm white flesh.</p>
</div>
<p>My <span style="color:red;">Apple</span> is red.</p>
```

클래스 선택자를 이용하여 CSS를 정의하면 <div> 태그와 <span> 태그 내부의 콘텐츠 스타일은 class 속성에 지정된 스타일 시트에 따른다. 다음과 같이 두 개의 스타일 시트를 정의하면 첫 번째 스타일은 class="blue" 속성을 갖는 <div> 요소에 적용되고 두 번째 스타일은 class="red" 속성을 갖는 <span> 요소에 적용된다.

```
div.blue {
          background-color: lightblue;
          color: navy;
}
span.red {
          color: red;
}
```

앞에서 정의한 스타일 시트는 HTML 문서 내에서 class 속성을 통해 <div> 태그와 <span> 태그로 전달된다.

```
<div class="blue">
  <h1>Apple</h1>
  <p>A round fruit with smooth green, yellow, or red skin and firm white flesh.</p>
</div>
<p>My <span class="red">Apple</span> is red.</p>
```

폼

<form> 태그는 사용자의 입력 데이터를 수집하는 데 이용되는 HTML 폼(form)을 정의한다. 폼을 통해 서버에 데이터를 전달함으로써 사용자는 서버로부터 일방향으로 데이터를 전송받기만 하는 것이 아니라 서버와 양방향의 상호작용을 할 수 있다. 이러한 사용자와 서버 간의 데이터 교환은 좀 더 동적인 웹브라우징 경험을 제공한다.

[그림 4-6]은 HTML 폼을 이용한 웹페이지의 예이다. 텍스트 박스(text box)에 책 제목을 입력하고 Library 또는 Amazon을 선택한 후 Search 버튼을 클릭하면 학교 도서관 또는 아마존 웹사이트에서 입력한 책을 검색하는 화면이다. [그림 4-6] 웹페이지의 폼에 대한 HTML 코드는 다음과 같다. 한 개의 <form> 태그로 구성되어 있으며 그 내부에 다섯 개의 <input> 태그가 포함되어 있다.

```
<form name="searchBooks" action="/search.php" method="get">
  Book title:
  <br>
  <input type="text" name="title" value="Please enter a book title." size="25">
  <br>
  <input type="radio" name="where" value="lib" checked> Library
  <input type="radio" name="where" value="amz"> Amazon
  <br><br>
  <input type="submit" value="Search">
  <input type="reset" value="Reset">
</form>
```

<form> 태그는 name 속성, action 속성, method 속성을 갖고 있다. 폼의 name 속성은 내부 식별자로서의 역할을 한다. action 속성과 method 속성은 사용자가 Search 버튼을 클릭했을 때 웹브라우저가 수행해야 할 작업을 정의한다. action 속성에는 폼 데이터가 전송될 위치(서버의 웹페이지

그림 4-6 HTML 폼 예. 텍스트 박스와 라디오 버튼(radio button)을 통해 사용자가 입력한 데이터는 서버로 전송되어 서버에서 처리되고 그 결과는 다시 사용자에게 전송된다.

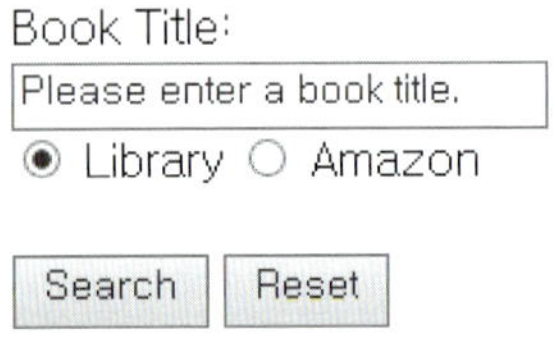

주소, 즉 URL)를 지정한다. 여기에 지정되는 웹페이지는 보통 폼 데이터를 처리할 서버 스크립트(server-side script)를 포함하게 되며 이를 폼 핸들러(form-handler)라고 한다.

웹상에서 클라이언트(즉 사용자)와 서버 간에 데이터를 주고받을 때 가장 흔히 사용되는 프로토콜은 HTTP(HyperText Transfer Protocol)이다. `method` 속성에는 폼 데이터를 전송할 때 사용할 HTTP 메소드(HTTP method)를 지정한다. 일반적으로 GET 메소드(`method="get"`) 또는 POST 메소드(`method="post"`)를 사용한다. 폼 데이터는 기본적으로 GET 메소드로 전송된다. GET을 사용하면 데이터가 URL 뒤에 추가되어 서버에 전송된다. 따라서 폼 데이터는 웹브라우저의 주소창에 노출된다. 예를 들면, 검색할 책 이름(Moby Dick)과 검색 위치(Library)가 다음과 같이 웹브라우저의 주소창에 나타난다.

```
/search.php?title=Moby+Dick&where=lib
```

반면에 POST 메소드를 사용하면 폼 데이터는 HTTP 메시지 보디(HTTP message body)에 포함되어 전송된다. 이 경우 폼 데이터는 URL을 통해 전송되지 않으므로 외부에 노출되지 않는다. 따라서 민감하거나 사적인 정보를 포함하고 있을 경우 데이터 전송 시 POST를 이용하는 것이 바람직하다. 예를 들면, 폼 데이터는 다음과 같이 HTTP 메시지 보디(마지막 행)에 포함된 채 전송되어 웹브라우저에서는 볼 수 없다.[6]

6 HTTP 메시지 보디 앞 행들은 HTTP 메시지 헤더(HTTP message header)이다.

```
POST /search.php HTTP/1.1
Host: www.academy.ac.kr
⋮
title=Moby+Dick&where=lib
```

`<input>` 태그는 사용자로부터 데이터를 수집하는 형식을 정의한다. `<input>` 태그는 `type` 속성에 데이터 입력 형식을 지정해야 한다. [그림 4-6]의 웹페이지는 데이터 입력 형식으로서 텍스트 박스(`type="text"`), 라디오 버튼(`type="radio"`), 서브밋 버튼(`type="submit"`), 리셋 버튼(`type="reset"`) 등을 사용하고 있다. 그 밖에 패스워드(`type="password"`), 체크 박스(`type="check"`), 사용자 정의

버튼(type="button") 등의 입력 형식이 흔히 사용된다. <input> 태그는 또한 name 속성을 가져야 하며 추가로 value 속성을 지정할 수 있다. name 속성은 입력 데이터에 대한 식별자로서 사용된다. value 속성에는 입력 데이터의 초기값을 지정한다. 사용자로부터 아무런 입력 데이터가 없을 경우 value 속성에 지정된 값이 서버로 전송된다. 사용자가 폼 데이터를 입력하고 서브밋 버튼을 클릭하면 웹브라우저는 각 폼 필드의 name과 value 속성으로부터 name=value 쌍을 만들고 & 부호를 구분자로 사용하여 모두 연결한다. 이렇게 연결된 name=value 쌍을 쿼리 문자열(query string)이라고 한다. 쿼리 문자열은 서버로 전송되어 폼 핸들러에 의해 처리된다.

<input> 태그 이외에 <select> 태그와 <textarea> 태그 또한 사용자로부터 데이터를 입력받는 형식을 지원한다. <select> 태그는 <option> 태그와 함께 리스트 박스(drop-down list box)를 정의한다. <select> 태그는 리스트 박스 자체를 정의한다. <option> 태그는 <select> 태그 내에서 사용자가 선택할 수 있는 항목의 리스트를 정의한다. <textarea> 태그는 여러 행에 걸쳐 입력되는 텍스트 박스를 정의한다. rows 속성과 cols 속성에는 텍스트 박스의 행과 열의 크기를 지정할 수 있다. <select> 태그와 <textarea> 태그로부터 데이터를 서버로 전송하기 위해서는 <input> 태그에서처럼 name 속성이 지정되어야 한다. 예를 들어, 다음과 같이 사용할 수 있다.

```
<select id="fruits" name="fruits">
  <option value="apple">Apple</option>
  <option value="banana">Banana</option>
  <option value="orange">Orange</option>
</select>

<textarea name="opinion" rows="10" cols="30">
Please enter your opinion.
</textarea>
```

4.2 XML 구조

XML과 HTML은 모두 마크업 언어이기 때문에 여러 측면에서 유사하다. XML과 HTML은 마크업 언어의 특성상 많은 공통점을 갖고 있기는 하지만 두 언어는 근본적으로 다른 각자 고유의 목적을 갖고 탄생했다. XML은 데이터를 저장하는 것이 주요한 목적인 반면, HTML은 데이터를 표현하는 데 초점이 맞추어져 있다. 따라서 XML 문서를 웹브라우저로 열어보면 사용자 정의 태그(user-defined tag)로 감싸진 데이터를 볼 수 있을 뿐 HTML 문서처럼 멋진 외관을 자랑하지는 않는다. 하지만 XML은 사용자 정의 태그 덕분에 HTML에 비해 데이터 저장에 보다 적합한 유연성을 갖는다. XML의 사용자 정의 태그는 사전에 정의된 것이 아니며 저장하고자 하는 데이터의 구조에 적합하도록 확장될 수 있다. XML은 종종 HTML과 함께 사용되어 HTML 문서에서 데이터를 저장하는 데 이용된다. HTML 문서에서 XML은 데이터의 저장을 담당하고 HTML은 데이터의 표현을 담당함으로써 데이터와 표현을 완전히 분리할 수 있다.

다음은 간단한 XML 코드의 예로서 The Old Man and The Sea와 Moby Dick 두 책에 대한 데이터를 저장하고 있다. XML 코드가 갖고 있는 특징 가운데 하나는 사람이 XML 코드를 읽어도 데이터를 이해하는 데 아무런 문제가 없다는 것이다. 데이터 항목과 값이 대체로 그 의미를 짐작할 수 있는 이름의 태그 안에 저장된다. 두 책은 모두 제목(title), 저자(author), 출판연도(year), 출판사(publisher) 정보를 데이터로 갖고 있으며 이 데이터는 각 항목에 대응되는 이름의 태그 안에 저장되어 있다.

```
<?xml version="1.0" encoding="UTF-8"?>
<books>
  <book lang="eng" format="paperback" pages="128">
    <title>The Old Man and The Sea</title>
    <author>
      <first_name>Ernest</first_name>
      <last_name>Hemingway</last_name>
    </author>
    <year>1995</year>
    <publisher>Scribner</publisher>
  </book>
  <book lang="eng" format="hardcover" pages="488">
    <title>Moby Dick</title>
    <author>
      <first_name>Herman</first_name>
```

```
      <last_name>Melville</last_name>
    </author>
    <year>2016</year>
    <publisher>Simon and Brown</publisher>
  </book>
</books>
```

이 XML 문서를 다음과 같이 books.xml이라는 이름의 XML 파일로 생성해보자.7

```
> xml.string <- c(
+   '<?xml version="1.0" encoding="UTF-8"?>',
+   '<books>',
+   '<book lang="eng" format="paperback" pages="128">',
+   '<title>The Old Man and The Sea</title>',
+   '<author>',
+   '<first_name>Ernest</first_name>',
+   '<last_name>Hemingway</last_name>',
+   '</author>',
+   '<year>1995</year>',
+   '<publisher>Scribner</publisher>',
+   '</book>',
+   '<book lang="eng" format="hardcover" pages="488">',
+   '<title>Moby Dick</title>',
+   '<author>',
+   '<first_name>Herman</first_name>',
+   '<last_name>Melville</last_name>',
+   '</author>',
+   '<year>2016</year>',
+   '<publisher>Simon and Brown</publisher>',
+   '</book>',
+   '</books>'
+ )
> writeLines(xml.string, "books.xml")
```

7 XML 문서도 HTML 문서와 마찬가지로 일반적인 문서 편집기(예를 들면, 워드패드)로 쉽게 생성할 수 있다. XML의 문법에 따라 XML 코드를 텍스트 형태로 입력한 후 확장자를 .xml로 저장한다. XML 코드 입력 시 들여쓰기를 하지 않더라도 웹브라우저로 XML 문서를 출력하면 노드들이 계층적 구조에 따라 자동으로 배치된다.

작업 디렉토리에 생성된 XML 파일을 더블클릭하거나 다음과 같이 pander 패키지의 openFileInOS() 함수를 이용하여 생성한 XML 문서를 오픈한다. 문서 편집기나 웹브라우저에 의해 XML 문서가 출력되는 것을 확인할 수 있다.

```
> library(pander)
> openFileInOS("books.xml")
```

XML 문서에서 데이터는 일반적으로 요소에 보관된다. XML 요소는 HTML 요소와 마찬가지로 시작 태그와 종료 태그, 그리고 그 사이에 포함된 콘텐츠로 구성된다. 요소는 텍스트(즉 데이터), 속성, 다른 요소, 그리고 이들이 혼합된 형태로 구성될 수 있다.

books.xml의 첫 번째 <title> 요소는 <title> 시작 태그와 </title> 종료 태그를 갖는다. 시작 태그와 종료 태그 사이에 첫 번째 책의 제목 데이터가 저장되어 있다.

```
<title>The Old Man and The Sea</title>
```

요소는 추가 정보를 제공하는 속성을 가질 수 있다. 속성은 시작 태그 안에 포함되며 속성과 속성 사이는 빈칸으로 구분한다. 속성값은 속성 이름과 = 기호 뒤에 인용부호(작은따옴표 또는 큰따옴표)와 함께 지정한다. books.xml의 첫 번째 <book> 요소는 다음과 같이 lang, format, pages 등 세 개의 속성을 갖는다. 세 개의 속성에는 각각 eng, paperback, 128이라는 속성값이 저장되어 있다. 요소는 다른 요소를 포함할 수 있다. 여기의 <book> 요소는 하부에 <title> 요소를 포함하고 있다.

```
<book lang="eng" format="paperback" pages="128">
```

XML 문서의 구조는 기본적으로 유연하기 때문에 동일한 콘텐츠를 다양한 방식으로 저장할 수 있다. 속성에 저장했던 동일한 데이터를 다음과 같이 요소 내부에 또 다른 요소의 형식으로 저장할 수 있다.

```
<book>
  <lang>eng</lang>
  <format>paperback</format>
  <pages>128</pages>
</book>
```

XML 문서는 다음의 <root> 요소와 같이 반드시 전체 문서를 감싸는 하나의 루트 요소(root element)를 포함해야 한다. books.xml의 예에서는 <books> 요소가 루트 요소이다.

```
<root>
  <child_1> … </child_1>
  <child_2>
    <subchild> … </subchild>
  </child_2>
</root>
```

XML 문서는 일반적으로 선언 부분으로 시작한다. 이를 XML 프롤로그(XML prolog)라고 한다. 여기에는 현재 사용 중인 XML 버전과 문자 인코딩(character encoding) 방식을 지정한다. books.xml 코드의 첫 번째 행을 보면 이 문서는 현재 XML 1.0 버전을 사용하고 있고 문자 인코딩 방식은 UTF-8이다. UTF-8은 XML 문서의 기본 문자 인코딩 방식이다.

XML 문서는 계층적인 트리 구조로 나타낼 수 있다. books.xml에 저장된 데이터의 계층 구조를 그래프로 표현하면 [그림 4-7]과 같다. 트리 구조의 맨 위에는 루트 요소인 <books> 요소가 위치한다. 각 요소는 트리 구조상에서 하나의 노드로 표현된다. 이러한 트리 구조상에서의 노드 간 관계는 흔히 다음과 같이 가계도의 부모, 자식, 형제, 손자 간의 관계로 비유된다.

그림 4-7 | **XML 문서의 트리 구조.** 요소는 다단계 계층 구조를 갖는다.

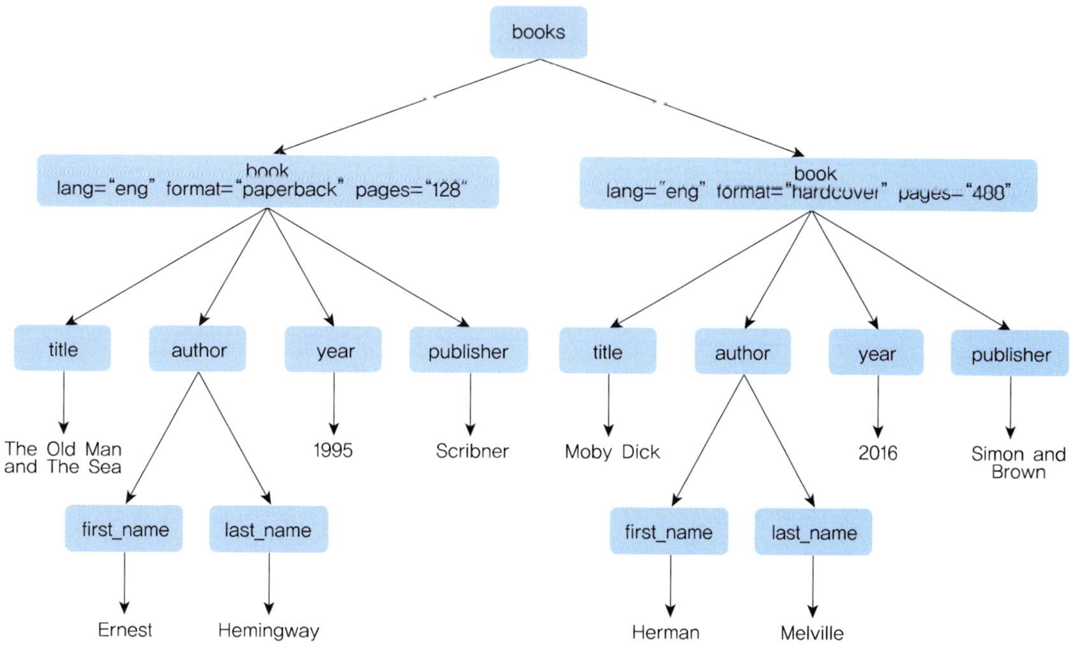

- book 노드는 루트 노드 books의 자식(child) 노드이다.
- 두 book 노드는 형제(sibling) 노드이다.
- books 노드는 book 노드의 부모(parent) 노드이며 book 노드는 title, author, year, publisher 노드의 부모 노드이다.
- title, author, year, publisher 노드는 books 노드의 손자(grandchild) 노드이다.

XML에서는 사용자가 요소 이름을 정의하기 때문에 XML은 데이터를 저장하는 데 있어서 매우 유연하고 확장성이 높다는 장점을 갖는다. 그러나 이러한 장점은 HTML/XML 문서 간 또는 문서 내에서의 이름충돌(name conflict)로 인한 예기치 않은 문제를 발생시킬 수 있다. 다음과 같은 HTML 코드와 XML 코드를 살펴보자.

```
<head>
  <title>Look Inside!</title>
</head>

<book id="1">
  <title>Moby Dick</title>
  <author>Herman Melville</author>
</book>
```

두 코드 모두 <title> 요소에 정보를 저장하고 있다. 따라서 만약에 HTML 코드 내에 XML 코드가 삽입되는 형태로 문서가 작성된다면 이는 혼란을 가져올 수밖에 없다. 두 코드 모두 <title> 요소를 포함하고 있으나 이 요소는 서로 다른 의미와 콘텐츠를 갖고 있기 때문이다.

이러한 이름충돌 문제는 네임스페이스(namespace)의 도입을 통해 해결할 수 있다. 네임스페이스는 요소 이름에 식별자를 추가함으로써 이름충돌을 회피할 수 있는 수단을 제공한다. 요소 이름에 추가되는 식별자를 이름 접두어(name prefix)라고 한다. 전화번호의 지역 코드가 지역 간의 동일한 전화번호를 서로 구분 가능하게 하는 것처럼 이름 접두어는 문서 내의 요소를 출처 간에 서로 식별 가능하도록 만든다.

앞에서 살펴본 HTML 코드와 XML 코드는 다음과 같이 네임스페이스를 이용하여 하나의 문서로 합쳐질 수 있다. 네임스페이스는 루트 요소에 xmlns 속성과 두 개의 접두어 t, m을 이용하여 정의되었다. 일반적으로 xmlns:*prefix*=*URL*과 같은 형식으로 선언된다. 네임스페이스의 도입으로 이제 동일한 이름의 두 <title> 요소를 각각 접두어 t, m을 붙여 구별할 수 있다. 네임스페이스는 지금의 예처럼 루트 요소에 정의되거나 어느 요소든 요소 내의 시작 태그에 정의될 수 있다.

```
<?xml version="1.0" encoding="UTF-8"?>
<!DOCTYPE html>
<root xmlns:t="http://www.html.com/myhtml" xmlns:m="http://www.xml.com/myxml">
  <t:head>
    <t:title>Look Inside!</t:title>
  </t:head>
  <m:book id="1">
    <m:title>Moby Dick</m:title>
    <m:author>Herman Melville</m:author>
  </m:book>
</root>
```

이 XML 코드를 나중의 사용을 위해 다음과 같이 bookinside.xml 이름으로 저장한다.

```
> xml.string2 <- c(
+   '<?xml version="1.0" encoding="UTF-8"?>',
+   '<!DOCTYPE html>',
+   '<root xmlns:t="http://www.html.com/myhtml" xmlns:m="http://www.xml.com/myxml">',
+   '<t:head>',
+   '<t:title>Look Inside!</t:title>',
+   '</t:head>',
+   '<m:book id="1">',
+   '<m:title>Moby Dick</m:title>',
+   '<m:author>Herman Melville</m:author>',
+   '</m:book>',
+   '</root>'
+ )
> writeLines(xml.string2, "bookinside.xml")
> library(pander)
> openFileInOS("bookinside.xml")
```

4.3 HTML/XML 파싱과 노드셋 추출

HTML/XML 파싱(parsing)이란 HTML/XML 문서를 읽어들여 계층적인 DOM 트리 구조의 문서로 변환하는 과정을 의미한다. 변환된 DOM 문서의 계층적 트리 구조상에서 노드를 탐색함으로써 필요한 데이터를 추출한다.

XML 패키지는 HTML/XML 문서의 파싱 과정과 데이터 추출 과정을 지원한다. XML 패키지를 이용하여 HTML/XML 문서를 읽고(즉 파싱하고), 탐색하고, 생성할 수 있다. 여기에서는 XML 패키지의 파싱과 탐색 기능에 초점을 맞춘다. XML 문서의 파싱은 XML 패키지의 `xmlParse()` 함수를 이용한다. `xmlParse()` 함수에 컴퓨터에 저장된 로컬 파일이나 웹사이트의 URL을 지정한다. 또는 텍스트 문자열을 지정할 수도 있다.

```
> library(XML)
> books <- xmlParse("books.xml")
> books
<?xml version="1.0" encoding="UTF-8"?>
<books>
  <book lang="eng" format="paperback" pages="128">
    <title>The Old Man and The Sea</title>
    <author>
      <first_name>Ernest</first_name>
      <last_name>Hemingway</last_name>
    </author>
    <year>1995</year>
    <publisher>Scribner</publisher>
  </book>
  <book lang="eng" format="hardcover" pages="488">
    <title>Moby Dick</title>
    <author>
      <first_name>Herman</first_name>
      <last_name>Melville</last_name>
    </author>
    <year>2016</year>
    <publisher>Simon and Brown</publisher>
  </book>
</books>

> books <- xmlParse(xml.string, asText=TRUE)
```

파싱된 문서 객체의 출력 결과는 원래의 XML 문서와 동일한 것처럼 보인다. 그러나 파싱을 통해 생성된 객체는 단순한 문자 데이터 객체가 아니라 XMLInternalDocument 클래스의 객체로서 트리상의 각 노드에 대한 탐색 및 추출 작업이 가능하도록 내부적으로 구조화된 객체이다.

```
> class(books)
[1] "XMLInternalDocument" "XMLAbstractDocument"
```

HTML 문서의 경우에는 xmlParse() 함수 대신에 HTML 문서에 보다 적합한 htmlParse() 함수를 이용하여 파싱한다. 원칙적으로는 HTML 문서도 xmlParse() 함수를 이용하여 파싱하는 것이 가능하다. 그러나 HTML 문서는 XML 문서와 달리 문법 규칙이 철저하게 지켜지지 않아도 큰 문제 없이 작동하는 경우가 있다. 예를 들면, 선언 부분이 있거나 시작 태그에 대응되는 종료 태그가 없을 수 있다. xmlParse() 함수는 문법 규칙이 잘 지켜진 문서(well-formed XML)를 가정하기 때문에 이러한 불완전한 HTML 문서에 대해서는 제대로 동작하지 않는다. 반면에 htmlParse() 함수는 다소 불완전한 HTML 문서가 주어지더라도 누락된 요소를 보정하여 정상적으로 파싱을 수행한다. 따라서 HTML 문서의 파싱은 HTML 문서의 불완전성을 고려한 htmlParse() 함수를 이용하는 것이 바람직하다. htmlParse() 함수는 HTMLInternalDocument 클래스의 객체를 반환한다. 예를 들어, 앞서 생성한 HTML 문서 books.html 파일을 다음과 같이 htmlParse() 함수를 이용하여 파싱할 수 있다.

```
> books2 <- htmlParse("books.html")
> books2
<!DOCTYPE html>
<html>
<head><title>Recommended Books</title></head>
<body>
<h1>Books for Seaside Reading</h1>
<p>Reading List</p>
<table>
<tr>
<th>Title</th> <th>Author</th> <th>Publisher</th> </tr>
<tr>
<td>The Old Man and The Sea</td> <td>Ernest Hemingway</td> <td>Scribner</td> </tr>
<tr>
<td>Moby Dick</td> <td>Herman Melville</td> <td>Simon and Brown</td> </tr>
</table>
<br><a href="http://www.amazon.com">Click Here to Buy</a>
</body>
</html>
```

```
> class(books2)
[1] "HTMLInternalDocument" "HTMLInternalDocument" "XMLInternalDocument"
[4] "XMLAbstractDocument"
```

일단 HTML/XML 문서가 파싱되면 XML 패키지가 제공하는 다양한 함수를 이용하여 문서 내의 콘텐츠에 접근할 수 있다.[8] 그러나 XML 패키지가 제공하는 데이터 탐색 함수를 이용하기 위해서는 먼저 파싱된 문서의 노드에 접근하여 필요한 노드셋(node set)을 추출해야 한다. 기본적으로 다음 두 개의 함수를 이용하여 트리 구조상의 노드에 접근한다([그림 4-8]).

8 일단 HTML/XML 문서가 파싱되면 이후의 노드 탐색 및 추출 작업은 HTML/XML 관계없이 모두 같은 함수를 사용한다.

- xmlRoot() 함수: 루트 노드와 그 요소를 추출한다.
- xmlChildren() 함수: 주어진 노드의 자식 노드와 그 요소를 추출한다.

예를 들어, 다음과 같이 루트 요소에 대한 노드셋 추출 작업을 수행할 수 있다. 루트 요소를 나타내는 최상위 노드는 xmlRoot() 함수를 이용하여 추출한다. xmlRoot() 함수는 XMLInternalElementNode 클래스의 객체를 반환한다.

그림 4-8 **노드셋 추출.** HTML/ XML 문서를 파싱한 후 xmlRoot() 함수와 xmlChildren() 함수를 이용하여 노드에 접근할 수 있다.

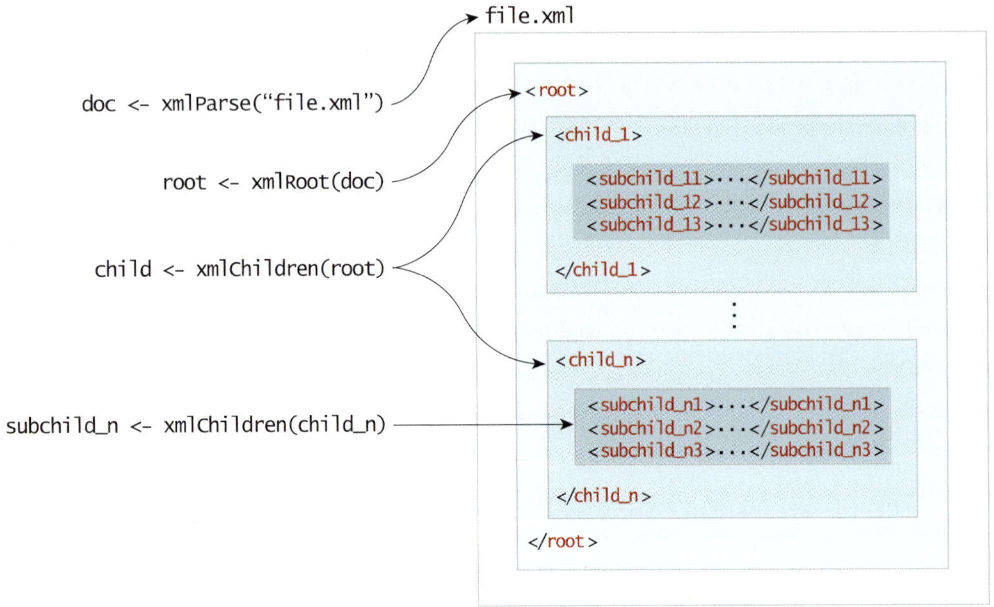

```
> root <- xmlRoot(books)
> root
<books>
  <book lang="eng" format="paperback" pages="128">
    <title>The Old Man and The Sea</title>
    <author>
      <first_name>Ernest</first_name>
      <last_name>Hemingway</last_name>
    </author>
    <year>1995</year>
    <publisher>Scribner</publisher>
  </book>
  <book lang="eng" format="hardcover" pages="488">
    <title>Moby Dick</title>
    <author>
      <first_name>Herman</first_name>
      <last_name>Melville</last_name>
    </author>
    <year>2016</year>
    <publisher>Simon and Brown</publisher>
  </book>
</books>
> class(root)
[1] "XMLInternalElementNode" "XMLInternalNode"       "XMLAbstractNode"
```

일단 루트 요소를 추출하면 요소추출 함수를 이용하여 요소의 특성을 추출할 수 있다. 예를 들어, xmlName() 함수와 xmlSize() 함수는 루트 요소의 이름과 루트 요소 하부의 자식 노드의 개수를 반환한다. xmlValue() 함수는 노드에 포함된 텍스트를 반환한다. XML 패키지는 이 밖에도 [그림 4-9]와 같은 다양한 요소추출 함수를 제공한다.

```
> xmlName(root)
[1] "books"
> xmlSize(root)
[1] 2
> xmlValue(root)
[1] "The Old Man and The SeaErnestHemingway1995ScribnerMoby DickHermanMelville2016Simon
and Brown"
```

그림 4-9 **요소추출 함수.** 노드셋으로부터 다양한 요소를 추출할 수 있다.

함수	반환값
xmlName()	노드 이름
xmlSize()	하위 노드 개수
xmlValue()	노드의 값(콘텐츠)
xmlGetAttr()	노드의 특정 속성(name 인수 지정 필요)
xmlAttrs()	노드의 모든 속성
xmlParent()	부모 노드 이름
getSibling()	동일 계층의 형제 노드

노드셋 내에서의 탐색 작업은 R의 리스트 인덱싱 방법과 유사하다. 즉 숫자나 이름을 이용하여 특정 노드를 선택할 수 있다. 노드셋의 내부 노드에 접근하기 위해서는 두 개의 대괄호 [[ ]]를 이용한다. 다음 코드는 두 개의 자식 노드 가운데 첫 번째 자식 노드(첫 번째 <book> 노드)를 추출한다.

```
> root[[1]]
<book lang="eng" format="paperback" pages="128">
  <title>The Old Man and The Sea</title>
  <author>
    <first_name>Ernest</first_name>
    <last_name>Hemingway</last_name>
  </author>
  <year>1995</year>
  <publisher>Scribner</publisher>
</book>
```

다음과 같이 인덱스를 추가함으로써 트리 구조를 따라 내려가며 첫 번째 자식 노드(첫 번째 <book> 노드)의 첫 번째 자식 노드(<title> 노드)를 추출할 수 있다. 또한 여기서 한 단계 더 내려가면 최종 콘텐츠가 추출된다.

```
> root[[1]][[1]]
<title>The Old Man and The Sea</title>
> root[[1]][[1]][[1]]
The Old Man and The Sea
```

숫자 대신에 노드 이름도 이용할 수 있다. 두 개의 대괄호 [[ ]]를 이용할 경우 해당 노드셋 내의 첫 번째 노드가 추출된다. 한 개의 대괄호 [ ]를 이용하면 XMLInternalNodeList 클래스의 객체 형식으로 모든 노드가 추출된다.

```
> root[["book"]]
<book lang="eng" format="paperback" pages="128">
  <title>The Old Man and The Sea</title>
  <author>
    <first_name>Ernest</first_name>
    <last_name>Hemingway</last_name>
  </author>
  <year>1995</year>
  <publisher>Scribner</publisher>
</book>
> root["book"]
$book
<book lang="eng" format="paperback" pages="128">
  <title>The Old Man and The Sea</title>
  <author>
    <first_name>Ernest</first_name>
    <last_name>Hemingway</last_name>
  </author>
  <year>1995</year>
  <publisher>Scribner</publisher>
</book>

$book
<book lang="eng" format="hardcover" pages="488">
  <title>Moby Dick</title>
  <author>
    <first_name>Herman</first_name>
    <last_name>Melville</last_name>
  </author>
  <year>2016</year>
  <publisher>Simon and Brown</publisher>
</book>

attr(,"class")
[1] "XMLInternalNodeList" "XMLNodeList"
```

숫자와 이름을 함께 사용할 수도 있다. 다음 코드는 루트 노드의 두 자식 노드(<book> 노드)로부터 각각 첫 번째 자식 노드(<title> 노드)를 추출한다.

```
> root["book"][[1]][[1]]
<title>The Old Man and The Sea</title>
> root["book"][[2]][[1]]
<title>Moby Dick</title>
```

xmlChildren() 함수를 이용하면 주어진 노드의 자식 노드를 추출할 수 있다. 다음 코드는 루트 노드의 자식 노드, 즉 XML 문서의 모든 노드를 추출한다. xmlChildren() 함수는 XMLInternalNodeList 클래스의 객체를 반환한다.

```
> children <- xmlChildren(root)
> children
$book
<book lang="eng" format="paperback" pages="128">
  <title>The Old Man and The Sea</title>
  <author>
    <first_name>Ernest</first_name>
    <last_name>Hemingway</last_name>
  </author>
  <year>1995</year>
  <publisher>Scribner</publisher>
</book>

$book
<book lang="eng" format="hardcover" pages="488">
  <title>Moby Dick</title>
  <author>
    <first_name>Herman</first_name>
    <last_name>Melville</last_name>
  </author>
  <year>2016</year>
  <publisher>Simon and Brown</publisher>
</book>

attr(,"class")
[1] "XMLInternalNodeList" "XMLNodeList"
> class(children)
[1] "XMLInternalNodeList" "XMLNodeList"
```

앞서와 동일하게 리스트 인덱싱 방법으로 필요한 노드를 추출할 수 있다. 다음 코드는 루트 노드의 자식 노드 가운데 첫 번째 자식 노드와 그 요소를 추출한다.

```
> old.man <- children[[1]]
> old.man
<book lang="eng" format="paperback" pages="128">
  <title>The Old Man and The Sea</title>
  <author>
    <first_name>Ernest</first_name>
    <last_name>Hemingway</last_name>
  </author>
  <year>1995</year>
  <publisher>Scribner</publisher>
</book>
```

이렇게 추출한 노드셋을 대상으로 XML 패키지의 요소추출 함수를 적용하여 다음과 같이 노드셋 내의 다양한 요소를 추출할 수 있다.

```
> xmlName(old.man)
[1] "book"
> xmlSize(old.man)
[1] 4
> xmlAttrs(old.man)
      lang      format      pages
     "eng" "paperback"      "128
> xmlGetAttr(old.man, name="format")
[1] "paperback"
> xmlValue(old.man)
[1] "The Old Man and The SeaErnestHemingway1995Scribner"
> getSibling(old.man)
<book lang="eng" format="hardcover" pages="488">
  <title>Moby Dick</title>
  <author>
    <first_name>Herman</first_name>
    <last_name>Melville</last_name>
  </author>
  <year>2016</year>
  <publisher>Simon and Brown</publisher>
</book>
```

추출한 노드셋에 xmlChildren() 함수를 다시 적용하면 주어진 노드의 하위 노드셋(즉 루트 노드의 손자 노드)이 추출된다.

```
> xmlChildren(old.man)
$title
<title>The Old Man and The Sea</title>

$author
<author>
  <first_name>Ernest</first_name>
  <last_name>Hemingway</last_name>
</author>

$year
<year>1995</year>

$publisher
<publisher>Scribner</publisher>

attr(,"class")
[1] "XMLInternalNodeList" "XMLNodeList"
```

추출한 노드셋으로부터 필요한 노드나 데이터의 추출은 앞서와 동일한 방법으로 수행할 수 있다.

```
> author <- xmlChildren(old.man)[[2]]
> author
<author>
  <first_name>Ernest</first_name>
  <last_name>Hemingway</last_name>
</author>
> xmlParent(author)
<book lang="eng" format="paperback" pages="128">
  <title>The Old Man and The Sea</title>
  <author>
    <first_name>Ernest</first_name>
    <last_name>Hemingway</last_name>
  </author>
  <year>1995</year>
  <publisher>Scribner</publisher>
</book>
```

```
> xmlChildren(author)
$first_name
<first_name>Ernest</first_name>

$last_name
<last_name>Hemingway</last_name>

attr(,"class")
[1] "XMLInternalNodeList" "XMLNodeList"
> xmlChildren(author)[[2]][[1]]
Hemingway
```

HTML/XML 문서로부터의 데이터 추출은 종종 XML 패키지의 요소추출 함수를 노드셋의 개별 노드에 반복 적용하는 과정을 필요로 한다. `xmlSApply()` 함수를 이용하여 하위 노드셋에 대한 반복적인 요소추출 작업을 수행할 수 있다. 예를 들면, 다음과 같이 `xmlValue()` 함수, `xmlAttrs()` 함수, `xmlGetAttr()` 함수를 이용하여 하위 노드로부터 각각 텍스트와 속성을 추출할 수 있다.

```
> xmlSApply(root[[1]], xmlValue)
                  title                 author                  year
"The Old Man and The Sea"      "ErnestHemingway"                "1995"
              publisher
             "Scribner"
> xmlSApply(root, xmlAttrs)
       book         book
lang   "eng"        "eng"
format "paperback" "hardcover"
pages  "128"        "488"
> xmlSApply(root, xmlGetAttr, name="format")
       book         book
"paperback"  "hardcover"
```

XML 문서의 계층 구조가 깊지 않으면, 즉 루트 노드로부터 자식 또는 손자 노드까지의 계층 구조를 갖는다면 다음과 같이 `xmlToDataFrame()` 함수나 `xmlToList()` 함수를 이용하여 데이터프레임이나 리스트 형식으로 변환할 수 있다. XML 객체를 인수로 지정한다. 또는 XML 파일이나 파싱된 XML 문서를 인수로 지정할 수도 있다.

```
> xmlToDataFrame(root)
                   title          author year       publisher
1 The Old Man and The Sea  ErnestHemingway 1995        Scribner
2               Moby Dick   HermanMelville 2016 Simon and Brown
> xmlToList(children[[1]])
$title
[1] "The Old Man and The Sea"

$author
$author$first_name
[1] "Ernest"

$author$last_name
[1] "Hemingway"


$year
[1] "1995"

$publisher
[1] "Scribner"

$.attrs
       lang      format       pages
      "eng" "paperback"       "128"
```

4.4 XPath와 노드셋/데이터 추출

XPath는 HTML/XML 문서를 탐색하여 데이터를 추출하는 쿼리 언어(query language)이다. XPath는 HTML/XML 문서의 요소와 속성에 접근하기 위한 경로를 정의하고 이 경로 정보를 바탕으로 문서에 접근하여 데이터를 추출한다. 예를 위해 [그림 4-10]과 같은 간단한 웹페이지(moviequotes.html)를 생성하여 이 웹페이지로부터 XPath를 이용하여 데이터를 수집해보자. 웹페이지의 HTML 코드는 다음과 같다.

```
<!DOCTYPE html>
<html>
<head>
  <title>Movie Quotes</title>
</head>
<body>
<h1>Famous Quotes from Movies</h1>
<div time="1h 39min" genre="drama" lang="english" date="December/16/1970">
  <h2>Ali MacGraw as Jennifer Cavilleri</h2>
  <p><i>Love means never having to say you're sorry.</i></p>
  <p><b>Movie: </b>Love Story</p>
</div>
<div time="2h 22min"  genre="comedy" date="June/23/1994">
  <h2>Tom Hanks as Forrest Gump</h2>
  <p><i>My mama always said, 'Life was like a box of chocolates; you never know what
you're gonna get.'</i></p>
  <p><i>Mama says,'Stupid is as stupid does.'</i></p>
  <p><b>Movie: </b><a href="http://www.imdb.com/title/tt0109830/?ref_=nv_sr_1">Forrest
Gump</a></p>
</div>
<p><b>Sources:</b><br>
  <a href="http://www.afi.com/"><i>American Film Institute</i></a><br>
  <a href="http://www.hollywoodreporter.com/"><i>Hollywood Reporters</i></a>
</p>
</body>
</html>
```

그림 4-10 **웹페이지 예.** 영화 '러브 스토리'와 '포레스트 검프' 속 대사가 포함된 웹페이지를 생성한다.

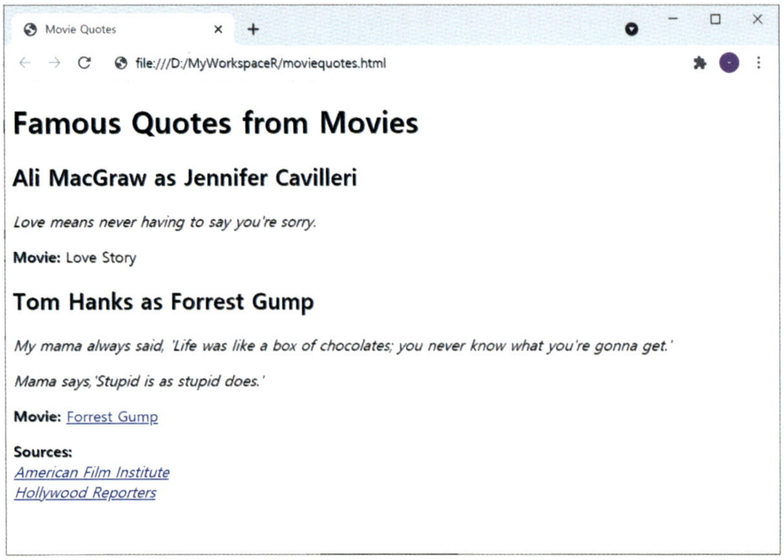

[그림 4-10] 웹페이지의 HTML 문서를 다음과 같이 moviequotes.html이라는 이름의 HTML 파일로 생성해보자.

```
> html.string2 <- c(
+   '<!DOCTYPE html>',
+   '<html>',
+   '<head>',
+   '<title>Movie Quotes</title>',
+   '</head>',
+   '<body>',
+   '<h1>Famous Quotes from Movies</h1>',
+   '<div time="1h 39min" genre="drama" lang="english" date="December/16/1970">',
+   '<h2>Ali MacGraw as Jennifer Cavilleri</h2>',
+   '<p><i>Love means never having to say you\'re sorry.</i></p>',
+   '<p><b>Movie: </b>Love Story</p>',
+   '</div>',
+   '<div time="2h 22min"  genre="comedy" date="June/23/1994">',
+   '<h2>Tom Hanks as Forrest Gump</h2>',
+   "<p><i>My mama always said, 'Life was like a box of chocolates; you never know
+          what you\'re gonna get.'</i></p>",
+   "<p><i>Mama says,'Stupid is as stupid does.'</i></p>",
+   '<p><b>Movie: </b><a href="http://www.imdb.com/title/tt0109830/
```

```
+         ?ref_=nv_sr_1">Forrest Gump</a></p>',
+   '</div>',
+   '<p>',
+   '<b>Sources:</b><br>',
+   '<a href="http://www.afi.com/"><i>American Film Institute</i></a><br>',
+   '<a href="http://www.hollywoodreporter.com/"><i>Hollywood Reporters</i></a>',
+   '</p>',
+   '</body>',
+   '</html>'
+ )
> writeLines(html.string2, "moviequotes.html")
```

작업 디렉토리에 생성된 HTML 파일을 더블클릭하거나 다음과 같이 pander 패키지의 openFileInOS() 함수를 이용하여 생성한 HTML 문서를 오픈한다. 웹브라우저에 의해 HTML 문서가 출력되는 것을 확인할 수 있다.

```
> library(pander)
> openFileInOS("moviequotes.html")
```

XPath를 적용하기 위해서는 우선 HTML/XML 문서를 파싱해서 DOM 객체를 생성해야 한다. XPath는 DOM 표현 형식의 문서에서만 사용할 수 있다. 다음과 같이 htmlParse() 함수로 HTML 파일을 파싱하여 quotes 객체를 생성한다.

```
> library(XML)
> quotes <- htmlParse("moviequotes.html")
> quotes
<!DOCTYPE html>
<html>
<head><title>Movie Quotes</title></head>
<body>
<h1>Famous Quotes from Movies</h1>
<div time="1h 39min" genre="drama" lang="english" date="December/16/1970">
<h2>Ali MacGraw as Jennifer Cavilleri</h2>
<p><i>Love means never having to say you're sorry.</i></p>
<p><b>Movie: </b>Love Story</p>
</div>
<div time="2h 22min" genre="comedy" date="June/23/1994">
<h2>Tom Hanks as Forrest Gump</h2>
```

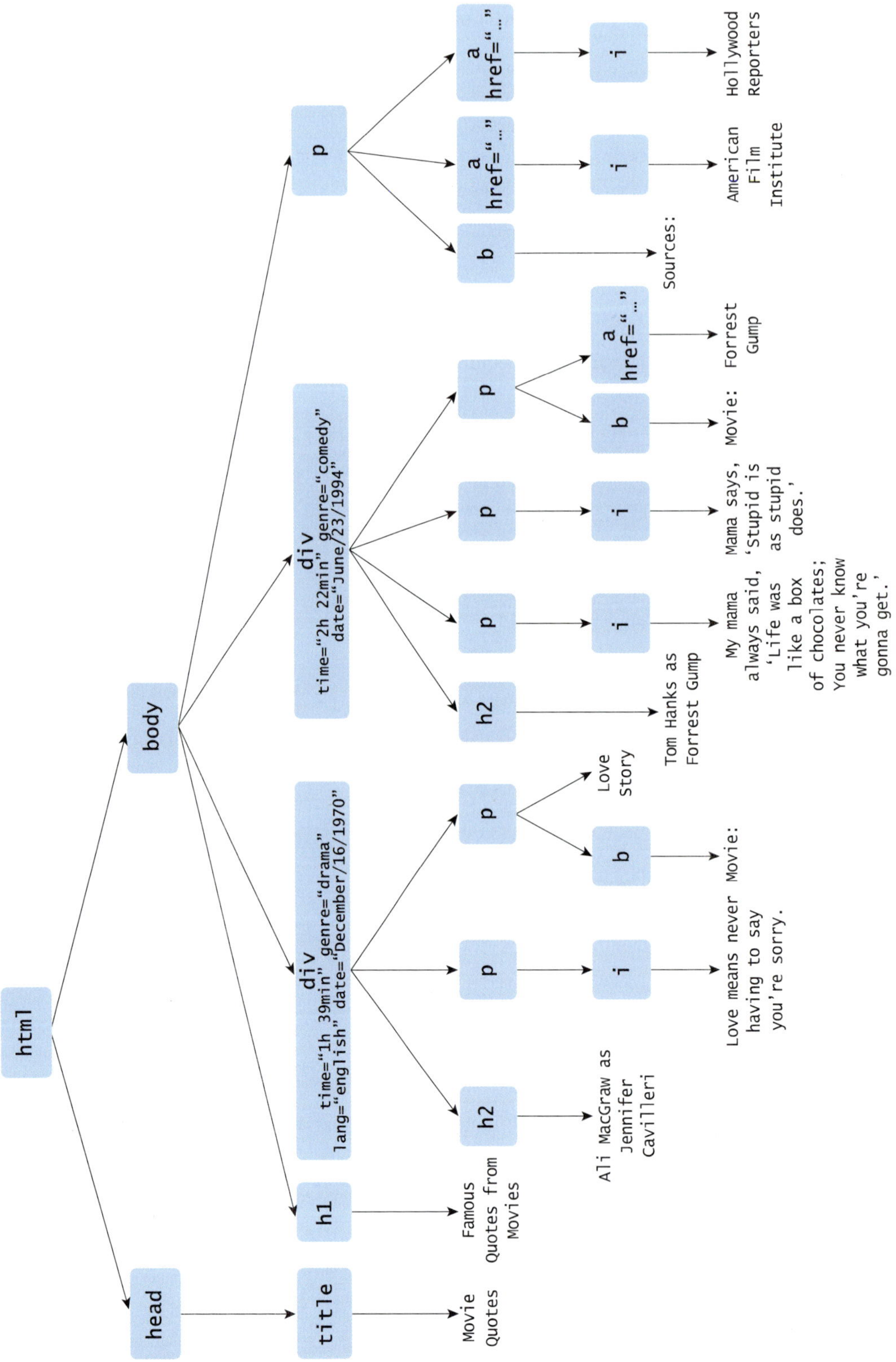

▶ 그림 4-11 ▌HTML 문서의 트리 구조. XPath는 노드 간 상대적 위치 정보를 바탕으로 트리 구조상의 노드를 탐색한다.

```
<p><i>My mama always said, 'Life was like a box of chocolates; you never know what
you're gonna get.'</i></p>
<p><i>Mama says,'Stupid is as stupid does.'</i></p>
<p><b>Movie: </b><a href="http://www.imdb.com/title/tt0109830/?ref_=nv_sr_1">Forrest
Gump</a></p>
</div>
<p><b>Sources:</b><br><a href="http://www.afi.com/"><i>American Film
Institute</i></a><br><a href="http://www.hollywoodreporter.com/"><i>Hollywood
Reporters</i></a>
</p>
</body>
</html>
```

HTML 문서는 [그림 4-11]과 같은 계층적 트리 구조를 갖는다. XPath는 DOM의 트리 구조를 바탕으로 문서를 탐색하기 때문에 특정 노드에 접근하기 위해서는 트리상에서의 노드(즉 태그) 간 상대적 위치에 대한 이해가 중요하다.

XPath를 이용한 데이터 추출은 내부적으로 크게 두 단계로 수행된다. 첫째, 데이터가 포함된 노드셋을 추출한다. 이를 위해 노드의 위치, 노드 간 상대적 관계, 노드의 특성 등을 바탕으로 XPath를 이용하여 목표로 하는 노드셋에 접근하기 위한 경로를 정의한다. 둘째, 선택된 노드셋으로부터 내부에 포함된 실제 콘텐츠(즉 데이터)를 추출한다. 추출하고자 하는 콘텐츠에 따라 다양한 요소추출 함수를 이용할 수 있다.

노드셋 추출

절대경로와 상대경로

[그림 4-10]의 웹페이지로부터 이탤릭체로 써있는 영화 대사를 추출해보자. 영화 대사는 이탤릭체를 나타내는 <i> 태그에 포함되어 있으므로 <i> 태그 내의 콘텐츠가 우리가 추출하려는 데이터가 된다. 따라서 우선 HTML 문서로부터 <i> 태그를 선택하는 작업이 선행되어야 한다. HTML 코드나 노드 트리를 보면 영화 대사가 포함된 <i> 태그는 모두 세 개가 있으며 이에 대응되는 노드는 모두 트리 구조상 가장 하단에 위치해 있다. XPath에서는 일련의 노드들을 / 기호로 연결하여 이러한 계층적 순서 구조를 표현한다. 이는 파일 시스템에서 폴더 구조를 경로로 표현하는 것과 동일한 방법이다. 폴더들이 다른 폴더 내부에 중첩되어 계층적 순서 구조를 형성하듯이 노드들이 다른 노드 내부에 포함되는 중첩된 구조는 노드 계층을 생성한다.

▶ 그림 4-12 ▌ XPath 경로. 트리상에서 html/body/div/p/i 경로를 따라 데이터를 탐색한다.

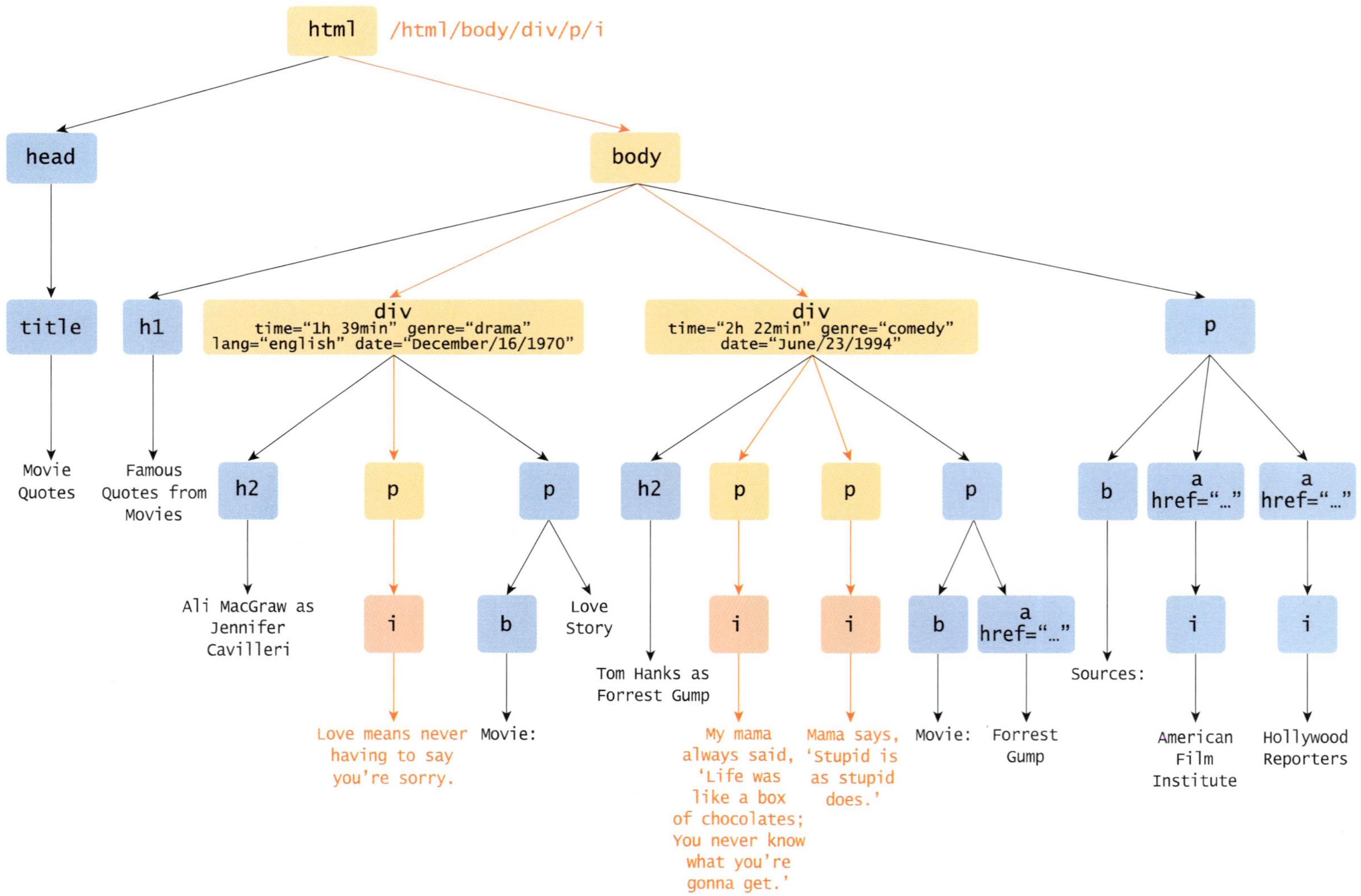

여기의 HTML 문서에서 <i> 노드의 위치는 그 노드에 이르기까지 거치는 일련의 노드들을 차례대로 / 기호로 연결하여 정의한다. 따라서 이 위치를 나타내는 XPath는 /html/body/div/p/i로 표현할 수 있다. 경로는 왼쪽 노드에서부터 오른쪽 노드 순으로 읽는다. 루트 노드인 <html> 노드에서 시작하여 <body> 노드, <div> 노드 , <p> 노드를 거쳐 마침내 가장 하단의 <i> 노드에 이른다. 노드 탐색 과정은 [그림 4-12]와 같다.

이러한 XPath를 통해 대응되는 노드셋을 추출하기 위해서는 XML 패키지의 xpathSApply() 함수를 이용한다. xpathSApply() 함수의 첫 번째 인수(doc)에 파싱된 문서를 지정하고 두 번째 인수(path)에 XPath를 지정한다. 영화 대사가 포함된 <i> 노드는 다음과 같이 추출할 수 있다. XPath에 의해 선택된 세 개의 <i> 노드가 리스트 형식으로 출력된다.

```
> xpathSApply(doc=quotes, path="/html/body/div/p/i")
[[1]]
<i>Love means never having to say you're sorry.</i>

[[2]]
<i>My mama always said, 'Life was like a box of chocolates; you never know what you're
gonna get.'</i>

[[3]]
<i>Mama says,'Stupid is as stupid does.'</i>
```

앞서 살펴본 XPath 경로는 절대경로(absolute path)라고 한다. 절대경로는 항상 루트 노드에서 시작하여 일련의 연속된 노드들로 최종 목표 노드까지의 경로를 설정한다. 이러한 방법 대신에 좀 더 단순한 방식으로 XPath 경로를 설정할 수 있다. 상대경로(relative path)는 노드 간 점프를 허용한다. 절대경로상에 포함된 노드를 모두 열거하지 않고 생략이 가능한 노드는 // 기호를 이용하여 경로상에서 건너뛸 수 있다. // 기호는 노드 트리상 어느 위치에 있든 관계 없이 지정된 노드에 바로 접근할 수 있는 경로를 제공한다. 상대경로를 이용하여 다음과 같이 <i> 노드를 추출할 수 있다.

```
> xpathSApply(quotes, "//body//p/i")
[[1]]
<i>Love means never having to say you're sorry.</i>

[[2]]
<i>My mama always said, 'Life was like a box of chocolates; you never know what you're
gonna get.'</i>

[[3]]
<i>Mama says,'Stupid is as stupid does.'</i>
```

상대경로는 다음과 같이 해석할 수 있다. 우선 노드 트리상 어느 위치에서든 <body> 노드를 찾는다(//body, 루트 노드에서부터 시작할 필요 없다). 그런 다음 하위 노드 가운데서 <p> 노드를 찾는다(//p, 바로 아래 노드일 필요는 없다). 이어서 바로 아래의 <i> 노드를 찾는다(/i).

이를 좀 더 단순화할 수도 있다. 우리가 찾고자 하는 영화 대사 텍스트는 <p> 노드 바로 아래의 <i> 노드에 포함되어 있다. 이러한 경로 패턴은 현재 추출하려는 노드만을 정확히 가리키기 때문에 다음과 같이 간단하게 <p> 노드와 <i> 노드만으로 구성된 상대경로를 설정해도 원하는 노드에 접근할 수 있다.

```
> xpathSApply(quotes, "//p/i")
[[1]]
<i>Love means never having to say you're sorry.</i>

[[2]]
<i>My mama always said, 'Life was like a box of chocolates; you never know what you're
gonna get.'</i>

[[3]]
<i>Mama says,'Stupid is as stupid does.'</i>
```

지금까지 서로 다른 세 가지 XPath를 이용하여 동일한 노드셋을 추출해보았다. 이처럼 목표로 하는 노드셋을 추출하는 데는 여러 가지 다양한 방법이 존재할 수 있다. 그렇다면 보다 간단한 상대경로를 사용할 수 있음에도 불구하고 굳이 루트 노드부터 시작하는 대체로 긴 길이를 갖는 절대경로를 XPath로 이용할 필요가 있을지 궁금해진다. 그 이유는 쿼리의 효율성, 즉 컴퓨팅 비용(시간)과 관련이 있다. 상대경로를 이용할 경우 xpathSApply() 함수는 문서 전체를 탐색하여 노드 트리 내에서 어느 정도의 폭이나 깊이로 노드를 점프할지 계산한다. 그렇기 때문에 상대경로는 비교적 컴퓨팅 비용이 많이 소요되고 쿼리의 효율성이 떨어진다. 작은 HTML 문서라면 영향이 거의 없겠지만 큰 규모의 HTML 파일을 다룰 경우나 다수 문서로부터 데이터 추출 작업을 해야 할 경우에는 이러한 컴퓨팅 효율성은 문제가 될 수 있다. 따라서 컴퓨팅 속도가 이슈가 될 수 있는 경우라면 절대경로로 노드 위치를 표현하는 것이 바람직하다.

XPath에는 특별한 용도로 사용되는 유용한 기호가 몇 가지 있다. 와일드카드(wildcard) * 기호는 임의의 노드를 대체할 때 특히 유용하다. node() 함수 또한 와일드카드로서의 기능을 가지며 임의의 노드를 나타낸다. <i> 노드를 추출할 때 다음과 같이 와일드카드를 이용하여 <div> 노드와 <i> 노드 사이의 <p> 노드를 대체할 수 있다.

```
> xpathSApply(quotes, "//div/*/i")
[[1]]
<i>Love means never having to say you're sorry.</i>

[[2]]
<i>My mama always said, 'Life was like a box of chocolates; you never know what you're
gonna get.'</i>

[[3]]
<i>Mama says,'Stupid is as stupid does.'</i>

> xpathSApply(quotes, "//div/node()/i")
[[1]]
<i>Love means never having to say you're sorry.</i>

[[2]]
<i>My mama always said, 'Life was like a box of chocolates; you never know what you're
gonna get.'</i>

[[3]]
<i>Mama says,'Stupid is as stupid does.'</i>
```

. 기호와 .. 기호는 각각 현재 노드와 현재 노드 한 단계 위의 부모 노드를 선택한다. 이를 이용하여 다음과 같이 <head> 노드를 선택할 수 있다. 먼저 <head> 노드의 자식 노드인 <title> 노드를 선택한 후 .. 기호를 이용하여 한 단계 위의 부모 노드를 선택한다.

```
> xpathSApply(quotes, "//title/..")
[[1]]
<head>
  <title>Movie Quotes</title>
</head>
```

| 기호는 여러 개의 경로를 한꺼번에 적용하려고 할 때 유용하다. | 기호로 연결된 XPath들은 각각 개별적으로 적용되고 그 결과는 한 번에 반환된다. 다음 코드는 <title> 노드와 <h1> 노드를 동시에 추출한다.

```
> xpathSApply(quotes, "//title | //h1")
[[1]]
<title>Movie Quotes</title>

[[2]]
<h1>Famous Quotes from Movies</h1>
```

또는 적용하고자 하는 XPath를 벡터로 저장한 후 이 벡터를 xpathSApply() 함수에 인수로 넘겨주는 방법도 있다. 결과는 | 기호를 이용한 경우와 동일하다.

```
> queries <- c("//title", "//h1")
> xpathSApply(quotes, queries)
[[1]]
<title>Movie Quotes</title>

[[2]]
<h1>Famous Quotes from Movies</h1>
```

XPath 액시스

지금까지는 XPath를 적용하여 HTML 문서로부터 노드셋을 추출하는 데 아무런 문제가 없었다. 하지만 노드 추출 과정이 복잡해지면 지금과 같은 방법만으로는 정교한 노드 추출에 한계가 있을 수 있다. 예를 들어, <i> 노드를 추출하는 앞의 예에서 두 번째 <div> 노드에 포함된 <i> 노드만을 추출하고 싶다고 가정해보자. 그러면 앞서와 같은 방법으로는 이러한 노드 추출을 가능하게 하는 XPath를 만드는 것은 불가능하다. 왜냐하면 두 번째 <div> 노드에 포함된 <i> 노드에 접근하기 위한 XPath 경로(즉 노드 배열)는 첫 번째 <div> 노드에 포함된 <i> 노드에 대해서도 동일하게 적용될 수 있기 때문이다. 따라서 기존의 XPath로는 첫 번째 <div> 노드의 <i> 노드만을 배제할 방법은 없다.

노드 트리상에서의 노드 간 상대적 위치를 이용하는 것이 이러한 상황을 극복하기 위한 한 가지 방법이 될 수 있다. [그림 4-11]의 트리 구조를 보면 모든 노드는 그 노드를 중심으로 위아래 또는 앞뒤로 다른 노드와 연결관계를 갖고 있다. 이러한 노드 간 상대적 위치 정보는 특정 노드를 다른 노드와 효과적으로 구별할 수 있게 해준다. 트리 구조상에서의 노드 간 상대적 위치는 흔히 가계도의 부모, 자식, 형제, 손자 간의 관계로 표현되며 이를 XPath 액시스(XPath axis)라고 한다. 액시스는 목표로 하는 노드를 현재 노드와의 상대적 관계를 이용하여 표현한다. 이러한 접근법에 의한 XPath 설정은 node1/axisname::node2와 같은 형식을 따른다. 이는 'node1에 대해 axisname 관계를 갖는

node2를 선택한다'는 의미이다.

이러한 방법에 따라 두 번째 <div> 노드에 포함된 <i> 노드만을 추출해보자. HTML 문서의 트리 구조를 보면 두 번째 <div> 노드만이 <a> 노드를 손자 노드로 갖고 있다. 이는 첫 번째 <div> 노드와 구별되는 두 번째 <div> 노드만의 특징이다. 우리는 이 정보를 바탕으로 다음과 같이 두 번째 <div> 노드만을 효과적으로 추출할 수 있다.

```
> xpathSApply(quotes, "//a/ancestor::div")
[[1]]
<div time="2h 22min" genre="comedy" date="June/23/1994">
<h2>Tom Hanks as Forrest Gump</h2>
<p><i>My mama always said, 'Life was like a box of chocolates; you never know what
you're gonna get.'</i></p>
<p><i>Mama says,'Stupid is as stupid does.'</i></p>
<p><b>Movie: </b><a href="http://www.imdb.com/title/tt0109830/?ref_=nv_sr_1">Forrest
Gump</a></p>
</div>
```

여기에서 사용된 액시스 ancestor는 현재 노드의 조상 노드를 나타낸다. 먼저 문서 내의 모든 <a> 노드를 선택하고(<a> 노드는 모두 세 개가 있다), 이어서 이 가운데 조상 노드(ancestor)가 <div>라는 이름을 갖는 노드를 선택한다. 그러면 두 번째 <div> 노드만이 성공적으로 추출된다. 목표로 하는 <i> 노드의 추출을 위해서는 다음과 같이 XPath에 //i를 추가한다. 두 번째 <div> 노드의 하위에 있는 <i> 노드가 추출된다.

```
> xpathSApply(quotes, "//a/ancestor::div//i")
[[1]]
<i>My mama always said, 'Life was like a box of chocolates; you never know what you're
gonna get.'</i>

[[2]]
<i>Mama says,'Stupid is as stupid does.'</i>
```

XPath에는 앞에서 살펴본 ancestor 액시스 이외에도 노드 간의 상대적 관계를 정의하는 다양한 종류의 액시스가 있다. [그림 4-13]에 XPath 액시스를 정리하였다. 액시스는 현재 노드(self)를 중심으로 다른 노드와의 상대적 관계를 정의한다. 액시스가 정의할 수 있는 노드 간 상대적 관계를 시각화하여 그래프로 나타내면 [그림 4-14]와 같다.

그림 4-13 ▌XPath 액시스. 액시스는 노드 간의 상대적 관계를 정의한다.

액시스 이름*	선택 범위
ancestor	현재 노드의 모든 조상 노드(부모, 부모의 부모 등)를 선택한다.
ancestor-or-self	현재 노드를 포함하여 모든 조상 노드를 선택한다.
attribute(@)	현재 노드의 모든 속성을 선택한다.
child	현재 노드의 모든 자식 노드를 선택한다. 기본 액시스이기 때문에 생략이 가능하다. 예를 들어, child::p는 p와 같다.
descendant	현재 노드의 모든 자손 노드(자식, 자식의 자식 등)를 선택한다.
descendant-or-self(//)	현재 노드를 포함하여 모든 자손 노드를 선택한다.
following	현재 노드의 종료 태그 이후의 모든 노드를 선택한다.
following-sibling	현재 노드 이후의 모든 형제 노드(같은 부모를 공유)를 선택한다.
namespace	현재 노드의 모든 네임스페이스 노드를 선택한다.
parent(..)	현재 노드의 부모 노드를 선택한다. 부모 노드는 한 개밖에 없기 때문에 부모 노드의 이름을 지정할 필요는 없다. 예를 들어, parent::node()는 ..로 간단히 줄여 쓸 수 있다.
preceding	현재 노드 앞의 모든 노드를 선택한다(조상 노드, 속성 노드, 네임스페이스 노드 제외).
preceding-sibling	현재 노드 앞에 나타나는 모든 형제 노드(같은 부모를 공유)를 선택한다.
self(.)	현재 노드를 선택한다. self::node()는 .로 간단히 줄여 쓸 수 있다.

*괄호 ( ) 안은 약어를 나타냄.

XPath 액시스를 이용한 노드 추출 방법을 몇 가지 예를 통해 좀 더 살펴보자. 영화 대사가 포함된 세 개 <i> 노드는 액시스를 이용하여 다음과 같은 방식으로도 추출할 수 있다. 모든 <b> 노드를 선택하고 이 노드들에 선행(preceding)하는 모든 <i> 노드를 추출한다.[9]

9 여기에서는 물론 굳이 액시스를 이용할 필요는 없다. 앞에서 살펴본 대로 일반적인 절대경로 또는 상대경로의 XPath로도 충분히 원하는 노드를 추출할 수 있다. 이는 이어지는 예에 대해서도 마찬가지이다. 여기에서 제시하는 방법 이외에도 XPath를 이용한 다른 대안적인 노드 추출 방법이 얼마든지 가능하다.

```
> xpathSApply(quotes, "//b/preceding::i")
[[1]]
<i>Love means never having to say you're sorry.</i>

[[2]]
<i>My mama always said, 'Life was like a box of chocolates; you never know what you're
gonna get.'</i>

[[3]]
<i>Mama says,'Stupid is as stupid does.'</i>
```

그림 4-14 XPath 액시스. 트리상의 모든 노드는 현재 노드(self)를 중심으로 위아래 또는 앞뒤의 상대적 위치로 나타낼 수 있다.

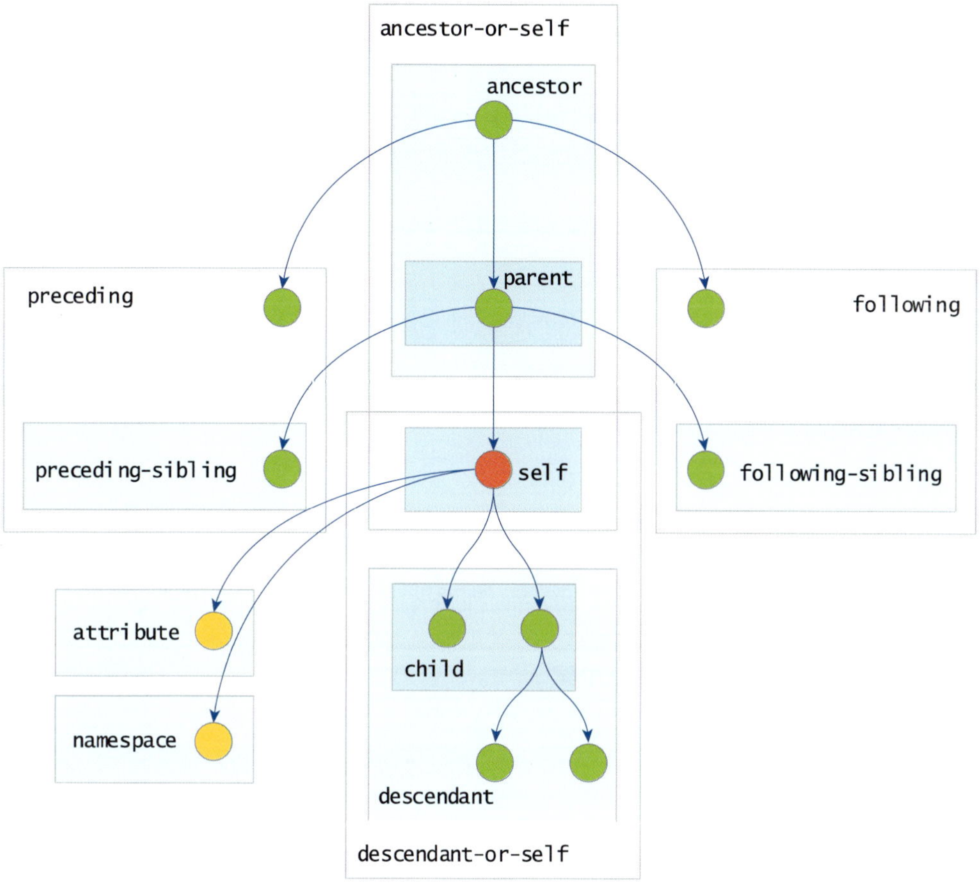

다음 코드는 <p> 노드와 preceding-sibling 관계를 갖는 <h2> 노드를 선택함으로써 배우 이름이 포함된 노드를 추출한다. HTML 문서로부터 우선 <p> 노드를 모두 선택하고, 이어서 이 노드들 앞에서 선행하는 형제 노드 가운데 <h2> 노드를 추출한다.

```
> xpathSApply(quotes, "//p/preceding-sibling::h2")
[[1]]
<h2>Ali MacGraw as Jennifer Cavilleri</h2>

[[2]]
<h2>Tom Hanks as Forrest Gump</h2>
```

다음 코드는 웹페이지상의 세 개의 링크 가운데 Sources에 포함된 두 개의 링크 노드만을 추출한다. <h1> 노드와 following-sibling 관계를 갖는 <p> 노드를 선택한 후 그 하위에 있는 <a> 노드를 추출한다.

```
> xpathSApply(quotes, "//h1/following-sibling::p/a")
[[1]]
<a href="http://www.afi.com/">
  <i>American Film Institute</i>
</a>

[[2]]
<a href="http://www.hollywoodreporter.com/">
  <i>Hollywood Reporters</i>
</a>
```

다음 XPath도 동일한 결과를 출력한다. <i> 노드 선택, <i> 노드의 조상 노드 가운데 <p> 노드 선택, 그리고 바로 아래의 <a> 노드 선택의 순서로 두 개의 링크 노드를 추출한다.

```
> xpathSApply(quotes, "//i/ancestor::p/a")
[[1]]
<a href="http://www.afi.com/">
  <i>American Film Institute</i>
</a>

[[2]]
<a href="http://www.hollywoodreporter.com/">
  <i>Hollywood Reporters</i>
</a>
```

XPath는 일반적으로 그 길이나 사용하는 기호의 개수에 있어서 제한이 없다. 다음과 같이 와일드카드와 액시스를 함께 사용할 수도 있다. parent 액시스는 <title> 노드의 한 단계 위 노드를 선택한다. 와일드카드는 이때 노드 이름이 무엇이든 관계없다는 의미이다. 따라서 다음 코드는 HTML 문서 내 모든 <title> 노드에 대한 모든 부모 노드를 추출한다.10

10 여기의 XPath는 //title/..로 간단히 줄여 쓸 수 있다. 부모 노드는 한 개밖에 없기 때문에 사실 이름을 지정할 필요가 없다.

```
> xpathSApply(quotes, "//title/parent::*")
[[1]]
<head>
  <title>Movie Quotes</title>
</head>
```

다음 코드는 앞의 XPath에 | 기호를 추가로 사용하여 다른 노드(여기에서는 Sources에 포함된 두 개의 링크 노드)를 함께 추출한다.

```
> xpathSApply(quotes, "//title/parent::* | //i/ancestor::*/a")
[[1]]
<head>
  <title>Movie Quotes</title>
</head>

[[2]]
<a href="http://www.afi.com/">
  <i>American Film Institute</i>
</a>

[[3]]
<a href="http://www.hollywoodreporter.com/">
  <i>Hollywood Reporters</i>
</a>
```

XPath 프레디킷

노드 간 상대적 위치를 이용하여 특정 노드를 식별하는 방법 이외에도 XPath 프레디킷(XPath predicate)을 이용하여 노드 자체가 갖고 있는 특성을 바탕으로 노드를 추출할 수도 있다. 프레디킷은 노드의 이름, 값, 속성 등에 적용되는 조건문을 의미하며 주어진 조건의 충족 여부를 평가한다. 내부적으로 프레디킷은 TRUE 또는 FALSE의 논리값을 반환한다. 프레디킷에 의한 조건 평가에 따라 결과가 TRUE인 노드가 선택된다. 프레디킷을 이용한 XPath 설정은 nodename[predicate]과 같은 형식을 따른다. 프레디킷은 노드 뒤 대괄호(square bracket) [ ] 안에 지정한다. predicate으로 지정된 조건을 충족하는 nodename 노드가 선택된다. 이는 마치 조건에 의해 서브셋을 추출하는 벡터 인덱싱 방법과 유사하다.

예를 들어, 다음 코드는 HTML 문서의 <p> 노드를 먼저 선택하고 그 노드 가운데 바로 아래에 <i>

노드를 갖고 있는 노드를 추출한다.

```
> xpathSApply(quotes, "//p[./i]")
[[1]]
<p>
  <i>Love means never having to say you're sorry.</i>
</p>

[[2]]
<p>
  <i>My mama always said, 'Life was like a box of chocolates; you never know what you're
gonna get.'</i>
</p>

[[3]]
<p>
  <i>Mama says,'Stupid is as stupid does.'</i>
</p>
```

이 XPath는 `<i>` 노드가 아니라 `[ ]` 안의 조건을 충족하는 `<p>` 노드를 추출한다는 점에 유의하자. `[ ]` 안의 `.` 기호는 현재 컨텍스트에서 선택된 노드인 `<p>` 노드를 의미하며 기 선택된 `<p>` 노드가 조건의 일부로 사용된다는 것을 나타낸다.

비교 연산자(=, !=, >, >=, <, <=)와 논리 연산자(and, or)를 사용하여 좀 더 다양한 검색 조건을 표현할 수 있다. 다음 두 코드를 보자.

```
> xpathSApply(quotes, "//div[@date='December/16/1970']//i")
[[1]]
<i>Love means never having to say you're sorry.</i>

> xpathSApply(quotes, "//div[@date='December/16/1970' or @genre='comedy']//i")
[[1]]
<i>Love means never having to say you're sorry.</i>

[[2]]
<i>My mama always said, 'Life was like a box of chocolates; you never know what you're
gonna get.'</i>

[[3]]
<i>Mama says,'Stupid is as stupid does.'</i>
```

첫 번째 코드는 date 속성값이 December/16/1970인 <div> 노드를 탐색한 후 그 하위에 있는 <i> 노드를 추출한다. 두 번째 코드는 첫 번째 코드의 조건을 충족하거나 또는 genre 속성값이 comedy인 <div> 노드의 하위 노드 <i>를 추출한다. 즉 or 연산자로 연결된 두 조건 중 어느 조건이든 충족하면 선택된다.[11]

11 여기에서는 값을 비교하기 위한 연산자로 R에서 사용하는 두 개의 == 기호 대신에 한 개의 = 기호가 사용되고 있음에 주의하자. 이는 XPath에는 R과 달리 별도의 할당 연산자가 없기 때문이다.

그림 4-15 ▌XPath 함수. XPath는 프레디킷의 조건문 생성을 위한 다양한 함수를 제공한다.

함수	설명
position()	현재 처리 중인 노드의 위치 인덱스를 반환한다. 예 //div/p[position()=2] → <div> 노드 아래의 두 번째 <p> 노드
last()	현재 처리 중인 노드셋의 노드 개수를 반환한다. 예 //div/p[last()] → <div> 노드 아래의 마지막 <p> 노드
count()	노드셋의 요소 개수를 반환한다. 예 //div[count(.//a)=0] → <a> 노드를 갖고 있지 않은 <div> 노드
string-length()	현재 노드의 텍스트 문자 개수를 반환한다. 예 //p[string-length()>60] → 텍스트 문자 개수가 60보다 큰 <p> 노드
@attribute	노드의 속성값을 반환한다. 예 //div[@genre='comedy'] → genre 속성값이 comedy인 <div> 노드
name()	노드의 이름을 반환한다. 예 //*[name()='h2'] → <h2> 노드
text()	노드의 콘텐츠(텍스트)를 반환한다. 예 //p[text()='Love Story'] → 콘텐츠가 Love Story인 <p> 노드
contains()	첫 번째 문자열이 두 번째 문자열을 포함하고 있으면 TRUE를 반환한다. 예 //div[contains(@date, 'June')] → date 속성값에 June을 포함하고 있는 <div> 노드
starts-with()	첫 번째 문자열이 두 번째 문자열로 시작하면 TRUE를 반환한다. 예 //i[starts-with(text(), 'Mama')] → 텍스트가 Mama로 시작하는 <i> 노드
substring-before()	첫 번째 문자열로부터 두 번째 문자열 이전 부분의 문자열을 반환한다. 예 //div[substring-before(./@time, ' ')='1h'] → time 속성에서 공백(' ') 이전의 문자열이 1h인 <div> 노드
substring-after()	첫 번째 문자열로부터 두 번째 문자열 이후 부분의 문자열을 반환한다. 예 //div[substring-after(./@time, ' ')='39min'] → time 속성에서 공백(' ') 이후의 문자열이 39min인 <div> 노드
not()	평가 결과가 FALSE이면 TRUE를 반환하고 TRUE이면 FALSE를 반환한다. 예 //div[not(@genre='drama')] → genre 속성값이 drama가 아닌 <div> 노드
local-name()	네임스페이스 참조 없이 현재 로컬 노드의 이름을 반환한다. 예 //*[local-name()='h1'] → <h1> 노드

XPath는 프레디킷 조건문을 생성할 때 사용할 수 있는 많은 함수를 제공한다. [그림 4-15]에 활용도가 높은 주요 함수를 정리하였다. XPath 함수는 주어진 노드셋의 특성을 다양한 관점에서 식별한다.

노드셋 내에서의 노드의 위치는 특정 노드를 식별하는 데 있어서 매우 유용한 정보이다. position() 함수는 주어진 노드셋 내에서의 노드 위치를 인덱스 번호로 제공한다. 다음 코드는 <div> 노드 내 첫 번째 위치의 <p> 노드를 추출한다.

```
> xpathSApply(quotes, "//div/p[position()=1]")
[[1]]
<p>
  <i>Love means never having to say you're sorry.</i>
</p>

[[2]]
<p>
  <i>My mama always said, 'Life was like a box of chocolates; you never know what you're
gonna get.'</i>
</p>
```

두 개의 <p> 노드가 반환되었다. 문서 내 모든 <p> 노드 가운데 첫 번째 위치의 노드가 선택된 것이 아니라, 두 개의 <div> 노드셋(<p> 노드의 부모 노드셋)으로부터 그 하위의 각각 첫 번째 위치의 <p> 노드가 추출된다. p[position()=1]은 다음과 같이 p[1]으로 간단하게 표현할 수도 있다.

```
> xpathSApply(quotes, "//div/p[1]")
```

노드셋 내의 마지막 노드를 추출하려면 다음과 같이 last() 함수를 이용한다. <div> 노드셋 내 마지막 위치의 <p> 노드를 추출한다. 앞서와 마찬가지로 position()은 생략할 수 있다.

```
> xpathSApply(quotes, "//div/p[position()=last()]")
[[1]]
<p><b>Movie: </b>Love Story</p>

[[2]]
<p>
  <b>Movie: </b>
  <a href="http://www.imdb.com/title/tt0109830/?ref_=nv_sr_1">Forrest Gump</a>
</p>

> xpathSApply(quotes, "//div/p[last()]")
```

이를 확장하여 마지막 <p> 노드 바로 앞의 <p> 노드를 추출하려면 다음과 같이 간단히 마지막 위치 인덱스를 나타내는 last() 함수에서 1을 뺀다.

```
> xpathSApply(quotes, "//div/p[last()-1]")
[[1]]
<p>
  <i>Love means never having to say you're sorry.</i>
</p>

[[2]]
<p>
  <i>Mama says,'Stupid is as stupid does.'</i>
</p>
```

노드셋 내 요소의 개수 또한 노드 추출을 위해 사용할 수 있다. 가장 흔히 사용되는 방법 중의 하나는 자식 노드 개수를 바탕으로 노드를 선택하는 것이다. <a> 노드에는 보통 링크 정보가 포함되어 있으므로 <a> 노드를 자식 노드로 갖고 있는 노드를 추출하는 것이 때로는 유용하다. 다음과 같이 링크 정보가 포함된 <div> 노드를 추출할 수 있다.

```
> xpathSApply(quotes, "//div[count(.//a)>0]")
[[1]]
<div time="2h 22min" genre="comedy" date="June/23/1994">
<h2>Tom Hanks as Forrest Gump</h2>
<p><i>My mama always said, 'Life was like a box of chocolates; you never know what you're
gonna get.'</i></p>
<p><i>Mama says,'Stupid is as stupid does.'</i></p>
<p><b>Movie: </b><a href="http://www.imdb.com/title/tt0109830/?ref_=nv_sr_1">Forrest
Gump</a></p>
</div>
```

노드가 추출되는 순서를 단계별로 살펴보자. 우선 HTML 문서로부터 모든 <div> 노드를 선택한다(//div). 이어서 count() 함수를 이용하여 선택 범위를 좁힌다. count() 함수는 인수로 주어진 요소의 개수를 계산한다. 여기에서는 기 선택된 <div> 노드 아래의 <a> 노드 개수를 센다(count(.//a)). 계산 결과는 > 연산자에 의해 0과 비교된다(count(.//a)>0). 최종적으로 이 비교 연산 결과가 TRUE인 <div> 노드, 즉 하위에 <a> 노드가 하나 이상 존재하는 <div> 노드가 추출된다.

노드뿐만 아니라 노드에 포함된 속성 개수에 대해서도 추출 조건을 설정할 수 있다. 다음 코드는 속성 개수가 네 개 이상인 <div> 노드를 추출한다.

```
> xpathSApply(quotes, "//div[count(./@*)>=4]")
[[1]]
<div time="1h 39min" genre="drama" lang="english" date="December/16/1970">
<h2>Ali MacGraw as Jennifer Cavilleri</h2>
<p><i>Love means never having to say you're sorry.</i></p>
<p><b>Movie: </b>Love Story</p>
</div>
```

@ 기호는 노드의 속성을 의미한다. 따라서 XPath ./@*는 현재 선택된 노드(//div, 즉 모든 <div> 노드)로부터 모든 속성을 선택한다. 추출된 속성들은 count() 함수의 인수로 전달되고, 이어서 >= 연산자에 의해 속성 개수가 4 이상인지 평가된다(count(./@*)>=4). 선택된 노드 가운데 평가 결과가 TRUE인 노드만이 최종적으로 선택된다.

콘텐츠 내의 문자 개수 또한 조건문 생성에 사용할 수 있다. 노드에 포함된 문자 개수를 기준으로 노드를 추출하려고 할 때 유용하다. 다음 코드는 문자 개수가 60을 초과하는 노드를 추출한다.

```
> xpathSApply(quotes, "//*[string-length(text())>60]")
[[1]]
<i>My mama always said, 'Life was like a box of chocolates; you never know what you're
gonna get.'</i>
```

먼저 HTML 문서 내의 모든 노드를 선택한다(//*). 이어서 이 노드셋 내에 포함된 텍스트를 추출하고(text()), 추출한 텍스트로부터 문자 개수를 계산한다(string-length(text())). 끝으로 > 연산자에 의해 그 결과가 60보다 큰지 평가하여(string-length(text())>60) 조건을 충족하는 노드를 추출한다.

때로는 특정 조건을 충족하는 노드가 아닌 그 반대의 나머지 조건 미충족 노드를 추출하는 것이 유용할 수도 있다. 노드를 추출할 때 해당 노드를 선택하는 조건보다 선택하지 않는 조건을 만드는 것이 효과적이고 용이할 때 특히 유용하다. not() 함수는 조건문 평가 결과가 TRUE가 아닌 노드를 추출한다. 즉 not() 함수는 조건문에 의해 선택되지 않는 노드를 반환한다. 다음 코드는 텍스트 내 문자 개수가 60 이하인 노드를 선택하지 않음으로써 결과적으로 앞서와 마찬가지로 문자 개수가 60보다 큰 노드를 추출한다.

```
> xpathSApply(quotes, "//*[not(string-length(text())<=60)]")
[[1]]
<i>My mama always said, 'Life was like a box of chocolates; you never know what you're
gonna get.'</i>
```

앞서 다루었던 속성 개수가 네 개 이상인 <div> 노드 추출 코드는 다음과 같이 not() 함수를 이용하여 다시 작성할 수 있다.

```
> xpathSApply(quotes, "//div[not(count(./@*)<4)]")
[[1]]
<div time="1h 39min" genre="drama" lang="english" date="December/16/1970">
<h2>Ali MacGraw as Jennifer Cavilleri</h2>
<p><i>Love means never having to say you're sorry.</i></p>
<p><b>Movie: </b>Love Story</p>
</div>
```

단순이 어떤 속성이 존재하는지 여부로 노드를 선택할 수 있다. 다음 두 코드는 각각 lang 속성을 갖고 있는 <div> 노드와 그렇지 않은 <div> 노드를 추출한다.

```
> xpathSApply(quotes, "//div[@lang]")
[[1]]
<div time="1h 39min" genre="drama" lang="english" date="December/16/1970">
<h2>Ali MacGraw as Jennifer Cavilleri</h2>
<p><i>Love means never having to say you're sorry.</i></p>
<p><b>Movie: </b>Love Story</p>
</div>

> xpathSApply(quotes, "//div[not(@lang)]")
[[1]]
<div time="2h 22min" genre="comedy" date="June/23/1994">
<h2>Tom Hanks as Forrest Gump</h2>
<p><i>My mama always said, 'Life was like a box of chocolates; you never know what
you're gonna get.'</i></p>
<p><i>Mama says,'Stupid is as stupid does.'</i></p>
<p><b>Movie: </b><a href="http://www.imdb.com/title/tt0109830/?ref_=nv_sr_1">Forrest
Gump</a></p>
</div>
```

이와 유사한 방식으로 어떤 노드가 존재하는지 여부로 노드를 선택할 수도 있다. 예를 들어, 다음 코드는 <a> 노드를 자식 노드로 갖고 있는 <div> 노드를 추출한다(앞서의 //div[count(.//a)>0])와 동일).

```
> xpathSApply(quotes, "//div[.//a]")
[[1]]
<div time="2h 22min" genre="comedy" date="June/23/1994">
<h2>Tom Hanks as Forrest Gump</h2>
<p><i>My mama always said, 'Life was like a box of chocolates; you never know what
you're gonna get.'</i></p>
<p><i>Mama says,'Stupid is as stupid does.'</i></p>
<p><b>Movie: </b><a href="http://www.imdb.com/title/tt0109830/?ref_=nv_sr_1">Forrest
Gump</a></p>
</div>
```

지금까지는 주로 노드의 위치 인덱스와 개수를 바탕으로 노드를 탐색하였다. 그러나 HTML/XML 문서는 기본적으로 텍스트로 이루어져 있기 때문에 노드 이름, 콘텐츠, 속성, 속성값 등의 텍스트를 바탕으로 노드를 추출하는 것이 효과적일 수 있다. 우선 = 기호를 이용한 텍스트 매칭을 통해 노드를 추출해보자. 숫자가 아닌 텍스트에 = 기호를 적용하면 완전매칭(exact matching) 방식으로 문자열을 찾아준다. 즉 정확히 일치하는 문자열을 탐색한다. 다음 코드는 date 속성값이 December/16/1970인 <div> 노드를 추출한다.

```
> xpathSApply(quotes, "//div[@date='December/16/1970']")
[[1]]
<div time="1h 39min" genre="drama" lang="english" date="December/16/1970">
<h2>Ali MacGraw as Jennifer Cavilleri</h2>
<p><i>Love means never having to say you're sorry.</i></p>
<p><b>Movie: </b>Love Story</p>
</div>
```

여기에서는 먼저 HTML 문서 내의 모든 <div> 노드를 선택하고, 이어서 선택된 노드셋 내에서 date 속성값이 December/16/1970인 노드를 추출한다.

이와 같은 완전매칭에 의한 문자열 탐색은 그 엄격함으로 인해 활용도가 다소 떨어진다. 일반적으로 많이 사용하는 문자열 매칭 방식은 일부 문자열의 일치 여부를 탐색하는 부분매칭(partial matching)이다. 예를 들어, 다음과 같이 contains() 함수를 이용하여 Love라는 단어가 포함된 노드를 추출할 수 있다. contains() 함수는 contains(txt1, txt2)와 같은 형식을 따른다. txt1에 txt2가 포함되어 있으면 TRUE를 반환한다.

```
> xpathSApply(quotes, "//*[contains(text(), 'Love')]")
[[1]]
<i>Love means never having to say you're sorry.</i>

[[2]]
<p><b>Movie: </b>Love Story</p>
```

먼저 HTML 문서 내의 모든 노드를 선택한다(//*). 이어서 text() 함수에 의해 반환된 텍스트 내에 Love라는 단어가 있는지 평가하여 TRUE인 노드를 추출한다. contains() 함수를 비롯한 XPath의 모든 텍스트 매칭 함수는 대소문자를 구분한다. 따라서 다음과 같이 소문자 love 텍스트를 탐색하면 의도한 매칭 결과를 얻을 수 없다.

```
> xpathSApply(quotes, "//*[contains(text(), 'love')]")
list()
attr(,"class")
[1] "XMLNodeSet"
```

starts-with(txt1, txt2) 함수는 인수로 주어진 문자열로 시작하는 패턴을 탐색한다. txt1이 문자열 txt2로 시작하면 TRUE를 반환한다. 다음 코드는 time 속성이 1h로 시작하는 <div> 노드를 선택하고 하위의 <p> 노드를 추출한다.

```
> xpathSApply(quotes, "//div[starts-with(./@time, '1h')]/p")
[[1]]
<p>
  <i>Love means never having to say you're sorry.</i>
</p>

[[2]]
<p><b>Movie: </b>Love Story</p>
```

우선 HTML 문서 내의 모든 <div> 노드를 선택한다(//div). 기 선택된 <div> 노드 가운데 time 속성이 1h로 시작하는 노드를 선택한다. 그리고 이어서 그 하위의 <p> 노드를 추출한다.

substring-before(txt1, txt2) 함수와 substring-after(txt1, txt2) 함수는 인수로 주어진 문자열의 앞이나 뒤와 일치하는 패턴을 탐색한다. txt1으로부터 txt2를 찾아서 그 앞이나 뒤에 나타나는 부분 문자열(substring)을 반환한다. 다음 코드는 date 속성값에서 / 앞부분이 December인 <div> 노드를 선택하고, 이어서 그 하위의 두 번째 <p> 노드를 추출한다.

```
> xpathSApply(quotes, "//div[substring-before(./@date, '/')='December']/p[2]")
[[1]]
<p><b>Movie: </b>Love Story</p>
```

노드 선택 과정은 다음과 같다. 먼저 HTML 문서 내의 모든 <div> 노드를 선택한다(//div). 이어서 date 속성을 이용하여 선택 범위를 좁힌다. 이를 위해 우선 기 선택된 <div> 노드의 속성값을 추출한다(./@date). 그러면 두 개의 속성값 December/16/1970, June/23/1994를 얻게 된다. 이 값들이 substring-before() 함수의 첫 번째 인수로 전달되고, 두 번째 인수로 주어진 / 앞의 문자열 December와 June이 출력된다. 이어서 = 기호에 의해 December와 일치하는 속성값을 갖는 <div> 노드를 탐색한다. 끝으로 탐색 결과 TRUE가 반환된 <div> 노드 하위의 두 번째 <p> 노드를 추출한다(/p[2]).

다음 코드는 substring-after() 함수를 이용한 예이다. date 속성값에서 두 번째 / 뒷부분이 1970인 <div> 노드를 선택하여 그 하위의 두 번째 <p> 노드를 추출한다.

```
> xpathSApply(quotes,
+             "//div[substring-after(substring-after(./@date, '/'), '/')='1970']
+             /p[2]")
[[1]]
<p><b>Movie: </b>Love Story</p>
```

여기에서는 substring-after() 함수를 두 번 사용하였다. 안쪽의 substring-after() 함수에서는 첫 번째 / 이후의 문자열이 추출되고, 그 결과는 바깥쪽 substring-after() 함수로 전달되어 두 번째 / 이후의 문자열이 추출된다. 내부적으로 1970과 1994 두 개의 문자열이 출력된다. 그러면 1970과 매칭 작업을 수행하여 조건을 충족하는 <div> 노드 하위의 두 번째 <p> 노드를 추출한다.

데이터 추출

지금까지 XPath를 이용하여 우리가 원하는 데이터가 포함된 노드셋을 추출하는 방법을 살펴보았다. xpathSApply() 함수는 추출한 노드셋을 내부의 콘텐츠(노드 이름, 텍스트, 속성값 등)와 함께 리스트 형식으로 출력한다. 이제 이렇게 추출한 노드셋으로부터 내부의 실제 콘텐츠를 추출해보자.

노드셋 추출을 위해 사용했던 xpathSApply() 함수의 세 번째 인수(fun)에 요소추출 함수를 지정함으로써 노드셋으로부터 콘텐츠를 추출할 수 있다. 추출하려는 콘텐츠에 따라 지정하는 요소추출 함수는 달라진다. XML 패키지가 제공하는 다양한 요소추출 함수를 사용할 수 있다([그림 4-9] 참고).

예를 들어, <i> 노드의 영화 대사 텍스트를 추출하려면 다음과 같이 xpathSApply() 함수의 세 번째 인수에 노드의 값을 추출하는 xmlValue() 함수를 지정한다. XML 문서에서 더 이상 자식 노드를 갖지 않는 최하위 노드를 리프 노드(leaf node)라고 한다. 리프 노드는 대개 텍스트만을 포함하고 있다. xmlValue() 함수는 이러한 리프 노드로부터 값을 추출한다.12

12 xmlValue() 함수는 기본적으로 XPath로 지정된 노드 및 그 아래의 하위 노드들에 반복 적용되어 그 안에 포함된 모든 텍스트를 추출한다(기본값 recursive=TRUE). xpathSApply() 함수를 이용하여 XPath로 지정된 노드 바로 아래의 텍스트만 추출하려면 추가로 recursive=FALSE를 fun 인수 다음에 지정한다.

```
> xpathSApply(doc=quotes, path="//p/i", fun=xmlValue)
[1] "Love means never having to say you're sorry."
[2] "My mama always said, 'Life was like a box of chocolates; you never know what
you're gonna get.'"
[3] "Mama says,'Stupid is as stupid does.'"
```

결과는 리스트 형식이 아닌 벡터 형식으로 출력된다. XPath에 의해 선택된 <i> 노드 내부의 값만이 추출된다. 만약 XPath에 의해 선택되는 노드셋이 없다면 다음과 같이 빈 리스트가 반환된다.

```
> xpathSApply(quotes, "//*[contains(text(), 'love')]")
list()
attr(,"class")
[1] "XMLNodeSet"
> xpathSApply(quotes, "//*[contains(text(), 'love')]", xmlValue)
list()
```

속성으로부터의 데이터 추출도 종종 필요하다. 선택된 노드셋에 어떤 속성이 포함되어 있는지 알려면 xmlAttrs() 함수를 이용한다. 다음과 같이 xmlAttrs() 함수를 xpathSApply() 함수의 세 번째 인수로 넘겨주면 노드셋 내의 모든 속성이 추출된다.

```
> xpathSApply(quotes, "//div", xmlAttrs)
[[1]]
          time         genre          lang                date
    "1h 39min"       "drama"     "english"  "December/16/1970"
```

```
[[2]]
        time         genre            date
   "2h 22min"     "comedy"  "June/23/1994"
```

일반적으로 특정 속성에 관심 있는 경우가 많다. 노드셋으로부터 특정 속성의 속성값을 추출하려면 다음과 같이 xmlGetAttr() 함수와 추출하려는 속성 이름을 지정한다.

```
> xpathSApply(quotes, "//div", xmlGetAttr, "date")
[1] "December/16/1970" "June/23/1994"
```

만약 노드셋 내에 추출하고자 하는 속성이 없으면 다음과 같이 NULL이 출력된다.

```
> xpathSApply(quotes, "//div", xmlGetAttr, "lang")
[[1]]
[1] "english"

[[2]]
NULL
```

xpathSApply() 함수의 fun 인수에는 XML 패키지에서 제공하는 요소추출 함수뿐만 아니라 사용자 정의 함수를 지정할 수 있다. 사용자 정의 함수는 추출한 데이터에 대해 추가적인 전처리(preprocessing)를 하거나 데이터 추출 시 발생할 수 있는 예외적인 상황을 다루기 위한 목적으로 사용할 수 있다.

텍스트분석을 수행할 때 추출한 텍스트를 모두 소문자로 바꾸는 작업은 빈번히 이루어지는 텍스트 마이닝 전처리 작업 중의 하나이다. 예를 들어, 영화 대사 텍스트를 추출하여 문자열을 모두 소문자로 변경해보자. 이를 위해 먼저 표준패키지에 포함된 tolower() 함수를 이용한 다음과 같은 사용자 정의 함수를 작성한다.

```
> lowertextFun <- function(x) {
+   x <- tolower(xmlValue(x))
+   return(x)
+ }
```

이렇게 생성된 사용자 정의 함수를 다음과 같이 xpathSApply() 함수의 fun 인수에 지정한다. 그러면 사용자 정의 함수는 xmlValue() 함수에 의해 추출된 문자열을 tolower() 함수를 통해 모두 소문자로 변경한다. 이를 통해 추가적인 전처리 작업을 줄일 수 있다.

```
> xpathSApply(quotes, "//p/i", fun=lowertextFun)
[1] "love means never having to say you're sorry."
[2] "my mama always said, 'life was like a box of chocolates; you never know what
you're gonna get.'"
[3] "mama says,'stupid is as stupid does.'"
```

이번에는 사용자 정의 함수를 이용하여 조금 더 복잡한 전처리 작업을 수행해보자. 예를 들면, mm/dd/yyyy 형식의 날짜 텍스트로부터 마지막 네 자리의 연도만을 추출한다. 여기에서는 문자열 처리를 위해 stringr 패키지에 포함된 str_extract() 함수를 이용한다. xmlGetAttr() 함수와 str_extract() 함수를 이용한 사용자 정의 함수는 다음과 같다.

```
> yearFun <- function(x) {
+   library(stringr)
+   date <- xmlGetAttr(x, "date")
+   year <- str_extract(date, "[0-9]{4}")
+   return(year)
+ }
```

xpathSApply() 함수의 fun 인수에 지정된 사용자 정의 함수는 xmlGetAttr() 함수에 의해 추출된 date 속성의 날짜 텍스트로부터 연도에 해당하는 연속된 네 개 숫자(정규표현식 [0-9]{4})를 추출한다.

```
> xpathSApply(quotes, "//div", yearFun)
[1] "1970" "1994"
```

xpathSApply() 함수의 fun 인수에 지정되는 사용자 정의 함수는 데이터 추출 작업 시 발생할 수 있는 예외적인 상황을 처리할 때 유용하다. 예를 들면, XPath가 빈 노드셋을 반환하는 예기치 않은 상황에 적절히 대응할 수 있다. xpathSApply() 함수는 XPath에 의해 매칭되는 노드가 없으면 NULL을 반환한다. 사용자 정의 함수에 다음과 같이 NULL 객체의 반환 여부를 테스트하는 코드를 추가함으로써 이어지는 작업을 수행할 때 발생할 수 있는 에러를 방지할 수 있다.

```
> langFun <- function(x) {
+   lang <- xmlGetAttr(x, "lang")
+   lang <- ifelse(is.null(lang), "Not Exist", lang)
+   return(lang)
+ }
```

xmlGetAttr() 함수에 의해 속성을 추출하고, 추출한 객체가 NULL인지 테스트한다. NULL이면 'Not Exist'를 출력하고 NULL이 아니면 속성값을 반환한다.

```
> xpathSApply(quotes, "//div", langFun)
[1] "english"   "Not Exist"
```

하나의 웹 문서 내에 고유의 독립된 네임스페이스가 정의되어 있을 경우 지금까지 살펴본 XPath는 제대로 동작하지 않는다. 왜냐하면 XPath는 기본 설정된 하나의 네임스페이스(default namespace)를 가정하기 때문이다. 따라서 여러 개의 분리된 네임스페이스가 포함된 웹 문서에서 노드셋을 탐색하고 그로부터 데이터를 추출하기 위해서는 XPath에 적절한 네임스페이스를 함께 지정해야 한다.

예를 위해 앞에서 생성했던 bookinside.xml 코드를 다시 살펴보자('4.2 XML 구조' 참고). 이 코드에는 두 개의 서로 분리된 네임스페이스가 정의되어 있고 이들은 각각 t와 m이라는 이름 접두어로 구별된다. 데이터 추출을 위해 먼저 다음과 같이 문서를 파싱한다.

```
> bookinside <- xmlParse("bookinside.xml")
> bookinside
<?xml version="1.0" encoding="UTF-8"?>
<!DOCTYPE html>
<root xmlns:t="http://www.html.com/myhtml" xmlns:m="http://www.xml.com/myxml">
  <t:head>
    <t:title>Look Inside!</t:title>
  </t:head>
  <m:book id="1">
    <m:title>Moby Dick</m:title>
    <m:author>Herman Melville</m:author>
  </m:book>
</root>
```

<title> 노드로부터 데이터를 추출해보자. 문서 내에는 두 개의 <title> 노드가 있다. 두 노드에는 각각 'Look Inside!'와 'Moby Dick'이라는 텍스트가 저장되어 있다. 우선 지금까지 해왔던 것처럼 다음과 같은 방식으로 문서 내 모든 <title> 노드로부터 콘텐츠를 추출하는 시도를 해볼 수 있다.

```
> xpathSApply(bookinside, "//title", xmlValue)
list()
```

하지만 지금까지와는 달리 빈 리스트가 출력된다. 이유는 문서 내 두 <title> 노드 어느 것도 기본 네임스페이스하에서 정의되지 않았기 때문이다. 각각 고유의 네임스페이스를 갖고 있다. 고유의 네임스페이스는 <root> 노드의 xmlns 속성에서 확인할 수 있으며 각각 접두어 t와 m을 통해 식별된다. 고유의 네임스페이스를 거치지 않고 우회하는 한 가지 방법은 다음과 같이 local-name() 함수를 이용하는 것이다. 로컬 노드를 직접 탐색한다.

```
> xpathSApply(bookinside, "//*[local-name()='title']", xmlValue)
[1] "Look Inside!" "Moby Dick"
```

하지만 이 방법은 네임스페이스를 참조하지 않기 때문에 특정 네임스페이스와 관련된 노드만을 구별하여 추출하기는 어렵다. 네임스페이스를 반영한 XPath 쿼리를 수행하기 위해서는 XPath에 네임스페이스 접두어를 포함시킨다. 다음 코드는 t 접두어가 가리키는 첫 번째 <title> 노드의 콘텐츠를 추출한다.

```
> xpathSApply(bookinside, "//t:title", xmlValue)
[1] "Look Inside!"
```

또는 다음과 같이 XPath에 포함시킬 네임스페이스 접두어를 변수(x)로 대체하고 xpathSApply() 함수의 namespaces 인수로서 접두어 변수에 대응되는 네임스페이스 문자열을 지정한다.

```
> xpathSApply(bookinside, "//x:title",
+             namespaces=c(x="http://www.html.com/myhtml"), xmlValue)
[1] "Look Inside!"
```

두 번째 <title> 노드의 콘텐츠도 앞서와 동일한 방법으로 추출할 수 있다.

```
> xpathSApply(bookinside, "//m:title", xmlValue)
[1] "Moby Dick"
> xpathSApply(bookinside, "//x:title",
+             namespaces=c(x="http://www.xml.com/myxml"), xmlValue)
[1] "Moby Dick"
```

네임스페이스는 항상 요소 내의 속성값으로 정의된다. xmlNamespaceDefinitions() 함수는 다음과 같이 문서 내에 정의된 네임스페이스 정보를 반환한다.

```
> xmlNamespaceDefinitions(bookinside)
$t
$id
[1] "t"

$uri
[1] "http://www.html.com/myhtml"

…(중략)

$m
$id
[1] "m"

$uri
[1] "http://www.xml.com/myxml"

…(중략)
```

지금까지 살펴본 방법을 이용하려면 추출하려는 노드가 정의된 네임스페이스 정보를 XPath나 xpathSApply() 함수의 namespaces 인수에 문자열로 명시적으로 지정해야 한다. xmlNamespaceDefinitions() 함수로부터 반환된 정보를 이용하여 이러한 과정을 다음과 같이 단순화할 수 있다. 그러면 코드의 재활용도 쉬울 뿐만 아니라 직접 입력에 따른 실수도 예방할 수 있다.

```
> ns <- xmlNamespaceDefinitions(bookinside)[[2]]$uri
> ns
[1] "http://www.xml.com/myxml"
> xpathSApply(bookinside, "//x:title", namespaces=c(x=ns), xmlValue)
[1] "Moby Dick"
```

4.5 사례

노벨상 소개 @노벨재단

노벨재단(The Nobel Foundation, https://www.nobelprize.org)은 알프레드 노벨(Alfred Nobel)의 유산을 기금으로 설립된 재단으로서 기금 운영을 통해 인류복지에 이바지한 사람들에게 수여되는 노벨상의 상금을 지원한다. 노벨재단의 웹사이트로부터 노벨상에 대한 소개 정보를 수집해보자. [그림 4-16]은 노벨상에

그림 4-16 ▌노벨상. 노벨재단 웹사이트로부터 노벨상에 대한 소개글 및 제목, 노벨상 수상 관련 통계, 노벨상 메달 이미지 데이터를 수집한다.

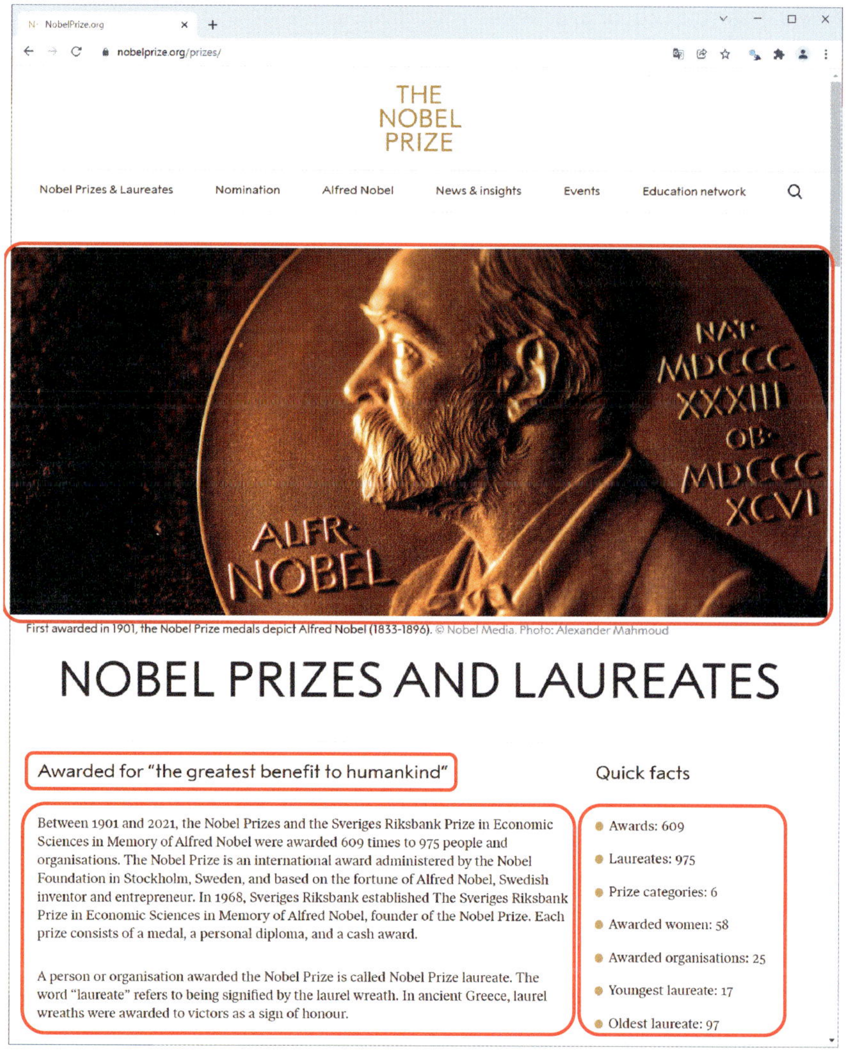

대한 간단한 소개 웹페이지(https://www.nobelprize.org/prizes)이다. 이 웹페이지로부터 노벨상에 대한 소개글 및 제목, 노벨상 수상 관련 통계, 노벨상 메달 이미지 등 몇 가지 데이터를 수집한다.

XPath를 이용하여 웹페이지상의 원하는 데이터에 접근하기 위해서는 HTML 문서의 계층구조를 정확히 이해할 필요가 있다. 웹브라우저의 요소탐색기를 이용하면 웹페이지의 콘텐츠와 소스코드 간의 대응관계를 쉽게 파악할 수 있어 XPath를 보다 효과적으로 작성할 수 있다. 노벨상 소개글의 제목부터 추출해보자. 우선 웹브라우저의 요소탐색기를 이용하여 웹페이지의 콘텐츠와 소스코드 간의 대응관계를 파악한다. [그림 4-17]과 같이 노벨상 소개글의 제목에 대한 소스코드를 확인할 수 있다.

먼저 다음과 같이 httr 패키지의 GET() 함수로 HTML 문서를 읽어들인다.

```
> library(httr)
> url <- "https://www.nobelprize.org/prizes"
> html <- GET(url)
```

GET() 함수 이외에도 xml2 패키지의 read_html() 함수 또한 웹페이지로부터 HTML 문서를 읽어들일 때 사용할 수 있다. read_html() 함수를 이용한 다음 코드는 GET() 함수와 마찬가지로 웹페이지로부터 HTML 문서를 읽어온다.

```
> library(xml2)
> html <- read_html(url)
```

읽어들인 HTML 문서는 htmlParse() 함수를 이용하여 파싱한다.

```
> library(XML)
> html.parsed <- htmlParse(html)
```

이제 파싱된 HTML 노드 트리로부터 노벨상 소개글의 제목 텍스트에 접근하는 XPath를 작성해보자. 노벨상 소개글의 제목은 [그림 4-17]에서 보듯이 <h4> 태그에 포함되어 있다. 만일 <h4> 태그가 여기에만 사용되었다면 XPath를 //h4로 지정함으로써 노벨상 소개글의 제목이 포함된 노드에 접근할 수 있다. 그러나 <h4> 태그는 이곳만이 아니라 웹페이지 전체에 걸쳐 여러 부분에서 나타날 수 있다(실제로 이 웹페이지의 여러 곳에서 <h4> 태그를 사용하고 있다). 그렇다면 노벨상 소개글의 제목 텍스트를 포함하고 있는 <h4> 태그만을 특정하기 위해서는 좀 더 범위를 좁힐 필요가 있다. 이를 위해 여기에서는 <h4> 노드의 상위에 있는 노드 정보를 이용한다.

HTML 문서의 소스코드를 살펴보면 다수의 <h4> 노드 가운데 <article> 노드 하위에 있는 <h4>

그림 4-17 ▌ **노벨상.** 웹브라우저의 요소탐색기를 이용하여 노벨상 소개글의 제목에 대응되는 소스코드를 확인한다.

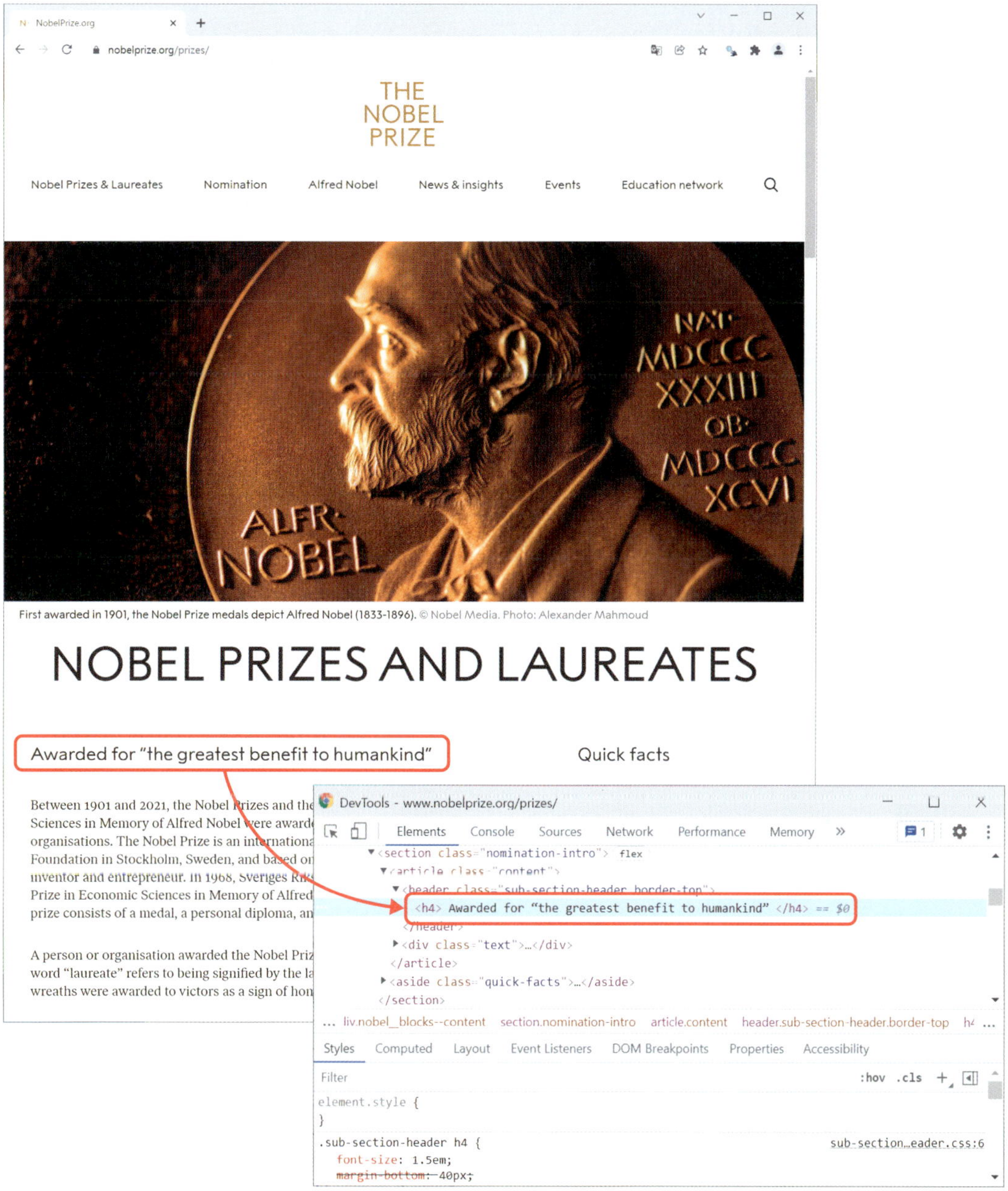

노드만이 노벨상 소개글의 제목 텍스트를 포함하고 있다. 따라서 XML 패키지의 xpathSApply() 함수를 이용하여 다음과 같이 <article> 노드 하위에 있는 <h4> 노드를 추출한다. 그런 다음 xmlValue() 함수를 이용하여 추출한 노드로부터 우리가 원하는 텍스트를 읽어온다.

```
> xpathSApply(doc=html.parsed, path="//article[@class='content']//h4",
+             fun=xmlValue)
[1] "\n\t\t\t\tAwarded for “the greatest benefit to humankind”\t\t\t"
```

지금의 경우처럼 추출한 텍스트의 양끝에 줄바꿈, 탭, 여백 등 화이트스페이스(white space)가 포함되어 있는 경우가 종종 있다. 다음과 같이 xmlValue() 함수에 trim=TRUE 인수를 지정하면 텍스트 추출 시 이러한 앞뒤의 화이트스페이스를 제거할 수 있다. 그러면 추가로 화이트스페이스를 제거하는 작업을 줄일 수 있다

```
> header <- xpathSApply(doc=html.parsed, path="//article[@class='content']//h4",
+                       fun=xmlValue, trim=TRUE)
> header
[1] "Awarded for “the greatest benefit to humankind”"
```

이어서 노벨상 소개글을 추출해보자. 노벨상 소개글은 [그림 4-18]에서 볼 수 있는 것처럼 <p> 태그 안에 포함되어 있다. <p> 태그 또한 웹페이지 이곳 저곳에 많이 사용되고 있기 때문에 <p> 태그 내의 텍스트를 모두 추출하면 노벨상 소개글뿐만 아니라 다른 텍스트도 추출된다. 따라서 앞서와 유사하게 XPath에 상위 노드를 추가하여 다음과 같이 노벨상 소개글이 포함된 <p> 노드만 특정한다.

```
> content <- xpathSApply(doc=html.parsed, path="//article[@class='content']//p",
+                        fun=xmlValue)
> content
[1] "Between 1901 and 2021, the Nobel Prizes and the Sveriges Riksbank Prize in
Economic Sciences in Memory of Alfred Nobel were awarded 609 times to 975 people and
organisations. The Nobel Prize is an international award administered by the Nobel
Foundation in Stockholm, Sweden, and based on the fortune of Alfred Nobel, Swedish
inventor and entrepreneur. In 1968, Sveriges Riksbank established The Sveriges
Riksbank Prize in Economic Sciences in Memory of Alfred Nobel, founder of the Nobel
Prize. Each prize consists of a medal, a personal diploma, and a cash award."
[2] "A person or organisation awarded the Nobel Prize is called Nobel Prize laureate.
The word “laureate” refers to being signified by the laurel wreath. In ancient Greece,
laurel wreaths were awarded to victors as a sign of honour."
[3] "See a full list of all Nobel Prize laureates."
```

▶ 그림 4-18 ▌노벨상. 웹브라우저의 요소탐색기를 이용하여 노벨상 소개글에 대응되는 소스코드를 확인한다.

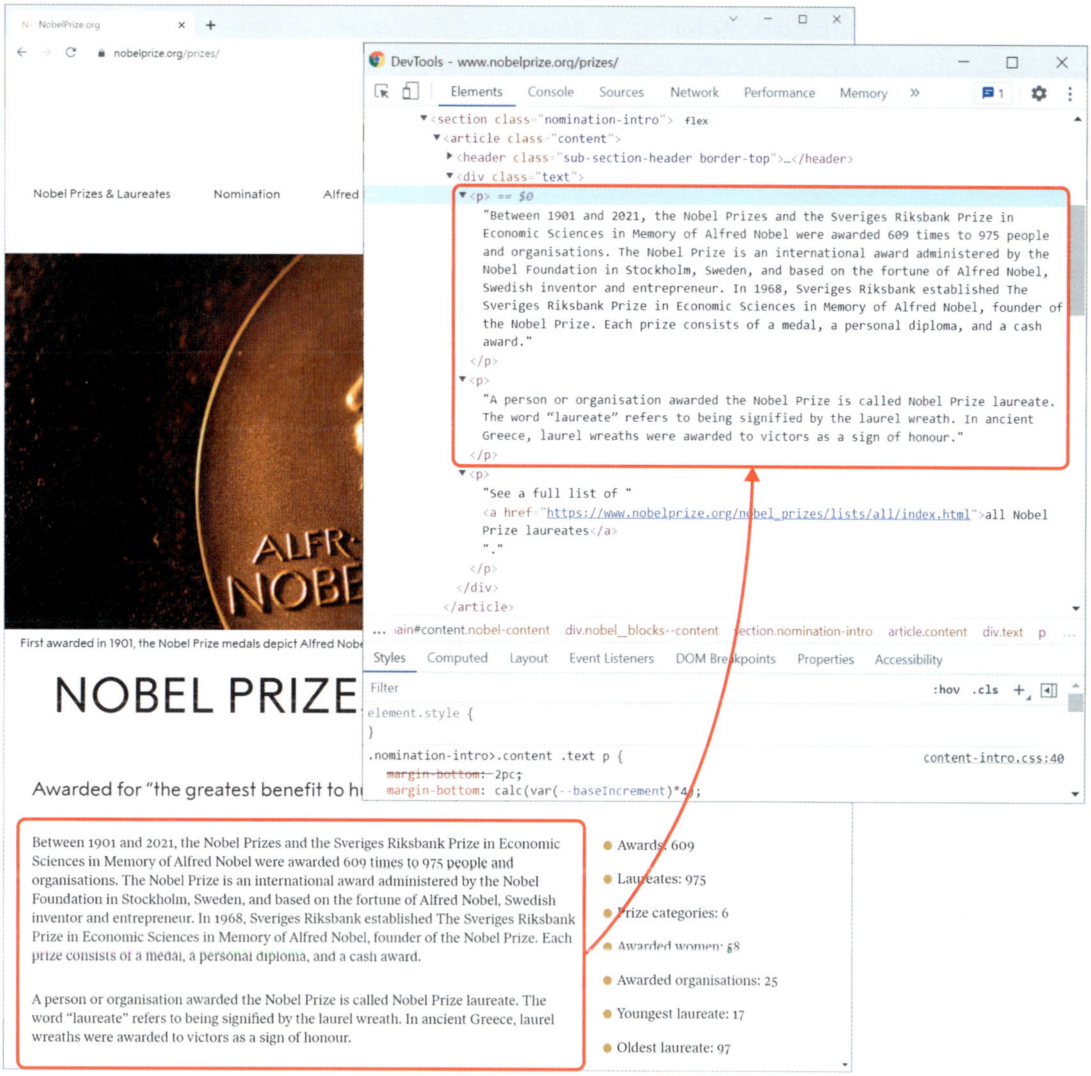

마지막 텍스트는 역대 노벨상 수상자에 대한 링크를 나타내므로 삭제한다. 수집한 텍스트는 필요에 따라 다음과 같이 모두 이어 붙여서 분석에 활용할 수도 있다.

```
> content <- paste(content[-length(content)], collapse=" ")
> content
[1] "Between 1901 and 2021, the Nobel Prizes and the Sveriges Riksbank Prize in
Economic Sciences in Memory of Alfred Nobel were awarded 609 times to 975 people and
organisations. The Nobel Prize is an international award administered by the Nobel
Foundation in Stockholm, Sweden, and based on the fortune of Alfred Nobel, Swedish
```

```
inventor and entrepreneur. In 1968, Sveriges Riksbank established The Sveriges
Riksbank Prize in Economic Sciences in Memoryof Alfred Nobel, founder of the Nobel
Prize. Each prize consists of a medal, a personal diploma, and a cash award. A person
or organisation awarded the Nobel Prize is called Nobel Prize laureate. The word
“laureate” refers to being signified by the laurelwreath. In ancient Greece, laurel
wreaths were awarded to victors as a sign of honour."
```

파이프 연산자(pipe operator) %>%를 이용하면 이러한 일련의 작업을 비교적 간편하게 처리할 수 있다. 파이프 연산자는 한 함수로부터의 출력 결과나 데이터를 다음 함수의 첫 번째 인수로 전달하기 때문에 일련의 연속된 작업을 연결해서 한 번에 수행할 때 매우 편리하다. 노벨상 수상자에 대한 링크를 나타내는 마지막 텍스트는 추출된 <p> 노드 가운데 마지막에 포함되어 있으므로 XPath를 이용하여 사전에 추출에서 제외한다. 여기에서는 문자열을 결합할 때 base 패키지의 paste() 함수 대신에 stringr 패키지의 str_c() 함수를 이용한다.

```
> library(stringr)
> content <- xpathSApply(doc=html.parsed,
+                        path="//article[@class='content']//p[position()!=last()]",
+                        fun=xmlValue) %>%
+   str_c(collapse=" ")
> content
[1] "Between 1901 and 2021, the Nobel Prizes and the Sveriges Riksbank Prize in
Economic Sciences in Memory of Alfred Nobel were awarded 609 times to 975 people and
organisations. …(중략)… The word “laureate” refers to being signified by the laurel
wreath. In ancient Greece, laurel wreaths were awarded to victors as a sign of
honour."
```

노벨상 수상과 관련된 주요 통계 데이터는 [그림 4-19]에서 볼 수 있는 것처럼 <li> 태그에 포함되어 있다. 탐색 범위를 제한함으로써 추출하려는 데이터가 포함된 <li> 노드로부터 다음과 같이 노벨상 수상과 관련된 흥미로운 데이터를 수집할 수 있다.

```
> facts <- xpathSApply(doc=html.parsed, path="//ul[@class='factlist']/li",
+                      fun=xmlValue)
> facts
[1] "Awards: 609"          "Laureates: 975"             "Prize categories: 6"
[4] "Awarded women: 58"    "Awarded organisations: 25"  "Youngest laureate: 17"
[7] "Oldest laureate: 97"
```

그림 4-19 ▌노벨상. 웹브라우저의 요소탐색기를 이용하여 노벨상 수상 관련 주요 통계에 대응되는 소스코드를 확인한다.

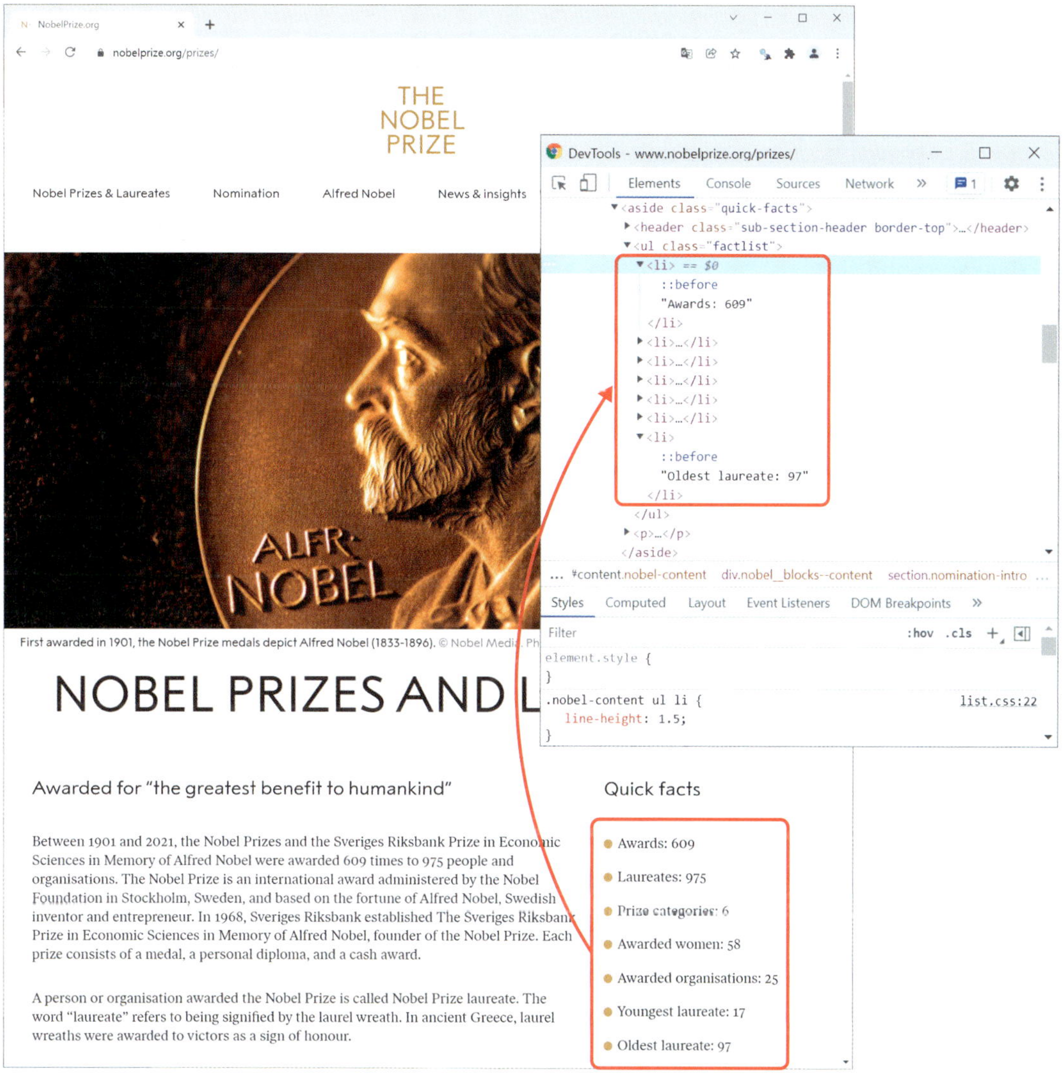

추출한 텍스트로부터 통계의 범주와 수치를 분리하여 다음과 같이 데이터프레임(티블)으로 저장하면 유용할 수 있다. 여기에서는 tidyr 패키지의 separate() 함수를 이용한다.

```
> library(tidyr)
> separate(tibble(facts=facts), col=facts, sep=": ",
+          into=c("category", "statistics"), convert=TRUE)
```

```
# A tibble: 7 x 2
  category                statistics
  <chr>                        <int>
1 Awards                         609
2 Laureates                      975
3 Prize categories                 6
4 Awarded women                   58
5 Awarded organisations           25
6 Youngest laureate               17
7 Oldest laureate                 97
```

이러한 일련의 작업은 다음과 같이 %>%를 이용하여 한꺼번에 처리할 수 있다.

```
> facts <- xpathSApply(doc=html.parsed, path="//ul[@class='factlist']/li",
+                      fun=xmlValue) %>%
+   tibble(facts=.) %>%
+   separate(col=facts, sep=": ",
+            into=c("category", "statistics"), convert=TRUE)
> facts
# A tibble: 7 x 2
  category                statistics
  <chr>                        <int>
1 Awards                         609
2 Laureates                      975
3 Prize categories                 6
4 Awarded women                   58
5 Awarded organisations           25
6 Youngest laureate               17
7 Oldest laureate                 97
```

웹스크레이핑을 통해서 텍스트 데이터만을 추출할 수 있는 것은 아니다. 노벨재단 웹사이트로부터 노벨상 수상자에게 수여되는 메달의 이미지를 다운로드해보자. 먼저 [그림 4-20]과 같이 웹브라우저의 요소탐색기를 이용하여 노벨상 메달 이미지에 대응되는 HTML 코드를 확인한다. 메달 이미지 파일의 위치는 `<div>` 태그의 `data-bgset` 속성에 링크된 웹페이지 주소 형태로 저장되어 있다.

따라서 다음 코드와 같이 노드의 속성, 경로, 순서 정보를 이용하여 `<div>` 노드를 특정한 후 `xmlGetAttr()` 함수를 이용하여 `data-bgset` 속성으로부터 이미지 파일 정보를 추출할 수 있다.

▶ 그림 4-20 ▌노벨상. 웹브라우저의 요소탐색기를 이용하여 노벨상 메달 이미지에 대응되는 소스코드를 확인한다.

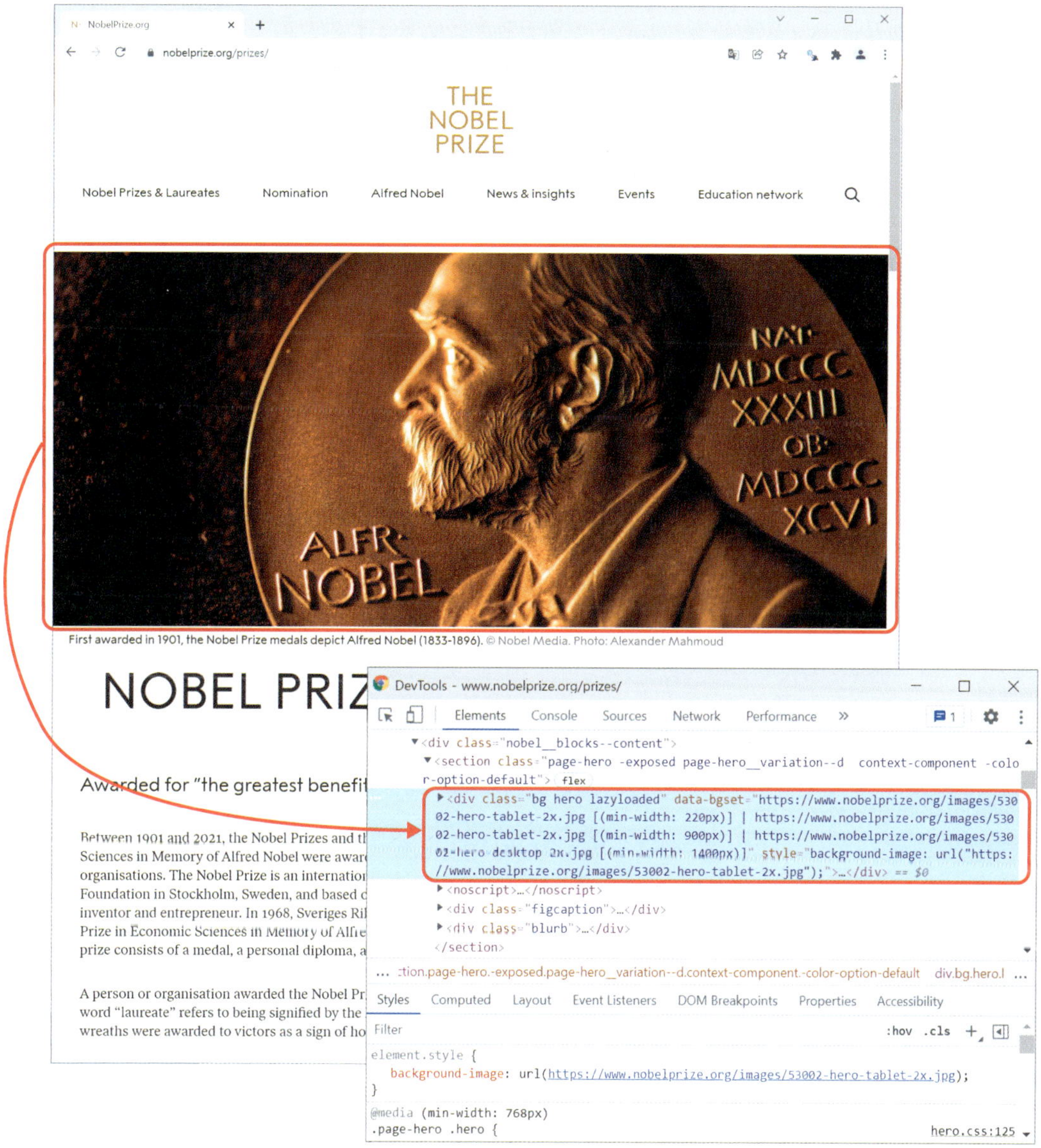


```
> medal <- xpathSApply(html.parsed,
+                      path="//div[@class='nobel__blocks--content']/section[1]/div[1]",
+                      fun=xmlGetAttr, "data-bgset")
> medal
[1] "https://www.nobelprize.org/images/53002-hero-tablet-2x.jpg [(min-width: 220px)] |
https://www.nobelprize.org/images/53002-hero-tablet-2x.jpg [(min-width: 900px)] |
https://www.nobelprize.org/images/53002-hero-desktop-2x.jpg [(min-width: 1400px)]"
```

그런데 추출한 텍스트에는 이미지 파일의 해상도에 따라 세 개의 서로 다른 이미지 파일 경로가 포함되어 있다. 여기에서는 세 번째 파일 경로를 선택한다.

```
> medal <- unlist(strsplit(x=medal, split=" \\| "))[3]
> medal
[1] "https://www.nobelprize.org/images/53002-hero-desktop-2x.jpg [(min-width: 1400px)]"
```

이 텍스트로부터 정규표현식을 이용하여 다음과 같이 파일이 저장된 URL만을 추출한다. URL 부분을 소괄호를 이용하여 그룹화한 후((.*)) 백레퍼런스를 이용하여 전체 텍스트를 앞서 매칭한 URL(\\1)로 대체한다.

```
> medal <- gsub(pattern="(.*) \\[.*\\]", replacement="\\1", x=medal)
> medal
[1] "https://www.nobelprize.org/images/53002-hero-desktop-2x.jpg"
```

이러한 일련의 작업은 다음과 같이 %>%를 이용하여 한꺼번에 처리할 수 있다. 여기에서는 문자열의 분할과 대체를 위해 stringr 패키지의 str_split() 함수와 str_replace_all() 함수를 이용한다.

```
> library(stringr)
> medal <- xpathSApply(html.parsed,
+                      path="//div[@class='nobel__blocks--content']/section[1]/div[1]",
+                      fun=xmlGetAttr, "data-bgset") %>%
+   str_split(pattern=" \\| ") %>%
+   unlist() %>%
+   .[3] %>%
+   str_replace_all(pattern="(.*) \\[.*\\]", replacement="\\1")
> medal
[1] "https://www.nobelprize.org/images/53002-hero-desktop-2x.jpg"
```

이제 이렇게 읽어온 파일 정보를 이용하여 이미지 파일을 다운로드한다. 다음과 같이 표준패키지에 포함된 download.file() 함수를 사용한다.

```
> download.file(poster, "medal.jpg", mode="wb")
> file.exists("medal.jpg")
[1] TRUE
```

또는 다음과 같이 httr 패키지의 GET() 함수와 write_disk() 함수를 이용할 수 있다.

```
> library(httr)
> GET(poster, write_disk("medal.jpg", overwrite=TRUE))
> file.exists("medal.jpg")
[1] TRUE
```

다운로드한 이미지 파일을 화면에 출력해보자. pander 패키지에 포함된 openFileInOS() 함수를 이용하면 다음과 같이 운영체제에 등록된 응용 프로그램을 이용하여 간단히 이미지 파일을 열 수 있다.

```
> library(pander)
> openFileInOS("medal.jpg")
```

또는 다음과 같이 R 환경에서 출력해볼 수도 있다. [그림 4-21]과 같은 노벨상 메달 이미지가 화면에 출력된다.

```
> library(imager)
> windows(width=7.0, height=3.0)
> par(mar=c(1,1,1,1))
> plot(load.image("medal.jpg"), axes=FALSE)
```

그림 4-21 **노벨상.** 노벨상 메달 이미지를 다운로드한다.

911 테러 @뉴욕타임즈

뉴욕타임즈(New York Times) 웹사이트(https://www.nytimes.com)로부터 뉴스 기사를 추출해보자. [그림 4-22]는 2001년 9월 11일 발생한 911 테러 뉴스 기사가 게시된 웹페이지이다. 이로부터 뉴스 기사 텍스트를 수집한다.

먼저 웹페이지의 HTML 문서를 읽어들인다. 여기에서는 `httr` 패키지의 `GET()` 함수를 이용한다. 읽어들인 HTML 문서는 `htmlParse()` 함수를 이용하여 파싱한다.

```
> library(httr)
> library(XML)
> url <- "https://archive.nytimes.com/www.nytimes.com/learning/general/onthisday/big/0911.html"
> html <- GET(url)
> html.parsed <- htmlParse(html)
```

이제 파싱된 HTML 트리 구조의 R 객체로부터 XPath를 이용하여 HTML 문서의 특정 부분을 추출할 수 있다. 웹브라우저의 요소탐색기를 이용하여 HTML 문서를 살펴보면 수집하려는 뉴스 기사는 다음과 같이 <p> 태그에 포함되어 있다.

그림 4-22 ▌911 테러. 뉴욕타임즈 웹사이트로부터 911 테러 뉴스 기사 텍스트를 수집한다.

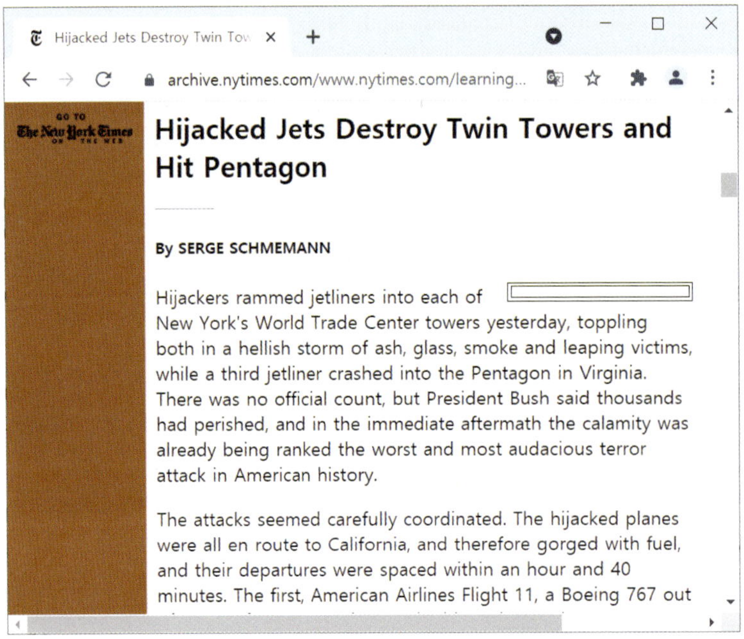

```
▼<p> == $0
  "Hijackers rammed jetliners into each of New York's World Trade Center towers
  yesterday, toppling both in a hellish storm of ash, glass, smoke and leaping
  victims, while a third jetliner crashed into the Pentagon in Virginia. There
  was no official count, but President Bush said thousands had perished, and in
  the immediate aftermath the calamity was already being ranked the worst and
  most audacious terror attack in American history. "
</p>
▶<p>…</p>
▶<p>…</p>
```

이 정보를 바탕으로 뉴스 기사 텍스트에 접근할 수 있는 XPath를 만든다. 뉴스 기사 텍스트는 <p> 태그 안에 포함되어 있으므로 xpathSApply() 함수에 XPath로 //p를 지정하여 <p> 태그를 갖는 모든 노드로부터 텍스트를 추출한다. <p> 태그에 포함된 텍스트가 문자 벡터로 반환된다.

```
> text <- xpathSApply(html.parsed, path="//p", fun=xmlValue)
> str(text)
 chr [1:57] "" "" "" "" "" ...
```

몇 가지 전처리 과정을 수행하여 추출한 텍스트를 조금 더 쓸모있게 만들어보자. 다음과 같이 반환된 결과로부터 빈 문자열을 제외한 뉴스 기사가 포함된 문자 벡터만을 추출한다. 그리고 문자열을 결합하여 전체 텍스트를 하나의 단일 문자열로 구성된 단일 원소 벡터로 변환한다.

```
> text <- text[text != ""]
> text <- paste(text, collapse=" ")
> text
[1] "Hijackers rammed jetliners into each of New York's World Trade Center towers
yesterday, toppling both in a hellish storm of ash, glass, smoke and leaping victims,
while a third jetliner crashed\n
into the Pentagon in Virginia. There was no official count, but President Bush said
thousands had perished, and in the immediate aftermath the calamity was already being
ranked the worst and most\n
audacious terror attack in American history.\n
…(중략)
In recent years, the complex has filled up with tenants and revenues have increased.
In addition to the towers -- designed by the architect Minoru Yamasaki, each 1,350
feet tall -- the complex included\n
four other buildings, two of which were also gone, for a total of 12 million square
feet of rentable office space.\n
```

이제 이렇게 수집한 텍스트 데이터를 이용하여 간단한 분석을 수행해보자. 출현 빈도에 따른 단어의 중요성을 시각적으로 보여주는 방법으로 워드클라우드(word cloud)가 종종 사용된다. 워드클라우드를 그리기 위해서는 텍스트에 포함된 단어의 출현 빈도를 계산해야 한다. 여기에서는 텍스트마이닝을 지원하는 `tm` 패키지를 이용하여 뉴욕타임즈 기사로부터 단어 출현 빈도를 산출하고 이를 이용하여 워드클라우드를 그린다.

`tm` 패키지를 이용한 텍스트분석을 위해서는 우선 분석해야 할 텍스트를 문서의 집합인 코퍼스(corpus) 형식으로 변환해야 한다. `tm` 패키지의 `VCorpus()` 함수는 다양한 소스로부터 읽어들인 텍스트를 텍스트마이닝을 위한 `VCorpus` 객체로 변환한다. 텍스트를 읽어들이기 위해서는 텍스트가 저장되어 있는 소스에 대응되는 함수를 사용해야 한다. 소스별 대응 함수는 `getSources()` 함수를 이용하여 확인할 수 있다.

```
> library(tm)
> getSources()
[1] "DataframeSource" "DirSource"       "URISource"       "VectorSource"
[5] "XMLSource"       "ZipSource"
```

여기에서는 텍스트가 벡터 형식으로 저장되어 있으므로 다음과 같이 `VectorSource()` 함수를 이용하여 읽어온다.

```
> doc <- VCorpus(VectorSource(text))
> class(doc)
[1] "VCorpus" "Corpus"
> inspect(doc)
<<VCorpus>>
Metadata:  corpus specific: 0, document level (indexed): 0
Content:  documents: 1

[[1]]
<<PlainTextDocument>>
Metadata:  7
Content:  chars: 21143
```

`tm` 패키지는 텍스트 데이터 전처리를 위한 다양한 변환 함수를 제공한다. 변환함수를 이용하여 다음과 같이 소문자 변환, 불용어 제거, 문장부호 제거, 숫자 제거, 공백 제거, 어간 추출(stemming) 등의 전처리 작업을 수행한다.[13]

13 어간을 추출하는 `stemDocument()` 함수는 `tm` 패키지에 포함되어 있지만 함수를 실행할 때 경우에 따라서는 추가로 `SnowballC` 패키지의 설치가 필요할 수 있다.

```
> doc <- tm_map(doc, content_transformer(tolower))
> mystopwords <- c(stopwords("english"),
+                  c("also", "among", "but", "even", "four", "get", "one", "said",
+                    "the", "there", "two", "three"))
> doc <- tm_map(doc, removeWords, mystopwords)
> doc <- tm_map(doc, removePunctuation)
> doc <- tm_map(doc, removeNumbers)
> doc <- tm_map(doc, stripWhitespace)
> doc <- tm_map(doc, stemDocument)
```

정제 과정을 마친 비정형의 텍스트 데이터를 다음과 같이 문서-용어행렬(document-term matrix) 형태로 구조화한다. 행은 문서를 나타내고 열은 단어를 나타낸다.

```
> dtm <- DocumentTermMatrix(doc)
> dtm
<<DocumentTermMatrix (documents: 1, terms: 776)>>
Non-/sparse entries: 776/0
Sparsity           : 0%
Maximal term length: 13
Weighting          : term frequency (tf)
> inspect(dtm[, 1:10])
<<DocumentTermMatrix (documents: 1, terms: 10)>>
Non-/sparse entries: 10/0
Sparsity           : 0%
Maximal term length: 9
Weighting          : term frequency (tf)
Sample             :
    Terms
Docs abandon abdul abl aboard abroad absenc accompani achiev ackerman across
   1       1     1   1      1      1      1         1      1        1      5
```

행렬 형태로 구조화된 텍스트는 이제 다양한 분석에 활용할 수 있다. 예를 들어, 가장 출현 빈도가 높은 상위 10개 단어는 다음과 같다.

```
> term.freq <- colSums(as.matrix(dtm))
> term.freq[order(term.freq, decreasing=TRUE)][1:10]
 peopl  tower   unit  build center attack    new   citi  state  world
    18     18     15     13     13     12     12     11     11     11
```

▶ 그림 4-23 ▌911 테러. 워드클라우드를 통해 기사에 포함된 중요한 단어를 파악할 수 있다. attack, hijack, tower 등의 사건과 관련된 핵심 단어들이 눈에 띈다.

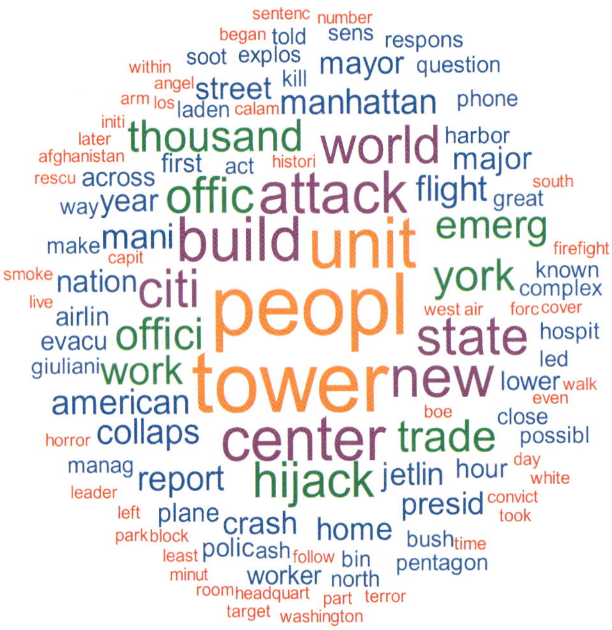

빈번히 출현하는 단어를 워드클라우드로 나타내보자. 워드클라우드는 다음과 같이 wordcloud 패키지의 wordcloud() 함수를 이용하여 생성한다. 생성된 워드클라우드는 [그림 4-23]과 같다.

```
> library(wordcloud)
> set.seed(123)
> term.freq <- colSums(as.matrix(dtm))
> windows(width=6.5, height=6.5)
> wordcloud(words=names(term.freq), freq=term.freq, scale=c(4, 0.2), min.freq=3,
+           rot.per=0, random.order=FALSE, random.color=FALSE,
+           colors=brewer.pal(5, "Set1"))
```

wordcloud() 함수의 처음 두 인수 words와 freq에는 각각 단어와 단어의 출현 빈도를 지정한다. freq 인수 지정 없이 words 인수에 텍스트 벡터나 코퍼스를 지정할 수 있다. words 인수에 텍스트 벡터나 코퍼스를 지정하면 지정된 텍스트 벡터나 코퍼스로부터 단어의 출현 빈도가 계산된다. scale 인수에는 단어 크기의 범위를 지정한다. min.freq 인수에는 워드클라우드에 포함시킬 단어의 최소 빈도를 지정한다. rot.per 인수에는 회전시켜 수직으로 나타낼 단어의 비율을 지정한다. 여기에서는 0을 지정하여 모든 단어가 수평으로 나타나도록 하였다. 중요한 단어(즉 높은 빈도를 갖는 단어)가 중앙에 나타나도록 하려면 random.order=FALSE를 지정한다. 색상은 colors 인수에 지정할 수 있다. 여기에서는 RColorBrewer 패키지의 색상 팔레트를 이용하며 brewer.pal() 함수로 색상을 지정한다. random.color=FALSE를 지정하면 색상의 순서와 빈도 크기에 따라 단어의 색상이 결정된다.

올해의 영화 100 @IMDb

웹사이트상에서 수집하려는 데이터는 일반적으로 동일한 형식으로 일정하게 반복되는 패턴을 보이는 경우가 많다. [그림 4-24]의 IMDb 영화 순위 데이터는 그러한 반복되는 패턴의 예이다. 1등부터 100등까지 100개의 영화에 대해 모두 동일한 형식으로 영화 정보를 제공한다. IMDb 웹사이트(https://www.imdb.com)로부터 2005년도 올해의 100대 인기 영화에 대한 정보를 추출해 보자.14 여기에서는 100개 영화 각각에 대해 순위, 제목, 줄거리, 상영 시간, 장르, 평점, 감독, 투표수, 수익 등의 데이터를 수집한다.15

먼저 다음과 같이 웹페이지의 HTML 문서를 읽어들인 후 파싱한다. 여기에서는 xml2 패키지의 read_html() 함수를 이용하여 HTML 문서를 읽어들인다.

14 IMDb 웹사이트 상단 검색어 입력 상자 옆의 화살표 버튼을 클릭하여 Advanced Search를 선택한다. 이어서 나타난 페이지에서 Movies, TV & Video Games의 Advanced Title Search를 클릭한다. Advanced Title Search 페이지에서 탐색 조건을 지정한다. Title Type으로 'Feature Film'을 선택하고 Release Date의 시작과 종료 날짜로 '2005'를 입력한다. 하단의 Display Options에는 '100 per page'를 선택한다. 끝으로 Search 버튼을 클릭한다. 이러한 메뉴 구조는 IMDb 웹사이트의 유지 보수로 인해 달라질 수 있다.

15 정보 업데이트로 인해 검색 결과와 영화 정보는 여기와 다를 수 있다.

```
> library(xml2)
> library(XML)
> url <- "https://www.imdb.com/search/title/?title_type=feature&release_date=2005-01-01,2005-12-31&count=100"
> html <- read_html(url)
> html.parsed <- htmlParse(html)
```

파싱된 문서로부터 영화 순위를 추출해보자. 웹브라우저의 요소탐색기를 이용하여 영화 순위에 대응되는 HTML 코드를 살펴보면 다음과 같다.

```
▼<h3 class="lister-item-header">
   <span class="lister-item-index unbold text-primary">1.</span> == $0
   <a href="/title/tt0330373/?ref_=adv_li_tt">Harry Potter and the Goblet of Fire</a>
   <span class="lister-item-year text-muted unbold">(2005)</span>
 </h3>
```

그림 4-24 ▌올해의 영화 100. IMDb 웹사이트로부터 한 해 동안 인기 있었던 영화 100개에 대한 정보를 수집한다.

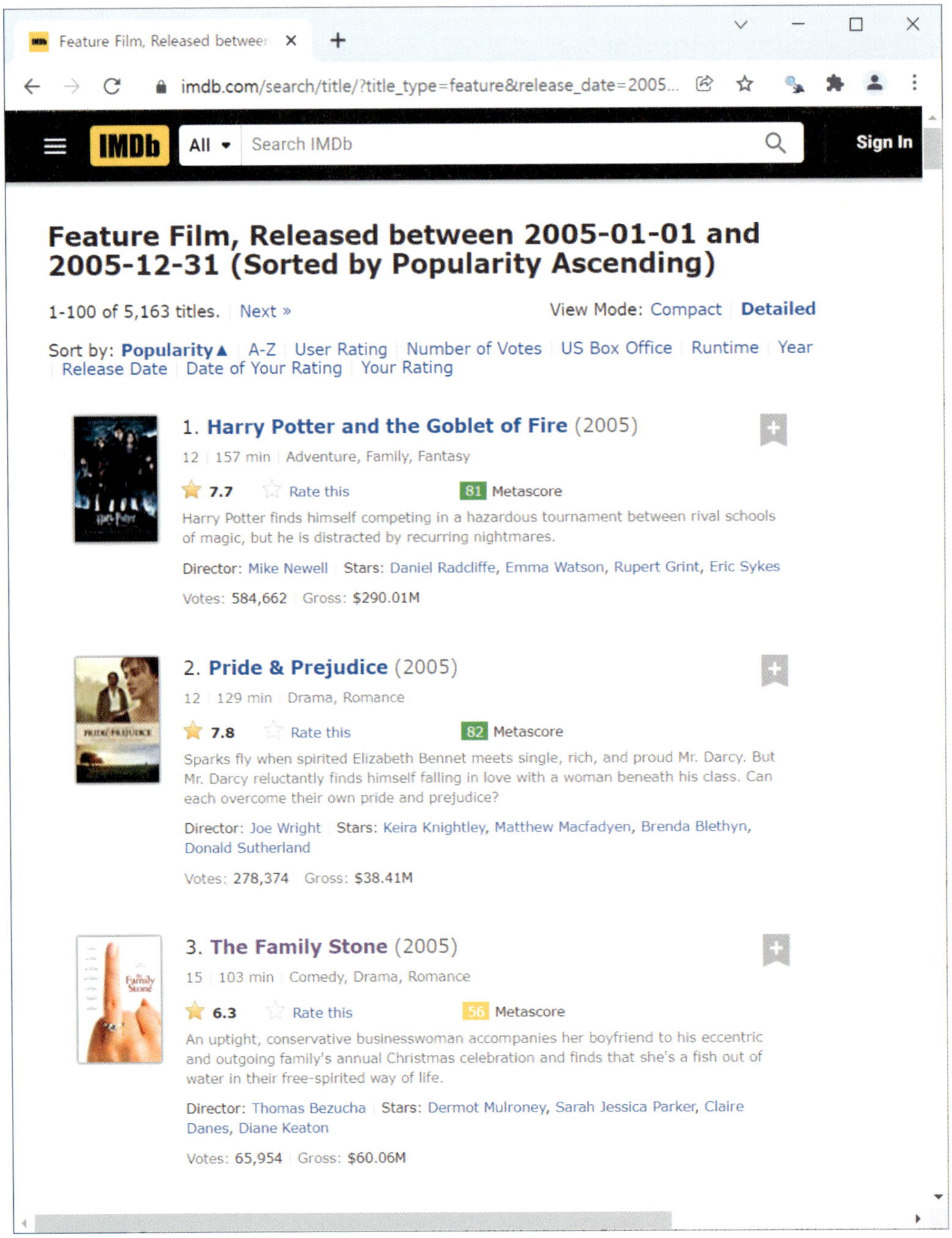

영화 순위는 `class="lister-item-index unbold text-primary"` 속성을 갖는 `<span>` 태그에 포함되어 있다. 따라서 다음 코드와 같은 XPath를 이용하여 순위 데이터를 추출할 수 있다.

추출한 데이터는 문자이므로 마침표(.)를 제거한 후 숫자로 변환한다.

```
> rank <- xpathSApply(html.parsed,
+                     "//span[@class='lister-item-index unbold text-primary']",
+                     xmlValue)
> rank
  [1] "1."   "2."   "3."   "4."   "5."   "6."   "7."   "8."   "9."   "10."  "11."
 [12] "12."  "13."  "14."  "15."  "16."  "17."  "18."  "19."  "20."  "21."  "22."
…(중략)
 [78] "78."  "79."  "80."  "81."  "82."  "83."  "84."  "85."  "86."  "87."  "88."
 [89] "89."  "90."  "91."  "92."  "93."  "94."  "95."  "96."  "97."  "98."  "99."
[100] "100."
> rank <- as.numeric(gsub("\\.", "", rank))
> rank
  [1]   1   2   3   4   5   6   7   8   9  10  11  12  13  14  15  16  17  18  19  20
 [21]  21  22  23  24  25  26  27  28  29  30  31  32  33  34  35  36  37  38  39  40
 [41]  41  42  43  44  45  46  47  48  49  50  51  52  53  54  55  56  57  58  59  60
 [61]  61  62  63  64  65  66  67  68  69  70  71  72  73  74  75  76  77  78  79  80
 [81]  81  82  83  84  85  86  87  88  89  90  91  92  93  94  95  96  97  98  99 100
```

또는 다음과 같이 파이프 연산자 %>%를 이용하여 이러한 일련의 작업을 한꺼번에 처리할 수 있다. readr 패키지의 parse_number() 함수는 텍스트에 포함된 콤마(,), 마침표(.), 화폐 단위와 같이 숫자로 취급할 수 없는 어떤 문자든 제거하여 숫자 형식으로 변환한다.

```
> library(dplyr)
> library(readr)
> rank <- xpathSApply(html.parsed,
+                     "//span[@class='lister-item-index unbold text-primary']",
+                     xmlValue) %>%
+   parse_number()
> rank
  [1]   1   2   3   4   5   6   7   8   9  10  11  12  13  14  15  16  17  18  19  20
 [21]  21  22  23  24  25  26  27  28  29  30  31  32  33  34  35  36  37  38  39  40
 [41]  41  42  43  44  45  46  47  48  49  50  51  52  53  54  55  56  57  58  59  60
 [61]  61  62  63  64  65  66  67  68  69  70  71  72  73  74  75  76  77  78  79  80
 [81]  81  82  83  84  85  86  87  88  89  90  91  92  93  94  95  96  97  98  99 100
```

영화 제목에 대응되는 HTML 코드는 다음과 같다.

```
▼<h3 class="lister-item-header">
   <span class="lister-item-index unbold text-primary">1.</span>
   <a href="/title/tt0330373/?ref_=adv_li_tt">Harry Potter and the Goblet of Fire</a>
   <span class="lister-item-year text-muted unbold">(2005)</span>
 </h3>
```

영화 제목은 <a> 태그에 포함되어 있다. 그런데 <a> 태그는 여기에만 사용된 것이 아니기 때문에 영화 제목을 포함하고 있는 <a> 태그만을 특정해야 한다. 여러 가지 가능한 XPath 가운데 우선 앞서 순위 데이터 추출에 사용했던 XPath를 활용하는 방법을 생각해볼 수 있다. 현재 추출하려는 <a> 노드는 순위 데이터가 포함된 <span> 노드 바로 다음에 위치하고 있기 때문에 다음과 같이 <span> 노드 추출 XPath에 이 둘 간의 상대적 위치를 반영한 XPath 액시스(following-sibling)를 추가한다.

```
> title <-
+   xpathSApply(html.parsed,
+               "//span[@class='lister-item-index unbold text-primary']
+               /following-sibling::a",
+               xmlValue)
> title
  [1] "Harry Potter and the Goblet of Fire"
  [2] "Pride & Prejudice"
  [3] "The Family Stone"
…(중략)
 [98] "The Interpreter"
 [99] "Be Cool"
[100] "Miss Congeniality 2: Armed & Fabulous"
```

또는 다음과 같이 <h3> 노드 아래의 <a> 노드를 추출하도록 XPath를 작성할 수도 있다. 두 코드는 모두 동일하게 영화 제목을 추출한다.

```
> xpathSApply(html.parsed, "//h3[@class='lister-item-header']/a", xmlValue)
```

영화 줄거리를 추출해보자. 이에 대응되는 HTML 코드는 다음과 같다.

```
▼<p class="text-muted"> == $0
   " Harry Potter finds himself competing in a hazardous tournament between
   rival schools of magic, but he is distracted by recurring nightmares."
 </p>
```

class="text-muted" 속성을 갖는 <p> 태그로부터 텍스트를 추출하고 줄바꿈(\n) 이스케이프 시퀀스를 포함한 텍스트 양쪽의 공백을 제거한다.

```
> description <- xpathSApply(html.parsed, "//p[@class='text-muted']", xmlValue)
> library(stringr)
> description <- str_trim(description)
> description
  [1] "Harry Potter finds himself competing in a hazardous tournament between rival
schools of magic, but he is distracted by recurring nightmares."
  [2] "Sparks fly when spirited Elizabeth Bennet meets single, rich, and proud Mr.
Darcy. But Mr. Darcy reluctantly finds himself falling in love with a woman beneath
his class. Can each overcome their own pride and prejudice?"
  [3] "An uptight, conservative businesswoman accompanies her boyfriend to his
eccentric and outgoing family's annual Christmas celebration and finds that she's a
fish out of water in their free-spirited way of life."
…(중략)
 [98] "Political intrigue and deception unfold inside the United Nations, where a U.S.
Secret Service agent is assigned to investigate an interpreter who overhears an
assassination plot."
 [99] "Disenchanted with the movie industry, Chili Palmer tries the music industry,
meeting and romancing a widow of a music executive on the way."
[100] "After Heather Burns (Cheryl Frasier) and Stan Fields (William Shatner) are
kidnapped, Gracie Hart (Sandra Bullock) goes undercover in Las Vegas, Nevada to find
them."
```

지금처럼 추출한 텍스트의 양끝에 줄바꿈, 탭, 여백 등 화이트스페이스가 포함되어 있을 때 다음과 같이 xmlValue() 함수에 trim=TRUE 인수를 지정하면 텍스트를 추출하면서 동시에 이러한 앞뒤의 화이트스페이스를 제거할 수 있다. 그러면 앞에서처럼 추가로 화이트스페이스를 제거하는 작업을 하지 않아도 된다.

```
> xpathSApply(html.parsed, "//p[@class='text-muted']", xmlValue, trim=TRUE)
```

상영 시간은 class="runtime" 속성을 갖는 <span> 태그에 포함되어 있다. 따라서 다음과 같이 앞서 순위 데이터를 추출할 때와 유사한 방법으로 상영 시간 데이터를 추출할 수 있다. 'min'을 제거하여 숫자 부분만을 추출하고 숫자 형식으로 변환한다.

```
<span class="runtime">157 min</span>
```

```
> runtime <- xpathSApply(html.parsed, "//span[@class='runtime']", xmlValue)
> runtime
  [1] "157 min" "129 min" "103 min" "96 min"  "121 min" "143 min" "115 min" "140 min"
  [9] "132 min" "144 min" "135 min" "134 min" "124 min" "116 min" "140 min" "93 min"
…(중략)
 [89] "112 min" "81 min"  "124 min" "114 min" "107 min" "95 min"  "95 min"  "104 min"
 [97] "101 min" "128 min" "118 min" "115 min"
> runtime <- as.numeric(gsub(" min", "", runtime))
> runtime
  [1] 157 129 103  96 121 143 115 140 132 144 135 134 124 116 140  93 100  97 116 103
 [21]  99 120 106 164 187 129 119  94 119  94 116 101  78 113  86 109 136 145  91 136
 [41] 124 118  77 109  97 122 129  96  90  98 111  97 115 109 136 104 125 113 105 144
 [61] 106 135 104 101  87  87 104  93 119 107 110  93 119  96 127 118 110  92  90  94
 [81]  93  95  94 105 113  97 128 134 112  81 124 114 107  95  95 104 101 128 118 115
```

또는 앞서 순위 데이터를 추출할 때처럼 %>%와 parse_number() 함수를 이용하여 일련의 연속된 작업을 한꺼번에 처리한다. parse_number() 함수는 추출한 텍스트로부터 숫자가 아닌 'min' 문자열을 제거한 후 숫자로 변환한다.

```
> runtime <- xpathSApply(html.parsed, "//span[@class='runtime']", xmlValue) %>%
+   parse_number()
> runtime
  [1] 157 129 103  96 121 143 115 140 132 144 135 134 124 116 140  93 100  97 116 103
 [21]  99 120 106 164 187 129 119  94 119  94 116 101  78 113  86 109 136 145  91 136
 [41] 124 118  77 109  97 122 129  96  90  98 111  97 115 109 136 104 125 113 105 144
 [61] 106 135 104 101  87  87 104  93 119 107 110  93 119  96 127 118 110  92  90  94
 [81]  93  95  94 105 113  97 128 134 112  81 124 114 107  95  95 104 101 128 118 115
```

영화 장르는 class="genre" 속성을 갖는 <span> 태그에 포함되어 있다.

```
<span class="genre"> Adventure, Family, Fantasy </span>
```

따라서 다음과 같이 역시 앞서와 유사한 방법으로 영화 장르 데이터를 추출할 수 있다.

```
> genre <- xpathSApply(html.parsed, "//span[@class='genre']", xmlValue)
> genre
  [1] "\nAdventure, Family, Fantasy            "
  [2] "\nDrama, Romance            "
```

```
  [3] "\nComedy, Drama, Romance            "
…(중략)
 [98] "\nCrime, Mystery, Thriller           "
 [99] "\nComedy, Crime, Music           "
[100] "\nAction, Comedy, Crime            "
```

그런데 추출된 텍스트를 보면 줄바꿈 이스케이프 시퀀스와 여백 등 화이트스페이스가 포함되어 있다. xmlValue() 함수에 trim=TRUE 인수를 지정하여 텍스트를 추출하면서 동시에 화이트스페이스를 제거한다.

```
> genre <- xpathSApply(html.parsed, "//span[@class='genre']", xmlValue, trim=TRUE)
> genre
  [1] "Adventure, Family, Fantasy"   "Drama, Romance"
  [3] "Comedy, Drama, Romance"       "Comedy, Romance"
…(중략)
 [97] "Drama, Horror, Mystery"       "Crime, Mystery, Thriller"
 [99] "Comedy, Crime, Music"         "Action, Comedy, Crime"
```

하나 이상의 장르가 지정되어 있으므로 분석의 편의를 위해 그 가운데 대표 장르 하나만을 추출한다. 여기에서는 맨앞에 지정된 장르를 대표 장르로 간주한다. 다음과 같이 정규표현식으로 첫 번째 장르만 선택할 수 있다. 나중의 분석에 활용할 수 있도록 장르를 팩터(factor) 형식으로 변환한다.

```
> genre <- gsub(",.*", "", genre)
> genre <- as.factor(genre)
> genre
  [1] Adventure Drama   Comedy  Comedy    Action    Adventure Adventure Action
  [9] Action    Action  Drama   Drama     Crime     Comedy    Action    Drama
…(중략)
 [89] Adventure Comedy  Action  Biography Biography Comedy    Drama     Drama
 [97] Drama     Crime   Comedy  Action
Levels: Action Adventure Animation Biography Comedy Crime Drama Horror
```

앞서의 작업은 다음과 같이 %>%와 stringr 패키지를 이용하여 한꺼번에 처리할 수 있다. 여기에서 stringr 패키지의 str_extract() 함수는 텍스트로부터 첫 번째 단어(\\w+), 즉 첫 번째 장르명을 추출하여 반환한다.

```
> library(stringr)
> genre <- xpathSApply(html.parsed, "//span[@class='genre']", xmlValue, trim=TRUE) %>%
+   str_extract("\\w+") %>%
+   as.factor()
> genre
  [1] Adventure Drama     Comedy    Comedy    Action    Adventure Adventure Action
  [9] Action    Action    Drama     Drama     Crime     Comedy    Action    Drama
…(중략)
 [89] Adventure Comedy    Action    Biography Biography Comedy    Drama     Drama
 [97] Drama     Crime     Comedy    Action
Levels: Action Adventure Animation Biography Comedy Crime Drama Horror
```

이제 영화 평점을 추출해보자. 영화 평점은 다음과 같이 <strong> 태그에 포함되어 있다.

```
▼<div class="inline-block ratings-imdb-rating" name="ir" data-value="7.7">
   <span class="global-sprite rating-star imdb-rating"></span>
   <strong>7.7</strong> == $0
 </div>
```

그런데 불행히도 <strong> 노드는 평점 데이터뿐만 아니라 웹페이지 다른 곳 여기 저기의 다른 텍스트 데이터도 포함하고 있으므로 단순히 <strong> 노드의 텍스트를 추출하면 원치 않는 텍스트도 함께 추출된다. 따라서 불필요한 텍스트 데이터를 배제하기 위하여 다음과 같이 name="ir" 속성을 갖는 <div> 노드 아래의 <strong> 노드로 제한한다.

```
> rating <- xpathSApply(html.parsed, "//div[@name='ir']/strong", xmlValue)
> rating
  [1] "7.7" "7.8" "6.3" "6.2" "7.0" "6.9" "6.6" "8.2" "8.1" "7.2" "6.9" "7.7" "8.0"
 [14] "7.1" "7.5" "5.3" "6.2" "6.6" "6.5" "7.5" "7.2" "6.5" "5.7" "7.5" "7.2" "6.0"
…(중략)
 [79] "6.8" "5.5" "6.6" "5.6" "2.2" "6.2" "6.5" "5.2" "6.9" "6.4" "6.5" "7.3" "6.0"
 [92] "7.3" "7.1" "6.7" "4.9" "6.5" "6.0" "6.4" "5.6" "5.2"
```

영화 평점은 name="ir" 속성을 갖는 <div> 태그의 data-value 속성에도 포함되어 있으므로 다음과 같이 xmlGetAttr() 함수를 이용하여 속성값을 추출해도 평점 데이터를 얻을 수 있다.

```
> xpathSApply(html.parsed, "//div[@name='ir']", xmlGetAttr, "data-value")
```

추출한 평점 데이터는 문자이므로 추가 분석을 위해서는 다음과 같이 숫자로 변환한다.

```
> rating <- as.numeric(rating)
> rating
  [1] 7.7 7.8 6.3 6.2 7.0 6.9 6.6 8.2 8.1 7.2 6.9 7.7 8.0 7.1 7.5 5.3 6.2 6.6 6.5 7.5
 [21] 7.2 6.5 5.7 7.5 7.2 6.0 6.9 6.7 7.8 5.9 7.7 6.8 5.4 6.4 6.9 6.7 7.8 7.4 6.4 6.8
 [41] 7.6 6.6 7.3 6.8 5.5 7.6 7.4 7.4 6.0 6.3 6.4 4.7 7.6 7.4 7.3 7.1 7.0 5.4 5.2 8.0
 [61] 6.5 6.7 5.3 6.2 4.7 6.3 5.1 5.5 6.7 6.8 7.2 3.7 6.5 6.2 5.9 5.9 5.9 7.6 6.8 5.5
 [81] 6.6 5.6 2.2 6.2 6.5 5.2 6.9 6.4 6.5 7.3 6.0 7.3 7.1 6.7 4.9 6.5 6.0 6.4 5.6 5.2
```

이상의 작업은 다음과 같이 %>%를 이용하여 보다 간단하게 처리할 수 있다.

```
> rating <- xpathSApply(html.parsed, "//div[@name='ir']/strong", xmlValue) %>%
+   as.numeric()
> rating
  [1] 7.7 7.8 6.3 6.2 7.0 6.9 6.6 8.2 8.1 7.2 6.9 7.7 8.0 7.1 7.5 5.3 6.2 6.6 6.5 7.5
 [21] 7.2 6.5 5.7 7.5 7.2 6.0 6.9 6.7 7.8 5.9 7.7 6.8 5.4 6.4 6.9 6.7 7.8 7.4 6.4 6.8
 [41] 7.6 6.6 7.3 6.8 5.5 7.6 7.4 7.4 6.0 6.3 6.4 4.7 7.6 7.4 7.3 7.1 7.0 5.4 5.2 8.0
 [61] 6.5 6.7 5.3 6.2 4.7 6.3 5.1 5.5 6.7 6.8 7.2 3.7 6.5 6.2 5.9 5.9 5.9 7.6 6.8 5.5
 [81] 6.6 5.6 2.2 6.2 6.5 5.2 6.9 6.4 6.5 7.3 6.0 7.3 7.1 6.7 4.9 6.5 6.0 6.4 5.6 5.2
```

이렇게 숫자로 변환된 데이터는 다양한 수치 연산에 사용될 수 있다. 예를 들어, summary() 함수를 이용하여 산출한 영화 평점의 요약 통계량은 다음과 같다.

```
> summary(rating)
   Min. 1st Qu.  Median    Mean 3rd Qu.    Max.
  2.200   6.000   6.600   6.537   7.225   8.200
```

이번에는 영화 감독의 이름을 추출해보자. 다음 HTML 코드에서 보듯이 감독 이름은 <div> 태그 아래의 <p> 태그 아래의 <a> 태그에 포함되어 있다. 감독이 여럿일 경우에는 감독수만큼의 <a> 태그가 사용된다.

```
▼<div class="lister-item-content">
  ▶<h3 class="lister-item-header">…</h3>
  ▶<p class="text-muted ">…</p>
  ▶<div class="ratings-bar">…</div>
  ▶<p class="text-muted">…</p>
  ▼<p class>
     " Director: "
     <a href="/name/nm0001565/?ref_=adv_li_dr_0">Mike Newell</a>
```

그런데 <div> 태그, <p> 태그, <a> 태그는 웹페이지 내 다른 곳에서도 사용되고 있기 때문에 감독 이름 데이터를 품고 있는 태그로만 추출을 제한해야 한다. 따라서 다음과 같이 속성값을 이용해서 노드를 특정한다. 감독이 여러 명일 경우도 있기 때문에 여기에서는 첫 번째로 지정된 감독만을 대표 감독으로 추출한다.

```
> director <- xpathSApply(html.parsed,
+                         "//div[@class='lister-item-content']/p[@class='']/a[1]",
+                         xmlValue)
> director
  [1] "Mike Newell"        "Joe Wright"         "Thomas Bezucha"
  [4] "Roger Kumble"       "Francis Lawrence"   "Andrew Adamson"
…(중략)
 [97] "John Polson"        "Sydney Pollack"     "F. Gary Gray"
[100] "John Pasquin"
```

<div> 태그 아래의 <p> 태그를 특정할 때는 태그의 순서 정보를 이용할 수도 있다. 현재 추출하려는 <p> 태그는 <div> 태그 아래의 <p> 태그 가운데 세 번째 위치한 태그이므로 이 정보를 이용하여 다음과 같이 XPath를 작성할 수 있다.

```
> xpathSApply(html.parsed,
+             "//div[@class='lister-item-content']/p[3]/a[1]", xmlValue)
```

이어서 투표수를 추출해보자. 투표수 데이터의 수집은 다음과 같은 HTML 코드를 바탕으로 한다. 투표수 데이터는 <p> 태그 아래의 <span> 태그에 포함되어 있다.

```
▼<p class="sort-num_votes-visible">
   <span class="text-muted">Votes:</span>
   <span name="nv" data-value="584662">584,662</span> == $0
   <span class="ghost">|</span>
   <span class="text-muted">Gross:</span>
   <span name="nv" data-value="290,013,036">$290.01M</span>
 </p>
```

다음과 같이 <p> 태그와 <span> 태그의 속성을 이용하여 XPath를 작성할 수 있다. name="nv" 속성을 갖는 <span> 태그는 두 개가 있으므로 그 가운데 투표수 데이터가 포함된 첫 번째 <span> 태그를 선택한다. 추출한 데이터에는 숫자 1,000 단위를 나타내는 쉼표(,)가 포함되어 있으므로 이를 제거하고 숫자 데이터로 변환한다.

```
> vote <- xpathSApply(html.parsed,
+                     "//p[@class='sort-num_votes-visible']/span[@name='nv'][1]",
+                     xmlValue)
> vote
  [1] "584,662"  "278,374"   "65,954"    "114,158"  "327,165"  "383,101"
  [7] "454,034"  "1,377,835" "1,079,739" "278,614"  "51,358"   "342,629"
…(중략)
 [91] "96,169"   "130,058"   "54,076"    "103,656"  "9,582"    "111,089"
 [97] "84,182"   "104,166"   "68,856"    "72,794"
> vote <- as.numeric(gsub(",", "", vote))
> vote
  [1] 584662 278374  65954 114158 327165 383101 454034 1377835 1079739 278614
 [11]  51358 342629 753483 418535 746196  15003  84178   73258  432780 222518
…(중략)
 [81] 244636  92023  55083  12119 109257  37807 128763   42240   53527  81889
 [91]  96169 130058  54076 103656   9582 111089  84182  104166   68856  72794
```

또는 앞서와 유사하게 다음과 같이 %>%와 parse_number() 함수를 이용하여 텍스트 추출부터 숫자 변환까지 한꺼번에 처리할 수 있다.

```
> vote <- xpathSApply(html.parsed,
+                     "//p[@class='sort-num_votes-visible']/span[@name='nv'][1]",
+                     xmlValue) %>%
+   parse_number()
> vote
  [1] 584662 278374  65954 114158 327165 383101 454034 1377835 1079739 278614
 [11]  51358 342629 753483 418535 746196  15003  84178   73258  432780 222518
…(중략)
 [81] 244636  92023  55083  12119 109257  37807 128763   42240   53527  81889
 [91]  96169 130058  54076 103656   9582 111089  84182  104166   68856  72794
```

투표수의 요약 통계량은 다음과 같다.

```
> summary(vote)
   Min. 1st Qu.  Median    Mean 3rd Qu.    Max.
   5009   73142  120191  189519  234832 1377835
```

<p> 태그 아래 <span> 태그들의 순서 정보를 이용할 수도 있다. 투표수 데이터는 두 번째 <span> 태그에 포함되어 있으므로 다음과 같은 XPath도 동일한 결과를 가져온다.

```
> xpathSApply(html.parsed,
+             "//p[@class='sort-num_votes-visible']/span[2]", xmlValue) %>%
+   parse_number()
```

<span> 태그의 data-value 속성에도 투표수 데이터가 포함되어 있다. 따라서 다음과 같이 xmlGetAttr() 함수를 이용하는 것도 가능하다.

```
> xpathSApply(html.parsed,
+             "//p[@class='sort-num_votes-visible']/span[2]",
+             xmlGetAttr, "data-value") %>%
+   parse_number()
```

끝으로 영화로부터 벌어들인 흥행 수익 데이터를 추출해보자. 수익 데이터와 관련된 HTML 코드는 다음과 같다.

```
▼<p class="sort-num_votes-visible">
   <span class="text-muted">Votes:</span>
   <span name="nv" data-value="584662">584,662</span>
   <span class="ghost">|</span>
   <span class="text-muted">Gross:</span>
   <span name="nv" data-value="290,013,036">$290.01M</span>
 </p>
```

수익 데이터는 HTML 계층 구조상 앞서 추출했던 투표수 데이터와 유사한 구조적 위치에 있다. 따라서 다음과 같이 name="nv" 속성을 갖는 두 번째 <span> 태그 또는 <p> 태그 아래 다섯 번째 <span> 태그의 data-value 속성으로부터 수익 데이터를 추출할 수 있다.

```
> gross <- xpathSApply(html.parsed,
+                      "//p[@class='sort-num_votes-visible']/span[@name='nv'][2]",
+                      xmlGetAttr, "data-value")
> gross <- xpathSApply(html.parsed,
+                      "//p[@class='sort-num_votes-visible']/span[5]",
+                      xmlGetAttr, "data-value")
> gross
 [1] "290,013,036"  "38,405,088"   "60,062,868"   "32,619,671"   "75,976,178"
 [6] "291,709,845"  "206,459,076"  "206,852,432"  "70,511,035"   "47,398,413"
…(중략)
```

```
 [86] "7,362,100"    "68,671,925"   "28,747,570"   "11,008,432"   "48,318,130"
 [91] "47,806,295"   "51,100,486"   "72,708,161"   "56,046,979"   "48,478,006"
> length(gross)
[1] 95
```

그런데 추출한 수익 데이터를 보면 100개가 아닌 95개뿐이다. 왜냐하면 IMDb 웹사이트에는 영화 흥행 수익이 공개되지 않은 영화도 포함되어 있기 때문이다. 문제는 어느 영화의 흥행 수익이 누락되었는지 모른다는 것이다. 따라서 이처럼 수집하려는 데이터가 일부 누락되어 있을 때는 누락된 데이터를 식별할 수 있는 추가 절차가 필요하다.

이러한 문제를 해결하기 위해 우선 다음과 같이 getNodeSet() 함수를 이용하여 <span> 노드의 상위 노드인 <p> 노드의 노드셋(즉 <p> 노드와 그 하위 노드들)을 추출해서 문제의 원인을 파악해보자.

```
> gross.ndoes <- getNodeSet(html.parsed, "//p[@class='sort-num_votes-visible']")
> gross.ndoes
[[1]]
<p class="sort-num_votes-visible">
                <span class="text-muted">Votes:</span>
                <span name="nv" data-value="584662">584,662</span>
    <span class="ghost">|</span>                <span class="text-muted">Gross:</span>
                <span name="nv" data-value="290,013,036">$290.01M</span>
        </p>

[[2]]
<p class="sort-num_votes-visible">
                <span class="text-muted">Votes:</span>
                <span name="nv" data-value="278374">278,374</span>
    <span class="ghost">|</span>                <span class="text-muted">Gross:</span>
                <span name="nv" data-value="38,405,088">$38.41M</span>
        </p>

…(중략)

[[61]]
<p class="sort-num_votes-visible">
                <span class="text-muted">Votes:</span>
                <span name="nv" data-value="53958">53,958</span>
        </p>
```

```
…(중략)

[[100]]
<p class="sort-num_votes-visible">
                <span class="text-muted">Votes:</span>
                <span name="nv" data-value="72794">72,794</span>
   <span class="ghost">|</span>              <span class="text-muted">Gross:</span>
                <span name="nv" data-value="48,478,006">$48.48M</span>
     </p>

attr(,"class")
[1] "XMLNodeSet"
```

출력된 노드셋을 보면, 예를 들어 흥행 수익 데이터가 없는 61번 노드에는 우리가 추출하려는 <p> 태그 아래의 다섯 번째 <span> 노드가 없다. 따라서 이 노드로부터 데이터를 추출하면 NULL이 반환되고 이 NULL 값은 최종 출력 결과에 어떠한 데이터 값으로도 반영되지 않는다. 이것이 추출한 데이터 개수가 100개가 아니라 95개인 이유이다.

다음과 같이 is.null() 함수를 이용하여 데이터가 없을 경우 명시적으로 NA가 출력되도록 하면 이러한 문제를 피할 수 있다. sapply() 함수를 이용하여 각 노드셋(<p> 노드와 그 하위 노드들)으로부터 <span> 노드의 데이터를 추출하고, 추출한 값의 NULL 여부를 테스트한다. 만약 NULL이면 NA를 반환한다.

```
> gross <-
+   sapply(gross.ndoes,
+          function(x) {
+            val <- unlist(xpathSApply(x, "./span[5]", xmlGetAttr, "data-value"))
+            if (is.null(val)) val <- NA
+            else val
+            }
+          )
> gross
  [1] "290,013,036" "38,405,088"  "60,062,868"  "32,619,671" "75,976,178"
  [6] "291,709,845" "206,459,076" "206,852,432" "70,511,035" "47,398,413"
…(중략)
 [91] "68,671,925"  "28,747,570"  "11,008,432"  "48,318,130" NA
 [96] "47,806,295"  "51,100,486"  "72,708,161"  "56,046,979" "48,478,006"
> length(gross)
[1] 100
```

웹사이트상에 흥행 수익 데이터가 게시되지 않은 영화의 수익은 모두 NA로 출력되었다. 이와 같은 방식으로 종전과 달리 100개 영화에 대한 데이터를 결측값을 포함하여 누락 없이 추출할 수 있다. 노드셋을 선택하고(getNodeSet() 함수) 이로부터 데이터를 추출하는(sapply() 함수) 일련의 과정은 다음과 같이 xpathSApply() 함수를 이용하여 한꺼번에 처리할 수 있다. 결과는 동일하다.

```
> gross <- xpathSApply(html.parsed, "//p[@class='sort-num_votes-visible']",
+                      function(x) {
+                        val <- unlist(xpathSApply(x, "./span[5]",
+                                                  xmlGetAttr, "data-value"))
+                        if (is.null(val)) val <- NA
+                        else val
+                        }
+                      )
> gross
  [1] "290,013,036" "38,405,088"  "60,062,868"  "32,619,671" "75,976,178"
  [6] "291,709,845" "206,459,076" "206,852,432" "70,511,035" "47,398,413"
…(중략)
 [91] "68,671,925"  "28,747,570"  "11,008,432"  "48,318,130" NA
 [96] "47,806,295"  "51,100,486"  "72,708,161"  "56,046,979" "48,478,006"
> length(gross)
[1] 100
```

NULL 여부의 테스트를 다음과 같이 XPath의 boolean() 함수를 이용할 수도 있다. boolean() 함수는 정규표현식을 평가하여 TRUE 또는 FALSE를 반환한다. 정규표현식에 의해 길이 0의 문자열(즉 빈 문자열)이 출력되거나 빈 노드셋이 출력되면 FALSE를 반환한다. boolean() 함수에 의한 정규표현식 평가가 TRUE이면, 즉 해당 노드가 있으면 그로부터 데이터를 추출하고 FALSE이면 NA를 반환한다.

```
> xpathSApply(html.parsed, "//p[@class='sort-num_votes-visible']",
+             function(x) {
+               if (xpathSApply(x, "boolean(./span[5])"))
+               {xpathSApply(x, "./span[5]" ,xmlGetAttr, "data-value")}
+               else {NA}
+               }
+             )
```

추출한 데이터에는 숫자 1,000 단위를 나타내는 쉼표가 포함되어 있으므로 이를 제거하고 숫자 데이터로 변환한다.

```
> gross <- as.numeric(gsub(",", "", gross))
> gross
  [1] 290013036  38405088  60062868  32619671  75976178 291709845 206459076 206852432
  [9]  70511035  47398413  29077547  83043761  74103820 109449237 380262555        NA
…(중략)
 [89]  11294832   7362100  68671925  28747570  11008432  48318130        NA  47806295
 [97]  51100486  72708161  56046979  48478006
```

앞서와 동일하게 추출한 텍스트를 전처리하는 일련의 과정을 %>%와 parse_number() 함수를 이용하여 다음과 같이 단순화할 수 있다. 이어서 영화 수익의 요약 통계량을 계산한다.

```
> gross <- xpathSApply(html.parsed, "//p[@class='sort-num_votes-visible']",
+                      function(x) {
+                        val <- unlist(xpathSApply(x, "./span[5]",
+                                                  xmlGetAttr, "data-value"))
+                        if (is.null(val)) val <- NA
+                        else val
+                        }
+                      ) %>%
+   parse_number()
> summary(gross, na.rm=TRUE)
     Min.   1st Qu.    Median      Mean   3rd Qu.      Max.      NA's
    75420  24279677  47144110  66623754  74783418 380262555         5
```

이제 인기 영화 100개에 대한 정보를 모두 수집하였다. 순위, 제목, 줄거리, 상영 시간, 장르, 평점, 감독, 투표수, 수익 등의 추출 데이터를 다음과 같이 하나의 데이터프레임(티블)으로 생성한다.

```
> library(tibble)
> imdb.movie100 <- tibble(rank=rank, title=title, description=description,
+                         runtime=runtime, genre=genre, rating=rating,
+                         director=director, vote=vote, gross=gross)
> imdb.movie100
# A tibble: 100 x 9
   rank title          description          runtime genre  rating director   vote   gross
  <dbl> <chr>          <chr>                  <dbl> <fct>   <dbl> <chr>     <dbl>   <dbl>
 1    1 Harry Potte~ "Harry Potter find~      157 Adven~    7.7 Mike Ne~ 5.85e5 2.90e8
 2    2 Pride & Pre~ "Sparks fly when s~      129 Drama     7.8 Joe Wri~ 2.78e5 3.84e7
 3    3 The Family ~ "An uptight, conse~      103 Comedy    6.3 Thomas ~ 6.60e4 6.01e7
```

```
…(중략)
 8     8 Batman Begi~ "After training wi~    140 Action    8.2  Christo~ 1.38e6 2.07e8
 9     9 V for Vende~ "In a future Briti~    132 Action    8.1  James M~ 1.08e6 7.05e7
10    10 Kingdom of ~ "Balian of Ibelin ~    144 Action    7.2  Ridley ~ 2.79e5 4.74e7
# ... with 90 more rows
```

이렇게 수집한 데이터를 이용하여 장르별로 흥행 수익의 분포를 그려보면 [그림 4-25]와 같다. 흥행 수익이 누락된 영화는 제외한다(drop_na(imdb.movie100, gross)). 상위 3개 영화는 순위와 함께 그래프상에 나타낸다. scales 패키지의 comma() 함수를 Y축의 레이블로 지정하여 금액 단위를 쉽게 식별할 수 있도록 한다(scale_y_continuous(labels=comma)).16

16 scales 패키지의 comma() 함수는 숫자 천 단위마다 쉼표(,)를 표시한다. 여기에서는 숫자 단위가 1,000을 초과하지 않아서 쉼표가 표시되지는 않았지만 축에 표시할 숫자가 큰 경우 comma() 함수는 유용하다. percent() 함수 또한 퍼센트로 값을 표시할 때 유용하다. percent() 함수는 퍼센트 기호(%)와 함께 숫자를 출력한다.

```
> library(ggplot2)
> library(scales)
> library(tidyr)
> windows(width=7.0, height=5.5)
> ggplot(drop_na(imdb.movie100, gross), aes(x=genre, y=gross/1000000)) +
+   geom_boxplot(fill="plum2", color="black") +
+   geom_point(position="jitter", color="blue", alpha=0.5) +
+   geom_text(aes(label=ifelse(rank <= 3, paste(rank, "-", title),"")),
+             col="red", fontface="bold", size=3, hjust=0, vjust=0) +
+   scale_y_continuous(labels=comma) +
+   labs(x="Genre", y="Gross (Million Dollars)",
+        title="Most Popular Films 100 of the Year",
+        subtitle="Distribution of gross with rank top 3 films",
+        caption="Source: IMDb") +
+   theme_gray() +
+   theme(plot.title=element_text(face="bold"),
+         axis.text=element_text(face="bold"))
```

그림 4-25 **올해의 영화 100.** 장르별 흥행 수익의 분포를 확인할 수 있다. 평균적으로 가장 높은 흥행 수익을 가져오는 장르는 애니메이션이다. 어드벤처 장르는 영화에 따라 흥행 수익의 편차가 가장 크다.

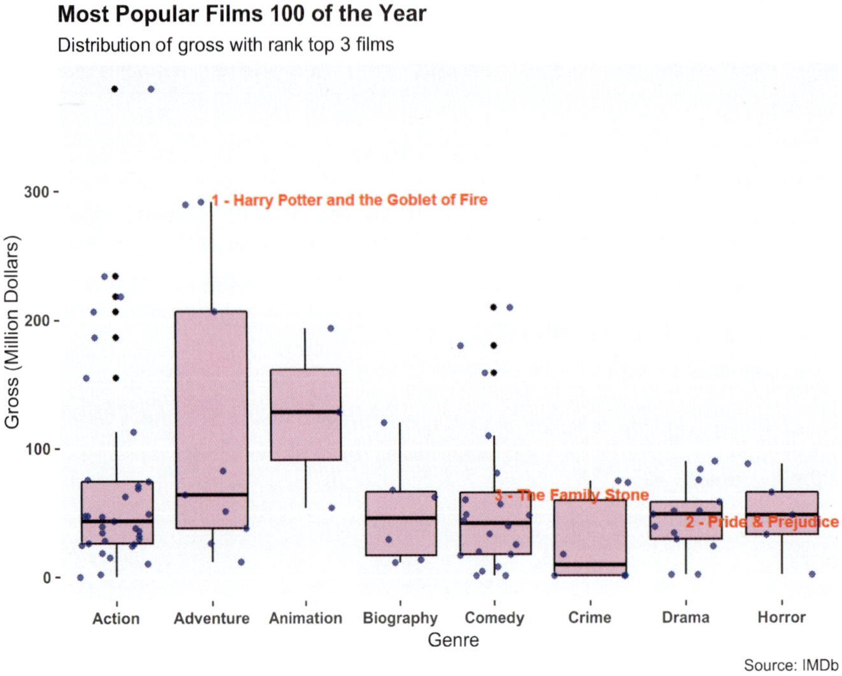

레스토랑 리뷰 @오픈테이블

수집하려는 데이터가 하나의 웹페이지에 모두 포함되어 있는 경우라면 지금까지 해왔던 방법대로 웹스크레이핑을 하면 충분하다. 그런데 웹사이트의 데이터를 추출하다보면 그렇지 않은 경우도 종종 접하게 된다. 예를 들어, 오픈테이블(OpenTable) 웹사이트(https://www.opentable.com)에서 검색한 레스토랑에 대한 고객의 리뷰글과 평점 데이터는 여러 페이지에 걸쳐 게시되어 있다. 따라서 이런 형식으로 게시된 데이터를 수집하기 위해서는 일련의 연속된 웹페이지에 반복적으로 접근할 수 있는 체계적 방법이 필요하다.

오픈테이블 웹사이트로부터 여러 페이지에 걸쳐 게시된 레스토랑의 리뷰 데이터를 추출해보자. [그림 4-26]은 미국 뉴욕에 위치한 레스토랑 Planet Hollywood를 방문한 고객의 리뷰이다. 웹페이지로부터 레스토랑 이름, 리뷰글 작성자, 리뷰글 작성 일자, 리뷰글, 평점 데이터를 수집한다.

먼저 리뷰 첫 페이지의 데이터를 추출한 후 이를 전체 페이지로 확장해보자. 첫 번째 리뷰 페이지로부터 다음과 같이 웹페이지의 HTML 문서를 읽어들인 후 파싱한다. 그리고 데이터 전처리를 위한 `tidyverse` 패키지를 메모리에 적재한다.[17]

그림 4-26 **레스토랑 리뷰.** 오픈테이블 웹사이트로부터 Planet Hollywood 레스토랑 고객의 리뷰 데이터를 수집한다.

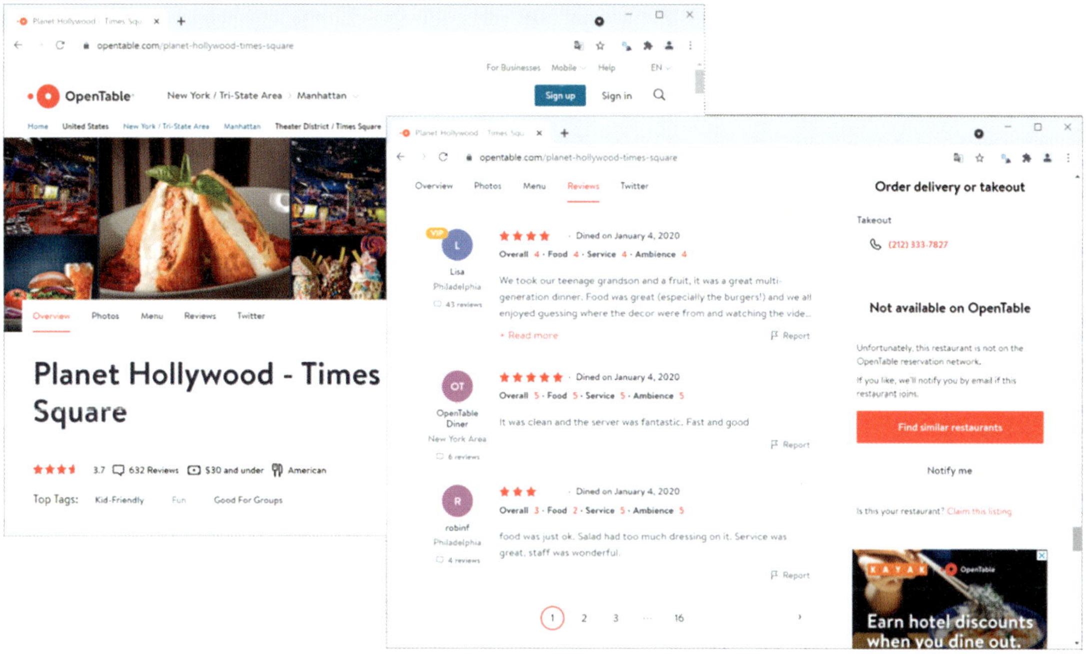


```
> library(httr)
> library(XML)
> url <- "https://www.opentable.com/planet-hollywood-times-square"
> html <- GET(url)
> html.parsed <- htmlParse(html)
> library(tidyverse)
```

HTML 문서를 성공적으로 파싱했으면 이제 파싱한 문서로부터 데이터를 추출해보자. 우선 레스토랑의 이름을 수집한다. 레스토랑 이름은 다음과 같이 `class` 속성을 이용하여 `<h1>` 노드로부터 추출할 수 있다. 추출한 텍스트로부터 간혹 이름 내에 포함되어 있는 비ASCII 문자(non-ASCII character)와 불필요한 공백을 제거한다.

```
<h1 class="a6481dc2 _4a4e7a6a" tabindex="0">Planet Hollywood - Times Square</h1>
```

17 `tidyverse` 패키지에는 데이터 및 텍스트 전처리(`forcats`, `tibble`, `stringr`, `readr`, `dplyr`, `purrr`, `tidyr` 등)와 그래프 생성(`ggplot2`)에 필요한 유용한 패키지들이 포함되어 있다. 따라서 `tidyverse` 패키지를 적재하는 것만으로 이 패키지들을 개별적으로 메모리에 적재하는 과정 없이도 한 번에 사용할 수 있다. `tidyverse` 패키지를 처음 접하거나 익숙하지 않은 독자는 '부록 Tidyverse'를 먼저 학습하기 바란다.

```
> name <- xpathSApply(html.parsed, "//h1[@class='a6481dc2 _4a4e7a6a']", xmlValue)
> name <- str_replace_all(iconv(name, to="ascii", sub=""), "\\s+", " ")
> name
[1] "Planet Hollywood - Times Square"
```

리뷰글 작성자 데이터는 또한 class 속성을 이용하여 <div> 노드 아래에서 다음과 같이 추출한다. 한 페이지에 40개의 리뷰가 있으므로 40명의 작성자 데이터가 수집된다.

```
▼<div class="oc-reviews-954a6007">
  ▼<span>
      <span>robinf</span> == $0
    </span>
  </div>
```

```
> author <- xpathSApply(html.parsed, "//div[@class='oc-reviews-954a6007']", xmlValue)
> author
 [1] "OSCARP"            "FrankD"            "OpenTable Diner"   "OpenTable Diner"
 [5] "natalieg"          "OpenTable Diner"   "OpenTable Diner"   "Jane"
…(중략)
[33] "OpenTable Diner"   "vipTK719"          "GregH"             "OpenTable Diner"
[37] "vipBert"           "vipLisa"           "OpenTable Diner"   "robinf"
```

이어서 작성 일자를 수집해보자. 작성 일자는 다음과 같이 <span> 노드로부터 추출한다.

```
▼<span class="oc-reviews-47b8de40">
    ::before
    "Dined on January 4, 2020"
  </span>
```

```
> date <- xpathSApply(html.parsed, "//span[@class='oc-reviews-47b8de40']", xmlValue)
> date
 [1] "Dined on March 12, 2020"    "Dined on March 1, 2020"
 [3] "Dined on February 27, 2020" "Dined on February 26, 2020"
…(중략)
[37] "Dined on January 5, 2020"   "Dined on January 4, 2020"
[39] "Dined on January 4, 2020"   "Dined on January 4, 2020"
```

추출한 텍스트는 lubridate 패키지의 mdy() 함수를 이용하여 날짜 형식으로 변환한다. 날짜 형식의 변환을 위해 Sys.setlocale() 함수를 이용하여 시간의 로케일 설정을 북미 표준으로 일시 변경한다.

```
> library(lubridate)
> Sys.setlocale("LC_TIME", "English")
[1] "English_United States.1252"
> mdy(date)
 [1] "2020-03-12" "2020-03-01" "2020-02-27" "2020-02-26" "2020-02-25" "2020-02-23"
 [7] "2020-02-20" "2020-02-20" "2020-02-19" "2020-02-19" "2020-02-19" "2020-02-18"
…(중략)
[31] "2020-01-25" "2020-01-24" "2020-01-23" "2020-01-21" "2020-01-19" "2020 01-05"
[37] "2020-01-05" "2020-01-04" "2020-01-04" "2020-01-04"
> Sys.setlocale()
[1] "LC_COLLATE=Korean_Korea.949;LC_CTYPE=Korean_Korea.949;LC_MONETARY=Korean_Korea.949;
LC_NUMERIC=C;LC_TIME=Korean_Korea.949"
```

텍스트로 표현된 리뷰글 작성 일자가 날짜 형식으로 성공적으로 변환되었다. 그런데 이러한 변환이 항상 제대로 작동하는 것은 아니다. 왜냐하면 오픈테이블 웹사이트의 리뷰글 작성 일자는 [그림 4-27]에서 볼 수 있는 것처럼 보다 다양한 형태로 게시되기 때문이다. 리뷰글이 작성된지 얼마 안 되었을 때는 그 기간에 따라 11 hours ago, a day ago(1 day ago), 2 days ago 등과 같은 형태로 표현된다. 이런 경우에는 lubridate 패키지의 mdy() 함수를 이용하여 텍스트로부터 날짜 데이터를 추출할 수 없다. 따라서 다양한 형태로 표현된 리뷰글 작성 일자를 처리할 수 있는 다음과 같은 사용자 정의 함수를 작성한다.

```
> dateExtract <- function(date) {
+   ifelse(str_detect(date, "hours"), as.character(Sys.Date()),
+          (ifelse(str_detect(date, "(a|1) day"), as.character(Sys.Date() - 1),
+                  (ifelse(str_detect(date, "days"),
+                          as.character(Sys.Date() - parse_number(date)),
+                          as.character(mdy(date)))))))
+ }
```

이 사용자 정의 함수를 이용하면 다음과 같은 형태의 텍스트 데이터를 날짜 형식으로 변환할 수 있다.[18]

18 여기에서의 변환 결과는 현재 날짜를 2022년 2월 6일로 가정한 것이다.

```
> date.sample <- c("Dined on January 29, 2022", "Dined on 11 hours ago",
+                  "Dined on a day ago", "Dined on 1 day ago", "Dined on 2 days ago")
> Sys.setlocale("LC_TIME", "English")
[1] "English_United States.1252"
> map_chr(date.sample, dateExtract) %>%
+   as.Date()
[1] "2022-01-29" "2022-02-06" "2022-02-05" "2022-02-05" "2022-02-04"
```

▶ 그림 4-27 ▌ **레스토랑 리뷰.** 오픈테이블 웹사이트의 리뷰글 작성 일자는 다양한 형태로 게시된다.

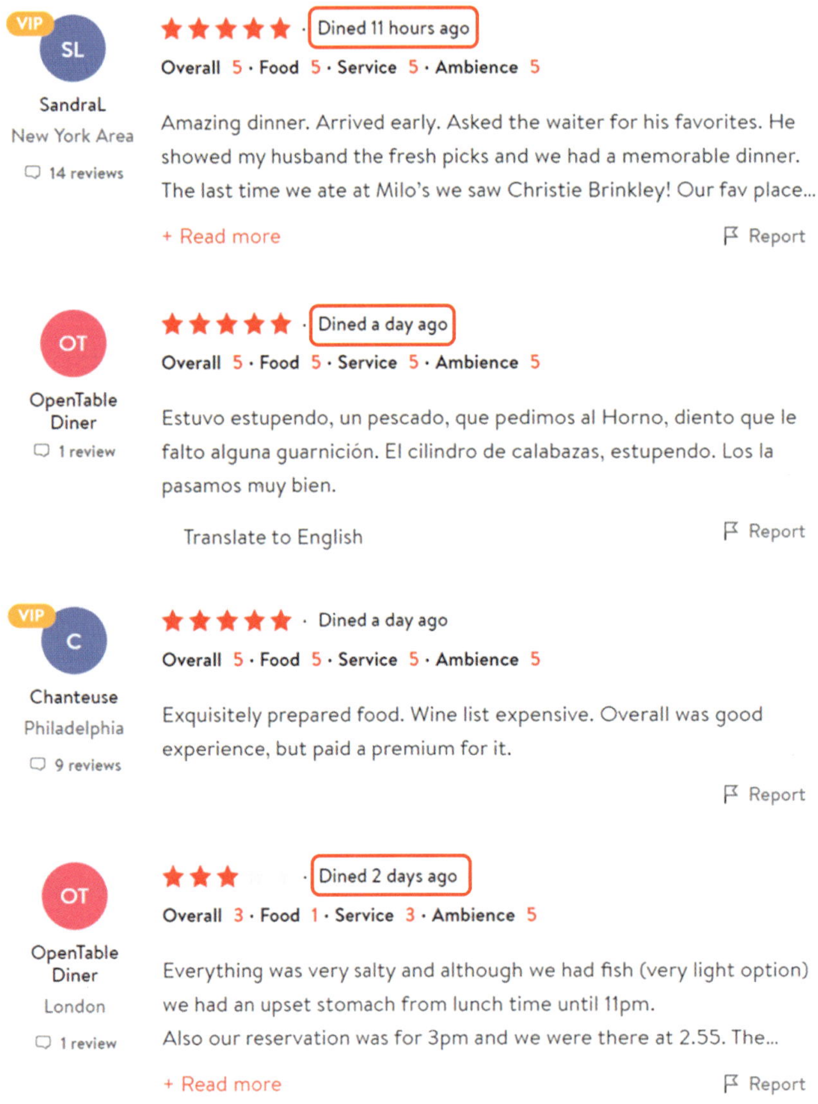

```
> Sys.setlocale()
[1] "LC_COLLATE=Korean_Korea.949;LC_CTYPE=Korean_Korea.949;LC_MONETARY=Korean_Korea.949;
LC_NUMERIC=C;LC_TIME=Korean_Korea.949"
```

이제 수집한 날짜 텍스트에 앞서 정의한 사용자 정의 함수를 적용하여 다음과 같이 날짜 형식으로 변환된 작성 일자 데이터를 추출한다.

```
> Sys.setlocale("LC_TIME", "English")
[1] "English_United States.1252"
> date <- map_chr(date, dateExtract) %>%
+   as.Date()
> date
 [1] "2020-03-12" "2020-03-01" "2020-02-27" "2020-02-26" "2020-02-25" "2020-02-23"
 [7] "2020-02-20" "2020-02-20" "2020-02-19" "2020-02-19" "2020-02-19" "2020-02-18"
…(중략)
[31] "2020-01-25" "2020-01-24" "2020-01-23" "2020-01-21" "2020-01-19" "2020-01-05"
[37] "2020-01-05" "2020-01-04" "2020-01-04" "2020-01-04"
> Sys.setlocale()
[1] "LC_COLLATE=Korean_Korea.949;LC_CTYPE=Korean_Korea.949;LC_MONETARY=Korean_Korea.949;
LC_NUMERIC=C;LC_TIME=Korean_Korea.949"
```

리뷰글을 추출해보자. 리뷰글은 <p> 노드에 포함되어 있기 때문에 <p> 노드의 id 속성을 이용하여 다음과 같이 데이터를 수집할 수 있다. 지금처럼 속성값이 길 경우에는 XPath 프레디킷의 contains() 함수를 사용하면 편리하다. 속성값에 포함된 일부 문자열만을 이용하여 노드의 식별 조건문을 생성한다. 여기에서는 id 속성값에 review-body-original을 포함하고 있는 <p> 노드를 선택한다.

```
▼<p id="review-body-original-OT-213736-2109987230-190040804679" lang="en-US" style> == $0
   "food was just ok. Salad had too much dressing on it. Service was great, staff was
   wonderful."
 </p>
```

```
> review <- xpathSApply(html.parsed, "//p[contains(@id, 'review-body-original')]",
+                       xmlValue)
> review
 [1] "Estaba vacío y a pesar de que habíamos reservado con una semana de antelación y
pudiendonos sentar en mesa con  bancos mas comodos ya que asi lo solicitamos, nos
colocaron en una mesa alta al lado de la barra. No se enteraban de lo que pedíamos y
trajeron comida distinta a pesar de que se lo señalamos en la carta.Y tardaron mucho
en servir la comida y estaba vacíoel local."
```

```
 [2] "The hostess responsible for greeting was the worst - didn'tcheck us in left us
just waiting and there were no other customers so it was not like she was busy - but
we have an amazing waitress and she was great with my two kids and I felt better."
…(중략)
[39] "It was clean and the server was fantastic. Fast and good"
[40] "food was just ok.  Salad had too much dressing on it.  Service was great, staff
was wonderful."
```

평점 데이터는 <span> 노드에 포함되어 있다. 오픈테이블은 전반적인 만족도(overall)와 함께 음식(food), 서비스(service), 분위기(ambience)에 대한 개별 평가도 제공한다. 이 네 가지 평점은 모두 <span> 노드에 포함되어 있으며 다음과 같이 순서 정보를 이용하여 차례대로 추출할 수 있다.

```
<span class="oc-reviews-ec85707c">Overall</span>
<span class="oc-reviews-e3e61235">
  "3"
  ::after
</span>
<span class="oc-reviews-ec85707c">food</span>
<span class="oc-reviews-e3e61235">
  "2"
  ::after
</span>
<span class="oc-reviews-ec85707c">service</span>
<span class="oc-reviews-e3e61235">
  "5"
  ::after
</span>
<span class="oc-reviews-ec85707c">ambience</span>
<span class="oc-reviews-e3e61235">5</span>
```

```
> overall <- xpathSApply(html.parsed, "//span[@class='oc-reviews-e3e61235'][1]",
+                          xmlValue) %>%
+   as.numeric()
> overall
 [1] 2 3 1 5 5 1 5 2 2 4 2 5 5 5 5 4 5 4 4 1 4 1 5 2 5 3 4 2 1 2 5 2 1 4 5 5 2 4 5 3
> food <- xpathSApply(html.parsed, "//span[@class='oc-reviews-e3e61235'][2]",
+                       xmlValue) %>%
+   as.numeric()
> food
 [1] 3 4 2 4 5 1 3 2 3 3 2 5 4 5 5 5 5 4 5 1 3 1 5 2 5 2 4 2 1 1 5 2 1 4 5 5 3 4 5 2
```

```
> service <- xpathSApply(html.parsed, "//span[@class='oc-reviews-e3e61235'][3]",
+                        xmlValue) %>%
+   as.numeric()
> service
 [1] 3 4 1 5 5 1 5 5 1 4 3 5 5 5 5 3 5 5 4 2 5 2 5 2 5 3 4 2 4 5 5 4 3 4 5 5 3 4 5 5
> ambience <- xpathSApply(html.parsed, "//span[@class='oc-reviews-e3e61235'][4]",
+                         xmlValue) %>%
+   as.numeric()
> ambience
 [1] 2 4 1 4 5 1 3 5 5 3 2 5 5 5 5 3 5 5 5 1 5 1 5 4 5 2 4 2 1 4 5 2 1 4 5 5 2 4 5 5
```

첫 번째 페이지의 데이터를 모두 성공적으로 추출하였으므로 이제 이를 전체 페이지로 확장해보자. 전체 웹페이지 개수는 HTML 코드를 바탕으로 다음과 같이 추출할 수 있다. <div> 노드 아래의 <button> 노드 가운데 마지막 노드에 총페이지 개수가 포함되어 있다.

```
▼<div id="review-feed-pagination" class="oc-reviews-aa819c38"> flex
  ▶<button aria-hidden="true" disabled="true" class="oc-reviews-98a63483 oc-reviews-265d2d30
  oc-reviews-b0c77e5f">…</button> flex
  ▼<div>
    ▶<button data-parameter="page" data-value="1" aria-label="current page, page number 1"
    class="reviewUpdateParameter oc-reviews-9a94792a oc-reviews-b0c77e5f">…</button> flex
    ▶<button data-parameter="page" data-value="2" aria-label="page number 2" class="reviewUpda
    teParameter oc-reviews-b0c77e5f">…</button> flex
    ▶<button data-parameter="page" data-value="3" aria-label="page number 3" class="reviewUpda
    teParameter oc-reviews-b0c77e5f">…</button> flex
    ▶<div class="oc-reviews-a2d02147">…</div> flex
    ▼<button data-parameter="page" data-value="16" aria-label="page number 16" class="reviewUp
    dateParameter oc-reviews-b0c77e5f"> flex
        <span>16</span> == $0
      </button>
    </div>
  ▶<button data-parameter="page" data-value="2" aria-label="next-page" class="reviewUpdatePar
  ameter oc-reviews-265d2d30 oc-reviews-b0c77e5f">…</button> flex
  </div>
```

```
> total.pages <- xpathSApply(html.parsed,
+                            "//div[@id='review-feed-pagination']/div/button[last()]",
+                            xmlValue) %>%
+   as.numeric()
> total.pages
[1] 16
```

지금까지 작성한 코드를 바탕으로 다음과 같이 레스토랑의 리뷰 데이터를 추출하는 opentableReview() 함수를 작성한다. opentableReview() 함수는 인수로 제공한 웹페이지의 URL(baseurl)과 추출할 페이지 개수(n)를 바탕으로 오픈테이블의 고객 리뷰 데이터를 수집하여 데이터 프레임(티블) 형식으로 저장한다.

```
> opentableReview <- function(baseurl, n=NULL) {
+   library(tidyverse)
+   library(lubridate)
+   library(httr)
+   library(XML)
+   html <- GET(baseurl)
+   html.parsed <- htmlParse(html)
+   if (is.null(n)) {                                                        ❶
+       total.pages <- xpathSApply(html.parsed,
+                                  "//div[@id='review-feed-pagination']/div/button[last()]",
+                                  xmlValue) %>%
+       as.numeric()
+     n <- total.pages
+   }
+   opentable.review <- tibble()
+   name <- xpathSApply(html.parsed, "//h1[@class='a6481dc2 _4a4e7a6a']", xmlValue)
+   name <- str_replace_all(iconv(name, to="ascii", sub=""), "\\s+", " ")
+   dateExtract <- function(date) {                                          ❷
+     ifelse(str_detect(date, "hours"), as.character(Sys.Date()),
+            (ifelse(str_detect(date, "(a|1) day"), as.character(Sys.Date() - 1),
+                    (ifelse(str_detect(date, "days"),
+                            as.character(Sys.Date() - parse_number(date)),
+                            as.character(mdy(date)))))))
+   }
+   Sys.setlocale("LC_TIME", "English")
+   for (i in c(1:n)) {
+     if (i==1) {url <- baseurl}                                             ❸
+     else {
+       url <- str_c(baseurl, "?page=", i)
+     }
+     html <- GET(url)
+     html.parsed <- htmlParse(html)
```

```
+     author <- xpathSApply(html.parsed, "//div[@class='oc-reviews-954a6007']",
+                           xmlValue)
+     date <- xpathSApply(html.parsed, "//span[@class='oc-reviews-47b8de40']",
+                         xmlValue) %>%
+       map_chr(dateExtract) %>%
+       as.Date()
+     review <- xpathSApply(html.parsed, "//p[contains(@id, 'review-body-original')]",
+                           xmlValue)
+     overall <- xpathSApply(html.parsed, "//span[@class='oc-reviews-e3e61235'][1]",
+                            xmlValue) %>%
+       as.numeric()
+     food <- xpathSApply(html.parsed, "//span[@class='oc-reviews-e3e61235'][2]",
+                         xmlValue) %>%
+       as.numeric()
+     service <- xpathSApply(html.parsed, "//span[@class='oc-reviews-e3e61235'][3]",
+                            xmlValue) %>%
+       as.numeric()
+     ambience <- xpathSApply(html.parsed, "//span[@class='oc-reviews-e3e61235'][4]",
+                             xmlValue) %>%
+       as.numeric()
+     if (length(date) > 0 ) {
+       opentable.r <- tibble(name=name, author=author, date=date, review=review,
+                             rating.overall=overall, rating.food=food,
+                             rating.service=service, rating.ambience=ambience)
+       opentable.review <- bind_rows(opentable.review, opentable.r)
+     }
+     else break
+     Sys.sleep(sample(10, 1)*0.2)
+   }
+   Sys.setlocale()
+   opentable.review <- bind_cols(id=1:nrow(opentable.review), opentable.review)
+   return(opentable.review)
+ }
```

❶ 추출할 페이지 개수가 주어지지 않을 경우(즉 n=NULL) 전체 웹페이지 개수 추출
❷ 날짜 추출 함수 정의
❸ 웹페이지 URL 생성
❹ 항목별 데이터 추출
❺ 웹페이지 접속 간격 통제
❻ 리뷰 ID 부여

opentableReview() 함수를 호출할 때 추출할 페이지 개수가 주어지지 않으면 모든 페이지의 데이터를 추출한다(코드의 ❶ 부분). 웹페이지에 다양한 형태로 게시된 리뷰글 작성 일자로부터 날짜 형식의 데이터를 추출하기 위한 함수를 정의한다(코드의 ❷ 부분). 페이지를 넘김에 따라 변하는 페이지 번호는 오픈테이블 웹페이지 URL의 마지막에 삽입된다. 예를 들어, 다음은 뉴욕 Planet Hollywood 레스토랑 리뷰의 첫 번째 페이지와 두 번째 페이지의 URL이다. 두 번째 페이지의 URL 끝 부분에 ?page=2가 추가되어 있다. 세 번째 페이지에는 ?page=3이 추가된다. 이런 방식으로 *n*번째 페이지에는 ?page=n이 URL의 마지막 부분에 추가된다(코드의 ❸ 부분).

https://www.opentable.com/planet-hollywood-times-square

https://www.opentable.com/planet-hollywood-times-square?page=2

for 루프를 이용하여 생성된 URL 주소의 각 페이지로부터 차례대로 데이터를 추출한다(코드의 ❹ 부분). 반복적인 접속 시도로 인해 웹사이트 연결에 장애가 발생하지 않도록 시스템 처리를 임의의 간격으로 지연시킨다(코드의 ❺ 부분).[19] 끝으로 각 리뷰에 고유의 ID를 부여한다(코드의 ❻ 부분).

이제 opentableReview() 함수를 이용하여 뉴욕 Planet Hollywood 레스토랑의 리뷰 데이터를 수집해보자. 예를 들어, 다음과 같이 n=10을 인수로 지정하여 처음 10개 페이지의 리뷰 데이터를 추출할 수 있다.

```
> baseurl <- "https://www.opentable.com/planet-hollywood-times-square"
> opentable.planet <- opentableReview(baseurl=baseurl, n=10)
> opentable.planet
# A tibble: 400 x 9
      id name      author date       review rating.overall rating.food rating.service
   <int> <chr>     <chr>  <date>     <chr>           <dbl>       <dbl>          <dbl>
 1     1 Planet ~ OSCARP 2020-03-12 Estab~              2           3              3
 2     2 Planet ~ FrankD 2020-03-01 The h~              3           4              4
 3     3 Planet ~ OpenT~ 2020-02-27 The s~              1           2              1
…(중략)
 8     8 Planet ~ Jane   2020-02-20 Good ~              2           2              5
 9     9 Planet ~ OpenT~ 2020-02-19 Our s~              2           3              1
10    10 Planet ~ Famil~ 2020-02-19 There~              4           3              4
# ... with 390 more rows, and 1 more variable: rating.ambience <dbl>
```

19 웹사이트 접속 간격이 짧아서 접속에 문제가 생기면 빈 데이터값이 반환될 수 있다. 여기에서는 반환된 데이터 객체의 길이를 테스트하여(if (length(date) > 0) 빈 데이터 객체가 반환되면(즉 그 길이가 0이면) 추출 과정을 종료한다. 따라서 추출 과정이 도중에 강제 종료되면 전체 데이터를 모두 수집하지 못할 수 있다. 이럴 경우 시간 간격을 증가시킨다. 예를 들면, Sys.sleep(2)와 같이 지정하여 접속 간격을 2초로 증가시킬 수 있다.

전체 페이지의 데이터를 추출하려면 다음과 같이 n 인수를 생략한다.

```
> baseurl <- "https://www.opentable.com/planet-hollywood-times-square"
> opentable.planet <- opentableReview(baseurl=baseurl)
> opentable.planet
# A tibble: 634 x 9
      id name      author date       review rating.overall rating.food rating.service
   <int> <chr>     <chr>  <date>     <chr>           <dbl>       <dbl>          <dbl>
 1     1 Planet ~ OSCARP 2020-03-12 Estab~              2           3              3
 2     2 Planet ~ FrankD 2020-03-01 The h~              3           4              4
 3     3 Planet ~ OpenT~ 2020-02-27 The s~              1           2              1
…(중략)
 8     8 Planet ~ Jane   2020-02-20 Good ~              2           2              5
 9     9 Planet ~ OpenT~ 2020-02-19 Our s~              2           3              1
10    10 Planet ~ Famil~ 2020-02-19 There~              4           3              4
# ... with 624 more rows, and 1 more variable: rating.ambience <dbl>
```

추출한 결과는 나중의 활용을 위해 save() 함수를 이용하여 파일로 저장한다. 파일로 저장한 데이터를 다시 불러오기 위해서는 load() 함수를 이용한다.

```
> save(opentable.planet, file="opentable-planet.rda")
> load("opentable-planet.rda")
```

opentableReview() 함수는 오픈테이블 웹사이트에 소개된 다른 레스토랑의 리뷰 데이터도 추출할 수 있다. 예를 들어, 다음 코드는 뉴욕의 Tavern on the Green 레스토랑의 리뷰 데이터를 수집한다.[20]

20 오픈테이블 웹사이트는 현재 고객 리뷰 데이터를 최대 10,000개까지만 보여준다.

```
> baseurl <- "https://www.opentable.com/tavern-on-the-green"
> opentable.tavern <- opentableReview(baseurl=baseurl)
> opentable.tavern
# A tibble: 10,000 x 9
      id name      author date       review rating.overall rating.food rating.service
   <int> <chr>     <chr>  <date>     <chr>           <dbl>       <dbl>          <dbl>
 1     1 Tavern ~ OpenT~ 2022-03-01 Every~              5           5              5
 2     2 Tavern ~ OpenT~ 2022-02-28 Great~              5           5              5
 3     3 Tavern ~ vipPe~ 2022-02-28 Place~              5           5              5
…(중략)
```

```
8     8 Tavern ~ OpenT~ 2022-02-27  Birth~          5          5          5
9     9 Tavern ~ vipMa~ 2022-02-27  We ha~          5          5          5
10   10 Tavern ~ KeriP  2022-02-27  Food ~          3          3          5
# ... with 9,990 more rows, and 1 more variable: rating.ambience <dbl>
```

우선 평점의 분포부터 살펴봄으로써 간단한 탐색적 데이터분석부터 시작해보자. 다음과 같이 네 개 범주별 평점의 분포를 살펴본다.

```
> opentable.review <- opentable.planet
> map_dfc(select(opentable.review, starts_with("rating")), table) %>%
+   rownames_to_column(var="rating.category")
# A tibble: 5 x 5
  rating.category rating.overall  rating.food rating.service rating.ambience
  <chr>           <table>         <table>     <table>        <table>
1 1                80              78          80             69
2 2                90              75          64             74
3 3               121             149         105            123
4 4               148             147         118            139
5 5               195             185         267            229
```

이러한 평점의 분포는 [그림 4-28]과 같이 그래프로 시각화할 수 있다. 그래프를 생성하기 위해 먼저 다음과 같이 데이터를 전처리하여 롱포맷 형식으로 변환한다. 그래프상에서 평점의 범주가 Overall, Food, Service, Ambience 순으로 배치되도록 팩터로 만들어서 레벨 순서를 조정한다.

```
> ratings <- map_dfc(select(opentable.review, starts_with("rating")), table) %>%
+   rownames_to_column(var="rating.category") %>%
+   pivot_longer(cols=rating.overall:rating.ambience) %>%
+   mutate(name=factor(.$name, levels=c("rating.overall", "rating.food",
+                                       "rating.service", "rating.ambience"),
+                      labels=c("Overall", "Food", "Service", "Ambience")),
+          value=as.numeric(value))
> ratings
# A tibble: 20 x 3
   rating.category name     value
   <chr>           <fct>    <dbl>
 1 1               Overall     80
 2 1               Food        78
 3 1               Service     80
```

```
 4 1              Ambience    69
…(중략)
17 5              Overall    195
18 5              Food       185
19 5              Service    267
20 5              Ambience   229
```

전처리가 완료된 데이터셋을 이용하여 다음과 같이 [그림 4-28]의 그래프를 생성할 수 있다. 평가 범주와 관계없이 높은 평점을 부여한 고객수가 대체로 더 많다.

```
> windows(width=7.0, height=5.5)
> ggplot(ratings, aes(x=name, y=value, fill=rating.category)) +
+   geom_bar(position=position_dodge2(width=-0.9), color="dimgray", stat="identity") +
+   scale_fill_brewer(name="Rating", palette="Blues") +
+   labs(x="", y="Number of Ratings",
+        title="Review of Planet Hollywood",
+        subtitle="Distribution of rating",
+        caption="Source: OpenTable") +
```

그림 4-28 ▌ 레스토랑 리뷰. 평점은 네 개 평가 범주 간에 대체로 유사한 패턴을 보인다.

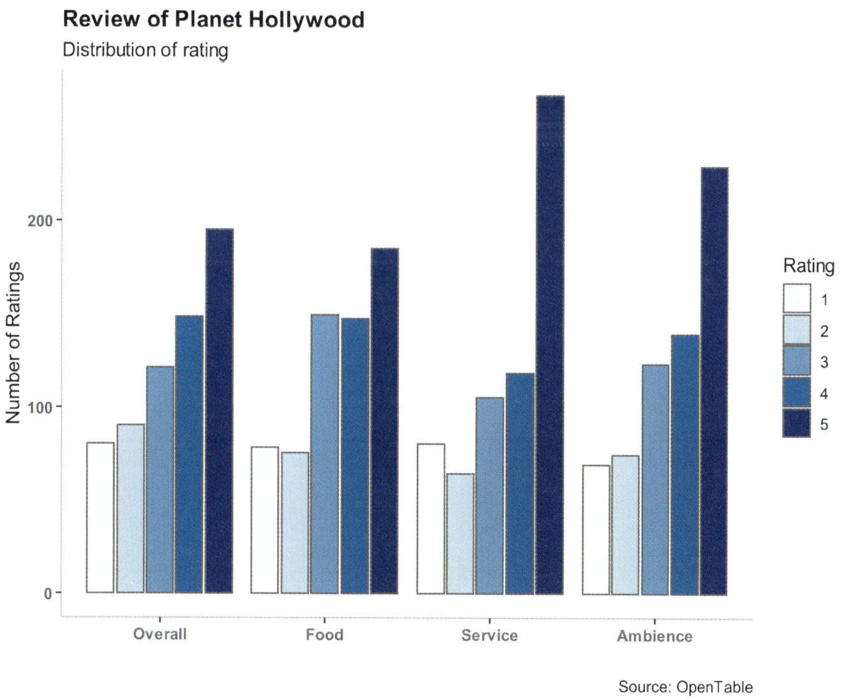

```
+   theme_bw() +
+   theme(plot.title=element_text(face="bold"),
+         axis.text=element_text(face="bold"),
+         axis.line=element_line(color="gray"),
+         panel.grid=element_blank(),
+         panel.border=element_blank())
```

이번에는 리뷰 글자수의 분포를 살펴보자. 리뷰 글자수는 비대칭적인 분포이며 중위수가 평균보다 작은 오른쪽으로 긴 분포(right-skewed distribution)를 갖는다.[21]

```
> summary(nchar(opentable.review$review))
   Min. 1st Qu.  Median    Mean 3rd Qu.    Max. 
   10.0    73.0   133.0   205.2   269.8  1453.0 
```

리뷰 글자수의 분포는 다음과 같이 그래프로 그릴 수 있다. 생성된 그래프는 [그림 4-29]와 같다. 리뷰 글자수는 그래프에서 보듯이 오른쪽으로 꼬리가 긴 분포를 갖는다.

```
> windows(width=7.0, height=5.5)
> library(scales)
> ggplot(opentable.review, aes(x=nchar(review))) +
+   geom_histogram(color="brown", fill="coral") +
+   scale_x_continuous(labels=comma) +
+   scale_y_continuous(labels=comma) +
+   labs(x="Review Length (Number of Review Characters)", y="Frequency",
+        title="Review of Planet Hollywood",
+        subtitle="Distribution of review length",
+        caption="Source: OpenTable") +
+   theme_gray() +
+   theme(plot.title=element_text(face="bold"),
+          axis.text=element_text(face="bold"))
```

21 여기에서 nchar() 함수 실행 중에 'invalid multibyte string…' 에러가 발생할 수 있다. 이와 같은 에러가 발생하면 로케일을 북미 표준(Sys.setlocale("LC_ALL", "English"))으로 변경한 후 다시 수행한다. 작업 수행을 완료한 후에는 다시 원래의 로케일로 변경한다(Sys.setlocale()).

▶ 그림 4-29 ▌ **레스토랑 리뷰.** 리뷰 글자수의 분포는 비대칭적이다.

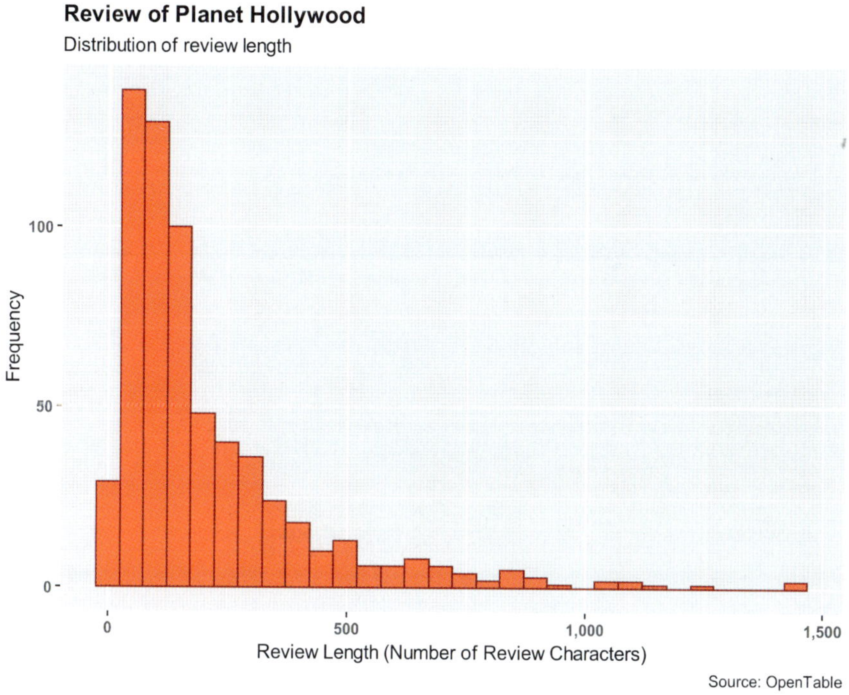

평점과 리뷰 길이 간의 관계를 살펴보자. 리뷰 글자수 분포는 앞서 그래프에서 보았듯이 오른쪽으로 매우 꼬리가 긴 분포를 갖는다. 예를 들어, 글자수 1,000개 이상의 리뷰도 여덟 개 존재한다.

```
> nrow(filter(opentable.review, nchar(review) >= 1000))
[1] 8
```

지나치게 글자수가 많은 리뷰를 분석에 포함할 경우 이들 일부 리뷰로 인해 분석 결과가 왜곡될 수 있다. 따라서 1,000개 미만의 글자수를 갖는 리뷰만을 대상으로 평점과 리뷰 글자수 간의 관계를 그래프로 시각화한다. 네 가지 평점 범주 가운데 여기에서는 레스토랑의 전반적인 만족도 평점을 사용한다. 다음 코드는 [그림 4-30]의 그래프를 생성한다. 이 그래프는 레스토랑에 대한 전반적인 평가가 긍정적일수록 리뷰글은 짧아지는 경향이 있음을 보여준다.

```
> windows(width=7.0, height=5.5)
> library(scales)
> ggplot(filter(opentable.review, nchar(review) < 1000),
+        aes(x=as.factor(rating.overall), y=nchar(review))) +
+   geom_boxplot(fill="goldenrod", color="dimgray") +
```

그림 4-30 ▌ 레스토랑 리뷰. 리뷰 평점이 높을수록 리뷰 글자수는 작아지는 경향이 있다.

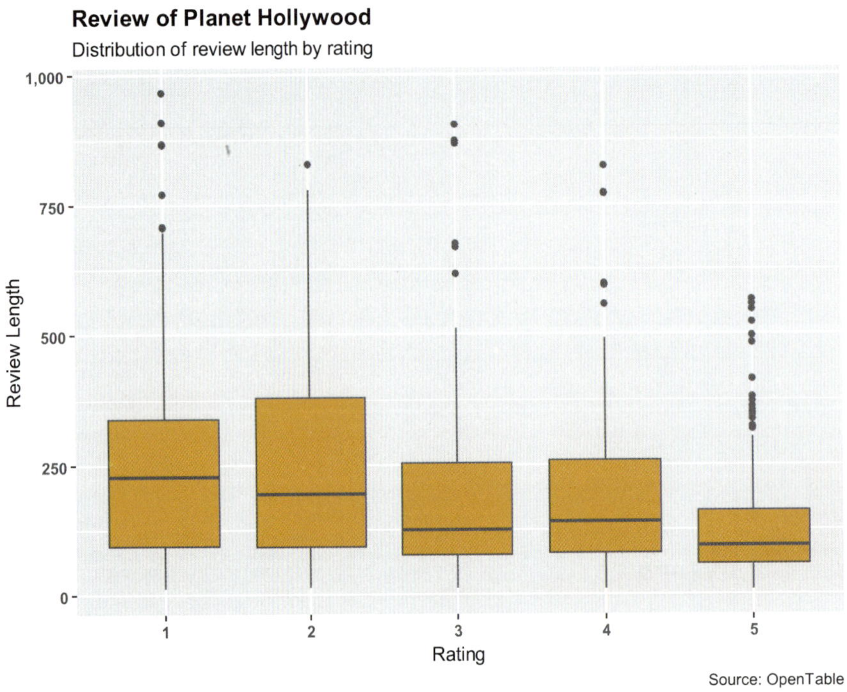


```
+    scale_x_discrete(breaks=c(1, 2, 3, 4, 5)) +
+    scale_y_continuous(labels=comma) +
+    labs(x="Rating", y="Review Length",
+         title="Review of Planet Hollywood",
+         subtitle="Distribution of review length by rating",
+         caption="Source: OpenTable") +
+    theme_gray() +
+    theme(plot.title=element_text(face="bold"),
+          axis.text=element_text(face="bold"))
```

레스토랑 평점과 리뷰글 간의 관계는 오피니언마이닝(opinion mining)을 통해서 좀 더 정교하고 체계적으로 분석할 수 있다.[22] 오피니언마이닝은 텍스트에 담겨 있는 감정적 상태나 주관적 평가를 식별하고 추출하는 체계적인 텍스트분석 기법이다. 오피니언 마이닝은 다양한 방식으로 수행할 수 있다. 가장 간단하고 빈번히 사용되는 방법은 텍스트에 포함된 단어를 감성어휘 사전(sentiment lexicon dictionary)을 이용하여 긍정 단어와 부정 단어로 분류하여 출현 빈도를 비교하거나, 각 단어의 감성점수(sentiment score)를 합산하고 평균하여 전체 텍스트의

22 오피니언마이닝은 감성분석(sentiment analysis)이라고도 한다. 감성분석은 또한 감정분석으로도 불린다. 따라서 오피니언마이닝, 감성분석, 감정분석은 대체로 모두 같은 의미로 사용된다.

긍정적 또는 부정적 감성상태를 평가 또는 범주화하는 것이다. 여기에서는 오픈테이블의 레스토랑 리뷰 데이터를 이용하여 각 리뷰의 감성상태와 리뷰 평점 간의 관계를 살펴본다.

먼저 분석에 사용할 감성어휘 사전을 선택한다. `tidytext` 패키지는 사용 빈도가 높은 네 가지 감성어휘 사전(AFINN, Bing, NRC, Loughran)을 제공한다. 여기에서는 그 가운데 AFINN 감성어휘 사전을 이용한다. AFINN은 감성어휘에 대해 −5점(가장 부정적 어휘)부터 +5점(가장 긍정적 어휘)까지 점수를 부여하여 감성상태를 점수화한다. 감성어휘 사전은 다음과 같이 `get_sentiments()` 함수를 통해서 이용할 수 있다. `get_sentiments()` 함수의 `lexicon` 인수에 사용하려는 감성어휘 사전의 이름(afinn, bing, nrc, loughran)을 지정한다.[23]

```
> library(tidytext)
> get_sentiments(lexicon="afinn")
# A tibble: 2,477 x 2
   word       value
   <chr>      <dbl>
 1 abandon       -2
 2 abandoned     -2
 3 abandons      -2
…(중략)
 8 abhorred      -3
 9 abhorrent     -3
10 abhors        -3
# ... with 2,467 more rows
> summary(get_sentiments(lexicon="afinn"))
     word               value
 Length:2477        Min.   :-5.0000
 Class :character   1st Qu.:-2.0000
 Mode  :character   Median :-2.0000
                    Mean   :-0.5894
                    3rd Qu.: 2.0000
                    Max.   : 5.0000
```

23 AFINN의 감성어휘는 부정에서 긍정까지 −5점에서 +5점의 범위를 갖는 반면, Bing은 감성어휘를 긍정과 부정으로만 분류한다. NRC는 긍정 및 부정의 감정뿐만 아니라 분노, 공포, 놀람, 슬픔, 즐거움, 신뢰 등을 포함한 모두 10개의 감성상태를 제공한다. Loughran은 감성어휘를 긍정 및 부정과 함께 추가로 네 가지 감성상태(constraining, litigious, superfluous, uncertainty)로 분류한다. Loughran은 금융분야의 텍스트에 보다 적합한 것으로 알려져 있다. 현재 Bing을 제외한 나머지 감성어휘 사전은 `textdata` 패키지의 함수를 통해 다운로드받은 후 사용할수 있다. 따라서 여기 소개된 감성어휘 사전들을 이용하기 위해서는 사전에 `textdata` 패키지가 설치되어 있어야 한다.

그림 4-31 AFINN 감성어휘 사전. 부정 어휘와 긍정 어휘를 각각 −5점부터 +5점까지 점수화한다.

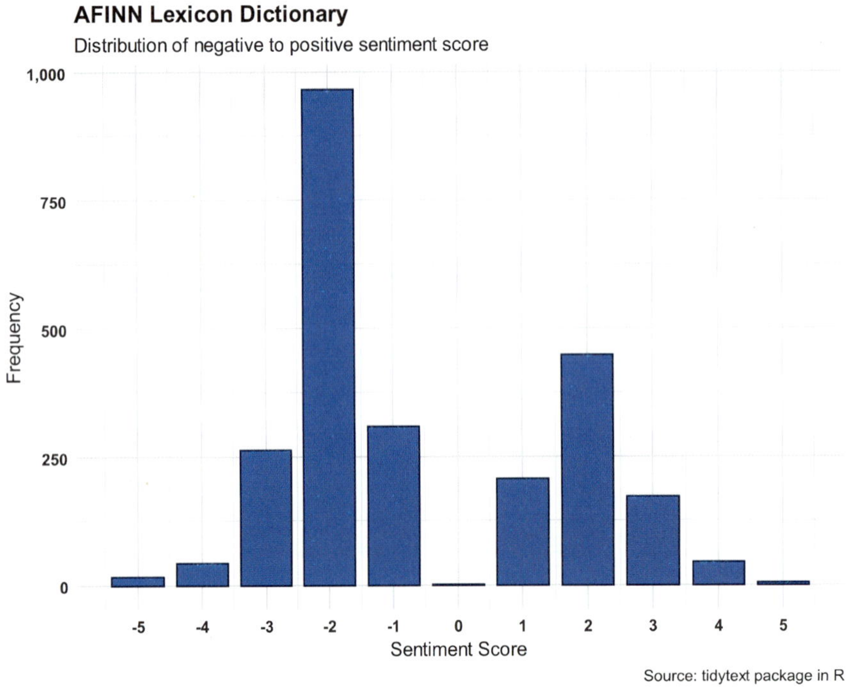

AFINN 감성어휘의 요약 통계량을 보면 감성어휘는 부정 어휘(음수)와 긍정 어휘(양수)로 나뉘어 있으며 각각 −2와 +2를 중위수로 갖는다. AFINN 감성어휘의 점수 분포를 다음과 같이 그래프로 확인할 수 있다. 생성된 그래프는 [그림 4-31]과 같다.

```
> windows(width=7.0, height=5.5)
> library(scales)
> ggplot(get_sentiments(lexicon="afinn"), aes(x=value)) +
+   geom_bar(color="darkblue", fill="cornflowerblue", width=0.8) +
+   scale_x_continuous(breaks=c(-5:5)) +
+   scale_y_continuous(labels=comma) +
+   labs(x="Sentiment Score", y="Frequency",
+        title="AFINN Lexicon Dictionary",
+        subtitle="Distribution of negative to positive sentiment score",
+        caption="Source: tidytext package in R") +
+   theme_minimal() +
+   theme(plot.title=element_text(face="bold"),
+         axis.text=element_text(face="bold"))
```

이제 오픈테이블의 레스토랑 리뷰 데이터를 바탕으로 리뷰글로부터 단어를 추출하고 몇 가지 전처리 작업을 거친 후 분석에 사용할 수 있는 형태로 데이터셋을 생성한다. 여기에서는 구체적으로 다음과 같은 작업을 수행한다: ① 리뷰글로부터 단어 추출, ② 불용어(stop word) 제거, ③ 필요한 열 선택. 다음과 같이 파이프 연산자 %>%를 이용하면 이러한 일련의 작업을 비교적 용이하게 처리할 수 있다. 파이프 연산자는 한 함수로부터의 출력 결과나 데이터를 다음 함수의 첫 번째 인수로 전달하기 때문에 일련의 연속된 작업을 연결해서 한 번에 수행할 때 매우 편리하다.

```
> opentable.review.words <- opentable.review %>%
+   mutate(review=iconv(review, to="ascii", sub="")) %>%
+   unnest_tokens(output=word, input=review, token="words") %>%
+   anti_join(stop_words, by="word") %>%
+   select(id, rating.overall, word)
```

일련의 작업 과정을 차례대로 살펴보자. tidytext 패키지의 unnest_tokens() 함수를 이용하여 리뷰 텍스트(input=review)로부터 단어를 추출(token="words")하여 별도의 열(output=word)로 저장한다. 비ASCII 문자(non-ASCII character)의 경우 단어 추출 과정에서 에러가 발생할 수 있기 때문에 사전에 이를 텍스트로부터 제거한다(iconv(review, to="ascii", sub="")). 그런 다음 tidytext 패키지가 제공하는 불용어 데이터셋(stop_words)을 이용하여 추출한 단어에 포함된 불용어를 제거한다(anti_join(stop_words, by="word")). 끝으로 분석에 필요한 일부 열만을 선택한다(select(id, rating.overall, word)). 생성된 데이터셋은 다음과 같이 한 행에 한 단어씩 나타나는 롱포맷(long format) 형태를 갖는다.

```
> opentable.review.words
# A tibble: 9,242 x 3
        id rating.overall word
     <int>          <dbl> <chr>
 1       1              2 estaba
 2       1              2 vaco
 3       1              2 pesar
…(중략)
 8       1              2 una
 9       1              2 semana
10       1              2 de
# ... with 9,232 more rows
```

가장 빈번히 등장하는 단어들은 다음과 같이 확인해볼 수 있다.

```
> count(opentable.review.words, word, sort=TRUE)
# A tibble: 2,699 x 2
   word            n
   <chr>       <int>
 1 food          371
 2 service       199
 3 restaurant     97
…(중략)
 8 experience     74
 9 kids           74
10 reservation    72
# ... with 2,689 more rows
```

리뷰글에 포함된 단어의 감성점수를 구하기 위해서는 앞서 생성한 데이터셋을 inner_join() 함수를 이용하여 다음과 같이 감성어휘 사전과 결합한다. 리뷰 데이터의 단어 가운데 감성어휘 사전에 등록되지 않은 단어는 제외된다.

```
> inner_join(opentable.review.words, get_sentiments(lexicon="afinn"), by="word")
# A tibble: 1,178 x 4
      id rating.overall word        value
   <int>          <dbl> <chr>       <dbl>
 1     2              3 responsible     2
 2     2              3 greeting        1
 3     2              3 worst          -3
…(중략)
 8     4              5 fun             4
 9     4              5 recommend       2
10     5              5 lively          2
# ... with 1,168 more rows
```

이제 이 데이터셋을 이용하여 리뷰별 감성점수를 계산할 수 있다. 다음과 같이 감성어휘 사전과 결합한 데이터셋을 이용하여 리뷰글에 포함된 단어의 감성점수를 각 리뷰별로 합산하고 평균함으로써 각 리뷰에 대한 긍정적 또는 부정적 감성상태를 나타내는 감성점수를 산출한다.

```
> opentable.sent.review <- opentable.review.words %>%
+   inner_join(get_sentiments(lexicon="afinn"), by="word") %>%
+   group_by(id, rating.overall) %>%
+   summarise(score_avg=mean(value, na.rm=TRUE)) %>%
+   ungroup()
```

```
> opentable.sent.review
# A tibble: 478 x 3
      id rating.overall  score_avg
   <int>          <dbl>      <dbl>
 1     2              3     1
 2     3              1    -3
 3     4              5     2
…(중략)
 8    11              2     2
 9    12              5    -0.333
10    13              5     2
# ... with 468 more rows
```

각 리뷰별로 산출한 감성점수를 바탕으로 다음과 같이 평점과 감성점수 간의 관계를 그래프로 그려보자. 생성된 그래프는 [그림 4-32]와 같다. 평점과 감성점수는 서로 밀접한 관련이 있는 것처럼 보인다. 평점이 증가할수록 감성점수 역시 증가하는 경향이 뚜렷이 나타나고 있다. 즉 긍정적인 리뷰글은 높은 평점과 관련이 있으며 부정적인 리뷰글은 낮은 평점과 연관되어 있다.

그림 4-32 **레스토랑 리뷰.** 리뷰 평점이 높을수록 감성점수는 높아지는 경향이 있다.

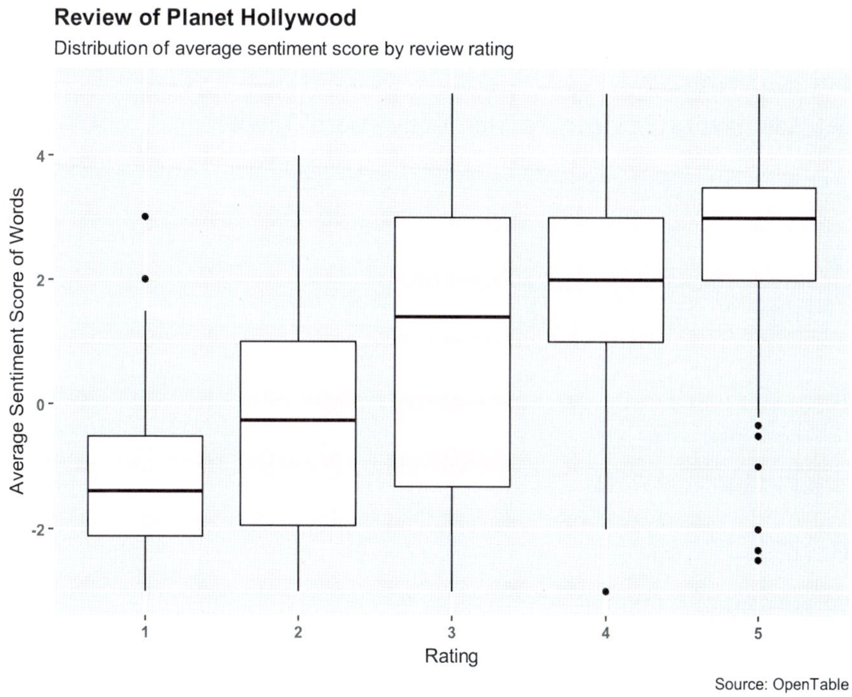

```
> windows(width=7.0, height=5.5)
> ggplot(opentable.sent.review, aes(x=as.factor(rating.overall), y=score_avg)) +
+   geom_boxplot(fill="lavenderblush", color="black") +
+   scale_x_discrete(breaks=c(1, 2, 3, 4, 5)) +
+   labs(x="Rating", y="Average Sentiment Score of Words",
+        title="Review of Planet Hollywood",
+        subtitle="Distribution of average sentiment score by review rating",
+        caption="Source: OpenTable") +
+   theme_gray() +
+   theme(plot.title=element_text(face="bold"),
+         axis.text=element_text(face="bold"))
```

이번에는 리뷰별로 분석했던 앞서와는 다른 관점에서 데이터를 분석해보자. 다음과 같이 리뷰글에 등장하는 단어별로 필요한 정보를 집계할 수 있다.

```
> opentable.sent.word <- opentable.review.words %>%
+   count(id, rating.overall, word) %>%
+   group_by(word) %>%
+   summarise(in_review=n(),
+             in_use=sum(n),
+             rating_avg=mean(rating.overall)) %>%
+   filter(in_review >= 2) %>%
+   arrange(rating_avg) %>%
+   inner_join(get_sentiments(lexicon="afinn"), by="word") %>%
+   ungroup()
> opentable.sent.word
# A tibble: 132 x 5
   word          in_review in_use rating_avg value
   <chr>             <int>  <int>      <dbl> <dbl>
 1 cut                   2      2       1       -1
 2 disappointment        2      2       1       -2
 3 ruined                2      2       1       -2
…(중략)
 8 worst                 7      7       1.29    -3
 9 unprofessional        3      3       1.33    -2
10 worse                 3      3       1.33    -3
# ... with 122 more rows
```

각 단어별로 해당 단어가 등장하는 리뷰 개수(in_review)와 해당 단어가 전체적으로 사용된 개수

(in_use)를 산출한다. 이와 함께 해당 단어가 출현한 리뷰의 평균 평점(rating_avg)을 계산한다(summarise(in_review=n(), in_use=sum(n), rating_avg=mean(rating.overall))). 특정 리뷰에만 출현하는 소수의 단어는 분석에서 제외하기 위하여 적어도 두 개의 리뷰에 등장하는 단어만 데이터셋에 포함시킨다(filter(in_review >= 2)). 끝으로 감성어휘 사전과 결합하여 단어별 감성점수를 데이터셋에 추가한다(inner_join(get_sentiments(lexicon="afinn"), by="word")).

단어별로 정보가 집계된 데이터셋을 이용하여 단어의 감성점수와 해당 단어를 포함하고 있는 리뷰의 평점 간 관계를 살펴볼 수 있다. 이들 간의 관계를 다음과 같이 그래프로 시각화한다. 생성된 그래프는 [그림 4-33]과 같다. 그래프에서 볼 수 있듯이 단어의 감성점수와 리뷰 평점 간에는 밀접한 관련이 있다. 감성점수가 높은 단어를 사용한 리뷰는 높은 평점을 갖는 경향이 있다.

```
> windows(width=7.0, height=5.5)
> ggplot(opentable.sent.word, aes(x=as.factor(value), y=rating_avg)) +
+   geom_boxplot(fill="aquamarine", color="black") +
+   scale_y_continuous(breaks=c(1, 2, 3, 4, 5), limits=c(1, 5)) +
+   labs(x="Sentiment Score of Words", y="Average Rating of Reviews",
```

그림 4-33 | 레스토랑 리뷰. 단어의 감성점수가 높을수록 해당 단어를 포함하고 있는 리뷰의 평점은 증가하는 경향이 있다.

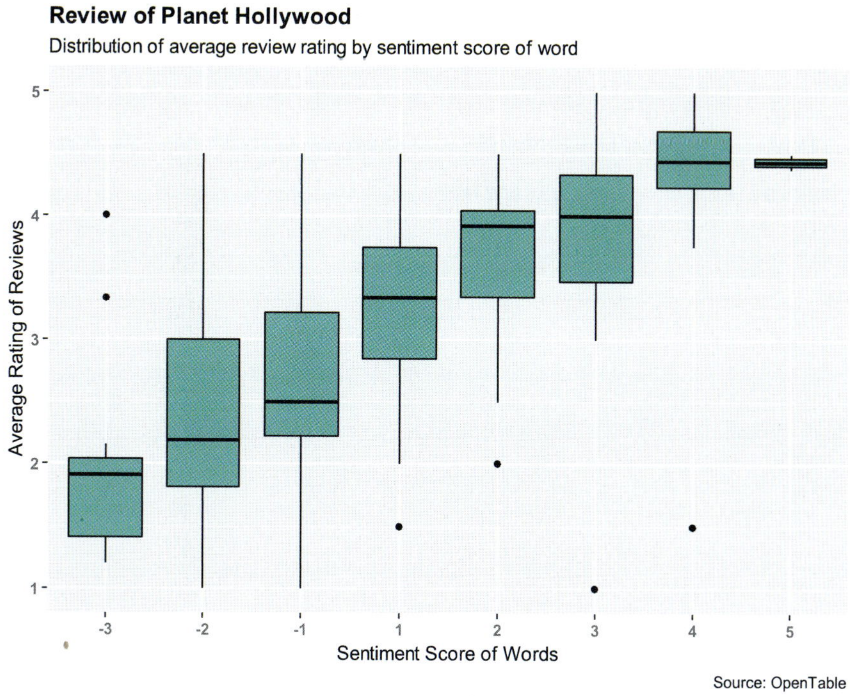

```
+         title="Review of Planet Hollywood",
+         subtitle="Distribution of average review rating by sentiment score of word",
+         caption="Source: OpenTable") +
+    theme_gray() +
+    theme(plot.title=element_text(face="bold"),
+          axis.text=element_text(face="bold"))
```

이번에는 감성어휘 사전을 달리해서 분석을 수행해보자. tidytext 패키지에 포함된 감성어휘 사전 가운데 빙류의 오피니언 렉시콘(Bing Liu's opinion lexicon)을 이용한다. 다음과 같이 get_sentiments() 함수를 이용하여 감성어휘 사전을 불러온다. 빙류의 오피니언 렉시콘은 단어가 갖고 있는 감성을 긍정(positive)과 부정(negative)으로 분류한다.

```
> library(tidytext)
> get_sentiments(lexicon="bing")
# A tibble: 6,786 x 2
   word        sentiment
   <chr>       <chr>
 1 2-faces     negative
 2 abnormal    negative
 3 abolish     negative
…(중략)
 8 abort       negative
 9 aborted     negative
10 aborts      negative
# ... with 6,776 more rows
> table(get_sentiments(lexicon="bing")$sentiment)

negative positive
    4781     2005
```

다음과 같이 레스토랑 리뷰글로부터 단어를 추출하고 몇 가지 전처리 작업을 거친 후 리뷰(ID, 날짜, 평점)와 단어 쌍으로 구성된 롱포맷 형식의 데이터셋을 생성한다. 앞에서 했던 것처럼 리뷰글의 단어를 그대로 추출할 수도 있지만 여기에서는 표제어로 변환(lemmatization)한 후 단어를 추출해보자.[24]

24 표제어(headword)는 사전의 맨 앞에 나오는 대표 단어를 말하며 단어의 원형에 해당한다.

```
> library(textstem)
> opentable.review.words <- opentable.review %>%
+   mutate(review=lemmatize_strings(iconv(review, to="ascii", sub=""))) %>%
+   unnest_tokens(output=word, input=review, token="words") %>%
+   anti_join(stop_words, by="word") %>%
+   select(id, date, rating.overall, word)
> opentable.review.words
# A tibble: 9,175 x 4
      id date       rating.overall word
   <int> <date>              <dbl> <chr>
 1     1 2020-03-12              2 estaba
 2     1 2020-03-12              2 vaco
 3     1 2020-03-12              2 pesar
…(중략)
 8     1 2020-03-12              2 una
 9     1 2020-03-12              2 semana
10     1 2020-03-12              2 de
# ... with 9,165 more rows
```

먼저 textstem 패키지의 lemmatize_strings() 함수를 이용하여 리뷰글에 포함된 단어를 표제어로 변환한다. 비ASCII 문자의 경우 표제어 변환 과정에서 에러가 발생하거나 변환 후 글자가 깨지는 일이 있기 때문에 사전에 이를 텍스트로부터 제거한다(iconv(review, to="ascii", sub="")). 이어서 tidytext 패키지의 unnest_tokens() 함수를 이용하여 리뷰글(input=review)로부터 단어를 추출(token="words")하여 별도의 열(output=word)로 저장한다. 그런 다음 tidytext 패키지가 제공하는 불용어 데이터셋(stop_words)을 이용하여 추출한 단어에 포함된 불용어를 제거한 후 분석에 필요한 열만으로 데이터셋을 생성한다. 한 행에 한 개의 단어씩 롱포맷 형식으로 데이터셋이 생성된다.

이제 이 데이터셋을 이용하여 다음과 같이 리뷰별로 긍정 단어의 개수와 부정 단어의 개수를 집계하고 감성점수를 산출한다.

```
> opentable.sent.review <- opentable.review.words %>%
+   inner_join(get_sentiments(lexicon="bing"), by="word") %>%
+   count(id, date, rating.overall, sentiment) %>%
+   pivot_wider(names_from=sentiment, values_from=n, values_fill=0) %>%
+   mutate(sentiment=positive - negative) %>%
+   ungroup()
```

리뷰글에 포함된 단어가 긍정 어휘인지 또는 부정 어휘인지 여부를 판단하기 위하여 앞서 생성한 데이터셋을 감성어휘 사전과 결합한다(inner_join(get_sentiments(lexicon="bing"), by="word")). 그런 다음 리뷰별 긍정 또는 부정 단어의 개수를 합산하고(count(id, date, rating.overall, sentiment)), 긍정 단어 개수와 부정 단어 개수를 별도의 열로 갖는 와이드포맷(wide format) 형식으로 변환한다(pivot_wider(names_from=sentiment, values_from=n, values_fill=0)). 이때 긍정 단어나 부정 단어가 없을 경우에 해당 열은 0으로 채워진다(values_fill=0). 와이드포맷 형식으로 변환된 데이터셋으로부터 긍정 단어 개수와 부정 단어 개수의 차이를 계산하여 각 리뷰별 감성점수를 산출하고 별도의 열로 저장한다(mutate(sentiment=positive - negative)).

생성된 데이터셋은 다음과 같다. 데이터셋에는 리뷰 ID(id), 평점(rating.overall)과 함께 부정 단어 개수(negative), 긍정 단어 개수(positive), 감성점수(sentiment, 긍정 단어 개수와 부정 단어 개수의 차이) 정보가 포함되어 있다.

```
> opentable.sent.review
# A tibble: 529 x 6
      id date       rating.overall negative positive sentiment
   <int> <date>              <dbl>    <int>    <int>     <int>
 1     2 2020-03-01              3        1        1         0
 2     3 2020-02-27              1        2        0        -2
 3     4 2020-02-26              5        0        3         3
…(중략)
 8    11 2020-02-19              2        0        1         1
 9    12 2020-02-18              5        2        1        -1
10    13 2020-02-17              5        0        1         1
# ... with 519 more rows
```

감성점수의 분포는 다음과 같다. 긍정 단어와 부정 단어 개수의 차이는 −15(가장 부정적 리뷰)에서 +14(가장 긍정적 리뷰) 사이의 범위를 갖는다.

```
> summary(opentable.sent.review$sentiment)
    Min.  1st Qu.   Median     Mean  3rd Qu.     Max.
-15.0000  -1.0000   1.0000   0.4594   2.0000  14.0000
```

이제 이렇게 산출한 감성점수와 리뷰 평점 간의 관계를 다음과 같이 그래프로 그릴 수 있다. 감성점수와 리뷰 평점 간의 관계가 보다 잘 드러나도록 하기 위해 너무 높거나(상위 1%) 지나치게 낮은(하위 1%) 감성점수를 갖는 리뷰는 제외한다. 생성된 그래프는 [그림 4-34]와 같다. 감성점수가 클수록, 즉 리뷰글에 긍정 단어가 부정 단어보다 많을수록 리뷰 평점은 커지는 경향이 있다.

▶ 그림 4-34 ▌ 레스토랑 리뷰. 긍정 단어를 많이 사용한 리뷰일수록 리뷰 평점이 더 높다.

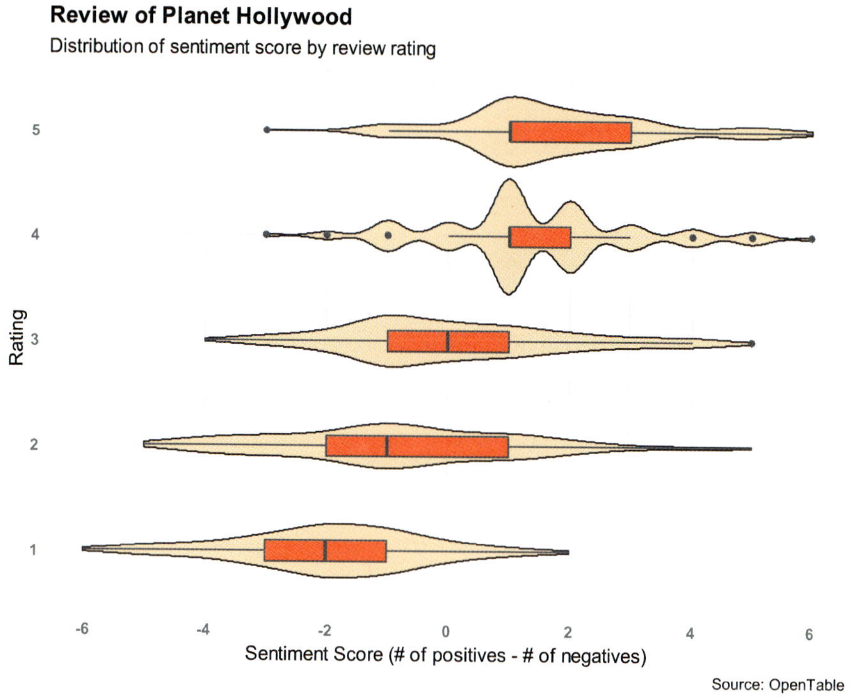


```
> outlier <- quantile(opentable.sent.review$sentiment, c(0.01, 0.99))
> outlier
   1%   99%
-6.72  6.72
> windows(width=7.0, height=5.5)
> ggplot(filter(opentable.sent.review, sentiment > outlier[1], sentiment < outlier[2]),
+        aes(x=as.factor(rating.overall), y=sentiment)) +
+   geom_violin(fill="wheat", width=1.1) +
+   geom_boxplot(fill="tomato", color="dimgray", width=0.2) +
+   scale_x_discrete(breaks=c(1:5)) +
+   scale_y_continuous(breaks=seq(from=trunc(outlier[1]), to=trunc(outlier[2]), by=2)) +
+   labs(x="Rating", y="Sentiment Score (# of positives - # of negatives)",
+        title="Review of Planet Hollywood",
+        subtitle="Distribution of sentiment score by review rating",
+        caption="Source: OpenTable") +
+   theme_minimal() +
+   theme(plot.title=element_text(face="bold"),
+         axis.text=element_text(face="bold")) +
+   coord_flip()
```

리뷰글의 감성상태에 전체적으로 가장 많은 영향을 미치는 단어를 찾아보자. 즉 출현 빈도가 큰 긍정 단어와 부정 단어를 추출한다. 이를 위해 앞서 생성한 리뷰-단어 롱포맷 형식의 데이터셋(opentable.review.words)을 이용하여 다음과 같이 전체 리뷰글에서 15회 이상 출현한 단어를 추출한다.

```
> opentable.review.words
# A tibble: 9,175 x 4
      id date       rating.overall word
   <int> <date>              <dbl> <chr>
 1     1 2020-03-12              2 estaba
 2     1 2020-03-12              2 vaco
 3     1 2020-03-12              2 pesar
…(중략)
 8     1 2020-03-12              2 una
 9     1 2020-03-12              2 semana
10     1 2020-03-12              2 de
# ... with 9,165 more rows
> opentable.sent.words <- opentable.review.words %>%
+   inner_join(get_sentiments(lexicon="bing"), by="word") %>%
+   count(sentiment, word) %>%
+   ungroup() %>%
+   filter(n >= 15) %>%
+   mutate(nsign=ifelse(sentiment=="negative", -n, n))
```

각 단어의 긍정 또는 부정을 평가하기 위하여 리뷰-단어 롱포맷 데이터셋을 감성어휘 사전과 결합한다(inner_join(get_sentiments(lexicon="bing"), by="word")). 그런 다음 긍정 단어와 부정 단어의 출현 빈도를 산출한다(count(sentiment, word)). 출현 빈도가 15회 이상인 단어만 추출하고(filter(n >= 15)), 긍정 단어와 부정 단어를 하나의 그래프상에서 효과적으로 구분하기 위하여 부정 단어의 경우 출현 횟수를 음수로 변환한다(mutate(nsign=ifelse(sentiment=="negative", -n, n)).

생성된 데이터셋은 다음과 같다. 모두 27개의 단어가 추출되었다.

```
> opentable.sent.words
# A tibble: 27 x 4
  sentiment word           n nsign
  <chr>     <chr>      <int> <int>
1 negative  bad           37   -37
2 negative  cold          35   -35
3 negative  disappoint    38   -38
```

```
…(중략)
 8 negative  poor          17    -17
 9 negative  slow          27    -27
10 negative  terrible      17    -17
# ... with 17 more rows
```

이렇게 추출한 긍정 단어와 부정 단어 데이터셋을 이용하여 각 단어의 출현 빈도를 다음과 같이 그래프로 그릴 수 있다. 생성된 그래프는 [그림 4-35]와 같다. fun은 전체 리뷰글 가운데 71회 출현하여 가장 많이 등장하는 긍정 단어로 나타났으며 가장 많이 언급된 부정 단어는 loud로서 총 49회 출현하였다.

```
> windows(width=7.0, height=5.5)
> library(scales)
> ggplot(opentable.sent.words,
+        aes(x=reorder(word, nsign), y=nsign,
+            fill=factor(sentiment, levels=c("positive", "negative")))) +
+   geom_bar(stat="identity", color="lightslategray", width=0.8) +
+   geom_text(aes(label=n), size=3, color="black",
+             hjust=ifelse(opentable.sent.words$nsign < 0, 1.1, -0.1)) +
```

그림 4-35 ▌ 레스토랑 리뷰. 리뷰글에 가장 많이 등장하는 긍정 단어와 부정 단어는 각각 fun과 loud이다.

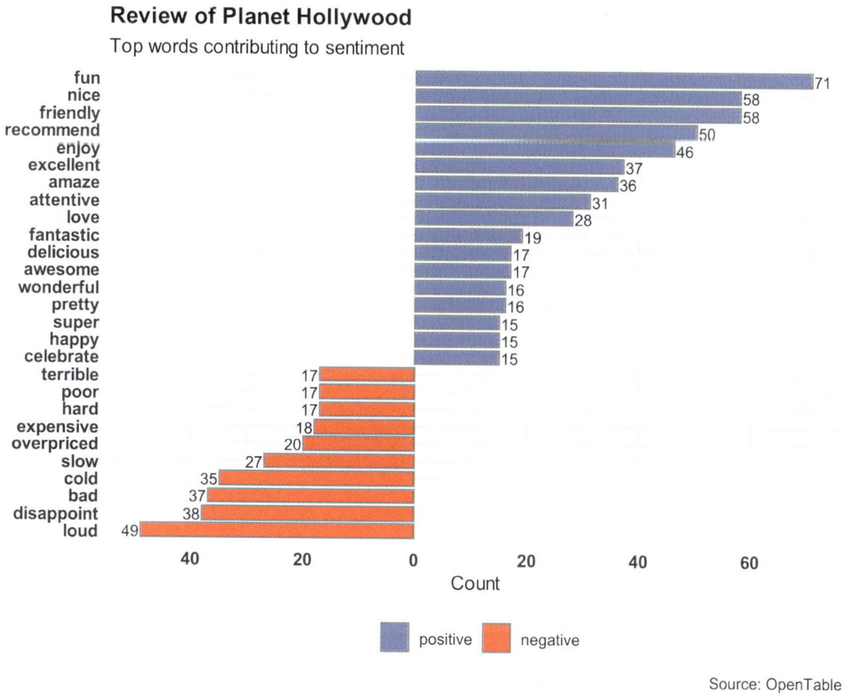

```
+   scale_fill_manual(values=c("cornflowerblue", "tomato")) +
+   scale_y_continuous(breaks=pretty(opentable.sent.words$nsign),
+                      labels=abs(pretty(opentable.sent.words$nsign))) +
+   theme_minimal() +
+   theme(legend.position="bottom",
+         legend.title=element_blank(),
+         plot.title=element_text(face="bold"),
+         axis.text=element_text(face="bold", size=10)) +
+   labs(x=NULL, y="Count",
+        title="Review of Planet Hollywood",
+        subtitle="Top words contributing to sentiment",
+        caption="Source: OpenTable") +
+   coord_flip()
```

이번에는 조금 다른 측면에서 리뷰 데이터를 분석해보자. 시간의 흐름에 따라 레스토랑의 리뷰 평점과 리뷰 횟수가 어떻게 변화하는지 시각적으로 살펴보는 것도 흥미로울 수 있다. 이러한 시계열 분석을 위해서는 먼저 데이터를 집계해서 보여줄 시계열 구간 단위를 결정할 필요가 있다. 여기에서는 월 단위로 리뷰 데이터를 집계하여 각 구간별 평균을 계산한다. `lubridate` 패키지의 `floor_date()` 함수는 `x` 인수에 주어진 일자 정보를 `unit` 인수에 지정된 구간 단위로 변환한다(인수로 주어진 일자를 해당 월의 1일로 변환).

```
> library(lubridate)
> opentable.review$ym <- floor_date(x=opentable.review$date, unit="month")
> head(opentable.review$ym)
[1] "2020-03-01" "2020-03-01" "2020-02-01" "2020-02-01" "2020-02-01" "2020-02-01"
```

이어서 다음과 같이 변환된 월 단위의 일자를 기준으로 월별 평점 평균(`rating.overall`)과 리뷰 개수(n)를 계산하고 데이터셋에 별도의 열로 저장한다.

```
> opentable.agg <- opentable.review %>%
+   group_by(name, ym) %>%
+   summarise(rating.overall=mean(rating.overall, na.rm=TRUE), n=n()) %>%
+   ungroup()
```

```
> opentable.agg
# A tibble: 49 x 4
   name                              ym         rating.overall     n
   <chr>                             <date>              <dbl> <int>
 1 Planet Hollywood - Times Square  2016-03-01            3.64    11
 2 Planet Hollywood - Times Square  2016-04-01            4.5      6
 3 Planet Hollywood - Times Square  2016-05-01            3.62     8
…(중략)
 8 Planet Hollywood - Times Square  2016-10-01            4.22     9
 9 Planet Hollywood - Times Square  2016-11-01            3.2     15
10 Planet Hollywood - Times Square  2016-12-01            3.52    25
# ... with 39 more rows
```

이제 월별 집계 데이터셋을 이용하여 다음과 같이 시간의 흐름에 따른 월별 리뷰 평점의 추이를 시각화할 수 있다. 생성된 그래프는 [그림 4-36]과 같다.

```
> windows(width=8.0, height=5.0)
> ggplot(opentable.agg, aes(x=ym, y=rating.overall)) +
+   geom_line(color="khaki4", size=1) +
+   geom_smooth(method="loess", color="dodgerblue", size=1.5) +
```

그림 4-36 **레스토랑 리뷰.** 시간의 흐름에 따른 월별 리뷰 평점의 변화 추이를 볼 수 있다. 리뷰 평점은 완만하게 하락하는 추세를 보이고 있다.

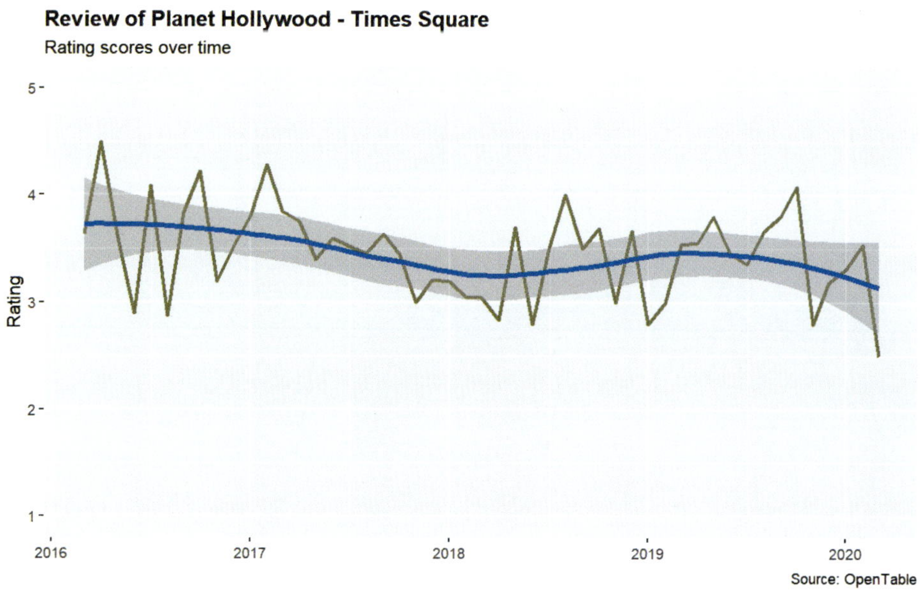

```
+   scale_x_date(date_labels="%Y", date_breaks="year") +
+   scale_y_continuous(limits=c(1, 5), breaks=c(1:5)) +
+   theme_gray() +
+   theme(text=element_text(family="sans"),
+         plot.title=element_text(face="bold"))+
+   labs(x=NULL, y="Rating",
+        title=sprintf("Review of %s", opentable.agg$name),
+        subtitle="Rating scores over time",
+        caption="Source: OpenTable")
```

마찬가지 방식으로 다음과 같이 시간의 흐름에 따른 월별 리뷰 개수의 추이를 그래프로 그릴 수 있다. [그림 4-37]과 같은 그래프가 생성된다.

```
> windows(width=8.0, height=5.0)
> ggplot(opentable.agg, aes(x=ym, y=n)) +
+   geom_line(color="plum4", size=1) +
+   geom_smooth(method="loess", color="tomato", size=1.5) +
+   scale_x_date(date_labels="%Y", date_breaks="year") +
+   theme_gray() +
+   theme(text=element_text(family="sans"),
```

그림 4-37 | 레스토랑 리뷰. 시간의 흐름에 따른 월별 리뷰 개수의 변화 추이를 볼 수 있다. 리뷰 개수는 완만하게 상승하는 추세를 보이고 있다.

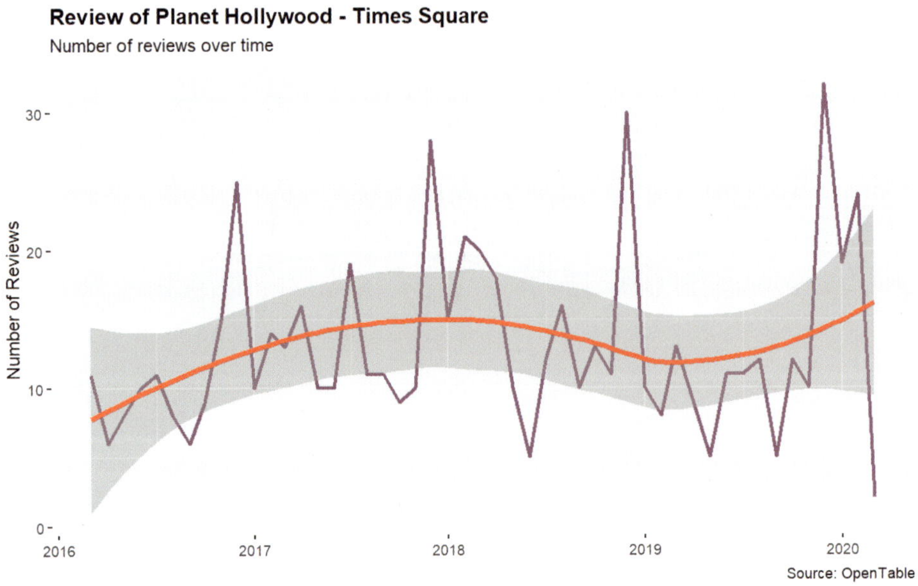

```
+         plot.title=element_text(face="bold"))+
+   labs(x=NULL, y="Number of Reviews",
+        title=sprintf("Review of %s", opentable.agg$name),
+        subtitle="Number of reviews over time",
+        caption="Source: OpenTable")
```

앞서와 유사한 방식으로 여러 레스토랑을 대상으로 평점의 변화 추이를 비교해보자. 여기에서는 현지인과 여행객이 즐겨 찾는 뉴욕의 스테이크 하우스 세 곳을 비교해본다: Benjamin Steakhouse Prime, Royal 35 Steakhouse, STK Rooftop. 먼저 다음과 같이 각 레스토랑의 리뷰 페이지로부터 리뷰 데이터를 추출한다.

```
> baseurl.benjamin <- "https://www.opentable.com/r/benjamin-prime-new-york"
> baseurl.royal <- "https://www.opentable.com/r/royal-35-steakhouse-new-york"
> baseurl.stk <- "https://www.opentable.com/r/stk-rooftop-new-york"
> opentable.benjamin <- opentableReview(baseurl=baseurl.benjamin)
> opentable.royal <- opentableReview(baseurl=baseurl.royal)
> opentable.stk <- opentableReview(baseurl=baseurl.stk)
> nrow(opentable.benjamin); nrow(opentable.royal); nrow(opentable.stk)
[1] 1419
[1] 1271
[1] 2164
```

각 레스토랑별로 추출한 리뷰 데이터를 결합하여 분석을 위한 데이터셋을 생성한다.

```
> opentable.steak <- rbind(opentable.benjamin, opentable.royal, opentable.stk)
> opentable.steak
# A tibble: 4,854 x 9
      id name     author date       review rating.overall rating.food rating.service
   <int> <chr>    <chr>  <date>     <chr>           <dbl>       <dbl>          <dbl>
 1     1 Benjami~ vipme~ 2022-02-27 Appet~              3           3              3
 2     2 Benjami~ Julius 2022-02-20 I've ~              5           5              5
 3     3 Benjami~ Joao   2022-02-19 Dinin~              1           2              1
…(중략)
 8     8 Benjami~ ClydeL 2022-02-14 It's ~              4           4              4
 9     9 Benjami~ OpenT~ 2022-02-14 Valen~              5           5              5
10    10 Benjami~ vipOp~ 2022-02-14 Went ~              3           5              1
# ... with 4,844 more rows, and 1 more variable: rating.ambience <dbl>
> View(opentable.steak)
```

추출한 결과는 나중의 활용을 위해 save() 함수를 이용하여 파일로 저장한다. 파일로 저장한 데이터를 다시 불러오기 위해서는 load() 함수를 이용한다.

```
> save(opentable.steak, file="opentable-steak.rda")
> load("opentable-steak.rda")
```

이제 이 데이터셋을 이용하여 시계열 그래프를 그릴 수 있다. 그런데 리뷰 데이터가 수집된 기간이 세 레스토랑 간에 서로 상이하기 때문에 이들 간의 적절한 비교를 위해서는 그래프로 그려질 시계열 구간을 일치시키는 것이 바람직하다. 이를 위해 먼저 다음과 같이 각 레스토랑별로 가장 오래된 리뷰의 발생 시점(min() 함수)을 확인하고, 그 가운데 가장 최근의 시점(max() 함수)을 선택하여 시계열 그래프의 시작 시점을 결정한다.24

24 필요할 경우 비교를 위한 종료 시점도 이와 유사한 방식으로 일치시킬 수 있다. 레스토랑별로 가장 최근 리뷰의 발생 시점(max() 함수)을 확인하고, 그 가운데 가장 오래된 시점(min() 함수)을 선택하여 시계열 그래프의 종료 시점을 결정한다

```
> opentable.review <- opentable.steak
> levels(factor(opentable.review$name))
[1] "Benjamin Steakhouse Prime" "Royal 35 Steakhouse"           "STK Rooftop"
> stime <-
+  max(min(opentable.review[opentable.review$name==levels(factor(opentable.review$name))[1],]$date),
+      min(opentable.review[opentable.review$name==levels(factor(opentable.review$name))[2],]$date),
+      min(opentable.review[opentable.review$name==levels(factor(opentable.review$name))[3],]$date))
> stime
[1] "2017-01-14"
```

산출한 시작 시점을 이용하여 다음과 같이 세 레스토랑의 리뷰가 모두 공통적으로 포함된 새로운 데이터셋을 생성한다.

```
> opentable.review <- filter(opentable.review, date >= stime)
```

끝으로 월 단위로 리뷰 평점을 집계하고 평균하여 시계열 그래프를 그리기 위한 데이터셋을 완성한다.

```
> library(lubridate)
> opentable.review$ym <- floor_date(x=opentable.review$date, unit="month")
> opentable.agg <- opentable.review %>%
+   group_by(name, ym) %>%
+   summarise(rating.overall=mean(rating.overall, na.rm=TRUE), n=n()) %>%
+   ungroup()
```

```
> opentable.agg
# A tibble: 177 x 4
   name                       ym         rating.overall     n
   <chr>                      <date>              <dbl> <int>
 1 Benjamin Steakhouse Prime  2017-01-01           4.92    13
 2 Benjamin Steakhouse Prime  2017-02-01           4.57    21
 3 Benjamin Steakhouse Prime  2017-03-01           4.56     9
…(중략)
 8 Benjamin Steakhouse Prime  2017-08-01           4.68    31
 9 Benjamin Steakhouse Prime  2017-09-01           4.89     9
10 Benjamin Steakhouse Prime  2017-10-01           4.5     14
# ... with 167 more rows
```

시계열 그래프를 그리기 위한 데이터셋이 준비되었다. 이제 다음과 같이 세 레스토랑의 월별 리뷰 평점 추이가 하나의 그래프로 표현된 시계열 그래프를 생성할 수 있다. 완성된 그래프는 [그림 4-38]과 같다. Benjamin Steakhouse Prime과 Royal 35 Steakhouse는 대체로 높은 평점을 유지하고 있다.

```
> windows(width=8.0, height=5.0)
> ggplot(opentable.agg, aes(x=ym, y=rating.overall, color=name)) +
+   geom_line(linetype="dotted") +
+   geom_point(shape=21, fill="gray30") +
+   geom_smooth(method="loess") +
+   scale_x_date(date_labels="%Y", date_breaks="year") +
+   scale_y_continuous(limits=c(1, 5), breaks=c(1:5),
+                      labels=c("1 star", "2 star", "3 star", "4 star", "5 star")) +
+   theme_bw() +
+   theme(text=element_text(family="sans"),
+         plot.title=element_text(face="bold"),
+         axis.text=element_text(size=8, face="bold"),
+         legend.position="bottom",
+         legend.title=element_blank()) +
+   labs(x=NULL, y="Rating",
+        title="Review of Steak Restaurants in New York",
+        subtitle=sprintf("Rating scores of %s, %s, and %s over time",
+                         levels(factor(opentable.review$name))[1],
+                         levels(factor(opentable.review$name))[2],
+                         levels(factor(opentable.review$name))[3]),
+        caption="Source: OpenTable")
```

▶ 그림 4-38 ▌ **레스토랑 리뷰.** 시간의 흐름에 따른 세 스테이크 레스토랑의 월별 리뷰 평점의 변화 추이를 볼 수 있다. STK Rooftop의 평점이 다른 두 레스토랑에 비해 상대적으로 낮다.

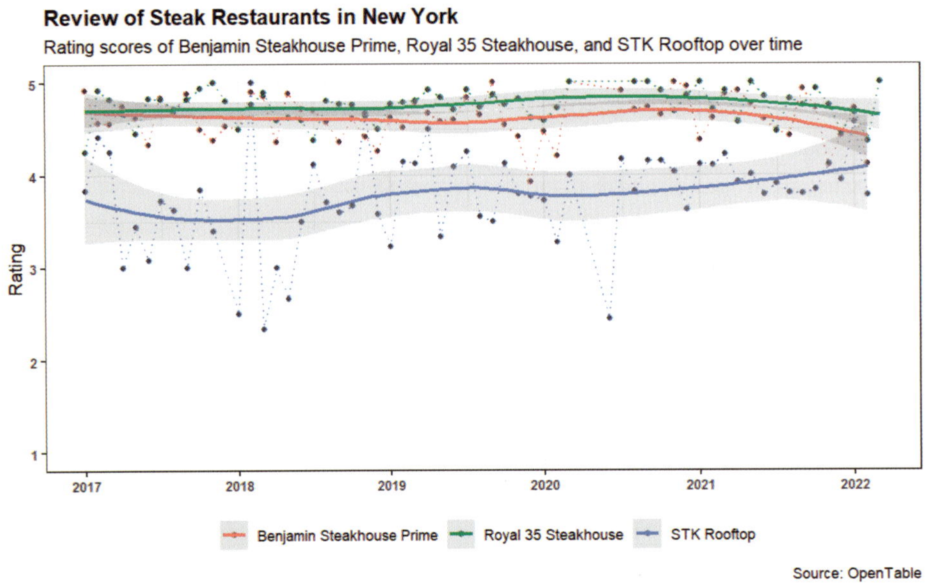

앞서 Planet Hollywood 레스토랑의 예에서 살펴본 것처럼 리뷰 평점은 감성점수와 밀접한 관련성을 갖는다. 시간의 흐름에 따른 감성점수의 변화 추이를 살펴보고 리뷰 평점의 변화 추이와 비교해보자. 우선 다음과 같이 리뷰글로부터 단어를 추출한다.

```
> library(tidytext)
> library(textstem)
> opentable.review <- opentable.steak
> opentable.review.words <- opentable.review %>%
+   mutate(review=lemmatize_strings(iconv(review, to="ascii", sub=""))) %>%
+   unnest_tokens(output=word, input=review, token="words") %>%
+   anti_join(stop_words, by="word") %>%
+   select(id, name, date, rating.overall, word)
> opentable.review.words
# A tibble: 70,587 x 5
     id name                      date       rating.overall word
  <int> <chr>                     <date>              <dbl> <chr>
1     1 Benjamin Steakhouse Prime 2022-02-27              3 appetizer
2     1 Benjamin Steakhouse Prime 2022-02-27              3 wine
3     1 Benjamin Steakhouse Prime 2022-02-27              3 buy
…(중략)
```

```
  8     1 Benjamin Steakhouse Prime  2022-02-27                3 buy
  9     1 Benjamin Steakhouse Prime  2022-02-27                3 cold
 10     1 Benjamin Steakhouse Prime  2022-02-27                3 send
# ... with 70,577 more rows
```

빙류의 오피니언 렉시콘을 이용하여 각 리뷰별로 긍정 단어 개수와 부정 단어 개수를 산출하고 그 차이를 계산하여 각 리뷰의 감성점수를 산출한다.

```
> opentable.sent.review <- opentable.review.words %>%
+   inner_join(get_sentiments(lexicon="bing"), by="word") %>%
+   count(name, id, date, rating.overall, sentiment) %>%
+   pivot_wider(names_from=sentiment, values_from=n, values_fill=0) %>%
+   mutate(sentiment=positive - negative) %>%
+   ungroup()
> opentable.sent.review
# A tibble: 4,243 x 7
   name                      id date       rating.overall negative positive sentiment
   <chr>                  <int> <date>              <dbl>    <int>    <int>     <int>
 1 Benjamin Steakhouse Pri~   1 2022-02-27              3        3        3         0
 2 Benjamin Steakhouse Pri~   2 2022-02-20              5        1        7         6
 3 Benjamin Steakhouse Pri~   3 2022-02-19              1        2        2         0
…(중략)
 8 Benjamin Steakhouse Pri~  10 2022-02-14              3        2        2         0
 9 Benjamin Steakhouse Pri~  11 2022-02-14              5        0        1         1
10 Benjamin Steakhouse Pri~  12 2022-02-14              4        1        2         1
# ... with 4,233 more rows
```

이어서 세 레스토랑 간 비교가 가능하도록 다음과 같이 세 레스토랑의 리뷰가 모두 공통적으로 포함된 기간의 시작 시점을 산정한다.

```
> names <- levels(factor(opentable.sent.review$name))
> names
[1] "Benjamin Steakhouse Prime" "Royal 35 Steakhouse"         "STK Rooftop"
> stime <-
+  max(min(opentable.sent.review[opentable.sent.review$name==names[1],]$date),
+      min(opentable.sent.review[opentable.sent.review$name==names[2],]$date),
+      min(opentable.sent.review[opentable.sent.review$name==names[3],]$date))
> stime
[1] "2017-01-14"
```

▶ 그림 4-39 ▌ **레스토랑 리뷰.** 시간의 흐름에 따른 세 스테이크 레스토랑의 감성점수의 변화 추이를 볼 수 있다. Benjamin Steakhouse Prime과 Royal 35 Steakhouse는 대체로 긍정적 감성상태가 부정적 감성상태보다 더 많이 나타나는 패턴을 보인다.

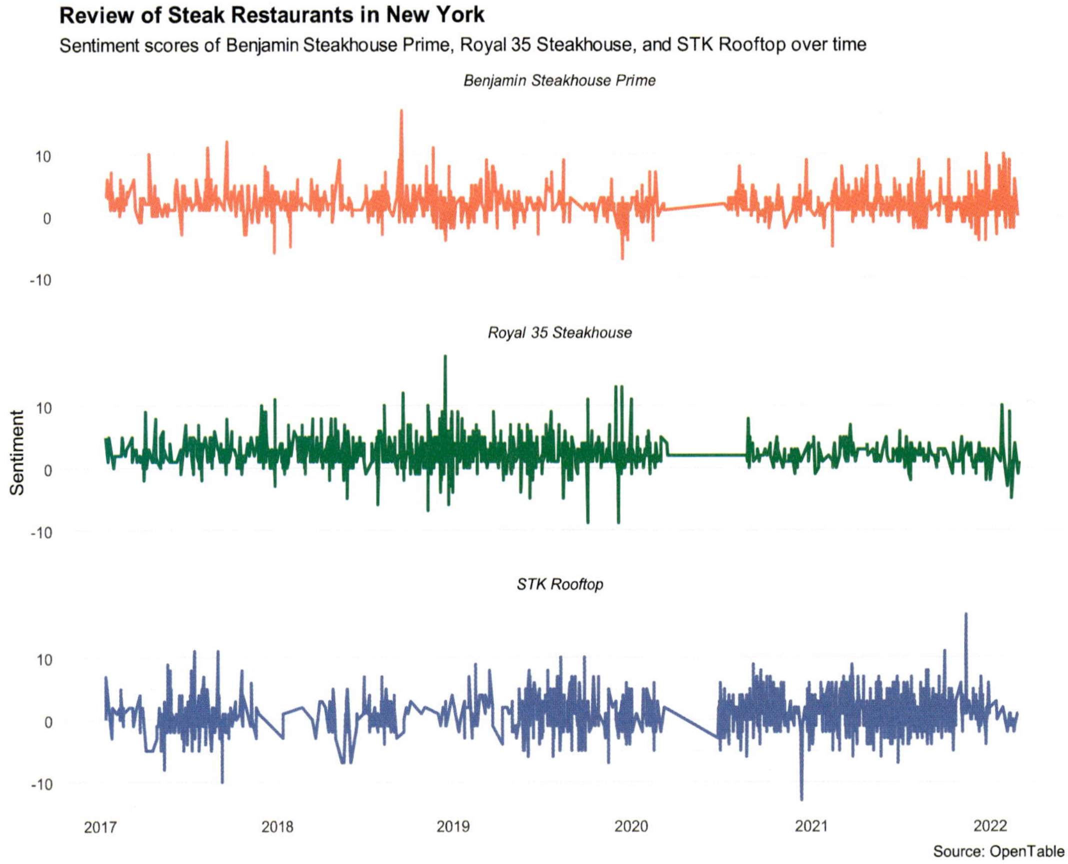

이제 다음과 같이 시간의 흐름에 따른 세 레스토랑의 감성점수 시계열 그래프를 그릴 수 있다. [그림 4-39]와 같은 그래프가 생성된다. Benjamin Steakhouse Prime과 Royal 35 Steakhouse는 전반적으로 긍정적 감성상태가 더 우위를 나타내고 있다. 이러한 패턴은 앞서 살펴본 리뷰 평점 추이와 유사하다.

```
> windows(width=9.0, height=7.0)
> ggplot(opentable.sent.review[opentable.sent.review$date >= stime,],
+         aes(date, sentiment, color=name)) +
+   geom_line(size=1, show.legend=FALSE) +
+   facet_wrap(~name, ncol=1) +
+   scale_x_date(date_labels="%Y", date_breaks="year") +
+   theme_minimal() +
```

```
+   labs(x=NULL, y="Sentiment",
+        title="Review of Steak Restaurants in New York",
+        subtitle=sprintf("Sentiment scores of %s, %s, and %s over time",
+                         levels(factor(opentable.review$name))[1],
+                         levels(factor(opentable.review$name))[2],
+                         levels(factor(opentable.review$name))[3]),
+       caption="Source: OpenTable") +
+   theme(strip.text.x=element_text(face="italic"),
+         panel.grid.major.x=element_blank(),
+         panel.grid.minor.x=element_blank(),
+         plot.title=element_text(face="bold"))
```

지금까지의 탐색적 분석 결과에 따르면 리뷰글의 감성상태는 평점과 밀접한 관련을 갖는다. 리뷰글의 감성상태를 결정하는 것은 결국 그 안에 포함된 단어이기 때문에 이는 리뷰글에 포함된 단어를 통해 리뷰의 평점을 예측하는 것이 가능하다는 것을 의미한다. 머신러닝(machine learning) 기법을 이용하여 리뷰글로부터 평점을 예측하는 오피니언마이닝을 수행해보자. 분석을 위해 먼저 레스토랑별, 날짜순으로 정렬되어 있는 데이터셋을 무작위로 섞는다.

```
> opentable.review <- opentable.steak
> set.seed(123)
> opentable.review <- slice_sample(opentable.review, n=nrow(opentable.review))
> opentable.review
# A tibble: 4,854 x 9
      id name      author date       review rating.overall rating.food rating.service
   <int> <chr>     <chr>  <date>     <chr>           <dbl>       <dbl>          <dbl>
 1  1044 Royal 3~ vipOp~ 2018-03-01 Great~              5           5              5
 2  1092 Royal 3~ CTTig~ 2017-12-27 We ha~              5           5              5
 3   808 Royal 3~ ChrisB 2018-10-24 Great~              5           5              4
…(중략)
 8  1142 Benjami~ DRV70  2018-02-10 Had a~              5           5              5
 9   681 STK Roo~ vipOp~ 2021-04-10 We ha~              2           3              2
10   756 STK Roo~ vipLi~ 2021-03-14 Great~              5           5              5
# ... with 4,844 more rows, and 1 more variable: rating.ambience <dbl>
```

머신러닝을 수행하기 위해 여기에서는 RTextTools 패키지를 이용한다. RTextTools 패키지는 R의 텍스트마이닝 도구와 머신러닝 알고리즘을 통합한 유용한 함수를 제공한다. 비정형의 텍스트 데이터에 머신러닝을 적용하기 위해서는 먼저 텍스트로부터 단어를 추출하여 텍스트를 문서-용어행렬

(document-term matrix) 형태로 구조화해야 한다. `RTextTools` 패키지의 `create_matrix()` 함수를 이용하여 다음과 같이 문서-용어행렬을 생성한다. 행은 리뷰를 나타내고 열은 각 리뷰에 포함된 단어를 나타낸다. 여기에서는 4,854개 리뷰로부터 모두 421개의 단어가 추출되었다.

```
> library(RTextTools)
> opentable.dtm <- create_matrix(textColumns=opentable.review$review, language="english",
+                                removeNumbers=TRUE, removePunctuation=TRUE,
+                                removeStopwords=FALSE, stemWords=FALSE,
+                                stripWhitespace=TRUE, toLower=TRUE,
+                                removeSparseTerms=0.99)
> opentable.dtm
<<DocumentTermMatrix (documents: 4854, terms: 421)>>
Non-/sparse entries: 87061/1956473
Sparsity           : 96%
Maximal term length: 13
Weighting          : term frequency (tf)
> opentable.dtm <- as_tibble(as.matrix(opentable.dtm))
> opentable.dtm
# A tibble: 4,854 x 421
   about absolutely accommodating after again  aged   all almost  also although
   <dbl>      <dbl>         <dbl> <dbl> <dbl> <dbl> <dbl>  <dbl> <dbl>    <dbl>
 1     0          0             0     0     0     0     0      0     0        0
 2     0          0             0     0     0     0     1      0     0        0
 3     0          0             0     0     0     0     0      0     0        0
 4     0          0             0     0     0     0     2      0     0        0
 5     0          1             0     0     1     0     0      0     0        0
 6     0          0             0     0     0     0     0      0     0        0
 7     0          0             0     0     0     0     0      0     0        0
 8     0          0             0     0     1     0     0      0     0        0
 9     0          0             0     1     0     0     0      0     0        0
10     0          0             0     0     0     0     0      0     0        0
# ... with 4,844 more rows, and 411 more variables: always <dbl>, amazing <dbl>,
#   ambiance <dbl>, ambience <dbl>, and <dbl>, anniversary <dbl>, another <dbl>,
…(중략)
```

`RTextTools` 패키지의 `create_matrix()` 함수는 내부적으로 `tm` 패키지를 이용하여 문서-용어행렬을 생성하며 `tm` 패키지와 텍스트 전처리 함수들을 공유한다. `removeNumbers`, `removePunctuation`, `removeStopwords`, `stemWords`, `stripWhitespace`, `toLower` 등의

인수 지정을 통해 숫자, 문장부호, 불용어, 어근, 공백, 대소문자 등에 대한 전처리 작업을 수행할 수 있다. removeSparseTerms 인수는 출현 빈도가 낮은 단어들을 제거하려고 할 때 유용하다. 출현 빈도가 상대적으로 매우 낮은 단어들은 모델의 예측력에는 크게 기여하지 못하면서 문서-용어행렬의 크기는 불필요하게 증가시킨다. removeSparseTerms 인수에는 제거하고자 하는 저출현 빈도 단어(sparse tems)의 희소성(sparsity) 비율을 지정한다. 예를 들어, 여기 지정한 0.99는 문서-용어행렬을 생성할 때 전체 리뷰의 99% 이상에서 등장하지 않는 희소한 단어는 삭제하라는 의미이다.

일단 문서-용어행렬 형태의 데이터셋이 준비되면 이 데이터셋에 다양한 머신러닝 기법을 적용하여 예측모델을 생성할 수 있다. 여기에서는 한 가지 머신러닝 기법을 선택하여 단일 예측모델을 생성하는 대신에 RTextTools 패키지를 이용하여 여러 개의 기법을 동시에 적용하고 그 결과를 비교한다. 이를 위해 먼저 create_container() 함수를 이용하여 컨테이너(container)라는 데이터 객체를 생성한다. create_container() 함수에는 훈련에 사용할 문서-용어행렬(matrix), 레이블(labels, 여기에서는 평점), 훈련 데이터 및 테스트 데이터의 범위(trainSize, testSize), 테스트 데이터의 레이블 포함 여부(virgin) 등을 인수로 지정한다. virgin=FALSE는 훈련 데이터와 테스트 데이터 모두 레이블이 포함되어 있다는 것을 의미한다. virgin=TRUE는 테스트 데이터에 레이블이 포함되어 있지 않다는 것을 나타낸다.

다음과 같이 컨테이너를 생성한다. 전체 데이터셋 가운데 70%는 예측모델 구축을 위한 훈련 데이터로 이용하고 나머지 30%는 성능 평가를 위한 테스트 데이터로 사용한다.

```
> train.end <- round(nrow(opentable.dtm)*0.7, 0)
> test.end <- nrow(opentable.dtm)
> train.end; test.end - train.end
[1] 3398
[1] 1456
> my.container <- create_container(matrix=opentable.dtm,
+                                  labels=opentable.review$rating.overall,
+                                  trainSize=1:train.end,
+                                  testSize=(train.end+1):test.end,
+                                  virgin=FALSE)
```

이제 머신러닝 알고리즘을 적용하여 예측모델을 생성한다. train_models() 함수에 앞서 생성한 컨테이너(container)와 사용할 머신러닝 알고리즘(algorithms)을 인수로 지정한다. 여기에서는 머신러닝 알고리즘으로 랜덤포레스트(RF, random forest)와 SVM(SVM, support vector machine)을 사용한다.[25]

```
> set.seed(123)
> my.classifier <- train_models(container=my.container, algorithms=c("RF", "SVM"))
```

RTextTools 패키지에서 사용할 수 있는 알고리즘은 print_algorithms() 함수를 실행하여 확인할 수 있다.[26]

```
> print_algorithms()
[1] "BAGGING" "BOOSTING" "GLMNET"  "NNET"    "RF"      "SLDA"    "SVM"     "TREE"
```

예측모델을 테스트 데이터에 적용한 분류작업은 classify_models() 함수를 이용한다. classify_models() 함수에 앞서 생성한 컨테이너(container)와 예측모델(models)을 인수로 지정한다.

```
> my.prediction <- classify_models(container=my.container, models=my.classifier)
```

랜덤포레스트와 SVM 알고리즘을 이용한 테스트 데이터의 예측결과는 다음과 같다. 알고리즘별로 각각 두 개의 열이 생성된다. 첫 번째 열은 예측모델에 의해 예측한 레이블(여기에서는 평점)을 나타내며 두 번째 열은 예측확률을 의미한다.

---

25 랜덤포레스트는 앙상블학습 기법을 사용하는 분류분석 방법으로서 주어진 데이터로부터 다수의 예측모델을 개발한 후 예측결과들을 종합하여 분류의 정확도를 향상시킨다. 랜덤포레스트는 반복적인 표본추출(즉 부트스트래핑)과 변수선택을 통해 다수의 많은 의사결정나무를 생성한 후 개별 의사결정나무의 예측결과를 종합하여 데이터를 분류한다. SVM은 수학적 최적화 기법을 기반으로 분류분석을 수행한다. SVM은 다차원 공간상에서 두 집단을 분리하는 초평면(hyperplane)이라고 불리는 최적의 경계면(flat boundary)을 탐색한다. 두 집단을 분리하는 여러 가능한 초평면이 있을 수 있다. 이 가운데 두 집단 간의 간격이 최대화되는 초평면이 선택된다. 두 집단에서 서로 가장 가까이 위치한 점(즉 관측값) 간의 거리를 마진(margin)이라고 한다. 이는 두 집단 간의 거리를 나타낸다. 마진의 경계선상에 있는 점들을 서포트벡터(support vector)라고 한다. 집단을 분할하는 기준이 되는 초평면은 마진의 중앙을 통과한다. SVM은 수학적으로 어떤 관측값들을 서포트벡터로 선택해야 마진이 최대가 되며 그 마진을 이등분하는 직선은 무엇인지를 찾는 최적화 문제(optimization problem)를 푸는 것이고, 이러한 탐색 과정을 통해 집단을 분류한다. 곽기영 교수의 유튜브 채널에서 주요 머신러닝 기법에 대한 동영상 강의를 시청할 수 있다(https://www.youtube.com/곽기영).

26 RTextTools 패키지의 train_models() 함수는 현재 모두 여덟 개의 머신러닝 알고리즘을 지원한다: BAGGING (bagging), BOOSTING(boosting), GLMNET(lasso and elastic-net regularized generalized linear models), NNET (artificial neural network), RF(random forest), SLDA(supervised latent Dirichlet allocation), SVM(support vector machine), TREE(decision tree). 사용하려는 머신러닝 알고리즘에 따라 각 알고리즘 고유의 인수 지정을 할 수 있으며, 이는 각 머신러닝 알고리즘을 지원하는 패키지의 인수 지정 방식을 따른다. 예를 들어, 랜덤포레스트는 **randomForest** 패키지에 포함된 **randomForest()** 함수를 이용하므로 생성할 나무의 개수를 **ntree** 인수에 지정할 수 있다. SVM은 **e1071** 패키지의 **svm()** 함수를 사용하므로 **cost** 인수 지정을 통해 모델의 튜닝 작업을 수행할 수 있다.

```
> str(my.prediction)
'data.frame': 1456 obs. of  4 variables:
 $ FORESTS_LABEL: chr  "5" "5" "5" "5" ...
 $ FORESTS_PROB : num  0.26 0.625 0.83 0.995 0.395 0.27 0.965 0.915 0.395 0.92 ...
 $ SVM_LABEL    : chr  "2" "5" "5" "5" ...
 $ SVM_PROB     : num  0.403 0.302 0.941 0.923 0.493 ...
> head(my.prediction)
  FORESTS_LABEL FORESTS_PROB SVM_LABEL  SVM_PROB
1             5        0.260         2 0.4026590
2             5        0.625         5 0.3024874
3             5        0.830         5 0.9407406
4             5        0.995         5 0.9233433
5             5        0.395         2 0.4926579
6             2        0.270         1 0.5330747
```

모델의 정확도(accuracy)를 계산하여 예측모델의 성능을 평가해보자. 여기에서 정확도란 전체 리뷰 가운데 올바르게 예측된 리뷰의 비율을 의미한다. 랜덤포레스트는 67.0%의 예측정확도를 보여주었으며 SVM은 그보다 조금 우수한 68.1%의 예측정확도를 나타냈다.

```
> table(opentable.review$rating.overall[(train.end+1):test.end],
+       my.prediction$FORESTS_LABEL, dnn=c("Actual", "Predcited"))
      Predcited
Actual   1   2   3   4   5
     1  13   2  15   4  41
     2   8   6  17   3  44
     3  12   8  38   7 100
     4   2   0   9  10 198
     5   1   1   1   7 909
> mean(opentable.review$rating.overall[(train.end+1):test.end]==my.prediction$FORESTS_LABEL)
[1] 0.6703297
> table(opentable.review$rating.overall[(train.end+1):test.end],
+       my.prediction$SVM_LABEL, dnn=c("Actual", "Predcited"))
      Predcited
Actual   1   2   3   4   5
     1  20  11  21   2  21
     2  12   8  26   6  26
     3  13  14  55  13  70
     4   5   4  19  18 173
     5   2   3  11  13 890
> mean(opentable.review$rating.overall[(train.end+1):test.end]==my.prediction$SVM_LABEL)
[1] 0.6806319
```

영화 리뷰 @네이버

네이버(NAVER) 웹사이트(https://www.naver.com)로부터 영화 리뷰 데이터를 수집해보자. [그림 4-40]은 영화 옥자에 대한 리뷰이다.27 웹페이지로부터 작성자, 작성 일자, 영화 제목, 감상평, 평점 데이터를 수집한다.

그림 4-40 **영화 리뷰.** 네이버 웹사이트로부터 영화 옥자에 대한 관객의 리뷰 데이터를 수집한다.

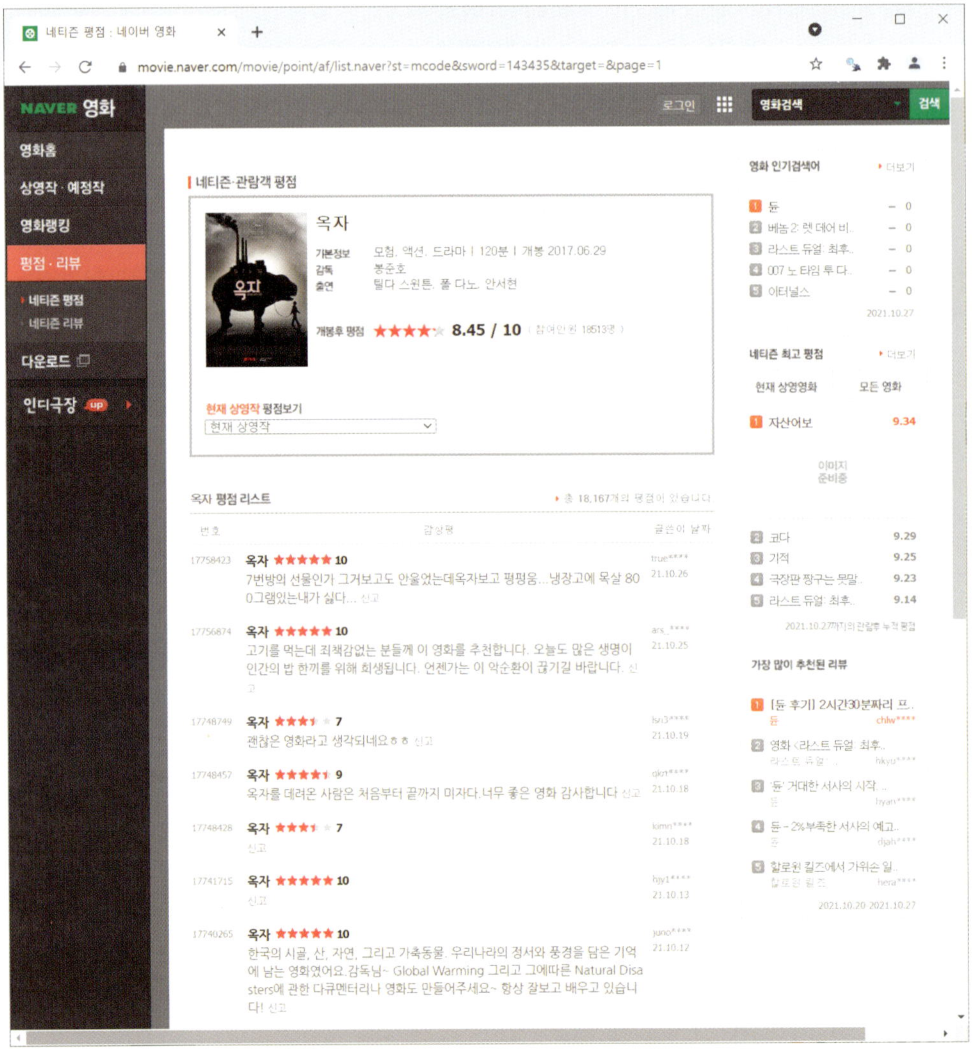

27 네이버 영화(https://movie.naver.com)에서 '평점 · 리뷰'를 선택한다. 하단의 검색창 좌측 리스트 박스에서 '관련 영화'를 선택하고 검색창을 클릭한다. 영화 검색 화면에서 영화명을 검색하여 등록한다(한글 영화명 '옥자'가 검색 안 될 때는 영문 영화명 'Okja'로 검색). 다시 평점 · 리뷰 화면으로 돌아와서 하단의 검색창에 영화명이 입력된 것을 확인하고 검색 버튼을 클릭하여 영화 옥자의 관객 리뷰 정보를 조회한다.

우선 첫 페이지의 리뷰 데이터를 추출해보자. 데이터 전처리를 위한 tidyverse 패키지를 메모리에 적재한다. 그리고 웹사이트로부터 HTML 문서를 읽어들여 파싱한다.

```
> library(tidyverse)
> library(httr)
> library(XML)
> url <- "https://movie.naver.com/movie/point/af/list.naver?st=mcode&sword=143435&target=&page=1"
> html <- GET(url)
> html.parsed <- htmlParse(html)
```

이제 파싱된 문서로부터 데이터를 추출할 수 있다. 먼저 class="author" 속성을 갖는 <a> 노드로부터 다음과 같이 작성자 데이터를 수집한다.

```
<a href="javascript:find_list('nickname','17758423', 'after');" class="author">true****</a>
```

```
> author <- xpathSApply(html.parsed, "//a[@class='author']", xmlValue)
> author
 [1] "true****" "ars_****" "lsn3****" "qkrt****" "kimn****" "hjy1****" "juno****"
 [8] "bban****" "wool****" "chan****"
```

이어서 작성 일자 데이터를 수집해보자. 작성 일자와 관련된 HTML 코드는 다음과 같다.

```
▼<td class="num"> == $0
   <a href="javascript:find_list('nickname','17758423', 'after');" class="author">true****</a>
   <br>
   "21.10.26"
 </td>
```

따라서 다음과 같이 class="num" 속성을 갖는 <td> 노드로부터 작성 일자 텍스트를 추출할 수 있다. 여기에서 text() 함수는 <td> 노드 바로 아래의 텍스트 노드를 선택한다.[28]

```
> xpathSApply(html.parsed, "//td[@class='num']/text()", xmlValue)
 [1] "21.10.26" "21.10.25" "21.10.19" "21.10.18" "21.10.18" "21.10.13" "21.10.12"
 [8] "21.10.11" "21.10.01" "21.09.30"
```

28 요소(태그) 사이에 포함된 문자열, 공백, 줄바꿈 등은 모두 텍스트 노드로 취급된다. DOM 트리 구조에서 노드는 요소 노드(element node)와 텍스트 노드(text node)로 구분된다. 요소 노드는 태그를 의미하여 텍스트 노드는 태그 안에 포함된 텍스트를 나타낸다. 예를 들어, <h1>Title</h1>에서 h1은 요소 노드이며 Title은 텍스트 노드이다.

다음과 같이 하위 노드 가운데 불필요한 노드를 추출에서 제외하는 방법도 있다. 특정 노드(여기에서는 <a> 노드,
 노드)를 제외하고 싶을 때 유용하다.

```
> xpathSApply(html.parsed, "//td[@class='num']/node()[not(self::*)]", xmlValue)
 [1] "21.10.26" "21.10.25" "21.10.19" "21.10.18" "21.10.18" "21.10.13" "21.10.12"
 [8] "21.10.11" "21.10.01" "21.09.30"
```

<td> 노드에는 세 개의 하위 노드(<a> 노드,
 노드, 텍스트 노드)가 있다. 지금 추출하려는 날짜 데이터는 그 가운데 텍스트 노드에 포함되어 있다. 따라서 노드셋 추출 시 <td> 노드 아래의 두 개의 하위 노드, 즉 <a> 노드와
 노드를 제외하여 날짜가 포함된 텍스트 노드만 추출한다. `node()[not(self::*)]`에서 *는 텍스트 노드가 아닌 임의의 노드를 나타내며 여기에서는 <a> 노드와
 노드를 의미한다. 이 XPath는 <a> 노드나
 노드가 아닌 노드를 선택하므로 이는 결국 남아 있는 텍스트 노드를 가리킨다. 그러면 그로부터 `xmlValue()` 함수로 텍스트 노드의 날짜 데이터를 직접 추출할 수 있다.

추출한 텍스트를 `lubridate` 패키지의 ymd() 함수를 이용하여 날짜 형식으로 변환한다.

```
> library(lubridate)
> date <- xpathSApply(html.parsed, "//td[@class='num']/text()", xmlValue) %>%
+   ymd()
> date
 [1] "2021-10-26" "2021-10-25" "2021-10-19" "2021-10-18" "2021-10-18" "2021-10-13"
 [7] "2021-10-12" "2021-10-11" "2021-10-01" "2021-09-30"
```

영화 제목은 다음과 같이 `class="movie color_b"` 속성을 갖는 <a> 노드로부터 추출할 수 있다.

```
<a href="/movie/bi/mi/basic.naver?code=143435" class="movie color_b">옥자</a>
```

```
> title <- xpathSApply(html.parsed, "//a[@class='movie color_b']", xmlValue)
> title
 [1] "옥자" "옥자" "옥자" "옥자" "옥자" "옥자" "옥자" "옥자" "옥자" "옥자"
```

감상평은 다음 HTML 코드에서 보듯이 `class="title"` 속성을 갖는 <td> 노드에 포함되어 있다. 따라서 다음과 같이 추출할 수 있다.

```
▼<td class="title"> == $0
    <a href="/movie/bi/mi/basic.naver?code=143435" class="movie color_b">옥자</a>
  ▶<div class="list_netizen_score">…</div>
    <br>
    "7번방의 선물인가 그거보고도 안울었는데옥자보고 펑펑움...냉장고에 목살 800그램있는내가 싫다... "
    <a href="#" onclick="report('true****', 'Exw+T07ebmhMZvWDwi3XZvDiNc7I0rlITNl3/n57n8s=',
    '7번방의 선물인가 그거보고도 안울었는데옥자보고 펑펑움...냉장고에 목살 800그램있는내가 싫다...',
    '17758423', 'point_after');" class="report" style="color:#8F8F8F" title="새 창">신고</a>
  </td>
```

```
> xpathSApply(html.parsed, "//td[@class='title']", xmlValue)
 [1] "\n\t\t\t\n\t\t\t\n\t\t\t\n\t\t\t\t옥자\n\t\t\t\n\t\t\t\n\t\t\t\n\t\t\t\t
별점 - 총 10점 중10\n\t\t\t\n\t\t\t7번방의 선물인가 그거보고도 안울었는데옥자보고
펑펑움...냉상고에 목살 800ㅗ램있는내가 싫다...
n\t\t\t\n\t\t\t\n\t\t\t\n\t\t\t\t\n\t\t\t\t\n\t\t\t\t\n\t\t\t\t신고\n\t\t\t\n\
t\t\t\n\t\t\t"
 [2] "\n\t\t\t\n\t\t\t\n\t\t\t\n\t\t\t\t옥자\n\t\t\t\n\t\t\t\n\t\t\t\n\t\t\t\t
별점 - 총 10점 중10\n\t\t\t\n\t\t\t고기를 먹는데 죄책감없는 분들께 이 영화를 추천합니다.
오늘도 많은 생명이 인간의 밥 한끼를 위해 희생됩니다. 언젠가는 이 악순환이 끊기길 바랍니다.
\n\t\t\t\n\t\t\t\n\t\t\t\n\t\t\t\t\n\t\t\t\t\n\t\t\t\t\n\t\t\t\t신고\n\t\t\t\n
\t\t\t\n\t\t\t "
…(중략)
 [9] "\n\t\t\t\n\t\t\t\n\t\t\t\n\t\t\t\t옥자\n\t\t\t\n\t\t\t\n\t\t\t\n\t\t\t\t
별점 - 총 10점 중10\n\t\t\t\n\t\t\t신고\n\t\t\t\n\t\t\t\n\t\t\t"
[10] "\n\t\t\t\n\t\t\t\n\t\t\t\n\t\t\t\t옥자\n\t\t\t\n\t\t\t\n\t\t\t\n\t\t\t\t
별점 - 총 10점 중10\n\t\t\t\n\t\t\t심하게 좋다 꼭 봐라 봉준호 천재 왜 이영화가 안뜬걸까
\n\t\t\t\n\t\t\t\n\t\t\t\n\t\t\t\t\n\t\t\t\t\n\t\t\t\t\n\t\t\t\t신고\n\t\t\t\n
\t\t\t\n\t\t\t "
```

그런데 이러한 방식은 감상평뿐만 아니라 <td> 노드 하위의 다른 노드에 포함된 텍스트(예를 들면, 영화 제목, 평점)도 함께 추출한다. 이때 xmlValue() 함수에 recursive=FALSE를 추가로 지정하여 <td> 노드 바로 아래에 포함되어 있는 감상평만을 추출할 수 있다. 추출한 후 남아 있는 텍스트 양쪽의 여백을 제거한다.

```
> review <- xpathSApply(html.parsed, "//td[@class='title']",
+                       xmlValue, recursive=FALSE) %>%
+   str_trim()
```

```
> review
 [1] "7번방의 선물인가 그거보고도 안울었는데옥자보고 펑펑움...냉장고에 목살
800그램있는내가 싫다..."
 [2] "고기를 먹는데 죄책감없는 분들께 이 영화를 추천합니다. 오늘도 많은 생명이 인간의
밥 한끼를 위해 희생됩니다. 언젠가는 이 악순환이 끊기길 바랍니다."
…(중략)
 [9] ""
[10] "심하게 좋다 꼭 봐라 봉준호 천재 왜 이영화가 안뜬걸까"
```

끝으로 평점 데이터를 수집한다. 평점은 class="list_netizen_score" 속성을 갖는 <div> 노드 아래의 <em> 노드로부터 다음과 같이 간단히 추출할 수 있다.

```
▼<div class="list_netizen_score">
  ▶<span class="st_off">…</span>
   <em>10</em>
 </div>
```

```
> rating <- xpathSApply(html.parsed, "//div[@class='list_netizen_score']/em",
+                        xmlValue) %>%
+   as.numeric()
> rating
 [1] 10 10  7  9  7 10 10 10 10 10
```

지금까지 작성한 코드를 바탕으로 전체 웹페이지로부터 데이터를 추출하는 함수를 작성해보자. 다음의 naverMovieReview() 함수는 인수로 제공한 웹페이지의 URL(baseurl)과 추출할 페이지 개수(n)를 바탕으로 네이버 영화 웹사이트의 네티즌 리뷰 데이터를 수집하여 데이터프레임(티블) 형식으로 저장한다.

```
> naverMovieReview <- function (baseurl, n=NULL) {
+   library(tidyverse)
+   library(lubridate)
+   library(httr)
+   library(XML)
+   if (is.null(n)) {
+     url <- str_c(baseurl, "1")
+     html <- GET(url)
+     html.parsed <- htmlParse(html)
```

```
+     total.pages <- xpathSApply(html.parsed,
+                               "//strong[@class='c_88 fs_11']", xmlValue)
+     total.pages <- ceiling(as.numeric(total.pages)/10)
+     ifelse(total.pages > 1000, n <- 1000, n <- total.pages)
+   }
+   else
+     ifelse(n > 1000, n <- 1000, n <- n)
+   navermov.review <- tibble()
+   for (i in c(1:n)) {
+     url <- str_c(baseurl, i)
+     html <- GET(url)
+     html.parsed <- htmlParse(html)
+     author <- xpathSApply(html.parsed, "//a[@class='author']", xmlValue)
+     date <- xpathSApply(html.parsed, "//td[@class='num']/text()", xmlValue) %>%
+       ymd()
+     title <- xpathSApply(html.parsed, "//a[@class='movie color_b']", xmlValue)
+     review <- xpathSApply(html.parsed, "//td[@class='title']",
+                           xmlValue, recursive=FALSE) %>%
+       str_trim()
+     rating <- xpathSApply(html.parsed, "//div[@class='list_netizen_score']/em",
+                           xmlValue) %>%
+       as.numeric()
+     if (length(date) > 0 ) {
+       navermov.r <- tibble(author=author, date=date, title=title,
+                            review=review, rating=rating)
+       navermov.review <- bind_rows(navermov.review, navermov.r)
+     }
+     else break
+     Sys.sleep(sample(10, 1)*0.1)
+   }
+   navermov.review <- bind_cols(id=1:nrow(navermov.review), navermov.review)
+   return(navermov.review)
+ }
```

❶ 추출할 페이지 개수가 주어지지 않을 경우(즉 n=NULL) 사용할 총페이지 개수 추출
❷ 웹페이지 URL 생성
❸ 항목별 데이터 추출
❹ 웹페이지 접속 간격 통제
❺ 리뷰 ID 부여

naverMovieReview() 함수는 추출할 페이지 개수가 주어지지 않으면 모든 페이지의 데이터를 추출한다. 그런데 네이버 영화 웹사이트는 최대 1,000페이지까지만 리뷰 데이터를 추출할 수 있다. 따라서 추출할 페이지 개수는 실제 총페이지 개수와 관계없이 1,000까지로 제한한다(코드의 ❶ 부분). 추출할 전체 웹페이지 개수는 다음과 같이 평점 개수 정보를 바탕으로 계산한다. 한 페이지에 10개의 평점이 있으므로 평점 개수를 10으로 나누고 올림을 하면 전체 페이지 개수가 계산된다.

```
▼<div class="h5_right_txt">
   "총 "
   <strong class="c_88 fs_11">18,167</strong>
   "개의 평점이 있습니다."
 </div>
```

```
> total.pages <- xpathSApply(html.parsed, "//strong[@class='c_88 fs_11']", xmlValue)
> total.pages <- ceiling(as.numeric(total.pages)/10)
> total.pages
[1] 1817
```

네이버 영화 리뷰 웹페이지는 URL 끝에 페이지 번호가 붙는다. 예를 들어, 첫 번째 페이지는 URL 끝에 1이 붙으며, 두 번째 페이지는 2가 붙고, 세 번째 페이지는 3이 붙는다. 이런 방식으로 n번째 페이지에는 n이 URL의 끝에 붙게 된다(코드의 ❷ 부분). 생성한 URL을 바탕으로 웹페이지로부터 HTML 문서를 읽어들인 후 파싱한다. 이어서 각 페이지로부터 차례대로 데이터를 추출한다(코드의 ❸ 부분). 연속된 접속 시도로 웹사이트 연결에 장애가 발생하지 않도록 시스템 처리 시간을 임의의 간격만큼 의도적으로 지연시킨다(코드의 ❹ 부분). 끝으로 각 리뷰에 대해 리뷰 ID를 부여한다(코드의 ❺ 부분).

naverMovieReview() 함수를 이용하여 영화 옥자에 대한 감상평 데이터를 수집해보자. 다음과 같이 n=10을 지정하면 10페이지까지만 추출한다.

```
> baseurl <- "https://movie.naver.com/movie/point/af/list.naver?st=mcode&sword=143435
&target=&page="
> navermov.okja <- naverMovieReview(baseurl=baseurl, n=10)
> navermov.okja
# A tibble: 100 x 6
     id author     date       title review                                    rating
  <int> <chr>      <date>     <chr> <chr>                                      <dbl>
1     1 true****   2021-10-26 옥자  "7번방의 선물인가 그거보고도 안울었는데옥자~    10
2     2 ars_****   2021-10-25 옥자  "고기를 먹는데 죄책감없는 분들께 이 영화를 ~    10
3     3 lsn3****   2021-10-19 옥자  "괜찮은 영화라고 생각되네요ㅎㅎ"                7
4     4 qkrt****   2021-10-18 옥자  "옥자를 데려온 사람은 처음부터 끝까지 미자~     9
```

```
 5     5  kimn****  2021-10-18  옥자   ""                                             7
 6     6  hjy1****  2021-10-13  옥자   ""                                            10
 7     7  juno****  2021-10-12  옥자   "한국의 시골, 산, 자연, 그리고 가축동물. 우~    10
 8     8  bban****  2021-10-11  옥자   "넷플 너무 볼거 없어서 재미 없어 보였는데 ~     10
 9     9  wool****  2021-10-01  옥자   ""                                            10
10    10  chan****  2021-09-30  옥자   "심하게 좋다 꼭 봐라 봉준호 천재 왜 이영화~     10
# ... with 90 more rows
```

모든 감상평을 수집하려면 n 인수의 지정을 생략한다. 그런데 감상평의 개수가 10,000개를 넘기 때문에 여기에서는 1,000페이지까지의 데이터만 수집된다.

```
> baseurl <- "https://movie.naver.com/movie/point/af/list.naver?st=mcode&sword=143435
&target=&page="
> navermov.okja <- naverMovieReview(baseurl=baseurl)
> navermov.okja
# A tibble: 10,000 x 6
      id  author    date        title review                                    rating
   <int>  <chr>     <date>      <chr> <chr>                                     <dbl>
 1     1  true****  2021-10-26  옥자   "7번방의 선물인가 그거보고도 안울었는데옥자~     10
 2     2  ars_****  2021-10-25  옥자   "고기를 먹는데 죄책감없는 분들께 이 영화를 ~     10
 3     3  lsn3****  2021-10-19  옥자   "괜찮은 영화라고 생각되네요ㅎㅎ"                 7
…(중략)
 8     8  bban****  2021-10-11  옥자   "넷플 너무 볼거 없어서 재미 없어 보였는데 ~      10
 9     9  wool****  2021-10-01  옥자   ""                                             10
10    10  chan****  2021-09-30  옥자   "심하게 좋다 꼭 봐라 봉준호 천재 왜 이영화~      10
# ... with 9,990 more rows
```

추출한 결과는 나중의 활용을 위해 save() 함수를 이용하여 파일로 저장한다. 파일로 저장한 데이터를 다시 불러오기 위해서는 load() 함수를 이용한다.

```
> save(navermov.okja, file="navermov-okja.rda")
> load("navermov-okja.rda")
```

naverMovieReview() 함수는 네이버 영화 웹사이트에 있는 다른 영화의 리뷰 데이터도 추출할 수 있다. 예를 들어, 다음은 영화 '쇼생크 탈출'에 대한 리뷰 데이터를 수집한다.

```
> baseurl <- "https://movie.naver.com/movie/point/af/list.naver?st=mcode&sword=17421
&target=&page="
> navermov.shawshank <- naverMovieReview(baseurl=baseurl)
> navermov.shawshank
# A tibble: 10,000 x 6
      id  author    date        title      review                                    rating
   <int>  <chr>     <date>      <chr>      <chr>                                      <dbl>
 1     1  yiby****  2021-10-27  쇼생크 탈출  ""                                            10
 2     2  haru****  2021-10-27  쇼생크 탈출  "영화 본연의 가치  아니 인간 본연의 욕~          10
 3     3  iamj****  2021-10-27  쇼생크 탈출  ""                                            10
…(중략)
 8     8  movi****  2021-10-15  쇼생크 탈출  "'웰 메이드 영화'가 무엇인지를 보여 ~          10
 9     9  ming****  2021-10-10  쇼생크 탈출  "희망은 좋은것이다.."                          10
10    10  yedo****  2021-10-05  쇼생크 탈출  "한마디면 된다. 쇼생크 탈출은 전설이다~         10
# ... with 9,990 more rows
```

영화 옥자로부터 추출한 리뷰 데이터를 분석해보자. 감상평으로부터 단어를 추출하여 단어의 출현 빈도를 살펴보고 주요 단어를 워드클라우드로 시각화한다. 여기에서는 한글 텍스트분석을 위한 형태소 분석기로서 KoNLP 패키지를 사용한다.[29] KoNLP 패키지는 한글 텍스트를 분석할 수 있는 다양한 함수를 제공한다. 우선 KoNLP 패키지를 설치하고 메모리에 적재한다.[30]

29 KoNLP 패키지 이외에도 많이 사용하는 한글 형태소 분석기로서 RmecabKo 패키지가 있다. 이 패키지에 대해서는 다음 섹션 '웹소설 @네이버'에서 살펴본다.

30 KoNLP 패키지를 이용하기 위해서는 자바(Java)가 사전에 설치되어 있어야 한다. 자바가 설치되어 있는지 확인하기 위해서는 윈도우의 명령 프롬프트(command prompt)에서 'java –version'을 실행해본다. 설치되어 있을 경우 자바 버전 정보가 출력된다. 자바는 다음 웹사이트에서 설치할 수 있다: https://www.oracle.com/java/technologies/downloads(설치 웹사이트의 주소가 변경되었을 때는 변경된 자바 설치 웹사이트를 검색한다). 시스템 환경에 맞는 JDK를 설치한다. 이어서 `rJava` 패키지를 설치하고 `library()` 함수로 작업공간에 적재한다. 자바 관련 설치가 끝났으면 KoNLP 패키지를 설치한다. CRAN에 현재 R 버전의 KoNLP 패키지가 없어서 `install.packages()` 함수를 이용하여 설치할 수 없을 때는 `install.packages("remotes")`를 실행한 후 다음과 같이 GitHub 사이트로부터 설치한다: `remotes::install_github("haven-jeon/KoNLP", upgrade="never", INSTALL_opts="--no-multiarch")`. 정상적으로 자바를 설치한 후에도 KoNLP 패키지 호출 시 자바 관련 에러가 발생할 수 있다. 윈도우의 경우 `Sys.getenv()` 함수를 이용하여 자바가 설치된 경로를 확인한 후 설치 경로가 올바르지 않을 경우 `Sys.setenv()` 함수를 이용하여 다음과 같은 형식으로 컴퓨터의 자바 설치 경로를 지정한다: `Sys.setenv(JAVA_HOME="C:/Program Files/Java/<Java Version>")`. 자바 설치는 `multilinguer` 패키지의 `install_jdk()` 함수의 도움을 받을 수도 있다. Java와 KoNLP 패키지 설치를 다음과 같은 순서로 진행한다: `install.packages("multilinguer")`; `multilinguer::install_jdk()`; `install.packages("remotes")`; `remotes::install_github("haven-jeon/KoNLP", upgrade="never", INSTALL_opts="--no-multiarch")`. 하지만 컴퓨터 환경에 따라서 제대로 동작하지 않을 수도 있기 때문에 앞서 소개한 방식으로 직접 설치하는 것을 권장한다.

```
> library(KoNLP)
```

추출한 영화 감상평 데이터셋으로부터 분석에 사용할 감상평 텍스트만으로 새로운 데이터셋을 생성한다.

```
> navermov.review <- navermov.okja
> okja.review <- navermov.review$review
```

전체 감상평을 대상으로 분석을 수행하기 전에 우선 다음과 같이 다섯 개의 감상평만을 대상으로 단어를 추출해보자.

```
> okja.review5 <- okja.review[1:5]
> okja.review5
[1] "7번방의 선물인가 그거보고도 안울었는데옥자보고 펑펑움...냉장고에 목살
800그램있는내가 싫다..."
[2] "고기를 먹는데 죄책감없는 분들께 이 영화를 추천합니다. 오늘도 많은 생명이 인간의
밥 한끼를 위해 희생됩니다. 언젠가는 이 악순환이 끊기길 바랍니다."
[3] "괜찮은 영화라고 생각되네요ㅎㅎ"
[4] "옥자를 데려온 사람은 처음부터 끝까지 미자다.너무 좋은 영화 감사합니다"
[5] ""
```

텍스트에는 분석에 부적절한 한글 자모(예를 들면, ㅋㅋ, ㅎㅎ, ㅠㅠ 등)가 포함되어 있을 수 있다. 이들을 텍스트로부터 제거한다.31 또한 문장부호와 숫자도 분석 대상이 아니므로 제거한다. 끝으로 텍스트 앞뒤에 있을 수 있는 불필요한 공백을 제거한다.

```
> library(tidyverse)
> okja.review5 <- okja.review5 %>%
+   str_replace_all("[ㄱ-ㅣ]", " ") %>%
+   str_replace_all("[[:punct:]]", " ") %>%
+   str_replace_all("[[:digit:]]", " ") %>%
+   str_trim()
> okja.review5
[1] "번방의 선물인가 그거보고도 안울었는데옥자보고 펑펑움   냉장고에 목살
그램있는내가 싫다"
```

31 ㅋㅋ, ㅎㅎ, ㅠㅠ 등과 같은 표현은 현재의 기분과 상태를 나타내는 수단으로 종종 사용되기 때문에 한글 텍스트의 감성분석을 수행할 때 필요할 수도 있다. 이럴 경우에는 삭제하지 않고 유지해야 한다.

```
[2] "고기를 먹는데 죄책감없는 분들께 이 영화를 추천합니다  오늘도 많은 생명이 인간의
밥 한끼를 위해 희생됩니다  언젠가는 이 악순환이 끊기길 바랍니다"
[3] "괜찮은 영화라고 생각되네요"
[4] "옥자를 데려온 사람은 처음부터 끝까지 미자다 너무 좋은 영화 감사합니다"
[5] ""
```

또는 다음과 같이 한글('가'부터 '힣'까지)과 공백을 제외한 나머지(자음/모음, 문장부호, 숫자, 영문 등)를 삭제하는 방식으로도 처리할 수 있다.

```
> okja.review[1:5] %>%
+   str_replace_all("[^가-힣 ]", " ") %>%
+   str_trim()
[1] "번방의 선물인가 그거보고도 안울었는데옥자보고 펑펑움    냉장고에 목살
그램있는내가 싫다"
[2] "고기를 먹는데 죄책감없는 분들께 이 영화를 추천합니다  오늘도 많은 생명이 인간의
밥 한끼를 위해 희생됩니다  언젠가는 이 악순환이 끊기길 바랍니다"
[3] "괜찮은 영화라고 생각되네요"
[4] "옥자를 데려온 사람은 처음부터 끝까지 미자다 너무 좋은 영화 감사합니다"
[5] ""
```

텍스트에 대한 기본적인 전처리 작업이 완료되었다. 이제 한글 형태소 분석을 통해 텍스트로부터 단어를 추출한다. 형태소 분석을 위해서는 참조할 사전이 필요하므로 우선 다음과 같이 형태소 분석에 사용할 사전을 구축한다.[32]

```
> buildDictionary(ext_dic=c("sejong", "woorimalsam", "insighter"))
1070020 words dictionary was built.
```

형태소 분석기를 이용하여 텍스트를 형태소 단위로 분해한다. 여기에서는 `SimplePos09()` 함수를 이용하여 텍스트를 아홉 개 형태소 단위로 분해한다.[33] 아홉 개 형태소는 S(기호), F(외국어), N(체언),

---

32 사전을 구축할 때 사용자 정의 사전을 생성하여 단어를 추가할 수 있다. 사용자 정의 사전은 데이터프레임 형식으로 생성하며 `term` 인수에 단어를, `tag` 인수에 품사를 지정한다. 예를 들어, '봉준호'와 '옥자'를 사전에 포함한다고 했을 때 다음과 같이 사전을 구축할 수 있다: `buildDictionary(ext_dic=c("sejong", "woorimalsam", "insighter"), user_dic=data.frame(term=c("봉준호", "옥자"), tag="nqq"), replace_user_dic=TRUE)`. 여기에서 `nqq`는 고유명사를 나타낸다.

33 `SimplePos09()` 함수는 KAIST에서 개발한 한나눔 형태소 분석기를 기반으로 한다. `SimplePos09()` 함수는 한나눔 형태소 태그셋의 상위 아홉 개 형태소 단위로 텍스트를 분할한다. `KoNLP` 패키지는 이 밖에도 `SimplePos22()` 함수와 `MorphAnalyzer()` 함수를 제공한다. 이 함수들은 텍스트를 더 세분화된 형태소 단위로 분할한다.

P(용언), M(수식언), I(독립언), J(관계언), E(어미), X(접사) 태그로 구분된다.[34] 형태소 분해 결과는 다음과 같이 감상평별로 리스트 형식으로 출력된다.

```
> okja.words <- SimplePos09(okja.review5)
> okja.words
[[1]]
[[1]]$번방의
[1] "번방/N+의/J"

[[1]]$선물인가
[1] "선물/N+이/J+ㄴ가/E"

[[1]]$그거보고도
[1] "그거/N+보고도/J"

[[1]]$안울었는데옥자보고
[1] "안울었는데옥자보고/N"

[[1]]$평평움
[1] "평평움/N"

[[1]]$냉장고에
[1] "냉장고/N+에/J"

[[1]]$목살
[1] "목살/N"

[[1]]$그램있는내가
[1] "그램/N+있/X+는/E+내/N+가/J"

[[1]]$싫
[1] "싫/N"

[[1]]$다
[1] "다/M"
```

34 한나눔 형태소 태그셋의 전체 리스트는 KoNLP 소개 웹사이트를 참고한다: https://github.com/haven-jeon/KoNLP/blob/master/etcs/KoNLP-API.md.

```
…(중략)

[[5]]
[[5]][[1]]
[1] ""
```

분해된 형태소로부터 단어를 추출해보자. 글의 핵심 내용은 주로 명사, 형용사, 동사, 부사로부터 유추할 수 있으므로 이러한 품사에 해당되는 단어를 추출한다. 명사, 형용사, 동사, 부사는 형태소 태그셋의 N(체언), P(용언), M(수식언) 태그에 해당한다. `str_match_all()` 함수와 정규표현식을 이용하여 다음과 같이 한글과 N, P, M 태그가 매칭되는 한글 텍스트를 추출할 수 있다.[35]

```
> okja.words <- str_match_all(okja.words, pattern="([가-힣]+)/[NPM]")
> okja.words
[[1]]
      [,1]                      [,2]
 [1,] "번방/N"                  "번방"
 [2,] "선물/N"                  "선물"
 [3,] "그거/N"                  "그거"
 [4,] "안울었는데옥자보고/N"    "안울었는데옥자보고"
 [5,] "펑펑움/N"                "펑펑움"
 [6,] "냉장고/N"                "냉장고"
 [7,] "목살/N"                  "목살"
 [8,] "그램/N"                  "그램"
 [9,] "내/N"                    "내"
[10,] "싫/N"                    "싫"
[11,] "다/M"                    "다"

…(중략)

[[5]]
     [,1] [,2]
```

한 글자로 구성된 단어는 의미 전달에 큰 영향을 미치지 않을 것으로 예상되기 때문에 여기에서는

35 텍스트로부터 명사만을 추출하려면 `extractNoun()` 함수를 이용하는 것이 편리하다. `extractNoun()` 함수를 사용하면 번거로운 형태소 분해 및 추출 과정 없이 간단히 명사 단어를 추출할 수 있다. 그러나 명사 이외의 품사를 추출하려면 지금처럼 `SimplePos09()` 함수나 `SimplePos22()` 함수 같은 형태소 분석기를 이용한 형태소 분해 과정을 먼저 거쳐야 한다.

추출한 형태소 가운데 한 글자 단어는 제외한다. 다음과 같이 두 개 이상의 글자로 구성된 단어만 추출한다.

```
> okja.words <- lapply(okja.words, function(x) x[,2][str_length(x[,2]) >= 2])
> okja.words
[[1]]
[1] "번방"            "선물"            "그거"            "안울었는데옥자보고"
[5] "펑펑움"          "냉장고"          "목살"            "그램"

[[2]]
 [1] "고기"   "죄책감" "영화"   "추천"   "오늘"   "생명"   "인간"   "한끼"   "위하"
[10] "희생"   "언젠가" "악순환" "끊기길" "바라"

[[3]]
[1] "괜찮"   "영화"   "생각되"

[[4]]
[1] "옥자"   "데리"   "사람"   "처음"   "미자"   "너무"   "영화"   "감사합"

[[5]]
character(0)
```

끝으로 반환된 결과를 벡터로 변환하면 리뷰글에 포함된 명사, 형용사, 동사, 부사에 해당하는 단어 리스트를 얻을 수 있다.

```
> okja.words <- unlist(okja.words)
> okja.words
 [1] "번방"            "선물"            "그거"            "안울었는데옥자보고"
 [5] "펑펑움"          "냉장고"          "목살"            "그램"
 [9] "고기"            "죄책감"          "영화"            "추천"
[13] "오늘"            "생명"            "인간"            "한끼"
[17] "위하"            "희생"            "언젠가"          "악순환"
[21] "끊기길"          "바라"            "괜찮"            "영화"
[25] "생각되"          "옥자"            "데리"            "사람"
[29] "처음"            "미자"            "너무"            "영화"
[33] "감사합"
```

이렇게 추출한 단어 리스트를 바탕으로 각 단어의 출현 빈도는 다음과 같이 간단히 확인해볼 수 있다.

```
> sort(table(okja.words), decreasing=TRUE)
okja.words
          영화         감사합          고기          괜찮
             3             1             1             1
          그거          그램        끊기길        냉장고
             1             1             1             1
          너무          데리          목살          미자
             1             1             1             1
          바라          번방          사람        생각되
             1             1             1             1
          생명          선물        악순환 안울었는데옥자보고
             1             1             1             1
        언젠가          오늘          옥자          위하
             1             1             1             1
          인간        죄책감          처음          추천
             1             1             1             1
        펑펑움          한끼          희생
             1             1             1
```

이제 전체 리뷰글로부터 명사, 형용사, 동사, 부사에 해당하는 단어를 추출해보자. 이번에는 다음과 같이 앞서의 단계별 추출 절차를 파이프 연산자 %>%로 한꺼번에 처리한다. 간혹 어떤 이유에서든 텍스트의 글자들이 모두 붙어 있는 경우가 있다. 이런 텍스트에 대해서는 적절한 형태소 분석을 수행할 수 없다. 형태소 분해 시 SimplePos09() 함수에 autoSpacing=TRUE를 지정하면 단어들이 붙어 있는 문장은 자동으로 띄어쓰기된 후 형태소 단위로 분할된다.

```
> okja.words <- okja.review %>%
+   str_replace_all("[ㄱ-ㅣ]", " ") %>%
+   str_replace_all("[[:punct:]]", " ") %>%
+   str_replace_all("[[:digit:]]", " ") %>%
+   str_trim() %>%
+   SimplePos09(autoSpacing=TRUE) %>%
+   str_match_all(pattern="([가-힣]+)/[NPM]") %>%
+   lapply(function(x) x[,2][str_length(x[,2]) >= 2]) %>%
+   unlist()
```

전체 리뷰글로부터 추출한 단어의 빈도 분포를 살펴보면 다음과 같다. 상위 10개의 단어만을 출력하였다. 리뷰글에는 '영화'가 가장 많이 출현하고 있고, 그 뒤를 이어 많이 사용된 단어는 '옥자'이다.

```
> sort(table(okja.words), decreasing=TRUE)[1:10]
okja.words
  영화   옥자 봉준호   너무   생각   감독   미자   느끼   대하   역시
  2286  1370   924    760    726    519    509    409    408    395
```

이제 단어의 출현 빈도를 바탕으로 워드클라우드를 그려보자. 여기에서는 wordcloud2 패키지의 wordcloud2() 함수를 사용한다.

```
> library(wordcloud2)
> okja.wc <-
+   wordcloud2(data=table(okja.words[!okja.words %in% c("영화", "옥자", "봉준호", "감독")]),
+              minSize=1, color="random-light", backgroundColor="black")
> okja.wc
```

data 인수에는 단어와 빈도가 포함된 데이터셋을 지정한다. 그런데 현재 분석하는 텍스트가 봉준호 감독의 영화 옥자에 대한 리뷰라는 것을 고려하면 '영화', '옥자', '봉준호', '감독'이라는 단어 자체는 감상평을 설명하는 데 있어서 유용한 정보를 제공한다고 볼 수 없다. 따라서 워드클라우드 단어 리스트에서 해당 단어를 삭제한다. minSize 인수에는 화면에 그려질 최소 글자 크기를 지정한다. 단어의 글자 크기는 빈도의 상대적 크기에 따라 결정되기 때문에 이 값을 크게 지정하면 출현 빈도가 작은 단어는 워드클라우드상에 표현되지 않는다. 생성된 워드클라우드는 [그림 4-41]과 같다. 단어 위에 마우스 커서를 올리면 빈도를 확인할 수 있다.

wordcloud2 패키지를 이용하여 생성한 워드클라우드를 별도의 이미지 파일로 저장하려면 다음과 같은 절차를 따른다.[36] wordcloud2 패키지의 워드클라우드는 HTML 위젯(widget)으로 생성되므로 워드클라우드는 기본적으로 HTML 형식으로 출력된다. 따라서 일반적인 그래프 파일 저장 방식(예를 들면, png() 함수와 같은 그래프 파일 오픈 함수의 사용)으로는 이미지 파일을 생성할 수 없다. 워드클라우드를 먼저 saveWidget() 함수를 이용하여 HTML 파일로 생성한 후 webshot() 함수를 이용하여 이를 이미지 파일로 저장한다.

36 RStudio를 이용할 경우에는 Viewer 창의 Export 메뉴에서 생성된 이미지를 파일로 저장할 수 있다.

```
> library(webshot)
> install_phantomjs()
> library(htmlwidgets)
> saveWidget(okja.wc, "okjawc.html", selfcontained=FALSE)
> webshot(url="okjawc.html", file="okjawc.png", delay=10)
```

그림 4-41 **영화 리뷰.** 영화 옥자의 네이버 영화 감상평으로부터 워드클라우드를 생성한다. 생각, 재미, 감동, 기대, 고기 등의 단어가 눈에 띈다.

생성한 HTML 파일과 이미지 파일은 다음과 같이 열어볼 수 있다.

```
> library(pander)
> openFileInOS("okjawc.html")
> openFileInOS("okjawc.png")
```

웹소설 @네이버

웹페이지는 종종 링크 형태로 관련된 콘텐츠를 게시한다. 현재 페이지의 콘텐츠에 대한 보다 구체적인 내용을 보여주고 싶거나 그와 관련된 콘텐츠를 추가로 게시하고 싶을 때 흔히 이런 방식을 사용한다. 따라서 웹사이트로부터 데이터를 수집할 때 경우에 따라서는 현재 페이지의 데이터뿐만 아니라 링크로 연결된 페이지의 데이터까지 추출해야 할 필요가 생긴다. 여기에서는 현재의 웹페이지와 그와 관련된 링크된 웹페이지의 데이터를 함께 추출할 수 있는 웹스크레이핑 방법을 살펴본다.

[그림 4-42]는 네이버(NAVER) 웹사이트(https://www.naver.com)가 제공하는 웹소설 페이지이다. '오늘의 웹소설', '베스트리그', '챌린지리그'의 세 카테고리별 랭킹 페이지에서는 웹소설의 장르별 순위를 볼

그림 4-42 ▌**웹소설.** 네이버 웹사이트로부터 웹소설 데이터를 수집한다.

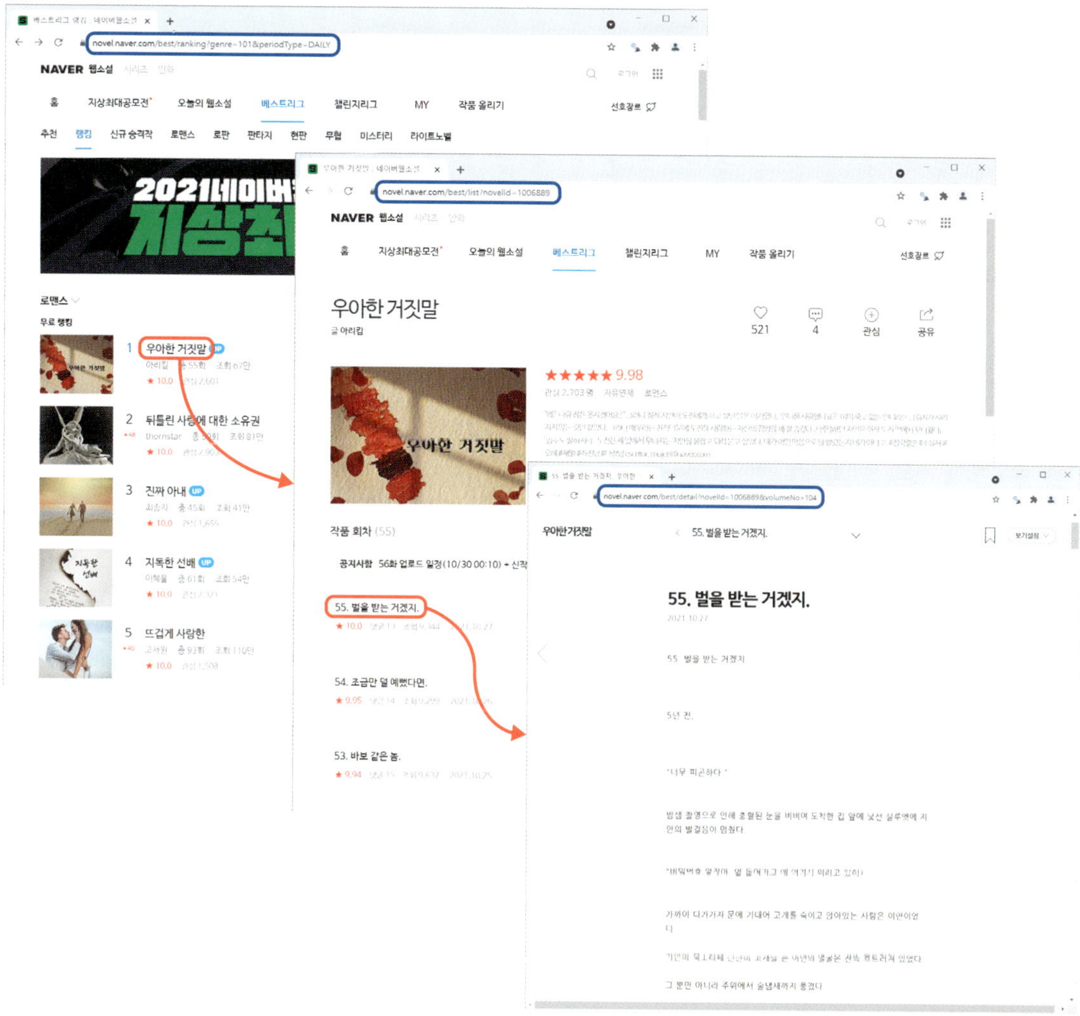

수 있다. 이 웹페이지에서 특정 웹소설의 제목을 클릭하면 회차별 에피소드 목록이 게시되어 있는 페이지로 이동한다. 여기에서 다시 특정 회차의 에피소드 제목을 클릭하면 해당 회차의 웹소설 본문을 게시하고 있는 페이지로 이동한다. 이렇게 특정 콘텐츠를 클릭하여 웹페이지를 이동할 때마다 웹페이지 URL은 바뀌게 된다. 따라서 장르별로 웹소설의 순위, 제목, 작가, 평점 등의 기본적인 정보와 함께 본문 텍스트를 추출하기 위해서는 세 개의 웹페이지를 순차적으로 이동하며 데이터에 접근해야 한다.

웹소설 카테고리 시작 페이지에서는 카테고리 내의 장르별 웹소설 목록을 추출하며, 두 번째 페이지에서는 웹소설별 에피소드 목록과 제목, 작가, 평점 등의 웹소설 관련 정보를 추출한다. 그리고 마지막

▶ 그림 4-43 ▌**웹소설.** 장르별로 웹소설의 순위, 제목, 작가, 평점, 본문 텍스트를 수집한다.

	title	author	genre	rating	episode	content
1	우아한 거짓말	아리킴	로맨스	9.98	01. 지독하게 아름다운 세계	[Prologue] "나랑 잘래요?" "정지안." "왜? 나랑 잠은 못자겠...
2	우아한 거짓말	아리킴	로맨스	9.98	02. 할게요. 그 결혼.	02. 할게요. 그 결혼. 드라마 촬영 스튜디오, 컷! 지안씨 수고...
3	우아한 거짓말	아리킴	로맨스	9.98	03. 나한테 잘해주지나 말지.	03. 나한테 잘해주지나 말지. 오유안이 정유안이 된 건 한순...
4	우아한 거짓말	아리킴	로맨스	9.98	04. 나랑 이런 거 할 수 있겠어?	04. 나랑 이런 거 할 수 있겠어? 쾅, CHA 그룹 본사에 가장 높...
5	우아한 거짓말	아리킴	로맨스	9.98	05. 감당 해 봐.	05. 감당 해 봐. "오늘 왜 이렇게 피부가 푸석한 것 같지?" "그...
6	우아한 거짓말	아리킴	로맨스	9.98	06. 무슨 일이 일어날 줄 알고.	06. 무슨 일이 일어날 줄 알고 "들여보내요." 도진의 말에 고...
7	우아한 거짓말	아리킴	로맨스	9.98	07. 나는 널 놓아줄 생각이 없어.	07. 나는 널 놓아줄 생각이 없어. 뻣뻣하게 굳은 지안의 긴장...
8	우아한 거짓말	아리킴	로맨스	9.98	08. 사랑하는 사람을 바라보는 듯이.	08. 사랑하는 사람을 바라보는 듯이. "알기는 알았는데..." 그...
9	우아한 거짓말	아리킴	로맨스	9.98	09. 나랑 잘래요?	09. 나랑 잘래요? 강준과 이야기를 마친 뒤 지안은 도진의 차...
10	우아한 거짓말	아리킴	로맨스	9.98	10. 10년 전의 사고 (1)	10. 10년 전의 사고 (1) 도진은 제가 들은 말을 신경쓰기보다 ...
11	우아한 거짓말	아리킴	로맨스	9.98	11. 10년 전의 사고 (2)	11. 10년 전의 사고 (2) 도진은 피를 흘리며 의식을 잃은 지안...
12	우아한 거짓말	아리킴	로맨스	9.98	12. 아침부터 자극하지마.	12. 아침부터 자극하지마. 지안의 말에 일동 당황했고, 그 정...
13	우아한 거짓말	아리킴	로맨스	9.98	13. 좋은 걸 어떡해.	13. 좋은 걸 어떡해. "너무 자연스럽네요." 등록된 차량으로 ...
14	우아한 거짓말	아리킴	로맨스	9.98	14. 내 마음이 나한테는 너무 안쓰러워서.	14. 내 마음이 나한테는 너무 안쓰러워서. 감정 조절이 필요...
15	우아한 거짓말	아리킴	로맨스	9.98	15. 그들의 밤은 이제 시작이었다.	15. 그들의 밤은 이제 시작이었다. 자신을 포함해 불쌍한 사...
16	우아한 거짓말	아리킴	로맨스	9.98	16. 야하다.	16. 야하다. 영원히 끝나지 않을 것만 같았던 강렬했던 밤은 ...
17	우아한 거짓말	아리킴	로맨스	9.98	17. 너는 다 해도 돼.	17. 너는 다 해도 돼. 전화를 끊은 지안은 걱정이 밀려와 저절...
18	우아한 거짓말	아리킴	로맨스	9.98	18. 우리 결혼해.	18. 우리 결혼해. "어... 선...선배님...." 갑작스러운 도진의 등장...
19	우아한 거짓말	아리킴	로맨스	9.98	19. 갈까요. 사돈?	19. 갈까요. 사돈? 홀로 돌아오자 아까는 없었던 영이 보였다....
20	우아한 거짓말	아리킴	로맨스	9.98	20. 내가 좀 많이 이기적이야.	20. 내가 좀 많이 이기적이야. 영의 말을 끝으로 네 사람 가운...

페이지에서는 각 에피소드의 본문 텍스트를 추출한다. 즉 각 카테고리에 대해 '장르 > 웹소설 > 에피소드'의 순서로 이동하며 반복적인 작업을 통해 모든 장르, 모든 웹소설, 모든 에피소드 데이터를 수집할 수 있다. 추출한 콘텐츠는 [그림 4-43]과 같은 형태로 저장한다.[37]

여기에서는 우선 베스트리그 카테고리의 로맨스 장르에서 현재 1위를 차지하고 있는 웹소설의 에피소드 텍스트를 추출해본다. 그리고 이를 모든 카테고리, 모든 장르, 모든 웹소설, 모든 에피소드 데이터 수집에 적용할 수 있도록 일반화한다. 먼저 다음과 같이 필요한 패키지를 메모리에 적재한다.

37 여기에서 수집한 네이버 웹소설 콘텐츠는 데이터분석 및 시각화 기법의 학습을 위한 개인적인 목적으로만 활용해야 한다.

```
> library(tidyverse)
> library(xml2)
> library(XML)
```

베스트리그 카테고리의 로맨스 장르 웹소설을 순위별로 보여주는 랭킹 페이지에서부터 시작한다. 다음과 같이 웹페이지로부터 HTML 문서를 읽어들여 파싱한다. 웹페이지의 URL에서 best는 베스트리그 카테고리를 의미하며 genre=101은 로맨스 장르를 나타낸다.

```
> url.genre <- "https://novel.naver.com/best/ranking?genre=101&periodType=DAILY"
> html.genre <- read_html(url.genre)
> html.genre.parsed <- htmlParse(html.genre)
```

웹소설로부터 데이터를 추출하기 위해서는 해당 웹소설의 페이지로 이동해야 한다. 웹소설의 URL은 다음과 같이 class="ranking_wrap_left" 속성을 갖는 <div> 노드 아래의 <a> 노드로부터 추출할 수 있다.[38]

```
▼<div class="ranking_wrap_left">
   <h3>무료 랭킹</h3>
  ▼<ul class="list_ranking">
    ▼<li>
      ▼<a href="/best/list?novelId=1006889" class="list_item"
      onclick="clickcr(this, 'rnk.fre', '', '', event)"> == $0
        ▶<div class="pic">…</div>
        ▼<div class="info v2">
          ▶<p class="ranking">…</p>
          ▼<p class="subj">
            ▶<span class="bullet_wrap ">…</span>
             <span class="tit">우아한 거짓말</span>
           </p>
          ▶<p class="sub_info">…</p>
          ▶<p class="rating">…</p>
         </div>
       </a>
```

```
> xpathSApply(html.genre.parsed, "//div[@class='ranking_wrap_left']//a",
+             xmlGetAttr, "href")
  [1] "/best/list?novelId=1006889" "/best/list?novelId=1004105"
  [3] "/best/list?novelId=1009345" "/best/list?novelId=1002811"
…(중략)
 [97] "/best/list?novelId=982922"  "/best/list?novelId=1012869"
 [99] "/best/list?novelId=1002447" "/best/list?novelId=1010559"
```

모두 100개의 URL이 추출되었으며 각각의 URL은 로맨스 장르의 1위부터 100위까지의 웹소설 페이지를 나타낸다. 수집한 URL은 불완전한 형태이므로 다음과 같이 그 앞에 https://novel.naver.com을 붙여서 데이터 추출이 가능한 완전한 형태의 URL로 변환한다.

38 순위는 '무료 랭킹/전체 랭킹'과 '유료 랭킹/신작 랭킹'으로 나누어져 있으며 여기에서는 무료 랭킹/전체 랭킹 순위의 웹소설 데이터를 수집한다. 유료 랭킹/신작 랭킹 순위의 데이터는 class="ranking_wrap_right" 속성을 갖는 <div> 노드 아래의 <a> 노드로부터 추출할 수 있다.

```
> url.novels <- xpathSApply(html.genre.parsed, "//div[@class='ranking_wrap_left']//a",
+                           xmlGetAttr, "href") %>%
+   str_c("https://novel.naver.com", .)
> url.novels
  [1] "https://novel.naver.com/best/list?novelId=1006889"
  [2] "https://novel.naver.com/best/list?novelId=1004105"
  [3] "https://novel.naver.com/best/list?novelId=1009345"
…(중략)
 [98] "https://novel.naver.com/best/list?novelId=1012869"
 [99] "https://novel.naver.com/best/list?novelId=1002447"
[100] "https://novel.naver.com/best/list?novelId=1010559"
```

이렇게 수집한 개별 웹소설 페이지로부터 제목, 작가, 장르, 평점 등의 웹소설 기본 정보를 수집할 수 있다. 여기에서는 일단 1위 웹소설의 정보를 추출해보자. 이를 위해 수집한 URL 가운데 다음과 같이 첫 번째 URL의 웹페이지를 읽어들여 파싱한다.

```
> url.novel <- url.novels[1]
> url.novel
[1] "https://novel.naver.com/best/list?novelId=1006889"
> html.novel <- read_html(url.novel)
> html.novel.parsed <- htmlParse(html.novel)
```

개별 웹소설 페이지의 HTML 문서를 살펴보면 웹소설 제목은 class="book_title" 속성을 갖는 <h2> 노드에 포함되어 있다. 따라서 다음과 같이 웹소설의 제목을 추출할 수 있다.

```
<h2 class="book_title">우아한 거짓말</h2>
```

```
> title <- xpathSApply(html.novel.parsed, "//h2[@class='book_title']", xmlValue)
> title
[1] "우아한 거짓말"
```

작가는 다음과 같이 <p> 노드 아래의 <a> 노드로부터 수집한다.

```
▼<p class="writer">
   "글 "
   <a href="/search?keyword=%EC%95%84%EB%A6%AC%ED%82%B4&target=author"
   class="NPI=a:writer">아리킴</a> == $0
 </p>
```

```
> author <- xpathSApply(html.novel.parsed,
+                       "//p[@class='writer']/a[@class='NPI=a:writer']", xmlValue)
> author
[1] "아리킴"
```

장르는 다음과 같이 <span> 노드로부터 쉽게 추출할 수 있다.

```
<span class="genre">로맨스</span>
```

```
> genre <- xpathSApply(html.novel.parsed, "//span[@class='genre']", xmlValue)
> genre
[1] "로맨스"
```

평점은 다음과 같이 <p> 노드 아래의 <em> 노드로부터 추출한다. 이후 분석의 편의를 위해 숫자로 변환한다.

```
▼<p class="grade_area">
  ▶<span class="stargrade">…</span>
    <em>9.98</em> == $0
  </p>
```

```
> rating <- xpathSApply(html.novel.parsed, "//p[@class='grade_area']/em", xmlValue) %>%
+   as.numeric()
> rating
[1] 9.98
```

제목, 작가, 장르, 평점 등 웹소설의 기본 정보를 성공적으로 수집했다. 이제 웹소설의 내용을 추출해보자. 웹소설은 하나 이상의 에피소드로 구성되어 있으며 회차별로 각 에피소드가 연재되는 형식을 갖고 있다. 각 에피소드의 내용은 에피소드 제목을 클릭하면 이동하는 별도의 웹페이지에 게시된다. 따라서 전체 에피소드 내용을 모두 추출하기 위해서는 각 회차별 에피소드에 차례대로 접근할 필요가 있다. 각 에피소드의 URL은 <li> 노드 아래의 <a> 노드의 href 속성에 포함되어 있으므로 다음과 같이 수집할 수 있다.

```
▼<li id="volume104" class="volumeComment" value="104">
  ▶<a href="/best/detail?novelId=1006889&volumeNo=104" class="list_item NPI=a:list">…</a>
```

```
> xpathSApply(html.novel.parsed, "//li[@class='volumeComment']/a",
+             xmlGetAttr, "href")
 [1] "/best/detail?novelId=1006889&volumeNo=104"
 [2] "/best/detail?novelId=1006889&volumeNo=103"
 [3] "/best/detail?novelId=1006889&volumeNo=102"
…(중략)
 [8] "/best/detail?novelId=1006889&volumeNo=86"
 [9] "/best/detail?novelId=1006889&volumeNo=85"
[10] "/best/detail?novelId=1006889&volumeNo=83"
```

에피소드가 10개를 초과할 경우 에피소드들은 여러 페이지에 걸쳐 게시된다. 여기에서는 에피소드 목록의 마지막 페이지에 포함된 10개의 에피소드가 출력되었다.[39] 수집된 URL 앞에 https://novel.naver.com을 붙여서 사용 가능한 완전한 형태의 URL로 변환한다.

39 지금 다루고 있는 웹소설의 경우 가장 최근에 게시된 에피소드가 웹페이지상에 가장 앞에 나타난다. 따라서 최근에 게시된 에피소드들은 에피소드 목록의 마지막 페이지에 포함되며 가장 오래된 에피소드들은 첫 번째 페이지에 포함된다.

```
> url.vols <- xpathSApply(html.novel.parsed, "//li[@class='volumeComment']/a",
+                          xmlGetAttr, "href") %>%
+   str_c("https://novel.naver.com", .)
> url.vols
 [1] "https://novel.naver.com/best/detail?novelId=1006889&volumeNo=104"
 [2] "https://novel.naver.com/best/detail?novelId=1006889&volumeNo=103"
 [3] "https://novel.naver.com/best/detail?novelId=1006889&volumeNo=102"
…(중략)
 [8] "https://novel.naver.com/best/detail?novelId=1006889&volumeNo=86"
 [9] "https://novel.naver.com/best/detail?novelId=1006889&volumeNo=85"
[10] "https://novel.naver.com/best/detail?novelId=1006889&volumeNo=83"
```

추출한 에피소드 목록으로부터 여기에서는 일단 목록의 가장 처음에 등장하는 에피소드(즉 가장 최근 게시된 에피소드)의 제목과 내용을 추출해보자. 이를 위해 수집한 URL 가운데 다음과 같이 첫 번째 URL의 웹페이지를 읽어들여 파싱한다.

```
> url.vol <- url.vols[1]
> url.vol
[1] "https://novel.naver.com/best/detail?novelId=1006889&volumeNo=104"
> html.vol <- read_html(url.vol)
> html.vol.parsed <- htmlParse(html.vol)
```

우선 에피소드 제목을 추출한다. 에피소드 제목은 다음과 같이 <h2> 노드로부터 추출할 수 있다. 이때 xmlValue() 함수에 recursive=FALSE를 추가로 지정하여 <h2> 노드에 포함되어 있는 에피소드 제목만을 추출한다. 그렇지 않으면 xmlValue() 함수는 노드 트리 구조를 따라 내려가며 그 안에 포함된 콘텐츠를 차례대로 모두 추출하므로 <h2> 노드 아래 <span> 노드에 포함된 날짜까지 함께 추출된다.

```
▼<h2 class="detail_view_header"> == $0
   "55. 벌을 받는 거겠지."
   <span class="date">2021.10.27.</span>
 </h2>
```

```
> episode.vol <- xpathSApply(html.vol.parsed, "//h2[@class='detail_view_header']",
+                            xmlValue, recursive=FALSE, trim=TRUE)
> episode.vol
[1] "55. 벌을 받는 거겠지."
```

에피소드 내용은 다음과 같이 <div> 노드 아래의 <p> 노드에 포함되어 있다.

```
▼<div class="detail_view_content ft15">
  ▼<p> == $0
     "55. 벌을 받는 거겠지. 5년 전, "너무 피곤하다." 밤샘 촬영으로 인해 충
     혈된 눈을 비비며 도착한 집 앞에 낯선 실루엣에 지안의 발걸음이 멈췄다.
     "비밀번호 알잖아. 안 들어가고 왜 여기서 이러고 있어?" 가까이 다가가자
     문에 기대어 고개를 숙이고 앉아있는 사람은 이안이었다. 지안의 목소리에
```

그런데 대화 또는 삽화가 포함되어 있을 때 해당 부분이 다음과 같이 별도의 <p> 노드에 저장되기도 한다. 이럴 경우 에피소드 내용은 여러 개의 <p> 노드에 걸쳐 나타난다.

```
▼<div class="detail_view_content ft15">
  ▼<p class="talk"> == $0
    ▶<a href="#" class="talk_thum _toggleDialogLayer()">…</a>
     "“연화가 사실은 이혼하고 싶을지도 모르잖아요.”"
   </p>
   <p>우연히 일식집에서 미옥과 호근의 대화를 듣게 됐던 그날.

   건우는 그들이 오랫동안 감추고 있던 비밀까지 듣게 되었다.
   </p>
```

따라서 <div> 노드 아래의 <p> 노드로부터 콘텐츠를 추출하면 위와 같은 경우에는 한 개가 아닌 여러 개의 텍스트가 추출될 수 있으므로 다음과 같이 추출한 결과를 모두 이어 붙여(str_c(collapse=" ")) 하나의 텍스트 벡터로 만든다.

```
> content.vol <- xpathSApply(html.vol.parsed,
+                            "//div[@class='detail_view_content ft15']/p", xmlValue) %>%
+   str_c(collapse=" ")
> content.vol
[1] "55. 벌을 받는 거겠지.\r\n\r\n\r\n\r\n5년 전, \r\n\r\n\r\n\r\n\"너무 피곤하다.
\"\r\n\r\n\r\n밤샘 촬영으로 인해 충혈된 눈을 비비며 도착한 집 앞에 낯선 실루엣에
지안의 발걸음이 멈췄다. \r\n\r\n\r\n\"비밀번호 알잖아. …(중략)…
\r\n\r\n\r\n\"오...오빠.....?\"\r\n\r\n\"응.\"\r\n\r\n\r\n말을 더듬으며 오빠냐고
어처구니 없는 질문을 묻는 지안에게 친절하게도 당연한 대답을 했다. \r\n\r\n그러나
이어진 지안의 물음에 도진의 눈가가 살짝 굳어졌다. \r\n\r\n\r\n\"왜
왔어요?\"\r\n\r\n\r\n\r\n\r\n\r\n\r\n\r\n*"
```

지금까지 에피소드 목록의 마지막 페이지에 포함된 10개의 에피소드 가운데 처음 등장하는 가장 최근 에피소드의 제목과 내용을 성공적으로 추출했다. 이제 이러한 추출 과정을 모든 에피소드로 확장해보자. 에피소드가 10개를 초과할 경우 두 개 이상의 페이지에 걸쳐 에피소드 목록이 게시되므로 모든 에피소드의 URL을 알기 위해서는 총페이지 개수를 확인한 후 각 페이지에 접근하여 그로부터 에피소드 URL을 추출해야 한다. 따라서 우선 해야 할 일은 전체 에피소드 개수를 확인하는 일이다. 현재까지 게시된 에피소드의 총개수는 웹소설 페이지의 '작품 회차' 괄호 안에서 확인할 수 있다. HTML 코드를 살펴보면 에피소드 개수는 `class="total"` 속성을 갖는 `<span>` 노드에 포함되어 있으므로 이로부터 다음과 같이 추출할 수 있다.

```
<span class="total">(55)</span>
```

```
> xpathSApply(html.novel.parsed, "//span[@class='total']", xmlValue)
[1] "(55)"
```

에피소드 개수 텍스트로부터 숫자만을 추출한다.

```
> vol.no <- xpathSApply(html.novel.parsed, "//span[@class='total']", xmlValue) %>%
+   parse_number()
> vol.no
[1] 55
```

페이지당 10개의 에피소드가 있기 때문에 전체 에피소드 목록을 담고 있는 페이지 개수는 다음과 같이 구할 수 있다.

```
> page <- ceiling(vol.no/10)
> page
[1] 6
```

에피소드 목록을 포함하고 있는 페이지 개수를 확인했으므로 이제 각 페이지에 접근하여 앞서 했던 것처럼 에피소드의 URL을 추출한다. 에피소드 목록 페이지의 URL은 웹소설 정보를 추출한 URL 주소(예를 들면, https://novel.naver.com/best/detail?novelId=1006889)에 페이지 번호(예를 들면, &page=1)를 붙여서 생성한다. 페이지 번호를 1부터 총페이지 개수까지 증가시키면서 다음과 같이 모든 에피소드 URL을 수집한다.

```
> url.vols <- vector("list", length(page))
> for (i in c(1:page)) {
+   url.page <- str_c(url.novel, "&page=", i)
+   html.page <- read_html(url.page)
+   html.page.parsed <- htmlParse(html.page)
+   url.vols[[i]] <- xpathSApply(html.page.parsed, "//li[@class='volumeComment']/a",
+                                xmlGetAttr, "href") %>%
+     str_c("https://novel.naver.com", .)
+ }
> url.vols <- unlist(url.vols)
> url.vols
 [1] "https://novel.naver.com/best/detail?novelId=1006889&volumeNo=104"
 [2] "https://novel.naver.com/best/detail?novelId=1006889&volumeNo=103"
 [3] "https://novel.naver.com/best/detail?novelId=1006889&volumeNo=102"
…(중략)
[53] "https://novel.naver.com/best/detail?novelId=1006889&volumeNo=3"
[54] "https://novel.naver.com/best/detail?novelId=1006889&volumeNo=2"
[55] "https://novel.naver.com/best/detail?novelId=1006889&volumeNo=1"
```

추출된 에피소드의 순서가 연재된 순서의 역순이므로 첫 번째 에피소드부터 최근 에피소드까지 연재된 순서대로 데이터를 수집할 수 있도록 다음과 같이 URL을 소팅한다.

```
> url.vols <- str_sort(url.vols, numeric=TRUE)
> url.vols
 [1] "https://novel.naver.com/best/detail?novelId=1006889&volumeNo=1"
 [2] "https://novel.naver.com/best/detail?novelId=1006889&volumeNo=2"
 [3] "https://novel.naver.com/best/detail?novelId=1006889&volumeNo=3"
…(중략)
```

```
[53] "https://novel.naver.com/best/detail?novelId=1006889&volumeNo=102"
[54] "https://novel.naver.com/best/detail?novelId=1006889&volumeNo=103"
[55] "https://novel.naver.com/best/detail?novelId=1006889&volumeNo=104"
```

이제 웹소설에 포함된 모든 에피소드의 URL로부터 차례대로 각 에피소드의 제목과 내용을 추출하여 리스트 형식으로 저장한다.

```
> episode.vol <- vector("list", length(url.vols))
> content.vol <- vector("list", length(url.vols))
> j <- 0
> for (url.vol in url.vols) {
+   j <- j + 1
+   html.vol <- read_html(url.vol)
+   html.vol.parsed <- htmlParse(html.vol)
+   episode.vol[[j]] <- xpathSApply(html.vol.parsed,
+                                   "//h2[@class='detail_view_header']",
+                                   xmlValue, recursive=FALSE, trim=TRUE)
+   content.vol[[j]] <- xpathSApply(html.vol.parsed,
+                                   "//div[@class='detail_view_content ft15']/p",
+                                   xmlValue) %>%
+     str_c(collapse=" ")
+ }
```

로맨스 장르의 1위 웹소설에 대해 제목, 작가, 평점, 에피소드 제목 및 내용을 모두 성공적으로 추출하였다. 수집한 데이터를 다음과 같이 데이터프레임(티블) 형식으로 저장한다.

```
> navernovel <- tibble(title=title, author=author, genre=genre, rating=rating,
+                      episode=unlist(episode.vol), content=unlist(content.vol))
> navernovel
# A tibble: 55 x 6
   title         author genre  rating episode                           content
   <chr>         <chr>  <chr>   <dbl> <chr>                             <chr>
 1 우아한 거짓말 아리킴 로맨스   9.98 01. 지독하게 아름다운 세계        "[Prologue]\~
 2 우아한 거짓말 아리킴 로맨스   9.98 02. 할게요. 그 결혼.              "02. 할게요.~
 3 우아한 거짓말 아리킴 로맨스   9.98 03. 나한테 잘해주지나 말지.       "03. 나한테 ~
…(중략)
 8 우아한 거짓말 아리킴 로맨스   9.98 08. 사랑하는 사람을 바라보는 듯이. "08. 사랑하~
 9 우아한 거짓말 아리킴 로맨스   9.98 09. 나랑 잘래요?                  "09. 나랑 잘~
10 우아한 거짓말 아리킴 로맨스   9.98 10. 10년 전의 사고 (1)            "10. 10년 전~
# ... with 45 more rows
```

이제 지금까지 작성한 코드를 이용하여 웹소설 데이터를 수집하는 함수를 생성해보자. 다음의 naverNovelRanking() 함수는 인수로 제공한 카테고리(type), 장르(genre), 추출할 에피소드 개수(n)를 바탕으로 웹소설 데이터를 수집한다.

```
> naverNovelRanking <- function (type="webnovel", genre=NULL, n=5) {
+   library(tidyverse)
+   library(xml2)
+   library(XML)
+   if (type %in% c("webnovel", "best", "challenge")) {                ❶
+     url <- str_c("https://novel.naver.com/", type, "/ranking")
+     type.name <- switch(type,
+                         webnovel="오늘의 웹소설",
+                         best="베스트리그",
+                         challenge="챌린지리그")
+   } else {
+     return("type 인수에 'webnovel', 'best', 'challenge' 가운데 하나를 지정하세요")
+   }
+   if (!all(is.element(genre,
+                       c(101, 109, 102, 110, 103, 104, 106, 111)))) {
+     return("genre 인수에 101(로맨스), 109(로판), 102(판타지), 110(현판),
+             103(무협), 104(미스터리), 106(라이트노벨), 111(자유장르)
+             코드 가운데 하나 이상을 지정하세요")
+   } else if ((type %in% c("webnovel", "best")) & (111 %in% genre)) {
+     return("type이 'webnovel'(오늘의 웹소설)이거나 'best'(베스트리그)일 경우
+             genre 인수에 111(자유장르) 코드를 지정할 수 없습니다.")
+   }
+   html <- read_html(url)
+   html.parsed <- htmlParse(html)
+   if (is.null(genre)) {                                                ❷
+     genre.code <- xpathSApply(html.parsed, "//ul[@id='rankingSelectedItem']//a",
+                               xmlGetAttr, "class") %>%
+       parse_number()
+   } else
+     genre.code <- genre
+   navernovel.ranking <- tibble()
+   for (code in genre.code) {
+     url.genre <- str_c(url, "?genre=", code, "&periodType=DAILY")      ❸
+     html.genre <- read_html(url.genre)
+     html.genre.parsed <- htmlParse(html.genre)
```

```
+     url.novels <- xpathSApply(html.genre.parsed,
+                               "//div[@class='ranking_wrap_left']//a",
+                               xmlGetAttr, "href") %>%
+       str_c("https://novel.naver.com", .)
+     rank <- 0                                                              ❹
+     for (url.novel in url.novels) {
+       html.novel <- read_html(url.novel)
+       html.novel.parsed <- htmlParse(html.novel)
+       title <- xpathSApply(html.novel.parsed, "//h2[@class='book_title']", xmlValue)
+       rank <- rank + 1
+       author <- xpathSApply(html.novel.parsed,
+                             "//p[@class='writer']/a[@class='NPI=a:writer']",
+                             xmlValue)
+       genre <- xpathSApply(html.novel.parsed, "//span[@class='genre']", xmlValue)
+       rating <- xpathSApply(html.novel.parsed, "//p[@class='grade_area']/em",
+                             xmlValue) %>%
+         as.numeric()
+       vol.no <- xpathSApply(html.novel.parsed, "//span[@class='total']",    ❺
+                             xmlValue) %>%
+         parse_number()
+       if (vol.no == 0) next
+       page <- ceiling(vol.no/10)
+       url.vols <- vector("list", length(page))                              ❻
+       for (i in c(1:page)) {
+         url.page <- str_c(url.novel, "&page=", i)
+         html.page <- read_html(url.page)
+         html.page.parsed <- htmlParse(html.page)
+         url.vols[[i]] <- xpathSApply(html.page.parsed, "//li[@class='volumeComment']/a",
+                                      xmlGetAttr, "href") %>%
+           str_c("https://novel.naver.com", .)
+       }
+       url.vols <- unlist(url.vols)
+       if (length(url.vols) < n)
+         url.vols <- str_sort(url.vols, numeric=TRUE)
+       else
+         url.vols <- str_sort(url.vols, numeric=TRUE)[1:n]
+       episode.vol <- vector("list", length(url.vols))                       ❼
+       content.vol <- vector("list", length(url.vols))
+       j <- 0
```

```
+       for (url.vol in url.vols) {
+         if (identical(url.vol, "https://novel.naver.com")) next
+         j <- j + 1
+         html.vol <- read_html(url.vol)
+         html.vol.parsed <- htmlParse(html.vol)
+         episode.vol[[j]] <- xpathSApply(html.vol.parsed,
+                                         "//h2[@class='detail_view_header']",
+                                         xmlValue, recursive=FALSE, trim=TRUE)
+         content.vol[[j]] <- xpathSApply(html.vol.parsed,
+                                         "//div[@class='detail_view_content ft15']/p",
+                                         xmlValue) %>%
+           str_c(collapse=" ")
+         }
+         navernovel <- tibble(type=type.name, genre=genre, rank=rank,
+                              title=title, author=author, rating=rating,
+                              episode=unlist(episode.vol),
+                              content=unlist(content.vol))
+         navernovel.ranking <- bind_rows(navernovel.ranking, navernovel)
+     }
+     Sys.sleep(sample(10, 1)*0.1)
+   }
+   navernovel.ranking <- bind_cols(id=1:nrow(navernovel.ranking), navernovel.ranking)
+   return(navernovel.ranking)
+ }
```

❶ 카테고리/장르의 유효성 확인 및 카테고리 URL 생성
❷ 장르 코드가 주어지지 않을 경우 해당 카테고리의 모든 장르 코드 추출
❸ 장르 URL 생성 및 장르 내 웹소설 URL 추출
❹ 제목, 순위, 작가, 장르, 평점 추출
❺ 에피소드 목록 총페이지 개수 추출
❻ 에피소드 목록 페이지 URL 생성 및 개별 에피소드 URL 추출
❼ 에피소드 제목 및 내용 추출
❽ 웹페이지 접속 간격 통제
❾ 웹소설/에피소드 ID 부여

naverNovelRanking() 함수를 호출할 때 type 인수에 웹소설의 카테고리를 지정할 수 있다. 현재 네이버 웹소설 서비스에서는 오늘의 웹소설, 베스트리그, 챌린지리그 등 세 가지 카테고리를 제공하며 각각 webnovel, best, challenge로 지정한다. 만약 다른 값을 지정하면 type 인수에 대한 설명 메시지를 출력하고 함수를 종료한다. type 인수에 지정된 값은 해당 카테고리에 대응되는

URL을 만드는 데 사용된다. 또한 실제 카테고리명을 저장하는 목적으로도 사용된다(코드의 ❶ 부분). type 인수의 기본값은 webnovel로서 인수를 지정하지 않으면 오늘의 웹소설 카테고리가 선택된다.

genre 인수에는 웹소설의 장르를 장르 코드 형식으로 지정할 수 있다. 지정할 수 있는 장르 코드는 101, 109, 102, 110, 103, 104, 106, 111로서 각각 '로맨스', '로판', '판타지', '현판', '무협', '미스터리', '라이트노벨', '자유장르'를 나타낸다. 만약 다른 값을 지정하면 genre 인수에 대한 설명 메시지를 출력하고 함수를 종료한다. genre 인수에 지정된 값은 해당 장르에 대응되는 URL을 만드는 데 사용된다. 오늘의 웹소설이나 베스트리그 카테고리에는 자유장르가 없기 때문에 type 인수가 webnovel이나 best이면 장르 코드로서 111을 지정할 수 없다. 따라서 이처럼 존재하지 않는 장르 코드를 지정한 경우에는 이에 대한 설명 메시지를 출력하고 함수를 종료한다(코드의 ❶ 부분).

genre 인수의 기본값은 NULL로서 추출할 장르를 지정하지 않으면 해당 카테고리 내 모든 장르의 웹소설 데이터를 추출한다(코드의 ❷ 부분). 따라서 genre=NULL일 경우 해당 카테고리에서 사용 가능한 장르 코드를 웹페이지로부터 수집해야 한다. 장르 코드는 다음과 같이 <ul> 노드 아래의 <a> 노드의 class 속성으로부터 추출한다.40

40 '랭킹'을 클릭한 후 장르 리스트 박스에서 임의의 장르에 대해 오른쪽 마우스 버튼을 클릭하여 요소탐색기를 불러온다. 선택된 장르를 가리키는 <span> 노드의 아래에 모든 장르 코드를 담고 있는 <ul> 노드가 있다.

```
▼<ul id="rankingSelectedItem" class="select_item NE=a:ran">
  ▼<li class="selected">
      <a href="#" class="NPI=a:rom _changeRankingGenre(101)">로맨스</a> == $0
    </li>
  ▶<li>…</li>
  ▶<li>…</li>
  ▶<li>…</li>
  ▶<li>…</li>
  ▶<li>…</li>
  ▼<li>
      <a href="#" class="NPI=a:lno _changeRankingGenre(106)">라이트노벨</a>
    </li>
  </ul>
```

```
> url <- "https://novel.naver.com/webnovel/ranking"
> html <- read_html(url)
> html.parsed <- htmlParse(html)
> xpathSApply(html.parsed, "//ul[@id='rankingSelectedItem']//a", xmlGetAttr, "class")
[1] "NPI=a:rom _changeRankingGenre(101)" "NPI=a:rof _changeRankingGenre(109)"
[3] "NPI=a:fan _changeRankingGenre(102)" "NPI=a:mof _changeRankingGenre(110)"
[5] "NPI=a:hro _changeRankingGenre(103)" "NPI=a:mth _changeRankingGenre(104)"
[7] "NPI=a:lno _changeRankingGenre(106)"
```

```
> genre.code <- xpathSApply(html.parsed, "//ul[@id='rankingSelectedItem']//a",
+                           xmlGetAttr, "class") %>%
+   parse_number()
> genre.code
[1] 101 109 102 110 103 104 106
```

각 코드에 대응되는 장르명은 다음과 같이 장르 코드가 포함된 `<ul>` 노드 아래의 `<li>` 노드로부터 확인할 수 있다.

```
> genre.name <- xpathSApply(html.parsed, "//ul[@id='rankingSelectedItem']/li",
+                           xmlValue)
> genre.name
[1] "로맨스"      "로판"        "판타지"      "현판"        "무협"        "미스터리"
[7] "라이트노벨"
```

이렇게 추출한 장르 코드는 장르 웹페이지에 접근하기 위한 URL 생성에 사용된다. 각 장르 웹페이지로부터 해당 장르에 속한 웹소설의 URL을 추출한다(코드의 ❸ 부분). 이어서 `for` 루프를 이용하여 추출한 웹소설 URL의 각 웹페이지로부터 차례대로 제목, 순위, 작가, 장르, 평점 등의 웹소설 기본 정보를 수집한다(코드의 ❹ 부분).

이어서 웹소설의 개별 에피소드를 수집한다. 이를 위해 먼저 에피소드 목록 페이지 개수를 산출한다. 간혹 에피소드가 아직 게시되지 않은 웹소설이 있을 수 있다. 에피소드가 존재하지 않으면(즉 에피소드 개수가 0) 다음 웹소설로 넘어간다(코드의 ❺ 부분). `for` 루프를 이용하여 추출한 에피소드 목록 페이지를 차례대로 방문하여 그로부터 에피소드 URL을 수집한다. 에피소드 URL을 모두 추출한 후 이 가운데 실제 에피소드 내용을 수집할 URL을 결정한다. 수집한 에피소드 URL 개수가 함수 호출 시 지정된 `n` 인수의 값보다 작으면 추출한 에피소드 URL 모두를 대상으로 에피소드 내용을 수집한다. `n` 인수의 값보다 크면 *n*개의 에피소드 URL을 대상으로 에피소드 내용을 수집한다(코드의 ❻ 부분). `n` 인수의 기본값은 5로서 달리 지정하지 않으면 최대 다섯 개의 에피소드 콘텐츠가 수집된다.

이제 끝으로 에피소드 URL 주소의 웹페이지에 접근하여 에피소드 제목과 내용을 수집한다. 추출한 결과는 리스트 데이터 형식으로 저장한다. 이후 데이터프레임(티블)의 변수로 저장할 때는 리스트를 벡터 형식으로 변환한다. 간혹 게시 보류 중인 에피소드가 있을 수 있다. 에피소드가 존재하지 않으면 다음 에피소드로 넘어간다(코드의 ❼ 부분). 반복적인 접속 시도로 웹사이트 연결에 장애가 발생하지 않도록 시스템 처리를 임의의 간격으로 지연시킨다(코드의 ❽ 부분). 끝으로 각 웹소설/에피소드에 고유의 ID를 부여한다(코드의 ❾ 부분).

이제 작성한 naverNovelRanking() 함수를 이용하여 네이버 웹소설 데이터를 수집해보자. 예를 들어, 다음과 같은 방식으로 이 함수를 사용할 수 있다. 아무런 인수 지정을 하지 않으면 오늘의 웹소설 카테고리의 모든 장르의 웹소설을 대상으로 최대 다섯 개까지의 에피소드를 수집한다. type 인수, genre 인수, n 인수에 각각 추출하고자 하는 카테고리, 장르, 에피소드 개수를 지정한다. genre 인수를 지정하지 않으면 모든 장르를 대상으로 데이터를 수집한다.

```
> naverNovelRanking()
> naverNovelRanking(type="best", genre=c("101", "103"), n=10)
> naverNovelRanking(type="challenge", n=3)
```

웹소설 데이터를 분석하기 위해 여기에서는 다음과 같이 데이터를 수집한다. 베스트리그 카테고리로부터 네 개 장르(로맨스, 판타지, 무협, 미스터리)에 속한 웹소설의 에피소드를 웹소설당 최대 10개씩 수집한다. 여기에서는 다음과 같이 3,554개의 에피소드가 수집되었다.

```
> navernovel.ranking <- naverNovelRanking(type="best", genre=c(101, 102, 103, 104), n=10)
> navernovel.ranking
# A tibble: 3,554 x 9
      id type    genre   rank title   author rating episode    content
   <int> <chr>   <chr>  <dbl> <chr>   <chr>   <dbl> <chr>      <chr>
 1     1 베스트~ 로맨스     1 깊게 ~  차신유   9.96 1. 절단할~ "\r\n\r\n통유리 창을 ~
 2     2 베스트~ 로맨스     1 깊게 ~  차신유   9.96 2. 더 깊게 "\r\n\r\n\r\n서둘러 ~
 3     3 베스트~ 로맨스     1 깊게 ~  차신유   9.96 3. 지독한~ "\r\n\r\n\r\n\r\n전략~
…(중략)
 8     8 베스트~ 로맨스     1 깊게 ~  차신유   9.96 8. 휩쓸려~ "\r\n\r\n무례해 보일 ~
 9     9 베스트~ 로맨스     1 깊게 ~  차신유   9.96 9. 치명적~ "\r\n\r\n서교가 이본~
10    10 베스트~ 로맨스     1 깊게 ~  차신유   9.96 10. 가둬~  "\r\n\r\n"이 꽃다발~
# ... with 3,544 more rows
```

수집한 결과는 나중의 활용을 위해 save() 함수를 이용하여 파일로 저장한다. 파일로 저장한 데이터를 다시 불러오기 위해서는 load() 함수를 이용한다.

```
> save(navernovel.ranking, file="navernovel-ranking.rda")
> load("navernovel-ranking.rda")
```

장르별로 수집된 데이터 개수는 다음과 같이 확인해볼 수 있다.

```
> navernovel.ranking %>%
+   count(genre)
# A tibble: 4 x 2
  genre        n
  <chr>    <int>
1 로맨스     992
2 무협      1000
3 미스터리   986
4 판타지     576
```

전반적인 평점의 분포와 장르별 평점의 중위수는 다음과 같다. 장르와 관계없이 네 장르 모두 대체로 평점이 높은 편이다.

```
> summary(navernovel.ranking$rating)
   Min. 1st Qu.  Median    Mean 3rd Qu.    Max.
  0.000   9.860   9.950   9.841   9.990  10.000
> navernovel.ranking %>%
+   group_by(genre) %>%
+   summarise(median=median(rating, na.rm=TRUE))
# A tibble: 4 x 2
  genre    median
  <chr>     <dbl>
1 로맨스     9.98
2 무협       9.93
3 미스터리   9.97
4 판타지     9.92
```

장르별 평점의 분포를 [그림 4-44]와 같이 그래프로 시각화해볼 수 있다. 네 장르 모두 평점이 매우 높기 때문에 미미하긴 하지만 장르 간 차이를 볼 수 있도록 Y축의 평점을 9.5 이상으로 제한하였다.

```
> windows(width=7.0, height=5.5)
> ggplot(navernovel.ranking, aes(x=factor(genre, levels=unique(genre)), y=rating)) +
+   geom_boxplot(fill="plum2", color="cornflowerblue", notch=TRUE) +
+   geom_point(position="jitter", pch=21, bg="red", color="dimgray", alpha=0.2) +
+   scale_y_continuous(limits=c(9.5, 10)) +
+   labs(x="", y="평점",
+        title="웹소설",
+        subtitle="평점 분포",
+        caption="출처: 네이버") +
```

그림 4-44 **웹소설.** 웹소설은 장르와 무관하게 모두 대체로 높은 평점을 받고 있다.

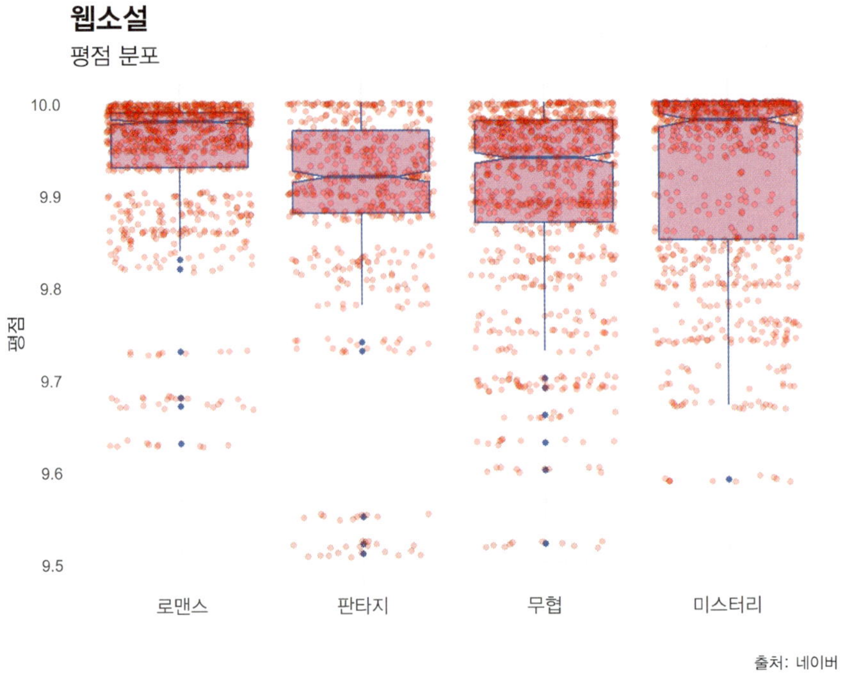


```
+    theme_minimal() +
+    theme(plot.title=element_text(face="bold", size=18),
+          plot.subtitle=element_text(size=15),
+          plot.caption=element_text(size=12),
+          axis.title=element_text(size=15),
+          axis.text.x=element_text(face="bold", size=12))
```

수집한 웹소설 데이터를 분석해보자. 웹소설 본문 텍스트로부터 단어를 추출하여 이를 바탕으로 다양한 텍스트분석을 수행한다. 한글 텍스트분석을 위해 여기에서는 RmecabKo 패키지를 이용한다. RmecabKo 패키지는 한글 형태소 분석을 위한 여러 유용한 함수를 제공하며 KoNLP 패키지와 함께 한글 텍스트분석에 널리 사용되고 있다.[41] RmecabKo 패키지는 다음과 같은 순서로 설치한다. C 드라이브에 mecab이라는 폴더를 미리 생성해둔다.

41 KoNLP 패키지에 대해서는 앞서 다루었던 '영화 리뷰 @네이버' 섹션을 참고한다.

```
> install.packages("remotes")
> remotes:: install_github("junhewk/RmecabKo")
> library(RmecabKo)
> install_mecab("C:/mecab")
```

수집한 전체 웹소설 데이터셋을 대상으로 형태소 분석을 수행하기 전에 우선 다음과 같이 각 장르별 1위 웹소설로부터 에피소드 두 개씩을 추출하여 분석을 수행해보자.

```
> some <- navernovel.ranking %>%
+   group_by(genre) %>%
+   slice_head(n=2) %>%
+   ungroup()
> some
# A tibble: 8 x 9
     id type  genre  rank title    author rating episode    content
  <int> <chr> <chr> <dbl> <chr>    <chr>   <dbl> <chr>      <chr>
1     1 베스~ 로맨스     1 깊게 씹~ 차신유    9.96 1. 절단할~ "\r\n\r\n통유리 창을~
2     2 베스~ 로맨스     1 깊게 씹~ 차신유    9.96 2. 더 깊게 "\r\n\r\n\r\n서둘러 ~
3  1569 베스~ 무협       1 진천(鎭~ 재필장~   9.89 진천 - 0화 "시산혈해(尸山血海)~
4  1570 베스~ 무협       1 진천(鎭~ 재필장~   9.89 진천 - 1화 "\"마교의 우호법 장~
5  2569 베스~ 미스~      1 이상하고~ 요제프K   9.99 1회 - 이~  " 살다보면 그런 날이~
6  2570 베스~ 미스~      1 이상하고~ 요제프K   9.99 2회 - 용~  "  "친구들하고 헤어~
7   993 베스~ 판타지     1 전생 회~ 오리코~   9.82 <1회> 천~  "[프롤로그]\r\n\r\n~
8   994 베스~ 판타지     1 전생 회~ 오리코~   9.82 <2회> 진~  "“그럼 쉬세요. 아가~
```

우선 content 열에 포함되어 있는 에피소드 텍스트를 대상으로 몇 가지 전처리 작업을 수행하여 그로부터 불필요한 요소를 제거한다. 여기에서는 구체적으로 다음과 같은 작업을 수행한다: ① 문장부호 제거, ② 숫자 제거, ③ 한글과 공백을 제외한 여타 문자 제거, ④ 두 칸 이상의 공백 제거, ⑤ 양쪽 끝의 불필요한 공백 제거, ⑥ 인코딩 변환.42

42 현재의 한글 텍스트는 인코딩 변환이 불필요하다. 하지만 이후 RmecabKo 패키지를 이용하여 형태소 분해를 수행할 때는 UTF-8으로의 인코딩 변환이 필요하다.

```
> some.clean <- some %>%
+   mutate(content=str_replace_all(content, "[[:punct:]]", " ")) %>%
+   mutate(content=str_replace_all(content, "[[:digit:]]", " ")) %>%
+   mutate(content=str_replace_all(content, "[^가-힣 ]", " ")) %>%
```

```
+   mutate(content=str_replace_all(content, "[[:space:]]{2,}", " ")) %>%
+   mutate(content=str_trim(content)) %>%
+   mutate(content=iconv(content, "UTF-8"))
> some.clean
# A tibble: 8 x 9
     id type  genre rank title   author rating episode     content
  <int> <chr> <chr> <dbl> <chr>  <chr>   <dbl> <chr>       <chr>
1     1 베스~ 로맨스    1 깊게 씹~ 차신유   9.96 1. 절단할~ 통유리 창을 통과한 ~
2     2 베스~ 로맨스    1 깊게 씹~ 차신유   9.96 2. 더 깊게 서둘러 행사장으로 향~
3  1569 베스~ 무협      1 진천(鎭~ 재필장~  9.89 진천 - 0화 시산혈해 의 황궁 잘~
4  1570 베스~ 무협      1 진천(鎭~ 재필장~  9.89 진천 - 1화 마교의 우호법 장적소~
5  2569 베스~ 미스~     1 이상하고~ 요제프K  9.99 1회 - 이~  살다보면 그런 날이 ~
6  2570 베스~ 미스~     1 이상하고~ 요제프K  9.99 2회 - 용~  친구들하고 헤어질 때~
7   993 베스~ 판타지    1 전생 회~ 오리코~  9.82 <1화> 천~  프롤로그 긴 꿈을 꾸~
8   994 베스~ 판타지    1 전생 회~ 오리코~  9.82 <2화> 진~  그럼 쉬세요 아가씨 ~
```

이제 형태소 분석기를 이용하여 텍스트를 형태소 단위로 분해한다. 여기에서는 RmecabKo 패키지의 token_nouns() 함수를 이용하여 명사만을 추출한다. token_nouns() 함수는 텍스트를 체언에 속하는 형태소 단위로 분해한다. 구체적으로 NNG(일반 명사), NNP(고유 명사), NNB(의존 명사) 태그로 구분하여 단어를 추출한 후 리스트 형식으로 반환한다.[43]

```
> txt <- c("넓은 벌 동쪽 끝으로 옛 이야기 지줄대는 실개천이 휘돌아 나가고",
+          "얼룩배기 황소가 해설피 금빛 게으른 울음을 우는 곳",
+          "그 곳이 차마 꿈엔들 잊힐리야")
> token_nouns(txt)
[[1]]
     NNG      NNG      NNG      NNG      NNG
    "벌"   "동쪽"     "끝"  "이야기" "실개천"

[[2]]
       NNG        NNG        NNG        NNG        NNG
"얼룩배기"     "황소"     "금빛"     "울음"       "곳"
```

43 RmecabKo 패키지는 다양한 형태소 분석 함수를 제공한다(https://rdrr.io/github/junhewk/RmecabKo/f/readme.rmd). pos() 함수는 텍스트를 모든 형태소 단위로 분해한다. nouns() 함수는 명사만을 추출한다. 이 밖에 token_morph(), token_words(), token_nouns(), token_ngrams() 함수를 제공한다. 각각 형태소 전체, 실질형태소(체언, 용언, 수식언, 독립언), 명사형의 형태소(체언), n-그램(n-gram) 형식을 품사 태그와 함께 반환한다. 품사 태그에 대한 설명은 다음 웹사이트를 참고한다: https://docs.google.com/spreadsheets/d/1-9blXKjtjeKZqsf4NzHeYJCrr49-nXeRF6D80udfcwY/edit#gid=589544265.

```
[[3]]
 NNG  NNG
"곳"  "꿈"
```

명사로만 구성된 텍스트로 변환하기 위해서는 다음과 같이 추출한 단어를 모두 이어붙인다. 원래의 텍스트와 동일한 길이를 갖는 문자 벡터로 변환된다.44

```
> token_nouns(txt) %>%
+   map_chr(paste, collapse=" ")
[1] "벌 동쪽 끝 이야기 실개천"   "얼룩배기 황소 금빛 울음 곳" "곳 꿈"
```

token_nouns() 함수를 다음과 같이 에피소드 텍스트에 적용해보자. 한 글자로 이루어진 단어는 분석에 미치는 영향이 작을 것으로 판단되므로 추출한 단어 목록으로부터 제외한다.45

```
> word <- token_nouns(some.clean$content) %>%
+   map(unlist) %>%
+   map(~.x[str_length(.x) >= 2]) %>%
+   map_chr(paste, collapse=" ")
> str(word)
 chr [1:8] "통유리 통과 달빛 서교 눈빛 맹수 이본 철제 침대 갈빗대 남자 시야 완벽 관능
서교 얼굴 근육 아래 척추 손바닥 본인 "| __truncated__ ...
> word[1]
[1] "통유리 통과 달빛 서교 눈빛 맹수 이본 철제 침대 갈빗대 남자 시야 완벽 관능 서교
얼굴 근육 아래 척추 손바닥 본인 영역 아쉬움 촉감 대신 이사 처음 서교 때문 눈앞 점멸
…(중략)… 신재익 부사장 형세 소리 기내 비남 신재익 서교 진자 본사 부사징 신재익 서교
구석 조금 신재익 부사장 풍채 아저씨 말조심 부사장 취임식 확인 가요 사원 이본 본의 대화
노릇"
```

텍스트의 전처리부터 단어 추출까지의 이러한 일련의 과정은 다음과 같이 한꺼번에 수행할 수 있다. 웹소설의 각 에피소드가 텍스트로부터 추출한 단어들로 대체된다.

44 map_chr() 함수는 첫 번째 인수에 지정된 데이터의 각 원소에 두 번째 인수에 지정된 함수를 적용하여 전체 결과를 모아서 문자 벡터 형식으로 반환한다. 두 번째 인수에 지정된 함수에서 사용하는 인수는 세 번째 이후 인수에 지정한다. map() 함수는 map_chr() 함수와 동일한 작업을 수행하나 결과를 리스트 형식으로 반환한다. 좀 더 자세한 내용은 '부록 Tidyverse'를 참고한다.

45 여기에서 unlist() 함수를 실행한 이유는 다음과 같다. token_nouns() 함수는 형태소 분해할 텍스트의 양이 많을 경우 임의로 몇 개의 서브셋으로 분할하여 작업을 수행한다. 이 경우에는 하나의 텍스트에 대한 형태소 분해 결과가 서브셋 개수만큼의 여러 개의 원소를 갖는 리스트 형식으로 반환된다. 따라서 반환된 리스트 형식의 단어 목록을 하나의 벡터로 만들기 위해서는 추가로 리스트 구조를 해체하는 unlist() 함수의 도움이 필요하다.

```
> some.word <- some %>%
+   mutate(content=str_replace_all(content, "[[:punct:]]", " ")) %>%
+   mutate(content=str_replace_all(content, "[[:digit:]]", " ")) %>%
+   mutate(content=str_replace_all(content, "[^가-힣 ]", " ")) %>%
+   mutate(content=str_replace_all(content, "[[:space:]]{2,}", " ")) %>%
+   mutate(content=str_trim(content)) %>%
+   mutate(content=iconv(content, "UTF-8")) %>%
+   mutate(content=map(content, token_nouns)) %>%
+   mutate(content=map(content, unlist)) %>%
+   mutate(content=map(content, ~.x[str_length(.x) >= 2])) %>%
+   mutate(content=map_chr(content, paste, collapse=" "))
> some.word
# A tibble: 8 x 9
     id type  genre  rank title    author   rating episode   content
  <int> <chr> <chr> <dbl> <chr>    <chr>     <dbl> <chr>     <chr>
1     1 베스~ 로맨스     1 깊게 씹~ 차신유     9.96 1. 절단할~ 통유리 통과 달빛 서~
2     2 베스~ 로맨스     1 깊게 씹~ 차신유     9.96 2. 더 깊게 행사장 이본 서교 이~
3  1569 베스~ 무협       1 진천(鎭~ 재필장~    9.89 진천 - 0화 시산혈해 황궁 황제 ~
4  1570 베스~ 무협       1 진천(鎭~ 재필장~    9.89 진천 - 1화 마교 우호 수하 평원 ~
5  2569 베스~ 미스~      1 이상하고~ 요제프K   9.99 1회 - 이~ 특별 이유 불안 입술 ~
6  2570 베스~ 미스~      1 이상하고~ 요제프K   9.99 2회 - 용~ 친구 정도 도착 시각 ~
7   993 베스~ 판타지     1 전생 회~ 오리코~    9.82 <1화> 천~ 프롤로그 꿈속 사람 ~
8   994 베스~ 판타지     1 전생 회~ 오리코~    9.82 <2화> 진~ 아가씨 호들갑 유모 ~
> some.word$content[1]
[1] "통유리 통과 달빛 서교 눈빛 맹수 이본 철제 침대 갈빗대 남자 시야 완벽 관능 서교
얼굴 근육 아래 척추 손바닥 본인 영역 아쉬움 촉감 대신 이사 처음 서교 때문 눈앞 점멸
…(중략)… 신재익 부사장 형제 소리 기대 미남 신재익 서교 전자 본사 부사장 신재익 서교
구석 조금 신재익 부사장 풍채 아저씨 말조심 부사장 취임식 확인 가요 사원 이본 본의 대화
노릇"
```

필요에 따라서는 분석 단위를 다르게 할 수도 있다. 예를 들어, 현재 에피소드 단위로 집계되어 있는 데이터를 다음과 같이 웹소설 단위로 집계해볼 수 있다.

```
> some.doc <- some.word %>%
+   group_by(genre, title) %>%
+   summarise(content=paste(content, collapse=" ")) %>%
+   ungroup()
```

```
> some.doc
# A tibble: 4 x 3
  genre   title              content
  <chr>   <chr>              <chr>
1 로맨스  깊게 씹어 삼킨 탐~  통유리 통과 달빛 서교 눈빛 맹수 이본 철제 침대 갈빗대 ~
2 무협    진천(鎭天)          시산혈해 황궁 황제 걸음 황제 용상 맹주 통보 도망 물음 ~
3 미스터~ 이상하고 특별한 ~   특별 이유 불안 입술 평소 언행 자신 실수 직전 전조 새끼 ~
4 판타지  전생 회계사는 소~   프롤로그 꿈속 사람 광경 지식 꿈속 처음 학교 회사 결혼 ~
> some.doc$content[1]
[1] "통유리 통과 달빛 서교 눈빛 맹수 이본 철제 침대 갈빗대 남자 시야 완벽 관능 서교
얼굴 근육 아래 척추 손바닥 본인 영역 아쉬움 촉감 대신 이사 처음 서교 때문 눈앞 점멸
…(중략)… 사람 내성 에이든 카빌 특별 기억 유명 디자이너 신경 정도 때문 사람 스카웃
팀장 시원 걱정 불안 지헝 모습 신재익 부사장 시도 이슈 지형 회의 마무리 이본 자리 회의
내용 정리"
```

이제 앞서와 동일한 방식을 전체 웹소설 데이터셋에 적용해보자. 모든 웹소설 텍스트를 전처리한 후 그로부터 명사에 해당하는 단어를 추출하여 웹소설별 에피소드별로 저장한다.

```
> words <- navernovel.ranking %>%
+   mutate(content=str_replace_all(content, "[[:punct:]]", " ")) %>%
+   mutate(content=str_replace_all(content, "[[:digit:]]", " ")) %>%
+   mutate(content=str_replace_all(content, "[^가-힣 ]", " ")) %>%
+   mutate(content=str_replace_all(content, "[[:space:]]{2,}", " ")) %>%
+   mutate(content=str_trim(content)) %>%
+   mutate(content=iconv(content, "UTF-8")) %>%
+   mutate(content=map(content, token_nouns)) %>%
+   mutate(content=map(content, unlist)) %>%
+   mutate(content=map(content, ~.x[str_length(.x) >= 2])) %>%
+   mutate(content=map_chr(content, paste, collapse=" "))
> words
# A tibble: 3,554 x 9
      id type    genre   rank title   author rating episode   content
   <int> <chr>   <chr>  <dbl> <chr>   <chr>   <dbl> <chr>     <chr>
 1     1 베스트~ 로맨스     1 깊게 ~  차신유   9.96 1.절단할~ 통유리 통과 달빛 서~
 2     2 베스트~ 로맨스     1 깊게 ~  차신유   9.96 2.더 깊게 행사장 이본 서교 아~
 3     3 베스트~ 로맨스     1 깊게 ~  차신유   9.96 3.지독한~ 전략 기획 사무실 작~
…(중략)
 8     8 베스트~ 로맨스     1 깊게 ~  차신유   9.96 8.휩쓸려~ 무례 변명 상처 속내 ~
 9     9 베스트~ 로맨스     1 깊게 ~  차신유   9.96 9. 치명적~ 서교 이본 장소 고급 ~
10    10 베스트~ 로맨스     1 깊게 ~  차신유   9.96 10. 가둬~ 꽃다발 전무 생각 초~
# ... with 3,544 more rows
```

현재 에피소드별로 집계되어 있는 데이터셋을 다음과 같이 웹소설별로 집계한다.

```
> docs <- words %>%
+   group_by(genre, rank, title, rating) %>%
+   summarise(content=paste(content, collapse=" ")) %>%
+   ungroup()
> docs
# A tibble: 358 x 5
   genre  rank title           rating content
   <chr> <dbl> <chr>            <dbl> <chr>
 1 로맨스     1 깊게 씹어 삼킨 ~    9.96 통유리 통과 달빛 서교 눈빛 맹수 이본 철제 ~
 2 로맨스     2 사랑을 수선해드~    9.95 저녁 즈음 제이 가게 제이 수선 어깨 남자 자~
 3 로맨스     3 내꿈은 애엄마      9.99 오늘 커피 당번 간호사 소아과 병원 수요일 점~
…(중략)
 8 로맨스     8 짜릿하게 흔들다   10    금요일 퇴근 시간 평일 동안 직장 회포 사람 ~
 9 로맨스     9 대표님의 첫사랑~    9.94 그해 얼굴 자신 응시 모습 쾌감 처절 비참 발~
10 로맨스    10 완벽하지 않은 ~     9.63 겨울 무렵 계절 억수 구름 어둠 장례식장 상복~
# ... with 348 more rows
```

웹소설에 포함된 단어의 개수를 함께 출력하면 다음과 같다.[46]

```
> docs %>%
+   mutate(word.count=str_count(.$content, "\\w+"))
# A tibble: 358 x 6
   genre  rank title                      rating content                word.count
   <chr> <dbl> <chr>                       <dbl> <chr>                       <int>
 1 로맨스     1 깊게 씹어 삼킨 탐욕            9.96 통유리 통과 달빛 서교 ~         3640
 2 로맨스     2 사랑을 수선해드립니다          9.95 저녁 즈음 제이 가게 제~         4608
 3 로맨스     3 내꿈은 애엄마                 9.99 오늘 커피 당번 간호사 ~         3987
…(중략)
 8 로맨스     8 짜릿하게 흔들다              10    금요일 퇴근 시간 평일 ~         3049
 9 로맨스     9 대표님의 첫사랑이 돌아왔다.    9.94 그해 얼굴 자신 응시 모~         4736
10 로맨스    10 완벽하지 않은 결혼            9.63 겨울 무렵 계절 억수 구~         3249
# ... with 348 more rows
```

46 stringi 패키지의 stri_count_words() 함수를 이용해도 텍스트에 포함된 단어의 개수를 셀 수 있다.

이제 이 데이터셋을 바탕으로 다양한 분석을 시도해볼 수 있다. 정제 과정을 마친 비정형의 텍스트 데이터는 일반적으로 문서-용어행렬 형태의 구조화 과정을 거친 후 분석에 활용된다. 여기에서는 tm 패키지를 이용하여 문서-용어행렬을 생성한다. 이를 위해서 우선 이 데이터셋을 문서의 집합인 코퍼스 형식, 즉 tm 패키지의 Corpus 객체로 변환한다. 텍스트를 읽어들이기 위해서는 텍스트가 저장되어 있는 소스에 대응되는 함수를 사용해야 한다. 소스별 대응 함수는 getSources() 함수를 이용하여 확인할 수 있다.

```
> library(tm)
> getSources()
[1] "DataframeSource" "DirSource"       "URISource"       "VectorSource"
[5] "XMLSource"       "ZipSource"
```

데이터셋이 데이터프레임 형식으로 되어 있으므로 DataframeSource() 함수를 이용하여 읽어들인다. 그런데 DataframeSource() 함수를 이용하기 위해서는 데이터프레임의 첫 번째와 두 번째 열에 각각 문서의 고유 ID와 텍스트가 저장되어 있어야 하고 열 이름은 doc_id와 text이어야 한다. 따라서 데이터프레임을 코퍼스 형식으로 변환하기 전에 첫 번째 위치에 doc_id 열을 추가하고 텍스트가 포함된 content 열의 이름을 text로 변경한 후 열의 위치를 조정한다.

```
> docs <- docs %>%
+   mutate(doc_id=1:n()) %>%
+   select(doc_id, text=content, everything())
> docs
# A tibble: 358 x 6
   doc_id text                                  genre  rank title            rating
    <int> <chr>                                 <chr> <dbl> <chr>             <dbl>
 1      1 통유리 통과 달빛 서교 눈빛 맹수 이본 ~ 로맨~      1 깊게 씹어 삼킨~     9.96
 2      2 저녁 즈음 제이 가게 제이 수선 어깨 남~ 로맨~      2 사랑을 수선해~     9.95
 3      3 오늘 커피 당번 간호사 소아과 병원 수요~ 로맨~      3 내꿈은 애엄마      9.99
…(중략)
 8      8 금요일 퇴근 시간 평일 동안 직장 회포 ~ 로맨~      8 짜릿하게 흔들다    10
 9      9 그해 얼굴 자신 응시 모습 쾌감 처절 비~ 로맨       9 대표님의 첫사~     9.94
10     10 겨울 무렵 계절 억수 구름 어둠 장례식장~ 로맨~     10 완벽하지 않은 ~    9.63
# ... with 348 more rows
```

코퍼스 형식으로의 변환은 다음과 같이 VCorpus() 함수를 이용한다.

```
> corp <- VCorpus(DataframeSource(docs))
> class(corp)
[1] "VCorpus" "Corpus"
> corp
<<VCorpus>>
Metadata:  corpus specific: 0, document level (indexed): 4
Content:  documents: 358
```

이제 정제 과정을 마친 비정형의 텍스트 데이터를 DocumentTermMatrix() 함수를 이용하여 문서–용어행렬 형태로 구조화한다. 생성된 문서–용어행렬은 358×15,048의 크기를 가지며 셀의 대부분(99%, 5,308,679개)은 0이다. 행은 문서를 나타내고 열은 단어를 의미한다. 행과 열이 교차하는 셀값은 해당 문서에서의 단어의 등장 횟수를 나타낸다. 여기에서는 수집한 웹소설 358개 각각이 하나의 문서를 나타내며, 이로부터 15,048개의 단어가 추출되었다. 분석의 편의를 위해 행 이름을 웹소설 ID와 해당 웹소설의 장르명으로 부여하였다(즉 'ID–장르').

```
> dtm <- DocumentTermMatrix(corp)
> rownames(dtm) <- paste0(docs$doc_id, "-", docs$genre)
> dtm
<<DocumentTermMatrix (documents: 358, terms: 15048)>>
Non-/sparse entries: 78505/5308679
Sparsity           : 99%
Maximal term length: 8
Weighting          : term frequency (tf)
> inspect(dtm[1:6, 1:6])
<<DocumentTermMatrix (documents: 6, terms: 6)>>
Non-/sparse entries: 0/36
Sparsity           : 100%
Maximal term length: 4
Weighting          : term frequency (tf)
Sample             :
          Terms
Docs        가가대소 가가멜 가격대 가격표 가계도 가구점
  1-로맨스         0      0      0      0      0      0
  2-로맨스         0      0      0      0      0      0
  3-로맨스         0      0      0      0      0      0
  4-로맨스         0      0      0      0      0      0
  5-로맨스         0      0      0      0      0      0
  6-로맨스         0      0      0      0      0      0
```

단어의 출현 빈도를 살펴보면 다음과 같다. 작게는 한 번 등장한 단어부터 많게는 최대 4,722번 등장한 단어까지 발생 빈도가 넓게 분포되어 있다. 하지만 전체 단어의 75%(3rd quantile)에 해당하는 대부분의 단어는 8회 이하 등장한다.

```
> library(slam)
> summary(col_sums(dtm))
   Min. 1st Qu.  Median    Mean 3rd Qu.    Max. 
   1.00    1.00    3.00   12.94    8.00 4722.00 
```

상위 10개 단어와 500번 이상 출현한 단어는 다음과 같다.

```
> col_sums(dtm)[order(col_sums(dtm), decreasing=TRUE)][1:10]
목소리 이야기 아버지 마지막 어머니 손가락 분위기 아저씨 머릿속 눈동자 
  4722   3371   2506   1666   1599   1329   1205   1174   1116   1105 
> findFreqTerms(dtm, lowfreq=500)
 [1] "가운데"     "거짓말"     "그림자"     "나머지"     "눈동자"     "대부분"    
 [7] "레이스"     "마지막"     "마찬가지"   "머릿속"     "목소리"     "발걸음"    
[13] "분위기"     "사무실"     "손가락"     "순식간"     "아가씨"     "아버님"    
[19] "아버지"     "아저씨"     "어머니"     "엘리베이터" "오랜만"     "움직임"    
[25] "이야기"     "주머니"     "테이블"     "피해자"     "할머니"     "할아버지"  
[31] "핸드폰"     "화장실"     "휴대폰"    
```

일반적으로 발생 빈도가 높은 단어는 중요한 단어일 가능성이 높다. 그러나 발생 빈도가 높더라도 거의 모든 문서에서 해당 단어가 나타난다면 그 단어는 개별 문서의 특성을 파악하는 데 큰 도움이 되지 않는다. 효과적인 텍스트분석을 위해서는 발생 빈도는 높지만 거의 모든 문서에 공통적으로 등장하는 단어는 분석 대상 텍스트로부터 제거하는 것이 바람직하다. 다시 말해 발생 빈도가 높으면서도 문서마다 등장하지는 않아서 각 문서를 고유하게 식별하는 데 도움을 줄 수 있는 단어가 분석 대상 텍스트에 포함되도록 한다.

tf-idf(term frequency-inverse document frequency)는 이러한 두 가지 기준(발생 빈도가 높은 단어, 여러 문서에 걸쳐 덜 공통적으로 나타나는 단어)을 종합적으로 고려한 지표로서 일반적으로 분석에 포함시킬 단어 집합을 결정하는 데 널리 활용되고 있다. 문서 i에서의 단어 j의 $tf\text{-}idf_{ij}$는 다음과 같이 계산한다.

$$tf\text{-}idf_{ij} = f_{ij} \times \log\left(\frac{n}{d_j}\right)$$

여기서, f_{ij}는 문서 i에서의 단어 j의 비율, n은 문서의 개수, d_j는 단어 j가 포함된 문서의 개수

tf(단어 빈도, term frequency)는 특정 단어가 문서 내에 얼마나 자주 등장하는지를 나타내며 idf(역문서 빈도, inverse document frequency)는 특정 단어가 여러 문서에 걸쳐 얼마나 적게 등장하는지를 보여준다. 따라서 이 둘을 곱한 tf-idf는 특정 문서 내에서 단어 빈도가 높을수록, 그리고 전체 문서 중 그 단어를 포함한 문서가 적을수록 높은 값을 갖게 된다.

이제 이러한 tf-idf 기준을 이용하여 분석에 큰 기여를 하지 못하는 단어를 제거해보자.47 우선 앞의 산식을 바탕으로 다음과 같이 각 단어의 tf-idf 값을 계산한다.48 `DocumentTermMatrix` 형식의 데이터는 내부적으로 저밀도 행렬을 표현하는 Simple Triplet Matrix 형식으로 되어 있다. 즉 모든 셀값을 보관하고 있는 것이 아니라 (i, j, v)의 형태로 값이 존재하는 셀에 대한 정보만을 저장한다. i와 j는 각각 행과 열의 인덱스를 나타내며 v는 해당 셀의 값을 나타낸다.

```
> term.tfidf <- tapply(dtm$v/row_sums(dtm)[dtm$i], dtm$j, mean)*
+   log2(nDocs(dtm)/col_sums(dtm > 0))
> summary(term.tfidf)
    Min.  1st Qu.   Median     Mean  3rd Qu.     Max.
0.001261 0.011097 0.015624 0.037471 0.026451 2.816131
```

여기에서 `tapply(dtm$v/row_sums(dtm)[dtm$i], dtm$j, mean)`는 문서-용어행렬에 포함된 각 단어의 tf를 나타낸다. 셀값(즉 문서별 단어별 출현 빈도, `dtm$v`)을 해당 단어가 포함된 문서의 단어 출현 빈도합(`row_sums(dtm)[dtm$i]`)으로 나눈 후 `tapply()` 함수를 이용하여 단어별(`dtm$j`)로 평균(`mean`)을 계산한다. `log2(nDocs(dtm)/col_sums(dtm > 0))`는 idf를 나타낸다. `nDocs()` 함수는 문서-용어행렬에 포함된 문서의 개수를 반환한다. 문서의 개수(`nDocs(dtm)`)를 단어별로 해당 단어가 포함된 문서의 개수(`col_sums(dtm > 0)`)로 나눈 후 `log2()` 함수로 로그값을 계산한다.

여기에서는 계산된 tf-idf 중위수를 기준으로 단어 집합을 결정한다. 다음과 같이 tf-idf 값이 중위수 이상인 단어는 분석 대상 데이터셋에 포함시키고, 그렇지 않은 단어는 제거한다. 이렇게 함으로써 발생 빈도가 낮은 단어뿐만 아니라 거의 모든 웹소설에서 빈번히 등장하는 단어도 분석에서 제외할 수 있다.

---

47 `tm` 패키지의 `DocumentTermMatrix()` 함수는 문서-용어행렬을 생성할 때 기본적으로 단어의 발생 빈도(즉 tf)를 셀값으로 한다. 하지만 별도의 인수 지정을 통해 tf-idf 값을 이용하여 문서-용어행렬을 생성할 수도 있다(`control=list(weighting=weightTfIdf)` 또는 `control=list(weighting=function(x) weightTfIdf(x, normalize=FALSE))`). 그러나 곧이어 살펴볼 토픽모델링을 위해서는 tf로 계산된 문서-용어행렬이 필요하기 때문에 여기에서는 지금처럼 별도의 작업을 통해 tf-idf 값을 계산하여 분석에 포함시킬 단어 집합을 결정하기 위한 기준으로 사용한다.

48 `tm` 패키지의 `DocumentTermMatrix()` 함수는 tf-idf 값을 계산할 때 사용하는 로그함수의 밑수로서 2를 사용한다. 따라서 여기에서도 tf-idf 값 계산 시 이와 동일하게 `log2()` 함수를 사용한다.

```
> dtm <- dtm[, term.tfidf >= median(term.tfidf)]
```

일부 단어가 제거됨으로써 문서-용어행렬에는 어떤 단어도 포함하지 않는 문서가 존재할 수 있다. 문서-용어행렬로부터 단어 출현이 없는 문서는 제거한다.

```
> dtm <- dtm[row_sums(dtm) > 0,]
> dtm
<<DocumentTermMatrix (documents: 357, terms: 7540)>>
Non-/sparse entries: 23291/2668489
Sparsity           : 99%
Maximal term length: 8
Weighting          : term frequency (tf)
```

단어 개수가 종전에 비해 절반 수준으로 줄어들었다. 구체적으로 단어의 출현 빈도를 다시 살펴보면 다음과 같다.

```
> col_sums(dtm)[order(col_sums(dtm), decreasing=TRUE)][1:10]
    아저씨      할머니     핸드폰    할아버지     휴대폰     사무실      아가씨
     1174        1023        898        819        790        779        631
    피해자  엘리베이터     아버님
      581         578        528
> findFreqTerms(dtm, lowfreq=500)
 [1] "레이스"    "사무실"    "아가씨"    "아버님"    "아저씨"    "엘리베이터"
 [7] "피해자"    "할머니"    "할아버지"  "핸드폰"    "휴대폰"
```

'가운데', '나머지', '대부분', '마찬가지'와 같이 웹소설에 반복적으로 등장하는 단어가 모두 제거되었다. 이제 텍스트분석을 위한 기본적인 전처리 과정을 마쳤다. 먼저 웹소설에 빈번히 함께 등장하는 단어를 찾아보고 이들 간의 관계를 네트워크 그래프로 시각화해보자. `widyr` 패키지의 `pairwise_count()` 함수를 이용하면 함께 등장하는 단어 리스트와 그들의 발생 빈도를 구할 수 있다. 이를 위해 먼저 문서-용어행렬을 다음과 같이 `tidy()` 함수를 이용하여 롱포맷의 타이디-텍스트(tidy-text) 형식으로 변환한다.[49] 행의 방향으로 배치된 단어들이 하나의 변수(`term`) 아래에 열 방향으로 길게 배치된다.

---

49 `tidy()` 함수는 제네릭 함수(generic function)로서 인수로 주어지는 객체의 클래스에 따라 적합한 하위 함수(이를 메소드(method)라고 함)를 호출하여 실행한다. 예를 들어, 여기처럼 `DocumentTermMatrix` 클래스의 객체가 주어지면 내부적으로 `tdm_tidiers()` 하위 함수를 호출하여 문서-용어행렬을 타이디-텍스트 형식의 데이터셋으로 변환한다. 도움말(`?tidy`)을 이용하거나 `methods(tidy)`를 실행하여 사용 가능한 하위 함수를 확인할 수 있다.

```
> library(tidytext)
> dtm.long <- tidy(dtm)
> dtm.long
# A tibble: 23,291 x 3
   document term     count
   <chr>    <chr>    <dbl>
 1 1-로맨스  갈빗대       2
 2 1-로맨스  거베라       1
 3 1-로맨스  고용인       8
 4 1-로맨스  귀걸이       1
 5 1-로맨스  꽃다발      14
 6 1-로맨스  데스티니     1
 7 1-로맨스  돼지고기     1
 8 1-로맨스  드레스       1
 9 1-로맨스  디자이너     6
10 1-로맨스  맨해튼       4
# ... with 23,281 more rows
```

pairwise_count() 함수의 첫 번째 인수(tbl)에는 데이터프레임을 비롯한 테이블 형식의 데이터셋을 지정한다(여기에서는 %>%를 통해 전달받은 dtm.long 데이터셋). 두 번째 인수(item)에는 단어 열을 지정하고 세 번째 인수(feature)에는 동시 출현을 평가할 문서(즉 각 단어가 속한 웹소설) 열을 지정한다. 추가로 upper=FALSE를 지정하면 단어 간 연결관계를 중복 없이 추출할 수 있다.

```
> library(widyr)
> word.pair <- dtm.long %>%
+   pairwise_count(item=term, feature=document, sort=TRUE, upper=FALSE)
> word.pair
# A tibble: 723,014 x 3
   item1  item2        n
   <chr>  <chr>    <dbl>
 1 아저씨 아가씨      68
 2 아저씨 할아버지    65
 3 아저씨 핸드폰      60
…(중략)
 8 아저씨 엘리베이터  52
 9 아저씨 할머니      52
10 사무실 휴대폰      50
# ... with 723,004 more rows
```

이렇게 생성한 동시 출현 단어의 데이터셋으로부터 단어 간 네트워크 그래프를 그릴 수 있다. 여기에서는 20번 이상 함께 등장한 단어만을 대상으로 이들 간의 관계를 시각화해보자. 노드와 라인으로 구성된 네트워크 데이터로 변환하기 위하여 다음과 같이 igraph 패키지의 graph_from_data_frame() 함수를 이용한다.

```
> library(igraph)
> word.pair <- filter(word.pair, n >= 20)
> word.pair.g <- graph_from_data_frame(word.pair)
> word.pair.g
IGRAPH ebfbb2d DN-- 51 207 --
+ attr: name (v/c), n (e/n)
+ edges from ebfbb2d (vertex names):
 [1] 아저씨     ->아가씨     아저씨     ->할아버지   아저씨     ->핸드폰
 [4] 사무실     ->엘리베이터 엘리베이터->핸드폰     사무실     ->핸드폰
 [7] 사무실     ->아저씨     아저씨     ->엘리베이터 아저씨     ->할머니
[10] 사무실     ->휴대폰     아저씨     ->휴대폰     아버님     ->아저씨
[13] 엘리베이터->아파트     엘리베이터->휴대폰     아가씨     ->할아버지
[16] 사무실     ->아가씨     아가씨     ->핸드폰     사무실     ->아파트
[19] 아파트     ->핸드폰     아저씨     ->피해자     사무실     ->경찰서
[22] 사무실     ->피해자     아버님     ->아가씨     아저씨     ->아파트
+ ... omitted several edges
```

네트워크 데이터에 plot() 함수를 적용하여 쉽게 네트워크 그래프를 생성할 수 있다. 하지만 여기에서는 다음과 같이 ggraph 패키지를 이용한다. ggraph 패키지의 ggraph() 함수를 이용하면 좀 더 예쁜 네트워크 그래프를 만들 수 있다. 생성된 그래프는 [그림 4-45]와 같다.

```
> library(ggraph)
> set.seed(123)
> windows(width=7.0, height=5.5)
> ggraph(word.pair.g, layout="fr") +
+   geom_edge_link(aes(edge_alpha=n, edge_width=n), edge_colour="cyan4") +
+   geom_node_point(shape=21, color="gray", fill="tomato", size=5, stroke=2) +
+   geom_node_text(aes(label=name), repel=TRUE, point.padding=unit(0.2, "lines")) +
+   labs(title="네이버 웹소설",
+        subtitle="동시 출현 단어 네트워크",
+        caption="출처: 네이버") +
+   theme_void() +
```

▶ 그림 4-45 ▎**웹소설.** 네트워크의 노드는 단어를 나타내며 라인은 단어 간의 동시 출현 관계를 나타낸다. 라인의 폭이 두껍고 색상이 짙을수록 동시 출현 빈도가 크다는 것을 의미한다.

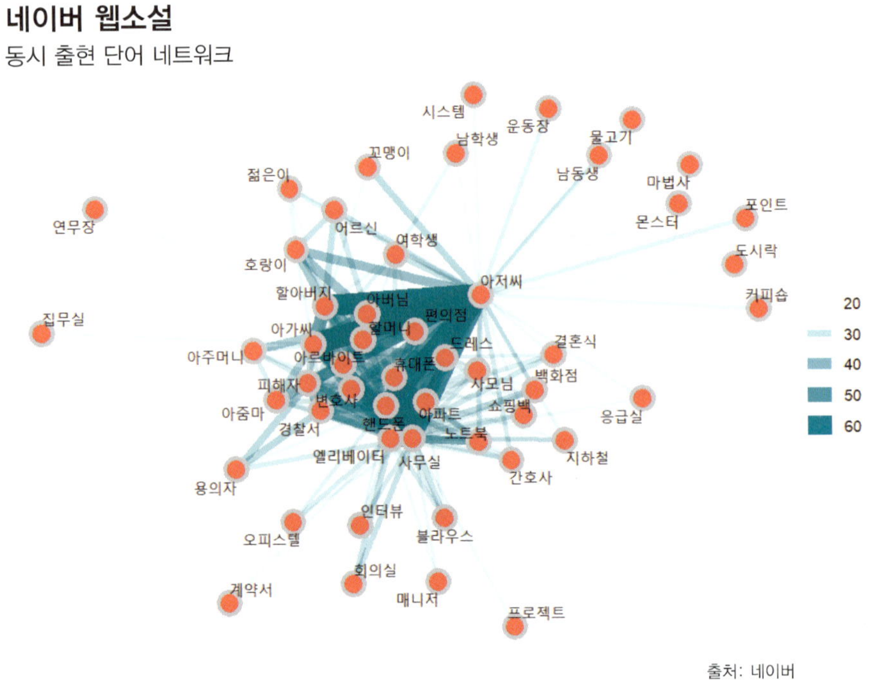


```
+   theme(plot.title=element_text(face="bold", size=18),
+         plot.subtitle=element_text(size=15),
+         plot.caption=element_text(size=12),
+         legend.title=element_blank())
```

동시 출현 단어 네트워크를 장르별로 살펴보면 장르별 특성을 보다 정확히 파악하는 데 도움이 될 수 있다. 예를 들어, 판타지 장르에 대한 네트워크 데이터는 다음과 같이 생성한다. 이와 유사한 방식으로 다른 장르의 네트워크 데이터도 생성할 수 있다. [그림 4-46]은 이렇게 생성한 장르별 네트워크 데이터를 바탕으로 도출한 동시 출현 단어 네트워크 그래프이다. 웹소설의 장르별로 함께 등장하는 단어에 있어서 차이가 있는 것을 볼 수 있다.[50]

---

50 여기에서는 장르별 네트워크 데이터를 생성할 때 함께 등장한 단어의 개수를 로맨스는 15개 이상, 판타지는 9개 이상, 무협은 9개 이상, 미스터리는 15개 이상으로 제한하였다. patchwork 패키지를 이용하면 여기에서처럼 여러 개의 그래프를 하나의 그래프 창에 나타낼 수 있다. 사용법은 도움말(?patchwork)과 '제5장 CSS 선택자'의 '5.3 사례 – 세계인구 @위키피디아'를 참고한다.

▶ 그림 4-46 ▌ **웹소설.** 동시 출현하는 단어들이 웹소설 장르별로 차이가 있다.

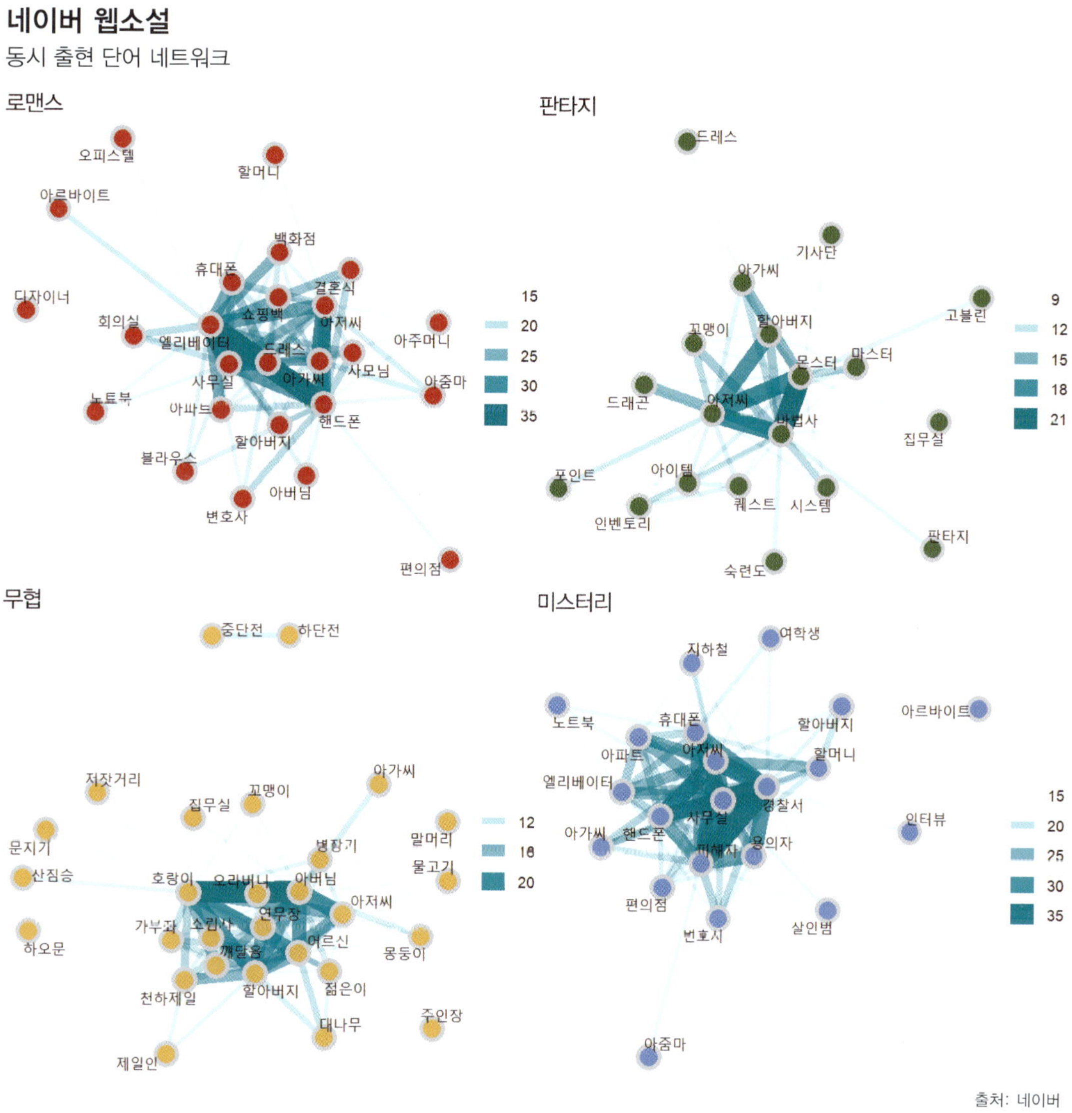


```
> word.pair.g <- dtm.long %>%
+   filter(str_detect(document, "판타지")) %>%
+   pairwise_count(item=term, feature=document, sort=TRUE, upper=FALSE) %>%
+   filter(n >= 9) %>%
+   graph_from_data_frame()
```

```
> word.pair.g
IGRAPH 21f02cb DN-- 19 48 --
+ attr: name (v/c), n (e/n)
+ edges from 21f02cb (vertex names):
 [1] 몬스터  ->마법사   몬스터  ->아저씨   마법사  ->아저씨   아저씨  ->할아버지
 [5] 몬스터  ->아가씨   드래곤  ->마법사   꼬맹이  ->마법사   마법사  ->할아버지
 [9] 마스터  ->몬스터   아가씨  ->마법사   마법사  ->시스템   꼬맹이  ->아저씨
[13] 마법사  ->아이템   아이템  ->인벤토리 아저씨  ->포인트   몬스터  ->할아버지
[17] 아가씨  ->할아버지 마법사  ->숙련도   몬스터  ->아이템   마스터  ->아저씨
[21] 아가씨  ->아저씨   아이템  ->아저씨   아이템  ->퀘스트   아저씨  ->퀘스트
[25] 인벤토리->퀘스트   마법사  ->판타지   몬스터  ->고블린   기사단  ->몬스터
[29] 기사단  ->아가씨   몬스터  ->꼬맹이   몬스터  ->드래곤   마스터  ->마법사
```

이번에는 토픽모델링(topic modeling)을 통해 웹소설의 텍스트를 바탕으로 토픽을 추출해보자.[51] 그런데 현재 분석에 사용하고 있는 네이버 웹소설은 이미 '토픽'에 해당하는 웹소설의 장르(로맨스, 판타지, 무협, 미스터리)가 주어져 있다. 따라서 토픽모델링에 의해 추출한 토픽과 네이버에서 분류된 장르가 어느 정도 일치하는지 살펴보는 것도 흥미로운 분석이 될 수 있다.

topicmodels 패키지의 LDA() 함수를 이용하여 토픽모델링을 수행해보자. LDA() 함수는 많은 인수를 가지고 있으며 대부분은 기본값을 사용해도 무방하다. 여기에서는 method="Gibbs"를 지정하여 깁스 샘플링(Gibbs sampling)을 기반으로 한 토픽 할당을 수행한다. 토픽의 개수는 네 개로 지정하여(k=4) 여기에서 현재 수집한 네이버 웹소설의 장르 개수와 일치시킨다.

```
> library(topicmodels)
> webnovel.lda <- LDA(dtm, method="Gibbs", k=4, control=list(seed=123))
> webnovel.lda
A LDA_Gibbs topic model with 4 topics.
```

51 토픽모델링은 대량의 문서 집합 속에서 토픽을 찾는 텍스트분석 기법이다. 텍스트분석의 관점에서 볼 때 토픽은 단어주머니(bag-of-words)로 정의되며 함께 등장하는 단어들의 반복되는 패턴(recurring pattern of co-occurring words)을 의미한다. 토픽모델링의 결과물은 일반적으로 토픽을 구성하는 단어의 리스트이다. 이 단어 리스트를 통해 문서 내에 존재하는 토픽을 추론한다. 토픽모델링에서는 문서를 토픽의 혼합체(mixture of topics)라고 가정한다. 즉 문서는 여러 다양한 토픽으로 구성된다. 그리고 토픽은 단어로 구성된다. 어떤 문서에 어떤 토픽이 포함될지는 토픽의 확률적 분포에 따라 결정되며, 어떤 토픽에 어떤 단어가 포함될지는 단어주머니에 포함된 단어의 확률적 분포에 따라 결정된다. 토픽모델은 토픽과 단어의 확률적 분포를 바탕으로 새로운 문서를 생성하는 확률적 절차를 정의한다. 이런 관점에서 토픽모델은 문서에 대한 생성모델(generative model)이라고 한다. 이는 문서에 포함된 주제의 구성 비율(즉 토픽의 확률적 분포)과 각 주제별로 특정 단어가 선택될 확률(즉 토픽을 구성하는 단어의 확률적 분포)을 알고 있으면 특정 토픽들로 구성된 문서를 생성할 수 있다는 것을 의미한다. 즉 토픽으로부터 단어를 추출하고, 추출된 단어로부터 문서를 생성한다. 곽기영 교수의 유튜브 채널에서 텍스트마이닝 및 토픽모델링에 대한 동영상 강의를 시청할 수 있다(https://www.youtube.com/곽기영).

토픽모델링 분석 결과 몇 가지를 살펴보자. 우선 문서별(즉 웹소설별) 대표 토픽을 확인할 수 있다. 토픽모델링에서 문서는 하나의 토픽으로만 구성되는 것이 아니라 구성 확률에 있어서 차이는 있지만 모든 토픽(여기에서는 네 개 토픽)이 섞여 있는 것으로 가정한다. 문서별 대표 토픽은 이 가운데 가장 높은 확률을 갖는 토픽이다. `topics()` 함수는 문서별 대표 토픽을 보여준다. 다음은 처음 여덟 개 웹소설의 대표 토픽이며 문서별로 토픽번호가 출력된다.

```
> topics(webnovel.lda)[1:8]
1-로맨스 2-로맨스 3-로맨스 4-로맨스 5-로맨스 6-로맨스 7-로맨스 8-로맨스
       2        2        2        2        2        2        2        4
```

네 게 토픽별로 문서의 분포를 살펴보면 다음과 같다.

```
> table(topics(webnovel.lda))

  1   2   3   4 
111 111  56  79 
```

다음과 같이 토픽별로 연관성이 높은 대표 단어를 확인할 수 있다. 각 토픽은 연관성의 정도에 있어서 차이는 있지만 전체 문서에 등장하는 단어를 모두 포함한다. 이 가운데 해당 토픽에 속할 확률이 높은 단어가 토픽별 대표 단어이다. `terms()` 함수를 이용하여 토픽별 대표 단어를 확인할 수 있다. 다음은 각 토픽별 상위 10개 대표 단어이다.

```
> terms(webnovel.lda, 10)
      Topic 1    Topic 2      Topic 3    Topic 4 
 [1,] "할아버지" "할머니"     "레이스"   "아저씨"
 [2,] "아버님"   "핸드폰"     "마법사"   "피해자"
 [3,] "아가씨"   "휴대폰"     "몬스터"   "이리나"
 [4,] "어르신"   "사무실"     "드래곤"   "경찰서"
 [5,] "오라버니" "변호사"     "네메시스" "사무실"
 [6,] "호랑이"   "엘리베이터" "리지엘"   "휴대폰"
 [7,] "아저씨"   "제이슨"     "흡혈귀"   "여학생"
 [8,] "비구니"   "드레스"     "퀘스트"   "에이든"
 [9,] "연무장"   "부사장"     "아카데미" "노영근"
[10,] "젊은이"   "간호사"     "메데이아" "핸드폰"
```

의미 있는 토픽이 비교적 잘 추출된 것으로 보인다. 토픽별 대표 단어를 관찰함으로써 각 토픽이 어떤 내용을 다루고 있는지 유추해볼 수 있다. 여기에서는 웹소설의 네 장르가 이미 주어져 있기 때문에

토픽별 대표 단어와 웹소설 장르 간 관계를 비교적 쉽게 연관지어 추론해보는 것이 가능하다. 예를 들어, 토픽3에는 마법사, 몬스터, 드래곤 등이 대표 단어로 포함되어 있으며, 이는 토픽3이 판타지 장르라는 것을 나타낸다. 토픽4에 포함된 피해자, 경찰서, 휴대폰/핸드폰 등의 단어는 이 토픽이 미스터리 장르와 가깝다는 것을 보여준다. 토픽1은 아가씨, 호랑이, 연무장 등의 단어를 포함하고 있어 무협과 관련된 주제를 다루고 있다고 짐작해볼 수 있다. 토픽2의 경우 엘리베이터, 드레스, 부사장 등이 대표 단어로서 네 장르 가운데 로맨스 장르가 유력해보인다.[52]

토픽모델링 결과 생성된 LDA 객체에는 다음과 같이 분석 결과에 대한 다양한 정보가 담겨 있다. 이 가운데 beta 슬롯과 gamma 슬롯은 토픽모델링의 핵심적인 정보를 제공한다. 단어, 토픽, 문서 간의 관계에서 beta 슬롯은 단어-토픽 확률(베타 확률)을 나타내며 gamma 슬롯은 문서-토픽 확률(감마 확률)을 나타낸다.

52 물론 이것은 저자의 주관적 판단이며 독자들은 이와 다르게 분류할 수도 있다.

```
> str(webnovel.lda, max.level=2, nchar.max=50)
Formal class 'LDA_Gibbs' [package "topicmodels"] with 16 slots
  ..@ seedwords      : NULL
…(중략)
  ..@ k              : int 4
  ..@ terms          : chr [1:7540] "가가멜" "가격대" "가계도" "가나다순" ...
  ..@ documents      : chr [1:357] "1-로맨스" "2-로맨스" "3-로맨스" "4-로맨스" ...
  ..@ beta           : num [1:4, 1:7540] -7.8 -12.5 -12.2 -12.3 -12.4 ...
  ..@ gamma          : num [1:357, 1:4] 0.0702 0.0572 0.0712 0.0676 0.0925 ...
…(중략)
  ..@ n              : int 91577
```

각 토픽으로부터 특정 단어가 생성될 확률, 즉 특정 단어가 각 토픽에서 출현할 확률은 토픽모델 객체의 beta 슬롯에서 확인할 수 있다. beta 슬롯에는 로그값으로 저장되어 있기 때문에 실제 확률을 계산하려면 exp() 함수를 이용하여 변환한다. 예를 들어, 처음 다섯 단어가 네 개의 각 토픽에서 발생할 확률은 다음과 같이 구할 수 있다. 행은 토픽이고 열은 단어인 토픽×단어 행렬 형식으로 출력된다.

```
> webnovel.lda@beta[1:4, 1:5]
           [,1]       [,2]      [,3]      [,4]       [,5]
[1,]  -7.796624 -12.411744 -12.41174 -12.41174 -12.411744
[2,] -12.536778  -8.142329 -10.13888 -12.53678 -12.536778
[3,] -12.233980 -12.233980 -12.23398 -12.23398 -12.233980
[4,] -12.284005 -12.284005 -12.28401  -9.88611  -9.239483
```

```
> exp(webnovel.lda@beta[1:4, 1:5])
             [,1]         [,2]         [,3]         [,4]         [,5]
[1,] 4.111206e-04 4.070501e-06 4.070501e-06 4.070501e-06 4.070501e-06
[2,] 3.592083e-06 2.909587e-04 3.951291e-05 3.592083e-06 3.592083e-06
[3,] 4.862394e-06 4.862394e-06 4.862394e-06 4.862394e-06 4.862394e-06
[4,] 4.625133e-06 4.625133e-06 4.625133e-06 5.087646e-05 9.712779e-05
```

토픽별로 발생 확률이 가장 높은 상위 10개 단어를 추출하여 이들의 분포를 그래프로 그려보자. 이를 위해 우선 tidy() 함수를 이용하여 다음과 같이 베타 확률 행렬을 한 행에 하나의 토픽, 하나의 단어씩 배치된 롱포맷 형식으로 변환한다.[53]

53 tidy() 함수는 LDA 클래스의 객체가 주어지면 내부적으로 lda_tidiers() 하위 함수를 호출한다. 토픽모델 객체의 beat 슬롯과 gamma 슬롯으로부터 정보를 추출하여 타이디-텍스트 형식의 데이터셋으로 변환한다.

```
> library(tidytext)
> webnovel.term <- tidy(webnovel.lda, matrix="beta")
> webnovel.term
# A tibble: 30,160 x 3
   topic term         beta
   <int> <chr>       <dbl>
 1     1 가가멜 0.000411
 2     2 가가멜 0.00000359
 3     3 가가멜 0.00000486
…(중략)
 8     4 가격대 0.00000463
 9     1 가계도 0.00000407
10     2 가계도 0.0000395
# ... with 30,150 more rows
```

예를 들어, 여기에서 첫 번째 단어 '가가멜'이 토픽1에 포함될 확률은 0.000411이고 토픽2에 포함될 확률은 0.00000359이다. 이 데이터셋으로부터 토픽별로 출현할 가능성이 가장 큰 상위 10개 단어를 추출한다. 다음과 같이 토픽별로 10개씩 모두 40개의 토픽별 단어별 발생 확률을 추출할 수 있다.

```
> webnovel.term.top <- webnovel.term %>%
+   group_by(topic) %>%
+   slice_max(order_by=beta, n=10) %>%
+   ungroup() %>%
+   arrange(topic, desc(beta))
```

```
> webnovel.term.top
# A tibble: 40 x 3
   topic term        beta
   <int> <chr>      <dbl>
 1     1 할아버지  0.0209
 2     1 아버님    0.0171
 3     1 아가씨    0.0130
 4     1 어르신    0.0103
 5     1 오라버니  0.0102
 6     1 호랑이    0.00827
 7     1 아저씨    0.00745
 8     1 비구니    0.00717
 9     1 연무장    0.00692
10     1 젊은이    0.00688
# ... with 30 more rows
```

이들 토픽별 상위 10개 단어가 각 해당 토픽에서 발생할 확률은 다음과 같이 그래프로 그릴 수 있다.[54] 생성된 그래프는 [그림 4-47]과 같다.

```
> windows(width=7.0, height=7.0)
> ggplot(webnovel.term.top,
+        aes(reorder_within(x=term, by=beta, within=topic),
+            beta, fill=factor(topic))) +
+   geom_bar(stat="identity", show.legend=FALSE) +
+   facet_wrap(~paste0("토픽", topic), scales="free") +
+   scale_x_reordered() +
+   scale_fill_viridis_d(end=0.75, direction=-1, option="plasma") +
+   coord_flip() +
+   theme_minimal() +
+   labs(x="단어", y="베타(단어-토픽 확률)", title="네이버 웹소설",
+        subtitle="토픽별 단어의 발생 확률 분포",
+        caption="출처: 네이버") +
```

54 tidytext 패키지의 reorder_within() 함수는 지금처럼 패널 그래프상에 집단별로 정렬된 순서로 데이터를 출력하고 싶을 때 유용하다. 첫 번째 인수(x)와 두 번째 인수(by)에 각각 정렬할 벡터와 정렬 기준으로 사용할 벡터를 지정하고 세 번째 인수(within)에 그룹 변수(즉 그래프의 패널에 대응되는 변수)를 지정한다. reorder_within() 함수는 scale_x_reordered() 함수 또는 scale_y_reordered() 함수와 함께 사용한다.

▶ 그림 4-47 ▌ **웹소설.** 토픽별 상위 10개 단어가 해당 토픽에서 발생할 확률을 확인할 수 있다. 높은 베타값은 단어와 토픽 간의 밀접한 관련성을 나타낸다.

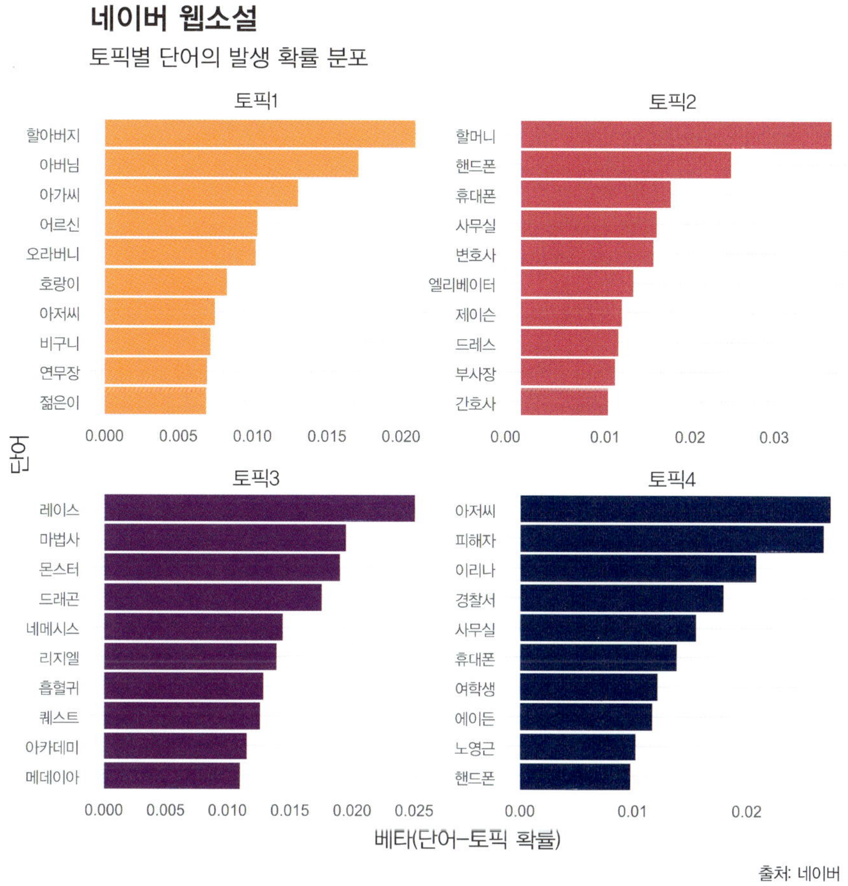


```
+   theme(strip.text.x=element_text(face="bold", size=12),
+         panel.grid.major.x=element_blank(),
+         panel.grid.minor.x=element_blank(),
+         plot.title=element_text(face="bold", size=18),
+         plot.subtitle=element_text(size=15),
+         plot.caption=element_text(size=12),
+         axis.title=element_text(size=15))
```

토픽모델링은 각 토픽을 단어의 혼합체로서 뿐만 아니라 각 문서를 토픽의 혼합체로서 모델링한다. 각 토픽이 문서에 할당될 확률, 즉 문서의 토픽 구성 비율은 토픽모델 객체의 gamma 슬롯에서 확인할 수 있다. 예를 들어, 처음 다섯 개 웹소설이 네 개의 각 토픽에 귀속될 확률은 다음과 같다. 행은 문서이고 열은 토픽인 문서×토픽 행렬 형식으로 출력된다.

```
> webnovel.lda@gamma[1:5, 1:4]
           [,1]      [,2]       [,3]       [,4]
[1,] 0.07021277 0.6787234 0.07446809 0.17659574
[2,] 0.05723542 0.8606911 0.04211663 0.03995680
[3,] 0.07121212 0.8257576 0.04393939 0.05909091
[4,] 0.06762295 0.7930328 0.05532787 0.08401639
[5,] 0.09250000 0.7375000 0.07250000 0.09750000
```

각 토픽별로 웹소설의 발생 확률을 추출하여 네이버 웹소설의 장르별로 이들의 분포를 그려보자. 그러면 각 장르별로 어떤 토픽이 우세한지 시각적으로 확인할 수 있고 이를 통해 추출한 토픽과 사전에 정의된 장르 간의 관련성을 유추해볼 수 있다. 이를 위해 우선 `tidy()` 함수를 이용하여 다음과 같이 감마 확률 행렬을 한 행에 하나의 문서(즉 웹소설), 하나의 토픽씩 배치된 롱포맷 형식으로 변환한다.

```
> webnovel.doc <- tidy(webnovel.lda, matrix="gamma")
> webnovel.doc
# A tibble: 1,428 x 3
   document  topic  gamma
   <chr>     <int>  <dbl>
 1 1-로맨스       1 0.0702
 2 2-로맨스       1 0.0572
 3 3-로맨스       1 0.0712
…(중략)
 8 8-로맨스       1 0.138
 9 9-로맨스       1 0.0420
10 10-로맨스      1 0.0674
# ... with 1,418 more rows
```

예를 들어, 여기에서 첫 번째 웹소설 '1-로맨스'는 토픽1로 배정될 확률이 0.070이고 여덟 번째 웹소설 '8-로맨스'는 토픽1로 배정될 확률이 0.138이다. 이는 다시 말해 '1-로맨스' 웹소설은 토픽1에 속하는(즉 토픽1로부터 생성되는) 단어의 7.0%를 포함하고 있다는 의미이고 '8-로맨스' 웹소설은 토픽1에 귀속되는 단어의 13.8%를 포함하고 있다는 것을 나타낸다.

우리는 웹소설의 실제 장르를 알고 있고 토픽모델링을 통해 웹소설이 특정 토픽으로 배정될 확률을 알고 있으므로 이제 이러한 정보를 이용하여 토픽모델링이 얼마나 성공적으로 수행되었는지 평가해 볼 수 있다. 즉 토픽모델링에 의해 추출한 토픽과 원래의 웹소설 장르가 어느 정도 일치하는지 살펴본다. 토픽모델링이 성공적이라면 같은 장르 내의 웹소설들은 대부분 대응되는 하나의 토픽으로부터 생성될 것으로 기대할 수 있다. 웹소설의 장르별로 토픽 배정 확률의 분포를 시각화해서 각 장르 내에 다른 토픽에 비해 상대적으로 높은 확률분포를 보이는 토픽이 존재하는지 살펴본다. 이러한 토픽이 존재하면 토픽모델링을 통해 추출한 토픽은 실제 장르와 밀접한 관련을 갖는다고 볼 수 있다.

각 장르 내에서 웹소설의 토픽별 배정 확률을 시각화하기 위하여 우선 다음과 같이 장르 정보를 별도의 열로 분리한다.

```
> webnovel.doc <- webnovel.doc %>%
+   separate(col=document, into=c("id", "genre"), sep="-", convert=TRUE)
> webnovel.doc
# A tibble: 1,428 x 4
      id genre topic  gamma
   <int> <chr> <int>  <dbl>
 1     1 로맨스      1 0.0702
 2     2 로맨스      1 0.0572
 3     3 로맨스      1 0.0712
…(중략)
 8     8 로맨스      1 0.138
 9     9 로맨스      1 0.0420
10    10 로맨스      1 0.0674
# ... with 1,418 more rows
```

이 데이터셋을 이용하여 [그림 4-48]과 같은 그래프를 그릴 수 있다. 장르별로 웹소설의 각 토픽 배정 확률이 분포를 시각적으로 확인할 수 있다.

```
> windows(width=7.0, height=7.0)
> ggplot(webnovel.doc, aes(factor(topic), gamma, fill=genre)) +
+   geom_boxplot(color="gray50", show.legend=FALSE) +
+   facet_wrap(~factor(genre,
+                      levels=c("로맨스", "판타지", "무협", "미스터리")), nrow=2) +
+   scale_fill_brewer(palette="Dark2") +
+   theme_minimal() +
+   labs(x="토픽", y="감마(문서-토픽 확률)",
+        title="네이버 웹소설",
+        subtitle="토픽별 웹소설의 배정 확률 분포",
+        caption="출처: 네이버") +
+   theme(strip.text.x=element_text(face="bold", size=12),
+         panel.grid.major.x=element_blank(),
+         panel.grid.minor.x=element_blank(),
+         plot.title=element_text(face="bold", size=18),
```

```
+         plot.subtitle=element_text(size=15),
+         plot.caption=element_text(size=12),
+         axis.title=element_text(size=15))
```

[그림 4-48]의 그래프를 보면 각 장르별로 우세한 토픽이 존재한다. 로맨스 장르에서는 토픽2가, 판타지 장르에서는 토픽3이, 무협 장르에서는 토픽1이, 미스터리 장르에서는 토픽4가 다른 토픽에 비해 상대적으로 높은 발생 확률을 갖고 있어 각 장르를 대표한다. 즉 토픽모델링을 통해 추출한 토픽과 실제 장르는 일 대 일의 대응관계를 갖는다. 따라서 토픽1, 토픽2, 토픽3, 토픽4는 각각 무협, 로맨스, 판타지, 미스터리 장르와 관련된 토픽이라고 추론할 수 있다.

지금까지 토픽모델링을 통해 웹소설에 사용된 단어와 웹소설 장르 간에 어느 정도 관련성이 있음을 확인하였다. 그렇다면 웹소설에 사용된 단어를 통해 장르를 예측하는 것도 가능할 수 있다. 지금부터는

그림 4-48 **웹소설.** 장르별로 웹소설의 각 토픽 배정 확률의 분포를 확인할 수 있다. 높은 감마값 분포는 해당 장르의 주요 토픽을 나타낸다.

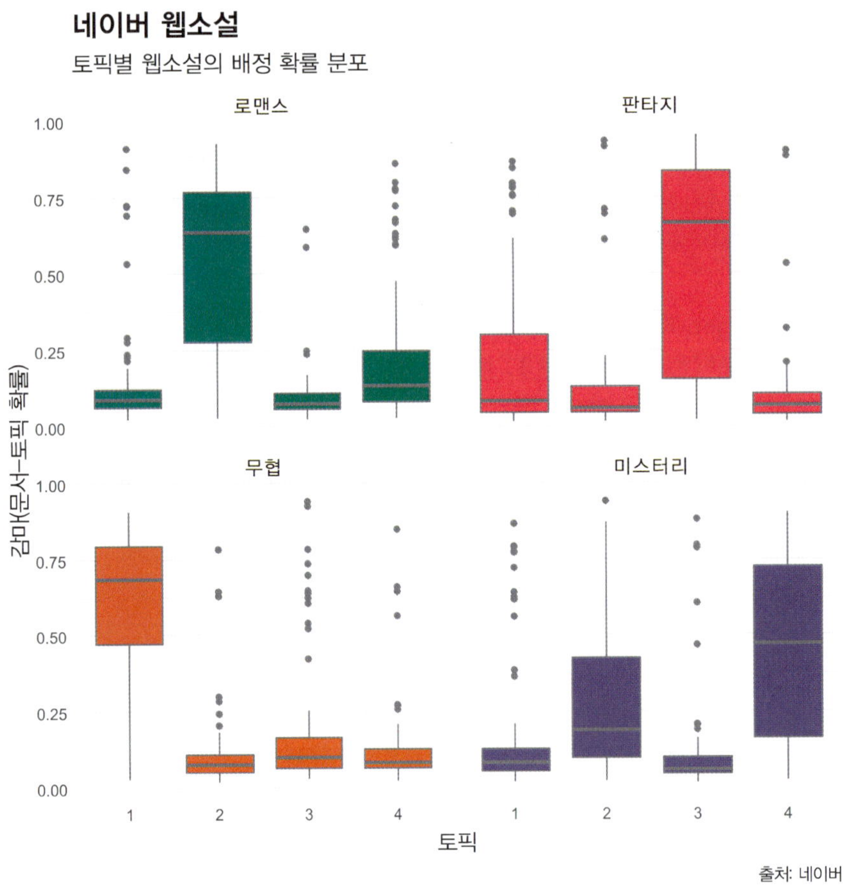

머신러닝 기법을 이용하여 웹소설 장르 예측모델을 만들어보자. 여기에서는 나이브베이즈(naive Bayes) 기법을 적용한다.55

먼저 나이브베이즈분석을 수행하기 위한 몇 가지 데이터 전처리 작업을 수행한다. 나이브베이즈분석을 수행하기 위해서는 예측변수가 데이터프레임(또는 행렬) 형식으로 되어 있어야 하며 결과변수는 팩터 형식이어야 한다. 여기에서 예측변수는 문서로부터 추출한 단어이며 결과변수는 네 가지 웹소설 장르로서 모두 하나의 문서-용어행렬(dtm 객체)에 저장되어 있다. 우선 저밀도 행렬(DocumentTermMatrix/simple_triplet_matrix 클래스) 데이터를 다음과 같이 나이브베이즈분석에 사용할 수 있는 일반적인 데이터프레임(티블) 형식으로 변환한다. 행 이름으로부터 웹소설의 장르를 추출하여 새로운 변수(genre)를 생성하고 팩터 형식으로 변환한다. 예측모델 개발 시 이 변수는 결과변수로 사용된다.

```
> webnovel <- as_tibble(as.matrix(dtm)) %>%
+   mutate(id_genre=rownames(as.matrix(dtm))) %>%
+   separate(col=id_genre, into=c("id", "genre"), sep="-") %>%
+   select(-id) %>%
+   mutate(genre=factor(genre,
+                       levels=c("로맨스", "판타지", "무협", "미스터리"))) %>%
+   select(genre, everything())
> webnovel
# A tibble: 357 x 7,541
   genre  가가멜 가격대 가계도 가나다순 가난뱅이 가내수공업 가든파티 가디언 가락지
   <fct>  <dbl>  <dbl>  <dbl>  <dbl>    <dbl>    <dbl>      <dbl>    <dbl>  <dbl>
 1 로맨스     0      0      0        0        0          0        0      0      0
 2 로맨스     0      0      0        0        0          0        0      0      0
 3 로맨스     0      0      0        0        0          0        0      0      0
…(중략)
```

55 나이브베이즈 기법은 베이즈정리(Bayes' theorem)를 바탕으로 관심 있는 범주가 발생할 확률을 추정한다. 여기에서는 웹소설의 장르가 관심 있는 범주에 해당한다. 베이즈정리는 사전에 알고 있는 정보를 바탕으로 어떤 사건이 발생할 확률을 계산한다. 베이즈정리에 따르면 B가 발생했다는 정보를 사전에 알고 있을 때 A가 발생할 확률은 다음과 같다: $P(A|B)=\frac{P(A\cap B)}{P(B)}=\frac{P(B|A)P(A)}{P(B)}$. 이때 $P(A)$를 사전확률(prior probability)이라고 하고, 우리가 알고자 하는 조건부확률(conditional probability) $P(A|B)$를 사후확률(posterior probability)이라고 한다. 이를 일반화하면 어떤 정보 B가 주어졌을 때 사건 A_i가 발생할 확률은 다음과 같다: $P(A_i|B)=\frac{P(B|A_i)P(A_i)}{\sum_{j=1}^{n}P(B|A_j)P(A_j)}$. 나이브베이즈가 유용한 이유는 우리가 알고자 하는 조건부확률인 사후확률 $P(A|B)$는 일반적으로 구하기 어려운 반면, 그 반대의 경우인 $P(B|A)$는 과거 기록으로부터 상대적으로 쉽게 계산할 수 있고 이를 바탕으로 베이즈정리에 의해 우리가 원하는 사후확률을 쉽게 산출할 수 있기 때문이다. 곽기영 교수의 유튜브 채널에서 주요 머신러닝 기법에 대한 동영상 강의를 시청할 수 있다(https://www.youtube.com/곽기영).

```
 8 로맨스      0     0     0     0     0     0     0     0     0
 9 로맨스      0     0     0     0     0     0     0     0     0
10 로맨스      0     0     0     0     0     0     0     0     0
# ... with 347 more rows, and 7,531 more variables: 가랑눈 <dbl>, 가랑이 <dbl>,
#   가랑잎 <dbl>, 가래떡 <dbl>, 가랭이 <dbl>, 가렴주구 <dbl>, 가로수 <dbl>,
#   가로지 <dbl>, 가로채기 <dbl>, 가루눈 <dbl>, 가르니에 <dbl>, 가리비 <dbl>,
#   가리사니 <dbl>, 가리온 <dbl>, 가림막 <dbl>, 가림토 <dbl>, 가마솥 <dbl>,
#   가문서 <dbl>, 가물치 <dbl>, 가방끈 <dbl>, 가부장 <dbl>, 가부좌 <dbl>,
#   가부키 <dbl>, 가브리엘 <dbl>, 가산동 <dbl>, 가산디지털단지역 <dbl>,
#   가산점 <dbl>, 가상현실 <dbl>, 가석방 <dbl>, 가스총 <dbl>, 가스탄 <dbl>, ...
```

나이브베이즈분석은 일반적으로 범주형 예측변수를 바탕으로 예측모델을 개발한다. 현재 예측변수의 값은 발생 빈도이므로 이를 범주형 값으로 변환한다. 단어의 발생 빈도와 관계없이 단어가 출현했으면 1(y), 아니면 0(n)으로 예측변수의 셀값을 대체하여 예측변수를 범주형으로 변환한다. 이를 위해 다음과 같이 toFactor() 함수를 생성한다.

```
> toFactor <- function(x) {
+   x <- ifelse(x > 0, 1, 0)
+   x <- factor(x, levels=c(0, 1), labels=c("n", "y"))
+   return(x)
+ }
```

예측변수 데이터셋의 각 열에 toFactor() 함수를 적용하여 다음과 같이 예측변수를 범주형으로 변환한다.

```
> webnovel <- webnovel %>%
+   mutate(across(.cols=where(is.numeric), .fns=toFactor))
> webnovel
# A tibble: 357 x 7,541
   genre 가가멜 가격대 가계도 가나다순 가난뱅이 가내수공업 가든파티 가디언 가락지
   <fct> <fct>  <fct>  <fct>  <fct>    <fct>    <fct>      <fct>    <fct>  <fct>
 1 로맨스 n      n      n      n        n        n          n        n      n
 2 로맨스 n      n      n      n        n        n          n        n      n
 3 로맨스 n      n      n      n        n        n          n        n      n
…(중략)
 8 로맨스 n      n      n      n        n        n          n        n      n
 9 로맨스 n      n      n      n        n        n          n        n      n
10 로맨스 n      n      n      n        n        n          n        n      n
```

```
# ... with 347 more rows, and 7,531 more variables: 가랑눈 <fct>, 가랑이 <fct>,
#   가랑잎 <fct>, 가래떡 <fct>, 가랭이 <fct>, 가렴주구 <fct>, 가로수 <fct>,
#   가로지 <fct>, 가로채기 <fct>, 가루눈 <fct>, 가르니에 <fct>, 가리비 <fct>,
#   가리사니 <fct>, 가리온 <fct>, 가림막 <fct>, 가림토 <fct>, 가마솥 <fct>,
#   가문서 <fct>, 가물치 <fct>, 가방끈 <fct>, 가부장 <fct>, 가부좌 <fct>,
#   가부키 <fct>, 가브리엘 <fct>, 가산동 <fct>, 가산디지털단지역 <fct>,
#   가산점 <fct>, 가상현실 <fct>, 가석방 <fct>, 가스총 <fct>, 가스탄 <fct>, ...
```

예측변수와 결과변수가 포함된 데이터셋이 완성되었으므로 데이터셋을 예측모델 개발을 위한 훈련 데이터와 예측모델의 정확성 검증을 위한 테스트 데이터로 분할한다. 전체 357개의 웹소설 데이터 가운데 70%에 해당하는 249개는 훈련 데이터로 이용하고 나머지 30%에 해당하는 108개는 테스트 데이터로 사용한다.

```
> set.seed(123)
> train <- sample(nrow(webnovel), 0.7*nrow(webnovel))
> webnovel.train <- webnovel[train,]
> webnovel.test <- webnovel[-train,]
> table(webnovel.train$genre); sum(table(webnovel.train$genre))

  로맨스  판타지     무협  미스터리
     69      38      72        70
[1] 249
> table(webnovel.test$genre); sum(table(webnovel.test$genre))

  로맨스  판타지     무협  미스터리
     31      20      27        30
[1] 108
```

이제 나이브베이즈분석을 수행하기 위한 모든 데이터 전처리 작업이 완료되었다. e1071 패키지를 메모리에 적재한 후 다음과 같이 naiveBayes() 함수를 훈련 데이터에 적용하여 나이브베이즈 예측모델을 생성한다.

```
> library(e1071)
> webnovel.nb <- naiveBayes(x=webnovel.train[-1], y=webnovel.train$genre, type="class")
```

예측모델을 테스트 데이터에 적용하여 웹소설 장르를 예측해보자. 다음과 같이 predict() 함수를 이용한다.

```
> webnovel.nb.pred <- predict(webnovel.nb, newdata=webnovel.test[-1])
> head(webnovel.nb.pred)
[1] 로맨스 로맨스 로맨스 로맨스 로맨스 로맨스
Levels: 로맨스 판타지 무협 미스터리
```

예측된 결과와 실제의 결과를 다음과 같이 비교하여 예측모델의 성능을 평가한다.

```
> table(webnovel.test$genre, webnovel.nb.pred, dnn=c("Actual", "Predicted"))
          Predicted
Actual    로맨스  판타지  무협  미스터리
  로맨스      28      0     2        1
  판타지       0     15     2        3
  무협         0      0    26        1
  미스터리     6      0     0       24
> sum(diag(table(webnovel.test$genre, webnovel.nb.pred)))
[1] 93
> mean(webnovel.nb.pred==webnovel.test$genre)
[1] 0.8611111
```

108개의 테스트 데이터 가운데 93개의 장르를 정확히 예측하였다. 웹소설 장르 분류를 위한 나이브 베이즈 예측모델은 전체적으로 86.1% 정도의 예측정확도를 보여준다.

국가별 가처분 소득 @NationMaster

웹페이지상의 많은 데이터는 테이블(표) 형식으로 되어 있다. XPath를 이용하면 테이블 태그 노드로부터 우리가 원하는 데이터를 읽어올 수 있기는 하지만 많은 번거로운 작업이 수반된다. `XML` 패키지의 `readHTMLTable()` 함수를 이용하면 비교적 간단하게 HTML 문서에 포함된 테이블 데이터를 읽어올 수 있다.

NationMaster(https://www.nationmaster.com)는 국가별 통계 데이터를 표로 정리하여 웹사이트를 통해 제공한다. [그림 4-49]와 같은 국가별 월평균 소득(세금을 제외한 가처분 소득) 데이터를 웹페이지로부터 수집해보자.

먼저 `httr` 패키지의 `GET()` 함수를 이용하여 HTML 문서를 읽어들인 후 `htmlParse()` 함수로 문서를 파싱하여 HTML 트리 구조 객체를 생성한다. `readHTMLTable()` 함수의 첫 번째 인수(doc)에 `htmlParse()` 함수를 이용하여 파싱한 HTML 트리 구조 객체를 지정한다. 첫 번째 행을 열 이름으로

그림 4-49 ▌ 국가별 가처분 소득. NationMaster 웹사이트로부터 국가별 월평균 소득 데이터를 수집한다.

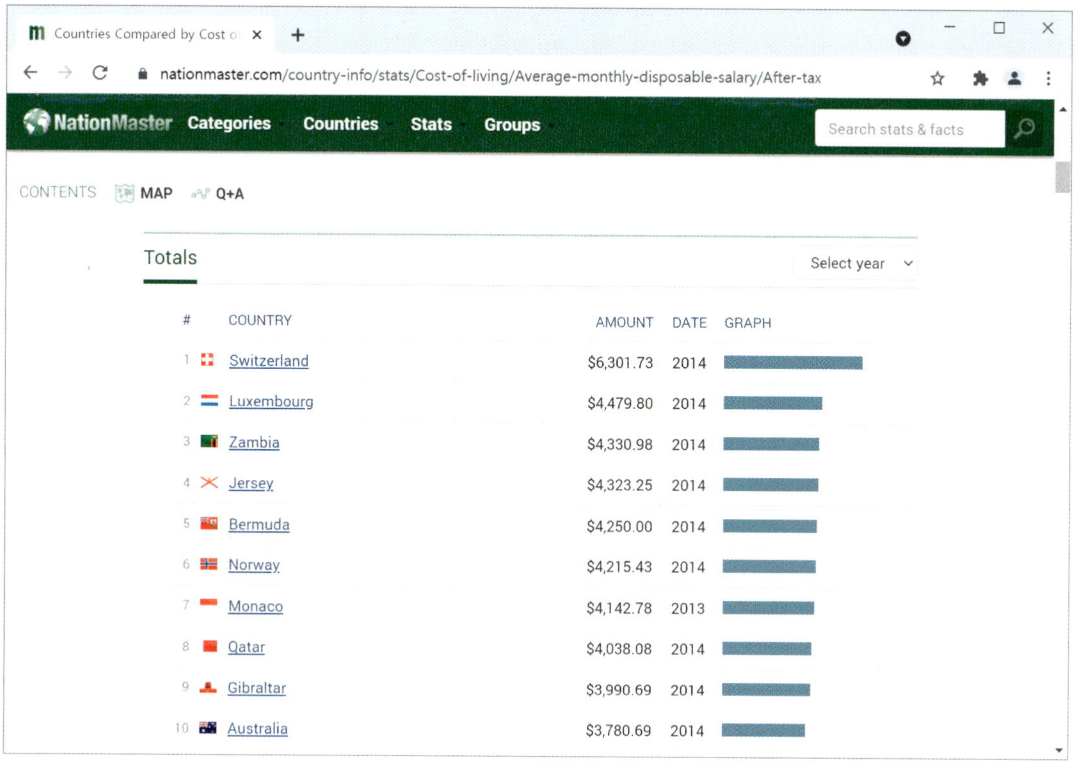

사용하지 않을 때는 header=FALSE를 지정한다.

```
> library(httr)
> library(XML)
> url <- "https://www.nationmaster.com/country-info/stats/Cost-of-living/Average-monthly-disposable-salary/After-tax"
> html <- GET(url)
> html.parsed <- htmlParse(html)
> html.tab <- readHTMLTable(doc=html.parsed)
```

웹페이지에 포함된 테이블은 리스트 형식으로 추출되며 테이블에 포함된 데이터값은 리스트의 각 원소에 데이터프레임 형식으로 저장된다. 리스트의 첫 번째 원소를 추출하여 다음과 같이 별도의 데이터프레임으로 저장한다.

```
> str(html.tab)
List of 1
 $ NULL:'data.frame':	176 obs. of  5 variables:
  ..$ #      : chr [1:176] "1" "2" "3" "4" ...
  ..$ COUNTRY: chr [1:176] "Switzerland" "Luxembourg" "Zambia" "Jersey" ...
  ..$ AMOUNT : chr [1:176] "$6,301.73" "$4,479.80" "$4,330.98" "$4,323.25" ...
  ..$ DATE   : chr [1:176] "2014" "2014" "2014" "2014" ...
  ..$ GRAPH  : chr [1:176] "" "" "" "" ...
> nation.salary <- html.tab[[1]]
> head(nation.salary)
  #     COUNTRY    AMOUNT DATE GRAPH
1 1 Switzerland $6,301.73 2014      
2 2  Luxembourg $4,479.80 2014      
3 3      Zambia $4,330.98 2014      
4 4      Jersey $4,323.25 2014      
5 5     Bermuda $4,250.00 2014      
6 6      Norway $4,215.43 2014      
```

추출하려는 테이블의 위치를 알고 있으면 다음과 같이 readHTMLTable() 함수의 which 인수에 테이블의 위치를 지정할 수 있다. 그러면 원하는 테이블을 데이터프레임 형식으로 바로 변환할 수 있다.

```
> nation.salary <- readHTMLTable(html.parsed, which=1)
> str(nation.salary)
'data.frame':	176 obs. of  5 variables:
 $ #      : chr  "1" "2" "3" "4" ...
 $ COUNTRY: chr  "Switzerland" "Luxembourg" "Zambia" "Jersey" ...
 $ AMOUNT : chr  "$6,301.73" "$4,479.80" "$4,330.98" "$4,323.25" ...
 $ DATE   : chr  "2014" "2014" "2014" "2014" ...
 $ GRAPH  : chr  "" "" "" "" ...
```

웹페이지의 테이블 데이터가 R 환경의 데이터프레임 형식으로 성공적으로 변환되었다. 하지만 이렇게 추출한 데이터를 분석에 사용 가능한 형태로 만들기 위해서는 일반적으로 몇 가지 추가 작업이 필요하다. 예를 들어, 여기에서는 우선 순위를 나타내는 열 이름(#)을 rank로 바꾸고 나머지 열 이름을 모두 소문자로 변경한다. 이어서 순위(rank)와 금액(amount)을 모두 숫자로 변환한다. 끝으로 필요 없는 다섯 번째 열(graph)은 삭제한 후 티블 형식으로 변환한다. tidyverse 패키지를 이용하여 이러한 전처리 작업을 수행한다.

```
> library(tidyverse)
> nation.salary <- nation.salary %>%
+   rename(rank="#") %>%
+   rename_with(tolower) %>%
+   mutate(rank=parse_number(rank), amount=parse_number(amount)) %>%
+   select(-5) %>%
+   as_tibble()
> nation.salary
# A tibble: 176 x 4
    rank country      amount date
   <dbl> <chr>         <dbl> <chr>
 1     1 Switzerland   6302. 2014
 2     2 Luxembourg    4480. 2014
 3     3 Zambia        4331. 2014
…(중략)
 8     8 Qatar         4038. 2014
 9     9 Gibraltar     3991. 2014
10    10 Australia     3781. 2014
# ... with 166 more rows
```

이제 웹페이지상의 테이블로부터 수집한 데이터를 각종 분석에 활용할 수 있다. 예를 들어, 월소득의 평균, 중위수, 최소값, 최대값 등은 다음과 같다.

```
> summary(nation.salary$amount)
   Min. 1st Qu.  Median    Mean 3rd Qu.    Max.
  25.05  424.49  730.54 1274.93 1955.62 6301.73
```

소득 분포를 다음과 같이 그래프로 그릴 수 있다. 생성된 그래프는 [그림 4-50]과 같다. 상대적으로 소득이 작은 국가가 다수를 차지하는 불균형적인 소득 분포를 보여준다([그림 4-50]의 왼쪽). 소득 상위 10개 국가와 하위 10개 국가를 추출하여 소득을 비교해보면 그 차이가 확연히 드러난다([그림 4-50]의 오른쪽).

```
> p1 <- ggplot(salary, aes(x="", y=amount)) +
+   geom_violin(fill="paleturquoise", alpha=0.7, color="deepskyblue", width=0.8) +
+   geom_boxplot(width=0.1, color="dodgerblue4", fill="aliceblue", alpha=0.5) +
+   geom_jitter(color="mediumblue", alpha=0.5, height=0, width=0.2) +
+   geom_rug(sides="l", color="black") +
```

▶ 그림 4-50 ▌ **국가별 가처분 소득.** 전 세계 국가의 월평균 가처분 소득의 분포는 불균형적이다(왼쪽). 소득 상위 10개 국가와 하위 10개 국가의 소득 차이는 매우 크다(오른쪽).

```
+   scale_y_continuous(breaks=c(1000, 2000, 3000, 4000, 5000, 6000),
+                      labels=c("$1,000", "$2,000", "$3,000",
+                               "$4,000", "$5,000", "$6,000")) +
+   labs(x="", y=NULL,
+        title="Average Monthly Salary",
+        subtitle="Distribution of worldwide salary",
+        caption="") +
+   theme_gray() +
+   theme(plot.title=element_text(face="bold"),
+         axis.text=element_text(face="bold"),
+         panel.grid.minor=element_blank(),
+         axis.title.x=element_blank(),
+         axis.ticks.x=element_blank())
> nation.salary20 <- bind_rows(slice_max(nation.salary, order_by=amount, n=10),
+                              slice_min(nation.salary, order_by=amount, n=10))
> p2 <- ggplot(nation.salary20, aes(x=reorder(country, amount), y=amount)) +
+   geom_segment(aes(x=reorder(country, amount), xend=country,
+                    y=median(nation.salary$amount), yend=amount),
+                color="skyblue", size=1) +
```

```
+   geom_point(color="royalblue", size=3, fill=alpha("cornflowerblue", 0.3),
+              alpha=0.7, shape=21, stroke=2) +
+   geom_hline(yintercept=median(nation.salary$amount), lty="dotted", color="blue") +
+   geom_text(aes(x=0, y=median(nation.salary$amount), vjust=-0.5,
+                 label=paste0("Median $", round(median(nation.salary$amount)))),
+             size=3, color="royalblue") +
+   scale_y_continuous(breaks=c(0, 500, 1000, 2000, 4000, 6000),
+                      labels=c("0", "$500", "$1,000", "$2,000", "$4,000", "$6,000")) +
+   coord_flip() +
+   labs(x=NULL, y="",
+        title="",
+        subtitle="Top 10 and bottom 10 countries",
+        caption="Source: NationMaster") +
+   theme_light() +
+   theme(axis.text=element_text(face="bold"),
+         panel.grid.major.y=element_blank(),
+         panel.border=element_blank(),
+         axis.ticks.y=element_blank())
> windows(width=9.0, height=5.5)
> library(gridExtra)
> grid.arrange(p1, p2, ncol=2, widths=c(0.3, 0.7))
```

국가별 월소득은 최소 25달러에서부터 최대 6,301달러까지 매우 광범위하게 분포하고 있다. 그러나 소득의 중위수는 731달러에 불과하여 전 세계적으로 국가 간 빈부의 격차가 크다는 것을 알 수 있다. 각 국가별 소득을 지도상에 표시하여 소득이 지역별로 어떻게 편중되어 있는지 살펴보자.

지도상에 데이터를 표시하기 위해서는 일반적으로 먼저 지도 데이터를 호출한다. 지도 데이터는 maps 패키지, mapdata 패키지, ggmap 패키지 등으로부터 가져올 수 있다. 여기에서는 maps 패키지의 지도 데이터베이스를 이용한다. ggplot2 패키지의 map_data() 함수는 maps 패키지의 지도 데이터를 ggplot2 패키지의 그래프 함수가 이용할 수 있는 데이터프레임 형식으로 변환하여 제공한다. 다음과 같이 maps 패키지의 world 지도 데이터베이스로부터 세계지도 데이터를 읽어온다.[56] 지도 데이터에는 국가명과 함께 해당 지역의 경도(longitude) 및 위도(latitude)가 포함되어 있다.[57]

56 ggplot2 패키지의 map_data() 함수는 내부적으로 maps 패키지의 map() 함수를 호출하므로 maps 패키지를 직접 호출하여 지도 데이터를 불러올 수도 있다. 그러나 여기에서는 이어지는 그래프 생성 작업의 편의를 위해 ggplot2 패키지를 통해 지도 정보를 읽어온다. ggplot2 패키지는 tidyverse 패키지에 포함되어 있으므로 tidyverse 패키지를 이미 메모리에 적재했으면 다시 호출할 필요는 없다.

```
> library(tidyverse)
> library(maps)
> map.data <- map_data(map="world")
> head(map.data)
       long      lat group order region subregion
1 -69.89912 12.45200     1     1  Aruba      <NA>
2 -69.89571 12.42300     1     2  Aruba      <NA>
3 -69.94219 12.43853     1     3  Aruba      <NA>
4 -70.00415 12.50049     1     4  Aruba      <NA>
5 -70.06612 12.54697     1     5  Aruba      <NA>
6 -70.05088 12.59707     1     6  Aruba      <NA>
```

세계지도상에 현재 수집한 국가별 월소득 데이터를 매핑하기 위해서는 우선 수집한 데이터에 포함된 국가명과 지도 데이터의 국가명이 서로 일치하는지 확인할 필요가 있다. 월소득 데이터를 지도상에 표현할 것이기 때문에 다음과 같이 월소득 데이터에 포함된 국가명이 지도 데이터에서는 누락된 것이 없는지 살펴본다.

```
> setdiff(nation.salary$country, map.data$region)
[1] "Gibraltar"             "United States"          "British Virgin Islands"
[4] "The Bahamas"           "United Kingdom"         "Hong Kong"
[7] "Trinidad and Tobago"   "Republic of Macedonia"  "Burma"
```

월소득 데이터에는 포함되어 있으나 지도 데이터에는 포함되어 있지 않은 나라 아홉 개가 추출되었다. 이들 중 두 개는 소득 데이터는 존재하지만 지도상에 별도의 국가로 표시되지 않는 지역이다(지도상 Gibraltar는 영국령, Hong Kong은 중국령으로 분류된다). 따라서 이 두 지역은 무시한다. 나머지 일곱 개는 국가명 표기 방법의 불일치로 인해 누락된 국가이다. 다음과 같이 월소득 데이터의 국가명을 지도 데이터의 국가명으로 변경한다.

57 경도는 지도상에서 세로선을 나타낸다. 영국 런던의 그리니치 천문대가 경도 0도선을 지나며 경도 0을 기준으로 서쪽으로 180도(서경), 동쪽으로 180도(동경)의 범위를 갖는다. 위도는 지도상에서 가로선을 나타낸다. 적도를 0도로 하여 남쪽으로 90도(남위), 북쪽으로 90도(북위)의 범위를 갖는다. 서울의 위치는 북위 37도 동경 126도이다. R에서 지도상의 위치를 지정할 때 경도는 −180(서경) ~ +180(동경)의 범위로 표현하며 위도는 −90(남위) ~ +90(북위)의 범위로 나타낸다.

```
> from.country <- c("United States", "British Virgin Islands", "The Bahamas","United Kingdom",
+                   "Trinidad and Tobago", "Republic of Macedonia", "Burma")
> to.country <- c("USA", "Virgin Islands", "Bahamas", "UK", "Trinidad", "Macedonia", "Myanmar")
> nation.salary$country <- replace(x=nation.salary$country,
+                                  list=(nation.salary$country %in% from.country),
+                                  values=to.country)
```

이제 이 두 데이터셋(지도 데이터, 월소득 데이터)을 국가명을 기준으로 결합하여 경도 및 위도를 포함하고 있는 지도 데이터와 이에 대응되는 국가의 월소득 데이터가 합해진 새로운 데이터셋을 생성한다.

```
> map.data <- left_join(map.data, nation.salary, by=c("region"="country"))
> head(map.data)
       long      lat group order region subregion rank  amount date
1 -69.89912 12.45200     1     1  Aruba      <NA>   23 2833.33 2014
2 -69.89571 12.42300     1     2  Aruba      <NA>   23 2833.33 2014
3 -69.94219 12.43853     1     3  Aruba      <NA>   23 2833.33 2014
4 -70.00415 12.50049     1     4  Aruba      <NA>   23 2833.33 2014
5 -70.06612 12.54697     1     5  Aruba      <NA>   23 2833.33 2014
6 -70.05088 12.59707     1     6  Aruba      <NA>   23 2833.33 2014
```

이렇게 생성한 데이터셋을 이용하여 다음과 같이 지도상에 색상으로 국가별 소득의 크기를 표현할 수 있다. 생성된 그래프는 [그림 4-51]과 같다.

```
> windows(width=8.0, height=5.5)
> salary.plot <- ggplot(data=map.data, mapping=aes(x=long, y=lat)) +
+   geom_polygon(aes(fill=amount, group=group), color="white") +
+   coord_fixed(xlim=c(-180, 180), ylim=c(-55, 90), ratio=1.3) +
+   scale_fill_viridis_c(name=NULL, option="plasma",
+                        breaks=c(1000, 2000, 3000, 4000, 5000, 6000),
+                        labels=c("$1,000", "$2,000", "$3,000",
+                                 "$4,000", "$5,000", "$6,000")) +
+   labs(title="Average Monthly Salary",
+        subtitle="Worldwide",
+        caption="Source: NationMaster") +
+   theme_void() +
+   guides(color=guide_legend(),
+          fill=guide_colorbar(barwidth=15, barheight=0.7)) +
```

▶ 그림 4-51 ▌**국가별 가처분 소득.** 전 세계 지역별로 월평균 가처분 소득의 분포를 확인할 수 있다. 북미 지역과 유럽 지역의 월평균 소득이 대체로 다른 지역에 비해 높다.

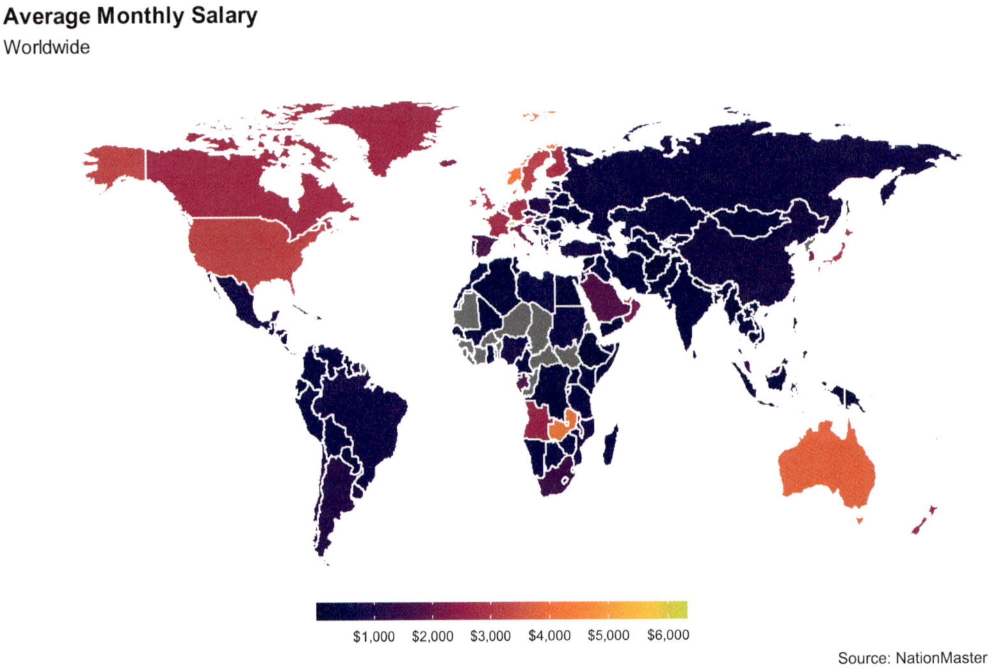


```
+   theme(plot.title=element_text(face="bold"),
+         legend.position="bottom",
+         legend.text=element_text(size=8))
> salary.plot
```

ggplot2 패키지의 geom_polygon() 함수는 지도 데이터셋에 포함된 경도와 위도 좌표(long, lat)를 순서(order) 정보를 바탕으로 선으로 연결하여 지도를 그린다. 데이터셋의 region과 subregion은 경도와 위도의 좌표들이 둘러싼 영역을 의미한다. group은 인접한 좌표를 연결할지 여부를 결정하는 그룹 정보를 제공한다. 어떤 두 좌표가 같은 그룹에 속하면 두 좌표는 선으로 연결되고 같은 그룹이 아니면 두 좌표는 연결되지 않는다.

여기에서는 같은 그룹 내에 포함된 좌표들을 연결하여 하나의 폐쇄된 영역을 만들고(즉 동일 그룹 내의 마지막 좌표를 처음 좌표와 연결) 영역 간의 경계는 흰색으로 표시하며, 그 영역을 소득 금액에 비례하는 그러데이션(gradation) 색상으로 채운다(geom_polygon(aes(fill=amount, group=group), color="white")). 남극 지역은 특별한 정보를 제공하지 않기 때문에 지도 표시 영역에서 제외하였으며 지도의 종횡비(aspect ratio)는 1.3으로 설정하였다(coord_fixed(xlim=c(-180, 180), ylim=c(-55, 90), ratio=1.3)).[58]

여기에서는 Viridis의 색상 팔레트를 이용하였으며 월평균 소득이 높을수록 밝은 색상으로 표현된다.59 북미 지역과 유럽 지역의 월평균 소득은 남아메리카, 아프리카, 아시아 등의 다른 지역에 비해 대체로 높다. 특히 유럽 지역은 상대적으로 작은 면적에도 불구하고 부유한 국가가 밀접되어 있는 것처럼 보인다. 유럽 지역만 줌인(zoom-in)하여 확대해보자. 이번에는 국가명도 지도상에 함께 표시한다. 국가명을 지도상에 나타내기 위해서는 국가명이 표시될 위치, 즉 경도와 위도를 알아야 한다. 다음과 같이 각 국가를 둘러싼 좌표의 평균을 구하여 이 좌표를 해당 국가를 대표하는 경도와 위도로 사용한다.

```
> cnames <- aggregate(cbind(long, lat) ~ region, data=map.data, FUN=mean)
> head(cnames)
          region        long       lat
1    Afghanistan   67.584504  34.94098
2        Albania   20.109251  41.09708
3        Algeria    1.780595  29.22808
4 American Samoa -170.707613 -14.30708
5        Andorra    1.563245  42.52996
6         Angola   17.422333 -10.83500
```

coord_finxed() 함수 내에서 xlim 인수 및 ylim 인수에 유럽 지역의 범위를 지정함으로써 유럽 지역만을 줌인할 수 있다. 생성된 그래프는 [그림 4-52]와 같다. 유럽 지역 내에서도 서유럽 지역이 다른 지역보다 대체로 더 소득이 높은 것으로 보인다.

```
> windows(width=6.0, height=7.0)
> salary.plot +
+   coord_fixed(xlim=c(-10, 40),  ylim=c(35, 70), ratio=1.3) +
+   geom_text(data=cnames, aes(x=long, y=lat, label=region), color="darkorange",
+             size=2.5, fontface="bold", check_overlap=TRUE) +
+   labs(subtitle="Europe")
```

---

58 xlim() 함수와 ylim() 함수에 경도와 위도를 지정함으로써 원하는 지역만을 지도상에 표시할 수 있다(예를 들면, xlim(-180, 180) + ylim(-55, 90)). 이때 당초 지정한 지도의 종횡비를 그대로 유지하기 위해서는 xlim() 함수와 ylim() 함수를 사용하는 대신에 지금처럼 coord_finxed() 함수 내에서 xlim 인수 및 ylim 인수를 지정하고 이와 함께 ratio 인수에 종횡비를 지정한다. 종횡비는 Y축 한 단위와 X축 한 단위 간 비율을 의미한다. 여기에서 사용한 종횡비 1.3은 Y축의 위도 1도는 X축의 경도 1도보다 1.3배 길게 표시된다는 의미이다. 종횡비를 지정하면 그래프 생성 시 창의 크기를 다르게 하거나 이미지 파일 저장 시 폭/높이 크기를 변경하더라도 지정한 종횡비는 그대로 유지되기 때문에 항상 일정한 세로 및 가로 비율을 갖는 지도를 얻을 수 있다.

59 회색으로 표시된 지역은 소득 데이터가 존재하지 않는 국가이다.

▶ 그림 4-52 **국가별 가처분 소득.** 서유럽 지역은 다른 지역보다 대체로 소득이 높다. 가운데 가장 밝은 색으로 표시된 국가는 소득이 제일 높은 스위스이다.

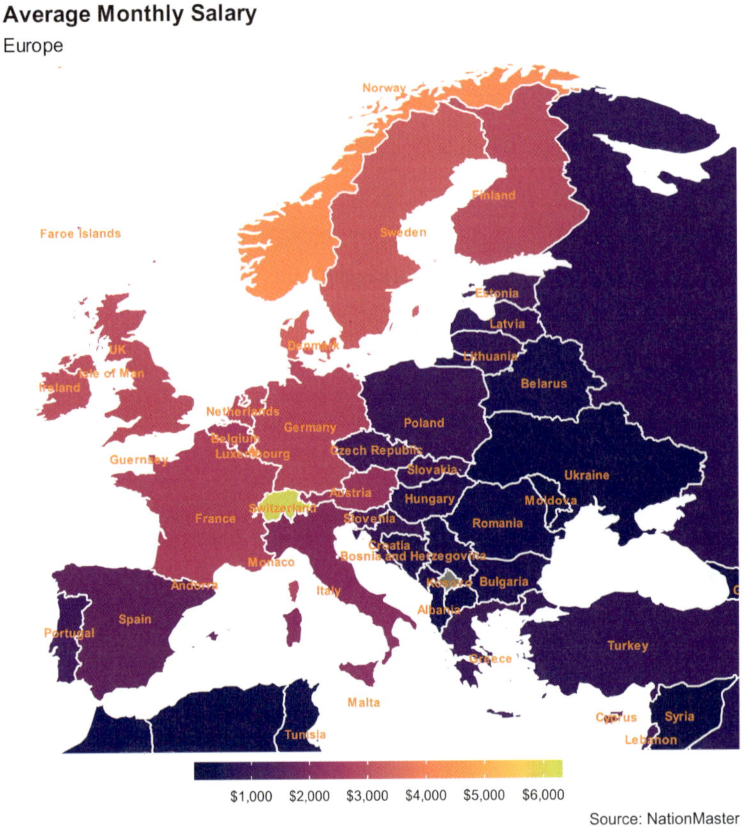

국회의원 경비 내역 @BBC

웹페이지 내에 포함된 테이블의 수가 많으면 웹페이지로부터 추출한 테이블의 리스트는 매우 복잡해진다. 물론 리스트의 원소를 하나씩 살펴보며 우리가 추출하려는 테이블을 확인할 수 있다. 하지만 테이블의 개수가 매우 많으면 이처럼 수작업을 통하여 특정 테이블을 찾는 것은 쉽지 않은 작업이 될 수 있다. 여기에서는 원하는 테이블을 좀 더 효과적으로 찾는 방법을 살펴보자.

다음과 같이 `readHTMLTable()` 함수를 이용하여 [그림 4-53]의 BBC 웹사이트(https://www.bbc.com)에 공개된 영국 국회의원의 경비지출 테이블을 추출한다. 웹페이지로부터 총 일곱 개의 테이블이 추출되었다.

그림 4-53 | 국회의원 경비 내역. BBC 뉴스 웹사이트로부터 국회의원 경비지출 데이터를 수집한다.

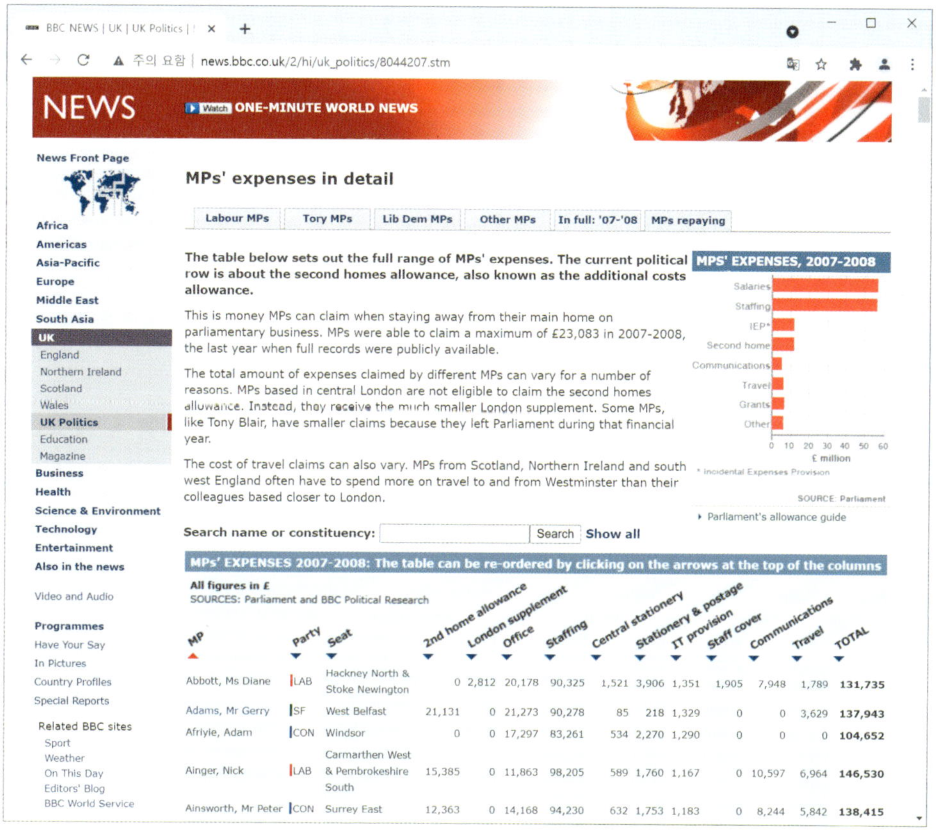


```
> library(xml2)
> library(XML)
> url <- "http://news.bbc.co.uk/2/hi/uk_politics/8044207.stm"
> html <- read_html(url)
> html.parsed <- htmlParse(html)
> html.tab <- readHTMLTable(html.parsed)
> str(html.tab)
List of 7
 $ NULL            : NULL
…(중략)
$ expenses_table:'data.frame':  645 obs. of  14 variables:
  ..$ MP                 : chr [1:645] "Abbott, Ms Diane" "Adams, Mr Gerry" ...
  ..$ Party              : chr [1:645] "LAB" "SF" "CON" "LAB" ...
  ..$ Seat               : chr [1:645] "Hackney North & Stoke Newington" ...
  ..$ 2nd home allowance : chr [1:645] "0" "21,131" "0" "15,385" ...
```

```
  ..$ London supple-ment  : chr [1:645] "2,812" "0" "0" "0" ...
  ..$ Office              : chr [1:645] "20,178" "21,273" "17,297" "11,863" ...
  ..$ Staffing            : chr [1:645] "90,325" "90,278" "83,261" "98,205" ...
  ..$ Central stationery  : chr [1:645] "1,521" "85" "534" "589" ...
  ..$ Stationery & postage: chr [1:645] "3,906" "218" "2,270" "1,760" ...
  ..$ IT provision        : chr [1:645] "1,351" "1,329" "1,290" "1,167" ...
  ..$ Staff cover & other : chr [1:645] "1,905" "0" "0" "0" ...
  ..$ Communications      : chr [1:645] "7,948" "0" "0" "10,597" ...
  ..$ Travel              : chr [1:645] "1,789" "3,629" "0" "6,964" ...
  ..$ Total               : chr [1:645] "131,735" "137,943" "104,652" "146,530" ...
…(중략)
$ NULL          : NULL
> length(html.tab)
[1] 7
```

추출한 테이블 가운데 우리가 원하는 테이블을 찾기 위하여 각 테이블별로 데이터프레임의 시작과 끝에 포함된 데이터를 웹사이트상의 실제 테이블의 데이터와 비교한다. 다음과 같은 작업을 일곱 개의 테이블에 대해 반복 수행하여 웹사이트상의 데이터와 일치하는 테이블을 찾는다.

```
> head(html.tab[[1]])
> tail(html.tab[[1]])
```

이러한 과정을 통해 국회의원의 비용지출 테이블이 추출된 리스트 가운데 다섯 번째 원소라는 것을 알아낼 수 있다.

```
> head(html.tab[[5]], 3)[,c(1:2, 14)]
                MP Party   Total
1 Abbott, Ms Diane   LAB 131,735
2  Adams, Mr Gerry    SF 137,943
3    Afriyie, Adam   CON 104,652
> tail(html.tab[[5]], 3)[,c(1:2, 14)]
                          MP Party   Total
643               Yeo, Mr Tim   CON 153,358
644 Young, Rt Hon Sir George   CON 128,883
645     Younger-Ross, Richard    LD 157,841
```

지금과 같은 경우는 테이블의 개수가 일곱 개에 불과하기 때문에 이러한 반복 작업만으로 원하는 목표를 충분히 달성할 수 있다. 하지만 테이블의 개수가 많아지면 이 또한 쉽지 않은 작업이다.

이럴 때는 다음과 같이 간단한 함수를 작성하여 우리가 원하는 테이블이 테이블 리스트의 몇 번째 원소인지 확인하는 것도 한 방법이다. 다음 함수는 우리가 원하는 테이블의 첫 번째 데이터와 마지막 데이터를 리스트 내의 각 테이블과 비교하여 일치하는 테이블을 찾는다.

```
> first <- "Abbott, Ms Diane"
> last <- "157,841"
> for (i in 1:length(html.tab)) {
+   lastrow <- nrow(html.tab[[i]])
+   lastcol <- ncol(html.tab[[i]])
+   if (!is.null(lastrow)) {
+     if (as.character(html.tab[[i]][1,1])==first &
+         as.character(html.tab[[i]][lastrow,lastcol])==last)
+       {tabi <- i}
+   }
+ }
> tabi
[1] 5
```

출력된 결과가 우리가 원하는 테이블인지 살펴본 후 해당 테이블을 추출하여 데이터프레임으로 저장한다. 국회의원의 경비지출 데이터가 웹페이지로부터 성공적으로 수집되었다.

```
> head(html.tab[[tabi]], 3)[,c(1:2, 14)]
                MP Party   Total
1 Abbott, Ms Diane   LAB 131,735
2  Adams, Mr Gerry    SF 137,943
3    Afriyie, Adam   CON 104,652
> tail(html.tab[[tabi]], 3)[,c(1:2, 14)]
                         MP Party   Total
643             Yeo, Mr Tim   CON 153,358
644 Young, Rt Hon Sir George   CON 128,883
645    Younger-Ross, Richard    LD 157,841
> bbc.expense <- html.tab[[tabi]]
> head(bbc.expense, 3)[,c(1:2, 14)]
                MP Party   Total
1 Abbott, Ms Diane   LAB 131,735
2  Adams, Mr Gerry    SF 137,943
3    Afriyie, Adam   CON 104,652
```

수집한 데이터를 분석에 사용 가능하도록 몇 가지 전처리 작업을 수행해보자. tidyverse 패키지를 이용한다. 금액을 나타내는 열을 숫자로 변환한다. 그리고 정당 이름은 팩터 형식으로 변환한다.

```
> library(tidyverse)
> str(bbc.expense)
'data.frame':  645 obs. of  14 variables:
 $ MP               : chr  "Abbott, Ms Diane" "Adams, Mr Gerry" ...
 $ Party            : chr  "LAB" "SF" "CON" "LAB" ...
 $ Seat             : chr  "Hackney North & Stoke Newington" ...
…(중략)
 $ Communications : chr  "7,948" "0" "0" "10,597" ...
 $ Travel           : chr  "1,789" "3,629" "0" "6,964" ...
 $ Total            : chr  "131,735" "137,943" "104,652" "146,530" ...
> bbc.expense <- bbc.expense %>%
+   mutate(across(.cols=4:ncol(.), .fns=parse_number)) %>%
+   mutate(Party=as.factor(Party))
> str(bbc.expense)
'data.frame':  645 obs. of  14 variables:
 $ MP               : chr  "Abbott, Ms Diane" "Adams, Mr Gerry" "Afriyie, Adam" ...
 $ Party            : Factor w/ 15 levels "CON","DUP","IND",..: 6 11 1 6 1 6 7 ...
 $ Seat             : chr  "Hackney North & Stoke Newington" "West Belfast" ...
…(중략)
 $ Communications : num  7948 0 0 10597 8244 ...
 $ Travel           : num  1789 3629 0 6964 5842 ...
 $ Total            : num  131735 137943 104652 146530 138415 ...
```

이제 이 데이터셋을 각종 분석에 활용할 수 있다. 예를 들어, 국회의원의 비용지출 요약 통계량(평균, 중위수, 최소값, 최대값)은 다음과 같다.

```
> summary(bbc.expense$Total)
   Min. 1st Qu.  Median    Mean 3rd Qu.    Max.
  47737  134300  146799  144172  156279  187334
```

영국의 주요 3개 정당(보수당, 노동당, 자유민주당) 소속 국회의원의 비용지출 분포를 다음과 같이 그래프로 그릴 수 있다. 주요 3개 정당만을 별도의 데이터셋으로 추출한 후 이를 이용하여 그래프를 생성한다.[60] 생성된 그래프는 [그림 4-54]와 같다. 자유민주당, 노동당, 보수당 순으로 경비지출 금액이 평균적으로 더 높다.

60 여기에서 CON은 Conservative(보수당), LAB은 Labour(노동당), LD는 Liberal Democrat(자유민주당)을 나타낸다.

▶ 그림 4-54 ▌ **국회의원 경비 내역.** 영국의 주요 3개 정당 국회의원의 경비지출 분포를 확인할 수 있다. 보수당의 경비지출이 평균적으로 가장 작다.

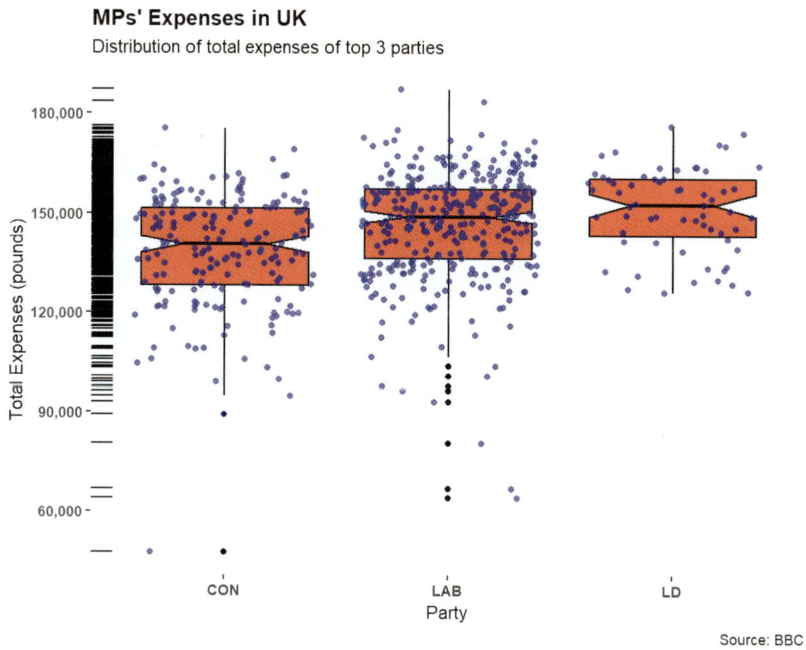


```
> windows(width=7.0, height=5.5)
> ggplot(filter(bbc.expense, Party %in% c("CON", "LAB", "LD")),
+        aes(x=Party, y=Total)) +
+   geom_boxplot(fill="coral3", color="black", notch=TRUE) +
+   geom_point(position="jitter", color="blue", alpha=0.5) +
+   geom_rug(sides="l", color="black") +
+   scale_y_continuous(breaks=c(0, 60000, 90000, 120000, 150000, 180000),
+                      labels=c("0", "60,000", "90,000",
+                               "120,000", "150,000", "180,000")) +
+   labs(x="Party", y="Total Expenses (pounds)",
+        title="MPs' Expenses in UK",
+        subtitle="Distribution of total expenses of top 3 parties",
+        caption="Source: BBC") +
+   theme_gray() +
+   theme(plot.title=element_text(face="bold"),
+         axis.text=element_text(face="bold"))
```

동의어 사전 @워드넷

웹사이트에서 사용자와 서버 간의 상호작용은 대부분 HTML 폼을 통해 이루어진다. 폼은 사용자로부터 데이터를 수집하여 서버로 전달하는 역할을 한다. 우리는 웹사이트를 이용하면서 일상적으로 다양한 형태의 폼을 접하게 된다. 예를 들어, 검색 웹사이트에서 검색어를 입력하는 텍스트 박스, 쇼핑몰 웹사이트에서 구매 옵션을 선택하는 라디오 버튼/체크 박스/드롭다운 박스, 이메일 로그인 시 사용하는 패스워드 입력 박스, 코멘트나 리뷰 등 비교적 긴 텍스트를 입력할 수 있는 사각형 모양의 넓은 텍스트 박스, 입력한 데이터를 서버로 전달하기 위해 사용하는 서브밋 버튼 등이 여기에 해당한다. 이처럼 웹사이트상의 많은 데이터가 폼을 통해 접근 가능하기 때문에 폼을 통한 데이터 수집은 웹스크레이핑에 있어서 매우 중요한 부분 가운데 하나이다.

'4.1 HTML 구조'에서 살펴보긴 했지만 HTML 폼에 대해 여기서 간단히 다시 정리해보자. HTML 폼은 `<form>` 노드(태그)로 정의되며 속성을 갖는다. `<form>` 노드의 속성은 웹브라우저에서 서버로의 데이터 전송 및 처리 방법을 정의한다. 폼의 `name` 속성은 폼의 이름을 의미한다. `method` 속성에는 폼 데이터를 전송할 때 사용할 HTTP 메소드를 지정한다. 일반적으로 GET 메소드 또는 POST 메소드를 사용한다. `action` 속성에는 폼 데이터가 전송될 위치(서버의 웹페이지 주소)를 지정한다. 여기에 지정되는 주소에는 보통 폼 데이터를 처리할 서버 스크립트가 포함된다. `<input>` 노드는 `<form>` 노드 내에 위치하여 폼에 입력할 데이터의 형식을 정의한다.

R을 통해 HTML 문서 내에 포함된 폼을 처리하는 작업은 결코 쉽지 않다. 왜냐하면 웹브라우저가 내부적으로 처리하는 숨겨진 작업 대부분을 R 코드로써 명시적으로 처리해야 하기 때문이다. HTML 코드 내에서 폼 부분을 식별해야 하고, 입력 데이터를 서버로 전달할 때 사용할 메소드와 데이터가 보내질 서버 위치를 확인해야 하며, 서버로 보낼 데이터를 위한 옵션과 인수를 지정해야 하고, 서버로부터 반환된 결과를 처리해야 한다.

먼저 GET 방식으로 폼 데이터를 전송하는 경우부터 살펴보자. 여기에서는 프린스턴 대학교(Princeton University)에서 서비스하는 온라인 동의어 사전 워드넷(WordNet, https://wordnet.princeton.edu)을 이용하여 폼 데이터를 전송하고 서버로부터의 처리 결과를 추출하는 과정을 살펴본다. 워드넷 웹사이트(http://wordnetweb.princeton.edu/perl/webwn)는 HTML 폼으로 검색 단어를 입력받아 서버에 검색을 요청한다. 서버는 동의어를 검색한 후 그 결과를 웹브라우저로 보낸다. 예를 들어, 'data'를 검색해보자. [그림 4-55]와 같이 검색 화면의 검색창에 단어를 입력하고 Search WordNet 버튼을 클릭하면 동의어 검색 결과가 출력된다. 이때 주소창의 URL이 다음과 같이 바뀌는 것을 볼 수 있다.

그림 4-55 | 동의어 사전. 워드넷 웹사이트로부터 동의어 검색 결과를 수집한다.

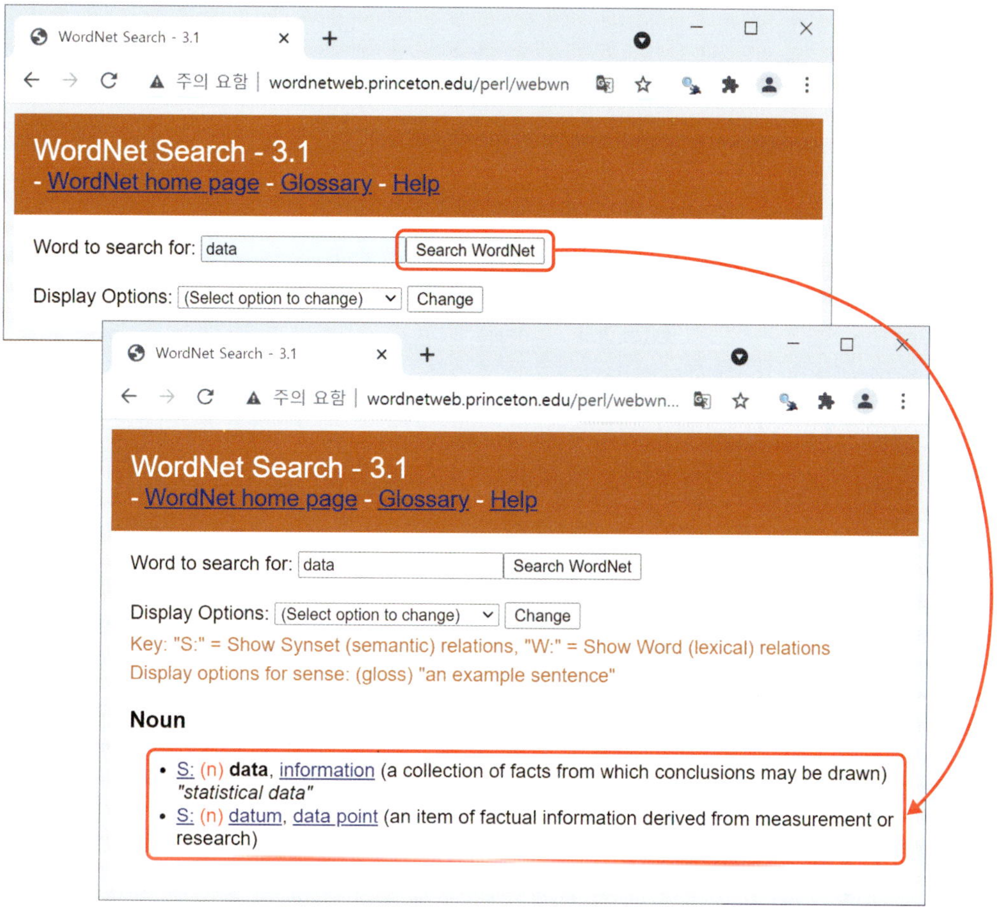

```
http://wordnetweb.princeton.edu/perl/webwn?s=data&sub=Search+WordNet&o2=&o0=1&
o8=1&o1=1&o7=&o5=&o9=&o6=&o3=&o4=&h=
```

? 뒤에 추가된 부분은 폼을 통해 사용자로부터 입력받아 서버로 보내진 검색 패러미터이다. 각 패러미터는 &로 연결되어 있다. 이 패러미터를 설정함으로써 우리는 원하는 검색 결과를 추출할 수 있다. 검색어를 입력하고 검색 버튼을 클릭할 때 URL의 뒤에 검색 문자열이 추가된다는 것은 여기서 사용 중인 폼은 GET 메소드를 이용하여 데이터를 서버로 보내고 있다는 것을 의미한다. 다음과 같이 <form> 태그의 HTML 코드(method="get")를 통해 확인할 수 있다.

```
▶<form method="get" action="webwn" enctype="multipart/form-data" name="f">…</form> == $0
▶<form method="get" action="webwn" enctype="multipart/form-data" name="change">…</form>
```

HTML 문서를 파싱한 후 XPath를 이용하여 폼의 속성을 추출해보자.

```
> library(httr)
> library(XML)
> url <- "http://wordnetweb.princeton.edu/perl/webwn"
> html <- GET(url)
> html.parsed <- htmlParse(html)
> forms <- xpathSApply(html.parsed, "//form", xmlAttrs)
> as.data.frame(t(forms))
  method action               enctype   name
1    get  webwn  multipart/form-data      f
2    get  webwn  multipart/form-data change
```

여기에는 f라는 이름과 change라는 이름을 갖는 두 개의 HTML 폼이 존재한다. 첫 번째 폼은 검색어를 서버에 전송하는 역할을 하며 두 번째 폼은 검색 결과 반환되는 데이터의 유형과 범위에 대한 출력 옵션을 처리한다. 여기에서는 설명을 단순화하기 위해 첫 번째 폼을 통한 데이터 전송과 처리에 대해서만 살펴보기로 한다. 폼 f의 속성값을 살펴보자. HTTP 메소드는 GET(method 속성)을 사용하고 있으며 데이터는 webwn(action 속성)으로 전송된다. multipart/form-data(enctype 속성)는 HTTP 메시지 보디에 포함된 콘텐츠의 인코딩 방식을 나타낸다. 그런데 GET 메소드는 데이터 전송에 HTTP 메시지 보디를 사용하지 않기 때문에 현재 이 속성은 고려할 필요가 없다.

폼을 통해 서버로 전송되는 입력 패러미터를 확인해보자. GET 메소드를 이용하여 데이터를 전송할 경우 URL 뒤에 추가된 문자열을 살펴봄으로써 서버로 전송되는 입력 패러미터를 쉽게 확인할 수 있다. 그러나 URL로 확인할 수 있는 패러미터는 모든 가능한 패러미터의 일부인 경우가 많다. 폼에 입력되는 전체 입력 패러미터는 다음과 같이 HTML 문서의 `<input>` 노드에서 확인할 수 있다.

```
▼<form method="get" action="webwn" enctype="multipart/form-data" name="f">
   "Word to search for: "
   <input type="text" name="s" value="data" maxlength="500">
   <input type="submit" name="sub" value="Search WordNet">
   <input type="hidden" name="o2" value>
   <input type="hidden" name="o0" value="1">
   <input type="hidden" name="o8" value="1">
   <input type="hidden" name="o1" value="1">
   <input type="hidden" name="o7" value>
   <input type="hidden" name="o5" value>
   <input type="hidden" name="o9" value>
   <input type="hidden" name="o6" value>
   <input type="hidden" name="o3" value>
   <input type="hidden" name="o4" value>
   <input type="hidden" name="h" value="00">
 </form>
```

XPath를 이용하여 <input> 노드 내의 속성을 추출함으로써 전체 입력 패러미터를 추출할 수 있다. 여기에서는 모두 13개의 입력 패러미터가 존재한다.

```
> form.input <- xpathSApply(html.parsed, "//form[1]/input", xmlAttrs)
> as.data.frame(t(form.input))
     type name      maxlength
1    text    s            500
2  submit  sub Search WordNet
3  hidden   o2
4  hidden   o0              1
5  hidden   o8              1
6  hidden   o1              1
7  hidden   o7
8  hidden   o5
9  hidden   o9
10 hidden   o6
11 hidden   o3
12 hidden   o4
13 hidden    h
```

그런데 사실 워드넷 웹사이트를 웹브라우저로 보면 한 개의 입력 필드만이 있다. 웹페이지상에는 검색어를 입력하는 하나의 텍스트 박스만이 존재한다. 앞서 추출한 입력 패러미터 가운데 11개는 hidden으로서 사용자가 통제할 수 없는 입력 유형이다. submit 입력 유형 또한 사용자가 조작할 수 없다. 따라서 text 입력 유형 한 개만이 사용자가 지정할 수 있는 유일한 입력 패러미터가 된다. text 입력 유형을 제외한 나머지 12개 패러미터는 실제 검색과는 무관하다. 검색 결과를 얻기 위해서는 s 패러미터를 지정하는 것으로 충분하다.

이제 HTTP 메소드, 요청을 처리할 서버 주소, 입력 패러미터 등의 정보를 확인했으므로 서버에 보낼 요청 메시지를 생성해보자. httr 패키지에 포함된 GET() 함수는 URL에 서버로 넘겨줄 입력 패러미터를 추가함으로써 폼 데이터를 처리할 수 있다. 다음과 같이 GET() 함수의 query 인수에 넘겨줄 입력 패러미터를 리스트 형식으로 지정한다. 여기에서는 s 패러미터에 검색할 단어 data를 지정한다.

```
> result <- GET(url, query=list(s="data"))
```

이제부터는 앞서 해왔던 웹스크레이핑 방식대로 GET() 함수로부터 반환된 HTML 객체를 파싱하고 그로부터 원하는 데이터를 수집한다. 검색 결과가 반환된 웹페이지의 HTML 코드로부터 결과가 포함되어 있는 노드를 확인한 후 다음과 같이 <li> 노드로부터 동의어 검색 결과를 추출한다.

```
▼<li> == $0
    ::marker
    <a href="webwn?o2=&o0=1&o8=1&o1=1&o7=&o5=&o9=&o6=&o3=&o4=&s=data&i=0&h=00#c">S:</a>
    <a class="pos"> (n) </a>
    <b>data</b>
    ", "
    <a href="webwn?o2=&o0=1&o8=1&o1=1&o7=&o5=&o9=&o6=&o3=&o4=&s=information">information</a>
    " (a collection of facts from which conclusions may be drawn) "
    <i>"statistical data"</i>
  </li>
▼<li>
    ::marker
    <a href="webwn?o2=&o0=1&o8=1&o1=1&o7=&o5=&o9=&o6=&o3=&o4=&s=data&i=1&h=00#c">S:</a>
    <a class="pos"> (n) </a>
    <a href="webwn?o2=&o0=1&o8=1&o1=1&o7=&o5=&o9=&o6=&o3=&o4=&s=datum">datum</a>
    ", "
    <a href="webwn?o2=&o0=1&o8=1&o1=1&o7=&o5=&o9=&o6=&o3=&o4=&s=data+point">data point</a>
    " (an item of factual information derived from measurement or research) "
    <i></i>
  </li>
```

```
> result.parsed <- htmlParse(result)
> xpathSApply(result.parsed, "//li", xmlValue)
[1] "S: (n) data, information (a collection of facts from which conclusions may be
drawn) \"statistical data\""
[2] "S: (n) datum, data point (an item of factual information derived from measurement
or research) "
```

GET 메소드를 이용하여 데이터를 전송할 경우 URL 뒤에 입력 패러미터가 추가되므로 다음과 같이 URL에 입력 패러미터에 해당되는 검색 문자열을 직접 추가한 후 GET() 함수를 호출해도 앞서의 작업과 동일한 결과를 얻을 수 있다.

```
> url <- "http://wordnetweb.princeton.edu/perl/webwn?s=data"
> html <- GET(url)
> html.parsed <- htmlParse(html)
> xpathSApply(html.parsed, "//li", xmlValue)
[1] "S: (n) data, information (a collection of facts from which conclusions may be
drawn) \"statistical data\""
[2] "S: (n) datum, data point (an item of factual information derived from measurement
or research) "
```

이상의 내용을 바탕으로 워드넷으로부터 동의어를 검색하는 다음과 같은 간단한 함수를 만들 수 있다. getWordNet() 함수는 word 인수에 주어진 단어를 워드넷 웹사이트에서 검색하여 그 결과를 반환한다.

```
> getWordNet <- function(word=NULL) {
+   if (is.null(word)) {
+     return("word 인수에 검색할 단어를 지정하세요.")
+     break
+   }
+   library(httr)
+   library(XML)
+   url <- "http://wordnetweb.princeton.edu/perl/webwn"
+   result <- GET(url, query=list(s=word))
+   result.parsed <- htmlParse(result)
+   out <- xpathSApply(result.parsed, "//li", xmlValue)
+   return(cat(paste0(out, collapse="\n")))
+ }
> getWordNet(word="science")
S: (n) science, scientific discipline (a particular branch of scientific knowledge)
"the science of genetics"
S: (n) skill, science (ability to produce solutions in some problem domain) "the skill
of a well-trained boxer"; "the sweet science of pugilism"
```

가독성 테스트 @웹FX

여기에서는 POST 방식으로 폼 데이터를 전송하는 경우를 살펴보자. POST 방식의 폼은 GET 메소드를 이용한 폼과 여러 측면에서 유사하다. 차이점은 POST 방식의 경우 폼 데이터가 HTTP 메시지 보디에 포함되어 전송된다는 것이다. GET 방식과 달리 URL을 통해 데이터가 전송되지 않으므로 폼 데이터는 외부에 노출되지 않는다. HTTP 메시지 보디에는 URL 인코딩(url-encoding) 방식과 멀티파트 인코딩(multipart-encoding) 방식으로 데이터를 포함시킬 수 있다. URL 인코딩 방식은 텍스트 데이터에 보다 적합한 반면, 멀티파트 인코딩 방식은 파일을 전송하는 데 보다 효율적이다. 따라서 웹사이트의 목적에 따라 이 두 가지 방식의 POST 폼이 선택되어 사용된다. 폼이 어떤 방식을 사용하는지는 <form> 태그의 enctype 속성에서 확인할 수 있다.

먼저 URL 인코딩 방식의 POST 폼을 살펴보자. 웹FX(WebFX, https://www.webfx.com/tools/read-able)는 웹페이지와 텍스트의 가독성(readability)을 평가하는 서비스를 제공한다. 예를 들어, [그림 4-56]과 같이

▶ 그림 4-56 ▌**가독성 테스트.** 웹FX 웹사이트로부터 문서의 가독성 테스트 결과를 수집한다.

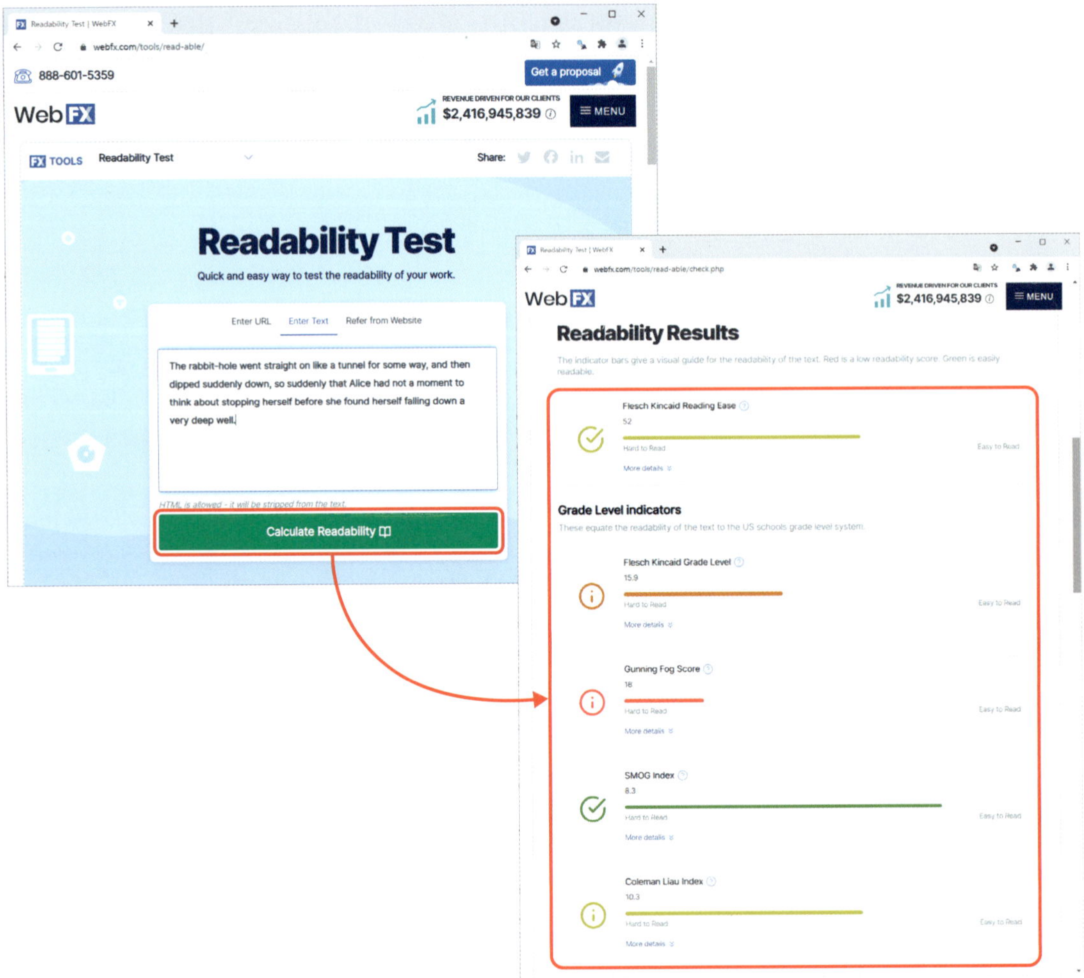

평가하려는 텍스트를 가운데 텍스트 상자에 입력하면 가독성 평가 지표를 산출한다.

우선 웹사이트로부터 HTML 폼이 포함된 페이지를 읽어들인 후 파싱한다.

```
> library(tidyverse)
> library(httr)
> library(XML)
> url <- "https://www.webfx.com/tools/read-able/"
> html <- GET(url)
> html.parsed <- htmlParse(html)
```

HTML 문서의 소스코드를 살펴보면 직접 텍스트를 입력하여 텍스트에 대한 가독성 평가를 위한 목적으로 사용되는 폼은 id="enter-text-tab" 속성을 갖는 <div> 노드 아래에 포함되어 있다. 파싱한 HTML 문서로부터 XPath를 이용하여 다음과 같이 폼의 속성을 추출해보자.

```
▼<div id="enter-text-tab" class="generator-form-panel active"> == $0
  ▼<form name="enter_by_text" class="direct-input-form" method="post">
    ▼<div class="form-group">
      ▶<textarea id="directInput" cols rows class="form-control" name="text" placeholder="Enter text
      to check the readability...">…</textarea>
        <div class="form-desc">HTML is allowed - it will be stripped from the text.</div>
      </div>
    ▶<div class="form-action">…</div>
      <input type="hidden" name="imahuman" class="imahuman" value="0">
    </form>
  ▶<form method="post" action="check.php" class="main-form direct-input-hidden-form hidden">…</form>
  </div>
```

```
> xpathSApply(html.parsed, "//div[@id='enter-text-tab']/form",
+             xmlAttrs, simplify=FALSE)
[[1]]
            name               class              method
  "enter_by_text" "direct-input-form"              "post"

[[2]]
                                   method
                                   "post"
                                   action
                              "check.php"
                                    class
"main-form direct-input-hidden-form hidden"

> forms <- xpathSApply(html.parsed, "//div[@id='enter-text-tab']/form",
+                      xmlAttrs, simplify=FALSE) %>%
+   bind_rows()
> forms
# A tibble: 2 x 4
  name          class                                    method  action
  <chr>         <chr>                                    <chr>   <chr>
1 enter_by_text direct-input-form                        post    NA
2 NA            main-form direct-input-hidden-form hidden post    check.php
```

HTML 문서의 소스코드를 살펴보면 <form> 노드 아래에 서버로 전송할 텍스트를 입력받는 <textarea> 노드가 있다. <textarea> 노드로부터 입력받은 데이터는 action 속성에 지정된 check.php에 의해 처리된다. 여기의 폼에는 enctype 속성이 지정되어 있지 않다. 따라서 이 웹사이트의 서버는 두 가지 인코딩 방식(URL 인코딩과 멀티파트 인코딩)을 모두 허용하는 것으로 이해할 수 있다. URL 인코딩 방식이 텍스트 데이터에 대해 보다 효율적이므로 여기에서는 이 방식을 이용하여 폼 데이터를 서버로 전송한다. 다음과 같이 <textarea> 노드의 속성을 추출해보자.

```
> xpathSApply(html.parsed,
+             "//div[@id='enter-text-tab']/form//textarea", xmlAttrs, simplify=FALSE)
[[1]]
                           id                                 cols
                "directInput"                                   ""
                         rows                                class
                           ""                       "form-control"
                         name                          placeholder
                       "text" "Enter text to check the readability..."

[[2]]
           id          name         rows        cols       value
"directInput" "directInput"         "10"        "60"          ""

> form.textarea <- xpathSApply(html.parsed,
+                             "//div[@id='enter-text-tab']/form//textarea", xmlAttrs) %>%
+   bind_rows()
> form.textarea
# A tibble: 2 x 7
  id          cols  rows  class        name        placeholder                 value
  <chr>       <chr> <chr> <chr>        <chr>       <chr>                       <chr>
1 directInput ""    ""    form-control text        Enter text to check the rea~ NA
2 directInput "60"  "10"  NA           directInput NA                          ""
```

<textarea> 노드의 name 속성의 속성값 directInput은 텍스트를 전송하기 위한 입력 패러미터의 이름으로 사용된다. 루이스 캐롤(Lewis Carroll)의 Alice's Adventures in Wonderland(이상한 나라의 앨리스)의 1장에 포함된 다음 문장을 대상으로 가독성 테스트를 수행한다.

```
> text <- "The rabbit-hole went straight on like a tunnel for some way, and then
dipped suddenly down, so suddenly that Alice had not a moment to think about stopping
herself before she found herself falling down a very deep well."
```

웹브라우저를 이용할 경우에는 텍스트를 웹FX 웹사이트에서 제공하는 텍스트 박스에 입력하고 Calculate Readability 버튼을 클릭하면 텍스트 데이터가 웹FX 웹사이트의 서버로 전송되어 처리된 후 평가 결과가 반환된다. `httr` 패키지의 `POST()` 함수를 이용하여 이러한 일련의 과정을 R 환경 내에서 수행할 수 있다. 메시지 보디에 입력 패러미터를 추가함으로써 폼 데이터를 처리한다.

```
> result <- POST(url=paste0(url, "check.php"), body=list(directInput=text),
+                encode="form")
```

`POST()` 함수의 `url` 인수에는 폼을 처리할 서버 스크립트 주소를 지정한다(`<form>` 노드의 `action` 속성에서 확인). `body` 인수에는 메시지 보디에 포함시켜 서버로 전송할 입력 내용을 지정한다. 전송할 내용을 문자 벡터로 지정할 수 있으며 입력 패러미터가 여러 개일 경우 리스트 형식으로 지정할 수 있다. 여기에서는 입력 패러미터 directInput에 전송할 텍스트를 지정한다. `encode` 인수에는 인코딩 방식을 지정한다. multipart, form, json, raw 등을 지정할 수 있으며 지금처럼 텍스트를 전송할 경우 multipart나 form을 이용할 수 있다.

이제 지금까지 해왔던 웹스크레이핑 방식대로 서버로부터 반환된 HTML 객체를 파싱하여 그로부터 가독성 테스트 결과를 추출할 수 있다. 검색 결과가 반환된 웹페이지의 HTML 코드로부터 결과가 포함되어 있는 노드를 확인한 후 다음과 같이 가독성 평가 결과를 수집한다.

```
▼<div class="generator-result-card"> flex == $0
  ▶<div class="card-icon scale-c-color">…</div>
  ▼<div class="card-body">
    ▼<h5 class="card-title">
        "Flesch Kincaid Reading Ease "
      ▶<span class="card-tips">…</span>
      </h5>
      <p class="card-percent">52</p>
    ▶<div class="card-bar">…</div>
    ▶<div class="card-more">…</div>
    </div>
  </div>
```

```
> result.parsed <- htmlParse(result)
> indicator <- xpathSApply(result.parsed,
+                          "//div[@class='generator-result-card']//h5[@class='card-title']",
+                          xmlValue, recursive=FALSE, trim=TRUE)
> score <- xpathSApply(result.parsed, "//p[@class='card-percent']", xmlValue) %>%
+   as.numeric()
```

```
> readability <- tibble(indicator, score)
> readability
# A tibble: 6 x 2
  indicator                    score
  <chr>                        <dbl>
1 Flesch Kincaid Reading Ease   52
2 Flesch Kincaid Grade Level    15.9
3 Gunning Fog Score             18
4 SMOG Index                     8.3
5 Coleman Liau Index            10.3
6 Automated Readability Index   19.4
```

이상의 내용을 바탕으로 주어진 텍스트의 가독성을 테스트하는 다음과 같은 간단한 함수를 만들 수 있다. `getReadability()` 함수는 `text` 인수에 주어진 텍스트의 가독성을 테스트하여 그 결과를 반환한다.

```
> getReadability <- function (text=NULL) {
+   if (is.null(text)) {
+     return("text 인수에 텍스트를 지정하세요.")
+     break
+   }
+   library(httr)
+   library(XML)
+   url <- "https://www.webfx.com/tools/read-able/"
+   result <- POST(url=paste0(url, "check.php"), body=list(directInput=text),
+                  encode="form")
+   result.parsed <- htmlParse(result)
+   indicator <- xpathSApply(result.parsed,
+                           "//div[@class='generator-result-card']//h5[@class='card-title']",
+                           xmlValue, recursive=FALSE, trim=TRUE)
+   score <- xpathSApply(result.parsed, "//p[@class='card-percent']", xmlValue) %>%
+     as.numeric()
+   readability <- tibble(indicator, score)
+   return(readability)
> text <- "You come at four in the afternoon, then at three I shall begin to be happy."
```

```
> getReadability(text=text)
# A tibble: 6 x 2
  indicator                     score
  <chr>                         <dbl>
1 Flesch Kincaid Reading Ease   84.8
2 Flesch Kincaid Grade Level     5.4
3 Gunning Fog Score              8.9
4 SMOG Index                     6
5 Coleman Liau Index             5.5
6 Automated Readability Index    3.6
```

이미지 포맷 변환 @픽스픽처

이번에는 HTTP 메시지 보디를 멀티파트 방식으로 인코딩한 POST 폼을 살펴보자. 픽스픽처

그림 4-57 ▍이미지 포맷 변환. 픽스픽처 웹사이트로부터 이미지 파일의 포맷 변환 결과를 추출한다.

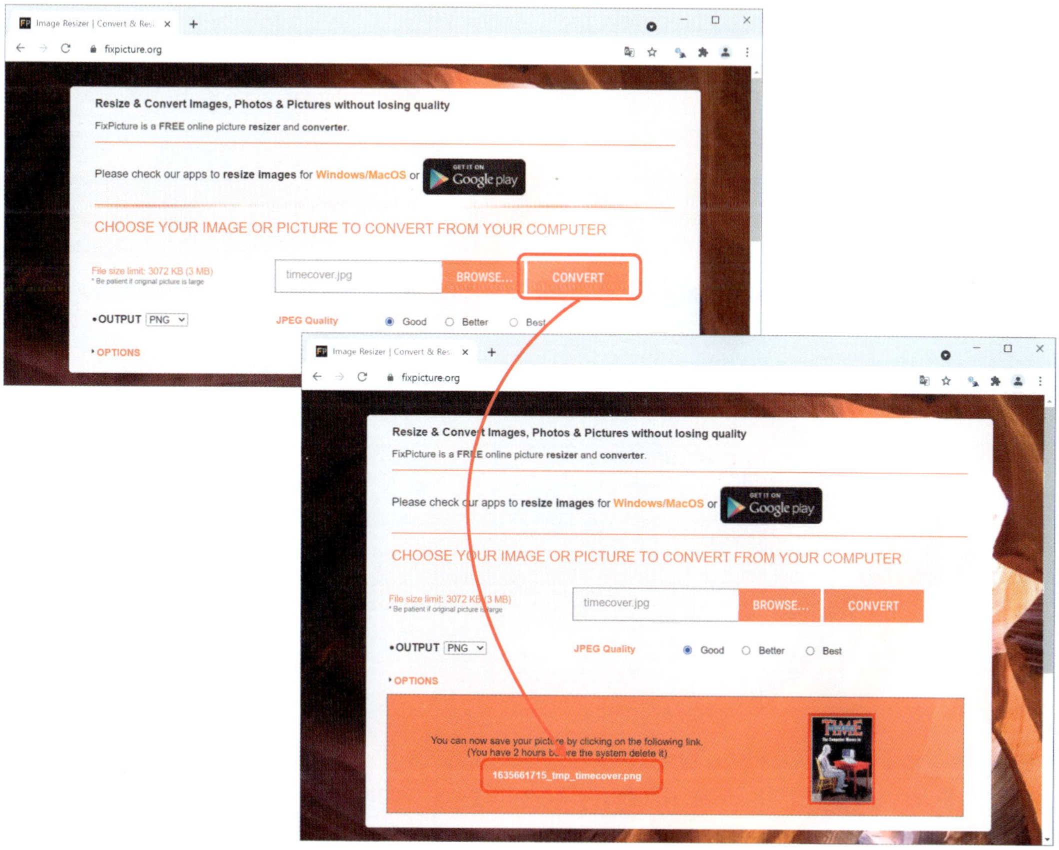

(FixPicture, https://www.fixpicture.org)는 이미지 파일의 포맷을 변환하는 서비스를 제공한다. 예를 들어, [그림 4-57]에서 볼 수 있는 것처럼 이미지 파일을 한 포맷에서 다른 포맷으로 변환한다. 웹브라우저를 이용할 경우 BROWSE 버튼을 클릭하여 변환할 파일을 찾아 업로드한 후 OUTPUT 리스트 박스에서 변환할 파일 형식을 선택하고 CONVERT 버튼을 클릭한다.

R 환경에서 픽스픽처 웹사이트를 통한 이러한 변환 작업을 수행해보자. 여기에서는 JPG 포맷의 이미지 파일을 PNG 포맷으로 변환한다. 먼저 예를 위해 다음과 같이 타임지(TIME magazine, https://time.com) 웹사이트에서 잡지의 커버 이미지를 다운로드한다.

```
> library(tidyverse)
> library(httr)
> library(XML)
> url <- "http://content.time.com/time/covers/0,16641,19830103,00.html"
> html <- GET(url)
> html.parsed <- htmlParse(html)
> timecover <-xpathSApply(html.parsed, "//img[@title='Original Cover is a gatefold']",
+                         xmlGetAttr, "src")
> download.file(timecover, "timecover.jpg", mode="wb")
```

다운로드한 타임지의 커버 이미지는 [그림 4-58]과 같다.[61] 이 이미지의 포맷을 변환해보자.

```
> library(imager)
> windows(width=5.0, height=6.0)
> par(mar=c(1,1,1,1))
> plot(load.image("timecover.jpg"), axes=FALSE)
```

우선 픽스픽처 웹사이트의 HTML 폼 페이지를 읽어들인 후 파싱한다.

```
> url <- "https://www.fixpicture.org/"
> html <- GET(url)
> html.parsed <- htmlParse(html)
```

이어서 다음과 같이 <form> 노드의 속성을 확인한다.

61 1983년 1월 3일 타임지는 통상적으로 발표하던 'Man of the Year' 대신에 개인용 컴퓨터(personal computer)를 'Machine of the Year'로서 선정하였다. 그러면서 "1982 is the year of the computer"(1982년은 컴퓨터의 해)라고 선언하였다.

▶ 그림 4-58 ▌이미지 포맷 변환. 픽스픽처 웹사이트를 통해 타임지 커버 이미지의 포맷을 변환한다.

```
▼<form name="form" id="form" action="resize.php?LANG={LANG}" method="post"
enctype="multipart/form-data"> == $0
```

```
> forms <- xpathSApply(html.parsed, "//form", xmlAttrs)
> as.data.frame(t(forms))
  name   id                action method             enctype
1 form form resize.php?LANG={LANG}   post multipart/form-data
```

이 웹페이지에는 한 개의 폼이 있다. 폼은 멀티파트로 인코딩된 메시지 보디를 갖는 POST 방식으로 데이터를 전송한다. 픽스픽처 웹사이트는 이 폼을 통해 이미지에 대한 다양한 요구사항을 입력받아 처리한다. 이미지 파일을 한 포맷에서 다른 포맷으로 변환할 뿐만 아니라 변환한 이미지의 해상도 및 크기를 조정할 수 있고, 회전시킬 수 있으며, 다양한 효과(명암대비, 회색조 등)를 줄 수 있다. 다음과 같이 <input> 노드의 속성을 살펴봄으로써 폼이 처리할 수 있는 이러한 다양한 입력 형태를 확인한다.

```
> inputs <- xpathSApply(html.parsed, "//input", xmlAttrs)
> inputs
[[1]]
          type           class           name             style          size
        "file"   "upload-file"        "image"   "display:none;"          "25"
```

```
[[2]]
                     type                       id                          src
                  "image"          "upload_button"  "images/btn_convert_en.gif"
                    class                      alt                        width
             "btn_submit"                "Convert"                        "145"
                   height                  onclick
                     "46"          "execConvert()"

…(중략)

[[27]]
     class        type        name     value
 "quality"  "checkbox"  "effect[]" "sharpen"

[[28]]
     class        type        name     value
 "quality"  "checkbox"  "effect[]"   "sepia"
```

약간의 전처리 과정을 거쳐 출력 결과를 다음과 같이 조금 정돈된 데이터프레임(티블) 형식으로 변환한다. purrr 패키지의 map_dfr() 함수를 이용하여 리스트 내의 원소들을 행으로 결합한 하나의 데이터프레임을 생성한다.[62]

```
> inputs <- map_dfr(inputs, bind_rows)
> str(inputs)
tibble [28 x 13] (S3: tbl_df/tbl/data.frame)
 $ type   : chr [1:28] "file" "image" "radio" "radio" ...
 $ class  : chr [1:28] "upload-file" "btn_submit" "quality" "quality" ...
 $ name   : chr [1:28] "image" NA "JPEG" "JPEG" ...
…(중략)
 $ onclick: chr [1:28] NA "execConvert()" NA NA ...
 $ checked: chr [1:28] NA NA "checked" NA ...
 $ value  : chr [1:28] NA NA "a" "b" ...
```

62 map_dfr() 함수는 행을 결합할 때 없는 열이 있을 경우 해당 열을 NA로 채워 결측값으로 처리한다. purrr 패키지는 tidyverse 패키지에 포함되어 있으므로 tidyverse 패키지를 이미 메모리에 적재했다면 추가로 적재할 필요는 없다.

```
> inputs[, c("type", "name", "class", "value")]
# A tibble: 28 x 4
   type   name   class       value
   <chr>  <chr>  <chr>       <chr>
 1 file   image  upload-file NA
 2 image  NA     btn_submit  NA
 3 radio  JPEG   quality     a
…(중략)
 8 radio  PNG    quality     c
 9 radio  resize quality     a
10 radio  resize quality     b
# ... with 18 more rows
```

<input> 노드로부터 처리할 수 있는 다양한 기능 가운데 여기에서는 이미지 파일의 포맷 변환에만 초점을 맞춘다. 변환할 이미지 파일은 image라는 이름(name 속성)을 갖는 <input> 노드를 통해 입력받는다. 이 <input> 노드의 class 속성의 속성값 upload-file은 파일 업로드 방식으로 폼 데이터를 처리한다는 것을 나타낸다. 변환할 이미지 파일을 image라는 이름으로 서버로 전송한다.

변환 후의 이미지 파일 형식은 다음과 같이 <select> 노드로부터 입력받는다.

```
▼<select onchange="changeSelect()" id="format" name="format">
   <option value="jpeg">JPEG</option>
   <option value="png">PNG</option>
   <option value="tiff">TIFF</option>
   <option value="pdf">PDF</option>
   <option value="bmp">BMP</option>
   <option value="gif">GIF</option>
   <option value="webp">WebP</option>
 </select>
```

```
> xpathSApply(html.parsed, "//select/option", xmlValue)
[1] "JPEG" "PNG"  "TIFF" "PDF"  "BMP"  "GIF"  "WebP"
```

<select> 태그는 <option> 태그와 함께 리스트 박스를 정의한다. <select> 태그는 리스트 박스 자체를 정의하며 <option> 태그는 <select> 태그 내에서 사용자가 선택할 수 있는 항목의 리스트를 정의한다. 여기에서는 <select> 노드 하위의 <option> 노드에 선택 가능한 파일 형식이 지정되어 있다. <select> 노드는 <option> 노드에 의해 제공되는 파일 형식 가운데서 변환 결과 얻게 될 파일 형식을 선택할 수 있도록 한다.

<select> 노드의 name 속성에서 <option> 노드로부터 선택한 값을 서버로 보낼 때 사용할 입력 패러미터 이름을 확인할 수 있다. 다음과 같이 <select> 노드의 속성을 추출해보면 format이라는 이름을 확인할 수 있으며 이 이름으로 변환할 파일 포맷을 서버로 전송한다.

```
> option <- xpathSApply(html.parsed, "//select", xmlAttrs)
> as.data.frame(t(option))
        onchange     id   name
1 changeSelect() format format
```

이제 중요한 두 가지 입력 패러미터의 이름(image, format)을 확인했으므로 서버로 폼 데이터를 전송하고 그 결과를 추출해보자. 여기에서는 httr 패키지의 POST() 함수를 이용한다.[63]

```
> result <- POST(url=paste0(url, "resize.php?LANG={LANG}"),
+               body=list(image=upload_file("timecover.jpg"), format="png"),
+               encode="multipart")
```

POST() 함수의 url 인수에는 폼을 처리할 서버 스크립트 주소를 지정한다(<form> 노드의 action 속성에서 확인). body 인수에는 메시지 보디에 포함시켜 서버로 전송할 입력 내용을 지정한다. 전송할 내용을 문자 벡터로 지정할 수 있으며 입력 패러미터가 여러 개일 경우 리스트 형식으로 지정할 수 있다. 여기에서 첫 번째 입력 패러미터 image에는 업로드할 파일을 지정한다. 이때 파일을 읽어들여 서버로 전송하기 위해서 upload_file() 함수를 이용한다. 두 번째 입력 패러미터 format에는 변환으로 얻게 될 이미지 파일의 형식을 지정한다. encode 인수에는 인코딩 방식을 지정한다. multipart, form, json, raw 등을 지정할 수 있으며 지금처럼 파일을 전송할 경우 multipart를 사용한다.

POST() 함수는 변환된 이미지 파일 자체를 반환하지 않으며 변환된 파일이 위치한 URL을 HTML 문서 형태로 반환한다. 앞서 해왔던 것처럼 HTML 문서를 파싱하고 그로부터 변환된 이미지 파일의 URL을 추출하여 파일을 다운로드한다.

```
<a href="medias/1635665058_tmp_timecover.png" target="_blank">
1635665058_tmp_timecover.png</a> == $0
```

63 POST() 함수를 실행할 때 curl 패키지 관련 에러가 발생할 수 있다. 그럴 경우 curl 패키지를 다시 설치한다: install.packages("curl").

```
> result.parsed <- htmlParse(result)
> xpathSApply(result.parsed, "//a/@href", as.character)
[1] "medias/1635665058_tmp_timecover.png"
> result.link <- paste0(url, xpathSApply(result.parsed, "//a/@href", as.character))
> result.link
[1] "https://www.fixpicture.org/medias/1635665058_tmp_timecover.png"
> download.file(result.link, "timecover.png", mode="wb")
> list.files(pattern="timecover")
[1] "timecover.jpg" "timecover.png"
```

다음과 같이 PNG 포맷으로 변환된 이미지를 확인해보자.

```
> library(pander)
> openFileInOS("timecover.png")
```

이상의 내용을 바탕으로 주어진 이미지 파일의 포맷을 변환하는 다음과 같은 간단한 함수를 생성할 수 있다. getImage() 함수는 img 인수에 주어진 이미지 파일의 포맷을 fmt 인수에 지정된 포맷으로 변환하여 그 결과를 반환한다. img 인수에 이미지 파일을 지정하지 않으면 사용자가 선택할 수 있도록 파일 탐색기를 호출한다.

```
> getImage <- function(img=NULL, fmt="png") {
+   if (is.null(img)) {
+     img <- file.choose()
+   }
+   url <- "https://www.fixpicture.org/"
+   library(httr)
+   library(XML)
+   library(tools)
+   html <- GET(url)
+   html.parsed <- htmlParse(html)
+   result <- POST(url=paste0(url, "resize.php?LANG={LANG}"),
+                  body=list(image=upload_file(img), format=fmt),
+                  encode="multipart")
+   result.parsed <- htmlParse(result)
+   result.link <- paste0(url, xpathSApply(result.parsed, "//a/@href", as.character))
+   download.file(result.link, paste0(file_path_sans_ext(img), ".", fmt), mode="wb")
+ }
```

```
> getImage(img="timecover.png", fmt="gif")
> getImage(fmt="gif")
> list.files(pattern="timecover")
[1] "timecover.gif" "timecover.jpg" "timecover.png"
```

경제통계 @미국노동통계국

HTML 폼은 매우 다양한 형태로 사용된다. 기간을 설정하여 해당 기간의 데이터를 조회하는 서비스는 흔히 볼 수 있는 웹사이트 형태 가운데 하나이며 여기에도 내부적으로 HTML 폼을 이용한 데이터 처리가 이루어진다. 미국노동통계국(U.S. Bureau of Labor Statistics, https://www.bls.gov)은 소비자물가지수(CPI, Consumer Price Index), 생산자물가지수(PPI, Product Price Index), 실업률 등의 다양한 경제통계 데이터를 제공한다. 예를 들어, [그림 4-59]와 같이 기간을 지정하여 해당 기간의 소비자물가지수 데이터를 구할 수 있다. 웹브라우저상에서 Start Year와 End Year에 조회할 기간의 시작 연도와 종료 연도를 지정하고 Update 버튼을 클릭한다.

웹사이트로부터 2020년부터 2021년까지의 소비자물가지수 데이터를 수집해보자. 먼저 다음과 같이 HTML 문서를 파싱한 후 XPath를 이용하여 폼의 속성을 확인한다.

```
> library(tidyverse)
> library(httr)
> library(XML)
> url <- "https://beta.bls.gov/dataViewer/view/timeseries/CUUR0000SA0"
> html <- GET(url)
> html.parsed <- htmlParse(html)
> forms <- xpathSApply(html.parsed, "//form", xmlAttrs) %>%
+   map_dfr(bind_rows)
> forms
# A tibble: 3 x 3
  method action                                  id
  <chr>  <chr>                                   <chr>
1 get    /search/query                           NA
2 get    /search/query                           NA
3 post   /dataViewer/view/timeseries/CUUR0000SA0 dq-form-dataviewer
```

▶ 그림 4-59 ▌ **경제통계.** 미국노동통계국 웹사이트로부터 경제통계 데이터를 수집한다.

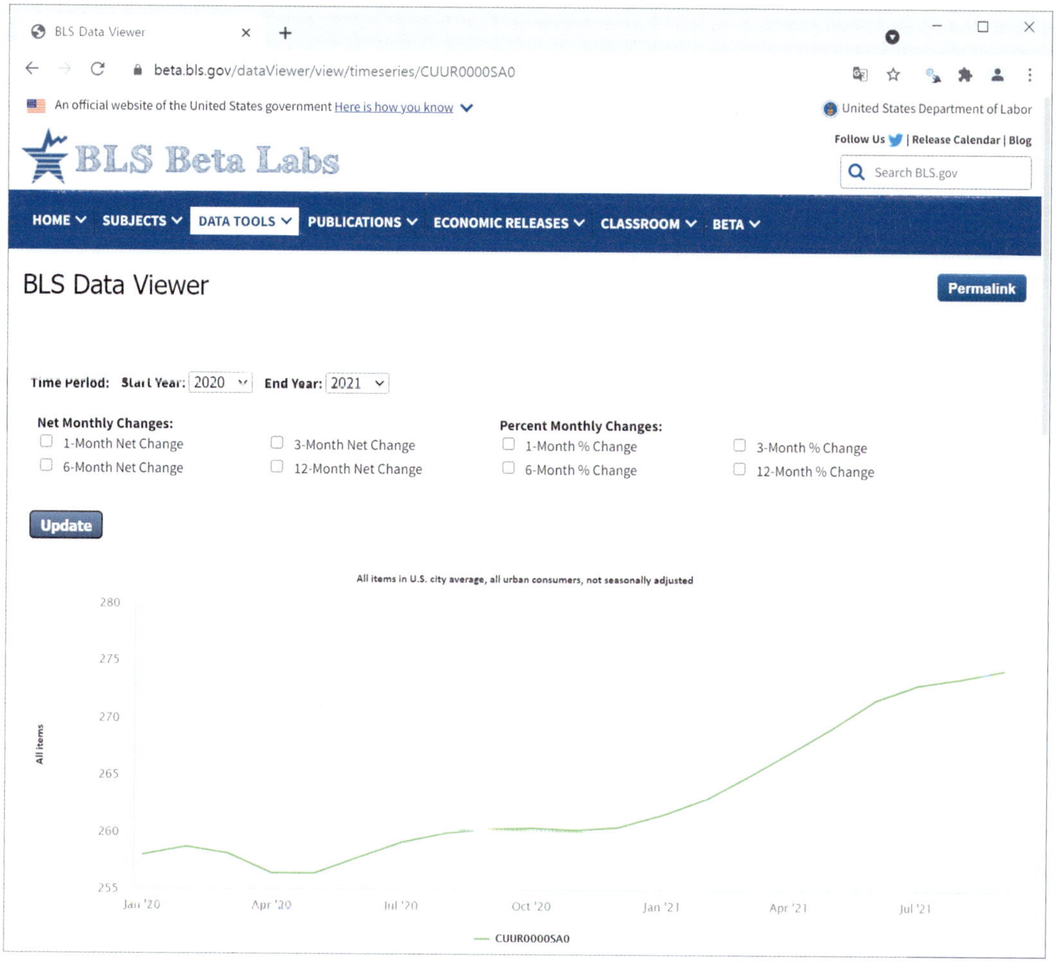

추출된 폼 가운데 여기에서는 세 번째 폼이 기간 데이터를 서버로 전송하는 역할을 한다. HTTP 메소드는 POST(`method` 속성)를 사용하고 있으며 데이터는 /dataViewer/view/timeseries/CUUR0000SA0 (`action` 속성)로 전송되어 처리된다. 서버로 전송되는 입력 패러미터를 확인하기 위해 다음과 같이 폼에 대응되는 HTML 코드를 살펴본다. 폼에 입력되는 입력 패러미터는 <select> 노드에서 확인할 수 있다.

```
▼<form id="dq-form-dataviewer" action="/dataViewer/view/timeseries/CUUR0000SA0" method="post">
   <input id="permalinkURL" name="permalinkURL" value type="hidden">
   <input id="selectedSeriesIds" name="selectedSeriesIds" value="CUUR0000SA0" type="hidden">
 ▼<div id="start_end_year_div">
     <span id="dq-time-period-label">Time Period:</span>
   ▼<span id="dv-startyear-wrapper">
       "    "
       <label for="dv-start-year" id="dv-start-year-label">Start Year:</label>
     ▶<select name="startYear" id="dv-start-year" class="year_range">…</select>
     </span>
     "    "
   ▼<span id="dv-endyear-wrapper">
       <label for="dv-end-year" id="dv-end-year-label">End Year:</label>
     ▶<select name="endYear" id="dv-end-year" class="year_range">…</select>
     </span>
   </div>
 ▼<div id="net_percent_change_checkBox_group" class="net_percent_change_checkbox_group">
   ▶<fieldset class="dq_viewer_fieldset">…</fieldset>
   </div>
   <div class="clearfloat"> </div>
 ▶<div id="dv-search-submit-wrapper">…</div>
 </form>
```

XPath를 이용하여 <select> 노드 내의 속성을 추출함으로써 입력 패러미터를 추출할 수 있다. 여기에는 모두 두 개의 입력 패러미터(startYear, endYear)가 존재한다.

```
> option <- xpathSApply(html.parsed, "//select", xmlAttrs)
> as.data.frame(t(option))
       name             id      class
1 startYear dv-start-year year_range
2   endYear   dv-end-year year_range
```

이제 HTTP 메소드, 요청을 처리할 서버 주소, 입력 패러미터 등의 정보를 바탕으로 서버에 보낼 요청 메시지를 생성하여 서버로 전송한 후 처리 결과를 전송받는다. 여기에서는 httr 패키지의 POST() 함수를 이용한다. startYear와 endYear 입력 패러미터에 조회할 시작 연도와 종료 연도를 지정한다.

```
> result <- POST(url, body=list(startYear="2020", endYear="2021"), encode="form")
```

전송된 HTML 문서를 살펴보면 추출하려는 데이터는 <table> 노드에 저장되어 있다. 따라서 문서를 파싱한 후 다음과 같이 XPath를 정의하여 소비자물가지수 조회 결과를 추출할 수 있다.

```
▼<table class="data display dataTable" id="seriesDataTable1" style="margin-left: 0px; width: 100%;">
  ▶<thead>…</thead>
  ▼<tbody role="alert" aria-live="polite" aria-relevant="all">
    ▼<tr class="odd">
       <td class="year  sorting_1">2020</td>
       <td class="period ">M01</td>
       <td class="abbrlabel ">2020 Jan</td>
      ▼<td class=" ">
         " 257.971 "
       </td>
     </tr>
    ▶<tr class="even">…</tr>
```

```
> result.parsed <- htmlParse(result)
> CPI <- xpathSApply(result.parsed, "//table[@id='seriesDataTable1']//td",
+                    xmlValue, trim=TRUE, recursive=FALSE)
> CPI
 [1] "2020"  "M01"   "2020 Jan" "257.971" "2020"  "M02"   "2020 Feb" "258.678"
 [9] "2020"  "M03"   "2020 Mar" "258.115" "2020"  "M04"   "2020 Apr" "256.389"
[17] "2020"  "M05"   "2020 May" "256.394" "2020"  "M06"   "2020 Jun" "257.797"
…(중략)
[73] "2021"  "M07"   "2021 Jul" "273.003" "2021"  "M08"   "2021 Aug" "273.567"
[81] "2021"  "M09"   "2021 Sep" "274.310" "2021"  "M10"   "2021 Oct" "276.589"
[89] "2021"  "M11"   "2021 Nov" "277.948" "2021"  "M12"   "2021 Dec" "278.802"
```

분석에 활용할 수 있도록 다음과 같이 숫자 변환, 날짜 변환 등의 몇 가지 전처리 작업을 수행하면서 데이터프레임(티블) 형식으로 저장한다.

```
> library(lubridate)
> bls.CPI <- tibble(year=as.numeric(CPI[seq(1, length(CPI), by=4)]),
+                   period=CPI[seq(2, length(CPI), by=4)],
+                   label=ym(CPI[seq(3, length(CPI), by=4)]),
+                   value=as.numeric(CPI[seq(4, length(CPI), by=4)]))
> bls.CPI
# A tibble: 24 x 4
   year  period label       value
   <dbl> <chr>  <date>      <dbl>
 1  2020  M01    2020-01-01  258.
 2  2020  M02    2020-02-01  259.
 3  2020  M03    2020-03-01  258.
…(중략)
```

```
 8 2020  M08    2020-08-01   260.
 9 2020  M09    2020-09-01   260.
10 2020  M10    2020-10-01   260.
# ... with 14 more rows
> str(bls.CPI)
tibble [24 x 4] (S3: tbl_df/tbl/data.frame)
 $ year  : num [1:24] 2020 2020 2020 2020 2020 2020 2020 2020 2020 2020 ...
 $ period: chr [1:24] "M01" "M02" "M03" "M04" ...
 $ label : Date[1:24], format: "2020-01-01" "2020-02-01" "2020-03-01" ...
 $ value : num [1:24] 258 259 258 256 256 ...
```

2020년부터 2021년까지의 소비자물가지수 데이터를 성공적으로 수집하였다. 미국노동통계국 웹사이트는 지금 수집한 소비자물가지수 데이터뿐만 아니라 다른 유용한 경제 관련 통계 데이터도 제공한다. 다음과 같이 함수를 작성하여 다양한 경제통계 데이터를 기간별로 수집할 수 있다. `getEconStats()` 함수는 미국노동통계국 웹사이트에서 제공하는 경제통계 데이터를 주어진 기간에 따라 추출한다.

```
> getEconStats <- function(baseurl=NULL, startYear=NULL, endYear=NULL) {
+   library(httr)
+   library(XML)
+   library(tibble)
+   library(lubridate)
+   if (is.null(baseurl)) {
+     url <- "https://beta.bls.gov/dataViewer/view/timeseries/CUUR0000SA0"
+   }
+   if (is.null(startYear) | is.null(endYear)) {
+     startYear <- as.character(year(today()) - 2)
+     endYear <- as.character(year(today()))
+   }
+   result <- POST(url, body=list(startYear=startYear, endYear=endYear),
+                  encode="form")
+   result.parsed <- htmlParse(result)
+   stat <- xpathSApply(result.parsed, "//table[@id='seriesDataTable1']//td",
+                       xmlValue, trim=TRUE, recursive=FALSE)
+   stat <- tibble(year=as.numeric(stat[seq(1, length(stat), by=4)]),
+                  period=stat[seq(2, length(stat), by=4)],
+                  label=ym(stat[seq(3, length(stat), by=4)]),
+                  value=as.numeric(stat[seq(4, length(stat), by=4)]))
+   return(stat)
+ }
```

예를 들어, 다음과 같이 2020년부터 2021년까지의 실업률 데이터를 수집할 수 있다. URL의 마지막 부분은 통계 ID를 나타낸다.[64]

```
> url <- "https://beta.bls.gov/dataViewer/view/timeseries/LNS14000000"
> bls.unemployment <- getEconStats(baseurl=url, startYear="2020", endYear="2021")
> bls.unemployment
# A tibble: 24 x 4
   year  period label        value
  <dbl> <chr>  <date>       <dbl>
 1 2020  M01    2020-01-01    3.5
 2 2020  M02    2020-02-01    3.5
 3 2020  M03    2020-03-01    4.4
…(중략)
 8 2020  M08    2020-08-01    8.4
 9 2020  M09    2020-09-01    7.9
10 2020  M10    2020-10-01    6.9
# ... with 14 more rows
```

이렇게 추출한 소비자물가지수 데이터와 실업률 데이터를 이용하여 월별 추이를 그래프로 그려보자. [그림 4-60]은 소비자물가지수 추이이며 [그림 4-61]은 실업률 추이이다. 소비자물가지수와 실업률은 서로 반대의 패턴을 보이고 있다.[65]

```
> windows(width=10.5, height=6.0)
> Sys.setlocale("LC_ALL", "English")
[1] "LC_COLLATE=English_United States.1252;LC_CTYPE=English_United States.1252;
LC_MONETARY=English_United States.1252;LC_NUMERIC=C;LC_TIME=English_United States.1252"
> ggplot(bls.CPI, aes(x=label, y=value)) +
+   geom_line(color="gray", lwd=1) +
+   geom_point(shape=21, color="gray", fill="blue", size=5, stroke=4, alpha=0.7) +
+   geom_text(label=sprintf("%.1f", bls.CPI$value),
+             size=3, vjust=-1.1, color="royalblue") +
+   scale_x_date(date_labels="%b\n%Y", date_breaks="2 months") +
```

64 미국노동통계국(https://www.bls.gov) 웹페이지의 DATA TOOLS를 선택하면 주제별로 다양한 경제통계 항목을 볼 수 있다. Data Finder 아이콘을 클릭하여 경제통계 데이터를 조회할 수 있다. 조회된 웹페이지상에서 Series ID가 통계 ID를 의미한다.

65 전통적으로 인플레이션(소비자물가지수의 변화율로 측정)과 실업률은 역의 상관관계(inverse correlation)를 갖는다.

▶ 그림 4-60 ▮ **소비자물가지수.** 미국의 월별 소비자물가지수 추이를 관찰할 수 있다.

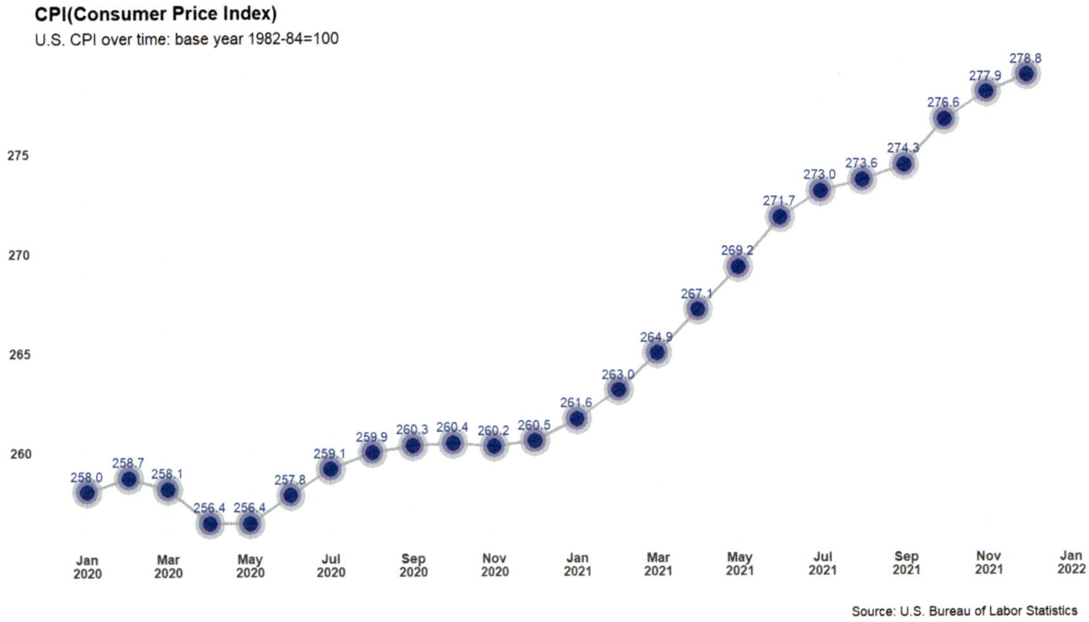


```
+   labs(x="", y=NULL,
+        title="CPI(Consumer Price Index)",
+        subtitle="U.S. CPI over time: base year 1982-84=100",
+        caption="Source: U.S. Bureau of Labor Statistics") +
+   theme_minimal() +
+   theme(plot.title=element_text(face="bold"),
+         axis.text=element_text(size=8.5, face="bold"),
+         panel.grid.minor=element_blank())
> Sys.setlocale()
[1] "LC_COLLATE=Korean_Korea.949;LC_CTYPE=Korean_Korea.949;LC_MONETARY=Korean_Korea.949;
LC_NUMERIC=C;LC_TIME=Korean_Korea.949"
```

```
> windows(width=10.5, height=6.0)
> Sys.setlocale("LC_ALL", "English")
[1] "LC_COLLATE=English_United States.1252;LC_CTYPE=English_United States.1252;
LC_MONETARY=English_United States.1252;LC_NUMERIC=C;LC_TIME=English_United States.1252"
```

```
> ggplot(bls.unemployment, aes(x=label, y=value/100)) +
+   geom_line(color="gray", lwd=1) +
+   geom_point(shape=21, color="gray", fill="red", size=5, stroke=4, alpha=0.7) +
+   geom_text(label=sprintf("%.1f%%", bls.unemployment$value),
+             size=3, vjust=-1.0, color="firebrick") +
+   scale_x_date(date_labels="%b\n%Y", date_breaks="2 months") +
+   scale_y_continuous(labels=percent) +
+   labs(x="", y=NULL,
+        title="Unemployment Rate",
+        subtitle="US unemployment rate over time",
+        caption="Source: U.S. Bureau of Labor Statistics") +
+   theme_minimal() +
+   theme(plot.title=element_text(face="bold"),
+         axis.text=element_text(size=8.5, face="bold"),
+         panel.grid.minor=element_blank())
> Sys.setlocale()
[1] "LC_COLLATE=Korean_Korea.949;LC_CTYPE=Korean_Korea.949;LC_MONETARY=Korean_Korea.949;
LC_NUMERIC=C;LC_TIME=Korean_Korea.949"
```

▶ 그림 4-61 ▌ **실업률.** 미국의 월별 실업률 추이를 관찰할 수 있다.

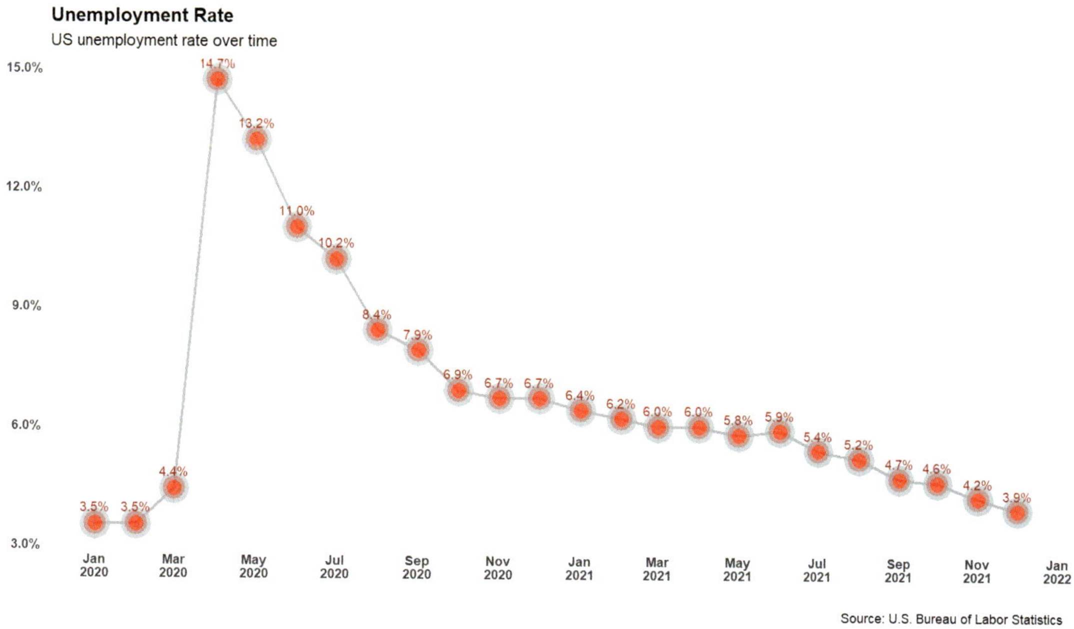

Chapter 5

R을 이용한
웹스크레이핑과 데이터분석

CSS 선택자

Chapter 05

CSS 선택자

5.1 노드 선택

CSS(Cascading Style Sheet)는 HTML 문서의 디자인이나 레이아웃 등의 스타일을 정의하여 HTML 요소가 화면상에서 출력되는 모양을 결정한다. CSS는 웹페이지의 HTML 요소에 대한 스타일을 정의하는 역할을 하기 때문에 이러한 요소와 스타일 간의 관련성을 이용하여 웹페이지로부터 특정 요소에 포함된 데이터를 추출하는 목적으로도 사용된다. XPath와 유사한 방식으로 CSS 선택자(CSS selector)를 이용하여 트리 구조의 HTML 문서로부터 데이터를 수집할 수 있다.

CSS는 다음과 같이 선택자(selector)와 선언블록(declaration block, { })으로 구성된다.[1]

1 CSS에 대한 좀 더 자세한 설명은 '제4장 XPath'의 '4.1 HTML 구조'를 참고한다.

```
selector {property1: value1; property2: value2;}
```

선택자는 스타일을 적용하고자 하는 HTML 요소를 나타내며, 선언블록에는 적용할 스타일을 정의한다. CSS 선택자는 웹페이지 내에서 특정 HTML 요소를 선택하는 데 이용된다. 요소 이름, ID, 클래스(class) 등이 CSS 선택자로 이용될 수 있다. 요소 선택자는 요소 이름으로 특정 요소를 선택하고, ID 선택자(# 기호와 함께 사용)는 HTML 요소의 `id` 속성을 이용하여 특정 요소를 선택하며, 클래스 선택자(. 기호와 함께 사용)는 특정 `class` 속성을 갖는 HTML 요소를 선택한다.

노드 추출을 위한 CSS 선택자 표현식은 기본적으로 이들 세 가지 선택자와 추출하려는 노드의 속성을 바탕으로 작성한다. [그림 5-1]에 노드 선택을 위해 사용할 수 있는 CSS 선택자를 정리하였다. 예를 들어, 노드 이름이 `name`인 노드 가운데 `attr` 속성이 `value`인 노드를 선택하기 위해서는 `name[attr=value]`와 같은 표현식을 사용할 수 있다. CSS 선택자는 단독으로 사용할 수도 있고 여러 개를 결합하여 사용할 수도 있다.

▶ 그림 5-1 ▎**CSS 선택자를 이용한 노드 선택.** 요소 이름, ID, 클래스, 노드의 기타 속성을 이용하여 특정 노드를 선택한다.

선택자	설명
*	모든 노드를 선택한다.
name	노드 이름이 name인 노드를 선택한다. 예 p → 모든 <p> 노드
.classval	class 속성값이 classval인 노드(class="classval")를 선택한다. 예 .article → class="article"인 모든 노드
name.classval	class 속성값이 classval인 name 노드를 선택한다. 예 p.article → class="article"인 모든 <p> 노드
.classval1.classval2	class 속성값이 classval1과 classval2인 노드(class="classval1 classval2")를 선택한다. 예 .article.intro → class="article intro"인 모든 노드
.classval1 .classval2	class 속성값이 classval1인 노드의 자손 노드 가운데 class 속성값이 classval2인 노드를 선택한다. 예 .article .intro → class="article"인 노드의 자손 노드 가운데 class="intro"인 모든 노드
#idval	id 속성값이 idval인 노드(id="idval")를 선택한다. 예 #rating → id="rating"인 모든 노드
[attr]	속성 이름이 attr인 노드를 선택한다. 예 [href] → href 속성을 갖는 모든 노드
[attr=value]	속성 attr의 속성값이 value인 노드(attr="value")를 선택한다. 예 [target=new] → target="new"인 모든 노드
[attr~=value]	속성 attr의 속성값이 단어(word) value를 포함하고 있는 노드를 선택한다. 예 [title~=data] → title="data science", title="big data" 등 title의 속성값으로 data를 포함하고 있는 모든 노드
[attr|=value]	속성 attr의 속성값이 value이거나 value-으로 시작하는 노드를 선택한다. 예 [id|=my] → id="my", id="my-address" 등 id의 속성값이 my이거나 my-으로 시작하는 모든 노드
[attr^=value]	속성 attr의 속성값이 value로 시작하는 노드를 선택한다. 예 [id^=L] → id="Listbooks", id="Listmovies" 등 id의 속성값이 L로 시작하는 모든 노드
[attr$=value]	속성 attr의 속성값이 value로 끝나는 노드를 선택한다. 예 [id$=data] → id="salesdata", id="profitdata" 등 id의 속성값이 data로 끝나는 모든 노드

▶ 그림 5-1 ▍CSS 선택자를 이용한 노드 선택(계속).

선택자	설명
[attr*=value]	속성 attr의 속성값에 문자열(string) value를 포함하고 있는 노드를 선택한다. 예 [title*=d] → title="big data", title="document" 등 title의 속성값으로 d를 포함하고 있는 모든 노드
name[attr=value]	노드 이름이 name인 노드 가운데 속성 attr의 속성값이 value인 노드를 선택한다. 예 p[target=new] → target="new" 속성을 갖는 모든 <p> 노드
name:nth-child(n)	부모 노드의 *n*번째 자식 노드인 name 노드를 선택한다. 첫 번째 자식 노드와 마지막 자식 노드는 각각 :first-child와 :last-child로 선택할 수 있다. 예 p:nth-child(2) → 두 번째 자식 노드인 <p> 노드
name:nth-last-child(n)	마지막 자식 노드부터 거꾸로 세어서 부모 노드의 *n*번째 자식 노드인 name 노드를 선택한다. 예 p:nth-last-child(2) → 거꾸로 세어서 두 번째 자식 노드인 <p> 노드

노드 추출 과정이 복잡해지면 하나의 CSS 선택자만으로는 특정 노드를 추출하는 데 한계가 있을 수 있다. 이때 노드 트리상에서의 노드 간 상대적 위치를 이용하면 좀 더 정교한 노드 선택이 가능하다. 이는 XPath에서 XPath 액시스를 이용하여 노드 간의 상대적 위치를 정의하는 것과 유사하다. [그림 5-2]와 같이 CSS 선택자를 결합하여 노드 간의 상대적 관계를 이용한 노드 선택 작업을 수행할 수 있다.

▶ 그림 5-2 ▍**CSS 선택자 결합.** 결합 연산자를 이용하여 노드 간의 상대적 관계를 정의한다.

선택자 결합	설명
CS1, CS2	CS1에 의해 매칭된 노드와 CS2에 의해 매칭된 노드 모두를 선택한다. 예 div, p → 모든 <div> 노드와 모든 <p> 노드
CS1 CS2	CS1에 의해 매칭된 노드의 자손(descendant) 노드 가운데 CS2에 의해 매칭된 노드를 선택한다. 예 div p → <div> 노드 하위의 모든 <p> 노드
CS1 > CS2	CS1에 의해 매칭된 노드의 자식(child) 노드 가운데 CS2에 의해 매칭된 노드를 선택한다. 예 div > p → 부모 노드가 <div>인 모든 <p> 노드
CS1 ~ CS2	CS1에 의해 매칭된 노드의 형제(sibling) 노드 가운데 CS2에 의해 매칭된 노드를 선택한다. 예 p ~ ul → <p> 노드의 형제 노드로서 그 이후에 나타나는 모든 <ul> 노드
CS1 + CS2	CS1에 의해 매칭된 노드의 바로 뒤 형제 노드이면서 CS2에 의해 매칭된 노드를 선택한다. 예 p + ul → <p> 노드의 형제 노드이면서 그 바로 뒤에 나타나는 첫 번째 <ul> 노드

그림 5-3 ▌HTML 문서의 트리 구조. CSS 선택자를 이용하여 트리 구조상의 노드를 탐색할 수 있다.

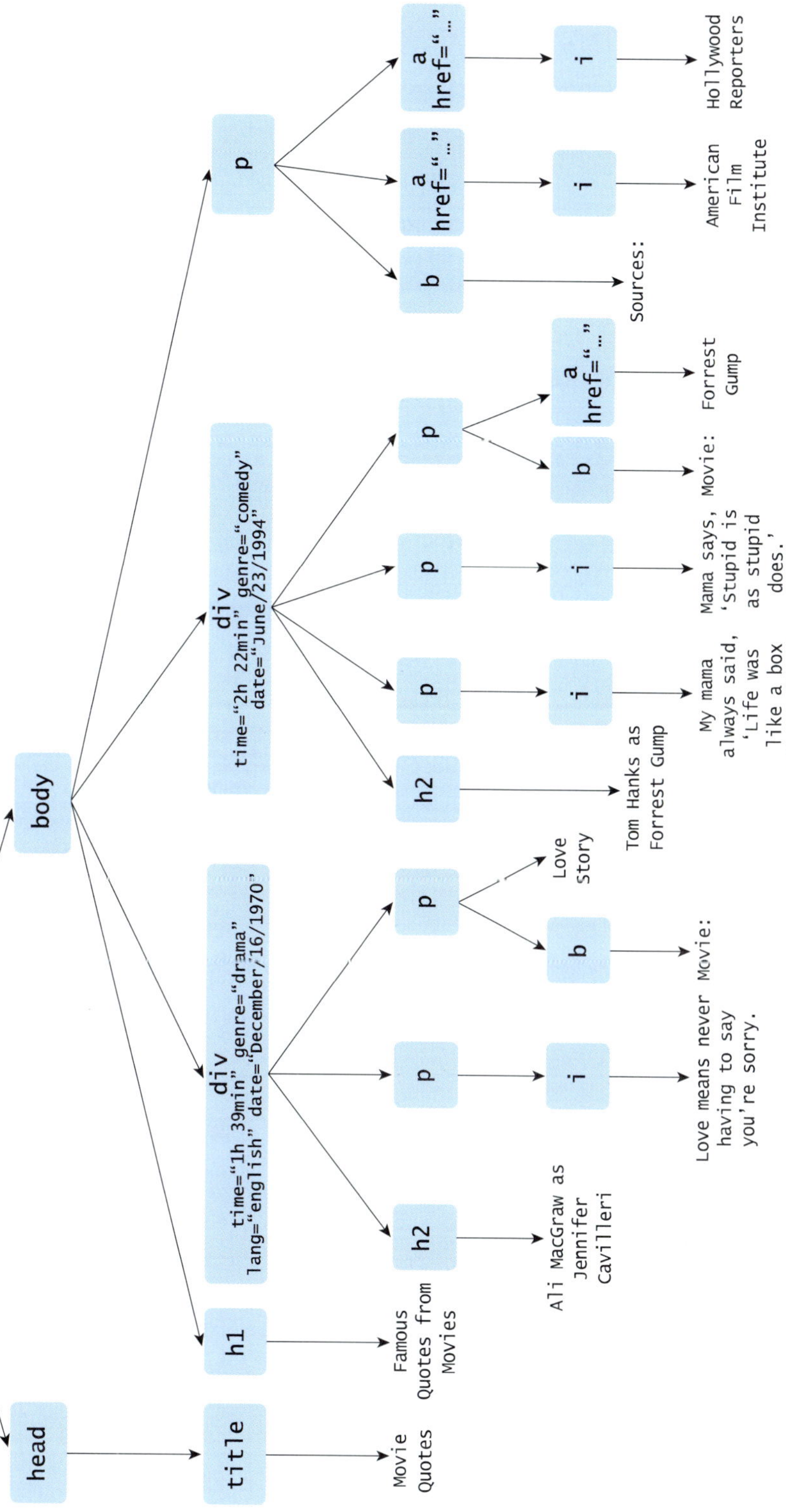

[그림 5-3]과 같은 트리 구조를 갖는 HTML 문서로부터 특정 노드를 추출하는 CSS 선택자 표현식을 만들어보자.[2] 예를 들어, HTML 노드 트리로부터 영화 대사가 포함된 최하단의 <i> 노드를 추출하려고 한다. 우선 <i> 노드가 포함된 <p> 노드는 간단히 노드 이름 'p'만으로 추출할 수 있다. 그런데 <p> 노드 아래에는 영화 대사가 아닌 다른 텍스트를 갖고 있는 <i> 노드도 포함되어 있다. 범위를 좁혀 우리가 원하는 <i> 노드가 포함된 <div> 노드 아래의 <p> 노드를 추출하려면 'div p'와 같은 CSS 선택자 표현식을 이용한다. 여기서 한 발 더 나아가 <div> 노드 아래의 <p> 노드 아래의 <i> 노드를 추출하려면 'div p i'와 같이 CSS 선택자 표현식을 작성할 수 있다. 이는 좀 더 간단히 'div i' 또는 'p > i'와 같이 나타낼 수도 있다. [그림 5-4]에 CSS 선택자를 이용한 노드 선택의 예와 그에 대응되는 XPath를 함께 제시하였다.

웹브라우저의 요소탐색기를 이용하면 CSS 선택자를 통해 추출되는 노드를 직접 확인할 수 있다. 웹페이지상의 빈 공간에서 오른쪽 마우스 버튼을 클릭하고, 이어서 나타나는 컨텍스트 메뉴에서 '검사'를 선택한다. 또는 키보드에서 F12 키를 입력한다. 실행된 요소탐색기 메뉴에서 'Console'을 선택한다.[3] 그러면 [그림 5-5]와 같이 노드 탐색 명령어를 입력할 수 있는 콘솔창이 나타난다.[4]

CSS 선택자 표현식의 결과를 확인하기 위해서는 프롬프트에 `document.querySelectorAll`

그림 5-4 | CSS 선택자와 XPath 비교. CSS 선택자는 단순한 구조 덕분에 사용이 편리하다는 장점을 갖는다. 그러나 XPath만큼 정교한 노드 탐색을 할 수 없는 한계를 갖고 있다.

CSS 선택자	XPath	설명
`title`	`//title`	모든 <title> 노드를 선택한다.
`div i`	`//div//i`	<div> 노드 아래의 <i> 자손 노드를 선택한다.
`p > i`	`//p/i`	<p> 노드 바로 아래의 <i> 자식 노드를 선택한다.
`div[genre=drama]`	`//div[@genre="drama"]`	genre 속성값이 drama인 <div> 노드를 선택한다.

그림 5-5 | 웹브라우저의 요소탐색기 콘솔창1. 요소탐색기의 콘솔창에 노드 탐색 명령어를 입력할 수 있다.

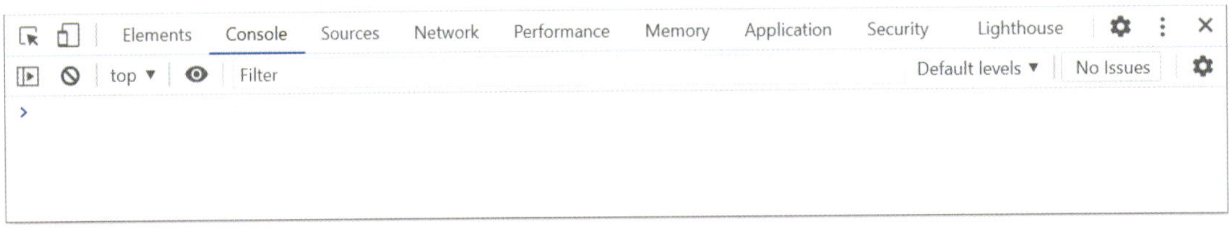

2 여기에서는 '제4장 XPath'에서 사용했던 것과 동일한 영화 대사 웹페이지(moviequotes.html)를 예로 사용한다.

3 이 책에서는 크롬(Chrome) 웹브라우저를 기준으로 설명한다.

4 콘솔창과 프롬프트의 모양은 사용하는 웹브라우저에 따라 다르다.

▶ 그림 5-6 ▌ **웹브라우저의 요소탐색기 콘솔창2.** 노드 탐색 명령어에 의해 추출된 노드셋은 리스트 형식으로 출력된다.

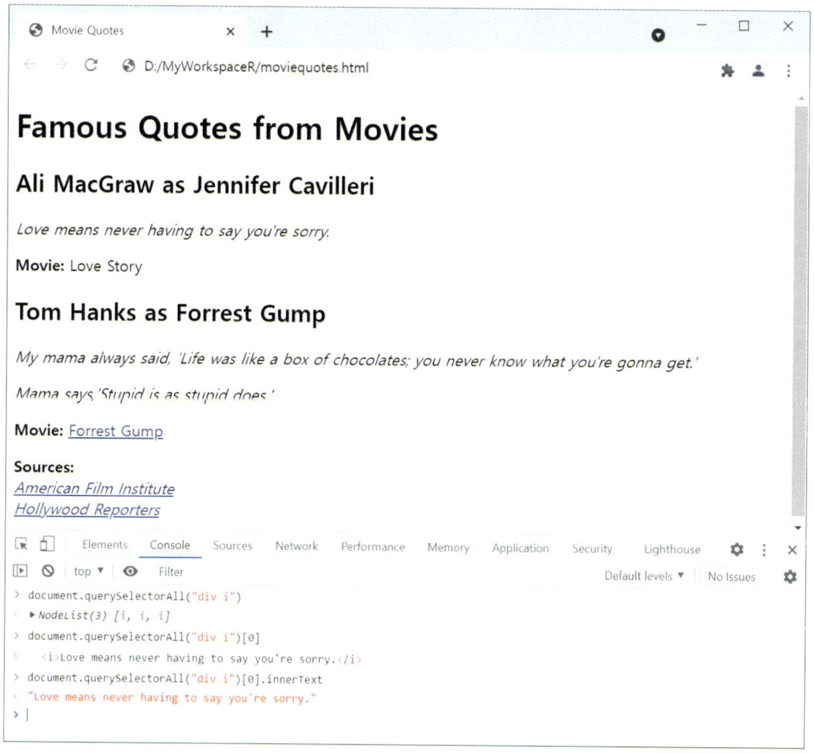

("*CSS Selector*")와 같은 형식으로 노드 탐색 명령어를 작성하고 엔터 키를 입력한다.[5] 예를 들어, 영화 대사가 포함된 `<i>` 노드를 추출하기 위해서는 `document.querySelectorAll("div i")`와 같이 입력한다. 그러면 [그림 5-6]의 콘솔창에서 볼 수 있는 것처럼 세 개의 `<i>` 노드가 출력된다. 선택된 노드셋은 리스트 형식으로 출력되기 때문에 원하는 특정 노드를 추출하기 위해서는 `[n]`과 같은 형식으로 인덱스를 추가한다. 노드의 인덱스는 0부터 시작한다. 따라서 `[0]`을 추가한 두 번째 명령어는 세 개의 `<i>` 노드 가운데 첫 번째 노드를 추출한다. 끝으로 `innerText` 속성을 이용하여 선택한 노드로부터 텍스트를 추출할 수 있다.

`rvest` 패키지를 이용하여 CSS 선택자를 바탕으로 노드셋을 추출할 수 있다. `rvest` 패키지는 XPath뿐만 아니라 CSS 선택자를 이용하여 웹페이지를 스크레이핑할 수 있는 다양한 함수를 제공한다. 먼저 다음과 같이 `read_html()` 함수를 이용하여 HTML 문서를 읽어들인다. 첫 번째 인수(x)로

---

5 여기서 사용한 노드 탐색 명령어는 자바스크립트(JavaScript)이다. 자바스크립트는 동적인 웹페이지를 생성할 때 종종 사용된다. 예를 들어, 웹페이지에서 사용자가 특정 이미지나 텍스트 위에 마우스를 가져갔을 때 이미지가 커지거나 텍스트가 하이라이트되도록 할 수 있다.

HTML 파일이나 URL을 지정한다.

```
> library(rvest)
> html <- read_html(x="moviequotes.html")
> html
{xml_document}
<html>
[1] <head>\n<meta http-equiv="Content-Type" content="text/html; charset=UTF-8"> ...
[2] <body>\r\n<h1>Famous Quotes from Movies</h1>\r\n<div time="1h 39min" genre= ...
> class(html)
[1] "xml_document" "xml_node"
```

`html_elements()/html_element()` 함수는 HTML 문서로부터 노드셋을 추출한다. CSS 선택자와 XPath를 모두 이용할 수 있다. 첫 번째 인수(x)에 파싱한 HTML 문서를 지정하고 두 번째 인수에 CSS 선택자나 XPath를 지정한다. CSS 선택자를 이용할 경우에는 `css` 인수를 사용한다. XPath를 이용할 때는 `xpath` 인수를 사용한다. `html_elements()/html_element()` 함수는 두 번째 인수에 인수 이름을 지정하지 않으면 CSS 선택자로 간주한다(즉 CSS 선택자가 기본값).[6]

영화 러브 스토리 대사가 포함된 `<i>` 노드를 추출해보자. 다음과 같이 CSS 선택자 'div i'를 이용하여 `<div>` 노드 아래의 모든 `<i>` 노드를 추출할 수 있다. 모두 세 개의 `<i>` 노드가 추출되었다.

```
> node <- html_elements(x=html, css="div i")
> node
{xml_nodeset (3)}
[1] <i>Love means never having to say you're sorry.</i>
[2] <i>My mama always said, 'Life was like a box of chocolates; you never know  ...
[3] <i>Mama says,'Stupid is as stupid does.'</i>
> class(node)
[1] "xml_nodeset"
```

노드로부터의 텍스트 추출은 다음과 같이 `html_text()` 함수를 이용한다. 러브 스토리 대사는 텍스트 벡터로부터 첫 번째 원소를 선택하여 추출할 수 있다.

6 `html_elements()` 함수와 `html_element()` 함수는 각각 `html_nodes()` 함수와 `html_node()` 함수로부터 이름이 변경된 함수이다. `html_nodes()` 함수와 `html_node()` 함수를 사용하여 작성된 기존의 코드가 존재하고 또한 여전히 많이 사용되고 있기 때문에 이름 변경 전의 이 두 함수는 현재 `html_elements()` 함수 및 `html_element()` 함수와 병행하여 사용할 수 있다.

```
> text <- html_text(x=node)
> text
[1] "Love means never having to say you're sorry."
[2] "My mama always said, 'Life was like a box of chocolates; you never know what you're gonna get.'"
[3] "Mama says,'Stupid is as stupid does.'"
> text[1]
[1] "Love means never having to say you're sorry."
```

파이프 연산자 %>%를 사용하면 rvest 패키지의 데이터 추출 함수를 좀 더 효과적으로 사용할 수 있다. 첫 번째 함수의 출력이 두 번째 함수의 입력으로 사용되고, 두 번째 함수의 출력이 세 번째 함수의 입력으로 사용되고, 다시 또 세 번째 함수의 출력이 다음 함수의 입력으로 사용되는 일련의 연속된 작업을 처리해야 할 때 %>%는 매우 유용하다. %>%를 사용하면 전 단계의 출력으로부터 생성된 데이터셋이 자동으로 다음 단계의 입력으로 사용되기 때문에 입력 데이터셋의 지정을 생략할 수 있다. HTML 문서를 파싱하고, 파싱한 문서로부터 노드를 선택하고, 선택한 노드로부터 텍스트를 추출하는 일련의 복잡한 과정은 %>%를 이용하면 매우 간결한 방식으로 처리할 수 있다. 예를 들어, 여러 단계에 걸쳐 이루어진 앞의 작업은 다음과 같이 %>%를 이용하여 한꺼번에 수행하는 것이 가능하다. .[1]에서 . 기호는 전 단계의 출력 데이터셋을 의미한다.

```
> text <- read_html("moviequotes.html") %>%
+   html_elements("div i") %>%
+   html_text() %>%
+   .[1]
> text
[1] "Love means never having to say you're sorry."
```

rvest 패키지는 XPath도 지원하기 때문에 다음과 같이 XPath를 이용할 수도 있다. 단 XPath를 사용할 때는 인수 이름(xpath)을 명시적으로 지정한다.

```
> text <- read_html("moviequotes.html") %>%
+   html_elements(xpath="//div//i") %>%
+   html_text() %>%
+   .[1]
> text
[1] "Love means never having to say you're sorry."
```

5.2 SelectorGadget

CSS 선택자를 이용하여 웹스크레이핑을 수행할 때는 원하는 노드를 정확히 선택할 수 있는 올바른 표현식을 찾는 것이 가장 중요하다. XPath를 이용할 때와 마찬가지로 요소탐색기로 HTML 코드를 살펴봄으로써 적절한 표현식을 만들 수 있다. 그러나 SelectorGadget을 이용하면 CSS 선택자 표현식을 보다 편리하고 효과적으로 생성할 수 있다.

SelectorGadget은 크롬 웹브라우저를 기반으로 웹페이지의 특정 콘텐츠에 대응되는 CSS 선택자를

▶ 그림 5-7 ❙ SelectorGadget 설치. 크롬 웹브라우저에 SelectorGadget을 추가한다.

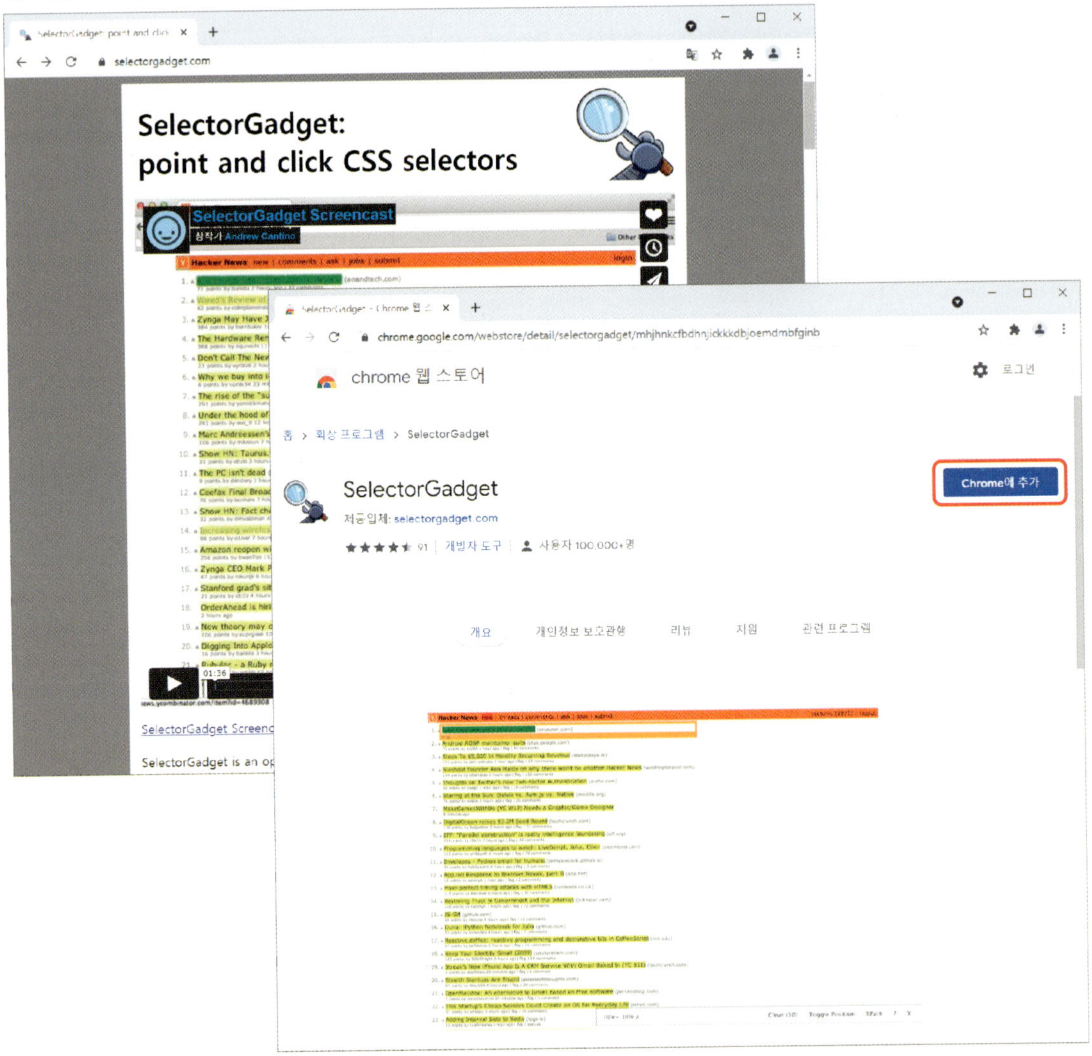

찾아준다. SelectorGadget을 사용하기 위해서는 우선 크롬 웹브라우저로 SelectorGadget 웹사이트(https://selectorgadget.com)를 방문한다. SelectorGadget 웹사이트에서 'Chrome Extension'을 클릭하여 설치 사이트로 이동한 후 [그림 5-7]과 같이 'Chrome에 추가'를 클릭하여 크롬 웹브라우저에 SelectorGadget을 추가한다.

SelectorGadget을 사용하기 위해서는 크롬 웹브라우저 주소창 옆의 SelectorGadget 아이콘( )을 클릭한다.[7] 그러면 [그림 5-8]과 같이 웹페이지 하단에 CSS 선택자를 보여주는 창이 나타난다. 웹페이지의 특정 콘텐츠를 선택하면 그에 대응되는 CSS 선택자를 이 창에서 확인할 수 있다.

여기에서는 SelectorGadget을 이용하여 노벨 경제학상(https://www.nobelprize.org/prizes/economic-sciences)과 관련된 요약 데이터('Quick facts')를 추출하기 위한 CSS 선택자 표현식을 찾아보자. 우선 [그림 5-9]의 좌상단과 같이 요약 데이터에 해당하는 콘텐츠를 클릭한다. 그러면 선택한 부분이 녹색으로 하이라이트

그림 5-8 ❙ SelectorGadget 사용1. 크롬 웹브라우저 주소창 옆의 SelectorGadget 아이콘을 클릭한다.

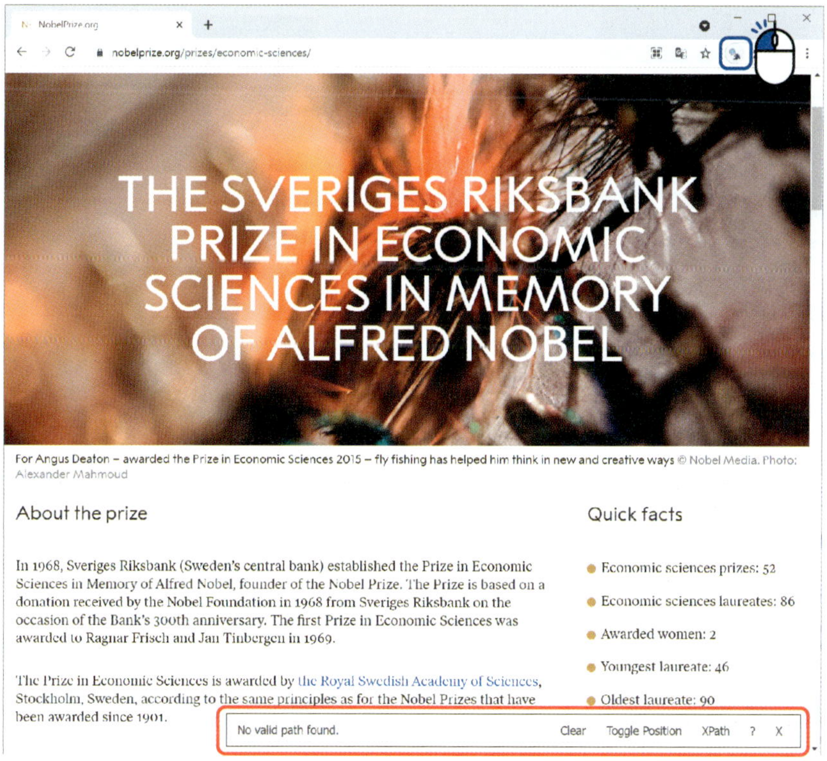

7 SelectorGadget 아이콘을 메뉴바에 나타나게 하려면 웹브라우저 상단의 '확장 프로그램' 아이콘( )을 클릭한 후 SelectorGadget 프로그램을 찾아 그 옆의 '고정' 아이콘을 선택한다.

되면서 CSS 선택자 창에는 그에 대응되는 CSS 선택자 'li'가 출력된다. 그런데 일반적으로 이렇게 출력된 CSS 선택자는 우리가 원하는 데이터만을 가리키는 것이 아니라 해당 CSS 선택자를 사용하는 웹페이지의 여러 부분을 동시에 가리킨다. 추출하려는 요약 데이터는 다섯 개인데 여기에서는 54개가 식별되었다. 선택된 콘텐츠는 노란색으로 하이라이트되어 나타난다([그림 5-9]의 우상단). 이때 관계없는 콘텐츠는 선택 해제하여 추출하려는 콘텐츠만 가리키는 CSS 선택자 표현식을 식별한다. [그림 5-9]의 우하단과 같이 노란색으로 하이라이트된 콘텐츠 가운데 불필요한 임의의 콘텐츠를 한 번 더 선택하면 해당 콘텐츠는 선택에서 제외되고(빨간색으로 하이라이트됨) 우리가 원하는 노벨 경제학상 요약 데이터 다섯 개만이 하이라이트된 상태로 남는다. 불필요한 콘텐츠가 더 이상 남아 있지 않을 때까지 이러한 선택 및 해제 과정을 반복하여 특정 콘텐츠만을 가리키는 CSS 선택자 표현식을 작성할 수 있다. 여기에서는 최종 CSS 선택자 표현식으로 '.factlist li'가 생성되었다.

그림 5-9 SelectorGadget 사용2. 콘텐츠를 선택하거나 선택 해제함으로써 추출하려는 콘텐츠에 대응되는 CSS 선택자 표현식을 생성할 수 있다.

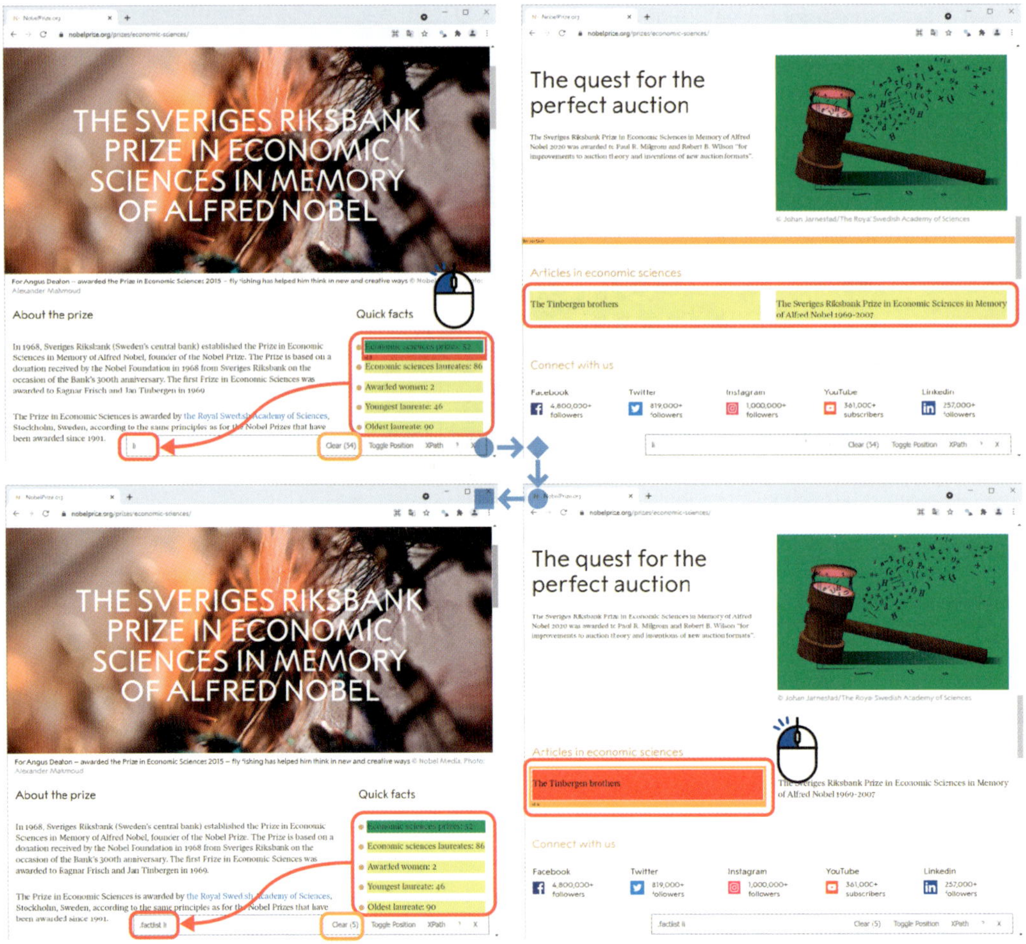

이제 요약 데이터를 가리키는 CSS 선택자 표현식을 찾았으므로 `rvest` 패키지를 이용하여 다음과 같이 노벨상 웹페이지로부터 노벨 경제학상 요약 데이터를 추출할수 있다.

```
> library(rvest)
> url <- "https://www.nobelprize.org/prizes/economic-sciences/"
> quickfacts <- read_html(url) %>%
+   html_elements(".factlist li") %>%
+   html_text()
> quickfacts
[1] "Economic sciences prizes: 52"    "Economic sciences laureates: 86"
[3] "Awarded women: 2"                "Youngest laureate: 46"
[5] "Oldest laureate: 90"
```

이처럼 `rvest` 패키지로 웹스크레이핑을 수행할 때 SelectorGadget을 함께 이용하면 `rvest` 패키지를 보다 효과적으로 사용할 수 있다.

하지만 노드를 탐색할 때 SelectorGadget에 전적으로 의존하는 것은 바람직하지 않다. 왜냐하면 SelectorGadget을 이용하여 CSS 선택자 표현식을 찾을 수 없는 웹사이트도 존재할 뿐만 아니라 제대로 동작하지 않는 경우도 있기 때문이다. 따라서 SelectorGadget은 보조적인 수단으로 사용하고 기본적으로는 XPath 표현식을 정의할 때처럼 개발자 도구의 요소탐색기를 이용하여 HTML 코드를 직접 살펴보는 것이 좋다. HTML 코드를 살펴보면 노벨 경제학상 요약 데이터는 다음과 같이 `class="factlist"`인 노드 아래의 `<li>` 노드에 포함되어 있다. 따라서 CSS 선택자 '`.factlist li`'를 이용하여 수집할 수 있다. 이는 앞서 SelectorGadget을 이용하여 탐색한 결과와 같다.

```
▼<ul class="factlist">
  ▼<li> == $0
      ::before
      "Economic sciences prizes: 52"
    </li>
  ▶<li>…</li>
  ▶<li>…</li>
  ▶<li>…</li>
  ▼<li>
      ::before
      "Oldest laureate: 90"
    </li>
  </ul>
```

5.3 사례

인기 영화 250 @IMDb

IMDb 웹사이트(https://www.imdb.com)로부터 인기 영화 250개에 대한 정보를 수집해보자.[8] 여기에서는 250개 영화 각각에 대해 순위, 제목, 개봉 연도, 평점, 감독, 상영 시간, 장르 등의 데이터를 추출한다. [그림 5-10]에서 볼 수 있는 것처럼 영화의 기본 정보(순위, 제목, 개봉 연도, 평점)는 250개 영화 목록 웹페이지에 게시되어 있으며, 그 밖의 추가 정보(감독, 상영 시간, 장르)는 영화 제목을 클릭하여 이동하는 각 영화 웹페이지에서 확인할 수 있다. 따라서 원하는 데이터를 수집하기 위해서는 전체 영화 목록 웹페이지에서뿐만 아니라 개별 영화 웹페이지로부터의 데이터 추출이 필요하다.

그림 5-10 | 인기 영화 250. IMDb 웹사이트로부터 인기 영화 250개에 대한 정보를 수집한다.

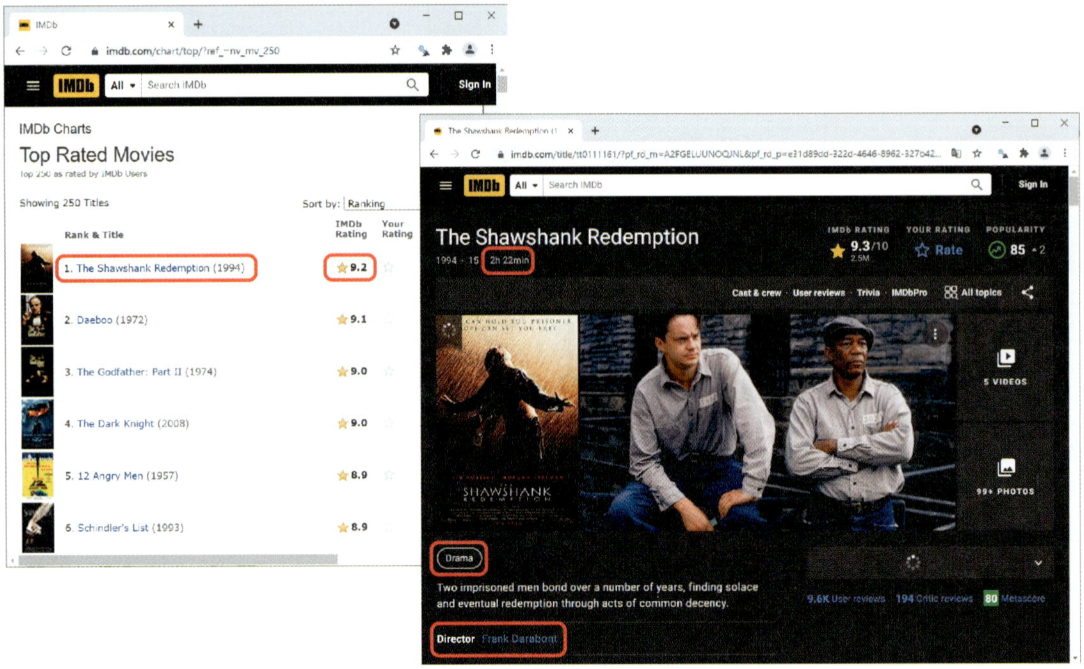

8 IMDb 웹사이트 상단의 Menu 버튼을 클릭하여 Top 250 Movies를 선택한다. 이러한 메뉴 구조는 IMDb 웹사이트의 유지보수로 인해 달라질 수 있다.

먼저 텍스트 처리와 웹페이지의 데이터 추출 작업에 사용할 `tidyverse` 패키지와 `rvest` 패키지를 메모리에 적재한다. 그런 다음 IMDb 인기 영화 웹사이트의 HTML 페이지를 읽어들여 파싱한다.

```
> library(tidyverse)
> library(rvest)
> url <- "https://www.imdb.com/chart/top/?ref_=nv_mv_250"
> html <- read_html(url)
> html
{html_document}
<html xmlns:og="http://ogp.me/ns#" xmlns:fb="http://www.facebook.com/2008/fbml">
[1] <head>\n<meta http-equiv="Content-Type" content="text/html; charset=UTF-8">\n< ...
[2] <body id="styleguide-v2" class="fixed">\n                    <img height="1" width="1" ...
```

영화 제목부터 추출해보자. [그림 5-11]과 같이 SelectorGadget을 이용하여 영화 제목을 가리키는 CSS 선택자를 확인할 수 있다.[9] HTML 코드상에서 보면 `class="titleColumn"` 속성을 갖는 <td> 노드 아래의 <a> 노드에 포함되어 있다. CSS 선택자가 가리키는 노드셋으로부터 텍스트를 추출한다. 모두 250개의 영화 제목이 수집된다.

9 웹 요소에 대응되는 CSS 선택자를 SelectorGadget을 이용하여 항상 찾을 수 있는 것은 아니다. 그렇기 때문에 개발자 도구의 요소탐색기를 이용하여 HTML 문서로부터 직접 CSS 선택자 표현식을 찾는 노력을 함께 할 필요가 있다.

```
▼<td class="titleColumn">
   " 1. "
   <a href="/title/tt0111161/?pf_rd_m=A2FGELUUNOQJNL&pf_rd_p=e31d89dd-322d-
   4646-8962…C18V6W5WCEQZXA6&pf_rd_s=center-1&pf_rd_t=15506&pf_rd_i=top&ref
   _=chttp_tt_1" title="Frank Darabont (dir.), Tim Robbins, Morgan Freeman"
   class>The Shawshank Redemption</a> == $0
   <span class="secondaryInfo">(1994)</span>
 </td>
```

```
> title <- html_elements(html, ".titleColumn a") %>%
+   html_text()
> head(title)
[1] "The Shawshank Redemption"  "Daeboo"            "The Godfather: Part II"
[4] "The Dark Knight"           "12 Angry Men"      "Schindler's List"
> length(title)
[1] 250
```

▶ 그림 5-11 ▌ **인기 영화 250.** SelectorGadget을 이용하여 영화 제목을 가리키는 CSS 선택자를 확인할 수 있다.

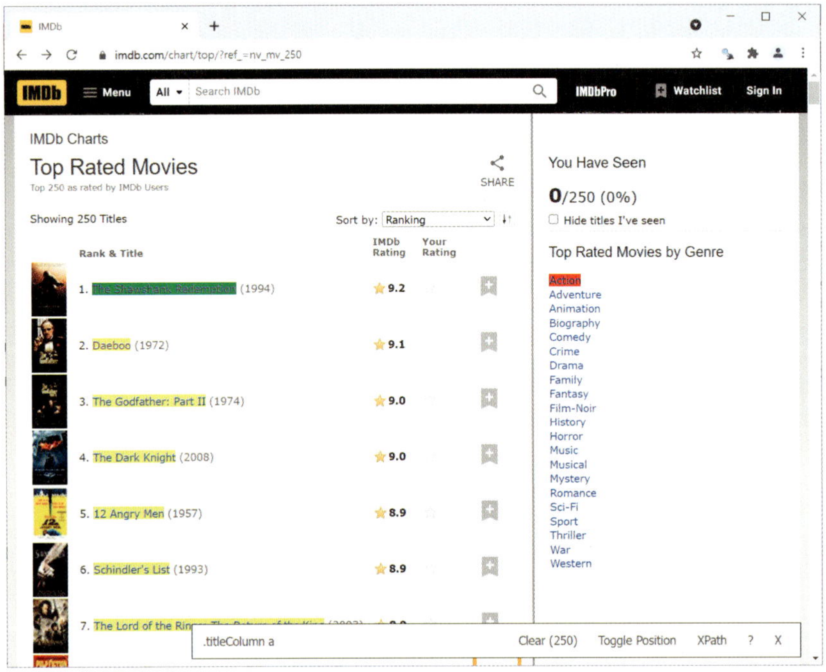

순위 데이터의 추출은 다소 복잡하다. 순위 데이터만을 특정할 수 있는 CSS 선택자가 존재하지 않기 때문에 영화 제목 및 개봉 연도 데이터와 함께 추출한 후 이로부터 다시 순위 데이터를 수집한다. 영화 제목이 포함된 앞서의 HTML 코드를 다시 보면 `class="titleColumn"` 속성을 갖는 `<td>` 노드 아래에 이 정보가 포함되어 있다. 여기에서는 `html_text2()` 함수를 이용하여 노드셋으로부터 텍스트를 추출한다. `html_text2()` 함수는 HTML 코드에 포함된 화이트스페이스를 제거하여 웹브라우저로 보는 것과 유사한 정돈된 형태로 텍스트를 반환한다.10

10 `html_text2()` 함수는 불필요한 공백이 제거된 정돈된 형태의 출력을 제공하지만 `html_text()` 함수에 비해 속도가 느린 단점이 있다.

```
> html_elements(html, ".titleColumn") %>%
+   html_text2()
  [1] "1. The Shawshank Redemption (1994)"
  [2] "2. Daeboo (1972)"
  [3] "3. The Godfather: Part II (1974)"
…(중략)
[248] "248. Trois couleurs: Rouge (1994)"
[249] "249. Mandariinid (2013)"
[250] "250. Drishyam 2 (2021)"
```

이제 이렇게 반환된 텍스트로부터 순위 데이터만을 추출한다. parse_number() 함수는 첫 번째 등장하는 숫자의 앞이나 뒤에 있는 나머지 부분을 제거하기 때문에 여기에 적용하면 텍스트의 앞부분에 처음으로 나타나는 순위 정보만이 숫자 형식으로 추출된다.

```
> rank <- html_elements(html, ".titleColumn") %>%
+   html_text2() %>%
+   parse_number()
> head(rank)
[1] 1 2 3 4 5 6
> length(rank)
[1] 250
```

HTML 코드를 살펴보면 개봉 연도는 class="secondaryInfo" 속성을 갖는 <span> 노드 안에 포함되어 있다. 따라서 개봉 연도는 CSS 선택자를 이용하여 다음과 같이 추출할 수 있다. 개봉 연도는 괄호 안에 포함되어 있으므로 텍스트로부터 괄호를 제거하여 연도 데이터만을 수집한다.

```
> html_elements(html, ".secondaryInfo") %>%
+   html_text()
  [1] "(1994)" "(1972)" "(1974)" "(2008)" "(1957)" "(1993)" "(2003)" "(1994)" "(1966)"
 [10] "(2001)" "(1999)" "(1994)" "(2010)" "(2002)" "(1980)" "(1999)" "(1990)" "(1975)"
…(중략)
[235] "(2007)" "(2000)" "(1976)" "(1984)" "(1966)" "(1934)" "(1982)" "(2004)" "(1966)"
[244] "(1997)" "(1987)" "(1957)" "(1984)" "(1994)" "(2013)" "(2021)"
> year <- html_elements(html, ".secondaryInfo") %>%
+   html_text() %>%
+   parse_number()
> head(year)
[1] 1994 1972 1974 2008 1957 1993
> length(year)
[1] 250
```

평점 데이터를 추출해보자. 다음과 같이 CSS 선택자를 바탕으로 평점이 포함된 텍스트를 추출하고 숫자 형식으로 변환한다.

```
▼<td class="ratingColumn imdbRating">
   <strong title="9.2 based on 2,481,459 user ratings" class>9.2</strong>
  </td>
```

```
> rating <- html_elements(html, ".ratingColumn.imdbRating > strong") %>%
+   html_text() %>%
+   as.numeric()
> head(rating)
[1] 9.2 9.1 9.0 9.0 8.9 8.9
> length(rating)
[1] 250
```

지금까지 250개 영화에 대한 순위, 제목, 개봉 연도, 평점 등의 기본 정보를 수집하였다. 각 영화에 대한 추가 정보(감독, 상영 시간, 장르)는 영화 제목을 클릭하면 이동하는 개별 영화 웹페이지로부터 추출한다. 인기 영화 목록의 첫 번째 영화로부터 추가 정보를 수집해보자. 우선 다음과 같이 첫 번째 영화의 웹페이지를 읽어들여 파싱한다.

```
> title.url <- "https://www.imdb.com/title/tt0111161/?pf_rd_m=A2FGELUUNOQJNL&pf
_rd_p=e31d89dd-322d-4646-8962-327b42fe94b1&pf_rd_r=16WKASGWQF1FOMMHJ27W&pf_rd_s
=center-1&pf_rd_t=15506&pf_rd_i=top&ref_=chttp_tt_1"
> html <- read_html(title.url)
```

감독 이름은 다음과 같이 추출할 수 있다. data-testid="title-pc-wide-screen" 속성을 갖는 <div> 노드 아래의 세 개의 <li> 노드 가운데 첫 번째 노드 아래 또 다른 <li> 노드 내에 감독 이름이 저장되어 있다.

```
▼<div role="presentation" class="PrincipalCredits__PrincipalCreditsPanelWideScreen-hdn81t-0 iGxbgr"
data-testid="title-pc-wide-screen">
  ▼<ul class="ipc-metadata-list ipc-metadata-list--dividers-all title-pc-list ipc-metadata-list--base
  Alt" role="presentation"> flex
    ▼<li role="presentation" class="ipc-metadata-list__item" data-testid="title-pc-principal-credit">
    flex
      <span class="ipc-metadata-list-item__label">Director</span>
     ▼<div class="ipc-metadata-list-item__content-container">
       ▼<ul class="ipc-inline-list ipc-inline-list--show-dividers ipc-inline-list--inline ipc-metadat
       a-list-item__list-content baseAlt" role="presentation">
         ▼<li role="presentation" class="ipc-inline-list__item"> == $0
           ▼<a class="ipc-metadata-list-item__list-content-item ipc-metadata-list-item__list-content-
           item--link" rel href="/name/nm0001104/?ref_=tt_ov_dr">
               ::before
               "Frank Darabont"
             </a>
           </li>
         </ul>
       </div>
     </li>
```

```
▸<li role="presentation" class="ipc-metadata-list__item" data-testid="title-pc-principal-credit">
…</li> flex
▸<li role="presentation" class="ipc-metadata-list__item ipc-metadata-list-item--link" data-
testid="title-pc-principal-credit">…</li> flex
</ul>
</div>
```

```
> html_elements(html, "div[data-testid=title-pc-wide-screen]
+                      li[data-testid=title-pc-principal-credit]:nth-child(1)
+                      li.ipc-inline-list__item") %>%
+   html_text()
[1] "Frank Darabont"
```

그런데 감독이 두 명 이상인 경우도 있다. 예를 들어, 어떤 영화는 다음과 같이 두 명의 감독이 있다.

```
> title.url2 <- "https://www.imdb.com/title/tt0133093/?pf_rd_m=A2FGELUUNOQJNL&pf
_rd_p=e31d89dd-322d-4646-8962-327b42fe94b1&pf_rd_r=3R9PBC18V6W5WCEQZXA6&pf_rd_s
=center-1&pf_rd_t=15506&pf_rd_i=top&ref_=chttp_tt_16"
> html2 <- read_html(title.url2)
> html_elements(html2, "div[data-testid=title-pc-wide-screen]
+                       li[data-testid=title-pc-principal-credit]:nth-child(1)
+                       li.ipc-inline-list__item") %>%
+   html_text()
[1] "Lana Wachowski"  "Lilly Wachowski"
```

이처럼 감독이 두 명 이상 있는 경우에는 분석의 편의를 위해 여기에서는 첫 번째 감독만을 추출한다. 따라서 감독 이름을 추출하는 CSS 선택자를 다음과 같이 수정한다.

```
> director <- html_elements(html, "div[data-testid=title-pc-wide-screen]
+                                  li[data-testid=title-pc-principal-credit]:nth-child(1)
+                                  li.ipc-inline-list__item:nth-child(1)") %>%
+   html_text()
> director
[1] "Frank Darabont"
```

상영 시간은 다음과 같이 `data-testid` 속성값이 hero-title-block으로 시작하는 `<ul>` 노드 아래의 마지막 `<li>` 노드로부터 추출할 수 있다.

```
▼<ul class="ipc-inline-list ipc-inline-list--show-dividers sc-52284603-0 blbaZJ baseAlt"
 role="presentation" data-testid="hero-title-block__metadata"> flex
  ▶<li role="presentation" class="ipc-inline-list__item">…</li>
  ▶<li role="presentation" class="ipc-inline-list__item">…</li>
  ▼<li role="presentation" class="ipc-inline-list__item"> == $0
      ::before
      "2"
      <!-- -->
      "h"
      <!-- -->
      <!-- -->
      "22"
      <!-- -->
      "m"
    </li>
  </ul>
```

```
> runtime <- html_elements(html, "ul[data-testid^=hero-title-block]
+                                   li[class=ipc-inline-list__item]:last-child") %>%
+   html_text()
> runtime
[1] "2h 22m"
```

상영 시간 텍스트로부터 시간과 분을 추출하여 분 단위로 변환한다. 이때 상영 시간에 시간 또는 분만 포함된 영화가 있을 수 있기 때문에(예를 들면, "3h" 또는 "48m") 텍스트로부터 시간이나 분을 추출하지 못할 경우 0으로 대체한다(replace_na(replace=0)).

```
> hour <- str_extract(runtime, "\\d+h") %>%
+   parse_number() %>%
+   replace_na(replace=0)
> min <- str_extract(runtime, "\\d+m") %>%
+   parse_number() %>%
+   replace_na(replace=0)
> runtime <- hour*60 + min
> runtime
[1] 142
```

끝으로 장르 데이터는 다음과 같이 <div> 노드 아래의 <a> 노드로부터 추출할 수 있다.

```
▼<div class="ipc-chip-list GenresAndPlot__GenresChipList-cum89p-4 gtBDBL" data-testid="genres">
flex
  ▼<a class="GenresAndPlot__GenreChip-cum89p-3 fzmeux ipc-chip ipc-chip--on-baseAlt" href="/sea
  rch/title?genres=drama&explore=title_type,genres&ref_=tt_ov_inf"> flex  == $0
      ::before
      <span class="ipc-chip__text" role="presentation">Drama</span>
    </a>
  </div>
```

```
> html_elements(html, "div[data-testid=genres] a") %>%
+   html_text()
[1] "Drama"
```

그런데 영화 장르는 여러 개가 있을 수 있다. 예를 들면, 다음 영화는 두 개의 장르를 갖고 있다.

```
> title.url3 <- "https://www.imdb.com/title/tt0133093/?pf_rd_m=A2FGELUUNOQJNL&pf
_rd_p=e31d89dd-322d-4646-8962-327b42fe94b1&pf_rd_r=3R9PBC18V6W5WCEQZXA6&pf_rd_s
=center-1&pf_rd_t=15506&pf_rd_i=top&ref_=chttp_tt_16"
> html3 <- read_html(title.url3)
> html_elements(html3, "div[data-testid=genres] a") %>%
+   html_text()
[1] "Action" "Sci-Fi"
```

이처럼 두 개 이상의 장르가 포함되어 있을 때는 분석의 편의를 위해 여기에서는 첫 번째 장르만을 수집한다. 따라서 장르를 추출하는 CSS 선택자를 다음과 같이 수정한다.

```
> genre <- html_elements(html, "div[data-testid=genres] a:first-child") %>%
+   html_text()
> genre
[1] "Drama"
```

이제 이러한 감독, 상영 시간, 장르 등의 추가 정보 수집 과정을 250개 영화 모두에 대해 수행해보자. 이를 위해서는 먼저 각 영화 웹페이지의 URL을 확인해야 한다. 영화 웹페이지 URL은 영화 제목이 포함된 <a> 노드의 href 속성에 있다.

```
▼<td class="titleColumn">
   " 1. "
   <a href="/title/tt0111161/?pf_rd_m=A2FGELUUNOQJNL&pf_rd_p=e31d89dd-322d-4646-8962…C18V6W5WCEQZXA6&pf_rd_s=center-1&pf_rd_t=15506&pf_rd_i=top&ref_=chttp_tt_1" title="Frank Darabont (dir.), Tim Robbins, Morgan Freeman" class>The Shawshank Redemption</a> == $0
   <span class="secondaryInfo">(1994)</span>
 </td>
```

rvest 패키지의 html_attr() 함수를 이용하면 특정 속성의 속성값을 추출할 수 있다. html_attr() 함수는 첫 번째 인수(x)로 주어진 노드셋으로부터 두 번째 인수(name)로 주어진 속성의 속성값을 추출한다. 다음과 같이 영화 제목 노드셋의 href 속성으로부터 영화 웹페이지의 URL을 추출한다.

```
> url <- "https://www.imdb.com/chart/top/?ref_=nv_mv_250"
> html <- read_html(url)
> title.url <- html_elements(html, ".titleColumn a") %>%
+   html_attr(name="href")
> head(title.url, 3)
[1] "/title/tt0111161/?pf_rd_m=A2FGELUUNOQJNL&pf_rd_p=e31d89dd-322d-4646-8962-327b42fe94b1&pf_rd_r=40CGH7EZB77FAQWJ828K&pf_rd_s=center-1&pf_rd_t=15506&pf_rd_i=top&ref_=chttp_tt_1"
[2] "/title/tt0068646/?pf_rd_m=A2FGELUUNOQJNL&pf_rd_p=e31d89dd-322d-4646-8962-327b42fe94b1&pf_rd_r=40CGH7EZB77FAQWJ828K&pf_rd_s=center-1&pf_rd_t=15506&pf_rd_i=top&ref_=chttp_tt_2"
[3] "/title/tt0071562/?pf_rd_m=A2FGELUUNOQJNL&pf_rd_p=e31d89dd-322d-4646-8962-327b42fe94b1&pf_rd_r=40CGH7EZB77FAQWJ828K&pf_rd_s=center-1&pf_rd_t=15506&pf_rd_i=top&ref_=chttp_tt_3"
```

그런데 이렇게 추출한 URL은 완전하지 않기 때문에 다음과 같이 주소 앞부분을 추가함으로써 영화 웹페이지 URL을 완성한다. 모두 250개의 영화 웹페이지 URL이 추출된다.

```
> title.url <- str_c("https://www.imdb.com", title.url)
> head(title.url, 3)
[1] "https://www.imdb.com/title/tt0111161/?pf_rd_m=A2FGELUUNOQJNL&pf_rd_p=e31d89dd-322d-4646-8962-327b42fe94b1&pf_rd_r=40CGH7EZB77FAQWJ828K&pf_rd_s=center-1&pf_rd_t=15506&pf_rd_i=top&ref_=chttp_tt_1"
[2] "https://www.imdb.com/title/tt0068646/?pf_rd_m=A2FGELUUNOQJNL&pf_rd_p=e31d89dd-322d-4646-8962-327b42fe94b1&pf_rd_r=40CGH7EZB77FAQWJ828K&pf_rd_s=center-1&pf_rd_t=15506&pf_rd_i=top&ref_=chttp_tt_2"
```

```
[3] "https://www.imdb.com/title/tt0071562/?pf_rd_m=A2FGELUUNOQJNL&pf_rd_p=e31d89dd-322d-4646-8962-327b42fe94b1&pf_rd_r=40CGH7EZB77FAQWJ828K&pf_rd_s=center-1&pf_rd_t=15506&pf_rd_i=top&ref_=chttp_tt_3"
> length(title.url)
[1] 250
```

이어서 데이터를 저장할 빈 데이터프레임을 생성하고 열 이름을 지정한다.

```
> extra.info <- data.frame(matrix(nrow=length(title.url), ncol=3))
> colnames(extra.info) <- c("director", "runtime", "genre")
> head(extra.info)
  director runtime genre
1       NA      NA    NA
2       NA      NA    NA
3       NA      NA    NA
4       NA      NA    NA
5       NA      NA    NA
6       NA      NA    NA
```

모든 준비가 끝났으므로 다음과 같이 250개 영화 웹페이지에 차례대로 접근하여 감독, 상영 시간, 장르 데이터를 추출한다. 수집한 데이터는 앞서 생성한 데이터프레임에 저장한다.

```
> for (i in 1:nrow(extra.info)) {
+   html <- read_html(title.url[i])
+   director <- html_elements(html, "div[data-testid=title-pc-wide-screen]
+                                    li[data-testid=title-pc-principal-credit]:nth-child(1)
+                                    li.ipc-inline-list__item:nth-child(1)") %>%
+     html_text()
+   runtime <- html_elements(html, "ul[data-testid^=hero-title-block]
+                                   li[class=ipc-inline-list__item]:last-child") %>%
+     html_text()
+   hour <- str_extract(runtime, "\\d+h") %>%
+     parse_number() %>%
+     replace_na(replace=0)
+   min <- str_extract(runtime, "\\d+m") %>%
+     parse_number() %>%
+     replace_na(replace=0)
+   runtime <- hour*60 + min
```

```
+   genre <- html_elements(html, "div[data-testid=genres] a:first-child") %>%
+     html_text()
+   extra.info[i,] <- c(director, runtime, genre)
+   Sys.sleep(sample(10, 1)*0.5)
+ }
```

추후 분석의 편의를 위해 다음과 같이 상영 시간과 장르의 데이터 형식을 각각 숫자와 팩터 형식으로 변환한다.

```
> extra.info <- extra.info %>%
+   as_tibble() %>%
+   mutate(runtime=as.numeric(runtime), genre=as.factor(genre))
> extra.info
# A tibble: 250 x 3
   director               runtime  genre
   <chr>                    <dbl>  <fct>
 1 Frank Darabont             142  Drama
 2 Francis Ford Coppola       175  Crime
 3 Francis Ford Coppola       202  Crime
…(중략)
 8 Quentin Tarantino          154  Crime
 9 Sergio Leone               161  Western
10 Peter Jackson              178  Action
# ... with 240 more rows
```

이제 지금까지 추출한 데이터를 다음과 같이 하나의 데이터프레임(티블)으로 결합한다. 모든 데이터가 250개 영화에 대해 잘 추출되었다.

```
> imdb.movie250 <- tibble(rank=rank, title=title, year=year, rating=rating) %>%
+   bind_cols(extra.info)
> imdb.movie250
# A tibble: 250 x 7
   rank title                          year  rating director          runtime genre
  <dbl> <chr>                         <dbl>  <dbl>  <chr>               <dbl> <fct>
 1    1 The Shawshank Redemption       1994    9.2  Frank Darabont        142 Drama
 2    2 Daeboo                         1972    9.1  Francis Ford C~       175 Crime
 3    3 The Godfather: Part II         1974    9    Francis Ford C~       202 Crime
…(중략)
```

```
 8      8 Pulp Fiction                      1994    8.8  Quentin Tarant~   154  Crime
 9      9 Il buono, il brutto, il cattivo  1966    8.8  Sergio Leone      161  Western
10     10 The Lord of the Rings: The Fel~  2001    8.8  Peter Jackson     178  Action
# ... with 240 more rows
```

수집된 데이터는 kableExtra 패키지를 이용하여 다음과 같이 화면으로 출력하거나 HTML 파일로 저장하여 웹브라우저로 살펴볼 수 있다.

```
> library(kableExtra)
> imdb.movie250 %>%
+   kbl(caption="IMDb Top 250 Movies") %>%
+   kable_styling(html_font="Cambria",
+                 bootstrap_options=c("striped", "hover", "condensed"))
> imdb.movie250 %>%
+   kbl(caption="IMDb Top 250 Movies") %>%
+   kable_styling(html_font="Cambria",
+                 bootstrap_options=c("striped", "hover", "condensed")) %>%
+   save_kable("imdb-movie250.html")
> library(pander)
> openFileInOS("imdb-movie250.html")
```

인기 영화 250개의 장르별 빈도를 살펴보면 다음과 같다. 드라마 장르가 가장 많이 포함되어 있다.

```
> table(imdb.movie250$genre)

   Action  Adventure  Animation  Biography    Comedy     Crime     Drama Film-Noir
       44         21         22         22        24        36        71         1
   Horror    Mystery    Western
        3          4          2
```

장르별 빈도의 분포를 [그림 5-12]와 같은 트리맵(treemap)으로 시각화해보자. 트리맵은 중첩된 사각형으로 데이터의 계층적 구조를 표현한다. 사각형의 크기는 각 범주의 값에 비례한다. 먼저 트리맵을 그리기 위한 데이터셋을 다음과 같이 생성한다.

▶ 그림 5-12 ▌ **인기 영화 250.** 250개의 인기 영화는 드라마 장르의 비중이 가장 높으며 이어서 액션 장르가 그 뒤를 따르고 있다.

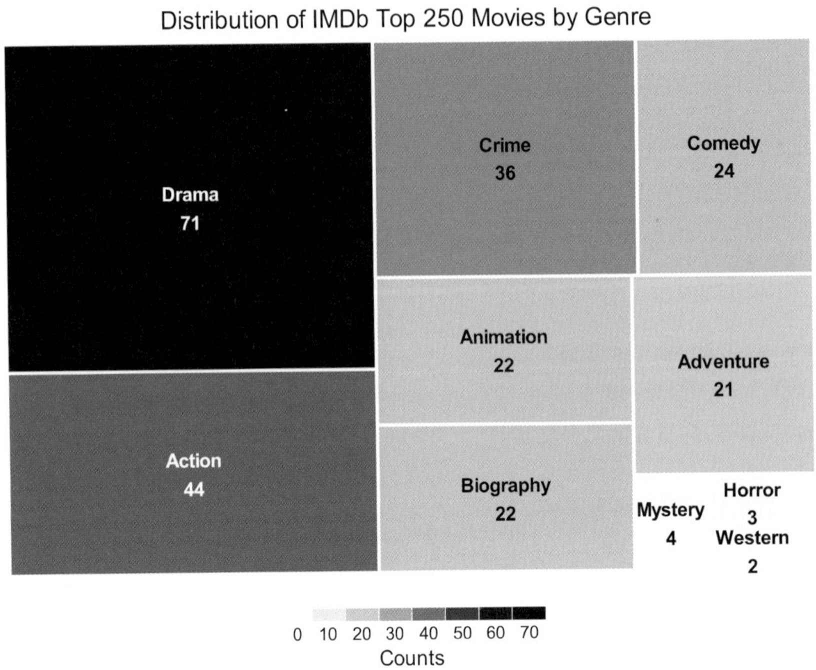


```
> genre.df <- data.frame(table(imdb.movie250$genre))
> str(genre.df)
'data.frame':   11 obs. of  2 variables:
 $ Var1: Factor w/ 11 levels "Action","Adventure",..: 1 2 3 4 5 6 7 8 9 10 ...
 $ Freq: int  44 21 22 22 24 36 71 1 3 4 ...
> genre.df <- genre.df %>%
+   mutate(label=str_c(Var1, Freq, sep="\n"))
> genre.df
        Var1  Freq          label
1     Action    44     Action\n44
2  Adventure    21  Adventure\n21
3  Animation    22  Animation\n22
…(중략)
9     Horror     3      Horror\n3
10   Mystery     4     Mystery\n4
11   Western     2     Western\n2
```

treemap 패키지의 treemap() 함수를 이용하여 트리맵을 그린다. treemap() 함수에 제공되는 데이터셋에는 범주를 나타내는 열과 각 범주의 크기를 나타내는 열이 포함되어 있어야 한다. 여기에서는 레이블로 사용할 열을 별도로 추가하였다.

```
> library(treemap)
> windows(width=7.0, height=5.5)
> treemap(dtf=genre.df, index="label", vSize="Freq", type="value", vColor="Freq",
+         palette="PuOr", border.col="snow", border.lwds=3, force.print.labels=FALSE,
+         title="Distribution of IMDb Top 250 Movies by Genre", title.legend="Counts")
```

treemap() 함수의 dtf 인수에는 데이터프레임 형식의 데이터셋을 지정한다. index 인수에는 범주를 나타내는 열을 지정하며 vSize 인수에는 사각형의 크기를 나타내는 열을 지정한다. type 인수는 트리맵의 유형을 나타내며 사각형의 색상이 어떻게 표현될지 결정한다. 예를 들어, 여기에서처럼 type="value"를 지정하면 vColor 인수에 지정된 열이 색상 팔레트로 매핑된다. 따라서 vColor 인수에 지정된 열의 값에 따라 palette 인수에 지정된 색상 팔레트의 색상이 표현된다. palette 인수에는 RColorBrewer 패키지의 색상 팔레트를 지정할 수 있다.11 treemap() 함수에는 그 밖에 많은 유용한 인수가 있다. 예를 들어, 여기에서처럼 사각형 경계선의 색상(border.col)이나 굵기(border.lwds)를 변경할 수 있고 그래프와 범례의 제목(title, title.legend)을 지정할 수 있다. force.print.labels 인수에 TRUE를 지정하면 레이블을 표시할 공간이 충분하지 않을 때라도 강제로 레이블이 표시되게 할 수 있다.12

11 지정할 수 있는 색상 팔레트는 RColorBrewer 패키지의 도움말(?RColorBrewer)을 참고한다.

12 treemap() 함수에서 사용할 수 있는 인수는 함수의 도움말(?treemap)을 참고한다.

노벨상 수상 @노벨재단

노벨재단(The Nobel Foundation, https://www.nobelprize.org)은 알프레드 노벨(Alfred Nobel)의 유산을 기금으로 설립된 재단으로서 기금 운영을 통해 인류복지에 이바지한 사람들에게 수여되는 노벨상의 상금을 지원한다. 노벨재단의 웹사이트로부터 노벨상 분야별로 역대 수상 정보를 수집해보자. [그림 5-13]과 같이 노벨재단 홈페이지에서 수상 분야를 클릭하면 해당 수상 분야의 소개 페이지로 이동한다. 수상 분야는 Physics(물리학), Chemistry(화학), Medicine(의학), Literature(문학), Peace(평화), Economic Sciences(경제학) 등 여섯 개 분야이다. 각 수상 분야의 소개 페이지에서 상세 페이지 링크를 클릭하여 한 번 더 이동하면 연도별로 정리된 수상 관련 상세 정보를 볼 수 있다. 이 상세 웹페이지로부터 데이터를 수집한다.

먼저 텍스트 처리와 웹페이지의 데이터 추출 작업에 사용할 tidyverse 패키지와 rvest 패키지를

▶ 그림 5-13 ▌ **노벨상.** 노벨재단 웹사이트로부터 수상 분야, 수상명, 수상 연도, 수상자, 공적(수상 이유) 데이터를 수집한다.

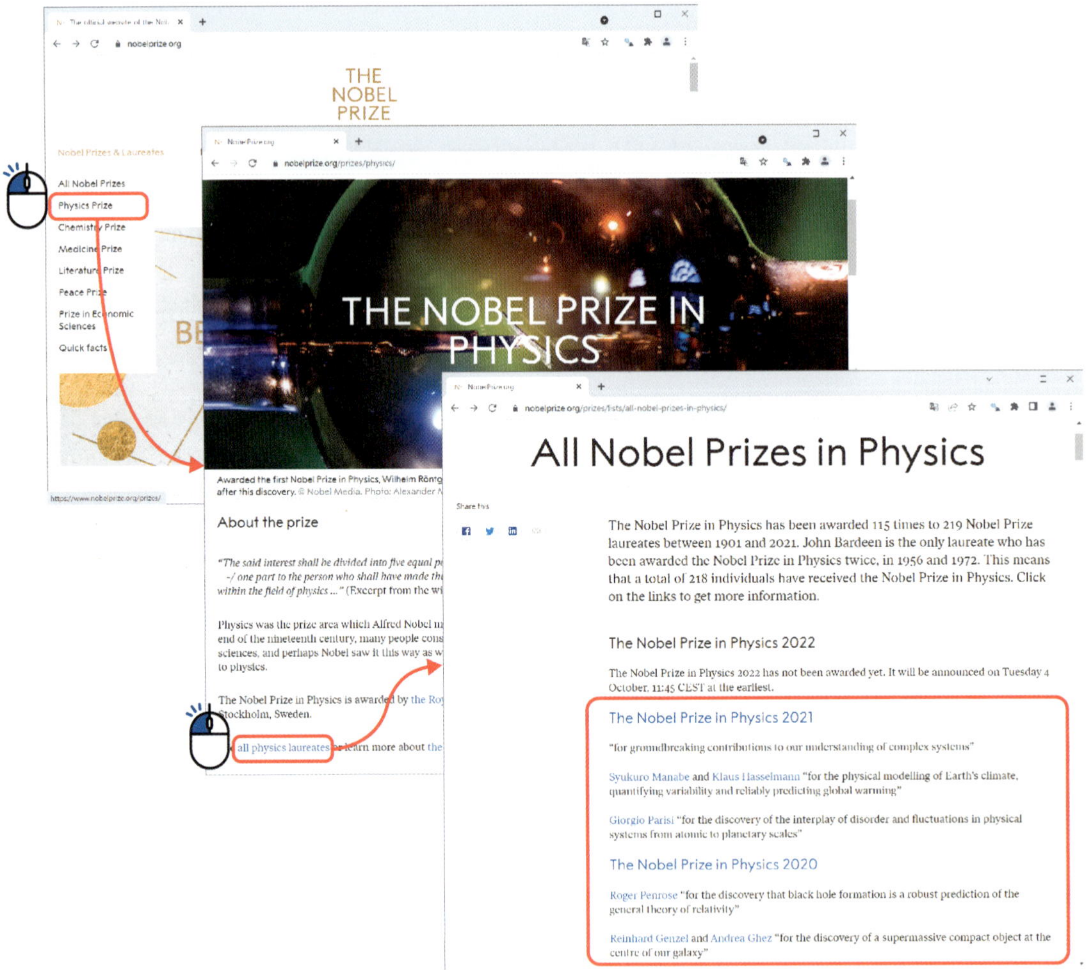

메모리에 적재한다. 그런 다음 노벨재단 웹사이트의 HTML 페이지를 읽어들여 파싱한다.

```
> library(tidyverse)
> library(rvest)
> url <- "https://www.nobelprize.org"
> html <- read_html(url)
> html
{html_document}
<html lang="en-US" class="no-js">
[1] <head>\n<meta http-equiv="Content-Type" content="text/html; charset=UTF-8">\ ...
[2] <body class="home page-template-default page page-id-176599 tribe-no-js">\n\ ...
```

먼저 각 수상 분야의 소개 페이지로 이동하기 위한 URL을 추출해보자. 수상 분야별 URL은 id="menu-item-28259" 속성을 갖는 <li> 노드 아래의 <a> 노드에 포함되어 있다. URL은 <a> 노드의 href 속성에 있으므로 다음과 같이 속성값을 추출한다.

```
▼<li id="menu-item-28259" class="menu-item menu-item-type-custom menu-item-object-custom menu
-item-has-children menu-item-28259 active" role="menuitem">
   <a href="/prizes/">Nobel Prizes & Laureates</a>
  ▼<ul class="sub-menu" role="menu" aria-hidden="true">
    ▶<li id="menu-item-175174" class="menu-item menu-item-type-custom menu-item-object-custom
    menu-item-175174" role="menuitem">…</li>
    ▼<li id="menu-item-48853" class="menu-item menu-item-type-custom menu-item-object-custom
    menu-item-48853 sub-menu-active" role="menuitem">
        <a href="/prizes/physics/">Physics Prize</a> == $0
     </li>
    ▼<li id="menu-item-48854" class="menu-item menu-item-type-custom menu-item-object-custom
    menu-item-48854" role="menuitem">
        <a href="/prizes/chemistry/">Chemistry Prize</a>
     </li>
    ▶<li id="menu-item-48855" class="menu-item menu-item-type-custom menu-item-object-custom
    menu-item-48855" role="menuitem">…</li>
    ▶<li id="menu-item-48856" class="menu-item menu-item-type-custom menu-item-object-custom
    menu-item-48856" role="menuitem">…</li>
    ▶<li id="menu-item-48857" class="menu-item menu-item-type-custom menu-item-object-custom
    menu-item-48857" role="menuitem">…</li>
    ▶<li id="menu-item-48858" class="menu-item menu-item-type-custom menu-item-object-custom
    menu-item-48858" role="menuitem">…</li>
    ▶<li id="menu-item-54140" class="menu-item menu-item-type-custom menu-item-object-custom
    menu-item-54140" role="menuitem">…</li>
    </ul>
  </li>
```

```
> html_elements(html, "#menu-item-28259 > ul a") %>%
+   html_attr(name="href")
[1] "https://www.nobelprize.org/prizes/lists/all-nobel-prizes/"
[2] "/prizes/physics/"
[3] "/prizes/chemistry/"
[4] "/prizes/medicine/"
[5] "/prizes/literature/"
[6] "/prizes/peace/"
[7] "/prizes/economics/"
[8] "https://www.nobelprize.org/prizes/facts/nobel-prize-facts/"
```

추출한 URL 가운데 처음과 마지막 URL은 수상 분야별 URL이 아니므로 제외한다. 또한 앞부분에 노벨재단 웹사이트 주소를 추가하여 접근 가능한 완전한 형태의 URL로 만든다.

```
> url.areas <- html_elements(html, "#menu-item-28259 > ul a") %>%
+   html_attr(name="href") %>%
+   .[2:7] %>%
+   str_c(url, .)
> url.areas
[1] "https://www.nobelprize.org/prizes/physics/"
[2] "https://www.nobelprize.org/prizes/chemistry/"
[3] "https://www.nobelprize.org/prizes/medicine/"
[4] "https://www.nobelprize.org/prizes/literature/"
[5] "https://www.nobelprize.org/prizes/peace/"
[6] "https://www.nobelprize.org/prizes/economics/"
```

여섯 개 노벨상 분야의 URL이 모두 수집되었다. 이제 이 URL에 차례대로 접근하여 분야별 수상 정보를 추출할 수 있다. 우선 물리학 분야의 수상 정보를 수집해보자. 앞서 추출한 URL 가운데 물리학 분야 소개 웹페이지는 첫 번째 URL이다.

```
> url.areas[1]
[1] "https://www.nobelprize.org/prizes/physics/"
```

분야명을 추출해보자. 분야명은 해당 분야의 URL에도 포함되어 있으므로 여기에서는 다음과 같이 URL로부터 수집한다.

```
> area <- str_sub(url.areas[1], start=str_locate(url.areas[1], "prizes/")[,2]+1, end=-2)
> area
[1] "physics"
```

수상명, 수상 연도, 수상자, 공적 등의 구체적인 데이터는 분야별 상세 페이지로부터 추출한다. 분야 소개 페이지의 소개글 하단에 상세 정보에 접근할 수 있는 링크가 있다. 이 링크를 클릭하여 이동하는 페이지로부터 노벨상 수상에 대한 보다 상세한 정보를 수집할 수 있다. 첫 번째 URL이 가리키는 물리학 분야 소개 페이지에 접근하여 HTML 문서를 읽어오고 파싱한다. 상세 페이지로 이동하기 위한 링크의 URL은 <div> 노드 안의 마지막 <p> 노드 아래의 첫 번째 <a> 노드에 포함되어 있으므로 다음과 같이 <a> 노드의 href의 속성값으로부터 추출한다.

```
▼<div class="text">
  ▶<p>…</p>
  ▶<p>…</p>
  ▶<p>…</p>
  ▼<p>
     "See "
     <a href="https://www.nobelprize.org/prizes/uncategorized/all-nobel-prizes-in-physics/">
     all physics laureates</a> == $0
     " or learn more about "
     <a href="https://www.nobelprize.org/nomination/nomination-and-selection-of-physics-laure
     ates/">the nomination process</a>
     "."
   </p>
 </div>
```

```
> html <- read_html(url.areas[1])
> url.winner <- html_elements(html, "div.text p:last-child a:first-child") %>%
+   html_attr(name="href")
> url.winner
[1] "https://www.nobelprize.org/prizes/uncategorized/all-nobel-prizes-in-physics/"
```

물리학 분야 상세 페이지의 URL을 확보했으므로 이제 그 URL이 가리키는 웹페이지를 읽어들여 파싱한다.

```
> html <- read_html(url.winner)
```

상세 페이지로부터 수상명, 수상 연도, 수상자, 공적 데이터를 수집한다. 먼저 수상명은 다음과 같이 <h3> 노드 아래의 <a> 노드로부터 텍스트를 추출하여 수집할 수 있다.

```
▼<h3>
   <a href="https://www.nobelprize.org/prizes/physics/2021/summary/">
   The Nobel Prize in Physics 2021</a> == $0
 </h3>
```

```
> html_elements(html, "h3 a") %>%
+   html_text()
  [1] "The Nobel Prize in Physics 2021" "The Nobel Prize in Physics 2020"
  [3] "The Nobel Prize in Physics 2019" "The Nobel Prize in Physics 2018"
…(중략)
[119] "The Nobel Prize in Physics 1903" "The Nobel Prize in Physics 1902"
[121] "The Nobel Prize in Physics 1901"
```

그런데 추출한 텍스트의 마지막에 연도가 포함되어 있으므로 다음과 같이 stringr 패키지의 word() 함수를 이용하여 마지막 단어를 제거한다.

```
> title <- html_elements(html, "h3 a") %>%
+   html_text() %>%
+   word(end=-2)
> title
  [1] "The Nobel Prize in Physics" "The Nobel Prize in Physics"
  [3] "The Nobel Prize in Physics" "The Nobel Prize in Physics"
…(중략)
[119] "The Nobel Prize in Physics" "The Nobel Prize in Physics"
[121] "The Nobel Prize in Physics"
```

수상 연도 또한 앞서 추출한 텍스트에 포함되어 있으므로 유사한 방법으로 연도 부분만을 추출할 수 있다.

```
> year <- html_elements(html, "h3 a") %>%
+   html_text() %>%
+   word(start=-1) %>%
+   as.numeric()
> year
  [1] 2021 2020 2019 2018 2017 2016 2015 2014 2013 2012 2011 2010 2009 2008 2007 2006
 [17] 2005 2004 2003 2002 2001 2000 1999 1998 1997 1996 1995 1994 1993 1992 1991 1990
…(중략)
 [97] 1925 1924 1923 1922 1921 1920 1919 1918 1917 1916 1915 1914 1913 1912 1911 1910
[113] 1909 1908 1907 1906 1905 1904 1903 1902 1901
```

또는 다음과 같이 텍스트로부터 숫자 부분만을 추출하는 방식으로 수상 연도를 수집할 수도 있다.

```
> html_elements(html, "h3 a") %>%
+   html_text() %>%
+   parse_number()
  [1] 2021 2020 2019 2018 2017 2016 2015 2014 2013 2012 2011 2010 2009 2008 2007 2006
 [17] 2005 2004 2003 2002 2001 2000 1999 1998 1997 1996 1995 1994 1993 1992 1991 1990
…(중략)
 [97] 1925 1924 1923 1922 1921 1920 1919 1918 1917 1916 1915 1914 1913 1912 1911 1910
[113] 1909 1908 1907 1906 1905 1904 1903 1902 1901
```

끝으로 수상자와 수상 이유, 즉 공적 데이터를 수집해보자. 수상자와 공적은 다음과 같이 모두 <p> 노드 아래에 포함되어 있다.

```
▼<p> == $0
    <a href="https://www.nobelprize.org/prizes/physics/2021/manabe/facts/">Syukuro Manabe</a>
    " and "
    <a href="https://www.nobelprize.org/prizes/physics/2021/hasselmann/facts/">Klaus Hasselmann</a>
    " "for the physical modelling of Earth's climate, quantifying variability and reliably
    predicting global warming""
  </p>
▼<p>
    <a href="https://www.nobelprize.org/prizes/physics/2021/parisi/facts/">Giorgio Parisi</a>
    " "for the discovery of the interplay of disorder and fluctuations in physical systems from
    atomic to planetary scales""
  </p>
```

구체적으로 수상자는 <p> 노드 아래의 <a> 노드에 포함되어 있으므로 다음과 같이 모든 수상자를 추출할 수 있다.

```
> html_elements(html, "p a") %>%
+   html_text()
  [1] "Syukuro Manabe"
  [2] "Klaus Hasselmann"
  [3] "Giorgio Parisi"
…(중략)
[217] "Hendrik Antoon Lorentz"
[218] "Pieter Zeeman"
[219] "Wilhelm Conrad Röntgen"
```

하지만 이런 방식으로는 모든 수상자 명단을 추출할 수는 있지만 수상 연도별로 구분되는 수상자 명단을 수집할 수는 없다. 따라서 여기에서는 <a> 노드의 `href` 속성에 포함되어 있는 연도 정보를 활용한다. 다음과 같이 `href` 속성값에 추출하려는 특정 연도가 포함된 <a> 노드로 탐색 범위를 제한함으로써 해당 연도의 수상자만을 추출하는 CSS 선택자를 정의할 수 있다.

```
> year[1]
[1] 2021
> str_c("p a[href*='", year[1], "']")
[1] "p a[href*='2021']"
```

예를 들어, 이렇게 생성한 CSS 선택자 표현식을 사용하여 다음과 같이 가장 최근 연도의 물리학상 수상자 명단을 추출할 수 있다. 이와 같은 방식으로 수상 연도별 수상자 명단을 수집한다.

```
> year[1]
[1] 2021
> winner.year <- html_elements(html, str_c("p a[href*='", year[1], "']")) %>%
+   html_text()
> winner.year
[1] "Syukuro Manabe"   "Klaus Hasselmann" "Giorgio Parisi"
```

이제 이 수상자들의 공적을 설명한 텍스트를 추출해보자. 공적 데이터 또한 <p> 노드 아래에 포함되어 있기 때문에 다음과 같이 <p> 노드로부터 텍스트를 수집하는 시도를 해볼 수 있다.

```
> html_elements(html, "p") %>%
+   html_text()
  [1] "The Nobel Prize in Physics has been awarded 115 times to 219 Nobel Prize
laureates between 1901 and 2021. John Bardeen is the only laureate who has been
awarded the Nobel Prize inPhysics twice, in 1956 and 1972. This means that a total of
218 individuals have received the Nobel Prize in Physics. Click on the links to get
more information."
  [2] "The Nobel Prize in Physics 2022 has not been awarded yet. It will be announced
on Tuesday 4 October, 11:45 CEST at the earliest."
  [3] "“for groundbreaking contributions to our understanding of complex systems”"
…(중략)
[156] "Tasked with a mission to manage Alfred Nobel's fortune and has ultimate
responsibility for fulfilling the intentions of Nobel's will."
[157] "For more than a century, these academic institutions have worked independently
to select Nobel Prize laureates."
[158] "Several outreach organisations and activities have been developed to inspire
generations and disseminate knowledge about the Nobel Prize."
```

하지만 추출된 결과에서 보다시피 <p> 노드 아래에는 공적 텍스트뿐만 아니라 불필요한 다른 내용도 포함되어 있다. 또한 앞서 수상자 명단과 마찬가지로 연도별로 구분도 되지 않는다. 따라서 여기에서는 앞서와 유사하게 <a> 노드의 href 속성에 포함되어 있는 연도 정보를 활용한다. 먼저 다음과 같이 <a> 노드의 상위 노드인 <p> 노드의 노드셋을 추출한다.

```
> achievement.node <- html_elements(html, "p")
> achievement.node
{xml_nodeset (158)}
 [1] <p class="ingress">The Nobel Prize in Physics has been awarded 115 times to 21 ...
 [2] <p>The Nobel Prize in Physics 2022 has not been awarded yet. It will be announ ...
 [3] <p>"for groundbreaking contributions to our understanding of complex systems"</p>
 [4] <p><a href="https://www.nobelprize.org/prizes/physics/2021/manabe/facts/">Syuk ...
 [5] <p><a href="https://www.nobelprize.org/prizes/physics/2021/parisi/facts/">Gior ...
 [6] <p><a href="https://www.nobelprize.org/prizes/physics/2020/penrose/facts/">Rog ...
 [7] <p><a href="https://www.nobelprize.org/prizes/physics/2020/genzel/facts/">Rein ...
 [8] <p>"for contributions to our understanding of the evolution of the universe an ...
 [9] <p><a href="https://www.nobelprize.org/prizes/physics/2019/peebles/facts/">Jam ...
[10] <p><a href="https://www.nobelprize.org/prizes/physics/2019/mayor/facts/">Miche ...
…(중략)
```

이렇게 추출한 노드셋에는 우리가 원하는 공적 데이터가 포함된 <a> 노드도 있고 그렇지 않은 다른 노드도 있다. 공적 데이터가 포함된 <a> 노드에는 수상 연도 또한 포함되어 있기 때문에 이 정보를 이용하여 공적 데이터가 포함된 노드셋을 선택한다. 예를 들어, 다음과 같이 특정 연도의 공적 데이터가 포함된 노드셋만을 선택할 수 있다.

```
> year[1]
[1] 2021
> str_detect(as.character(achievement.node), str_c("/", year[1], "/"))
  [1] FALSE FALSE FALSE  TRUE  TRUE FALSE FALSE FALSE FALSE FALSE FALSE FALSE FALSE
 [14] FALSE FALSE FALSE FALSE FALSE FALSE FALSE FALSE FALSE FALSE FALSE FALSE FALSE
…(중략)
[144] FALSE FALSE FALSE FALSE FALSE FALSE FALSE FALSE FALSE FALSE FALSE FALSE FALSE
[157] FALSE FALSE
> achievement.node[str_detect(as.character(achievement.node), str_c("/", year[1], "/"))]
{xml_nodeset (2)}
[1] <p><a href="https://www.nobelprize.org/prizes/physics/2021/manabe/facts/">Syuku ...
[2] <p><a href="https://www.nobelprize.org/prizes/physics/2021/parisi/facts/">Giorg ...
```

그리고 이렇게 선택된 노드셋으로부터 텍스트를 추출함으로써 다음과 같이 해당 연도의 공적 데이터가 포함된 텍스트만을 수집할 수 있다.[13]

```
> achievement.year <- achievement.node[str_detect(as.character(achievement.node),
+                                                 str_c("/", year[1], "/"))] %>%
+   html_text()
> achievement.year
[1] "Syukuro Manabe and Klaus Hasselmann “for the physical modelling of Earth’s climate,
quantifying variability and reliably predicting global warming”"
[2] "Giorgio Parisi “for the discovery of the interplay of disorder and fluctuations in
physical systems from atomic to planetary scales”"
```

이렇게 수집한 텍스트에는 수상자 명단도 포함되어 있고 왼쪽 따옴표(“)와 오른쪽 따옴표(”) 같은 불필요한 문자도 포함되어 있기 때문에 다음과 같이 추가로 전처리한다.14 공적은 따옴표로 감싸져 있으므로 따옴표가 시작되는 부분부터 문자열을 추출한 후 더 이상 필요 없는 따옴표는 삭제한다.

```
> year[1]
[1] 2021
> achievement.node <- html_elements(html, "p")
> achievement.year <- achievement.node[str_detect(as.character(achievement.node),
+                                                 str_c("/", year[1], "/"))] %>%
+   html_text()%>%
+   str_sub(str_locate(., "“|”")[,1]) %>%
+   str_replace_all("“|”", "")
> achievement.year
[1] "for the physical modelling of Earth’s climate, quantifying variability and reliably
predicting global warming"
[2] "for the discovery of the interplay of disorder and fluctuations in physical systems
from atomic to planetary scales
```

수상자와 공적 데이터를 수집하는 이러한 절차를 다음과 같이 모든 연도로 확장한다.

```
> achievement.node <- html_elements(html, "p")
> winner <- vector("list", length(year))
> achievement <- vector("list", length(year))
```

13 CSS 선택자는 부모/조상 노드를 선택하거나 텍스트 노드를 추출할 수 없기 때문에 이와 같은 다소 복잡한 절차가 필요하다. 만약 XPath를 사용한다면 보다 간단히 공적 데이터를 수집할 수 있다. 여기에서는 다음과 같은 XPath가 가능하다: `str_c("//p//a[contains(@href, '", year[1], "')]/ancestor::p")`.

14 이 텍스트로부터 앞서 수집한 수상 연도별 수상자 명단을 수집할 수도 있다.

```
> i <- 0
> for (y in year) {
+   i <- i + 1
+   winner[[i]] <- html_elements(html, str_c("p a[href*='", y, "']")) %>%
+     html_text()
+   achievement[[i]] <- achievement.node[str_detect(as.character(achievement.node),
+                                                     str_c("/", year[i], "/"))] %>%
+     html_text()%>%
+     str_sub(str_locate(., "“|”")[,1]) %>%
+     str_replace_all("“|”", "")
+ }
```

연도의 순환 루프를 시작하기 전에 먼저 순환 루프를 통해 추출한 데이터를 저장할 변수를 리스트 형식으로 생성한다(winner, achievement). 이 변수들은 모두 수상 연도 개수만큼의 원소를 가지며 각 원소에 해당 연도의 수상자 명단과 공적 내용이 저장된다. 물리학 분야의 수상자와 공적은 다음과 같이 수집된다.

```
> winner
[[1]]
[1] "Syukuro Manabe"   "Klaus Hasselmann" "Giorgio Parisi"

[[2]]
[1] "Roger Penrose"   "Reinhard Genzel" "Andrea Ghez"

…(중략)

[[120]]
[1] "Hendrik Antoon Lorentz" "Pieter Zeeman"

[[121]]
[1] "Wilhelm Conrad Röntgen"

> achievement
[[1]]
[1] "for the physical modelling of Earth’s climate, quantifying variability and reliably
predicting global warming"
[2] "for the discovery of the interplay of disorder and fluctuations in physical systems
from atomic to planetary scales"
```

```
[[2]]
[1] "for the discovery that black hole formation is a robust prediction of the general
theory of relativity"
[2] "for the discovery of a supermassive compact object at the centre of our galaxy"

…(중략)

[[120]]
[1] "in recognition of the extraordinary service they rendered by their researches into
the influence of magnetism upon radiation phenomena"

[[121]]
[1] "in recognition of the extraordinary services he has rendered by the discovery of the
remarkable rays subsequently named after him"
```

분석의 편의를 위해 다음과 같이 수상 연도 개수만큼의 길이를 갖는 벡터 형식으로 변환한다.

```
> winner %>%
+   map_chr(~str_c(., collapse="; "))
  [1] "Syukuro Manabe; Klaus Hasselmann; Giorgio Parisi"
  [2] "Roger Penrose; Reinhard Genzel; Andrea Ghez"
…(중략)
[120] "Hendrik Antoon Lorentz; Pieter Zeeman"
[121] "Wilhelm Conrad Röntgen"
> achievement %>%
+   map_chr(~str_c(., collapse="; "))
  [1] "for the physical modelling of Earth's climate, quantifying variability and
reliably predicting global warming; for the discovery of the interplay of disorder and
fluctuations in physical systems from atomic to planetary scales"
  [2] "for the discovery that black hole formation is a robust prediction of the general
theory of relativity; for the discovery of a supermassive compact object at the centre of
our galaxy"
…(중략)
[120] "in recognition of the extraordinary service they rendered by their researches into
the influence of magnetism upon radiation phenomena"
[121] "in recognition of the extraordinary services he has rendered by the discovery of
the remarkable rays subsequently named after him"
```

이상의 내용을 종합하여 지금까지 수여된 모든 노벨상 수상 정보를 수집하는 다음과 같은 함수를 작성할 수 있다.

```
> getNobelPrize <- function() {
+   library(tidyverse)
+   library(rvest)
+   url <- "https://www.nobelprize.org"
+   html <- read_html(url)
+   url.areas <- html_elements(html, "#menu-item-28259 > ul a") %>%
+     html_attr(name="href") %>%
+     .[2:7] %>%
+     str_c(url, .)
+   nobel.prize <- tibble()
+   for (url.area in url.areas) {
+     area <- str_sub(url.area, start=str_locate(url.area, "prizes/")[,2]+1, end=-2)
+     html <- read_html(url.area)
+     url.winner <- html_elements(html, "div.text p:last-child a:first-child") %>%
+       html_attr(name="href")
+     html <- read_html(url.winner)
+     title <- html_elements(html, "h3 a") %>%
+       html_text() %>%
+       word(end=-2)
+     year <- html_elements(html, "h3 a") %>%
+       html_text() %>%
+       word(start=-1) %>%
+       as.numeric()
+     achievement.node <- html_elements(html, "p")
+     winner <- vector("list", length(year))
+     achievement <- vector("list", length(year))
+     i <- 0
+     for (y in year) {
+       i <- i + 1
+       winner[[i]] <- html_elements(html, str_c("p a[href*='", y, "']")) %>%
+         html_text()
+       achievement[[i]] <- achievement.node[str_detect(as.character(achievement.node),
+                                                       str_c("/", year[i], "/"))] %>%
+         html_text()%>%
+         str_sub(str_locate(., "“|”")[,1]) %>%
+         str_replace_all("“|”", "")
+     }
```

```
+     prize <- tibble(area=area, title=title, year=year,
+                     winner=map_chr(winner, ~str_c(., collapse="; ")),
+                     achievement=map_chr(achievement, ~str_c(., collapse="; ")))
+     nobel.prize <- bind_rows(nobel.prize, prize)
+     Sys.sleep(sample(10, 1)*0.1)                                          ❹
+   }
+   nobel.prize <- bind_cols(id=1:nrow(nobel.prize), nobel.prize) %>%      ❺
+     mutate(area=factor(area,
+                        levels=c("physics", "chemistry", "medicine",
+                                 "literature", "peace", "economics")))
+   return(nobel.prize)
+ }
```

❶ 각 노벨상 수상 분야 소개 페이지 URL 추출
❷ 수상 분야, 수상명, 수상 연도 데이터 추출
❸ 수상자, 공적 데이터 추출
❹ 웹페이지 접속 간격 통제
❺ 수상 ID 부여 및 수상 분야 데이터 형식(팩터) 변환

우선 각 노벨상 수상 분야를 소개하는 웹페이지의 URL을 추출하는 것으로 시작한다(코드의 ❶ 부분). 이어서 각 노벨상 수상 분야 소개 페이지로부터 수상 분야, 수상명, 수상 연도 데이터를 추출한다(코드의 ❷ 부분). 연도별 수상자와 공적 데이터는 각 노벨상 수상 분야 상세 페이지로부터 수집한다(코드의 ❸ 부분). 반복적인 접속 시도로 인해 웹사이트 연결에 장애가 발생하지 않도록 시스템 처리를 임의의 간격으로 지연시킨다(코드의 ❹ 부분). 끝으로 각 수상에 고유의 ID를 부여하고 분석의 편의를 위해 수상 분야의 데이터 형식을 팩터로 변환한다(코드의 ❺ 부분). 함수를 실행하여 수집한 데이터는 다음과 같다.

```
> nobel.prize <- getNobelPrize()
> nobel.prize
# A tibble: 658 x 6
     id area    title                          year winner           achievement
  <int> <fct>   <chr>                         <dbl> <chr>            <chr>
1     1 physics The Nobel Prize in Physics     2021 "Syukuro Manab~  for the physical mo~
2     2 physics The Nobel Prize in Physics     2020 "Roger Penrose~  for the discovery t~
3     3 physics The Nobel Prize in Physics     2019 "James Peebles~  for theoretical dis~
…(중략)
```

```
 8     8 physics  The Nobel Prize in Physics   2014 "Isamu Akasaki~  for the invention o~
 9     9 physics  The Nobel Prize in Physics   2013 "François Engl~  for the theoretical~
10    10 physics  The Nobel Prize in Physics   2012 "Serge Haroche~  for ground-breaking~
# ... with 648 more rows
```

수집한 데이터를 바탕으로 간단한 탐색적 분석을 수행해 보자. 노벨상 수상 분야별 횟수는 다음과 같이 구할 수 있다. 가장 늦게 제정된 노벨 경제학상의 수상 횟수가 가장 작은 것을 알 수 있다.14

14 노벨 경제학상은 1968년에 제정되어 1969년부터 수상하기 시작하였다. 경제학상은 다른 노벨상과 달리 스웨덴 중앙은행(Sveriges Riksbank)이 노벨재단에 기부한 기금을 바탕으로 상금을 수여한다.

```
> num.area <- nobel.prize %>%
+   group_by(area) %>%
+   filter(winner != "") %>%
+   summarise(num_prizes=n())
> num.area
# A tibble: 6 x 2
  area       num_prizes
  <fct>           <int>
1 physics           115
2 chemistry         113
3 medicine          112
4 literature        114
5 peace             102
6 economics          53
```

노벨상 수상 분야별 수상자수는 다음과 같이 확인해볼 수 있다. 의학 분야의 수상자가 가장 많다.15

15 두 번 이상 수상한 사람도 있기 때문에 순수 수상자의 수는 이보다 작을 수 있다.

```
> num.laureates <- nobel.prize %>%
+   group_by(area) %>%
+   filter(winner != "") %>%
+   mutate(n=map_int(winner, ~length(unlist(str_split(., ";"))))) %>%
+   summarise(num_laureates=sum(n))
```

```
> num.laureates
# A tibble: 6 x 2
  area       num_laureates
  <fct>              <int>
1 physics              219
2 chemistry            188
3 medicine             224
4 literature           118
5 peace                137
6 economics             89
```

노벨상 수상 분야별 수상자수를 [그림 5-14]와 같은 도넛도표(doughnut chart)로 시각화해보자. 도넛도표는 도넛 모양의 그래프로서 도넛 링 부분이 범주로 구분되어 있다. 링 부분의 구분된 개별 면적의 크기는 전체 크기에 대한 각 범주의 비율을 나타낸다. 다음과 같이 데이터셋을 생성한 후 geom_rect() 함수와 coord_polar() 함수를 이용하여 도넛도표를 그린다.

```
> num.laureates$fraction <- with(num.laureates, num_laureates/sum(num_laureates))
> num.laureates$ymax <- cumsum(num.laureates$fraction)
> num.laureates$ymin <- c(0, head(num.laureates$ymax, n=-1))
> num.laureates$label_position <- (num.laureates$ymax+num.laureates$ymin)/2
> num.laureates$label <- str_c(num.laureates$area, "\n", num.laureates$num_laureates)
> num.laureates
# A tibble: 6 x 7
  area       num_laureates fraction  ymax  ymin label_position label
  <fct>              <int>    <dbl> <dbl> <dbl>          <dbl> <chr>
1 physics              219   0.225  0.225     0          0.112 "physics\n219"
2 chemistry            188   0.193  0.417 0.225          0.321 "chemistry\n188"
3 medicine             224   0.230  0.647 0.417          0.532 "medicine\n224"
4 literature           118   0.121  0.768 0.647          0.708 "literature\n118"
5 peace                137   0.141  0.909 0.768          0.838 "peace\n137"
6 economics             89   0.0913 1     0.909          0.954 "economics\n89"
> windows(width=5.5, height=5.5)
> ggplot(num.laureates, aes(ymax=ymax, ymin=ymin, xmax=4, xmin=3, fill=area)) +
+   geom_rect() +
+   geom_text(x=2, aes(y=label_position, label=label, color=area), size=5) +
+   scale_fill_viridis_d(option="viridis") +
+   scale_color_viridis_d(option="viridis") +
```

```
+   coord_polar(theta="y") +
+   xlim(c(-1, 4)) +
+   labs(x=NULL, y=NULL,
+        title="The Nobel Prize",
+        subtitle="Number of the Nobel Prize laureates by area",
+        caption="Source: The Nobel Foundation") +
+   theme_void() +
+   theme(plot.title=element_text(face="bold"),
+         legend.position="none",
+         legend.title=element_blank())
```

도넛도표는 링 모양으로 그려지기는 하지만 사실 층층히 쌓여 있는 시각형 모양의 막대를 링의 형태로 변환한 것이다. 링 부분에서 색상으로 구별된 영역은 개별 범주를 나타낸다. 따라서 먼저 막대가 수직 방향으로 쌓여진 수직누적 막대도표를 생성한 후 이를 링으로 변환하는 과정을 거친다. 각 범주별 비율을 계산하고 이 비율을 바탕으로 수직누적 막대를 표현하기 위한 좌표를 계산한다. 이렇게 계산된 좌표를 `ymin` 변수와 `ymax` 변수에 저장한다. 예를 들어, physics는 0부터 0.225까지 높이를 가진다

그림 5-14 **노벨상.** 노벨 의학상 수상자수가 가장 많으며 상대적으로 제정이 늦은 경제학상의 수상자수가 가장 작다.

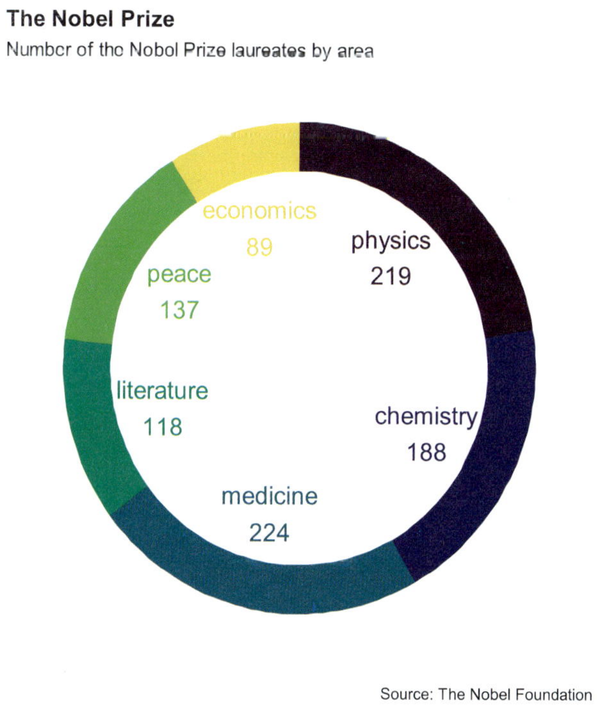

(높이 0.225는 physics의 수상자수 비율). chemistry는 그 위에 쌓여지기 때문에 0.225부터 시작하여 0.417까지의 높이를 갖는다(높이 0.193은 chemistry 수상자수 비율). 이러한 막대의 높이가 링으로 변환될 때 링의 원주의 길이로 표현된다. `xmin`과 `xmax`는 막대의 왼쪽과 오른쪽 좌표를 나타낸다. `geom_rect()` 함수는 네 개의 좌표를 바탕으로 사각형 모양의 막대를 생성하며 `coord_polar()` 함수는 이러한 층층히 쌓인 막대를 원 형태로 변환한다. 이때 도넛 모양으로 만드는 것은 내부의 빈 원으로 이는 변환 전의 막대도표상에서 보았을 때 Y축 경계와 막대의 왼쪽 경계 간의 공간을 나타낸다. 이 공간이 넓어질수록 링의 두께는 얇아진다. `xlim()` 함수를 이용하여 이 공간의 크기를 조정할 수 있다. `xlim()` 함수의 왼쪽 경계값(첫 번째 주어지는 인수)이 크면 내부의 빈 원이 없어져서 원도표가 된다. 반면에 왼쪽 경계값이 작으면 빈 원이 커져서 링은 얇아진다.[16]

지금 수집한 노벨상 수상 데이터에는 수상자의 공적이 포함되어 있다. 노벨상의 각 수상 분야는 전문적인 영역으로서 뚜렷이 구별되는 고유의 특징을 가지고 있기 때문에 수상 이유를 설명하는 데 사용된 단어를 통해 노벨상 분야를 유추하는 것이 가능할 수 있다. 지금부터는 머신러닝 기법을 이용하여 노벨상 수상 분야 예측모델을 구축해보자. 여기에서는 의사결정나무(decision tree)와 나이브베이즈(naive Bayes) 기법을 적용한다.[17]

우선 머신러닝 기법의 적용을 위해 필요한 데이터 전처리 작업을 몇 가지 수행한다. 분류문제(classification problem)를 다루기 위한 머신러닝 분석을 수행하기 위해서는 일반적으로 예측변수가 데이터프레임(또는 행렬) 형식이어야 하며 결과변수는 팩터 형식으로 되어 있어야 한다. 여기에서 사용할 예측변수는 공적 텍스트로부터 추출한 단어이며 결과변수는 여섯 가지 노벨상 수상 분야이다. 예측변수로 사용할 단어를 추출하기 위해 공적 텍스트를 `tm` 패키지의 코퍼스(Corpus 객체)로 변환한다.

---

16 이 설명이 이해가 잘 안 되면 `coord_polar()` 함수 없이 그래프를 생성한 후 `xlim()` 함수의 인수값을 조정해 본다.

17 의사결정나무는 훈련 데이터를 서로 중복되지 않는 유사한 결과값을 갖는 동질적인 서브그룹으로 분할한다. 각 예측변수에 대한 예-아니오 형식의 간단한 질문(예를 들면, '성별이 여성인가?')을 바탕으로 예 또는 아니오의 답변에 따라 각기 두 방향으로 이진분할(binary partition)을 수행함으로써 서브그룹을 생성한다. 전체 데이터를 두 개의 서브그룹으로 분할하고 이렇게 분할된 각 서브그룹을 다시 더 작은 서브그룹으로 분할하고 각 서브그룹을 다시 또 더 작은 서브그룹으로 분할하는 이러한 일련의 작업을 반복한다. 모든 분할작업이 종료되면 의사결정나무모델은 새로운 케이스에 대한 예측을 수행할 수 있다. 결과변수가 범주형인 분류문제의 경우 해당 서브그룹에서 다수를 차지하는 범주로 예측한다. 의사결정나무는 데이터셋을 반복적으로 분할하는 과정을 통해 생성한다. 이러한 접근법을 분할정복(divide and conquer)이라고 한다. 분할정복 방법은 나뭇가지 모양으로 시각화할 수 있는 if-then 형태의 단순하면서도 해석이 용이한 규칙(rule)을 생성한다. 나이브베이즈분석 기법에 대한 간단한 설명은 '제4장 XPath'의 '4.5 사례 - 웹소설 @네이버'를 참고한다. 곽기영 교수의 유튜브 채널에서 주요 머신러닝 기법에 대한 동영상 강의를 시청할 수 있다(https://www.youtube.com/곽기영).

```
> library(tidyverse)
> library(tm)
> docs <- nobel.prize %>%
+   select(doc_id=id, text=achievement, everything())
> docs
# A tibble: 658 x 6
   doc_id text                             area   title          year winner
    <int> <chr>                            <fct>  <chr>         <dbl> <chr>
 1      1 for the physical modelling ~ physi~ The Nobel    2021 "Syukuro Manabe; Klau~
 2      2 for the discovery that blac~ physi~ The Nobel ~ 2020 "Roger Penrose; Reinh~
 3      3 for theoretical discoveries~ physi~ The Nobel ~ 2019 "James Peebles; Miche~
…(중략)
 8      8 for the invention of effici~ physi~ The Nobel ~ 2014 "Isamu Akasaki; Hiros~
 9      9 for the theoretical discove~ physi~ The Nobel ~ 2013 "Francois Englert; Pe~
10     10 for ground-breaking experim~ physi~ The Nobel ~ 2012 "Serge Haroche; David~
# ... with 648 more rows
> corp <- VCorpus(DataframeSource(docs))
> corp
<<VCorpus>>
Metadata:  corpus specific: 0, document level (indexed): 4
Content:  documents: 658
```

데이터셋이 데이터프레임(티블) 형식이므로 tm 패키지의 DataframeSource() 함수로 읽어들인 후 코퍼스로 변환한다. DataframeSource() 함수를 이용하기 위해서는 데이터프레임의 첫 번째와 두 번째 열에 문서의 고유 ID와 텍스트가 저장되어야 하고 열 이름은 각각 doc_id와 text이어야 한다. 데이터프레임이 이러한 형식을 갖도록 새로운 열을 추가하고 열의 위치를 변경한다. 변환된 코퍼스의 일부를 살펴보면 다음과 같다.

```
> lapply(corp, as.character)[c(1:3)]
$`1`
[1] "for the physical modelling of Earth's climate, quantifying variability and
reliably predicting global warming; for the discovery of the interplay of disorder and
fluctuations in physical systems from atomic to planetary scales"

$`2`
[1] "for the discovery that black hole formation is a robust prediction of the general
theory of relativity; for the discovery of a supermassive compact object at the centre
of our galaxy"
```

```
$`3`
[1] "for theoretical discoveries in physical cosmology; for the discovery of an exoplanet orbiting a solar-type star"
```

코퍼스에 대해 데이터정제 작업을 수행해보자. 먼저 텍스트 내 모든 문자를 소문자로 변환한다. 이어서 불용어를 제거하고, 문장부호와 숫자를 삭제하며, 텍스트 내의 공백을 없앤다. 그리고 어간을 추출한다.

```
> corp <- tm_map(corp, content_transformer(tolower))
> corp <- tm_map(corp, removeWords, stopwords("english"))
> corp <- tm_map(corp, removePunctuation)
> corp <- tm_map(corp, removeNumbers)
> corp <- tm_map(corp, stripWhitespace)
> corp <- tm_map(corp, stemDocument)
```

코퍼스로부터 단어를 추출하기 위하여 다음과 같이 `DocumentTermMatrix()` 함수를 이용하여 문서-용어행렬을 생성한다. 658개의 문서(즉 노벨상 수상 기록)로부터 총 1,766개의 단어가 추출되었다. 문서-용어행렬을 탐색하기 위해서는 `inspect()` 함수를 이용한다.

```
> dtm <- DocumentTermMatrix(corp)
> dtm
<<DocumentTermMatrix (documents: 658, terms: 1766)>>
Non-/sparse entries: 5146/1156882
Sparsity           : 100%
Maximal term length: 18
Weighting          : term frequency (tf)
> inspect(dtm[1:10, 1:10])
<<DocumentTermMatrix (documents: 10, terms: 10)>>
Non-/sparse entries: 0/100
Sparsity           : 100%
Maximal term length: 7
Weighting          : term frequency (tf)
Sample             :
    Terms
 Docs abil absorpt absurd abyss acceler access account accumul accur achiev
   1    0       0      0     0       0      0       0       0     0      0
   2    0       0      0     0       0      0       0       0     0      0
   3    0       0      0     0       0      0       0       0     0      0
```

```
…(중략)
  8    0    0    0    0    0    0    0    0    0
  9    0    0    0    0    0    0    0    0    0
  10   0    0    0    0    0    0    0    0    0
```

`DocumentTermMatrix` 형식의 저밀도 행렬 데이터는 데이터분석 기법을 적용하는 데 제약이 따를 수 있다. 따라서 문서-용어행렬을 일반적인 데이터프레임(티블) 형식으로 변환한다. 그리고 노벨상 수상 영역을 나타내는 새로운 변수(`nobel_area`)를 추가한다. 예측모델을 개발할 때 이 변수는 결과변수로 사용된다.

```
> nobel <- as_tibble(as.matrix(dtm)) %>%
+   mutate(nobel_area=nobel.prize$area) %>%
+   select(nobel_area, everything())
> nobel
# A tibble: 658 x 1,767
   nobel_area  abil absorpt absurd abyss acceler access account accumul accur achiev
   <fct>      <dbl>   <dbl>  <dbl> <dbl>   <dbl>  <dbl>   <dbl>   <dbl> <dbl>  <dbl>
 1 physics        0       0      0     0       0      0       0       0     0      0
 2 physics        0       0      0     0       0      0       0       0     0      0
 3 physics        0       0      0     0       0      0       0       0     0      0
…(중략)
 8 physics        0       0      0     0       0      0       0       0     0      0
 9 physics        0       0      0     0       0      0       0       0     0      0
10 physics        0       0      0     0       0      0       0       0     0      0
# ... with 648 more rows, and 1,756 more variables: acid <dbl>, acidprotein <dbl>,
#   acquir <dbl>, across <dbl>, act <dbl>, action <dbl>, activ <dbl>, adapt <dbl>,
#   addit <dbl>, adenosin <dbl>, administr <dbl>, adopt <dbl>, adren <dbl>,
#   adsorpt <dbl>, advanc <dbl>, adventur <dbl>, advoc <dbl>, æuvr <dbl>,
#   africa <dbl>, afroamerican <dbl>, age <dbl>, agreement <dbl>, agricultur <dbl>,
#   aid <dbl>, aim <dbl>, air <dbl>, albert <dbl>, alfr <dbl>, alia <dbl>,
#   alicycl <dbl>, aliv <dbl>, alkali <dbl>, alkaloid <dbl>, allevi <dbl>, ...
```

현재 발생 빈도인 예측변수의 값을 분석의 편의를 위해 범주형 값으로 변환한다.[18] 단어의 발생 빈도와 관계없이 단어가 출현했으면 1(y), 아니면 0(n)으로 예측변수의 셀값을 대체하여 예측변수를 범주형(즉 팩터)으로 변환한다. 이를 위해 다음과 같이 `toFactor()` 함수를 생성한다.

18 여기에서는 의사결정나무모델과 나이브베이즈모델을 모두 적용한다. 나이브베이즈분석은 일반적으로 범주형 예측변수를 바탕으로 예측모델을 개발하므로 두 모델 모두 사용할 수 있도록 예측변수를 범주형으로 변환한다.

```
> toFactor <- function(x) {
+   x <- ifelse(x > 0, 1, 0)
+   x <- factor(x, levels=c(0, 1), labels=c("n", "y"))
+   return(x)
+ }
```

예측변수 데이터셋의 각 열에 toFactor() 함수를 적용하여 다음과 같이 예측변수를 범주형으로 변환한다.

```
> nobel <- nobel %>%
+   mutate(across(where(is.numeric), toFactor))
> nobel
# A tibble: 658 x 1,767
   nobel_area abil  absorpt absurd abyss acceler access account accumul accur achiev
   <fct>      <fct> <fct>   <fct>  <fct> <fct>   <fct>  <fct>   <fct>   <fct> <fct>
 1 physics    n     n       n      n     n       n      n       n       n
 2 physics    n     n       n      n     n       n      n       n       n
 3 physics    n     n       n      n     n       n      n       n       n
…(중략)
 8 physics    n     n       n      n     n       n      n       n       n
 9 physics    n     n       n      n     n       n      n       n       n
10 physics    n     n       n      n     n       n      n       n       n
# ... with 648 more rows, and 1,756 more variables: acid <fct>, acidprotein <fct>,
#   acquir <fct>, across <fct>, act <fct>, action <fct>, activ <fct>, adapt <fct>,
#   addit <fct>, adenosin <fct>, administr <fct>, adopt <fct>, adren <fct>,
#   adsorpt <fct>, advanc <fct>, adventur <fct>, advoc <fct>, æuvr <fct>,
#   africa <fct>, afroamerican <fct>, age <fct>, agreement <fct>, agricultur <fct>,
#   aid <fct>, aim <fct>, air <fct>, albert <fct>, alfr <fct>, alia <fct>,
#   alicycl <fct>, aliv <fct>, alkali <fct>, alkaloid <fct>, allevi <fct>, ...
```

예측변수와 결과변수가 포함된 데이터셋이 완성되었으므로 데이터셋을 예측모델 개발을 위한 훈련 데이터와 예측모델의 정확성 검증을 위한 테스트 데이터로 분할한다. 전체 658개의 노벨상 데이터 가운데 70%에 해당하는 460개는 훈련 데이터로 이용하고 나머지 30%에 해당하는 198개는 테스트 데이터로 사용한다.

```
> set.seed(123)
> train <- sample(nrow(nobel), 0.7*nrow(nobel))
> nobel.train <- nobel[train,]
```

```
> nobel.test <- nobel[-train,]
> table(nobel.train$nobel_area); sum(table(nobel.train$nobel_area))

  physics  chemistry  medicine literature      peace  economics
       83         93        87         82         81         34
[1] 460
> table(nobel.test$nobel_area); sum(table(nobel.test$nobel_area))

  physics  chemistry  medicine literature      peace  economics
       38         28        34         39         40         19
[1] 198
```

먼저 의사결정나무분석을 수행해보자. rpart 패키지에 포함된 rpart() 함수를 이용하여 다음과 같이 의사결정나무분석을 수행할 수 있다.

```
> library(rpart)
> nobel.dtree <- rpart(nobel_area ~ ., data=nobel.train, method="class",
+                      parms=list(split="gini"), control=list(cp=0))
```

rpart() 함수의 첫 번째 인수(formula)에는 결과변수(종속변수)인 nobel_area와 나머지 모든 예측변수(독립변수, 여기에서는 단어)를 포뮬러 형식으로 지정한다. data 인수에는 예측모델 개발에 사용할 훈련 데이터(여기에서는 nobel.train)를 지정한다. 분류나무를 구축하기 위해서는 method="class"를 지정한다. parms 인수에는 집단 분할 시 적용할 동질성 측정방식을 리스트 형식으로 지정한다. 예를 들어, split 원소에 순도 측정기준을 지정할 수 있다. 기본값으로 지니지수(split="gini")가 사용되며 정보이득(split="information")을 지정할 수도 있다. 나무의 성장 프로세스를 통제하는 복잡도 패러미터 cp 인수에는 0을 지정하여 나무를 아무런 제약 없이 최대한 크게 생성한다.

predict() 함수를 이용하여 테스트 데이터에 포함된 각 케이스를 분류해보자. newdata 인수에는 예측에 사용할 데이터셋(여기에서는 nobel.test)을 지정한다. type="prob"를 지정하면 각 케이스별로 범주의 분류확률이 행렬 형태로 출력된다. type="class"를 지정하면 각 케이스별로 분류된 범주가 출력된다.

```
> nobel.dtree.pred <- predict(nobel.dtree, newdata=nobel.test, type="class")
> head(nobel.dtree.pred)
        1        2        3         4        5         6
  physics  physics  physics  medicine  physics economics
Levels: physics chemistry medicine literature peace economics
```

실제 판정결과와 의사결정나무에 의한 예측결과를 비교하기 위하여 다음과 같이 교차표(혼동행렬)를 생성하고 예측정확도를 계산한다.

```
> table(nobel.test$nobel_area, nobel.dtree.pred, dnn=c("Actual", "Predicted"))
             Predicted
Actual        physics chemistry medicine literature peace economics
  physics          26         4        3          0     2         3
  chemistry         9        15        0          0     4         0
  medicine         20         4        8          0     2         0
  literature        0         2        0         23    14         0
  peace             0         5        0          0    35         0
  economics         0         1        0          0     1        17
> sum(diag(table(nobel.test$nobel_area, nobel.dtree.pred)))
[1] 124
> mean(nobel.test$nobel_area==nobel.dtree.pred)
[1] 0.6262626
```

대각선의 값은 예측에 성공한 케이스를 나타낸다. 의사결정나무에 의해 정확하게 분류된 케이스는 전체적으로 198개 가운데 124개로 예측모델은 62.6%의 정확도를 보여주었다.

이어서 나이브베이즈분석을 수행해보자. e1071 패키지를 메모리에 적재한 후 다음과 같이 naiveBayes() 함수를 훈련 데이터에 적용하여 나이브베이즈 예측모델을 생성한다.

```
> library(e1071)
> nobel.nb <- naiveBayes(x=nobel.train[-1], y=nobel.train$nobel_area, type="class")
```

예측모델을 테스트 데이터에 적용하여 노벨상 수상 분야를 예측해보자. 다음과 같이 predict() 함수를 이용한다.

```
> nobel.nb.pred <- predict(nobel.nb, newdata=nobel.test[-1])
> head(nobel.nb.pred)
[1] physics  physics  physics  physics  medicine physics
Levels: physics chemistry medicine literature peace economics
```

예측된 결과와 실제의 결과를 다음과 같이 비교하여 예측모델의 성능을 평가한다.

```
> table(nobel.test$nobel_area, nobel.nb.pred, dnn=c("Actual", "Predicted"))
             Predicted
Actual        physics chemistry medicine literature peace economics
  physics          33         3        2          0     0         0
  chemistry         2        24        2          0     0         0
  medicine          1         6       27          0     0         0
  literature        0         4        2         32     1         0
  peace             0         7        0          1    32         0
  economics         1         1        0          0     0        17
> sum(diag(table(nobel.test$nobel_area, nobel.nb.pred)))
[1] 165
> mean(nobel.nb.pred==nobel.test$nobel_area)
[1] 0.8333333
```

198개의 테스트 데이터 가운데 165개의 노벨상 수상 분야를 정확히 예측하였다. 노벨상 수상 분야 분류를 위한 나이브베이즈 예측모델은 전체적으로 83.3% 정도의 예측정확도를 보여준다. 나이브베이즈모델은 앞서 수행한 의사결정나무모델에 비해 더 우수한 성능을 나타냈다.

세계인구 @위키피디아

웹사이트상의 많은 데이터는 종종 테이블 형식으로 제공되기도 한다. [그림 5-15]는 위키피디아(Wikipedia)에 게시되어 있는 국가별 인구 데이터이다. 이처럼 웹페이지상에서 테이블 형식으로 제공되는 데이터를 수집해보자.

rvest 패키지는 테이블 형식의 데이터를 쉽게 추출할 수 있는 html_table() 함수를 제공한다. 먼저 다음과 같이 HTML 문서를 읽어들인 후 그로부터 <table> 노드를 추출해본다.

```
> library(tidyverse)
> library(rvest)
> url <- "https://en.wikipedia.org/wiki/List_of_countries_and_dependencies_by_population"
> read_html(url) %>%
+   html_elements("table")
{xml_nodeset (2)}
[1] <table class="wikitable sortable"><tbody>\n<tr>\n<th>Rank</th>\n<th><a href="/ ...
[2] <table class="nowraplinks hlist mw-collapsible autocollapse navbox-inner" styl ...
```

▶ 그림 5-15 ▌세계인구. 위키피디아 웹사이트로부터 국가별 인구 데이터를 수집한다.

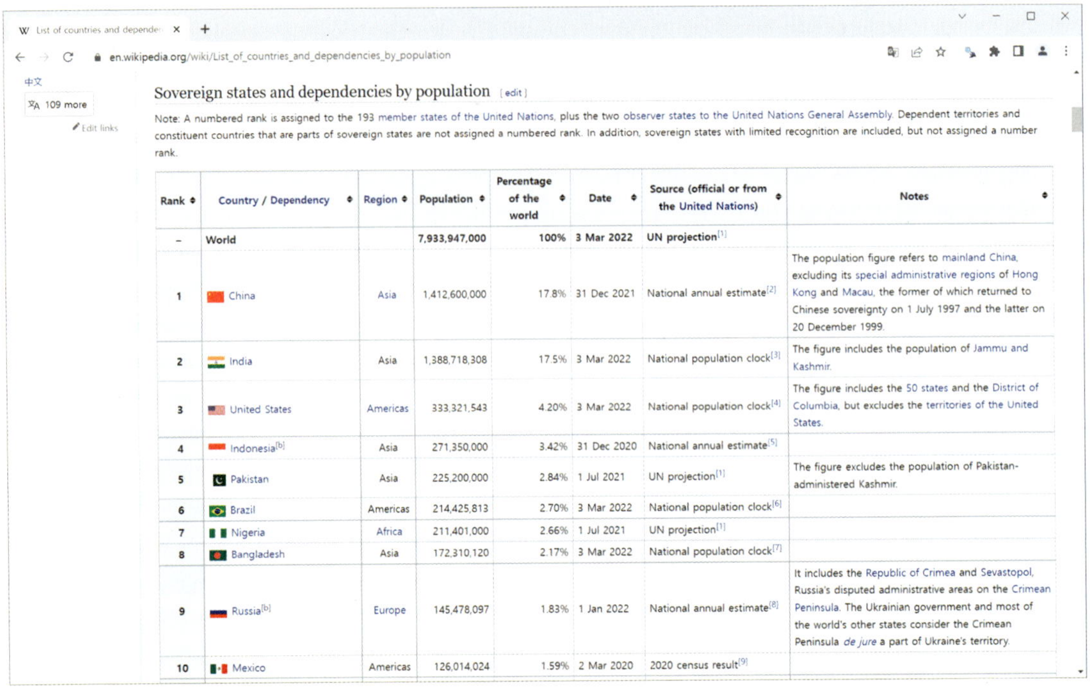

Sovereign states and dependencies by population [edit]

Note: A numbered rank is assigned to the 193 member states of the United Nations, plus the two observer states to the United Nations General Assembly. Dependent territories and constituent countries that are parts of sovereign states are not assigned a numbered rank. In addition, sovereign states with limited recognition are included, but not assigned a number rank.

Rank	Country / Dependency	Region	Population	Percentage of the world	Date	Source (official or from the United Nations)	Notes
–	World		7,933,947,000	100%	3 Mar 2022	UN projection[1]	
1	China	Asia	1,412,600,000	17.8%	31 Dec 2021	National annual estimate[2]	The population figure refers to mainland China, excluding its special administrative regions of Hong Kong and Macau, the former of which returned to Chinese sovereignty on 1 July 1997 and the latter on 20 December 1999.
2	India	Asia	1,388,718,308	17.5%	3 Mar 2022	National population clock[3]	The figure includes the population of Jammu and Kashmir.
3	United States	Americas	333,321,543	4.20%	3 Mar 2022	National population clock[4]	The figure includes the 50 states and the District of Columbia, but excludes the territories of the United States.
4	Indonesia[b]	Asia	271,350,000	3.42%	31 Dec 2020	National annual estimate[5]	
5	Pakistan	Asia	225,200,000	2.84%	1 Jul 2021	UN projection[1]	The figure excludes the population of Pakistan-administered Kashmir.
6	Brazil	Americas	214,425,813	2.70%	3 Mar 2022	National population clock[6]	
7	Nigeria	Africa	211,401,000	2.66%	1 Jul 2021	UN projection[1]	
8	Bangladesh	Asia	172,310,120	2.17%	3 Mar 2022	National population clock[7]	
9	Russia[b]	Europe	145,478,097	1.83%	1 Jan 2022	National annual estimate[8]	It includes the Republic of Crimea and Sevastopol, Russia's disputed administrative areas on the Crimean Peninsula. The Ukrainian government and most of the world's other states consider the Crimean Peninsula *de jure* a part of Ukraine's territory.
10	Mexico	Americas	126,014,024	1.59%	2 Mar 2020	2020 census result[9]	

두 개의 테이블 노드셋이 추출되었다. 개발자 도구의 요소탐색기를 이용하여 HTML 코드를 확인해 보면 이 가운데 인구 데이터가 포함된 테이블은 첫 번째 노드셋이다. 다음과 같이 `html_table()` 함수를 이용하여 첫 번째 테이블을 추출한다.[19]

```
> read_html(url) %>%
+   html_table() %>%
+   .[[1]]
# A tibble: 242 x 8
   Rank  `Country / Dep~` Region Population `Percentage of~` Date   `Source (offic~`  Notes
   <chr> <chr>            <chr>  <chr>      <chr>            <chr>  <chr>             <chr>
 1 -     World            ""     7,933,947~ 100%             3 Ma~  UN projection[1]  ""
 2 1     China            "Asia" 1,412,600~ 17.8%            31 D~  National annual~  "The~
 3 2     India            "Asia" 1,388,718~ 17.5%            3 Ma~  National popula~  "The~
…(중략)
```

19 여기에서는 `html_table()` 함수를 이용하여 테이블 데이터를 추출하는 동안 'invalid multibyte string…' 에러가 발생할 수 있다. 만일 이와 같은 에러가 발생하면 로케일을 북미 표준(`Sys.setlocale("LC_ALL", "English")`)으로 변경한 후 다시 수행한다. 작업 수행을 완료한 후에는 다시 원래의 로케일로 변경한다(`Sys.setlocale()`).

```
 8 7     Nigeria        "Afri~ 211,401,0~ 2.66%         1 Ju~ UN projection[1] ""
 9 8     Bangladesh     "Asia" 172,310,1~ 2.17%         3 Ma~ National popula~ ""
10 9     Russia[b]      "Euro~ 145,478,0~ 1.83%         1 Ja~ National annual~ "It ~
# ... with 232 more rows
```

국가별 인구 데이터 테이블이 데이터프레임(티블) 형식으로 추출되었다. 다음과 같이 몇 가지 전처리 작업을 수행한다.

```
> library(lubridate)
> wiki.pop <- read_html(url) %>%
+   html_table() %>%
+   .[[1]] %>%
+   rename_with(.fn=function(x) c("rank", "country", "region", "population",
+                                 "percent", "date", "source", "notes")) %>%
+   mutate(rank=parse_number(rank),
+          country=str_replace_all(country, "\\[.*\\]", ""),
+          region=str_replace_all(region, "\\[.*\\]", ""),
+          population=parse_number(population),
+          percent=parse_number(percent),
+          date=dmy(date))
```

우선 기존의 열 이름을 분석의 편의를 위해 새로 부여한다(rename_with()). 그리고 순위(rank), 인구(population), 세계인구 대비 비율(percent)을 나타내는 열은 parse_number() 함수를 이용하여 모두 숫자 형식으로 변환한다. 국가명(country)이나 지역명(region)에 포함되어 있는 주석 표시(예를 들면, [b])는 정규표현식을 이용하여 제거한다. 또한 날짜(date) 열은 lubridate 패키지의 dmy() 함수를 이용하여 날짜 형식으로 변환한다. 전처리가 완료된 세계인구 데이터는 다음과 같다.

```
> wiki.pop
# A tibble: 242 x 8
    rank country    region    population percent date       source           notes
   <dbl> <chr>      <chr>          <dbl>   <dbl> <date>     <chr>            <chr>
 1    NA World      ""        7933947000  100    2022-03-03 UN projection~   ""
 2     1 China      "Asia"    1412600000   17.8  2021-12-31 National annu~   "The~
 3     2 India      "Asia"    1388718308   17.5  2022-03-03 National popu~   "The~
…(중략)
 8     7 Nigeria    "Africa"   211401000    2.66 2021-07-01 UN projection~   ""
 9     8 Bangladesh "Asia"     172310120    2.17 2022-03-03 National popu~   ""
10     9 Russia     "Europe"   145478097    1.83 2022-01-01 National annu~   "It ~
# ... with 232 more rows
```

수집한 데이터셋을 이용하여 간단한 탐색적 분석과 시각화를 수행해보자. 다음과 같이 세계인구의 요약 통계량을 구해볼 수 있다.[20] 추출한 테이블의 첫 번째 행은 총인구이므로 계산에서 제외한다.

```
> wiki.pop <- slice(wiki.pop, -1)
> options(scipen=999)
> summary(wiki.pop$population)
    Min.   1st Qu.    Median      Mean   3rd Qu.       Max.
      40    301295   5227193  32340758  19678363 1412600000
> options(scipen=0)
```

전 세계의 국가별 인구 분포와 인구 규모 상위 20개 국가의 인구를 그래프로 표현해보자. [그림 5-16]의 왼쪽 그래프는 전 세계의 국가별 인구 분포이며 오른쪽 그래프는 상위 20개 국가의 인구 분포이다. 1억 명이 넘는 인구를 보유한 국가는 오렌지색으로 나타냈다. 여기에서는 patchwork 패키지를 사용하여 두 개의 그래프를 하나의 창에 나타냈다.

▶ 그림 5-16 ▌ 세계인구. 왼쪽은 전 세계의 국가별 인구 분포이며 오른쪽은 상위 20개 국가의 인구 분포이다. 상위 20개 국가 가운데 14개는 1억 명 이상의 인구를 보유하고 있다.

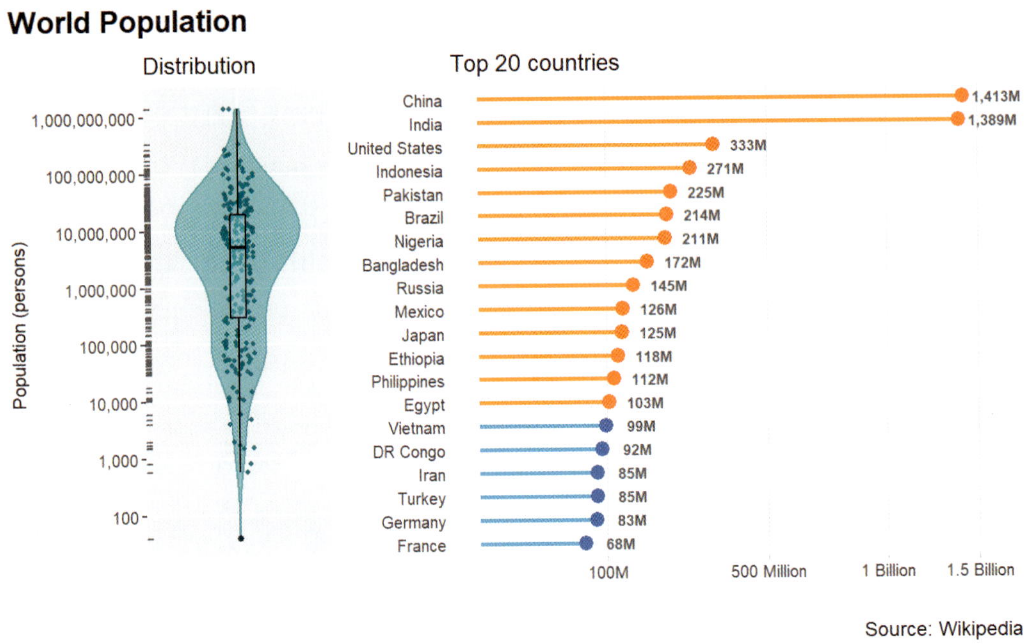

20 여기에서 options(scipen=999)는 숫자 표기 방식을 지수 형식으로 표현하는 과학적 표기법(scientific notation)을 일반적인 십진수 표기법으로 바꿔주는 역할을 한다. options(scipen=0)을 지정하면 원래의 기본 설정 상태로 돌아온다.

```
> p1 <- ggplot(wiki.pop, aes(x="", y=population)) +
+   geom_violin(fill="darkslategray3", alpha=0.7, color="darkslategray3", width=0.8) +
+   geom_jitter(color="turquoise4", alpha=0.7, height=0, width=0.1, size=1) +
+   geom_boxplot(width=0.1, color="black", fill="darkslategray1", alpha=0.5) +
+   geom_rug(sides="l", color="dimgray") +
+   scale_y_log10(breaks=c(10, 100, 1000, 10000, 100000, 1000000,
+                          10000000, 100000000, 1000000000),
+                 labels=c("10", "100", "1,000", "10,000", "100,000", "1,000,000",
+                          "10,000,000", "100,000,000", "1,000,000,000")) +
+   labs(x=NULL, y="Population (persons)",
+        title="Distribution") +
+   theme_gray() +
+   theme(plot.title=element_text(size=14),
+         axis.text=element_text(size=10),
+         panel.grid.minor=element_blank(),
+         axis.title.x=element_blank(),
+         axis.ticks.x=element_blank())
> wiki.pop20 <- slice_max(wiki.pop, order_by=population, n=20)
> p2 <- ggplot(wiki.pop20, aes(x=reorder(country, population), y=population)) +
+   geom_segment(aes(x=reorder(country, population),
+                    xend=reorder(country, population),
+                    y=0, yend=population),
+                color=ifelse(wiki.pop20$population > 100000000, "orange", "skyblue"),
+                size=1.2) +
+   geom_point(color=ifelse(wiki.pop20$population > 100000000, "darkorange",
+                           "cornflowerblue"), size=4) +
+   geom_text(aes(label=str_c(format(round(population/1000000), big.mark=","), "M")),
+             size=3, fontface="bold", color="dimgray", hjust=-0.2) +
+   scale_y_sqrt(breaks=c(100000000, 500000000, 1000000000, 1500000000),
+                labels=c("100M", "500 Million", "1 Billion", "1.5 Billion"),
+                limits=c(0, 1600000000)) +
+   coord_flip() +
+   labs(x=NULL, y="",
+        title="Top 20 countries") +
+   theme_light() +
+   theme(plot.title=element_text(size=14),
+         axis.text=element_text(size=10),
+         panel.grid.major.y=element_blank(),
+         panel.grid.minor=element_blank(),
```

```
+         panel.border=element_blank(),
+         axis.ticks.y=element_blank())
> windows(width=9.0, height=5.5)
> library(patchwork)
> p1 + p2 +
+   plot_annotation(title="World Population",
+                   caption="Source: Wikipedia",
+                   theme=theme(plot.title=element_text(face="bold", size=18),
+                               plot.caption=element_text(size=12))) +
+   plot_layout(widths=c(1, 3))
```

전 국가의 인구 규모 분포를 지도상에 표현해보자. 지도상에 국가의 인구 데이터를 표시하기 위해서는 각 국가의 지리적 위치 정보를 제공하는 세계지도 데이터가 필요하다. 여기에서는 rnaturalearth 패키지의 지도 데이터를 이용한다.[21] 다음과 같이 ne_countries() 함수를 이용하여 지도 데이터를 불러올 수 있다. 지도 데이터는 sp 클래스의 객체 또는 sf 클래스의 객체로 반환된다.[22] name 열과 geometry 열은 각각 국가명과 지리 정보를 나타낸다. 반환된 데이터셋에는 241개 국가의 지리 정보가 포함되어 있다.

```
> library(rnaturalearth)
> map.data <- ne_countries(scale="medium", returnclass="sf")
> class(map.data)
[1] "sf"         "data.frame"
> head(map.data[c("name", "geometry")])
Simple feature collection with 6 features and 1 field
Geometry type: MULTIPOLYGON
Dimension:     XY
Bounding box:  xmin: -70.06611 ymin: -18.01973 xmax: 74.89131 ymax: 60.40581
CRS:           +proj=longlat +datum=WGS84 +no_defs +ellps=WGS84 +towgs84=0,0,0
         name                       geometry
0       Aruba  MULTIPOLYGON (((-69.89912 1...
1 Afghanistan  MULTIPOLYGON (((74.89131 37...
2      Angola  MULTIPOLYGON (((14.19082 -5...
```

21 rnaturalearth 패키지는 Natural Earth(https://www.naturalearthdata.com)의 세계지도 데이터를 제공한다.

22 sp 클래스와 sf 클래스는 모두 지리 정보를 표현하는 방식을 의미하며 각각 'Spatial*'과 'Simple Features' 표준을 구현한다. sf 클래스의 객체는 데이터프레임 형식으로 제공되기 때문에 데이터프레임 형식의 다른 데이터셋이나 데이터프레임 형식을 필요로 하는 다른 함수와 연동하여 작업하기 편리하다. sp 클래스의 객체는 st_as_sf() 함수를 이용하여 sf 클래스로 변환할 수 있다.

```
3    Anguilla   MULTIPOLYGON (((-63.00122 1...
4     Albania   MULTIPOLYGON (((20.06396 42...
5       Aland   MULTIPOLYGON (((20.61133 60...
> nrow(map.data)
[1] 241
```

세계지도상에 지금 수집한 국가별 인구 데이터를 표시하려면 먼저 수집한 인구 데이터셋에 포함된 국가명과 지도 데이터셋의 국가명이 서로 일치하는지 확인할 필요가 있다. 인구 데이터셋에는 포함되어 있으나 지도 데이터셋에는 포함되지 않은 국가명과 그 반대로 지도 데이터셋에는 포함되어 있으나 인구 데이터셋에는 포함되지 않은 국가명은 다음과 같이 확인해볼 수 있다.

```
> sort(setdiff(wiki.pop$country, map.data$name))
 [1] "Abkhazia"
 [2] "Åland Islands (Finland)"
 [3] "American Samoa (United States)"
…(중략)
[64] "Vatican City"
[65] "Wallis and Futuna (France)"
[66] "Western Sahara"
> sort(setdiff(map.data$name, wiki.pop$country))
 [1] "Aland"                  "American Samoa"
 [3] "Anguilla"               "Antarctica"
 [5] "Antigua and Barb."      "Aruba"
…(중략)
[61] "Timor-Leste"            "Turks and Caicos Is."
[63] "U.S. Virgin Is."        "Vatican"
[65] "W. Sahara"              "Wallis and Futuna Is."
```

데이터셋에 포함된 국가 자체가 달라서 이러한 불일치가 발생할 수도 있지만 국가명 불일치는 대부분 표기 방법의 차이로 인해 발생한다. 예를 들어, 인구 데이터셋에는 Vatican City로 표기되어 있으나 지도 데이터셋에는 Vatican으로 표기되어 있다. 국가명 표기 방법과 관계없이 국가코드는 동일하다는 점에 착안하여 여기에서는 국가명을 ISO 국가코드로 변환한 후 이를 바탕으로 지도 데이터셋과 인구 데이터셋을 결합한다.

국가명과 국가코드 간 변환 작업은 countrycode 패키지의 countrycode() 함수를 이용하면 편리하다. countrycode() 함수의 첫 번째 인수에 국가명 또는 국가코드를 지정하고 origin 인수와 destination 인수에 각각 변환 전후의 코드 체계를 지정한다. 예를 들어, 다음과 같이 국가명으로부터 대응되는 국가코드를 찾을 수 있고, 그 반대로 국가코드로부터 대응되는 국가명을 확인할 수 있다. 국가명의 일부만으로도 코드체계에 등록된 국가명을 탐색할 수 있기 때문에 국가명이 부분적으로 일치할 경우에도 완벽하진 않지만 대응되는 국가코드의 식별이 가능하다.

```
> library(countrycode)
> countrycode("Korea", origin="country.name", destination="iso3c")
[1] "KOR"
> countrycode("KOR", origin="iso3c", destination="country.name")
[1] "South Korea"
```

지도 데이터셋에는 이미 국가코드가 포함되어 있으므로 인구 데이터셋에 대해서 국가명에 대응되는 국가코드를 찾아보자. countrycode 패키지를 이용하여 국가명으로부터 국가코드를 보다 효과적으로 탐색하기 위해서는 국가명이 가능한 올바르게 표현되어 있어야 한다. 그런데 현재 수집한 인구 데이터셋에는 국가뿐만 아니라 영국령, 프랑스령, 스페인령처럼 본토에 있지 않으면서 해당 국가의 지배권에 속한 지역도 포함하고 있다. 이들 지역의 경우 다음과 같이 괄호 안에 지배국이 표시된다. 이런 명칭을 국가명으로 사용하여 국가코드를 탐색하면 괄호 안에 포함된 또 다른 국가명으로 인해 대응되는 국가코드의 식별이 어려워질 수 있다.

```
> tail(wiki.pop$country, 3)
[1] "Vatican City"                        "Cocos (Keeling) Islands (Australia)"
[3] "Pitcairn Islands (United Kingdom)"
> countrycode(tail(wiki.pop$country, 3), origin="country.name", destination="iso3c")
[1] "VAT" NA    NA
```

따라서 국가코드의 효과적 탐색을 위하여 먼저 국가명 내의 괄호항을 없애는 전처리 작업을 수행한다. 다음과 같이 정규표현식을 이용하여 국가명 내에 포함된 괄호와 그 안의 내용을 제거한다. 전처리된 국가명은 앞서와 달리 국가코드를 성공적으로 식별한다.

```
> wiki.pop$country2 <- wiki.pop$country %>%
+   str_replace_all("\\(.*?\\)", "") %>%
+   str_replace_all("\\s{2,}", " ") %>%
+   str_trim
> tail(wiki.pop$country2, 3)
[1] "Vatican City"      "Cocos Islands"      "Pitcairn Islands"
> countrycode(tail(wiki.pop$country2, 3), origin="country.name", destination="iso3c")
[1] "VAT"  "CCK"  "PCN"
```

이제 전처리된 국가명을 이용하여 다음과 같이 국가코드를 식별하여 별도의 열에 저장한다. Micronesia와 Saint Martin의 경우 국가코드가 존재하지만 countrycode() 함수가 국가명을 매칭하지 못하여 국가코드를 식별하지 못한다. 따라서 여기에서는 custom_match 인수를 이용하여 국가코드를 강제로 할당한다.[23]

```
> wiki.pop$iso3c <- countrycode(wiki.pop$country2,
+                              origin="country.name", destination="iso3c",
+                              custom_match=c("Micronesia"="FSM", "Saint Martin"="MAF"))
> wiki.pop
# A tibble: 241 x 10
    rank country      region  population percent date       source  notes  country2  iso3c
   <dbl> <chr>        <chr>        <dbl>   <dbl> <date>     <chr>   <chr>  <chr>     <chr>
 1     1 China        Asia    1412600000   17.8  2021-12-31 Natio~  "The~  China     CHN
 2     2 India        Asia    1388718308   17.5  2022-03-03 Natio~  "The~  India     IND
 3     3 United St~   Ameri~   333321543    4.2  2022-03-03 Natio~  "The~  United ~  USA
…(중략)
 8     8 Bangladesh   Asia     172310120    2.17 2022-03-03 Natio~  ""     Banglad~  BGD
 9     9 Russia       Europe   145478097    1.83 2022-01-01 Natio~  "It ~  Russia    RUS
10    10 Mexico       Ameri~   126014024    1.59 2020-03-02 2020 ~  ""     Mexico    MEX
# ... with 231 more rows
```

이제 인구 데이터셋에도 국가코드가 포함되었으므로 두 데이터셋을 비교해보자. 인구 데이터셋에는 포함되어 있으나 지도 데이터셋에는 포함되지 않은 국가와 그 반대로 지도 데이터셋에는 포함되어 있으나 인구 데이터셋에는 포함되지 않은 국가를 다음과 같이 국가코드를 바탕으로 확인해볼 수 있다.

```
> countrycode(setdiff(wiki.pop$iso3c, map.data$iso_a3),
+             origin="iso3c", destination="country.name")
[1] "Gibraltar"                 "Tuvalu"                    "Christmas Island"
[4] "Tokelau"                   "Cocos (Keeling) Islands"
> countrycode(setdiff(map.data$iso_a3, wiki.pop$iso3c),
+             origin="iso3c", destination="country.name")
[1] "Antarctica"                               "French Southern Territories"
[3] "Heard & McDonald Islands"                 "British Indian Ocean Territory"
[5] "South Georgia & South Sandwich Islands"
```

23 물론 처음부터 알고 이렇게 코딩한 것은 아니며 custom_match 인수 지정 없이 코드를 실행하고 함수로부터 반환된 내용을 파악한 후 사후적으로 코드를 수정한 것이다. countrycode() 함수의 실행 후 Warning message에 나타난 국가는 독립적인 국가코드를 식별하지 못한 나라이다.

불일치한 국가 가운데 동일한 국가라고 볼만한 나라는 없다. 단순히 국가명 표기 방법의 불일치로 인해 누락된 국가가 더 이상 존재하지 않으므로 이제 이 두 데이터셋을 국가코드를 바탕으로 결합할 수 있다. 세계지도 위에 인구 데이터를 표시해야 하기 때문에 다음과 같이 지도 데이터셋을 기준으로 지도 데이터와 인구 데이터를 결합한다.

```
> map.data <- left_join(map.data, wiki.pop, by=c("iso_a3"="iso3c"),
+                       keep=TRUE, na_matches="never")
> head(map.data[c("name", "geometry", "population")])
Simple feature collection with 6 features and 2 fields
Geometry type: MULTIPOLYGON
Dimension:     XY
Bounding box:  xmin: -70.06611 ymin: -18.01973 xmax: 74.89131 ymax: 60.40581
CRS:           +proj=longlat +datum=WGS84 +no_defs +ellps=WGS84 +towgs84=0,0,0
         name                       geometry population
1       Aruba MULTIPOLYGON (((-69.89912 1...     111050
2 Afghanistan MULTIPOLYGON (((74.89131 37...   32890171
3      Angola MULTIPOLYGON (((14.19082 -5...   32097671
4    Anguilla MULTIPOLYGON (((-63.00122 1...      15000
5     Albania MULTIPOLYGON (((20.06396 42...    2829741
6       Aland MULTIPOLYGON (((20.61133 60...      30344
```

데이터셋에 포함된 위치와 인구 데이터를 이용하여 다음과 같이 그래프를 생성할 수 있다. 생성된 그래프는 [그림 5-17]과 같다.

```
> windows(width=7.0, height=4.0)
> mybreaks <- c(50000000, 100000000, 500000000, 1000000000)
> mylabels <- c("50M", "100M", "500 Million", "1 Billion")
> ggplot(map.data) +
+   geom_sf(aes(fill=population), color="dimgray") +
+   coord_sf(xlim=c(-180, 180), ylim=c(-60, 90), expand=FALSE) +
+   scale_fill_viridis_c(option="plasma", trans="sqrt",
+                        breaks=mybreaks, labels=mylabels) +
+   labs(title="World Population",
+        subtitle="Worldwide",
+        caption="Source: Wikipedia") +
+   theme_void() +
+   guides(color=guide_legend(),
+          fill=guide_colorbar(barwidth=20, barheight=0.7)) +
```

▶ 그림 5-17 ▌ **세계인구.** 지역별 인구 분포를 확인할 수 있다. 가장 밝은 색으로 표시된 두 국가는 인구가 10억 명을 초과하는 중국과 인도이다.

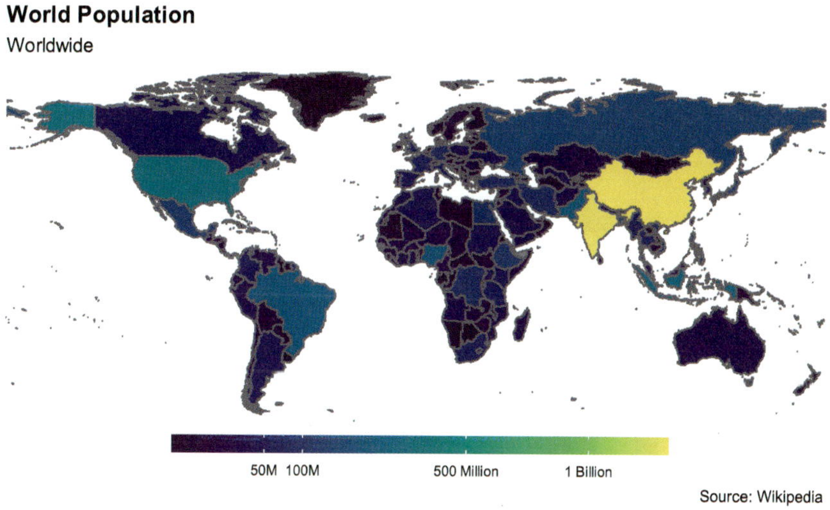


```
+    theme(plot.title=element_text(face="bold"),
+          legend.position="bottom",
+          legend.title=element_blank(),
+          legend.text=element_text(size=8))
```

geom_sf() 함수는 sf 클래스의 객체에 포함된 지리 정보를 바탕으로 지도를 생성한다. 인구 크기에 비례하여 각 국가를 나타내는 영역에 그러데이션 색상이 채워진다(aes(fill=population)). 여기에서는 Viridis의 색상 팔레트를 사용하였으며 인구가 많을수록 밝은 색상으로 표현된다(scale_fill_viridis_c()). coord_sf() 함수를 이용하여 표시할 지도의 범위를 결정할 수 있다. 여기에서는 남극 지역을 지도 표시 영역에서 제외하였다(xlim=c(-180, 180), ylim=c(-60, 90)). 지정된 영역은 데이터와 축이 겹치면 자동으로 조정될 수 있기 때문에 지정된 범위 그대로 표현되도록 자동 조정 기능을 비활성화한다(expand=FALSE).

동남아시아 지역만을 확대해보자. 지도를 확대하면서 이번에는 지도상에 국가명도 함께 표기한다. 국가명을 지도상에 나타내기 위해서는 국가명이 표시될 위치, 즉 경도와 위도를 알아야 한다. sf 패키지를 이용하여 sf 클래스의 객체에 저장된 지리 정보로부터 각 국가의 중심점 위치를 계산한다. 구체적으로 st_centroid() 함수는 sf 객체로부터 경도와 위도로 표현된 중심점을 산출한다. st_coordinates() 함수는 좌표를 행렬 형태로 반환한다.[24]

```
> library(sf)
> country.coord <- st_coordinates(st_centroid(st_make_valid(map.data$geometry)))
> head(country.coord)
          X         Y
1 -69.98266  12.52088
2  65.92600  33.81876
3  17.53178 -12.27061
4 -63.06500  18.22397
5  20.05185  41.13487
6  19.95355  60.21487
```

계산된 각 국가의 중심점 좌표를 다음과 같이 지도 데이터와 결합한다.

```
> map.data <- cbind(map.data, country.coord)
> head(map.data[c("name", "geometry", "population", "X", "Y")])
Simple feature collection with 6 features and 4 fields
Geometry type: MULTIPOLYGON
Dimension:     XY
Bounding box:  xmin: -70.06611 ymin: -18.01973 xmax: 74.89131 ymax: 60.40581
CRS:           +proj=longlat +datum=WGS84 +no_defs +ellps=WGS84 +towgs84=0,0,0
         name                       geometry population         X         Y
1       Aruba MULTIPOLYGON (((-69.89912 1...     111050 -69.98266  12.52088
2 Afghanistan MULTIPOLYGON (((74.89131 37...   32890171  65.92600  33.81876
3      Angola MULTIPOLYGON (((14.19082 -5...   32097671  17.53178 -12.27061
4    Anguilla MULTIPOLYGON (((-63.00122 1...      15000 -63.06500  18.22397
5     Albania MULTIPOLYGON (((20.06396 42...    2829741  20.05185  41.13487
6       Aland MULTIPOLYGON (((20.61133 60...      30344  19.95355  60.21487
```

이제 다음과 같이 동남아시아 지역이 확대된 지도를 출력할 수 있다. 생성된 그래프는 [그림 5-18]과 같다.

24 지리 정보가 유효하지 않은 형태로 저장된 경우가 있다. sf 클래스 객체의 지리 정보는 멀티폴리곤(multipolygon) 형태로 저장된다. 즉 좌표들을 모두 연결하면 하나의 폐쇄된 영역을 만들 수 있다. 이러한 원칙을 위배하면 유효하지 않은 좌표가 된다(예를 들면, 다른 영역을 가로지르는 좌표). 이런 경우 중심점을 계산하면 에러가 발생한다. 유효하지 않은 좌표가 포함된 경우를 대비하여 st_make_valid() 함수로 먼저 유효한 데이터로 만든 후 중심점을 계산한다. 유효한 데이터인지 여부는 st_is_valid() 함수를 이용하여 확인할 수 있다.

▶ 그림 5-18 ▌ 세계인구. 동남아시아 지역에서는 인도네시아의 인구가 다른 국가에 비해 많다.

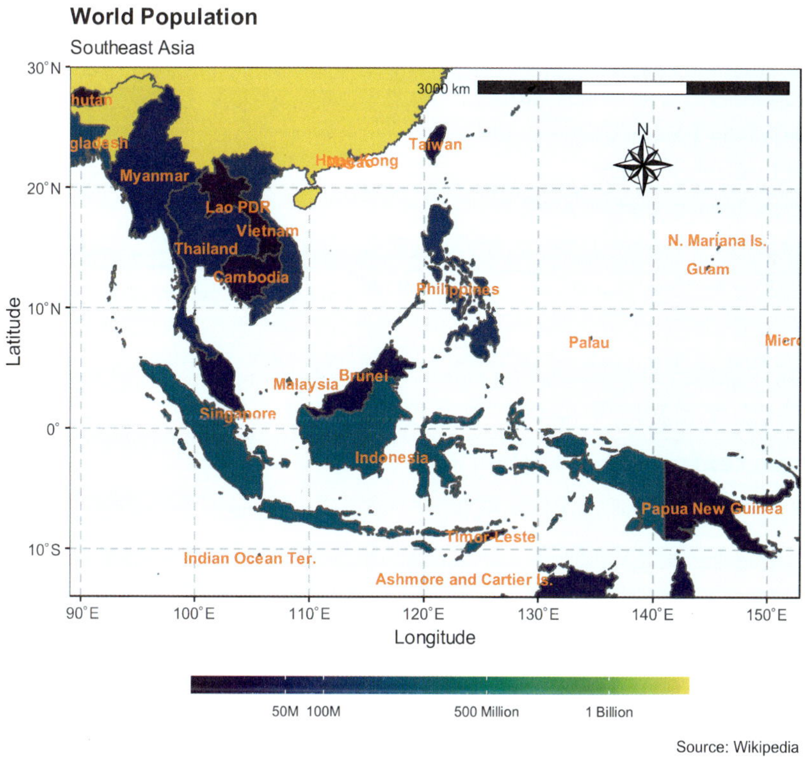


```
> windows(width=7.0, height=6.0)
> mybreaks <- c(50000000, 100000000, 500000000, 1000000000)
> mylabels <- c("50M", "100M", "500 Million", "1 Billion")
> library(ggspatial)
> ggplot(map.data) +
+   geom_sf(aes(fill=population), color="dimgray") +
+   annotation_scale(location="tr", width_hint=0.5) +
+   annotation_north_arrow(location="tr", pad_x=unit(2.5, "cm"), pad_y=unit(1.0, "cm"),
+                          style=north_arrow_nautical) +
+   coord_sf(xlim=c(89, 153), ylim=c(-14, 30), expand=FALSE) +
+   geom_text(aes(x=X, y=Y, label=name), color="darkorange",
+             size=3, fontface="bold") +
+   scale_fill_viridis_c(option="viridis", trans="sqrt",
+                        breaks=mybreaks, labels=mylabels) +
+   labs(title="World Population",
+        subtitle="Southeast Asia",
+        caption="Source: Wikipedia",
+        x="Longitude", y="Latitude") +
```

```
+   theme_bw() +
+   guides(color=guide_legend(),
+          fill=guide_colorbar(barwidth=20, barheight=0.7)) +
+   theme(plot.title=element_text(face="bold"),
+         legend.position="bottom",
+         legend.title=element_blank(),
+         legend.text=element_text(size=8),
+         panel.grid.major=element_line(color="gray70", linetype="dashed", size=0.5),
+         panel.background=element_rect(fill="aliceblue"))
```

coord_sf() 함수를 이용하여 지도의 표시 범위를 지정함으로써 관심 있는 지역만을 줌인(zoom-in)할 수 있다. 여기에서는 지도의 범위를 동남아시아 지역으로 한정하였다(coord_sf(xlim=c(89, 153), ylim=c(-14, 30), expand=FALSE)). geom_text() 함수를 이용하여 국가명을 각 국가의 중심점 위치에 출력한다. 또한 여기에서는 ggspatial 패키지의 annotation_scale() 함수와 annotation_north_arrow() 함수를 이용하여 지도 우상단에 스케일바(scale bar)와 북쪽을 가리키는 화살표를 추가하였다.

올림픽 메달 @위키피디아

2016년 브라질 올림픽에서 각 국가가 획득한 메달 개수를 집계해보자. [그림 5-19]는 위키피디아에 테이블 형태로 게시된 국가별 메달 개수 데이터이다. 이 테이블로부터 국가별로 금메달, 은메달, 동메달 획득 데이터를 수집한다.

먼저 다음과 같이 HTML 문서를 읽어들인 후 그로부터 <table> 노드를 추출해본다.

```
> library(tidyverse)
> library(rvest)
> url <- "https://en.wikipedia.org/wiki/2016_Summer_Olympics_medal_table"
> read_html(url) %>%
+   html_elements("table")
{xml_nodeset (7)}
[1] <table class="infobox vevent"><tbody>\n<tr><th colspan="2" class="infobox-above ...
[2] <table class="sidebar sidebar-collapse nomobile nowraplinks multi-sport-event-s ...
[3] <table class="wikitable sortable plainrowheaders jquery-tablesorter" style="tex ...
[4] <table class="wikitable" style="text-align:center; font-size:85%;"><tbody>\n<tr ...
[5] <table class="nowraplinks hlist mw-collapsible autocollapse navbox-inner" style ...
[6] <table class="nowraplinks hlist mw-collapsible autocollapse navbox-inner" style ...
[7] <table class="nowraplinks mw-collapsible autocollapse navbox-inner" style="bord ...
```

그림 5-19 ▎올림픽 메달. 위키피디아 웹사이트로부터 2016년 브라질 올림픽에서의 국가별 메달 획득 데이터를 수집한다.

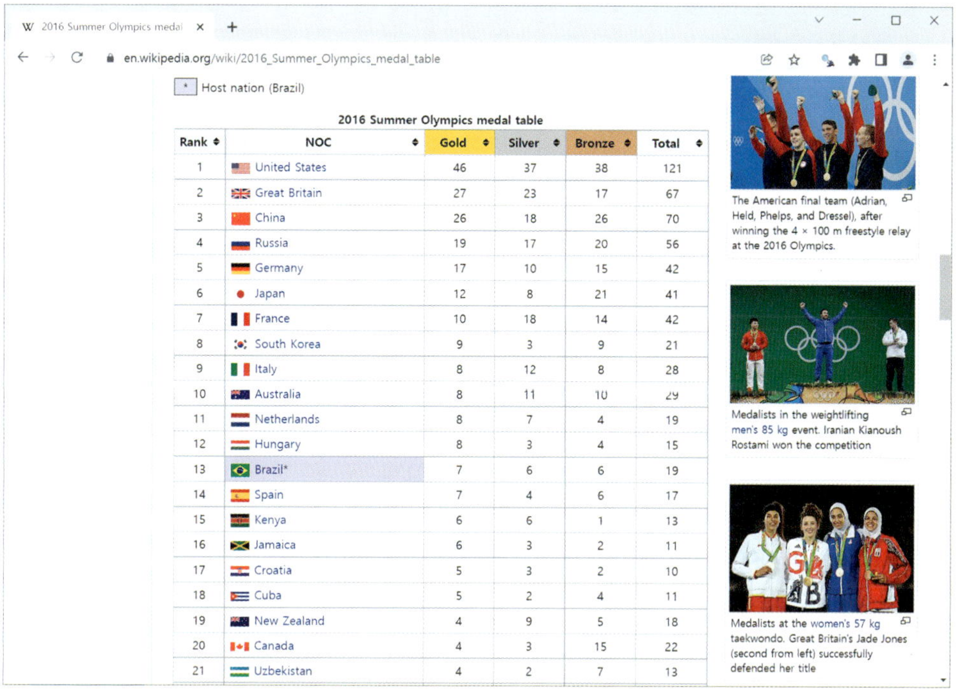

W 2016 Summer Olympics medal

en.wikipedia.org/wiki/2016_Summer_Olympics_medal_table

* Host nation (Brazil)

2016 Summer Olympics medal table

Rank	NOC	Gold	Silver	Bronze	Total
1	United States	46	37	38	121
2	Great Britain	27	23	17	67
3	China	26	18	26	70
4	Russia	19	17	20	56
5	Germany	17	10	15	42
6	Japan	12	8	21	41
7	France	10	18	14	42
8	South Korea	9	3	9	21
9	Italy	8	12	8	28
10	Australia	8	11	10	29
11	Netherlands	8	7	4	19
12	Hungary	8	3	4	15
13	Brazil*	7	6	6	19
14	Spain	7	4	6	17
15	Kenya	6	6	1	13
16	Jamaica	6	3	2	11
17	Croatia	5	3	2	10
18	Cuba	5	2	4	11
19	New Zealand	4	9	5	18
20	Canada	4	3	15	22
21	Uzbekistan	4	2	7	13

The American final team (Adrian, Held, Phelps, and Dressel), after winning the 4 × 100 m freestyle relay at the 2016 Olympics.

Medalists in the weightlifting men's 85 kg event. Iranian Kianoush Rostami won the competition

Medalists at the women's 57 kg taekwondo. Great Britain's Jade Jones (second from left) successfully defended her title

모두 일곱 개의 테이블 노드셋이 추출되었다. 개발자 도구의 요소탐색기를 이용하여 HTML 코드를 확인해보면 이 가운데 국가별 메달 집계 데이터가 포함된 테이블은 세 번째 노드셋이다. 따라서 다음과 같이 html_table() 함수를 이용하여 세 번째 테이블을 추출한다.

```
> read_html(url) %>%
+   html_table() %>%
+   .[[3]]
# A tibble: 87 x 6
   Rank  NOC             Gold  Silver  Bronze  Total
   <chr> <chr>          <int>   <int>   <int>  <int>
 1 1     United States     46      37      38    121
 2 2     Great Britain     27      23      17     67
 3 3     China             26      18      26     70
…(중략)
 8 8     South Korea        9       3       9     21
 9 9     Italy              8      12       8     28
10 10    Australia          8      11      10     29
# ... with 77 more rows
```

국가별로 획득한 메달 개수가 데이터프레임(티블) 형식으로 추출되었다. 다음과 같이 몇 가지 전처리 작업을 수행한다. 우선 참가국의 메달 개수를 합계한 마지막 행을 삭제한다. 이어서 순위를 나타내는 Rank 열을 숫자 형식으로 변환한다.

```
> wiki.olympic <- read_html(url) %>%
+   html_table() %>%
+   .[[3]] %>%
+   slice(-n()) %>%
+   mutate(Rank=as.numeric(Rank))
> wiki.olympic
# A tibble: 86 x 6
    Rank NOC             Gold Silver Bronze Total
   <dbl> <chr>          <int>  <int>  <int> <int>
 1     1 United States     46     37     38   121
 2     2 Great Britain     27     23     17    67
 3     3 China             26     18     26    70
…(중략)
 8     8 South Korea        9      3      9    21
 9     9 Italy              8     12      8    28
10    10 Australia          8     11     10    29
# ... with 76 more rows
```

수집한 데이터셋을 이용하여 간단한 탐색적 분석과 시각화를 수행해보자. 다음과 같이 메달 종류별로 요약 통계량을 구해볼 수 있다.

```
> lapply(wiki.olympic[c("Gold", "Silver", "Bronze")], summary)
$Gold
   Min. 1st Qu.  Median    Mean 3rd Qu.    Max.
   0.00    0.00    1.00    3.57    3.00   46.00

$Silver
   Min. 1st Qu.  Median    Mean 3rd Qu.    Max.
   0.00    0.00    2.00    3.57    4.00   37.00

$Bronze
   Min. 1st Qu.  Median    Mean 3rd Qu.    Max.
  0.000   1.000   2.000   4.174   4.000  38.000
```

올림픽 메달 상위 10개 국가의 메달 획득 현황을 그래프로 그려보자. 이를 위해 먼저 데이터셋을 다음과 같이 롱포맷 형식으로 변환한다.

```
> wiki.olympic.long <- wiki.olympic %>%
+   pivot_longer(cols=Gold:Bronze, names_to="Medal", values_to="Count") %>%
+   mutate(Medal=factor(Medal, levels=c("Gold", "Silver", "Bronze")))
> wiki.olympic.long
# A tibble: 258 x 5
    Rank NOC           Total Medal  Count
   <dbl> <chr>         <int> <fct>  <int>
 1     1 United States   121 Gold      46
 2     1 United States   121 Silver    37
 3     1 United States   121 Bronze    38
…(중략)
 8     3 China            70 Silver    18
 9     3 China            70 Bronze    26
10     4 Russia           56 Gold      19
# ... with 248 more rows
```

tidyr 패키지의 pivot_longer() 함수를 이용하여 기존의 와이드포맷 데이터셋을 롱포맷으로 변환한다. pivot_longer() 함수는 데이터셋의 열들을 키-값 쌍으로 변환한다. 여기에서는 Rank 열, NOC 열, Total 열을 제외한 Gold, Silver, Bronze 열이 키-값 쌍으로 표현되었다. 이어서 데이터값이 금메달, 은메달, 동메달 순으로 출력될 수 있도록 Medal 변수를 팩터로 변환하고 레벨 순서를 조정한다.[25] 전처리가 완료된 데이터셋을 이용하여 다음과 같이 [그림 5-20]의 그래프를 생성할 수 있다.

25 이 작업을 수행하지 않으면 변수값의 알파벳 순으로 처리되며, 따라서 여기에서는 동메달(Bronze), 금메달(Gold), 은메달(Silver) 순으로 출력된다.

```
> windows(width=7.0, height=5.5)
> ggplot(filter(wiki.olympic.long, Rank <= 10),
+        aes(x=reorder(NOC, -Rank), y=Count, fill=Medal)) +
+   geom_bar(position=position_dodge(width=-0.9), color="gray50", stat="identity") +
+   geom_text(aes(label=Count), position=position_dodge(width=-0.9), size=3,
+             fontface="bold", color="dimgray", hjust=-0.25) +
+   coord_flip() +
+   scale_fill_manual(values=c("gold", "gray", "goldenrod4")) +
```

```
+   labs(x=NULL, y="Number of Medals",
+        title="2016 Summer Olympics",
+        subtitle="Top 10 countries",
+        caption="Source: Wikipedia") +
+   theme_light() +
+   theme(plot.title=element_text(face="bold"),
+         axis.text=element_text(face="bold"),
+         axis.line=element_line(color="gray"),
+         panel.grid=element_blank(),
+         panel.border=element_blank(),
+         legend.title=element_blank())
```

▶ 그림 5-20 ▌ **올림픽 메달.** 2016년 브라질 올림픽 상위 10개 국가의 메달 획득 현황을 볼 수 있으며 미국이 금, 은, 동메달 모두 가장 많이 획득하였다.

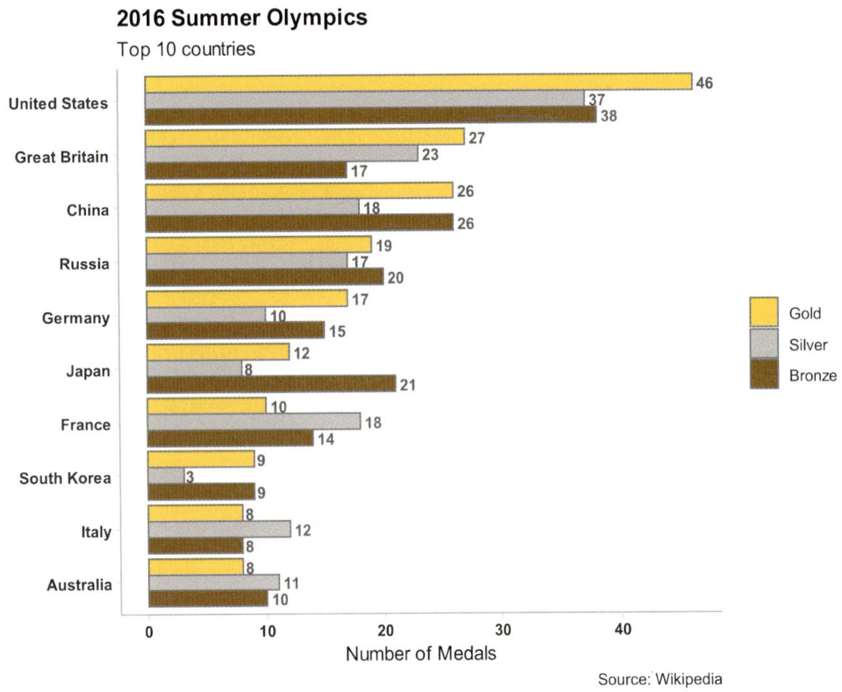

출생아수 @미국사회보장국

미국사회보장국(Social Security Administration)은 미국에서 태어나 사회보장카드를 신청한 출생아수를 연도별 성별로 집계하여 웹사이트에 공개하고 있다. [그림 5-21]과 같은 테이블로부터 연도별 성별 출생아수 데이터를 수집해보자.

다음과 같이 HTML 문서를 읽어들여 `<table>` 노드셋을 확인한 후 이로부터 데이터를 추출한다.

```
> library(tidyverse)
> library(rvest)
> url <- "https://www.ssa.gov/oact/babynames/numberUSbirths.html"
> read_html(url) %>%
+   html_elements("table")
{xml_nodeset (1)}
[1] <table class="t-stripe">\n<thead><tr>\n<th style="background-color:#eeeeee;col ...
```

그림 5-21 ▌출생아수. 미국사회보장국 웹사이트로부터 연도별 성별 출생아수 데이터를 수집한다.

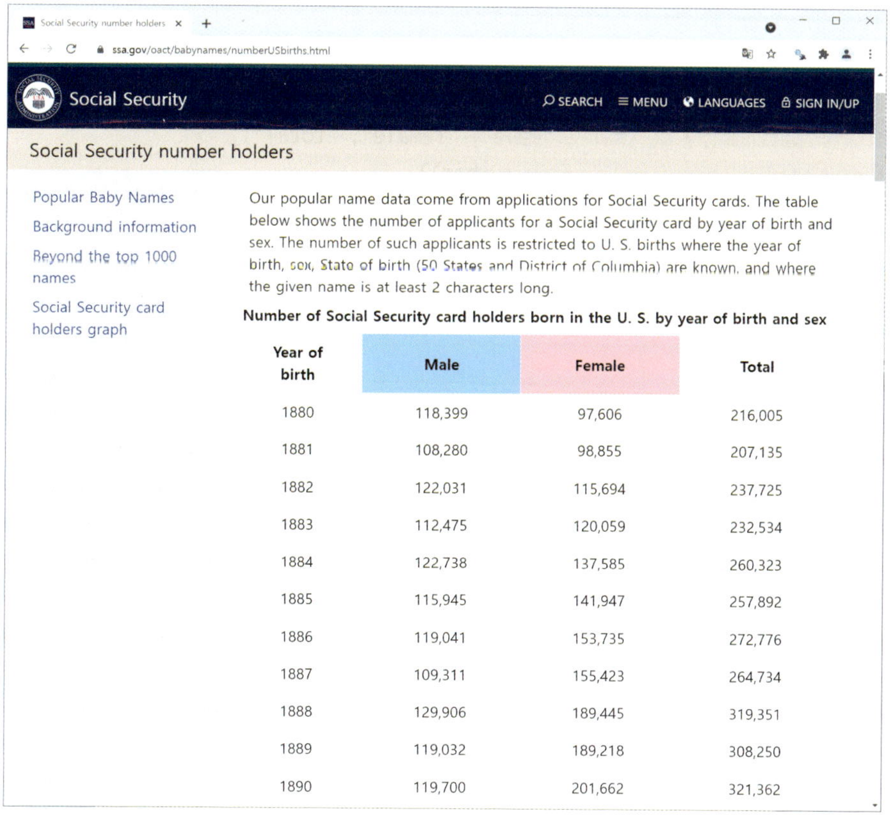

Year of birth	Male	Female	Total
1880	118,399	97,606	216,005
1881	108,280	98,855	207,135
1882	122,031	115,694	237,725
1883	112,475	120,059	232,534
1884	122,738	137,585	260,323
1885	115,945	141,947	257,892
1886	119,041	153,735	272,776
1887	109,311	155,423	264,734
1888	129,906	189,445	319,351
1889	119,032	189,218	308,250
1890	119,700	201,662	321,362

```
> read_html(url) %>%
+   html_table() %>%
+   .[[1]]
# A tibble: 141 x 4
  `Year of birth` Male    Female  Total
            <int> <chr>   <chr>   <chr>
 1           1880 118,399 97,606  216,005
 2           1881 108,280 98,855  207,135
 3           1882 122,031 115,694 237,725
…(중략)
 8           1887 109,311 155,423 264,734
 9           1888 129,906 189,445 319,351
10           1889 119,032 189,218 308,250
# ... with 131 more rows
```

추후 분석의 편의를 위해 열 이름을 변경한다. 그리고 문자 형식의 데이터를 모두 숫자 형식으로 변환한다.

```
> ssa.birth <- read_html(url) %>%
+   html_table() %>%
+   .[[1]] %>%
+   rename_with(.fn=function(x) c("year", "male", "female", "total")) %>%
+   mutate(across(where(is.character), parse_number))
> ssa.birth
# A tibble: 141 x 4
   year   male female  total
  <int>  <dbl>  <dbl>  <dbl>
 1 1880 118399  97606 216005
 2 1881 108280  98855 207135
 3 1882 122031 115694 237725
…(중략)
 8 1887 109311 155423 264734
 9 1888 129906 189445 319351
10 1889 119032 189218 308250
# ... with 131 more rows
```

연도별 성별 출생아수 데이터를 성공적으로 추출하였으므로 이제 이를 이용하여 시계열 그래프를 그려보자. 이를 통해 연도별 출생아수 변화 추이를 시각적으로 확인할 수 있다. 연도별 성별 시계열 그래프 생성을 위해 먼저 다음과 같이 데이터셋을 와이드포맷에서 롱포맷으로 변환한다.

```
> ssa.birth.long <- ssa.birth %>%
+   pivot_longer(cols=male:total, names_to="gender", values_to="number")
> ssa.birth.long
# A tibble: 423 x 3
    year gender number
   <int> <chr>   <dbl>
 1  1880 male   118399
 2  1880 female  97606
 3  1880 total  216005
…(중략)
 8  1882 female 115694
 9  1882 total  237725
10  1883 male   112475
# ... with 413 more rows
```

롱포맷으로 변환된 데이터셋을 이용하여 다음과 같이 성별로 구분된 시계열 그래프를 그릴 수 있다. 생성된 그래프는 [그림 5-22]와 같다. 출생아수는 꾸준히 증가하고 있으며 성별에 따른 출생아수의 차이는 없는 것으로 보인다.

그림 5-22 ▌출생아수. 1880년부터 현재까지 출생아수는 대체로 증가하는 추세이나 2000년대에 들어서 다소 주춤한 모양새이다. 그러나 성별에 따른 차이는 없다.

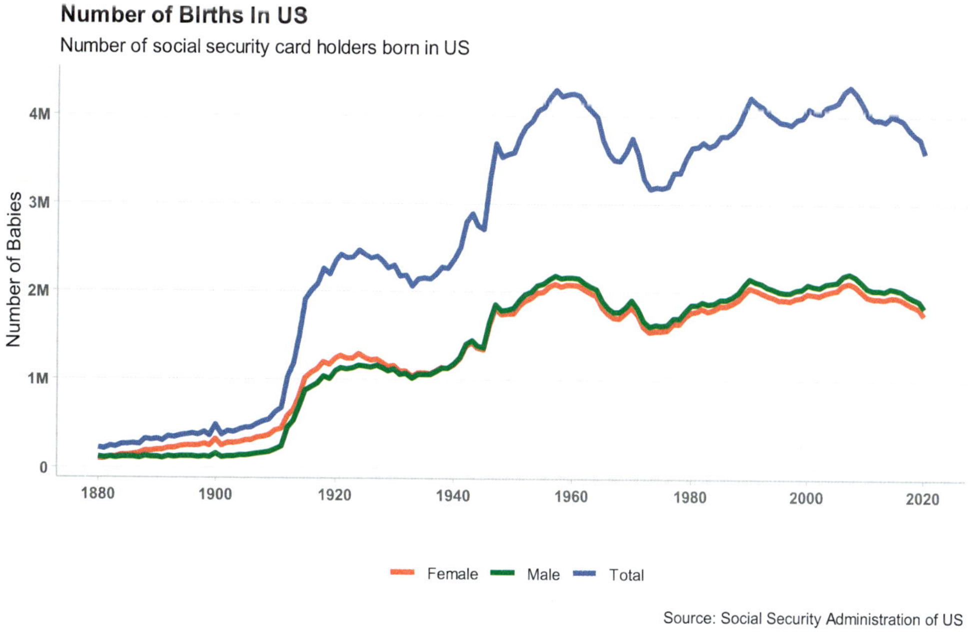

```
> windows(width=8.0, height=5.0)
> ssa.birth.plot <- ggplot(ssa.birth.long, aes(x=year, y=number, color=gender)) +
+   geom_line(size=1.5) +
+   scale_x_continuous(breaks=seq(min(ssa.birth.long$year), max(ssa.birth.long$year), 20)) +
+   scale_y_continuous(breaks=c(0, 1000000, 2000000, 3000000, 4000000),
+                      labels=c("0", "1M", "2M", "3M", "4M")) +
+   scale_color_discrete(labels=c("Female", "Male", "Total")) +
+   labs(x="", y="Number of Babies",
+        title="Number of Births in US",
+        subtitle="Number of social security card holders born in US",
+        caption="Source: Social Security Administration of US") +
+   theme_light() +
+   theme(plot.title=element_text(face="bold"),
+         axis.text=element_text(face="bold"),
+         axis.line=element_line(color="gray"),
+         panel.grid.minor=element_blank(),
+         panel.grid.major.x=element_blank(),
+         panel.border=element_blank(),
+         legend.title=element_blank(),
+         legend.position="bottom")
> ssa.birth.plot
```

그래프상에 베이비붐 세대가 태어난 시기를 강조해서 표현해보자. 베이비붐 세대는 1946년부터 1965년까지 태어난 세대를 의미하므로 해당 시기를 다음과 같이 사각형 모양으로 표시한다. 생성된 그래프는 [그림 5-23]과 같다.[26]

```
> ssa.birth.plot +
+   annotate("rect", xmin=1946, xmax=1965, ymin=0, ymax=Inf, fill="orange", alpha=0.3) +
+   annotate("segment", x=1946, xend=1965, y=0, yend=0,
+            arrow=arrow(ends="both", angle=45, length=unit(0.2,"cm"), type="open"),
+            color="dimgray", size=1) +
+   geom_text(aes(x=1955.5, y=500000, label="Baby Boom\n1946-1965"),
+             color="dimgray", fontface="bold")
```

26 그래프 생성중 annotate() 함수에서 에러가 발생할 수 있다. 텍스트마이닝 패키지인 tm 패키지를 적재하면 NLP 패키지도 함께 적재되는데, NLP 패키지에는 annotate()라는 동일한 이름을 갖는 함수가 포함되어 있다. 따라서 ggplot2 패키지보다 나중에 NLP 패키지가 적재되면 NLP 패키지의 annotate() 함수가 호출되고 이로 인해 에러가 발생한다. search() 함수를 이용하여 NLP 패키지가 탐색경로상에 ggplot2 패키지보다 앞에 있는지 확인한다. 만약 그렇다면 다음과 같이 적재된 패키지를 제거한다: detach(package:tm); detach(package:NLP). 또는 다음과 같이 패키지 이름과 함께 함수를 실행하여 ggplot2 패키지에 포함된 annotate() 함수를 호출한다: ggplot2::annotate(…).

▶ 그림 5-23 ▎**출생아수.** 1946년부터 1965년 사이 제2차 세계대전 후 출생률이 급증하였는데 이때 태어난 사람들을 베이비붐 세대라고 한다. 그래프상의 사각형 모양의 영역은 베이비붐 세대가 태어난 시기를 나타낸다.

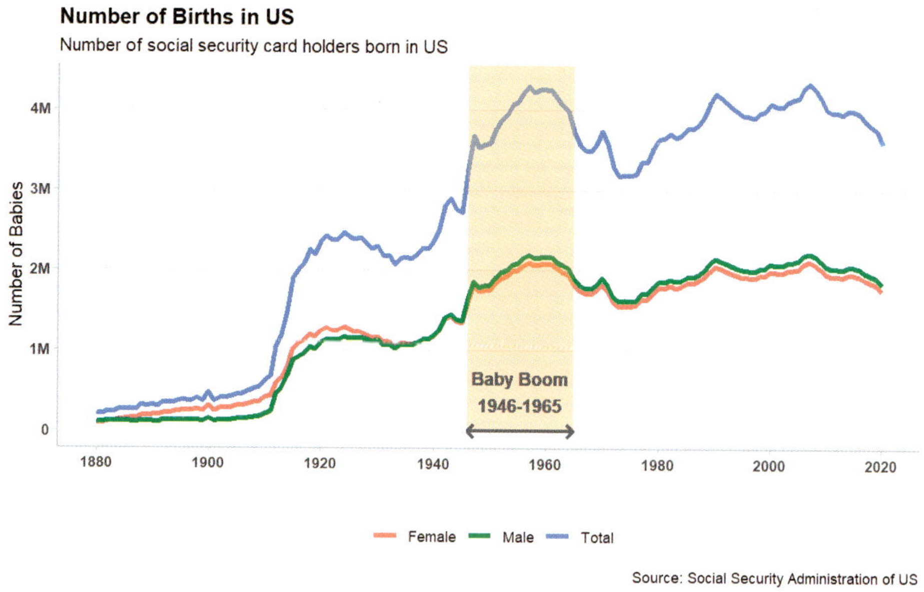

위험에 처한 세계유산 @위키피디아/UNESCO

UNESCO(United Nations Educational, Scientific and Cultural Organization)는 세계의 자연유산(natural heritage)과 문화유산(cultural heritage) 보호를 위해 다양한 국제적 활동을 수행한다. 이러한 활동의 일환으로 UNESCO는 위험에 처한 세계유산(world heritage in danger)을 신정하여 세계유산 보호에 대한 국제사회의 관심을 이끌어내고 있으며 적극적인 예방조치를 촉구하고 있다.

위키피디아에는 UNESCO가 제공하는 위험에 처한 세계유산 목록이 테이블 형태로 게시되어 있다. [그림 5-24]와 같은 테이블로부터 세계유산명, 세계유산 유형, 세계유산으로 등재된 연도, 위험유산으로 선정된 연도, 위도 및 경도 등의 데이터를 수집해보자.

먼저 HTML 문서를 읽어들인 후 `<table>` 노드셋을 추출하여 몇 번째 테이블에 데이터가 저장되어 있는지 확인한다.

```
> library(tidyverse)
> library(rvest)
> url <- "https://en.wikipedia.org/wiki/List_of_World_Heritage_in_Danger"
```

▶ 그림 5-24 ▌ **위험에 처한 세계유산.** 위키피디아 웹사이트로부터 UNESCO에서 제공하는 위험에 처한 세계유산 데이터를 수집한다.

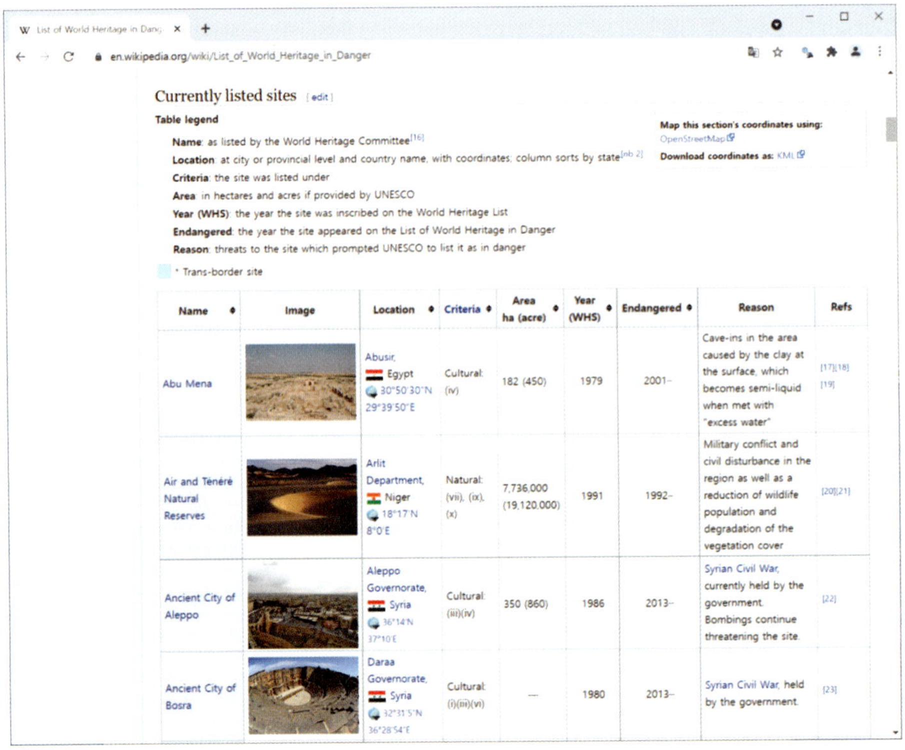


```
> read_html(url) %>%
+    html_elements("table")
{xml_nodeset (5)}
[1] <table class="noprint infobox" id="GeoGroup" style="width: 23em; font-size: 8 ...
[2] <table class="wikitable plainrowheaders sortable"><tbody>\n<tr>\n<th scope="c ...
[3] <table class="noprint infobox" id="GeoGroup" style="width: 23em; font-size: 8 ...
[4] <table class="wikitable plainrowheaders sortable"><tbody>\n<tr>\n<th scope="c ...
[5] <table class="nowraplinks hlist mw-collapsible autocollapse navbox-inner" sty ...
```

다섯 개의 테이블 노드셋이 추출되었다. 이 가운데 위험에 처한 세계유산 데이터가 포함된 테이블은 두 번째 노드셋이다. 따라서 다음과 같이 `html_table()` 함수를 이용하여 두 번째 테이블을 추출하여 데이터를 수집할 수 있다.[27]

---

27 여기에서 `html_table()` 함수를 이용하여 테이블 데이터를 추출하는 동안 'invalid multibyte string…' 에러가 발생할 수 있다. 만일 이와 같은 에러가 발생하면 로케일을 북미 표준(`Sys.setlocale("LC_ALL", "English")`)으로 변경한 후 다시 수행한다. 작업 수행을 완료한 후에는 다시 원래의 로케일로 변경한다(`Sys.setlocale()`).

```
> read_html(url) %>%
+   html_table() %>%
+   .[[2]]
# A tibble: 52 x 9
   Name    Image Location    Criteria  `Areaha (acre)` `Year (WHS)` Endangered Reason
   <chr>   <lgl> <chr>       <chr>     <chr>                  <int> <chr>      <chr>
 1 Abu M~  NA    EgyAbusir~  Cultural~ 182 (450)               1979 2001-      "Cave-~
 2 Air a~  NA    Niger1Arl~  Natural:~ 7,736,000 (19,~         1991 1992-      "Milit~
 3 Ancie~  NA    Aleppo Go~  Cultural~ 350 (860)               1986 2013-      "Syria~
…(중략)
 8 Archa~  NA    LibKhoms,~  Cultural~ -                       1982 2016-      "Libya~
 9 Archa~  NA    LibSabrat~  Cultural~ -                       1982 2016-      "Libya~
10 Ashur~  NA    IraqSalah~  Cultural~ 70 (170)                2003 2003-      "A pla~
# ... with 42 more rows, and 1 more variable: Refs <chr>
```

테이블을 추출하면서 다음과 같이 몇 가지 추가 작업을 수행한다.

```
> wiki.heritage <- read_html(url) %>%
+   html_table() %>%
+   .[[2]] %>%
+   select(c(1,3,4,6,7)) %>%
+   rename_with(.fn=function(x)
+     c("name", "location", "criteria", "year_ins", "year_end"))
```

추출한 데이터로부터 분석에 필요한 일부 항목만 선택하고 분석의 편의를 위해 열 이름을 변경한다: 세계유산명(name), 위치(location), 세계유산 유형(criteria), 세계유산 등재 연도(year_ins), 위험유산 선정 연도(year_end). 최종적으로 추출한 테이블 데이터는 다음과 같다.

```
> wiki.heritage
# A tibble: 52 x 5
   name                                   location           criteria  year_ins year_end
   <chr>                                  <chr>              <chr>        <int> <chr>
 1 Abu Mena                               EgyAbusir, Egyp~   Cultural:~    1979 2001-
 2 Air and TénéréNatural Reserves         Niger1Arlit Dep~   Natural:(~    1991 1992-
 3 Ancient City of Aleppo                 Aleppo Governor~   Cultural:~    1986 2013-
…(중략)
 8 Archaeological Site of Leptis Magna    LibKhoms, Libya~   Cultural:~    1982 2016-
 9 Archaeological Site of Sabratha        LibSabratha, Li~   Cultural:~    1982 2016-
10 Ashur (Qal'at Sherqat)                 IraqSalah ad Di~   Cultural:~    2003 2003-
# ... with 42 more rows
```

각 항목을 차례대로 살펴보고 필요할 경우 데이터 전처리 작업을 수행한다. 먼저 name 변수를 살펴보면 세계유산 이름이 정상적으로 출력되는 것을 확인할 수 있다. 따라서 추가 전처리 과정은 필요 없다.

```
> head(wiki.heritage$name, 3)
[1] "Abu Mena"                   "Air and Ténéré Natural Reserves"
[3] "Ancient City of Aleppo"
```

criteria 변수에는 세계유산 유형이 저장되어 있다. 다음과 같이 변수값에 포함된 텍스트를 확인하여 문화유산일 경우 cultural로 변경하고 자연유산일 경우 natural로 대체한다. 그리고 데이터 형식을 팩터 형식으로 변환한다. 현재 문화유산은 36건, 자연유산은 16건이 등재되어 있다.

```
> head(wiki.heritage$criteria, 3)
[1] "Cultural:(iv)"              "Natural:(vii), (ix), (x)" "Cultural:(iii)(iv)"
> wiki.heritage$criteria <- ifelse(str_detect(wiki.heritage$criteria, "Cultural"),
+                                  "cultural", "natural") %>%
+   factor(.)
> head(wiki.heritage$criteria, 3)
[1] cultural  natural   cultural
Levels: cultural natural
> table(wiki.heritage$criteria)

cultural  natural
      36       16
```

두 개의 연도(year_ins, year_end) 데이터는 숫자 형식으로 변환한다. 세계유산 등재 연도인 year_ins는 이미 숫자 형식이므로 추가로 해야 할 일은 없다. year_end 변수의 경우에는 위험유산 선정 연도가 여러 개 포함되어 있을 수 있다. 첫 선정 연도를 분석에 사용한다. parse_number() 함수를 이용하여 텍스트에서 첫 번째 출현하는 문자 형식의 숫자 텍스트(즉 여기에서는 처음으로 선정된 연도)를 숫자 형식으로 변환한다.

```
> head(wiki.heritage$year_ins, 3); head(wiki.heritage$year_end, 3)
[1] 1979 1991 1986
[1] "2001-" "1992-" "2013-"
> wiki.heritage$year_end <- wiki.heritage$year_end %>%
+   parse_number()
```

```
> head(wiki.heritage$year_ins, 3); head(wiki.heritage$year_end, 3)
[1] 1979 1991 1986
[1] 2001 1992 2013
```

세계유산의 위치를 나타내는 location 변수는 다소 복잡한 내용으로 구성되어 있다. 예를 들어, 처음 세 개를 살펴보면 다음과 같다.

```
> head(wiki.heritage$location, 3)
[1] "EgyAbusir, Egypt.mw-parser-output .geo-default,.mw-parser-output .geo-dms,.mw-
parser-output .geo-dec{display:inline}.mw-parser-output .geo-nondefault,.mw-parser-
output .geo-multi-punct{display:none}.mw-parser-output .longitude,.mw-parser-
output .latitude{white-space:nowrap}30° 50′ 30″ N 29° 39′ 50″ E / 30.84167° N
29.66389° E / 30.84167; 29.66389 (Abu Mena)"
[2] "Niger1Arlit Department, Niger18° 17′ N 8° 0′ E / 18.283° N 8.000° E / 18.283;
8.000 (Air and TénéréNatural Reserves)"
[3] "Aleppo Governorate, Syria36° 14′ N 37° 10′ E / 36.233° N 37.167° E / 36.233;
37.167 (Ancient City of Aleppo)"
```

지명, 국가, 그리고 다양한 방식으로 표현된 지리 정보가 포함되어 있다. 이 가운데 위도 및 경도 데이터(예를 들면, 첫 번째 세계유산의 30.84167과 29.66389)를 추출해보자. location 변수 내에 포함된 복잡한 구조의 텍스트로부터 한 번에 위도와 경도 데이터를 추출하기는 어렵기 때문에 먼저 위도와 경도가 포함된 텍스트(예를 들면, '/ 30.84167;'과 '; 29.66389')를 추출한 후 그로부터 위도와 경도 데이터를 수집한다. 위도와 경도가 포함된 텍스트는 각각 다음과 같은 정규표현식으로 추출할 수 있다.

```
> pattern.lat <- "\\/ \\-?\\d*\\.?\\d*\\;"
> pattern.lon <- "\\; \\-?\\d*\\.?\\d*"
```

정규표현식 \\-?는 위도와 경도에 포함될 수 있는 음수(-)까지 탐색하며 \\.?는 위도와 경도가 소수점(.) 없이 정수로만 표현된 경우도 매칭할 수 있다.

```
> str_extract(wiki.heritage$location, pattern.lat)[1:3]
[1] "/ 30.84167;" "/ 18.283;"   "/ 36.233;"
> str_extract(wiki.heritage$location, pattern.lon)[1:3]
[1] "; 29.66389" "; 8.000"    "; 37.167"
```

이제 이렇게 추출한 텍스트로부터 다음과 같이 위도와 경도를 나타내는 숫자 부분만 다시 추출한다.

```
> str_extract(wiki.heritage$location, pattern.lat)[1:3] %>%
+   parse_number()
[1] 30.84167 18.28300 36.23300
> str_extract(wiki.heritage$location, pattern.lon)[1:3] %>%
+   parse_number()
[1] 29.66389  8.00000 37.16700
```

추출한 위도와 경도 데이터를 별도의 lat 변수와 lon 변수로 저장한다.

```
> wiki.heritage$lat <- str_extract(wiki.heritage$location, pattern.lat) %>%
+   parse_number()
> wiki.heritage$lon <- str_extract(wiki.heritage$location, pattern.lon) %>%
+   parse_number()
```

UNESCO에서 선정한 위험 세계유산에 대하여 위도 및 경도 정보를 포함한 일곱 개의 정보를 모두 성공적으로 수집하였다.

```
> wiki.heritage
# A tibble: 52 x 7
   name            location                       criteria year_ins year_end   lat   lon
   <chr>           <chr>                          <fct>       <int>    <dbl> <dbl> <dbl>
 1 Abu Mena        EgyAbusir, Egypt.mw-parser~ cultural     1979     2001  30.8  29.7
 2 Air and Téné~  Niger1Arlit Department, Ni~ natural      1991     1992  18.3   8
 3 Ancient City~  Aleppo Governorate,  Syria~ cultural     1986     2013  36.2  37.2
…(중략)
 8 Archaeologic~ LibKhoms, Libya32°38'18"N~  cultural     1982     2016  32.6  14.3
 9 Archaeologic~ LibSabratha, Libya32°48'1~  cultural     1982     2016  32.8  12.5
10 Ashur (Qal'a~ IraqSalah ad Din, Iraq35°~  cultural     2003     2003  35.5  43.3
# ... with 42 more rows
```

추출한 지리 정보를 바탕으로 위험에 처한 세계유산을 지도상에 표시해보자. 문화유산과 자연유산을 색상과 모양으로 구분하여 표시한다. 여기에서는 ggplot2 패키지의 map_data() 함수와 geom_map() 함수를 이용하여 세계지도를 그리고, 그 위에 geom_point() 함수를 이용하여 세계유산의 위치를 표시한다. ggrepel 패키지의 geom_text_repel() 함수를 이용하여 가장 최근에 등재된 10개의 세계유산 이름을 지도상에 표시한다. 생성된 그래프는 [그림 5-25]와 같다.

그림 5-25 **위험에 처한 세계유산.** 보호가 필요한 세계유산은 아프리카 대륙과 중동 부근에 집중되어 있다. 최근에 등재된 세계유산 10개는 이름과 함께 표시되었다.

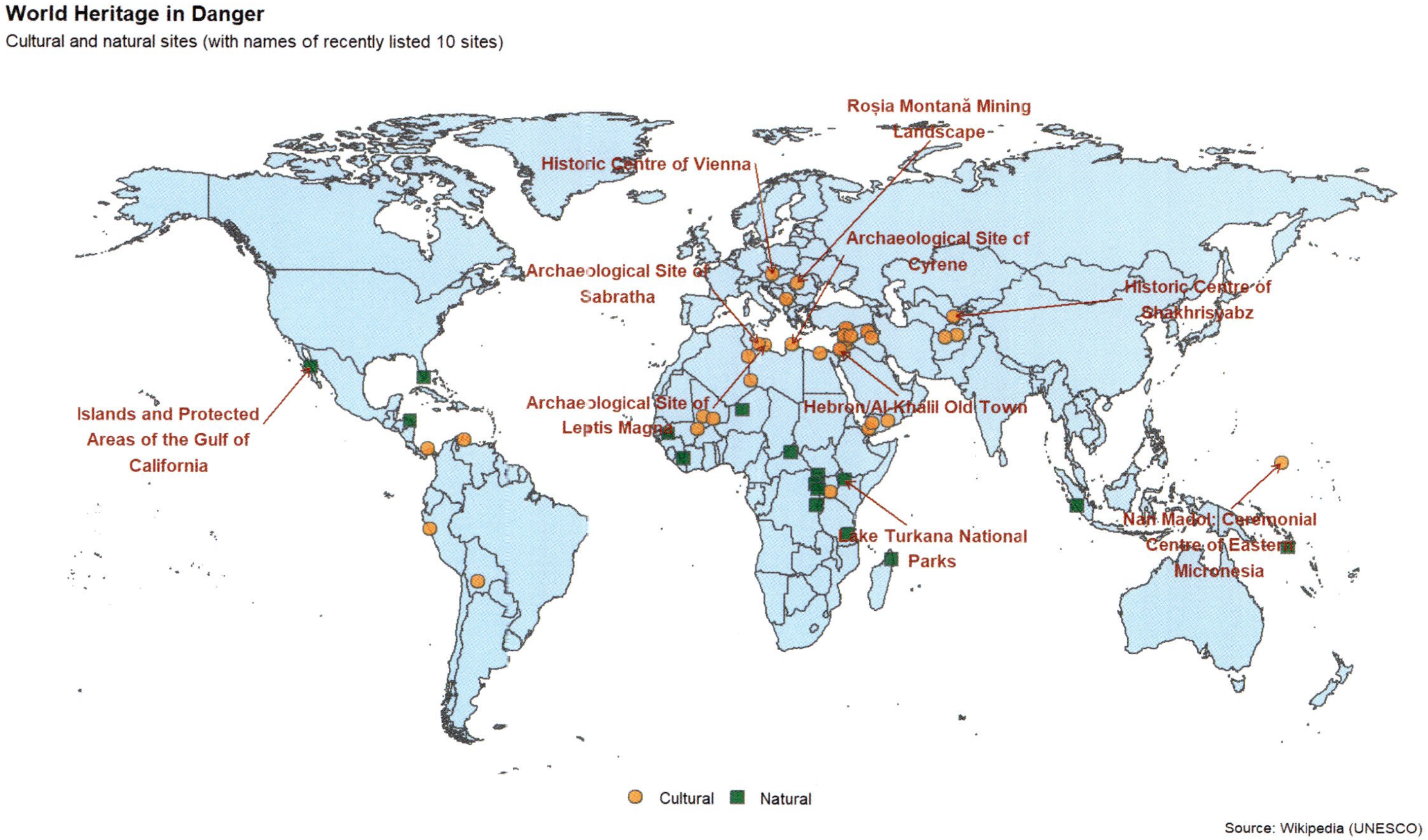

```
> library(ggrepel)
> map.data <- map_data(map="world")
> windows(width=12.0, height=7.5)
> ggplot(map.data) +
+   geom_map(aes(map_id=region), map=map.data,
+            fill="slategray1", color="dimgray", size=0.5) +
+   expand_limits(x=map.data$long, y=map.data$lat) +
+   coord_fixed(xlim=c(-180, 180), ylim=c(-55, 90), ratio=1.3) +
+   geom_point(data=wiki.heritage,
+              aes(x=lon, y=lat, shape=criteria, color=criteria, fill=criteria),
+              alpha=0.8, size=3.5, stroke=1.0) +
+   geom_text_repel(data=slice_max(wiki.heritage, order_by=year_end,
+                                  n=10, with_ties=FALSE),
+                   aes(x=lon, y=lat, label=str_wrap(name, 25)),
+                   color="brown", fontface="bold",
+                   arrow=arrow(length=unit(0.2, "cm")),
+                   box.padding=2.0, max.overlaps=Inf) +
+   scale_shape_manual(labels=c("Cultural", "Natural"), values=c(21, 22)) +
+   scale_color_manual(labels=c("Cultural", "Natural"),
+                      values=c("dimgray", "dimgray")) +
+   scale_fill_manual(labels=c("Cultural", "Natural"),
+                     values=c("darkorange", "forestgreen")) +
+   labs(title="World Heritage in Danger",
+        subtitle="Cultural and natural sites (with names of recently listed 10 sites)",
+        caption="Source: Wikipedia (UNESCO)") +
+   theme_void() +
+   theme(plot.title=element_text(face="bold"),
+         legend.position="bottom",
+         legend.title=element_blank(),
+         legend.text=element_text(size=10))
```

UNESCO에 의해 세계유산으로 등재된 이후 위험 상태에 빠질 때까지 얼마나 오랜 기간이 소요되는지 알아보는 것도 흥미롭다. 다음과 같이 위험유산 선정 연도에서 세계유산 등재 연도를 빼면 기간별 빈도의 분포를 구할 수 있다. 세계유산으로 등재된 이후 위험유산으로 선정될 때까지 34년이 걸린 경우도 있지만 가장 많은 빈도를 차지하는 것은 의외로 등재되자마자 바로 위험유산으로 선정된 경우이다(9건).

```
> table(wiki.heritage$year_end - wiki.heritage$year_ins)

 0  1  2  3  4  7  8  9 11 12 14 15 16 17 21 22 24 26 27 28 29 30 31 32 33 34
 9  3  2  1  1  3  1  2  1  1  3  2  2  1  1  1  1  1  2  1  1  2  1  2  3  4
```

이러한 기간 분포를 다음과 같이 그래프로 나타낼 수 있다. 생성된 그래프는 [그림 5-26]과 같다. 세계유산 등재와 거의 동시에 위험유산으로 분류된 경우는 색상 및 점의 크기로 강조하였다.

```
> years.to.endanger <- as.data.frame(table(wiki.heritage$year_end - wiki.heritage$year_ins))
> str(years.to.endanger)
'data.frame':	26 obs. of  2 variables:
 $ Var1: Factor w/ 26 levels "0","1","2","3",..: 1 2 3 4 5 6 7 8 9 10 ...
 $ Freq: int  9 3 2 1 1 3 1 2 1 1 ...
> ggplot(years.to.endanger, aes(x=Var1, y=Freq)) +
+   geom_segment(aes(x=Var1, xend=Var1, y=0, yend=Freq),
+                color=ifelse(years.to.endanger$Var1 %in% c("0"), "orange", "gray"),
+                size=ifelse(years.to.endanger$Var1 %in% c("0"), 2.5, 1.5)) +
```

▶ 그림 5-26 ▌ **위험에 처한 세계유산.** 세계유산으로 등재된 이후 위험유산으로 선정될 때까지 걸린 기간을 보면 세계유산으로 등재되자마자 위험유산으로 선정된 경우가 가장 많다.

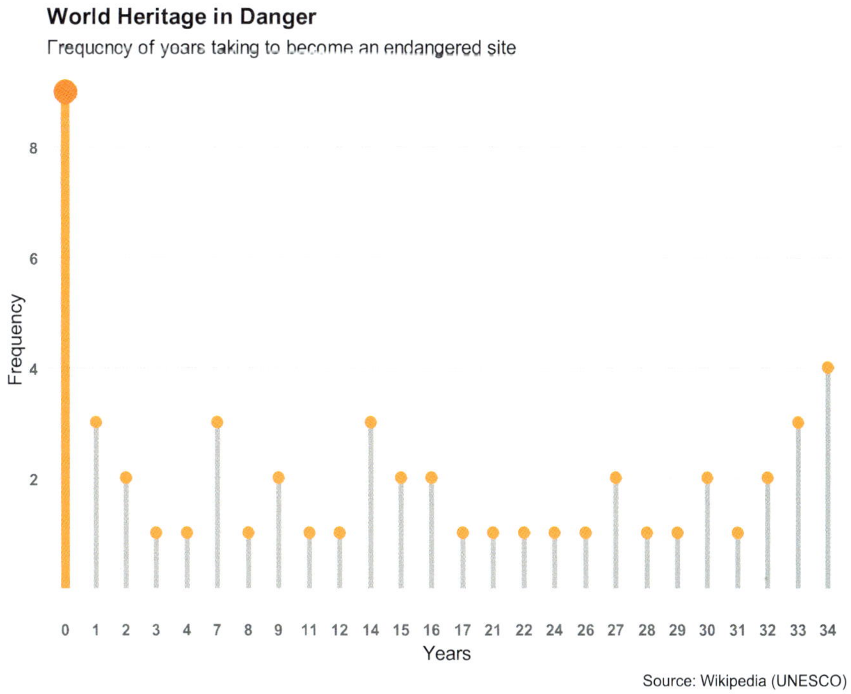

```
+   geom_point(color=ifelse(years.to.endanger$Var1 %in% c("0"), "darkorange", "orange"),
+              size=ifelse(years.to.endanger$Var1 %in% c("0"), 6, 3)) +
+   labs(x="Years", y="Frequency",
+        title="World Heritage in Danger",
+        subtitle="Frequency of years taking to become an endangered site",
+        caption="Source: Wikipedia (UNESCO)") +
+   scale_y_continuous(breaks=seq(2, max(years.to.endanger$Freq), by=2)) +
+   theme_light() +
+   theme(plot.title=element_text(face="bold"),
+         axis.text=element_text(face="bold"),
+         panel.grid.major.x=element_blank(),
+         panel.grid.minor=element_blank(),
+         panel.border=element_blank(),
+         axis.ticks=element_blank())
```

위험 상태에 이를 때까지 걸린 기간을 세계유산 유형별로 살펴보자. 등재된 후 바로 위험유산으로 선정된 세계유산은 모두 문화유산이다.

```
> t(table(wiki.heritage$year_end - wiki.heritage$year_ins, wiki.heritage$criteria))

          0 1 2 3 4 7 8 9 11 12 14 15 16 17 21 22 24 26 27 28 29 30 31 32 33 34
 cultural 9 1 2 0 0 2 1 1  0  1  0  0  2  0  0  1  1  0  2  1  1  2  1  1  3  4
 natural  0 2 0 1 1 1 0 1  1  0  3  2  0  1  1  0  0  1  0  0  0  0  0  1  0  0
```

세계유산 유형별로 위험유산 도달 기간의 분포를 ggridges 패키지의 geom_density_ridges2() 함수를 이용하여 다음과 같이 그래프로 그려보자.[28] 생성된 그래프는 [그림 5-27]과 같다. 유형별 분포를 보면 문화유산은 위험유산 도달 기간이 극단적으로 짧은 경우뿐만 아니라 상대적으로 긴 경우도 다수인 특성을 보인다. 따라서 양극단에 다소 치우친 분포를 갖고 있다.

28 geom_density_ridges2() 함수에서 stat="binline"을 지정하지 않으면 밀도도표가 생성된다.

```
> library(ggridges)
> windows(width=7.0, height=5.0)
> ggplot(wiki.heritage, aes(x=year_end-year_ins, y=criteria, fill=criteria)) +
+   geom_density_ridges2(stat="binline") +
+   scale_y_discrete(labels=c("Cultural", "Natural")) +
```

그림 5-27 **위험에 처한 세계유산.** 세계유산 유형별로 세계유산으로 등재된 이후 위험유산으로 선정될 때까지 걸린 기간별 빈도를 확인할 수 있다. 문화유산은 위험유산 선정까지의 기간이 매우 짧거나 혹은 매우 긴 분포를 보이며 양극단에 다소 치우친 특성을 갖고 있다.

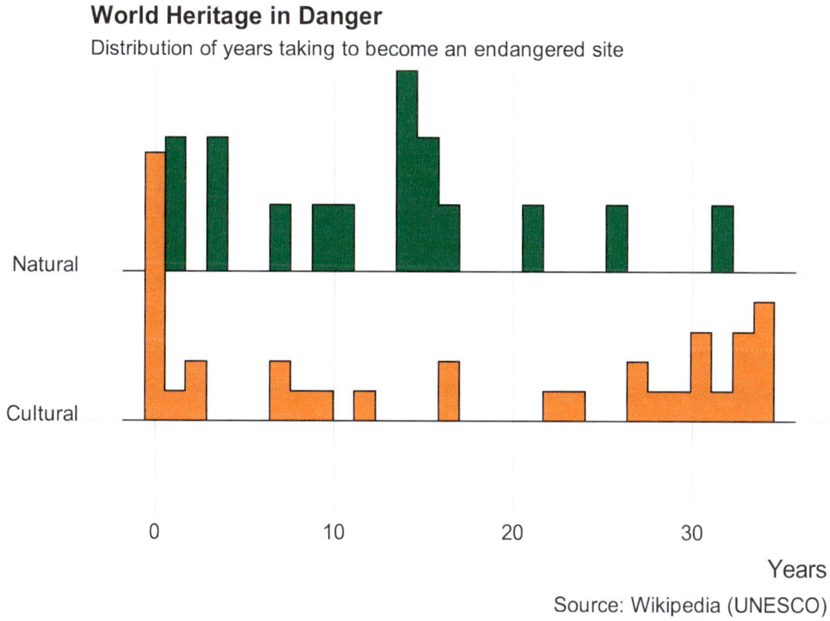


```
+   scale_fill_manual(values=c("darkorange", "forestgreen")) +
+   labs(x="Years", y=NULL,
+        title="World Heritage in Danger",
+        subtitle="Distribution of years taking to become an endangered site",
+        caption="Source: Wikipedia (UNESCO)") +
+   theme_ridges(font_size=12) +
+   theme(legend.position="none")
```

동의어 사전 @워드넷

폼을 사용하여 사용자와 상호작용하는 웹페이지를 종종 보게 된다. 예를 들어, 검색엔진은 검색 키워드를 입력받는 폼을 제공하고, 사용자로부터 입력받은 키워드를 바탕으로 검색한 결과를 다시 사용자에게 전달한다. 로그인을 요구하는 웹페이지 또한 폼을 통해 사용자 ID와 패스워드를 입력받는다.

여기에서는 프린스턴 대학교(Princeton University)에서 서비스하는 온라인 동의어 사전 워드넷(WordNet, https://wordnet.princeton.edu)을 이용하여 웹사이트로부터 폼 데이터를 추출하고 서버로부터의 처리 결과를 수집하는 과정을 살펴본다. 워드넷 웹사이트(http://wordnetweb.princeton.edu/perl/webwn)는 HTML 폼을 이용하여 검색에 필요한 패러미터를 수집하고 서버에 검색을 요청한다. 서버는 동의어를 검색한 후 그 결과를 웹브라우저로 보내준다. 폼 데이터는 HTTP 메소드를 통해 서버로 전송된다. 일반적으로 GET 메소드 또는 POST 메소드를 사용한다. 워드넷은 GET 방식으로 폼 데이터를 전송한다.[29]

예를 들어, 'data'를 검색해보자. [그림 5-28]과 같이 검색 화면의 빈칸에 단어를 입력하고 Search WordNet 버튼을 클릭하면 검색 결과가 출력된다. 이때 주소창의 URL은 다음과 같이 바뀌는 것을 볼 수 있다.

```
http://wordnetweb.princeton.edu/perl/webwn?s=data&sub=Search+WordNet&o2=&o0=1&o8=
1&o1=1&o7=&o5=&o9=&o6=&o3=&o4=&h=
```

? 뒤에 추가된 부분이 폼을 통해 사용자로부터 입력받아 서버로 보내진 검색 패러미터이다. 각 패러미터는 &로 연결되어 있다. 이 패러미터들을 설정함으로써 우리는 원하는 검색 결과를 수집할 수 있다.

29 폼 데이터를 처리하는 방식과 GET/POST 메소드에 대한 보다 자세한 설명은 '제4장 XPath'의 '4.5 사례 - 동의어 사전 @워드넷'과 '4.5 사례 - 가독성 테스트 @웹FX'를 참고한다.

▶ 그림 5-28 ▌ **동의어 사전.** 워드넷 웹사이트로부터 동의어 검색 결과를 수집한다(CSS 선택자).

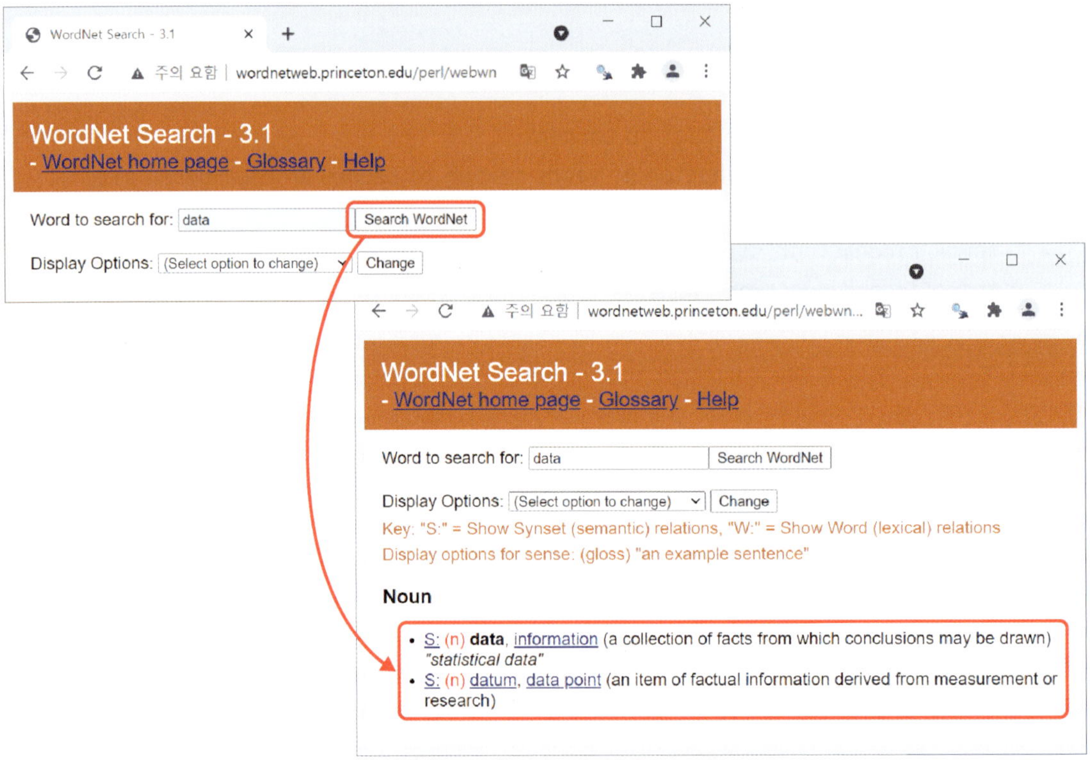

우리는 '제4장 XPath'에서 XPath와 XML 패키지를 이용하여 이러한 폼 데이터 추출 과정을 살펴본 바 있다. 여기에서는 CSS 선택자와 rvest 패키지를 이용하여 동일한 추출 작업을 수행해보자. 우선 다음과 같이 rvest 패키지를 메모리에 적재한 후 session() 함수를 이용하여 새로운 세션을 시작한다.

```
> library(rvest)
> url <- "http://wordnetweb.princeton.edu/perl/webwn"
> page <- session(url)
> page
<session> http://wordnetweb.princeton.edu/perl/webwn
  Status: 200
  Type:   text/html; charset=ISO-8859-1
  Size:   3454
```

이어서 <form> 노드셋을 추출한 후 html_form() 함수를 이용하여 웹페이지 내의 폼을 파싱한다. 파싱된 결과로부터 현재 폼에 설정된 패러미터를 확인할 수 있다. 여기에는 f라는 이름과 change라는 이름을 갖는 두 개의 HTML 폼이 존재한다. 첫 번째 폼은 검색어를 서버에 전송하는 역할을 하며 두 번째 폼은 검색 결과 반환되는 데이터의 유형과 범위에 대한 출력 옵션을 처리한다. 여기에서는 설명을 단순화하기 위해 첫 번째 폼을 통한 데이터 전송과 처리에 대해서만 살펴보기로 한다.

```
▶<form method="get" action="webwn" enctype="multipart/form-data" name="f">…</form> == $0
▶<form method="get" action="webwn" enctype="multipart/form-data" name="change">…</form>
```

```
▼<form method="get" action="webwn" enctype="multipart/form-data" name="f">
   "Word to search for: "
   <input type="text" name="s" value="data" maxlength="500">
   <input type="submit" name="sub" value="Search WordNet">
   <input type="hidden" name="o2" value>
   <input type="hidden" name="o0" value="1">
   <input type="hidden" name="o8" value="1">
   <input type="hidden" name="o1" value="1">
   <input type="hidden" name="o7" value>
   <input type="hidden" name="o5" value>
   <input type="hidden" name="o9" value>
   <input type="hidden" name="o6" value>
   <input type="hidden" name="o3" value>
   <input type="hidden" name="o4" value>
   <input type="hidden" name="h" value="00">
 </form>
```

```
> html_elements(page, "form") %>%
+   html_form()
[[1]]
<form> 'f' (GET http://wordnetweb.princeton.edu/perl/webwn)
  <field> (text) s:
  <field> (submit) sub: Search WordNet
  <field> (hidden) o2:
  <field> (hidden) o0: 1
  <field> (hidden) o8: 1
  <field> (hidden) o1: 1
  <field> (hidden) o7:
  <field> (hidden) o5:
  <field> (hidden) o9:
  <field> (hidden) o6:
  <field> (hidden) o3:
  <field> (hidden) o4:
  <field> (hidden) h:

[[2]]
<form> 'change' (GET http://wordnetweb.princeton.edu/perl/webwn)
  <field> (select) c: -1
  <field> (submit) sub: Change
  <field> (hidden) o2:
  <field> (hidden) o0: 1
  <field> (hidden) o8: 1
  <field> (hidden) o1: 1
  <field> (hidden) o7:
  <field> (hidden) o5:
  <field> (hidden) o9:
  <field> (hidden) o6:
  <field> (hidden) o3:
  <field> (hidden) o4:
  <field> (hidden) i: -1
  <field> (hidden) h:
  <field> (hidden) s:

> form.unfilled <- html_elements(page, "form") %>%
+   html_form() %>%
+   .[[1]]
```

```
> form.unfilled
<form> 'f' (GET http://wordnetweb.princeton.edu/perl/webwn)
  <field> (text) s:
  <field> (submit) sub: Search WordNet
  <field> (hidden) o2:
  <field> (hidden) o0: 1
  <field> (hidden) o8: 1
  <field> (hidden) o1: 1
  <field> (hidden) o7:
  <field> (hidden) o5:
  <field> (hidden) o9:
  <field> (hidden) o6:
  <field> (hidden) o3:
  <field> (hidden) o4:
  <field> (hidden) h:
```

워드넷 웹페이지의 폼은 f라는 이름(name 속성)을 갖고 GET 메소드(method 속성)를 사용하고 있으며 폼으로부터 입력받은 데이터는 webwn 위치(action 속성)로 전달되어 처리된다. 또한 폼에는 13개의 `<input>` 노드가 포함되어 있다. 그런데 그 가운데 11개는 hidden 형식으로서 사용자가 설정할 수 없는 요소이다. 또한 sub라는 이름의 서브밋 버튼 역시 사용자가 설정할 수 있는 부분이 아니다. 따라서 여기에서 사용자가 실제로 지정할 수 있는 부분은 s라는 이름의 텍스트 박스이다. 이는 검색 단어의 입력을 받는 입력창을 나타낸다.

패러미터의 지정은 다음과 같이 `html_form_set()` 함수를 이용한다. 첫 번째 인수에 폼 객체를 지정하고 이어서 '패러미터=값'과 같은 형식으로 서버로 전달할 패러미터 및 값을 지정한다. 여기에서는 s 패러미터에 검색하려는 단어 data를 지정한다. 그러면 다음과 같이 폼의 텍스트 박스가 data로 채워진 폼을 얻을 수 있다.

```
> word <- "data"
> form.filled <- html_form_set(form.unfilled, s=word)
> form.filled
<form> 'f' (GET http://wordnetweb.princeton.edu/perl/webwn)
  <field> (text) s: data
  <field> (submit) sub: Search WordNet
  <field> (hidden) o2:
  <field> (hidden) o0: 1
  <field> (hidden) o8: 1
  <field> (hidden) o1: 1
```

```
<field> (hidden) o7:
<field> (hidden) o5:
<field> (hidden) o9:
<field> (hidden) o6:
<field> (hidden) o3:
<field> (hidden) o4:
<field> (hidden) h:
```

완성된 폼은 session_submit() 함수를 이용하여 서버로 보낸다.

```
> session <- session_submit(page, form.filled)
> session$url
[1] "http://wordnetweb.princeton.edu/perl/webwn?s=data&o2=&o0=1&o8=1&o1=1&o7
=&o5=&o9=&o6=&o3=&o4=&h=&sub=Search%20WordNet"
> session$response
Response [http://wordnetweb.princeton.edu/perl/webwn?s=data&o2=&o0=1&o8=1&o1=
1&o7=&o5=&o9=&o6=&o3=&o4=&h=&sub=Search%20WordNet]
  Date: 2022-03-05 01:40
  Status: 200
  Content-Type: text/html; charset=ISO-8859-1
  Size: 4.58 kB
<!DOCTYPE html
      PUBLIC "-//W3C//DTD XHTML 1.0 Transitional//EN"
       "http://www.w3.org/TR/xhtml1/DTD/xhtml1-transitional.dtd">
<html xmlns="http://www.w3.org/1999/xhtml" lang="en-US" xml:lang="en-US">
<head>
<title>WordNet Search - 3.1</title>
<style type="text/css">
<!--/* <![CDATA[ */
ul.typer {list-style-type: circle;}
ul.types {list-style-type: disc;}
...
```

서버로부터 반환된 결과의 세션 정보를 보면 앞에서 본 단어 검색 결과 주소창의 URL과 패러미터들이 일치한다. session_submit() 함수는 파싱된 HTML 문서를 반환한다. 따라서 이후부터는 일반적인 웹스크레이핑 방법에 따라서 데이터를 수집한다. 다음과 같이 <li> 노드로부터 검색 단어 data에 대한 동의어 검색 결과를 추출할 수 있다.

```
▼<li> == $0
    ::marker
    <a href="webwn?o2=&o0=1&o8=1&o1=1&o7=&o5=&o9=&o6=&o3=&o4=&s=data&i=0&h=00#c">S:</a>
    <a class="pos"> (n) </a>
    <b>data</b>
    ", "
    <a href="webwn?o2=&o0=1&o8=1&o1=1&o7=&o5=&o9=&o6=&o3=&o4=&s=information">information</a>
    " (a collection of facts from which conclusions may be drawn) "
    <i>"statistical data"</i>
  </li>
▼<li>
    ::marker
    <a href="webwn?o2=&o0=1&o8=1&o1=1&o7=&o5=&o9=&o6=&o3=&o4=&s=data&i=1&h=00#c">S:</a>
    <a class="pos"> (n) </a>
    <a href="webwn?o2=&o0=1&o8=1&o1=1&o7=&o5=&o9=&o6=&o3=&o4=&s=datum">datum</a>
    ", "
    <a href="webwn?o2=&o0=1&o8=1&o1=1&o7=&o5=&o9=&o6=&o3=&o4=&s=data+point">data point</a>
    " (an item of factual information derived from measurement or research) "
    <i></i>
  </li>
```

```
> result <- session %>%
+   html_elements("li") %>%
+   html_text()
> result
[1] "S: (n) data, information (a collection of facts from which conclusions may be drawn) \"statistical data\""
[2] "S: (n) datum, data point (an item of factual information derived from measurement or research) "
```

가독성 테스트 @웹FX

이번에는 POST 방식으로 데이터를 전송하는 폼을 살펴보자.[30] 웹FX(WebFX, https://www.webfx.com/tools/read-able)는 웹페이지와 텍스트의 가독성(readability)을 평가하는 서비스를 제공한다. 예를 들어, [그림 5-29]와 같이 평가하려는 텍스트를 가운데 텍스트 상자에 입력하면 가독성 평가 지표를 산출한다.

30 폼 데이터를 처리하는 방식과 GET/POST 메소드에 대한 보다 자세한 설명은 '제4장 XPath'의 '4.5 사례 - 동의어 사전 @워드넷'과 '4.5 사례 - 가독성 테스트 @웹FX'를 참고한다.

▶ 그림 5-29 ▌ **가독성 테스트.** 웹FX 웹사이트로부터 문서의 가독성 테스트 결과를 수집한다(CSS 선택자).

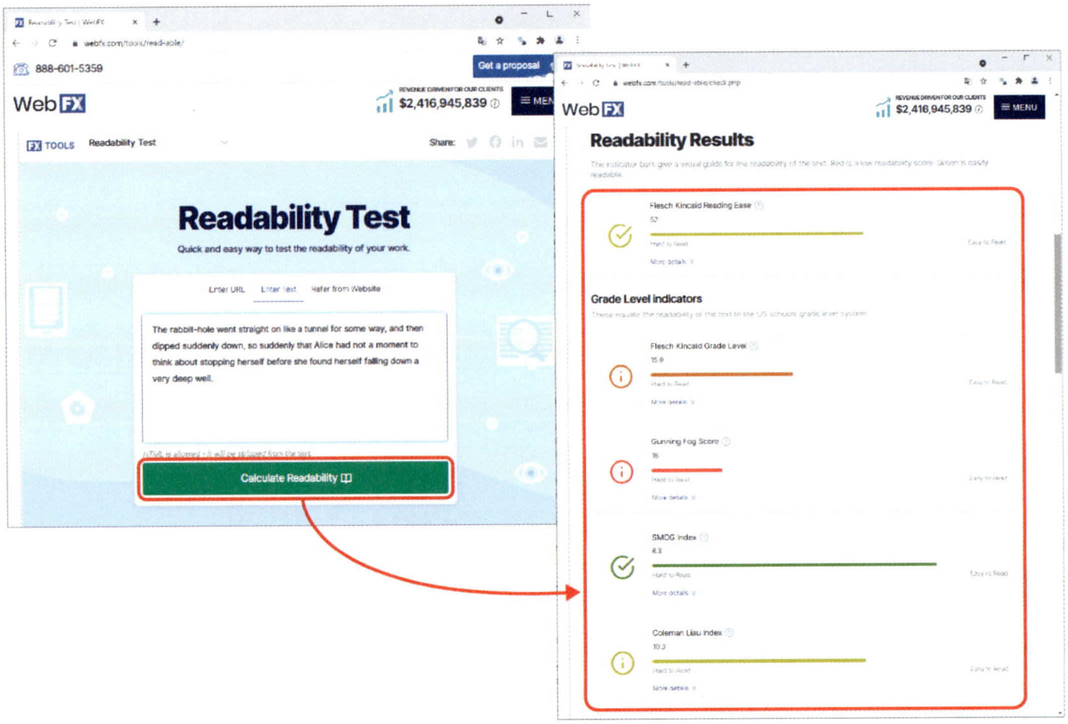

CSS 선택자와 rvest 패키지를 이용하여 폼 데이터를 추출해보자. 먼저 session() 함수로 HTML 폼이 포함된 웹페이지에 대한 세션을 생성한다.

```
> library(rvest)
> url <- "https://www.webfx.com/tools/read-able/"
> page <- session(url)
> page
<session> https://www.webfx.com/tools/read-able/
  Status: 200
  Type:    text/html; charset=UTF-8
  Size:    78160
```

이어서 <form> 노드셋을 추출한 후 웹페이지 내의 폼을 파싱한다. 여기에는 여섯 개의 폼이 포함되어 있다. 그 가운데 직접 텍스트 입력을 허용하는 네 번째 폼을 사용하여 폼 데이터를 서버로 전송한다. 파싱된 결과로부터 폼에 설정된 입력 패러미터를 확인할 수 있다. 폼 데이터는 <textarea> 노드를 통해 입력되며 전송에 사용할 입력 패러미터 이름은 directInput이다.

```
> html_elements(page, "form") %>%
+   html_form()
[[1]]
<form> 'traffic-form' (POST https://www.webfx.com/free-quote/)
  <field> (text) name:
  <field> (email) email:
  <field> (text) website:
  <field> (button) :

[[2]]
<form> '<unnamed>' (GET https://www.webfx.com/tools/read-able/check.php)
  <field> (text) uri: http://
  <field> (button) :
  <field> (hidden) tab: Test By Url

[[3]]
<form> 'enter_by_text' (POST )
  <field> (textarea) text:
  <field> (button) :

[[4]]
<form> '<unnamed>' (POST https://www.webfx.com/tools/read-able/check.php)
  <field> (hidden) tab: Test by Direct Link
  <field> (textarea) directInput:

[[5]]
<form> 'refer_website' (POST https://www.webfx.com/tools/read-able/)
  <field> (url) embed_code: <a href="https://...
  <field> (url) embed_code2: <a href="https://...

[[6]]
<form> 'bottom-quote-form1' (GET https://www.webfx.com/free-quote-alt/)
  <field> (text) website:
  <field> (button) :

> form.unfilled <- html_elements(page, "form") %>%
+   html_form() %>%
+   .[[4]]
> form.unfilled
<form> '<unnamed>' (POST https://www.webfx.com/tools/read-able/check.php)
  <field> (hidden) tab: Test by Direct Link
  <field> (textarea) directInput:
```

이제 다음과 같이 html_form_set() 함수를 이용하여 서버에 전송할 폼을 채울 수 있다. 텍스트 데이터가 채워진 폼이 완성된다.

```
> text <- "The rabbit-hole went straight on like a tunnel for some way, and then dipped suddenly down, so suddenly that Alice had not a moment to think about stopping herself before she found herself falling down a very deep well."
> form.filled <- html_form_set(form.unfilled, directInput=text)
> form.filled
<form> '<unnamed>' (POST https://www.webfx.com/tools/read-able/check.php)
  <field> (hidden) tab: Test by Direct Link
  <field> (textarea) directInput: The rabbit-hole w...
```

데이터가 채워진 폼을 session_submit() 함수를 이용하여 서버로 전송한다.

```
> session <- session_submit(page, form.filled)
```

서버로부터 처리된 결과는 HTML 문서로 반환된다. 웹브라우저로 실행 결과의 HTML 코드를 살펴본 후 CSS 선택자를 이용하여 가독성 평가 결과를 추출한다.

```
▼<div class="generator-result-card"> flex == $0
  ▶<div class="card-icon scale-c-color">…</div>
  ▼<div class="card-body">
    ▼<h5 class="card-title">
       "Flesch Kincaid Reading Ease "
      ▶<span class="card-tips">…</span>
     </h5>
     <p class="card-percent">52</p>
    ▶<div class="card-bar">…</div>
    ▶<div class="card-more">…</div>
   </div>
 </div>
```

먼저 가독성 지표명은 다음과 같이 추출할 수 있다.

```
> session %>%
+   html_elements(".generator-result-card .card-title") %>%
+   html_text()
[1] "Flesch Kincaid Reading Ease \r\n\t\t\t\t\t\t\t\t\t\t\tThe Flesch Kincaid readability scores are the most widely used measures of readability. Your score is based on a ranking scale of 0-100, and the higher your score the better. For most businesses, 65 is a good target.\r\n\t\t\t\t\t\t\t\t\t\t\r\n\t\t\t\t\t\t\t\t\t"
```

```
…(중략)
[6] "Automated Readability Index \r\n\t\t\t\t\t\t\t\t\t\t\tThe Automated Readability Index is designed to measure how easy your text is to understand and gives you an estimate of the U.S. grade level necessary to comprehend a passage.\r\n\t\t\t\t\t\t\t\t\t\t"
```

그런데 추출된 결과를 보면 지표명과 함께 지표에 대한 설명도 포함되어 있다. 정규표현식을 이용하여 텍스트로부터 다음과 같이 지표명만을 추출한다. 여기 사용된 정규표현식은 \r로 시작하지 않는 문자열을 매칭하므로 텍스트의 앞부분에 포함된 지표명만을 추출한다.

```
> library(tidyverse)
> indicator <- session %>%
+   html_elements(".generator-result-card .card-title") %>%
+   html_text() %>%
+   str_extract(pattern="^[^\r]*") %>%
+   str_trim()
> indicator
[1] "Flesch Kincaid Reading Ease"  "Flesch Kincaid Grade Level"
[3] "Gunning Fog Score"            "SMOG Index"
[5] "Coleman Liau Index"           "Automated Readability Index"
```

지표값은 다음과 같이 추출할 수 있다.

```
> score <- session %>%
+   html_elements(".card-percent") %>%
+   html_text() %>%
+   as.numeric()
> score
[1] 52.0 15.9 18.0  8.3 10.3 19.4
```

지표명과 지표값을 다음과 같이 데이터프레임(티블)으로 저장한다.

```
> reliability <- tibble(indicator, score)
> reliability
# A tibble: 6 x 2
  indicator                   score
  <chr>                       <dbl>
1 Flesch Kincaid Reading Ease  52
2 Flesch Kincaid Grade Level   15.9
3 Gunning Fog Score            18
4 SMOG Index                    8.3
5 Coleman Liau Index           10.3
6 Automated Readability Index  19.4
```

Chapter 6

셀레니움

Chapter 06

셀레니움

6.1 셀레니움 개요

웹스크레이핑을 하다보면 어떻게 데이터를 수집해야 할지 막막한 경우를 종종 보게 된다. 예를 들어, 유튜브(https://www.youtube.com) 웹사이트상에서 페이지를 아래로 스크롤하면 기존의 콘텐츠 아래로 새로운 콘텐츠가 나타난다. 보여줄 콘텐츠가 고정된 것이 아니라 화면을 아래로 스크롤할 때마다 새로운 콘텐츠가 계속해서 로딩된다. 이는 사용자가 키보드의 페이지다운 키나 마우스로 화면을 아래로 스크롤할 때마다 웹서버는 자바스크립트(JavaScript)를 이용하여 데이터베이스로부터 데이터를 동적으로 가져오기 때문이다. 이처럼 웹사이트는 종종 사용자가 웹사이트상에서 어떻게 움직이는지에 따라 웹페이지를 그때 그때 동적으로 생성한다. 하지만 이렇게 동적으로 생성된 웹페이지는 그 콘텐츠가 바뀌더라도 URL은 변하지 않기 때문에 이러한 웹사이트로부터 데이터를 스크레이핑하기는 매우 까다롭다.

웹페이지는 사용자에게 어떤 방식으로 콘텐츠를 제공하는지에 따라 크게 두 가지 형태로 구분된다. 정적 웹페이지(static web page)는 웹사이트 서버에 저장된 HTML 파일을 있는 그대로 클라이언트에 전달한다. 따라서 웹사이트 서버의 파일을 읽어올 수 있다면 그로부터 쉽게 콘텐츠를 수집할 수 있다. 반면에 동적 웹페이지(dynamic web page)는 웹사이트 서버의 콘텐츠가 자바스크립트에 의해 사전에 가공 처리된 후 동적으로 생성되어 클라이언트에 전달된다. 이렇게 동작하는 웹사이트는 단순히 서버에 저장된 HTML 파일을 읽어오는 것만으로는 콘텐츠를 수집할 수 없다. 보다 복잡한 접근 방법이 요구된다. 왜냐하면 웹페이지상에서 우리가 보게 되는 콘텐츠는 자바스크립트에 의해 데이터베이스로부터 추출되었거나 가공 처리 과정을 거친 데이터로서 웹사이트에 저장된 원래의 HTML 파일이 아니기 때문이다.

예를 들어, 다음의 두 웹페이지를 비교해보자.

- 미국사회보장국(https://www.ssa.gov/oact/babynames/decades)
- 프리미어리그(https://www.premierleague.com/stats/top/players/goals)

그림 6-1 ▎ 미국사회보장국. 검색 기간이 달라지면 URL도 변경된다.

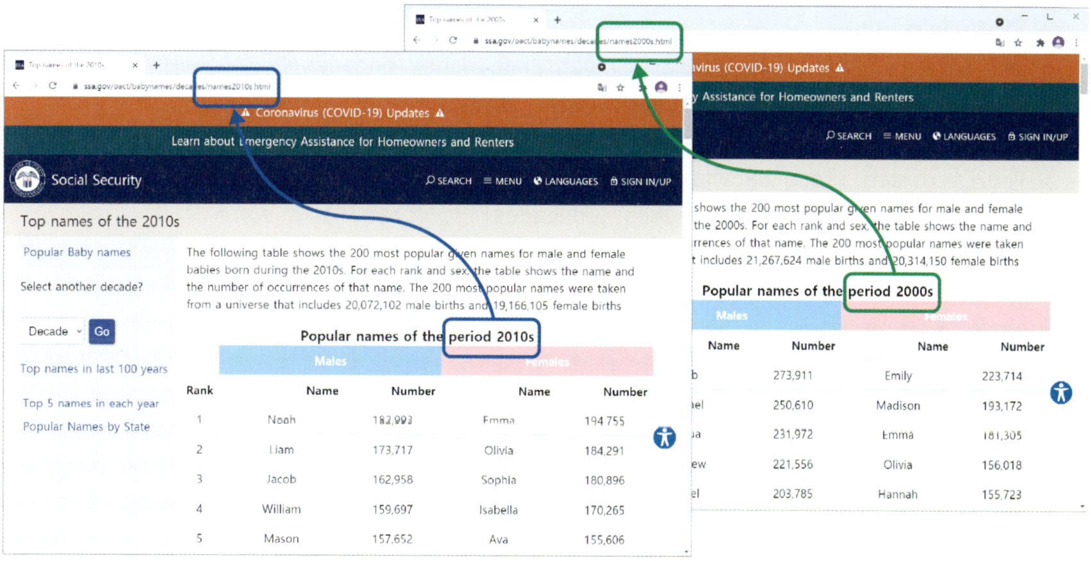

미국사회보장국(Social Security Administration)은 신생아 이름의 빈도수를 매 10년 단위로 집계하여 해당 기간 동안 인기 있는 이름의 순위를 웹사이트에 공개하고 있다. 검색 메뉴에서 기간을 선택하면 해당 기간 동안 신생아에 붙여진 이름의 순위가 성별로 출력된다. 이때 기간을 선택하여 데이터를 필터링하면 URL이 바뀌는 것을 볼 수 있다([그림 6-1]). 예를 들어, 2000년대에 인기 있었던 이름을 검색하기 위하여 '2000s'를 선택하면 URL은 다음과 같이 변한다. URL의 끝 부분에 names2000s.html이 붙어 있는 것을 볼 수 있다.

https://www.ssa.gov/oact/babynames/decades/names2000s.html

마찬가지로 '2010s'를 선택하면 URL의 마지막 부분이 다음과 같이 names2010s.html로 바뀐다.

https://www.ssa.gov/oact/babynames/decades/names2010s.html

이러한 웹사이트로부터 데이터를 수집하는 것은 비교적 쉽다. URL이 변화하는 일정한 패턴을 바탕으로 URL을 수정함으로써 새로운 웹페이지를 불러올 수 있기 때문이다. 예를 들어, 다음과 같이 1880년대부터 2010년대까지 14개 기간의 데이터를 테이블 형식으로 담고 있는 14개 웹페이지를 차례대로 읽어와서 그로부터 데이터를 수집할 수 있다.

```
> library(tidyverse)
> library(rvest)
> url.base <- "https://www.ssa.gov/oact/babynames/decades/"
> decades <- str_c(seq(2010, 1880, -10), "s")
> babynames <- vector("list", length(decades))
> for (i in seq_along(babynames)) {
+   url <- str_c(url.base, "names", decades[i], ".html")
+   babynames[[i]] <- read_html(url) %>%
+     html_table() %>%
+     .[[1]] %>%
+     slice(-c(1:2, n())) %>%
+     rename(rank=X1, male.name=X2, male.number=X3,
+            female.name=X4, female.number=X5) %>%
+     mutate(decade=decades[i]) %>%
+     mutate(across(.cols=ends_with("number"), .fns=parse_number)) %>%
+     select(decade, everything())
+   Sys.sleep(sample(10, 1)*0.1)
+ }
> babynames
[[1]]
# A tibble: 200 x 6
   decade rank  male.name male.number female.name female.number
   <chr>  <chr> <chr>           <dbl> <chr>               <dbl>
 1 2010s  1     Noah           182993 Emma               194755
 2 2010s  2     Liam           173717 Olivia             184291
 3 2010s  3     Jacob          162958 Sophia             180896
…(중략)
 8 2010s  8     Alexander      141899 Emily              117486
 9 2010s  9     James          139392 Charlotte          102339
10 2010s  10    Elijah         136718 Madison             98283
# ... with 190 more rows

…(중략)

[[14]]
# A tibble: 200 x 6
   decade rank  male.name male.number female.name female.number
   <chr>  <chr> <chr>           <dbl> <chr>               <dbl>
 1 1880s  1     John            89950 Mary                91668
 2 1880s  2     William         84881 Anna                38159
 3 1880s  3     James           54056 Emma                25404
```

```
…(중략)
 8 1880s  8     Henry          24139 Bertha             18263
 9 1880s  9     Robert         24074 Clara              17717
10 1880s  10    Thomas         23750 Alice              17142
# ... with 190 more rows

> babynames <- reduce(babynames, bind_rows)
> babynames
# A tibble: 2,800 x 6
   decade rank  male.name male.number female.name female.number
   <chr>  <chr> <chr>           <dbl> <chr>               <dbl>
 1 2010s  1     Noah           182993 Emma               194755
 2 2010s  2     Liam           173717 Olivia             184291
 3 2010s  3     Jacob          162958 Sophia             180896
…(중략)
 8 2010s  8     Alexander      141899 Emily              117486
 9 2010s  9     James          139392 Charlotte          102339
10 2010s  10    Elijah         136718 Madison             98283
# ... with 2,790 more rows
```

반면에 프리미어리그 웹사이트의 경우 선수들의 평가항목별, 시즌별, 포지션별 성적을 추출하기 위하여 여러 필터링 조건을 변화시키거나 더 많은 데이터를 보기 위하여 페이지 넘김 버튼을 누르더라도 URL은 그대로 있고 전혀 변하지 않는다([그림 6-2]). 따라서 앞서 살펴본 것과 같은 방식으로는 데이터를 수집할 수 없다. 이때 사용할 수 있는 유용한 도구가 셀레니움(Selenium)이다.1

1 물론 경우에 따라서는 '제4장 XPath'와 '제5장 CSS 선택자'를 소개할 때 살펴본 대로 POST 방식으로 요청을 서버로 전달하고 처리 결과를 받는 방식으로 데이터를 수집할 수 있다. 하지만 이러한 방식은 때로는 다소 복잡한 과정을 필요로 하는 반면, 셀레니움은 동일한 작업을 상대적으로 쉽게 수행할 수 있다.

셀레니움은 간단히 얘기해서 웹브라우저 자동화를 가능하게 하는 도구이다. 사용자가 웹브라우저를 이용하여 웹사이트상에서 하는 모든 움직임을 그대로 흉내낸다. 검색어를 입력하고, 엔터 키를 누르고, 리스트 박스에서 항목을 선택하고, 마우스로 버튼을 클릭하고, 링크된 페이지를 클릭하고, 페이지다운 키로 화면을 아래로 스크롤하는 이러한 모든 행동을 마치 웹브라우저를 직접 구동하는 것처럼 그대로 모방할 수 있다. 따라서 셀레니움을 이용하면 웹브라우저를 통해 데이터를 탐색하기 위해 하는 모든 행동(예를 들면, 데이터 필터링을 위한 연도 선택)을 그대로 마치 사용자가 직접 하듯이 수행할 수 있고 그러한 실행 결과로 서버로부터 전달된 웹페이지의 HTML 문서를 읽어올 수 있다. 이 HTML 문서는 서버에서 자바스크립트를 통해 동적으로 생성된 문서이기 때문에 그로부터 필요한 데이터를 수집하는 것이 가능하게 된다.

▶ 그림 6-2 ▌ **프리미어리그.** 검색 조건이 달라져도 URL은 변하지 않는다.

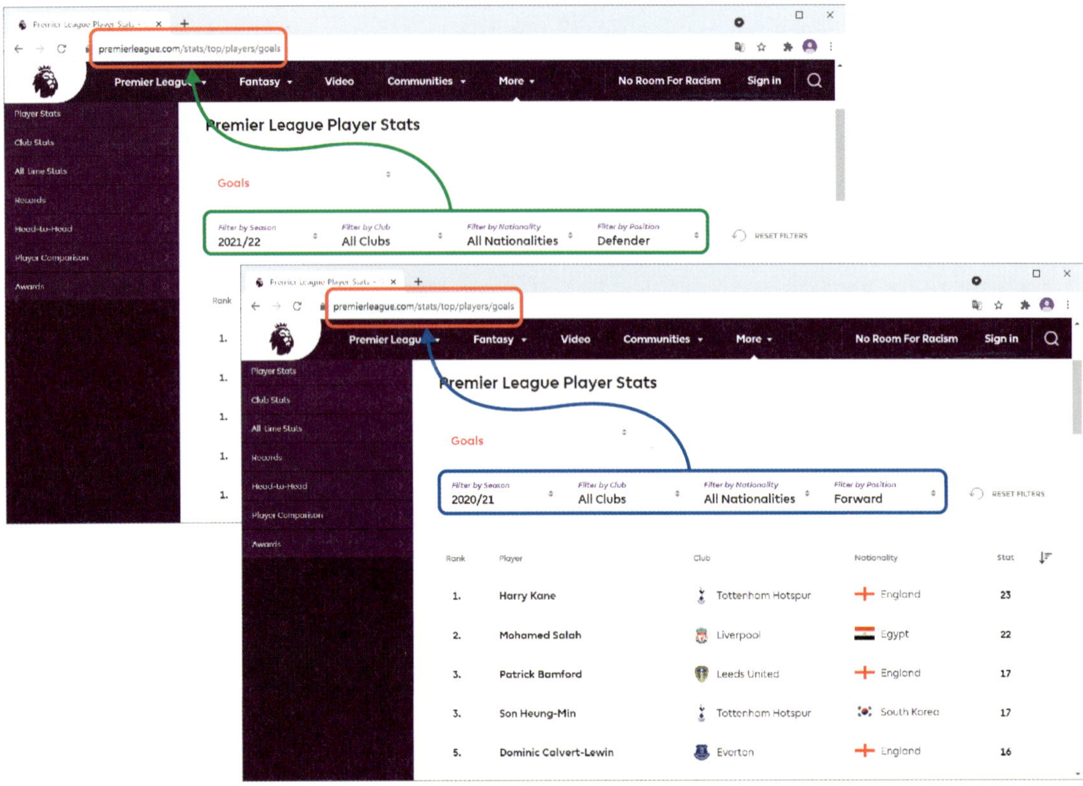

웹스크레이핑을 어렵게 하는 이슈 가운데 하나는 웹브라우저에 보여지는 콘텐츠와 서버로부터 전달받은 HTML 코드가 일치하지 않는다는 것이다. 셀레니움은 자바스크립트에 의해 동적으로 변화하는 콘텐츠를 자동으로 생성해줌으로써 이러한 이슈를 피해갈 수 있다. 반면에 셀레니움은 그 속도가 매우 느리다는 단점이 있다. 웹브라우저가 웹페이지상의 모든 것(예를 들면, 이미지, 비디오 등)을 로딩하기 때문에 셀레니움을 사용하지 않고 스크레이핑하는 것에 비해 상대적으로 느리다. 또한 웹브라우저를 구동하는 요청의 시간 간격이 짧을 경우 웹페이지를 로딩하는 속도로 인해 작동에 장애가 발생하기도 한다.

6.2 셀레니움 환경 구축

셀레니움을 사용하기 위해서는 셀레니움 서버(Selenium Server)를 구동할 수 있는 환경을 구축해야 한다. 셀레니움 서버는 세 가지 방식으로 구동할 수 있다.

자바 바이너리

셀레니움 서버의 자바 바이너리(Java binary) 버전을 수작업으로 직접 설치한다. 이를 위해서는 먼저 자바(Java)가 설치되어 있어야 한다.[2] 자바가 설치되어 있다면 다음 세 개 파일을 차례대로 다운로드한다.

- 셀레니움 서버 바이너리(Selenium Standalone Server binary)
- 게코드라이버(geckodriver)
- 크롬드라이버(ChromeDriver – WebDriver for Chrome)

셀레니움 서버 바이너리는 다음 웹사이트로부터 다운로드할 수 있다: http://selenium-release.storage.googleapis.com/index.html.[3] 'selenium-server-standalone-x.xx.x.jar' 형식의 최신 버전 파일을 찾는다. 예를 들어, [그림 6-3]과 같은 파일을 다운로드한다.

그림 6-3 ▌셀레니움 서버 바이너리 다운로드. 'selenium-server-standalone-x.xx.x.jar' 형식의 파일을 찾는다.

Index of /4.0/

Name	Last modified	Size	ETag
Parent Directory		-	
selenium-html-runner-4.0.0-alpha-1.jar	2019-04-24 16:17:02	13.52MB	2eca35318710f46d1ba5ed5543a906c9
selenium-html-runner-4.0.0-alpha-2.jar	2019-07-01 21:32:41	13.76MB	346d72e4f425bfec91c7073a46c96208
selenium-java-4.0.0-alpha-1.zip	2019-04-24 16:17:01	8.46MB	db9ed262a07c1cd2bb6098263c7f1e7b
selenium-java-4.0.0-alpha-2.zip	2019-07-01 21:32:33	8.74MB	2d31929580c3d829197eea97ade5f4f0
selenium-server-4.0.0-alpha-1.jar	2019-04-24 16:16:58	10.62MB	c32b1dd1c12cdb42b48f345d65d657fb
selenium-server-4.0.0-alpha-1.zip	2019-04-24 16:16:59	10.20MB	7f0bc4bb4fc2a5a7f0a262f62bf782d3
selenium-server-4.0.0-alpha-2.jar	2019-07-01 21:32:04	10.79MB	d0676e6b3ee508b48416aba603662573
selenium-server-4.0.0-alpha-2.zip	2019-07-01 21:32:11	10.47MB	fb19d62db44a7b163f1fbc2fff9dff0a
selenium-server-standalone-4.0.0-alpha-1.jar	2019-04-24 16:17:00	11.98MB	ac553ec987d16d2af8c8e3ef9061772c
selenium-server-standalone-4.0.0-alpha-1.zip	2019-04-24 16:17:00	11.77MB	1974b11f970bad6e15c84e3840ec3897
selenium-server-standalone-4.0.0-alpha-2.jar	2019-07-01 21:32:19	12.33MB	d000d97d24389fde5bfb94f450ede780
selenium-server-standalone-4.0.0-alpha-2.zip	2019-07-01 21:32:27	12.26MB	2466773c71eeddea02004371a5e32324

2 자바가 설치되어 있는지 확인하기 위해서는 윈도우의 명령 프롬프트(command prompt)에서 'java -version'을 실행한다. 설치되어 있을 경우 자바 버전 정보가 출력된다. 자바는 다음 웹사이트에서 설치할 수 있다: https://www.oracle.com/java/technologies/downloads(설치 웹사이트의 주소가 변경되었을 때는 변경된 자바 설치 웹사이트를 검색한다). 시스템 환경에 맞는 JDK를 설치한다.

3 셀레니움 서버 공식 웹사이트(https://www.selenium.dev/downloads)의 'Previous Releases'에서 찾아볼 수도 있다.

▶ 그림 6-4 ▌**게코드라이버 다운로드.** 운영체제에 맞는 게코드라이버를 다운로드한다.

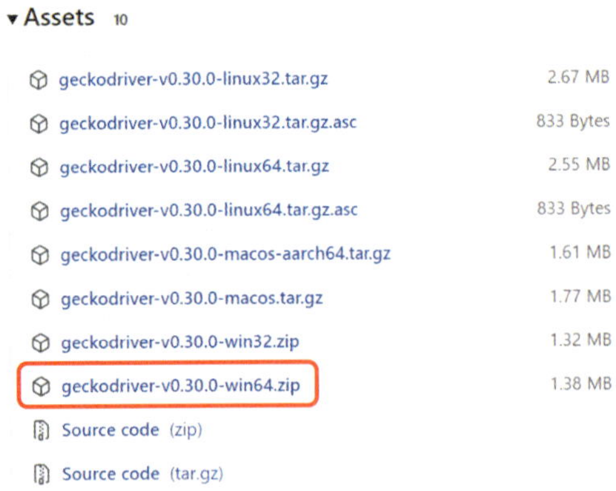

▶ 그림 6-5 ▌**크롬드라이버 다운로드.** 최신 버전의 크롬드라이버를 다운로드한다.

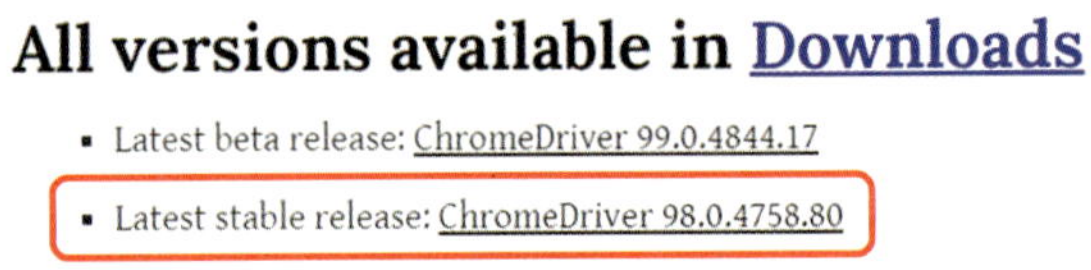

이어서 게코드라이버를 GitHub의 게코드라이버 웹사이트에서 다운로드한다: https://github.com/mozilla/geckodriver/releases. [그림 6-4]와 같이 자신의 운영체제에 맞는 파일을 선택한다. 다운로드한 파일의 압축을 해제하여 게코드라이버 파일을 압축 파일로부터 꺼낸다.

끝으로 크롬드라이버를 다운로드한다. 크롬드라이버 웹사이트에서 다운로드할 수 있다: https://chromedriver.chromium.org. [그림 6-5]와 같이 최신 버전의 크롬드라이버 링크를 선택하여 자신의 운영체제에 맞는 크롬드라이버를 다운로드한 후 압축 파일을 푼다.

셀레니움 환경 구축을 위해 필요한 세 개의 파일을 모두 다운로드했으므로 이제 [그림 6-6]과 같이 C 드라이브에 폴더를 하나 만든 후 그 아래에 세 파일을 저장한다. 여기에서는 RSelenium이라는 이름으로 폴더를 생성했다.[4]

4 폴더는 어떤 이름으로 사용해도 관계없지만 가능하면 C 드라이브에 지정하는 것이 바람직하다.

▶ 그림 6-6 ▌**셀레니움 폴더.** 셀레니움 서버 바이너리, 게코드라이버, 크롬드라이버 파일을 C 드라이브의 폴더에 저장한다.

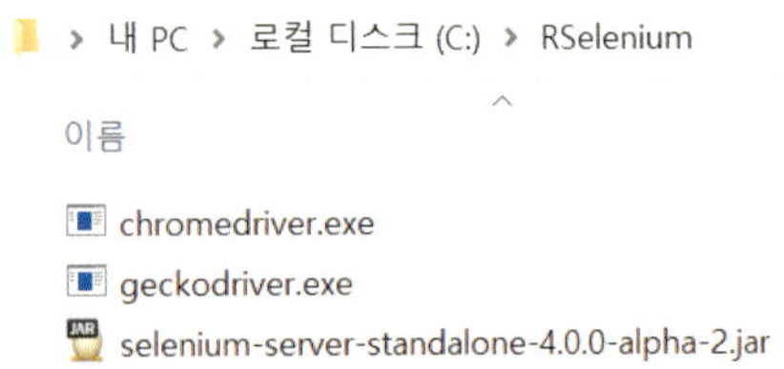

이제 셀레니움을 가동해보자. 우선 윈도우의 명령 프롬프트(command prompt)를 실행한다.5 그런 다음 아래의 두 명령어를 차례대로 입력한다. 두 번째 명령어를 입력할 때 셀레니움 버전은 현재 설치된 셀레니움 서버 바이너리 버전과 동일하게 일치시킨다(여기에서는 selenium-server-standalone-4.0.0-alpha-2.jar). 포트 번호는 사용하고 싶은 번호를 지정하면 된다(여기에서는 port 4445). 혹시 충돌이 발생하면 다른 번호를 지정한다.

5 명령 프롬프트는 윈도우 키 + R 또는 윈도우 검색(작업 표시줄의 돋보기 모양 아이콘) 화면에서 cmd를 입력하여 실행할 수 있다. 또는 『윈도우 시작 버튼 > Windows 시스템』 경로에서도 실행할 수 있다.

```
cd C:\RSelenium
java -jar selenium-server-standalone-4.0.0-alpha-2.jar -port 4445
```

[그림 6-7]과 같이 명령어를 배치 파일로 만들어서 바탕화면에 저장한 후 그 배치 파일을 실행하는 방식으로 동일한 작업을 수행할 수 있다. 이렇게 배치 파일을 만들면 매번 명령 프롬프트를 열어서 명령어를 입력하는 것보다 좀 더 편리하게 셀레니움을 구동할 수 있다. 셀레니움이 정상적으로 구동되면 [그림 6-8]과 같은 화면이 나타난다. 'Selenium Server is up and running on port 4445'와 같은 문구가 출력되면 셀레니움 환경은 성공적으로 구축된 것이다. 셀레니움을 사용하는 동안에는 이 명령 프롬프트 창을 계속 열어 두어야 한다.

그림 6-7 | 셀레니움 구동 배치 파일. 셀레니움을 구동하기 위한 명령어를 배치 파일로 만들면 좀 더 편리하게 셀레니움을 구동할 수 있다.

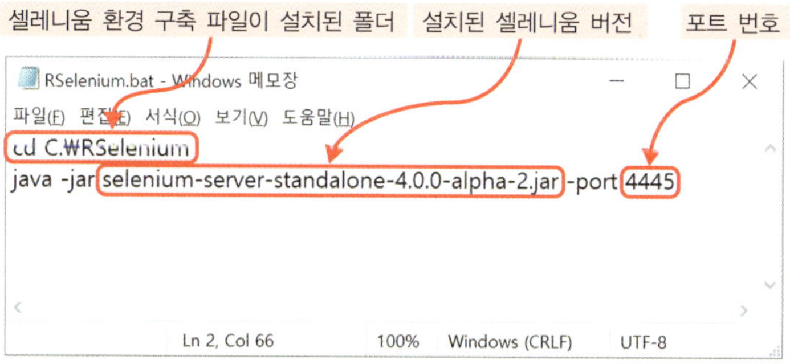

그림 6-8 | 셀레니움 구동 화면. 셀레니움이 성공적으로 구동되면 명령 프롬프트에서 'Selenium Server is up and running on port 4445'와 같은 문구가 출력된다.

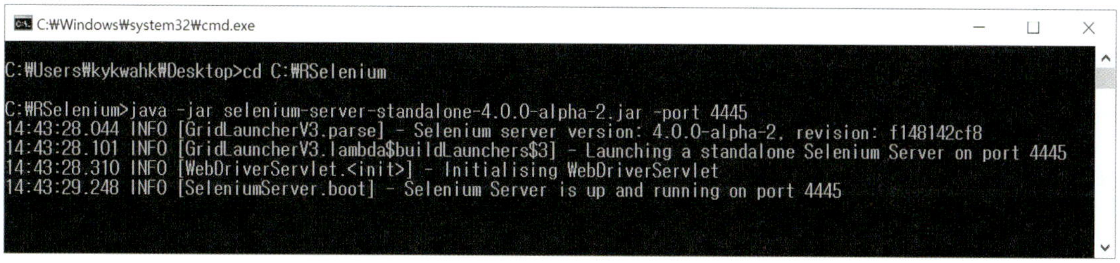

셀레니움 환경이 구축되었으므로 이제 R 환경에서 셀레니움을 이용하여 웹브라우저를 원격으로 움직여보자. RSelenium 패키지는 R 환경에서 셀레니움 서버와의 연결을 도와준다. 먼저 다음과 같이 RSelenium 패키지를 설치하고 메모리에 적재한다.

```
> install.packages("RSelenium")
> library(RSelenium)
```

다음 명령어를 차례대로 입력하고 실행해보자. 빈 웹브라우저가 열리고, 이어서 사용자가 웹브라우저를 구동하듯이 네이버 웹사이트로 이동한다.6

```
> remDr <- remoteDriver(remoteServerAddr="localhost", port=4445, browserName="chrome")
> remDr$open()
> remDr$navigate("https://www.naver.com")
> remDr$getTitle()
[[1]]
[1] "NAVER"

> remDr$getCurrentUrl()
[[1]]
[1] "https://www.naver.com/"
```

rsDriver()

R에서 셀레니움 환경을 구축하는 가장 손쉬운 방법 가운데 하나는 RSelenium 패키지의 rsDriver() 함수를 이용하는 것이다. rsDriver() 함수는 셀레니움 서버를 구동하는 데 필요한 프로그램 코드와 드라이버를 자동으로 다운로드하여 셀레니움 환경을 관리할 수 있도록 도와준다.

rsDriver() 함수를 실행하는 것만으로 셀레니움 서버와 웹브라우저(클라이언트)를 구동할 수 있다. 그런데 rsDriver() 함수를 실행하면 다음과 같은 에러 메시지를 만날 수 있다.

6 여기 사용된 RSelenium 패키지의 함수들은 이후 섹션에서 보다 자세히 다룬다. 셀레니움 환경을 구축하는 시점에서는 정상적으로 동작하던 셀레니움 서버가 어느 순간 동작하지 않기도 한다. 예를 들어, 다음과 같은 에러 메시지가 출력될 수 있다: 'Selenium message:session not created: This version of ChromeDriver only supports Chrome version …'. 이는 사용중인 크롬 웹브라우저가 자동으로 업데이트되면서 기 설치된 크롬드라이버와 버전이 일치하지 않아서 생기는 문제이다. 크롬드라이버의 최신 버전을 다시 다운로드하여 설치 폴더의 파일을 업데이트한다.

```
> library(RSelenium)
> rsDriver()
checking Selenium Server versions:
BEGIN: PREDOWNLOAD
BEGIN: DOWNLOAD
BEGIN: POSTDOWNLOAD
…(중략)
[1] "Connecting to remote server"

Selenium message:session not created: This version of ChromeDriver only supports
Chrome version …
…(중략)
```

이 에러는 기본적으로 사용중인 크롬 웹브라우저와 셀레니움을 구동하기 위한 크롬 웹드라이버인 크롬드라이버(ChromeDriver) 간의 버전 불일치로 인해 발생한다. 크롬드라이버의 각 버전은 메이저(major), 마이너(minor), 빌드(build) 버전 숫자와 일치하는 크롬 웹브라우저를 지원하다. 예를 들어, 크롬드라이버 92.0.4515.107은 92.0.4515로 시작하는 모든 크롬 웹브라우저를 지원한다. 따라서 이와 같은 에러가 발생하면 `rsDriver()` 함수를 실행할 때 현재 사용중인 크롬 웹브라우저를 지원하는 크롬드라이버를 `chromever` 인수에 추가로 지정하여 해결할 수 있다.

먼저 사용중인 크롬 웹브라우저의 버전을 확인한다. 웹브라우저 우상단의 『점 세개(⋮) > 도움말 > Chrome 정보』의 경로를 따라가면 [그림 6-9]와 같이 버전 정보를 확인할 수 있다. 현재 사용중인 크롬 웹브라우저의 버전은 98.0.4758.82(version 98)이다.

이어서 크롬드라이버 웹사이트(https://chromedriver.chromium.org/downloads)에 접속하여 각 크롬 웹브라우저 버전에 대응되는 크롬드라이버를 확인한다. [그림 6-10]의 안내에 따라 적절한 크롬드라이버를 확인한다. 현재 사용중인 크롬 웹브라우저의 버전이 98.0.4758.82, 즉 version 98이므로 이에 대응되는 크롬드라이버 버전은 98.0.4758.80이다.

그림 6-9 **크롬 웹브라우저 버전 확인.** 웹브라우저의 도움말에서 버전 정보를 확인할 수 있다.

그림 6-10 ▌ **크롬 웹브라우저 버전에 대응되는 크롬드라이버 확인.** 크롬 웹브라우저를 지원하는 크롬드라이버를 확인한다.

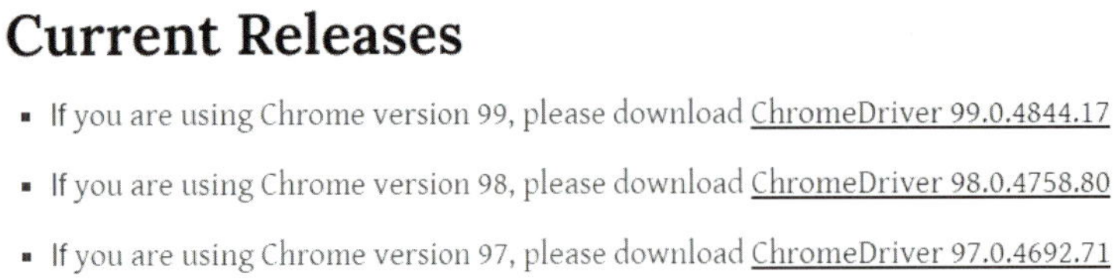

이제 다음과 같이 rsDriver() 함수의 chromever 인수에 조금 전에 확인한 크롬드라이버의 버전 번호를 지정한다.7

```
> library(RSelenium)
> rD <- rsDriver(chromever="98.0.4758.80")
```

이어서 다음과 같이 실행을 해보면 웹브라우저가 원격으로 잘 구동되는 것을 확인할 수 있다.

```
> remDr <- rD$client
> remDr$navigate("https://www.naver.com")
> remDr$getTitle()
[[1]]
[1] "NAVER"

> remDr$getCurrentUrl()
[[1]]
[1] "https://www.naver.com/"
```

가용한 크롬드라이버는 크롬드라이버 웹사이트가 아닌 binman 패키지의 list_versions() 함수를 통해서도 확인할 수 있다. 크롬 웹브라저의 버전이 version 98이므로 여기에서는 앞서와 마찬가지로 98로 시작하는 98.0.4758.80(또는 98.0.4758.48) 버전의 크롬드라이버를 사용한다.

```
> binman::list_versions("chromedriver")
$win32
[1] "91.0.4472.101" "92.0.4515.107" "93.0.4577.15"  "96.0.4664.45"  "97.0.4692.20"
[6] "97.0.4692.36"  "98.0.4758.48"  "98.0.4758.80"  "99.0.4844.17"
```

7 rsDriver() 함수는 기본적으로 포트 번호로 4567을 사용한다. 만약 포트가 사용중이라 충돌이 발생하면 port 인수에 다른 포트 번호를 정수로 지정한다: 예를 들면, rsDriver(port=4445L, chromever="98.0.4758.80"). 또는 Java 인스턴스 프로세스를 중단시키는 다음 명령어를 실행하여 열려 있는 포트를 모두 닫아 다시 가용하도록 만든다: system("taskkill /im java.exe /f", intern=FALSE, ignore.stdout=FALSE).

도커

도커(Docker)를 이용하여 셀레니움 환경을 구축한다. 먼저 다음 웹사이트에서 도커 데스크톱(Docker Desktop)을 다운로드한다: https://www.docker.com/products/docker-desktop. 다운로드한 파일을 실행하여 도커를 설치한다.

바탕화면에 생성된 도커 데스크톱 아이콘을 클릭하여 도커를 실행한다. 이어서 윈도우의 명령 프롬프트에서 다음 명령어를 실행한다. 여기에서는 크롬 웹브라우저를 구동하는 standalone-chrome 버전을 설치한다.8

```
docker pull selenium/standalone-chrome
```

도커 데스크톱 대시보드에서 'Images'를 클릭한다. 그러면 [그림 6-11]과 같은 화면을 볼 수 있다. 여기에서 Run 버튼을 클릭한다. [그림 6-12]와 같은 팝업 윈도우가 나타나면 'Optional Settings'를 클릭한다. [그림 6-13]의 설정 화면에서 'Ports'에 사용할 포트 번호를 입력하고 Run 버튼을 클릭하여 설정을 종료한다. 도커 데스크톱의 대시보드에서 'Container / Apps'를 클릭하면 [그림 6-14]와 같이 동작하는 셀레니움 서버를 확인할 수 있다.

그림 6-11 ▌ 도커 데스크톱. 설치된 셀레니움 서버를 확인하고 Run 버튼을 클릭하여 실행한다.

그림 6-12 ▌ 도커 데스크톱. 셀레니움 서버의 설정을 시작한다.

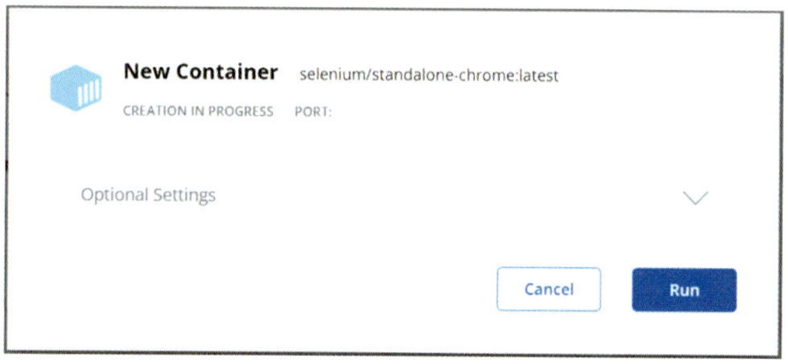

8 여기 설치한 버전 이외에도 다양한 버전의 셀레니움 서버를 설치할 수 있다. 설치 가능한 셀레니움 버전의 전체 리스트는 다음 웹사이트에서 확인할 수 있다: https://hub.docker.com/u/selenium.

그림 6-13 ▌ 도커 데스크톱. 사용할 포트 번호를 지정한다.

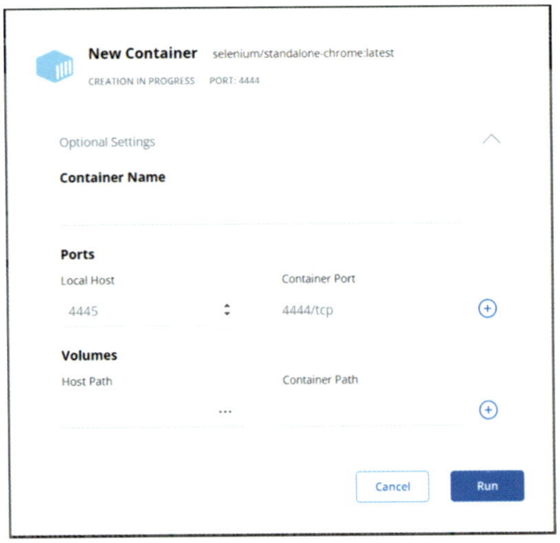

그림 6-14 ▌ 도커 데스크톱. 셀레니움 서버가 정상적으로 동작하는 것을 확인할 수 있다.

앞서와 마찬가지로 RSelenium 패키지의 함수가 잘 작동하는지 확인한다.[9]

```
> library(RSelenium)
> remDr <- remoteDriver(remoteServerAddr="localhost", port=4445, browserName="chrome")
> remDr$open()
> remDr$navigate("https://www.naver.com")
> remDr$getTitle()
[[1]]
[1] "NAVER"

> remDr$getCurrentUrl()
[[1]]
[1] "https://www.naver.com/"

> remDr$screenshot(display=TRUE)
```

9 standalone-chrome 버전을 설치하면 웹브라우저가 구동되는 모습은 볼 수 없다. 웹브라우저에 출력된 화면은 셀레니움 서버 연결 객체에 screenshot(display=TRUE) 메소드(method)를 적용하여 확인할 수 있다. standalone-chrome-debug 버전을 설치하면 VNC 뷰어(viewer)를 통해 웹브라우저가 구동되는 것을 볼 수 있다. 이에 대한 설명은 다음 웹사이트를 참고한다: https://docs.ropensci.org/RSelenium/articles/docker.html.

6.3 RSelenium 패키지

R 환경에서 셀레니움을 사용하기 위해서는 먼저 `RSelenium` 패키지를 설치하고 메모리에 적재한다.

```
> install.packages("RSelenium")
> library(RSelenium)
```

개발 버전은 다음과 같이 GitHub로부터 직접 설치할 수 있다.

```
> devtools::install_github("ropensci/RSelenium")
```

`RSelenium` 패키지의 구체적인 활용 방법을 본격적으로 살펴보기 전에 먼저 셀레니움이 어떤 방식으로 동작하는지 예를 통해 간단히 살펴보자. 다음과 같이 명령어를 실행해본다.[10]

10 여기에서의 셀레니움 구동 코드에 대한 설명은 셀레니움 환경 구축 시 셀레니움 서버를 자바 바이너리 버전으로 직접 설치한 경우를 가정한다.

```
> remDr <- remoteDriver(remoteServerAddr="localhost", port=4445, browserName="chrome")
> remDr$open()
```

그러면 [그림 6-15]와 같이 크롬 웹브라우저가 열리는 것을 볼 수 있다. 웹브라우저가 원격으로 구동된다. 이어서 다음 코드를 차례대로 입력하고 실행해서 실제로 웹브라우저를 움직여보자.

그림 6-15 **웹브라우저 오픈.** 셀레니움에 의해 웹브라우저가 자동으로 열린다.

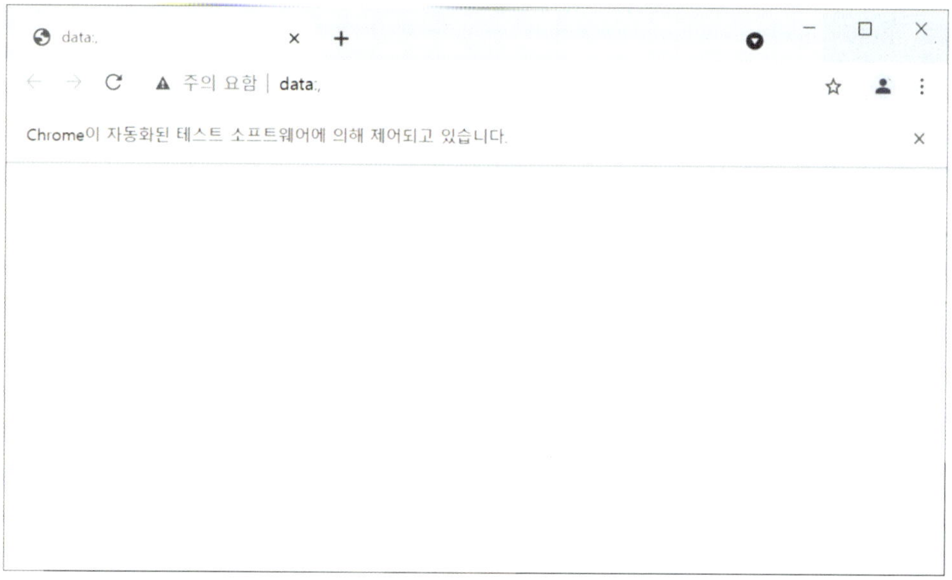

```
> remDr$navigate("https://www.naver.com/")
> search <- remDr$findElement(using="xpath", value="//input[@id='query']")
> search$sendKeysToElement(list("인공지능"))
> button <- remDr$findElement(using="xpath", value="//button[@id='search_btn']")
> button$sendKeysToElement(list(key="enter"))
```

명령어를 차례대로 입력하면 [그림 6-16]과 같이 웹브라우저에 네이버 웹사이트가 뜨고 이어서 검색창에 '인공지능'이라는 검색어가 입력되고 검색 결과가 웹브라우저에 출력된다. 웹브라우저가 스스로 움직이는 것이 마치 누군가 원격으로 조정하는 것처럼 보인다. 이처럼 웹브라우저를 직접 동작시킨

그림 6-16 | 웹브라우저 구동. 네이버 홈페이지가 열린 후 검색창에 '인공지능'이 입력되고 키보드의 엔터 키가 눌려진다.

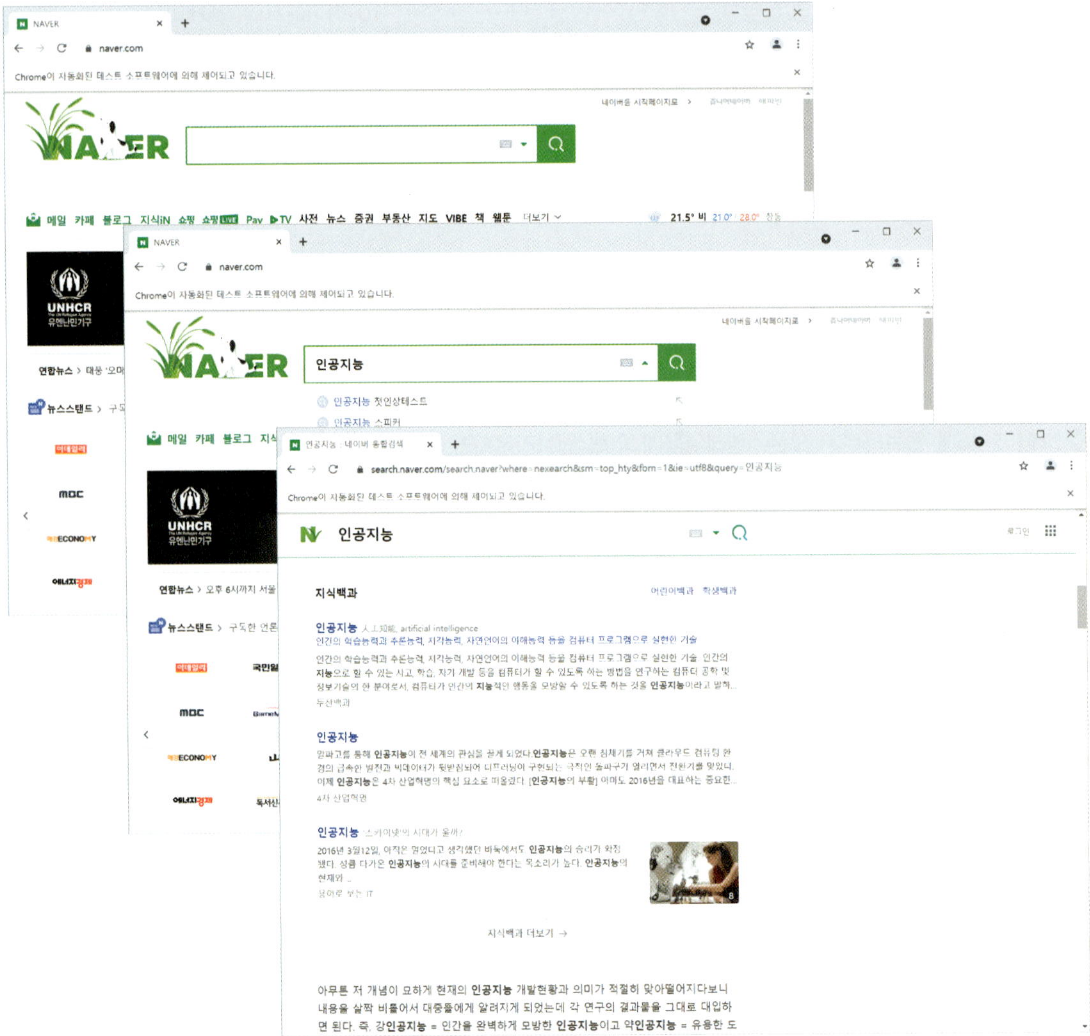

다는 것은 사용자의 명령에 의해 특정 작업이 처리된 후 생성되는 콘텐츠를 비동기적으로 수집할 수 있다는 것을 의미한다. 이는 또한 웹페이지상에서 볼 수 있는 콘텐츠라면 무엇이든 가져올 수 있다는 것을 뜻한다. 이러한 과정은 사용자가 웹브라우저를 직접 구동하는 것과 동일하므로 자바스크립트에 의해 처리가 완료되어 새롭게 생성된 웹페이지에 접근하는 것이 가능하다. 그 이후의 과정은 우리가 앞서 학습했던 웹스크레이핑 절차와 동일하다. 만약 '인공지능' 검색 결과 콘텐츠를 수집하고 싶다면 셀레니움에 의해 구동된 검색 결과 웹페이지로부터 HTML 문서를 읽어들여 우리가 지금까지 공부했던 것처럼 XPath나 CSS 선택자를 이용하여 데이터를 수집한다.

시작

R 환경에서 셀레니움을 사용하려면 작동중인 셀레니움 서버에 연결해야 한다. 다음과 같이 `remoteDriver()` 함수를 이용하여 `remoteDriver` 클래스의 객체를 생성한다.

```
> library(RSelenium)
> remDr <- remoteDriver(remoteServerAddr="localhost", port=4445, browserName="chrome")
> class(remDr)
[1] "remoteDriver"
attr(,"package")
[1] "RSelenium"
```

`remoteDriver()` 함수의 `remoteServerAddr` 인수에는 셀레니움 서버가 가동중인 컴퓨터의 IP 주소를 지정한다. 기본값은 `remoteServerAddr="localhost"`이기 때문에 본인의 PC에서 셀레니움 환경을 구축했다면 별도로 지정하지 않아도 된다. `port` 인수에는 사용중인 포트 번호를 지정한다. 셀레니움 환경을 구축할 때 사용한 포트 번호를 지정한다. 앞서 셀레니움 환경 구축 시 포트 번호로 4445를 사용했으므로 여기에서는 그 번호를 `port` 인수에 지정한다.[11] `browserName` 인수에는 사용중인 브라우저 이름을 지정한다. chrome, firefox 등을 지정할 수 있다.

`remoteDriver()` 함수로부터 생성된 `remoteDriver` 클래스의 객체에 다양한 메소드(method)를 적용할 수 있다.[12] 웹브라우저의 구동을 시작하기 위해서는 다음과 같이 `open()` 메소드를 호출한다. 그러면 아무런 콘텐츠 없이 비어 있는 웹브라우저가 열린다.

11 `port` 인수에 포트 번호를 지정하지 않으면 셀레니움 서버의 기본 포트 번호인 4444가 사용된다.

12 `remoteDriver` 클래스의 객체에 적용할 수 있는 메소드의 리스트는 `remoteDriver()` 함수의 도움말(`?remoteDriver`)을 참고한다.

```
> remDr$open()
```

이제 remoteDriver 객체(즉 remDr)는 셀레니움 서버와 연결되어 있으므로 다음과 같이 getStatus() 메소드를 이용하여 가동중인 셀레니움 서버의 정보를 확인할 수 있다. 그 밖에 운영체제와 자바에 대한 정보도 함께 출력된다.

```
> remDr$getStatus()
$ready
[1] TRUE

$message
[1] "Server is running"

$build
$build$revision
[1] "f148142cf8"

$build$time
[1] "2019-07-01T21:30:10"

$build$version
[1] "4.0.0-alpha-2"



$os
$os$arch
[1] "amd64"

$os$name
[1] "Windows 10"

$os$version
[1] "10.0"



$java
$java$version
[1] "11.0.11"
```

이동

웹스크레이핑을 시작하기 위해서는 일단 웹사이트로 이동해야 한다. 웹사이트로의 이동은 navigate() 메소드를 이용한다.

```
> remDr$navigate("https://www.google.com/")
```

다른 웹사이트로도 언제든 이동할 수 있다. getCurrentUrl() 메소드는 현재 웹사이트의 URL을 반환한다.

```
> remDr$navigate("https://www.naver.com/")
> remDr$getCurrentUrl()
[[1]]
[1] "https://www.naver.com/"
```

goBack() 메소드와 goForward() 메소드를 이용하여 현재 웹사이트를 기준으로 뒤와 앞으로 이동할 수 있다.

```
> remDr$goBack()
> remDr$getCurrentUrl()
[[1]]
[1] "https://www.google.com/"

> remDr$goForward()
> remDr$getCurrentUrl()
[[1]]
[1] "https://www.naver.com/"
```

현재 웹페이지를 새로고침(reload)하려면 refresh() 메소드를 이용한다.

```
> remDr$refresh()
```

요소 식별

일단 웹사이트로 이동한 후 웹브라우저를 작동시키려면 웹페이지의 특정 요소(element)를 식별해야 한다. 예를 들어, 구글 웹사이트에서 관심 있는 주제를 검색하려면 검색어를 검색창에 입력하고 엔터 키를 눌러야 한다. 이러한 과정을 셀레니움을 통해 구현하려면 먼저 웹페이지상에서 '검색창'이라는 요소를 식별해야 한다.

`findElement()` 메소드를 이용하여 웹페이지상의 요소를 식별할 수 있다. 여러 개의 요소를 식별할 필요가 있을 때는 `findElements()` 메소드를 이용한다. `findElement()` 메소드는 두 개의 인수를 갖는다. `using` 인수에는 요소를 탐색하기 위한 방법을 지정한다. 웹 요소를 탐색하기 위해 일반적으로 사용되는 XPath와 CSS 선택자 이외에도 다양한 탐색 방법을 지원한다. `value` 인수에는 `using` 인수에 지정된 탐색 방법에 의해 탐색할 값을 지정한다. `using` 인수에는 구체적으로 다음과 같은 방법을 지정할 수 있다: xpath(XPath에 의해 매칭되는 요소 반환), css selector(CSS 선택자에 의해 매칭되는 요소 반환), class name(`class` 속성값에 탐색값이 포함된 요소 반환), id(`id` 속성값이 탐색값과 일치하는 요소 반환), name(name 속성값이 탐색값과 일치하는 요소 반환), link text(요소 내에 포함된 텍스트가 탐색값과 일치하는 요소 반환), partial link text(요소 내에 포함된 텍스트가 탐색값과 일부 일치하는 요소 반환), tag name(태그명이 탐색값과 일치하는 요소 반환).

구글 검색 화면에서 검색창을 식별해보자. 검색창에 대응되는 HTML 코드는 [그림 6-17]과 같다. name 속성을 이용하여 검색창을 식별한다. 검색창을 나타내는 요소에 name="q"가 지정되어 있으므로 다음과 같이 name 속성에 의해 검색창을 식별할 수 있다. `findElement()` 메소드에 의해 식별된 요소 객체는 `webElement` 클래스를 가지며 여기에 다양한 메소드를 적용할 수 있다.[13]

```
> remDr$navigate("https://www.google.com/")
> elem <- remDr$findElement(using="name", value="q")
> class(elem)
[1] "webElement"
attr(,"package")
[1] "RSelenium"
```

`highlightElement()` 메소드를 이용하면 식별된 요소를 웹브라우저상에서 확인할 수 있다. 식별된 요소가 검은색과 노란색으로 하이라이트된다. 또는 `getElementAttribute()` 메소드로 식별된 요소의 속성값을 추출하여 의도한 대로 작동이 되었는지 확인할 수도 있다.

```
> elem$highlightElement()
> elem$getElementAttribute("name")
[[1]]
[1] "q"
```

13 `webElement` 클래스의 객체에 적용할 수 있는 메소드의 리스트는 도움말(`?webElement`)을 참고한다.

▶ **그림 6-17 ▌ 구글 검색 화면.** 셀레니움을 이용하여 검색창을 식별한다.

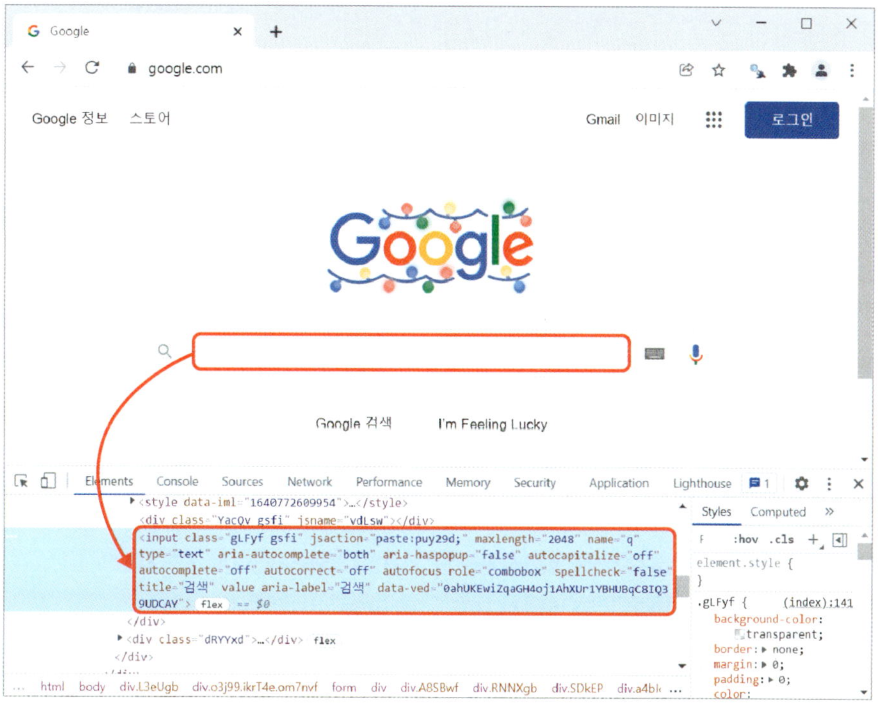

이번에는 다음과 같이 class 속성값을 이용하여 검색창을 식별해보자.

```
> elem <- remDr$findElement(using="class name", value="gLFyf")
> elem$getElementAttribute("type")
[[1]]
[1] "text"
```

HTML 코드를 보면 class 속성에는 두 개의 값이 있다. 만약 다음과 같이 두 개의 class 속성값을 모두 지정하면 에러가 발생한다. class name에 의한 탐색은 이와 같은 복합 클래스(compound class)를 지원하지 않는다. 두 개 이상의 class 속성값을 모두 이용하여 요소를 식별하려면 CSS 선택자(using="css selector")나 XPath(using="xpath")를 이용한다.

```
> elem <- remDr$findElement(using="class name", value="gLFyf gsfi")

Selenium message:Compound class names not permitted … (중략)
```

CSS 선택자와 XPath는 좀 더 정교하게 요소를 탐색할 수 있기 때문에 단순히 속성값만으로 요소를 식별하기 어려운 복잡한 구조의 요소를 탐색할 때 보다 유용하다. 다음과 같이 name 속성을 바탕으로 정의한 CSS 선택자를 이용하여 구글 검색창을 쉽게 식별할 수 있다.

```
> elem <- remDr$findElement(using="css selector", value="input[name='q']")
> elem <- remDr$findElement(using="css selector", value="[name='q']")
```

class name에 의한 탐색과 달리 CSS 선택자는 다음과 같이 여러 개의 속성값을 갖는 복합 클래스에도 문제 없이 동작한다.

```
> elem <- remDr$findElement(using="css selector", value="[class='gLFyf gsfi']")
```

class 속성을 의미하는 .(마침표)를 이용한 다음의 CSS 선택자도 앞서와 동일하게 구글 검색창을 식별한다.

```
> elem <- remDr$findElement(using="css selector", value="input.gLFyf.gsfi")
> elem <- remDr$findElement(using="css selector", value=".gLFyf.gsfi")
```

XPath를 이용한 요소 식별은 CSS 선택자와 함께 일반적으로 많이 선택하는 탐색 방법이다. name 속성과 class 속성을 바탕으로 각각 XPath를 정의하여 다음과 같이 구글 검색창을 식별할 수 있다.

```
> elem <- remDr$findElement(using="xpath", value="//input[@name='q']")
> elem <- remDr$findElement(using="xpath", value="//input[@class='gLFyf gsfi']")
```

요소 구동

일단 웹페이지상의 요소를 식별하면 이제 그 요소와 다양한 상호작용을 할 수 있다. 예를 들어, 식별한 요소가 텍스트 박스면 그 안에 텍스트를 입력할 수 있고, 서브밋 버튼이면 클릭할 수 있으며, 리스트 박스일 경우에는 화살표 키로 이동하며 항목을 선택할 수도 있다. 이처럼 요소에 이벤트(예를 들면, 클릭)를 발생시킴으로써 웹사이트에 필요한 요청을 전달할 수 있고 웹서버는 그러한 요청을 처리함으로써 웹페이지를 동적으로 생성한다.

구글에서 'R CRAN'을 검색하려고 한다. 이를 위해 먼저 앞서 했던 것처럼 구글 검색 화면에서 검색창에 대응되는 요소를 식별한다. 그런 다음 텍스트를 그 요소(즉 검색창)에 전달한다. 다음과 같이 sendKeysToElement() 메소드를 이용하여 이러한 작업을 수행할 수 있다. 전달하고자 하는 텍스트를 리스트 형식으로 지정한다.

```
> remDr$navigate("https://www.google.com/")
> elem <- remDr$findElement(using="xpath", value="//input[@name='q']")
> elem$sendKeysToElement(list("R CRAN"))
```

구글의 검색창에 'R CRAN'이 입력된 것을 볼 수 있다. 이제 검색을 위해서는 추가로 키보드에서 엔터(Enter) 키를 눌러야 한다. 이 작업 또한 sendKeysToElement() 메소드를 이용하여 수행할 수 있다. 다음과 같이 메소드 내에 리스트 형식으로 key="enter"를 지정하여 엔터 키를 검색창에 전달한다. 그러면 검색 결과가 웹브라우저에 출력되는 것을 볼 수 있다.

```
> elem$sendKeysToElement(list(key="enter"))
```

또는 다음과 같이 검색어와 엔터 키를 리스트 형식으로 함께 지정하여 동시에 전달할 수도 있다. 이때 현재 검색창에는 이미 검색어가 입력되어 있는 상태이기 때문에 이 작업을 수행하기 전에 먼저 검색창을 깨끗하게 비운다. 이 작업은 clearElement() 메소드를 이용한다.

```
> remDr$findElement(using="xpath", value="//input[@name='q']")$clearElement()
> elem <- remDr$findElement(using="xpath", value="//input[@name='q']")
> elem$sendKeysToElement(list("R CRAN", key="enter"))
```

검색 결과를 살펴보자. 키보드의 페이지다운(Page Down) 키나 페이지업(Page Up) 키를 요소에 전달함으로써 화면을 위아래로 스크롤할 수 있다. 이때 여기에서 대상이 되는 요소는 웹페이지 전체이므로 웹페이지 내의 모든 HTML 코드를 담고 있는 body 태그를 식별한다.

```
> elem <- remDr$findElement(using="xpath", value="//body")
> elem$sendKeysToElement(list(key="page_down"))
> elem$sendKeysToElement(list(key="page_up"))
```

또는 홈(Home) 키나 엔드(End) 키를 사용해도 동일하게 화면을 위아래로 스크롤할 수 있다.

```
> elem$sendKeysToElement(list(key="end"))
> elem$sendKeysToElement(list(key="home"))
```

키와 문자의 조합으로 이루어진 단축키도 유사한 방식으로 요소로 전달할 수 있다. 예를 들어, 전체 웹페이지를 선택하기 위한 Ctrl + A 키 조합은 다음과 같은 방식으로 웹브라우저로 전달할 수 있다. 이를 실행하면 Ctrl + A 키에 의해 웹페이지 전체가 선택된다. 선택을 해제하기 위해서는 clickElement() 메소드를 이용하여 웹페이지상의 임의의 공간을 클릭한다.

```
> elem$sendKeysToElement(list(key="control", "A"))
> elem$clickElement()
```

사용할 수 있는 키의 전체 리스트는 다음과 같이 selKeys 데이터셋에서 확인할 수 있다.

```
> names(selKeys)
 [1] "null"        "cancel"      "help"        "backspace"   "tab"
 [6] "clear"       "return"      "enter"       "shift"       "control"
[11] "alt"         "pause"       "escape"      "space"       "page_up"
[16] "page_down"   "end"         "home"        "left_arrow"  "up_arrow"
[21] "right_arrow" "down_arrow"  "insert"      "delete"      "semicolon"
[26] "equals"      "numpad_0"    "numpad_1"    "numpad_2"    "numpad_3"
[31] "numpad_4"    "numpad_5"    "numpad_6"    "numpad_7"    "numpad_8"
[36] "numpad_9"    "multiply"    "add"         "separator"   "subtract"
[41] "decimal"     "divide"      "f1"          "f2"          "f3"
[46] "f4"          "f5"          "f6"          "f7"          "f8"
[51] "f9"          "f10"         "f11"         "f12"         "command_meta"
```

웹페이지상에서 요소와 상호작용할 때 키보드의 키를 이용하기도 하지만 마우스 또한 흔히 사용한다. 웹페이지상에서 클릭을 한다거나 마우스를 이동하는 일은 빈번히 하는 작업 가운데 하나이다. 다시 구글 홈페이지로 돌아가서 다음과 같이 'R CRAN'을 검색해보자.

```
> remDr$navigate("https://www.google.com/")
> elem <- remDr$findElement(using="xpath", value="//input[@name='q']")
> elem$sendKeysToElement(list("R CRAN", key="enter"))
```

검색 결과 가운데 'The Comprehensive R Archive Network'에 대한 링크를 클릭해서 CRAN 웹사이트로 이동하려고 한다. 먼저 검색 결과의 헤더를 모두 출력해보자. HTML 코드를 살펴보면 각 링크의 헤더는 class="LC20lb MBeuO DKV0Md" 속성을 갖는 <h3> 태그에 포함되어 있다.[14] 따라서 다음과 같이 findElements() 메소드를 이용하여 모든 헤더를 식별한다. 요소 안에 포함된 텍스트는 getElementText() 메소드로 추출할 수 있다.[15]

---

14 구글의 검색 결과와 HTML 코드는 언제든 바뀔 수 있으므로 여기에서 설명하는 것과 다를 수 있다. 여기의 설명과 다르다면 검색 결과와 HTML 코드의 변경된 내용을 반영하여 R 코드를 수정한다.

15 두 번째 링크부터 다섯 번째 링크까지는 첫 번째 링크 아래의 '관련 질문' 안에 포함되어 있다. 이 네 개의 헤더는 getElementText() 메소드로 추출되지 않는다. 왜냐하면 getElementText() 메소드는 눈에 보이는 텍스트(visible text)만 추출할 수 있기 때문이다. 이 네 개의 링크는 화면상에 보이지 않으며 클릭하여 내용을 펼쳐야 비로소 드러난다. 이를 출력하려면 executeScript() 메소드를 이용하여 자바스크립트를 실행한다. 예를 들어,

```
<h3 class="LC20lb MBeuO DKV0Md">The Comprehensive R Archive Network</h3>
```

```
> elems <- remDr$findElements(using="xpath", value="//h3[@class='LC20lb MBeuO DKV0Md']")
> unlist(sapply(elems, function(x) x$getElementText()[[1]]))
 [1] "The Comprehensive R Archive Network"
 [2] ""
 [3] ""
 [4] ""
 [5] ""
 [6] "The R Project for Statistical Computing"
 [7] "R CRAN에서 삭제된, 혹은 구버전 패키지 다운로드하기"
 [8] "Chapter 20 Releasing a package"
 [9] "cran - GitHub"
[10] "METACRAN"
[11] "RStudio | Open source & professional software for data ..."
[12] "[R] 초보자를 위한 R 다운로드 및 설치 방법 총정리 - 모두의매뉴얼"
```

이 가운데 우리가 찾는 링크는 첫 번째 헤더이다. 다음과 같이 확인해볼 수 있다.

```
> elems[[1]]$getElementText()[[1]]
[1] "The Comprehensive R Archive Network"
```

이 헤더의 링크를 클릭하기 위해서는 다음과 같이 clickElement() 메소드를 이용한다.

```
> elems[[1]]$clickElement()
> remDr$getCurrentUrl()
[[1]]
[1] "https://cran.r-project.org/"

> remDr$getTitle()
[[1]]
[1] "The Comprehensive R Archive Network"
```

다음과 같이 remoteDriver 클래스의 mouseMoveToLocation() 메소드를 이용하여 마우스를 식별한 요소로 이동한 후 click() 메소드를 이용하여 링크를 클릭할 수도 있다. 이때는 요소, 즉 webElement 클래스의 객체가 아닌 remoteDriver 클래스의 객체에 메소드를 적용한다.

두 번째 헤더는 다음과 같이 추출할 수 있다: remDr$executeScript("return arguments[0].innerHTML;", args=list(elems[[2]]))[[1]]. 자바스크립트를 실행하는 방법은 잠시 후에 살펴본다.

```
> remDr$goBack()
> elems <- remDr$findElements(using="xpath", value="//h3[@class='LC20lb MBeuO DKV0Md']")
> remDr$mouseMoveToLocation(webElement=elems[[1]])
> remDr$click()
```

자바스크립트 실행

자바스크립트를 이용하여 웹페이지를 다루어야 하는 경우가 간혹 있다. 예를 들어, 페이지다운 키를 누를 때마다 새로운 콘텐츠가 계속 로딩되는 웹사이트로부터 데이터를 수집하는 경우를 생각해보자. 이 웹사이트의 데이터를 모두 수집하기 위해서는 새로운 콘텐츠가 더 이상 로딩되지 않을 때까지 페이지다운 키를 반복하여 눌러서 화면을 아래로 스크롤해야 한다. 이때 언제 스크롤을 멈출지, 즉 언제까지 페이지다운 키를 눌러야 할지 알고자 할 때 스크롤 전후의 웹페이지 상태 변화를 파악하기 위한 목적으로 자바스크립트를 이용할 수 있다.

셀레니움을 통해 자바스크립트를 어떻게 실행할 수 있는지 살펴보자. 구글 홈페이지의 구글 로고 이미지(Google)를 자바스크립트를 이용하여 화면상에서 숨겨보려고 한다. 로고 이미지는 class="lnXdpd" 속성을 갖는 <img> 노드에 포함되어 있으므로 다음과 같이 식별할 수 있다.

```
<img class="lnXdpd" alt="Google" height="92" src="/images/branding/googlelogo/2x/googlelogo_color_272x92dp.png" srcset="/images/branding/googlelogo/1x/googlelogo_color_272x92dp.png 1x, /images/branding/googlelogo/2x/googlelogo_color_272x92dp.png 2x" width="272" data-atf="1" data-frt="0"> == $0
```

```
> remDr$navigate("https://www.google.com/")
> elem <- remDr$findElement(using="css selector", value="img.lnXdpd")
> elem$highlightElement()
```

구글 로고는 웹브라우저를 통해 화면에 잘 출력되고 있다. 자바스크립트를 실행하기 위해서는 executeScript() 메소드를 이용한다. 다음과 같이 자바스크립트를 이용하여 식별한 요소의 hidden 속성을 확인함으로써 그 요소가 화면상에 잘 출력되고 있는지 확인할 수 있다.

```
> script <- "return document.getElementsByClassName('lnXdpd')[0].hidden;"
> remDr$executeScript(script, args=list(""))
[[1]]
[1] FALSE
```

FALSE가 출력되었다. 이는 요소의 속성이 'hidden'이 아니라는 것을 의미하므로 해당 요소가 화면상에 잘 출력되고 있다는 것을 나타낸다. 자바스크립트의 getElementsByClassName() 메소드는 class 속성값에 의해 요소를 탐색한다.16 class 속성은 여러 개가 있을 수 있으므로 탐색된 결과는 배열로 저장된다. 배열에 인덱스를 지정하여 요소를 선택한다.17

이제 구글 로고 이미지를 화면상에서 숨겨보자. 다음과 같이 자바스크립트를 이용하여 요소의 hidden 속성을 true로 설정함으로써 구글 로고를 웹브라우저상에서 간단히 사라지게 할 수 있다.

```
> script <- "document.getElementsByClassName('lnXdpd')[0].hidden=true;
+            return document.getElementsByClassName('lnXdpd')[0].hidden;"
> remDr$executeScript(script, args=list(""))
[[1]]
[1] TRUE
```

요소의 hidden 속성을 false로 되돌리면 구글 로고가 다시 살아난다.

```
> script <- "document.getElementsByClassName('lnXdpd')[0].hidden=false;
+            return document.getElementsByClassName('lnXdpd')[0].hidden;"
> remDr$executeScript(script, args=list(""))
[[1]]
[1] FALSE
```

지금까지는 요소에 대한 작업을 수행하기 전에 자바스크립트의 getElementsByClassName() 메소드를 이용하여 먼저 요소를 탐색했다. 하지만 findElement() 메소드를 이용하여 이미 식별한 요소가 있다면 기 식별된 요소를 이용하여 자바스크립트 코드를 보다 간결하게 만들 수 있다. 예를 들어, 앞서의 코드는 다음과 같이 수정할 수 있다. 기 식별된 요소를 executeScript() 메소드의 args 인수에 넘겨준다.

```
> elem <- remDr$findElement(using="css selector", value="img.lnXdpd")
```

16 자바스트립트를 이용하여 요소를 탐색하는 메소드에는 이 밖에도 다음과 같은 것이 있다: getElementById() – id 속성으로 탐색, getElementsByName() – name 속성으로 탐색, getElementsByTagName() – 태그 이름으로 탐색, querySelector() – CSS 선택자로 탐색(첫 번째 것만 반환), querySelectorAll() – CSS 선택자로 탐색(모든 결과 반환). getElementById()와 querySelector() 메소드는 탐색된 한 개의 요소만을 반환한다. 반면 이를 제외한 나머지 메소드는 모두 다수의 탐색 결과를 가정하므로 배열에 저장된다. 따라서 이 가운데 특정 요소를 선택하기 위해서는 대괄호 [ ]로 인덱싱을 해야 한다.

17 자바스크립트의 인덱스는 0부터 시작한다. 따라서 인덱스 0은 배열의 첫 번째 원소를 나타낸다.

```
> script <- "arguments[0].hidden=true; return arguments[0].hidden;"
> remDr$executeScript(script, args=list(elem))
[[1]]
[1] TRUE

> script <- "arguments[0].hidden=false; return arguments[0].hidden;"
> remDr$executeScript(script, args=list(elem))
[[1]]
[1] FALSE
```

프레임

웹사이트 가운데는 프레임(frame)을 사용하여 웹페이지를 구성한 경우도 있다. 프레임(frame)은 하나의 웹브라우저 화면에 여러 개의 HTML 문서를 독립적으로 표시할 때 사용한다. 메뉴 부분과 콘텐츠 부분을 분리하거나 웹페이지 내에 별개의 독립적인 콘텐츠 창을 구성하는 목적으로 종종 활용되는 것을 볼 수 있다. HTML 문서를 작성할 때 `<frame>` 태그(또는 `<iframe>` 태그)를 이용하여 독립적인 콘텐츠를 갖는 프레임을 생성할 수 있다.[18]

웹페이지가 프레임으로 구성되어 있을 때는 프레임 외부에서 프레임 내 웹페이지의 콘텐츠에 바로 접근할 수 없다. 프레임 내의 HTML 코드를 볼 수 없기 때문이다. 예를 들어, 다음과 같이 CRAN 홈페이지로 이동해보자. 그러면 [그림 6-18]과 같이 웹브라우저상에 웹페이지의 콘텐츠가 모두 정상적으로 잘 출력이 된다. 그런데 `getPageSource()` 메소드를 이용하여 HTML 문서를 살펴보면 웹페이지의 콘텐츠에 대응되는 HTML 코드가 보이지 않는다. 이 콘텐츠는 `<frame>` 태그에 의해 생성된 세 개의 프레임 내에 숨겨져 있기 때문이다.[19]

```
> remDr$navigate("https://CRAN.r-project.org")
> library(XML)
> htmlParse(remDr$getPageSource()[[1]])
<!DOCTYPE html PUBLIC "-//W3C//DTD HTML 4.0 Transitional//EN"
"http://www.w3.org/TR/REC-html40/loose.dtd">
<html>
```

18 `<frame>` 태그는 화면 전체를 몇 개의 독립적인 영역으로 분할한다. 반면에 `<iframe>` 태그는 웹페이지 내의 일부를 프레임 영역으로 만든다. `<iframe>` 태그에 의해 생성된 프레임을 인라인 프레임(inline frame)이라고 하며 웹페이지 내에 또 다른 웹페이지를 삽입하기 위한 목적으로 사용된다.

19 웹페이지에 프레임이 포함되어 있는지 확인하는 간단한 방법은 마우스 오른쪽 버튼을 클릭해보는 것이다. 컨텍스트 메뉴에 '프레임 소스 보기'가 있으면 해당 웹페이지는 프레임으로 구성된 것이다.

▶ 그림 6-18 ▌ CRAN 홈페이지. 세 개의 프레임으로 구성되어 있다.

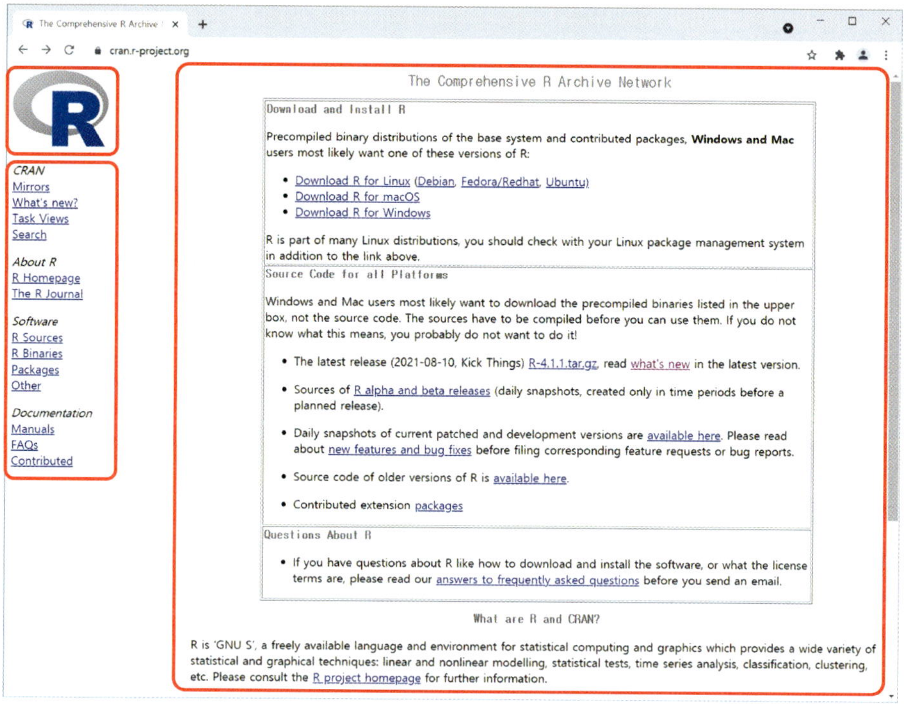

```
<head>
<title>The Comprehensive R Archive Network</title>
<meta http-equiv="content-type" content="text/html; charset=utf-8">
<link rel="icon" href="favicon.ico" type="image/x-icon">
<link rel="shortcut icon" href="favicon.ico" type="image/x-icon">
<link rel="stylesheet" type="text/css" href="R.css">
</head>
<frameset cols="1*, 4*" style="border: none;">
<frameset rows="120, 1*">
<frame src="logo.html" name="logo" frameborder="0">
<frame src="navbar.html" name="contents" frameborder="0">
</frameset>
<frame src="banner.shtml" name="banner" frameborder="0">
<noframes>
<body>
<h1>The Comprehensive R Archive Network</h1>

Your browser seems not to support frames,
here is the <a href="navbar.html">contents page</a> of CRAN.
```

```
</body>
</noframes>
</frameset>
</html>
```

이렇게 프레임 내에 숨겨진 웹페이지의 콘텐츠에 접근하기 위해서는 먼저 프레임 안으로 이동해야 한다. 하지만 어느 프레임 안에 어떤 콘텐츠가 포함되어 있는지 모르기 때문에 이동할 프레임을 현재로서는 알 수 없다. 따라서 원하는 특정 콘텐츠에 접근하기 위해서는 먼저 그 콘텐츠가 어떤 프레임 내에 포함되어 있는지 알아야 할 필요가 있다. CRAN 홈페이지에 포함된 세 개의 프레임은 다음과 같이 확인해볼 수 있다.

```
> elems <- remDr$findElements(using="tag name", value="frame")
> length(elems)
[1] 3
> for (i in seq_along(elems)) {
+   elems[[i]]$highlightElement()
+   Sys.sleep(1)
+ }
```

식별된 세 개의 프레임이 웹브라우저상에서 노란색과 까만색으로 차례대로 하이라이트되는 것을 볼 수 있다. 각 프레임 내에 포함된 콘텐츠는 다음과 같이 독립적인 세 개의 HTML 문서에 저장되어 있다.

```
> sapply(elems, function(x) x$getElementAttribute("src"))
[[1]]
[1] "https://cran.r-project.org/logo.html"

[[2]]
[1] "https://cran.r-project.org/navbar.html"

[[3]]
[1] "https://cran.r-project.org/banner.shtml"
```

프레임으로의 이동은 switchToFrame() 메소드를 이용한다. 예를 들어, 메뉴가 포함된 두 번째 프레임으로 다음과 같이 이동할 수 있다. switchToFrame() 메소드에 이동할 프레임 요소를 지정한다.

```
> remDr$switchToFrame(elems[[2]])
> htmlParse(remDr$getPageSource()[[1]])
<!DOCTYPE html PUBLIC "-//W3C//DTD HTML 4.0 Transitional//EN"
"http://www.w3.org/TR/REC-html40/loose.dtd">
<html>
<head>
<title>R Contents</title>
<meta http-equiv="content-type" content="text/html; charset=utf-8">
<link rel="stylesheet" type="text/css" href="R.css">
</head>
<body>

<em class="navigation">CRAN</em><br><a href="mirrors.html"
target="banner">Mirrors</a><br><a href="//www.R-project.org/news.html"
target="banner">What's new?</a><br><a href="web/views/" target="banner">Task
Views</a><br><a href="search.html" target="banner">Search</a><br><!--<a
href="pkg_submit.html" target="_top">Submit</a><BR>--><p>
<em class="navigation">About R</em><br><a href="//www.R-project.org/" target="_top">R
Homepage</a><br><a href="http://journal.R-project.org/" target="_top">The R
Journal</a>

…(중략)
```

일단 이렇게 프레임 내로 이동하면 이제 그 프레임에 포함된 콘텐츠에 자유롭게 접근할 수 있다. 예를 들어, href 속성을 갖는 <a> 노드를 식별함으로써 다음과 같이 메뉴와 각 메뉴에 대응되는 링크를 모두 주출할 수 있다.

```
> elems <- remDr$findElements(using="css selector", value="a[href]")
> unlist(sapply(elems, function(x) x$getElementText()[[1]]))
 [1] "Mirrors"         "What's new?"   "Task Views"    "Search"       "R Homepage"
 [6] "The R Journal"   "R Sources"     "R Binaries"    "Packages"     "Other"
[11] "Manuals"         "FAQs"          "Contributed"
> unlist(sapply(elems, function(x) x$getElementAttribute("href")))
 [1] "https://cran.r-project.org/mirrors.html"
 [2] "https://www.r-project.org/news.html"
 [3] "https://cran.r-project.org/web/views/"
…(중략)
[11] "https://cran.r-project.org/manuals.html"
[12] "https://cran.r-project.org/faqs.html"
[13] "https://cran.r-project.org/other-docs.html"
```

다시 CRAN 홈페이지로 돌아가서 우상단의 각 운영체제별 R 다운로드 링크 가운데 윈도우용 R 설치 프로그램을 다운로드해보자. [그림 6-19]와 같이 『Download R for Windows > base > Download R 4.1.1 for Windows』의 순서로 차례대로 링크를 클릭한다. 이를 위해 우선 앞서 했던 것처럼 CRAN 홈페이지로부터 프레임 요소를 식별한다.

```
> remDr$navigate("https://CRAN.r-project.org")
> elems <- remDr$findElements(using="tag name", value="frame")
```

CRAN 홈페이지 우상단의 콘텐츠는 세 번째 프레임에 포함되어 있으므로 다음과 같이 세 번째 프레임으로 이동한다.

그림 6-19 CRAN 홈페이지. 윈도우용 R 설치 프로그램을 다운로드한다.

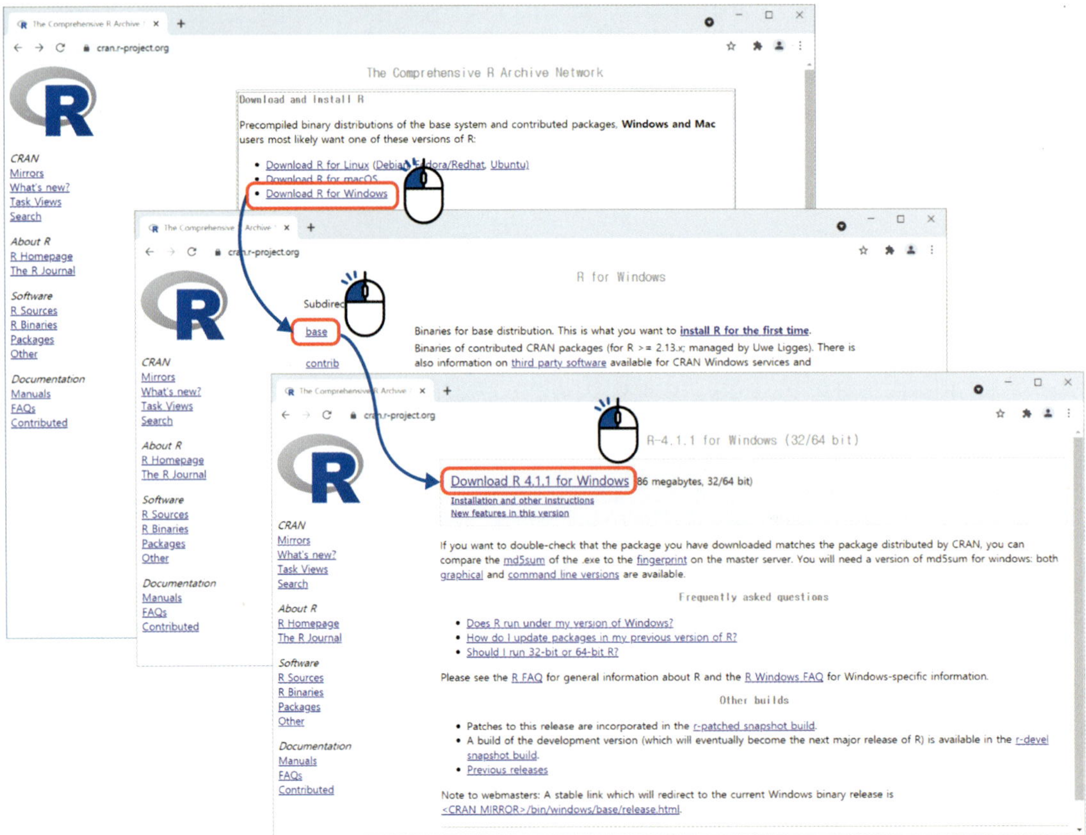

```
> remDr$switchToFrame(elems[[3]])
> htmlParse(remDr$getPageSource()[[1]])
<!DOCTYPE html PUBLIC "-//W3C//DTD HTML 4.0 Transitional//EN"
"http://www.w3.org/TR/REC-html40/loose.dtd">
<html>
<head>
<title>The Comprehensive R Archive Network</title>
<link rel="stylesheet" type="text/css" href="R.css">
</head>
<body>

<h1>The Comprehensive R Archive Network</h1>

…(중략)
```

이동한 세 번째 프레임 내에서 윈도우용 R 설치 프로그램 링크를 찾아보자. 윈도우용 R 설치 프로그램 링크를 포함한 세 가지 운영체제별 R 설치 프로그램 링크는 다음과 같은 HTML 코드로 표현되어 있다. 내부 텍스트에 모두 'Download R'을 포함하고 있으므로 이러한 공통점을 이용하여 다음과 같이 세 링크를 식별한다.

```
▼<li>
   ::marker
   <a href="bin/linux/">Download R for Linux</a> == $0
   " ("
   <a href="bin/linux/debian">Debian</a>
   ", "
   <a href="bin/linux/fedora">Fedora/Redhat</a>
   ", "
   <a href="bin/linux/ubuntu">Ubuntu) </a>
 </li>
 <a href="bin/linux/ubuntu"> </a>
▼<li>
   ::marker
   <a href="bin/linux/ubuntu"></a>
   <a href="bin/macosx/">Download R for macOS</a>
 </li>
▼<li>
   ::marker
   <a href="bin/windows/">Download R for Windows</a>
 </li>
```

```
> elems <- remDr$findElements(using="partial link text", value="Download R")
> sapply(elems, function(x) x$getElementText())
[[1]]
[1] "Download R for Linux"

[[2]]
[1] "Download R for macOS"

[[3]]
[1] "Download R for Windows"
```

이렇게 식별한 세 링크 가운데 윈도우용 R 설치 프로그램의 링크는 세 번째이므로 다음과 같이 세 번째 요소로 마우스를 이동한 후 클릭한다.

```
> remDr$mouseMoveToLocation(webElement=elems[[3]])
> remDr$click()
> htmlParse(remDr$getPageSource()[[1]])
<!DOCTYPE html PUBLIC "-//W3C//DTD HTML 4.0 Transitional//EN"
"http://www.w3.org/TR/REC-html40/loose.dtd">
<html>
<head>
<meta http-equiv="Content-Type" content="text/html; charset=iso-8859-1">
<link rel="stylesheet" type="text/css" href="../../R.css">
<title>R for Windows</title>
</head>
<body bgcolor="#FFFFFF">

<h1>R for Windows</h1>

<p>Subdirectories:</p>

<table border="0" width="90%"><tbody>
<tr>
<td width="19%"><a href="base/">base</a></td>
    <td width="81%">Binaries for base distribution. This is what you want to
<strong><a href="base/">install R for the first time</a></strong>.</td>
  </tr>

…(중략)
```

그러면 윈도우용 R 프로그램을 위한 서브디렉토리(subdirectory) 화면이 나타난다. 이 가운데 설치하려는 R 프로그램은 base 링크에 있다. base 링크는 href="base/" 속성을 갖는 <a> 노드에 포함되어 있으므로 다음과 같이 해당 링크를 식별한 후 클릭한다.

```
<a href="base/">base</a>
```

```
> elem <- remDr$findElement(using="xpath", value="//a[@href='base/']")
> elem$highlightElement()
> elem$getElementAttribute("href")
[[1]]
[1] "https://cran.r-project.org/bin/windows/base/"

> elem$clickElement()
```

base 링크를 클릭하면 드디어 윈도우용 R 프로그램을 다운로드할 수 있는 화면이 나타난다. R 설치 프로그램은 'Download R'이라는 텍스트를 포함하고 있는 링크에 있으므로 해당 노드를 식별한 후 클릭한다.

```
<a href="R-4.1.1-win.exe">Download R 4.1.1 for Windows</a>
```

```
> elem <- remDr$findElement(using="partial link text", value="Download R")
> elem$highlightElement()
> elem$getElementAttribute("href")
[[1]]
[1] "https://cran.r-project.org/bin/windows/base/R-4.1.1-win.exe"

> elem$clickElement()
```

6.4 사례

영화 리뷰 @IMDb

IMDb 웹사이트(https://www.imdb.com)로부터 영화 패밀리맨(A Family Man, 2016)에 대한 관객의 리뷰 데이터를 수집해보자. [그림 6-20]은 영화 패밀리맨의 관객 리뷰이다(https://www.imdb.com/title/tt1718924/reviews?ref_=tt_urv). 이 웹페이지로부터 리뷰글 제목, 작성자, 작성일자, 평점, 리뷰글 등의 데이터를 수집한다.

영화의 리뷰 콘텐츠가 많을 경우에는 모든 콘텐츠가 하나의 웹페이지로 출력되지 않는다. 처음에는 일정 분량의 리뷰만이 게시된다. 나머지 리뷰를 보기 위해서는 [그림 6-20]에서 볼 수 있는 것처럼

그림 6-20 ▌ 영화 리뷰. IMDb 웹사이트로부터 영화 패밀리맨(A Family Man)에 대한 관객의 리뷰 데이터를 수집한다.

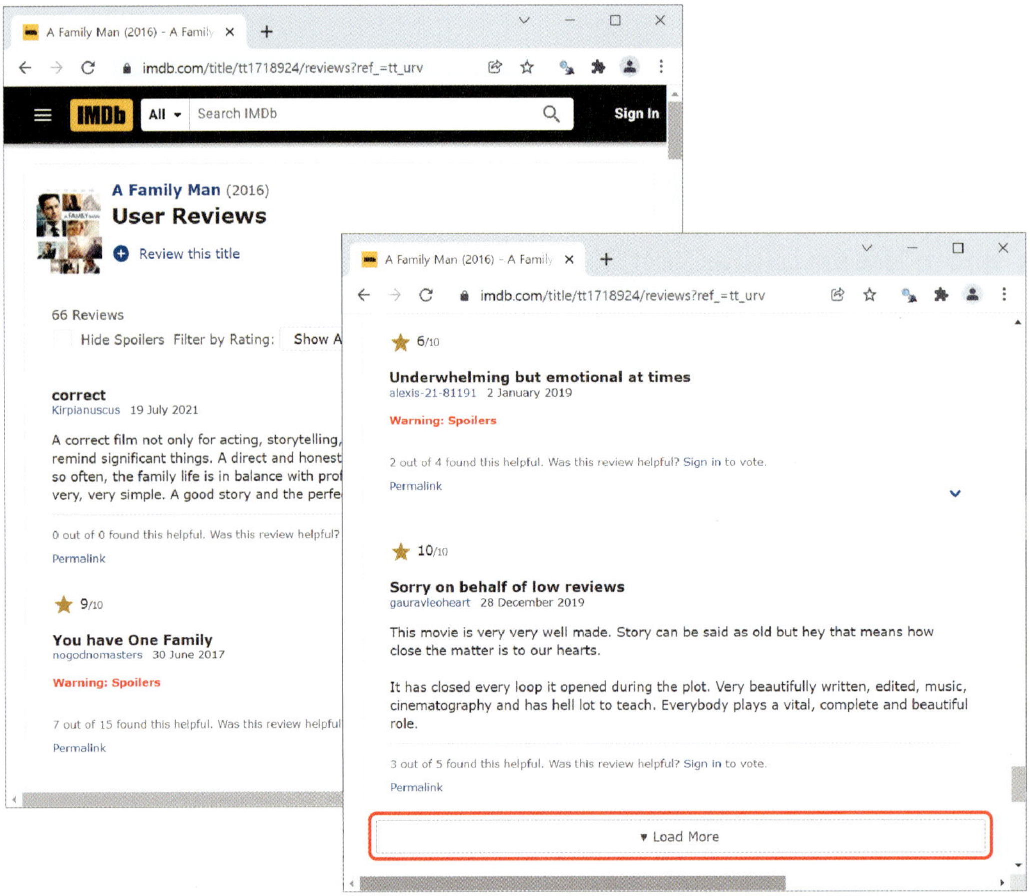

웹페이지 하단의 Load More 버튼을 눌러야 한다. Load More 버튼을 클릭하면 리뷰 콘텐츠가 추가로 화면에 로딩된다. 이때 웹페이지의 콘텐츠가 달라짐에도 불구하고 URL은 변하지 않는다. 따라서 이 웹사이트로부터는 단순히 URL이 변화하는 패턴을 바탕으로 데이터를 수집하기는 어렵다. 이때 셀레니움이 대안으로 고려될 수 있다.

셀레니움을 이용하여 데이터를 수집해보자. 더 이상 새로운 관객 리뷰가 로딩되지 않을 때까지 Load More 버튼을 반복 클릭하여 모든 리뷰 데이터가 화면에 출력되도록 한다. 그런 다음 웹페이지로부터 HTML 문서를 읽어들여 리뷰 데이터를 수집한다.

먼저 다음과 같이 데이터와 HTML 문서를 처리하기 위한 `tidyverse` 및 `rvest` 패키지, 그리고 셀레니움을 사용하기 위한 `RSelenium` 패키지를 메모리에 적재한다.

```
> library(tidyverse)
> library(rvest)
> library(RSelenium)
```

이어서 다음과 같이 `remoteDriver()` 함수를 이용하여 셀레니움 서버에 연결하고 웹브라우저를 열어 영화 패밀리맨의 관객 리뷰 웹사이트로 이동한다.[20]

20 `RSelenium` 패키지를 이용하여 셀레니움 서버에 연결하기 위해서는 셀레니움 서버는 구동중인 상태이어야 한다.

```
> remDr <- remoteDriver(remoteServerAddr="localhost", port=4445, browserName="chrome")
> remDr$open()
> remDr$navigate("https://www.imdb.com/title/tt1718924/reviews?ref_=tt_urv")
```

Load More 버튼을 확인하기 위하여 먼저 화면의 맨 하단으로 이동해보자. 키보드의 엔드 키를 이용하면 화면의 가장 아래로 이동할 수 있다. 엔드 키를 요소에 전달하여 화면을 아래로 스크롤한다. 이때 여기에서 대상이 되는 요소는 웹페이지 전체이므로 다음과 같이 웹페이지 내의 모든 HTML 코드를 담고 있는 `<body>` 태그를 식별한다.

```
> body <- remDr$findElement(using="css selector", value="body")
> body$highlightElement()
```

이어서 엔드 키를 식별한 요소에 전달한다. 그러면 화면이 맨 아래로 이동하면서 Load More 버튼이 나타나는 것을 볼 수 있다.

```
> body$sendKeysToElement(list(key="end"))
```

Load More 버튼을 클릭하기 위해서는 먼저 버튼을 식별한다. Load More 버튼은 id="load-more-trigger" 속성을 갖는 노드에 포함되어 있으므로 다음과 같이 식별할 수 있다.

```
▼<button class="ipl-load-more__button" data-target-container="reviews-container"
id="load-more-trigger"> == $0
   ::before
   "Load More"
 </button>
```

```
> btn.loadmore <- remDr$findElement(using="css selector", value="#load-more-trigger")
> btn.loadmore$highlightElement()
> btn.loadmore$getElementText()
[[1]]
[1] "Load More"
```

이제 clickElement() 메소드를 이용하여 식별한 요소(즉 Load More 버튼)를 클릭하면 관객의 리뷰가 추가로 화면에 로딩된다.

```
> btn.loadmore$clickElement()
```

이런 방식으로 더 이상 새로운 콘텐츠가 로딩되지 않을 때까지 Load More 버튼을 계속 반복하여 클릭함으로써 전체 관객 리뷰를 모두 불러올 수 있다. 그런데 여기에서 한 가지 문제가 있다. Load More 버튼을 얼마나 많이 클릭해야 하느냐는 것이다. 이러한 문제를 해결하는 방법은 웹사이트마다 다르지만 여기에서는 Load More 버튼의 존재 여부로 판단을 내릴 수 있다. 로딩해야 할 새로운 콘텐츠가 남아 있는 경우에는 Load More 버튼이 화면상에 보인다. 이는 다음과 같이 isElementDisplayed() 메소드를 이용해서 확인할 수 있다. 이 메소드는 요소가 화면에 보이면 TRUE를 반환하고 그렇지 않으면 FALSE를 반환한다.

```
> btn.loadmore$isElementDisplayed()[[1]]
[1] TRUE
```

몇 차례 더 Load More 버튼을 클릭하여 모든 관객 리뷰를 웹페이지로 불러온다. 그러면 더 이상 새로운 콘텐츠가 없으므로 화면상에서 Load More 버튼이 사라지는 것을 볼 수 있다. 이는 다음과 같이 확인해볼 수 있다.

```
> btn.loadmore$isElementDisplayed()[[1]]
[1] FALSE
```

이와 같이 Load More 버튼이 화면에서 사라질 때까지, 즉 화면에 버튼이 보이는 동안 계속 반복하여 클릭함으로써 모든 콘텐츠를 웹페이지로 불러온다. 다음과 같이 while 루프를 이용하여 이러한 반복 작업을 수행할 수 있다.[21]

```
> remDr$navigate("https://www.imdb.com/title/tt1718924/reviews?ref_=tt_urv")
> btn.loadmore <- remDr$findElement(using="css selector", value="#load-more-trigger")
> body <- remDr$findElement(using="css selector", value="body")
> body$sendKeysToElement(list(key="end"))
> while (btn.loadmore$isElementDisplayed()[[1]]) {
+   btn.loadmore$clickElement()
+   Sys.sleep(3)
+   body$sendKeysToElement(list(key="end"))
+   btn.loadmore <- remDr$findElement(using="css selector",
+                                     value="#load-more-trigger")
+ }
```

모든 관객 리뷰를 웹페이지로 불러왔으므로 이제 다음과 같이 HTML 문서를 읽어들인다.

```
> html <- remDr$getPageSource()[[1]]
```

먼저 리뷰글 제목부터 수집해보자. 리뷰글 제목은 <div> 노드와 그 하위의 <a> 노드의 class 속성을 이용하여 다음과 같이 추출할 수 있다. 텍스트를 추출한 후 불필요한 공백은 제거한다. 현재 등록되어 있는 66개 리뷰글의 제목이 성공적으로 수집되었다.

```
▼<div class="lister-item-content">
  ▶<div class="ipl-ratings-bar">…</div>
   <a href="/review/rw5359993/?ref_=tt_urv" class="title"> Sorry on behalf of
   low reviews </a> == $0
  ▶<div class="display-name-date">…</div>
  ▶<div class="content">…</div>
 </div>
```

```
> title <- read_html(html) %>%
+   html_elements(".lister-item-content > .title") %>%
+   html_text() %>%
+   str_trim()
```

21 키보드를 누르거나 마우스를 클릭하여 콘텐츠를 불러오는 작업을 수행할 때는 Sys.sleep() 함수를 이용하여 작업 간에 충분한 시간 간격을 두는 것이 좋다. 컴퓨터나 네트워크의 상태에 따라서 웹페이지가 로딩되는 시간이 지연될 수 있다. 이럴 경우 예기치 않은 에러가 발생할 수 있다.

```
> title
 [1] "correct"
 [2] "You have One Family"
 [3] "Unexpectedly good"
…(중략)
[64] "Great Movie"
[65] "A movie that speaks about everyone."
[66] "Unrealistic Scene near the end, this is not how business works"
```

리뷰글 작성자는 class 속성을 이용하여 다음과 같이 추출한다.

```
▼<span class="display-name-link">
   <a href="/user/ur20660927/?ref_=tt_urv">gauravleoheart</a>
 </span>
```

```
> name <- read_html(html) %>%
+   html_elements(".display-name-link") %>%
+   html_text()
> name
 [1] "Kirpianuscus"          "nogodnomasters"      "Gordon-11"
 [4] "phd_travel"            "gradyharp"           "lavatch"
 [7] "Floated2"              "imseeg"              "yusufpiskin"
…(중략)
[58] "bhanurxz"              "batgirl-46292"       "cyclopsindnextgen"
[61] "robbie-93703"          "mariakist-37591"     "torres-32431"
[64] "siddiquialimohammad"   "andreangel-49543"    "netsexmuseum"
```

작성일자는 또한 class 속성을 이용하여 다음과 같이 수집한다. lubridate 패키지의 dmy() 함수를 이용하여 Date 클래스의 날짜 데이터로 변환한다.

```
<span class="review-date">28 December 2019</span>
```

```
> library(lubridate)
> date <- read_html(html) %>%
+   html_elements(".review-date") %>%
+   html_text() %>%
+   dmy()
```

```
> date
 [1] "2021-07-19" "2017-06-30" "2017-10-24" "2017-08-01" "2017-12-28" "2017-08-30"
 [7] "2019-10-19" "2021-11-28" "2020-01-14" "2017-11-26" "2020-02-27" "2018-08-07"
[13] "2017-09-03" "2020-08-22" "2018-09-16" "2019-07-22" "2017-08-01" "2020-05-28"
…(중략)
[49] "2017-08-14" "2016-10-02" "2020-10-09" "2021-12-28" "2021-07-04" "2017-07-27"
[55] "2018-02-02" "2020-06-12" "2021-12-26" "2020-09-22" "2017-05-28" "2017-06-07"
[61] "2017-06-11" "2017-07-27" "2017-07-27" "2017-09-17" "2017-09-23" "2018-03-31"
```

관객의 영화 평점은 `class="rating-other-user-rating"` 속성을 갖는 노드 아래에 포함되어 있으므로 다음과 같이 추출할 수 있다. 텍스트로부터 평점 부분만을 추출하여 숫자로 변환한다.

```
▼<div class="lister-item-content">
  ▼<div class="ipl-ratings-bar">
    ▼<span class="rating-other-user-rating">
      ▶<svg class="ipl-icon ipl-star-icon  " xmlns="http://www.w3.org/2000/svg"
      fill="#000000" height="24" viewBox="0 0 24 24" width="24">…</svg>
        <span>10</span> == $0
        <span class="point-scale">/10</span>
      </span>
    </div>
    <a href="/review/rw5359993/?ref_=tt_urv" class="title"> Sorry on behalf of
    low reviews </a>
  ▶<div class="display-name-date">…</div>
  ▶<div class="content">…</div>
</div>
```

```
> read_html(html) %>%
+   html_elements(".rating-other-user-rating") %>%
+   html_text() %>%
+   str_trim() %>%
+   str_extract("\\d+") %>%
+   as.numeric()
 [1]  9  5  8  5  4  7  5  2  9  9  7  5  8  6  8  7  8  4  5 10  6 10  8 10  2  4  8
[28] 10  1  8 10  2  1  4  7 10  9 10  1 10 10  9  9  1  9  9  1  9  8 10 10  3  9  7
[55]  9  8 10 10 10 10 10  4
```

그런데 추출된 결과를 보면 66개가 아닌 62개이다. 왜냐하면 일부 리뷰의 경우에는 평점이 포함되어 있지 않기 때문이다. 예를 들어, 첫 번째 리뷰에 대응되는 다음의 HTML 코드를 보면 앞서와 달리 평점을 포함하고 있는 `class="rating-other-user-rating"` 속성의 노드가 존재하지 않는다. 따라서 CSS 선택자가 해당 노드를 매칭하지 못하기 때문에 평점 데이터를 추출하지 못한다.

```
▼<div class="lister-item-content"> == $0
   <a href="/review/rw7142812/?ref_=tt_urv" class="title"> correct </a>
  ▶<div class="display-name-date">…</div>
  ▶<div class="content">…</div>
 </div>
```

여기에서 문제는 존재하지 않는 노드는 매칭하지 못하고 건너뛰기 때문에 결과적으로 어떤 사용자의 리뷰에 평점이 포함되어 있지 않은지 알 수 없다는 것이다. 이러한 문제를 해결하는 일반적인 방법은 평점 데이터가 포함된 노드의 상위 노드셋을 추출한 후 그 하위 노드에 평점 데이터가 포함되어 있는지 차례대로 테스트하여 평점 데이터가 없을 경우 결측값(NA)으로 대체하는 것이다. 이런 방식으로 평점이 없는 리뷰의 경우 NA가 출력되도록 할 수 있다.

하지만 rvest 패키지를 이용하면 좀 더 편리하게 이 문제를 해결할 수 있다. html_elements() %>% html_element()와 같이 두 개의 노드셋 추출 함수를 차례대로 적용한다.

```
> rating <- read_html(html) %>%
+   html_elements(".lister-item-content") %>%
+   html_element(".rating-other-user-rating") %>%
+   html_text() %>%
+   str_trim() %>%
+   str_extract("\\d+") %>%
+   as.numeric()
> rating
 [1] NA  9 NA  5  8 NA  5  4  7  5  2  9  9  7  5  8  6  8  7  8  4  5 10  6 10  8 10
[28]  2  4  8 10  1  8 10  2  1  4  7 NA 10  9 10  1 10 10  9  9  1  9  9  1  9  8 10
[55] 10  3  9  7  9  8 10 10 10 10 10  4
```

html_elements() 함수에 의해 평점 데이터가 포함된 노드의 상위 노드셋이 추출되고 html_element() 함수에 의해 그 하위의 각 노드가 추출된다. html_element() 함수는 html_elements() 함수에 의해 반환된 노드 집합의 각 노드를 자신의 루트 노드로 간주하여 그로부터 매칭되는 노드를 추출한다. 이때 CSS 선택자(또는 XPath)에 의해 매칭되는 노드가 없으면 NA가 반환된다.

끝으로 리뷰글을 수집한다. 리뷰글은 다음과 같이 복합 클래스의 속성값을 이용하여 추출할 수 있다.

```
▼<div class="text show-more__control"> == $0
  "This movie is very very well made. Story can be said as old but hey that
  means how close the matter is to our hearts."
  <br>
  <br>
  "It has closed every loop it opened during the plot. Very beautifully
  written, edited, music, cinematography and has hell lot to teach.
  Everybody plays a vital, complete and beautiful role."
</div>
```

```
> content <- read_html(html) %>%
+   html_elements(".text.show-more__control") %>%
+   html_text()
> content
[1] "A correct film not only for acting, storytelling, twist and atmosphere but for
the science to remind significant things. A direct and honest way to propose the fair
suggestion when, so often, the family life is in balance with profesional suces and, at
first sigh, all seems very, very simple. A good story and the perfect cast."

…(중략)

[66] "When he gets the job for Old Lou, the young woman hiring just said \"I need to
expense the 25k fee before the end of the year\". Instead of the Family Man offering to
kick back the fee, he offers Lou for free. And she takes it.No, she just said she NEEDED
to EXPENSE it.If they had arranged a kickback of the fee that would have been more
realistic and Family Man's team would have won the battle.As it is Family Man will have
to pay the 25k out of his own pocket anyway.Oh, and he got fired too. Deservedly so. He
could have just slipped the recruiter a kickback, and gotten the big promotion. Absurd
and DUMB script."
```

수집한 모든 데이터를 모아서 다음과 같이 데이터프레임(티블) 형식으로 저장한다.

```
> imdb.familyman <- tibble(title=title, name=name,
+                          date=date, rating=rating, content=content)
> imdb.familyman
# A tibble: 66 x 5
   title                  name      date       rating content
   <chr>                  <chr>     <date>      <dbl> <chr>
 1 correct                Kirpian~  2021-07-19     NA "A correct film not only fo~
 2 You have One Family    nogodno~  2017-06-30      9 "Dane Jensen (Gerald Butler~
 3 Unexpectedly good      Gordon-~  2017-10-24     NA "This film tells the story ~
```

```
…(중략)
 8 Cheesy and sentimental. G~ imseeg   2021-11-28      4 "The bad: cringeworthy, sen~
 9 Jerry maguire v2.0        yusufpi~ 2020-01-14      7 "Magic stirs men's blood. S~
10 A syrupy sweet and not so~ peterp-~ 2017-11-26      5 "\"Cancer is not a negotiat~
# ... with 56 more rows
```

이렇게 수집한 관객의 영화 리뷰 데이터를 이용하여 상대적으로 높은 평점을 부여한 리뷰와 낮은 평점을 부여한 리뷰에 사용된 단어의 분포를 워드클라우드로 그려서 비교해보자. 이를 위해 먼저 리뷰를 고평점 리뷰와 저평점 리뷰로 분류한다. 여기에서는 리뷰 평점 분포의 중위수를 기준으로 8점 이상을 고평점 리뷰로, 8점 미만(즉 7점 이하)을 저평점 리뷰로 구분한다. 평점이 없는 리뷰는 분석에서 제외하고(drop_na(rating)) 고평점 리뷰는 high로, 저평점 리뷰는 low로 코딩하여 class 열에 저장한다.

```
> summary(imdb.familyman$rating)
   Min. 1st Qu.  Median    Mean 3rd Qu.    Max.    NA's 
  1.000   5.000   8.000   7.048   9.750  10.000       4 
> review <- imdb.familyman %>%
+   drop_na(rating) %>%
+   mutate(class=cut(rating, breaks=c(0, 7, 10), labels=c("low", "high")))
> table(review$class)

 low high 
  26   36 
```

이제 텍스트분석을 통해 고평점 리뷰와 저평점 리뷰 간의 차이를 탐색해보자. 분석을 위해 리뷰글 텍스트를 tm 패키지의 코퍼스(Corpus 객체)로 변환한다.

```
> review <- review %>%
+   add_column(doc_id=1:nrow(.)) %>%
+   rename(text=content) %>%
+   select(doc_id, text, class) %>%
+   mutate(text=iconv(text, to="ascii", sub=""))
> review
# A tibble: 62 x 3
  doc_id text                                                                  class
   <int> <chr>                                                                 <fct>
 1      1 "Dane Jensen (Gerald Butler) is a predatory head hunter. He makes ti~ high
```

```
2      2 "There is a message - it's karma. What goes around comes around. As ~ low
3      3 "Writer Bill Dubuque and Director Mark Williams have created a tende~ high
…(중략)
8      8 "The whole thing was pointless. And predictable to some extent. I do~ low
9      9 "Not everyone is going to appreciate Mark Williams's \"A Family Man\~ high
10    10 "Magic stirs men's blood. Sunlight streams down on father and son wi~ high
# ... with 52 more rows
> library(tm)
> docs <- VCorpus(DataframeSource(review))
> docs
<<VCorpus>>
Metadata:  corpus specific: 0, document level (indexed): 1
Content:  documents: 62
```

데이터셋이 데이터프레임(티블) 형식이므로 DataframeSource() 함수로 읽어들인 후 코퍼스로 변환한다. DataframeSource() 함수를 이용하기 위해서는 데이터프레임의 첫 번째와 두 번째 열에 문서의 고유 ID와 텍스트가 저장되어야 하고 열 이름은 각각 doc_id와 text이어야 한다. 데이터프레임이 이러한 형식을 갖도록 새로운 열을 추가하고 열의 위치를 변경한다. 또한 정상적인 변환이 이루어지지 않아 종종 글자가 깨지는 비ASCII 문자(non-ASCII character)는 분석에 영향을 미칠 수 있으므로 텍스트로부터 제거한다(iconv(text, to="ascii", sub="")).

변환된 코퍼스의 일부를 살펴보면 다음과 같다.

```
> lapply(docs, content)[c(25, 50)]
$`25`
[1] "As one who's seen the corporate sales game up close, each of the principals here
are badly miscast. I can't say who is the worst between Butler and Dafoe, both miss by
miles. This tainted the rest of the movie for me. The family scenes were passable though
even there Butler and Gretchen Mol were not ideal for these roles. The children were
great. Excellent performance by Maxwell Jenkins as the son."

$`50`
[1] "Very meaningful,deep movie, which makes you to think over about your priorities
and make the right decision in life. It's rare to find a movie that would be both
touching and entertaining at the same time these days. This movie will be re-watched
many times for sure! People who said something bad about this movie obviously have no
heart or deep movies are not for them."
```

```
> meta(docs)$class[c(25, 50)]
[1] low  high
Levels: low high
```

변환된 코퍼스에 대해 데이터정제 작업을 수행한다. 먼저 텍스트 내 모든 문자를 소문자로 변환한다. 이어서 불용어를 제거하고, 문장부호와 숫자를 삭제하며, 텍스트 내의 공백을 없앤다. 여기에서는 불용어 제거 시 tm 패키지에서 제공하는 기존의 불용어 이외에 새로운 불용어를 추가로 적용하였다. 기존 불용어 리스트에 없는 조동사, 접속사, 그리고 분석에 기여하지 못한다고 판단되는 단어뿐만 아니라 리뷰글에 빈번히 등장하는 출연 배우의 이름과 영화 속 배역의 이름을 포함하였다.22

22 물론 처음부터 이러한 불용어 리스트를 만들 수 있는 것은 아니다. 대개는 분석을 진행하면서 좀 더 의미 있는 결과를 얻기 위해 추가 전처리가 필요한지 생각하게 된다. 여기서 제시한 불용어 리스트는 하나의 예이다. 독자에 따라서는 다른 불용어 리스트를 작성할 수도 있다.

```
> docs <- tm_map(docs, content_transformer(tolower))
> mystopwords <- c(stopwords("english"),
+                  c("also", "among", "around", "but", "can", "done", "else", "even",
+                    "ever", "either", "one", "may", "might", "must", "said","movie",
+                    "movies", "film", "films", "gerard", "butler", "gretchen", "mol",
+                    "elise", "allison", "alison", "brie", "willem", "dafoe", "jenkins",
+                    "alfred", "kher", "dane", "dan", "jensen", "ryan", "lou" ))
> docs <- tm_map(docs, removeWords, mystopwords)
> docs <- tm_map(docs, removePunctuation)
> docs <- tm_map(docs, removeNumbers)
> docs <- tm_map(docs, stripWhitespace)
> lapply(docs, content)[c(25, 50)]
$`25`
[1] " seen corporate sales game close principals badly miscast say worst miss miles
tainted rest family scenes passable though ideal roles children great excellent
performance maxwell son"

$`50`
[1] " meaningfuldeep makes think priorities make right decision life rare find touching
entertaining time days will rewatched many times sure people something bad obviously
heart deep "
```

이제 모든 데이터정제 작업이 완료되었다. 결과를 확인한 후 기대한 대로 변환이 이루어졌으면 다음과 같이 DocumentTermMatrix() 함수를 이용하여 문서-용어행렬을 생성한다. 62개의 문서(즉 리뷰)

로부터 총 1,673개의 단어가 추출되었다. 문서-용어행렬을 탐색하기 위해서는 inspect() 함수를 이용한다.

```
> dtm <- DocumentTermMatrix(docs)
> dtm
<<DocumentTermMatrix (documents: 62, terms: 1673)>>
Non-/sparse entries: 3135/100591
Sparsity           : 97%
Maximal term length: 20
Weighting          : term frequency (tf)
> inspect(dtm)
<<DocumentTermMatrix (documents: 62, terms: 1673)>>
Non-/sparse entries: 3135/100591
Sparsity           : 97%
Maximal term length: 20
Weighting          : term frequency (tf)
Sample             :
    Terms
 Docs character family good job just life much really story well
   10         0      2    0   0    0    2    2      0     0    2
   12         4      1    0   0    1    0    0      0     0    0
   14         1      3    1   1    2    1    0      0     3    0
…(중략)
   6          0      2    0   0    0    1    2      0     0    2
   7          2      3    0   4    2    2    0      3     1    0
   9          4      5    2   3    1    4    3      5     0    1
```

리뷰글에 많이 등장하는 단어는 다음과 같이 확인해볼 수 있다. family, life, good 등의 단어가 눈에 띈다.

```
> term.freq <- colSums(as.matrix(dtm))
> term.freq[order(term.freq, decreasing=TRUE)][1:7]
   family      life    really      good     story      well  character
       55        34        34        32        25        25         24
```

상대적으로 높은 평점을 부여한 리뷰와 그렇지 않은 리뷰 간에는 빈번히 출현하는 단어에 있어서 차이가 있을 수 있다. wordcloud 패키지의 comparison.cloud() 함수를 이용하면 하나의 그래프 창에 범주별로 구분되는 워드클라우드를 그릴 수 있어 고평점 리뷰와 저평점 리뷰의 차이를 시각적으로 확인할 수 있다.

범주별로 구분되는 워드클라우드를 그리기 위해서는 행과 열에 각각 단어와 범주가 배치되고 셀값은 빈도인 행렬 형식의 데이터셋을 comparison.cloud() 함수에 입력 데이터로 제공해야 한다. 다음과 같이 고평점 및 저평점 문서별로 단어의 출현 빈도를 집계한다.

```
> comparison <- as.matrix(dtm)
> rownames(comparison) <- review$class
> comparison[1:5, 1:7]
      Terms
Docs    ability able absent absolutely absorbed accent accept
  high        0    0      0          0        0      0      0
  low         0    0      0          0        0      1      0
  high        0    0      0          0        0      0      0
  low         0    0      0          0        0      1      0
  low         0    0      0          0        0      0      0
> comparison <- rowsum(comparison, group=rownames(comparison))
> comparison[, 1:7]
      ability able absent absolutely absorbed accent accept
high        0    1      2          1        1      1      2
low         1    1      0          0        0      2      0
```

이렇게 생성한 행렬을 행이 단어이고 열이 문서 유형(high, low)인 형태의 행렬로 변환한 후 comparison.cloud() 함수의 입력 데이터로 제공한다. 생성된 워드클라우드는 [그림 6-21]과 같다.[23]

```
> library(wordcloud)
> windows(width=6.5, height=6.5)
> set.seed(123)
> comparison.cloud(t(comparison), colors=c("cornflowerblue", "tomato"), title.size=2,
+                  title.colors=c("blue", "red"), title.bg.colors=c("wheat"),
+                  rot.per=0, scale=c(5, 0.4), max.words=75)
```

23 여기에서는 워드클라우드상에 같은 의미를 갖는 단어가 중복하여 나타난 것을 볼수 있다(예를 들면, beautiful과 beautifully). 왜냐하면 의도적으로 원래의 단어 그대로 그래프상에 나타내기 위해 어간추출 작업을 수행하지 않았기 때문이다. 데이터 전처리 시 어간추출 작업을 수행하려면 다음 명령어를 추가한다: tm_map(docs, stemDocument).

그림 6-21 ▌ 영화 리뷰. 고평점 리뷰와 저평점 리뷰의 단어 출현 분포를 워드클라우드를 이용하여 시각적으로 비교할 수 있다.

많이 등장하는 단어는 워드클라우드상에서 더 크게 표현되나 그 크기는 각 범주 내에서의 출현 빈도에 비례하여 결정된다. 따라서 범주 간에 단어의 크기를 비교하는 것은 의미가 없다.

comparison.cloud() 함수와 달리 commonality.cloud() 함수는 범주 간에 공통적으로 등장하는 단어의 출현 빈도를 바탕으로 워드클라우드를 생성한다. 단어의 출현 빈도는 기본적으로 각 범주별 빈도 가운데 가장 작은 값(최소값)으로 결정된다. 생성된 워드클라우드는 [그림 6-22]와 같다.

```
> windows(width=5.0, height=5.0)
> set.seed(123)
> commonality.cloud(t(comparison), scale=c(5, 0.4), max.words=100,
+                   rot.per=0, random.order=FALSE, random.color=FALSE,
+                   colors=brewer.pal(6, "Dark2"))
```

그림 6-22 **영화 리뷰.** 고평점 리뷰와 저평점 리뷰에 공통적으로 등장하는 단어의 출현 분포를 워드클라우드를 이용하여 살펴볼 수 있다.

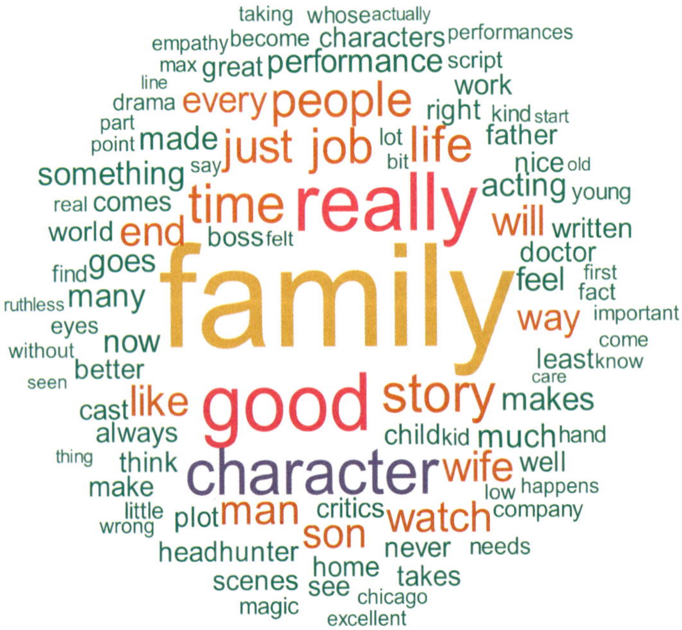

동영상 정보 @유튜브

유튜브(https://www.youtube.com) 웹사이트로부터 동영상 정보를 수집해보자. [그림 6-23]은 유튜브에서 '여행'이라는 키워드로 검색한 결과이다. 이 웹페이지로부터 동영상 제목 및 개요, 크리에이터, 조회수, URL 등의 데이터를 수집한다.

그런데 이 웹사이트 또한 앞서 살펴봤던 IMDb 웹사이트처럼 검색된 모든 동영상이 한꺼번에 하나의 웹페이지로 출력되지 않는다. 처음에는 검색된 일부 동영상만이 게시된다. 나머지 동영상을 보기 위해서는 키보드의 페이지다운(또는 엔드) 키나 마우스 휠을 이용하여 아래로 스크롤해야 한다. 화면을 아래로 스크롤하면 동영상 콘텐츠가 추가로 화면에 로딩된다. 이때 웹페이지의 콘텐츠가 달라짐에도 불구하고 URL은 변하지 않는다. 여기까지는 앞서 살펴본 IMDb 웹사이트와 동일하다. 다른 점은 화면 하단에 Load More와 같이 추가로 화면을 로딩하기 위한 별도의 버튼이 없다는 것이다.

셀레니움을 이용하여 여행과 관련된 콘텐츠를 수집해보자. 여행을 키워드로 검색한 동영상으로부터 몇 가지 주요 데이터를 수집한다. 페이지다운 키를 누를 때마다 새로운 동영상이 로딩되므로 더 이상 새로운 동영상 콘텐츠가 로딩되지 않을 때까지 화면을 반복적으로 스크롤하여 모든 동영상 콘텐츠가 화면에 출력되도록 한다. 그런 다음 웹페이지로부터 HTML 문서를 읽어들여 동영상 정보를 추출한다.

그림 6-23 ▌동영상 정보. 유튜브 웹사이트로부터 동영상 콘텐츠 정보를 수집한다.

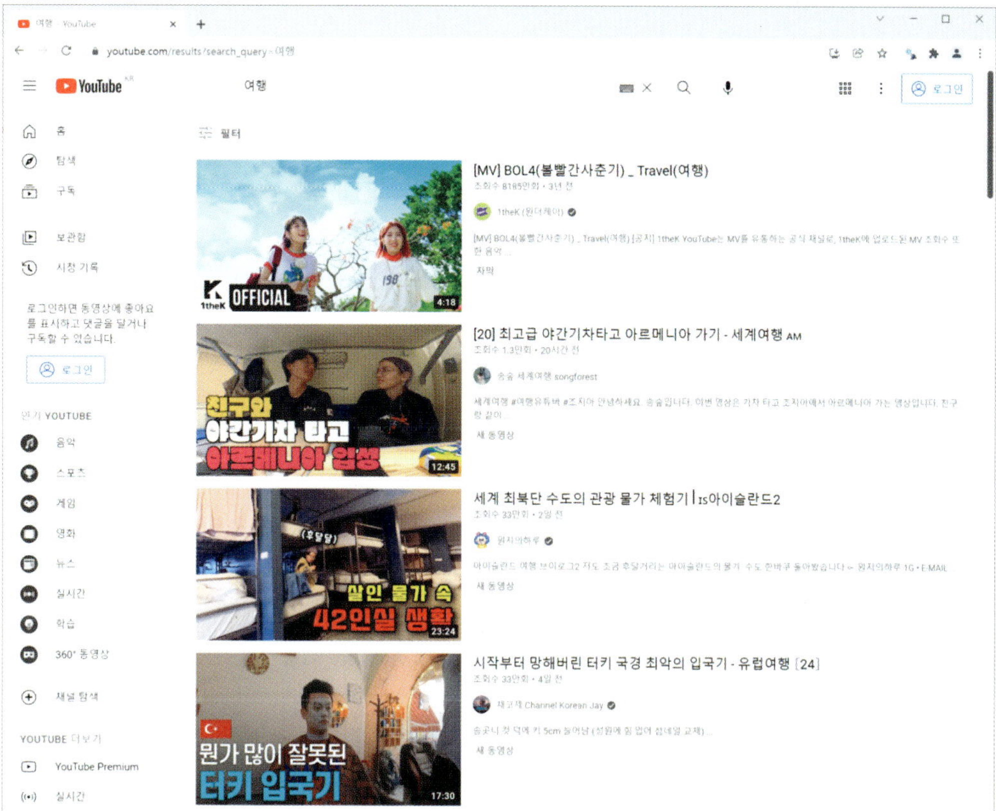

먼저 다음과 같이 데이터와 HTML 문서를 처리하기 위한 `tidyverse` 및 `rvest` 패키지, 그리고 셀레니움을 사용하기 위한 `RSelenium` 패키지를 메모리에 적재한다.

```
> library(tidyverse)
> library(rvest)
> library(RSelenium)
```

이어서 다음과 같이 `remoteDriver()` 함수를 이용하여 셀레니움 서버에 연결하고 웹브라우저를 열어 유튜브 웹사이트로 이동한다.

```
> remDr <- remoteDriver(remoteServerAddr="localhost", port=4445, browserName="chrome")
> remDr$open()
> remDr$navigate("https://www.youtube.com")
```

검색창은 `id="search"` 속성을 갖는 `<input>` 노드에 포함되어 있으므로 다음과 같이 검색창 요소를 식별한 후 검색어로 여행을 입력한다.

```
<input id="search" autocapitalize="none" autocomplete="off" autocorrect="off"
name="search_query" tabindex="0" type="text" spellcheck="false" placeholder=
"검색" aria-label="검색" aria-haspopup="false" role="combobox" aria-
autocomplete="list" class="gsfi ytd-searchbox" dir="ltr" style="border: none;
padding: 0px; margin: 0px; height: auto; width: 100%; outline: none;"> == $0
```

```
> search <- remDr$findElement(using="xpath", value="//input[@id='search']")
> search$sendKeysToElement(list("여행"))
```

이어서 돋보기 모양의 검색 버튼을 클릭한다. 검색 버튼은 id="search-icon-legacy" 속성을 갖는 <button> 노드에 포함되어 있으므로 다음과 같이 식별할 수 있다. 식별된 버튼을 클릭하여 여행 관련 동영상을 검색한다.

```
▶<button id="search-icon-legacy" class="style-scope ytd-searchbox"
aria-label="검색">…</button> == $0
```

```
> btn.search <- remDr$findElement(using="xpath", value="//button[@id='search-icon-legacy']")
> btn.search$clickElement()
```

또는 다음과 같이 엔터 키를 검색어와 함께 검색창에 전달하여 검색 결과를 화면에 불러올 수도 있다.

```
> search$clearElement()
> search$sendKeysToElement(list("여행", key="enter"))
```

검색된 결과가 화면에 출력된 것을 볼 수 있다. 좀 더 많은 콘텐츠를 보기 위해 페이지다운 키를 눌러 화면을 아래로 스크롤해보자. 현재 로딩된 웹페이지 전체의 HTML 코드를 담고 있는 <body> 태그를 식별한 후 여기에 페이지다운 키를 전달함으로써 화면을 아래로 스크롤한다.

```
> body <- remDr$findElement(using="xpath", value="//body")
> body$sendKeysToElement(list(key="page_down"))
```

화면이 아래로 스크롤되면서 새로운 동영상 콘텐츠가 로드된다. 이 과정을 반복하면 새로운 콘텐츠를 계속해서 불러올 수 있다. 그럼 여기에서 우리가 생각해야 할 문제는 이러한 스크롤 과정을 얼마나 반복해야 하느냐 하는 것이다. 동영상 콘텐츠가 매우 많을 경우 전체 콘텐츠를 모두 가져오기 위해서는 이러한 반복 작업을 꽤 오랜 시간 동안 해야 할 수도 있다. 혹은 필요에 따라서는 페이지다운 횟수나 시간을 제한함으로써 일부 콘텐츠만을 수집할 수도 있다.

전체 콘텐츠가 필요 없다면 스크롤 횟수를 제한하는 방식으로 데이터의 일부만을 수집할 수 있다. 일부 데이터만을 추출하고자 할 때 우선 생각할 수 있는 가장 간단한 접근법이다. 예를 들어, 다음과 같이 반복 작업 횟수를 지정하여 페이지다운 키를 누르는 횟수를 제한한다. 여기에서는 페이지다운 키를 10번 누른 후 스크롤 작업을 멈춘다.

```
> body <- remDr$findElement(using="xpath", value="//body")
> for (i in 1:10) {
+   body$sendKeysToElement(list(key="page_down"))
+   Sys.sleep(1)
+ }
```

또는 작업 수행 시간을 지정할 수도 있다. `R.utils` 패키지의 `withTimeout()` 함수를 이용하면 편리하다. `withTimeout()` 함수의 첫 번째 인수(expr)에는 수행할 작업을 지정하고 `timeout` 인수에는 수행 시간을 초 단위로 지정한다. `onTimeout` 인수에는 지정한 수행 시간에 도달했을 때 처리할 일을 지정한다. `onTimeout="silent"`이면 `NULL`이 반환되고 `onTimeout="error"`이면 타임아웃 에러(TimeoutExcepton)가 발생된다. 예를 들어, 다음과 같이 페이지다운 키를 누르는 작업을 10초 동안 반복할 수 있다.

```
> library(R.utils)
> body <- remDr$findElement(using="xpath", value="//body")
> withTimeout({
+   repeat {
+     body$sendKeysToElement(list(key="page_down"))
+     Sys.sleep(1)
+   }
+ }, timeout=10, onTimeout="silent")
NULL
```

`onTimeout="error"`를 지정하면 다음과 같이 `tryCatch()` 함수를 이용하여 작업 시간 경과 후에 별도로 해야 할 일을 수행할 수도 있다(여기에서는 메시지 출력). `tryCatch()` 함수의 첫 번째 인수(expr)에는 수행할 작업을 지정하고 `error` 인수에는 에러 발생 시 처리할 내용을 지정한다.[24]

24 `tryCatch()` 함수의 `error` 인수에 지정된 함수의 인수 `e`는 에러 메시지를 나타낸다. 에러 메시지를 출력하기 위해서는 `print(e)`와 같이 명령어를 추가한다.

```
> tryCatch(
+   withTimeout({
+     repeat {
+       body$sendKeysToElement(list(key="page_down"))
+       Sys.sleep(1)
+     }
+   }, timeout=10, onTimeout="error"),
+   error=function(e) {
+     e
+     message("Timeout. Stopped.")
+     }
+ )
Timeout. Stopped.
```

자바스크립트의 scrollBy(x,y) 메소드를 이용하는 방법도 있다. scrollBy(x,y) 메소드의 x, y에 주어진 좌표만큼 스크롤을 이동한다. 예를 들어, 다음 명령어를 수행하면 Y축으로 1,000픽셀(pixel)만큼 아래로 이동한다.[25]

25 x 좌표값이 양수이면 오른쪽으로 이동하고 음수이면 왼쪽으로 이동한다. y 좌표값이 양수이면 아래로 이동하고 음수이면 위로 이동한다.

```
> remDr$executeScript("window.scrollBy(0,1000);")
list()
```

앞서 사용했던 withTimeout() 함수를 이용하여 Y축으로 1,000픽셀만큼 아래로 이동하는 작업을 10초 동안 반복한다. 10초 동안 화면이 아래로 스크롤된다.

```
> withTimeout({
+   repeat {
+     remDr$executeScript("window.scrollBy(0,1000);")
+     Sys.sleep(1)
+   }
+ }, timeout=10, onTimeout="silent")
NULL
```

지금까지 살펴봤던 방법들은 스크롤 횟수나 시간을 제한함으로써 전체 콘텐츠 가운데 일부를 추출한다. 모든 콘텐츠를 수집하기 위해서는 더 이상 새로운 콘텐츠가 존재하지 않을 때까지 페이지다운 키를 반복 실행하여 웹페이지를 연속해서 불러와야 한다. 따라서 새로운 콘텐츠가 더 이상 없을 때가 스크롤 작업을 멈추는 시점이 된다. 다시 여행을 키워드로 입력하여 여행 관련 동영상을 검색해보자.

```
> remDr$navigate("https://www.youtube.com")
> search <- remDr$findElement(using="xpath", value="//input[@id='search']")
> search$sendKeysToElement(list("여행"))
> search$sendKeysToElement(list(key="enter"))
```

새로운 콘텐츠가 더 이상 존재하지 않는다는 것을 알 수 있는 방법 가운데 하나는 새롭게 불러온 웹페이지와 직전 웹페이지의 HTML 소스코드를 비교하는 것이다. 페이지다운 키를 눌러도 더 이상 새로운 웹페이지가 로딩되지 않으면 이는 콘텐츠가 이미 전부 불러와졌다는 것을 의미한다. 따라서 웹페이지 소스코드에 변화가 없으면 이는 달라진 콘텐츠가 없다는 것을 의미하므로 새로운 콘텐츠가 더 이상 존재하지 않는 것으로 판단하여 스크롤 작업을 중단한다.[26]

```
> body <- remDr$findElement(using="xpath", value="//body")
> flag <- TRUE
> i <- 0
> while (flag) {
+   i <- i + 1
+   body$sendKeysToElement(list(key="page_down"))
+   Sys.sleep(1)
+   if (exists("pagesource")) {
+     if (pagesource == remDr$getPageSource()[[1]]) {
+       flag <- FALSE
+       cat(str_c("Scrolled down ", i, " times.\n"))
+     } else {
+       pagesource <- remDr$getPageSource()[[1]]
+     }
+   } else {
+     pagesource <- remDr$getPageSource()[[1]]
+   }
+ }
Scrolled down 149 times.
```

새로운 콘텐츠의 존재 여부를 웹페이지의 콘텐츠를 담고 있는 요소(즉 노드)의 높이를 비교하는 방식으로 판단할 수도 있다. 요소의 높이는 자바스크립트를 이용하여 측정한다. 다시 여행을 키워드로 입력하여 여행 관련 동영상을 검색해보자.

26 콘텐츠가 많으면 이러한 반복 작업은 매우 오랜 시간이 걸릴 수 있으므로 충분한 시간을 갖고 시작한다.

```
> remDr$navigate("https://www.youtube.com")
> search <- remDr$findElement(using="xpath", value="//input[@id='search']")
> search$sendKeysToElement(list("여행"))
> search$sendKeysToElement(list(key="enter"))
```

동영상 콘텐츠는 id="page-manager" 속성을 갖는 <ytd-page-manager> 노드에 포함되어 있다.27 HTML 코드상에서 이 노드 아래를 탐색해보면 현재 웹페이지에 게시되어 있는 동영상들이 저장되어 있는 것을 볼 수 있다. 페이지를 스크롤하면 새로운 콘텐츠가 이 노드 안에 동적으로 생성되어 추가된다. 이는 해당 노드의 높이가 커진다는 것을 의미한다.

```
▼<ytd-page-manager id="page-manager" class="style-scope ytd-app"> flex == $0
  <!--css-build:shady-->
 ▶<ytd-search class="style-scope ytd-page-manager" center-results role="main">…</ytd-search>
 flex
 ▶<ytd-watch-flexy class="style-scope ytd-page-manager" hidden js-panel-height_ flexy-
 enable-small-window-sizing flexy-enable-large-window-sizing flexy is-four-three-to-sixteen-
 nine-video_ is-two-columns_ style="--ytd-watch-flexy-scrollbar-width:17px; --ytd-watch-flexy
 -space-below-player:136px;" flexy-small-window_>…</ytd-watch-flexy>
 </ytd-page-manager>
```

```
> page <- remDr$findElement(using="xpath", value="//ytd-page-manager[@id='page-manager']")
> page$highlightElement()
```

현재 요소의 높이는 다음과 같이 추출할 수 있다. 자바스크립트의 getElementById() 메소드를 이용하여 id="page-manager" 속성을 갖는 요소를 탐색한 후 scrollHeight 속성으로부터 요소의 높이를 확인한다.28

```
> remDr$executeScript("return document.getElementById('page-manager').scrollHeight;")
[[1]]
[1] 5071
```

그런 다음 자바스크립트의 scrollTo(x,y) 메소드로 스크롤을 요소 높이에 해당하는 위치로 이동시켜 화면을 아래로 스크롤한다.29 scrollTo(x,y) 메소드는 x, y에 주어진 좌표로 스크롤을

27 여기에서 소개하는 것과 같은 방식으로 자바스크립트를 이용하여 스크롤 작업을 수행하기 위해서는 어떤 요소 내에 스크롤할 대상 콘텐츠가 포함되어 있는지 확인할 필요가 있다. 요소를 정확히 식별하기 위해서는 약간의 시행착오 과정이 필요할 수도 있다.

28 scrollHeight 속성에 대한 보다 자세한 설명은 다음 웹사이트를 참고한다: https://developer.mozilla.org/en-US/docs/Web/API/Element/scrollHeight.

29 scrollHeight 속성이 반환하는 요소의 높이는 화면의 보이지 않는 부분도 포함하기 때문에 요소의 높이가

▶ 그림 6-24 ▌요소의 폭과 높이(개발자 도구 요소탐색기의 Styles 탭). 웹페이지를 아래로 스크롤할 때 새로운 웹페이지가 로딩되면 요소의 높이가 증가한다.

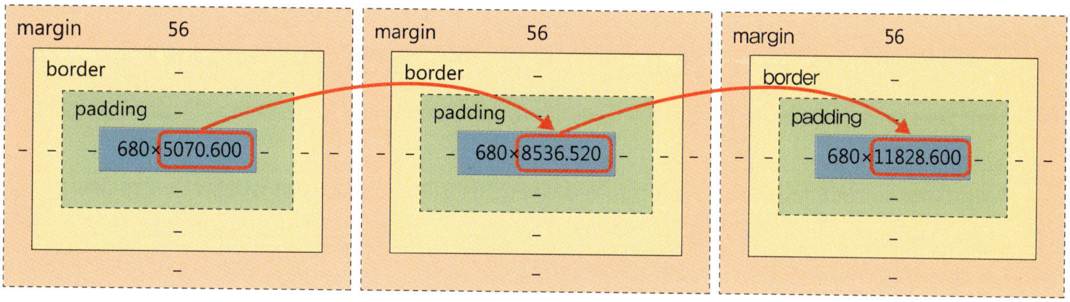

이동한다.

```
> remDr$executeScript("window.scrollTo(0, document.getElementById('page-manager').scrollHeight);")
list()
```

다시 요소의 높이를 살펴보자. 그러면 높이가 증가한 것을 확인할 수 있다.

```
> remDr$executeScript("return document.getElementById('page-manager').scrollHeight;")
[[1]]
[1] 8537
```

다시 한 번 스크롤을 아래로 내리고 요소의 높이를 확인하면 요소의 높이가 또 다시 증가한 것을 볼 수 있다([그림 6-24]).

```
> remDr$executeScript("window.scrollTo(0, document.getElementById('page-manager').scrollHeight);")
list()
> remDr$executeScript("return document.getElementById('page-manager').scrollHeight;")
[[1]]
[1] 11829
```

이처럼 화면을 아래로 스크롤하면 새로운 콘텐츠가 요소 내에 추가되어 요소의 높이가 달라진다. 따라서 스크롤 전후에 요소의 높이가 달라지는지 확인함으로써 새로운 웹페이지가 로딩되었는지 알 수 있다. 스코롤 전과 스크롤 후의 요소 높이를 체크하여 높이에 있어서 변화가 없으면 더 이상 새로운 콘텐츠가 존재하지 않는 것으로 판단하여 스크롤 작업을 멈춘다.

---

y 좌표인 위치로 스크롤을 이동하면 화면이 아래로 스크롤된다.

```
> height.last <- 0
> i <- 0
> repeat {
+   i <- i + 1
+   remDr$executeScript("window.scrollTo(0, document.getElementById('page-manager').scrollHeight);")
+   Sys.sleep(3)
+   height.new <- remDr$executeScript("return document.getElementById('page-manager').scrollHeight;")
+   if(unlist(height.last) == unlist(height.new)) {
+       cat(str_c("Scrolled down ", i, " times.\n"))
+       break
+   } else {
+       height.last <-  height.new
+   }
+ }
Scrolled down 42 times.
```

모든 웹페이지가 로딩되었으므로 이제 데이터를 수집해보자. 먼저 다음과 같이 HTML 문서를 읽어 온다.

```
> html <- remDr$getPageSource()[[1]]
```

동영상 제목부터 추출해보자. 동영상 제목은 id="video-title" 속성을 갖는 <a> 노드 아래의 <yt-formatted-string> 노드에 포함되어 있다. 따라서 다음과 같이 수집할 수 있다.

```
▼<a id="video-title" class="yt-simple-endpoint style-scope ytd-video-renderer"
title="[MV] BOL4(볼빨간사춘기) _ Travel(여행)" href="/watch?v=xRbPAVnqtcs" aria-
label="[MV] BOL4(볼빨간사춘기) _ Travel(여행) 게시자: 1theK (원더케이) 3년 전 4분 18
초 조회수 81,859,774회">
  ▶<yt-icon id="inline-title-icon" class="style-scope ytd-video-renderer"
  hidden>…</yt-icon>
   <yt-formatted-string class="style-scope ytd-video-renderer" aria-label="[MV]
   BOL4(볼빨간사춘기) _ Travel(여행) 게시자: 1theK (원더케이) 3년 전 4분 18초 조회수
   81,859,774회">[MV] BOL4(볼빨간사춘기) _ Travel(여행)</yt-formatted-string>
    == $0
  </a>
```

```
> title <- read_html(html) %>%
+   html_elements(xpath="//a[@id='video-title']/yt-formatted-string") %>%
+   html_text()
```

```
> length(title)
[1] 805
> head(title, 3)
[1] "[MV] BOL4(볼빨간사춘기) _ Travel(여행)"
[2] "[20]  최고급 야간기차타고 아르메니아 가기 - 세계여행 AM"
[3] "[해외반응] \"한국이 이 정도일 줄이야\" 한국 여행하던 일본인이 충격받은 이유 //
\"한국 안 왔으면 정말 후회했을 거야\""
```

크리에이터는 노드의 id 속성을 이용하여 다음과 같이 추출할 수 있다.

```
▶<div id="meta" class="style-scope ytd-video-renderer">…</div>
▼<div id="channel-info" class="style-scope ytd-video-renderer"> flex
  ▶<a class="style-scope ytd-video-renderer" href="/user/LOENENT" aria-label="채널로 이동">…</a>
  ▼<ytd-channel-name id="channel-name" class="long-byline style-scope ytd-video-renderer" wrap-
  text="true"> flex
      <!--css-build:shady-->
    ▼<div id="container" class="style-scope ytd-channel-name">
      ▼<div id="text-container" class="style-scope ytd-channel-name">
        ▼<yt-formatted-string id="text" title class="style-scope ytd-channel-name" has-link-only_>
           <a class="yt-simple-endpoint style-scope yt-formatted-string" spellcheck="false" href=
           "/user/LOENENT" dir="auto">1theK (원더케이)</a> == $0
```

```
> creator <- read_html(html) %>%
+   html_elements(xpath="//div[@id='channel-info']
+                          //yt-formatted-string[@id='text']/a") %>%
+   html_text()
> length(creator)
[1] 809
> head(creator, 3)
[1] "1theK (원더케이)"          "송숲 세계여행 songforest"
[3] "한눈에 세계를"
```

그런데 여기에서 사용한 XPath는 간혹 유튜브가 광고를 위해 게시한 동영상에 대한 크리에이터를 함께 추출하기도 한다. 예를 들어, 유튜브 영화 광고 동영상의 크리에이터인 'YouTube 영화'도 추출된다. 따라서 지금처럼 추출한 크리에이터의 개수가 앞서 수집한 동영상 제목 개수와 일치하지 않는다면 이러한 유튜브 광고 크리에이터도 함께 추출된 것이다. 앞서 동영상 제목을 추출했던 노드셋의 상위 `<div>` 노드 바로 아래의 형제 노드인 `<div>` 노드로 범위를 제한함으로써 광고 동영상의 크리에이터는 포함되지 않도록 한다. XPath 액시스를 이용하여 다음과 같이 XPath를 수정한다.

```
> creator <- read_html(html) %>%
+   html_elements(xpath="//a[@id='video-title']/yt-formatted-string
+                /ancestor::div[@id='meta']/following-sibling::div[@id='channel-info']
+                //yt-formatted-string[@id='text']/a") %>%
+   html_text()
> length(creator)
[1] 805
> head(creator, 3)
[1] "1theK (원더케이)"          "송숲 세계여행 songforest"
[3] "한눈에 세계를"
```

이어서 조회수를 수집해보자. 조회수는 동영상 제목을 추출했던 <a> 노드 아래 <yt-formatted-string> 노드의 aria-label 속성으로부터 추출한다. aria-label 속성에 포함된 텍스트에 대해 정규표현식을 적용하여 조회수 부분만을 추출하고 숫자로 변환한다.

```
▼<a id="video-title" class="yt-simple-endpoint style-scope ytd-video-renderer"
title="[MV] BOL4(볼빨간사춘기) _ Travel(여행)" href="/watch?v=xRbPAVnqtcs" aria-
label="[MV] BOL4(볼빨간사춘기) _ Travel(여행) 게시자: 1theK (원더케이) 3년 전 4분 18
초 조회수 81,859,774회">
  ▶<yt-icon id="inline-title-icon" class="style-scope ytd-video-renderer"
  hidden>…</yt-icon>
    <yt-formatted-string class="style-scope ytd-video-renderer" aria-label="[MV]
    BOL4(볼빨간사춘기) _ Travel(여행) 게시자: 1theK (원더케이) 3년 전 4분 18초 조회수
    81,859,774회">[MV] BOL4(볼빨간사춘기) _ Travel(여행)</yt-formatted-string>
     == $0
  </a>
```

```
> view <- read_html(html) %>%
+   html_elements(xpath="//a[@id='video-title']/yt-formatted-string") %>%
+   html_attr("aria-label") %>%
+   str_extract("조회수\\s[0-9,]+회") %>%
+   parse_number()
> length(view)
[1] 805
> head(view, 3)
[1] 81859774    13063    78150
> summary(view)
     Min.   1st Qu.    Median      Mean   3rd Qu.      Max. 
        8     17107    205635   1241743    773919 127815255
```

동영상에 대한 간단한 설명을 담고 있는 개요는 다음의 HTML 코드를 바탕으로 추출할 수 있다.

```
▼<div class="text-wrapper style-scope ytd-video-renderer"> flex
  ▶<div id="meta" class="style-scope ytd-video-renderer">…</div>
  ▶<div id="channel-info" class="style-scope ytd-video-renderer">…</div> flex
  ▶<yt-formatted-string id="description-text" class="style-scope ytd-video-renderer" hidden>…</yt-
  formatted-string>
  ▼<div class="metadata-snippet-container style-scope ytd-video-renderer">
    ▶<a class="yt-simple-endpoint metadata-snippet-timestamp style-scope ytd-video-renderer"
    hidden>…</a>
    ▼<yt-formatted-string class="metadata-snippet-text style-scope ytd-video-renderer"> == $0
       "[MV] BOL4(볼빨간사춘기) _ Travel(여행) [공지] 1theK YouTube는 MV를 유통하는 공식 채널로, 1theK
       에 업로드된 MV 조회수 또한 음악 ..."
     </yt-formatted-string>
```

```
> description <- read_html(html) %>%
+   html_elements(xpath="//div[@class='text-wrapper style-scope ytd-video-renderer']") %>%
+   html_element(xpath="div/yt-formatted-string
+                        [@class='metadata-snippet-text style-scope ytd-video-renderer']") %>%
+   html_text()
> length(description)
[1] 805
> head(description, 3)
[1] "[MV] BOL4(볼빨간사춘기) _ Travel(여행)\n\n[공지] 1theK YouTube는 MV를 유통하는
공식 채널로, 1theK에 업로드된 MV 조회수 또한 음악 ..."
[2] "세계여행 #여행유튜버 #조지아 안녕하세요. 송숲입니다. 이번 영상은 기차 타고
조지아에서 아르메니아 가는 영상입니다. 친구랑 같이 ..."
[3] "영상 시청해 주셔서 감사합니다. #해외반응 #외국인반응 #댓글반응."
```

동영상 개요가 없는 경우도 있기 때문에 동영상 개요만을 담고 있는 노드만을 탐색하면 개요가 없는 동영상은 추출에서 누락된다. 하지만 어느 동영상이 누락되는지 알 수 없기 때문에 동영상 개요를 포함하고 있는 상위 노드를 추출한 후 그 아래에서 동영상 개요를 추출하는 방식으로 진행한다. rvest 패키지에서는 html_elements() %>% html_element()와 같이 두 개의 노드셋 추출 함수를 차례대로 적용하는 방식으로 수행할 수 있다.30

끝으로 각 동영상 콘텐츠의 URL을 수집한다. 동영상 제목을 포함하고 있는 <a> 노드의 href 속성으로부터 추출할 수 있다.

30 앞서 다루었던 '영화 리뷰 @IMDb'에서도 동일한 이슈가 있었다. 보다 자세한 내용은 '영화 리뷰 @IMDb'에서 평점 추출 부분을 참고한다.

```
▼<a id="video-title" class="yt-simple-endpoint style-scope ytd-video-renderer" title="[MV] BOL4(볼빨간사춘기) _ Travel(여행)" href="/watch?v=xRbPAVnqtcs" aria-label="[MV] BOL4(볼빨간사춘기) _ Travel(여행) 게시자: 1theK (원더케이) 3년 전 4분 18초 조회수 81,859,774회"> == $0
  ▶<yt-icon id="inline-title-icon" class="style-scope ytd-video-renderer" hidden>…</yt-icon>
   <yt-formatted-string class="style-scope ytd-video-renderer" aria-label="[MV] BOL4(볼빨간사춘기) _ Travel(여행) 게시자: 1theK (원더케이) 3년 전 4분 18초 조회수 81,859,774회">[MV] BOL4(볼빨간사춘기) _ Travel(여행)</yt-formatted-string>
  </a>
```

```
> url <- read_html(html) %>%
+   html_elements(xpath="//a[@id='video-title']/yt-formatted-string/parent::a") %>%
+   html_attr("href") %>%
+   str_c("https://www.youtube.com", .)
> length(url)
[1] 805
> head(url, 3)
[1] "https://www.youtube.com/watch?v=xRbPAVnqtcs"
[2] "https://www.youtube.com/watch?v=12LkJDrzsXA"
[3] "https://www.youtube.com/watch?v=5Y5oPoioUY8"
```

이제 이렇게 수집한 모든 데이터를 모아서 다음과 같이 하나의 데이터프레임(티블)에 저장한다. 모두 805개의 동영상 콘텐츠가 수집되었다.

```
> youtube.travel <- tibble(title=title, creator=creator, view=view,
+                         description=description, url=url)
> youtube.travel
# A tibble: 805 x 5
   title                 creator       view  description              url
   <chr>                 <chr>        <dbl>  <chr>                    <chr>
 1 "[MV] BOL4(볼빨간사~  1theK (원더~ 8.19e7 "[MV] BOL4(볼빨간사춘기~ https://www~
 2 "[20]  최고급 야간기~ 송숲 세계여~ 1.31e4 "세계여행 #여행유튜버 #~ https://www~
 3 "[해외반응] \"한국이~ 한눈에 세계를 7.82e4 "영상 시청해 주셔서 감~ https://www~
…(중략)
 8 "여행 가야 하는데 하~  토깽이네     2.01e5 "가족여행 #여행브이로그~ https://www~
 9 "Japan VLOG | 아기와~ 윗시 wish    2.88e4 "안녕하세요  오늘도 시~  https://www~
10 "차박 캠핑카 여행 강~  윤쓰TV       5.77e4 "크리스마스 잘 보내셨나~ https://www~
# ... with 795 more rows
```

그림 6-25 ▌동영상 정보. 유튜브 웹사이트로부터 곽기영 교수의 동영상 콘텐츠 정보를 수집한다.

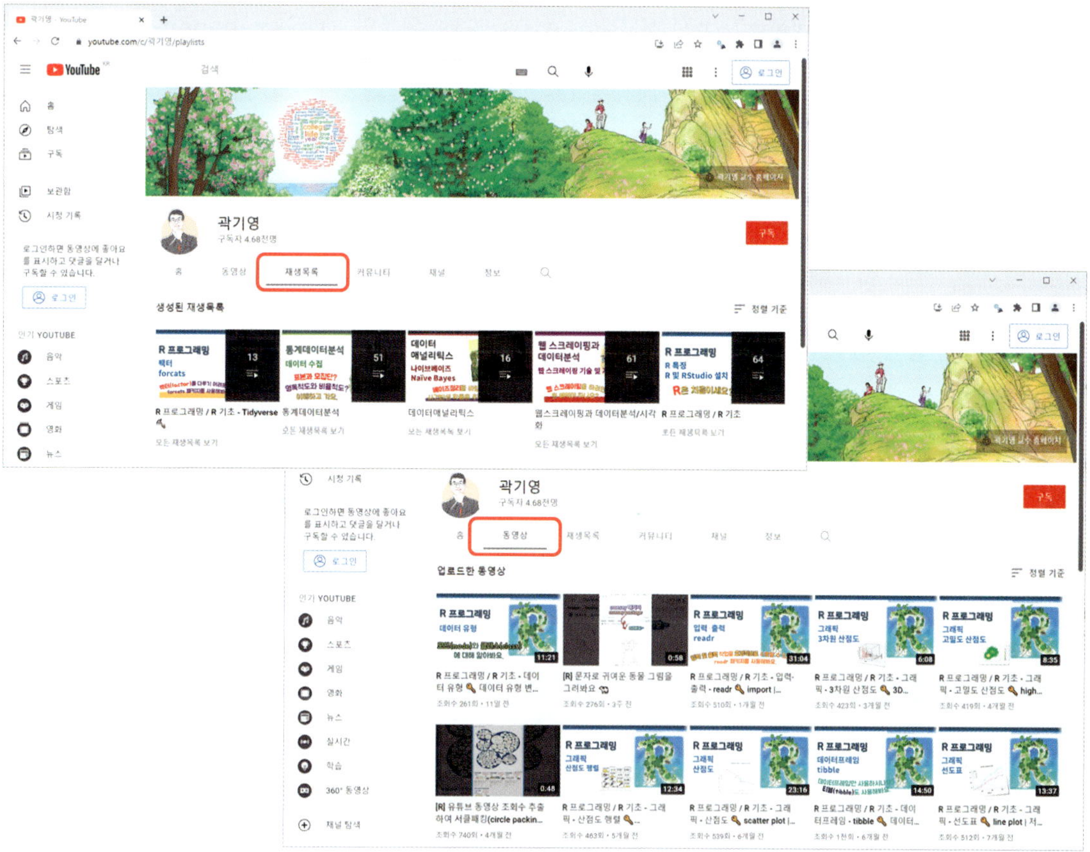

지금까지는 키워드로 검색한 동영상 콘텐츠에 대한 정보를 수집하였다. 이번에는 특정 크리에이터에 의해 게시된 동영상 콘텐츠에 대한 정보를 수집해서 조회수가 높은 동영상이 무엇인지 그래프로 시각화해보자. 여기에서는 곽기영 교수의 유튜브 채널로부터 동영상 강의 정보를 수집한다([그림 6-25]). '재생목록' 탭에서 재생목록과 각 재생목록에 속한 동영상을 확인한 후 '동영상' 탭으로 이동하여 각 동영상으로부터 콘텐츠 정보를 수집한다.

먼저 셀레니움을 이용하여 다음과 같이 '곽기영' 채널의 웹사이트로 이동한다.

```
> remDr <- remoteDriver(remoteServerAddr="localhost", port=4445, browserName="chrome")
> remDr$open()
> remDr$navigate("https://www.youtube.com/곽기영")
```

재생목록 탭으로 이동하기 위해서는 재생목록 탭의 버튼을 클릭해야 한다. '홈'부터 '정보'까지의 탭은 모두 id="tabsContent" 속성을 갖는 <div> 노드 아래의 <tp-yt-paper-tab> 노드에 포함되어 있다.

```
▼<div id="tabsContent" class="scrollable style-scope tp-yt-paper-tabs">
   <div id="selectionBar" class="style-scope tp-yt-paper-tabs" style="transform: trans
   lateX(0%) scaleX(0.0814315);"></div>
 ▶<tp-yt-paper-tab class="style-scope ytd-c4-tabbed-header-renderer iron-selected"
  role="tab" aria-disabled="false" aria-selected="true" tabindex="0">…</tp-yt-paper-
  tab> flex
   <ytd-expandable-tab-renderer class="style-scope ytd-c4-tabbed-header-renderer"
   disable-upgrade hidden></ytd-expandable-tab-renderer>
 ▶<tp-yt-paper-tab class="style-scope ytd-c4-tabbed-header-renderer" role="tab" aria-
  disabled="false" tabindex="-1" aria-selected="false">…</tp-yt-paper-tab> flex
   <ytd-expandable-tab-renderer class="style-scope ytd-c4-tabbed-header-renderer"
   disable-upgrade hidden></ytd-expandable-tab-renderer>
 ▼<tp-yt-paper-tab class="style-scope ytd-c4-tabbed-header-renderer" role="tab" aria-
  disabled="false" tabindex="0" aria-selected="false"> flex
     <!--css-build:shady-->
     <div class="tab-content style-scope tp-yt-paper-tab"> 재생목록 </div> flex == $0
```

```
> btn.tab <- remDr$findElements(using="xpath",
+                                value="//div[@id='tabsContent']/tp-yt-paper-tab/div")
> length(btn.tab)
[1] 6
> sapply(btn.tab, function(x) x$getElementText())
[[1]]
[1] "홈"

[[2]]
[1] "동영상"

[[3]]
[1] "재생목록"

[[4]]
[1] "커뮤니티"

[[5]]
[1] "채널"

[[6]]
[1] "정보"
```

재생목록 탭은 그 가운데 세 번째 노드에 포함되어 있으므로 다음과 같이 재생목록 탭을 클릭하여 재생목록이 포함된 웹페이지로 이동한다.

```
> btn.tab[[3]]$clickElement()
```

이제 이 재생목록 웹페이지에서 각 재생목록에 어떤 동영상 콘텐츠가 포함되어 있는지 볼 수 있다. 각 재생목록 하단의 '모든 재생목록 보기'를 클릭하여 재생목록에 포함된 동영상을 확인한다. '모든 재생목록 보기' 버튼은 모두 id="view-more" 속성을 갖는 <yt-formatted-string> 노드 아래에 포함되어 있다.

```
▼<yt-formatted-string id="view-more" class="style-scope ytd-grid-playlist-renderer" has-
link-only_>
    <a class="yt-simple-endpoint style-scope yt-formatted-string" spellcheck="false" href=
    "/playlist?list=PLY0OaF78qqGCYlttTzLQufH3k9X2okgxo" dir="auto">모든 재생목록 보기</a>
    == $0
  </yt-formatted-string>
```

```
> btn.viewmore <- remDr$findElements(using="xpath",
+                                    value="//yt-formatted-string[@id='view-more']/a")
> length(btn.viewmore)
[1] 5
> sapply(btn.viewmore, function(x) x$getElementText())
[[1]]
[1] "모든 재생목록 보기"

[[2]]
[1] "모든 재생목록 보기"

[[3]]
[1] "모든 재생목록 보기"

[[4]]
[1] "모든 재생목록 보기"

[[5]]
[1] "모든 재생목록 보기"
```

예를 들어, 첫 번째 재생목록에 포함된 동영상 콘텐츠를 보기 위해서는 다음과 같이 식별된 버튼 가운데 첫 번째 것을 클릭한다.

```
> btn.viewmore[[1]]$clickElement()
```

그러면 첫 번째 재생목록의 상세 웹페이지로 이동한다. 만약 재생목록에 포함된 동영상 콘텐츠가 많으면 모든 콘텐츠가 화면에 로딩되지 않을 수 있다. 따라서 동영상 콘텐츠를 모두 불러올 수 있도록 때에 따라서는 다음과 같이 아래로 스크롤하는 작업을 반복하여 수행해야 할 필요도 있다.

```
> body <- remDr$findElement(using="xpath", value="//body")
> body$sendKeysToElement(list(key="page_down"))
```

이제 재생목록의 이름과 재생목록에 포함된 동영상 제목을 수집해보자. 먼저 다음과 같이 HTML 문서를 읽어온다.

```
> html <- remDr$getPageSource()[[1]]
```

재생목록의 이름은 다음과 같이 `id="title"` 속성을 갖는 <h1> 노드로부터 추출할 수 있다.

```
▼<h1 id="title" class="style-scope ytd-playlist-sidebar-primary-info-renderer">
  ▼<yt-formatted-string class="style-scope ytd-playlist-sidebar-primary-info-ren
  derer" has-link-only_>
      <a class="yt-simple-endpoint style-scope yt-formatted-string" spellcheck="f
      alse" href="/watch?v=8HkLXbH4ApU&list=PLY0OaF78qqGCYlttTzLQufH3k9X2okgxo"
      dir="auto">R 프로그래밍 / R 기초 - Tidyverse🔨</a> == $0
    </yt-formatted-string>
  </h1>
```

```
> playlist <- read_html(html) %>%
+   html_elements("h1#title") %>%
+   html_text()
> playlist
[1] "R 프로그래밍 / R 기초 - Tidyverse🔨"
```

동영상 제목은 `id="meta"` 속성을 갖는 <div> 노드 아래의 `id="video-title"` 속성을 갖는 <a> 노드로부터 추출한다.

```
▼<div id="meta" class="style-scope ytd-playlist-video-renderer">
  ▼<h3 class="style-scope ytd-playlist-video-renderer">
    ▶<ytd-badge-supported-renderer id="top-standalone-badge" class="style-s
    cope ytd-playlist-video-renderer" system-icons>…</ytd-badge-supported-
    renderer> flex
    ▼<a id="video-title" class="yt-simple-endpoint style-scope ytd-playlist
    -video-renderer" href="/watch?v=8HkLXbH4ApU&list=PLY0OaF78qqGCYlttTzLQuf
    H3k9X2okgxo&index=1" aria-label="R 프로그래밍 / R 기초 - 팩터 - forcats
    🔧 factor | 레벨(level) 순서 조정 | 다른 변수의 값을 기준으로 레벨 정렬 |
    레벨명 변경 | tidyverse 게시자: 곽기영 6개월 전 15분" title="R 프로그래밍 /
    R 기초 - 팩터 - forcats 🔧 factor | 레벨(level) 순서 조정 | 다른 변수의 값
    을 기준으로 레벨 정렬 | 레벨명 변경 | tidyverse"> == $0
      " R 프로그래밍 / R 기초 - 팩터 - forcats 🔧 factor | 레벨(level) 순서
      조정 | 다른 변수의 값을 기준으로 레벨 정렬 | 레벨명 변경 | tidyverse "
    </a>
```

```
> video <- read_html(html) %>%
+   html_elements("#meta #video-title") %>%
+   html_text() %>%
+   str_trim()
> head(video, 3)
[1] "R 프로그래밍 / R 기초 - 팩터 - forcats 🔧 factor | 레벨(level) 순서 조정 | 다른
변수의 값을 기준으로 레벨 정렬 | 레벨명 변경 | tidyverse"
[2] "R 프로그래밍 / R 기초 - 데이터프레임 - tibble 🔧 데이터프레임(data frame) |
티블(tibble) | 리스트 열(list column) | tidyverse"
[3] "R 프로그래밍 / R 기초 - 텍스트 - stringr 🔧 정규표현식(regular expression) |
패턴검출 패턴위치 패턴추출 패턴치환 패턴분할 | tidyverse"
```

이와 같은 방식으로 각 재생목록에 차례대로 접근하여 재생목록에 포함된 동영상 제목을 수집한다. 재생목록 개수만큼 for 루프를 돌며 다음과 같이 모든 재생목록에 포함된 콘텐츠 제목을 추출한다.

```
> remDr$navigate("https://www.youtube.com/곽기영")
> btn.tab <- remDr$findElements(using="xpath",
+                               value="//div[@id='tabsContent']/tp-yt-paper-tab/div")
> btn.tab[[3]]$clickElement()
> btn.viewmore <- remDr$findElements(using="xpath",
+                                    value="//yt-formatted-string[@id='view-more']/a")
> playlist.data <- vector("list", length(btn.viewmore))
> for (i in seq_along(btn.viewmore)) {
+   btn.viewmore[[i]]$clickElement()
+   body <- remDr$findElement(using="xpath", value="//body")
```

```
+   flag <- TRUE
+   j <- 0
+   while (flag) {
+     j <- j + 1
+     body$sendKeysToElement(list(key="page_down"))
+     Sys.sleep(1)
+     if (exists("pagesource")) {
+       if (pagesource == remDr$getPageSource()[[1]]) {
+         flag <- FALSE
+       } else {
+         pagesource <- remDr$getPageSource()[[1]]
+       }
+     } else {
+       pagesource <- remDr$getPageSource()[[1]]
+     }
+   }
+   html <- remDr$getPageSource()[[1]]
+   playlist <- read_html(html) %>%
+     html_elements("h1#title") %>%
+     html_text()
+   video <- read_html(html) %>%
+     html_elements("#meta #video-title") %>%
+     html_text() %>%
+     str_trim()
+   playlist.data[[i]] <- tibble(playlist=playlist, video=video)
+   remDr$goBack()
+   Sys.sleep(3)
+   btn.viewmore <- remDr$findElements(using="xpath",
+                                      value="//yt-formatted-string[@id='view-more']/a")
+ }
```

수집한 재생목록별 동영상 제목은 다음과 같이 리스트 형식으로 저장된다. 리스트의 각 원소는 개별 재생목록을 나타내며 그 안에 재생목록별 콘텐츠 제목이 저장되어 있다.[31]

31 화면에 출력된 텍스트 가운데 일부 심볼은 UTF-8 코드로 표현되어 있다. \U0001f528은 🔨를 나타내며 \U0001f511은 🔑를 의미한다.

```
> playlist.data
[[1]]
# A tibble: 13 x 2
   playlist                                      video
   <chr>                                         <chr>
 1 "R 프로그래밍 / R 기초 - Tidyverse\U0001f528"  "R 프로그래밍 / R 기초 - 팩터 - f~
 2 "R 프로그래밍 / R 기초 - Tidyverse\U0001f528"  "R 프로그래밍 / R 기초 - 데이터프~
 3 "R 프로그래밍 / R 기초 - Tidyverse\U0001f528"  "R 프로그래밍 / R 기초 - 텍스트 -~
…(중략)
11 "R 프로그래밍 / R 기초 - Tidyverse\U0001f528"  "R 프로그래밍 / R 기초 - ggplot2 ~
12 "R 프로그래밍 / R 기초 - Tidyverse\U0001f528"  "R 프로그래밍 / R 기초 - ggplot2 ~
13 "R 프로그래밍 / R 기초 - Tidyverse\U0001f528"  "R 프로그래밍 / R 기초 - ggplot2 ~

…(중략)

[[5]]
# A tibble: 64 x 2
   playlist              video
   <chr>                 <chr>
 1 R 프로그래밍 / R 기초  "R 프로그래밍 / R 기초 - 설치 \U0001f511 CRAN | RStudio |~
 2 R 프로그래밍 / R 기초  "R 프로그래밍 / R 기초 - 작업환경 \U0001f511 작업 디렉토~
 3 R 프로그래밍 / R 기초  "R 프로그래밍 / R 기초 - 패키지 \U0001f511 package | 라이~
…(중략)
 8 R 프로그래밍 / R 기초  "R 프로그래밍 / R 기초 - 벡터 함수 \U0001f511 수학 함수 |~
 9 R 프로그래밍 / R 기초  "R 프로그래밍 / R 기초 - 벡터 인덱싱 \U0001f511 vector in~
10 R 프로그래밍 / R 기초  "R 프로그래밍 / R 기초 - 팩터 \U0001f511 factor | 범주형 ~
# ... with 54 more rows
```

리스트 구조로 저장되어 있는 재생목록별 동영상 제목을 purrr 패키지의 reduce() 함수를 이용하여 다음과 같이 하나의 데이터프레임(티블)으로 변환한다.

```
> playlist.video <- reduce(playlist.data, bind_rows)
> playlist.video
# A tibble: 205 x 2
   playlist                                      video
   <chr>                                         <chr>
 1 "R 프로그래밍 / R 기초 - Tidyverse\U0001f528"  "R 프로그래밍 / R 기초 - 팩터 - f~
 2 "R 프로그래밍 / R 기초 - Tidyverse\U0001f528"  "R 프로그래밍 / R 기초 - 데이터프~
 3 "R 프로그래밍 / R 기초 - Tidyverse\U0001f528"  "R 프로그래밍 / R 기초 - 텍스트 -~
```

```
…(중략)
 8 "R 프로그래밍 / R 기초 - Tidyverse\U0001f528"  "R 프로그래밍 / R 기초 - ggplot2 ~
 9 "R 프로그래밍 / R 기초 - Tidyverse\U0001f528"  "R 프로그래밍 / R 기초 - ggplot2 ~
10 "R 프로그래밍 / R 기초 - Tidyverse\U0001f528"  "R 프로그래밍 / R 기초 - ggplot2 ~
# ... with 195 more rows
```

각 재생목록별 동영상 목록을 확인했으므로 이제 각 동영상에 대한 세부 정보를 추출해보자. 재생목록 탭에서 각 동영상에 접근하여 세부 정보를 수집할 수도 있지만 여기에서는 모든 동영상이 게시되어 있는 동영상 탭에서 필요한 정보를 추출한다. 이를 위해 먼저 다음과 같이 동영상 탭을 클릭하여 동영상 웹페이지로 이동한다.

```
> remDr$navigate("https://www.youtube.com/곽기영")
> btn.tab <- remDr$findElements(using="xpath",
+                              value="//div[@id='tabsContent']/tp-yt-paper-tab/div")
> btn.tab[[2]]$clickElement()
```

동영상 콘텐츠가 많을 경우 한 페이지에 모든 콘텐츠가 나타나지는 않으므로 새로운 동영상 콘텐츠가 더 이상 로딩되지 않을 때까지 화면을 아래로 스크롤하여 모든 동영상 콘텐츠를 불러온다.

```
> body <- remDr$findElement(using="xpath", value="//body")
> flag <- TRUE
> i <- 0
> while (flag) {
+   i <- i + 1
+   body$sendKeysToElement(list(key="end"))
+   Sys.sleep(1)
+   if (exists("pagesource")) {
+     if (pagesource == remDr$getPageSource()[[1]]) {
+       flag <- FALSE
+     } else {
+       pagesource <- remDr$getPageSource()[[1]]
+     }
+   } else {
+     pagesource <- remDr$getPageSource()[[1]]
+   }
+ }
```

웹페이지가 모두 로딩된 것을 확인한 후 HTML 문서를 읽어온다.

```
> html <- remDr$getPageSource()[[1]]
```

이제 동영상 웹페이지로부터 데이터를 추출할 준비가 되었다. 먼저 동영상 제목을 수집한다. 동영상 제목은 id="video-title" 속성을 갖는 <a> 노드의 title 속성에 포함되어 있으므로 속성값으로부터 추출한다.

```
▼<a id="video-title" class="yt-simple-endpoint style-scope ytd-grid-video-renderer"
aria-label="R 프로그래밍 / R 기초 - 데이터 유형 🔑 데이터 유형 변환 | 모드 | 클래스 | mode |
class | numeric | character | logical | list 게시자: 곽기영 7일 전 11분 21초 조회수 216회"
title="R 프로그래밍 / R 기초 - 데이터 유형 🔑 데이터 유형 변환 | 모드 | 클래스 | mode | class
| numeric | character | logical | list" href="/watch?v=XadF55VsBSc"> == $0
   "R 프로그래밍 / R 기초 - 데이터 유형 🔑 데이터 유형 변환 | 모드 | 클래스 | mode | class |
   numeric | character | logical | list"
 </a>
```

```
> video <- read_html(html) %>%
+   html_elements(xpath="//a[@id='video-title']") %>%
+   html_attr("title") %>%
+   str_trim()
> length(video)
[1] 169
> head(video, 3)
[1] "R 프로그래밍 / R 기초 - 데이터 유형 🔑 데이터 유형 변환 | 모드 | 클래스 | mode |
class | numeric | character | logical | list"
[2] "[R] 문자로 귀여운 동물 그림을 그려봐요 🐄"
[3] "R 프로그래밍 / R 기초 - 입력·출력 - readr 🔑 import | export | 파일 | CSV | 테이블
| 텍스트 | 텍스트로부터 숫자 추출 | tidyverse"
```

조회수 또한 동영상 제목과 같은 노드에 포함되어 있다. aria-label 속성으로부터 조회수가 포함된 텍스트를 정규표현식을 이용하여 추출한 후 숫자로 변환한다. readr 패키지에 포함된 parse_number() 함수는 텍스트에 포함된 1,000 단위 표시 콤마(,)나 화폐 단위와 같이 숫자가 아닌 문자(non-numeric character)를 제거하여 숫자 형식으로 변환한다.

```
> view <- read_html(html) %>%
+   html_elements(xpath="//a[@id='video-title']") %>%
+   html_attr("aria-label") %>%
+   str_extract("조회수\\s[0-9,]+회") %>%
+   parse_number()
```

```
> length(view)
[1] 169
> head(view, 3)
[1] 216 253 491
```

끝으로 동영상의 URL을 추출한다. URL은 다음과 같이 href 속성으로부터 추출할 수 있다.

```
> url <- read_html(html) %>%
+   html_elements(xpath="//a[@id='video-title']") %>%
+   html_attr("href") %>%
+   str_c("https://www.youtube.com", .)
> length(url)
[1] 169
> head(url, 3)
[1] "https://www.youtube.com/watch?v=XadF55VsBSc"
[2] "https://www.youtube.com/watch?v=6VaaliJsOMs"
[3] "https://www.youtube.com/watch?v=4EIS8dK7f5Y"
```

추출한 모든 데이터를 모아서 하나의 데이터프레임(티블)으로 저장한다.

```
> video.all <- tibble(video=video, view=view, url=url)
> video.all
# A tibble: 169 x 3
   video                                            view url
   <chr>                                           <dbl> <chr>
 1 "R 프로그래밍 / R 기초 - 데이터 유형 \U0001f51~   216 https://www.youtube.com/w~
 2 "[R] 문자로 귀여운 동물 그림을 그려봐요 \U0001~   253 https://www.youtube.com/w~
 3 "R 프로그래밍 / R 기초 - 입력·출력 - readr \U~   491 https://www.youtube.com/w~
…(중략)
 8 "R 프로그래밍 / R 기초 - 그래픽 - 산점도 \U000~   536 https://www.youtube.com/w~
 9 "R 프로그래밍 / R 기초 - 데이터프레임 - tibble~  1015 https://www.youtube.com/w~
10 "R 프로그래밍 / R 기초 - 그래픽 - 선도표 \U000~   509 https://www.youtube.com/w~
# ... with 159 more rows
```

이렇게 수집한 개별 동영상 데이터를 앞서 수집한 재생목록 데이터와 결합한다. 다음과 같이 dplyr 패키지의 full_join() 함수를 이용하여 공통 열인 video 열을 바탕으로 두 데이터셋으로부터 동영상 제목이 일치하는 모든 행을 가져온다.

```
> youtube.playlist <- full_join(playlist.video, video.all, by="video")
> youtube.playlist
# A tibble: 208 x 4
   playlist                                     video            view url
   <chr>                                        <chr>           <dbl> <chr>
 1 "R 프로그래밍 / R 기초 - Tidyverse\U0001f528" "R 프로그래밍 / ~ 1898 https://w~
 2 "R 프로그래밍 / R 기초 - Tidyverse\U0001f528" "R 프로그래밍 / ~ 1015 https://w~
 3 "R 프로그래밍 / R 기초 - Tidyverse\U0001f528" "R 프로그래밍 / ~ 1975 https://w~
…(중략)
 8 "R 프로그래밍 / R 기초 - Tidyverse\U0001f528" "R 프로그래밍 / ~ 8751 https://w~
 9 "R 프로그래밍 / R 기초 - Tidyverse\U0001f528" "R 프로그래밍 / ~ 3341 https://w~
10 "R 프로그래밍 / R 기초 - Tidyverse\U0001f528" "R 프로그래밍 / ~ 3473 https://w~
# ... with 198 more rows
```

유튜브 채널에 포함된 모든 재생목록, 각 재생목록에 속하는 모든 동영상 제목, 그리고 각 동영상에 대한 조회수와 URL을 수집하여 하나의 데이터셋을 완성하였다. 그런데 video 열에는 동영상 제목뿐만 아니라 재생목록 이름과 키워드(🔑의 앞과 뒤)도 포함되어 있다. 🔑를 구분자로 사용하여 텍스트를 분할한 후 이로부터 앞부분의 동영상 제목과 뒷부분의 키워드를 추출한다. 그리고 이들을 기존의 데이터셋에 별도의 열로 저장한다.

```
> youtube.playlist$title <- str_split(youtube.playlist$video, "🔑") %>%
+   map_chr(~.x[1]) %>%
+   str_split("-", n=2) %>%
+   map_chr(~.x[2]) %>%
+   str_trim()
> youtube.playlist$keyword <- str_split(youtube.playlist$video, "🔑") %>%
+   map_chr(~.x[2]) %>%
+   str_trim()
> youtube.playlist
# A tibble: 208 x 6
   playlist                                     video    view url    title  keyword
   <chr>                                        <chr>   <dbl> <chr>  <chr>  <chr>
 1 "R 프로그래밍 / R 기초 - Tidyverse\U0001f528" "R 프로~ 1898 https~ 팩터~  factor~
 2 "R 프로그래밍 / R 기초 - Tidyverse\U0001f528" "R 프로~ 1015 https~ 데이~  데이터~
 3 "R 프로그래밍 / R 기초 - Tidyverse\U0001f528" "R 프로~ 1975 https~ 텍스~  정규표~
…(중략)
 8 "R 프로그래밍 / R 기초 - Tidyverse\U0001f528" "R 프로~ 8751 https~ ggpl~  에스테~
 9 "R 프로그래밍 / R 기초 - Tidyverse\U0001f528" "R 프로~ 3341 https~ ggpl~  geom ~
10 "R 프로그래밍 / R 기초 - Tidyverse\U0001f528" "R 프로~ 3473 https~ ggpl~  에스테~
# ... with 198 more rows
```

수집한 데이터를 바탕으로 몇 가지 탐색적 분석을 해보자. 각 재생목록에 포함된 동영상 개수는 다음과 같이 구할 수 있다. 여기에서는 어느 재생목록에도 포함되지 않은 동영상은 집계 시 제외하였다 (drop_na(playlist)).

```
> youtube.playlist %>%
+   drop_na(playlist) %>%
+   count(playlist)
# A tibble: 5 x 2
  playlist                                     n
  <chr>                                    <int>
1 "R 프로그래밍 / R 기초"                       64
2 "R 프로그래밍 / R 기초 - Tidyverse\U0001f528"   13
3 "데이터애널리틱스"                           16
4 "웹스크레이핑과 데이터분석/시각화"               61
5 "통계데이터분석"                             51
```

재생목록별 조회수는 다음과 같이 계산할 수 있다.

```
> youtube.playlist %>%
+   drop_na(playlist) %>%
+   group_by(playlist) %>%
+   summarise(views=sum(view))
# A tibble: 5 x 2
  playlist                                  views
  <chr>                                     <dbl>
1 "R 프로그래밍 / R 기초"                     177101
2 "R 프로그래밍 / R 기초 - Tidyverse\U0001f528" 32626
3 "데이터애널리틱스"                          25590
4 "웹스크레이핑과 데이터분석/시각화"              74901
5 "통계데이터분석"                            99276
```

동영상별 조회수를 바탕으로 [그림 6-26]과 같은 그래프를 그려보자. 이 그래프는 서클패킹도표 (circle packing plot, circular packing plot)라고 하며 데이터의 계층적 구조를 표현할 때 주로 사용된다. 바깥의 가장 큰 원이 최상위 레벨을 나타낸다. 그 안에 레벨의 계층구조에 따라 차례대로 원이 중첩되며 하위 레벨들이 표현된다. 여기에서는 두 개의 레벨(재생목록의 강좌와 각 재생목록 내의 강의)만이 포함되어 있으므로 하나의 큰 원(재생목록) 안에 작은 원(동영상 강의)이 포함된 형태로 그래프가 그려졌다. 원의 크기는 조회수에 비례한다.

▶ 그림 6-26 ▌ 유튜브 동영상 조회수. 곽기영 교수의 동영상 강의 가운데 상위 10%의 조회수를 기록한 동영상의 제목과 조회수를 표시하였다.

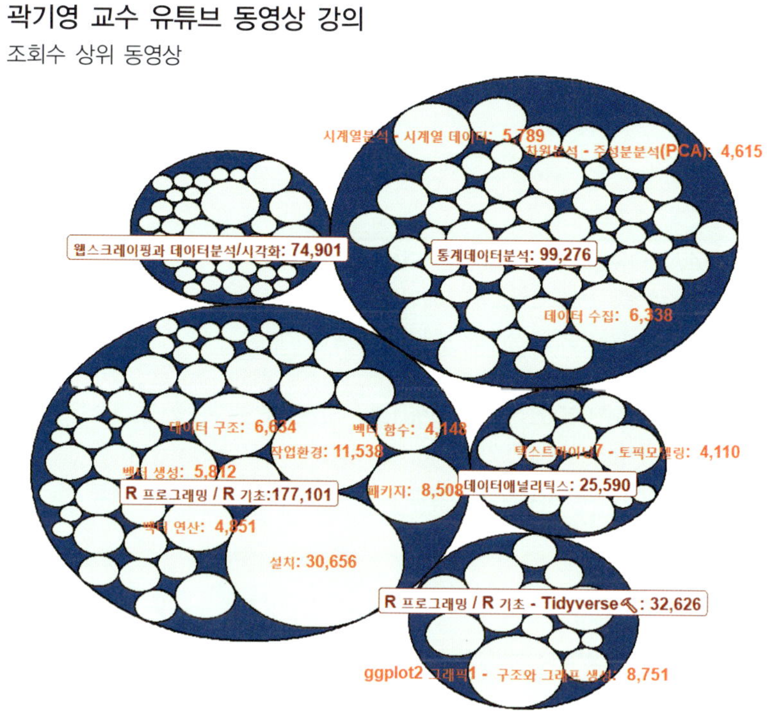

출처: YouTube

이러한 서클패킹도표를 그리기 위해서는 데이터셋이 엣지리스트(edgelist) 형식이어야 한다. 엣지리스트 형식은 네트워크 그래프를 그릴 때 흔히 사용되며 노드 간 연결관계를 나타내는 두 개의 열을 갖는 테이블 형식으로 표현된다. 첫 번째 열에 포함된 노드가 상위 노드이며 두 번째 열에 포함된 노드가 상위 노드에 연결된 하위 노드이다. 엣지리스트 형식의 데이터셋은 일반적으로 엣지리스트에 포함된 개별 노드의 속성을 나타내는 별도의 데이터셋과 함께 사용된다.

`ggraph` 패키지를 이용하면 엣지리스트 데이터셋으로부터 이러한 서클패킹도표를 손쉽게 그릴 수 있다. 엣지리스트 데이터셋을 바탕으로 네트워크 그래프 객체를 생성한 후 `ggraph` 패키지의 `geom_node_circle()` 함수를 이용하여 서클패킹도표를 그린다. 이를 위해서 우선 해야 할 일은 엣지리스트 데이터셋을 만드는 것이다. 앞서 수집한 데이터셋을 이용하여 다음과 같이 재생목록에서 동영상으로 이어지는 연결관계를 표현한 엣지리스트 데이터셋을 생성한다. 중복된 동영상을 제거함으로써 여러 개의 재생목록을 상위 노드로 갖는 동영상은 처음 등장하는 재생목록과 연결관계를 갖도록 한다(`distinct(video, .keep_all=TRUE)`).

```
> edges <- youtube.playlist %>%
+   drop_na(playlist) %>%
+   distinct(video, .keep_all=TRUE) %>%
+   select(from=playlist, to=title)
> edges
# A tibble: 166 x 2
   from                                            to
   <chr>                                           <chr>
 1 "R 프로그래밍 / R 기초 - Tidyverse\U0001f528"  팩터 - forcats
 2 "R 프로그래밍 / R 기초 - Tidyverse\U0001f528"  데이터프레임 - tibble
 3 "R 프로그래밍 / R 기초 - Tidyverse\U0001f528"  텍스트 - stringr
…(중략)
 8 "R 프로그래밍 / R 기초 - Tidyverse\U0001f528"  ggplot2 그래픽1 - 구조와 그래프 생성
 9 "R 프로그래밍 / R 기초 - Tidyverse\U0001f528"  ggplot2 그래픽2 - geom 함수 옵션
10 "R 프로그래밍 / R 기초 - Tidyverse\U0001f528"  ggplot2 그래픽3 - 집단별 그래프
# ... with 156 more rows
```

이어서 각 노드에 대한 정보를 포함하고 있는 노드 데이터셋을 생성한다. 여기에서 노드는 개별 동영상을 의미한다. 앞서 수집한 데이터셋을 이용하여 다음과 같이 조회수 정보가 포함된 노드 데이터셋을 생성한다. 여러 재생목록에 동시에 포함된 동영상도 있기 때문에 중복된 동영상은 한 개씩만 포함되도록 한다(distinct(video, .keep_all=TRUE)).

```
> vertices <- youtube.playlist %>%
+   drop_na(playlist) %>%
+   distinct(video, .keep_all=TRUE) %>%
+   select(name=title, keyword, view)
> vertices
# A tibble: 166 x 3
   name                                  keyword                                   view
   <chr>                                 <chr>                                    <dbl>
 1 팩터 - forcats                        factor | 레벨(level) 순서 조정 | 다~      1898
 2 데이터프레임 - tibble                 데이터프레임(data frame) | 티블(tib~      1015
 3 텍스트 - stringr                      정규표현식(regular expression) | 패~      1975
…(중략)
 8 ggplot2 그래픽1 - 구조와 그래프 생성  에스테틱(aesthetic) | grammar of gr~      8751
 9 ggplot2 그래픽2 - geom 함수 옵션      geom 객체 | geom 함수 결합 | 에스테~      3341
10 ggplot2 그래픽3 - 집단별 그래프       에스테틱(aesthetic) | 집단변수 | 범~      3473
# ... with 156 more rows
```

엣지리스트에 포함된 노드는 모두 노드 데이터셋에도 포함되어 있어야 한다. 그런데 엣지리스트 데이터셋에 포함된 노드 가운데 재생목록은 노드 데이터셋에는 포함되어 있지 않다. 왜냐하면 재생목록은 개별 동영상과의 계층구조를 정의하는 목적으로 사용될 뿐이고 실제 동영상은 아니기 때문이다. 따라서 여기에서는 재생목록을 하나의 노드로 취급하고 재생목록에 포함된 동영상의 조회수를 합산하여 재생목록 노드의 조회수 정보로 사용한다. 이를 위해 다음과 같이 재생목록별 조회수를 계산하여 별도의 데이터셋을 생성한다.

```
> view.playlist <- youtube.playlist %>%
+   drop_na(playlist) %>%
+   group_by(playlist) %>%
+   summarise(view=sum(view)) %>%
+   rename(name=playlist)
> view.playlist
# A tibble: 5 x 2
  name                                              view
  <chr>                                            <dbl>
1 "R 프로그래밍 / R 기초"                          177101
2 "R 프로그래밍 / R 기초 - Tidyverse\U0001f528"     32626
3 "데이터애널리틱스"                                25590
4 "웹스크레이핑과 데이터분석/시각화"                74901
5 "통계데이터분석"                                  99276
```

앞서 생성한 노드 데이터셋에 재생목록별 조회수 데이터셋을 합하여 서클패킹도표에 조회수 정보를 나타내기 위한 새로운 노드 데이터셋을 생성한다. 개별 동영상뿐만 아니라 재생목록도 하나의 노드로서 포함되어 있는 것을 확인할 수 있다. 재생목록의 경우 keyword 열에는 playlist가 입력되었다.

```
> vertices <- vertices %>%
+   bind_rows(view.playlist) %>%
+   replace_na(list(keyword="playlist"))
> vertices
# A tibble: 171 x 3
   name                    keyword                                      view
   <chr>                   <chr>                                       <dbl>
 1 팩터 - forcats          factor | 레벨(level) 순서 조정 | 다~         1898
 2 데이터프레임 - tibble   데이터프레임(data frame) | 티블(tib~         1015
 3 텍스트 - stringr        정규표현식(regular expression) | 패~         1975
…(중략)
```

```
 8 ggplot2 그래픽1 -  구조와 그래프 생성  에스테틱(aesthetic) | grammar of gr~ 8751
 9 ggplot2 그래픽2 - geom 함수 옵션      geom 객체 | geom 함수 결합 | 에스테~    3341
10 ggplot2 그래픽3 - 집단별 그래프       에스테틱(aesthetic) | 집단변수 | 범~    3473
# ... with 161 more rows
> tail(vertices)
# A tibble: 6 x 3
  name                                          keyword                        view
  <chr>                                         <chr>                          <dbl>
1 "그래픽 - 3차원 산점도"                       3D scatter plot | 세 변수 간~    419
2 "R 프로그래밍 / R 기초"                       playlist                     177101
3 "R 프로그래밍 / R 기초 - Tidyverse\U0001f528" playlist                      32626
4 "데이터애널리틱스"                            playlist                      25590
5 "웹스크레이핑과 데이터분석/시각화"            playlist                      74901
6 "통계데이터분석"                              playlist                      99276
```

이제 이렇게 생성한 엣지리스트 데이터셋과 노드 데이터셋을 이용하여 네트워크 그래프 객체를 생성한다. igraph 패키지의 graph_from_data_frame() 함수를 이용하면 다음과 같이 데이터프레임을 네트워크 그래프 객체로 쉽게 변환할 수 있다.

```
> library(igraph)
> mygraph <- graph_from_data_frame(d=edges, vertices=vertices)
> mygraph
IGRAPH 767a45e DN-- 171 166 --
+ attr: name (v/c), keyword (v/c), view (v/n)
+ edges from 767a45e (vertex names):
[1] R 프로그래밍 / R 기초 - Tidyverse<U+0001F528>->팩터 - forcats
[2] R 프로그래밍 / R 기초 - Tidyverse<U+0001F528>->데이터프레임 - tibble
[3] R 프로그래밍 / R 기초 - Tidyverse<U+0001F528>->텍스트 - stringr
[4] R 프로그래밍 / R 기초 - Tidyverse<U+0001F528>->날짜 - lubridate
[5] R 프로그래밍 / R 기초 - Tidyverse<U+0001F528>->입력·출력 - readr
[6] R 프로그래밍 / R 기초 - Tidyverse<U+0001F528>->분할 적용 결합 - dplyr
[7] R 프로그래밍 / R 기초 - Tidyverse<U+0001F528>->형태 변환 - tidyr - gather() / spread()
[8] R 프로그래밍 / R 기초 - Tidyverse<U+0001F528>->ggplot2 그래픽1 - 구조와 그래프 생성
+ ... omitted several edges
```

생성한 네트워크 그래프 객체를 바탕으로 ggraph 패키지의 ggraph() 함수와 geom_node_circle() 함수를 이용하여 서클패킹도표를 그린다. geom_node_label() 함수와 geom_node_text() 함수를 이용하여 재생목록 및 동영상의 조회수를 화면에 표시한다. 여기에서는 조회수 상위 10%에

속하는 동영상에 대해서만 동영상 제목과 조회수를 출력하였다.

```
> library(ggraph)
> windows(width=7.0, height=7.0)
> set.seed(1234)
> ggraph(mygraph, layout="circlepack", weight=view) +
+   geom_node_circle(aes(fill=depth)) +
+   theme_void() +
+   geom_node_label(aes(label=str_c(name, ":", format(view, big.mark=",")),
+                       filter=(keyword=="playlist")), color="darkred", repel=TRUE,
+                   position="jitter", fontface="bold") +
+   geom_node_text(aes(label=str_c(name, ":", format(view, big.mark=",")),
+                      filter=(view > quantile(view[keyword!="Playlist"], 0.9))
+                              & (keyword!="playlist")), color="orangered",
+                  position="jitter", fontface="bold") +
+   theme(legend.position="FALSE") +
+   scale_fill_distiller(palette="GnBu") +
+   labs(title="곽기영 교수 유튜브 동영상 강의",
+        subtitle="조회수 상위 동영상",
+        caption="출처: YouTube") +
+   theme(plot.title=element_text(face="bold", size=18),
+         plot.subtitle=element_text(size=16),
+         plot.caption=element_text(size=13))
```

글로벌 대학 순위 @US뉴스

전 세계 대학 순위 정보를 추출해보자. US뉴스(https://www.usnews.com)는 연구 성과와 평판을 측정한 13개 지표를 바탕으로 전 세계 대학의 순위를 산정하여 발표한다. [그림 6-27]의 US뉴스 웹페이지로부터 대학의 순위 데이터를 추출한다(https://www.usnews.com/education/best-global-universities/rankings). 구체적으로 순위, 대학명, 위치, 점수, 등록생수 등의 정보를 수집한다.

현재 2,005개의 대학이 순위 목록에 포함되어 있다. 그런데 대학의 개수가 많기 때문에 모든 콘텐츠가 하나의 웹페이지로 출력되지 않는다. 처음에는 일정 개수의 대학만이 게시된다. 나머지 대학을 보기 위해서는 화면 하단의 Load More 버튼을 눌러야 한다. Load More 버튼을 클릭하면 그 다음 순위의 대학이 추가로 화면에 로딩된다. 목록에 포함된 모든 대학을 불러오기 위해서는 불러올 새로운 대학이 더 이상 없을 때까지, 즉 Load More 버튼이 사라질 때까지 이러한 과정을 계속해야 한다.

그림 6-27 **글로벌 대학 순위.** US뉴스 웹사이트로부터 전 세계 대학의 순위 데이터를 수집한다.

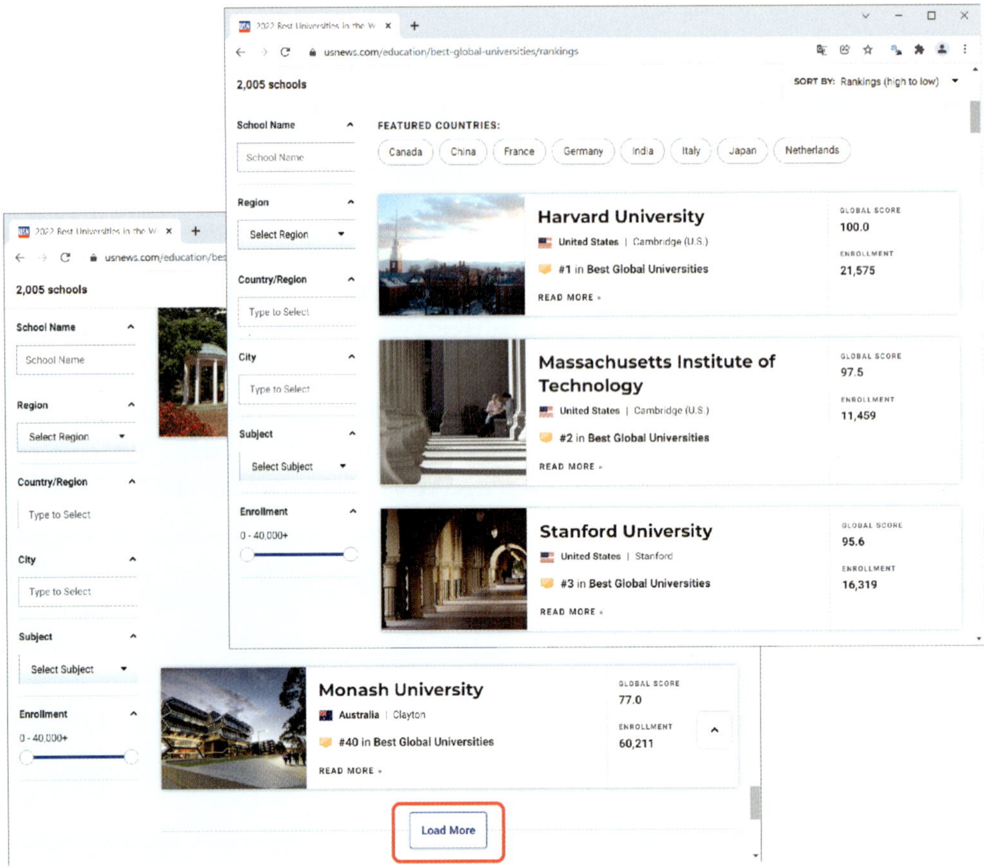

그런데 한 웹페이지 내에서 Load More 버튼을 보기 위해서는 Load More 버튼이 나타날 때까지 반복하여 화면을 아래로 스크롤해야 한다는 것이 문제를 조금 더 복잡하게 만든다. 앞서 살펴본 IMDb 웹사이트에서처럼 다음 웹페이지를 로딩하기 위한 Load More 버튼이 존재하기는 하지만 이 Load More 버튼을 만나기까지는 앞서 유튜브 웹사이트에서 했던 것처럼 해당 웹페이지의 콘텐츠가 모두 로딩될 때까지 반복하여 화면을 아래로 스크롤하는 작업이 필요하다.[32] 따라서 이 웹사이트로부터 순위 목록에 포함된 모든 대학의 정보를 추출하기 위해서는 매 웹페이지마다 Load More 버튼이 나타날 때까지 화면을 반복하여 스크롤하는 작업과 동시에 새로운 대학목록이 더 이상 없을 때까지 반복하여 Load More 버튼을 클릭하는 작업이 순환 루프 안에서 함께 수행되어야 한다.

32 IMDb 웹사이트 또한 Load More 버튼을 보기 위해서는 몇 차례 아래로 화면을 스크롤해야 한다. 하지만 이는 한 화면에 웹페이지를 모두 보여줄 수 없어서 그럴 뿐이지 실제로 Load More 버튼과 함께 첫 번째 페이지의 콘텐츠는 이미 모두 로딩된 상태이다. 반면에 US뉴스 웹사이트는 화면을 아래로 스크롤하여 Load More 버튼을 만날 때까지 첫 번째 페이지의 콘텐츠가 모두 로딩되지 않는다.

먼저 다음과 같이 데이터와 HTML 문서를 처리하기 위한 tidyverse 및 rvest 패키지, 그리고 셀레니움을 사용하기 위한 RSelenium 패키지를 메모리에 적재한다.

```
> library(tidyverse)
> library(rvest)
> library(RSelenium)
```

이어서 다음과 같이 remoteDriver() 함수를 이용하여 셀레니움 서버에 연결하고 웹브라우저를 열어 US뉴스 웹사이트로 이동한다.

```
> remDr <- remoteDriver(remoteServerAddr="localhost", port=4445, browserName="chrome")
> remDr$open()
> remDr$navigate("https://www.usnews.com/education/best-global-universities/rankings")
```

때로는 웹사이트에 저장된 쿠키(cookie)로 인해 셀레니움이 정상적으로 동작하지 않는 경우도 있다. 다음과 같이 deleteAllCookies() 함수를 이용하여 웹사이트에 저장된 쿠키를 삭제한다.

```
> remDr$deleteAllCookies()
```

웹페이지에는 높은 순위의 대학부터 낮은 순위의 대학까지 순서대로 대학명과 함께 관련된 정보가 게시되어 있다. 화면을 아래로 스크롤하면 더 많은 대학이 화면에 로딩된다. 페이지다운 키를 눌러 화면을 아래로 스크롤해보자. 현재 로딩된 웹페이지 전체의 HTML 코드를 담고 있는 body 태그를 식별한 후 여기에 페이지다운 키를 전달하여 화면을 아래로 스크롤한다.

```
> body <- remDr$findElement(using="css selector", value="body")
> body$sendKeysToElement(list(key="page_down"))
```

화면이 아래로 스크롤되면서 다음 순위의 대학들이 새롭게 로딩된다. 스크롤 작업을 몇 차례 더 반복하면 화면 하단에 Load More 버튼이 보이면서 웹페이지의 콘텐츠가 모두 로딩된다. 일단 Load More 버튼이 나타나면 페이지다운 키를 눌러도 화면이 더 이상 아래로 스크롤되지 않는다. 따라서 첫 번째 웹페이지의 콘텐츠를 모두 로딩하기 위해서는 더 이상 새로운 콘텐츠가 로딩되지 않을 때까지 화면을 아래로 스크롤해야 하다. 이러한 작업은 다음과 같이 수행할 수 있다. 새롭게 불러온 웹페이지와 직전 웹페이지의 HTML 소스코드를 비교함으로써 새로운 콘텐츠가 로딩되었는지 확인한다.[33]

33 반복하여 화면을 스크롤해야 할 때 적용할 수 있는 방법들에 대한 보다 자세한 설명은 앞서 다루었던 '동영상 정보 @유튜브'를 참고한다.

```
> body$sendKeysToElement(list(key="home"))
> flag.scroll <- TRUE
> i <- 0
> while (flag.scroll) {
+   i <- i + 1
+   body$sendKeysToElement(list(key="page_down"))
+   Sys.sleep(sample(c(1, 2), 1))
+   if (exists("pagesource")) {
+     if (pagesource == remDr$getPageSource()[[1]]) {
+       flag.scroll <- FALSE
+     } else {
+       pagesource <- remDr$getPageSource()[[1]]
+     }
+   } else {
+     pagesource <- remDr$getPageSource()[[1]]
+   }
+ }
```

이렇게 첫 번째 웹페이지의 모든 콘텐츠를 불러온 후 다음 웹페이지를 로딩하기 위해서는 Load More 버튼을 클릭한다. 이러한 작업은 불러올 새로운 콘텐츠가 없어서 웹페이지상에 Load More 버튼이 더 이상 존재하지 않을 때까지 계속한다. Load More 버튼과 같은 어떤 요소가 존재하는지 여부를 확인하는 방법은 웹사이트마다 다를 수 있지만 여기에서는 다음과 같이 `findElements()` 메소드를 이용하여 확인할 수 있다. `id="rankings"` 속성을 갖는 노드 아래의 `<button>` 요소를 식별한다.

```
▼<div id="rankings" class="search__ResultsColumn-sc-1iwc0gn-6 iHfXbS"> flex
  ▶<div spacing="0" class="Box-w0dun1-0 NuggetSelector__NuggetContainer-sc-13cms8c-0 iETkGn eZUSyf">…
  </div>
  ▶<div class="ad RankingsBoostCustomAd__StyledBoostAd-sc-1ktvz73-0 iRIPX mt4" data-dimensions="flui
  d" id="rankings-boost_1" data-component="ad" data-id="rankings-boost_1" data-type="rankings-boost"
  data-sizes="fluid" data-lazy="false" data-bidders="false" data-media-types="banner" data-exclude-
  bidders data-ad-unit-path="/4020/usn.education/highereducation/bestglobaluniversities/rankings/glo
  baluniversities" data-auto-refresh="false" data-scroll-refresh="false" data-view-height-refresh="f
  alse" data-collision-refresh="false" data-pos="rankings-boost_1" data-google-query-id="CNy6_abx8fY
  CFQaQlgodBZ4FIA" style="display: none;">…</div>
  ▶<ol class="item-list__OrderedListStyled-sc-18yjqdy-0 kFQUBh">…</ol> flex
  ▼<div class="pager__Container-sc-1i8e93j-0 hqeWub"> flex
     ::before
    ▼<button class="button__ButtonStyled-sc-1vhaw8r-1 kDQStt pager__ButtonStyled-sc-1i8e93j-1 dypUdv
    type-secondary size-large" rel="next"> flex == $0
      <span class="pager__ButtonContentContainer-sc-1i8e93j-3 gMhOrK">Load More</span> flex
    </button>
  </div>
 </div>
</div>
```

```
> btn.loadmore <- remDr$findElements(using="css selector", value="#rankings > div > button")
> class(btn.loadmore)
[1] "list"
> length(btn.loadmore)
[1] 1
> btn.loadmore[[1]]$highlightElement()
> btn.loadmore[[1]]$isElementDisplayed()
[[1]]
[1] TRUE
```

findElements() 메소드는 매칭되는 요소들을 리스트 형식으로 반환하며 만약 매칭되는 요소가 존재하지 않으면 길이가 0인 빈 리스트를 반환한다.34 여기 첫 번째 웹페이지에는 Load More 버튼이 존재하기 때문에 반환된 객체의 길이는 1이다. 이때 isElementDisplayed() 메소드로 확인해보면 TRUE가 반환된다. 마지막 웹페이지에는 Load More 버튼이 존재하지 않기 때문에 이 경우 객체의 길이는 0으로 반환된다. 따라서 반환된 객체의 길이가 0인 경우 모든 콘텐츠가 로딩된 것으로 간주하여 스크롤 작업을 중단한다. Load More 버튼이 존재하면 clickElement() 메소드로 버튼을 클릭하여 다음 웹페이지를 불러온다.

34 findElement() 메소드는 매칭되는 요소가 있으면 매칭된 요소를 반환하지만 findElements() 메소드와 달리 요소가 존재하지 않을 경우 에러가 발생한다. 따라서 이 메소드를 사용하여 Load More 버튼이 존재하는지 여부를 확인하려면 tryCatch() 함수를 이용해야 한다. tryCatch() 함수를 사용하여 에러가 발생했을 때, 즉 Load More 버튼이 존재하지 않을 경우 해야 할 일을 추가로 정의한다.

```
> btn.loadmore[[1]]$clickElement()
```

지금까지 살펴봤던 내용을 바탕으로 다음과 같이 전 세계 대학의 순위 정보를 포함하고 있는 웹페이지를 모두 불러올 수 있다.

```
> remDr <- remoteDriver(remoteServerAddr="localhost", port=4445, browserName="chrome")
> remDr$open()
> remDr$navigate("https://www.usnews.com/education/best-global-universities/rankings")
> remDr$deleteAllCookies()
> flag.btn <- TRUE
> j <- 0
> while (flag.btn) {
+   body <- remDr$findElement(using="css selector", value="body")
+   flag.scroll <- TRUE
+   i <- 0
```

```
+   while (flag.scroll) {
+     i <- i + 1
+     body$sendKeysToElement(list(key="page_down"))
+     Sys.sleep(sample(c(1, 2), 1))
+     if (exists("pagesource")) {
+       if (pagesource == remDr$getPageSource()[[1]]) {
+         flag.scroll <- FALSE
+         cat(str_c("Scrolled down ", i, " times.\n"))
+       } else {
+         pagesource <- remDr$getPageSource()[[1]]
+       }
+     } else {
+       pagesource <- remDr$getPageSource()[[1]]
+     }
+   }
+   btn.loadmore <- remDr$findElements(using="css selector", value="#rankings > div > button")
+   if (length(btn.loadmore) == 0) {
+     message("Load more ended")
+     flag.btn <- FALSE
+     break
+   }
+   btn.loadmore[[1]]$clickElement()
+   Sys.sleep(3)
+   j <- j + 1
+   cat(str_c("Loaded more ", j, " times.\n"))
+ }
Scrolled down 14 times.
Loaded more 1 times.
Scrolled down 12 times.
Loaded more 2 times.
…(중략)
Scrolled down 13 times.
Loaded more 41 times.
Scrolled down 12 times.
Load more ended
```

여기에는 두 개의 순환 루프가 포함되어 있다. 안쪽의 루프는 매 웹페이지의 콘텐츠를 모두 불러오는 화면 스크롤 작업을 수행하고 바깥쪽의 루프는 Load More 버튼을 클릭하여 다음 페이지로 이동하는 작업을 수행한다. Load More 버튼이 존재하지 않으면 순환 루프는 반복 작업을 중단한다.

모든 웹페이지가 로딩된 것을 확인한 후 데이터 수집을 위해 다음과 같이 HTML 문서를 읽어온다.

```
> html <- remDr$getPageSource()[[1]]
```

먼저 순위 데이터는 다음과 같이 추출할 수 있다. 순위가 부여되지 않은 대학은 'Unranked'로 게시되어 있다. 이를 NA로 대체한다. 순위 데이터가 없는 대학의 순위는 NA로 변환된다.

```
▼<div class="RankList__Rank-sc-2xewen-2 nUXCK ranked has-badge">
   ::before
  ▼<strong> == $0
     "#"
     <!-- -->
     "1"
   </strong>
 </div>
```

```
> rank <- read_html(html) %>%
+   html_elements(".RankList__Rank-sc-2xewen-2 > strong") %>%
+   html_text() %>%
+   na_if("Unranked") %>%
+   parse_number()
> length(rank)
[1] 2005
> head(rank)
[1] 1 2 3 4 5 6
```

대학 이름은 다음과 같이 추출한다.

```
▼<div class="mb2 md-mb3 lg-mb4">
  ▼<h2 class="Heading__HeadingStyled-sc-1w5xk2o-0-h2 brWCcx Heading-sc-1w5xk2o-1 cR
 rhAX md-mb2" size="2" spacing="2">
     <a href="https://www.usnews.com/education/best-global-universities/harvard-uni
     versity-166027" letter-spacing="0.6" prefix="\00ab\00a0" class="Anchor-byh49a-
     0 DetailCardGlobalUniversities__StyledAnchor-sc-1v60hm5-5 bmtkDj bFdMFJ">
     Harvard University</a> == $0
   </h2>
  ▶<p size="2" spacing="2" class="Paragraph-sc-1iyax29-0 hIDZbg">…</p>
 </div>
```

```
> university <- read_html(html) %>%
+   html_elements(".mb2.md-mb3.lg-mb4 a") %>%
+   html_text()
> length(location)
[1] 2005
```

```
> head(university)
[1] "Harvard University"                    "Massachusetts Institute of Technology"
[3] "Stanford University"                   "University of California--Berkeley"
[5] "University of Oxford"                  "Columbia University"
```

대학이 위치한 국가 및 도시 데이터는 다음과 같이 추출할 수 있다. 국가명과 도시명은 '|'로 분리되어 있다.

```
▼<div class="mb2 md-mb3 lg-mb4">
  ▶<h2 class="Heading__HeadingStyled-sc-1w5xk2o-0-h2 brWCcx Heading-sc-1w5xk2o-1 cR
  rhAX md-mb2" size="2" spacing="2">…</h2>
  ▼<p size="2" spacing="2" class="Paragraph-sc-1iyax29-0 hIDZbg"> == $0
      <img src="https://www.usnews.com/static-atlas/assets/img/news/best-countries/f
      lags-svg/USA.svg" class="sm-hide md-mr3 lg-mr3 DetailCardGlobalUniversities__F
      lag-sc-1v60hm5-8 jImJJN">
      <span style="font-weight:700">United States</span>
      <span class="DetailCardGlobalUniversities__Pipe-sc-1v60hm5-9 bwScKc">|</span>
      <span>Cambridge (U.S.)</span>
    </p>
  </div>
```

```
> location <- read_html(html) %>%
+   html_elements(".mb2.md-mb3.lg-mb4 p") %>%
+   html_text()
> length(location)
[1] 2005
> head(location)
[1] "United States|Cambridge (U.S.)"  "United States|Cambridge (U.S.)"
[3] "United States|Stanford"          "United States|Berkeley"
[5] "United Kingdom|Oxford"           "United States|New York City"
```

평가 점수는 다음과 같이 추출할 수 있다. 평가 점수가 없는 대학은 'N/A'가 입력되어 있으므로 이를 NA로 대체한다. 추출한 텍스트는 숫자 형식으로 변환한다.

```
▼<div class="DetailCardGlobalUniversities__CardStats-sc-1v60hm5-7 ixMeKs">
  ▼<div class="Box-w0dun1-0 QuickStatHug__Container-hb1bl8-0 CYZBT dRpBVc QuickS
  tatHug-hb1bl8-2 kaFGqb">
    ▼<dl>
      ▼<div>
          <dt class="label-wrapper">Global Score</dt>
          <dd class="QuickStatHug__Description-hb1bl8-1 bBQBxy">100.0</dd> == $0
          <dt class="short-label-wrapper">Global Score</dt>
```

```
> score <- read_html(html) %>%
+   html_elements(".DetailCardGlobalUniversities__CardStats-sc-1v60hm5-7 >
+                div:nth-child(1) .QuickStatHug__Description-hb1bl8-1") %>%
+   html_text() %>%
+   na_if("N/A") %>%
+   parse_number()
> length(score)
[1] 2005
> head(score)
[1] 100.0  97.5  95.6  89.4  87.1  86.7
```

끝으로 다음과 같이 등록생수를 추출한 후 숫자 형식으로 변환한다. 등록생수가 없을 경우 'N/A'가 입력되어 있으므로 숫자 형식으로 변환하기 전에 NA로 대체한다.

```
▼<div class="DetailCardGlobalUniversities__CardStats-sc-1v60hm5-7 ixMeKs">
  ▶<div class="Box-w0dun1-0 QuickStatHug__Container-hb1bl8-0 CYZBT dRpBVc QuickS
  tatHug-hb1bl8-2 kaFGqb">…</div>
  ▼<div class="Box-w0dun1-0 QuickStatHug__Container-hb1bl8-0 CYZBT dRpBVc QuickS
  tatHug-hb1bl8-2 kaFGqb">
    ▼<dl>
      ▼<div>
          <dt class="label-wrapper">Enrollment</dt>
          <dd class="QuickStatHug__Description-hb1bl8-1 bBQBxy">21,575</dd> == $0
          <dt class="short-label-wrapper">Enrollment</dt>
```

```
> enrollment <- read_html(html) %>%
+   html_elements(".DetailCardGlobalUniversities__CardStats-sc-1v60hm5-7 >
+                div:nth-child(2) .QuickStatHug__Description-hb1bl8-1") %>%
+   html_text() %>%
+   na_if("N/A") %>%
+   parse_number()
> length(enrollment)
[1] 2005
> head(enrollment)
[1] 21575 11459 16319 40306    NA 22801
```

수집한 데이터를 데이터프레임(티블) 형식으로 저장한다. 대학의 위치 정보는 국가와 도시로 분리하여 별도의 열로 저장한다.

```
> usnews.univ <- tibble(rank=rank, university=university, location=location,
+                       score=score, enrollment=enrollment) %>%
+   separate(col=location, into=c("country", "city"), sep="\\|")
> usnews.univ
# A tibble: 2,005 x 6
    rank university                            country        city   score enrollment
   <dbl> <chr>                                 <chr>          <chr>  <dbl>      <dbl>
 1     1 Harvard University                    United States  Cambr~ 100        21575
 2     2 Massachusetts Institute of Technology United States  Cambr~  97.5      11459
 3     3 Stanford University                   United States  Stanf~  95.6      16319
…(중략)
 8     8 University of Cambridge               United Kingdom Cambr~  86.1         NA
 9     9 California Institute of Technology    United States  Pasad~  85.5       2233
10     9 Johns Hopkins University              United States  Balti~  85.5      16552
# ... with 1,995 more rows
```

수집한 데이터를 이용하여 간단한 탐색적 분석을 수행해보자. 순위 목록에 포함된 대학을 많이 보유한 상위 10개 국가는 다음과 같이 확인해볼 수 있다.

```
> usnews.univ %>%
+   drop_na(rank) %>%
+   mutate(country=fct_lump_n(country, n=10)) %>%
+   count(country, sort=TRUE)
# A tibble: 11 x 2
   country            n
   <fct>          <int>
 1 Other            685
 2 United States    271
 3 China            253
 4 Japan             93
 5 United Kingdom    89
 6 Germany           70
 7 France            67
 8 Italy             61
 9 India             60
10 Spain             51
11 South Korea       50
```

보유 대학수 상위 10개 국가만을 별도로 추출하여 [그림 6-28]과 같은 서클막대도표(circle barplot, circular barplot)로 표현해보자. 이를 위해 먼저 다음과 같이 각 국가별 보유 대학수와 함께 평균 평가 점수 및 평균 등록생수를 별도의 데이터셋으로 저장한다.

```
> univ.rank.country <- usnews.univ %>%
+   drop_na(rank) %>%
+   group_by(country) %>%
+   summarise(count=n(),
+             score.mean=mean(score, na.rm=TRUE),
+             enroll.mean=mean(enrollment, na.rm=TRUE)) %>%
+  slice_max(count, n=10)
```

그림 6-28 **글로벌 대학 순위.** 순위 목록에 포함된 대학을 많이 보유한 상위 10개 국가의 대학수 분포를 평균 평가 점수와 함께 볼 수 있다. 미국은 순위 목록에 포함된 대학을 가장 많이 보유하고 있으며 평균 평가 점수 또한 높다.

```
> univ.rank.country
# A tibble: 10 x 4
   country        count score.mean enroll.mean
   <chr>          <int>      <dbl>       <dbl>
 1 United States    271       52.5      24384.
 2 China            253       38.1      35067.
 3 Japan             93       33.8      16264.
 4 United Kingdom    89       52.2      18435.
 5 Germany           70       51.2      27240.
 6 France            67       43.8      45751.
 7 Italy             61       50.5      28806
 8 India             60       35.2      15459.
 9 Spain             51       44.1      30978.
10 South Korea       50       37.8      13510.
```

서클막대도표는 막대도표의 한 특수한 형태이다. 막대가 수평선이 아닌 원의 테두리를 따라 배치된다는 차이가 있다. 다음과 같이 일단 막대도표를 완성한 후 coord_polar() 함수를 이용하여 서클막대도표로 변환한다.

```
> windows(width=7.0, height=7.0)
> ggplot(univ.rank.country) +
+   geom_hline(aes(yintercept=y), data.frame(y=seq(0, 300, 100)),
+              color="lightgray") +
+   geom_col(aes(x=fct_reorder(str_wrap(country, 5), count),
+                y=count, fill=score.mean), color="dimgray",
+            position="dodge2", alpha=0.9, show.legend=TRUE) +
+   geom_segment(aes(x=fct_reorder(str_wrap(country, 5), count),
+                    y=0,
+                    xend=fct_reorder(str_wrap(country, 5), count),
+                    yend=300), linetype="dashed", color="gray20") +
+   scale_y_continuous(limits=c(-100, 315), expand=c(0, 0),
+                      breaks=c(0, 100, 200, 300)) +
+   annotate(x=10, y=220, label="Number of\nUniversities", geom="text",
+            color="cyan", angle=23, size=3.5) +
+   annotate(x=10.8, y=115, label="100", geom="text",
+            color="gray20") +
+   annotate(x=10.8, y=215, label="200", geom="text",
+            color="gray20") +
```

```
+   annotate(x=10.8, y=315, label="300", geom="text",
+            color="gray20") +
+   scale_fill_distiller(palette="YlOrRd", direction=1) +
+   guides(fill=guide_colorbar(barwidth=15, barheight=0.5,
+                              title="Average Score",
+                              title.position="top",
+                              title.hjust=0.5)) +
+   labs(title="Best Global Universities",
+        subtitle="Number of universities and average scores by top 10 country",
+        caption="Source: US News") +
+   theme_void() +
+   theme(plot.title=element_text(face="bold"),
+         axis.text.x=element_text(color="gray10", size=11),
+         legend.position="bottom") +
+   coord_polar()
```

서클막대도표를 그릴 때는 Y축의 범위가 중요하다. 일반적인 막대도표에서처럼 막대의 출발점을 0으로 지정하면 서클막대도표로 변환했을 때 막대가 원의 중심에서 시작한다. 시작값을 음수로 지정하면 하얀색 원이 중앙에 나타나고 그 원의 테두리로부터 막대가 시작하게 되어 좀 더 보기 좋은 형태의 그래프가 생성된다(여기에서는 scale_y_continuous() 함수에서 limits=c(-100, 315) 지정).

수집한 데이터를 이용하여 상위 50개 대학을 지도상에 표시해보자. 대학들을 지도상에 나타내기 위해서는 각 대학의 위치 정보, 즉 위도(latitude)와 경도(longitude) 데이터가 필요하다. googleway 패키지의 google_geocode() 함수는 구글의 API를 통해 address 인수에 지정된 주소 또는 지명에 대한 위도 및 경도 데이터를 제공한다.[35] google_geocode() 함수는 내부적으로 구글맵의 API를 이용하여 위치 정보를 가져온다. 따라서 일반적인 거리명 주소뿐만 아니라 구글맵으로 검색 가능한 지명은 모두 address 인수에 지정할 수 있다. google_geocode() 함수를 이용하기 위해서는 구글로부터 발급받은 API 키를 key 인수에 지정해야 한다.[36]

---

35 R에는 위치 정보를 제공하는 여러 가지 유용한 함수가 있다(예를 들면, 여기서 다루고 있는 googleway 패키지의 google_geocode() 함수를 비롯하여 ggmap 패키지의 geocode() 함수, rtweet 패키지의 lookup_coords() 함수 등). 이 함수들은 구글의 API를 통해 위치 정보를 제공한다. 따라서 구글의 API 정책에 따라 함수의 사용 방법은 달라질 수 있다.

36 구글의 API 키는 다음 웹사이트에서 발급받을 수 있다: https://mapsplatform.google.com. 독자들은 구글로부터 발급받은 각자의 API 키를 이용한다. 위치 정보를 가져오기 위해서는 'Geocoding API' 서비스를 이용한다. 구글맵의 지도는 'Maps Static API' 서비스를 통해 이용할 수 있다.

```
> library(googleway)
> gapi.key <- "YourGoogleAPIKey"
> loc <- google_geocode(address="Harvard University", key=gapi.key)
> str(loc, max.level=1)
List of 2
 $ results:'data.frame':	1 obs. of  7 variables:
 $ status : chr "OK"
> names(loc$results)
[1] "address_components" "formatted_address"  "geometry"           "partial_match"
[5] "place_id"           "plus_code"          "types"
> loc$results$formatted_address
[1] "Cambridge, MA, USA"
> loc$results$geometry$location
     lat       lng
1 42.377 -71.11666
```

위치 정보는 리스트 형식으로 출력된다. 반환된 결과에 다음과 같이 geocode_coordinates() 함수를 적용하면 위도와 경도 데이터만 쉽게 추출할 수 있다.

```
> geocode_coordinates(loc)
     lat       lng
1 42.377 -71.11666
```

google_geocode() 함수를 이용하여 상위 50개 대학의 위도 및 경도 데이터를 수집해보자. 그런데 google_geocode() 함수는 한 번에 하나의 주소만 처리할 수 있기 때문에 다음과 같이 여러 개의 주소를 한꺼번에 처리할 수 있는 함수를 생성한다. 하나의 주소에 복수의 위치 정보가 추출될 경우 편의상 그 가운데 첫 번째 위치 정보를 이용한다(slice_head(n=1)).

```
> getGeocode <- function(address, key) {
+   geo.data <- vector("list", length(address))
+   for (i in seq_along(address)) {
+     geo.loc <- google_geocode(address[i], key=key)
+     geo.loc <- geo.loc$results$geometry$location
+     if (is.null(geo.loc))
+       next
+     else {
+       geo.data[[i]] <- geo.loc %>%
+         slice_head(n=1) %>%
+         mutate(address=address[i])
```

```
+     }
+     Sys.sleep(sample(10, 1)*0.1)
+   }
+   geo.result <- reduce(geo.data, bind_rows)
+   return(geo.result)
+ }
```

이제 이 함수를 이용하여 다음과 같이 상위 50개 대학의 위치 정보를 수집할 수 있다.

```
> geo.result <- getGeocode(address=paste(usnews.univ$university[1:50],
+                                        usnews.univ$city[1:50], sep="|"),
+                          key=gapi.key)
> geo.result <- geo.result %>%
+   separate(col=address, into=c("university", "city"), sep="\\|")
> head(geo.result, 3); tail(geo.result, 3)
       lat        lng                                 university              city
1 42.37700  -71.11666                         Harvard University Cambridge (U.S.)
2 42.36009  -71.09416 Massachusetts Institute of Technology Cambridge (U.S.)
3 37.42747 -122.16972                        Stanford University          Stanford
      lat       lng                    university      city
48 50.87795  4.700295 Catholic University of Leuven    Leuven
49 59.34815 18.023658         Karolinska Institute Stockholm
50 52.08518  5.175706          Utrecht University   Utrecht
```

분석과 그래프 생성을 위해 수집한 위도와 경도 데이터를 다음과 같이 기존 데이터셋과 결합한다.

```
> univ.top <- left_join(usnews.univ[1:50,], geo.result, by=c("university", "city"))
> univ.top
# A tibble: 50 x 8
    rank university              country     city        score enrollment   lat    lng
   <dbl> <chr>                   <chr>       <chr>       <dbl>      <dbl> <dbl>  <dbl>
 1     1 Harvard University      United Sta~ Cambridg~ 100          21575  42.4  -71.1
 2     2 Massachusetts Institu~  United Sta~ Cambridg~  97.5        11459  42.4  -71.1
 3     3 Stanford University     United Sta~ Stanford   95.6        16319  37.4 -122.
…(중략)
 8     8 University of Cambrid~  United Kin~ Cambridg~  86.1           NA  52.2   0.131
 9     9 California Institute ~  United Sta~ Pasadena   85.5         2233  34.1 -118.
10     9 Johns Hopkins Univers~  United Sta~ Baltimore  85.5        16552  39.3  -76.6
# ... with 40 more rows
```

▶ 그림 6-29 ▌ **글로벌 대학 순위.** 전 세계 상위 50개 대학의 분포를 볼 수 있으며 대부분 미국과 유럽 지역에 집중되어 있다.

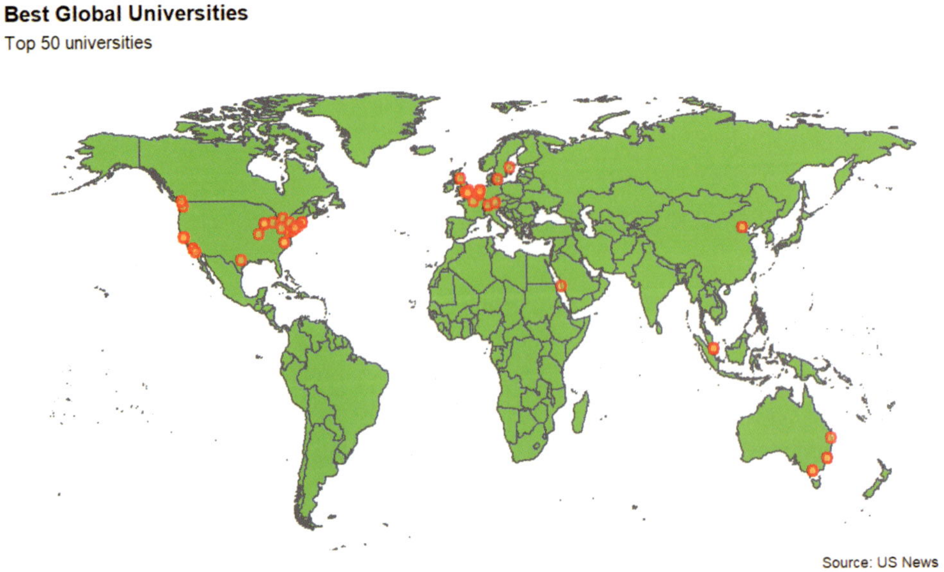

추출한 지리 정보를 바탕으로 상위 50개 대학을 지도상에 표시해보자. 여기에서는 `ggplot2` 패키지의 `map_data()` 함수와 `geom_map()` 함수를 이용하여 세계지도(`map_data(map="world")`)를 그리고, 그 위에 `geom_point()` 함수를 이용하여 각 대학의 위치를 표시한다. 지도의 종횡비(aspect ratio)는 1.3으로 설정하였고 남극 대륙은 지도상에 표시하지 않았다(`coord_fixed(xlim=c(-180, 180), ylim=c(-55, 90), ratio=1.3)`).[37] 생성된 그래프는 [그림 6-29]와 같다.

```
> map.data <- map_data(map="world")
> windows(width=8.0, height=5.5)
> ggplot(map.data) +
+   geom_map(aes(map_id=region), map=map.data,
+            fill="olivedrab3", color="gray40", size=0.5) +
+   expand_limits(x=map.data$long, y=map.data$lat) +
+   coord_fixed(xlim=c(-180, 180), ylim=c(-55, 90), ratio=1.3) +
+   geom_point(data=univ.top, aes(x=lng, y=lat), shape=21,
+              color="red", fill="orange", alpha=0.6, size=2.0, stroke=1.5) +
```

37 종횡비는 Y축 한 단위와 X축 한 단위 간 비율을 의미한다. 여기에서 사용한 종횡비 1.3은 Y축의 위도 1도는 X축의 경도 1도보다 1.3배 길게 표시된다는 의미이다. 종횡비를 지정하면 그래프 생성 시 창의 크기를 다르게 하거나 이미지 파일 저장 시 폭/높이 크기를 변경하더라도 지정한 종횡비는 그대로 유지되기 때문에 항상 일정한 세로 및 가로 비율을 갖는 지도를 얻을 수 있다.

```
+   labs(title="Best Global Universities",
+        subtitle="Top 50 universities",
+        caption="Source: US News") +
+   theme_void() +
+   theme(plot.title=element_text(face="bold"))
```

대학이 표시된 세계지도 그래프를 보면 세계랭킹 상위 50개 대학은 대부분 미국과 유럽 지역에 집중되어 있다. 특히 미국 지역에 많은 대학이 포함되어 있는 것으로 보인다. 상위 랭킹의 대학 가운데 미국 지역의 대학만 별도로 지도상에 표시해보자. 이를 위해 먼저 다음과 같이 미국 상위 20개 대학으로 구성된 데이터셋을 생성한다.

```
> univ.top.us20 <- univ.top %>%
+   filter(country == "United States") %>%
+   slice_head(n=20)
> univ.top.us20
# A tibble: 20 x 8
    rank university               country    city           score enrollment   lat    lng
   <dbl> <chr>                    <chr>      <chr>          <dbl>      <dbl> <dbl>  <dbl>
 1     1 Harvard University       United St~ Cambridge (U~  100        21575  42.4  -71.1
 2     2 Massachusetts Instit~    United St~ Cambridge (U~   97.5      11459  42.4  -71.1
 3     3 Stanford University      United St~ Stanford        95.6      16319  37.4 -122.
…(중략)
18    23 Duke University          United St~ Durham (Nort~   82.1         NA  36.0  -78.9
19    24 Northwestern Univers~    United St~ Evanston        81.7         NA  42.1  -87.7
20    30 New York University      United St~ New York City   78.9      45424  40.7  -74.0
```

앞서와 동일한 방식으로 이들 20개 대학을 지도상에 표시할 수 있다. 미국 대학으로 제한했기 때문에 이번에는 미국 지도(map_data(map="state"))를 호출한다. 또한 geom_text() 함수를 이용하여 상위 세 개 대학에 대해서는 순위와 대학명을 표시한다. 생성된 그래프는 [그림 6-30]과 같다.

```
> map.data <- map_data(map="state")
> windows(width=8.0, height=5.5)
> ggplot(map.data) +
+   geom_map(aes(map_id=region), map=map.data,
+            fill="honeydew", color="royalblue", size=0.5) +
+   expand_limits(x=map.data$long, y=map.data$lat) +
+   coord_fixed(ratio=1.3) +
+   geom_point(data=univ.top.us20, aes(x=lng, y=lat), shape=21,
+              color="gray", fill="blue", alpha=0.6, size=3.0, stroke=2.0) +
```

그림 6-30 | 글로벌 대학 순위. 미국의 상위 20개 대학의 분포를 볼 수 있으며 많은 대학이 동부 지역에 몰려 있다.

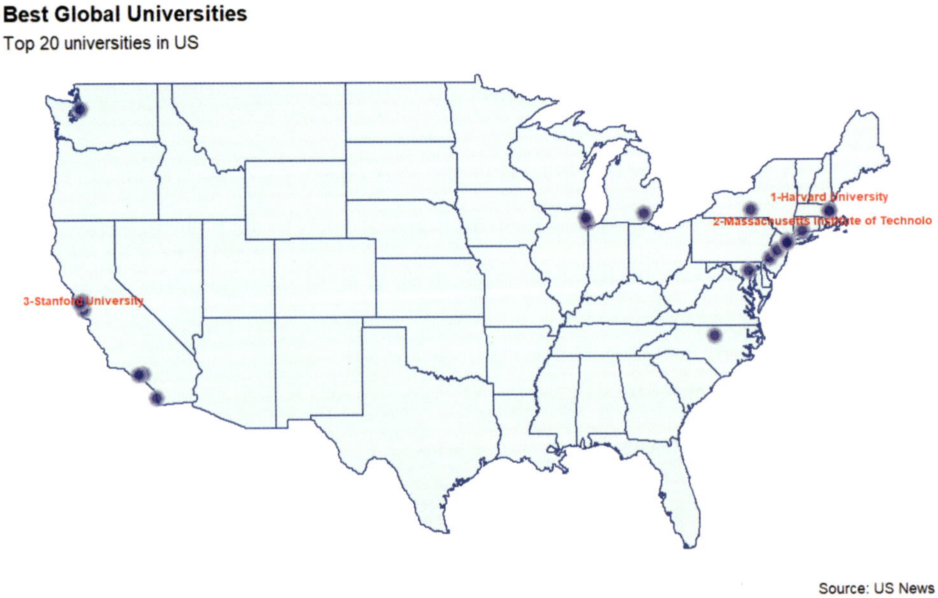


```
+   geom_text(data=univ.top.us20[1:3,],
+             aes(x=lng, y=lat, label=paste(rank, "-", university)),
+             position=position_jitter(width=0, height=1),
+             size=2.5, color="red", fontface="bold") +
+   labs(title="Best Global Universities",
+        subtitle="Top 20 universities in US",
+        caption="Source: US News") +
+   theme_void() +
+   theme(plot.title=element_text(face="bold"))
```

주요 대학들이 동부 지역에 집중되어 있는 것을 볼 수 있다. 다음과 같이 동부 지역만을 줌인(zoom-in)할 수 있다. 당초 지정한 지도의 종횡비를 그대로 유지하기 위해서 `coord_finxed()` 함수 내에서 `xlim` 인수 및 `ylim` 인수로 동부 지역의 범위를 지정하고 이와 함께 `ratio` 인수에 종횡비를 지정한다. 생성된 그래프는 [그림 6-31]과 같다.

```
> windows(width=5.0, height=7.5)
> ggplot(map.data) +
+   geom_map(aes(map_id=region), map=map.data,
+            fill="honeydew", color="royalblue", size=0.5) +
```

▶ 그림 6-31 ▌ 글로벌 대학 순위. 미국의 동부 지역에 위치한 주요 대학들을 볼 수 있다.

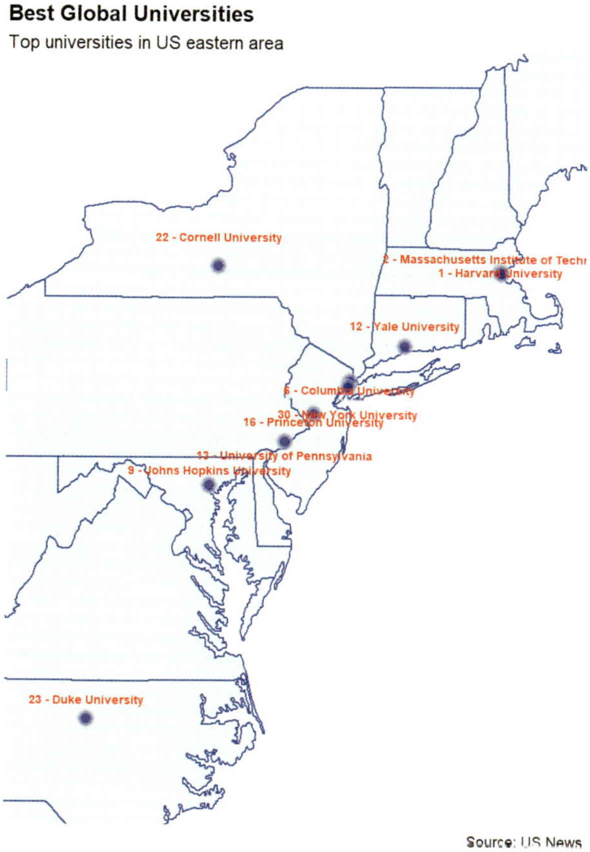


```
+   expand_limits(x=map.data$long, y=map.data$lat) +
+   coord_fixed(xlim=c(-80, -70),  ylim=c(35, 45), ratio=1.3) +
+   geom_point(data=univ.top.us20, aes(x=lng, y=lat), shape=21,
+              color="gray", fill="blue", alpha=0.6, size=3.0, stroke=2.0) +
+   geom_text(data=univ.top.us20,
+             aes(x=lng, y=lat, label=paste(rank, "-", university)),
+             position=position_jitter(width=0, height=0.5),
+             size=2.5, color="red", fontface="bold") +
+   labs(title="Best Global Universities",
+        subtitle="Top universities in US eastern area",
+        caption="Source: US News") +
+   theme_void() +
+   theme(plot.title=element_text(face="bold"))
```

이번에는 maps 패키지가 제공하는 지도 데이터베이스 대신에 구글맵의 지도를 이용해서 미국 동부 지역에 위치한 주요 대학들을 지도상에 표시해보자. ggmap 패키지의 get_googlemap() 함수를 이용하여 다음과 같이 미국 동부 지역의 지도를 불러올 수 있다.

```
> library(ggmap)
> gapi.key <- "YourGoogleAPIKey"
> register_google(key=gapi.key)
> map <- get_googlemap(center=c(-75, 40), zoom=6, maptype="terrain")
```

ggmap 패키지를 이용하여 구글맵을 불러오기 위해서는 먼저 구글로부터 발급받은 API 키를 등록해야 한다. register_google() 함수의 key 인수에 API 키를 지정한다. get_googlemap() 함수의 center 인수에는 불러오고자 하는 지역의 중심 위치를 경도와 위도 벡터로 지정한다. zoom 인수에는 지도의 줌 크기를 3(대륙)부터 21(빌딩)까지의 정수로 지정할 수 있다(기본값 10(도시)). maptype 인수에는 구글맵이 제공하는 지도 유형을 지정한다. terrain, satellite, roadmap, hybrid 등을 지정할 수 있다(기본값 terrain).

구글맵의 지도 데이터가 준비되었으면 ggmap 패키지의 ggmap() 함수를 이용하여 지도를 호출한 후 그 위에 여러 가지 정보를 표시할 수 있다. 여기에서는 다음과 같이 미국 동부 지역의 주요 대학을 등록생수 정보와 함께 지도상에 나타낸다. 생성된 그래프는 [그림 6-32]와 같다.

```
> windows(width=7.0, height=7.0)
> mybreaks <- seq(0, 40000, 10000)
> ggmap(map) +
+   geom_point(data=arrange(univ.top.us20, enrollment), shape=20,
+              aes(x=lng, y=lat, size=enrollment,
+                  color=enrollment, alpha=enrollment)) +
+   geom_text(data=univ.top.us20,
+             aes(x=lng, y=lat, label=paste(rank, "-", university)),
+             position=position_jitter(width=0, height=0.5),
+             size=2.5, color="red", fontface="bold") +
+   scale_size_continuous(name="Enrollment", range=c(1, 15), breaks=mybreaks) +
+   scale_alpha_continuous(name="Enrollment", range=c(0.1, 0.5), breaks=mybreaks) +
+   scale_color_viridis_c(name="Enrollment", option="plasma",
+                         direction=-1, breaks=mybreaks) +
+   labs(title="Best Global Universities",
+        subtitle="Top universities in US eastern area",
+        caption="Source: US News") +
```

▶ 그림 6-32 ▌ **글로벌 대학 순위.** 미국의 동부 지역에 위치한 주요 대학들을 볼 수 있다. 각 대학의 등록생수는 원의 크기, 색상, 투명도로 표현되었다.

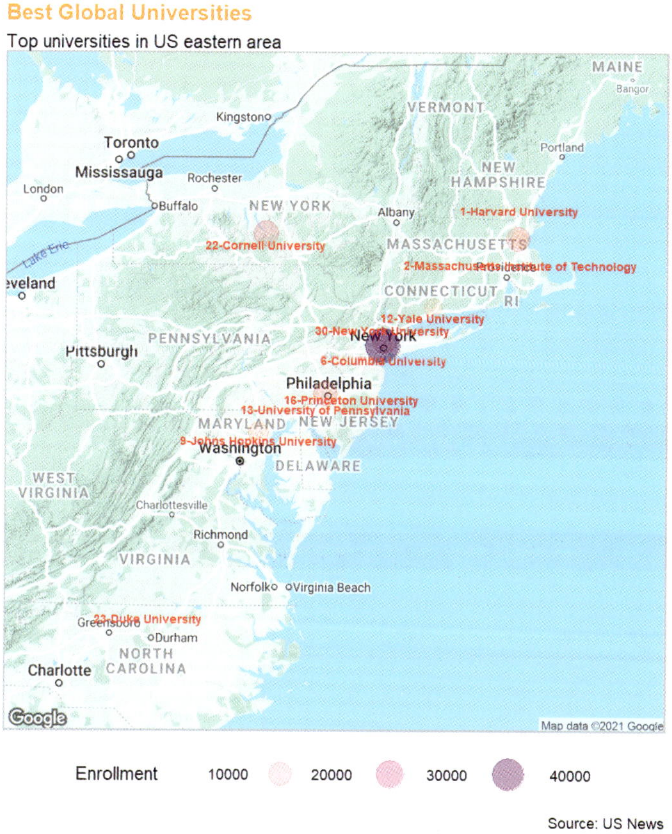


```
+   theme_void() +
+   guides(size=guide_legend(), color=guide_legend(),
+          alpha=guide_legend()) +
+   theme(plot.title=element_text(face="bold", color="orange"),
+         panel.border=element_rect(color="gray", fill=NA, size=1),
+         legend.position="bottom")
```

ggmap() 함수를 이용하여 미국 동부 지역의 지도를 호출한 후 그 위에 geom_point() 함수를 이용하여 원을 그린다. 등록생수에 따라 원의 크기(size), 색상(color), 투명도(alpha)가 결정된다. 원의 크기가 클수록 그리고 색상이 진하고 불투명할수록 등록생수가 많다는 것을 나타낸다. 등록생수는 색상으로 표현되기 때문에 원이 그려지는 순서는 중요할 수 있다. 나중에 그려지는 원의 색상이 먼저 그려진 원의 색상을 가리기 때문이다. 따라서 등록생수가 많은 대학을 강조하기 위해서는 원이 나중에 그려져야 한다. 이를 위해 geom_point() 함수 호출 시 데이터를 등록생수의 오름차순으로 정렬하여 지정한다(data=arrange(univ.top.us20, enrollment)).[38]

프로축구 통계 @프리미어리그

프리미어리그 웹사이트(https://www.premierleague.com/home)로부터 EPL에서 활약중인 프로축구 선수에 대한 다양한 축구통계 데이터를 수집해보자. 프리미어리그 웹사이트에는 [그림 6-33]에서 볼 수

그림 6-33 ▌프로축구 통계. 프리미어리그 웹사이트로부터 프로축구 통계 데이터를 수집한다.

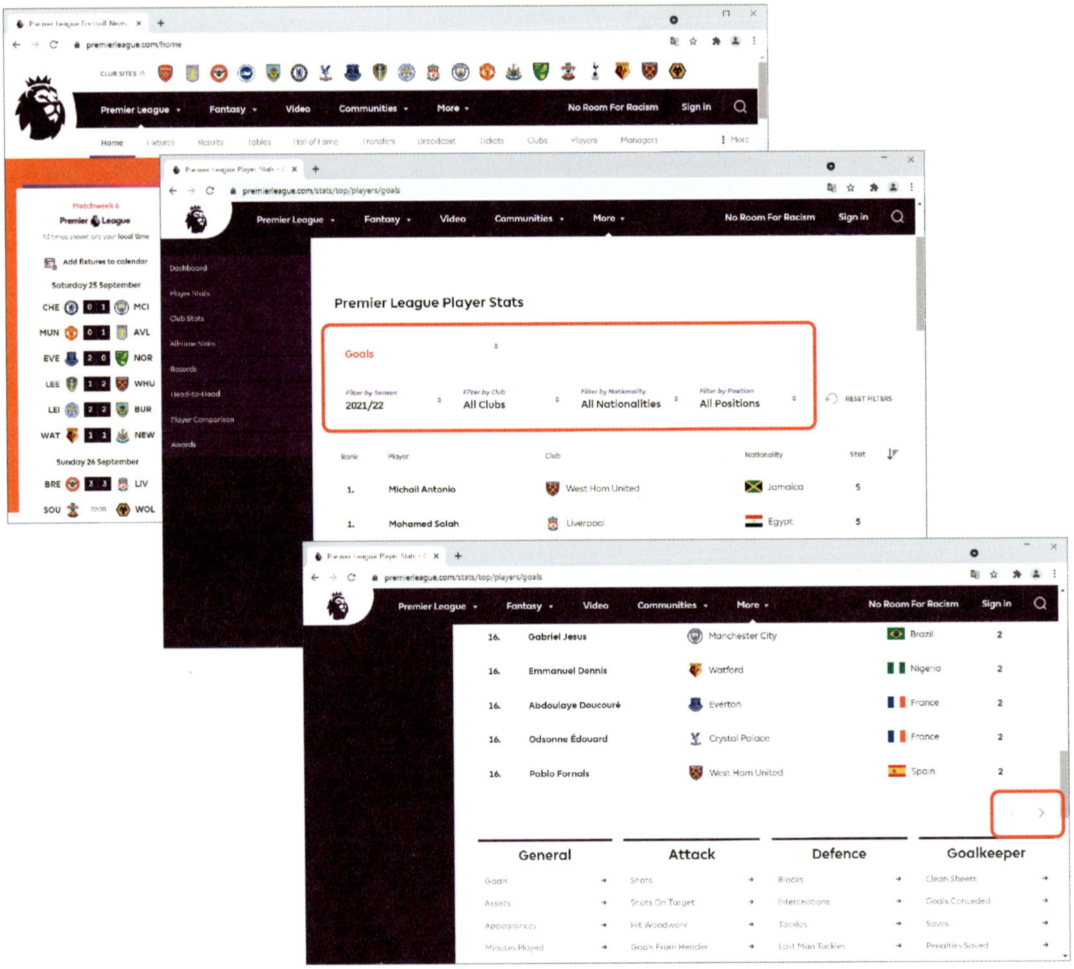

38 또는 이와 반대로 등록생수가 작은 대학의 작은 원이 등록생수가 많은 대학의 큰 원에 의해 가려지지 않도록 등록생수의 내림차순으로 정렬하여 지정할 수도 있다(data=arrange(univ.top.us20, desc(enrollment))). 이렇게 하면 큰 원이 먼저 그려지고 그 위에 작은 원이 그려진다.

있는 것처럼 선수의 기록이 시즌별로 소속팀(클럽), 국적, 포지션 정보와 함께 공개되어 있다 (https://www.premierleague.com/stats/top/players/goals). 이 웹페이지로부터 기록별, 시즌별, 포지션별 축구 통계 데이터를 수집한다.

웹페이지 상단에는 필터링 조건을 선택할 수 있는 드롭다운 리스트 박스가 있다. 항목별로 필터링 조건을 지정하면 검색 조건에 맞는 데이터가 테이블 형식으로 출력된다. 검색 결과 테이블의 하단에는 페이지를 넘길 수 있는 버튼이 보인다. 검색 결과가 많을 경우 이 버튼을 클릭하면 더 많은 데이터를 볼 수 있다. 셀레니움을 이용하여 필터링 조건을 선택하고 검색 결과를 웹페이지로 불러온다. 검색 결과가 한 페이지를 넘길 경우 페이지 넘김 버튼을 클릭하면서 페이지 단위로 데이터를 수집한다.

모든 시즌과 기록을 대상으로 하기에는 추출해야 할 데이터의 양이 너무 많으므로 여기에서는 예를 위해 수집할 데이터의 범위를 제한한다. 시즌의 경우 2019/20과 2020/21 두 시즌의 데이터만을 수집한다. 또한 선수 기록의 경우에는 다음 여섯 개로 제한한다: Goals, Assists, Minutes Played, Passess, Shots, Fouls. 선수의 포지션은 네 개가 있으며 이 네 개의 포지션을 모두 사용한다: Goalkeeper, Defender, Midfielder, Forward. 이를 종합해보면 필요한 데이터를 전부 추출하기 위한 필터링 조건의 경우의 수는 모두 48개(=2×6×4)가 된다. 따라서 데이터를 모두 수집하기 위해서는 기록, 시즌, 포지션의 각 항목을 순차적으로 조합하여 48번을 조회할 필요가 있다. 이는 기록, 시즌, 포지션의 각 항목이 차례대로 조합되는 세 개의 순환 루프를 중첩시키는 방식으로 수행할 수 있다.

먼저 다음과 같이 데이터의 HTML 문서를 처리하기 위한 `tidyverse` 및 `rvest` 패키지, 그리고 셀레니움을 사용하기 위한 `RSelenium` 패키지를 메모리에 적재한다.

```
> library(tidyverse)
> library(rvest)
> library(RSelenium)
```

이어서 다음과 같이 `remoteDriver()` 함수를 이용하여 셀레니움 서버에 연결하고 웹브라우저를 열어 프리미어리그 웹사이트로 이동한다.

```
> remDr <- remoteDriver(remoteServerAddr="localhost", port=4445, browserName="chrome")
> remDr$open()
> remDr$navigate("https://www.premierleague.com/stats/top/players/goals")
```

프리미어리그 웹사이트로 이동하면 쿠키 허용 여부를 묻는 메시지창이 나타날 수 있다. 프리미어리그 웹사이트를 이용하기 위해서는 쿠키를 허용해야 한다. 예를 들어, 쿠키를 허용하는 'Accept All

Cookies'라는 버튼이 HTML 코드상에 class="js-accept-all-close" 속성을 갖는 <button> 노드라면 다음과 같이 해당 버튼을 식별한 후 클릭한다.

```
> acceptCookies <- remDr$findElement(using="css selector",
+                                    value="button.js-accept-all-close")
> acceptCookies$clickElement()
```

웹사이트에 광고가 나타날 때도 있다. 이럴 경우 광고 창을 닫는 요소를 식별한 후 클릭하여 광고 배너를 닫는다. 예를 들어, 광고 창 닫기 버튼이 id="advertClose" 속성을 갖는 노드라면 다음과 같이 해당 노드를 식별하여 클릭한다.

```
> advertClose <- remDr$findElement(using="css selector", value="#advertClose")
> advertClose$clickElement()
```

데이터를 수집하기 위해서는 기록, 시즌, 포지션의 각 항목이 순차적으로 조합되는 세 개의 루프가 중첩된 순환 루프를 만들어야 한다. 이를 위해 먼저 기록, 시즌, 포지션 항목들을 추출한다. 다음과 같이 현재 웹페이지의 HTML 문서를 읽어온다.

```
> html <- remDr$getPageSource()[[1]]
```

프리미어리그 웹사이트에서 제공하는 기록 항목은 다음과 같이 추출할 수 있다. 기록은 class="topStatsLink" 속성을 갖는 노드에 포함되어 있다. 그런데 웹페이지의 드롭다운 리스트 박스에서와 달리 HTML 소스코드에는 모든 단어의 첫 글자가 대문자가 아니다(예를 들어, Minutes played). 따라서 웹페이지에서와 동일하도록 str_to_title() 함수를 이용하여 추출한 단어의 첫 글자를 모두 대문자로 만든다(예를 들어, Minutes Played).

```
<a class="topStatsLink" href="mins_played" role="option"> Minutes played </a>
```

```
> stats <- read_html(html) %>%
+   html_elements(".topStatsLink") %>%
+   html_text() %>%
+   str_trim() %>%
+   str_to_title()
> stats
 [1] "Goals"             "Assists"          "Clean Sheets"
 [4] "Appearances"       "Minutes Played"   "Yellow Cards"
 [7] "Red Cards"         "Passes"           "Touches"
```

```
[10] "Shots"                  "Hit Woodwork"        "Big Chances Missed"
[13] "Offsides"               "Tackles"             "Fouls"
[16] "Dispossessed"           "Own Goals"           "Clearances"
[19] "Clearances Off Line"    "Saves"               "Penalties Saved"
[22] "High Claims"            "Punches"
```

시즌 항목은 data-dropdown-list="FOOTBALL_COMPSEASON" 속성을 갖는 <ul> 노드 아래의 <li> 노드에 포함되어 있다. data-option-name 속성으로부터 추출한다. 추출한 시즌 항목 가운데 첫 번째 항목인 All Seasons는 제거한다.

```
▼<ul class="dropdownList" data-dropdown-list="FOOTBALL_COMPSEASON" role="listbox"
aria-labelledby="dd-FOOTBALL_COMPSEASON" data-listen-keypress="true" data-listen-
click="true">
    ::before
    <li role="option" tabindex="0" data-option-name="All Seasons" data-option-id="-1"
    data-option-index="-1">All Seasons</li>
    <li role="option" tabindex="0" data-option-name="2021/22" data-option-id="418"
    data-option-index="0">2021/22</li>
    <li role="option" tabindex="0" data-option-name="2020/21" data-option-id="363"
    data-option-index="1">2020/21</li> == $0
    <li role="option" tabindex="0" data-option-name="2019/20" data-option-id="274"
    data-option-index="2">2019/20</li>
```

```
> seasons <- read_html(html) %>%
+   html_elements("ul[data-dropdown-list=FOOTBALL_COMPSEASON] > li") %>%
+   html_attr("data-option-name") %>%
+   .[-1]
> seasons
 [1] "2021/22" "2020/21" "2019/20" "2018/19" "2017/18" "2016/17"
 [7] "2015/16" "2014/15" "2013/14" "2012/13" "2011/12" "2010/11"
[13] "2009/10" "2008/09" "2007/08" "2006/07" "2005/06" "2004/05"
[19] "2003/04" "2002/03" "2001/02" "2000/01" "1999/00" "1998/99"
[25] "1997/98" "1996/97" "1995/96" "1994/95" "1993/94" "1992/93"
```

포지션 항목은 앞서 살펴본 시즌 항목을 추출하는 것과 유사하다. 추출한 포지션 항목 가운데 첫 번째 항목인 All Positions는 삭제한다.

```
▼<ul class="dropdownList" data-dropdown-list="Position" role="listbox" aria-labelledby="dd-Position" data-listen-keypress="true" data-listen-click="true">
    ::before
    <li role="option" tabindex="0" data-option-name="All Positions" data-option-id="-1"
    data-option-index="-1">All Positions</li>
    <li role="option" tabindex="0" data-option-name="Goalkeeper" data-option-id="GOALKEEPER"
    data-option-index="0">Goalkeeper</li> == $0
    <li role="option" tabindex="0" data-option-name="Defender" data-option-id="DEFENDER"
    data-option-index="1">Defender</li>
    <li role="option" tabindex="0" data-option-name="Midfielder" data-option-id="MIDFIELDER"
    data-option-index="2">Midfielder</li>
    <li role="option" tabindex="0" data-option-name="Forward" data-option-id="FORWARD" data-option-index="3">Forward</li>
  </ul>
```

```
> positions <- read_html(html) %>%
+   html_elements("ul[data-dropdown-list=Position] > li") %>%
+   html_attr("data-option-name") %>%
+   .[-1]
> positions
[1] "Goalkeeper" "Defender"   "Midfielder" "Forward"
```

추출한 기록 항목 가운데 분석의 편의를 위해 다음과 같이 여섯 개 항목만을 선택한다.

```
> stats.target <- stats[c(1,2,5,8,10,15)]
> stats.target
[1] "Goals"          "Assists"        "Minutes Played" "Passes"
[5] "Shots"          "Fouls"
```

시즌 항목 또한 분석의 편의를 위해 2019/20과 2020/21 시즌만을 선택한다.

```
> seasons.target <- seasons[str_detect(seasons, "2020|2019")]
> seasons.target
[1] "2020/21" "2019/20"
```

기록, 시즌, 포지션의 각 항목을 차례대로 선택하여 결과를 조회한 후 그로부터 데이터를 수집한다. 먼저 어떤 방식으로 데이터 수집이 이루어지는지 간단하게 살펴보자. 예를 들어, 기록 드롭다운 리스트 박스에서 Minutes Played를 선택하고, 이어서 시즌 드롭다운 리스트 박스에서 2020/21을 선택하고, 포지션 드롭다운 리스트 박스에서 Forward를 선택하면 해당 필터링 조건을 만족하는 데이터가 테이블 형식으로 화면에 출력된다. 그러면 조회된 결과로부터 2020/21 시즌의 Forward 포지션 선수들의 Minutes Played 기록 데이터를 수집할 수 있다.

기록을 선택하기 위해서는 먼저 다음과 같이 기록 드롭다운 리스트 박스를 식별하고 클릭한다.

```
▸<div class="dropDown noLabel topStatsFilterDropdown" data-listener="true">…</div>
```

```
> stats.dropdown <- remDr$findElement(using="css selector",
+                                     value=".dropDown.noLabel.topStatsFilterDropdown")
> stats.dropdown$clickElement()
```

그러면 드롭다운 리스트 박스가 열리면서 선택할 수 있는 기록 종류가 나타난다. 이 가운데 Minutes Played를 선택하기 위해서 다음과 같이 해당 요소를 식별하고 클릭한다.39 여기에서는 탐색 방법으로 'link text'를 지정하여 요소 내에 포함된 텍스트(여기에서는 기록명)를 바탕으로 노드를 식별한다.

```
<a class="topStatsLink" href="mins_played" role="option"> Minutes played </a>
```

```
> stats.elem <- remDr$findElement(using="link text", value=stats.target[[3]])
> stats.elem$clickElement()
```

시즌을 선택하기 위해서는 먼저 다음과 같이 시즌 드롭다운 리스트 박스를 클릭한다.

```
▸<div class="current" data-dropdown-current="FOOTBALL_COMPSEASON" role="button"
tabindex="0" aria-expanded="false" aria-labelledby="dd-FOOTBALL_COMPSEASON" data-listen-
keypress="true" data-listen-click="true">…</div> == $0
```

```
> seasons.dropdown <- remDr$findElement(using="css selector",
+                            value=".current[data-dropdown-current=FOOTBALL_COMPSEASON]")
> seasons.dropdown$clickElement()
```

이어서 2020/21 시즌에 대응되는 요소를 탐색하여 클릭한다. 2020/21과 같은 시즌명은 `<li>` 노드 내의 `data-option-name` 속성의 속성값으로 저장되어 있으므로 검색하고자 하는 시즌명을 속성값으로 삽입하여 노드 탐색을 위한 CSS 선택자를 정의한다.

39 기록 드롭다운 리스트 박스에서 'Minutes Played'에 커서를 위치시킨 다음 오른쪽 마우스 버튼을 클릭하여 나오는 컨텍스트 메뉴에서 '검사'를 선택한다. 그러면 개발자 도구의 요소탐색기가 열리면서 대응되는 HTML 코드를 쉽게 확인할 수 있다. 컨텍스트 메뉴를 이용하여 요소탐색기를 불러오는 것이 처음부터 개발자 도구를 열어서 요소를 탐색하는 것보다 때로는 편리할 수 있다.

```
▼<ul class="dropdownList" data-dropdown-list="FOOTBALL_COMPSEASON" role="listbox"
aria-labelledby="dd-FOOTBALL_COMPSEASON" data-listen-keypress="true" data-listen-
click="true">
    ::before
    <li role="option" tabindex="0" data-option-name="All Seasons" data-option-id="-1"
    data-option-index="-1">All Seasons</li>
    <li role="option" tabindex="0" data-option-name="2021/22" data-option-id="418"
    data-option-index="0">2021/22</li>
    <li role="option" tabindex="0" data-option-name="2020/21" data-option-id="363"
    data-option-index="1">2020/21</li> == $0
    <li role="option" tabindex="0" data-option-name="2019/20" data-option-id="274"
    data-option-index="2">2019/20</li>
```

```
> seasons.elem <- remDr$findElement(using="css selector",
+                                   value=str_c("ul[data-dropdown-list=FOOTBALL_COMPSEASON] >
+                                               li[data-option-name='", seasons.target[[1]], "']"))
> seasons.elem$clickElement()
```

포지션 드롭다운 리스트 박스를 식별하고 클릭하여 포지션을 선택할 준비를 한다.

```
▶<div class="current" data-dropdown-current="Position" role="button" tabindex="0" aria-
expanded="false" aria-labelledby="dd-Position" data-listen-keypress="true" data-listen-
click="true">…</div> == $0
```

```
> positions.dropdown <- remDr$findElement(using="css selector",
+                                         value=".current[data-dropdown-current=Position]")
> positions.dropdown$clickElement()
```

포지션 드롭다운 리스트 박스에서 Foward를 선택한다. 즉 Forward에 대응되는 요소를 탐색하여 클릭한다. 포지션명은 <li> 노드 내의 data-option-name 속성의 속성값으로 저장되어 있으므로 검색하고자 하는 포지션명을 속성값으로 삽입하여 노드 탐색을 위한 CSS 선택자를 정의한다.

```
▼<ul class="dropdownList" data-dropdown-list="Position" role="listbox" aria-labelledby="dd-
Position" data-listen-keypress="true" data-listen-click="true">
    ::before
    <li role="option" tabindex="0" data-option-name="All Positions" data-option-id="-1"
    data-option-index="-1">All Positions</li>
    <li role="option" tabindex="0" data-option-name="Goalkeeper" data-option-id="GOALKEEPER"
    data-option-index="0">Goalkeeper</li>
    <li role="option" tabindex="0" data-option-name="Defender" data-option-id="DEFENDER"
    data-option-index="1">Defender</li>
    <li role="option" tabindex="0" data-option-name="Midfielder" data-option-id="MIDFIELDER"
    data-option-index="2">Midfielder</li>
    <li role="option" tabindex="0" data-option-name="Forward" data-option-id="FORWARD" data-
    option-index="3">Forward</li> == $0
  </ul>
```

```
> positions.elem <- remDr$findElement(using="css selector",
+                                     value=str_c("ul[data-dropdown-list=Position] >
+                                           li[data-option-name='", positions[[4]], "']"))
> positions.elem$clickElement()
```

기록, 시즌, 포지션 드롭다운 리스트 박스에서 차례대로 필요한 항목을 모두 선택하였다. 웹페이상에 2020/21 시즌의 Forward 포지션 선수들의 Minutes Played 기록이 테이블 형식으로 출력된 것을 볼 수 있다. 이제 이 테이블로부터 데이터를 수집해보자. 먼저 다음과 같이 웹페이지의 HTML 문서를 읽어온다.

```
> html <- remDr$getPageSource()[[1]]
```

현재 출력된 웹페이지의 데이터는 다음과 같이 수집할 수 있다.

```
> positions.data <- read_html(html) %>%
+   html_table() %>%
+   .[[1]] %>%
+   select(-last_col()) %>%
+   mutate(Stat=as.character(Stat) %>% parse_number())
> positions.data
# A tibble: 20 x 5
    Rank Player           Club                 Nationality    Stat
   <dbl> <chr>            <chr>                <chr>         <dbl>
 1     1 Ollie Watkins    Aston Villa          England        3329
 2     2 Son Heung-Min    Tottenham Hotspur    South Korea    3121
 3     3 Harry Kane       Tottenham Hotspur    England        3085
…(중략)
18    18 Wilfried Zaha    Crystal Palace       Cote D'Ivoire  2614
19    19 Timo Werner      Chelsea              Germany        2602
20    20 Jarrod Bowen     West Ham United      England        2576
```

마지막 열은 불필요하므로 삭제한다. 또한 `Stat` 열(선수의 기록, 여기에서는 Minutes Played)의 경우 수치가 1,000을 넘으면 값에 콤마(,)가 포함된 문자 형식으로 저장되므로 `parse_number()` 함수를 이용하여 콤마가 제거된 숫자 형식으로 변환할 수 있다. 하지만 그렇지 않은 경우, 즉 1,000 미만이어서 숫자 형식으로 자동 변환되는 경우에는 `parse_number()` 함수를 사용할 수 없으므로 `parse_number()` 함수를 적용하기 전에 모두 문자로 일괄 변환한다.[40]

이렇게 해서 첫 번째 웹페이지의 데이터를 성공적으로 수집하였다. 그런데 데이터가 많을 경우에는 여러 페이지에 걸쳐 데이터가 게시된다. 이때 테이블 하단의 페이지 넘김 버튼을 클릭하면 남아 있는 새로운 데이터가 다음 페이지에 출력된다. 그러면 앞서와 마찬가지로 새롭게 로딩된 웹페이지로부터 데이터를 추가로 수집할 수 있다. 이러한 작업은 불러올 새로운 데이터가 더 이상 없을 때까지 반복한다.

웹페이지를 넘기면서 여러 페이지에 걸쳐 게시되어 있는 데이터를 수집할 때 새로운 페이지가 더 이상 존재하지 않는다는 것을 아는 방법은 웹사이트마다 다를 수 있다. 여기 웹사이트의 경우에는 새롭게 불러올 데이터가 없어서 다음 페이지가 존재하지 않으면 페이지 넘김 버튼이 비활성화된다. 그때는 다음과 같이 `class` 속성의 속성값에 `inactive`를 포함하고 있는 노드가 존재하게 된다. 따라서 그러한 노드가 존재하면 새로운 데이터가 더 이상 없는 것이고, 반대로 그러한 노드가 존재하지 않으면 이는 다음 페이지에 새로운 데이터가 있다는 것을 나타낸다.

```
▼<div class="paginationBtn paginationNextContainer inactive">
   <div class="icn chevron-rightblack-normal"></div>
   <div class="visuallyHidden">Next</div>
 </div>
```

다음과 같이 노드로부터 추출한 값이 NA가 아니면 페이지 넘김 버튼의 비활성화를 의미하는 노드가 존재한다는 것을 가리키고, 이는 새로운 웹페이지는 없다는 것을 의미한다.

```
> btn.next.exists <- read_html(html) %>%
+   html_element(".paginationNextContainer.inactive") %>%
+   html_text() %>%
+   is.na()
> btn.next.exists
[1] FALSE
```

반면에 다음 페이지가 존재하면 페이지 넘김 버튼은 활성화 상태가 되고 다음과 같이 `class` 속성의 속성값에 `inactive`를 포함하고 있는 노드는 존재하지 않는다. 따라서 존재하지 않는 노드로부터 텍스트를 추출하면 그 값은 NA가 된다.

40 readr 패키지의 parse_number() 함수에는 텍스트 형식의 숫자 데이터가 인수로 주어져야 한다. parse_number() 함수는 텍스트에 포함된 콤마(,), 마침표(.), 화폐 단위와 같이 숫자로 취급할 수 없는 어떤 문자든 제거하여 숫자 형식으로 변환한다.

```
▼<div class="paginationBtn paginationNextContainer">
  <div class="icn chevron-rightblack-normal"></div>
  <div class="visuallyHidden">Next</div>
</div>
```

```
> btn.next.exists <- read_html(html) %>%
+   html_element(".paginationNextContainer.inactive") %>%
+   html_text() %>%
+   is.na()
> btn.next.exists
[1] TRUE
```

이와 같이 매 웹페이지마다 페이지 넘김 버튼이 활성화되었는지를 체크한 후 활성화되어 있으면 해당 버튼을 클릭하여 다음 페이지로 넘어가서 데이터 수집을 계속한다. 만약 비활성화되어 있으면 데이터 수집을 종료한다. 이러한 데이터 수집 과정은 다음과 같은 순환 루프로 처리할 수 있다.

```
> while (btn.next.exists) {
+   btn.next <- remDr$findElement(using="css selector",
+                                 value=".paginationNextContainer")
+   btn.next$clickElement()
+   Sys.sleep(2)
+   html <- remDr$getPageSource()[[1]]
+   table.next <- read_html(html) %>%
+     html_table() %>%
+     .[[1]] %>%
+     select(-last_col()) %>%
+     mutate(Stat=as.character(Stat) %>% parse_number())
+   positions.data <- bind_rows(positions.data, table.next)
+   btn.next.exists <- read_html(html) %>%
+     html_element(".paginationNextContainer.inactive") %>%
+     html_text() %>%
+     is.na()
+ }
> positions.data
# A tibble: 125 x 5
   Rank Player          Club              Nationality  Stat
  <dbl> <chr>           <chr>             <chr>       <dbl>
1     1 Ollie Watkins   Aston Villa       England      3329
2     2 Son Heung-Min   Tottenham Hotspur South Korea  3121
3     3 Harry Kane      Tottenham Hotspur England      3085
```

```
…(중략)
8      8 Dominic Calvert-Lewin Everton            England        2874
9      9 Richarlison           Everton            Brazil         2867
10    10 Roberto Firmino       Liverpool          Brazil         2849
# ... with 115 more rows
```

이 순환 루프는 페이지 넘김 버튼이 비활성화될 때까지 웹페이지 단위로 데이터를 수집하여 직전 웹페이지에서 수집한 데이터에 추가하는 작업을 반복한다(bind_rows(positions.data, table.next)). 매 웹페이지마다 페이지 넘김 버튼의 활성화 여부를 확인하여 비활성화되면 데이터 수집을 종료한다.

수집한 데이터에 대해 몇 가지 전처리 작업을 수행해보자. 선수의 기록을 나타내는 Stat 열의 이름을 기록명(여기에서는 Minutes Played)으로 변경한다.41 그리고 시즌명과 포지션명을 데이터프레임(티블)에 추가한다.

41 rename() 함수는 '새이름=옛이름' 형식으로 변수명을 변경한다. 이때 문자열을 변수명으로 사용하기 위해서는 !! 연산자를 이용하여 인용부호(" ")를 제거한다. 또한 새로운 변수명으로 할당하기 위한 연산자는 = 대신에 :=을 사용한다.

```
> positions.data <- positions.data %>%
+   rename(!!stats.target[[3]] := Stat) %>%
+   mutate(Season=seasons.target[[1]], Position=positions[[4]])
> positions.data
# A tibble: 125 x 7
    Rank Player                Club       Nationality `Minutes Played` Season Position
   <dbl> <chr>                 <chr>      <chr>                  <dbl> <chr>     <chr>
 1     1 Ollie Watkins         Aston Vi~  England                 3329 2020/~  Forward
 2     2 Son Heung-Min         Tottenha~  South Korea             3121 2020/~  Forward
 3     3 Harry Kane            Tottenha~  England                 3085 2020/~  Forward
…(중략)
 8     8 Dominic Calvert-Lewin Everton    England                 2874 2020/~  Forward
 9     9 Richarlison           Everton    Brazil                  2867 2020/~  Forward
10    10 Roberto Firmino       Liverpool  Brazil                  2849 2020/~  Forward
# ... with 115 more rows
```

지금까지 기록, 시즌, 포지션 드롭다운 리스트 박스로부터 차례대로 각각 한 항목만을 선택하여 2020/21 시즌의 Forward 포지션 선수들의 Minutes Played 기록을 수집해봤다. 이를 확장하면 모든 기록, 모든 시즌, 모든 포지션에 대한 데이터를 수집할 수 있다. 기록, 시즌, 포지션의 각 항목을 차례대로 선택할 수 있도록 세 개의 중첩된 순환 루프를 만든다. 순환 루프를 돌면서 기록, 시즌, 포지션의 각 항목이 조합된 검색 조건을 조회하여 데이터를 수집한다. 이러한 작업은 각 항목이 검색 조건에 한 번씩 빠짐 없이 모두 포함될 때까지 반복한다. 이상의 내용을 바탕으로 앞서 작성한 코드를 확장하여 다음과 같이 전체 데이터를 수집할 수 있다.[42]

```
> stats.data <- vector("list", length(stats.target))
> for (i in seq_along(stats.target)) {
+   stats.dropdown <- remDr$findElement(using="css selector",
+                                       value=".dropDown.noLabel.topStatsFilterDropdown")
+   stats.dropdown$clickElement()
+   Sys.sleep(2)
+   stats.elem <- remDr$findElement(using="link text", value=stats.target[[i]])
+   stats.elem$clickElement()
+   Sys.sleep(2)
+   seasons.data <- vector("list", length(seasons.target))
+   for (j in seq_along(seasons.target)) {
+     seasons.dropdown <- remDr$findElement(using="css selector",
+                                           value=".current[data-dropdown-current=FOOTBALL_COMPSEASON]")
+     seasons.dropdown$clickElement()
+     Sys.sleep(2)
+     seasons.elem <- remDr$findElement(using="css selector",
+                                       value=str_c("ul[data-dropdown-list=FOOTBALL_COMPSEASON] >
+                                                   li[data-option-name='",
+                                                   seasons.target[[j]], "']"))
+     seasons.elem$clickElement()
+     Sys.sleep(2)
+     positions.data <- vector("list", length(positions))
+     for (k in seq_along(positions)) {
+       positions.dropdown <- remDr$findElement(using="css selector",
+                                               value=".current[data-dropdown-current=Position]")
+       positions.dropdown$clickElement()
+       Sys.sleep(2)
+       positions.elem <- remDr$findElement(using="css selector",
+                                           value=str_c("ul[data-dropdown-list=Position] >
+                                                       li[data-option-name='",
+                                                       positions[[k]], "']"))
+       positions.elem$clickElement()
```

42 여기에서는 여섯 개 기록의 데이터로 데이터 수집 범위를 제한하였다. 더 많은 기록을 수집하거나 혹은 전체 기록에 대해 데이터를 수집할 때는 약간의 코드 수정이 필요할 수 있다. 예를 들어, Clean Sheets 기록(골키퍼의 무실점 경기 기록)은 포지션 드롭다운 리스트 박스가 존재하지 않는다. 따라서 해당 기록을 수집할 때는 `if`문을 이용하여 포지션 선택을 건너뛰는 코드 수정이 필요하다.

```
+       Sys.sleep(2)
+       html <- remDr$getPageSource()[[1]]
+       check.stats <- read_html(html) %>%
+         html_element(".statsTableContainer") %>%
+         html_text()
+       if (check.stats == "No stats are available for your search") next
+       positions.data[[k]] <- read_html(html) %>%
+         html_table() %>%
+         .[[1]] %>%
+         select(-last_col()) %>%
+         mutate(Stat=as.character(Stat) %>% parse_number())
+       btn.next.exists <- read_html(html) %>%
+         html_element(".paginationNextContainer.inactive") %>%
+         html_text() %>%
+         is.na()
+       while (btn.next.exists) {
+         btn.next <- remDr$findElement(using="css selector",
+                                       value=".paginationNextContainer")
+         btn.next$clickElement()
+         Sys.sleep(2)
+         html <- remDr$getPageSource()[[1]]
+         table.next <- read_html(html) %>%
+           html_table() %>%
+           .[[1]] %>%
+           select(-last_col()) %>%
+           mutate(Stat=as.character(Stat) %>% parse_number())
+         positions.data[[k]] <- bind_rows(positions.data[[k]], table.next)
+         btn.next.exists <- read_html(html) %>%
+           html_element(".paginationNextContainer.inactive") %>%
+           html_text() %>%
+           is.na()
+       }
+       positions.data[[k]] <- positions.data[[k]] %>%
+         rename(!!stats.target[[i]] := Stat) %>%
+         mutate(Position=positions[[k]])
+       go.top <- remDr$findElement(using="css selector", value="body")
+       go.top$sendKeysToElement(list(key="home"))
+       Sys.sleep(2)
+     }
```

```
+     positions.df <- reduce(positions.data, bind_rows)
+     seasons.data[[j]] <- positions.df %>%
+       mutate(Season=seasons.target[[j]])
+   }
+   seasons.df <- reduce(seasons.data, bind_rows)
+   stats.data[[i]] <- seasons.df
+ }
```

기록, 시즌, 포지션의 순환 루프를 시작하기 전에 먼저 각 순환 루프를 통해 수집한 데이터를 저장할 변수를 리스트 형식으로 생성한다(stats.data, seasons.data, positions.data). 이 변수들은 각각 기록 개수, 시즌 개수, 포지션 개수만큼의 원소를 가지며 각 원소에 기록별, 시즌별, 포지션별 데이터가 데이터프레임(티블) 형식으로 저장된다. 한 검색 조건의 데이터를 모두 수집한 후에는 드롭다운 리스트 박스에서 다음 검색 조건의 항목을 선택하기 위해 웹페이지 상단으로 이동한다(go.top$sendKeysToElement(list(key="home"))).

그런데 조회 조건을 만족하는 데이터가 존재하지 않을 경우에 데이터를 추출하면 다음과 같이 행의 길이가 0인 빈 데이터프레임이 반환된다.

```
> positions.data
# A tibble: 0 x 5
# ... with 5 variables: Rank <lgl>, Player <lgl>, Club <lgl>, Nationality <lgl>,
#   Stat <dbl>
```

이처럼 데이터가 존재하지 않을 때는 테이블상에 데이터 대신 다음과 같이 'No stats are available for your search'와 같은 메시지가 출력된다.

```
▼<tbody class="statsTableContainer"> == $0
   <tr class="noContentContainer"></tr>
   "No stats are available for your search"
```

```
> check.stats <- read_html(html) %>%
+   html_element(".statsTableContainer") %>%
+   html_text()
> check.stats
[1] "No stats are available for your search"
```

반면에 데이터가 존재할 경우에는 테이블의 데이터가 다음과 같이 정상적으로 출력된다. 따라서 포지션 순환 루프 내에서 데이터의 존재 여부를 체크하여 데이터가 존재하지 않으면 데이터를 추출하는 작업을 중단하고 다음 검색 조건 항목(즉 다음 포지션)으로 이동한다(if (check.stats == "No stats are available for your search") next).

```
▼<tbody class="statsTableContainer">
  ▶<tr class>…</tr>
  ▶<tr class>…</tr>
  ▶<tr class>…</tr>
```

```
> check.stats <- read_html(html) %>%
+   html_element(".statsTableContainer") %>%
+   html_text()
> check.stats
[1] "1. Ollie Watkins Aston Villa   England3,329 2. Son Heung-Min Tottenham Hotspur
South Korea3,121 3. Harry Kane Tottenham Hotspur   England3,085 4. Mohamed Salah Liverpool
 … (중략) … Wilfried Zaha Crystal Palace   Cote D'Ivoire2,614 19. Timo Werner Chelsea
Germany2,602 20. Matheus Pereira  -  Brazil2,581 "
```

수집한 데이터는 여섯 개의 원소를 갖는 리스트 형식으로 저장된다. 여섯 개의 원소는 각각 Goals, Assists, Minutes Played, Passess, Shots, Fouls 기록을 나타내며 데이터프레임(티블) 형식이다.

```
> stats.data
[[1]]
# A tibble: 548 x 7
    Rank Player              Club                   Nationality Goals Position   Season
   <dbl> <chr>               <chr>                  <chr>       <dbl> <chr>      <chr>
 1     1 Alisson             Liverpool              Brazil          1 Goalkeeper 2020/~
 2     1 Lewis Dunk          Brighton and Hove Al~  England         5 Defender   2020/~
 3     1 Kurt Zouma          -                      France          5 Defender   2020/~
…(중략)
 8     4 Michael Keane       Everton                England         3 Defender   2020/~
 9     4 Angelo Ogbonna      West Ham United        Italy           3 Defender   2020/~
10     4 Jannik Vestergaard  -                      Denmark         3 Defender   2020/~
# ... with 538 more rows

…(중략)
```

```
[[6]]
# A tibble: 918 x 7
    Rank Player           Club                     Nationality Fouls Position Season
   <dbl> <chr>            <chr>                    <chr>       <dbl> <chr>    <chr>
 1     1 Bernd Leno       Arsenal                  Germany         2 Goalkee~ 2020/~
 2     1 Nick Pope        Burnley                  England         2 Goalkee~ 2020/~
 3     1 Robert Sanchez   Brighton and Hove Albion Spain           2 Goalkee~ 2020/~
…(중략)
 8     4 Emiliano Martinez Aston Villa             Argentina       1 Goalkee~ 2020/~
 9     4 Edouard Mendy    Chelsea                  Senegal         1 Goalkee~ 2020/~
10     4 Illan Meslier    Leeds United             France          1 Goalkee~ 2020/~
# ... with 908 more rows
```

이제 분석에 활용하기 위해 다음과 같이 몇 가지 전처리 작업을 수행하여 선수별로 통합된 하나의 데이터셋을 완성한다.

```
> premier <- stats.data %>%
+   map(function(x) select(x, -Rank)) %>%
+   map(function(x)
+       select(x, Season, Player, Nationality, Position, Club, everything())) %>%
+   reduce(full_join,
+          by=c("Season", "Player", "Nationality", "Position", "Club")) %>%
+   mutate(across(.cols=where(is.numeric), .fns=replace_na, replace=0))
```

선수별로 통합된 데이터셋에서는 기록별 순위 정보는 의미 없기 때문에 Rank 열은 삭제하고 열의 순서를 조정한다. 이어서 reduce() 함수를 이용하여 각 원소를 차례대로 결합한다. 이때 기록을 제외한 나머지 열을 공통 열로 사용하여 풀조인(full join)을 수행한다.43 모든 선수가 여섯 개 기록 데이터를 모두 갖고 있는 것은 아니므로 풀조인을 수행할 때 기록 데이터가 없는 경우에 해당 기록은 NA 값으로 채워진다. 끝으로 숫자 열의 NA 값은 0으로 대체한다. 완성된 데이터셋은 다음과 같다.

43 모든 선수가 여섯 개 기록 데이터를 모두 갖고 있는 것은 아니기 때문에 풀조인을 사용하여 결합해야 한다. 풀조인은 결합 대상인 두 데이터셋을 모두 결합의 기준으로 사용한다. 따라서 두 데이터셋의 관측값은 모두 새로운 데이터셋에 포함된다.

```
> premier
# A tibble: 1,040 x 11
  Season  Player   Nationality Position Club   Goals Assists `Minutes Played` Passes
  <chr>   <chr>    <chr>       <chr>    <chr>  <dbl>   <dbl>            <dbl>  <dbl>
1 2020/21 Alisson  Brazil      Goalkee~ Liver~     1       0             2970    988
2 2020/21 Lewis D~ England     Defender Brigh~     5       0             2932   2223
3 2020/21 Kurt Zo~ France      Defender -          5       0             2027   1775
```

```
…(중략)
 8 2020/21 Michael~ England      Defender Evert~     3        1              2990    1939
 9 2020/21 Angelo ~ Italy        Defender West ~     3        0              2493    1018
10 2020/21 Jannik ~ Denmark      Defender -          3        0              2575    1763
# ... with 1,030 more rows, and 2 more variables: Shots <dbl>, Fouls <dbl>
```

수집한 데이터를 이용하여 골과 어시스트의 합으로 정의된 골기여도와 출전시간 간의 관계를 그래프로 나타내보자. 이를 위해 먼저 다음과 같이 시각화에 사용할 서브셋을 생성한다. 골기여도와 관계가 없는 골키퍼 포지션은 제외한다. 또한 골기여도와 출전시간 간의 관계를 보다 명확히 드러내기 위하여 최소 1골 이상을 기록한 선수로 제한한다.

```
> premier.data <- premier %>%
+   filter(Season=="2020/21" & Position != "Goalkeeper" & Goals > 0)
```

골기여도와 출전시간 간의 관계에 패스 정보를 추가하여 다음과 같이 버블차트(bubble chart)를 그릴 수 있다. 생성된 그래프는 [그림 6-34]와 같다. 여기에서는 ggplot2 패키지가 제공하는 테마 대신에 hrbrthemes 패키지의 theme_ipsum() 테마를 이용하였다.

```
> library(hrbrthemes)
> library(scales)
> windows(width=7.0, height=5.5)
> ggplot(arrange(premier.data, desc(Passes)),
+        aes(x=`Minutes Played`, y=Goals+Assists, size=Passes, fill=Position)) +
+   geom_point(alpha=0.5, shape=21, color="black") +
+   geom_text(data=slice_max(premier.data, order_by=Goals+Assists, n=5),
+             aes(x=`Minutes Played`, y=Goals+Assists,
+                 label=str_c(Player)),
+             position=position_jitter(width=1, height=2),
+             size=2.5, color="orangered", fontface="bold") +
+   scale_x_continuous(labels=comma) +
+   scale_size(breaks=seq(500, 2500, 1000), range=c(0.1, 9), name="Passes") +
+   scale_fill_viridis_d(option="D") +
+   theme_ipsum() +
+   labs(title="Total Goal Contribution vs. Minutes Played",
+        subtitle="By position with the number of passes",
+        caption="Source: Premier League") +
+   xlab("Minutes Played") +
+   ylab("Total Goal Contribution (Goals + Assists)") +
+   guides(fill=guide_legend(order=1), size=guide_legend(order=2))
```

그림 6-34 **프로축구 통계.** 포워드와 미드필더 포지션에 있어서 출전시간과 골기여도(골과 어시스트의 합) 간의 관계는 대체로 비례한다.

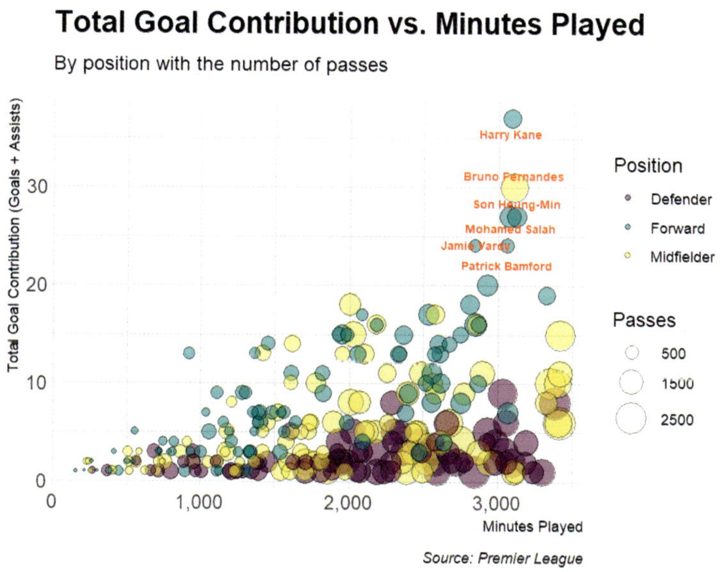

버블차트는 세 번째 차원이 추가된 산점도이다. 추가된 세 번째 변수의 값은 산점도상의 점(심볼)의 크기로 표현된다. 여기에서는 골기여도와 출전시간 간의 관계가 원(버블)으로 표현되었으며 패스횟수는 원의 크기로 나타냈다. 또한 포지션은 색상으로 구분하였으며 골기여도가 높은 상위 다섯 명의 선수를 그래프상에 표시하였다.

plotly 패키지의 ggplotly() 함수를 이용하면 [그림 6-35]와 같은 대화형 버블차트(interactive bubble chart)를 만들 수 있다. 원 위에 마우스를 올리면 관련된 데이터를 볼 수 있으며 관심 있는 부분을 선택하여 줌인할 수도 있다. 그래프 상단의 메뉴를 이용하면 그 밖의 다양한 작업을 동적으로 수행할 수 있다.

```
> library(plotly)
> premier.data2 <- premier.data %>%
+   mutate(text=str_c("Player: ", Player, "\nGoals: ", Goals, "\nAssists: ", Assists,
+                     "\nMinutes Played: ", `Minutes Played`, "\nPasses: ", Passes))
> p <- ggplot(arrange(premier.data2, desc(Passes)),
+             aes(x=`Minutes Played`, y=Goals+Assists,
+                 size=Passes, fill=Position, text=text)) +
+   geom_point(alpha=0.5, shape=21, color="black") +
+   scale_x_continuous(labels=comma) +
+   scale_size(breaks=seq(500, 2500, 1000), range=c(0.1, 9), name="Passes") +
```

▶ 그림 6-35 ▌ **프로축구 통계.** 대화형 버블차트의 원 위에 마우스를 올리면 관련 데이터를 볼 수 있다.

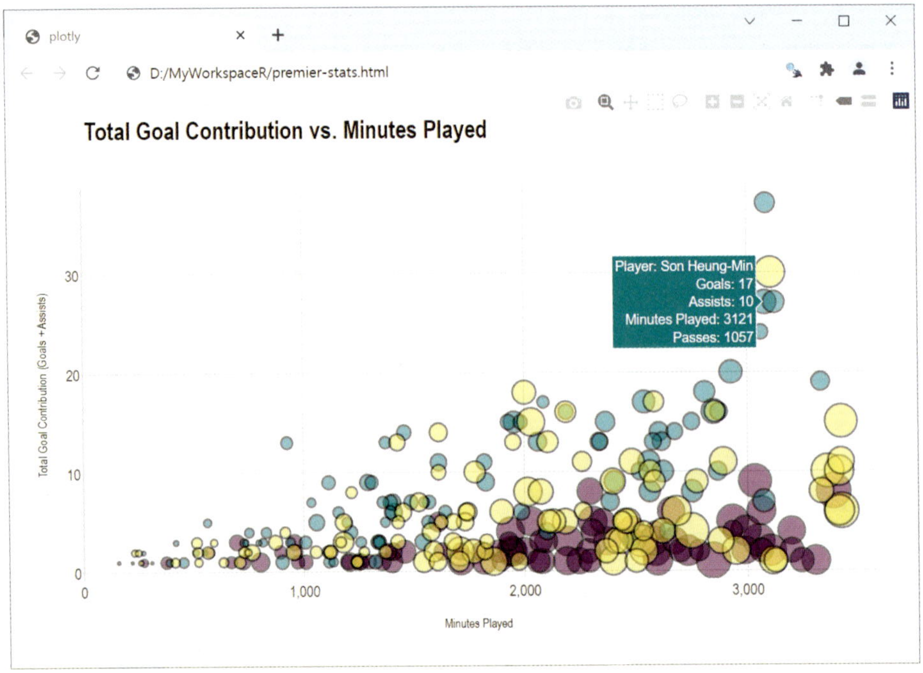


```
+   scale_fill_viridis_d(option="D") +
+   theme_ipsum() +
+   labs(title="Total Goal Contribution vs. Minutes Played",
+        subtitle="By position with the number of passes",
+        caption="Source: Premier League") +
+   xlab("Minutes Played") +
+   ylab("Total Goal Contribution (Goals + Assists)") +
+   theme(legend.position="none")
> ggplotly(p, tooltip="text")
```

대화형 버블차트를 만들기 위해서는 툴팁으로 보여줄 텍스트를 데이터셋에 미리 저장해두면 편리하다. 텍스트는 ggplotly() 함수의 tooltip 인수에 지정한다.

대화형 버블차트는 다음과 같이 HTML 파일로 저장할 수 있다.

```
> library(htmlwidgets)
> pp <- ggplotly(p, tooltip="text")
> saveWidget(pp, file="premier-stats.html")
```

저장된 HTML 파일을 열어보면 웹브라우저에 [그림 6-35]의 대화형 버블차트가 그려진다.

```
> library(pander)
> openFileInOS("premier-stats.html")
```

다음과 같이 파일로 저장할 수도 있다.

```
> library(webshot)
> webshot(url="premier-stats.html", file="premier-stats.png")
> openFileInOS("premier-stats.png")
```

Chapter 7

JSON

Chapter 07

JSON

7.1 JSON 구조

JSON(JavaScript Object Notation)은 데이터 저장과 교환을 위해 설계된 데이터 포맷으로서 그 이름이 나타내는 것처럼 자바스크립트(JavaScript) 프로그래밍 언어에 뿌리를 두고 있다. 그러나 JSON 자체는 프로그래밍 언어와 독립적이라 R을 비롯한 대부분의 프로그래밍 언어에서 사용 가능하다. JSON은 그 구조가 매우 단순하며 가볍기 때문에 많은 웹사이트에서 폭넓게 사용되고 있다. 많은 웹 애플리케이션(예를 들면, 트위터)에서는 API를 통해 JSON 포맷으로 데이터를 제공한다.

[그림 7-1]의 테이블은 세 편의 007 영화 정보를 저장하고 있다. 이를 JSON 코드로 나타내면 다음과 같다.[1]

1 JSON 파일은 일반적으로 들여쓰기가 안 되어 있는 경우가 많다. https://jsonformatter.curiousconcept.com 웹사이트는 JSON 파일을 포맷팅하여 읽기 쉽도록 도와주며 문법적으로 타당한지 여부를 검증해준다.

```
{"bondmovies" : [
  {
    "title" : "Goldfinger",
    "director" : "Guy Hamilton",
    "year" : 1964,
    "genre" : ["Action", "Adventure", "Thriller"],
    "runtime" : "110 min",
    "actor" : {
               "James Bond" : "Sean Connery",
               "Bond Girl" : "Pussy Galore"
               },
    "gross" : 51081062
  },
  {
    "title" : "The Man with the Golden Gun",
    "director" : "Guy Hamilton",
    "year" : 1974,
```

```
    "genre" : ["Action", "Adventure", "Thriller"],
    "runtime" : "123 min",
    "actor" : {
              "James Bond" : "Roger Moore",
              "Bond Girl" : "Britt Ekland"
              },
    "gross" : 20972000
  },
  {
    "title" : "License to Kill",
    "director" : "John Glen",
    "year" : 1989,
    "genre" : ["Action", "Adventure"],
    "runtime" : "133 min",
    "actor" : {
              "James Bond" : "Timothy Dalton",
              "Bond Girl" : "Carey Lowell"
              },
    "gross" : 34667015
  }]
}
```

그림 7-1 ▌데이터 테이블 예. 세 편의 007 영화 데이터가 저장되어 있다.

title	director	year	genre	runtime	actor	gross
Goldfinger	Guy Hamilton	1964	Action, Adventure, Thriller	110 min	James Bond: Sean Connery Bond Girl: Pussy Galore	51,081,062
The Man with the Golden Gun	Guy Hamilton	1974	Action, Adventure, Thriller	123 min	James Bond: Roger Moore Bond Girl: Britt Ekland	20,972,000
License to Kill	John Glen	1989	Action, Adventure	133 min	James Bond: Timothy Dalton Bond Girl: Carey Lowell	34,667,015

JSON 코드는 일반적인 텍스트 편집기(예를 들면, 워드패드)를 이용하여 작성할 수 있다. 여기에서는 bondmovies.json이라는 이름으로 JSON 파일을 생성한다. 데이터는 기본적으로 키-값 쌍(key-value pair)으로 저장된다(예를 들면, "title" : "Goldfinger"). 두 종류의 괄호, 즉 { }와 [ ]는 문서의 계층적 구조를 정의하며 각각 비순서 데이터(unordered data)와 순서 데이터(ordered data)를 구분하는 데 사용된다. XML에서와 마찬가지로 JSON 데이터 구조는 중첩도(nestedness)가 증가함에 따라 복잡도가 증가한다.

JSON 문법구조는 매우 단순하다. 두 종류의 괄호가 문서를 구조화하는 데 사용된다. 중괄호(curly bracket) { }는 객체(object)를 저장한다. 객체는 XML의 요소(element)와 유사하며 키-값 쌍, 다른 객체, 배열(array) 등을 포함할 수 있다. 대괄호(square bracket) [ ]로는 배열을 저장한다. 배열에는 순서를 갖는 객체 또는 값이 저장된다. 실제 데이터는 키-값 쌍으로 저장한다. 키와 값을 정의하는 규칙은 다음과 같다.

- 키는 큰따옴표로 감싼다. 값은 문자열일 경우에만 큰따옴표로 감싼다.

```
"title" : "Goldfinger"
"year" : 1964
```

- 키와 값은 콜론(:)으로 구분한다.

```
"director" : "Guy Hamilton"
```

- 키-값 쌍은 쉼표(,)로 구분한다.

```
{"James Bond" : "Sean Connery", "Bond Girl" : "Pussy Galore"}
```

- 배열 내의 값은 쉼표로 구분한다.

```
["Action", "Adventure", "Thriller"]
```

JSON은 키-값 쌍의 값 부분에 대해 다양한 데이터 형식을 허용한다. JSON에서 사용 가능한 데이터 형식으로는 숫자(number), 문자열(string), 논리값(boolean: true, false), Null(null), 객체(중괄호 { } 안의 콘텐츠), 배열(대괄호 [ ] 안의 콘텐츠) 등이 있다.

7.2 JSON 파싱

R 환경은 JSON 데이터의 입력, 출력, 처리를 지원하는 몇 가지 패키지를 제공한다. 현재 `rjson` 패키지, `RJSONIO` 패키지, `jsonlite` 패키지 등을 사용할 수 있다. 가장 먼저 개발된 것은 `rjson` 패키지이지만 `RJSONIO` 패키지와 `jsonlite` 패키지가 상대적으로 많이 사용되고 있다. 여기에서는 `RJSONIO` 패키지와 `jsonlite` 패키지를 중심으로 JSON 데이터 처리 방법을 살펴본다. `jsonlite` 패키지는 `RJSONIO` 패키지를 바탕으로 개발되었으며 JSON 데이터와 R 객체 간의 변환 방식을 개선하였다.

RJSONIO 패키지

먼저 `RJSONIO` 패키지에 대해 살펴보자. 앞에서 생성한 bondmovies.json 데이터 파일을 사용한다. 우선 다음과 같이 `isValidJSON()` 함수를 이용하여 문서가 유효한 JSON 데이터로 구성되어 있는지 체크한다.

```
> library(RJSONIO)
> isValidJSON("bondmovies.json")
[1] TRUE
```

R 환경의 JSON 관련 패키지는 대체로 `fromJSON()` 함수와 `toJSON()` 함수라는 두 가지 핵심 함수를 공통적으로 제공한다. `fromJSON()` 함수는 JSON 데이터 포맷으로부터 파싱(parsing) 과정을 거쳐 R 객체로의 데이터 변환을 지원한다. `toJSON()` 함수는 그와 반대로 R 객체에서 JSON 데이터 포맷으로 데이터를 변환한다.

bondmovies.json 파일의 JSON 데이터를 R 객체로 변환하기 위해서는 다음과 같이 `fromJSON()` 함수를 이용한다. 첫 번째 인수에 JSON 파일을 지정한다. 파일 이름을 지정하는 대신에 웹페이지로부터 읽어들인(예를 들면, `readLines()` 함수에 URL을 지정하여 읽어들인) 문자열을 지정할 수도 있다.

```
> bondmovies <- fromJSON("bondmovies.json")
> class(bondmovies)
[1] "list"
> bondmovies
$bondmovies
$bondmovies[[1]]
```

```
$bondmovies[[1]]$title
[1] "Goldfinger"

$bondmovies[[1]]$director
[1] "Guy Hamilton"

$bondmovies[[1]]$year
[1] 1964

…(중략)

$bondmovies[[3]]$genre
[1] "Action"    "Adventure"

$bondmovies[[3]]$runtime
[1] "133 min"

$bondmovies[[3]]$actor
      James Bond        Bond Girl
"Timothy Dalton"   "Carey Lowell"

$bondmovies[[3]]$gross
[1] 34667015
```

RJSONIO 패키지의 fromJSON() 함수는 JSON 데이터를 R 환경의 리스트 형식의 데이터 객체로 변환한다. 리스트 형식의 데이터는 일반적으로 전처리 과정을 거쳐 분석에 사용할 수 있는 데이터 형식으로 다시 변환된다. 단순하게는 리스트 내의 특정 원소 또는 서브셋을 추출하는 것으로 충분할 수 있지만 좀 더 복잡한 과정을 거쳐 다른 형식의 데이터로 변환해야 할 경우도 종종 있다.

우선 리스트 내의 특정 원소를 추출해보자. 이를 위해 다음과 같이 리스트 형식의 데이터를 벡터 형식으로 변환하여 중첩된 복잡한 구조를 1차원의 단순한 구조로 만든다.

```
> bondmovies.v <- unlist(bondmovies, recursive=TRUE, use.names=TRUE)
> bondmovies.v
      bondmovies.title  bondmovies.director                bondmovies.year
          "Goldfinger"        "Guy Hamilton"                         "1964"
     bondmovies.genre1   bondmovies.genre2               bondmovies.genre3
              "Action"         "Adventure"                      "Thriller"
```

```
…(중략)
           bondmovies.genre2       bondmovies.runtime     bondmovies.actor.James Bond
                 "Adventure"                "133 min"                "Timothy Dalton"
     bondmovies.actor.Bond Girl       bondmovies.gross
                "Carey Lowell"              "34667015"
```

이때 unlist() 함수에 recursive=TRUE를 지정하여 리스트 내 모든 원소가 벡터 형식으로 변환되도록 한다. 또한 use.names=TRUE를 지정함으로써 JSON 데이터의 키 이름(즉 리스트의 원소 이름)이 그대로 벡터 내에 유지되도록 한다.[2] 이렇게 함으로써 원래 데이터의 키-값 쌍을 쉽게 확인할 수 있다. 예를 들어, 영화 제목은 변환한 벡터로부터 다음과 같이 추출할 수 있다.

2 recursive=TRUE와 use.names=TRUE는 unlist() 함수의 기본 설정값이기 때문에 사실 별도의 인수 지정을 필요로 하지 않는다.

```
> bondmovies.v[grepl("title", names(bondmovies.v))]
          bondmovies.title                  bondmovies.title     bondmovies.title
              "Goldfinger"  "The Man with the Golden Gun"     "License to Kill"
```

그런데 이런 방식으로의 변수별 데이터 추출은 한 가지 문제가 있다. unlist() 함수는 리스트 구조를 해체하는 동안 모든 원소를 공통 모드로 강제로 전환하기 때문에 대부분의 경우 가장 상위 모드인 문자 형식의 벡터로 변환된다. 따라서 title 변수와 같이 원래 문자 형식인 경우에는 문제가 없지만 데이터가 숫자인 경우에는 해당 정보를 잃게 된다. 예를 들어, 흥행 수익을 나타내는 gross 변수로부터 데이터를 추출하면 다음과 같이 숫자가 아닌 문자로 출력된다.

```
> bondmovies.v[grepl("gross", names(bondmovies.v))]
bondmovies.gross  bondmovies.gross  bondmovies.gross
      "51081062"        "20972000"        "34667015"
```

unlist() 함수를 이용하는 대신에 리스트 인덱싱을 이용하여 리스트로부터 직접 값을 추출하면 원래의 모드를 그대로 유지할 수 있다. 다음과 같이 리스트 인덱싱을 통해 세 영화의 gross 변수값을 숫자 형식으로 추출할 수 있다.

```
> bondmovies[[1]][[1]][["gross"]]
[1] 51081062
> bondmovies[[1]][[2]][["gross"]]
[1] 20972000
> bondmovies[[1]][[3]][["gross"]]
[1] 34667015
```

sapply() 함수를 이용하면 좀 더 간단하게 변수값을 추출할 수 있다. sapply() 함수를 이용하여 다음과 같이 리스트의 각 원소(즉 각 영화)를 대상으로 [[연산자에 추출할 변수 이름을 인덱스로 인수를 제공하면 각 영화의 세 개의 gross 변수값이 한꺼번에 추출된다.

```
> sapply(bondmovies[[1]], "[[", "gross")
[1] 51081062 20972000 34667015
```

이번에는 리스트 형식의 데이터를 R 환경에서 일반적으로 많이 사용하는 데이터프레임 형식으로 변환해보자. 세 편의 영화 정보가 저장되어 있으므로 세 개의 행과 영화 정보에 대응되는 열(즉 변수)로 구성되는 데이터프레임을 생성한다. 그런데 여기서 문제는 장르(genre)와 배우(actor) 변수는 여러 개의 값을 갖는다는 것이다. 또한 모든 영화가 동일한 장르 개수를 갖고 있지도 않다. 변수별 데이터를 추출한 후 이를 모두 모아서 하나의 데이터프레임으로 합치는 과정에서 이러한 문제도 함께 고려할 필요가 있다. 변수별로 추출한 값을 c() 함수로 모두 연결하여 하나의 벡터로 저장한다. 그러면 다음과 같은 형태의 데이터프레임을 생성할 수 있다.

```
> bondmovies.df <- data.frame(t(sapply(bondmovies[[1]], c)))
> bondmovies.df
                     title       director year                          genre runtime
1               Goldfinger   Guy Hamilton 1964 Action, Adventure, Thriller 110 min
2 The Man with the Golden Gun Guy Hamilton 1974 Action, Adventure, Thriller 123 min
3          License to Kill     John Glen 1989            Action, Adventure 133 min
                      actor    gross
1   Sean Connery, Pussy Galore 51081062
2     Roger Moore, Britt Ekland 20972000
3 Timothy Dalton, Carey Lowell 34667015
> bondmovies.df$title
[[1]]
[1] "Goldfinger"

[[2]]
[1] "The Man with the Golden Gun"

[[3]]
[1] "License to Kill"

> bondmovies.df$genre
[[1]]
[1] "Action"    "Adventure" "Thriller"
```

```
[[2]]
[1] "Action"    "Adventure" "Thriller"

[[3]]
[1] "Action"    "Adventure"
```

지금까지 살펴본 것처럼 JSON 데이터를 R 환경으로 가져오는 작업은 기본적으로 리스트 형식의 데이터를 다루는 것으로부터 시작한다. 한 가지 예를 더 살펴보자. 다음과 같은 비교적 단순한 구조의 JSON 데이터를 R 환경으로 읽어들인다. 세 명의 영화배우 데이터가 JSON 파일 형식으로 저장되어 있으며 결측값이 포함되어 있다. 여기에서는 actors.json이라는 이름으로 JSON 파일을 생성한다.

```
[
  {
    "name" : "Sean Connery",
    "sex" : "male",
    "age" : 32
  },
  {
    "name" : "Brit Ekland",
    "sex" : "female",
    "age" : 28
  },
  {
    "name" : "Roger Moore",
    "sex" : "male",
    "age" : null
  }
]
```

fromJSON() 함수를 이용하여 다음과 같이 R의 리스트 객체로 변환한다.

```
> actors <- fromJSON("actors.json", nullValue=NA, simplify=FALSE)
> actors
[[1]]
[[1]]$name
[1] "Sean Connery"

[[1]]$sex
[1] "male"
```

```
[[1]]$age
[1] 32

…(중략)

[[3]]
[[3]]$name
[1] "Roger Moore"

[[3]]$sex
[1] "male"

[[3]]$age
[1] NA
```

fromJSON() 함수는 몇 가지 유용한 인수를 제공한다. nullValue 인수에는 JSON의 null 데이터 형식을 어떻게 다룰지 지정한다. 일반적으로 JSON 데이터 형식은 R 데이터 형식과 거의 일치한다. 그러나 JSON의 null은 미지의 값(unknown value)을 의미하며, 이는 R 관점에서 보면 빈 객체를 의미하는 NULL과 결측값을 의미하는 NA 모두를 나타낸다. 따라서 JSON 데이터를 R 객체로 변환할 때 JSON 데이터에 포함된 null을 어떻게 다룰지 지정할 필요가 있다. 결측값으로 처리하고 싶으면 nullValue=NA를 지정한다. simplify 인수는 데이터 형식이 동일한 원소들을 하나의 벡터로 결합할지 여부를 결정한다. simplify=FALSE를 지정하면 벡터로 결합하지 않고 리스트 형식을 그대로 유지한다.

리스트 형식으로 변환된 JSON 데이터는 다음과 같이 데이터프레임(티블) 형식으로 변환할 수 있다. 여기 예의 경우 fromJSON() 함수를 이용하여 JSON 데이터를 불러올 때 simplify=FALSE를 지정하지 않으면 리스트의 마지막 원소는 하나의 문자 벡터로 변환된다. 따라서 이럴 경우 map_dfr() 함수에서 as_tibble() 함수를 호출하여 행의 방향으로 결합된 데이터프레임을 생성할 수 없게 되므로 주의가 필요하다.

```
> library(purrr)
> library(tibble)
> actors.df <- map_dfr(actors, as_tibble)
> actors.df
# A tibble: 3 x 3
  name         sex      age
  <chr>        <chr>  <dbl>
1 Sean Connery male      32
2 Brit Ekland  female    28
3 Roger Moore  male      NA
```

R 객체를 JSON 데이터 포맷으로 변환하기 위해서는 다음과 같이 toJSON() 함수를 이용한다.

```
> actors.js <- toJSON(actors.df)
> cat(actors.js)
{
 "name": [ "Sean Connery", "Brit Ekland", "Roger Moore" ],
"sex": [ "male", "female", "male" ],
"age": [        32,        28, null ]
}
```

들여쓰기를 하여 읽기 쉬운 형태로 만들려면 다음과 같이 pretty=TRUE를 추가로 지정한다.

```
> actors.js <- toJSON(actors.df, pretty=TRUE)
> cat(actors.js)
{
      "name" : [
               "Sean Connery",
               "Brit Ekland",
               "Roger Moore"
      ],
      "sex" : [
               "male",
               "female",
               "male"
      ],
      "age" : [
               32,
               28,
               null
      ]
}
```

그런데 toJSON() 함수의 출력 결과를 보면 앞에서 사용했던 actors.json 파일의 JSON 데이터 포맷과 차이가 있는 것을 알 수 있다. actors.json 파일은 영화배우별로 정보가 나열된 반면, toJSON() 함수의 출력 결과는 변수별로 정보가 저장되어 있다. JSON 데이터 포맷은 이와 같이 두 가지 방식으로 데이터를 표현할 수 있다. JSON 데이터를 파일로 저장하기 위해서는 다음과 같이 writeLines() 함수를 이용한다.

```
> writeLines(actors.js, "actors.js")
```

jsonlite 패키지

이번에는 jsonlite 패키지를 살펴본다. jsonlite 패키지는 JSON 데이터와 R 객체 간의 보다 일관된 변환 규칙을 제공한다. RJSONIO 패키지와 마찬가지로 fromJSON() 함수와 toJSON() 함수를 제공하나 변환 방법에는 차이가 있다. JSON 데이터와 R 객체 간의 일관된 변환을 보장하기 위해 jsonlite 패키지는 몇 가지 변환 규칙을 사용한다. JSON 데이터로부터 R 객체로의 변환에는 다음과 같은 변환 규칙이 적용된다.

- 문자 형식의 값이 하나라도 포함되어 있으면 모두 문자로 변환된다.
- null 값은 NA로 변환된다.
- true와 false는 숫자 벡터에서는 1과 0으로 변환된다. 그러나 문자 벡터와 논리 벡터에서는 TRUE와 FALSE로 변환된다.

JSON에서 R로의 변환 규칙을 다음과 같은 예를 통해 확인해볼 수 있다.

```
> library(jsonlite)
> js <- '[1, 2, "zoo"]'
> fromJSON(js)
[1] "1"   "2"   "zoo"
> js <- '[1, null, "zoo"]'
> fromJSON(js)
[1] "1"   NA    "zoo"
> js <- '[1, 2, true, false]'
> fromJSON(js)
[1] 1 2 1 0
> js <- '["zoo", true, false]'
> fromJSON(js)
[1] "zoo"   "TRUE"  "FALSE"
> js <- '[null, true, false]'
> fromJSON(js)
[1]    NA  TRUE FALSE
```

jsonlite 패키지의 일관된 변환 규칙은 또한 데이터프레임으로의 변환을 보다 용이하게 만들어준다. 예를 들어, 앞에서 생성한 actors.json 파일을 fromJSON() 함수로 변환하면 별도의 후속 절차 없이 바로 데이터프레임 형식의 데이터셋을 얻을 수 있다.

```
> actors <- fromJSON("actors.json")
> actors
          name    sex age
1 Sean Connery   male  32
2  Brit Ekland female  28
3  Roger Moore   male  NA
```

이번에는 앞에서 사용했던 bondmovies.json 파일을 fromJSON() 함수로 읽어들여 R 객체를 생성해보자.

```
> bondmovies <- fromJSON("bondmovies.json")
> bondmovies
$bondmovies
                         title     director year                        genre runtime
1                   Goldfinger  Guy Hamilton 1964 Action, Adventure, Thriller 110 min
2 The Man with the Golden Gun Guy Hamilton 1974 Action, Adventure, Thriller 123 min
3             License to Kill    John Glen 1989           Action, Adventure 133 min
  actor.James Bond actor.Bond Girl    gross
1     Sean Connery    Pussy Galore 51081062
2      Roger Moore    Britt Ekland 20972000
3   Timothy Dalton    Carey Lowell 34667015
```

RJSONIO 패키지의 fromJSON() 함수를 적용했을 때와 마찬가지로 리스트 형식으로 변환된다. 그러나 한 가지 차이가 있다. RJSONIO 패키지의 경우에는 리스트의 리스트 형식으로 데이터가 변환되었으나, jsonlite 패키지의 경우에는 데이터프레임의 리스트 형식으로 결과가 반환된다. 따라서 다음과 같이 간단히 리스트로부터 데이터프레임을 추출한 후 원하는 데이터에 쉽게 접근할 수 있다.

```
> bondmovies.df <- bondmovies[[1]]
> bondmovies.df
                         title     director year                        genre runtime
1                   Goldfinger  Guy Hamilton 1964 Action, Adventure, Thriller 110 min
2 The Man with the Golden Gun Guy Hamilton 1974 Action, Adventure, Thriller 123 min
3             License to Kill    John Glen 1989           Action, Adventure 133 min
  actor.James Bond actor.Bond Girl    gross
1     Sean Connery    Pussy Galore 51081062
2      Roger Moore    Britt Ekland 20972000
3   Timothy Dalton    Carey Lowell 34667015
```

```
> names(bondmovies.df)
[1] "title"    "director" "year"     "genre"    "runtime"  "actor"    "gross"
> bondmovies.df$title
[1] "Goldfinger"                 "The Man with the Golden Gun" "License to Kill"
> bondmovies.df$genre
[[1]]
[1] "Action"    "Adventure" "Thriller"

[[2]]
[1] "Action"    "Adventure" "Thriller"

[[3]]
[1] "Action"    "Adventure"
```

7.3 사례

국가/지역 코드 @UN

UN Comtrade(https://comtrade.un.org)는 다양한 국제무역통계 데이터를 제공한다. 여기에서는 UNSD(United Nations Statistcs Division)에서 정의한 국가 및 지역 코드 데이터를 수집해보자. 이 코드는 세 자리 숫자로 구성되어 있으며 다음과 같은 JSON 데이터 포맷으로 제공된다. 코드와 국가명(지역명)의 쌍으로 구성되어 있다.

```
{
  "more":false,
  "results":[
    {
      "id":"all",
      "text":"All"
    },
    {
      "id":"0",
      "text":"World"
    },
    {
      "id":"4",
      "text":"Afghanistan"
    },
…(중략)
```

readLines() 함수를 이용하여 웹사이트로부터 JSON 데이터를 문자열로 읽어들인 후 jsonlite 패키지의 fromJSON() 함수로 R 객체로 변환한다.

```
> library(jsonlite)
> url <- "http://comtrade.un.org/data/cache/partnerAreas.json"
> page <- readLines(url)
> areacodes <- fromJSON(page)
```

또는 다음과 같이 fromJSON() 함수에 직접 웹사이트의 URL을 지정할 수도 있다. jsonlite 패키지의 fromJSON() 함수는 데이터프레임 형식으로 데이터를 변환하기 때문에 전처리 과정을 최소화할 수 있다.

```
> areacodes <- fromJSON(url)
> str(areacodes)
List of 2
 $ more   : logi FALSE
 $ results:'data.frame':	294 obs. of  2 variables:
  ..$ id  : chr [1:294] "all" "0" "4" "472" ...
  ..$ text: chr [1:294] "All" "World" "Afghanistan" "Africa CAMEU region, nes" ...
> head(areacodes$results)
   id                     text
1 all                      All
2   0                    World
3   4              Afghanistan
4 472 Africa CAMEU region, nes
5   8                  Albania
6  12                  Algeria
```

다음과 같이 일단 JSON 파일을 다운로드한 후 다운로드한 파일로부터 데이터 변환 작업을 수행할 수도 있다.

```
> download.file(url, "partnerAreas.json")
> areacodes <- fromJSON("partnerAreas.json")
> head(areacodes$results)
   id                     text
1 all                      All
2   0                    World
3   4              Afghanistan
4 472 Africa CAMEU region, nes
5   8                  Albania
6  12                  Algeria
```

색상 코드 @GitHub

GitHub 웹사이트로부터 두 가지 코드값으로 저장된 색상 데이터를 수집한 후 이 둘을 결합하여 하나의 색상 테이블을 만들어보자. 다음은 여기서 추출하고자 하는 두 개의 JSON 데이터셋이다. 첫 번째 JSON 포맷의 색상 데이터는 16진수로 표현되었으며 두 번째 색상 데이터는 RGB 값으로 표현되었다.

```
(A) 16진수
{
  "aliceblue": "#f0f8ff",
  "antiquewhite": "#faebd7",
  "aqua": "#00ffff",
  …(중략)
}

(B) RGB 값
{
  "aliceblue": [240, 248, 255, 1],
  "antiquewhite": [250, 235, 215, 1],
  "aqua": [0, 255, 255, 1],
  …(중략)
}
```

먼저 16진수로 표현된 색상 코드를 추출해보자. `jsonlite` 패키지의 `fromJSON()` 함수를 이용하여 웹사이트로부터 JSON 문서를 읽어들여 R 객체로 변환한다. 변환된 R 객체는 리스트 형식이기 때문에 `unlist()` 함수를 이용하여 벡터로 변환한다.

```
> library(jsonlite)
> url1 <- "https://raw.githubusercontent.com/bahamas10/css-color-names/master/css-color-names.json"
> colorcode <- fromJSON(url1)
> head(colorcode)
$aliceblue
[1] "#f0f8ff"

$antiquewhite
[1] "#faebd7"

$aqua
[1] "#00ffff"

$aquamarine
[1] "#7fffd4"
```

```
$azure
[1] "#f0ffff"

$beige
[1] "#f5f5dc"

> colorcode <- unlist(colorcode)
> head(colorcode)
   aliceblue antiquewhite         aqua   aquamarine        azure        beige
   "#f0f8ff"    "#faebd7"    "#00ffff"    "#7fffd4"    "#f0ffff"    "#f5f5dc"
```

다음과 같이 몇 가지 전처리 과정을 거쳐 색상명과 코드를 열로 갖는 데이터프레임(티블)을 생성한다. 색상 코드는 모두 대문자로 변경한다. enframe() 함수는 이름을 갖는 벡터나 리스트를 이름과 값을 열로 갖는 데이터프레임으로 변환한다.

```
> library(tidyverse)
> colorcode.df <- colorcode %>%
+   toupper(.) %>%
+   enframe(name="color", value="colorcode")
> colorcode.df
# A tibble: 148 x 2
   color              colorcode
   <chr>              <chr>
 1 aliceblue          #F0F8FF
 2 antiquewhite       #FAEBD7
 3 aqua               #00FFFF
…(중략)
 8 black              #000000
 9 blanchedalmond     #FFEBCD
10 blue               #0000FF
# ... with 138 more rows
```

이어서 RGB 값으로 표현된 색상 데이터를 추출해보자. 웹사이트로부터 fromJSON() 함수를 이용하여 JSON 문서를 읽어들여 R 객체로 변환한다. 다음과 같이 리스트 형식으로 변환된다.

```
> url2 <- "https://raw.githubusercontent.com/corysimmons/colors.json/master/colors.json"
> colorRGB <- fromJSON(url2)
```

```
> head(colorRGB)
$aliceblue
[1] 240 248 255   1

$antiquewhite
[1] 250 235 215   1

$aqua
[1]   0 255 255   1

$aquamarine
[1] 127 255 212   1

$azure
[1] 240 255 255   1

$beige
[1] 245 245 220   1
```

추출한 리스트 형식의 데이터는 다음과 같이 데이터프레임(티블)으로 변환할 수 있다. 여기에서 RGB 값은 데이터프레임의 리스트 열로 저장된다.

```
> colorRGB %>%
+   enframe(name="color", value="RGB")
# A tibble: 149 x 2
   color            RGB
   <chr>            <list>
 1 aliceblue        <int [4]>
 2 antiquewhite     <int [4]>
 3 aqua             <int [4]>
…(중략)
 8 black            <int [4]>
 9 blanchedalmond   <int [4]>
10 blue             <int [4]>
# ... with 139 more rows
```

이렇게 변환된 데이터프레임에 다음과 같이 몇 가지 전처리 과정을 거쳐 색상명과 RGB 값을 열로 갖는 데이터셋을 생성한다. RGB 열에 리스트 구조로 RGB 색상값이 저장되어 있기 때문에 `unnest_wider()` 함수를 이용하여 이를 각각 별도의 열로 분해하고 `rename_with()` 함수를 이용하여 열 이름도 새롭게 부여한다.

```
> colorRGB.df <- colorRGB %>%
+   enframe(name="color", value="RGB") %>%
+   unnest_wider(col=RGB, names_sep="_") %>%
+   rename_with(.fn=function(x) c("color", "R", "G", "B", "alpha"))
> colorRGB.df
# A tibble: 149 x 5
   color               R     G     B alpha
   <chr>           <int> <int> <int> <int>
 1 aliceblue         240   248   255     1
 2 antiquewhite      250   235   215     1
 3 aqua                0   255   255     1
…(중략)
 8 black               0     0     0     1
 9 blanchedalmond    255   235   205     1
10 blue                0     0   255     1
# ... with 139 more rows
```

끝으로 앞에서 생성한 두 개의 색상 데이터셋을 다음과 같이 하나의 데이터셋으로 결합한다.

```
> colors <- inner_join(colorcode.df, colorRGB.df, by="color")
> colors
# A tibble: 148 x 6
   color          colorcode     R     G     B alpha
   <chr>          <chr>     <int> <int> <int> <int>
 1 aliceblue      #F0F8FF     240   248   255     1
 2 antiquewhite   #FAEBD7     250   235   215     1
 3 aqua           #00FFFF       0   255   255     1
…(중략)
 8 black          #000000       0     0     0     1
 9 blanchedalmond #FFEBCD     255   235   205     1
10 blue           #0000FF       0     0   255     1
# ... with 138 more rows
```

웹사이트로부터 수집한 색상 데이터셋을 이용하여 색상명, 색상 코드, RGB 값 등이 표현된 색상표를 그려보자. 모두 148개의 색상이 있으므로 37×4 크기의 색상표를 만든다. 이를 위해 먼저 각 색상이 배치될 위치를 산출하여 다음과 같이 색상 데이터셋의 열로 저장한다.

```
> colors.table <- bind_cols(colors,
+                           tibble(y=seq(nrow(colors)-1, 0) %% 37,
+                                  x=seq(0, nrow(colors)-1) %/% 37))
> slice_head(colors.table, n=5); slice_tail(colors.table, n=5)
# A tibble: 5 x 8
  color        colorcode     R     G     B alpha     y     x
  <chr>        <chr>     <int> <int> <int> <int> <dbl> <dbl>
1 aliceblue    #F0F8FF     240   248   255     1    36     0
2 antiquewhite #FAEBD7     250   235   215     1    35     0
3 aqua         #00FFFF       0   255   255     1    34     0
4 aquamarine   #7FFFD4     127   255   212     1    33     0
5 azure        #F0FFFF     240   255   255     1    32     0
# A tibble: 5 x 8
  color       colorcode     R     G     B alpha     y     x
  <chr>       <chr>     <int> <int> <int> <int> <dbl> <dbl>
1 wheat       #F5DEB3     245   222   179     1     4     3
2 white       #FFFFFF     255   255   255     1     3     3
3 whitesmoke  #F5F5F5     245   245   245     1     2     3
4 yellow      #FFFF00     255   255     0     1     1     3
5 yellowgreen #9ACD32     154   205    50     1     0     3
```

색상표는 다음과 같이 그릴 수 있다. 생성된 그래프는 [그림 7-2]와 같다.

```
> windows(width=7.0, height=9.0)
> ggplot() +
+   geom_rect(data=colors.table,
+             mapping=aes(xmin=x, xmax=x+1, ymin=y, ymax=y+1), fill="white") +
+   geom_rect(data=colors.table,
+             mapping=aes(xmin=x+0.05, xmax=x+0.95, ymin=y+0.5, ymax=y+1,
+                         fill=colorcode)) +
+   geom_text(data=colors.table,
+             mapping=aes(x=x+0.5, y=y+0.5,
+                         label=paste(color, ";", colorcode, ";", "RGB", R, G, B)),
+             color="black", hjust=0.5, vjust=1, size=2) +
+   scale_x_continuous(name=NULL, breaks=NULL, expand=c(0, 0)) +
+   scale_y_continuous(name=NULL, breaks=NULL, expand=c(0, 0)) +
+   scale_fill_identity() +
+   labs(title="Colors",
+        subtitle="Color codes and RGB values",
+        caption="Source: GitHub")
```

▶ 그림 7-2 ▌ **색상 코드.** GitHub 웹사이트로부터 JSON 포맷으로 저장된 색상명, 색상 코드, RGB 값을 수집하여 색상표를 그린다.

Source: GitHub

레미제라블 @GitHub

빅토르 위고(Victor Hugo)의 소설 레미제라블(Les Miserables)에 등장하는 인물 간의 네트워크 데이터를 수집해보자. 레미제라블 네트워크는 등장인물들이 소설 속의 각 장(chapter)에 함께 등장하는 횟수를 토대로 인물 간의 연결관계를 나타낸다. 레미제라블 네트워크 데이터에는 총 77개의 노드(등장인물)와 254개의 링크(연결관계)가 존재한다. 다음은 JSON 데이터 포맷으로 저장된 레미제라블 네트워크 데이터이다.

```
{
  "nodes": [
    {"id": "Myriel", "group": 1},
    {"id": "Napoleon", "group": 1},
    {"id": "Mlle.Baptistine", "group": 1},
    …(중략)
    {"id": "Child2", "group": 10},
    {"id": "Brujon", "group": 4},
    {"id": "Mme.Hucheloup", "group": 8}
  ],
  "links": [
    {"source": "Napoleon", "target": "Myriel", "value": 1},
    {"source": "Mlle.Baptistine", "target": "Myriel", "value": 8},
    {"source": "Mme.Magloire", "target": "Myriel", "value": 10},
    …(중략)
    {"source": "Mme.Hucheloup", "target": "Courfeyrac", "value": 1},
    {"source": "Mme.Hucheloup", "target": "Gavroche", "value": 1},
    {"source": "Mme.Hucheloup", "target": "Enjolras", "value": 1}
  ]
}
```

jsonlite 패키지의 fromJSON() 함수를 이용하여 GitHub 웹사이트로부터 JSON 문서를 읽어들여 R 객체로 변환한다.

```
> library(jsonlite)
> url <- "https://gist.githubusercontent.com/mbostock/4062045/raw/5916d145c8c
048a6e3086915a6be464467391c62/miserables.json"
> lesmiser <- fromJSON(url)
```

변환된 R 객체는 데이터프레임의 리스트 구조로 되어 있다. 다음과 같이 리스트 내의 nodes와 links 두 데이터프레임으로부터 각각 노드와 링크 데이터를 추출할 수 있다.

```
> str(lesmiser)
List of 2
 $ nodes:'data.frame':   77 obs. of  2 variables:
  ..$ id   : chr [1:77] "Myriel" "Napoleon" "Mlle.Baptistine" "Mme.Magloire" ...
  ..$ group: int [1:77] 1 1 1 1 1 1 1 1 1 1 ...
 $ links:'data.frame':   254 obs. of  3 variables:
  ..$ source: chr [1:254] "Napoleon" "Mlle.Baptistine" "Mme.Magloire" ...
  ..$ target: chr [1:254] "Myriel" "Myriel" "Myriel" "Mlle.Baptistine" ...
  ..$ value : int [1:254] 1 8 10 6 1 1 1 1 2 1 ...
> head(lesmiser$nodes)
               id group
1          Myriel     1
2        Napoleon     1
3 Mlle.Baptistine     1
4    Mme.Magloire     1
5    CountessdeLo     1
6        Geborand     1
> head(lesmiser$links)
           source          target value
1        Napoleon          Myriel     1
2 Mlle.Baptistine          Myriel     8
3    Mme.Magloire          Myriel    10
4    Mme.Magloire Mlle.Baptistine     6
5    CountessdeLo          Myriel     1
6        Geborand          Myriel     1
```

등장인물 간 연결관계를 나타내는 링크 데이터를 이용하여 네트워크 그래프를 그려보자. 링크 데이터의 source 변수와 target 변수는 각각 등장인물을 나타내며 value 변수는 연결관계의 강도(여기에서는 함께 등장한 횟수)를 의미한다. igraph 패키지의 graph_from_data_frame() 함수를 이용하여 데이터프레임 형식의 링크 데이터를 노드와 라인으로 구성된 네트워크 데이터로 변환한다.

```
> library(igraph)
> lesmiser.g <- graph_from_data_frame(lesmiser$links)
> lesmiser.g
IGRAPH ee710fe DN-- 77 254 --
+ attr: name (v/c), value (e/n)
+ edges from ee710fe (vertex names):
 [1] Napoleon       ->Myriel           Mlle.Baptistine  ->Myriel
 [3] Mme.Magloire   ->Myriel           Mme.Magloire     ->Mlle.Baptistine
 [5] CountessdeLo   ->Myriel           Geborand         ->Myriel
 [7] Champtercier   ->Myriel           Cravatte         ->Myriel
 [9] Count          ->Myriel           OldMan           ->Myriel
[11] Valjean        ->Labarre          Valjean          ->Mme.Magloire
[13] Valjean        ->Mlle.Baptistine  Valjean          ->Myriel
[15] Marguerite     ->Valjean          Mme.deR          ->Valjean
+ ... omitted several edges
```

네트워크 데이터가 준비되었으므로 ggraph 패키지의 ggraph() 함수를 이용하여 다음과 같이 네트워크 그래프를 생성한다. 생성된 그래프는 [그림 7-3]과 같다.

```
> library(ggraph)
> set.seed(12)
> windows(width=8.0, height=6.5)
> ggraph(lesmiser.g, layout="fr") +
+   geom_edge_link(aes(edge_alpha=value, edge_width=value), edge_colour="darkred") +
+   geom_node_point(shape=21, color="gray", fill="cyan4", size=3, stroke=1) +
+   geom_node_text(aes(label=name), repel=TRUE,
+                  point.padding=unit(0.2, "lines"), size=3) +
+   labs(title="Les Miserables",
+        subtitle="Character cooccurrence network",
+        caption="Source: GitHub") +
+   theme_void() +
+   theme(plot.title=element_text(face="bold"),
+         legend.title=element_blank())
```

▶ 그림 7-3 ▌ **레미제라블.** GitHub 웹사이트로부터 JSON 포맷으로 저장된 레미제라블 등장인물 네트워크 데이터를 수집하여 등장인물 간의 관계를 네트워크 그래프로 나타낼 수 있다. 주요 등장인물인 장발장(Valjean), 코제트(Cosette), 마리우스(Marius) 간의 관계가 중앙에 삼각 구도로 표현되었다.

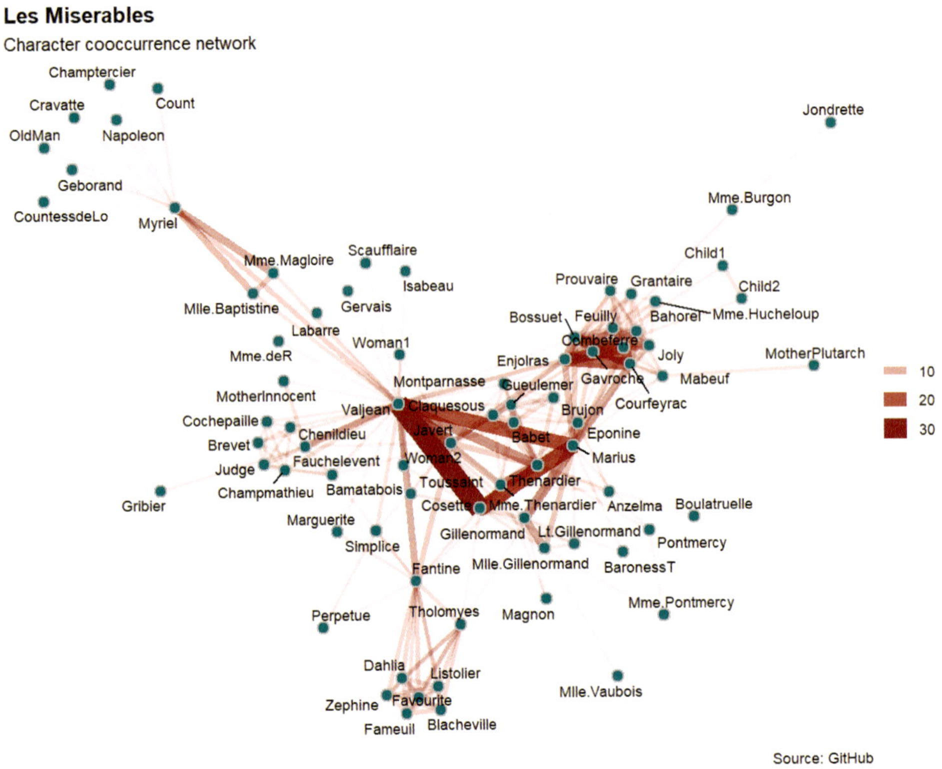

연구 키워드 @NASA

NASA는 지구과학에서부터 항공우주공학에 이르기까지 다양한 분야의 방대한 데이터셋을 웹사이트(https://data.nasa.gov)를 통해 일반인에게 공개하고 있다. 이들 데이터셋에 대한 메타데이터(metadata)를 수집하여 NASA가 제공하는 데이터셋의 주요 키워드와 그들 간의 관계를 탐색해보자.

먼저 다음과 같이 웹사이트로부터 JSON 문서를 읽어들여 메타데이터에 어떤 정보가 포함되어 있는지 확인한다.

```
> library(jsonlite)
> url <- "https://data.nasa.gov/data.json"
> nasa <- fromJSON(url)
> names(nasa)
[1] "@context"    "@id"        "@type"      "conformsTo"  "describedBy" "dataset"
```

```
> names(nasa$dataset)
 [1] "accessLevel"                    "landingPage"           "bureauCode"
 [4] "issued"                         "@type"                 "modified"
 [7] "references"                     "keyword"               "contactPoint"
[10] "publisher"                      "identifier"            "description"
[13] "title"                          "programCode"           "distribution"
[16] "accrualPeriodicity"             "theme"                 "temporal"
[19] "spatial"                        "license"               "citation"
[22] "graphic-preview-description"    "graphic-preview-file"  "language"
[25] "data-presentation-form"         "release-place"         "series-name"
[28] "creator"                        "dataQuality"           "editor"
[31] "issue-identification"           "describedBy"           "describedByType"
[34] "rights"                         "systemOfRecords"
```

메타데이터에는 데이터셋에 대한 ID(identifier), 제목(title), 설명(description), 담당 부서(publisher), 키워드(keyword) 등의 정보가 포함되어 있다. 여기에서는 이 가운데 데이터셋 ID와 키워드를 수집한다. 데이터셋 ID와 키워드는 다음과 같이 각각 문자 벡터와 리스트 형식으로 저장되어 있다.

```
> class(nasa$dataset$identifier)
[1] "character"
> nasa$dataset$identifier[1:3]
[1] "urn:nasa:pds:context_pds3:data_set:data_set.ro-e-rpcmag-2-ear2-raw-v3.0"
[2] "TECHPORT_9532"
[3] "TECHPORT_9174"
> class(nasa$dataset$keyword)
[1] "list"
> nasa$dataset$keyword[1:3]
[[1]]
[1] "unknown"                          "earth"
[3] "international rosetta mission"

[[2]]
[1] "jet propulsion laboratory" "completed"

[[3]]
[1] "completed"                        "goddard space flight center"
```

분석을 위해 다음과 같이 데이터셋 ID와 키워드로 구성된 롱포맷 형식의 데이터프레임(티블)을 생성한다. 키워드 열은 리스트 형식이므로 unnest() 함수를 이용하여 리스트의 원소 각각을 행으로 변환한다.

```
> library(tidyverse)
> tibble(id=nasa$dataset$identifier, keyword=nasa$dataset$keyword)
# A tibble: 45,235 x 2
   id                                                                  keyword
   <chr>                                                               <list>
 1 urn:nasa:pds:context_pds3:data_set:data_set.ro-e-rpcmag-2-ear2-raw-v3.0    <chr [3]>
 2 TECHPORT_9532                                                       <chr [2]>
 3 TECHPORT_9174                                                       <chr [2]>
 4 C1388355368-GES_DISC                                                <chr [4]>
 5 urn:nasa:pds:context_pds3:data_set:data_set.near-a-rss-1-5-eros-orbit-v1.0 <chr [2]>
 6 TECHPORT_5771                                                       <chr [2]>
 7 C1000000427-LPDAAC_ECS                                              <chr [5]>
 8 urn:nasa:pds:context_pds3:data_set:data_set.nh-a-leisa-3-kem1-v2.0   <chr [2]>
 9 TECHPORT_93196                                                      <chr [2]>
10 TECHPORT_12939                                                      <chr [2]>
# ... with 45,225 more rows
> nasa.keyword <- tibble(id=nasa$dataset$identifier,
+                        keyword=nasa$dataset$keyword) %>%
+   unnest(keyword)
> nasa.keyword
# A tibble: 196,276 x 2
   id                                                                  keyword
   <chr>                                                               <chr>
 1 urn:nasa:pds:context_pds3:data_set:data_set.ro-e-rpcmag-2-ear2-raw-v3.0 unknown
 2 urn:nasa:pds:context_pds3:data_set:data_set.ro-e-rpcmag-2-ear2-raw-v3.0 earth
 3 urn:nasa:pds:context_pds3:data_set:data_set.ro-e-rpcmag-2-ear2-raw-v3.0 internati~
 4 TECHPORT_9532                                                       jet propu~
 5 TECHPORT_9532                                                       completed
 6 TECHPORT_9174                                                       completed
 7 TECHPORT_9174                                                       goddard s~
 8 C1388355368-GES_DISC                                                earth sci~
 9 C1388355368-GES_DISC                                                atmosphere
10 C1388355368-GES_DISC                                                atmospher~
# ... with 196,266 more rows
```

NASA 데이터셋에서 가장 많이 사용된 키워드는 다음과 같다.

```
> nasa.keyword %>%
+   count(keyword, sort=TRUE)
# A tibble: 9,295 x 2
   keyword                                  n
   <chr>                                <int>
 1 earth science                        20043
 2 completed                             9021
 3 atmosphere                            8569
…(중략)
 8 international rosetta mission         3806
 9 spectral/engineering                  3234
10 67p/churyumov-gerasimenko 1 (1969 r1)  2977
# ... with 9,285 more rows
```

동일 데이터셋 내에서 어떤 키워드가 가장 빈번히 함께 등장하는지 살펴보고 이를 네트워크로 표현해 보자. widyr 패키지의 pairwise_count() 함수를 이용한다. pairwise_count() 함수의 첫 번째 인수(tbl)에는 테이블 형식의 데이터셋을 지정한다(여기에서는 %>%를 통해 전달받은 nasa.keyword 데이터셋). 두 번째 인수(item)에는 단어 열을 지정하고 세 번째 인수(feature)에는 동시 출현을 평가할 문서(즉 각 키워드가 속한 데이터셋) 열을 지정한다. 추가로 upper=FALSE를 지정하면 단어 간 연결관계를 중복 없이 추출할 수 있다.

```
> library(widyr)
> keyword.pair <- nasa.keyword %>%
+   pairwise_count(item=keyword, feature=id, sort=TRUE, upper=FALSE)
> keyword.pair
# A tibble: 3,008,942 x 3
  item1                         item2                                     n
  <chr>                         <chr>                                 <dbl>
1 earth science                 atmosphere                             4213
2 ngda                          national geospatial data asset         3465
3 earth science                 ngda                                   3277
4 earth science                 national geospatial data asset         3277
5 international rosetta mission 67p/churyumov-gerasimenko 1 (1969 r1)  2808
6 earth science                 land surface                           2228
7 earth science                 oceans                                 2022
8 earth science                 spectral/engineering                   1806
```

```
 9 atmosphere                     ngda                                  1543
10 atmosphere                     national geospatial data asset        1543
# ... with 3,008,932 more rows
```

이렇게 생성한 데이터셋으로 키워드 간 동시 출현 네트워크 그래프를 그릴 수 있다. 여기에서는 중요한 관계가 보다 잘 드러나도록 1,000번 이상 함께 등장한 키워드로 범위를 제한한다. 노드와 라인으로 구성된 네트워크 데이터로 변환하기 위하여 다음과 같이 igraph 패키지의 graph_from_data_frame() 함수를 이용한다.

```
> keyword.pair <- filter(keyword.pair, n >= 1000)
> library(igraph)
> keyword.pair.g <- graph_from_data_frame(keyword.pair)
> keyword.pair.g
IGRAPH 2a55ee0 DN-- 23 29 --
+ attr: name (v/c), n (e/n)
+ edges from 2a55ee0 (vertex names):
[1] earth science                 ->atmosphere
[2] ngda                          ->national geospatial data asset
[3] earth science                 ->ngda
[4] earth science                 ->national geospatial data asset
[5] international rosetta mission ->67p/churyumov-gerasimenko 1 (1969 r1)
[6] earth science                 ->land surface
[7] earth science                 ->oceans
[8] earth science                 ->spectral/engineering
+ ... omitted several edges
```

준비된 네트워크 데이터로 ggraph 패키지의 ggraph() 함수를 이용하여 다음과 같이 동시 출현 네트워크 그래프를 그린다. 생성된 그래프는 [그림 7-4]와 같다. earth science, atmosphere, oceans, land surface, spectral/engineering, biosphere 등 간의 강한 연결관계를 확인할 수 있다.

```
> library(ggraph)
> set.seed(12)
> windows(width=7.0, height=5.5)
> ggraph(keyword.pair.g, layout="fr") +
+   geom_edge_link(aes(edge_alpha=n, edge_width=n), edge_colour="royalblue") +
+   geom_node_point(shape=21, color="gray", fill="orange", size=4, stroke=1) +
```

▶ 그림 7-4 ▌ **연구 키워드.** NASA 웹사이트로부터 JSON 포맷의 메타데이터를 추출하여 빈번히 함께 사용되는 키워드 쌍과 이 키워드 쌍들이 형성하는 클러스터 구조를 확인할 수 있다.

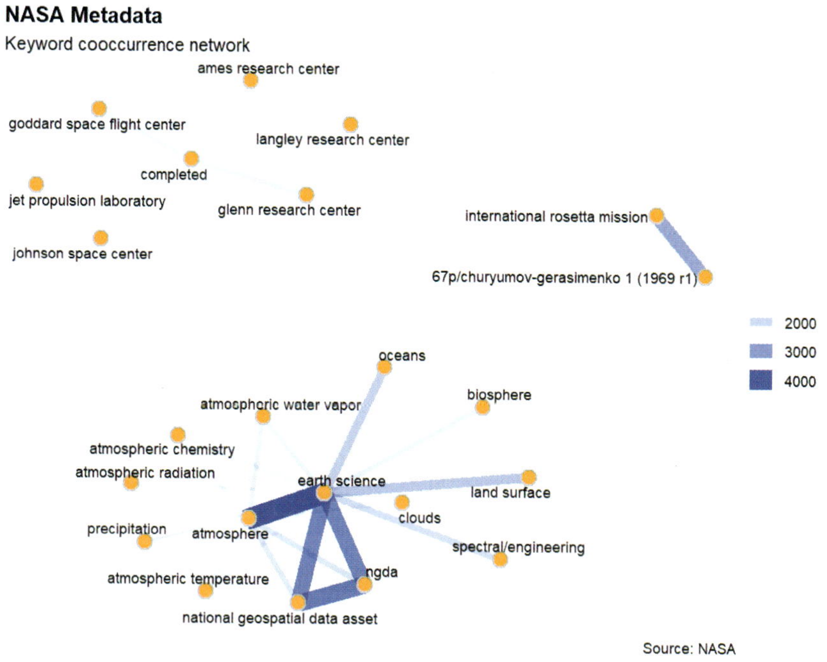


```
+   geom_node_text(aes(label=name), repel=TRUE,
+                  point.padding=unit(0.2, "lines"), size=3) +
+   labs(title="NASA Metadata",
+        subtitle="Keyword cooccurrence network",
+        caption="Source: NASA") +
+   theme_void() +
+   theme(plot.title=element_text(face="bold"),
+         legend.title=element_blank())
```

이번에는 키워드 간의 상관계수를 계산하고 이를 바탕으로 네트워크 그래프를 생성해보자. 키워드 간의 상관계수는 다음과 같이 `pairwise_cor()` 함수를 이용하여 산출할 수 있다. 여기에서는 50번 이상 등장한 키워드로 분석 범위를 제한한다.

```
> keyword.cor <- nasa.keyword %>%
+   group_by(keyword) %>%
+   filter(n() >= 50) %>%
+   pairwise_cor(item=keyword, feature=id, sort=TRUE, upper=FALSE)
```

```
> keyword.cor
# A tibble: 36,046 x 3
   item1       item2                          correlation
   <chr>       <chr>                                <dbl>
 1 knowledge   sharing                              1
 2 ngda        national geospatial data asset       1
 3 ames        dashlink                             1
 4 coords      topo                                 1
 5 schedule    expedition                           1
 6 knowledge   appel                                0.997
 7 appel       sharing                              0.997
 8 station     coords                               0.996
 9 coordinates coords                               0.996
10 coords      international                        0.996
# ... with 36,036 more rows
```

어떤 두 키워드의 상관계수가 크다는 것은 이들이 키워드로서 데이터셋에 함께 등장할 가능성이 높다는 의미이다. 예를 들어, 여기에서 상관계수가 1인 상위 다섯 키워드 쌍에 포함된 키워드는 항상 함께 출현한다는 것을 나타낸다. 상관계수가 매우 높은 키워드 쌍은 어떤 측면에서는 중복의 의미를 갖는다. 따라서 두 키워드를 모두 사용하는 대신에 둘 중 하나의 키워드만을 사용하는 것이 바람직할 수도 있다.

상관계수를 기반으로 한 키워드 네트워크 그래프는 다음과 같이 생성할 수 있다. 여기에서는 상관계수 0.75 이상인 관계만을 네트워크로 표현하였다. 생성된 그래프는 [그림 7-5]와 같다.[3]

3 동시 출현 네트워크와 상관계수 네트워크는 유사해보이지만 사실 미묘한 차이가 있다. 동시 출현 네트워크는 어떤 키워드 쌍이 빈번히 출현하는지를 보여준다. 반면에 상관계수 네트워크는 어떤 키워드가 함께 등장할 확률이 높은지를 나타낸다. 함께 등장할 확률이 높다고 해서 동시 출현 빈도가 많은 것은 아니다.

```
> set.seed(12)
> windows(width=7.0, height=5.5)
> keyword.cor %>%
+   filter(correlation >= 0.75) %>%
+   graph_from_data_frame() %>%
+   ggraph(layout="kk") +
+   geom_edge_arc(aes(edge_alpha=correlation, edge_width=correlation),
+                 edge_colour="olivedrab", strength=0.2) +
+   geom_node_point(shape=21, color="black", fill="maroon", size=4, stroke=1) +
```

▶ 그림 7-5 ▌ **연구 키워드.** 키워드 간 상관계수를 바탕으로 함께 사용될 가능성이 높은 키워드를 확인할 수 있다.

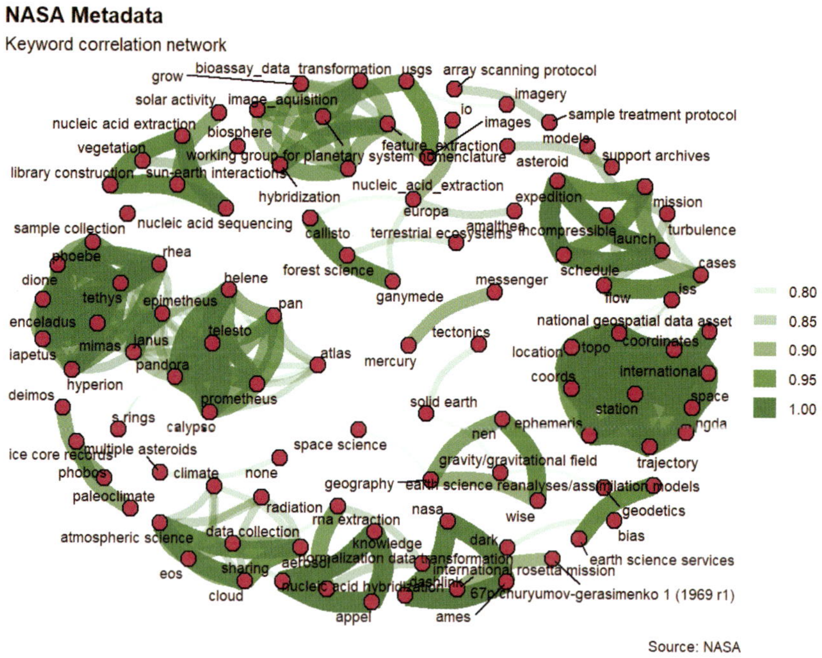


```
+   geom_node_text(aes(label=name), repel=TRUE, max.overlaps=Inf,
+                  point.padding=unit(0.2, "lines"), size=3) +
+   labs(title="NASA Metadata",
+        subtitle="Keyword correlation network",
+        caption="Source: NASA") +
+   theme_void() +
+   theme(plot.title=element_text(face="bold"),
+         legend.title=element_blank())
```

R을 이용한 웹스크래이핑과 데이터분석

Chapter 8 API

Chapter 08

API

8.1 API 개요

일반적으로 API(Application Programming Interface)는 프로그래머가 개발한 애플리케이션을 외부의 소프트웨어 또는 하드웨어와 연결할 수 있도록 도와주는 도구를 의미한다. API는 외부의 소프트웨어나 하드웨어에 의존하는 애플리케이션을 개발할 때 매우 유용하다. 왜냐하면 개발자는 외부의 소프트웨어나 하드웨어가 내부적으로 어떻게 작동하는지 그 세부 사항을 구체적으로 몰라도 되기 때문이다. API는 매우 폭넓은 개념이긴 하지만 여기에서는 웹 애플리케이션과의 연결을 제공하는 웹 API에 한정하여 설명한다. 따라서 여기서 API라고 할 때는 웹 API를 의미한다. 웹 API는 흔히 웹서비스(web service)라고도 불린다. API를 통해 데이터를 제공하는 웹 애플리케이션이 점차 증가하고 있기 때문에 웹 데이터의 수집과 관련하여 API의 중요성 또한 커지고 있다.

API를 통해 웹 애플리케이션이 제공하는 데이터 또는 웹 애플리케이션 자체에 접근하는 방법은 비교적 간단하다. 기본적인 작동방식은 [그림 8-1]과 같다. API 제공자(API provider)는 웹 애플리케이션이 제공하는 데이터 또는 웹 애플리케이션 자체에 대한 접근을 허용하는 서비스로서 API를 생성한다. API 사용자(API user)는 데이터를 수집하거나 웹 애플리케이션과의 커뮤니케이션을 위해 API에 접속한다. 이때 웹서비스와의 원활한 데이터 교환을 위해 래퍼 소프트웨어(wrapper software)가 필요할 수도 있다.[1] 래퍼 소프트웨어는 API 접속을 위해 필요한 세부사항을 처리할 뿐만 아니라 데이터 변환(예를 들면, JSON 형식으로부터 R 데이터 객체로의 변환)을 수행한다. API는 매우 다양한 형식으로 데이터를 제공한다. JSON과 XML이 가장 많이 사용되는 데이터 형식이긴 하지만 그 밖에 HTML, CSV, 이진파일(binary file) 등도 종종 사용된다. API는 일반적으로 REST와 GraphQL 방식으로 동작한다.

1 R 환경에서는 R 패키지 형태로 제공된다. 예를 들면, 트위터 API 접속을 위해 사용하는 rtweet 패키지가 여기에 해당한다.

▶ 그림 8-1 ▌ **웹 API 작동방식.** API는 트위터와 같은 웹 애플리케이션의 데이터에 접근할 수 있는 통로를 제공한다.

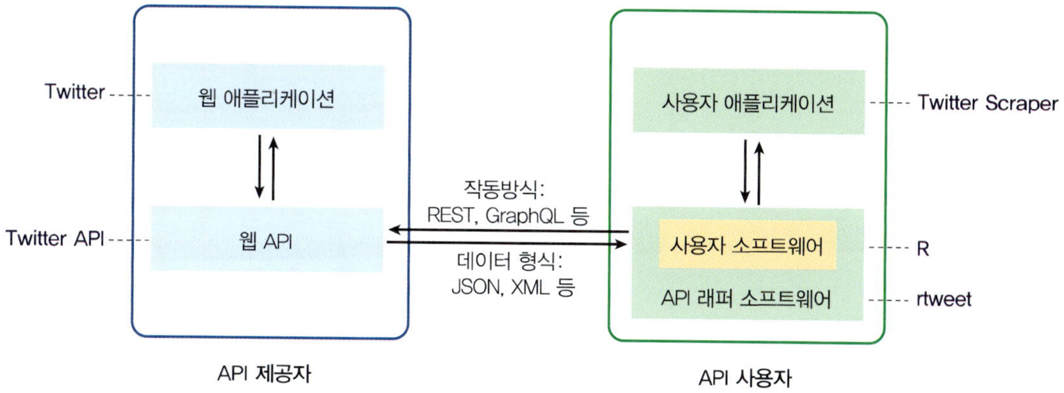

REST

현재 다양한 API 표준이 사용되고 있지만 가장 널리 사용되는 API 표준은 REST이다. REST는 'Representational State Transfer'의 약자이다. REST는 URL에 의해 리소스(자원, resource)의 위치를 식별하고 이 리소스를 교환하는 방식을 정의한다. 리소스는 다양한 표현(representation) 언어로 정의될 수 있다. 따라서 여기서 'representation'이란 HTML, XML, JSON 등과 같은 언어로 정의된 실제 문서, 즉 데이터를 의미한다. 예를 들어, 트위터상의 메시지를 하나의 리소스로 생각할 수 있고, 이 리소스는 JSON 코드로 표현된다. 트위터의 API는 JSON 형식으로 표현된 트위터 메시지를 처리하는 방식을 정의한다. 이는 서버상의 리소스가 클라이언트(즉 웹브라우저)로 전달되는 월드와이드웹(World Wide Web)의 작동방식과 유사하다. 사실 월드와이드웹은 REST의 사상을 따르고 있다고도 말할 수 있다. 따라서 REST의 개발은 HTTP의 설계와 밀접한 관련을 갖는다. 왜냐하면 REST에서는 HTTP의 표준 메소드인 GET, POST, PUT, DELETE 등을 이용하여 리소스의 교환작업을 수행하기 때문이다. 이 메소드들은 데이터를 조회하고, 생성하고, 수정하고, 삭제할 때 사용된다. 일반적으로 REST라고 하면 HTTP를 통해 CRUD(create, read, update, delete) 작업을 수행하는 API를 뜻한다.

REST는 이 개념을 구현하는 방식에 특별한 제약을 두지 않기 때문에 따라야 할 엄격한 표준이 있는 것은 아니다. 하지만 REST API의 설계 의도를 정확히 따르는 API를 'RESTful'하다고 부르며 일종의 가이드라인으로 사용하고 있다. 리소스의 식별(URL), 리소스의 표현(JSON, XML, HTML), 리소스의 교환방식(HTTP 메소드 GET, POST, PUT, DELETE) 등 REST의 세 가지 구성요소 정의를 충실히 따른 API를 RESTful API라고 한다. R을 이용한 일반적인 RESTful API의 사용은 매우 간단하며 GET 메소드를 이용하여 웹 데이터를 가져오는 전통적인 웹 데이터 추출 방식과 크게 다르지 않다. 즉 HTTP의

그림 8-2 ▌REST API의 요청과 응답. REST API는 요청별로 사전에 정의된 데이터 구조가 있으며 각각 고유의 엔드포인트를 갖는다.

HTTP request	HTTP response
https://www.hello.com/rest/user?id=123	{ "id" : 123, "name" : "Elsa" }
https://www.hello.com/rest/address?user_id=123	{ "street" : "Frozen Street", "city" : "New York" }

GET 메소드를 호출하듯이 URL에 데이터 요청 패러미터를 추가하여 API 서버로 전송한다. URL에 데이터 요청 패러미터가 추가되면 이는 데이터, 즉 리소스를 가리키게 되며 이를 엔드포인트(endpoint)라고 한다. 따라서 REST API에서는 요청하는 리소스마다 URL, 메소드, 패러미터 등이 조합된 고유의 엔드포인트를 갖는다. [그림 8-2]는 사용자의 이름과 주소에 접근하기 위한 REST API 엔드포인트의 예이다. 두 개의 서로 다른 엔드포인트가 필요하다.

GraphQL

GraphQL은 API를 위한 쿼리 언어(query language)로 개발되어 REST API와 더불어 또 다른 API 표준을 만들어 가고 있다. GraphQL API에서는 서버에 요청할 데이터 구조를 사용자가 직접 정의하며 서버는 사용자가 요청한 것과 동일한 구조의 데이터를 반환한다. GraphQL은 일종의 쿼리 언어이기 때문에 이를 이용하면 사용자가 서버로부터 가지고 오고 싶은 데이터만 정확히 골라서 가져올 수 있다. 또한 한 번의 요청으로 필요한 여러 데이터에 접근할 수 있다. 즉 하나의 엔드포인트로 모든 리소스에 접근할 수 있다. 반면에 REST API는 가져올 수 있는 데이터 구조가 서버에 사전에 정의되어 있다. 사용자는 단지 이미 정의되어 있는 데이터를 가져올 수 있을 뿐이다. 따라서 여러 리소스에 접근하기 위해서는 각기 다른 엔드포인트를 사용하여 여러 번 요청해야 한다. [그림 8-3]은 사용자의 이름과 주소에 접근하기 위한 GraphQL API 엔드포인트와 쿼리의 예이다. 쿼리에 따라 가져올 수 있는 데이터가 달라진다. 동시에 두 개의 데이터 구조에 접근하더라도 동일한 엔드포인트를 이용한다는 점이 REST API와 다르다.

REST API에서는 가져올 데이터 구조가 서버에 정의되어 있다보니 오버페칭(over-fetching) 또는 언더페칭(under-fetching)의 문제가 발생한다. 서버에 정의된 데이터 구조 그대로 데이터를 받기 때문에 사용자가 필요한 것보다 더 많은 데이터가 전송되거나 또는 그 반대의 현상이 나타난다. 즉 REST API의 응답은 정해져 있고 필요한 데이터만을 부분적으로 요청할 수 없다. GraphQL API에서는 사용자가 필요한 데이터 구조를 직접 정의함으로써 이러한 불균형을 해소할 수 있다.2 하지만 GraphQL API가 기존의 REST API에 비해 장점만 가지고 있는 것은 아니다. 필요한 데이터 구조가 정해져 있는 경우 다소 복잡한 쿼리에 의한 요청보다 REST API에 의한 고정된 요청과 응답의 처리가 효율적일 수 있다.

REST API와 GraphQL API는 둘 중 하나의 선택의 문제가 아니다. 파일 전송과 같이 REST 방식이 유리한 API가 있을 수 있다. 또한 다양한 데이터를 사용자의 입맛에 맞게 제공할 수 있는 GraphQL 방식의 API가 필요할 수도 있다. 이럴 때 하나의 엔드포인트는 GraphQL용으로 만들고 필요에 따라 다른 REST용 엔드포인트들을 제공하면 여러 목표에 부합하는 웹서비스의 제공이 가능하다. 따라서 같은 웹사이트라 하더라도 REST API와 GraphQL API가 모두 제공될 수도 있다.

2 당신(사용자)이 피자 레스토랑(서버)에서 피자(데이터)를 주문한다고 생각해보자. REST API는 토핑, 도우, 치즈 등이 사전에 결정된 자판기를 제공하는 방식이다. 미리 준비된 자판기의 다양한 메뉴 버튼을 보고 그저 먹고 싶은 피자의 버튼을 누르면 된다. 편리하긴 하지만 피망을 빼고 싶어도 뺄 수 없으며 마늘을 토핑으로 올리고 싶어도 할 수 없다. 불고기 피자와 새우 피자를 모두 먹으려면 불고기 피자 버튼과 새우 피자 버튼을 각각 눌러 두 번 수문해야 한다. GraphQL API는 먹고 싶은 피자에 들어갈 재료를 스스로 결정한다. 종이에 필요한 재료를 적은 후 주방 앞에 마련된 창구에 밀어 넣으면 원하는 피자를 먹을 수 있다. 피망 없이 마늘을 추가하고 반은 불고기로 나머지 반은 새우로 토핑된 피자를 한 번에 주문한다.

▶ 그림 8-3 ▌**GraphQL API의 요청과 응답.** GraphQL API는 사용자가 요청할 데이터 구조를 정의할 수 있으며 하나의 엔드포인트로 여러 데이터를 요청할 수 있다.

HTTP request / **HTTP response**

https://www.hello.com/graphql

```
query {
  user (id: 123) {
    id
    name
  }
}
```

```
{
  "user" : {
    "id" : 123,
    "name" : "Elsa"
  }
}
```

```
query {
  user (id: 123) {
    id
    name
    address {
      street
      city
    }
  }
}
```

```
{
  "user" : {
    "id" : 123,
    "name" : "Elsa",
    "address" : {
      "street" : "Frozen Street",
      "city" : "New York"
    }
  }
}
```

8.2 OAuth 인증

웹서비스를 제공하는 API는 일반적으로 모든 사람에게 개방되어 있다. 대체로 사용상 아무런 제약이 없지만 경우에 따라서는 웹서비스에 접속할 때 등록 과정과 함께 인증키를 요구하기도 한다. 사용자를 식별하는 이러한 과정을 일반적으로 인증(authentication)이라고 하며 웹서비스의 데이터 사용을 추적하고 접근 권한을 관리하는 목적으로 사용된다. 웹서비스를 이용할 때 사용자의 인증과 관련하여 인가(authorization)가 수반되는 경우도 있다. 인가란 웹서비스를 이용하는 애플리케이션에게 인증 관련 세부사항에 접근할 수 있는 권한을 부여하는 것을 의미한다. 예를 들어, 스마트폰에서 트위터 클라이언트 앱을 이용하여 트위터에 접속하려면 그 앱에게 나의 트위터 계정에 접근하기 위해 필요한 인증 관련 세부사항을 사용할 권한을 부여해야 한다. API에 따라서는 이러한 인가 과정을 포함한 좀 더 정교한 인증 절차를 요구하는 경우가 있다. 여기에서는 페이스북, 트위터, 구글 등에서 채택하여 사실상 업계 표준으로서 널리 사용되고 있는 OAuth(Open Authentication)를 살펴본다.

OAuth는 엄밀히 말하면 인증 표준이라기보다는 일종의 인가 표준이다. 즉 웹서비스 제공자와 사용자 사이에 제3의 애플리케이션이 개입되어 있을 때 그 애플리케이션에게 사용자를 대신하여 웹서비스에 접속할 수 있는 권한(인증 세부사항 접근 권한)을 부여하는 절차를 정의한다. 예를 들어, 트위터에서 제공하는 공식적인 트위터 프로그램에 만족하지 못해서 사용자 인터페이스가 좀 더 화려하고 부가적인 서비스를 더 많이 제공하는 외부의 다른 회사에서 개발된 애플리케이션(모바일 앱일 수도 있고 또는 웹사이트일 수도 있다)을 사용한다고 가정해보자. 그러면 이 애플리케이션을 통해서 다른 사람의 트윗을 확인하거나 자신의 트윗을 작성하기 위해서는 이 애플리케이션이 자신의 트위터 계정에 접근할 수 있는 권한이 있어야 한다. 이 애플리케이션에게 트위터 계정의 로그인 이름과 패스워드를 제공하는 것도 한 방법이지만 이는 보안상 매우 위험한 일이다. 왜냐하면 이 애플리케이션을 통해 트위터 계정 정보가 외부로 노출될 위험이 존재하기 때문이다. OAuth는 로그인 이름과 패스워드 같은 인증 세부사항을 제3의 개발자 애플리케이션에게 직접 제공하지 않으면서도 권한 인가를 통해 애플리케이션이 제공하는 서비스를 이용할 수 있도록 하는 새로운 인증 방법이다. OAuth는 다음과 같은 세 가지 유형의 참여자 역할을 구별한다는 점에서 다른 인증 기법과 차별화된다.[3]

3 OAuth에는 실제로 네 가지 역할이 존재한다. 인가 서버(authorization server)가 별도로 존재하여 OAuth의 메인 엔진으로서의 역할을 수행한다. 인가 서버는 클라이언트(리소스 소비자), 사용자(리소스 소유자), 서비스 제공자(리소스 서버) 간의 인가 과정을 담당한다. 규모가 작은 경우에는 리소스 서버가 이 역할을 동시에 수행하기도 한다. 여기에서는 설명의 편의상 리소스 서버가 이 역할을 함께 수행한다고 가정한다.

- **리소스 서버**(resource server): 서비스 제공자(service provider), 즉 API 제공자(API provider)를 의미한다. 제공 서비스에 대한 OAuth를 구현하고 외부 애플리케이션이 접근하는 웹사이트 또는 서버를 운영한다. 예를 들면, 트위터가 여기에 해당한다.
- **리소스 소유자**(resource owner): 데이터 소유자(data owner)를 의미한다. 서비스 제공자의 데이터베이스에 데이터를 보유한 최종 사용자(user)로서 클라이언트에게 부여하는 데이터 접근 권한을 통제한다. 예를 들면, 트위터 계정을 보유하고 있는 사용자가 이에 해당한다.
- **리소스 소비자**(resource consumer): 모바일이나 PC 환경에서 리소스 소유자가 이용하는 서비스 제공자 계정에 접속할 수 있는 애플리케이션을 의미하며 클라이언트(client)라고도 한다. 리소스 소유자의 데이터에 접근한다. 예를 들면, 제3의 스타트업 기업에 의해 개발된 트위터용 모바일 앱이 여기에 해당한다.

OAuth의 작동 원리는 [그림 8-4]와 같다.4 OAuth의 작동 메커니즘은 OAuth 인증 방식을 사용하려는 애플리케이션(즉 클라이언트)을 서비스 제공자에게 등록하는 것으로부터 시작한다. 서비스 제공자에 등록을 완료하면 서비스 제공자로부터 애플이케이션에 대한 컨슈머 키(consumer key)와 컨슈머 시크릿(consumer secret)을 제공받는다(①, ②). 제공받은 컨슈머 키와 컨슈머 시크릿은 해당 애플리케이션이 적법한 클라이언트라는 것을 인증한다.

4 OAuth를 이용하여 사용자를 인증하는 과정을 'OAuth Dance'라고 한다. 인증 과정에 참여하는 주체 간에 정확히 정보를 주고받는 과정을 춤을 추는 듯한 모습으로 재미있게 묘사한 데서 유래했다고 한다.

그러나 애플리케이션의 인증은 사용자와 무관하므로 일반적으로 사용자가 수반되는 OAuth 인증 과정은 애플리케이션이 이미 서비스 제공자로부터 인증받았다는 전제하에서 시작된다. 사용자가 애플리케이션을 사용하기 위해 접속하면 애플리케이션은 사용자에게 서비스 제공자로부터 인증받을 것을 요청하고 사용자가 이를 수락하면 사용자를 서비스 제공자에게로 리디렉션(redirection)한다(③, ④). 일반적으로 이 작업은 웹브라우저로 애플리케이션에 접속할 경우 '트위터 계정으로 로그인'과 같은 메시지를 보여주면서 사용자로 하여금 서비스 제공자에게 인증 요청을 하도록 안내하고, 사용자가 이를 클릭하여 요청을 수락하는 형태로 이루어진다.

사용자가 인증 요청을 수락하면 서비스 제공자는 사용자가 로그인할 수 있도록 로그인 페이지를 보여주고, 사용자는 이 페이지에서 로그인함으로써 자신을 인증한다(⑤, ⑥). 서비스 제공자에 이미 로그인되어 있는 상태라면 이 단계는 생략될 수 있다. 그런 다음 서비스 제공자는 사용자에게 애플리케이션에게 제공할 데이터의 인가 범위를 보여주고 사용자의 동의를 요청한다(⑦, ⑧, ⑨).

사용자가 애플리케이션의 접근 권한에 대한 동의를 하면 서비스 제공자는 애플리케이션에게 액세스 인가 코드(access authorization code)를 제공한다(⑩). 애플리케이션은 액세스 인가 코드와 자신의 컨슈머 키

▶ 그림 8-4 ▌ **OAuth 작동 원리.** 사용자는 애플리케이션에게 데이터 사용 권한을 부여함으로써 애플리케이션이 자신의 데이터를 웹서비스로부터 제공받을 수 있도록 허용한다.

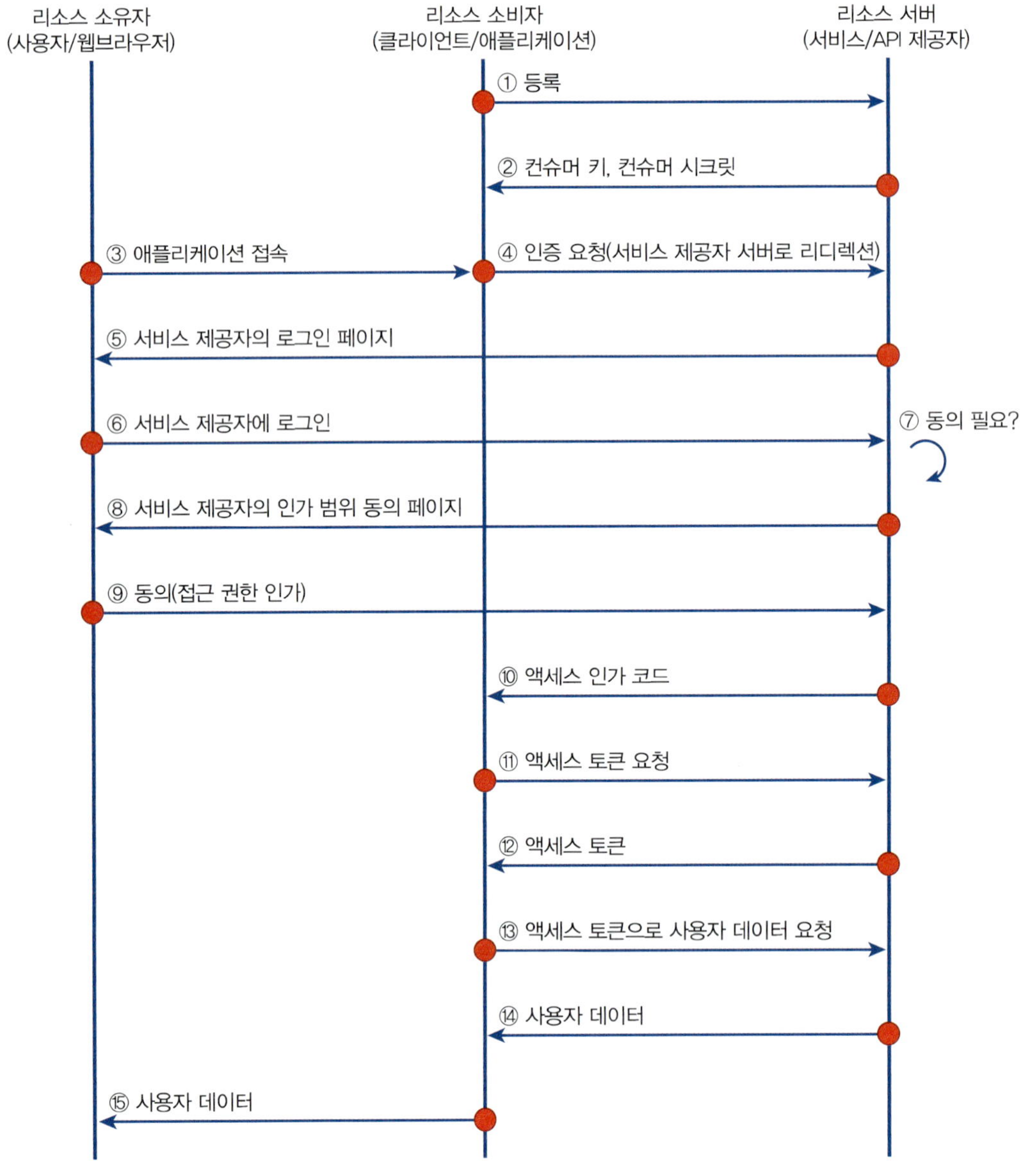

및 컨슈머 시크릿을 서비스 제공자에게 제출하면서 사용자 데이터에 접근할 수 있는 액세스 토큰(acces token)을 요청한다(⑪). 서비스 제공자는 액세스 토큰을 애플리케이션에게 발급한다(⑫). 그러면 이로써 사용자, 애플리케이션, 서비스 제공자 간의 인증 및 인가 작업이 종료된다. 애플리케이션은 액세스 토큰을 이용하여 서비스 제공자에게 사용자 데이터를 요청하고(⑬), 서비스 제공자는 요청받은

데이터를 애플리케이션에게 전달한다(⑭). 애플리케이션은 전달받은 데이터를 최종적으로 사용자에게 전달한다(⑮).

서비스 제공자는 애플리케이션에게 사용자가 아닌 애플리케이션 자신을 대신하여 접근할 수 있는 권한을 제공하기도 한다. 이 경우 액세스 토큰은 사용자의 인증 과정(즉 ③~⑨) 없이 애플리케이션의 컨슈머 키와 시크릿만을 이용하여 독자적으로 발급된다. 이를 앱단독 인증(app–only authentication)이라고 하며, 이 방식으로 발급된 토큰을 베어러 토큰(bearer token)이라고 한다. 베어러 토큰을 이용한 앱단독 인증은 토큰 기반 인증의 한 형태이며 토큰을 가진 모든 소지자(즉 'bearer of token')에게 API 접근 권한을 허용한다.[5] 이러한 인증 방식은 사용자의 개입을 수반하지 않기 때문에 사용자의 권한이 필요한 요청(즉 사용자만이 할 수 있는 요청, 예를 들어 트윗 게시, DM 읽기 등)은 허용되지 않으며 공개된 정보에 대한 조회만이 가능하다.

5 토큰의 소지자라면 모두 접근 권한을 갖기 때문에 '무기명 인증' 방식이라고도 한다.

8.3 API 래퍼 소프트웨어

R 환경에는 API 접속을 도와주는 많은 유용한 패키지가 있다. 이 패키지들은 래퍼 소프트웨어로서 API를 제공하는 웹사이트로부터 사용자를 대신하여 데이터를 읽어와 R 환경에서 사용할 수 있는 데이터 객체로 변환한다. API 래퍼 패키지는 별도의 인증 과정 없이 데이터를 가져오기도 하고, API 웹사이트에서 요구하는 간단한 API 키를 필요로 하기도 하며, 좀 더 복잡한 OAuth 인증 과정을 거칠 것을 요구하기도 한다. 이는 API를 제공하는 웹사이트의 정책에 따라 결정된다.

그림 8-5 **API 래퍼 패키지 예.** API를 제공하는 웹사이트의 정책에 따라 해당 웹사이트에서 제공하는 API 키가 필요할 수 있다.

패키지	설명	사용 예
comtradr	UN Comtrade의 세계 무역거래 데이터	`ct_search(reporters="USA", partners=c("China", "Japan", "Rep. of Korea"), trade_direction="imports")`
exoplanets	NASA의 외행성(exoplanet) 데이터	`exoplanets(table="ps", columns=c("pl_name", "pl_orbper", "pl_massj", "discoverymethod"))`
gutenbergr	프로젝트 구텐베르크(Project Gutenberg)의 eBook 텍스트 데이터	`gutenberg_download(gutenberg_works(title=="Moby Dick"))`
Lahman	Sean Lahman의 메이저리그 야구 데이터	`battingStats()`
Quandl	경제 데이터	`Quandl(code="OPEC/ORB")`
quantmod	주식 종목 데이터	`getSymbols(Symbols="GOOG", auto.assign=FALSE)`
rfishbase	FishBase의 어류 데이터	`species("Salmo trutta", fields=c("Species", "SpecCode", "PriceCateg", "Vulnerability"))`
rgbif	GBIF(Global Biodiversity Information Facility)의 생물다양성 데이터	`occ_search(scientificName="Ursus americanus", limit=50)`
rnoaa	NOAA(National Oceanic and Atmospheric Administration, 미국 해양기상청)의 날씨 데이터	`se_data(year=2020, type="details")`
rtweet	트위터 데이터	`search_tweets(q="metaverse", n=300)`
wbstats	세계은행 공개 데이터	`wb_data(country="KR", indicator="NY.GDP.PCAP.CD", start_date=2011, end_date=2020)`

R 환경에서 사용할 수 있는 API 래퍼 패키지 예를 [그림 8-5]와 같이 정리하였다.[6] 예를 들어, 세계은행(World Bank)은 웹사이트(https://data.worldbank.org)를 통해 WDI(World Development Indicators)를 비롯한 다양한 통계 데이터를 제공한다. `wbstats` 패키지를 이용하면 세계은행 웹사이트의 API를 통해 WDI 데이터를 포함한 각종 공개 데이터를 보다 쉽게 읽어들일 수 있다. `wbstats` 패키지의 `wb_data()` 함수에 세계은행에서 제공하는 지표의 코드를 지정하여 데이터를 다운로드할 수 있다. 또한 `quantmod` 패키지는 API를 통해 주식 종목에 대한 데이터를 다운로드한다. `quantmod` 패키지에는 데이터를 다운로드할 사이트로 야후(yahoo!) 사이트가 기본으로 설정되어 있다. 따라서 `quantmod` 패키지를 실행하면 기본적으로 야후 파이낸스 사이트(https://finance.yahoo.com)로부터 주식 종목 데이터가 다운로드된다. `getSymbols()` 함수의 `Symbols` 인수에 종목 코드를 지정하여 해당 종목의 주가 및 거래량 데이터를 웹사이트로부터 다운로드한다. `rgbif` 패키지는 GBIF(Global Biodiversity Information Facility) 웹사이트(https://www.gbif.org)로부터 동물, 식물, 곤충 등 다양한 생물종 데이터를 추출한다. `occ_search()` 함수를 이용하면 생물종의 발생 밀집도와 지리적 위치 데이터를 수집할 수 있다.

6 rOpenSci 웹사이트(https://ropensci.org/packages)를 방문하면 많은 유용한 API 래퍼 패키지를 찾아볼 수 있다.

8.4 사례

특일 정보 @공공데이터포털/천문연구원

공공데이터포털(https://www.data.go.kr)이 제공하는 오픈 API를 이용하여 데이터를 수집해보자. 공공데이터포털의 오픈 API를 사용하기 위해서는 먼저 사용자 등록을 하고 로그인을 해야 한다. 여기에서는 공공데이터포털에서 제공하는 특일 정보를 수집한다. 특일 정보란 국경일, 공휴일, 24절기, 잡절(한식, 초복 등)의 날짜 정보를 의미하며 천문연구원에서 이 데이터에 접근할 수 있는 API를 제공한다. 먼저 공공데이터포털에 로그인한 후 홈페이지의 검색창에서 '특일'을 검색하여 [그림 8-6]과 같은 특일 정보제공과 관련한 오픈 API 설명 화면으로 이동한다. 참고문서와 상세기능 설명을 통해 API 사용법

그림 8-6 ▌ 특일 정보. 공공데이터포털 웹사이트로부터 국경일, 공휴일, 24절기 등의 특일 정보를 수집한다.

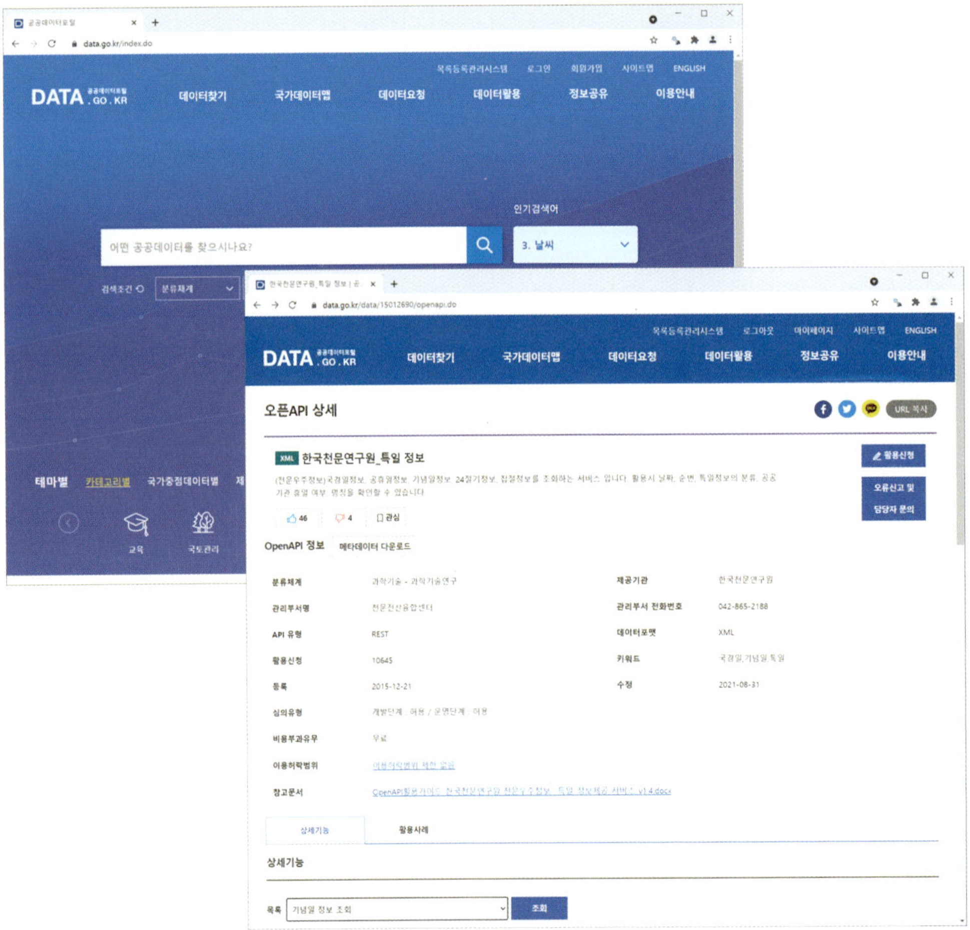

및 제공 서비스를 살펴볼 수 있다.

오픈 API를 사용하기 위해서는 공공데이터포털로부터 사용 승인을 얻어야 한다. 사용 승인은 이용하고자 하는 서비스별로 이루어진다. 대부분의 서비스는 즉시 사용할 수 있으나 일정 기간 심의를 거치는 서비스도 있다. 특일 정보 서비스의 경우는 자동승인이므로 즉시 사용 가능하다. 서비스 승인을 얻기 위해서는 상단의 활용신청 버튼을 클릭한다. 활용목적(웹사이트 개발), 시스템 유형(일반), 상세기능정보(필요한 서비스 선택), 라이선스 표시 등의 관련 항목을 차례대로 선택한 후 활용신청 버튼을 클릭한다. 승인 결과는 마이페이지에서 확인할 수 있다.

마이페이지에서 승인된 서비스 이름을 클릭하면 [그림 8-7]과 같은 개발계정 상세보기 화면으로 이동한다. 공공데이터포털에서는 사용 승인을 받은 서비스에 대해 API에 접속할 수 있는 인증키를 제공한다. 개발계정 상세보기 화면의 서비스정보 항목에서 발급된 인증키를 확인할 수 있다(빗금으로

그림 8-7 | 공공데이터포털 개발계정. 인증키와 서비스 내역을 확인할 수 있다.

가려진 부분). 이 인증키를 데이터 요청 패러미터와 함께 서버로 전송한다.

개발계정 상세보기의 서비스정보와 참고문서를 살펴보면 서비스 URL, 각 세부 서비스를 담당하는 오퍼레이션(즉 서비스를 처리할 프로그램), 그리고 세부 서비스별 입력 패러미터를 확인할 수 있다. 예를 들어, 특일 정보조회의 서비스 URL과 세부 서비스 가운데 공휴일 정보조회 서비스의 프로그램(오퍼레이션) 및 그 프로그램에 넘겨줄 입력 패러미터는 다음과 같다.

- 서비스 URL: `http://apis.data.go.kr/B090041/openapi/service/SpcdeInfoService`
- 오퍼레이션: `getRestDeInfo`
- 입력 패러미터: `solYear`, `solMonth`

이들을 모두 연결하여 요청 URL을 생성한다. 요청 URL을 생성할 때 공공데이터포털로부터 발급받은 인증키를 추가한다. 참고문서를 살펴보면 다음과 같은 요청 URL 형식의 예를 확인할 수 있다. 여기서 `solYear`와 `solMonth`에 조회할 연도와 월을 지정하고 `ServiceKey`에 공공데이터포털로부터 발급받은 인증키를 입력한다.

```
http://apis.data.go.kr/B090041/openapi/service/SpcdeInfoService/getRestDeInfo?
solYear=2015&solMonth=05&ServiceKey=서비스키
```

예를 들어, 2023년 5월의 공휴일을 조회해보자. 인증키가 abcxyz123456789라고 했을 때 2023년 5월의 공휴일 데이터를 요청하는 URL은 다음과 같다.[7]

7 독자들은 공공데이터포털로부터 각자 발급받은 인증키를 이용한다.

```
http://apis.data.go.kr/B090041/openapi/service/SpcdeInfoService/getRestDeInfo?
solYear=2023&solMonth=05&ServiceKey=abcxyz123456789
```

다음과 같이 요청 URL의 개별 구성요소를 정의하고 `sprintf()` 함수를 이용하여 요청 URL을 완성한다.

```
> url <- "http://apis.data.go.kr/B090041/openapi/service/SpcdeInfoService/
getRestDeInfo?solYear=%s&solMonth=%s&ServiceKey=%s"
> year <- "2023"
> month <- "05"
> key <- "abcxyz123456789"
> sprintf(url, year, month, key)
[1] "http://apis.data.go.kr/B090041/openapi/service/SpcdeInfoService/
getRestDeInfo?solYear=2023&solMonth=05&ServiceKey=abcxyz123456789"
```

일단 요청 URL을 생성하면 이후의 작업은 기존의 웹 데이터 수집 방법과 동일하다. 서버는 요청 URL을 처리한 후 그 결과를 클라이언트(즉 웹브라우저)에게 전송한다. 그러면 서버로부터 전송된 XML 문서를 읽어들인 후 파싱하고 파싱된 문서로부터 원하는 데이터를 추출할 수 있다. 웹브라우저를 이용하여 요청 URL로 서버에 접속하면 서버로부터의 전송 결과를 다음과 같이 확인할 수 있다.


```
▼<response>
  ▼<header>
     <resultCode>00</resultCode>
     <resultMsg>NORMAL SERVICE.</resultMsg>
   </header>
  ▼<body>
    ▼<items>
      ▼<item>
         <dateKind>01</dateKind>
         <dateName>어린이날</dateName>
         <isHoliday>Y</isHoliday>
         <locdate>20230505</locdate>
         <seq>1</seq>
       </item>
      ▼<item>
         <dateKind>01</dateKind>
         <dateName>부처님 오신날</dateName>
         <isHoliday>Y</isHoliday>
         <locdate>20230527</locdate>
         <seq>1</seq>
       </item>
     </items>
     <numOfRows>10</numOfRows>
     <pageNo>1</pageNo>
     <totalCount>2</totalCount>
   </body>
 </response>
```


생성된 XML 문서에는 공휴일 이름과 날짜 데이터가 각각 <dateName> 노드와 <locdate> 노드에 포함되어 있으므로 이 노드들로부터 2023년 5월의 공휴일 정보를 추출한다.

```
> library(XML)
> library(xml2)
> xml <- read_xml(sprintf(url, year, month, key))
> xml.parsed <- xmlParse(xml)
> holiday <- xpathSApply(xml.parsed, "//dateName", xmlValue)
> date <- xpathSApply(xml.parsed, "//locdate", xmlValue)
> holiday; date
[1] "어린이날"     "부처님오신날"
[1] "20230505" "20230527"
```

이러한 과정을 일반화하여 다음과 같이 연도가 주어지면 해당 연도의 공휴일 데이터를 수집하여 데이터프레임(티블)으로 저장하는 함수를 작성할 수 있다.[8]

```
> findHolidays <- function(year, url, key) {
+   library(XML)
+   library(xml2)
+   library(tidyverse)
+   library(lubridate)
+   holidays <- tibble()
+   for(m in 1:12) {
+     holiday <- c()
+     date <- c()
+     month <- str_pad(m, 2, pad=0)
+     xml <- read_xml(sprintf(url, year, month, key))
+     xml.parsed <- xmlParse(xml)
+     holiday <- xpathSApply(xml.parsed, "//dateName", xmlValue)
+     date <- xpathSApply(xml.parsed, "//locdate", xmlValue)
+     if (length(holiday) == 0) next
+     holidays.month <- tibble(holiday=holiday, date=date)
+     holidays <- bind_rows(holidays, holidays.month)
+   }
+   holidays <- mutate(holidays, date=ymd(date))
+   return(holidays)
+ }
```

이렇게 정의한 findHolidays() 함수는 인수로 주어진 연도의 1월부터 12월까지 월별로 공휴일 데이터를 추출하여 공휴일명과 날짜를 열로 갖는 데이터프레임(티블)을 생성한다. 월에 대한 입력 패러미터의 형식은 두 자리이기 때문에 1월부터 12월까지 for 루프를 적용할 때 stringr 패키지의 str_pad() 함수를 이용하여 월을 두 자리로 변환(예를 들면, '1'을 '01'로 변환)한다. 이 함수를 이용하여 다음과 같이 2023년의 공휴일을 확인할 수 있다.

8 공공데이터포털의 API에는 하루에 서비스를 요청할 수 있는 횟수가 제한되어 있다. 각 서비스별 개발계정 상세보기를 확인한다.

```
> holidays <- findHolidays(year=2023, url=url, key=key)
> holidays
# A tibble: 16 x 2
   holiday      date
   <chr>        <date>
 1 1월1일       2023-01-01
 2 설날         2023-01-21
 3 설날         2023-01-22
 4 설날         2023-01-23
 5 대체공휴일   2023-01-24
 6 삼일절       2023-03-01
 7 어린이날     2023-05-05
 8 부처님오신날 2023-05-27
 9 현충일       2023-06-06
10 광복절       2023-08-15
11 추석         2023-09-28
12 추석         2023-09-29
13 추석         2023-09-30
14 개천절       2023-10-03
15 한글날       2023-10-09
16 기독탄신일   2023-12-25
```

추출하려는 데이터가 비교적 잘 구조화되어 있는 형태라면 xml2 패키지의 as_list() 함수를 이용하는 것이 편리할 수 있다. as_list() 함수는 XML/HTML 문서의 노드셋을 리스트 형식으로 변환한다. 2023년 5월의 공휴일 데이터를 다음과 같이 리스트 형식으로 저장할 수 있고 이로부터 원하는 데이터를 쉽게 추출할 수 있다.

```
> url <- "http://apis.data.go.kr/B090041/openapi/service/SpcdeInfoService/
getRestDeInfo?solYear=%s&solMonth=%s&ServiceKey=%s"
> year <- "2023"
> month <- "05"
> key <- "abcxyz123456789"
> xml <- read_xml(sprintf(url, year, month, key))
> data <- as_list(xml)
> str(data)
List of 1
 $ response:List of 2
  ..$ header:List of 2
```

```
 .. ..$ resultCode:List of 1
 .. .. ..$ : chr "00"
 .. ..$ resultMsg :List of 1
 .. .. ..$ : chr "NORMAL SERVICE."
 ..$ body  :List of 4
 .. ..$ items    :List of 2
 .. .. ..$ item:List of 5
 .. .. .. ..$ dateKind :List of 1
 .. .. .. .. ..$ : chr "01"
 .. .. .. ..$ dateName :List of 1
 .. .. .. .. ..$ : chr "어린이날"
 .. .. .. ..$ isHoliday:List of 1
 .. .. .. .. ..$ : chr "Y"
 .. .. .. ..$ locdate  :List of 1
 .. .. .. .. ..$ : chr "20230505"
 .. .. .. ..$ seq      :List of 1
 .. .. .. .. ..$ : chr "1"
…(중략)
> data$response$body$items[[1]]
$dateKind
$dateKind[[1]]
[1] "01"


$dateName
$dateName[[1]]
[1] "어린이날"


$isHoliday
$isHoliday[[1]]
[1] "Y"


$locdate
$locdate[[1]]
[1] "20230505"


$seq
$seq[[1]]
[1] "1"
```

as_list() 함수를 이용하여 작성한 다음과 같은 displayHolidays() 함수는 인수로 주어진 연도의 1월부터 12월까지 월별로 공휴일 데이터를 추출하여 공휴일명과 날짜를 화면에 출력한다.

```
> displayHolidays <- function(year, url, key) {
+   library(xml2)
+   library(stringr)
+   library(lubridate)
+   for(m in 1:12){
+     month <- str_pad(m, 2, pad=0)
+     xml <- read_xml(sprintf(url, year, month, key))
+     data <- as_list(xml)
+     items <- data$response$body$items
+     for(item in items) {
+       print(str_c(item$dateName, ymd(item$locdate), sep=": "))
+     }
+   }
+ }
> displayHolidays(year=2023, url=url, key=key)
[1] "1월1일: 2023-01-01"
[1] "설날: 2023-01-21"
[1] "설날: 2023-01-22"
…(중략)
[1] "개천절: 2023-10-03"
[1] "한글날: 2023-10-09"
[1] "기독탄신일: 2023-12-25"
```

수집한 공휴일 정보를 달력에 표시해보자. 다음과 같이 calendR 패키지의 calendR() 함수를 이용한다.9

```
> library(calendR)
> library(lubridate)
> myfills <- rep(NA, 365)
> myfills[yday(holidays$date)] <- "Holidays"
> Sys.setlocale("LC_ALL", "English")
[1] "LC_COLLATE=English_United States.1252;LC_CTYPE=English_United States.1252;
LC_MONETARY=English_United States.1252;LC_NUMERIC=C;LC_TIME=English_United States.1252"
```

9 여기에서는 영문 달력을 사용하기 위하여 로케일을 임시로 북미 표준으로 변경하였다(Sys.setlocale("LC_ALL", "English")).

그림 8-8 **공휴일.** 공공데이터포털로부터 수집한 공휴일 정보를 달력에 표시한다.

```
> windows(width=7.0, height=10.0)
> calendR(year=2023, lty=0, mbg.col="orange", months.col="white",
+         orientation="portrait", special.days=myfills, special.col="salmon",
+         legend.pos="bottom")
> Sys.setlocale()
[1] "LC_COLLATE=Korean_Korea.949;LC_CTYPE=Korean_Korea.949;LC_MONETARY=Korean_Korea.949;
LC_NUMERIC=C;LC_TIME=Korean_Korea.949"
```

달력 위에 정보를 표시하기 위해서는 먼저 한 해의 일수(예를 들어, 365)만큼의 NA 벡터를 생성한다. 그런 다음 정보를 표시할 날짜를 그 해의 1월 1일부터 경과된 일수로 환산하여 NA 벡터의 해당 위치에 정보를 할당한다. 한 해의 경과된 일수를 계산할 때 `lubridate` 패키지의 `yday()` 함수를 사용하면 편리하다. 달력에 표시할 정보가 저장된 벡터를 `calendR()` 함수의 `special.days` 인수에 지정한다. `special.col` 인수에는 정보가 표시될 날짜의 색상을 지정할 수 있다.

대기오염 정보 @공공데이터포털/한국환경공단

이번에는 공공데이터포털에서 제공하는 대기오염 정보를 수집해보자. 대기오염 정보란 아황산가스, 일산화탄소, 오존, 미세먼지 등의 공기오염 정보를 의미하며 한국환경공단에서 이 데이터에 접근할 수 있는 API를 제공한다. 먼저 공공데이터포털에 로그인한 후 홈페이지의 검색창에서 '대기오염통계'를 검색하여 한국환경공단(에어코리아)의 대기오염통계 현황 조회 서비스를 제공하는 오픈 API 설명 화면으로 이동한다. 참고문서와 상세기능 설명을 통해 API 사용법 및 제공 서비스를 살펴볼 수 있다. 앞서 특일 정보 데이터를 추출할 때와 마찬가지로 활용신청 버튼을 클릭하여 공공데이터포털로부터 오픈 API 사용 승인을 얻는다.

대기오염 정보제공 서비스 가운데 시도별 실시간 평균정보 데이터를 수집해보자. 개발계정 상세보기의 서비스정보와 참고문서를 살펴보면 대기오염 정보제공 서비스 URL, 시도별 실시간 평균정보 처리 프로그램(오퍼레이션), 그리고 그 프로그램에 넘겨줄 입력 패러미터는 다음과 같다.

- 서비스 URL: `http://apis.data.go.kr/B552584/ArpltnStatsSvc`
- 오퍼레이션: `getCtprvnMesureLIst`
- 입력 패러미터: `numOfRows`, `pageNo`, `itemCode`, `dataGubun`, `searchCondition`

이들을 모두 연결하여 요청 URL을 생성한다. 요청 URL을 생성할 때 공공데이터포털로부터 발급받은 인증키를 추가한다. 참고문서에 따르면 다섯 개 입력 패러미터 각각은 다음과 같은 의미를 갖는다.

- `numOfRows`: 한 페이지 결과 수
- `pageNo`: 페이지 번호
- `itemCode`: 측정항목 구분(SO2, CO, O3, NO2, PM10, PM25)
- `dataGubun`: 요청 자료 구분(시간평균: HOUR, 일평균: DAILY)
- `searchCondition`: 요청 데이터 기간(일주일: WEEK, 한달: MONTH)

참고문서를 살펴보면 다음과 같은 요청 URL 형식의 예를 확인할 수 있다. 이 요청은 미세먼지 농도 PM10 지표의 일평균 값을 시도 측정소별로 한 페이지에 100개씩 출력한다. ServiceKey에는 공공데이터포털로부터 발급받은 인증키를 입력한다.

```
http://apis.data.go.kr/B552584/ArpltnStatsSvc/getCtprvnMesureLIst?itemCode=PM10&dataGu
bun=HOUR&pageNo=1&numOfRows=100&returnType=xml&serviceKey=서비스키
```

예를 들어, 현재 시점으로부터 지난 한 달간의 시도 측정소별 미세먼지 농도를 조회해보자. 인증키가 abcxyz123456789라고 했을 때 미세먼지 농도 PM2.5의 일평균 데이터를 요청하는 URL은 다음과 같다.[10]

10 독자들은 공공데이터포털로부터 각자 발급받은 인증키를 이용한다.

```
http://apis.data.go.kr/B552584/ArpltnStatsSvc/getCtprvnMesureLIst?itemCode=PM25&dataGu
bun=DAILY&searchCondition=MONTH&pageNo=1&numOfRows=100&ServiceKey=abcxyz123456789
```

다음과 같이 요청 메시지의 개별 구성요소를 정의하고 glue() 함수를 이용하여 요청 URL을 완성한다. glue() 함수는 문자열에 삽입된 { } 안의 변수를 평가하여 변수값이 반영된 문자열을 출력한다. 요청한 데이터를 한꺼번에 모두 출력할 수 있도록 numOfRows 입력 패러미터에는 측정소 개수보다 큰 수를 지정한다(여기서는 100).

```
> library(glue)
> url <- "http://openapi.airkorea.or.kr/openapi/services/rest/ArpltnInforInqireSvc/
getCtprvnMesureLIst?numOfRows={row}&pageNo={page}&itemCode={item}&dataGubun={time}
&searchCondition={period}&ServiceKey={key}"
> row <- "100"
> page <- "1"
> item <- "PM25"
> time <- "DAILY"
> period <- "MONTH"
> key <- "abcxyz123456789"
> glue(url)
http://openapi.airkorea.or.kr/openapi/services/rest/ArpltnInforInqireSvc/getCtprvnMesu
reLIst?numOfRows=100&pageNo=1&itemCode=PM25&dataGubun=DAILY&searchCondition=MONTH&Serv
iceKey=abcxyz123456789
```

웹브라우저의 주소창에 요청 URL을 입력하여 서버에 접속하면 서버로부터 다음과 같은 XML 문서가 전송된다. 미세먼지 농도가 일단위로 시도별로 구분되어 저장되어 있다.

```
▼<response>
  ▼<header>
     <resultCode>00</resultCode>
     <resultMsg>NORMAL_CODE</resultMsg>
   </header>
  ▼<body>
    ▼<items>
      ▼<item>
          <daegu>7</daegu>
          <chungnam>9</chungnam>
          <incheon>6</incheon>
          <daejeon>8</daejeon>
          <gyeongbuk>7</gyeongbuk>
          <sejong>9</sejong>
          <gwangju>10</gwangju>
          <jeonbuk>8</jeonbuk>
          <gangwon>8</gangwon>
          <ulsan>6</ulsan>
          <jeonnam>8</jeonnam>
          <seoul>6</seoul>
          <busan>9</busan>
          <jeju>8</jeju>
          <chungbuk>9</chungbuk>
          <gyeongnam>6</gyeongnam>
          <dataTime>2021-12-31</dataTime>
          <dataGubun>2</dataGubun>
          <gyeonggi>6</gyeonggi>
          <itemCode>PM2.5</itemCode>
        </item>
…(중략)
```

요청 URL을 서버로 전송하고 서버로부터 반환된 XML 문서를 읽어들인다. 그리고 반환된 XML 문서를 리스트 형식으로 변환한다.

```
> library(XML)
> library(xml2)
> xml <- read_xml(glue(url))
> data <- as_list(xml)
> str(data, max.level=5)
List of 1
 $ response:List of 2
  ..$ header:List of 2
  .. ..$ resultCode:List of 1
  .. .. ..$ : chr "00"
  .. ..$ resultMsg :List of 1
  .. .. ..$ : chr "NORMAL_CODE"
```

```
..$ body  :List of 4
.. ..$ items     :List of 31
.. .. ..$ item:List of 20
.. .. .. ..$ daegu    :List of 1
.. .. .. ..$ chungnam :List of 1
.. .. .. ..$ incheon  :List of 1
…(중략)
```

다음과 같이 몇 가지 전처리 과정을 거쳐 리스트 형식의 데이터셋을 데이터프레임(티블) 형식으로 변환한다.

```
> library(tidyverse)
> air <- data$response$body$items %>%
+   map(unlist) %>%
+   map(enframe) %>%
+   map(~pivot_wider(data=., names_from=name, values_from=value)) %>%
+   reduce(bind_rows)
```

items 원소에 일자별로 각 시도의 미세먼지 정보가 또 다시 리스트 구조로 저장되어 있으므로 리스트 구조를 해체하여 벡터로 변환한다(map(unlist)). 그러면 각 데이터 항목(예를 들면, daegu)을 이름으로 갖는 벡터로 변환된다. 여기에 enframe() 함수를 적용하여 이름을 갖는 벡터를 두 개의 열을 갖는 데이터프레임(티블) 형식으로 변환한다(map(enframe)). 벡터의 이름은 name 열에 저장되고 값은 value 열에 저장된다. 이 데이터프레임을 와이드포맷으로 변환하여 name 열에 저장된 데이터 항목이 데이터프레임의 열로 배치되도록 한다(map(~pivot_wider(data=., names_from=name, values_from=value))). 그러면 각 일자별 데이터 항목은 데이터프레임의 리스트 구조를 갖게 된다. 끝으로 리스트의 각 원소에 저장된 데이터프레임을 하나씩 불러서 모두 행의 방향으로 결합한다(reduce(bind_rows)). 완성된 데이터프레임은 다음과 같다. 현재 시점으로부터 한달 이전까지의 PM2.5 지표값이 시도 측정소별로 집계되었다.

```
> air
# A tibble: 31 x 20
  daegu chungnam incheon daejeon gyeongbuk sejong gwangju jeonbuk gangwon ulsan
  <chr> <chr>    <chr>   <chr>   <chr>     <chr>  <chr>   <chr>   <chr>   <chr>
1 7     9        6       8       7         9      10      8       8       6
2 11    11       12      9       12        10     10      8       15      14
3 36    37       41      31      30        48     34      29      34      26
```

```
…(중략)
 8 44     41       30       39       39         47     36       39       27       36
 9 31     34       29       31       27         40     29       31       21       25
10 32     22       18       24       28         26     31       28       21       27
# ... with 21 more rows, and 10 more variables: jeonnam <chr>, seoul <chr>,
#   busan <chr>, jeju <chr>, chungbuk <chr>, gyeongnam <chr>, dataTime <chr>,
#   dataGubun <chr>, gyeonggi <chr>, itemCode <chr>
```

분석과 시각화를 위해 몇 가지 전처리 작업을 추가로 수행한다. 날짜(dataTime) 열은 Date 클래스의 객체로 변환한다. 대기오염 구분 항목(itemCode) 열을 제외한 나머지 열은 모두 문자에서 숫자 형식으로 변환한다. 그리고 분석의 편의를 위해 열의 순서를 조정한다.

```
> library(lubridate)
> air <- air %>%
+   mutate(dataTime=ymd(dataTime)) %>%
+   mutate(across(where(is.character) & !itemCode, as.numeric)) %>%
+   select(itemCode, dataTime, dataGubun, everything())
> air
# A tibble: 31 x 20
   itemCode dataTime   dataGubun daegu chungnam incheon daejeon gyeongbuk sejong
   <chr>    <date>         <dbl> <dbl>    <dbl>   <dbl>   <dbl>     <dbl>  <dbl>
 1 PM2.5    2021-12-31         2     7        9       6       8         7      9
 2 PM2.5    2021-12-30         2    11       11      12       9        12     10
 3 PM2.5    2021-12-29         2    36       37      41      31        30     48
…(중략)
 8 PM2.5    2021-12-24         2    44       41      30      39        39     47
 9 PM2.5    2021-12-23         2    31       34      29      31        27     40
10 PM2.5    2021-12-22         2    32       22      18      24        28     26
# ... with 21 more rows, and 11 more variables: gwangju <dbl>, jeonbuk <dbl>,
#   gangwon <dbl>, ulsan <dbl>, jeonnam <dbl>, seoul <dbl>, busan <dbl>,
#   jeju <dbl>, chungbuk <dbl>, gyeongnam <dbl>, gyeonggi <dbl>
```

수집한 데이터셋을 이용하여 지난 한 달간의 미세먼지 농도 변화 추이를 살펴보자. 이를 위해 우선 다음과 같이 기존의 와이드포맷 데이터셋을 롱포맷으로 변환한다.

```
> air.long <- pivot_longer(data=air, cols=4:20, names_to="city", values_to="value")
> air.long
# A tibble: 527 x 5
   itemCode dataTime   dataGubun city       value
   <chr>    <date>         <dbl> <chr>      <dbl>
 1 PM2.5    2021-12-31         2 daegu          7
 2 PM2.5    2021-12-31         2 chungnam       9
 3 PM2.5    2021-12-31         2 incheon        6
…(중략)
 8 PM2.5    2021-12-31         2 jeonbuk        8
 9 PM2.5    2021-12-31         2 gangwon        8
10 PM2.5    2021-12-31         2 ulsan          6
# ... with 517 more rows
```

서울 지역의 미세먼지 농도의 추이는 다음과 같이 그래프로 그려볼 수 있다. 지난 한 달간 일자별로 살펴본 PM2.5의 추이는 [그림 8-9]와 같다.

```
> windows(width=7.0, height=5.5)
> ggplot(filter(air.long, city=="seoul"), aes(x=dataTime, y=value)) +
+   geom_ribbon(aes(ymin=value-10, ymax=value+10), fill="gray90") +
+   geom_line(color="coral", size=1.5) +
+   geom_point(shape=21, fill="gray50", size=6) +
+   geom_text(aes(label=value), color="white", size=2, fontface="bold") +
+   scale_x_date(date_labels="%m-%d", date_breaks="3 days") +
+   labs(x="", y="PM2.5",
+        title="대기오염 정보",
+        subtitle="서울시 미세먼지 농도",
+        caption="출처: 한국환경공단(공공데이터포털)") +
+   theme_light() +
+   theme(plot.title=element_text(face="bold", size=18),
+         plot.subtitle=element_text(size=15),
+         plot.caption=element_text(size=12),
+         axis.title=element_text(size=12),
+         axis.text=element_text(face="bold"),
+         axis.line=element_line(color="gray"),
+         panel.grid.minor.x=element_blank(),
+         panel.grid.major.x=element_blank(),
+         panel.border=element_blank())
```

▶ 그림 8-9 ▌**대기오염 정보.** 공공데이터포털 웹사이트로부터 대기오염 정보를 수집하여 서울 지역 PM2.5 미세먼지 농도의 일자별 추이를 살펴본다.

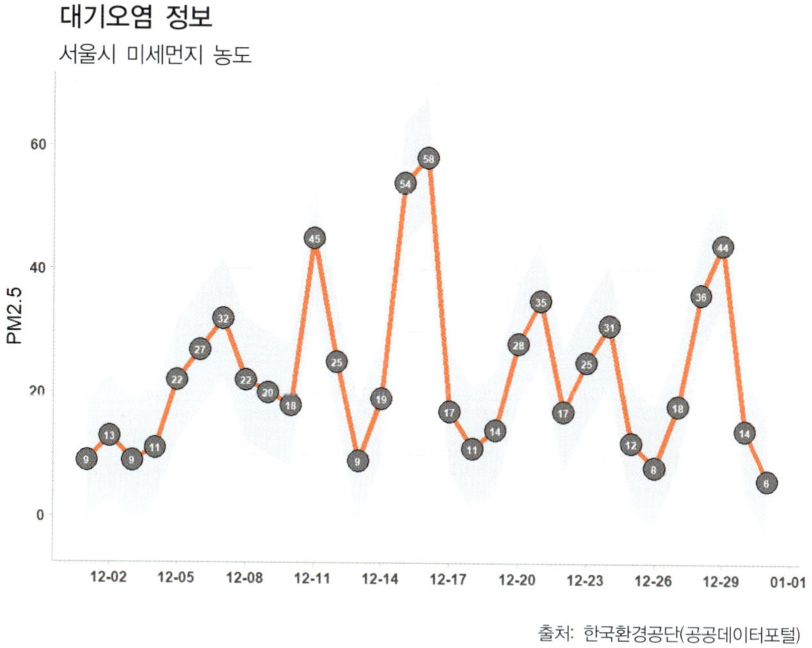

이번에는 서울을 비롯하여 부산, 대구, 광주 등 네 개 도시의 PM2.5 농도의 변화 추이를 한번에 비교할 수 있는 그래프를 그려보자. 우선 다음과 같이 네 도시의 데이터만을 추출하여 별도의 데이터셋을 생성한다. 그리고 도시명이 포함된 city 변수를 팩터로 변환하고 그래프 생성 시 도시명이 정해진 순서대로 한글명으로 출력되도록 팩터의 레벨과 레이블을 지정한다.

```
> air.long.city <- filter(air.long, city %in% c("seoul", "busan", "daegu", "gwangju")) %>%
+   mutate(city=factor(.$city,
+                      levels=c("seoul", "busan", "daegu", "gwangju"),
+                      labels=c("서울", "부산", "대구", "광주")))
> air.long.city
# A tibble: 124 x 5
  itemCode dataTime   dataGubun city  value
  <chr>    <date>         <dbl> <fct> <dbl>
1 PM2.5    2021-12-31         2 대구      7
2 PM2.5    2021-12-31         2 광주     10
3 PM2.5    2021-12-31         2 서울      6
…(중략)
```

```
 8 PM2.5     2021-12-30          2  부산       15
 9 PM2.5     2021-12-29          2  대구       36
10 PM2.5     2021-12-29          2  광주       34
# ... with 114 more rows
```

네 도시의 PM2.5 농도 변화 추이는 다음과 같이 시각화할 수 있다. 생성된 시계열 그래프는 [그림 8-10]과 같다. 네 도시의 미세먼지 농도 추이는 대체로 비슷해보인다. 미세먼지 PM2.5 환경기준에 따르면 일평균 36㎍/㎥ 이상은 '나쁨' 등급으로 분류한다.[11] ggalt 패키지의 geom_encircle() 함수를 이용하여 그래프상에 나쁨 등급에 해당하는 부분을 표시하였다.

11 여기에서는 '나쁨' 등급 기준값 36이 X축의 하한값을 벗어나서 왼쪽에 출력되었다. coord_cartesian() 함수에 clip="off"를 지정하면 이와 같이 그림 영역을 벗어난 바깥에 값을 출력할 수 있다.

```
> library(ggalt)
> library(hrbrthemes)
> windows(width=7.0, height=5.5)
> ggplot(air.long.city, aes(x=dataTime, y=value, color=city)) +
+   geom_line(size=1) +
+   geom_point(size=2) +
```

그림 8-10 **대기오염 정보.** 서울, 부산, 대구, 광주 지역 PM2.5 미세먼지 농도의 일자별 추이를 비교한다.

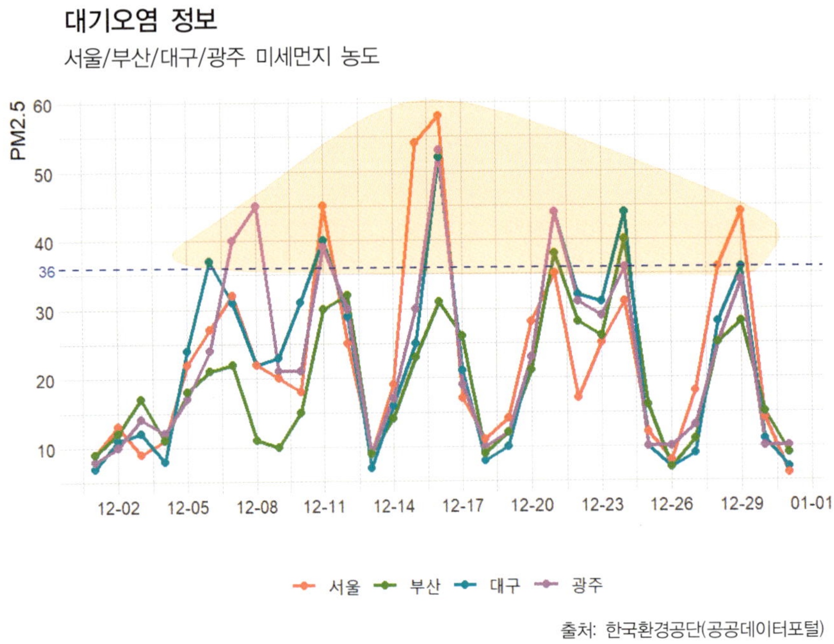

```
+   geom_encircle(data=filter(air.long.city, value >= 36),
+                 aes(x=dataTime, y=value), inherit.aes=FALSE,
+                 s_shape=0.5, expand=0.04, size=1,
+                 color="darkorange", fill="orange", alpha=0.2) +
+   geom_hline(yintercept=36, lty="dashed", color="royalblue", size=0.5) +
+   annotate("text", x=min(air.long.city$dataTime)-2, y=36,
+            label="36", color="royalblue", size=3) +
+   coord_cartesian(xlim=c(min(air.long.city$dataTime), max(air.long.city$dataTime)),
+                   clip="off") +
+   scale_x_date(date_labels="%m-%d", date_breaks="3 days") +
+   labs(x="", y="PM2.5",
+        title="대기오염 정보",
+        subtitle="서울/부산/대구/광주 미세먼지 농도",
+        caption="출처: 한국환경공단(공공데이터포털)") +
+   theme_ipsum(plot_title_size=18,
+               plot_title_face="bold",
+               subtitle_size=15,
+               caption_size=12,
+               caption_face="plain",
+               axis_title_size=12,
+               axis_text_size=10,
+               plot_margin=margin(10, 10, 10, 10)) +
+   theme(legend.position="bottom",
+         legend.title=element_blank(),
+         legend.text=element_text(size=12))
```

아파트 매매 실거래 정보 @공공데이터포털/국토교통부

국토교통부는 API를 통해 아파트의 실거래 정보를 제공한다. 먼저 공공데이터포털에 로그인한 후 홈페이지의 검색창에서 '국토교통부 실거래 정보'를 검색하여 아파트 매매의 실거래 자료를 제공하는 오픈 API 설명 화면으로 이동한다. 참고문서와 상세기능 설명을 통해 API 사용법 및 제공 서비스를 살펴볼 수 있다. 아파트의 매매 실거래 데이터에 접근하기 위해서는 공공데이터포털로부터 오픈 API 사용 승인을 받아야 한다(활용신청 버튼을 클릭하여 승인 요청).

개발계정 상세보기의 서비스정보와 참고문서를 살펴보면 실거래 자료 조회 서비스 URL, 아파트 매매 실거래 조회 프로그램(오퍼레이션), 그리고 그 프로그램에 넘겨줄 입력 패러미터는 다음과 같다.

- 서비스 URL: http://openapi.molit.go.kr:8081/OpenAPI_ToolInstallPackage/service/rest/RTMSOBJSvc
- 오퍼레이션: getRTMSDataSvcAptTrade
- 입력 패러미터: LAWD_CD, DEAL_YMD

참고문서에 따르면 입력 패러미터는 각각 다음과 같은 의미를 갖는다.

- LAWD_CD: 지역코드
- DEAL_YMD: 계약연월

서비스 URL, 오퍼레이션, 그리고 입력 패러미터를 모두 연결하여 요청 URL을 생성한다. 요청 URL을 생성할 때 공공데이터포털로부터 발급받은 인증키를 추가한다. 참고문서를 살펴보면 다음과 같은 요청 URL 형식의 예를 확인할 수 있다. 이 요청은 종로구(LAWD_CD=11110)의 2015년 12월(DEAL_YMD=201512) 아파트 매매 자료를 조회하여 반환한다. serviceKey에는 공공데이터포털로부터 발급받은 인증키를 입력한다.

```
http://openapi.molit.go.kr:8081/OpenAPI_ToolInstallPackage/service/rest/RTMSOBJSvc/
getRTMSDataSvcAptTrade?LAWD_CD=11110&DEAL_YMD=201512&serviceKey=서비스키
```

예를 들어, 2021년 9월의 종로구 아파트 매매 자료를 조회해보자. 인증키가 abcxyz123456789라고 했을 때 종로구의 2021년 9월 아파트 매매 데이터를 요청하는 URL은 다음과 같다.[12]

12 독자들은 공공데이터포털로부터 각자 발급받은 인증키를 이용한다.

```
http://openapi.molit.go.kr:8081/OpenAPI_ToolInstallPackage/service/rest/RTMSOBJSvc/get
RTMSDataSvcAptTrade?LAWD_CD=11110&DEAL_YMD=202109&serviceKey=abcxyz123456789
```

다음과 같이 요청 메시지의 개별 구성요소를 정의하고 glue() 함수를 이용하여 요청 URL을 완성한다. glue() 함수는 문자열에 삽입된 { } 안의 변수를 평가하여 변수값이 반영된 문자열을 출력한다.

```
> library(glue)
> url <- "http://openapi.molit.go.kr:8081/OpenAPI_ToolInstallPackage/service/rest
/RTMSOBJSvc/getRTMSDataSvcAptTrade?LAWD_CD={loc}&DEAL_YMD={date}&serviceKey={key}"
> loc <- "11110"
> date <- "202109"
> key <- "abcxyz123456789"
```

```
> glue(url)
http://openapi.molit.go.kr:8081/OpenAPI_ToolInstallPackage/service/rest/RTMSOBJSvc/get
RTMSDataSvcAptTrade?LAWD_CD=11110&DEAL_YMD=202109&serviceKey=abcxyz123456789
```

웹브라우저를 이용하여 요청 URL로 서버에 접속하면 서버로부터 다음과 같은 XML 문서가 전송된다. XML 문서에는 수집하려는 아파트 매매 데이터가 항목별로 구분되어 저장되어 있다.

```
▼<response>
  ▼<header>
      <resultCode>00</resultCode>
      <resultMsg>NORMAL SERVICE.</resultMsg>
    </header>
  ▼<body>
    ▼<items>
      ▼<item>
          <거래금액> 170,000</거래금액>
          <거래유형> </거래유형>
          <건축년도>2008</건축년도>
          <년>2021</년>
          <법정동> 사직동</법정동>
          <아파트>광화문스페이스본(106동)</아파트>
          <월>9</월>
          <일>2</일>
          <전용면적>150.4</전용면적>
          <중개사소재지> </중개사소재지>
          <지번>9-1</지번>
          <지역코드>11110</지역코드>
          <층>8</층>
          <해제사유발생일> </해제사유발생일>
          <해제여부> </해제여부>
        </item>
…(중략)
```

이후의 작업은 기존의 웹 데이터 수집 방법과 동일하다. 완성된 URL을 서버로 전송하고 서버로부터 반환된 XML 문서를 읽어들인다. 그런 다음 전송된 XML 문서를 파싱하고 파싱된 문서로부터 원하는 데이터를 추출한다.

```
> library(XML)
> library(xml2)
> xml <- read_xml(glue(url))
> xml.parsed <- xmlParse(xml)
```

생성된 XML 문서의 구조를 살펴보면 `item` 노드에 아파트 매매 실거래 데이터가 포함되어 있으므로 이 노드로부터 각 아파트의 거래 정보를 추출할 수 있다. 여기에는 모두 35건의 아파트 매매 정보가 포함되어 있다.

```
> items <- xpathSApply(xml.parsed, "//item")
> length(items)
[1] 35
> items[[1]]
<item>
  <거래금액>    170,000</거래금액>
  <거래유형> </거래유형>
  <건축년도>2008</건축년도>
  <년>2021</년>
  <법정동> 사직동</법정동>
  <아파트>광화문스페이스본(106동)</아파트>
  <월>9</월>
  <일>2</일>
  <전용면적>150.4</전용면적>
  <중개사소재지> </중개사소재지>
  <지번>9-1</지번>
  <지역코드>11110</지역코드>
  <층>8</층>
  <해제사유발생일> </해제사유발생일>
  <해제여부> </해제여부>
</item>
```

추출한 XML 데이터를 데이터프레임 형식으로 저장해보자. 이를 위해 우선 XML 문서를 리스트 형식으로 변환한다. 일단 리스트 형식으로 변환하면 이로부터 다른 데이터 형식으로 비교적 쉽게 변환할 수 있다.

```
> data <- as_list(xml)
> str(data, max.level=5)
List of 1
 $ response:List of 2
  ..$ header:List of 2
  .. ..$ resultCode:List of 1
  .. .. ..$ : chr "00"
  .. ..$ resultMsg :List of 1
  .. .. ..$ : chr "NORMAL SERVICE."
  ..$ body  :List of 4
  .. ..$ items     :List of 34
  .. .. ..$ item:List of 15
  .. .. .. ..$ 거래금액      :List of 1
```

```
  .. .. .. ..$ 거래유형      :List of 1
  .. .. .. ..$ 건축년도      :List of 1
  .. .. .. ..$ 년            :List of 1
  .. .. .. ..$ 법정동        :List of 1
  .. .. .. ..$ 아파트        :List of 1
  .. .. .. ..$ 월            :List of 1
  .. .. .. ..$ 일            :List of 1
  .. .. .. ..$ 전용면적      :List of 1
  .. .. .. ..$ 중개사소재지  :List of 1
  .. .. .. ..$ 지번          :List of 1
  .. .. .. ..$ 지역코드      :List of 1
  .. .. .. ..$ 층            :List of 1
  .. .. .. ..$ 해제사유발생일:List of 1
  .. .. .. ..$ 해제여부      :List of 1
…(중략)
> length(data$response$body$items)
[1] 35
```

리스트 형식의 데이터셋을 다음과 같이 데이터프레임(티블) 형식으로 변환한다.

```
> library(tidyverse)
> apt <- data$response$body$items %>%
+   map(unlist) %>%
+   map(enframe) %>%
+   map(~pivot_wider(data=., names_from=name, values_from=value)) %>%
+   reduce(bind_rows)
```

items 원소에 개별 아파트 매매 정보가 또 다시 리스트 구조로 저장되어 있으므로 리스트 구조를 해체하여 벡터로 변환한다(map(unlist)). 그러면 매매 정보 항목(예를 들면, 거래금액)을 이름으로 갖는 벡터로 변환된다. 여기에 enframe() 함수를 적용하여 이름을 갖는 벡터를 두 개의 열을 갖는 데이터프레임(티블) 형식으로 변환한다(map(enframe)). 벡터의 이름은 name 열에 저장되고 값은 value 열에 저장된다. 이 데이터프레임을 와이드포맷으로 변환하여 name 열에 저장된 매매 정보 항목이 데이터프레임의 열로 배치되도록 한다(map(~pivot_wider(data=., names_from=name, values_from=value))). 그러면 매매 정보는 데이터프레임의 리스트 구조를 갖게 된다. 끝으로 리스트의 각 원소에 저장된 데이터프레임을 하나씩 불러서 모두 행의 방향으로 결합한다(reduce(bind_rows)). 완성된 데이터프레임은 다음과 같다.

```
> apt
# A tibble: 35 x 15
   거래금액      거래유형 건축년도 년     법정동   아파트       월     일     전용면적
   <chr>        <chr>    <chr>    <chr>  <chr>    <chr>        <chr>  <chr>  <chr>
 1 "   170,000" " "      2008     2021   " 사직동" 광화문스페~ 9      2      150.4
 2 "   165,000" " "      2008     2021   " 사직동" 광화문스페~ 9      14     144.52
 3 "    30,200" " "      2005     2021   " 수송동" 로얄팰리스~ 9      11     29.31
…(중략)
 8 "    33,800" " "      2021     2021   " 효제동" 이지마루종~ 9      8      20.87
 9 "    35,800" " "      2021     2021   " 효제동" 이지마루종~ 9      9      26.65
10 "    35,500" " "      2021     2021   " 효제동" 이지마루종~ 9      14     25.55
# ... with 25 more rows, and 6 more variables: 중개사소재지 <chr>, 지번 <chr>,
#   지역코드 <chr>, 층 <chr>, 해제사유발생일 <chr>, 해제여부 <chr>
```

이상과 같은 절차를 통해 2021년 9월의 종로구 아파트 매매 실거래 데이터를 수집할 수 있다. 지금의 경우와 달리 한 시점이나 하나의 지역이 아닌 여러 기간에 걸친 여러 지역의 데이터를 수집하기 위해서는 두 가지 입력 패러미터, 즉 지역코드(LAWD_CD)와 계약연월(DEAL_YMD)을 반영한 URL을 생성한 후 각 URL별로 API 요청을 보내야 한다. 지금부터는 앞서 살펴본 절차를 바탕으로 서울 지역의 25개 구별 아파트 매매 실거래 데이터를 2018년 11월부터 2022년 1월까지 3년 6개월, 즉 39개월의 기간에 걸쳐 수집해보자.

가장 먼저 해야 할 것은 지역코드를 찾는 일이다. 국토교통부 주택 실거래 조회 서비스에는 지역코드에 대한 자료가 없다. 지역코드 데이터는 별도의 방법으로 수집해야 한다. 다행히 행정안전부는 지역코드 데이터를 제공한다. 행정안전부 홈페이지(https://www.mois.go.kr)의 검색창에서 '주민등록업무 행정기관'을 입력하여 게시글을 최신순으로 검색한다. 지역코드는 변경으로 인해 업데이트될 수 있기 때문에 가장 최근의 변경내역이 반영된 게시글을 찾는다. 게시글의 첨부파일에서 지역코드를 확인할 수 있다.[13] 다음과 같이 지역코드 파일을 다운로드하여 법정동코드 테이블을 추출한 후 데이터프레임(티블) 형식으로 저장한다.[14]

13 현 시점에서는 다음 주소에서 찾을 수 있다: https://www.mois.go.kr/frt/bbs/type001/commonSelectBoardList.do?bbsId=BBSMSTR_000000000052. 또는 행정안전부 홈페이지의 다음 메뉴에서 확인할 수 있다: 『업무안내 > 지방자치분권실 > 주민등록, 인감, 행정사 > 주민등록, 인감, 행정사』.

14 법정동코드란 지적을 기반으로 토지대장, 지적도, 지번주소 등 표기에 사용하는 코드로서 국토교통부에서 부여한다. 이는 주민등록업무를 행정 처리하는 행정기관(읍면동주민센터)을 나타내는 행정동코드(행정기관코드)와는 구별된다. 우리가 여기서 사용하려는 지역코드는 법정동코드를 의미한다. 자료 업데이트로 인하여 지역코드 파일의 URL 및 파일명은 여기의 설명과 다를 수 있다. 그럴 때는 올바른 URL 및 변경된 파일명으로 코드를 수정한다.

```
> url <- "https://www.mois.go.kr/cmm/fms/FileDown.do?atchFileId=FILE_00106215lHoK9xZ&fileSn=0"
> local.copy <- "loccode.zip"
> download.file(url, local.copy, mode="wb")
> library(readxl)
> area.code <- read_excel(unzip(zipfile=local.copy, "KIKcd_B.20220103.xlsx"), sheet=1)
> area.code
# A tibble: 20,565 x 7
   법정동코드   시도명      시군구명 읍면동명 동리명 생성일자  말소일자
   <chr>       <chr>      <chr>   <chr>   <chr> <chr>    <lgl>
 1 1100000000 서울특별시 NA       NA      NA    19880423 NA
 2 1111000000 서울특별시 종로구   NA      NA    19880423 NA
 3 1111010100 서울특별시 종로구   청운동  NA    19880423 NA
…(중략)
 8 1111010600 서울특별시 종로구   통의동  NA    19880423 NA
 9 1111010700 서울특별시 종로구   적선동  NA    19880423 NA
10 1111010800 서울특별시 종로구   통인동  NA    19880423 NA
# ... with 20,555 more rows
```

국토교통부 주택 실거래 조회 서비스에서 요구하는 지역코드는 시군구를 나타내는 다섯 자리 코드이다. 다음과 같이 법정동코드 데이터셋으로부터 시군구 단위의 지역코드 데이터셋을 생성한다.

```
> seoul.code <- area.code %>%
+   mutate(법정동코드s=str_sub(법정동코드, 1, 5)) %>%
+   distinct(법정동코드s, .keep_all=TRUE) %>%
+   select(법정동코드s, 시도명, 시군구명) %>%
+   drop_na() %>%
+   filter(시도명=="서울특별시")
```

지역코드는 법정동코드의 앞 다섯 자리를 의미하므로 법정동코드로부터 처음 다섯 자리를 추출하여 별도의 지역코드 열(법정동코드s)로 저장한다. 새로 생성한 지역코드를 이용하여 시군구 단위의 행만을 추출하고 분석에 필요한 열만을 선택한다. 서울 지역만을 대상으로 데이터 수집 작업을 수행할 예정이기 때문에 전체 지역코드 데이터셋으로부터 서울 지역만을 추출한다. 서울시의 25개 구에 대한 지역코드가 별도의 데이터셋으로 저장되었다.

```
> seoul.code
# A tibble: 25 x 3
   법정동코드s 시도명     시군구명
   <chr>      <chr>      <chr>
 1 11110      서울특별시 종로구
 2 11140      서울특별시 중구
 3 11170      서울특별시 용산구
…(중략)
 8 11290      서울특별시 성북구
 9 11305      서울특별시 강북구
10 11320      서울특별시 도봉구
# ... with 15 more rows
> seoul.code$시군구명
 [1] "종로구"   "중구"     "용산구"   "성동구"   "광진구"   "동대문구" "중랑구"
 [8] "성북구"   "강북구"   "도봉구"   "노원구"   "은평구"   "서대문구" "마포구"
[15] "양천구"   "강서구"   "구로구"   "금천구"   "영등포구" "동작구"   "관악구"
[22] "서초구"   "강남구"   "송파구"   "강동구"
```

다음으로 추출할 기간 벡터를 생성해보자. 2018년 11월부터 2022년 1월까지 39개월간의 데이터를 추출할 예정이므로 필요한 벡터는 다음과 같은 형식이어야 한다.

```
"201811" "201812" "201901" "201902" … "202110" "202111" "202112" "202201"
```

네 자리 연도와 두 자리 월로 구성된 이러한 문자열은 직접 입력하여 만들 수도 있지만 여기에서는 다음과 같이 간단한 함수를 작성하여 기간 벡터를 생성한다.

```
> makeYearMonth <- function(from, to) {
+   from <- as.Date(str_c(from, "01"), "%Y%m%d")
+   to <- as.Date(str_c(to, "01"), "%Y%m%d")
+   yearmonth <- format(seq(from=from, to=to, by="month"), "%Y%m%d") %>%
+     as.character() %>%
+     str_sub(start=1, end=6)
+ }
> yearmonth <- makeYearMonth(from="201811", to="202201")
> yearmonth
 [1] "201811" "201812" "201901" "201902" "201903" "201904" "201905" "201906"
 [9] "201907" "201908" "201909" "201910" "201911" "201912" "202001" "202002"
[17] "202003" "202004" "202005" "202006" "202007" "202008" "202009" "202010"
```

```
[25] "202011" "202012" "202101" "202102" "202103" "202104" "202105" "202106"
[33] "202107" "202108" "202109" "202110" "202111" "202112" "202201"
```

서울의 25개 구의 지역코드와 2018년 11월부터 2022년 1월까지의 39개 계약연월 값을 이용하여 서울시의 구별 계약연월별로 아파트 매매 실거래 데이터를 요청하는 URL을 생성한다. 다음과 같이 모두 975(=25×39)개의 URL이 생성된다.

```
> library(glue)
> url <- "http://openapi.molit.go.kr:8081/OpenAPI_ToolInstallPackage/service/rest/
RTMSOBJSvc/getRTMSDataSvcAptTrade?LAWD_CD={loc}&DEAL_YMD={date}&serviceKey={key}"
> key <- "abcxyz123456789"
> urls <- c()
> for (loc in seoul.code$법정동코드) {
+   for (date in yearmonth) {
+     url.each <- glue(url)
+     urls <- c(urls, url.each)
+   }
+ }
> length(urls)
[1] 975
> urls
  [1] "http://openapi.molit.go.kr:8081/OpenAPI_ToolInstallPackage/service/rest/RTMSOBJSvc/
getRTMSDataSvcAptTrade?LAWD_CD=11110&DEAL_YMD=201811&serviceKey=abcxyz123456789"
  [2] "http://openapi.molit.go.kr:8081/OpenAPI_ToolInstallPackage/service/rest/RTMSOBJSvc/
getRTMSDataSvcAptTrade?LAWD_CD=11110&DEAL_YMD=201812&serviceKey=abcxyz123456789"

…(중략)

[974] "http://openapi.molit.go.kr:8081/OpenAPI_ToolInstallPackage/service/rest/RTMSOBJSvc/
getRTMSDataSvcAptTrade?LAWD_CD=11740&DEAL_YMD=202112&serviceKey=abcxyz123456789"
[975] "http://openapi.molit.go.kr:8081/OpenAPI_ToolInstallPackage/service/rest/RTMSOBJSvc/
getRTMSDataSvcAptTrade?LAWD_CD=11740&DEAL_YMD=202201&serviceKey=abcxyz123456789"
```

이제 이렇게 생성한 975개의 URL을 차례대로 국토교통부 API 서버로 전송하여 데이터를 요청하고 서버로부터 반환된 결과를 결합하여 하나의 데이터셋을 생성한다.15 다음과 같이 아파트 매매 실거래 데이터가 수집되었다.

15 하루에 요청할 수 있는 횟수가 제한되어 있다. 개발계정 상세보기를 참고한다.

```
> library(tidyverse)
> library(XML)
> library(xml2)
> apt.trans <- tibble()
> for (url in urls) {
+   xml <- read_xml(url)
+   data <- as_list(xml)
+   apt <- data$response$body$items %>%
+     map(unlist) %>%
+     map(enframe) %>%
+     map(~pivot_wider(data=., names_from=name, values_from=value)) %>%
+     reduce(bind_rows)
+   apt.trans <- bind_rows(apt.trans, apt)
+   Sys.sleep(sample(10, 1)*0.1)
+ }
> apt.trans
# A tibble: 207,081 x 15
   거래금액       거래유형 건축년도 년    법정동      아파트    월    일    전용면적
   <chr>          <chr>    <chr>    <chr> <chr>       <chr>     <chr> <chr> <chr>
 1 "   140,000" " "        2008     2018  " 사직동"   광화문스~ 11    30    153.42
 2 "    42,000" " "        1981     2018  " 당주동"   롯데미도~ 11    11    65.82
 3 "   130,000" " "        2004     2018  " 내수동"   킹스매너  11    21    194.43
…(중략)
 8 "    24,400" " "        1999     2018  " 동숭동"   동성아파~ 11    21    49.56
 9 "    68,000" " "        2006     2018  " 명륜1가"  건양하늘~ 11    9     84.9
10 "    38,300" " "        2003     2018  " 명륜1가"  송림아마~ 11    10    53.42
# ... with 207,071 more rows, and 6 more variables: 중개사소재지 <chr>,
#   지번 <chr>, 지역코드 <chr>, 층 <chr>, 해제사유발생일 <chr>, 해제여부 <chr>
```

분석을 위해 몇 가지 전처리 작업을 수행한다.

```
> library(lubridate)
> apt.trans <- apt.trans %>%
+   mutate(거래금액=parse_number(거래금액)*10,
+          건축년도=as.numeric(건축년도),
+          계약연월일=ymd(str_c(년, str_pad(월, 2, pad=0), str_pad(일, 2, pad=0))),
+          전용면적=as.numeric(전용면적),
+          층=as.numeric(층)) %>%
+   left_join(seoul.code, by=c("지역코드"="법정동코드5"))
```

거래금액, 건축년도, 전용면적, 층 등의 열은 모두 숫자 형식으로 변환한다. 만원 단위인 거래금액에는 10을 곱하여 천원 단위로 변환한다. 그리고 분석 목적을 위해 연도, 월, 일이 포함된 계약연월일 열을 날짜 데이터 형식으로 새롭게 생성한다. 추출한 아파트 매매 실거래 데이터에는 구의 이름이 포함되어 있지 않다. 서울의 지역코드 데이터셋을 이용하여 지역코드로 식별한 구 이름(시군구명)을 포함한다. 이제 데이터 수집 작업이 종료되었다. 완성된 최종 데이터셋은 다음과 같다.

```
> apt.trans
# A tibble: 207,081 x 18
     거래금액 거래유형 건축년도 년     법정동      아파트          월     일     전용면적
      <dbl>  <chr>     <dbl> <chr>  <chr>       <chr>          <chr>  <chr>  <dbl>
 1 1400000  " "        2008  2018   " 사직동"    광화문스페이~     11     30     153.
 2  420000  " "        1981  2018   " 당주동"    롯데미도파광~     11     11      65.8
 3 1300000  " "        2004  2018   " 내수동"    킹스매너          11     21     194.
…(중략)
 8  244000  " "        1999  2018   " 동숭동"    동성아파트(1~     11     21      49.6
 9  680000  " "        2006  2018   " 명륜1가"   건양하늘터        11     9       84.9
10  383000  " "        2003  2018   " 명륜1가"   송림아마레스~     11     10      53.4
# ... with 207,071 more rows, and 9 more variables: 중개사소재지 <chr>,
#   지번 <chr>, 지역코드 <chr>, 층 <dbl>, 해제사유발생일 <chr>, 해제여부 <chr>,
#   계약연월일 <date>, 시도명 <chr>, 시군구명 <chr>
```

서울 지역의 아파트 매매 실거래 데이터를 이용하여 몇 가지 분석을 수행한다. 먼저 지도상에 서울시의 현재 구별 매매가와 거래량을 표시해보자. 다음과 같이 지도상에 표시할 데이터셋을 생성한다. 각 구별로 가장 최근의 매매가와 거래량 데이터를 집계한다.[16]

```
> apt.agg <- apt.trans %>%
+   mutate(계약연월=floor_date(계약연월일, unit="month")) %>%
+   group_by(지역코드, 시군구명, 계약연월) %>%
+   summarise(평균거래금액=mean(거래금액, na.rm=TRUE), 거래건수=n()) %>%
+   filter(계약연월 == max(계약연월)) %>%
+   ungroup()
```

16 여기에서는 분석의 편의를 위해 아파트의 면적을 고려하지 않은 단순 매매가 평균을 계산하였다. 하지만 보다 의미 있는 비교 분석을 위해서는 면적별 매매가 평균을 산출하는 것이 바람직하다.

```
> apt.agg
# A tibble: 25 x 5
   지역코드  시군구명  계약연월          평균거래금액  거래건수
   <chr>    <chr>    <date>                <dbl>    <int>
 1 11110    종로구    2022-01-01         532192.       13
 2 11140    중구      2022-01-01         316800        15
 3 11170    용산구    2022-01-01        2649372.        8
…(중략)
 8 11290    성북구    2022-01-01         877480        25
 9 11305    강북구    2022-01-01         647000        14
10 11320    도봉구    2022-01-01         571441.       17
# ... with 15 more rows
```

이어서 사용할 지도 데이터를 불러온다. 지도 데이터는 쉐이프파일(shapefile)이라는 형식으로 흔히 제공된다.[17] 지오서비스(Geoservice, http://www.gisdeveloper.co.kr/?p=2332)에서 제공하는 우리나라의 지도 데이터 쉐이프파일을 이용하여 서울시의 최근 아파트 거래량을 구 단위로 나타내보자.[18] 지오서비스 웹사이트에 접속하여 시군구 행정구역 단위의 쉐이프파일 압축파일을 다운로드한다. 다운로드한 파일의 압축을 푼 후 `raster` 패키지의 `shapefile()` 함수를 이용하여 다음과 같이 쉐이프파일을 `sp` 클래스의 객체로 변환한다.[19]

---

17 쉐이프파일은 사실상의 산업계 표준으로서 일반적으로 많이 사용되는 지도 데이터 포맷이다. R에서는 쉐이프파일을 읽어들여 `sp` 클래스의 객체 또는 `sf` 클래스의 객체로 저장할 수 있다. `sp` 클래스와 `sf` 클래스는 모두 지리 정보를 표현하는 방식을 의미하며 각각 'Spatial*'과 'Simple Features' 표준을 구현한다.

18 지금처럼 행정구역이 그려진 지도를 사용하고 싶을 때는 `raster` 패키지도 하나의 대안이 될 수 있다. `raster` 패키지의 `getData()` 함수를 이용하여 행정구역이 표시된 지도 데이터를 불러올 수 있다. `getData()` 함수의 `name` 인수에는 사용할 지도 데이터베이스 이름을 지정한다. 예를 들어, 세계행정구역 지도 데이터베이스인 GADM(database of global administrative area)을 이용할 수 있다. GADM을 사용할 경우 `country` 인수와 `level` 인수를 추가로 지정해야 한다. `country` 인수에는 ISO 세 자리 국가 코드를 지정한다. `level` 인수에는 지도에 표현할 행정구역의 세부 단위를 지정한다. 예를 들어, 우리나라의 경우 0을 지정하면 한국 전체가 하나의 구획선으로 표현되며, 1을 지정하면 광역자치단체(시도)까지 나눠주고, 2를 지정하면 시군구 단위까지 구분한다. 하지만 GADM의 데이터베이스는 실제 행정구역과 차이가 있을 수 있다는 점을 감안해야 한다. 왜냐하면 GADM은 전 세계의 행정구역 데이터를 관리하기 때문에 개별 국가의 행정구역 변경 사항을 반영하는 데 시간이 걸릴 수 있기 때문이다. 또한 시군구 단위에서의 지도는 다소 정교함이 떨어지기도 한다. 예를 들어, 서울시 부분만을 확대하여 보면 서울시의 구 단위 경계가 정확하지 않다. 따라서 가능하면 최근의 상황을 정확히 반영한 보다 정교한 지도 데이터를 사용하는 것이 바람직하다.

19 쉐이프파일은 네 개의 파일로 구성되며 모두 동일한 폴더(여기에서는 SHP-Geoservice 폴더) 내에 위치해야 한다. 네 개 파일 가운데 .shp 확장자를 갖는 파일을 `shapefile()` 함수에 인수로 제공한다.

```
> libray(raster)
> map.data <- shapefile("SHP-Geoservice/TL_SCCO_SIG.shp")
> map.data
class       : SpatialPolygonsDataFrame
features    : 250
extent      : 746110.3, 1387948, 1458754, 2068444  (xmin, xmax, ymin, ymax)
crs         : +proj=tmerc +lat_0=38 +lon_0=127.5 +k=0.9996 +x_0=1000000 +y_0=2000000
+ellps=GRS80 +units=m +no_defs
variables   : 3
names       : SIG_CD, SIG_ENG_NM, SIG_KOR_NM
min values  :  11110,  Andong-si,       가평군
max values  :  50130, Yuseong-gu,       횡성군
> class(map.data)
[1] "SpatialPolygonsDataFrame"
attr(,"package")
[1] "sp"
```

불러온 지도 데이터로 다음과 같이 시군구 단위로 구분된 지도를 그릴 수 있다([그림 8-11]).

그림 8-11 **지오서비스 지도 데이터**. 대한민국의 시군구 행정구역 단위로 구분된 지도를 그린다.

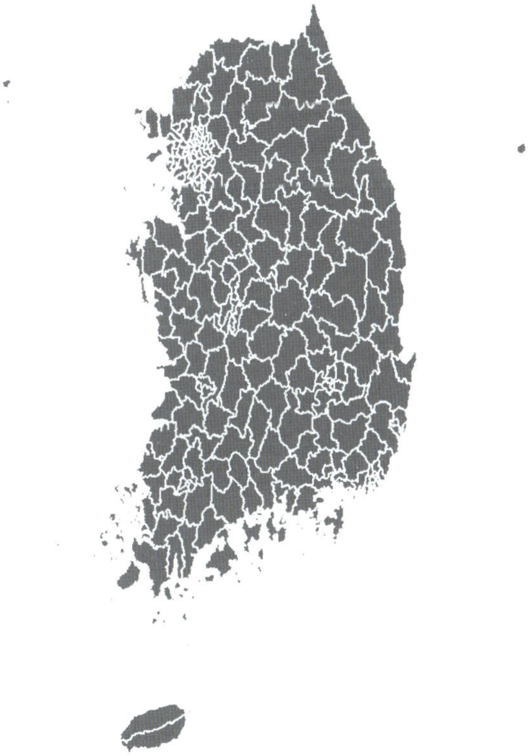

```
> windows(width=5.5, height=7.0)
> ggplot(data=map.data, mapping=aes(x=long, y=lat)) +
+   geom_polygon(aes(group=group), fill="dimgray", color="white") +
+   theme_void()
```

분석의 편의를 위해 다음과 같이 좌표계를 변환한다.[20]

```
> map.data <- spTransform(map.data,
+                         CRSobj=CRS("+proj=longlat +ellps=WGS84 +datum=WGS84 +no_defs"))
> map.data
class       : SpatialPolygonsDataFrame
features    : 250
extent      : 124.6097, 131.8728, 33.11371, 38.61371  (xmin, xmax, ymin, ymax)
crs         : +proj=longlat +datum=WGS84 +no_defs
variables   : 3
names       : SIG_CD, SIG_ENG_NM, SIG_KOR_NM
min values  :  11110, Andong-si,       가평군
max values  :  50130, Yuseong-gu,      횡성군
> head(map.data, 3)
  SIG_CD   SIG_ENG_NM SIG_KOR_NM
0  42110 Chuncheon-si     춘천시
1  42130     Wonju-si     원주시
2  42150 Gangneung-si     강릉시
```

지도상에 서울시의 구별 매매가와 거래량을 표시하기 위해서는 이러한 정보가 지도 데이터와 결합되어야 한다. 이를 위해 먼저 다음과 같이 sp 클래스의 객체로부터 지도 정보를 뽑아내 데이터프레임(티블) 형식으로 변환한다. 지역코드(SIG_CD)를 기준으로 데이터를 정리한다. 데이터프레임으로의 변환 과정에서 SIG_CD는 id로 바뀐다.

```
> library(broom)
> map.data <- tidy(map.data, region="SIG_CD")
```

20 이 작업은 사실 반드시 해야 하는 것은 아니다. 변환 전의 좌표계는 GRS80이고 변환 후의 좌표계는 WGS84이다. 두 좌표계는 모두 세계표준이며 어느 것을 사용해도 이후 지도 데이터를 사용하는 데 아무런 문제가 없다. 다만 GRS80은 우리에게 익숙한 경도/위도가 아닌 가상이동좌표로 표시되기 때문에 출력된 지도 데이터의 좌표값이 낯설 수 있다.

```
> map.data
# A tibble: 1,332,138 x 7
    long   lat order hole  piece group   id
   <dbl> <dbl> <int> <lgl> <fct> <fct>   <chr>
 1  127.  37.6     1 FALSE 1     11110.1 11110
 2  127.  37.6     2 FALSE 1     11110.1 11110
 3  127.  37.6     3 FALSE 1     11110.1 11110
…(중략)
 8  127.  37.6     8 FALSE 1     11110.1 11110
 9  127.  37.6     9 FALSE 1     11110.1 11110
10  127.  37.6    10 FALSE 1     11110.1 11110
# ... with 1,332,128 more rows
```

변환된 지리 정보 데이터셋을 지역코드를 공통의 열로 사용하여 다음과 같이 서울시 아파트 실거래 데이터셋과 결합한다. 지리 정보와 아파트 실거래 정보가 모두 하나의 데이터셋에 모였으므로 이제 이렇게 생성한 데이터셋을 이용하여 지도상에 서울시 아파트 실거래 정보를 표시할 수 있다.

```
> map.data.seoul <- left_join(apt.agg, map.data, by=c("지역코드"="id"))
> map.data.seoul
# A tibble: 38,231 x 11
   지역코드 시군구명 계약연월   평균거래금액 거래건수  long   lat order hole
   <chr>    <chr>    <date>            <dbl>    <int> <dbl> <dbl> <int> <lgl>
 1 11110    종로구   2022-01-01      532192.       13  127.  37.6     1 FALSE
 2 11110    종로구   2022-01-01      532192.       13  127.  37.6     2 FALSE
 3 11110    종로구   2022-01-01      532192.       13  127.  37.6     3 FALSE
…(중략)
 8 11110    종로구   2022-01-01      532192.       13  127.  37.6     8 FALSE
 9 11110    종로구   2022-01-01      532192.       13  127.  37.6     9 FALSE
10 11110    종로구   2022-01-01      532192.       13  127.  37.6    10 FALSE
# ... with 38,221 more rows, and 2 more variables: piece <fct>, group <fct>
```

지도상에 구의 명칭도 함께 표시해보자. 구의 이름을 지도상에 나타내기 위해서는 표시될 위치, 즉 경도와 위도를 알아야 한다. 다음과 같이 각 구를 둘러싼 좌표의 평균을 구하여 이 좌표를 해당 구를 대표하는 경도와 위도로 사용한다.

```
> area.center <- aggregate(cbind(long, lat, 평균거래금액, 거래건수) ~ 시군구명,
+                          data=map.data.seoul, FUN=mean)
```

```
> head(area.center, 3)
  시군구명     long      lat  평균거래금액 거래건수
1   강남구 127.0760 37.49035   1888633.2       34
2   강동구 127.1564 37.54973    781705.9       34
3   강북구 127.0199 37.63789    647000.0       14
```

지금까지 생성한 데이터셋을 이용하여 다음과 같이 지도상에 색상으로 서울시의 구별 최근 1개월 거래건수를 표시할 수 있다. 완성된 그래프는 [그림 8-12]와 같다. 색상이 진할수록 거래량이 많다는 것을 나타낸다. 구 이름과 함께 실제 거래량도 표시하였다.

```
> library(scales)
> windows(width=7.0, height=5.5)
> ggplot(data=map.data.seoul, mapping=aes(x=long, y=lat)) +
+   geom_polygon(aes(fill=거래건수, group=group), color="white") +
+   geom_text(data=area.center,
+             aes(x=long, y=lat,
+                 label=str_c(시군구명, "\n", format(거래건수, big.mark=","))),
+             color="darkgoldenrod4", size=3, fontface="bold") +
+   scale_fill_distiller(name=NULL, palette="Blues", direction=1, label=comma) +
```

그림 8-12 ▌ 아파트 매매 실거래 정보. 서울시 아파트의 구별 최근 1개월 거래량을 확인할 수 있다.

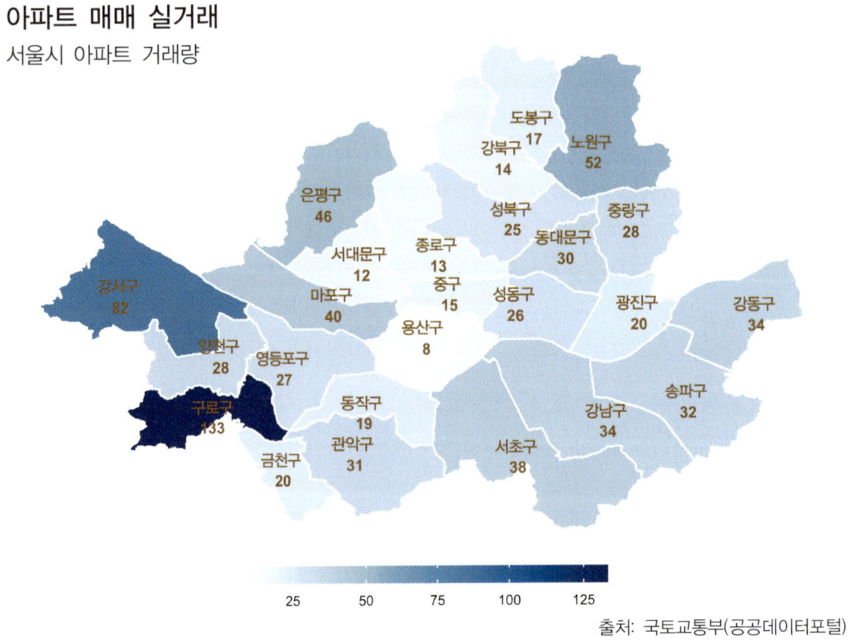

```
+   labs(title="아파트 매매 실거래",
+        subtitle="서울시 아파트 거래량",
+        caption="출처: 국토교통부(공공데이터포털)") +
+   theme_void() +
+   guides(color=guide_legend(),
+          fill=guide_colorbar(barwidth=15, barheight=0.7)) +
+   theme(plot.title=element_text(face="bold", size=18),
+         plot.subtitle=element_text(size=15),
+         plot.caption=element_text(size=12),
+         legend.position="bottom",
+         legend.text=element_text(size=8))
```

국토교통부의 국가공간정보포털(http://www.nsdi.go.kr)은 다양한 종류의 지도 데이터를 제공한다. 나라 전체의 지리 정보뿐만 아니라 지역별 상세 정보도 제공하고 있기 때문에 목적에 맞는 지도를 필요로 할 때 유용하다. 여기에서는 서울 지역 지도 데이터를 이용하여 지도상에 서울시의 현재 구별 최근 1개월 평균 매매가를 표시해보자.

국가공간정보포털 웹사이트(http://data.nsdi.go.kr/dataset/15144)에 접속하여 서울시의 쉐이프파일 압축파일을 다운로드한다.[21] 다운로드한 파일의 압축을 푼 후 shapefile() 함수를 이용하여 다음과 같이 쉐이프파일을 sp 클래스의 객체로 변환한다.

21 국가공간정보포털 홈페이지의 검색창에서 '행정구역시군구_경계'를 검색한다. 지역별 지도 데이터를 볼 수 있다.

```
> map.data.seoul <- shapefile("SHP-NSDI/LARD_ADM_SECT_SGG_11.shp")
> map.data.seoul
class       : SpatialPolygonsDataFrame
features    : 25
extent      : 935035.2, 972067.6, 1936666, 1966987  (xmin, xmax, ymin, ymax)
crs         : +proj=tmerc +lat_0=38 +lon_0=127.5 +k=0.9996 +x_0=1000000 +y_0=2000000
+ellps=GRS80 +towgs84=0,0,0,0,0,0,0 +units=m +no_defs
variables   : 5
names       : ADM_SECT_C, SGG_NM, SGG_OID, COL_ADM_SE, GID
min values  :      11110,  강남구,      33,      11110, 127
max values  :      11740,  중랑구,    1969,      11740, 151
> head(map.data.seoul, 3)
  ADM_SECT_C SGG_NM SGG_OID COL_ADM_SE GID
0      11740 강동구     337      11740 127
1      11710 송파구    1969      11710 128
2      11680 강남구      33      11680 129
```

지리 정보와 아파트 실거래 정보가 결합된 데이터셋을 생성하기 위해 앞서와 마찬가지로 먼저 sp 클래스의 객체로부터 지도 정보를 뽑아내 데이터프레임(티블) 형식으로 변환한다. 지역코드(ADM_SECT_C)를 기준으로 데이터를 정리한다.

```
> library(broom)
> map.data.seoul <- tidy(map.data.seoul, region="ADM_SECT_C")
> map.data.seoul
# A tibble: 30,528 x 7
       long       lat order hole  piece group   id
      <dbl>     <dbl> <int> <lgl> <fct> <fct>   <chr>
 1 953560.  1959305.      1 FALSE 1     11110.1 11110
 2 953629.  1959299.      2 FALSE 1     11110.1 11110
 3 953644.  1959291.      3 FALSE 1     11110.1 11110
…(중략)
 8 953780.  1958977.      8 FALSE 1     11110.1 11110
 9 953977.  1958998.      9 FALSE 1     11110.1 11110
10 953994.  1958990.     10 FALSE 1     11110.1 11110
# ... with 30,518 more rows
```

지역코드를 공통의 열로 사용하여 아파트 실거래 데이터셋과 지도 데이터셋을 결합한다. 그리고 지도상에 구의 명칭을 함께 표시하기 위해 해당 구를 둘러싼 좌표를 바탕으로 구의 이름이 표시될 경도와 위도를 계산한다.

```
> map.data.seoul <- left_join(apt.agg, map.data.seoul, by=c("지역코드"="id"))
> map.data.seoul
# A tibble: 30,528 x 11
   지역코드 시군구명 계약연월     평균거래금액 거래건수    long       lat order hole
   <chr>    <chr>    <date>            <dbl>    <int>   <dbl>     <dbl> <int> <lgl>
 1 11110    종로구   2022-01-01      532192.       13 953560.  1959305.     1 FALSE
 2 11110    종로구   2022-01-01      532192.       13 953629.  1959299.     2 FALSE
 3 11110    종로구   2022-01-01      532192.       13 953644.  1959291.     3 FALSE
…(중략)
 8 11110    종로구   2022-01-01      532192.       13 953780.  1958977.     8 FALSE
 9 11110    종로구   2022-01-01      532192.       13 953977.  1958998.     9 FALSE
10 11110    종로구   2022-01-01      532192.       13 953994.  1958990.    10 FALSE
# ... with 30,518 more rows, and 2 more variables: piece <fct>, group <fct>
> area.center <- aggregate(cbind(long, lat, 평균거래금액, 거래건수) ~ 시군구명,
+                          data=map.data.seoul, FUN=mean)
```

```
> head(area.center, 3)
  시군구명     long     lat  평균거래금액 거래건수
1  강남구 963091.9 1942607  1888633.2       34
2  강동구 969951.5 1950179   781705.9       34
3  강북구 957531.8 1959840   647000.0       14
```

완성된 데이터셋을 이용하여 다음과 같이 지도상에 색상으로 서울시의 구별 최근 1개월 매매가 평균을 나타낼 수 있다. 생성된 그래프는 [그림 8-13]과 같다. 색상이 진할수록 매매가가 높다는 것을 나타낸다. 구 이름과 함께 실제 평균 거래금액도 표시하였다.

```
> library(scales)
> windows(width=7.0, height=5.5)
> ggplot(data=map.data.seoul, mapping=aes(x=long, y=lat)) +
+   geom_polygon(aes(fill=평균거래금액/1000, group=group), color="white") +
+   geom_text(data=area.center,
+             aes(x=long, y=lat,
+                 label=str_c(시군구명, "\n", format(round(평균거래금액/1000), big.mark=","))),
+             color="darkcyan", size=3, fontface="bold") +
+   scale_fill_distiller(name=NULL, palette="Reds", direction=1, label=comma) +
```

그림 8-13 ▌ 아파트 매매 실거래 정보. 서울시 아파트의 구별 최근 1개월 매매가 평균을 확인할 수 있다.

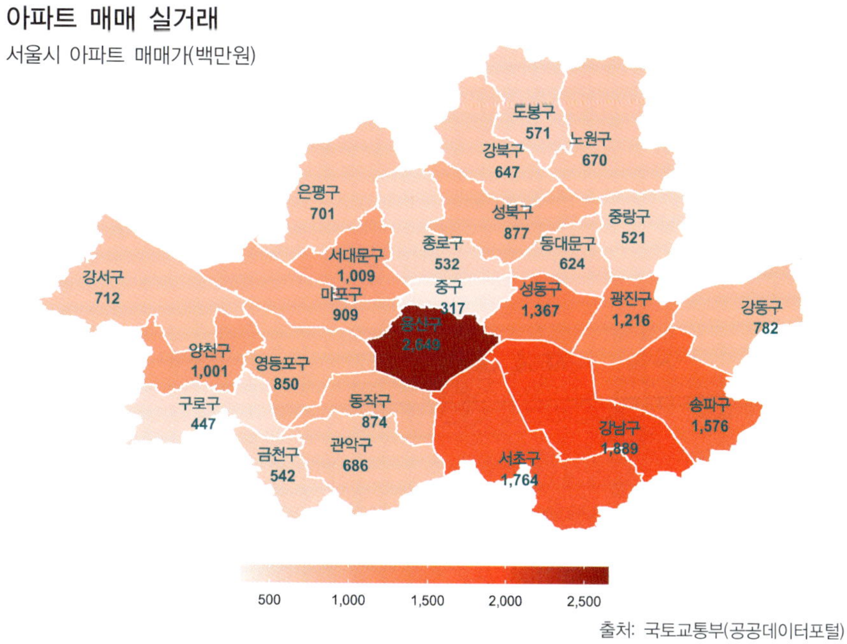

```
+   labs(title="아파트 매매 실거래",
+        subtitle="서울시 아파트 매매가(백만원)",
+        caption="출처: 국토교통부(공공데이터포털)") +
+   theme_void() +
+   guides(color=guide_legend(),
+          fill=guide_colorbar(barwidth=15, barheight=0.7)) +
+   theme(plot.title=element_text(face="bold", size=18),
+         plot.subtitle=element_text(size=15),
+         plot.caption=element_text(size=12),
+         legend.position="bottom",
+         legend.text=element_text(size=8))
```

지금까지는 쉐이프파일 지도 데이터를 R 환경으로 불러올 때 sp 클래스의 객체로 저장하였다. 이번에는 또 다른 지도 데이터 표현 방법 가운데 하나인 sf 클래스를 이용해보자. sf 클래스의 객체는 데이터프레임 형식으로 제공되기 때문에 데이터프레임 형식의 다른 데이터셋이나 데이터프레임 형식을 필요로 하는 다른 함수와 연동하여 작업하기 편리하다. 따라서 앞서 sp 클래스의 객체를 다룰 때처럼 추가로 데이터프레임으로 변환하는 작업이 불필요하다.[22]

앞서 사용했던 국가공간정보포털 웹사이트(http://data.nsdi.go.kr/dataset/15144)가 제공하는 서울시의 쉐이프파일을 동일하게 이용한다. 다운로드한 파일의 압축을 푼 후 sf 패키지의 sf_read() 함수를 이용하여 다음과 같이 쉐이프파일을 sf 클래스의 객체로 변환한다.

22 sp 클래스의 객체는 st_as_sf() 함수를 이용하여 sf 클래스로 변경할 수 있다.

```
> library(sf)
> map.data.seoul <- st_read("SHP-NSDI/LARD_ADM_SECT_SGG_11.shp")
> class(map.data.seoul)
[1] "sf"         "data.frame"
> map.data.seoul
Simple feature collection with 25 features and 5 fields
Geometry type: MULTIPOLYGON
Dimension:     XY
Bounding box:  xmin: 935035.2 ymin: 1936666 xmax: 972067.6 ymax: 1966987
Projected CRS: Korea 2000 / Unified CS
First 10 features:
   ADM_SECT_C                                              SGG_NM SGG_OID
1       11740 <U+00B0><U+00AD><U+00B5><U+00BF><U+00B1><U+00B8>     337
2       11710                            <U+00BC><db><c6>ı<U+00B8>    1969
3       11680 <U+00B0><U+00AD><U+00B3><U+00B2><U+00B1><U+00B8>      33
…(중략)
```

```
   COL_ADM_SE GID                    geometry
1       11740 127  MULTIPOLYGON (((969713.1 19...
2       11710 128  MULTIPOLYGON (((968640.4 19...
3       11680 129  MULTIPOLYGON (((958696.1 19...
…(중략)
```

지역코드(ADM_SECT_C)를 공통의 열로 사용하여 아파트 실거래 데이터셋과 지도 데이터셋을 결합한다. sf 클래스의 객체는 이미 데이터프레임 형식이기 때문에 앞서 sp 클래스의 객체를 사용할 때처럼 데이터프레임으로 변환하는 작업이 필요하지 않다. 또한 sf 클래스 객체의 지리 정보는 멀티폴리곤(multipolygon) 형태로 한 위치당 하나씩의 값으로 저장되므로 다른 데이터셋의 위치 정보와 자연스럽게 일대일 대응 관계를 갖는다.

```
> map.data.seoul <- left_join(map.data.seoul, apt.agg, by=c("ADM_SECT_C"="지역코드"))
> map.data.seoul
Simple feature collection with 25 features and 9 fields
Geometry type: MULTIPOLYGON
Dimension:     XY
Bounding box:  xmin: 935035.2 ymin: 1936666 xmax: 972067.6 ymax: 1966987
Projected CRS: Korea 2000 / Unified CS
First 10 features:
  ADM_SECT_C                                                SGG_NM SGG_OID COL_ADM_SE
1      11740 <U+00B0><U+00AD><U+00B5><U+00BF><U+00B1><U+00B8>      37      11740
2      11710                        <U+00BC><db><c6>ı<U+00B8>    1969      11710
3      11680 <U+00B0><U+00AD><U+00B3><U+00B2><U+00B1><U+00B8>      33      11680
…(중략)
  GID 시군구명    계약연월  평균거래금액 거래건수                       geometry
1 127   강동구 2022-01-01     781705.9       34 MULTIPOLYGON (((969713.1 19...
2 128   송파구 2022-01-01    1576125.0       32 MULTIPOLYGON (((968640.4 19...
3 129   강남구 2022-01-01    1888633.2       34 MULTIPOLYGON (((958696.1 19...
…(중략)
```

sf 패키지의 유용한 함수들을 사용할 수 있다는 것도 sf 클래스의 객체를 다룰 때 편리한 점 가운데 하나이다. 예를 들어, sf 패키지에는 특정 지역의 중심점을 계산할 수 있는 함수가 있다. st_centroid() 함수를 이용하여 중심점을 산출할 수 있고 st_coordinates() 함수를 이용하여 이를 행렬 형태로 변환할 수 있다.[23] 이러한 함수를 이용하면 앞서처럼 특정 지역을 둘러싼 좌표를 바탕으로 중심점을 계산할 필요도 없을 뿐만 아니라 보다 정확한 중심점

23 지리 정보가 유효하지 않은 경우를 대비하여 st_make_valid() 함수로 먼저 유효한 데이터로 만든 후 중심점을 계산한다.

데이터를 얻을 수 있다. 계산된 중심점 데이터를 앞서 생성한 데이터셋(아파트 실거래 데이터와 지도 데이터를 결합한 데이터셋)에 포함시킨다.

```
> area.center <- st_coordinates(st_centroid(st_make_valid(map.data.seoul$geometry)))
> head(area.center, 3)
         X       Y
1 968820.3 1950182
2 965998.7 1945219
3 961370.0 1944246
> map.data.seoul <- cbind(map.data.seoul, area.center)
> names(map.data.seoul)
 [1] "ADM_SECT_C"  "SGG_NM"      "SGG_OID"     "COL_ADM_SE"  "GID"
 [6] "시군구명"     "계약연월"     "평균거래금액"  "거래건수"     "X"
[11] "Y"           "geometry"
```

이제 이렇게 생성한 데이터셋을 이용하여 다음과 같이 서울시 지도상에 구별 아파트 평균 매매가를 표시한다. 생성된 그래프는 [그림 8-14]와 같다.

```
> library(ggspatial)
> library(scales)
> windows(width=7.0, height=7.0)
> ggplot(map.data.seoul) +
+   geom_sf(aes(fill=평균거래금액/1000), color="dimgray") +
+   annotation_scale(location="tl", width_hint=0.3) +
+   annotation_north_arrow(location="tl", pad_x=unit(1.0, "cm"), pad_y=unit(1.0, "cm"),
+                          style=north_arrow_fancy_orienteering) +
+   geom_text(aes(x=X, y=Y,
+                 label=str_c(시군구명, "\n", format(round(평균거래금액/1000), big.mark=","))),
+             color="cadetblue", size=3, fontface="bold") +
+   scale_fill_viridis_c(option="plasma", label=comma) +
+   labs(title="아파트 매매 실거래",
+        subtitle="서울시 아파트 매매가(백만원)",
+        caption="출처: 국토교통부(공공데이터포털)",
+        x="경도(longitude)", y="위도(latitude)") +
+   theme_bw() +
+   guides(color=guide_legend(),
+          fill=guide_colorbar(barwidth=15, barheight=0.7)) +
```

```
+   theme(plot.title=element_text(face="bold", size=18),
+         plot.subtitle=element_text(size=15),
+         plot.caption=element_text(size=12),
+         legend.position="bottom",
+         legend.title=element_blank(),
+         legend.text=element_text(size=8),
+         panel.grid.major=element_line(color="gray70", linetype="dashed", size=0.5),
+         panel.background=element_rect(fill="honeydew"))
```

geom_sf() 함수는 sf 클래스의 객체에 포함된 지리 정보를 바탕으로 지도를 생성한다. 매매가 크기에 비례하여 각 구별 영역에 그러데이션 색상이 채워진다. 매매가가 클수록 밝은 색상으로 표현된다. 평균 매매가와 함께 구 이름을 지도상에 출력하였으며 지도 좌상단에 스케일바(scale bar)와

▶ 그림 8-14 ▌ **아파트 매매 실거래 정보.** 서울시 아파트의 구별 최근 1개월 매매가 평균을 확인할 수 있다(sf 클래스 지도 데이터).

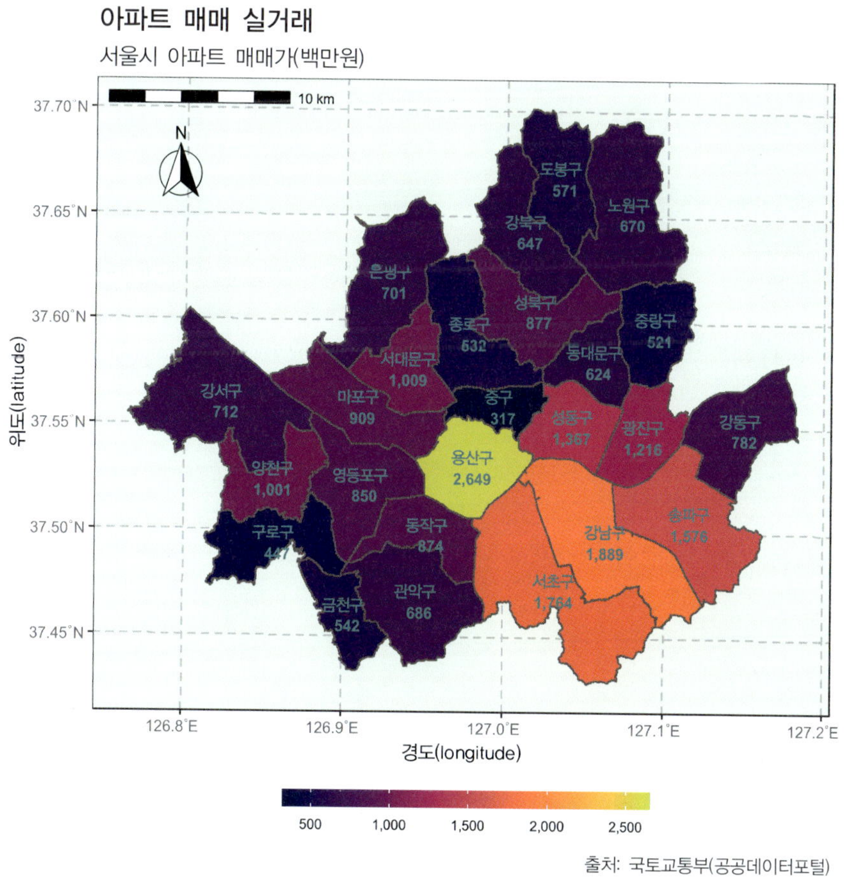

북쪽을 가리키는 화살표를 추가하였다.

지난 3년 6개월간의 서울 지역의 아파트 매매 실거래 데이터를 수집했으므로 이를 이용하여 시간의 흐름에 따른 추세를 분석하는 것도 흥미로울 수 있다. 서울 지역의 월별 매매가와 거래량 추이를 살펴본다. 이를 위해 `lubridate` 패키지의 `floor_date()` 함수를 이용하여 계약연월일을 해당 월의 1일로 변환한다. 그런 다음 변환된 월 단위의 일자를 기준으로 아파트 매매 실거래 데이터를 집계하여 월별 매매가 평균과 거래량을 계산한다.

```
> library(lubridate)
> apt.agg <- apt.trans %>%
+   mutate(계약연월=floor_date(계약연월일, unit="month")) %>%
+   group_by(계약연월) %>%
+   summarise(평균거래금액=mean(거래금액, na.rm=TRUE), 거래건수=n()) %>%
+   ungroup()
```

다음과 같이 모두 39개월간의 월별 아파트 매매가 평균과 거래량 데이터가 산출되었다.

```
> apt.agg
# A tibble: 39 x 3
   계약연월      평균거래금액  거래건수
   <date>              <dbl>    <int>
 1 2018-11-01        641726.     1777
 2 2018-12-01        606237.     1593
 3 2019-01-01        618056.     1730
…(중략)
 8 2019-06-01        864133.     6930
 9 2019-07-01        867611.     8837
10 2019-08-01        804417.     6619
# ... with 29 more rows
```

월별로 집계된 평균 매매가를 다음과 같이 그래프로 나타낼 수 있다. [그림 8-15]와 같은 시계열 그래프가 생성된다.

그림 8-15 **아파트 매매 실거래 정보.** 서울 지역의 아파트 매매가는 전반적으로 상승하는 추세를 보이고 있다.

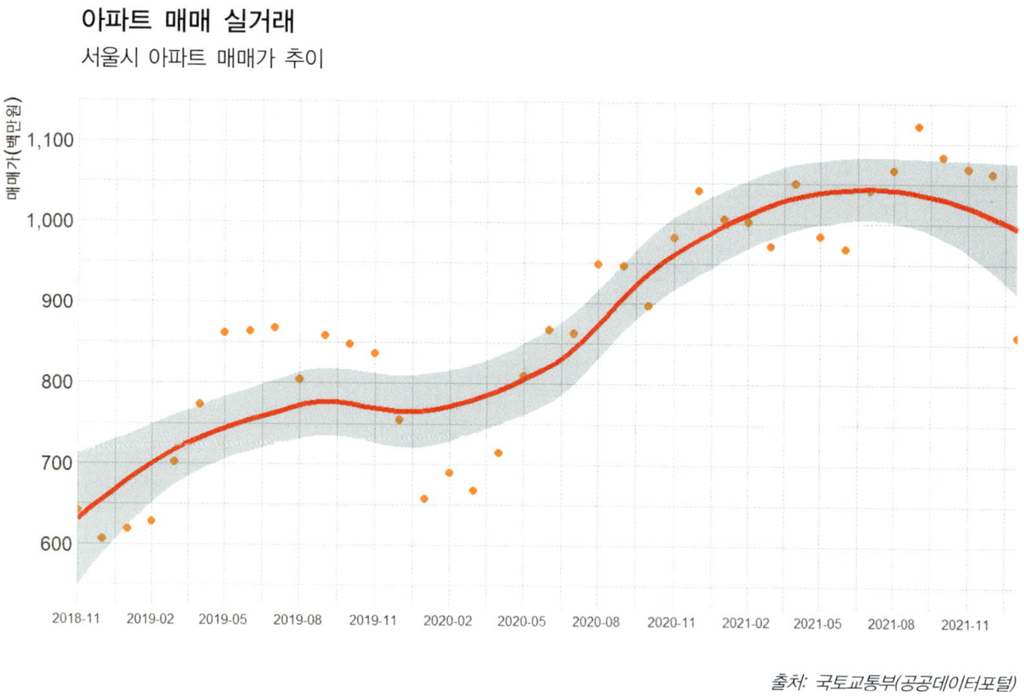


```
> library(scales)
> library(hrbrthemes)
> windows(width=9.0, height=6.0)
> ggplot(apt.agg, aes(x=계약연월, y=평균거래금액/1000)) +
+   geom_point(color="darkorange", size=2) +
+   geom_smooth(method="loess", color="firebrick1", size=1.5) +
+   scale_x_date(date_labels="%Y-%m", date_breaks="3 months", expand=c(0, 0)) +
+   scale_y_continuous(labels=comma) +
+   labs(x="", y="매매가(백만원)",
+        title="아파트 매매 실거래",
+        subtitle="서울시 아파트 매매가 추이",
+        caption="출처: 국토교통부(공공데이터포털)") +
+   theme_ipsum(axis_title_size=12,
+               plot_margin=margin(10, 10, 10, 10)) +
+   theme(plot.title=element_text(face="bold", size=18),
+         plot.subtitle=element_text(size=15),
+         plot.caption=element_text(size=12),
+         axis.text.x=element_text(size=8))
```

거래량의 추이를 [그림 8-16]과 같은 시계열 그래프로 나타내보자. 여기에서는 dygraphs 패키지를 이용한다. dygraphs 패키지를 이용하여 시계열 그래프를 그리기 위해서는 데이터셋이 시계열 데이터이어야 한다. 먼저 xts 패키지를 이용하여 다음과 같이 거래량 데이터를 시계열 데이터로 변환한다.[24]

```
> library(xts)
> apt.agg.xts <- apt.agg %>%
+   select("계약연월", "거래건수") %>%
+   xts(x=.$거래건수, order.by=.$계약연월)
> head(apt.agg.xts, 3); tail(apt.agg.xts, 3)
           [,1]
2018-11-01 1777
2018-12-01 1593
2019-01-01 1730
           [,1]
2021-11-01 1425
2021-12-01 1148
2022-01-01  824
```

dygraphs 패키지의 dygraph() 함수는 시계열 데이터를 인수로 받아서 기본적인 시계열 그래프를 생성한다. 기본 시계열 그래프를 바탕으로 파이프 연산자 %>%를 이용하여 다양한 커스터마이징 작업을 수행할 수 있다. 예를 들어, 여기에서는 dyAxis() 함수를 이용하여 X축의 그리드를 제거했고 dyOptions() 함수를 이용하여 Y축의 그리드 색상을 옅은 파란색으로 지정하였다.

```
> library(dygraphs)
> p <- dygraph(apt.agg.xts, main="서울시 아파트 거래량 추이", ylab="거래량(건)") %>%
+   dyAxis("x", drawGrid=FALSE) %>%
+   dyOptions(fillGraph=TRUE, gridLineColor="lightblue", colors="royalblue")
> p
```

생성된 그래프 위에 마우스 커서를 올리면 해당 시점의 거래량을 확인할 수 있다. 이 그래프를 별도의 이미지 파일로 저장하려면 다음과 같은 절차를 따른다.[25] dygraphs 패키지의 시계열 그래프는

24 여기서 사용한 dplyr 패키지의 select() 함수와 동일한 이름의 함수가 raster 패키지에도 있다. 따라서 raster 패키지가 탐색경로상에 dplyr 패키지보다 앞에 있는 상태라면(search() 함수를 이용하여 확인), 즉 나중에 메모리에 적재했으면 여기에서는 에러가 발생한다. 다음과 같이 raster 패키지를 탐색경로에서 제거한 후 명령어를 실행한다: detach(package:raster). 또는 다음과 같이 패키지 이름과 함께 함수를 실행하여 dplyr 패키지에 포함된 select() 함수를 호출한다: dplyr::select(…).

25 RStudio를 이용할 경우에는 Viewer 창의 Export 메뉴에서 생성된 이미지를 파일로 저장할 수 있다.

그림 8-16 **아파트 매매 실거래 정보.** 서울 지역의 아파트 거래량은 전체 조회기간에 걸쳐 등락의 편차가 크다.

HTML 위젯(widget)으로 생성되므로 기본적으로 HTML 형식으로 출력된다. 시계열 그래프를 먼저 saveWidget() 함수를 이용하여 HTML 파일로 생성한 후 webshot() 함수를 이용하여 이를 이미지 파일로 저장한다.

```
> library(htmlwidgets)
> library(webshot)
> saveWidget(p, file="dataportal-apt-trans.html")
> webshot(url="dataportal-apt-trans.html", file="dataportal-apt-trans.png",
+         vwidth=810, vheight=540)
```

이번에는 구별로 아파트 매매 실거래 추이를 분석해보자. 이를 위해 아파트 매매 실거래 데이터를 다음과 같이 구별로 집계하여 월별 매매가 평균과 거래량을 계산한다.

```
> library(lubridate)
> apt.agg <- apt.trans %>%
+   mutate(계약연월=floor_date(계약연월일, unit="month")) %>%
+   group_by(시군구명, 계약연월) %>%
+   summarise(평균거래금액=mean(거래금액, na.rm=TRUE), 거래건수=n()) %>%
+   ungroup()
```

```
> apt.agg
# A tibble: 975 x 4
   시군구명 계약연월      평균거래금액 거래건수
   <chr>    <date>          <dbl>    <int>
 1 강남구   2018-11-01  1544529.       70
 2 강남구   2018-12-01  1481477.       80
 3 강남구   2019-01-01  1730709.       76
…(중략)
 8 강남구   2019-06-01  1794180.      593
 9 강남구   2019-07-01  1819735.      668
10 강남구   2019-08-01  1830871.      362
# ... with 965 more rows
```

구별 월별로 집계한 데이터를 바탕으로 서울 지역의 구별 아파트 매매가 추이는 다음과 같이 그래프로 그릴 수 있다. 생성된 시계열 그래프는 [그림 8-17]과 같다. 각 구별로 별도의 패널에 매매가 변동 추이가 나타난다.

```
> library(scales)
> windows(width=9.0, height=9.0)
> ggplot(apt.agg, aes(x=계약연월, y=평균거래금액/1000)) +
+   geom_point(color="darkturquoise") +
+   geom_smooth(method="loess", color="tomato") +
+   scale_x_date(date_labels="%y-%m", date_breaks="years") +
+   scale_y_continuous(labels=comma) +
+   facet_wrap(~ 시군구명, scale="free_y", ncol=5) +
+   labs(x="", y="매매가(백만원)",
+        title="아파트 매매 실거래",
+        subtitle="서울시 아파트 매매가 추이",
+        caption="출처: 국토교통부(공공데이터포털)") +
+   theme_bw() +
+   theme(strip.background=element_blank(),
+         strip.text=element_text(color="dimgray", face="bold"),
+         plot.title=element_text(face="bold", size=20),
+         plot.subtitle=element_text(size=15),
+         plot.caption=element_text(size=12),
+         axis.text.x=element_text(size=7))
```

▶ 그림 8-17 ▌ **아파트 매매 실거래 정보.** 서울 지역의 25개 구별 아파트 매매가는 전반적으로 상승하는 추세를 보이고 있으나 최근 일부 하락세가 나타나고 있다.

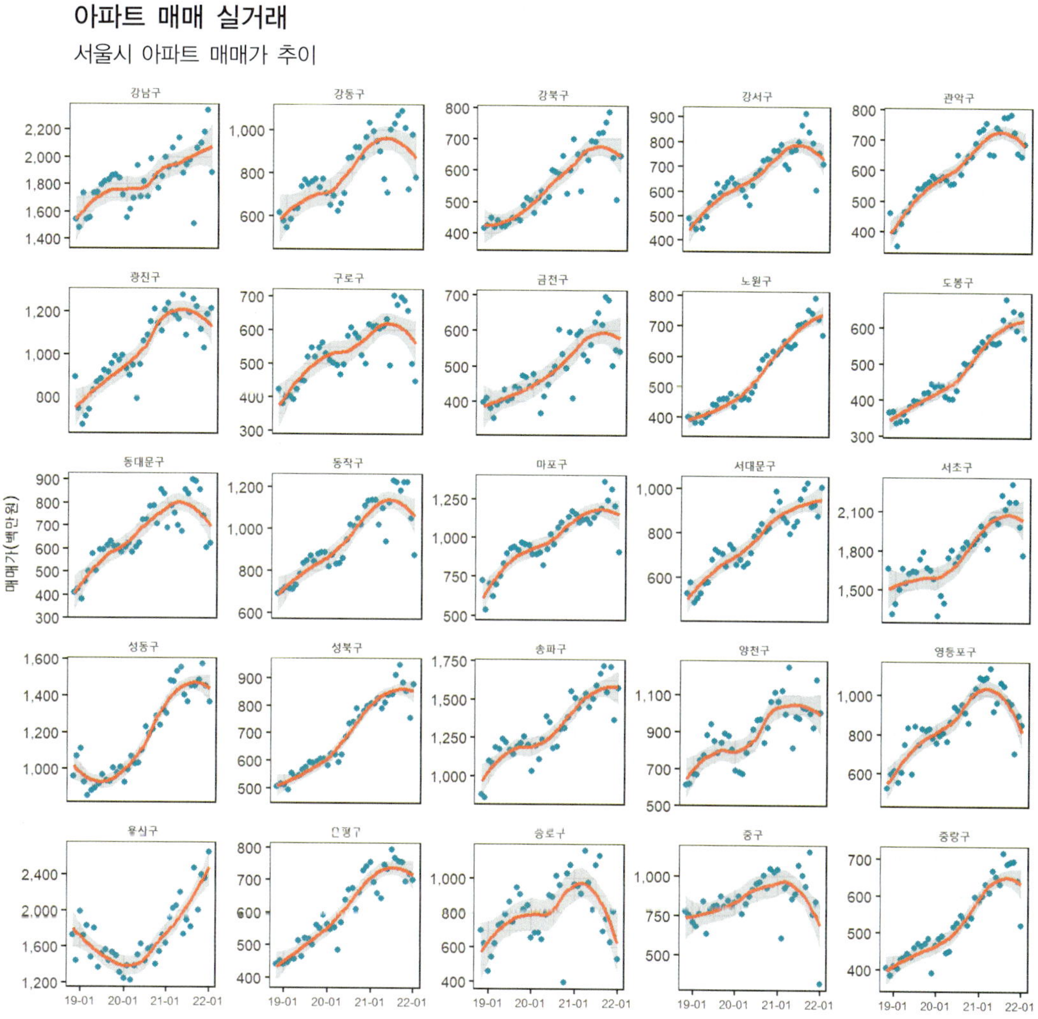

출처: 국토교통부(공공데이터포털)

시계열분석(time series analysis)을 통해 아파트 매매가를 예측해보자.[26] 시간의 흐름에 따라 일자별로 기록된 아파트 매매 실거래 데이터는 기본적으로 시계열 성격의 데이터이기 때문에 과거의 발생 패턴을

26 시계열분석은 시간의 흐름에 따라 일정한 간격으로 사건을 관찰하여 기록한 데이터를 바탕으로 미래에 관측될 값을 예측(forecasting)하는 분석기법이다. 시계열은 어떠한 사건에 관한 시간적 변화를 나타내므로 어느 한 시점에서의 관측값은 그 이전까지의 관측값들에 의존하게 된다. 따라서 시계열분석에서는 과거의 일련의 관측값을 분석하여 이를 모델링하고, 이 예측모델을 바탕으로 미래의 관측값을 예측한다. 시계열 데이터는 일반적으로 추세 성분(trend component), 계절 성분(seasonal component), 불규칙 성분(irregular component) 등에 의해 변동된다고 가정한다. 곽기영 교수의 유튜브 채널에서 시계열분석에 대한 동영상 강의를 시청할 수 있다(https://www.youtube.com/곽기영).

바탕으로 미래의 변동 추이를 예측할 수 있다. 시계열분석을 위해서는 먼저 매매가 데이터를 시계열 데이터 객체로 변환해야 한다. 다음과 같이 ts() 함수를 이용하여 강남구의 아파트 매매가를 시계열 데이터 객체로 변환한다.

```
> apt.ts <- ts(data=filter(apt.agg, 시군구명=="강남구")$평균거래금액/1000,
+              start=c(2018, 11), frequency=12)
> class(apt.ts)
[1] "ts"
```

강남구의 아파트 매매가 예측을 위한 시계열 데이터는 다음과 같이 생성된다.

```
> apt.ts
          Jan      Feb      Mar      Apr      May      Jun
2018
2019 1730.709 1544.857 1556.812 1729.827 1736.778 1794.180
2020 1552.149 1616.297 1695.074 1936.351 1705.981 1821.208
2021 1924.018 2064.775 1940.804 2137.671 1880.098 1941.021
2022 1888.633
          Jul      Aug      Sep      Oct      Nov      Dec
2018                                     1544.529 1481.477
2019 1819.735 1830.871 1864.337 1868.259 1841.357 1718.601
2020 1706.493 1985.805 1857.556 1770.229 1853.602 1996.625
2021 1977.418 1510.055 2066.118 2103.088 2181.537 2342.884
2022
```

forecast 패키지의 ets() 함수를 이용하여 다음과 같이 시계열 예측모델을 생성한다. ets() 함수는 추세 성분(trend component)과 계절 성분(seasonal component)을 반영한 지수평활모델(exponential smooting model)을 바탕으로 예측모델을 생성한다.

```
> library(forecast)
> apt.ets <- ets(apt.ts)
```

예측모델을 이용하여 향후 12개월간의 매매가를 예측해보자. 다음과 같이 forecast() 함수를 이용한다. h 인수에 예측하고자 하는 기간을 지정한다.

```
> apt.ets.pred <- forecast(apt.ets, h=12)
```

향후 1년간의 예측결과는 다음과 같다. 예측값과 함께 80% 및 95% 신뢰구간이 제시된다. 예측모델에 따르면 2023년 1월의 아파트 매매가는 약 2,243백만원으로 예측되며 1,895백만원에서 2,591백만원까지의 95% 신뢰구간을 갖는다.

```
> apt.ets.pred
         Point Forecast    Lo 80    Hi 80    Lo 95    Hi 95
Feb 2022       2095.938 1883.165 2308.710 1770.530 2421.345
Mar 2022       2109.309 1895.179 2323.439 1781.825 2436.792
Apr 2022       2122.680 1907.193 2338.167 1793.121 2452.240
May 2022       2136.051 1919.207 2352.896 1804.416 2467.687
Jun 2022       2149.423 1931.220 2367.625 1815.711 2483.134
Jul 2022       2162.794 1943.234 2382.353 1827.006 2498.581
Aug 2022       2176.165 1955.248 2397.082 1838.301 2514.028
Sep 2022       2189.536 1967.262 2411.811 1849.597 2529.476
Oct 2022       2202.907 1979.275 2426.539 1860.892 2544.923
Nov 2022       2216.278 1991.289 2441.268 1872.187 2560.370
Dec 2022       2229.650 2003.303 2455.997 1883.482 2575.818
Jan 2023       2243.021 2015.316 2470.725 1894.777 2591.265
```

예측결과는 다음과 같이 그래프로 나타낼 수 있다. autoplot() 함수를 이용하여 forecast() 함수의 예측결과를 95% 신뢰구간과 함께 [그림 8-18]과 같이 시계열 그래프상에 표현한다. ggfortify 패키지를 이용하면 시계열 객체를 ggplot2 패키지 스타일로 시각화할 수 있으며, 시계열 분석 결과(예를 들면, forecast 패키지의 출력 결과) 또한 동일한 스타일로 그래프상에 나타낼 수 있다.

```
> library(ggfortify)
> library(scales)
> library(hrbrthemes)
> windows(width=9.0, height=6.0)
> autoplot(apt.ets.pred, ts.colour="darkorange", ts.size=1.5,
+          predict.colour="red", predict.linetype="dashed",
+          predict.size=1.2, conf.int.fill="tomato") +
+   scale_y_continuous(labels=comma) +
+   labs(x="", y="매매가(백만원)",
+        title="아파트 매매 실거래",
+        subtitle="서울시 강남구 아파트 매매가 추이와 예측",
+        caption="출처: 국토교통부(공공데이터포털)") +
+   theme_ipsum(axis_title_size=12,
+               plot_margin=margin(10, 10, 10, 10)) +
+   theme(plot.title=element_text(face="bold", size=18),
+         plot.subtitle=element_text(size=15),
+         plot.caption=element_text(size=12),
+         axis.text.x=element_text(size=8))
```

▶ 그림 8-18 ▌ **아파트 매매 실거래 정보.** 서울 강남구 아파트 매매가를 예측한다(ggfortify 패키지).

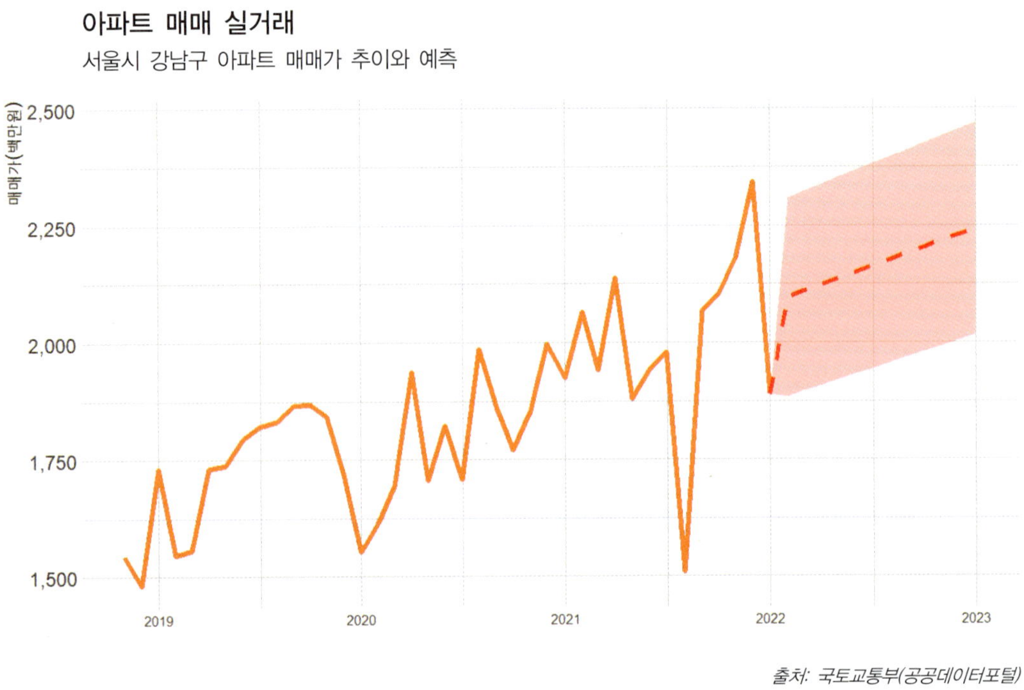

또는 ggfortify 패키지의 도움 없이 다음과 같이 geom_forecast() 함수를 이용하여 시계열 분석에 의한 예측결과를 그래프상에 나타낼 수 있다. 이를 위해서는 시간과 시계열 데이터를 열로 갖는 별도의 데이터프레임을 생성해야 한다. 생성된 그래프는 [그림 8-19]와 같다.

```
> data <- data.frame(price=as.numeric(apt.ts), time=as.numeric(time(apt.ts)))
> library(scales)
> library(hrbrthemes)
> windows(width=9.0, height=6.0)
> ggplot(data=data, aes(x=time, y=price)) +
+   geom_forecast(h=12, lty="dashed", color="mistyrose") +
+   geom_point(color="salmon", size=2) +
+   geom_smooth(method="loess", color="firebrick1", size=1.2) +
+   scale_y_continuous(labels=comma) +
+   labs(x="", y="매매가(백만원)",
+        title="아파트 매매 실거래",
+        subtitle="서울시 강남구 아파트 매매가 추이와 예측",
+        caption="출처: 국토교통부(공공데이터포털)") +
```

그림 8-19 **아파트 매매 실거래 정보.** 서울 강남구 아파트 매매가를 예측한다(`geom_forecast()` 함수).

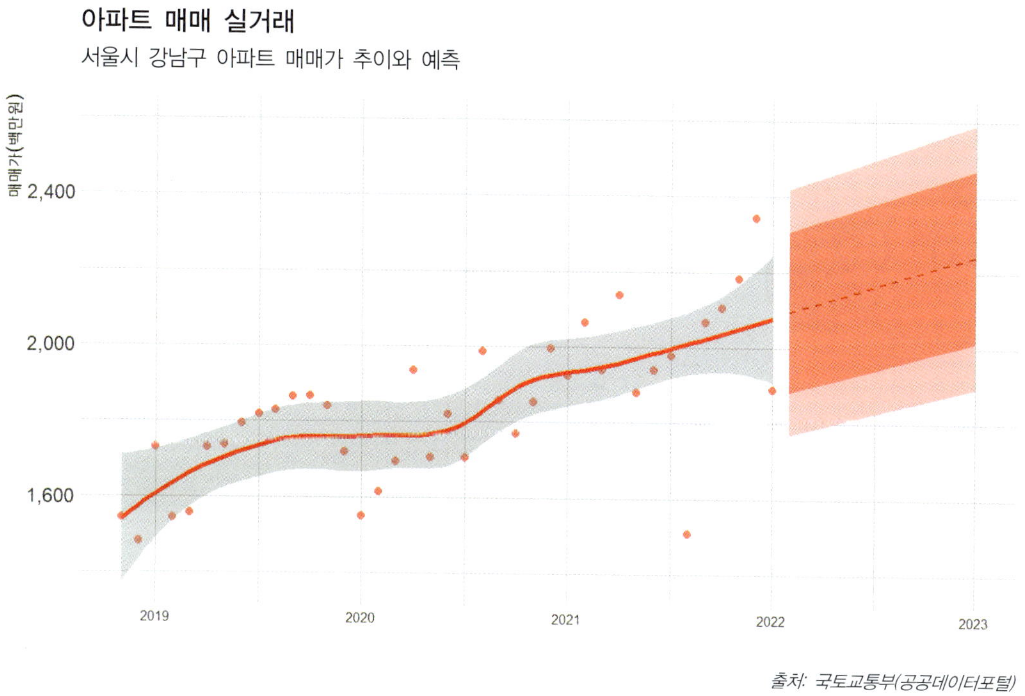


```
+   theme_ipsum(axis_title_size=12,
+                   plot_margin=margin(10, 10, 10, 10)) +
+   theme(plot.title=element_text(face="bold", size=18),
+         plot.subtitle=element_text(size=15),
+         plot.caption=element_text(size=12),
+         axis.text.x=element_text(size=8))
```

소액대출 @Kiva

Kiva(https://www.kiva.org)는 소액대출을 통해 빈곤 문제를 완화하려는 목표로 설립된 비영리 단체이다([그림 8-20]). Kiva는 전 세계의 대출자(lender)와 차입자(borrower)를 연결하여 대출자들이 제공한 소액의 대출금으로 차입자들이 더 나은 삶을 위한 경제적 활동을 수행할 수 있도록 도와준다. Kiva 웹사이트는 대출금이나 대출자에 대한 데이터를 API를 통해 JSON 데이터 포맷으로 제공한다. Kiva 웹서비스의 API에 대한 설명은 개발자 페이지에서 볼 수 있다.

그림 8-20 **소액대출.** Kiva 웹사이트로부터 차입자 및 대출자, 대출 횟수, 대출금 등의 대출 정보를 수집한다.

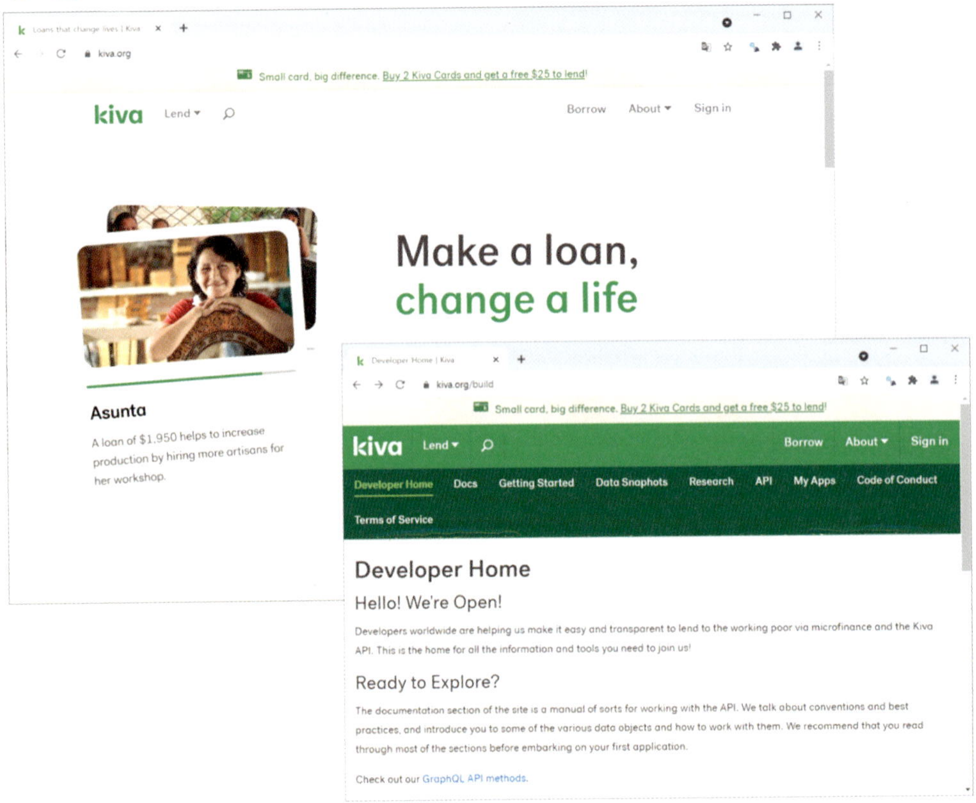

Kiva의 웹서비스는 GraphQL API를 제공한다. 구체적인 GraphQL API 사용 방법은 [그림 8-21]의 GraphQL API 웹사이트(https://api.kivaws.org/graphql)에서 확인할 수 있다.[27] 대출 데이터는 `lend` 필드(field)의 객체에 저장되어 있으며 그 안에 정의된 다양한 필드를 이용하여 차입자 및 대출자와 관련된 보다 세부적인 정보에 접근할 수 있다.[28]

27 GraphQL API에는 타입(type)과 각 타입에 대한 필드(field)가 정의되어 있다. 타입은 GraphQL API를 통해 반환되는 데이터 형식을 나타낸다. 타입에는 크게 스칼라(scalar) 타입과 오브젝트(object) 타입이 있다. 스칼라 타입은 서버로부터 실제 반환되는 데이터 형식을 의미한다. 서버로부터 반환된 결과는 계층적인 트리 구조를 갖는데, 스칼라 타입은 그 트리의 최종 노드(leaf) 부분의 데이터를 표현한다. 기본적으로 제공되는 스칼라 타입으로는 `Int`, `Float`, `String`, `Boolean`, `ID` 등이 있으며 새로운 스칼라 타입을 정의할 수도 있다. 오브젝트 타입은 쿼리를 정의하는 스키마(schema, 즉 데이터 구조)에서 가장 흔히 사용되는 타입이며 필드 집합을 표현하기 위해 사용된다. 계층적인 트리 구조를 갖는 서버로부터 반환된 결과에서 트리의 중간 노드(intermediate node) 부분에 해당한다. 오브젝트 타입은 중첩된 타입 구조를 허용한다. 오브젝트 타입 내의 각 필드는 또 다른 타입을 가질 수 있다. 따라서 오브젝트 타입은 다수의 스칼라 타입과 오브젝트 타입으로 구성된다고 얘기할 수 있다. 쿼리(query) 타입과 뮤테이션(mutation) 타입은 오브젝트 타입의 특별한 경우로서 루트(root) 타입이라고 하며 모든 GraphQL의 시작점으로서의 역할을 한다. 쿼리 타입은 서버로부터 데이터를 읽어들이는 목적으로 사용되며 뮤테이션 타입은 생성, 업데이트, 삭제와 같은 데이터 조작(data manipulation) 목적으로 사용된다.

그림 8-21 ▌소액대출. Kiva의 GraphQL API 웹사이트는 데이터 수집을 위한 쿼리 정보를 제공한다.

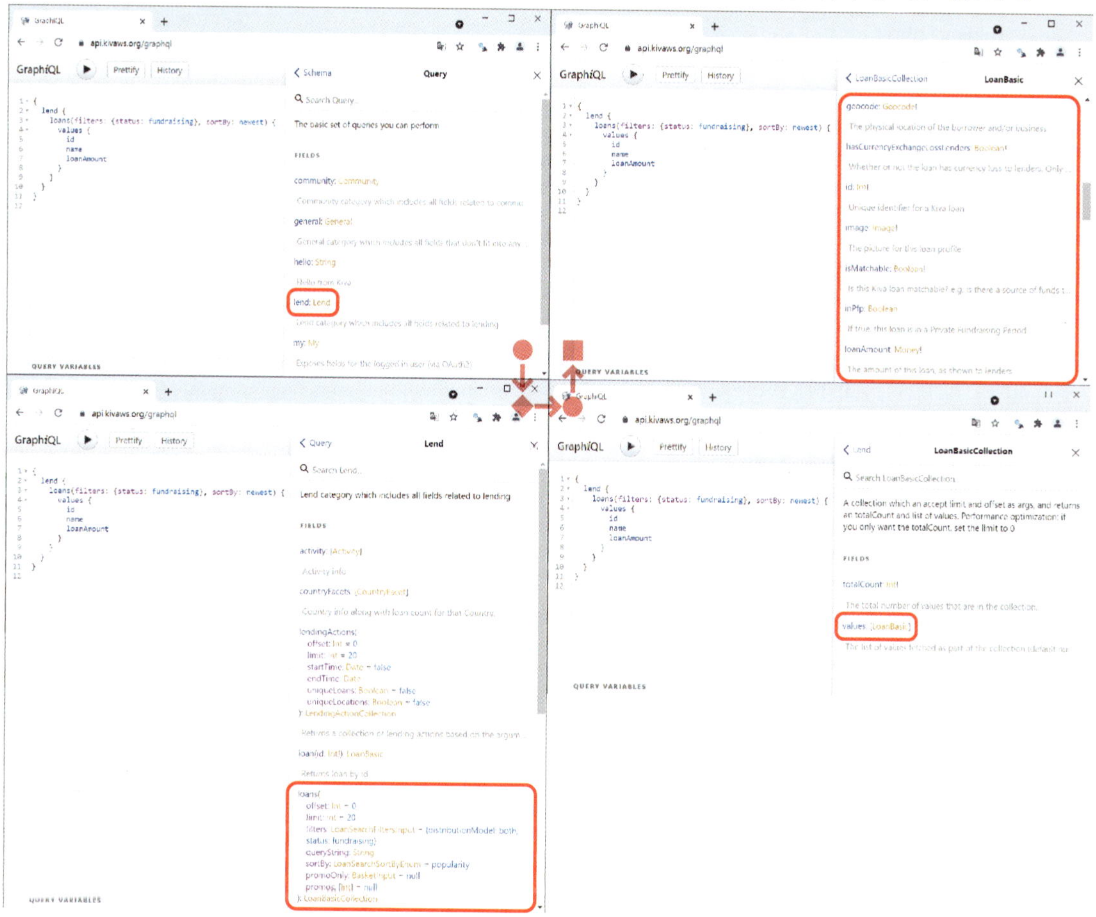

Kiva 웹사이트로부터 가장 최근의 대출 정보를 수집해보자. 먼저 필요한 패키지를 메모리에 적재한다. Kiva의 GraphQL API에 접근하기 위한 클라이언트로서 여기에서는 `ghql` 패키지를 사용한다.

---

28 `lend` 필드는 `Lend` 오브젝트 타입으로서 그 안에 다양한 필드가 정의되어 있다. `Lend` 오브젝트 타입의 링크를 클릭하면 사용할 수 있는 필드가 보인다. `loans` 필드는 `LoanBasicCollection` 오브젝트 타입이며 그 링크를 클릭하면 `totalCount` 필드와 `values` 필드가 나타난다. `values` 필드는 `LoanBasic` 오브젝트 타입으로서 링크를 클릭하여 들어가면 또 다시 많은 필드가 정의된 것을 볼 수 있다. 대출과 관련된 대부분의 데이터는 이곳의 필드를 이용하여 수집 가능하다. 예를 들어, `name: String!`는 `String` 스칼라 타입을 갖는 `name`(차입자 이름) 필드를 의미한다. 타입 뒤의 `!`는 해당 필드의 데이터가 반드시 제공된다(non-nullable)는 것을 나타낸다. `loanAmount: Money!`는 `Money` 스칼라 타입을 갖는 `loanAmount`(차입금) 필드를 나타낸다. `Money` 타입은 달러 금액을 나타내는 스칼라 타입으로서 Kiva의 GraphQL API에서 별도로 정의한 것이다.

```
> library(tidyverse)
> library(ghql)
> library(jsonlite)
```

먼저 GraphQL API에 연결하기 위한 `GraphqlClient` 연결 객체를 생성한다.

```
> url <- "https://api.kivaws.org/graphql"
> con <- GraphqlClient$new(url=url)
> con
<ghql client>
  url: https://api.kivaws.org/graphql
> class(con)
[1] "GraphqlClient" "R6"
```

그런 다음 서버로부터 가져올 데이터 구조를 다음과 같은 쿼리로 정의한다.

```
> query.borrower <- "query {
+   lend {
+     loans(filters: {status: fundraising}, sortBy: newest, limit: 20) {
+       values {
+         name
+         loanAmount
+         activity {
+           name
+         }
+         geocode {
+           country {
+             name
+           }
+         }
+       }
+     }
+   }
+ }"
```

[그림 8-21]의 GraphQL API 웹사이트에서 `Lend` 카테고리부터 차례대로 따라가면서 사용할 수 있는 필드와 그 안에 정의된 인수를 확인한다. `loans` 필드는 지정된 인수를 바탕으로 대출 정보를 반환하므로 이 필드를 이용하여 차입자의 대출 관련 정보를 가져올 수 있다. 여기에서는

'fundraising'을 통해 모금된 기금으로 필터링하고(filters: {status: fundraising}) 최근 데이터부터 가져오며(sortBy: newest) 개수를 20개로 제한한다(limit: 20). values 필드 안에 대출 관련 데이터 필드를 정의한다. 제공되는 데이터 필드가 매우 많으며 계층적 구조를 갖고 있다. 여기에서는 간단하게 차입자 이름(name), 차입금(loanAmount), 차입 목적(activity > name), 국가(geocode > country > name) 등을 지정한다.

새로운 Query 객체를 생성하여 정의한 쿼리를 등록한다. 여기에서는 borrower라는 이름으로 등록한다.

```
> qry <- Query$new()
> class(qry)
[1] "Query" "R6"
> qry$query("borrower", query.borrower)
> qry
<ghql: query>
  queries:
    borrower
> qry$queries$borrower

 query {
  lend {
    loans(filters: {status: fundraising}, sortBy: newest, limit: 20) {
      values {
        name
        loanAmount
        activity {
          name
        }
        geocode {
          country {
            name
          }
        }
      }
    }
  }
}
```

이제 borrower 쿼리를 앞서 생성한 연결 객체를 이용하여 실행할 수 있다. 서버로 전송된 쿼리의 처리 결과는 사용자가 정의한 데이터 구조와 동일한 형태의 JSON 포맷으로 반환된다.

```
> con$exec(qry$queries$borrower) %>%
+   prettify(indent=2)
{
  "data": {
    "lend": {
      "loans": {
        "values": [
          {
            "name": "Marco Ivan",
            "loanAmount": "275.00",
            "activity": {
              "name": "Machinery Rental"
            },
            "geocode": {
              "country": {
                "name": "Colombia"
              }
            }
          },
          {
            "name": "Lusiana",
            "loanAmount": "1125.00",
            "activity": {
              "name": "Grocery Store"
            },
            "geocode": {
              "country": {
                "name": "Fiji"
              }
            }
          },
 …(중략)
```

JSON 포맷을 리스트 형식으로 변환한 후 다시 사용이 용이한 데이터프레임(티블) 형식으로 변환한다.

```
> result <- con$exec(qry$queries$borrower) %>%
+   fromJSON(flatten=TRUE)
> str(result)
List of 1
 $ data:List of 1
  ..$ lend:List of 1
  .. ..$ loans:List of 1
  .. .. ..$ values:'data.frame': 20 obs. of  4 variables:
  .. .. .. ..$ name                 : chr [1:20] "Marco Ivan" "Lusiana" "Salote" ...
  .. .. .. ..$ loanAmount           : chr [1:20] "275.00" "1125.00" "725.00" ...
  .. .. .. ..$ activity.name        : chr [1:20] "Machinery Rental" "Grocery Store" ...
  .. .. .. ..$ geocode.country.name : chr [1:20] "Colombia" "Fiji" "Fiji" "Fiji" ...
> result <- result$data$lend$loans$values %>%
+   as_tibble() %>%
+   mutate(loanAmount=as.numeric(loanAmount))
> result
# A tibble: 20 x 4
   name           loanAmount activity.name     geocode.country.name
   <chr>               <dbl> <chr>             <chr>
 1 Marco Ivan            275 Machinery Rental  Colombia
 2 Lusiana              1125 Grocery Store     Fiji
 3 Salote                725 Crafts            Fiji
…(중략)
18 Almira               2375 Dairy             Kyrgyzstan
19 Edah                  100 Farming           Kenya
20 Loraini               725 Grocery Store     Fiji
```

20명의 차입자에게 제공된 최근 대출금의 요약 통계량은 다음과 같다.

```
> summary(result$loanAmount)
   Min. 1st Qu.  Median    Mean 3rd Qu.    Max.
  100.0   362.5   725.0   723.8   737.5  2375.0
```

이번에는 대출자에 대한 정보를 수집해보자. 먼저 GraphQL API에 연결하기 위한 `GraphqlClient` 연결 객체를 생성한다.

```
> con <- GraphqlClient$new(url=url)
```

그런 다음 서버로부터 가져올 데이터 구조를 다음과 같이 정의한다.

```
> query.lender <- "query {
+   lend {
+     lendingActions(limit: 100) {
+       values {
+         lender {
+           id
+           name
+           loanCount
+         }
+         loan {
+           name
+           activity {
+             name
+           }
+           loanAmount
+         }
+         shareAmount
+       }
+     }
+   }
+ }"
```

Kiva의 GraphQL API 웹사이트를 참고하여 Lend 카테고리부터 차례대로 따라가면서 가용한 필드와 필드 내 정의된 인수를 확인한다. lendingActions 필드는 지정된 인수를 바탕으로 대출자 정보를 반환한다. 여기에서는 추출할 데이터 개수를 100개로 제한한다(limit: 100). values 필드 안에 필요한 데이터 필드를 정의한다. 제공되는 많은 데이터 필드 가운데 여기에서는 대출자 ID 및 이름(lender > id, lender > name), 대출 횟수(lender > loanCount), 차입자 이름(loan > name), 차입 목적(loan > activity > name), 차입금(loan > loanAmount), 차입금에 대한 대출자 기여금(shareAmount) 등을 지정한다.

이어서 Query 객체를 생성하여 앞서 정의한 쿼리를 등록한다. 여기에서는 lender라는 이름으로 등록한다.

```
> qry <- Query$new()
> qry$query("lender", query.lender)
```

lender 쿼리를 연결 객체를 이용하여 실행한다. 서버는 전송된 쿼리를 처리하여 사용자가 정의한 데이터 구조와 동일한 형태의 JSON 포맷으로 데이터를 반환한다. JSON 포맷을 리스트 형식으로 변환한 후 다시 사용이 용이한 데이터프레임(티블) 형식으로 변환한다.

```
> result <- con$exec(qry$queries$lender) %>%
+   fromJSON(flatten=TRUE)
> str(result)
List of 1
 $ data:List of 1
  ..$ lend:List of 1
  .. ..$ lendingActions:List of 1
  .. .. ..$ values:'data.frame': 100 obs. of  7 variables:
  .. .. .. ..$ shareAmount        : chr [1:100] "25.00" "25.00" "25.00" "25.00" ...
  .. .. .. ..$ lender.id          : int [1:100] 2925232 2925232 353321 2885007 ...
  .. .. .. ..$ lender.name        : chr [1:100] "Michael" "Michael" "Erhard" ...
  .. .. .. ..$ lender.loanCount   : int [1:100] 78 78 2166 69 28 28 51 30 30 69 ...
  .. .. .. ..$ loan.name          : chr [1:100] "Najat" "Kossounoussi" "Shernazar" ...
  .. .. .. ..$ loan.loanAmount    : chr [1:100] "1275.00" "425.00" "725.00" ...
  .. .. .. ..$ loan.activity.name : chr [1:100] "Food Production/Sales" "Shoe Sales" ...
> result <- result$data$lend$lendingActions$values %>%
+   mutate(loan.loanAmount=as.numeric(loan.loanAmount),
+          shareAmount=as.numeric(shareAmount)) %>%
+   as_tibble()
> result
# A tibble: 100 x 7
   shareAmount lender.id lender.name   lender.loanCount loan.name loan.loanAmount
         <dbl>     <int> <chr>                    <int> <chr>               <dbl>
 1          25   2925232 Michael                     78 Najat                1275
 2          25   2925232 Michael                     78 Kossounou~            425
 3          25    353321 Erhard                    2166 Shernazar             725
…(중략)
 8          25   2417972 Anonymous                   30 Hamda                2825
 9          25   2417972 Anonymous                   30 Mahmoud              3000
10          25   2885007 Faye & Cin                  69 Sandra Ma~           2100
# ... with 90 more rows, and 1 more variable: loan.activity.name <chr>
```

이렇게 수집한 데이터를 이용하여 대출자의 대출 횟수 요약 통계량을 구해보자. 데이터프레임의 각 행은 개별 차입건을 나타내므로 대출자가 여러 차입에 관여했을 경우 대출자 정보는 차입건수만큼 반복해서 나타난다. 따라서 한 행에 한 명의 대출자만 나타나도록 먼저 데이터셋을 전처리한 후 요약 통계량을 산출한다.

```
> distinct(result, lender.id, .keep_all=TRUE) %>%
+   summarize(number_of_lender=n(),
+             median_loanCount=median(lender.loanCount),
+             mean_loanCount=mean(lender.loanCount),
+             max_loanCount=max(lender.loanCount),
+             min_loanCount=min(lender.loanCount))
# A tibble: 1 x 5
  number_of_lender median_loanCount mean_loanCount max_loanCount min_loanCount
             <int>            <int>          <dbl>         <int>         <int>
1               67               28           240.          6426             1
```

Kiva의 GraphQL API에서는 한 번에 가져올 수 있는 데이터 개수를 필드 내의 `limit` 인수에 지정할 수 있다. 현재 한 번에 최대 100건의 데이터만을 허용한다. 더 많은 데이터를 가져오려면 필요한 만큼 서버에 여러 번 요청해야 한다. 이때 `offset` 인수를 이용한다. `limit` 인수에 불러올 데이터 개수를 지정하고 이와 함께 `offset` 인수에 다음 불러올 때 건너뛸 데이터 개수를 추가로 지정한다.[29] 예를 들어, 다음과 같이 한 번에 10개씩 세 번 요청하여 30개의 데이터를 불러올 수 있다.

29 이런 방식을 offset-based pagination 또는 skip-based pagination이라고 한다. offset보다는 skip이라는 용어가 좀 더 이해하기 쉽다.

1. 첫 번째 요청: `limit: 10, offset: 0` → 처음 10개 데이터
2. 두 번째 요청: `limit: 10, offset: 10` → 그 다음 10개 데이터(즉 처음 10개를 건너뛰고 11번째부터 20번째 데이터까지)
3. 세 번째 요청: `limit: 10, offset: 20` → 그 다음 10개 데이터(즉 처음 20개를 건너뛰고 21번째부터 30번째 데이터까지)

Kiva 웹사이트로부터 최근 1,000건의 대출 정보를 수집하여 간단한 탐색적 분석과 시각화를 수행해 보자. 한 번 요청에 최대 100건의 데이터를 가져올 수 있기 때문에 이러한 요청을 10번 수행해야 하고 요청할 때마다 건너뛸 데이터 개수 또한 100개 단위로 증가시켜야 한다. 앞서 사용했던 쿼리를 바탕으로 이런 작업을 수행할 수 있도록 다음과 같이 새로운 쿼리를 정의한다.

```
> query.borrower.page <- "query($offset: Int!) {
+   lend {
+     loans(filters: {status: fundraising}, sortBy: newest, limit: 100, offset: $offset) {
+       values {
```

```
+           name
+           loanAmount
+           activity {
+             name
+           }
+           geocode {
+             city
+             state
+             country {
+               name
+               isoCode
+               region
+             }
+             latitude
+             longitude
+           }
+         }
+       }
+     }
+ }"
```

query 오브젝트에 변수가 지정되어 있다는 것이 우선 눈에 띄게 앞서와 달라진 점이다. GraphQL은 쿼리 내에 이처럼 변수를 지정할 수 있다. 쿼리 내에 인수값 부분을 $variableName과 같은 형식으로 대체한다(offset: $offset). 그리고 query 오브젝트에 $variableName을 선언한다($offset: Int!). 일단 변수가 정의되면 이후 쿼리를 연결 객체를 이용하여 실행할 때 고정된 인수값 대신에 다양한 값을 갖는 변수값을 전달함으로써 동적으로 변화하는 쿼리를 생성하여 서버로 전송할 수 있다.

offset 변수가 선언된 쿼리를 실행하여 1,000건의 대출 정보를 수집해보자. 먼저 앞서와 마찬가지로 GraphQL API에 연결하기 위한 GraphqlClient 연결 객체를 생성한다. 그리고 Query 객체를 생성하여 앞서 정의한 쿼리를 등록한다. 여기에서는 borrower.page라는 이름으로 등록한다.

```
> con <- GraphqlClient$new(url=url)
> qry <- Query$new()
> qry$query("borrower.page", query.borrower.page)
```

이제 등록된 borrower.page 쿼리를 다음과 같이 연결 객체를 이용하여 실행한다.

```
> kiva.loan <- tibble()
> for (i in seq(0, 900, by=100)) {
+   page <- con$exec(qry$queries$borrower.page, variables=list(offset=i)) %>%
+     fromJSON(flatten=TRUE)
+   result <- page$data$lend$loans$values %>%
+     mutate(loanAmount=as.numeric(loanAmount)) %>%
+     as_tibble()
+   kiva.loan <- bind_rows(kiva.loan, result)
+ }
```

실행할 때 variables 인수에 0부터 900까지 100씩 변화하는 offset 인수값을 지정한다. 그러면 offset 인수값이 변화하면서 10개의 서로 다른 쿼리를 생성하여 서버에 10번의 요청을 보낸다. 10개의 처리 결과를 차례로 모아 하나의 데이터프레임(티블)으로 저장한다. 완성된 데이터셋은 다음과 같다. 모두 1,000개의 대출 정보가 수집되었다.

```
> kiva.loan
# A tibble: 1,000 x 10
   name      loanAmount activity.name geocode.city      geocode.state geocode.latitude
   <chr>          <dbl> <chr>         <chr>             <chr>                    <dbl>
 1 Patricia~        550 Farming       Alego             Homa Bay Cou~           -0.353
 2 Wahadigu~        875 Sewing        Gounghin, Ouaga~ Centre Region            12.4
 3 Awa              875 Beauty Salon  Gounghin, Ouaga~ Centre Region            12.4
…(중략)
 8 Alice            275 Cereals       Kenyenya          Kisii County            -0.907
 9 Stephen         1400 Retail        Mbale             Eastern Regi~            1.06
10 Patrick         1400 Timber Sales  Mbale             Eastern Regi~            1.06
# ... with 990 more rows, and 4 more variables: geocode.longitude <dbl>,
#   geocode.country.name <chr>, geocode.country.isoCode <chr>,
#   geocode.country.region <chr>
```

수집한 데이터를 바탕으로 몇 가지 탐색적 분석을 수행해보자. 1,000명의 차입자에게 제공된 대여금의 요약 통계량은 다음과 같다. 최소 150달러부터 최대 8,500달러까지 폭넓은 분포를 보이고 있다.

```
> summary(kiva.loan$loanAmount)
   Min. 1st Qu.  Median    Mean 3rd Qu.    Max.
  150.0   400.0   625.0   979.1  1100.0  8500.0
```

대여금을 용처별로 살펴보면 Farming이 가장 큰 비중을 차지한다.

```
> kiva.loan %>%
+   group_by(activity.name) %>%
+   count(sort=TRUE) %>%
+   ungroup() %>%
+   slice_head(n=10)
# A tibble: 10 x 2
   activity.name        n
   <chr>            <int>
 1 Farming            143
 2 General Store       56
 3 Retail              53
…(중략)
 8 Livestock           30
 9 Agriculture         25
10 Sewing              25
```

대여금의 용처별 빈도의 분포를 [그림 8-22]와 같은 트리맵(treemap)으로 시각화해보자. 각 범주(여기에서는 용처)의 빈도에 비례하여 사각형의 크기가 결정되며 각 범주는 중첩된 계층적 구조를 갖는다. 트리맵을 그리기 위한 데이터셋은 범주를 나타내는 열과 각 범주의 크기를 나타내는 열을 갖고 있어야 한다. 여기에서는 데이터셋에 레이블로 사용할 열을 추가하였다. treemap 패키지의 treemap() 함수를 이용하여 그래프를 생성한다.[30]

30 treemap() 함수에 대한 보다 자세한 설명은 '제5장 CSS 선택자'의 '5.3 사례 - 인기영화 250 @IMDb'를 참고한다.

```
> kiva.loan.activity <- kiva.loan %>%
+   group_by(activity.name) %>%
+   count(sort=TRUE) %>%
+   ungroup() %>%
+   slice_head(n=10) %>%
+   mutate(label=str_c(activity.name, n, sep="\n"))
> kiva.loan.activity
# A tibble: 10 x 3
   activity.name        n label
   <chr>            <int> <chr>
 1 Farming            143 "Farming\n143"
 2 General Store       56 "General Store\n56"
 3 Retail              53 "Retail\n53"
…(중략)
```

▶ 그림 8-22 ▌ **소액대출.** Kiva의 대여금은 Farming 용도로 가장 많이 사용되고 있다.

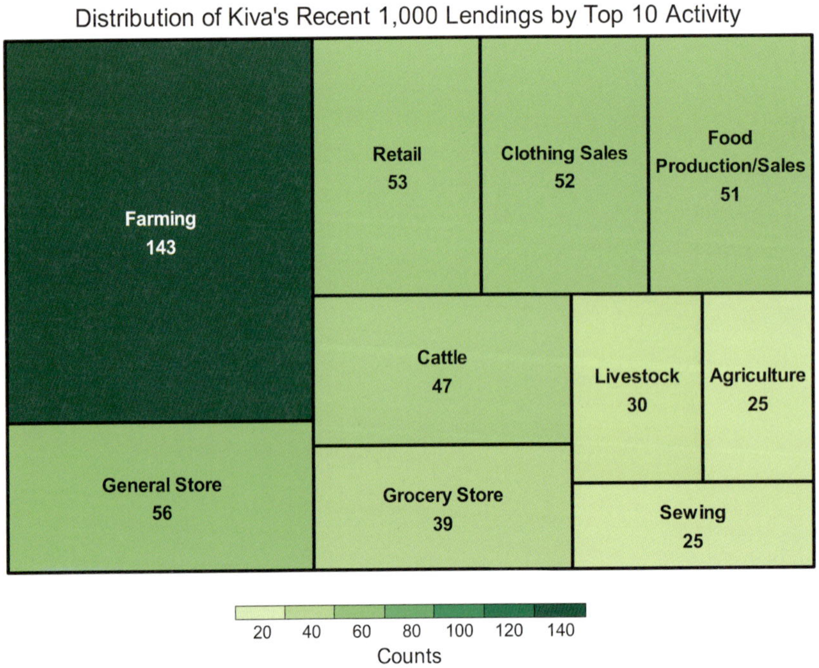


```
 8 Livestock                30 "Livestock\n30"
 9 Agriculture              25 "Agriculture\n25"
10 Sewing                   25 "Sewing\n25"
> library(treemap)
> windows(width=7.0, height=5.5)
> treemap(dtf=kiva.loan.activity, index="label", vSize="n", type="value", vColor="n",
+         palette="RdYlGn", border.col="black", border.lwds=3, force.print.labels=TRUE,
+         title="Distribution of Kiva's Recent 1,000 Lendings by Top 10 Activity",
+         title.legend="Counts")
```

차입자가 거주하는 지역을 살펴보자. 아프리카와 아시아 지역이 전체의 절반 이상을 차지하고 있다. 국가별로는 나이지리아와 에콰도르가 가장 큰 비중을 차지하는 차입자 거주 국가이다.

```
> kiva.loan %>%
+   group_by(geocode.country.region) %>%
+   count(sort=TRUE) %>%
+   ungroup()
```

```
# A tibble: 8 x 2
  geocode.country.region     n
  <chr>                  <int>
1 Africa                   371
2 Asia                     185
3 Central America          176
4 South America            160
5 Oceania                   55
6 Middle East               26
7 North America             20
8 Eastern Europe             7
> kiva.loan %>%
+   group_by(geocode.country.name) %>%
+   count(sort=TRUE) %>%
+   ungroup() %>%
+   slice_head(n=10)
# A tibble: 10 x 2
   geocode.country.name     n
   <chr>                <int>
 1 Nigeria                 98
 2 Ecuador                 96
 3 Kenya                   79
…(중략)
 8 Kyrgyzstan              55
 9 Sierra Leone            41
10 Guatemala               33
```

차입자의 거주 지역별로 대여금의 분포를 ggridges 패키지의 geom_density_ridges_gradient() 함수를 이용하여 다음과 같이 그래프로 그려보자. 생성된 그래프는 [그림 8-23]과 같다. 대여금의 분포는 거주 지역 간에 대체로 유사한 패턴을 보이고 있으나 Eastern Europe과 North America는 다른 지역보다 대여금 규모가 상대적으로 큰 경우도 관찰된다.

```
> library(ggridges)
> library(hrbrthemes)
> windows(width=7.0, height=5.0)
> ggplot(kiva.loan, aes(x=loanAmount, y=fct_rev(geocode.country.region), fill=..x..)) +
+   geom_density_ridges_gradient(scale=3, rel_min_height=0.01) +
+   scale_fill_viridis_c(option="plasma", begin=0.1) +
+   labs(x="Loan (dollars)", y="Region",
```

▶ 그림 8-23 ▌ **소액대출.** 대여금의 분포는 지역 간 대체로 비슷한 패턴을 보인다.

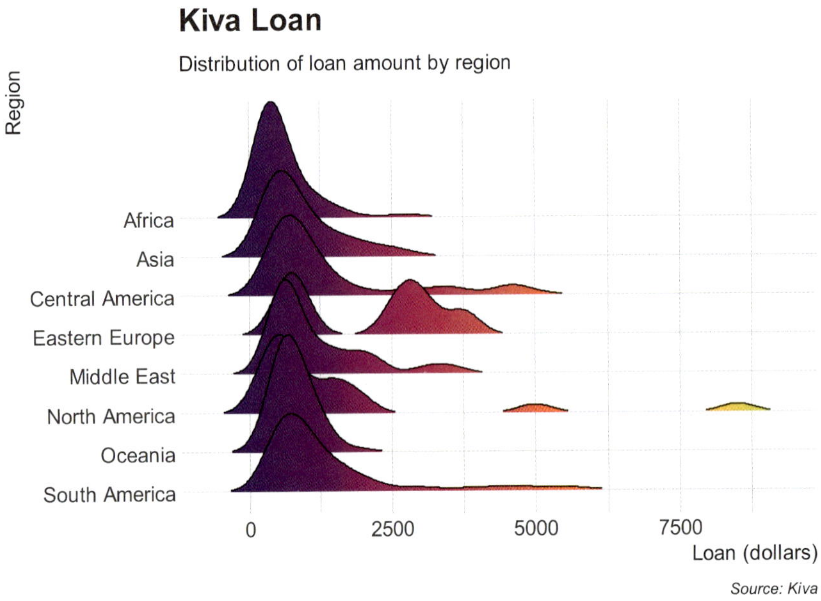


```
+         title="Kiva Loan",
+         subtitle="Distribution of loan amount by region",
+         caption="Source: Kiva") +
+     theme_ipsum(axis_title_size=12,
+                 plot_margin=margin(10, 10, 10, 10)) +
+     theme(legend.position="none")
```

데이터셋에 포함된 지리 정보를 이용하여 차입자의 지역별 분포를 다음과 같이 세계지도상에 표현해 보자. 생성된 그래프는 [그림 8-24]와 같다.

```
> map.data <- map_data(map="world")
> windows(width=7.0, height=5.0)
> ggplot(map.data) +
+   geom_map(aes(map_id=region), map=map.data,
+            fill="darkolivegreen", color="snow", size=0.5) +
+   expand_limits(x=map.data$long, y=map.data$lat) +
+   coord_fixed(xlim=c(-180, 180), ylim=c(-55, 90), ratio=1.3) +
+   geom_point(data=arrange(kiva.loan, loanAmount), shape=20,
+              aes(x=geocode.longitude, y=geocode.latitude, size=loanAmount,
+                  color=loanAmount, alpha=loanAmount)) +
```

```
+   scale_size_continuous(name="Loan (dollars)", range=c(1, 10)) +
+   scale_alpha_continuous(name="Loan (dollars)", range=c(0.1, 0.9)) +
+   scale_color_viridis_c(name="Loan (dollars)", option="plasma") +
+   labs(title="Kiva Loan",
+        subtitle="Distribution of borrowers",
+        caption="Source: Kiva") +
+   theme_void() +
+   guides(size=guide_legend(nrow=1), color=guide_legend(nrow=1),
+          alpha=guide_legend(nrow=1)) +
+   theme(plot.title=element_text(face="bold"),
+         legend.position="bottom",
+         legend.title=element_text(size=8),
+         legend.text=element_text(size=8))
```

geom_map() 함수를 이용하여 세계지도를 호출한 후 그 위에 geom_point() 함수를 이용하여 원을 그린다. 대여금 크기에 따라 원의 크기(size), 색상(color), 투명도(alpha)를 다르게 표현한다. 대여금이 많을수록 원의 크기는 크고, 색상은 밝으며(노란색에 가까워지며), 불투명하다. 대여금이 큰 원이 더 나중에 그려지도록(즉 다른 원에 가려지지 않도록) 하기 위해 geom_point() 함수 호출 시 데이터를 대여금 크기의 오름차순으로 정렬하여 지정한다(data=arrange(kiva.loan, loanAmount)).

그림 8-24 **소액대출.** Kiva 소액대출 신청자들은 전 세계에 걸쳐 산재해 있으며, 특히 중앙아메리카 및 남아메리카, 아프리카 중부, 동남아시아 지역에 집중되어 있다.

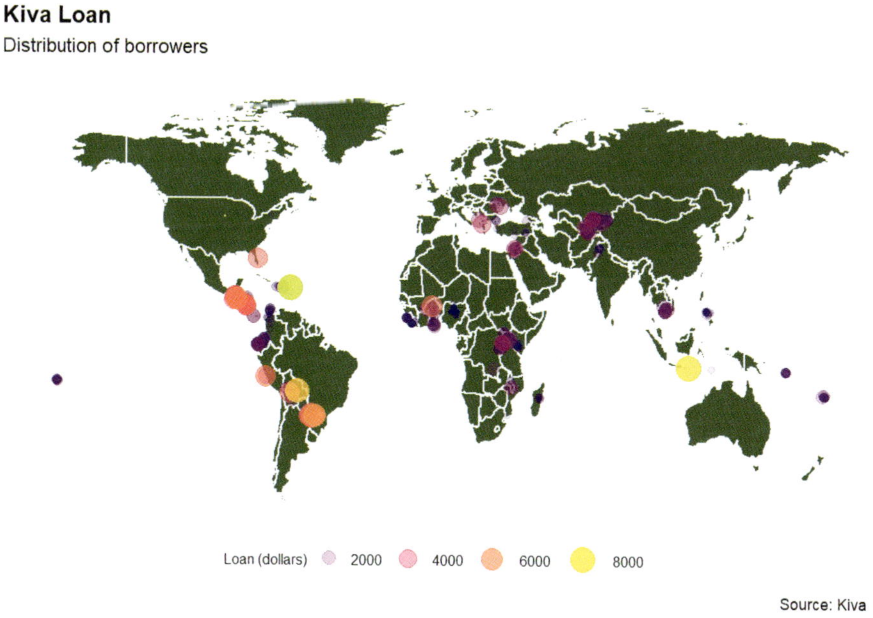

소액 대출 신청자가 비교적 많은 남아메리카 대륙만을 확대해서 살펴보자. 앞서 사용한 세계지도에서 경도와 위도의 범위를 제한함으로써 남아메리카 대륙만을 줌인(zoom-in)할 수도 있지만 여기에서는 다른 방식으로 그래프를 생성한다. spData 패키지의 지도 데이터를 이용하여 특정 지역의 지도만을 불러오는 방식으로 남아메리카 대륙만을 확대한다. spData 패키지의 world 데이터셋에는 Natural Earth(https://www.naturalearthdata.com)가 제공하는 세계지도 데이터가 포함되어 있다. 필요한 패키지를 메모리에 적재하고 world 데이터셋을 살펴본다.

```
> library(sf)
> library(spData)
> world
Simple feature collection with 177 features and 10 fields
Geometry type: MULTIPOLYGON
Dimension:     XY
Bounding box:  xmin: -180 ymin: -89.9 xmax: 180 ymax: 83.64513
Geodetic CRS:  WGS 84
# A tibble: 177 x 11
   iso_a2 name_long  continent region_un subregion type  area_km2      pop lifeExp
 * <chr>  <chr>      <chr>     <chr>     <chr>     <chr>    <dbl>    <dbl>   <dbl>
 1 FJ     Fiji       Oceania   Oceania   Melanesia Sove~   1.93e4   8.86e5    70.0
 2 TZ     Tanzania   Africa    Africa    Eastern ~ Sove~   9.33e5   5.22e7    64.2
 3 EH     Western S~ Africa    Africa    Northern~ Inde~   9.63e4 NA          NA
…(중략)
 8 PG     Papua New~ Oceania   Oceania   Melanesia Sove~   4.65e5   7.76e6    65.2
 9 ID     Indonesia  Asia      Asia      South-Ea~ Sove~   1.82e6   2.55e8    68.9
10 AR     Argentina  South Am~ Americas  South Am~ Sove~   2.78e6   4.30e7    76.3
# ... with 167 more rows, and 2 more variables: gdpPercap <dbl>,
#   geom <MULTIPOLYGON [arc_degree]>
> unique(world$continent)
[1] "Oceania"                 "Africa"                  "North America"
[4] "Asia"                    "South America"           "Europe"
[7] "Seven seas (open ocean)" "Antarctica"
```

world 데이터셋은 sf 클래스의 객체로서 데이터프레임 형식으로 지도 데이터가 저장되어 있기 때문에 필요한 정보를 추출하거나 다른 데이터셋과 연계하여 작업하기가 용이하다. 다음과 같이 세계지도 데이터로부터 남아메리카 대륙만 추출하고 필요한 열을 선택한다. 국가명을 지도상에 표시하기 위하여 각 국가의 중심 위치를 계산한 후 지도 데이터에 추가한다.

```
> map.data <- filter(world, continent=="South America") %>%
+   select(name_long, continent, geom)
> country.center <- st_coordinates(st_centroid(st_make_valid(map.data$geom)))
> map.data <- cbind(map.data, country.center)
> map.data
Simple feature collection with 13 features and 4 fields
Geometry type: MULTIPOLYGON
Dimension:     XY
Bounding box:  xmin: -81.41094 ymin: -55.61183 xmax: -34.72999 ymax: 12.4373
Geodetic CRS:  WGS 84
First 10 features:
          name_long continent         X          Y                           geom
1         Argentina South    America -64.75442 -34.736832 MULTIPOLYGON (((-68.63401 -...
2             Chile South    America -71.17793 -37.308872 MULTIPOLYGON (((-69.59042 -...
3  Falkland Islands South    America -59.41698 -51.716515 MULTIPOLYGON (((-61.2 -51.8...
…(중략)
```

대륙명을 공통의 열로 사용하여 남아메리카 지도 데이터와 Kiva 소액대출 데이터셋을 결합한다. 그러면 지도를 그리기 위한 지리 정보와 지도상에 표시할 대여금 현황 정보가 합쳐진 새로운 데이터셋이 생성된다.

```
> map.samerica <- left_join(map.data, kiva.loan, by=c("continent"="geocode.country.region"))
> names(map.samerica)
 [1] "name_long"                 "continent"             "X"
 [4] "Y"                         "name"                  "loanAmount"
 [7] "activity.name"             "geocode.city"          "geocode.state"
[10] "geocode.latitude"          "geocode.longitude"     "geocode.country.name"
[13] "geocode.country.isoCode"   "geom"
```

이제 이 데이셋을 이용하여 다음과 같이 남아메리카의 소액대출 신청자의 분포를 지도상에 표시할 수 있다. 생성된 그래프는 [그림 8-25]와 같다. `geom_sf()` 함수는 `sf` 클래스의 객체에 포함된 지리 정보를 바탕으로 지도를 생성한다.

```
> library(ggspatial)
> library(ggrepel)
> library(scales)
> windows(width=4.5, height=8.0)
```

```
> ggplot(data=arrange(map.samerica, loanAmount)) +
+   geom_sf(aes(geometry=geom), fill="azure", color="dimgray") +
+   annotation_scale(location="tr", width_hint=0.3) +
+   geom_point(shape=20, position="jitter",
+              aes(x=geocode.longitude, y=geocode.latitude, size=loanAmount,
+                  color=loanAmount, alpha=loanAmount)) +
+   geom_text_repel(data=map.data, aes(x=X, y=Y, label=name_long),
+                   color="darkcyan", fontface="bold") +
+   scale_size_continuous(name="Loan (dollars)", range=c(1, 15), labels=comma) +
+   scale_alpha_continuous(name="Loan (dollars)", range=c(0.1, 0.9), labels=comma) +
+   scale_color_distiller(name="Loan (dollars)", palette="RdYlBu", direction=-1, labels=comma) +
```

그림 8-25 | 소액대출. 남아메리카 지역의 Kiva 소액대출 신청자 분포를 살펴본다.

```
+   labs(title="Kiva Loan",
+        subtitle="Distribution of borrowers in South America",
+        caption="Source: Kiva") +
+   theme_void() +
+   guides(size=guide_legend(nrow=1), color=guide_legend(nrow=1),
+          alpha=guide_legend(nrow=1)) +
+   theme(plot.title=element_text(face="bold"),
+         legend.position="bottom",
+         legend.title=element_text(size=8),
+         legend.text=element_text(size=8))
```

트윗 @트위터

API 환경 설정

트위터(https://twitter.com)에서 제공하는 API를 이용하여 트위터 데이터를 수집해보자. 이를 위해서는 트위터 계정이 있어야 한다. 만일 없다면 트위터 계정을 생성한다. 트위터의 API는 OAuth를 이용하여 트위터 계정에의 접근을 허용한다. 트위터의 API를 통해 데이터를 수집할 때 일반적으로 우리는 OAuth 참여 주체 가운데 두 가지 역할을 담당한다. 첫째, 리소스 소비자로서의 역할을 수행한다. 왜냐하면 애플리케이션을 통해 트위터 API가 제공하는 데이터에 접근할 권한을 얻어야 하기 때문이다. 여기에서 애플리케이션은 트위터 데이터 수집을 위한 웹스크레이퍼(web scraper)로서의 기능을 수행한다. 둘째, 리소스 소유자로서의 역할을 수행한다. 따라서 리소스 소비자가 요청하는 자신의 트위터 계정에 대한 접근을 인가한다.

트위터 계정을 통해 얻을 수 있는 데이터, 즉 리소스 소유자의 데이터 또는 리소스 소유자가 접근할 수 있는 공개 데이터를 수집하기 위해서는 리소스 소비자 역할의 애플리케이션을 생성해야 한다. 트위터에서는 이를 앱(app)이라고 한다. 이를 위해 우선 트위터 개발자 페이지(https://developer.twitter.com)로 이동하여 트위터 개발자 계정(Twitter developer account)을 신청한다([그림 8-26]). 트위터에 로그인한 후 트위터 개발자 포털(developer portal)의 안내에 따라 요구하는 정보를 차례대로 입력하고 신청서를 제출한다. 끝으로 이메일 인증을 거치면 신청 절차가 종료된다. 신규 앱의 생성은 트위터로부터 개발자 계정의 승인을 받은 후에 가능하다.

일단 개발자 계정의 승인이 이루어지면 이후의 절차는 제공되는 API 서비스 유형에 따라 조금씩 다르다.31 신청 및 승인 절차를 제외하면 트위터의 API에 접근하기 위한 신규 앱의 생성 과정은 서비스 유형 간에 모두 유사하다. 먼저 앱을 담을 프로젝트(project)를 생성한다. 프로젝트의 이름과 설명 등을

▶ 그림 8-26 ▌**트위터 개발자 계정 신청.** 트위터 개발자 포털에서 트위터 개발자 계정과 트위터 앱을 관리할 수 있다. 트위터 개발자 포털의 안내에 따라 트위터 개발자 계정을 신청한다.

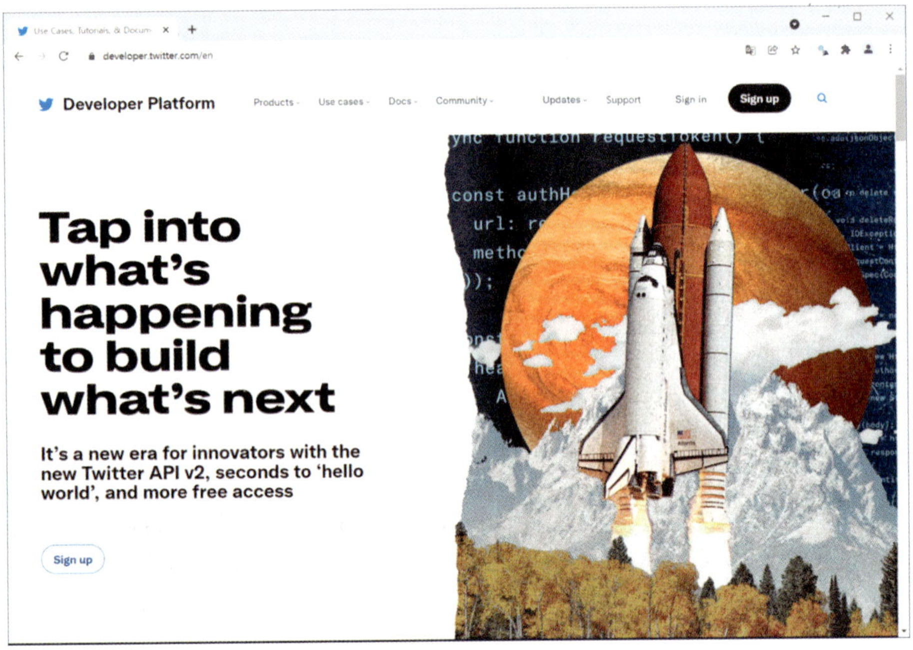

안내에 따라 차례대로 입력한다. 이어서 트위터 API에 접근할 앱을 생성한다. 앱 이름, 콜백 URL, 웹사이트 URL 등을 지정한다. 앱의 이름은 무엇이든 괜찮으나 기존에 사용 중인 트위터 앱의 이름과 중복되어서는 안 된다. 콜백 URL은 인증 과정에서 서비스 제공자가 액세스 인가 코드와 액세스 토큰을 보내줄 애플리케이션 주소를 의미한다. 여기에서는 트위터 데이터 수집을 위해 사용하게 될 `rtweet` 패키지에서 요구하는 http://127.0.0.1:1410을 입력한다. 웹사이트 URL에는 임의의 URL을 입력한다. 운영하지 않는 웹사이트도 관계없으나 웹사이트 주소의 형식은 따라야 한다.

31 현재 Essential, Elevated(Elevated+), Academic Research 등의 서비스가 제공되고 있다. 이 서비스들은 수집할 수 있는 트윗의 양 및 수집 기간에 있어서 차이가 있다. Essential의 경우 한 달간 50만 건의 트윗을 수집할 수 있고, Elevated는 200만 건까지 가능하며, Academic Research는 1,000만 건까지 허용한다. 또한 Essential과 Elevated는 과거 7일간의 트윗만을 탐색할 수 있는 반면, Academic Research는 2006년부터 현재까지의 과거 모든 트윗을 수집할 수 있다. 제공되는 이러한 서비스 수준의 차이 때문에 Elevated와 Academic Research는 신청 및 승인 절차가 필요하다. 반면에 Essential은 별도의 신청 과정 없이 즉시 사용할 수 있다. 기본적으로 Essential 서비스를 이용할 수 있지만 신청 및 승인을 통해 Elevated와 Academic Research 서비스가 제공하는 더 나은 수준의 API 접근 서비스를 이용할 수 있다. 트위터의 API 운영 정책에 따라 개발자 계정의 신청/승인, 제공되는 서비스, 프로젝트/애플리케이션의 생성 절차는 언제든 달라질 수 있다. 트위터 API 환경 설정 방법이 이 책의 설명과 다르다면 독자들은 트위터 개발자 페이지를 확인하여 변경된 절차를 따른다.

▶ 그림 8-27 ▌ **키와 토큰.** API 접속에 사용할 API 키, API 키 시크릿, 베어러 토큰을 확인한다.

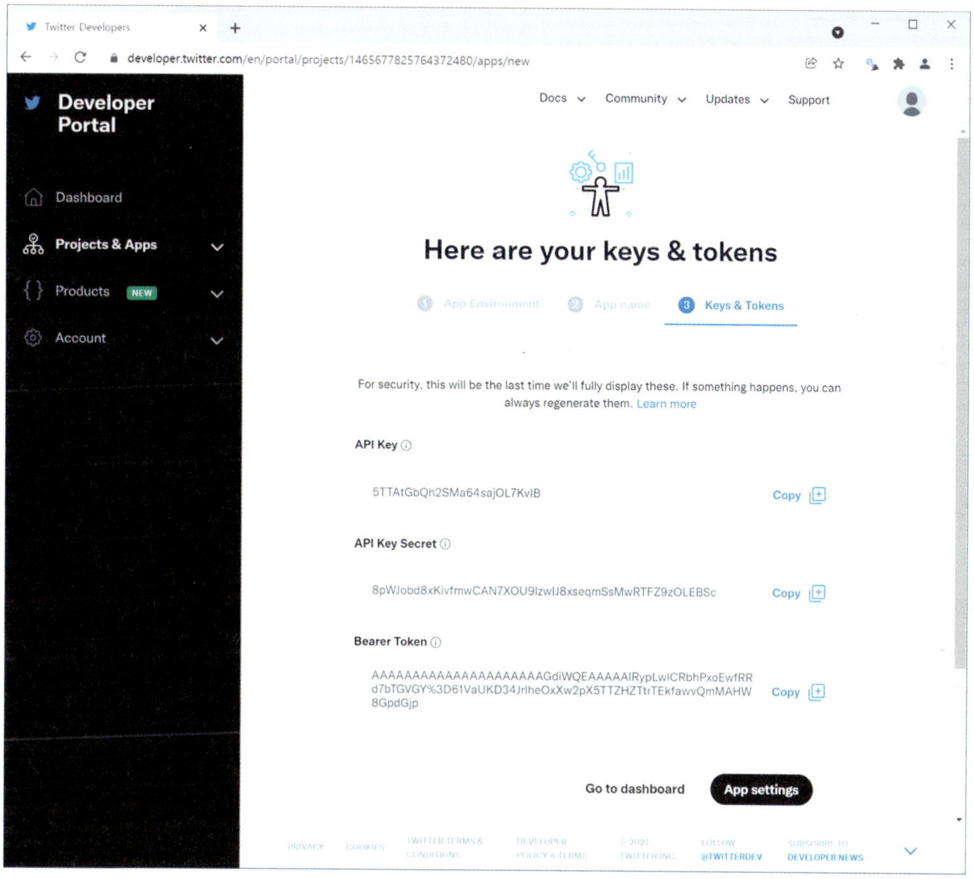

앱의 생성을 마치면 [그림 8-27]과 같은 API 키(API key), API 키 시크릿(API key secret), 베어러 토큰(bearer token) 정보가 출력된다. 이제 이 키와 토큰을 이용하여 트위터의 API에 접속할 수 있다. 이 정보는 한 번만 화면에 출력되므로 나중의 사용을 위해 안전한 곳에 저장해둔다. 하지만 이 정보를 잃어버렸다고 해서 걱정할 필요는 없다. 앱의 Keys and tokens 페이지에서 Regenerate 버튼을 클릭하여 언제든 새로운 값을 생성할 수 있다. 추가로 앱의 Settings 페이지에서 App permissions를 Read and Write로 설정한다. 앱 관련 환경 정보의 확인 및 변경은 [그림 8-28]의 앱 Settings와 Keys and tokens 페이지에서 수행할 수 있다. 이제 트위터의 API에 접근하기 위한 환경 설정을 마쳤으므로 발급받은 키와 토큰을 이용하여 트위터 데이터를 수집할 수 있다. 트위터 API에의 접근과 데이터 수집을 도와주는 소프트웨어로서 여기에서는 `rtweet` 패키지와 `academictwitteR` 패키지를 소개한다.

그림 8-28 앱 정보 확인 및 변경. Settings와 Keys and tokens 페이지에서 앱의 환경 설정과 키/토큰 재생성 작업을 수행할 수 있다.

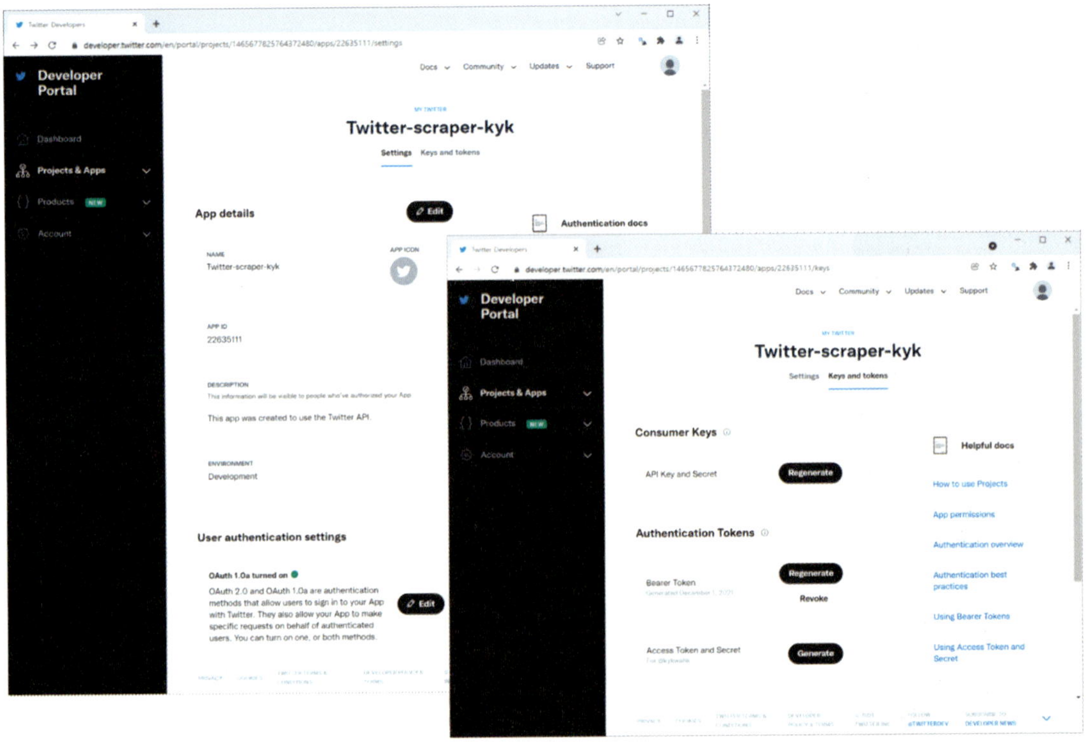

rtweet 패키지

rtweet 패키지를 이용하기 위해 우선 다음과 같이 GitHub로부터 rtweet 패키지를 설치하고 메모리에 적재한다.[32]

```
> devtools::install_github("ropensci/rtweet", build_vignettes=TRUE)
> library(rtweet)
```

rtweet 패키지는 다음과 같은 인증 방식을 제공한다.

- 앱 인증(app authentication, app auth): 앱 차원에서 인증한다. 이는 앱단독 인증 방식을 의미한다. 인증 과정에 사용자가 개입되지 않기 때문에 사용자로서 할 수 있는 작업(예를 들면, 트윗 작성)은 수행할 수

32 물론 install.packages("rtweet")를 이용하여 CRAN으로부터 rtweet 패키지를 설치할 수도 있다. 그러나 트위터 API는 트위터의 정책에 따라 수시로 바뀔 수 있으므로 가장 최신의 업데이트가 반영되는 GitHub로부터 패키지를 다운로드하여 설치하는 것이 바람직하다. rtweet 패키지는 현재 트위터 API v1.1을 지원한다. 트위터는 API v1.1과 함께 API v2를 서비스하고 있으며, 따라서 향후 트위터 API v2의 적용 여부에 따라 rtweet 패키지의 사용 방법은 달라질 수 있다. rtweet 패키지의 작동 방식이 이 책의 설명과 다를 경우 패키지의 도움말을 참고한다.

없다. 하지만 일반적으로 검색할 수 있는 검색 한도, 즉 최대 허용량(rate limit)이 크다(즉 더 많이 검색할 수 있다).[33] 이 방식은 사용자 본인이 직접 트위터 데이터를 수집할 때 적절하다. 베어러 토큰으로 트위터 API에 접근한다.

- **봇 인증**(bot authentication): 사용자를 대신할 수 있는 자동화된 트위터 봇을 생성한다. 이는 인증 과정에 사용자가 개입되어 인가하는 사용자 인증(user authentication, user auth) 방식을 의미한다. 이 방식은 컴퓨터에 의해 운영되는 트위터 계정을 생성하고자 할 때 적절하다. 트위터 API에 접근하기 위해서는 API 키 및 API 키 시크릿뿐만 아니라 액세스 토큰 및 액세스 토큰 시크릿이 필요하다.

앱 기반의 인증을 수행하기 위해서는 rtweet_app() 함수를 이용한다. bearer_token 인수에는 트위터로부터 발급받은 베어러 토큰을 지정한다.[34]

```
> bearer.token <- "YourBearerToken"
> auth <- rtweet_app(bearer_token=bearer.token)
> class(auth)
[1] "rtweet_bearer"
```

이제 이렇게 생성한 인증 객체를 이용하여 트위터 API에 접근할 수 있다. rtweet 패키지가 제공하는 함수의 token 인수에 생성한 인증 객체를 지정한다. 예를 들어, search_tweets() 함수를 이용하여 다음과 같이 'metaverse'가 포함된 트윗을 검색할 수 있다.

```
> tweets <- search_tweets(q="metaverse", token=auth)
```

때로는 이렇게 함수를 실행할 때마다 매번 인증 객체를 지정하는 것이 번거로울 수 있다. 일단 인증이 정상적으로 잘 이루어졌는지 확인하였으면 다음과 같이 auth_as() 함수를 실행하여 이후 작업을 수행하는 동안 인증 객체의 지정을 생략할 수 있다.

```
> auth_as(auth)
> tweets <- search_tweets(q="metaverse")
```

---

33 최대 허용량은 일정 시간 프레임(보통 15분) 내에 허용된 최대 API 요청(request) 개수를 의미한다. 그 값은 허가된 API 접근 서비스 종류와 접근하려는 엔드포인트(즉 수집하려는 데이터를 가리키는 URL)에 따라 다르다. 보다 자세한 내용은 다음의 트위터 개발자 페이지를 참고한다: https://developer.twitter.com/en/docs/rate-limits.

34 RStudio에 스크립트로 키와 토큰을 저장하는 것이 안전하지 않을 수 있기 때문에 키와 토큰을 별도의 안전한 곳에 저장해둘 수도 있다. 다른 안전한 곳에 별도의 파일로 키와 토큰을 저장했다면 아무런 인수를 지정하지 않고 인증 요청 함수를 실행한다. 그러면 키나 토큰을 물어보는 팝업 창이 뜬다. 이 창에 다른 안전한 곳에 보관된 키나 토큰을 입력하는 방식으로 인증을 수행한다.

auth_as() 함수는 단일 세션 내에서만 유효하다. 따라서 현재 수행 중인 R 세션을 닫고 R을 새로 시작하면 앞서의 과정을 반복해야 한다. 이 또한 번거로울 수 있으므로 rtweet 패키지는 인증 객체를 파일로 저장하고 이를 다시 불러들이는 방법을 추가로 제공한다. auth_save() 함수의 첫 번째 인수에 인증 객체를 지정하고 두 번째 인수(name)에 인증 객체를 저장할 파일 이름을 지정한다. 그 파일을 불러올 때는 앞서 사용했던 auth_as() 함수를 이용한다.

```
> auth_save(auth, name="myTwitterAuth")
Saving auth to 'C:\Users\kykwahk\AppData\Roaming/R/rtweet/myTwitterAuth.rds'
> auth_as("myTwitterAuth")
Reading auth from 'C:\Users\kykwahk\AppData\Roaming/R/rtweet/myTwitterAuth.rds'
```

파일로 저장한 모든 인증 객체는 auth_list() 함수를 이용하여 확인할 수 있다.

```
> auth_list()
[1] "myTwitterAuth"
```

봇 기반의 인증은 rtweet_bot() 함수를 이용하여 앱 인증과 유사한 방식으로 수행할 수 있다. 하지만 이번에는 앱 기반 인증과 다른 정보를 제공해야 한다. API 키 및 API 키 시크릿뿐만 아니라 액세스 토큰(access token) 및 액세스 토큰 시크릿(access token secret)을 rtweet_bot() 함수에 인수로 지정한다.

```
> api.key <- "YourAPIKey"
> api.key.secret <- "YourAPIKeySecret"
> access.token <- "YourAccessToken"
> access.token.secret <- "YourAccessTokenSecret"
> auth <- rtweet_bot(api_key=api.key, api_secret=api.key.secret,
+                    access_token=access.token, access_secret=access.token.secret)
> class(auth)
[1] "Token1.0" "Token"    "R6"
```

API 키 및 API 키 시크릿은 이미 생성되어 있으나 액세스 토큰 및 액세스 토큰 시크릿은 추가로 생성해야 한다. 앱의 Keys and tokens 페이지의 Access Tokens and Secret에서 Generate 버튼을 클릭하여 생성한다([그림 8-28] 참고). 액세스 토큰 및 액세스 토큰 시크릿 또한 화면에 한 번만 출력되기 때문에 나중의 사용을 위해서는 안전한 곳에 보관해둘 필요가 있다. 이렇게 생성한 인증 객체를 이용하는 방법은 앞서와 동일하다. rtweet 패키지가 제공하는 함수를 이용하려면 token 인수에 생성한 인증 객체를 지정한다.

rtweet 패키지에서 제공하는 함수를 이용하여 트위터 API로부터 데이터를 수집해보자. search_tweets() 함수는 특정 키워드를 포함하고 있는 트윗을 반환한다.[35] 하지만 과거의 모든 트윗을 가져올 수 있는 것은 아니다. 트위터의 표준 검색 API(standard search API)는 최대 과거 7일 동안의 트윗에 대해서만 검색을 허용한다.[36] 또한 인증 방식에 따라 매 15분마다 최대 18,000개 또는 45,000개까지의 트윗만을 수집할 수 있다. 한 번의 API 요청으로 수집할 수 있는 최대 허용량 18,000개 또는 45,000개를 초과하면 다시 검색이 가능한 상태가 되기까지 일정 시간 기다려야 한다.[37]

search_tweets() 함수는 트윗 검색을 위한 다양한 인수를 제공한다. q 인수에는 검색할 키워드를 지정한다. 여러 개의 키워드를 지정할 수 있으며 이때 키워드 간의 공백(space)은 AND 조건을 의미한다. 만약 지정한 키워드 가운데 하나라도 일치하는 트윗을 검색하려면(즉 OR 조건) 키워드 간에 OR를 삽입한다. 예를 들어, q="data science"를 지정하면 'data'와 'science'가 모두 포함된 트윗을 검색한다. 이때 두 단어의 순서는 관계없다. 반면에 q="data OR science"는 'data' 또는 'science'가 포함된 트윗을 반환한다. 키워드를 있는 그대로 매칭하려면 큰따옴표를 이용한다. 작은따옴표 안에 큰따옴표로 키워드를 감싸거나 역슬래시(\)를 이용하여 키워드를 감싼 큰따옴표를 이스케이프한다. 예를 들면, q='"data science"' 또는 q="\"data science\""와 같이 키워드를 지정하면 'data science'와 있는 그대로 정확히 일치하는 트윗을 반환한다. 특정 키워드를 제외하려면 - 연산자를 사용한다. 예를 들어, 'happy'가 포함된 트윗을 검색하되 빈번하게 등장할 가능성이 높은 'happy birthday'가 수집되는 것은 피하고 싶다면 q="happy -birthday"와 같이 지정한다.[38]

n 인수에는 수집하고자 하는 트윗의 개수를 지정한다. 기본값은 100이다. 하지만 n 인수에 지정된 개수만큼의 트윗 추출이 보장되는 것은 아니다. 그보다 많을 수도 있고 작을 수도 있다. 검색 조건을 충족하는 트윗 개수, 허용량의 소진 상태, 사용자의 실시간 활동(트윗 추가 또는 삭제) 등 트위터 API 상황에 따라 실제 수집되는 트윗 개수는 달라질 수 있다. 트윗이 삭제되었거나 허용량을 초과하면 n 인수에 지정된 것보다 더 작은 개수의 트윗을 얻게 된다. 반면에 페이지 크기의 배수가 아닌 트윗

35 반환되는 트윗을 스테이터스(status)라고 한다. 트위터의 스테이터스는 트윗 메시지뿐만 아니라 메시지와 관련된 다양한 부가 정보(작성자, 생성일자, 언어 등)를 총칭한다.

36 API 상황에 따라서 실제로는 최대 6~9일간의 트윗이 검색된다.

37 사용자 인증의 경우 15분 시간 프레임당 180개의 요청을 허용하며 앱 인증의 경우에는 450개까지 가능하다. 트위터는 페이지 단위로 요청 결과를 반환한다. 따라서 요청당 반환되는 트윗의 개수는 페이지 크기(페이지당 반환되는 트윗 개수)에 따라 다르다. search_tweets() 함수에는 페이지 크기가 100으로 설정되어 있으므로 인증 방식에 따라 한 번에 18,000개까지 또는 45,000개까지의 트윗을 검색할 수 있다.

38 이 밖에도 다양한 방식으로 키워드 검색을 수행할 수 있다. 좀 더 자세한 내용은 다음의 트위터 개발자 페이지를 참고한다: https://developer.twitter.com/en/docs/twitter-api/v1/tweets/search/guides/standard-operators.

개수를 요청하면 더 많은 트윗이 수집될 수도 있다. 예를 들어, n=150이더라도 페이지 크기가 100이라면 2페이지에 걸쳐 200개의 트윗이 반환된다. parse 인수에는 트위터 데이터를 데이터프레임 형식으로 수집할지 또는 리스트 형식으로 수집할지 여부를 논리값으로 지정한다. parse=TRUE(기본값)를 지정하면 데이터프레임 형식으로 반환되며 parse=FALSE를 지정하면 리스트 형식으로 반환된다.[39]

다음과 같이 search_tweets() 함수를 이용하여 'artificial intelligence'가 포함된 트윗 300개를 검색해보자.[40]

```
> library(rtweet)
> library(tidyverse)
> auth_as("myTwitterAuth")
> tweets <- search_tweets(q="artificial intelligence", n=300)
> tweets <- tweets %>%
+   as_tibble()
> tweets
# A tibble: 300 x 39
   created_at              id id_str full_text truncated display_text_ra~ entities
   <chr>                <dbl> <chr>  <chr>     <lgl>                <dbl> <list>
 1 Fri Feb 11 12:0~ 1.49e18 14921~ "There i~ FALSE                  283 <named list>
 2 Thu Feb 10 20:1~ 1.49e18 14918~ "Inside ~ FALSE                  220 <named list>
 3 Thu Feb 10 06:0~ 1.49e18 14916~ "Austral~ FALSE                  190 <named list>
…(중략)
 8 Sat Feb 12 00:1~ 1.49e18 14922~ "RT @byL~ FALSE                  140 <named list>
 9 Sat Feb 12 00:1~ 1.49e18 14922~ "RT @dds~ FALSE                  139 <named list>
10 Sat Feb 12 00:1~ 1.49e18 14922~ "Ensurin~ FALSE                  274 <named list>
# ... with 290 more rows, and 32 more variables: metadata <list>, source <chr>,
#   in_reply_to_status_id <dbl>, in_reply_to_status_id_str <chr>,
#   in_reply_to_user_id <dbl>, in_reply_to_user_id_str <chr>,
#   in_reply_to_screen_name <chr>, geo <list>, coordinates <list>, place <list>,
#   contributors <lgl>, is_quote_status <lgl>, retweet_count <int>,
```

39 트위터 API는 JSON 형식으로 트위터 데이터를 제공한다. 데이터프레임 형식이 중첩된 구조의 리스트 형식보다 다루기 편하기 때문에 search_tweets() 함수를 이용하여 트위터 데이터를 추출할 때 일반적으로 기본값(parse=TRUE)을 그대로 사용한다. 그러면 내부적으로 파싱 함수를 통해 JSON 형식이 데이터프레임 형식으로 변환된다. 그러나 트위터의 API는 언제든 변경될 수 있고 그러한 변경이 새로운 데이터 항목을 만들어내거나 기존의 항목을 삭제하게 되면 내부 변환 과정을 통해 원하는 데이터를 추출하지 못하거나 에러가 발생할 수 있다. 그럴 경우에는 parse=FALSE를 지정하는 것이 유용하다. parse=FALSE를 지정하면 트위터 API를 통해 제공되는 데이터를 리스트 형식으로 가져올 수 있기 때문에 데이터 구조 변경에 따른 위험을 피할 수 있을 뿐만 아니라 좀 더 자유롭게 데이터를 가공할 수 있다.

40 여기에서는 앞서 베어러 토큰을 이용하여 생성한 인증 객체 파일을 불러오는 방식으로 인증한다.

```
#   favorite_count <int>, favorited <lgl>, retweeted <lgl>,
#   possibly_sensitive <lgl>, lang <chr>, retweeted_status <list>, ...
> names(tweets)
 [1] "created_at"                      "id"
 [3] "id_str"                          "full_text"
 [5] "truncated"                       "display_text_range"
…(중략)
[35] "query"                           "withheld_scope"
[37] "withheld_copyright"              "withheld_in_countries"
[39] "possibly_sensitive_appealable"
> tweets$full_text[1:3]
[1] "There is a direct connection between too few women working in AI &amp; absurd
gender biased algorithms that treat men as standard &amp; women as an
exception.\n\nWe need more women developing artificial intelligence that serves
everyone &amp; works for gender equality. #WomenInScience https://t.co/AxRbJ1EM5j"
[2] "Inside the pavilion is the promotion of our advancements in innovation, space,
and artificial intelligence. \n\nIt's one of the largest, self-built spaces at the
expo, creating a global collective message projecting unity. https://t.co/43mDAQ06Rq"
[3] "Australia is an essential partner in developing emerging technologies, including
quantum information sciences, artificial intelligence, advanced manufacturing, and
clean energy technologies. https://t.co/UYkrDE5mWI"
```

추출한 각 트윗별로 생성일자(created_at), 트윗(스테이터스) ID(id), 트윗 메시지(full_text) 등 다양한 정보가 저장되어 있다. 그런데 수집한 트윗 메시지는 일반적으로 리트윗(retweet)으로 인해 중복된 경우가 많기 때문에 실제 고유한 트윗 메시지는 추출한 트윗의 개수보다 작다. 지금의 경우도 300개의 트윗이 수집되었지만 중복을 제거하면 고유한 트윗 메시지는 236개로 줄어든다.

```
> length(unique(tweets$full_text))
[1] 236
```

트윗을 추출할 때 검색 결과에 리트윗을 포함시키지 않으려면 다음과 같이 include_rts=FALSE를 지정한다.

```
> tweets <- search_tweets(q="artificial intelligence", n=300, include_rts=FALSE)
> nrow(tweets)
[1] 300
> length(unique(tweets$full_text))
[1] 300
```

바로 전의 검색 요청 이후 발생한 새로운 트윗을 가져오려면 다음과 같이 since_id 인수에 직전 검색 결과로 반환된 데이터프레임을 지정한다.41

41 그 이후에 새로 발생한 트윗이 없으면 검색 결과가 없을 수도 있다. 여기에서는 세 건이 추가로 검색되었다.

```
> tweets.newer <- search_tweets(q="artificial intelligence", n=100, include_rts=FALSE,
+                               since_id=tweets)
> tweets.newer <- tweets.newer %>%
+   as_tibble()
> tweets.newer
# A tibble: 3 x 39
  created_at                id id_str full_text truncated display_text_ra~ entities
  <chr>                  <dbl> <chr>  <chr>     <lgl>                <dbl> <list>
1 Sat Feb 12 00:21~ 1.49e18 14922~ "you kno~ FALSE                   80 <named list>
2 Sat Feb 12 00:20~ 1.49e18 14922~ "The Mec~ FALSE                  145 <named list>
3 Sat Feb 12 00:20~ 1.49e18 14922~ "@Matrix~ FALSE                  227 <named list>
# ... with 32 more variables: metadata <list>, source <chr>,
#   in_reply_to_status_id <dbl>, in_reply_to_status_id_str <chr>,
#   in_reply_to_user_id <dbl>, in_reply_to_user_id_str <chr>,
#   in_reply_to_screen_name <chr>, geo <list>, coordinates <list>, place <list>,
#   contributors <lgl>, is_quote_status <lgl>, retweet_count <int>,
#   favorite_count <int>, favorited <lgl>, retweeted <lgl>, lang <chr>,
#   possibly_sensitive <lgl>, quoted_status <list>, text <chr>, ...
```

반면에 직전 검색 결과 이전에 만들어진 과거 트윗을 추가로 가져오려면 max_id 인수를 이용한다. max_id 인수에 직전 검색 결과로 반환된 데이터프레임을 지정한다.

```
> tweets.older <- search_tweets(q="artificial intelligence", n=100, include_rts=FALSE,
+                               max_id=tweets)
> tweets.older <- tweets.older %>%
+   as_tibble()
> tweets.older
# A tibble: 100 x 39
   created_at             id id_str full_text truncated display_text_ra~ entities
   <chr>               <dbl> <chr>  <chr>     <lgl>                <dbl> <list>
 1 Thu Feb 10 03:3~ 1.49e18 14916~ "Menlo P~ FALSE                  137 <named list>
 2 Thu Feb 10 03:3~ 1.49e18 14916~ "Army Bu~ FALSE                  105 <named list>
 3 Thu Feb 10 03:3~ 1.49e18 14916~ "Elon Mu~ FALSE                  192 <named list>
…(중략)
```

```
 8 Thu Feb 10 03:3~ 1.49e18 14916~ "Artific~ FALSE                132 <named list>
 9 Thu Feb 10 03:3~ 1.49e18 14916~ "Top 10 ~  FALSE               128 <named list>
10 Thu Feb 10 03:3~ 1.49e18 14916~ "Dataflo~ FALSE                271 <named list>
# ... with 90 more rows, and 32 more variables: metadata <list>, source <chr>,
#   in_reply_to_status_id <dbl>, in_reply_to_status_id_str <chr>,
#   in_reply_to_user_id <dbl>, in_reply_to_user_id_str <chr>,
#   in_reply_to_screen_name <chr>, geo <list>, coordinates <list>, place <list>,
#   contributors <lgl>, is_quote_status <lgl>, retweet_count <int>,
#   favorite_count <int>, favorited <lgl>, retweeted <lgl>,
#   possibly_sensitive <lgl>, lang <chr>, quoted_status_id <dbl>, ...
```

users_data() 함수는 트윗을 작성한 사용자에 대한 데이터를 수집한다. 다음과 같이 추출한 트윗 데이터 객체를 인수로 제공한다. 각 트윗별로 사용자 ID(id), 스크린 이름(screen_name), 소개(description), 계정 생성일자(created_at), 팔로워수(followers_count), 친구수(팔로잉수, friends_count) 등의 사용자 정보를 추출할 수 있다.

```
> tweets.users <- users_data(tweets) %>%
+   as_tibble()
> tweets.users
# A tibble: 300 x 21
        id id_str              name  screen_name location description url   protected
     <dbl> <chr>               <chr> <chr>       <chr>    <chr>       <chr> <lgl>
 1 8.11e17 811229675758505984  Anto~ antonioqut~ ""       "Secretary~ http~ FALSE
 2 2.81e 9 2812768561          The ~ Kensington~ "London~ "The offic~ http~ FALSE
 3 9.62e 6 9624742             Depa~ StateDept   "Washin~ "Welcome t~ http~ FALSE
…(중략)
 8 1.35e 8 135383865           Samu~ samuelmburu "@limel~ "#Automati~ NA    FALSE
 9 1.36e 9 1362177019          N A   NahidAlaei  "London~ "An Award ~ http~ FALSE
10 1.48e18 14811356037187010~ Lime~ LCL_AFrica~ ""       "Limelight~ NA    FALSE
# ... with 290 more rows, and 13 more variables: followers_count <int>,
#   friends_count <int>, listed_count <int>, created_at <chr>,
#   favourites_count <int>, verified <lgl>, statuses_count <int>,
#   profile_image_url_https <chr>, profile_banner_url <chr>, default_profile <lgl>,
#   default_profile_image <lgl>, withheld_in_countries <list>, entities <list>
> names(tweets.users)
 [1] "id"                      "id_str"                  "name"
 [4] "screen_name"             "location"                "description"
…(중략)
```

```
[16] "profile_image_url_https"  "profile_banner_url"      "default_profile"
[19] "default_profile_image"    "withheld_in_countries"  "entities"
> tweets.users$screen_name[1:3]
[1] "antonioguterres" "KensingtonRoyal" "StateDept"
```

트위터 API를 통해 제공되는 데이터를 데이터프레임 형식으로 변환하지 않고 가능한 있는 그대로 수집하고 싶을 때가 있다. 트위터 API의 변경으로 인해 제공되는 데이터 구조가 변경되어 내부 변환 과정이 제대로 동작하지 않거나 수집한 데이터 양이 많아서 내부 파싱 과정에 오랜 시간이 걸릴 경우에 특히 필요할 수 있다. search_tweets() 함수에 다음과 같이 parse=FALSE를 추가로 지정한다. 그러면 트윗 데이터는 리스트 형식으로 반환된다.

```
> tweets <- search_tweets(q="artificial intelligence", n=300, include_rts=FALSE,
+                         parse=FALSE)
> class(tweets)
[1] "list"
> str(tweets, max.level=2)
List of 3
 $ :List of 2
  ..$ statuses       :'data.frame':     100 obs. of  30 variables:
  ..$ search_metadata:List of 9
 $ :List of 2
  ..$ statuses       :'data.frame':     100 obs. of  30 variables:
  ..$ search_metadata:List of 9
 $ :List of 2
  ..$ statuses       :'data.frame':     100 obs. of  30 variables:
  ..$ search_metadata:List of 9
```

반환된 리스트 형식의 데이터는 다음과 같이 데이터프레임(티블) 형식으로 변환하여 분석에 사용할 수 있다.

```
> tweets <- tweets %>%
+   map_dfr("statuses") %>%
+   as_tibble()
```

```
> tweets
# A tibble: 300 x 30
   created_at          id id_str full_text truncated display_text_ra~ entities$hashta~
   <chr>            <dbl> <chr>  <chr>     <lgl>     <list>           <list>
 1 Fri Feb 11 ~ 1.49e18 14921~ "There i~ FALSE     <int [2]>        <df [1 x 2]>
 2 Thu Feb 10 ~ 1.49e18 14918~ "Inside ~ FALSE     <int [2]>        <df [0 x 0]>
 3 Thu Feb 10 ~ 1.49e18 14916~ "Austral~ FALSE     <int [2]>        <df [0 x 0]>
…(중략)
 8 Sat Feb 12 ~ 1.49e18 14922~ "AI-Tune~ FALSE     <int [2]>        <df [0 x 0]>
 9 Sat Feb 12 ~ 1.49e18 14922~ "Augment~ FALSE     <int [2]>        <df [16 x 2]>
10 Sat Feb 12 ~ 1.49e18 14922~ "AKI22_c~ FALSE     <int [2]>        <df [2 x 2]>
# ... with 290 more rows, and 27 more variables: entities$symbols <list>,
#   $user_mentions <list>, $urls <list>, $media <list>, extended_entities <df[,1]>,
#   metadata <df[,2]>, source <chr>, in_reply_to_status_id <dbl>,
#   in_reply_to_status_id_str <chr>, in_reply_to_user_id <dbl>,
#   in_reply_to_user_id_str <chr>, in_reply_to_screen_name <chr>, user <df[,43]>,
#   geo <lgl>, coordinates <lgl>, place <df[,10]>, contributors <lgl>,
#   is_quote_status <lgl>, retweet_count <int>, favorite_count <int>, ...
> names(tweets)
 [1] "created_at"                "id"
 [3] "id_str"                    "full_text"
 [5] "truncated"                 "display_text_range"
…(중략)
[25] "retweeted"                 "possibly_sensitive"
[27] "lang"                      "quoted_status_id"
[29] "quoted_status_id_str"      "quoted_status"
> tweets$user$screen_name[1:3]
[1] "antonioguterres" "KensingtonRoyal" "StateDept"
```

하나의 시간 프레임 내에 가져올 수 있는 트윗의 최대 허용량을 초과하는 트윗을 수집하려면 `retryonratelimit=TRUE`를 지정한다.[42] `retryonratelimit=TRUE`를 지정하면 일단 잔여 허용량까지 트윗을 수집하고 허용량을 초과할 경우 `search_tweets()` 함수는 자동으로 검색이 허용될 때까지 기다린 후 API에 다시 수집을 요청한다. 예를 들어, 다음과 같이 트윗을 요청하면 일단 현재의 잔여 허용량까지 트윗을 수집하고 허용량을 초과하면 대기 시간을 가진 뒤 검색을 재개한다.

42 여기에서는 베어러 토큰을 이용하여 앱 인증을 했기 때문에 하나의 시간 프레임당(현재 15분) 450개의 요청을 처리할 수 있다. 따라서 한 번에 페이지당 100개씩 최대 45,000개까지의 트윗이 수집 가능하다. 하지만 앞서 설명한 대로 요청한 개수가 항상 보장되는 것은 아니다.

```
> tweets <- search_tweets(q="artificial intelligence", n=50000, include_rts=FALSE,
+                         parse=FALSE, retryonratelimit=TRUE)
Rate limit exceeded for Twitter endpoint '/1.1/search/tweets'. Waiting for refresh in 7 mins
> tweets <- tweets %>%
+   map_dfr("statuses") %>%
+   as_tibble()
> nrow(tweets)
[1] 44996
```

한글 트윗도 search_tweets() 함수를 이용하여 동일한 방식으로 키워드 검색을 수행할 수 있다. q 인수에 한글 키워드를 지정한다.

```
> tweets.kor <- search_tweets(q="인공지능", n=300, include_rts=FALSE)
> tweets.kor$full_text[1:3]
[1] "@ohmahahm 수요가 계속 많다면 절대로 가격을 낮추지 않을 겁니다. 게다가 자율주행
수준이 높아질수록 테슬라에 대한 수요는 더 높아질 것이고, 이건 비단 FSD 가격뿐만 아니라
차 값 폭등에도 영향을 줄 것으로 보입니다. 현재 일반인들이 구매할 수 있는 자동차 중에
유일한 인공지능 로봇이니깐요."
[2] "@doru_muck 한쪽에선 인공지능이 사람이됐는데"
[3] "인공지능보다 인간에게 있는 우월한 능력은 무엇일까? 꿈과 상상력, 창의성에 기반한
예술의 영역만큼은 인공지능이 쉽게 도전하기 어렵지 않을까?"
```

search_tweets2() 함수를 이용하면 복수의 검색을 한 번에 수행할 수 있다. 다음과 같이 q 인수에 검색할 내용을 벡터로 지정한다. 검색 결과에 query 열이 자동으로 생성되어 검색 시 사용한 키워드가 저장된다. search_tweets2() 함수는 복수의 검색을 수행한다는 것만 다를 뿐 나머지 인수 지정은 search_tweets() 함수와 동일하다.

```
> tweets.multquery <- search_tweets2(q=c("BLACKPINK", "BTS"), n=1000)
> nrow(tweets.multquery)
[1] 2000
> table(tweets.multquery$query)

BLACKPINK       BTS
     1000      1000
```

애플의 아이폰과 삼성의 갤럭시 스마트폰에 대한 사람들의 관심을 트윗을 통해 살펴보자. 먼저 search_tweets2() 함수를 이용하여 'apple iphone'과 'samsung galaxy'가 등장하는 트윗을 검색한다. 여기에서는 lang="en"을 지정하여 영어로 작성된 트윗만을 수집한다.

```
> tweets <- search_tweets2(q=c("apple iphone", "samsung galaxy"),
+                          n=20000, lang="en", include_rts=FALSE,
+                          retryonratelimit=TRUE, parse=FALSE)
```

수집한 데이터는 파싱 과정을 거치지 않은 리스트 구조의 데이터이므로 다음과 같이 전처리 과정을 거쳐 데이터프레임(티블) 형식으로 변환한다.[43] 애플 아이폰과 삼성 갤럭시 간 비교 분석을 위해 query 열을 추가하여 브랜드를 구분한다. 또한 시계열분석을 위해 트윗 생성일을 날짜 클래스(POSIXct)로 변환한다.

```
> Sys.setlocale("LC_TIME", "English")
[1] "English_United States.1252"
> tweets.smartp <- tweets %>%
+   map(~map_dfr(.x, "statuses")) %>%
+   map(as_tibble) %>%
+   bind_rows(.id="query") %>%
+   mutate(created_at=as.POSIXct(created_at, "%a %b %d %H:%M:%S +0000 %Y",
+                                tz="UTC"))
> Sys.setlocale()
[1] "LC_COLLATE=Korean_Korea.949;LC_CTYPE=Korean_Korea.949;LC_MONETARY=Korean_Korea.949;
LC_NUMERIC=C;LC_TIME=Korean_Korea.949"
> nrow(tweets.smartp)
[1] 30313
> nrow(filter(tweets.smartp, query=="apple iphone"))
[1] 18620
> nrow(filter(tweets.smartp, query=="samsung galaxy"))
[1] 11693
> min(tweets.smartp$created_at); max(tweets.smartp$created_at)
[1] "2021-12-10 09:47:39 UTC"
[1] "2021-12-17 15:55:32 UTC"
```

7일간에 걸쳐 모두 30,313개의 트윗이 수집되었다. 이 가운데 애플 아이폰에 대한 트윗은 18,620개였고, 삼성 갤럭시에 대한 트윗은 11,693개로 나타났다.

43 search_tweets2() 함수에 parse=TRUE(기본값)를 지정하면 검색 결과가 내부 파싱 과정을 거쳐 데이터프레임 형식으로 반환되기 때문에 리스트를 데이터프레임으로 변환하는 전처리 과정이 필요 없다. 여기에서는 트위터로부터 검색된 트윗 데이터를 내부 파싱 작업 없이 전처리를 통해 사후에 변환한다. 이러한 사후 변환 작업은 트위터 API의 변경으로 인해 데이터 구조가 변경되어 내부 파싱 함수가 제대로 동작하지 않거나 수집할 데이터 양이 많아서 트윗 검색과 파싱 작업을 분리해야 할 경우에 유용할 수 있다.

애플 아이폰과 섬성 갤럭시에 대한 트윗 발생량 추이를 시계열 그래프로 그려보자. 트윗이 수집된 기간이 애플 아이폰과 섬성 갤럭시 두 브랜드 간에 서로 상이하기 때문에 둘 간의 비교를 위해서는 그래프로 그려질 시계열 구간을 일치시킬 필요가 있다. 이를 위해 먼저 다음과 같이 각 키워드별로 가장 오래된 트윗의 발생 시점을 확인한다.

```
> stime.iphone <- min(filter(tweets.smartp, query=="apple iphone")$created_at)
> stime.galaxy <- min(filter(tweets.smartp, query=="samsung galaxy")$created_at)
> stime.iphone; stime.galaxy
[1] "2021-12-10 13:59:54 UTC"
[1] "2021-12-10 09:47:39 UTC"
```

두 브랜드의 데이터 수집 기간을 비교하여 각 브랜드의 가장 오래된 트윗 가운데 더 최근인 시점을 시계열 그래프의 시작 시점으로 사용한다.

```
> stime.smartp <- max(stime.iphone, stime.galaxy)
> stime.smartp
[1] "2021-12-10 13:59:54 UTC"
```

여기에서는 애플 아이폰에 대한 트윗이 삼성 갤럭시에 대한 트윗보다 더 최근의 기간에 걸쳐 수집되었으므로 애플 아이폰 데이터를 기준으로 두 키워드 데이터가 모두 포함된 새로운 데이터셋을 생성한다. 그리고 이렇게 생성한 서브셋을 이용하여 시계열 그래프를 그리기 위한 시간 구간별 트윗 개수를 산출한다. 각 브랜드별 트윗 발생량은 다음과 같이 시간 단위로 집계할 수 있다.

```
> library(lubridate)
> tweets.agg <- filter(tweets.smartp, created_at >= stime.smartp) %>%
+   group_by(query) %>%
+   mutate(time=floor_date(x=created_at, unit="hours")) %>%
+   count(query, time) %>%
+   slice(2:(n()-1)) %>%
+   ungroup()
> tweets.agg
# A tibble: 337 x 3
   query          time                    n
   <chr>          <dttm>              <int>
 1 apple iphone   2021-12-10 14:00:00   139
 2 apple iphone   2021-12-10 15:00:00   130
 3 apple iphone   2021-12-10 16:00:00   152
…(중략)
```

```
 8 apple iphone  2021-12-10 21:00:00   114
 9 apple iphone  2021-12-10 22:00:00   107
10 apple iphone  2021-12-10 23:00:00   117
# ... with 327 more rows
```

lubridate 패키지의 floor_date() 함수는 x 인수에 주어진 시간을 unit 인수에 지정된 구간 단위로 변환한다(주어진 시간보다 작은 시간 단위로 내림). 여기에서는 1시간을 구간 단위로 사용한다. 시계열의 처음과 끝 구간은 실제 시간 길이가 다른 구간과 다를 수 있기 때문에 이 구간에 집계된 트윗 개수는 왜곡의 소지가 있다. 시계열상의 이러한 트윗 개수 왜곡을 방지하기 위하여 각 브랜드별로 처음과 마지막 한 개의 구간은 제외한다(slice(2:(n()-1))).

이제 이렇게 생성한 데이터셋을 이용하여 다음과 같이 키워드별 시계열 그래프를 그릴 수 있다. 생성된 그래프는 [그림 8-29]와 같다. 시간대별로 두 키워드에 대한 트윗 발생량의 추이를 시각적으로 비교해볼 수 있다. 트윗 발생량의 패턴은 두 브랜드 모두 비슷하나, 전반적으로 애플 아이폰에 대한 트윗이 삼성 갤럭시에 비해 더 많다.

```
> windows(width=9.0, height=5.5)
> Sys.setlocale("LC_TIME", "English")
[1] "English_United States.1252"
> ggplot(tweets.agg, aes(x=time, y=n, fill=query, color=query)) +
+   geom_area(position="identity", alpha=0.3) +
+   geom_line(size=1.5) +
+   scale_fill_manual(labels=c("Apple iPhone", "Samsung Galaxy"),
+                     values=c("orangered", "deepskyblue2")) +
+   scale_color_manual(labels=c("Apple iPhone", "Samsung Galaxy"),
+                      values=c("orangered", "deepskyblue2")) +
+   scale_x_datetime(date_labels="%b %d %H:%M", date_breaks="days") +
+   labs(x=NULL, y="Number of Tweets",
+        title="Twitter Statuses over Time",
+        subtitle="Tweets on topics of Apple iPhone and Samsung Galaxy",
+        caption="Source: Twitter") +
+   theme_minimal() +
+   theme(plot.title=element_text(face="bold"),
+         axis.text=element_text(face="bold"),
+         axis.text.x=element_text(size=8, vjust=0.5),
+         panel.grid.minor=element_blank(),
+         legend.position="bottom",
+         legend.title=element_blank())
```

그림 8-29 ▌ 갤럭시 vs. 아이폰. 전반적으로 애플 아이폰에 대한 트윗이 삼성 갤럭시에 대한 트윗보다 많다.

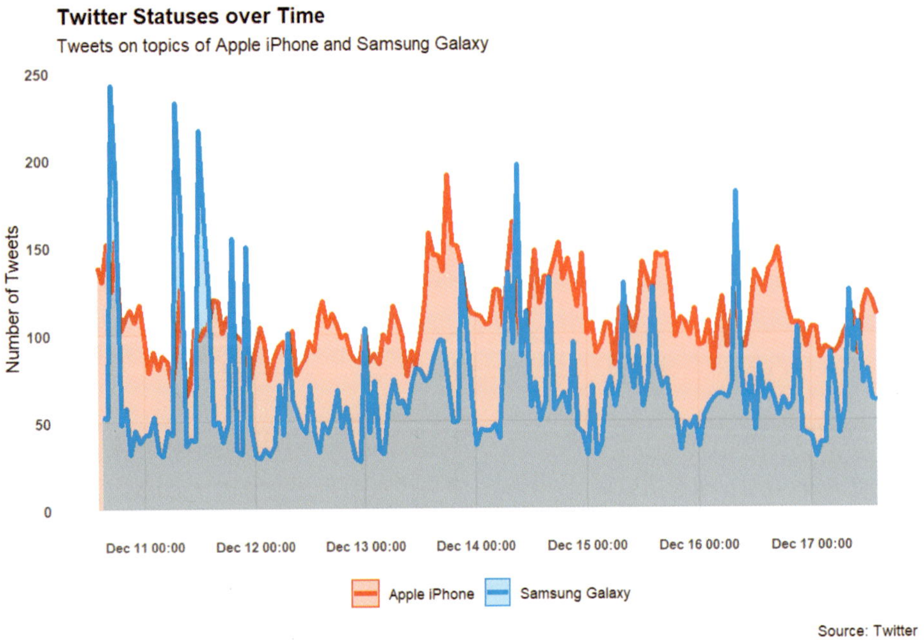


```
> Sys.setlocale()
[1] "LC_COLLATE=Korean_Korea.949;LC_CTYPE=Korean_Korea.949;LC_MONETARY=Korean_Korea.949;
LC_NUMERIC=C;LC_TIME=Korean_Korea.949"
```

트윗 메시지 데이터를 바탕으로 애플 아이폰과 삼성 갤럭시에 대한 간단한 감성분석(sentiment analysis)을 수행해보자. 여기에서는 감성어휘 사전을 바탕으로 감성분석을 수행한다. 트윗에 포함된 긍정 단어와 부정 단어의 개수를 집계한 후 긍정 단어가 부정 단어보다 많으면 긍정 메시지로 분류하고, 반대로 부정 단어가 긍정 단어보다 많으면 부정 메시지로 분류한다. 그 밖의 경우는 중립 메시지로 분류한다.

이러한 분석을 위해서는 먼저 트윗 메시지의 텍스트로부터 불필요한 문자열을 제거할 필요가 있다. 여기에서는 텍스트마이닝 패키지인 tm 패키지를 이용하여 텍스트 전처리 작업을 수행한다. 우선 전체적인 작업의 흐름을 이해하기 위해 임의로 추출한 한 개의 트윗 메시지를 대상으로 감성분석을 수행해보자. 트윗 메시지로부터 다음과 같이 URL, 불용어, 문장부호, 숫자, 공백 등을 제거한다. 전처리된 텍스트는 분석을 위해 단어 단위로 분할한다. 또한 정상적인 변환이 이루어지지 않아 종종 글자가 깨지는 비ASCII 문자(non-ASCII character)는 분석에 영향을 미칠 수 있으므로 텍스트로부터 제거한다.

```
> library(tm)
> text <- "has anyone else’s phone be dying for no reason but when you turn it back
on it has like 80% ?? Apple get your shit together im not buying an iphone
https://t.co/6APiSWtXsg"
> text <- text %>%
+   gsub("https?[:.]+\\S+", "", .) %>%
+   removeWords(stopwords("english")) %>%
+   removePunctuation() %>%
+   removeNumbers() %>%
+   stripWhitespace() %>%
+   iconv(., to="ascii", sub="") %>%
+   trimws()
> text
[1] "anyone elses phone dying reason turn back like Apple get shit together im buying iphone"
> words <- strsplit(text, " ")
> words
[[1]]
 [1] "anyone"  "elses"  "phone"  "dying"  "reason"   "turn"  "back"
 [8] "like"    "Apple"  "get"    "shit"   "together" "im"    "buying"
[15] "iphone"
```

이제 이렇게 수집된 단어를 바탕으로 감성분석을 수행할 수 있다. 여기에서는 tidytext 패키지에 포함된 감성어휘 사전 가운데 빙류의 오피니언 렉시콘(Bing Liu's opinion lexicon)을 이용한다.44 get_sentiments() 함수를 이용하여 감성어휘 사전을 추출할 수 있다. 빙류의 오피니언 렉시콘은 단어가 갖고 있는 감성상태를 긍정(positive)과 부정(negative)으로 분류한다.

44 감성어휘 사전에 대한 보다 자세한 설명은 '제4장 XPath'의 '4.5 사례 – 레스토랑 리뷰 @오픈테이블'을 참고한다.

```
> library(tidytext)
> get_sentiments(lexicon="bing")
# A tibble: 6,786 x 2
   word       sentiment
   <chr>      <chr>
 1 2-faces    negative
 2 abnormal   negative
 3 abolish    negative
…(중략)
```

```
 8 abort      negative
 9 aborted    negative
10 aborts     negative
# ... with 6,776 more rows
> table(get_sentiments("bing")$sentiment)

negative positive
    4781     2005
```

분석을 위해 다음과 같이 긍정 단어와 부정 단어를 별도의 데이터셋으로 저장한다.

```
> pos.words <- get_sentiments("bing")$word[get_sentiments("bing")$sentiment=="positive"]
> neg.words <- get_sentiments("bing")$word[get_sentiments("bing")$sentiment=="negative"]
```

그런 다음 트윗 메시지에 포함된 긍정 단어와 부정 단어의 개수를 파악한 후 그 차이를 계산한다. 차이가 양의 값이면 긍정 트윗으로 분류하고 음의 값이면 부정 트윗으로 분류한다. 0이면 중립 트윗이다. 여기에서는 트윗 메시지의 감성점수 계산 결과가 음의 값이므로 해당 트윗은 부정 메시지로 분류된다.

```
> words[[1]][words[[1]] %in% pos.words]
[1] "like"
> words[[1]][words[[1]] %in% neg.words]
[1] "dying" "shit"
> pos.match <- sum(words[[1]] %in% pos.words)
> neg.match <- sum(words[[1]] %in% neg.words)
> pos.match; neg.match
[1] 1
[1] 2
> scores <- pos.match - neg.match
> scores
[1] -1
```

이제 이러한 감성분석 절차를 전체 트윗에 대해 적용하기 위해 다음과 같이 세 개의 함수를 생성한다. `cleanText()` 함수는 텍스트로부터 불필요한 문자열을 제거한다. `scoreWords()` 함수는 단어 벡터를 인수로 받아 긍정 단어 개수와 부정 단어 개수의 차이를 계산하여 감성점수를 산출한다. 끝으로 `evalTweets()` 함수는 앞의 두 함수를 활용하여 트윗 데이터셋으로부터 키워드별(즉 브랜드별)로 트윗 메시지의 긍정 비율, 부정 비율, 중립 비율을 계산한다.

```
> cleanText <- function(text) {
+   text <- text %>%
+     gsub("https?[:.]+\\S+", "", .) %>%
+     removeWords(stopwords("english")) %>%
+     removePunctuation() %>%
+     removeNumbers() %>%
+     stripWhitespace() %>%
+     iconv(., to="ascii", sub="") %>%
+     trimws()
+   return(text)
+ }
> scoreWords <- function(words, pos.words, neg.words) {
+   pos.match <- sum(words %in% pos.words)
+   neg.match <- sum(words %in% neg.words)
+   return(pos.match - neg.match)
+ }
> evalTweets <- function(tweets, pos.words, neg.words, keyword) {
+   keyword.idx <- grep(keyword, tweets$query, ignore.case=TRUE)
+   text <- cleanText(tweets$full_text[keyword.idx])
+   words <- strsplit(text, " ")
+   scores <- sapply(words, scoreWords, pos.words, neg.words)
+   n <- length(scores)
+   positive <- round(sum(scores > 0)/n * 100, 1)
+   negative <- round(sum(scores < 0)/n * 100, 1)
+   neutral <- 100 - (positive + negative)
+   sprintf("%d tweets about %s: %.1f%% positive, %.1f%% negative, %.1f%% neutral",
+           n, keyword, positive, negative, neutral)
+ }
```

evalTweets() 함수를 이용하여 삼성 갤럭시와 애플 아이폰 트윗의 긍정 비율, 부정 비율, 중립 비율을 계산하면 다음과 같다.

```
> evalTweets(tweets.smartp, pos.words, neg.words, keyword="samsung galaxy")
[1] "11693 tweets about samsung galaxy: 16.7% positive, 5.6% negative, 77.7% neutral"
> evalTweets(tweets.smartp, pos.words, neg.words, keyword="apple iphone")
[1] "18620 tweets about apple iphone: 22.4% positive, 9.6% negative, 68.0% neutral"
```

브랜드별로 시간의 흐름에 따른 감성상태의 변화 추이를 살펴보자. 감성상태는 긍정 단어와 부정 단어 개수의 차이로 계산한 감성점수로 평가한다. 먼저 앞서 생성한 cleanText() 함수를 이용하여 다음과 같이 트윗 메시지 텍스트로부터 불필요한 문자열을 제거하여 새로운 열(clean_text)로 저장한다. 그리고 이를 이용하여 감성점수를 산출한다.

```
> library(lubridate)
> tweets.smartp$clean_text <- cleanText(tweets.smartp$full_text)
> tweets.sentiment <- tweets.smartp %>%
+   select(created_at, clean_text, query) %>%
+   unnest_tokens(output=word, input=clean_text, token="words") %>%
+   inner_join(get_sentiments("bing"), by="word") %>%
+   mutate(created_at=round_date(x=created_at, unit="hours")) %>%
+   count(query, created_at, sentiment) %>%
+   pivot_wider(names_from=sentiment, values_from=n, values_fill=0) %>%
+   mutate(sentiment=positive - negative)
```

파이프 연산자 %>%로 연결된 일련의 작업은 다음과 같다. ① 분석에 필요한 열을 추출한다(select(created_at, clean_text, query)). ② 각 트윗 텍스트로부터 단어를 추출한다(unnest_tokens(output=word, input=clean_text, token="words")). ③ 감성어휘 사전을 이용하여 텍스트로부터 추출한 단어들의 감성상태(긍정 또는 부정)를 결정한다(inner_join(get_sentiments("bing"), by="word")). ④ 시계열 그래프의 시간 단위 구간을 정의한다. lubridate 패키지의 round_date() 함수는 x 인수에 주어진 시간을 unit 인수에 지정된 구간 단위로 변환한다(가까운 시간 단위로 반올림). 여기에서는 1시간을 구간 단위로 사용한다(mutate(created_at=round_date(x=created_at, unit="hours"))). ⑤ 정의된 시간 단위별 브랜드별로 긍정 단어와 부정 단어 개수를 집계한다(count(query, created_at, sentiment)). ⑥ 데이터셋을 긍정 단어 개수와 부정 단어 개수를 별도의 열로 갖는 와이드포맷(wide format) 형식으로 변환한다(pivot_wider(names_from=sentiment, values_from=n, values_fill=0)). 긍정 단어나 부정 단어가 없을 경우에 해당 열은 0으로 채워진다(values_fill=0). ⑦ 와이드포맷 형식으로 변환된 데이터셋으로부터 긍정 단어 개수와 부정 단어 개수의 차이를 계산하여 시간 단위별 브랜드별 감성점수를 산출한다(mutate(sentiment=positive - negative)).

생성된 데이터셋은 다음과 같다. 브랜드별 감성점수가 1시간 간격으로 합산 집계되었다.

```
> tweets.sentiment
# A tibble: 344 x 5
   query         created_at          negative positive sentiment
   <chr>         <dttm>                 <int>    <int>     <int>
 1 apple iphone  2021-12-10 14:00:00       25       52        27
 2 apple iphone  2021-12-10 15:00:00       53       80        27
 3 apple iphone  2021-12-10 16:00:00       52      111        59
…(중략)
 8 apple iphone  2021-12-10 21:00:00       40       78        38
 9 apple iphone  2021-12-10 22:00:00       43       83        40
10 apple iphone  2021-12-10 23:00:00       44       74        30
# ... with 334 more rows
> summary(tweets.sentiment$sentiment)
  Min. 1st Qu.  Median    Mean 3rd Qu.    Max. 
-12.00   18.00   27.00   28.58   38.00  149.00 
> by(tweets.sentiment[c("negative", "positive", "sentiment")],
+    INDICES=tweets.sentiment$query, FUN=summary)
tweets.sentiment$query: apple iphone
    negative        positive        sentiment    
 Min.   :13.00   Min.   : 31.00   Min.   :-12.00  
 1st Qu.:28.00   1st Qu.: 51.00   1st Qu.: 17.50  
 Median :36.00   Median : 63.00   Median : 27.00  
 Mean   :36.82   Mean   : 64.75   Mean   : 27.94  
 3rd Qu.:45.00   3rd Qu.: 76.00   3rd Qu.: 38.00  
 Max.   :87.00   Max.   :111.00   Max.   : 74.00  
------------------------------------------------------------------
tweets.sentiment$query: samsung galaxy
    negative        positive        sentiment    
 Min.   : 0.00   Min.   :  3.00   Min.   : -1.00  
 1st Qu.: 7.00   1st Qu.: 30.00   1st Qu.: 18.00  
 Median :11.00   Median : 37.00   Median : 26.00  
 Mean   :10.97   Mean   : 40.18   Mean   : 29.21  
 3rd Qu.:15.00   3rd Qu.: 47.00   3rd Qu.: 38.00  
 Max.   :34.00   Max.   :171.00   Max.   :149.00  
```

감성점수 시계열 그래프를 그리기 전에 우선 이 데이터셋을 바탕으로 두 브랜드의 시계열 구간을 일치시키기 위한 시작 시점을 다음과 같이 계산한다.

```
> stime.smartp <-
+   max(min(filter(tweets.sentiment, query=="apple iphone")$created_at),
+       min(filter(tweets.sentiment, query=="samsung galaxy")$created_at))
> stime.smartp
[1] "2021-12-10 14:00:00 UTC
```

이제 다음과 같이 시계열 그래프를 생성할 수 있다. 생성된 그래프는 [그림 8-30]과 같다. 1시간 간격으로 두 브랜드의 감성점수의 변화 추이를 살펴볼 수 있다.[45]

▶ 그림 8-30 ▌ **갤럭시 vs. 아이폰**. 전반적으로 애플 아이폰과 삼성 갤럭시 모두 긍정 트윗이 부정 트윗보다 압도적으로 많다.

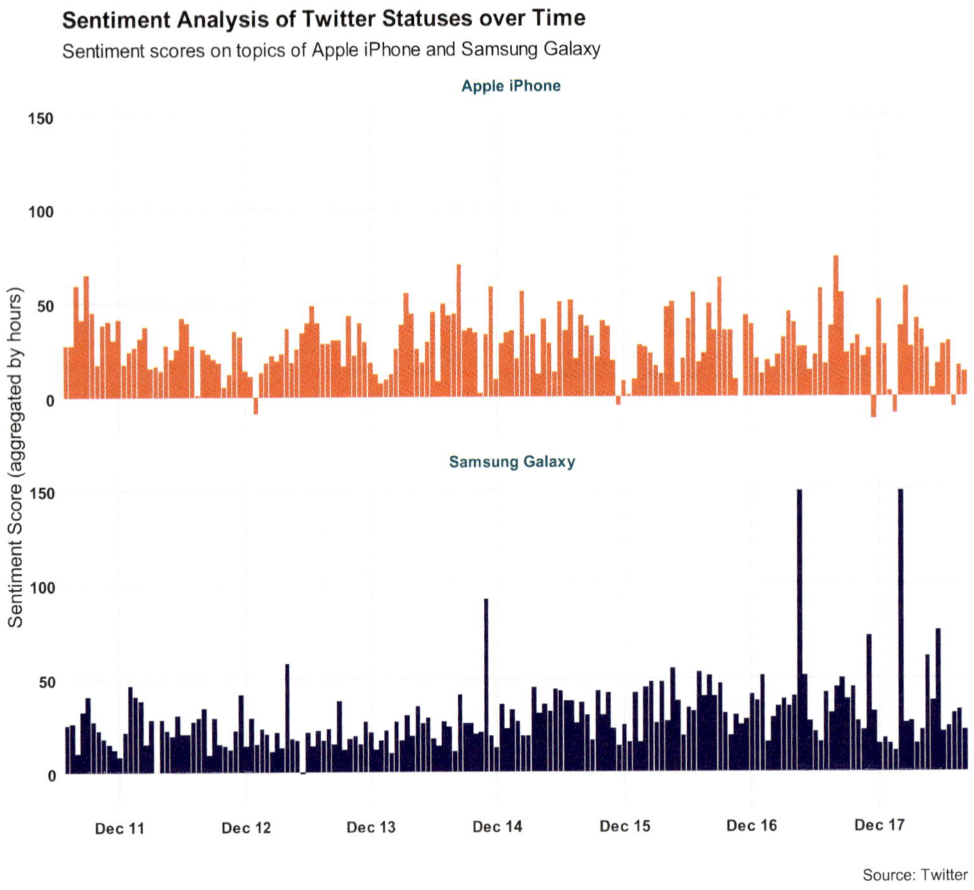

45 여기에서는 브랜드별 트윗 발생량은 고려하지 않았다. 따라서 단순 합산으로 계산된 감성점수의 절대값으로 두 브랜드를 직접 비교하는 것은 바람직하지 않을 수 있다. 그러나 감성점수의 변화 추이를 살펴보는 것은 그 자체로 의미가 있다.

```
> windows(width=8.0, height=7.0)
> Sys.setlocale("LC_TIME", "English")
[1] "English_United States.1252"
> ggplot(filter(tweets.sentiment, created_at >= stime.smartp),
+         aes(created_at, sentiment, fill=query)) +
+   geom_bar(stat="identity", show.legend=FALSE) +
+   facet_wrap(~factor(query, labels=c("Apple iPhone", "Samsung Galaxy")), nrow=2) +
+   scale_fill_viridis_d(begin=0.1, end=0.65, direction=-1, option="plasma") +
+   scale_x_datetime(date_labels="%b %d", date_breaks="days", expand=c(0, 0)) +
+   labs(x="", y="Sentiment Score (aggregated by hours)",
+         title="Sentiment Analysis of Twitter Statuses over Time",
+         subtitle="Sentiment scores on topics of Apple iPhone and Samsung Galaxy",
+         caption="Source: Twitter") +
+   theme_minimal() +
+   theme(strip.background=element_blank(),
+          strip.text=element_text(color="turquoise4", face="bold"),
+          plot.title=element_text(face="bold"),
+          axis.text=element_text(face="bold"),
+          panel.grid.minor=element_blank())
> Sys.setlocale()
[1] "LC_COLLATE=Korean_Korea.949;LC_CTYPE=Korean_Korea.949;LC_MONETARY=Korean_Korea.949;
LC_NUMERIC=C;LC_TIME=Korean_Korea.949"
```

이번에는 긍정과 부정의 두 가지 감성뿐만 아니라 분노, 놀람, 즐거움, 신뢰 등과 같은 좀 더 다양한 정서(emotion)를 분석해보자. 다양한 정서를 분석할 수 있는 감성분석을 위해 syuzhet 패키지의 get_nrc_sentiment() 함수를 이용한다. get_nrc_sentiment() 함수는 NRC 정서 렉시콘(National Research Council Canada Emotion Lexicon)을 이용하여 텍스트에 포함된 단어를 바탕으로 모두 10가지의 감성점수를 계산한다. 다음과 같이 애플 아이폰과 삼성 갤럭시에 관한 트윗별로 10가지 감성 단어의 출현 빈도를 확인할 수 있다.

```
> library(syuzhet)
> sentiment <- get_nrc_sentiment(tweets.smartp$clean_text)
> as_tibble(sentiment)
# A tibble: 30,313 x 10
  anger anticipation disgust  fear   joy sadness surprise trust negative positive
  <dbl>        <dbl>   <dbl> <dbl> <dbl>   <dbl>    <dbl> <dbl>    <dbl>    <dbl>
1     1            0       0     0     0       0        0     0        1        1
2     0            1       0     1     0       0        0     1        0        1
```

```
3    0         0    0    0    0    0    0    0    0    2
…(중략)
8    0         1    0    0    1    1    0    2    1    1
9    0         1    0    0    0    0    0    1    0    1
10   0         1    0    0    2    0    2    1    0    3
# ... with 30,303 more rows
```

트윗별로 감성점수가 산출되기 때문에 행의 개수는 원래의 트윗 데이터셋과 일치한다. 따라서 감성점수 데이터셋을 다음과 같이 원래의 트윗 데이터와 열의 방향으로 결합하여 하나의 데이터셋으로 만들 수 있다.

```
> tweets.smartp <- cbind(tweets.smartp, sentiment)
```

이제 이렇게 만들어진 통합 데이터셋을 이용하여 다음과 같이 두 스마트폰 브랜드별로 10개 감성점수의 평균을 계산한다.

```
> tweets.sentiment <- tweets.smartp %>%
+   select(query, anger:positive) %>%
+   pivot_longer(cols=!query, names_to="sentiment", values_to="score") %>%
+   group_by(query, sentiment) %>%
+   summarise(score=mean(score, na.rm=TRUE), n=n()) %>%
+   ungroup()
```

파이프 연산자 %>%로 연결된 일련의 작업은 다음과 같다. ① 분석에 필요한 열을 추출한다(select(query, anger:positive)). ② 데이터셋을 10개의 정서와 각각의 감성점수가 두 개의 열로 표현된 롱포맷(lomg format) 형식으로 변환한다(pivot_longer(cols=!query, names_to="sentiment", values_to="score")). ③ 브랜드별 정서별로 감성점수의 평균과 빈도수를 계산한다(summarise(score=mean(score, na.rm=TRUE), n=n())). 생성된 데이터셋은 다음과 같다. 브랜드별 감성점수 평균이 산출되었다.

```
> tweets.sentiment
# A tibble: 20 x 4
   query          sentiment     score      n
   <chr>          <chr>         <dbl>  <int>
 1 apple iphone   anger         0.176  18620
 2 apple iphone   anticipation  0.443  18620
 3 apple iphone   disgust       0.103  18620
…(중략)
```

▶ 그림 8-31 ▌ **갤럭시 vs. 아이폰.** 삼성 갤럭시는 Trust에서 상대적으로 높은 감성점수를 나타낸 반면, 애플 아이폰은 Joy에서 상대적 우위를 보이고 있다.

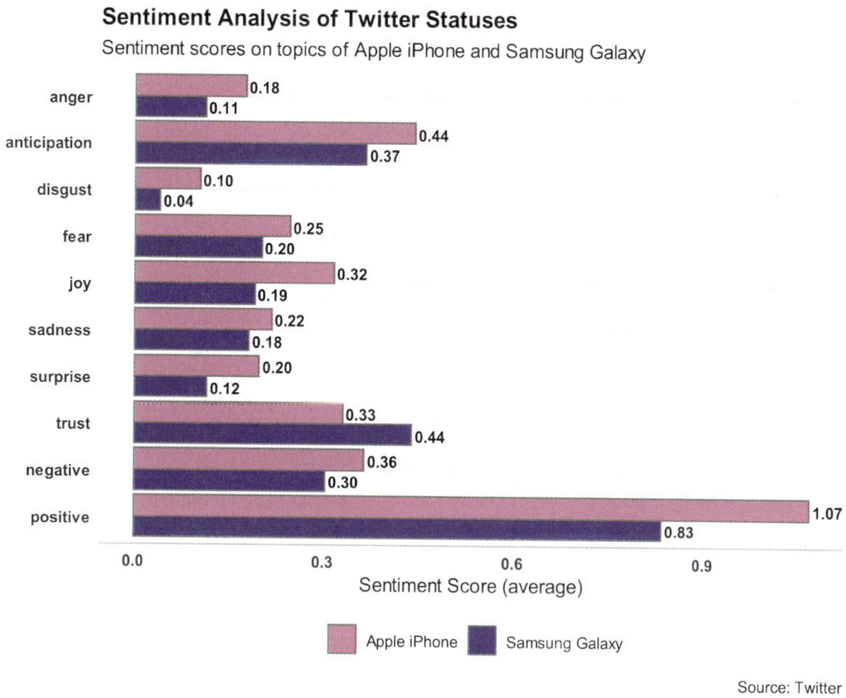


```
18 samsung galaxy sadness      0.182  11693
19 samsung galaxy surprise     0.115  11693
20 samsung galaxy trust        0.440  11693
```

이렇게 생성한 데이터셋을 이용하여 다음과 같이 스마트폰 브랜드에 따른 감성점수 평균을 막대도표로 나타낼 수 있다. 막대의 배열 순서 조정을 위해 먼저 sentiment 변수의 팩터 레벨을 원하는 출력 순서로 설정한다. 생성된 그래프는 [그림 8-31]과 같다.

```
> tweets.sentiment$sentiment <-
+   factor(tweets.sentiment$sentiment,
+          levels=c("anger", "anticipation", "disgust", "fear", "joy",
+                   "sadness", "surprise", "trust", "negative", "positive"))
> windows(width=7.0, height=5.5)
> ggplot(tweets.sentiment, aes(x=sentiment, y=score, fill=query)) +
+   geom_bar(position=position_dodge(width=-0.9), stat="identity", color="gray50") +
+   geom_text(aes(label=format(round(score, 2), nsmall=2)), size=3, fontface="bold",
+             position=position_dodge(width=-0.9), hjust=-0.1) +
```

```
+   scale_fill_manual(labels=c("Apple iPhone", "Samsung Galaxy"),
+                     values=c("violet", "slateblue")) +
+   scale_x_discrete(limits=rev(levels(factor(tweets.sentiment$sentiment)))) +
+   coord_flip() +
+   labs(x=NULL, y="Sentiment Score (average)",
+        title="Sentiment Analysis of Twitter Statuses",
+        subtitle="Sentiment scores on topics of Apple iPhone and Samsung Galaxy",
+        caption="Source: Twitter") +
+   theme_minimal() +
+   theme(plot.title=element_text(face="bold"),
+         axis.text=element_text(face="bold"),
+         axis.line.x=element_line(color="gray"),
+         panel.grid.minor=element_blank(),
+         legend.position="bottom",
+         legend.title=element_blank())
```

감성점수 데이터셋을 이용하여 두 스마트폰 브랜드별로 시간의 흐름에 따른 10개 감성점수의 변화 추이를 비교해보자. 이를 위해 다음과 같이 3시간 간격으로 브랜드별 감성점수를 집계하여 각 구간별 평균을 계산한다.

```
> library(lubridate)
> tweets.sentiment <- tweets.smartp %>%
+   select(created_at, query, anger:positive) %>%
+   mutate(created_at=round_date(x=created_at, unit="3 hours")) %>%
+   pivot_longer(cols=!c(created_at, query), names_to="sentiment", values_to="score") %>%
+   group_by(created_at, query, sentiment) %>%
+   summarise(score=mean(score, na.rm=TRUE), n=n()) %>%
+   ungroup()
> tweets.sentiment
# A tibble: 1,160 x 5
   created_at          query          sentiment     score     n
   <dttm>              <chr>          <chr>         <dbl> <int>
 1 2021-12-10 09:00:00 samsung galaxy anger        0.0435    23
 2 2021-12-10 09:00:00 samsung galaxy anticipation 0.304     23
 3 2021-12-10 09:00:00 samsung galaxy disgust      0         23
…(중략)
 8 2021-12-10 09:00:00 samsung galaxy sadness      0.0870    23
 9 2021-12-10 09:00:00 samsung galaxy surprise     0.0870    23
10 2021-12-10 09:00:00 samsung galaxy trust        0.217     23
# ... with 1,150 more rows
```

트윗이 수집된 기간이 애플 아이폰과 섬성 갤럭시 두 브랜드 간에 서로 상이하기 때문에 둘 간의 비교를 위해서는 그래프로 그려질 시계열 구간을 일치시킬 필요가 있다. 이를 위해 다음과 같이 두 브랜드의 트윗이 모두 포함되도록 공통의 시작 시점을 계산한다.

```
> stime.smartp <-
+   max(min(filter(tweets.sentiment, query=="apple iphone")$created_at),
+       min(filter(tweets.sentiment, query=="samsung galaxy")$created_at))
> stime.smartp
[1] "2021-12-10 15:00:00 UTC"
```

이제 10개 감성점수의 변화 추이를 시계열 그래프로 나타낼 수 있다. 10개의 감성을 각각의 패널에 표현한다. 패널의 배열 순서 조정을 위해 먼저 다음과 같이 sentiment 변수의 팩터 레벨을 원하는 출력 순서로 설정한다.

```
> tweets.sentiment$sentiment <-
+   factor(tweets.sentiment$sentiment,
+          levels=c("anger", "anticipation", "disgust", "fear", "joy",
+                   "sadness", "surprise", "trust", "negative", "positive"))
```

다음과 같이 그래프를 생성한다. 생성된 그래프는 [그림 8-32]와 같다.

```
> windows(width=7.0, height=9.0)
> Sys.setlocale("LC_TIME", "English")
[1] "English_United States.1252"
> ggplot(filter(tweets.sentiment, created_at >= stime.smartp),
+        aes(x=created_at, y=score, color=query)) +
+   geom_point() +
+   geom_smooth(method="loess") +
+   scale_x_datetime(date_labels="%b %d", date_breaks="days", expand=c(0, 0)) +
+   scale_color_discrete(labels=c("Apple iPhone", "Samsung Galaxy")) +
+   facet_wrap(~ sentiment, scale="free_y", nrow=5) +
+   labs(x=NULL, y="Sentiment Score (aggregated and averaged by 3 hours)",
+        title="Sentiment Analysis of Twitter Statuses over Time",
+        subtitle="Sentiment scores on topics of Apple iPhone and Samsung Galaxy",
+        caption="Source: Twitter") +
+   theme_bw() +
+   theme(strip.background=element_blank(),
+         strip.text=element_text(color="slategray", face="bold"),
```

그림 8-32 ▌갤럭시 vs. 아이폰. 애플 아이폰과 삼성 갤럭시에 대한 10개 감성점수 변화 추이를 비교할 수 있다.

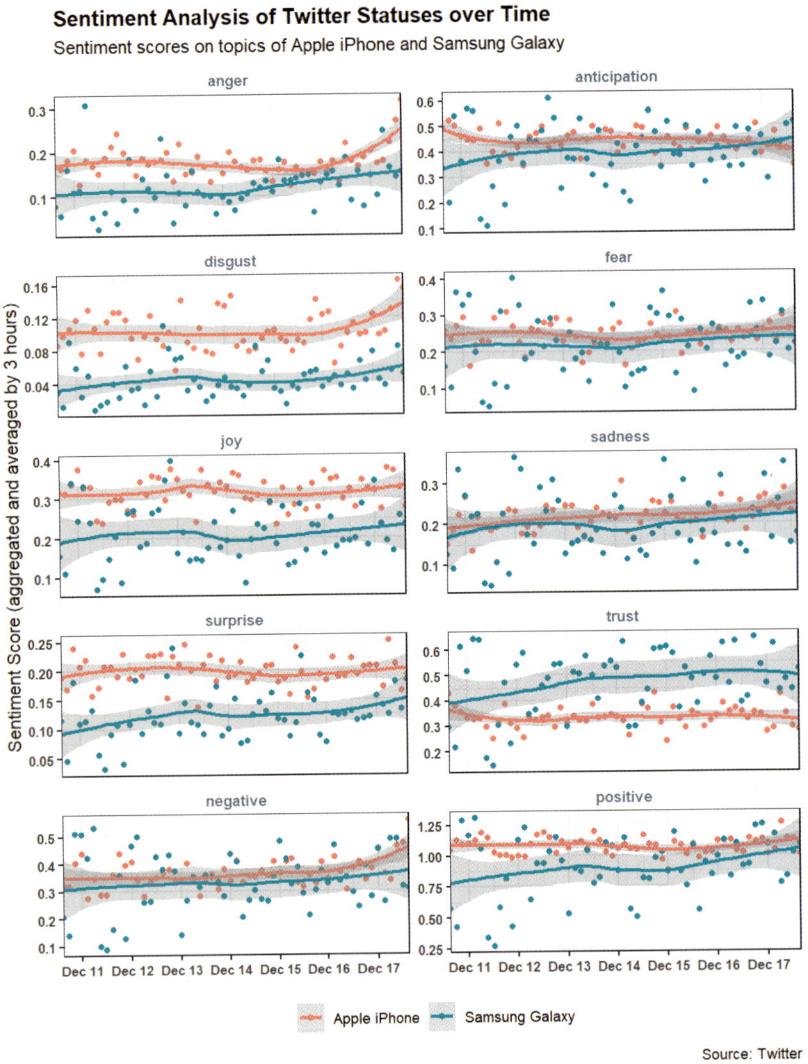


```
+          plot.title=element_text(face="bold"),
+          axis.text=element_text(size=8, face="bold"),
+          legend.position="bottom",
+          legend.title=element_blank())
> Sys.setlocale()
[1] "LC_COLLATE=Korean_Korea.949;LC_CTYPE=Korean_Korea.949;LC_MONETARY=Korean_Korea.949;
LC_NUMERIC=C;LC_TIME=Korean_Korea.949"
```

academictwitteR 패키지

academictwitteR 패키지는 Twitter API v2의 Academic Research 서비스를 지원한다. Academic Research 서비스를 이용하면 현재 한 달에 1,000만 건까지 트윗 데이터를 수집할 수 있다. 또한 과거 7일간의 트윗으로만 검색이 제한되지 않고 2006년부터 현재까지의 과거 모든 트윗에 접근할 수 있다. 제공되는 이러한 서비스 수준의 차이 때문에 Academic Research 서비스는 신청 및 승인 절차가 필요할 뿐만 아니라 연구 목적으로 트윗 데이터를 이용하려는 연구자로 신청 자격을 제한한다.[46] 자격 요건을 갖춘 사용자라면 신청 및 승인 절차를 거쳐 과거의 트윗 데이터를 거의 기간 제한 없이 대량으로 수집할 수 있는 혜택을 누릴 수 있다.

academictwitteR 패키지를 이용하기 위해 우선 다음과 같이 GitHub로부터 academictwitteR 패키지를 설치하고 메모리에 적재한다.[47]

```
> devtools::install_github("cjbarrie/academictwitteR", build_vignettes=TRUE)
> library(academictwitteR)
```

academictwitteR 패키지의 get_all_tweets() 함수는 지정된 검색어와 기간을 바탕으로 트윗 데이터를 수집한다. query 인수에 검색어를 지정한다. start_tweets 인수와 end_tweets 인수에는 검색 시작 시점과 종료 시점을 지정한다. bearer_token 인수에는 트위터로부터 발급받은 베어러 토큰을 지정한다. n 인수에는 가져올 최대 수집량을 지정한다. 예를 들어, 다음과 같이 과거 15일 동안 발생한 '인공지능' 키워드가 포함된 트윗을 최대 30,000개까지 수집할 수 있다.

```
> bearer.token <- "YourBearerToken"
> tweets <- get_all_tweets(query="인공지능",
+                          start_tweets="2021-12-05T00:00:00Z",
+                          end_tweets="2021-12-20T23:59:59Z",
+                          bearer_token=bearer.token, n=30000)
> class(tweets)
[1] "data.frame"
```

46 현재 트위터는 Academic Research 서비스의 신청 자격을 대학 또는 연구기관에 속한 대학원생(석사 및 박사과정생), 박사후과정생, 교수, 연구원 등으로 제한하고 있다.

47 물론 install.packages("academictwitteR")를 이용하여 CRAN으로부터 academictwitteR 패키지를 설치할 수도 있다. 그러나 트위터 API는 트위터의 정책에 따라 수시로 바뀔 수 있으므로 가장 최신의 업데이트가 반영되는 GitHub로부터 패키지를 다운로드하여 설치하는것이 바람직하다. 향후 트위터의 API 정책에 따라 academictwitteR 패키지의 사용 방법은 달라질 수 있다. academictwitteR 패키지의 작동 방식이 이 책의 설명과 다를 경우 패키지의 도움말을 참고한다.

```
> nrow(tweets)
[1] 9421
> names(tweets)
 [1] "source"          "entities"           "created_at"        "public_metrics"
 [5] "author_id"       "conversation_id"    "lang"              "possibly_sensitive"
 [9] "text"            "id"                 "referenced_tweets" "in_reply_to_user_id"
[13] "attachments"     "geo"
```

수집한 트윗 데이터는 데이터프레임 형식으로 반환된다. 다음과 같이 데이터셋을 티블 형식으로 변환한다. 또한 분석의 편의를 위해 트윗 발생일을 날짜 클래스(POSIXct)로 변환한다.

```
> library(tidyverse)
> library(lubridate)
> tweets <- tweets %>%
+   as_tibble() %>%
+   mutate(created_at=ymd_hms(created_at))
> tweets
# A tibble: 9,421 x 14
   source     entities$urls $hashtags $mentions $cashtags created_at          public_metrics$ret~
   <chr>      <list>        <list>    <list>    <list>    <dttm>                            <int>
 1 Twitter W~ <df [1 x 5]>  <NULL>    <NULL>    <NULL>    2021-12-20 23:59:38                   0
 2 Twitter W~ <df [1 x 5]>  <NULL>    <NULL>    <NULL>    2021-12-20 23:59:23                   0
 3 Twitter f~ <NULL>        <df [3 x ~ <NULL>   <NULL>    2021-12-20 23:57:52                   0
…(중략)
 8 Twitter f~ <df [1 x 5]>  <NULL>    <df [1 x~ <NULL>    2021-12-20 23:45:14                   3
 9 Twitter W~ <df [1 x 5]>  <NULL>    <NULL>    <NULL>    2021-12-20 23:43:22                   0
10 Twitter f~ <NULL>        <df [2 x ~ <NULL>   <NULL>    2021-12-20 23:43:16                   0
# ... with 9,411 more rows, and 10 more variables: author_id <chr>, conversation_id <chr>,
#   lang <chr>, possibly_sensitive <lgl>, text <chr>, id <chr>, referenced_tweets <list>,
#   in_reply_to_user_id <chr>, attachments <df[,2]>, geo <df[,2]>
> min(tweets$created_at); max(tweets$created_at)
[1] "2021-12-05 00:01:52 UTC"
[1] "2021-12-20 23:59:38 UTC"
```

이렇게 수집한 트윗 데이터를 이용하여 트윗 발생량의 추이를 보여주는 시계열 그래프를 그려보자. 앞서 했던 것처럼 트윗 발생량을 다음과 같이 시간 단위로 집계한다.

```
> tweets.agg <- tweets %>%
+   mutate(time=floor_date(x=created_at, unit="hours")) %>%
+   count(time) %>%
+   slice(2:(n()-1))
> tweets.agg
# A tibble: 382 x 2
   time                    n
   <dttm>              <int>
 1 2021-12-05 01:00:00    37
 2 2021-12-05 02:00:00    35
 3 2021-12-05 03:00:00    51
…(중략)
 8 2021-12-05 08:00:00    32
 9 2021-12-05 09:00:00    33
10 2021-12-05 10:00:00    27
# ... with 372 more rows
```

이제 이렇게 생성한 시간 구간 요약 데이터셋을 이용하여 다음과 같이 트윗 발생량의 시계열 그래프를 그릴 수 있다. 생성된 그래프는 [그림 8-33]과 같다.

```
> windows(width=8.0, height=5.5)
> Sys.setlocale("LC_TIME", "English")
[1] "English_United States.1252"
> ggplot(tweets.agg, aes(x=time, y=n)) +
+   geom_ribbon(aes(ymin=n-30, ymax=n+30), fill="gray90") +
+   geom_line(size=1.5, color="darkturquoise") +
+   scale_x_datetime(date_labels="%b %d\n(%a)", date_breaks="days") +
+   labs(x=NULL, y="트윗 개수",
+        title="트윗 발생량 추이",
+        subtitle="인공지능 주제 트윗",
+        caption="출처: 트위터") +
+   theme_minimal() +
+   theme(plot.title=element_text(face="bold", size=18),
+         plot.subtitle=element_text(size=16),
+         plot.caption=element_text(size=13),
+         axis.text=element_text(face="bold"),
+         axis.text.x=element_text(size=8),
+         axis.line=element_line(color="gray"),
+         panel.grid.minor=element_blank())
```

```
> Sys.setlocale()
[1] "LC_COLLATE=Korean_Korea.949;LC_CTYPE=Korean_Korea.949;LC_MONETARY=Korean_Korea.949;
LC_NUMERIC=C;LC_TIME=Korean_Korea.949"
```

오랜 기간에 걸친 대량의 트윗 데이터를 수집할 때는 수집이 이루어지는 동안 데이터를 파일로 저장하는 것이 바람직하다. 이렇게 함으로써 예기치 않은 API 중단이나 시스템 메모리 부족으로 인해 발생할 수 있는 데이터 손실의 위험을 최소화할 수 있다. 또한 저장된 파일은 분석이 필요할 때 언제든 다시 활용할 수 있는 이점도 있다. `get_all_tweets()` 함수는 트윗 검색 결과를 파일로 저장할 수 있는 다양한 방법을 제공한다.

우선 `get_all_tweets()` 함수의 `file` 인수를 이용하여 파일로 저장할 수 있다. `file` 인수에 저장할 파일명을 지정한다. 파일은 RDS 형식(.rds)으로 저장되므로 `readRDS()` 함수를 이용하여 읽어들일 수 있으며 데이터프레임 형식으로 반환된다.

그림 8-33 | 인공지능 주제의 트윗. 인공지능 키워드가 포함된 트윗의 발생량 추이를 시간 단위로 관찰할 수 있다.

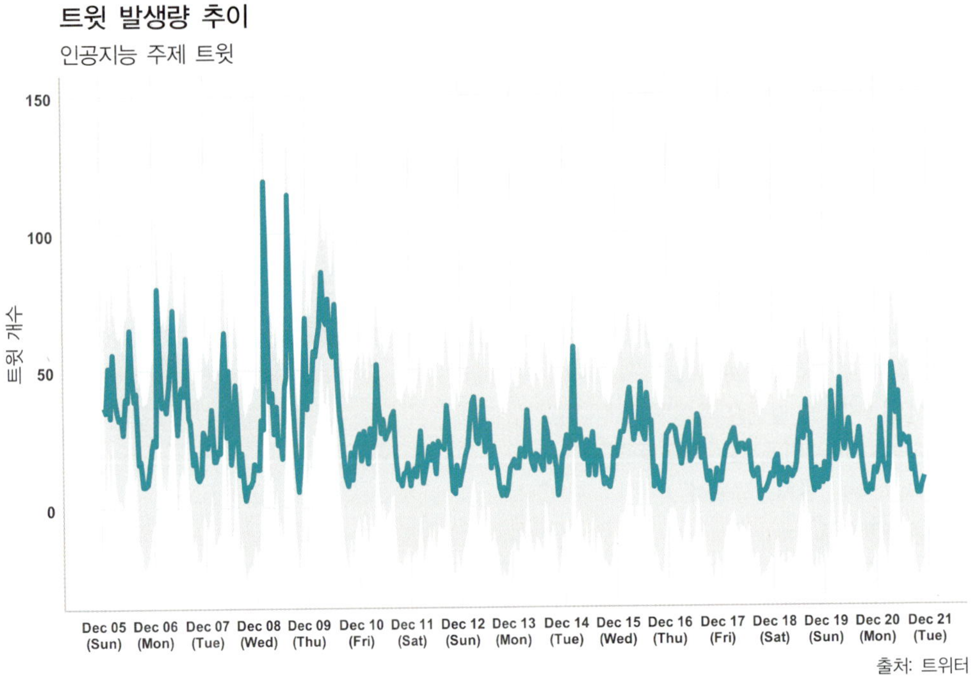

```
> tweets <- get_all_tweets(query="metaverse",
+                          start_tweets="2021-12-05T00:00:00Z",
+                          end_tweets="2021-12-20T23:59:59Z",
+                          bearer_token=bearer.token, n=3000,
+                          file="twitter-metaverse.rds")
> tweets <- readRDS("twitter-metaverse.rds")
> class(tweets)
[1] "data.frame"
> nrow(tweets)
[1] 3000
> names(tweets)
 [1] "public_metrics"      "id"                  "conversation_id"
 [4] "possibly_sensitive"  "referenced_tweets"   "text"
 [7] "author_id"           "entities"            "lang"
[10] "source"              "created_at"          "in_reply_to_user_id"
[13] "attachments"         "geo"
```

또 다른 방법은 data_path 인수와 bind_tweets 인수를 이용하는 것이다. 다음과 같이 data_path 인수에 데이터 파일이 저장될 경로(폴더 이름)를 지정하고 bind_tweets 인수에는 FALSE를 지정한다.

```
> tweets <- get_all_tweets(query="metaverse",
+                          start_tweets="2021-12-05T00:00:00Z",
+                          end_tweets="2021-12-20T23:59:59Z",
+                          bearer_token=bearer.token, n=3000,
+                          data_path="twitterdata/",
+                          bind_tweets=FALSE)
```

수집된 데이터는 불러오는 페이지 단위로 지정된 폴더에 JSON 파일 형식으로 저장된다.48 트윗 데이터는 'data_'로 시작하는 파일로 저장되고 사용자 데이터는 'users_'로 시작하는 파일로 저장된다. 예를 들어, 앞서 실행한 트윗 검색 결과는 다음과 같은 일련의 JSON 파일로 저장된다.

48 폴더가 이미 존재하면 기존 폴더에 파일이 추가된다. 그렇지 않으면 새로운 폴더가 생성되고 그 안에 파일이 저장된다.

data_1473076504682983429.json
data_1473077130753830913.json
data_1473077661253603330.json
data_1473078222883418115.json
data_1473078857544519681.json
data_1473079501731266562.json
data_1473080140708024322.json
query
users_1473076504682983429.json
users_1473077130753830913.json
users_1473077661253603330.json
users_1473078222883418115.json
users_1473078857544519681.json
users_1473079501731266562.json
users_1473080140708024322.json

저장된 JSON 파일을 R 환경으로 가져오기 위해서는 bind_tweets() 함수를 이용한다. bind_tweets() 함수에 output_format="raw"를 지정하면 리스트 형식으로 데이터가 반환된다. API 호출로 불러온 모든 데이터가 데이터프레임(티블)의 리스트 구조로 저장된다.

```
> tweets <- bind_tweets(data_path="twitterdata/", output_format="raw")
> class(tweets)
[1] "list"
> str(tweets, max.level=1)
List of 22
 $ tweet.entities.mentions      : tibble [6,061 x 5] (S3: tbl_df/tbl/data.frame)
 $ tweet.entities.cashtags      : tibble [890 x 4] (S3: tbl_df/tbl/data.frame)
 $ tweet.entities.annotations   : tibble [735 x 6] (S3: tbl_df/tbl/data.frame)
…(중략)
 $ user.entities.description    : tibble [5,782 x 5] (S3: tbl_df/tbl/data.frame)
 $ user.main                    :'data.frame':      5782 obs. of  11 variables:
 $ sourcetweet.main             :'data.frame':      1839 obs. of  14 variables:
> names(tweets$tweet.main)
[1] "tweet_id"          "text"              "possibly_sensitive"
[4] "lang"              "conversation_id"   "source"
[7] "author_id"         "created_at"        "in_reply_to_user_id"
> names(tweets$user.main)
 [1] "author_id"        "username"          "profile_image_url"  "location"
 [5] "url"              "description"       "created_at"         "name"
 [9] "verified"         "protected"         "pinned_tweet_id"
```

bind_tweets() 함수에 output_format="tidy"를 지정하면 데이터프레임(티블) 형식으로 데이터가 반환된다. 여기에는 소셜미디어 분석에 필요한 대부분의 데이터가 포함되어 있다.

```
> tweets <- bind_tweets(data_path="twitterdata/", output_format="tidy")
> tweets
# A tibble: 3,493 x 31
   tweet_id user_username text  possibly_sensit~ lang  conversation_id source author_id
   <chr>    <chr>         <chr> <lgl>            <chr> <chr>           <chr>  <chr>
 1 1473077~ ZAYYAR189294~ "RT ~ FALSE            en    14730771294158~ Twitt~ 12955817~
 2 1473077~ TechTheNewTr~ "RT ~ FALSE            en    14730771268323~ Twitt~ 324111960
 3 1473077~ tasmansky     "@Me~ FALSE            und   14730709478883~ Twitt~ 97457113~
…(중략)
 8 1473077~ AmydMnswry    "RT ~ FALSE            en    14730771208132~ Twitt~ 14707700~
 9 1473077~ Franky_Herwa~ "RT ~ FALSE            en    14730771201590~ Twitt~ 34689552~
10 1473077~ Danny575770   "RT ~ FALSE            en    14730771199871~ Twitt~ 14313273~
# ... with 3,483 more rows, and 23 more variables: created_at <chr>,
#   in_reply_to_user_id <chr>, user_profile_image_url <chr>, user_location <chr>,
#   user_url <chr>, user_description <chr>, user_created_at <chr>, user_name <chr>,
#   user_verified <lgl>, user_protected <lgl>, user_pinned_tweet_id <chr>,
#   retweet_count <int>, like_count <int>, quote_count <int>, user_tweet_count <int>,
#   user_list_count <int>, user_followers_count <int>, user_following_count <int>,
#   sourcetweet_type <chr>, sourcetweet_id <chr>, sourcetweet_text <chr>, ...
> names(tweets)
 [1] "tweet_id"                "user_username"           "text"
 [4] "possibly_sensitive"      "lang"                    "conversation_id"
 [7] "source"                  "author_id"               "created_at"
…(중략)
[25] "user_followers_count"    "user_following_count"    "sourcetweet_type"
[28] "sourcetweet_id"          "sourcetweet_text"        "sourcetweet_lang"
[31] "sourcetweet_author_id"
```

검색어를 지정하는 대신에 users 인수에 사용자명을 지정하여 특정 사용자가 게시한 모든 트윗을 수집할 수 있다. 예를 들어, 다음과 같이 일정 기간 동안 테슬라 창업주인 일론 머스크(Elon Musk)가 게시한 모든 트윗을 수집할 수 있다. 트윗 수집량의 상한을 모르면 n=Inf를 지정한다. 그러면 검색되는 모든 트윗이 수집된다.

```
> tweets <- get_all_tweets(users="elonmusk",
+                          start_tweets="2021-01-01T00:00:00Z",
+                          end_tweets="2021-12-20T23:59:59Z",
+                          bearer_token=bearer.token, n=Inf)
> tweets <- tweets %>%
+   as_tibble()
> tweets
# A tibble: 3,203 x 13
   id     referenced_tweets text     possibly_sensit~ lang  entities$urls $mentions
   <chr>  <list>            <chr>    <lgl>            <chr> <list>        <list>
 1 14730~ <df [1 x 2]>      "\U0001~ FALSE            en    <df [1 x 5]>  <NULL>
 2 14729~ <df [1 x 2]>      "@pbdes~ FALSE            en    <NULL>        <df [4 x~
 3 14727~ <df [1 x 2]>      "@omars~ FALSE            und   <NULL>        <df [1 x~
…(중략)
 8 14727~ <df [1 x 2]>      "@lexfr~ FALSE            en    <NULL>        <df [1 x~
 9 14727~ <df [1 x 2]>      "I'm n~  FALSE            en    <NULL>        <NULL>
10 14727~ <df [1 x 2]>      "@World~ FALSE            en    <NULL>        <df [1 x~
# ... with 3,193 more rows, and 7 more variables: public_metrics <df[,4]>,
#   conversation_id <chr>, source <chr>, author_id <chr>, created_at <chr>,
#   in_reply_to_user_id <chr>, attachments <df[,2]>
> head(tweets[c("created_at", "text")], 3)
# A tibble: 3 x 2
  created_at               text
  <chr>                    <chr>
1 2021-12-20T23:54:48.000Z "\U0001f923\U0001f923 True. Ask your airline for Starli~
2 2021-12-20T16:54:33.000Z "@pbdes @JeanMarc_Nasr @esa @SpaceX Game on"
3 2021-12-20T04:52:30.000Z "@omarsar0 \U0001f44d"
> tail(tweets[c("created_at", "text")], 3)
# A tibble: 3 x 2
  created_at               text
  <chr>                    <chr>
1 2021-01-02T12:23:28.000Z @newscientist Um, we have giant fusion reactor in the s~
2 2021-01-02T03:20:48.000Z @comma_ai Tesla Full Self-Driving will work at a safety~
3 2021-01-01T00:58:30.000Z @PPathole Dojo isn't needed, but will make self-drivin~
```

사용자에 의한 검색과 키워드 검색을 함께 사용할 수도 있다. 예를 들어, 다음은 일론 머스크가 게시한 트윗 가운데 'space'란 단어가 포함된 트윗을 검색한다.

```
> tweets <- get_all_tweets(query="space",
+                          users="elonmusk",
+                          start_tweets="2021-01-01T00:00:00Z",
+                          end_tweets="2021-12-20T23:59:59Z",
+                          bearer_token=bearer.token, n=Inf)
> tweets <- tweets %>%
+   as_tibble()
> head(tweets[c("created_at", "text")], 3)
# A tibble: 3 x 2
  created_at               text
  <chr>                    <chr>
1 2021-12-18T04:23:05.000Z @Space__Biscuit @NASASpaceflight 15 degrees
2 2021-12-03T23:35:30.000Z @joroulette It is an honor to serve NASA and the countries ~
3 2021-12-01T16:25:05.000Z @arstechnica @SciGuySpace Starship will enable a quantum le~
> tail(tweets[c("created_at", "text")], 3)
# A tibble: 3 x 2
  created_at               text
  <chr>                    <chr>
1 2021-01-13T01:30:00.000Z @SpaceX @Space_Station One day, we will get a camera up the~
2 2021-01-13T01:25:16.000Z RT @SpaceX: Separation confirmed! Dragon performing 3 depar~
3 2021-01-07T22:27:28.000Z @engineers_feed Not to get to orbit, unfortunately. In spac~
```

get_all_tweets() 함수의 query 인수에는 검색어와 함께 검색을 보다 정교하게 수행할 수 있도록 도와주는 다양한 연산자를 지정할 수 있다. 예를 들어, 다음 코드는 'BTS'가 포함된 트윗 가운데 지리 정보를 갖고 있는 트윗(has:geo)을 검색한다.[49] 또한 리트윗과 광고 목적의 트윗은 제외한다(-is:retweet, -is:nullcast).[50]

```
> tweets <- get_all_tweets(query="BTS has:geo -is:retweet -is:nullcast",
+                          start_tweets="2021-01-01T00:00:00Z",
+                          end_tweets="2021-12-31T23:59:59Z",
+                          bearer_token=bearer.token, n=300000)

> tweets <- tweets %>%
+   as_tibble()
```

49 이 코드는 30만 건의 트윗을 수집하기 때문에 오랜 시간이 걸린다. 충분한 시간을 갖고 명령어를 수행한다.

50 이 밖에도 다양한 방식으로 키워드 검색을 수행할 수 있다. 좀 더 자세한 내용은 다음의 트위터 개발자 페이지를 참고한다: https://developer.twitter.com/en/docs/twitter-api/tweets/search/integrate/build-a-query.

```
> tweets
# A tibble: 300,000 x 14
   in_reply_to_user_id public_metrics$~ $reply_count $like_count $quote_count id
   <chr>                          <int>        <int>       <int>        <int> <chr>
 1 1399651079764156421                0            0           0            0 1477~
 2 742976335954489344                 0            0           1            0 1477~
 3 1018456083319349249                0            0           0            0 1477~
…(중략)
 8 NA                                 0            1           4            0 1477~
 9 NA                                 0            0           0            0 1477~
10 140131880                          0            0           2            0 1477~
# ... with 299,990 more rows, and 11 more variables: conversation_id <chr>,
#   possibly_sensitive <lgl>, referenced_tweets <list>, text <chr>,
#   author_id <chr>, lang <chr>, source <chr>, geo <df[,2]>, entities <df[,5]>,
#   created_at <chr>, attachments <df[,2]>
> names(tweets)
 [1] "in_reply_to_user_id" "public_metrics"       "id"
 [4] "conversation_id"     "possibly_sensitive"   "referenced_tweets"
 [7] "text"                "author_id"            "lang"
[10] "source"              "geo"                  "entities"
[13] "created_at"          "attachments"
```

트윗에 사용된 언어의 비율은 다음과 같다.[51]

```
> round(sort(table(tweets$lang), decreasing=TRUE)[1:10]/sum(table(tweets$lang))*100, 1)

  en  und   ru   es   ko   pt   in   ja   tl   th
46.2 12.7  7.7  7.7  6.1  5.3  3.9  2.0  1.8  0.9
```

트윗의 발생 위치를 지도상에 표시해보자. 우선 다음과 같이 경도와 위도 데이터를 추출하여 데이터프레임(티블) 형식의 별도의 데이터셋으로 저장한다.

51 en은 영어, ru는 러시아어, es는 스페인어, pt는 포루투갈어, in은 인도네시아어, tl은 타갈로그어, th는 태국어를 나타낸다. und(undefined)는 사용된 언어를 확인할 수 없다는 의미이다. 언어를 나타내는 약어는 다음의 트위터 개발자 페이지를 참고한다: https://developer.twitter.com/en/docs/twitter-api/tweets/search/integrate/build-a-query.

```
> library(reshape2)
> tweets.geo <- tweets$geo$coordinates$coordinates %>%
+   map(~paste(.x, collapse=" ")) %>%
+   map(~colsplit(.x, pattern=" ", names=c("lng", "lat"))) %>%
+   map_dfr(bind_rows) %>%
+   as_tibble()
> tweets.geo
# A tibble: 300,000 x 2
     lng   lat
   <dbl> <dbl>
 1    NA    NA
 2    NA    NA
 3    NA    NA
…(중략)
 8    NA    NA
 9    NA    NA
10    NA    NA
# ... with 299,990 more rows
```

트윗 데이터 가운데 실제 위치 정보가 포함된 트윗은 일반적으로 매우 작다. 그렇기 때문에 여기의 예에서도 경도와 위도 정보가 포함된 트윗은 4,578개에 불과하다.

```
> filter(tweets.geo, !is.na(tweets.geo$lng | tweets.geo$lat))
# A tibble: 4,578 x 2
     lng   lat
   <dbl> <dbl>
 1  13.1  52.4
 2  13.1  52.4
 3 -98.5  29.4
…(중략)
 8  13.1  52.4
 9 -118.  34.0
10  127.  37.5
# ... with 4,568 more rows
> sum(!is.na(tweets.geo$lng | tweets.geo$lat))
[1] 4578
```

이렇게 수집한 경도와 위도 정보를 이용하여 다음과 같이 세계 지도상에 BTS가 포함된 트윗의 위치를 표시할 수 있다. ggplot2 패키지의 map_data() 함수를 이용하여 maps 패키지의 지도 데이터를 불러온 후 그 위에 트윗의 발생 위치를 표시한다. 생성된 그래프는 [그림 8-34]와 같다.

```
> map.data <- map_data(map="world")
> windows(width=7.0, height=5.0)
> ggplot(map.data) +
+   geom_map(aes(map_id=region), map=map.data,
+            fill="honeydew", color="dimgray", size=0.5) +
+   expand_limits(x=map.data$long, y=map.data$lat) +
+   coord_fixed(xlim=c(-180, 180), ylim=c(-55, 90), ratio=1.3) +
+   geom_point(data=tweets.geo, position="jitter",
+              aes(x=lng, y=lat), shape=21, size=1.5, stroke=1,
+              color="black", fill="red", alpha=0.5) +
+   labs(title="Tweets Distribution",
+        subtitle="Tweets on BTS",
+        caption="Source: Twitter") +
+   theme_void() +
+   theme(plot.title=element_text(face="bold"))
```

그림 8-34 ▌ **BTS 트윗**. BTS가 포함된 트윗이 발생하고 있는 지역을 확인할 수 있다.

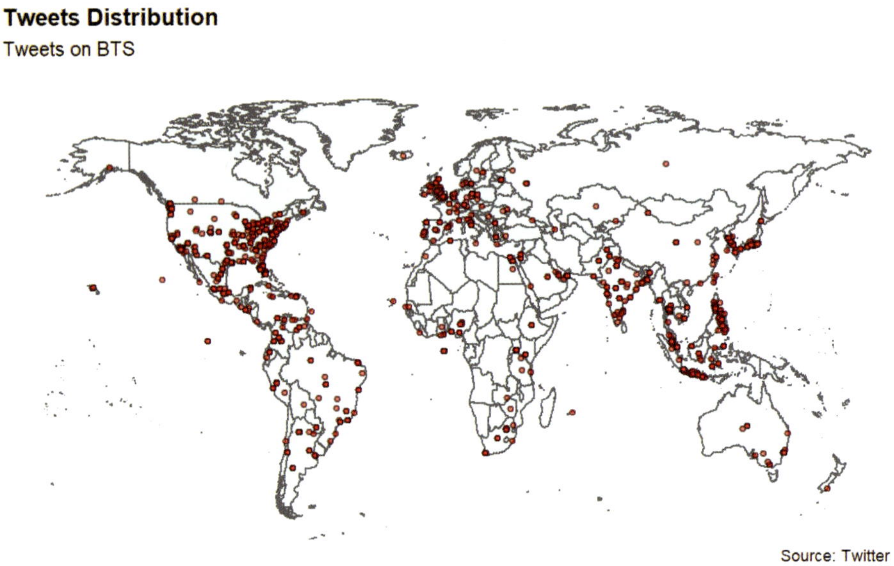

실업률 @세계은행

세계은행(World Bank)은 웹사이트를 통해 WDI(World Development Indicators)를 비롯한 다양한 통계 데이터를 제공한다(https://data.worldbank.org). **wbstats** 패키지를 이용하면 세계은행 웹사이트의 API를 통해 WDI 데이터를 포함한 각종 공개 데이터를 보다 쉽게 추출할 수 있다. 여기에서는 세계은행 웹사이트로부터 국가별 실업률 데이터를 수집해보자.

세계은행 API로부터 특정 지표 데이터를 추출하려면 그 지표의 코드를 알고 있어야 한다. 특정 국가에 대한 데이터를 추출하려면 역시 해당 국가의 코드를 알아야 한다. 따라서 수집하려는 데이터나 국가의 코드를 모른다면 이들을 찾는 것이 가장 먼저 해야 할 일이다. **wbstats** 패키지에 포함된 wb_cachelist 데이터셋은 세계은행 API로 이용 가능한 데이터를 다음과 같이 데이터프레임(티블)의 리스트 형식으로 제공한다. 앞서 언급한 국가(countries)와 데이터 지표(indicators)에 대한 정보뿐만 아니라 다른 관련 정보도 포함하고 있다.

```
> library(wbstats)
> str(wb_cachelist, max.level=1)
List of 8
 $ countries    : tibble [304 x 18] (S3: tbl_df/tbl/data.frame)
 $ indicators   : tibble [16,649 x 8] (S3: tbl_df/tbl/data.frame)
 $ sources      : tibble [63 x 9] (S3: tbl_df/tbl/data.frame)
 $ topics       : tibble [21 x 3] (S3: tbl_df/tbl/data.frame)
 $ regions      : tibble [48 x 4] (S3: tbl_df/tbl/data.frame)
 $ income_levels: tibble [7 x 3] (S3: tbl_df/tbl/data.frame)
 $ lending_types: tibble [4 x 3] (S3: tbl_df/tbl/data.frame)
 $ languages    : tibble [23 x 3] (S3: tbl_df/tbl/data.frame)
```

예를 들어, 국가와 각종 지표에 대한 정보는 다음과 같은 항목을 포함하고 있다. 이 항목들에 대한 검색을 통해 필요한 정보를 조회할 수 있다.

```
> names(wb_cachelist$countries)
 [1] "iso3c"              "iso2c"              "country"            "capital_city"
 [5] "longitude"          "latitude"           "region_iso3c"       "region_iso2c"
 [9] "region"             "admin_region_iso3c" "admin_region_iso2c" "admin_region"
[13] "income_level_iso3c" "income_level_iso2c" "income_level"       "lending_type_iso3c"
[17] "lending_type_iso2c" "lending_type"
> names(wb_cachelist$indicators)
[1] "indicator_id"   "indicator"      "unit"           "indicator_desc" "source_org"
[6] "topics"         "source_id"      "source"
```

wbstats 패키지의 wb_search() 함수를 이용하여 현재 이용 가능한 지표와 그 코드를 다음과 같이 키워드로 검색할 수 있다.

```
> wb_search(pattern="unemployment, total")
# A tibble: 2 x 3
  indicator_id       indicator                          indicator_desc
  <chr>              <chr>                              <chr>
1 SL.UEM.TOTL.NE.ZS  Unemployment, total (% of to~  Unemployment refers to the share of ~
2 SL.UEM.TOTL.ZS     Unemployment, total (% of to~  Unemployment refers to the share of ~
```

wb_search() 함수는 기본적으로 wb_cachelist 데이터셋의 indicators 데이터를 바탕으로 지표의 ID(indicator_id), 지표의 이름(indicator), 그리고 지표에 대한 설명(indicator_desc)에서 일치하는 패턴을 검색한다. 검색 대상 열은 fields 인수를 지정하여 변경할 수 있다. 검색 결과는 데이터프레임(티블) 형식으로 출력된다. 데이터 원천(source)을 포함한 모든 열을 출력하려면 wb_search() 함수에 extra=TRUE를 지정한다. wb_search() 함수는 내부적으로 grep() 함수를 이용하며 대소문자를 구분하지 않는다. 또한 정규표현식을 사용할 수 있다.

지표의 실제 데이터를 다운로드하기 위해서는 wb_data() 함수를 사용한다. 다음 코드는 2011년부터 2020년까지 10년간의 우리나라를 비롯한 일본, EU, 미국의 실업률 데이터를 다운로드한다.

```
> wb.data <- wb_data(country=c("KR", "JP", "EU", "US"), indicator="SL.UEM.TOTL.ZS",
+                    start_date=2011, end_date=2020)
> wb.data
# A tibble: 40 x 9
   iso2c iso3c country         date SL.UEM.TOTL.ZS unit  obs_status footnote last_updated
   <chr> <chr> <chr>          <dbl>          <dbl> <chr> <chr>      <chr>    <date>
 1 EU    EUU   European Un~  2011           9.84 NA    NA         NA       2021-12-16
 2 EU    EUU   European Un~  2012          10.8  NA    NA         NA       2021-12-16
 3 EU    EUU   European Un~  2013          11.3  NA    NA         NA       2021-12-16
…(중략)
 8 EU    EUU   European Un~  2018           7.27 NA    NA         NA       2021-12-16
 9 EU    EUU   European Un~  2019           6.70 NA    NA         NA       2021-12-16
10 EU    EUU   European Un~  2020           7.37 NA    NA         NA       2021-12-16
# ... with 30 more rows
```

country 인수에는 국가 코드를 지정한다(기본값은 country="all"). 국가 코드는 ISO-2 코드(예를 들면, KR, US) 또는 ISO-3 코드(예를 들면, KOR, USA)를 지정한다. 두 개 이상의 국가를 벡터 형식으로 지정할 수 있다. indicator 인수에는 지표의 코드를 지정한다. start_date 인수와 end_date 인수에는 수집하려는 기간의 시작 연도와 종료 연도를 지정한다. 기간 단위가 좀 더 세분화된 데이터의 경우 연도뿐만 아니라 월(예: 2021M01) 또는 분기(예: 2021Q1)를 지정할 수 있다.

세계은행으로부터 수집한 실업률 데이터를 이용하여 국가별 실업률의 추이를 다음과 같이 시계열 그래프로 나타낼 수 있다. 생성된 그래프는 [그림 8-35]와 같다.

```
> library(ggplot2)
> library(ggrepel)
> library(scales)
> windows(width=7.0, height=5.5)
> ggplot(wb.data, aes(x=date, y=SL.UEM.TOTL.ZS/100, color=country, fill=country)) +
+   geom_line(size=1) +
+   geom_point(shape=21, color="slategray", size=3, stroke=2) +
+   geom_text_repel(aes(label=paste0(sprintf("%.1f", round(SL.UEM.TOTL.ZS, 1)), "%")),
+                   color="dimgray", fontface="bold", size=3,
+                   arrow=arrow(length=unit(0.1, "cm")),
+                   box.padding=0.5) +
+   scale_x_continuous(breaks=seq(min(wb.data$date), max(wb.data$date), 1)) +
+   scale_y_continuous(limit=c(0, max(wb.data$SL.UEM.TOTL.ZS)/100),
+                      breaks=seq(0, max(wb.data$SL.UEM.TOTL.ZS)/100, 0.02),
+                      labels=percent) +
+   labs(x="", y=NULL,
+        title="Unemployment Rates",
+        subtitle="Four regions' unemployment rates over time",
+        caption="Source: World Bank") +
+   theme_minimal() +
+   theme(plot.title=element_text(face="bold"),
+         axis.text=element_text(face="bold"),
+         axis.line=element_line(color="gray", size=1),
+         panel.grid.minor=element_blank(),
+         legend.position="bottom",
+         legend.title=element_blank())
```

▶ 그림 8-35 ▌**실업률.** 세계은행 API를 통해 한국, 일본, EU, 미국의 지난 10년간 실업률 추이를 살펴볼 수 있다.

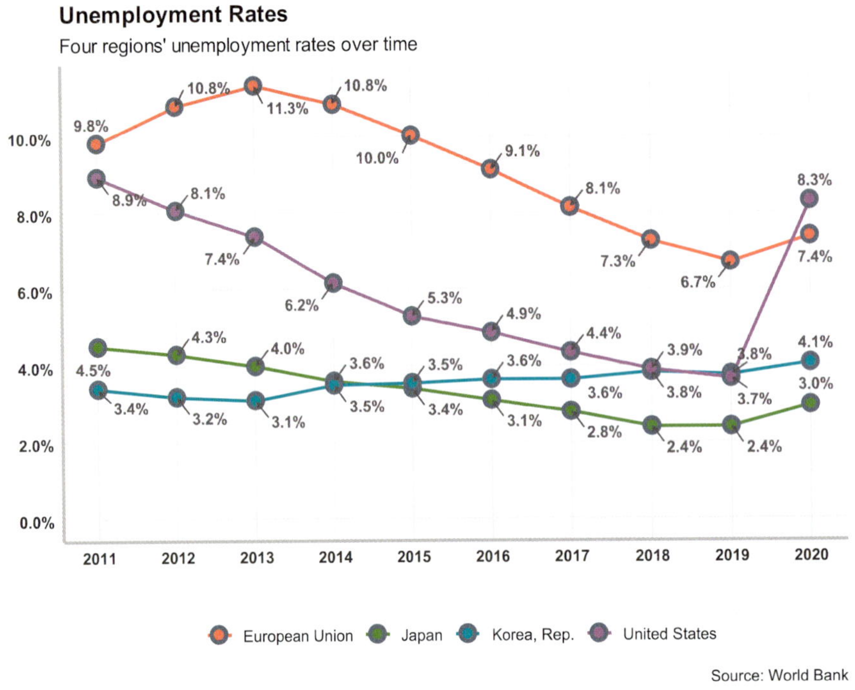

eBook @프로젝트 구텐베르크

프로젝트 구텐베르크(Project Gutenberg)는 소설, 시, 고전 등의 다양한 자료를 전자책(eBook) 형태로 제공한다. 일반 텍스트뿐만 아니라 HTML, PDF, EPUB, MOBI, Plucker 등 여러 가지 형식으로 제공하고 있으며 별도의 가입 절차나 로그인 과정 없이 게시된 자료를 무료로 다운로드할 수 있다. 저작권 보호 기간이 지났거나 기증된 도서를 제공하기 때문에 저작권 문제로부터 자유롭다. 프로젝트 구텐베르크 웹사이트(https://www.gutenberg.org)로부터 필요한 자료를 검색하여 직접 다운로드할 수 있으나 `gutenbergr` 패키지를 이용하면 이러한 검색 및 수집 과정을 비교적 쉽게 수행할 수 있고 다운로드한 텍스트로부터 R 데이터 객체를 자동으로 생성할 수 있다.

`gutenbergr` 패키지는 책을 다운로드하기 위한 도구뿐만 아니라 관심 있는 책을 검색할 수 있는 메타데이터도 제공한다. `gutenberg_metadata` 데이터셋에는 프로젝트 구텐베르크에 포함된 모든 작품 정보가 데이터프레임(티블) 형식으로 수록되어 있다.

```
> library(gutenbergr)
> gutenberg_metadata
# A tibble: 51,997 x 8
   gutenberg_id title  author gutenberg_autho~ language gutenberg_books~  rights has_text
          <int> <chr>  <chr>             <int> <chr>    <chr>             <chr>  <lgl>
 1            0 NA     NA                   NA en       NA                Publi~ TRUE
 2            1 "The~  Jeffe~             1638 en       United States L~  Publi~ TRUE
 3            2 "The~  Unite~                1 en       American Revolu~  Publi~ TRUE
…(중략)
 8            7 "The~  NA                   NA en       NA                Publi~ TRUE
 9            8 "Abr~  Linco~                3 en       US Civil War      Publi~ TRUE
10            9 "Abr~  Linco~                3 en       US Civil War      Publi~ TRUE
# ... with 51,987 more rows
> names(gutenberg_metadata)
[1] "gutenberg_id"        "title"                "author"
[4] "gutenberg_author_id" "language"             "gutenberg_bookshelf"
[7] "rights"              "has_text"
```

예를 들어, 다음과 같이 Alice's Adventures in Wonderland(이상한 나라의 앨리스)를 검색하여 관련 정보를 추출할 수 있다.

```
> library(tidyverse)
> gutenberg_metadata %>%
+   filter(title=="Alice's Adventures in Wonderland")
# A tibble: 4 x 8
  gutenberg_id title  author gutenberg_autho~ language gutenberg_books~  rights has_text
         <int> <chr>  <chr>             <int> <chr>    <chr>             <chr>  <lgl>
1           11 Alice~ Carro~                7 en       Children's Lite~  Publi~ TRUE
2        19033 Alice~ Carro~                7 en       Children's Lite~  Publi~ TRUE
3        19573 Alice~ Carro~                7 en       Children's Lite~  Publi~ TRUE
4        23716 Alice~ Carro~                7 en       Children's Lite~  Publi~ FALSE
```

다운로드 가능하고 중복이 없으며 영어로 출판된 책만을 검색하고 싶다면 다음과 같이 gutenberg_works() 함수를 이용한다. gutenberg_works() 함수는 이러한 사전 검색 조건을 충족하는 전자책 목록을 보여준다.

```
> gutenberg_works()
# A tibble: 40,737 x 8
  gutenberg_id title  author gutenberg_autho~ language gutenberg_books~ rights has_text
         <int> <chr>  <chr>             <int> <chr>    <chr>            <chr>  <lgl>
1            0 NA     NA                   NA en       NA               Publi~ TRUE
2            1 "The~  Jeffe~             1638 en       United States L~ Publi~ TRUE
3            2 "The~  Unite~                1 en       American Revolu~ Publi~ TRUE
…(중략)
8            7 "The~  NA                   NA en       NA               Publi~ TRUE
9            8 "Abr~  Linco~                3 en       US Civil War     Publi~ TRUE
10           9 "Abr~  Linco~                3 en       US Civil War     Publi~ TRUE
# ... with 40,727 more rows
```

다음과 같이 메타데이터의 열에 대한 검색 조건을 지정할 수 있으며 정규표현식을 이용할 수도 있다.

```
> gutenberg_works(author=="Carroll, Lewis")
# A tibble: 18 x 8
  gutenberg_id title  author gutenberg_autho~ language gutenberg_books~ rights has_text
         <int> <chr>  <chr>             <int> <chr>    <chr>            <chr>  <lgl>
1           11 "Ali~  Carro~                7 en       Children's Lite~ Publi~ TRUE
2           12 "Thr~  Carro~                7 en       Children's Lite~ Publi~ TRUE
3           13 "The~  Carro~                7 en       Children's Lite~ Publi~ TRUE
…(중략)
16       38065 "Eig~  Carro~                7 en       NA               Publi~ TRUE
17       48630 "Syl~  Carro~                7 en       NA               Publi~ TRUE
18       48795 "Syl~  Carro~                7 en       NA               Publi~ TRUE
> gutenberg_works(str_detect(author, "Carroll"))
# A tibble: 31 x 8
  gutenberg_id title  author gutenberg_autho~ language gutenberg_books~ rights has_text
         <int> <chr>  <chr>             <int> <chr>    <chr>            <chr>  <lgl>
1           11 "Ali~  Carro~                7 en       Children's Lite~ Publi~ TRUE
2           12 "Thr~  Carro~                7 en       Children's Lite~ Publi~ TRUE
3           13 "The~  Carro~                7 en       Children's Lite~ Publi~ TRUE
…(중략)
8        16861 "The~  Goodw~             6978 en       NA               Publi~ TRUE
9        19002 "Ali~  Carro~                7 en       Children's Lite~ Publi~ TRUE
10       23160 "Sol~  Carro~            25719 en       Science Fiction  Publi~ TRUE
# ... with 21 more rows
```

gutenberg_download() 함수는 프로젝트 구텐베르크 ID(gutenberg_id)를 바탕으로 프로젝트 구텐베르크로부터 전자책을 다운로드하여 두 개의 열(gutenberg_id, text)로 구성된 데이터프레임(티블)으로 저장한다. 책의 텍스트는 text 열에 한 라인씩 문자 벡터로 저장된다. Alice's Adventures in Wonderland의 ID는 11이므로 다음 코드는 이상한 나라의 앨리스 원문을 다운로드한다.[52]

```
> gutenberg_download(11)
# A tibble: 3,380 x 2
   gutenberg_id text
          <int> <chr>
 1           11 "[Illustration]"
 2           11 ""
 3           11 ""
 4           11 ""
 5           11 ""
 6           11 "Alice's Adventures in Wonderland"
 7           11 ""
 8           11 "by Lewis Carroll"
 9           11 ""
10           11 "THE MILLENNIUM FULCRUM EDITION 3.0"
# ... with 3,370 more rows
```

여러 개의 책을 한꺼번에 다운로드하려면 gutenberg_id에 책의 ID를 벡터 형식으로 지정한다. 다운로드할 때 gutenberg_metadata 데이터셋의 일부 열(예를 들면, title, author)을 다운로드한 책의 데이터셋에 추가할 수 있다. meta_fields 인수에 추가할 열 이름을 지정한다. 여러 개의 책을 다운로드할 때 유용하다.

```
> carroll <- gutenberg_download(c(11, 12), meta_fields="title")
> carroll
# A tibble: 7,445 x 3
   gutenberg_id text                                      title
          <int> <chr>                                     <chr>
 1           11 "[Illustration]"                          Alice's Adventures in Wonderland
 2           11 ""                                        Alice's Adventures in Wonderland
 3           11 ""                                        Alice's Adventures in Wonderland
```

52 기본 설정된 미러 사이트(mirror site)의 장애로 텍스트를 다운로드하지 못할 때가 있다. 이럴 경우 gutenberg_download() 함수의 mirror 인수에 정상적으로 동작하는 미러 사이트를 명시적으로 지정한다. 예를 들어, 다음과 같이 가용한 미러 사이트 가운데 하나를 지정한다: gutenberg_download(11, mirror="http://www.gutenberg.org/dirs/"). 사용 가능한 미러 사이트의 전체 목록은 다음 웹페이지에서 확인할 수 있다: https://www.gutenberg.org/MIRRORS.ALL.

```
…(중략)
 8          11 "by Lewis Carroll"                       Alice's Adventures in Wonderland
 9          11 ""                                       Alice's Adventures in Wonderland
10          11 "THE MILLENNIUM FULCRUM EDITION 3.0"     Alice's Adventures in Wonderland
# ... with 7,435 more rows
> carroll %>%
+   count(title)
# A tibble: 2 x 2
  title                               n
  <chr>                           <int>
1 Alice's Adventures in Wonderland 3380
2 Through the Looking-Glass        4065
```

gutenberg_download() 함수에는 책의 ID뿐만 아니라 gutenberg_id 열을 포함하고 있는 데이터프레임(티블)을 지정할 수도 있다. 따라서 다음과 같이 gutenberg_works() 함수의 검색 결과를 바탕으로 직접 다운로드하는 것도 가능하다.

```
> titles <- c("A Christmas Carol", "A Tale of Two Cities")
> dickens <- gutenberg_works(title %in% titles) %>%
+   gutenberg_download(meta_fields="title")
> dickens %>%
+   count(title)
# A tibble: 2 x 2
  title                    n
  <chr>                <int>
1 A Christmas Carol     3451
2 A Tale of Two Cities 15900
```

프로젝트 구텐베르크로부터 고전 명작 네 권을 다운로드하여 몇 가지 텍스트분석을 수행해보자. 이 책들은 모두 영화와 드라마로도 만들어졌다.

- Jules Verne의 Around the World in Eighty Days(쥘 베른, 80일간의 세계일주)
- Charlotte Brontë의 Jane Eyre: An Autobiography(샬롯 브론테, 제인 에어)
- Charles Dickens의 Great Expectations(찰스 디킨스, 위대한 유산)
- Jane Austen의 Pride and Prejudice(제인 오스틴, 오만과 편견)

네 권의 책을 gutenberg_works() 함수와 gutenberg_download() 함수를 이용하여 다음과 같이 다운로드한다.

```
> titles <- c("Around the World in Eighty Days", "Jane Eyre: An Autobiography",
+             "Great Expectations", "Pride and Prejudice")
> books <- gutenberg_works(title %in% titles) %>%
+   gutenberg_download(meta_fields="title")
> books
# A tibble: 63,527 x 3
   gutenberg_id text                             title
          <int> <chr>                            <chr>
 1          103 "[Illustration]"                 Around the World in Eighty Days
 2          103 ""                               Around the World in Eighty Days
 3          103 ""                               Around the World in Eighty Days
 4          103 ""                               Around the World in Eighty Days
 5          103 ""                               Around the World in Eighty Days
 6          103 "Around the World in Eighty Days" Around the World in Eighty Days
 7          103 ""                               Around the World in Eighty Days
 8          103 "by Jules Verne"                 Around the World in Eighty Days
 9          103 ""                               Around the World in Eighty Days
10          103 ""                               Around the World in Eighty Days
# ... with 63,517 more rows
```

책의 텍스트는 데이터프레임(티블)의 한 행에 텍스트 한 라인씩 문자 벡터로 저장된다. 분석을 위해 이를 다음과 같이 장(chapter) 단위의 데이터셋으로 변환한다.

```
> books.chapter <- books %>%
+   group_by(title) %>%
+   mutate(chapter=cumsum(str_detect(text, regex("^chapter ",
+                                                 ignore_case=TRUE)))) %>%
+   ungroup() %>%
+   filter(chapter > 0) %>%
+   unite(col=document, title, chapter, sep="_", remove=FALSE) %>%
+   group_by(document, title, chapter) %>%
+   summarise(text=paste(text, collapse=" ")) %>%
+   ungroup()
> books.chapter
# A tibble: 196 x 4
  document                          title                           chapter text
  <chr>                             <chr>                             <int> <chr>
1 Around the World in Eighty Days_1  Around the World in Eighty Days       1 "CHAPTER~
2 Around the World in Eighty Days_10 Around the World in Eighty Days      10 "CHAPTER~
3 Around the World in Eighty Days_11 Around the World in Eighty Days      11 "CHAPTER~
```

```
…(중략)
 8 Around the World in Eighty Days_16 Around the World in Eighty Days      16 "CHAPTER~
 9 Around the World in Eighty Days_17 Around the World in Eighty Days      17 "CHAPTER~
10 Around the World in Eighty Days_18 Around the World in Eighty Days      18 "CHAPTER~
# ... with 186 more rows
> books.chapter %>%
+   count(title)
# A tibble: 4 x 2
  title                                  n
  <chr>                              <int>
1 Around the World in Eighty Days       37
2 Great Expectations                    59
3 Jane Eyre: An Autobiography           39
4 Pride and Prejudice                   61
```

변환 작업은 구체적으로 다음과 같은 절차로 이루어진다. 우선 텍스트로부터 각 장의 시작 부분('CHAPTER'로 시작하는 부분)을 식별하여 각 텍스트 라인별로 소속 장 번호를 부여한다(mutate(chapter=cumsum(str_detect(text, regex("^chapter ", ignore_case=TRUE))))). 이어서 책 이름과 장 번호를 '_'로 결합하여 각 책의 개별 장을 나타내는 문서 이름(예를 들면, Around the World in Eighty Days_1)을 생성한다(unite(col=document, title, chapter, sep="_", remove=FALSE)). 끝으로 각 장별로 소속 텍스트 라인을 결합하여 장 단위의 텍스트를 생성한다(summarise(text=paste(text, collapse=" "))).

가장 먼저 해볼 수 있는 텍스트분석은 단어 출현 빈도를 계산하는 것이다. 이를 위해 다음과 같이 각 문서로부터 단어를 추출하여 한 행에 한 단어씩 나타나는 롱포맷 형식의 데이터셋을 생성한다.

```
> library(tidytext)
> books.chapter.word <- books.chapter %>%
+   unnest_tokens(word, text) %>%
+   anti_join(stop_words, by="word")
> books.chapter.word
# A tibble: 183,886 x 4
  document                          title                            chapter word
  <chr>                             <chr>                              <int> <chr>
1 Around the World in Eighty Days_1 Around the World in Eighty Days        1 chapter
2 Around the World in Eighty Days_1 Around the World in Eighty Days        1 phileas
3 Around the World in Eighty Days_1 Around the World in Eighty Days        1 fogg
…(중략)
```

```
 8 Around the World in Eighty Days_1 Around the World in Eighty Days       1 fogg
 9 Around the World in Eighty Days_1 Around the World in Eighty Days       1 lived
10 Around the World in Eighty Days_1 Around the World in Eighty Days       1 1872
# ... with 183,876 more rows
```

먼저 각 문서(장 단위 텍스트)로부터 단어를 추출하여 별도의 열(word)로 저장한다(unnest_tokens(word, text)). 그런 다음 tidytext 패키지가 제공하는 불용어 데이터셋(stop_words)을 이용하여 추출한 단어에 포함된 불용어를 제거한다(anti_join(stop_words, by="word")). 생성된 데이터셋은 책에 포함된 모든 단어가 한 행에 한 개씩 나열되는 형식을 갖는다.

이 데이터셋을 이용하여 다음과 같이 각 책별로 출현 빈도가 높은 상위 10개 단어를 추출할 수 있다.

```
> books.word.top <- books.chapter.word %>%
+   group_by(title) %>%
+   count(word) %>%
+   slice_max(n=10, order_by=n) %>%
+   ungroup()
> books.word.top
# A tibble: 40 x 3
   title                           word             n
   <chr>                           <chr>        <int>
 1 Around the World in Eighty Days fogg           584
 2 Around the World in Eighty Days passepartout   392
 3 Around the World in Eighty Days phileas        238
…(중략)
 8 Around the World in Eighty Days sir            103
 9 Around the World in Eighty Days master         102
10 Around the World in Eighty Days hundred         97
# ... with 30 more rows
```

책별로 가장 빈번히 출현하는 상위 10개 단어를 다음과 같이 그래프로 그려보자. 생성된 그래프는 [그림 8-36]과 같다.

```
> windows(width=7.0, height=7.0)
> ggplot(books.word.top,
+        aes(reorder_within(x=word, by=n, within=title), n, fill=title)) +
+   geom_bar(stat="identity", show.legend=FALSE) +
```

```
+   facet_wrap(~title, scales="free") +
+   scale_x_reordered() +
+   scale_fill_viridis_d(end=0.75, option="viridis") +
+   coord_flip() +
+   theme_minimal() +
+   labs(x=NULL, y="Frequency",
+        title="Text Analysis",
+        subtitle="Top 10 words of selective books",
+        caption="Source: Project Gutenberg") +
+   theme(strip.background=element_blank(),
+         strip.text=element_text(color="firebrick", face="bold"),
+         plot.title=element_text(face="bold"),
+         axis.text=element_text(size=8, face="bold"))
```

그림 8-36 eBook. 프로젝트 구텐베르크 웹사이트로부터 고전 명작 네 권의 텍스트를 추출하여 작품별로 가장 빈번히 등장하는 상위 10개 단어의 출현 빈도를 확인한다.

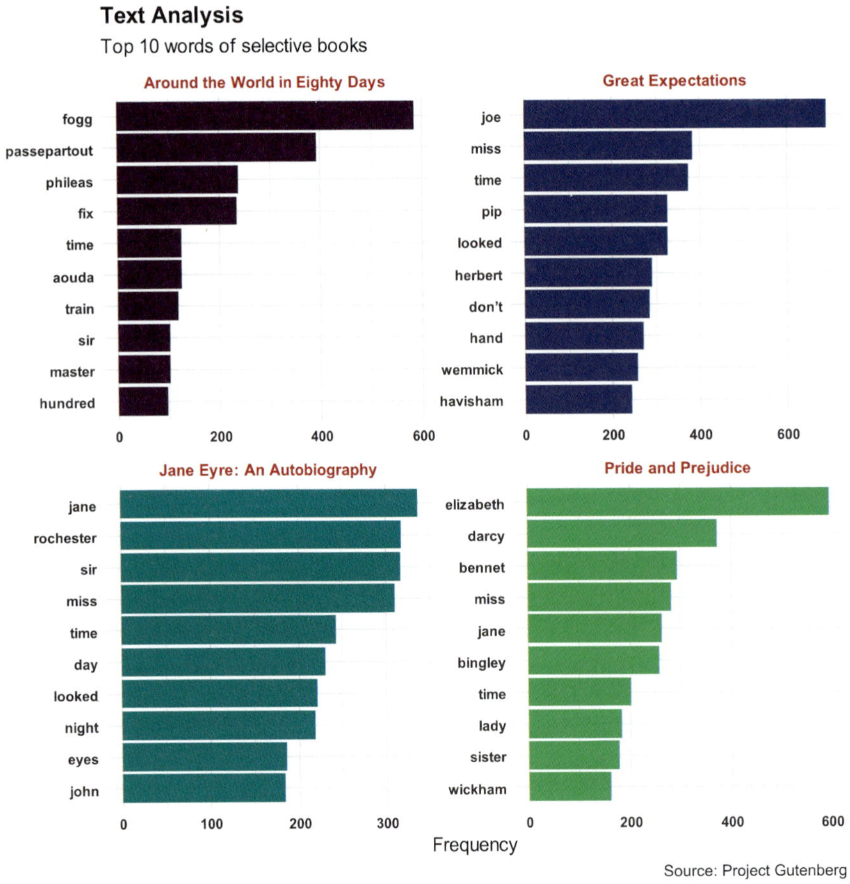

감성분석을 통해 소설의 전개에 따라 감성상태가 어떻게 변화하는지 살펴보자. 이를 위해 소설의 전개 단위별로 감성점수를 산정한 별도의 데이터셋을 생성한다. 여기에서는 소설의 전개 단위를 대략 한 페이지를 구성하는 250단어를 기준으로 한다. 즉 250단어를 하나의 페이지 블록으로 하여 해당 블록의 감성점수를 산출한다.

```
> books.chapter.word
# A tibble: 183,886 x 4
   document                         title                          chapter word
   <chr>                            <chr>                            <int> <chr>
 1 Around the World in Eighty Days_1 Around the World in Eighty Days       1 chapter
 2 Around the World in Eighty Days_1 Around the World in Eighty Days       1 phileas
 3 Around the World in Eighty Days_1 Around the World in Eighty Days       1 fogg
…(중략)
 8 Around the World in Eighty Days_1 Around the World in Eighty Days       1 fogg
 9 Around the World in Eighty Days_1 Around the World in Eighty Days       1 lived
10 Around the World in Eighty Days_1 Around the World in Eighty Days       1 1872
# ... with 183,876 more rows
> books.sent <- books.chapter.word %>%
+   group_by(title) %>%
+   mutate(word_count=1:n(),
+          page=word_count %/% 250 + 1) %>%
+   inner_join(get_sentiments("bing"), by="word") %>%
+   count(title, page, sentiment) %>%
+   ungroup() %>%
+   pivot_wider(names_from=sentiment, values_from=n, values_fill=0) %>%
+   mutate(sentiment=positive - negative)
> books.sent
# A tibble: 737 x 5
   title                            page negative positive sentiment
   <chr>                           <dbl>    <dbl>    <dbl>     <dbl>
 1 Around the World in Eighty Days     1       14       21         7
 2 Around the World in Eighty Days     2        4       13         9
 3 Around the World in Eighty Days     3        8       10         2
…(중략)
 8 Around the World in Eighty Days     8       16        9        -7
 9 Around the World in Eighty Days     9       16       22         6
10 Around the World in Eighty Days    10       22       10       -12
# ... with 727 more rows
```

각 페이지 블록의 감성점수 산출 과정은 다음과 같다. 우선 250단어를 기준으로 페이지를 생성한다(mutate(word_count=1:n(), page=word_count %/% 250 + 1)). 각 페이지에 포함된 단어들이 긍정 어휘인지 또는 부정 어휘인지 여부를 판단하기 위하여 감성어휘 사전(여기에서는 빙류의 오피니언 렉시콘(Bing Liu's opinion lexicon))과 결합한다(inner_join(get_sentiments("bing"), by="word")).[53] 그런 다음 페이지별로 긍정 또는 부정 단어의 개수를 합산하고(count(title, page, sentiment)), 긍정 단어 개수와 부정 단어 개수를 별도의 열로 갖는 와이드포맷 형식으로 변환한다(pivot_wider(names_from=sentiment, values_from=n, values_fill=0)). 이때 긍정 단어나 부정 단어가 없을 경우에 해당 열은 0으로 채워진다(values_fill=0). 와이드포맷 형식으로 변환된 데이터셋으로부터 긍정 단어 개수와 부정 단어 개수의 차이를 계산하여 각 페이지별 감성점수를 산출하고 별도의 열로 저장한다(mutate(sentiment=positive - negative)).

53 감성어휘 사전에 대한 보다 자세한 설명은 '제4장 XPath'의 '4.5 사례 - 레스토랑 리뷰 @오픈테이블'을 참고한다.

▶ 그림 8-37 ▌eBook. 250단어로 구분된 페이지 단위로 감성점수의 변화 과정을 살펴볼 수 있다.

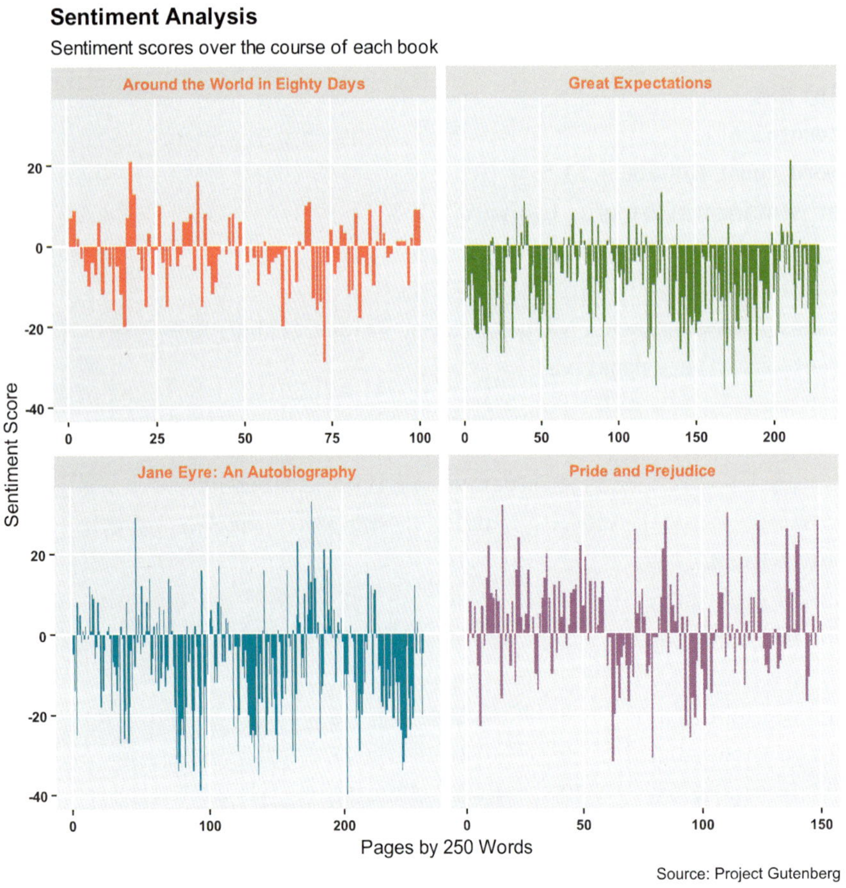

이렇게 생성한 데이터텟을 이용하여 소설의 전개에 따른 감성상태의 변화 과정을 다음과 같이 그래프로 나타낼 수 있다. 생성된 그래프는 [그림 8-37]과 같다.

```
> windows(width=7.0, height=7.0)
> ggplot(books.sent, aes(page, sentiment, fill=title)) +
+   geom_bar(stat="identity", show.legend=FALSE) +
+   facet_wrap(~title, ncol=2, scales="free_x") +
+   labs(x="Pages by 250 Words", y="Sentiment Score",
+        title="Sentiment Analysis",
+        subtitle="Sentiment scores over the course of each book",
+        caption="Source: Project Gutenberg") +
+   theme(strip.text=element_text(color="coral", face="bold"),
+         plot.title=element_text(face="bold"),
+         axis.text=element_text(face="bold", size=8),
+         panel.grid.minor=element_blank())
```

각 작품별로 어떠한 단어들이 감성점수에 크게 영향을 미치는지 살펴보자. 다음과 같이 각 소설별로 가장 빈번히 등장하는 긍정 단어 10개와 부정 단어 10개를 추출한다.

```
> books.chapter.word
# A tibble: 183,886 x 4
   document                          title                           chapter word
   <chr>                             <chr>                             <int> <chr>
 1 Around the World in Eighty Days_1 Around the World in Eighty Days       1 chapter
 2 Around the World in Eighty Days_1 Around the World in Eighty Days       1 phileas
 3 Around the World in Eighty Days_1 Around the World in Eighty Days       1 fogg
…(중략)
 8 Around the World in Eighty Days_1 Around the World in Eighty Days       1 fogg
 9 Around the World in Eighty Days_1 Around the World in Eighty Days       1 lived
10 Around the World in Eighty Days_1 Around the World in Eighty Days       1 1872
# ... with 183,876 more rows
> books.sent.word <- books.chapter.word %>%
+   inner_join(get_sentiments("bing"), by="word") %>%
+   count(title, word, sentiment) %>%
+   group_by(title, sentiment) %>%
+   slice_max(n=10, order_by=n, with_ties=FALSE) %>%
+   ungroup()
```

```
> books.sent.word
# A tibble: 80 x 4
   title                          word       sentiment     n
   <chr>                          <chr>      <chr>      <int>
 1 Around the World in Eighty Days lost       negative      31
 2 Around the World in Eighty Days delay      negative      26
 3 Around the World in Eighty Days impossible negative      24
…(중략)
 8 Around the World in Eighty Days difficult  negative      19
 9 Around the World in Eighty Days scarcely   negative      16
10 Around the World in Eighty Days cold       negative      14
# ... with 70 more rows
```

작품별로 이들 긍정 단어와 부정 단어의 분포를 다음과 같이 시각화할 수 있다. 생성된 그래프는 [그림 8-38]과 같다.[54]

```
> windows(width=7.0, height=9.0)
> ggplot(books.sent.word,
+        aes(reorder_within(x=word, by=n, within=title), n, fill=sentiment)) +
+   geom_bar(stat="identity", show.legend=FALSE) +
+   facet_wrap(~ title + sentiment, scales="free", ncol=2) +
+   scale_x_reordered() +
+   coord_flip() +
+   labs(x=NULL, y="Contribution to Sentiment",
+        title="Sentiment Analysis",
+        subtitle="Top sentiment words",
+        caption="Source: Project Gutenberg") +
+   theme_bw() +
+   theme(strip.background=element_blank(),
+         strip.text=element_text(color="goldenrod4", face="bold"),
+         plot.title=element_text(face="bold"),
+         axis.text=element_text(face="bold"),
+         panel.grid.minor=element_blank())
```

54 여기에서의 감성분석 결과를 보면 좀 이상한 것이 있다. 'miss'와 'master'가 각각 부정 단어와 긍정 단어로 처리되고 있으나, 이들 단어는 사실 소설 속에서는 젊은 여자를 뜻하는 호칭과 주인이라는 의미로 주로 사용되고 있다. 따라서 현 분석 상황에서 이러한 사용이 적절하다면 이들 단어는 감성분석에서 제외하는 것이 바람직하다. 다음과 같이 불용어 데이터셋에 포함시킨 후 텍스트로부터 단어를 추출할 때 불용어로 처리한다: `stop_words_custom <- bind_rows(tibble(word=c("miss", "master"), lexicon=c("custom")), stop_words)`.

▶ 그림 8-38 ▌ eBook. 작품별로 감성점수에 영향을 미치는 단어의 분포를 확인할 수 있다.

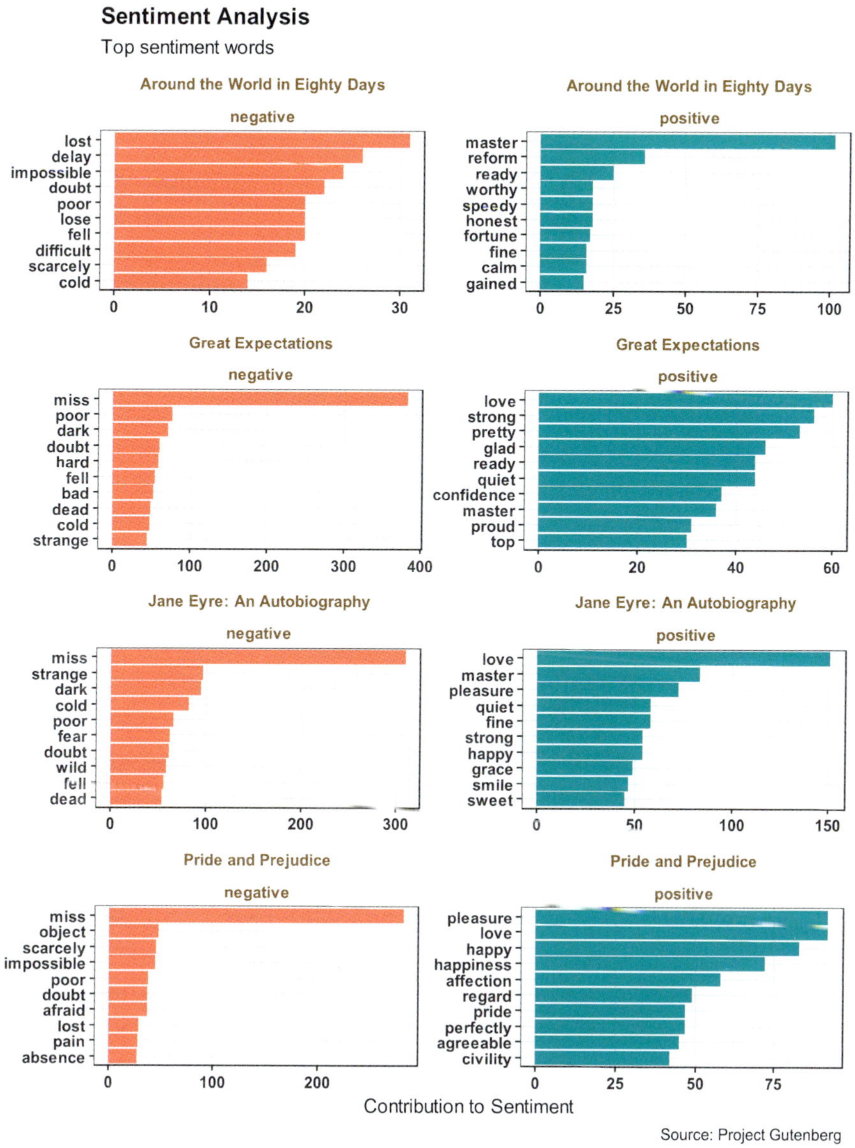

대부분의 텍스트분석은 지금까지 해왔던 것처럼 텍스트로부터 단어를 추출하여 단어 단위로 수행된다. 그러나 때로는 좀 더 큰 텍스트 구성 단위로 바라보는 것이 유용할 수 있다. 여기에서는 단어가 아닌 문장(sentence) 단위로 텍스트를 분할하여 문장 단위의 감성분석을 수행해보자.

`tidytext` 패키지의 `unnest_tokens()` 함수에 `token="sentences"`를 지정한다. 그러면 주어진 텍스트는 문장 단위로 추출된다. `unnest_tokens()` 함수의 `token` 인수에는 이 밖에도 words

(기본값)를 비롯한 ngrams, lines, paragraphs 등 다양한 추출 단위를 지정할 수 있다. 다음 코드는 Around the World in Eighty Days(80일간의 세계일주) 텍스트를 문장 단위로 분할한다.

```
> books.chapter
# A tibble: 196 x 4
   document                         title                          chapter text
   <chr>                            <chr>                            <int> <chr>
 1 Around the World in Eighty Days_1  Around the World in Eighty Days       1 "CHAPTER~
 2 Around the World in Eighty Days_10 Around the World in Eighty Days      10 "CHAPTER~
 3 Around the World in Eighty Days_11 Around the World in Eighty Days      11 "CHAPTER~
…(중략)
 8 Around the World in Eighty Days_16 Around the World in Eighty Days      16 "CHAPTER~
 9 Around the World in Eighty Days_17 Around the World in Eighty Days      17 "CHAPTER~
10 Around the World in Eighty Days_18 Around the World in Eighty Days      18 "CHAPTER~
# ... with 186 more rows
> book <- books.chapter %>%
+   filter(title=="Around the World in Eighty Days") %>%
+   unnest_tokens(sentence, text, token="sentences")
> book
# A tibble: 4,070 x 4
   document                         title                          chapter sentence
   <chr>                            <chr>                            <int> <chr>
 1 Around the World in Eighty Days_1 Around the World in Eighty Days       1 chapter i.
 2 Around the World in Eighty Days_1 Around the World in Eighty Days       1 in which ~
 3 Around the World in Eighty Days_1 Around the World in Eighty Days       1 phileas f~
…(중략)
 8 Around the World in Eighty Days_1 Around the World in Eighty Days       1 he was ne~
 9 Around the World in Eighty Days_1 Around the World in Eighty Days       1 he certai~
10 Around the World in Eighty Days_1 Around the World in Eighty Days       1 his name ~
# ... with 4,060 more rows
```

이어서 다음과 같이 문장 단위로 감성점수를 산출한다. 여기에서는 AFINN 감성어휘 사전을 이용한다. AFINN은 감성어휘에 대해 −5점(가장 부정적 어휘)부터 +5점(가장 긍정적 어휘)까지 점수를 부여하여 감성 상태를 수치화한다.

```
> book.sent <- book %>%
+   group_by(chapter) %>%
+   mutate(sentence_count=1:n(),
+          progress=round(sentence_count/n(), 2)) %>%
```

```
+   group_by(chapter, progress) %>%
+   unnest_tokens(word, sentence) %>%
+   inner_join(get_sentiments("afinn"), by="word") %>%
+   summarise(sentiment=sum(value, na.rm=TRUE)) %>%
+   arrange(desc(sentiment)) %>%
+   ungroup()
> book.sent
# A tibble: 1,809 x 3
   chapter  progress  sentiment
     <int>     <dbl>      <dbl>
 1       2      0.35         11
 2       6      0.12         11
 3      14      0.33         11
…(중략)
 8      27      0.53          9
 9       6      0.07          8
10       9      0.92          8
# ... with 1,799 more rows
```

각 문장은 그 문장이 속한 장의 진척도(progress)로 표현되었고 해당 문장을 구성하는 단어를 토대로 감성점수(sentiment)가 산출되었다. 예를 들어, 데이터셋의 첫 번째 행은 2장에서 35% 경과된 지점의 문장은 감성점수가 11이라는 것을 나타낸다. 이를 다음과 같이 그래프로 나타낼 수 있다. 생성된 그래프는 [그림 8-39]와 같다.

```
> library(scales)
> windows(width=8.0, height=8.0)
> ggplot(book.sent,
+        aes(x=progress,
+            y=factor(chapter, levels=sort(unique(chapter), decreasing=TRUE)),
+            fill=sentiment)) +
+   geom_tile(color="white") +
+   scale_fill_viridis_c(option="plasma") +
+   scale_x_continuous(labels=percent, expand=c(0.01, 0)) +
+   scale_y_discrete(expand=c(0, 0)) +
+   labs(x="Chapter Progression", y="Chapter",
+        title="Sentiment Analysis",
+        subtitle="Sentiment score as progressing through each chapter of
+                  Around the World in Eighty Days",
```

```
+          caption="Source: Project Gutenberg") +
+   guides(fill=guide_colorbar(barwidth=10, barheight=0.7)) +
+   theme_minimal() +
+   theme(plot.title=element_text(face="bold"),
+         axis.text=element_text(face="bold"),
+         panel.grid.major=element_blank(),
+         panel.grid.minor=element_blank(),
+         legend.title=element_blank(),
+         legend.position="bottom")
```

그림 8-39 eBook. Around the World in Eighty Days(80일간의 세계일주)의 각 장별 감성상태의 변화 과정을 문장 단위로 확인할 수 있다.

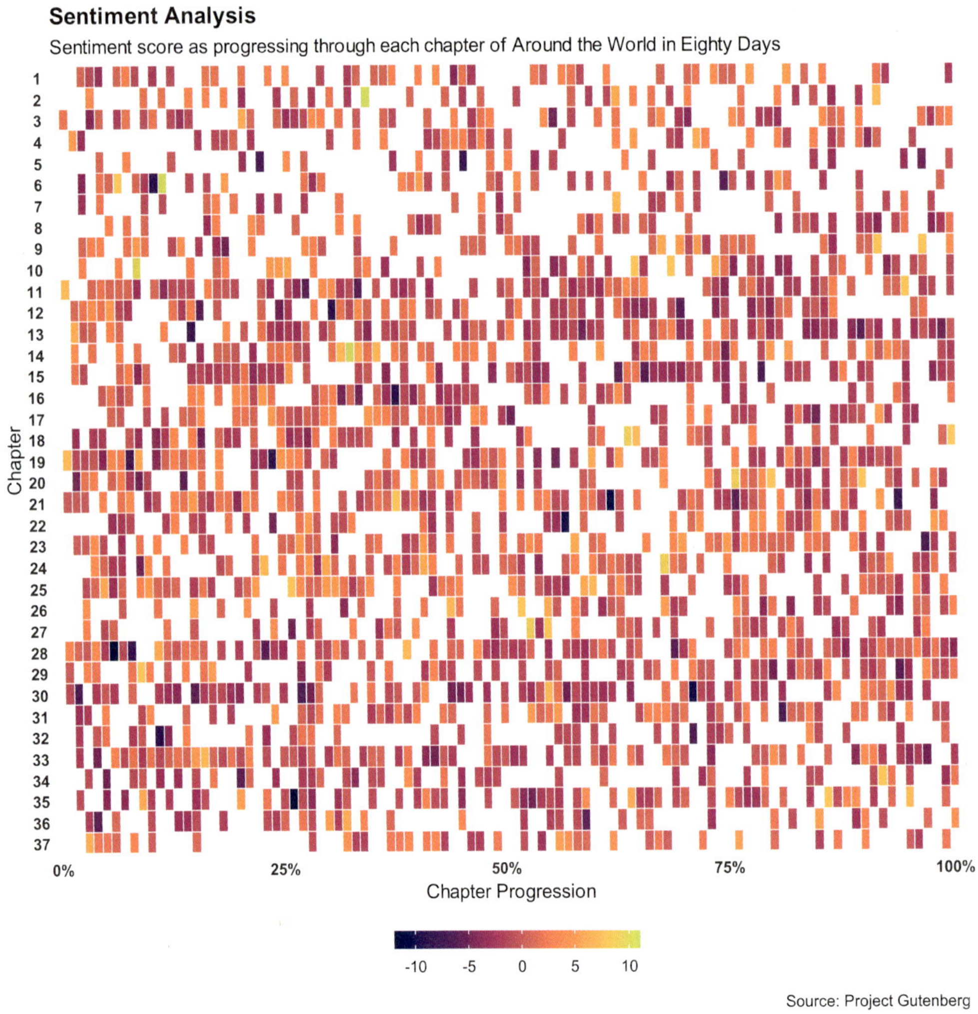

그래프를 보면 노란색으로 표시된 매우 긍정적인 문장들은 2장의 3분의 1 경과 지점, 6장의 10분의 1 경과 지점, 14장의 3분의 1 경과 지점 등에서 관찰할 수 있다.

Appendix

R을 이용한
웹스크레이핑과 데이터분석

Tidyverse

A.1 팩터와 데이터프레임
A.2 텍스트와 날짜
A.3 입력 및 출력
A.4 데이터 변환
A.5 그래픽

Tidyverse

Tidyverse는 데이터 사이언스(data science)를 위해 설계된 R 패키지 집합이다. Tidyverse 생태계(Tidyverse ecosystem)에는 데이터 구조화, 텍스트 및 날짜 처리, 데이터 변환, 그래프 생성, 모델링 등에 필요한 유용한 패키지들이 포함되어 있으며 이들은 모두 디자인 철학, 문법 체계, 데이터 구조를 공유한다.

Tidyverse 생태계를 구성하는 주요 패키지로는 `forcats`, `tibble`, `stringr`, `lubridate`, `readr`, `dplyr`, `purrr`, `tidyr`, `ggplot2` 등이 있다. `tidyverse` 통합 패키지를 설치하면 이 패키지들 대부분을 개별적으로 설치하는 과정 없이 한꺼번에 사용할 수 있다: `install.packages("tidyverse"); library(tidyverse)`. 각 패키지는 다음과 같은 작업을 지원한다.

- `forcats`, `tibble`: 팩터(factor)와 데이터프레임(data frame) 처리
- `stringr`, `lubridate`: 텍스트와 날짜 데이터 처리
- `readr`: 입력 및 출력
- `dplyr`, `purrr`, `tidyr`: 데이터 변환
- `ggplot2`: 그래프 생성

A.1 팩터와 데이터프레임

forcats 패키지

forcats 패키지는 팩터를 효과적으로 다룰 수 있는 유용한 함수를 제공한다. 예를 위해 다음과 같은 팩터를 생성해보자. 회사의 부페 식당에서 제공하는 10개의 음식을 다섯 개 종류별로 구분하였다. 기본적으로 레벨은 알파벳 순서로 출력된다.

```
> food <- factor(c("Vegetables", "Fruits", "Vegetables", "Grains", "Fruits",
+                  "Vegetables", "Dairy", "Fruits", "Proteins", "Fruits"))
> food
 [1] Vegetables Fruits     Vegetables Grains     Fruits     Vegetables Dairy
 [8] Fruits     Proteins   Fruits
Levels: Dairy Fruits Grains Proteins Vegetables
```

fct_relevel() 함수를 이용하면 다음과 같이 레벨의 순서를 원하는 대로 조정할 수 있다. fct_relevel() 함수의 첫 번째 인수에 팩터를 지정하고 이어서 레벨을 차례대로 지정한다.

```
> library(forcats)
> fct_relevel(food, "Fruits", "Vegetables", "Grains", "Proteins", "Dairy")
 [1] Vegetables Fruits     Vegetables Grains     Fruits     Vegetables Dairy
 [8] Fruits     Proteins   Fruits
Levels: Fruits Vegetables Grains Proteins Dairy
```

fct_relevel() 함수는 이보다는 좀 더 다양한 방식으로 레벨의 순서를 조정할 수 있다. 지정되지 않은 레벨은 원래의 순서를 그대로 유지한다. 예를 들어, 다음과 같이 지정하면 Proteins 레벨만 맨 앞으로 이동하고 나머지 레벨은 원래의 순서대로 출력된다.

```
> fct_relevel(food, "Proteins")
 [1] Vegetables Fruits     Vegetables Grains     Fruits     Vegetables Dairy
 [8] Fruits     Proteins   Fruits
Levels: Proteins Dairy Fruits Grains Vegetables
```

레벨을 특정 위치로 이동시키려면 after 인수에 이동할 위치를 인덱스로 지정한다. 예를 들어, 다음과 같이 지정하면 Proteins 레벨은 두 번째 위치의 뒤, 즉 세 번째 위치로 이동한다.

```
> fct_relevel(food, "Proteins", after=2)
 [1] Vegetables Fruits     Vegetables Grains     Fruits     Vegetables Dairy
 [8] Fruits     Proteins   Fruits
Levels: Dairy Fruits Proteins Grains Vegetables
```

다른 변수의 값에 따라 레벨을 정렬(소팅)하고 싶을 때가 있다.[1] fct_reorder() 함수를 이용한다. fct_reorder() 함수의 첫 번째 인수에 팩터를 지정하고 두 번째 인수(.x)에 레벨의 순서를 결정할 벡터를 지정한다. 두 번째 인수에 지정된 값의 오름차순으로 레벨의 순서가 조정된다. 예를 들어, 여기에서는 팩터의 레벨(즉 음식 종류)을 음식 단가(value 변수) 순으로 정렬한다.

```
> food
 [1] Vegetables Fruits     Vegetables Grains     Fruits     Vegetables Dairy
 [8] Fruits     Proteins   Fruits
Levels: Dairy Fruits Grains Proteins Vegetables
> value <- c(1000, 1500, 1200, 700, 2000,
+            2000, 1350, 2500, 15000, 3000)
> fct_reorder(food, .x=value)
 [1] Vegetables Fruits     Vegetables Grains     Fruits     Vegetables Dairy
 [8] Fruits     Proteins   Fruits
Levels: Grains Vegetables Dairy Fruits Proteins
```

두 번째 인수에 지정된 값의 내림차순으로 레벨을 정렬하고 싶으면 추가로 다음과 같이 .desc=TRUE를 지정한다.

```
> fct_reorder(food, .x=value, .desc=TRUE)
 [1] Vegetables Fruits     Vegetables Grains     Fruits     Vegetables Dairy
 [8] Fruits     Proteins   Fruits
Levels: Proteins Fruits Dairy Vegetables Grains
```

tibble 패키지

티블(tibble)은 데이터프레임의 한 특수한 형태로서 표현의 간결성과 대용량 데이터셋 처리의 용이성으로 인해 전통적인 데이터프레임 대신에 종종 사용된다. 티블은 데이터프레임이 갖고 있는 특성을 그대로

1 이러한 작업은 특히 범주형 변수를 다른 데이터의 크기 순으로 시각화할 때 유용하다. 예를 들어, 자동차 모델과 연비 간의 관계를 그래프로 표현할 때 자동차 모델을 연비의 크기 순으로 정렬하여 보여주면 자동차 모델 간 비교가 용이하다.

간직하고 있기 때문에 기존의 데이터프레임과 호환해서 사용 가능하다.

티블 데이터셋을 생성하기 위해서는 다음과 같이 tibble() 함수를 사용한다. data.frame() 함수와 같은 방식으로 티블 데이터셋을 생성할 수 있다.

```
> library(tibble)
> v1 <- c("A001", "A002", "A003")
> v2 <- c("Mouse", "Keyboard", "USB")
> v3 <- c(30000, 90000, 50000)
> product <- tibble(id=v1, name=v2, price=v3)
> product
# A tibble: 3 x 3
  id    name      price
  <chr> <chr>     <dbl>
1 A001  Mouse     30000
2 A002  Keyboard  90000
3 A003  USB       50000
```

티블 형식은 리스트 데이터 구조의 열을 가질 수 있다. 이러한 열을 리스트 열(list column)이라고 부른다. 리스트 구조에는 어떤 형식이든 저장할 수 있기 때문에 티블 형식은 좀 더 다양한 형태의 데이터를 담을 수 있다. 예를 들어, 다음과 같이 티블(데이터프레임)로 구성된 리스트를 열로 가질 수 있다.

```
> tb <- tibble(id=c(1, 2, 3),
+              data=list(tibble(x=1, y=2),
+                        tibble(x=4:5, y=6:7),
+                        tibble(x=10)))
> tb
# A tibble: 3 x 2
     id data
  <dbl> <list>
1     1 <tibble [1 x 2]>
2     2 <tibble [2 x 2]>
3     3 <tibble [1 x 1]>
> tb$data
[[1]]
# A tibble: 1 x 2
      x     y
  <dbl> <dbl>
1     1     2
```

```
[[2]]
# A tibble: 2 x 2
      x     y
  <int> <int>
1     4     6
2     5     7

[[3]]
# A tibble: 1 x 1
      x
  <dbl>
1    10

> tb$data[[2]]
# A tibble: 2 x 2
      x     y
  <int> <int>
1     4     6
2     5     7
```

데이터프레임을 티블 형식으로 변환하기 위해서는 as_tibble() 함수를 이용한다. 예를 들어, 표준 패키지에 포함된 데이터프레임 형식의 iris 데이터셋을 다음과 같이 티블 형식으로 변환할 수 있다.

```
> str(iris)
'data.frame':   150 obs. of  5 variables:
 $ Sepal.Length: num  5.1 4.9 4.7 4.6 5 5.4 4.6 5 4.4 4.9 ...
 $ Sepal.Width : num  3.5 3 3.2 3.1 3.6 3.9 3.4 3.4 2.9 3.1 ...
 $ Petal.Length: num  1.4 1.4 1.3 1.5 1.4 1.7 1.4 1.5 1.4 1.5 ...
 $ Petal.Width : num  0.2 0.2 0.2 0.2 0.2 0.4 0.3 0.2 0.2 0.1 ...
 $ Species     : Factor w/ 3 levels "setosa","versicolor",..: 1 1 1 1 1 1 1 1 1 1 ...
> as_tibble(iris)
# A tibble: 150 x 5
  Sepal.Length Sepal.Width Petal.Length Petal.Width Species
         <dbl>       <dbl>        <dbl>       <dbl> <fct>
 1         5.1         3.5          1.4         0.2 setosa
 2         4.9         3            1.4         0.2 setosa
 3         4.7         3.2          1.3         0.2 setosa
…(중략)
```

```
8      5      3.4     1.5     0.2  setosa
9      4.4    2.9     1.4     0.2  setosa
10     4.9    3.1     1.5     0.1  setosa
# ... with 140 more rows
```

데이터프레임과 티블 간 차이점 가운데 하나는 화면에 출력하는 방식이다. 데이터프레임은 모든 행과 열을 화면에 출력하는 반면, 티블은 처음 10개의 행과 한 화면에 보여줄 수 있는 만큼의 열(변수)이 출력된다. 출력되지 않은 변수는 별도로 간략한 정보만을 보여준다. 많은 행과 열로 구성된 대용량의 데이터프레임을 화면에 출력하면 시간이 오래 걸릴 뿐만 아니라 변수가 많을 경우 모든 변수가 한 화면에 출력이 안 된다. 그래서 head() 함수나 tail() 함수를 이용하여 처음 몇 행이나 마지막 몇 행을 출력하여 데이터프레임의 내용을 확인하곤 한다. 그러나 열의 개수가 많을 때는 한 라인에 출력할 수 없는 열이 다음 라인으로 이어서 출력되기 때문에 한 화면에 깔끔하게 데이터프레임의 내용을 확인하기 어렵다.

미국의 메이저리그 야구 데이터베이스를 이용하여 데이터프레임을 티블로 변환하고 출력해보자. Lahman 패키지에 포함된 Batting 데이터셋에는 1871년부터의 타자의 기록이 연 단위로 기록되어 있다. 이 데이터셋에는 많은 행과 열이 포함되어 있기 때문에 head() 함수를 사용하더라도 R 콘솔의 화면 크기에 따라서는 전체 데이터 구조를 한 화면에 나타내지 못할 수도 있다.

```
> library(Lahman)
> str(Batting)
'data.frame':  108789 obs. of  22 variables:
 $ playerID : chr  "abercda01" "addybo01" "allisar01" "allisdo01" ...
 $ yearID   : int  1871 1871 1871 1871 1871 1871 1871 1871 1871 1871 ...
 $ stint    : int  1 1 1 1 1 1 1 1 1 1 ...
…(중략)
 $ SH       : int  NA NA NA NA NA NA NA NA NA NA ...
 $ SF       : int  NA NA NA NA NA NA NA NA NA NA ...
 $ GIDP     : int  0 0 1 0 0 0 0 1 0 0 ...
> head(Batting, 3)
   playerID yearID stint teamID lgID  G  AB  R  H X2B X3B HR RBI SB CS BB SO IBB HBP
1 abercda01   1871     1    TRO   NA  1   4  0  0   0   0  0   0  0  0  0  0  NA  NA
2  addybo01   1871     1    RC1   NA 25 118 30 32   6   0  0  13  8  1  4  0  NA  NA
3 allisar01   1871     1    CL1   NA 29 137 28 40   4   5  0  19  3  1  2  5  NA  NA
  SH SF GIDP
1 NA NA   NA
2 NA NA   NA
3 NA NA   NA
```

as_tibble() 함수를 이용하여 티블로 변환하면 한 화면에 비교적 단순한 형태로 데이터를 출력할 수 있다.

```
> Batting.tbl <- as_tibble(Batting)
> Batting.tbl
# A tibble: 108,789 x 22
   playerID yearID stint teamID lgID      G    AB     R     H   X2B   X3B    HR
   <chr>     <int> <int> <fct>  <fct> <int> <int> <int> <int> <int> <int> <int>
 1 abercda~   1871     1 TRO    NA        1     4     0     0     0     0     0
 2 addybo01   1871     1 RC1    NA       25   118    30    32     6     0     0
 3 allisar~   1871     1 CL1    NA       29   137    28    40     4     5     0
…(중략)
 8 barnero~   1871     1 BS1    NA       31   157    66    63    10     9     0
 9 barrebi~   1871     1 FW1    NA        1     5     1     1     1     0     0
10 barrofr~   1871     1 BS1    NA       18    86    13    13     2     1     0
# ... with 108,779 more rows, and 10 more variables: RBI <int>, SB <int>,
#   CS <int>, BB <int>, SO <int>, IBB <int>, HBP <int>, SH <int>, SF <int>,
#   GIDP <int>
> class(Batting.tbl)
[1] "tbl_df"     "tbl"        "data.frame"
```

R에 내장된 일부 오래된 함수의 경우 티블 데이터 형식을 다루지 못하기 때문에 어떤 때는 이런 점이 불편할 수도 있다. 티블 데이터 형식은 as.data.frame() 함수를 이용하여 언제든 다시 전통적인 데이터프레임 구조로 변환할 수 있다.

```
> Batting.df <- as.data.frame(Batting.tbl)
> class(Batting.df)
[1] "data.frame"
```

A.2 텍스트와 날짜

stringr 패키지

stringr 패키지는 R의 표준패키지(base 패키지)에서 제공하는 기본적인 텍스트 처리 함수와 마찬가지로 정규표현식을 지원하는 다양한 텍스트 함수를 제공한다. stringr 패키지의 함수는 또한 일관된 형식을 제공한다는 장점을 갖고 있다. 대부분의 경우 str_*whatever*() 또는 str_*whatever*_all()과 같은 형식을 갖는다. 전자는 첫 번째 매칭 결과만을 처리하고 후자는 모든 매칭 결과를 처리한다. 여기에서 *whatever*는 문자열 위치 탐색(locate), 문자열 추출(extract), 문자열 치환(replace) 등의 텍스트 처리 요정을 나타낸다. stringr 패키지의 함수는 base 패키지에서 제공하는 함수와 달리 첫 번째 인수(string)에 텍스트 벡터를 지정하고 두 번째 인수(pattern)에 문자열 패턴을 지정한다. 추가로 필요한 인수는 그 이후에 지정한다.

텍스트 내에 문자열 패턴의 존재 여부를 확인하기 위해서는 다음과 같이 str_detect() 함수를 이용한다. 텍스트에 패턴이 존재하면 TRUE를 반환하고 그렇지 않으면 FALSE를 반환한다.

```
> library(stringr)
> string <- c("data analytics is useful",
+             "business analytics is helpful",
+             "visualization of data is interesting for data scientists")
> str_detect(string=string, pattern="data")
[1]  TRUE FALSE  TRUE
```

대문자와 소문자를 구별하지 않고 패턴매칭을 하려면 fixed() 함수를 이용한다. 다음과 같이 fixed() 함수에 ignore_case=TRUE를 지정하여 패턴의 대소문자 구별을 무시할 수 있다.[2]

2 이는 stringr 패키지의 텍스트 함수에 모두 공통적으로 적용된다.

```
> str_detect(string, "DATA")
[1] FALSE FALSE FALSE
> str_detect(string, fixed("DATA", ignore_case=TRUE))
[1]  TRUE FALSE  TRUE
```

패턴이 매칭된 정확한 위치를 알기 위해서는 str_locate() 함수와 str_locate_all() 함수를 이용한다. str_locate() 함수는 첫 매칭이 이루어진 문자열의 시작 위치와 종료 위치를 행렬 형식으로 제공한다. str_locate_all() 함수는 모든 매칭 문자열에 대해 시작 위치와 종료 위치를 리스트 형식으로 제공한다. 리스트의 각 원소는 텍스트 벡터의 각 원소에 대응되며 행렬 형식을 갖는다.

```
> str_locate(string, "data")
     start end
[1,]     1   4
[2,]    NA  NA
[3,]    18  21
> str_locate_all(string, "data")
[[1]]
     start end
[1,]     1   4

[[2]]
     start end

[[3]]
     start end
[1,]    18  21
[2,]    42  45
```

문자열 추출은 str_extract() 함수와 str_extract_all() 함수를 이용한다. str_extract() 함수는 첫 번째 매칭된 문자열을 추출하며 str_extract_all() 함수는 모든 매칭 문자열을 추출한다.

```
> str_extract(string, "data")
[1] "data" NA     "data"
> str_extract_all(string, "data")
[[1]]
[1] "data"

[[2]]
character(0)

[[3]]
[1] "data" "data"
```

패턴매칭된 문자열을 다른 문자열로 대체하기 위해서는 str_replace() 함수와 str_replace_all() 함수를 이용한다. str_replace() 함수는 첫 번째 매칭된 문자열을 치환하고 str_replace _all()

함수는 매칭된 문자열을 모두 대체한다. 텍스트 벡터와 문자열 패턴을 첫 번째 인수와 두 번째 인수로 차례대로 지정하고 세 번째 인수(replacement)에는 치환할 문자열을 지정한다.

```
> str_replace(string=string, pattern="data", replacement="text")
[1] "text analytics is useful"
[2] "business analytics is helpful"
[3] "visualization of text is interesting for data scientists"
> str_replace_all(string, "data", "text")
[1] "text analytics is useful"
[2] "business analytics is helpful"
[3] "visualization of text is interesting for text scientists"
```

문자열의 분할은 str_split() 함수를 이용한다. 다음과 같이 텍스트를 공백으로 분할하여 단어만 추출할 수 있다.

```
> str_split(string, " ")
[[1]]
[1] "data"      "analytics" "is"        "useful"

[[2]]
[1] "business"  "analytics" "is"        "helpful"

[[3]]
[1] "visualization" "of"            "data"          "is"            "interesting"
[6] "for"           "data"          "scientists"
```

분할 결과는 리스트로 출력되기 때문에 문자 벡터로 변환하려면 다음과 같이 unlist() 함수를 이용한다.

```
> unlist(str_split(string, " "))
 [1] "data"          "analytics"     "is"            "useful"        "business"
 [6] "analytics"     "is"            "helpful"       "visualization" "of"
[11] "data"          "is"            "interesting"   "for"           "data"
[16] "scientists"
```

lubridate 패키지

lubridate 패키지는 날짜와 시간을 보다 편리하게 처리할 수 있도록 도와준다. lubridate 패키지가 텍스트 데이터로부터 날짜를 생성하는 방법은 매우 유연하고 편리하다. lubridate 패키지의 다양한 날짜 생성 함수는 텍스트로부터 날짜를 구성하는 요소(연, 월, 일 등)의 순서를 인식하여 그 형식에 맞춰 자동으로 날짜로 변환한다. 날짜 생성 함수의 선택을 위해서는 우선 날짜를 표현한 텍스트에서 연, 월, 일이 나타나는 순서를 확인하고 그와 동일한 순서로 y, m, d를 배열한다. 이렇게 배열된 알파벳이 날짜 텍스트를 변환하는 함수의 이름이 된다. 예를 들어, 다음과 같은 함수를 이용하여 텍스트로부터 날짜를 생성할 수 있다. 함수 이름과 텍스트의 연, 월, 일 순서만 일치하면 텍스트 데이터는 쉽게 날짜로 변환된다.

```
> library(lubridate)
> ymd("2030-03-15")
[1] "2030-03-15"
> mdy("03/15/2030")
[1] "2030-03-15"
> dmy("15032030")
[1] "2030-03-15"
```

연도는 네 자리를 다 쓰지 않고 두 자리만 사용해도 문제 없이 인식된다. 또한 연, 월, 일은 반드시 숫자이어야 하는 것은 아니며 이름을 사용할 수도 있다. 예를 들어, 다음과 같은 형태로 사용 가능하다.

```
> ymd("300315")
[1] "2030-03-15"
> ymd("2030년 3월 15일")
[1] "2030-03-15"
> mdy("3월 15일, 2030년")
[1] "2030-03-15"
> dmy("15-March-2030")
[1] "2030-03-15"
```

날짜 생성 함수는 인용부호 없이 날짜 데이터를 지정해도 문제 없이 작동한다. 가장 쉽고 간결하게 날짜 데이터를 생성할 수 있는 방법이다.

```
> ymd(20300315)
[1] "2030-03-15"
```

시간이 포함된 날짜 데이터를 생성하려면 다음과 같이 밑줄(_)과 시간, 분, 초를 나타내는 h, m, s를 한 개 이상 추가한다.

```
> ymd_hms("2030-03-15 23:11:59")
[1] "2030-03-15 23:11:59 UTC"
> mdy_hm("03/15/2030 23:12")
[1] "2030-03-15 23:12:00 UTC"
> dmy_h("15032030 23")
[1] "2030-03-15 23:00:00 UTC"
```

날짜의 각 구성 요소를 추출하기 위해서는 개별 요소 추출 함수를 이용한다. year(), month(), mday()(day of the month), hour(), minute(), second(), yday()(day of the year), wday()(day of the week) 함수 등을 이용할 수 있다. mday() 함수와 yday() 함수는 각각 그 달 및 그 해의 경과된 일수를 나타낸다. wday() 함수는 요일을 1~7의 정수로 반환하며 1은 일요일을 의미한다.

```
> datetime <- ymd_hms("1969/07/20, 20:17:39")
> datetime
[1] "1969-07-20 20:17:39 UTC"
> year(datetime)
[1] 1969
> month(datetime)
[1] 7
> mday(datetime)
[1] 20
> hour(datetime)
[1] 20
> minute(datetime)
[1] 17
> second(datetime)
[1] 39
> yday(datetime)
[1] 201
> wday(datetime)
[1] 1
```

날짜 데이터를 가까운 시간 단위로 반올림하거나(round_date() 함수) 내리거나(floor_date() 함수) 올리는(ceiling_date() 함수) 작업이 때로는 유용할 수 있다. unit 인수에 반올림하거나 내리거나 올려서 조정할 시간 단위를 지정한다. 예를 들어, floor_date() 함수를 이용하여 일자를 매월의 1일로 변경하면(unit="month") 월간 단위로 데이터를 쉽게 집계할 수 있어서 월별 변화 패턴을 시각화할 때 유용하다.

```
> datetime
[1] "1969-07-20 20:17:39 UTC"
> round_date(datetime, unit="year")
[1] "1970-01-01 UTC"
> round_date(datetime, unit="month")
[1] "1969-08-01 UTC"
> round_date(datetime, unit="day")
[1] "1969-07-21 UTC"
> round_date(datetime, unit="week")
[1] "1969-07-20 UTC"
> floor_date(datetime, unit="month")
[1] "1969-07-01 UTC"
> ceiling_date(datetime, unit="month")
[1] "1969-08-01 UTC"
```

일반적인 사칙 연산을 하듯이 날짜 간의 산술 연산도 가능하다. 예를 들어, 날짜 데이터에 특정 기간을 나타내는 숫자를 더하거나 빼서 일정 기간이 경과된 미래의 날짜와 일정 기간 이전의 과거의 날짜를 계산할 수 있다. 이처럼 날짜 간의 산술 연산에는 몇 년, 몇 개월, 며칠 같은 기간의 개념이 포함된다. years(), months(), days(), weeks(), hours(), minutes(), seconds() 함수 등을 이용하여 기간을 정의할 수 있다. years(1)의 1은 1년을 의미하며, months(3)의 3은 3개월, days(7)의 7은 7일, weeks(2)의 2는 2주, 즉 14일을 나타낸다.

```
> years(1)
[1] "1y 0m 0d 0H 0M 0S"
> months(3)
[1] "3m 0d 0H 0M 0S"
> days(7)
[1] "7d 0H 0M 0S"
> weeks(2)
[1] "14d 0H 0M 0S"
```

다음과 같이 기간으로 사칙 연산을 할 수도 있다.

```
> 10 * (months(6) + days(2))
[1] "60m 20d 0H 0M 0S"
```

```
> days(60) + hours(12) + minutes(15)
[1] "60d 12H 15M 0S
```

인간이 최초로 달에 착륙한 날은 1969년 7월 20일이다. 이로부터 10,000일이 지난 날, 1,000개월이 경과된 날, 100년 전의 날은 각각 다음과 같이 계산할 수 있다.

```
> moon <- ymd("1969/07/20")
> moon
[1] "1969-07-20"
> moon + days(10000)
[1] "1996-12-05"
> moon + months(1000)
[1] "2052-11-20"
> moon - years(100)
[1] "1869-07-20"
```

화성 탐사선 퍼시비어런스(Perseverance)가 화성에 착륙한 날은 2021년 2월 18일이다. 화성 탐사선 착륙일에서 인간의 달 착륙일을 빼면 인간이 달에 착륙한 날로부터 화성에 탐사선을 보내기까지 얼마나 시간이 흘렀는지 계산할 수 있다.

```
> mars <- ymd("2021/02/18")
> mars
[1] "2021-02-18"
> mars - moon
Time difference of 18841 days
```

화성 탐사선 착륙일은 인간의 달 착륙일로부터 18,841일이 지났다. 이 경과된 일수를 몇 년, 몇 개월, 며칠과 같이 일상적으로 사용하는 기간으로 변경하려면 `interval()` 함수가 필요하다. `interval()` 함수에 시작 날짜와 종료 날짜를 지정하여 `Interval` 객체를 생성한다.

```
> interval(moon, mars)
[1] 1969-07-20 UTC--2021-02-18 UTC
> class(interval(moon, mars))
[1] "Interval"
attr(,"package")
[1] "lubridate"
```

`Interval` 객체는 다음과 같이 `%--%` 연산자를 이용하여 생성할 수도 있다.

```
> moon %--% mars
[1] 1969-07-20 UTC--2021-02-18 UTC
```

이렇게 생성한 `Interval` 객체에 `as.period()` 함수를 적용하면 다음과 같이 연, 월, 일로 기간이 표시된 결과를 얻을 수 있다.

```
> as.period(moon %--% mars)
[1] "51y 6m 29d 0H 0M 0S"
```

A.3 입력 및 출력: readr 패키지

readr 패키지는 R 환경으로 데이터를 읽어오는 다양한 함수를 제공한다. 표준패키지에 포함된 입력 함수에 비해 속도가 빠르고 보다 일관된 방식으로 사용할 수 있는 장점이 있다. 파일을 읽는 데 사용하는 대부분의 readr 패키지 함수는 테이블 형태의 파일을 데이터프레임의 한 특수한 형태인 티블 형식으로 변환한다. 다음과 같은 read_*() 형태의 함수를 이용할 수 있다.

- read_csv(): 쉼표(,)로 데이터 항목이 구분된 CSV 형식의 파일을 읽어들인다. read_csv2() 함수는 세미콜론(;)을 구분자로 사용한 파일을 읽어들인다.
- read_tsv(): 탭(tab)으로 데이터 항목이 구분된 파일을 읽어들인다.
- read_delim(): 어떠한 구분자를 갖는 파일이든 함수 내에 구분자를 지정하여 읽어들일 수 있다.
- read_fwf(): 데이터 항목이 고정된 길이를 갖는 파일을 읽어들인다. 각 필드는 폭이나 위치로 지정한다.
- read_table(): 데이터 항목이 하나 이상의 빈칸(공백)으로 구분된 파일을 읽어들인다.
- read_lines(), read_file(): 비정형의 텍스트 파일을 읽어들인다.

이 함수들은 모두 유사한 인수를 갖는다. 따라서 어느 한 함수에 익숙해지면 나머지 함수도 쉽게 사용할 수 있다. 먼저 read_csv() 함수를 살펴본다. 다음과 같이 네 개의 행과 세 개의 열로 구성된 CSV 파일(product.csv 파일)을 읽어보자. 데이터의 첫 번째 행은 헤더 라인으로 열의 이름을 나타낸다. read_csv() 함수의 첫 번째 인수(file)에 CSV 파일을 지정한다.

```
<product.csv 파일>
id,name,price
A001,Mouse,30000
A002,Keyboard,90000
A003,USB,50000
```

```
> library(readr)
> read_csv(file="product.csv")
Rows: 3 Columns: 3
-- Column specification ------------------------------------------------------------
Delimiter: ","
chr (2): id, name
dbl (1): price
```

```
i Use `spec()` to retrieve the full column specification for this data.
i Specify the column types or set `show_col_types = FALSE` to quiet this message.
# A tibble: 3 x 3
  id    name     price
  <chr> <chr>    <dbl>
1 A001  Mouse    30000
2 A002  Keyboard 90000
3 A003  USB      50000
```

read_csv() 함수를 실행하면 각 열의 이름과 데이터 유형이 먼저 출력된다.[3] read_csv() 함수는 데이터의 첫 번째 라인을 열 이름으로 사용한다. 만약 다음과 같이 데이터(product-with-no-header.csv 파일)에 열 이름이 포함되어 있지 않다면 col_names 인수에 FALSE를 지정하거나 사용할 열 이름을 지정할 수 있다.

3 show_col_types=FALSE를 지정하면 열의 이름과 데이터 유형 메시지가 출력되지 않는다.

<product-with-no-header.csv 파일>
A001,Mouse,30000
A002,Keyboard,90000
A003,USB,50000

```
> read_csv("product-with-no-header.csv", col_names=FALSE, show_col_types=FALSE)
# A tibble: 3 x 3
  X1    X2          X3
  <chr> <chr>    <dbl>
1 A001  Mouse    30000
2 A002  Keyboard 90000
3 A003  USB      50000
> read_csv("product-with-no-header.csv", col_names=c("id", "name", "price"),
+          show_col_types=FALSE)
# A tibble: 3 x 3
  id    name     price
  <chr> <chr>    <dbl>
1 A001  Mouse    30000
2 A002  Keyboard 90000
3 A003  USB      50000
```

read_delim() 함수는 보다 유연하다. CSV 파일뿐만 아니라 어떠한 구분자를 사용한 파일(product.txt 파일)도 읽어올 수 있다. delim 인수에 필드 간 구분자를 지정한다. 나머지 인수는 앞서 살펴본 read_csv() 함수와 유사하다. 예를 들어, col_names 인수에는 데이터 파일의 첫 번째 라인에 헤더가 포함되어 있는지 여부를 논리값으로 지정한다. 또는 헤더가 없을 경우에는 새로운 열 이름을 지정할 수 있다.

<product.txt 파일>
id name price
A001 Mouse 30000
A002 Keyboard 90000
A003 USB 50000

```
> read_delim(file="product.txt", delim=" ", show_col_types=FALSE)
# A tibble: 3 x 3
  id    name     price
  <chr> <chr>    <dbl>
1 A001  Mouse    30000
2 A002  Keyboard 90000
3 A003  USB      50000
> read_delim("product-with-no-header.csv", delim=",",
+            col_names=c("id", "name", "price"), show_col_types=FALSE)
# A tibble: 3 x 3
  id    name     price
  <chr> <chr>    <dbl>
1 A001  Mouse    30000
2 A002  Keyboard 90000
3 A003  USB      50000
```

데이터 필드가 하나 이상의 빈칸으로 구분되어 있으면 read_table() 함수를 이용하는 것이 보다 편리할 수 있다. read_table() 함수는 필드가 공백으로 구분된 일반적인 형태의 파일(product.txt 파일)을 쉽게 읽어들일 수 있다.

```
> read_table(file="product.txt")

-- Column specification ----------------------------------------------------------------
cols(
  id = col_character(),
  name = col_character(),
  price = col_double()
)
```

```
# A tibble: 3 x 3
  id    name     price
  <chr> <chr>    <dbl>
1 A001  Mouse    30000
2 A002  Keyboard 90000
3 A003  USB      50000
```

테이블 형식의 데이터가 아닌 비정형의 텍스트 파일(won-dollar.txt 파일)은 `read_lines()` 함수를 이용하여 읽어들인다.

<won-dollar.txt 파일>
2014-11-27 1116.70 1078.30 2014-11-28 1127.89 1089.11
2014-12-01 1130.13 1091.27 2014-12-02 1130.13 1091.27 2014-12-03 1131.86 1092.94
2014-12-04 1134.51 1095.49
2014-12-05 1134.51 1095.49 2014-12-08 1139.60 1100.40
2014-12-09 1134.51 1095.49 2014-12-10 1121.79 1083.21

```
> read_lines(file="won-dollar.txt")
[1] "2014-11-27 1116.70 1078.30 2014-11-28 1127.89 1089.11"
[2] "2014-12-01 1130.13 1091.27 2014-12-02 1130.13 1091.27 2014-12-03 1131.86 1092.94"
[3] "2014-12-04 1134.51 1095.49"
[4] "2014-12-05 1134.51 1095.49 2014-12-08 1139.60 1100.40"
[5] "2014-12-09 1134.51 1095.49 2014-12-10 1121.79 1083.21"
```

`read_lines()` 함수의 `skip` 인수에는 건너뛸 라인 개수를 지정할 수 있으며 `n_max` 인수에는 읽어들일 라인 개수를 지정할 수 있다.

```
> read_lines("won-dollar.txt", skip=1, n_max=3)
[1] "2014-12-01 1130.13 1091.27 2014-12-02 1130.13 1091.27 2014-12-03 1131.86 1092.94"
[2] "2014-12-04 1134.51 1095.49"
[3] "2014-12-05 1134.51 1095.49 2014-12-08 1139.60 1100.40"
```

`readr` 패키지는 지금까지 살펴본 파일 읽기 함수 이외에도 문자 벡터를 논리값, 숫자, 날짜와 같은 특정 데이터 유형의 벡터로 변환하는 유용한 함수들을 제공한다. 이 가운데 활용도가 높은 `parse_number()` 함수는 숫자의 앞이나 뒤에 붙어 있는 문자(non-numeric character)를 제거한 후 숫자 형식으로 반환한다. 이 함수는 텍스트로부터 숫자를 추출할 때 매우 유용하다. 예를 들어, 다음과 같이 사용할 수 있다.

```
> parse_number("$100")
[1] 100
> parse_number("30%")
[1] 30
> parse_number("61.3kg")
[1] 61.3
> parse_number("Salary per year: $250,000")
[1] 250000
```

readr 패키지는 R 환경으로 데이터를 읽어오는 다양한 함수를 제공할 뿐만 아니라 읽기 함수에 대응되는 유용한 쓰기 함수도 제공한다. write_*() 형태의 함수들은 데이터프레임(티블)을 텍스트 파일로 저장한다.

예를 들어, Orange 데이터셋으로부터 write_csv() 함수를 이용하여 다음과 같이 orange.csv 파일을 생성할 수 있다. 첫 번째 인수(x)에는 데이터를 지정하고 두 번째 인수(file)에 생성할 파일 이름을 지정한다.

```
> library(readr)
> Orange
  Tree  age circumference
1    1  118            30
2    1  484            58
3    1  664            87
…(중략)
33   5 1231           142
34   5 1372           174
35   5 1582           177
> write_csv(x=Orange, file="orange.csv")
> read_csv("orange.csv", show_col_types=FALSE)
# A tibble: 35 x 3
   Tree   age circumference
  <dbl> <dbl>         <dbl>
 1    1   118            30
 2    1   484            58
 3    1   664            87
…(중략)
 8    2   118            33
 9    2   484            69
10    2   664           111
# ... with 25 more rows
```

다음과 같이 write_delim() 함수를 이용하면 데이터 항목 간 구분자를 자유롭게 지정할 수 있다.

```
> write_delim(x=Orange, file="orange.txt", delim=";")
> read_delim("orange.txt", delim=";", show_col_types=FALSE)
# A tibble: 35 x 3
   Tree   age circumference
  <dbl> <dbl>         <dbl>
 1    1   118            30
 2    1   484            58
 3    1   664            87
…(중략)
 8    2   118            33
 9    2   484            69
10    2   664           111
# ... with 25 more rows
```

A.4 데이터 변환

dplyr 패키지

데이터의 전처리는 대부분 주어진 데이터를 분할하고, 분할된 데이터에 특정 함수를 적용하여 계산하고, 그 결과들을 모아서 결합하는 일련의 과정으로 이루어진다. 이러한 일련의 과정을 SAC(Split, Apply, Combine), 즉 분할-적용-결합 과정이라고 한다. 여기에서 소개할 **dplyr** 패키지는 데이터프레임 형식의 데이터셋을 대상으로 이러한 일련의 데이터 변환 과정을 지원하는 유용한 함수를 제공한다.

dplyr 패키지는 다섯 개의 기본 함수를 이용하여 기초적인 데이터 전처리 작업을 수행할 수 있다. 원하는 행과 열을 추출할 수 있고(filter() 함수, select() 함수), 행을 소팅할 수 있으며(arrange() 함수), 기존 변수를 이용하여 새로운 변수를 생성할 수 있고(mutate() 함수), 요약 통계량을 계산할 수 있다(summarise() 함수).

R의 표준패키지에 내장되어 있는 **airquality** 데이터셋을 이용하여 **dplyr** 패키지가 제공하는 함수를 살펴보자. **airquality** 데이터셋에는 뉴욕시의 5개월간의 대기 상태가 네 개 측정변수로 기록되어 있다.

```
> head(airquality)
  Ozone Solar.R Wind Temp Month Day
1    41     190  7.4   67     5   1
2    36     118  8.0   72     5   2
3    12     149 12.6   74     5   3
4    18     313 11.5   62     5   4
5    NA      NA 14.3   56     5   5
6    28      NA 14.9   66     5   6
```

filter() 함수는 데이터프레임으로부터 조건과 일치하는 행을 추출한다. 첫 번째 인수에 데이터프레임을 지정하고 두 번째 이후 인수에 추출 조건을 지정한다.

```
> library(dplyr)
> filter(airquality, Month == 6)
  Ozone Solar.R Wind Temp Month Day
1    NA     286  8.6   78     6   1
2    NA     287  9.7   74     6   2
3    NA     242 16.1   67     6   3
```

```
…(중략)
28   NA      98 11.5   80       6  28
29   NA      31 14.9   77       6  29
30   NA     138  8.0   83       6  30
```

filter() 함수에서 AND 조건은 , 연산자나 & 연산자를 사용하며 OR 조건은 | 연산자를 이용한다.

```
> filter(airquality, Month == 6, Temp > 90)
  Ozone Solar.R Wind Temp Month Day
1    NA     259 10.9   93     6  11
2    NA     250  9.2   92     6  12
> filter(airquality, Month == 6 & Temp > 90)
  Ozone Solar.R Wind Temp Month Day
1    NA     259 10.9   93     6  11
2    NA     250  9.2   92     6  12
> filter(airquality, Ozone > 80 | Temp > 90)
  Ozone Solar.R Wind Temp Month Day
1  115      223  5.7   79     5  30
2    NA     259 10.9   93     6  11
3    NA     250  9.2   92     6  12
…(중략)
21   78     197  5.1   92     9   2
22   73     183  2.8   93     9   3
23   91     189  4.6   93     9   4
```

단순히 특정 위치의 행을 추출하려면 다음과 같이 slice() 함수를 이용한다. 첫 번째 인수에 데이터 프레임을 지정하고 두 번째 인수에 추출하려는 행 번호를 지정한다.

```
> slice(airquality, 6:10)
  Ozone Solar.R Wind Temp Month Day
1    28      NA 14.9   66     5   6
2    23     299  8.6   65     5   7
3    19      99 13.8   59     5   8
4     8      19 20.1   61     5   9
5    NA     194  8.6   69     5  10
```

이 밖에도 slice_*() 형식으로 정의된 다양한 함수를 이용하여 행 추출 작업을 보다 효과적으로 수행할 수 있다. slice_head() 함수와 slice_tail() 함수는 처음과 마지막 n개 행을 추출한다.

n 인수에 추출할 행의 개수를 지정한다.

```
> slice_head(airquality, n=3)
  Ozone Solar.R Wind Temp Month Day
1    41     190  7.4   67     5   1
2    36     118  8.0   72     5   2
3    12     149 12.6   74     5   3
> slice_tail(airquality, n=3)
  Ozone Solar.R Wind Temp Month Day
1    14     191 14.3   75     9  28
2    18     131  8.0   76     9  29
3    20     223 11.5   68     9  30
```

slice_max() 함수와 slice_min() 함수는 인수로 주어진 변수의 값을 기준으로 상위 n개 행과 하위 n개 행을 추출한다. order_by 인수에 추출 기준으로 사용할 열을 지정하고 n 인수에 추출할 행의 개수를 지정한다. n 인수를 지정하지 않으면 최소값과 최대값을 갖는 한 개의 행이 출력된다. 동률이 발생할 경우 n 인수에 지정된 행의 개수보다 더 많은 행이 추출될 수도 있다. 동률을 무시하고 지정된 행의 개수만큼만 추출하려면 추가로 with_ties=FALSE를 지정한다.

```
> slice_max(airquality, order_by=Ozone, n=3)
  Ozone Solar.R Wind Temp Month Day
1   168     238  3.4   81     8  25
2   135     269  4.1   84     7   1
3   122     255  4.0   89     8   7
> slice_min(airquality, order_by=Temp, n=3)
  Ozone Solar.R Wind Temp Month Day
1    NA      NA 14.3   56     5   5
2     6      78 18.4   57     5  18
3    NA      66 16.6   57     5  25
4    NA      NA  8.0   57     5  27
```

열을 추출하려면 select() 함수를 이용한다. 첫 번째 인수에는 데이터프레임을 지정한다. 두 번째 이후 인수에 추출할 열을 지정한다. 여러 열을 추출할 때는 , 연산자로 구분하며, 인접한 열을 추출할 때는 : 연산자를 이용할 수 있다. 지정한 열 이외의 다른 열을 추출하고 싶을 때는, 즉 지정한 열을 추출에서 제외하려면 해당 열 앞에 - 부호를 붙인다.

```
> select(airquality, Month, Day, Temp)
    Month Day Temp
1       5   1   67
2       5   2   72
3       5   3   74
…(중략)
151     9  28   75
152     9  29   76
153     9  30   68
> select(airquality, Temp:Day)
    Temp  Month  Day
1     67      5    1
2     72      5    2
3     74      5    3
…(중략)
151   75      9   28
152   76      9   29
153   68      9   30
> select(airquality, -(Ozone:Wind))
    Temp  Month  Day
1     67      5    1
2     72      5    2
3     74      5    3
…(중략)
151   75      9   28
152   76      9   29
153   68      9   30
```

select() 함수 내에서 함께 사용할 수 있는 많은 헬퍼 함수(helper function)가 있다. 헬퍼 함수는 특정 열을 보다 편리하게 추출할 수 있도록 도와준다.[4] starts_with(), ends_with(), contains() 함수 등은 각각 특정 문자열로 시작하거나 끝나는 열을 매칭하거나 특정 문자열을 포함하고 있는 열을 매칭해서 해당 열을 추출할 수 있도록 도와준다. everything() 함수는 모든 열을 매칭하고 last_col() 함수는 마지막 열을 식별한다.

4 select() 함수 내에서 함께 사용할 수 있는 헬퍼 함수에 대한 보다 자세한 설명은 select() 함수의 도움말(?select)을 참고한다.

예를 들어, everything() 헬퍼 함수를 select() 함수와 함께 사용하면 다음과 같이 특정 변수를 데이터프레임의 시작 열 위치로 쉽게 이동할 수 있다.

```
> select(airquality, Month, Day, everything())
    Month Day Ozone Solar.R Wind Temp
1       5   1    41     190  7.4   67
2       5   2    36     118  8.0   72
3       5   3    12     149 12.6   74
…(중략)
151     9  28    14     191 14.3   75
152     9  29    18     131  8.0   76
153     9  30    20     223 11.5   68
```

arrange() 함수는 지정한 열을 기준으로 오름차순으로 데이터프레임을 소팅한다. 첫 번째 인수에 데이터프레임을 지정하고 두 번째 이후의 인수에 소팅 기준 열을 지정한다. 두 개 이상의 열을 지정하면 동률이 발생할 때 추가로 지정한 열에 의해 소팅된다. 내림차순으로 소팅할 때는 desc() 함수를 함께 사용한다.

```
> arrange(airquality, Temp, Month, Day)
    Ozone Solar.R Wind  Temp Month Day
1      NA      NA 14.3    56     5   5
2       6      78 18.4    57     5  18
3      NA      66 16.6    57     5  25
…(중략)
151    85     188  6.3    94     8  31
152    84     237  6.3    96     8  30
153    76     203  9.7    97     8  28
> arrange(airquality, desc(Temp), Month, Day)
    Ozone Solar.R Wind  Temp Month Day
1      76     203  9.7    97     8  28
2      84     237  6.3    96     8  30
3     118     225  2.3    94     8  29
…(중략)
151    NA      66 16.6    57     5  25
152    NA      NA  8.0    57     5  27
153    NA      NA 14.3    56     5   5
```

mutate() 함수는 새로운 열을 추가할 때 사용한다. mutate() 함수를 이용하여 다음과 같이 기존 열을 바탕으로 새로운 열을 생성할 수 있다. 첫 번째 인수에 데이터프레임을 지정하고 두 번째 이후의 인수에 새롭게 생성할 변수에 대한 표현식을 지정한다.

```
> mutate(airquality, Temp.C=(Temp-32)/1.8, Diff=Temp.C - mean(Temp.C))
  Ozone Solar.R Wind Temp Month Day   Temp.C        Diff
1    41     190  7.4   67     5   1 19.44444  -6.04575163
2    36     118  8.0   72     5   2 22.22222  -3.26797386
3    12     149 12.6   74     5   3 23.33333  -2.15686275
4    18     313 11.5   62     5   4 16.66667  -8.82352941
5    NA      NA 14.3   56     5   5 13.33333 -12.15686275
6    28      NA 14.9   66     5   6 18.88889  -6.60130719
…(중략)
```

summarise() 함수(또는 summarize() 함수)는 평균, 중위수, 표준편차, 최소값, 최대값 같은 요약 통계량을 계산한다. 계산 결과는 단일 행으로 이루어진 데이터프레임 형식으로 출력된다. 첫 번째 인수에 데이터프레임을 지정하며 두 번째 이후 인수에 사용할 요약 통계량 계산 함수를 지정한다. mean(), median(), sd(), min(), max() 등과 같은 표준패키지에서 제공하는 요약 통계량 계산 함수를 사용할 수 있다. dplyr 패키지는 그 밖에 summarise() 함수와 함께 사용할 수 있는 몇 가지 유용한 요약 통계량 계산 함수를 추가로 제공한다. 예를 들어, n()은 데이터셋의 행의 개수를 반환한다. n_distinct(x)는 x에 포함된 중복되지 않는 고유한 값의 개수를 출력한다. first(x), last(x), nth(x, n)은 각각 x[1], x[length(x)], x[n]에 해당하는 기능을 수행한다.

```
> summarise(airquality, mean(Temp))
  mean(Temp)
1   77.88235
> summarise(airquality,
+           Min=min(Temp, na.rm=TRUE),
+           Median=median(Temp, na.rm=TRUE),
+           Mean=mean(Temp, na.rm=TRUE),
+           SD=sd(Temp, na.rm=TRUE),
+           Max=max(Temp, na.rm=TRUE),
+           N=n(),
+           Distint.Month=n_distinct(Month),
+           First.Month=first(Month),
+           Last.Month=last(Month))
  Min Median     Mean      SD Max   N Distint.Month First.Month Last.Month
1  56     79 77.88235 9.46527  97 153             5           5          9
```

지금까지 살펴본 함수들은 그 자체로도 유용하지만 group_by() 함수와 함께 사용하면 더욱 강력한 기능을 발휘한다. group_by() 함수는 주어진 데이터셋으로부터 집단변수의 레벨별로 분할된 그룹화된 객체를 생성한다. 첫 번째 인수에 데이터프레임을 지정하고 두 번째 인수에 집단변수를 지정한다. group_by() 함수에 의해 생성된 그룹화된 객체는 외관상으로는 기존의 데이터셋과 구별할 수 없으나 이후 적용되는 함수를 통해서 그룹화된 특성이 드러난다. 다음과 같이 group_by() 함수에 Month를 집단변수로 지정함으로써 월별로 그룹화된 객체를 생성할 수 있다.

```
> air.group <- group_by(airquality, Month)
> class(air.group)
[1] "grouped_df" "tbl_df"     "tbl"        "data.frame"
> air.group
# A tibble: 153 x 6
# Groups:   Month [5]
   Ozone Solar.R  Wind  Temp Month   Day
   <int>   <int> <dbl> <int> <int> <int>
 1    41     190   7.4    67     5     1
 2    36     118   8      72     5     2
 3    12     149  12.6    74     5     3
…(중략)
 8    19      99  13.8    59     5     8
 9     8      19  20.1    61     5     9
10    NA     194   8.6    69     5    10
# ... with 143 more rows
```

일단 그룹화된 객체를 생성하면 이 객체에 앞에서 살펴본 함수들을 적용하여 집단별 처리를 수행할 수 있다. 이 함수들은 입력된 데이터가 group_by() 함수에 의해 생성된 그룹화된 객체이면 자동으로 집단별 작업을 수행한다. 앞에서 생성한 월 단위로 그룹화된 데이터 객체 air.group을 이용하여 다음과 같이 월별 통계량을 구할 수 있다.

```
> summarise(air.group,
+           Number.of.Days=n(),
+           Mean.Temp=mean(Temp, na.rm=TRUE),
+           SD.Temp=sd(Temp, na.rm=TRUE))
# A tibble: 5 x 4
  Month Number.of.Days Mean.Temp SD.Temp
  <int>          <int>     <dbl>   <dbl>
1     5             31      65.5    6.85
2     6             30      79.1    6.60
3     7             31      83.9    4.32
4     8             31      84.0    6.59
5     9             30      76.9    8.36
```

그룹화를 해제하려면 다음과 같이 ungroup() 함수를 이용한다. 그룹화되었을 때와 달리 전체 데이터셋에 대한 통계량이 계산된다.

```
> air.ungroup <- ungroup(air.group)
> class(air.ungroup)
[1] "tbl_df"     "tbl"        "data.frame"
> summarise(air.ungroup, Mean.Temp=mean(Temp, na.rm=TRUE))
# A tibble: 1 x 1
  Mean.Temp
      <dbl>
1      77.9
```

그룹화된 집단별 빈도에만 관심이 있다면 다음과 같이 간단히 count() 함수를 사용하는 것도 좋은 방법이다. n() 함수에 의해 집단별 빈도가 계산되어 n 열에 저장된다. 추가로 sort=TRUE를 지정하면 빈도가 큰 집단부터 출력된다(빈도의 내림차순으로 정렬).

```
> count(airquality, Month, sort=TRUE)
  Month  n
1     5 31
2     7 31
3     8 31
4     6 30
5     9 30
```

데이터분석을 수행할 때 한 개의 데이터셋만을 다루는 경우는 드물다. 일반적으로 여러 개의 데이터셋을 결합하여 어떤 관심 있는 문제에 대한 답을 구하게 된다. dplyr 패키지는 데이터프레임 형식, 즉 테이블 형태의 데이터를 공통의 열을 바탕으로 결합하거나 필터링하는 다양한 방법을 제공한다.

우선 데이터셋을 행이나 열의 방향으로 간단하게 결합하는 방법부터 살펴보자. 행의 방향으로 데이터프레임을 결합하기 위해서는 다음과 같이 bind_rows() 함수를 이용한다.

```
> df1 <- data.frame(x=1:6, y=month.name[1:6])
> df2 <- data.frame(x=7:12, y=month.name[7:12])
> df3 <- bind_rows(df1, df2)
> df3
    x         y
1   1   January
2   2  February
3   3     March
```

```
…(중략)
10 10   October
11 11  November
12 12  December
```

열의 방향으로 결합하려면 다음과 같이 bind_cols() 함수를 이용한다.

```
> df4 <- data.frame(z=month.abb)
> bind_cols(df3, df4)
    x        y   z
1   1  January Jan
2   2 February Feb
3   3    March Mar
…(중략)
10 10  October Oct
11 11 November Nov
12 12 December Dec
```

dplyr 패키지는 SQL(Structured Query Language)과 같은 데이터베이스 언어에서 제공하는 다양한 조인(join) 기능을 지원한다. 조인은 공통의 열을 바탕으로 두 데이터프레임을 결합한다. dplyr 패키지에 내장되어 있는 다음과 같은 두 개의 데이터셋을 이용하여 조인 함수를 살펴보자. band_members 데이터셋에는 밴드의 구성원 이름과 소속 밴드 이름이 저장되어 있고, band_instruments 데이터셋에는 뮤지션 이름과 그가 다루는 악기가 저장되어 있다.

```
> band_members
# A tibble: 3 x 2
  name  band
  <chr> <chr>
1 Mick  Stones
2 John  Beatles
3 Paul  Beatles
> band_instruments
# A tibble: 3 x 2
  name  plays
  <chr> <chr>
1 John  guitar
2 Paul  bass
3 Keith guitar
```

가장 단순한 형태의 조인은 내부조인(inner join)이다. 내부조인은 두 데이터프레임으로부터 공통 열이 서로 일치하는 행을 찾아준다. 내부조인을 실행하면 공통 열과 두 데이터프레임의 나머지 열을 모두 포함하는 새로운 데이터프레임이 생성된다. 예를 들어, 다음과 같이 `inner_join()` 함수를 이용하여 `band_members` 데이터셋과 `band_instruments` 데이터셋으로부터 밴드 구성원 이름, 그가 속한 밴드 이름, 그리고 그가 다루는 악기 정보를 추출할 수 있다.

```
> inner_join(x=band_members, y=band_instruments, by="name")
# A tibble: 2 x 3
  name  band    plays
  <chr> <chr>   <chr>
1 John  Beatles guitar
2 Paul  Beatles bass
```

`inner_join()` 함수의 첫 번째 인수(x)와 두 번째 인수(y)에 두 개의 데이터프레임을 차례대로 지정한다. 공통 열은 by 인수에 지정한다. 여기에서는 밴드 구성원 이름인 name 열이 두 데이터셋으로부터 정보를 추출하기 위한 공통 열로 사용된다. John과 Paul만이 두 데이터셋에 공통으로 존재하므로 첫 번째 데이터셋(band_members)과 두 번째 데이터셋(band_instruments)으로부터 이 두 사람의 행을 추출하여 `name`, `band`, `plays` 등 세 개의 열을 갖는 새로운 데이터프레임을 생성한다.

내부조인은 일치하지 않는 행은 새로 생성되는 데이터프레임에 포함시키지 않는다. 즉 내부조인은 양쪽 데이터셋에 동시에 등장하는 관측값만을 추출한다. 따라서 관측값의 손실이 발생하기 때문에 많은 양의 데이터를 필요로 하는 데이터분석을 수행할 때 내부조인은 일반적으로 적절한 선택이 아닐 수 있다. 반면에 외부조인(outer join)은 어느 한쪽 데이터셋에만 등장하더라도 해당 관측값은 새로운 데이터셋에 포함되기 때문에 데이터의 손실이 없다. 기준이 되는 데이터셋이 왼쪽인지, 오른쪽인지, 혹은 둘 다인지에 따라 외부조인은 다음과 같이 세 가지로 구분된다.

- **레프트조인**(left join): 왼쪽 데이터셋을 기준으로 결합한다. 따라서 왼쪽 데이터셋의 관측값은 모두 새로운 데이터셋에 포함된다.
- **라이트조인**(right join): 오른쪽 데이터셋을 기준으로 결합한다. 따라서 오른쪽 데이터셋의 관측값은 모두 새로운 데이터셋에 포함된다.
- **풀조인**(full join): 두 데이터셋이 모두 결합의 기준이 된다. 따라서 두 데이터셋의 관측값은 모두 새로운 데이터셋에 포함된다.

이러한 세 가지 외부조인은 다음과 같이 각각 `left_join()` 함수, `right_join()` 함수, `full_join()` 함수를 이용하여 수행할 수 있다.

```
> left_join(band_members, band_instruments, by="name")
# A tibble: 3 x 3
  name  band    plays
  <chr> <chr>   <chr>
1 Mick  Stones  NA
2 John  Beatles guitar
3 Paul  Beatles bass
> right_join(band_members, band_instruments, by="name")
# A tibble: 3 x 3
  name  band    plays
  <chr> <chr>   <chr>
1 John  Beatles guitar
2 Paul  Beatles bass
3 Keith NA      guitar
> full_join(band_members, band_instruments, by="name")
# A tibble: 4 x 3
  name  band    plays
  <chr> <chr>   <chr>
1 Mick  Stones  NA
2 John  Beatles guitar
3 Paul  Beatles bass
4 Keith NA      guitar
```

외부조인은 공통 열에 의해 일치하지 않는 행은 새로 생성되는 데이터프레임에 NA로 값을 채운다. 예를 들어, 여기에서 레프트조인은 첫 번째 데이터셋에는 포함되어 있으나 두 번째 데이터셋에 포함되지 않은 Mick 행에 대해 NA로 값을 채워 결합하고, 반면에 라이트조인은 두 번째 데이터셋에는 포함되어 있으나 첫 번째 데이터셋에 포함되지 않은 Keith 행에 대해 NA로 값을 채워 결합한다. 풀조인의 경우에는 첫 번째 데이터셋에 포함되지 않은 Keith 행과 두 번째 데이터셋에 포함되지 않은 Mick 행에 대해 각각 NA로 값을 할당하여 두 개의 데이터셋을 결합한다.

결합에 사용할 공통 열의 이름이 서로 다르면 by 인수에 각각의 열 이름을 사용하여 지정한다. by=c("a"="b")는 첫 번째 데이터셋의 a 열과 두 번째 데이터셋의 b 열을 매칭한다. 예를 들어, band_instruments2 데이터셋에 밴드 구성원 이름이 artist라는 열 이름으로 저장되어 있을 때 band_members 데이터셋의 name 열과 매칭시키려면 다음과 같이 by 인수에 지정한다.

```
> band_instruments2
# A tibble: 3 x 2
  artist plays
  <chr>  <chr>
1 John   guitar
2 Paul   bass
3 Keith  guitar
> full_join(band_members, band_instruments2, by=c("name"="artist"))
# A tibble: 4 x 3
  name  band    plays
  <chr> <chr>   <chr>
1 Mick  Stones  NA
2 John  Beatles guitar
3 Paul  Beatles bass
4 Keith NA      guitar
```

지금까지 했던 조인 작업은 매칭되는 공통 열을 바탕으로 다른 데이터셋의 열을 추가하는 것이었다. 매칭되는 공통 열을 바탕으로 행을 추출하는 필터링 작업 또한 수행할 수 있다. semi_join() 함수는 첫 번째 데이터셋으로부터 공통 열이 서로 일치하는 행을 추출한다. 반면에 anti_join() 함수는 첫 번째 데이터셋으로부터 공통 열이 서로 일치하지 않는 행을 추출한다.

예를 들어, semi_join() 함수를 이용하여 다음과 같이 band_instruments 데이터셋에도 포함된 구성원(즉 악기를 연주하는 밴드 구성원)만을 band_members 데이터셋으로부터 추출할 수 있다.

```
> semi_join(band_members, band_instruments, by="name")
# A tibble: 2 x 2
  name  band
  <chr> <chr>
1 John  Beatles
2 Paul  Beatles
```

다음과 같이 anti_join() 함수를 이용하면 앞서와 반대로 band_instruments 데이터셋에는 포함되지 않은 구성원(즉 악기를 연주하지 않는 밴드 구성원)만을 band_members 데이터셋으로부터 추출할 수 있다.

```
> anti_join(band_members, band_instruments, by="name")
# A tibble: 1 x 2
  name  band
  <chr> <chr>
1 Mick  Stones
```

dplyr 패키지는 파이프 연산자(pipe operator) %>%를 제공한다.[5] 파이프 연산자는 한 함수로부터의 출력 결과나 데이터를 다음 함수의 첫 번째 인수로 전달한다. 예를 들어, 파이프 연산자는 다음과 같은 방식으로 동작한다.

5 %>%는 사실 magrittr 패키지에 포함되어 있다. 그러나 dplyr 패키지는 자동으로 magrittr 패키지를 적재하기 때문에 magrittr 패키지를 추가로 메모리에 적재할 필요는 없다.

```
> iris %>% head
  Sepal.Length Sepal.Width Petal.Length Petal.Width Species
1          5.1         3.5          1.4         0.2  setosa
2          4.9         3.0          1.4         0.2  setosa
3          4.7         3.2          1.3         0.2  setosa
4          4.6         3.1          1.5         0.2  setosa
5          5.0         3.6          1.4         0.2  setosa
6          5.4         3.9          1.7         0.4  setosa
> 1:10 %>% mean
[1] 5.5
```

iris 데이터셋이 head() 함수의 인수로 전달되어 데이터셋의 처음 여섯 개 행이 출력되었으며, 1부터 10까지의 숫자 벡터가 mean() 함수의 인수로 전달되어 그 숫자들의 평균이 계산되었다.

파이프 연산자를 이용하면 일련의 작업을 연결해서 한 번에 수행할 수 있다. 즉 최종 결과를 얻기 위하여 중간에 임시로 데이터프레임을 생성할 필요가 없다. dplyr 패키지가 제공하는 함수에는 공통적으로 첫 번째 인수에 데이터프레임을 지정한다. %>%를 이용하면 선행 작업의 결과가 뒤에 오는 함수의 입력값으로 사용되기 때문에 매번 함수에 데이터프레임을 지정할 필요가 없게 된다. 다음과 같은 예를 보자.

```
> a1 <- select(airquality, Ozone, Temp, Month)
> a2 <- group_by(a1, Month)
> a3 <- summarise(a2,
+                 Mean.Ozone=mean(Ozone, na.rm=TRUE),
+                 Mean.Temp=mean(Temp, na.rm=TRUE))
```

```
> a4 <- filter(a3, Mean.Ozone > 30 | Mean.Temp > 70)
> a5 <- arrange(a4, desc(Mean.Temp))
> a6 <- left_join(a5, tibble(Month=1:12, Month.Name=month.name), by="Month")
> a6
# A tibble: 4 x 4
  Month Mean.Ozone Mean.Temp Month.Name
  <int>      <dbl>     <dbl> <chr>
1     8       60.0      84.0 August
2     7       59.1      83.9 July
3     6       29.4      79.1 June
4     9       31.4      76.9 September
```

이 예는 airquality 데이터셋으로부터 Ozone, Temp, Month 세 열을 추출한 후(a1), 월별로 그룹화하고(a2), 집단별(즉 월별) Ozone과 Temp의 평균을 구한 후(a3), Ozone 평균값이 30보다 크거나 Temp 평균값이 70보다 큰 월(즉 행)을 추출하여(a4), 그 결과를 Temp 평균값의 내림차순으로 소팅한 다음에(a5) 최종적으로 월 이름 데이터셋과 결합하여 영문 월 이름을 함께 출력하는(a6) 일련의 작업을 단계별로 수행한 코드이다. 이러한 일련의 작업을 다음과 같이 파이프 연산자를 이용하여 중간 단계 없이 한 번에 수행할 수 있다.

```
> air <- airquality %>%
+   select(Ozone, Temp, Month) %>%
+   group_by(Month) %>%
+   summarise(Mean.Ozone=mean(Ozone, na.rm=TRUE),
+             Mean.Temp=mean(Temp, na.rm=TRUE)) %>%
+   filter(Mean.Ozone > 30 | Mean.Temp > 70) %>%
+   arrange(desc(Mean.Temp)) %>%
+   left_join(tibble(Month=1:12, Month.Name=month.name), by="Month")
> air
# A tibble: 4 x 4
  Month Mean.Ozone Mean.Temp Month.Name
  <int>      <dbl>     <dbl> <chr>
1     8       60.0      84.0 August
2     7       59.1      83.9 July
3     6       29.4      79.1 June
4     9       31.4      76.9 September
```

purrr 패키지

여러 다른 변수나 다른 데이터셋에 대해 동일한 작업을 반복적으로 수행해야 할 때가 있다. purrr 패키지는 반복 적용 작업을 효과적으로 수행할 수 있도록 도와주는 많은 유용한 함수를 제공한다. map() 함수는 리스트 또는 벡터를 입력으로 받아서 각 원소에 특정 함수를 적용하여 작업을 수행하고 그 결과를 입력 데이터와 같은 길이의 리스트 구조로 반환한다.

예를 들어, 다음과 같이 네 개 학년도의 시험성적이 기록된 데이터셋으로부터 map() 함수를 이용하여 학년도별 시험점수의 평균을 구할 수 있다. map() 함수의 첫 번째 인수(.x)에는 리스트 또는 벡터를 지정하고 두 번째 인수에는 적용할 함수(.f)를 지정한다. 결과는 리스트 형식으로 출력된다.

```
> exams <- list(s1=c(78, 89, 91, 85, 95, 98),
+               s2=c(85, 86, 97, 99, 90),
+               s3=c(98, 96, 89, 90, 93, 85, 92),
+               s4=c(98, 96, 91, 88, 93, 99))
> exams
$s1
[1] 78 89 91 85 95 98

$s2
[1] 85 86 97 99 90

$s3
[1] 98 96 89 90 93 85 92

$s4
[1] 98 96 91 88 93 99

> library(purrr)
> map(.x=exams, .f=mean)
$s1
[1] 89.33333

$s2
[1] 91.4

$s3
[1] 91.85714

$s4
[1] 94.16667
```

map() 함수는 수행 결과를 항상 리스트 형식으로 출력하지만 이 함수를 확장한 map_*() 형태의 함수를 이용하면 보다 다양한 데이터 유형의 벡터 형식으로 출력할 수 있다. 함수 이름에서 * 부분은 데이터 유형을 나타낸다. map_lgl(), map_int(), map_dbl(), map_chr() 함수는 수행 결과를 각각 논리 벡터, 정수 벡터, 실수 벡터, 문자 벡터로 출력한다. 예를 들어, 다음과 같이 학년도별 시험점수의 평균을 리스트 형식이 아닌 실수로 표현된 숫자 벡터 형식으로 출력할 수 있다.

```
> map_dbl(exams, mean)
      s1       s2       s3       s4
89.33333 91.40000 91.85714 94.16667
```

map_*() 계열의 함수에는 반복 적용할 함수에서 사용할 인수를 추가로 지정할 수 있다. 두 번째 인수인 반복 적용 함수(.f) 다음에 지정한다. 예를 들어, 다음과 같이 map_dbl() 함수에 mean() 함수의 trim 인수를 추가로 지정하여 상하 30%의 관측값이 제거된 절삭평균을 구할 수 있다.

```
> map_dbl(exams, mean, trim=0.3)
      s1       s2       s3       s4
90.00000 91.00000 91.66667 94.50000
```

purrr 패키지의 함수는 모두 일관되게 첫 번째 인수로 데이터셋을 받기 때문에 파이프 연산자 %>%와 함께 사용하면 코드를 보다 간결하게 만들 수 있다. 앞서의 작업을 %>%를 이용하여 다음과 같은 방식으로 수행할 수도 있다.

```
> exams %>%
+   map_dbl(mean, trim=0.3)
      s1       s2       s3       s4
90.00000 91.00000 91.66667 94.50000
```

map_*() 계열 함수의 .f 인수에는 사용자 정의 함수를 지정할 수 있다. 예를 들어, 다음과 같이 map() 함수에 사용자 정의 함수를 지정하여 시험점수에 10%씩 가산점을 부여하는 작업을 수행할 수 있다.

```
> exams %>%
+   map(function(x) x*1.1)
$s1
[1]  85.8  97.9 100.1  93.5 104.5 107.8
```

```
$s2
[1]  93.5  94.6 106.7 108.9  99.0

$s3
[1] 107.8 105.6  97.9  99.0 102.3  93.5 101.2

$s4
[1] 107.8 105.6 100.1  96.8 102.3 108.9
```

포뮬러(formula) 형식을 사용하면 다음과 같이 좀 더 간단한 방식으로 함수를 지정할 수 있다.

```
> exams %>%
+   map(~.x*1.1)
$s1
[1]  85.8  97.9 100.1  93.5 104.5 107.8

$s2
[1]  93.5  94.6 106.7 108.9  99.0

$s3
[1] 107.8 105.6  97.9  99.0 102.3  93.5 101.2

$s4
[1] 107.8 105.6 100.1  96.8 102.3 108.9
```

포뮬러 형식은 자동으로 함수로 변환된다. function() 부분을 없애고 함수의 실제 실행 부분만을 ~를 붙여서 지정한다. 이때 함수 내에서 참조하는 인수는 . 또는 .x로 지정한다. 여기에서 . 또는 .x는 함수로 넘겨줄 리스트 또는 벡터의 개별 원소를 나타낸다.

이러한 포뮬러 형식의 지정 방식은 사용자 정의 함수뿐만 아니라 일반적인 R 함수에도 동일하게 적용된다. 예를 들어, 문자열을 이어붙이는 작업은 다음과 같이 두 가지 방식으로 수행할 수 있다.

```
> fruits <- c("Apple", "Banana", "Strawberry")
> fruits %>%
+   map_chr(paste, "Juice", sep="-")
[1] "Apple-Juice"      "Banana-Juice"      "Strawberry-Juice"
> fruits %>%
+   map_chr(~paste(.x, "Juice", sep="-"))
[1] "Apple-Juice"      "Banana-Juice"      "Strawberry-Juice"
```

첫 번째 코드는 함수 지정 방식이고 두 번째 코드는 포뮬러 지정 방식이다. 포뮬러 방식은 반복 작업에 사용하는 함수(여기에서는 paste() 함수)의 원래의 인수 지정 형식을 그대로 유지할 수 있어 함수의 익숙한 형태를 그대로 사용할 수 있는 장점이 있다.

map_*() 계열 함수의 .f 인수에 문자 벡터, 숫자 벡터, 리스트를 지정하여 추출 함수(extractor function)로서의 역할을 수행하게 할 수 있다. 즉 인수로 주어지는 리스트나 벡터의 각 원소에 대해 문자 벡터, 숫자 벡터, 리스트를 인덱스로 활용하여 값을 추출한다. 문자 벡터에 대해서는 이름을 인덱스로 사용하여 원소를 추출하고 숫자 벡터에 대해서는 위치를 인덱스로 이용하여 원소를 선택한다. 리스트는 이름과 위치를 모두 인덱스로 사용하여 탐색한다. 예를 위해 다음과 같은 리스트 형식의 데이터를 생성해보자.

```
> lst <- list(list(num=1:3, letters[1:3]),
+             list(num=101:103, chr=letters[4:6]),
+             list(),
+             list(num=c(9, 99), chr=letters[7:9]))
> lst
[[1]]
[[1]]$num
[1] 1 2 3

[[1]][[2]]
[1] "a" "b" "c"


[[2]]
[[2]]$num
[1] 101 102 103

[[2]]$chr
[1] "d" "e" "f"


[[3]]
list()

[[4]]
[[4]]$num
[1]  9 99

[[4]]$chr
[1] "g" "h" "i"
```

lst 데이터셋으로부터 num이라는 이름으로 다음과 같이 값을 추출할 수 있다. lst 리스트에는 네 개의 원소가 포함되어 있으며 각 원소에 대해 num이 인덱스로 사용되어 매칭되는 값을 추출한다. 세 번째 원소는 빈 리스트이기 때문에 NULL이 출력된다.

```
> lst %>%
+   map("num")
[[1]]
[1] 1 2 3

[[2]]
[1] 101 102 103

[[3]]
NULL

[[4]]
[1]  9 99
```

다음과 같이 이름이 아닌 숫자를 지정하여 리스트의 각 원소로부터 특정 위치의 값을 추출할 수 있다. 여기에서는 lst 리스트의 각 원소로부터 두 번째 위치에 있는 문자 벡터가 출력된다. NULL인 경우 .default 인수에 NULL 대신 출력할 값(여기에서는 NA)을 지정할 수 있다.

```
> lst %>%
+   map(2, .default=NA)
[[1]]
[1] "a" "b" "c"

[[2]]
[1] "d" "e" "f"

[[3]]
[1] NA

[[4]]
[1] "g" "h" "i"
```

map_dfr() 함수를 이용하면 결과를 리스트가 아닌 데이터프레임 형식으로 출력할 수 있다. map_dfr() 함수는 결과를 데이터프레임의 한 특수한 형태인 티블 형식으로 반환한다.

```
> USArrests %>%
+   map_dfr(range)
# A tibble: 2 x 4
  Murder Assault UrbanPop  Rape
   <dbl>   <int>    <int> <dbl>
1    0.8      45       32   7.3
2   17.4     337       91  46
```

여러 개의 원소로 구성된 복잡한 리스트 구조의 데이터셋에 대해 원소쌍을 하나의 원소로 축약하는 함수를 반복적으로 적용하여 데이터셋을 보다 단순한 구조로 변환하고 싶을 때가 있다. reduce() 함수를 사용하여 이러한 종류의 작업을 수행할 수 있다. 예를 들어, 다음은 인수로 주어진 숫자들의 누적곱을 계산한다. reduce() 함수의 첫 번째 인수(.x)에는 리스트 또는 벡터를 지정하고 두 번째 인수(.f)에는 결합 및 축약에 사용할 함수를 지정한다.[6]

6 함수로서 +, -, *, / 등의 사칙 연산 기호를 지정할 때는 백틱(backtick, `)을 사용한다. 키보드 숫자 1 자판의 왼쪽에 있다.

```
> reduce(.x=c(1, 3, 5, 7), .f=`*`)
[1] 105
```

reduce() 함수는 1과 3에 곱하기 연산자를 적용하고, 그 결과와 5에 다시 곱하기 연산자를 적용하고, 그 결과와 7에 다시 곱하기 연산자를 적용하여 값을 산출한다. f를 곱셈 함수라고 할 때 reduce() 함수는 $f(f(f(1,3),5),7)$를 계산한다. 즉 $(((1\times3)\times5)\times7)$을 계산한다.

reduce() 함수는 다수의 데이터프레임을 리스트의 구성 원소로 갖고 있는 데이터 구조를 하나의 데이터프레임 구조로 단순화하려고 할 때 특히 유용하다. 예를 들어, 다음과 같은 리스트 형식의 데이터셋으로부터 데이터프레임을 추출하여 모두 결합된 하나의 커다란 데이터프레임을 만들려고 한다.

```
> dfs <- list(data.frame(name="Superman", age=30),
+             data.frame(name=c("Spiderman", "Wonderwoman"), sex=c("M", "F")),
+             data.frame(name="Batman", grade="A"))
> dfs
[[1]]
      name age
1 Superman  30
```

```
[[2]]
         name  sex
1   Spiderman    M
2 Wonderwoman    F

[[3]]
    name  grade
1 Batman      A
```

이때 다음과 같이 reduce() 함수에 반복 적용할 함수로서 dplyr 패키지의 bind_rows() 함수를 지정하면 리스트 구조 내의 데이터프레임을 순차적으로 행의 방향으로 결합하여 하나의 데이터프레임으로 만들어준다.

```
> library(dplyr)
> dfs %>%
+   reduce(bind_rows)
         name age  sex grade
1    Superman  30 <NA>  <NA>
2   Spiderman  NA    M  <NA>
3 Wonderwoman  NA    F  <NA>
4      Batman  NA <NA>     A
```

tidyr 패키지

데이터셋은 변수와 값을 어떻게 배열하는지에 따라 일반적으로 와이드포맷(wide format)과 롱포맷(long format)이라는 두 가지 형태(shape)를 갖는다. 와이드포맷은 말 그대로 너비는 넓고 길이는 짧게 데이터를 배열하는 것이고, 롱포맷은 그와 반대로 길이는 길게 너비는 좁게 데이터를 배열하는 것이다.

와이드포맷의 데이터셋에는 변수들이 각각 하나의 열로 표현되어 한 행에 관련된 변수와 값이 차례대로 옆으로 넓게 배열된다. 즉 한 분석대상(subject)의 모든 측정값이 하나의 행에 나타난다. 한 분석대상은 하나의 행으로 표현된다. 예를 들어, 다음은 와이드포맷의 데이터셋이다.

```
     subject time age weight height
1 John Smith    1  33     90   1.87
2 Mary Smith    1  NA     NA   1.54
```

롱포맷은 데이터셋에 포함된 모든 변수 목록을 나타내는 하나의 열과 이 변수들에 대한 값을 나타내는 또 하나의 열을 갖는다. 따라서 두 개의 열을 갖는 형태로 데이터가 아래로 길게 배열된다. 즉 하나의 행에는 하나의 변수에 대한 측정값만이 포함되며, 따라서 분석대상의 변수가 여러 개일 경우 변수값은 여러 행에 걸쳐 나타난다. 한 분석대상은 여러 행으로 표현된다. 예를 들어, 롱포맷의 데이터셋은 다음과 같은 형태를 갖는다.

```
     subject variable value
1 John Smith     time  1.00
2 Mary Smith     time  1.00
3 John Smith      age 33.00
4 Mary Smith      age    NA
5 John Smith   weight 90.00
6 Mary Smith   weight    NA
7 John Smith   height  1.87
8 Mary Smith   height  1.54
```

데이터분석 함수에 따라 요구하는 데이터 형태가 다를 수 있다. 어떤 데이터분석에는 와이드포맷의 데이터셋이 필요하고 또 다른 데이터분석을 위해서는 롱포맷의 데이터셋이 필요하다. 이처럼 함수마다 요구하는 데이터셋의 형태가 다르기 때문에 데이터 전처리 과정 중에 데이터셋을 한 형태에서 다른 형태로 변환할 필요성이 종종 발생한다. 와이드포맷을 주로 사용하는 SPSS와 같은 일반적인 통계 소프트웨어와 달리 R에서는 롱포맷의 데이터셋도 흔히 사용된다.

표준패키지에 포함된 airquality 데이터셋을 대상으로 tidyr 패키지를 이용한 형태 변환을 수행해보자. tidyr 패키지는 데이터셋의 형태 변환을 지원하는 pivot_longer() 함수 및 pivot_wider() 함수를 제공한다. 와이드포맷을 롱포맷으로 변환하기 위해서는 pivot_longer() 함수를 이용한다. pivot_longer() 함수의 첫 번째 인수(data)에는 변환 대상 데이터셋을 지정한다. 두 번째 인수(cols)에는 롱포맷으로 변환할 변수 리스트를 지정한다. names_to 인수와 values_to 인수에는 변수명을 포함할 열의 이름과 변수값을 포함할 열의 이름을 지정한다(지정하지 않으면 "name"과 "value"가 사용된다).

```
> head(airquality, 3)
  Ozone Solar.R Wind Temp Month Day
1    41     190  7.4   67     5   1
2    36     118  8.0   72     5   2
3    12     149 12.6   74     5   3
```

```
> library(tidyr)
> aq.long <- pivot_longer(data=airquality, cols=Ozone:Temp,
+                         names_to="Factor", values_to="Measurement")
> head(aq.long, 3)
# A tibble: 3 x 4
  Month   Day Factor  Measurement
  <int> <int> <chr>         <dbl>
1     5     1 Ozone          41
2     5     1 Solar.R       190
3     5     1 Wind            7.4
> tail(aq.long, 3)
# A tibble: 3 x 4
  Month   Day Factor  Measurement
  <int> <int> <chr>         <dbl>
1     9    30 Solar.R       223
2     9    30 Wind           11.5
3     9    30 Temp           68
```

롱포맷을 와이드포맷으로 변환하기 위해서는 pivot_wider() 함수를 이용한다. pivot_wider() 함수의 첫 번째 인수(data)에는 변환 대상 데이터셋을 지정한다. names_from 인수와 values_from 인수에는 변수명을 포함하고 있는 열의 이름과 변수값을 포함하고 있는 열의 이름을 지정한다(지정하지 않으면 name과 value가 사용된다).

```
> aq.wide <- pivot_wider(data=aq.long, names_from=Factor, values_from=Measurement)
> head(aq.wide, 3)
# A tibble: 3 x 6
  Month   Day Ozone Solar.R  Wind  Temp
  <int> <int> <dbl>   <dbl> <dbl> <dbl>
1     5     1    41     190   7.4    67
2     5     2    36     118   8      72
3     5     3    12     149  12.6    74
> tail(aq.wide, 3)
# A tibble: 3 x 6
  Month   Day Ozone Solar.R  Wind  Temp
  <int> <int> <dbl>   <dbl> <dbl> <dbl>
1     9    28    14     191  14.3    75
2     9    29    18     131   8      76
3     9    30    20     223  11.5    68
```

tidyr 패키지는 데이터셋의 형태를 변환하는 pivot_longer() 및 pivot_wider() 함수 이외에도 많은 유용한 함수를 제공한다. 그 가운데 nest() 함수는 데이터프레임에 리스트 열을 생성하여 테이블의 셀 안에 또 다른 테이블을 중첩하여 저장한다. 이러한 데이터셋을 중첩 데이터프레임(nested data frame)이라고 한다.

```
> df <- tibble(x=c(1, 1, 1, 2, 2, 3), y=1:6, z=6:1)
> df
# A tibble: 6 x 3
      x     y     z
  <dbl> <int> <int>
1     1     1     6
2     1     2     5
3     1     3     4
4     2     4     3
5     2     5     2
6     3     6     1
> df.nested <- nest(.data=df, ndata=c(y, z))
> df.nested
# A tibble: 3 x 2
      x ndata
  <dbl> <list>
1     1 <tibble [3 x 2]>
2     2 <tibble [2 x 2]>
3     3 <tibble [1 x 2]>
> df.nested$ndata
[[1]]
# A tibble: 3 x 2
      y     z
  <int> <int>
1     1     6
2     2     5
3     3     4

[[2]]
# A tibble: 2 x 2
      y     z
  <int> <int>
1     4     3
2     5     2
```

```
[[3]]
# A tibble: 1 x 2
      y     z
  <int> <int>
1     6     1

> df.nested$ndata[[2]]
# A tibble: 2 x 2
      y     z
  <int> <int>
1     4     3
2     5     2
```

nest() 함수의 첫 번째 인수(.data)에 데이터프레임을 지정하고 두 번째 이후의 인수에 중첩 대상의 열을 지정한다. 중첩 대상의 열을 지정할 때는 새로 생성할 리스트 열의 이름을 함께 지정할 수 있다. 예를 들어, 여기에서는 리스트 열 이름이 ndata이고 데이터프레임의 중첩 대상 열은 y와 z이다(ndata=c(y, z)). 리스트 열 이름을 지정하지 않으면 기본값으로서 data가 사용된다. nest() 함수는 중첩 대상 열로 지정된 열이 아닌 나머지 열에 의해 정의된 각 집단에 대해 한 개씩의 행을 생성하여 집단별 요약 작업을 수행한다. 여기에서는 x 열이 집단을 나타내는 변수로 사용되어 1, 2, 3 각 값에 대해 한 개씩의 행이 생성되었고 그 안에 y 열과 z 열의 값이 저장되었다.

중첩된 구조를 해체하려면 다음과 같이 unnest() 함수를 사용한다. 첫 번째 인수에 중첩 데이터프레임을 지정하고 두 번째 인수(cols)에 리스트 열을 지정한다.

```
> unnest(df.nested, cols=ndata)
# A tibble: 6 x 3
      x     y     z
  <dbl> <int> <int>
1     1     1     6
2     1     2     5
3     1     3     4
4     2     4     3
5     2     5     2
6     3     6     1
```

nest() 함수는 dplyr 패키지의 group_by() 함수와 종종 함께 사용된다. group_by() 함수에 의해 그룹화된 데이터프레임에 nest() 함수를 적용하면 그룹화에 사용된 집단변수를 제외한 나머지 변수가 중첩되어 리스트 열에 저장된다. 예를 들어, 다음과 같이 mtcars 데이터셋을 실린더 개수(cyl)에 따라 분할하여 리스트 열(data)에 저장할 수 있다.

```
> head(mtcars, 3)
               mpg cyl disp  hp drat    wt  qsec vs am gear carb
Mazda RX4     21.0   6  160 110 3.90 2.620 16.46  0  1    4    4
Mazda RX4 Wag 21.0   6  160 110 3.90 2.875 17.02  0  1    4    4
Datsun 710    22.8   4  108  93 3.85 2.320 18.61  1  1    4    1
> library(dplyr)
> mtcars.n <- mtcars %>%
+   group_by(cyl) %>%
+   nest()
> mtcars.n
# A tibble: 3 x 2
# Groups:   cyl [3]
    cyl data
  <dbl> <list>
1     6 <tibble [7 x 10]>
2     4 <tibble [11 x 10]>
3     8 <tibble [14 x 10]>
```

그 밖에 tidyr 패키지가 제공하는 유용한 함수로서 열을 분할하거나 합치는 데 사용할 수 있는 separate() 함수와 unite() 함수가 있다. separate() 함수는 하나의 열을 여러 개의 열로 분할한다. 우선 다음과 같이 iris 데이터셋을 롱포맷으로 변환해보자.

```
> head(iris, 3)
  Sepal.Length Sepal.Width Petal.Length Petal.Width Species
1          5.1         3.5          1.4         0.2  setosa
2          4.9         3.0          1.4         0.2  setosa
3          4.7         3.2          1.3         0.2  setosa
> iris.long <- pivot_longer(data=iris, cols=-Species,
+                           names_to="Element", values_to="Measurement")
> head(iris.long, 3)
# A tibble: 3 x 3
  Species Element      Measurement
  <fct>   <chr>              <dbl>
1 setosa  Sepal.Length         5.1
2 setosa  Sepal.Width          3.5
3 setosa  Petal.Length         1.4
```

여기에서 Element 열을 separate() 함수를 이용하여 다음과 같이 두 개의 열로 분할할 수 있다. separate() 함수의 첫 번째 인수(data)에는 데이터셋을 지정한다. 두 번째 인수(col)에는 분할할 현재 열 이름을 지정하고 세 번째 인수(into)에는 분할 후에 새롭게 생성할 열 이름을 지정한다. sep 인수에는 분할에 사용할 문자를 나타내는 정규표현식 또는 분할 위치를 나타내는 숫자를 지정한다. 기본값은 문자 · 숫자가 아닌 값(non-alphanumeric value)을 나타내는 정규표현식이 사용된다. 따라서 여기에서는 변수 이름에 포함된 .이 분할 구분자로 사용된다.

```
> iris.sep <- separate(data=iris.long, col=Element, into=c("Part", "Measures"))
> head(iris.sep, 3)
# A tibble: 3 x 4
  Species Part  Measures Measurement
  <fct>   <chr> <chr>          <dbl>
1 setosa  Sepal Length           5.1
2 setosa  Sepal Width            3.5
3 setosa  Petal Length           1.4
```

분할된 열을 합치기 위해서는 다음과 같이 unite() 함수를 이용한다. unite() 함수의 첫 번째 인수(data)에는 데이터셋을 지정한다. 두 번째 인수(col)에는 결합 후에 새롭게 생성할 열 이름을 지정한다. 세 번째 이후에는 결합할 열 이름을 차례대로 지정한다. 끝으로 sep 인수에는 결합할 값을 연결하는 데 사용할 문자를 지정한다.

```
> iris.unite <- unite(data=iris.sep, col="Factor", Part, Measures, sep="_")
> head(iris.unite, 3)
# A tibble: 3 x 3
  Species Factor       Measurement
  <fct>   <chr>              <dbl>
1 setosa  Sepal_Length         5.1
2 setosa  Sepal_Width          3.5
3 setosa  Petal_Length         1.4
```

A.5 그래픽: ggplot2 패키지

ggplot2 패키지의 'gg'는 'grammar of graphics'를 의미하며 언어의 문법 구조처럼 체계적이고 포괄적인 그래프 문법 구조를 기반으로 그래프를 생성하고자 하는 의도를 담고 있다. ggplot2 패키지는 이러한 그래프 문법 구조를 바탕으로 통일된 규칙에 따라 일관된 방식으로 그래프를 생성할 수 있으며 때로는 새롭고 창의적인 형태의 그래프를 그릴 수 있다.

그래프 생성

ggplot2 패키지에서는 덧셈 기호(+)를 이용하여 일련의 그래프 생성 함수들을 연결하는 방식으로 그래프를 생성한다. + 기호로 연결된 각 함수는 마치 덧셈을 하듯이 이전 함수에 의해 생성된 그래프를 차례대로 업데이트하여 최종 그래프를 완성한다.

R 표준패키지에 포함된 mtcars 데이터셋을 이용하여 32개 자동차 모델의 연비(mpg)와 자동차 무게(wt) 간의 관계를 산점도로 그려보자. 다음과 같이 세 개의 함수를 연결하여 [그림 A-1]과 같은 산점도를

▶ 그림 A-1 **ggplot2 패키지의 geom 함수 예.** geom_point() 함수는 연비와 자동차 무게 간의 산점도를 생성한다.

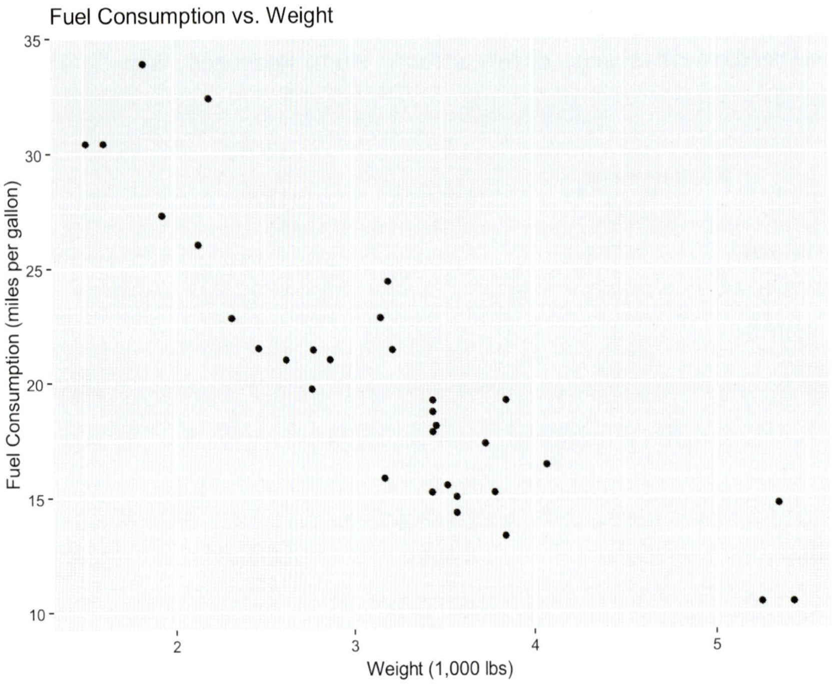

생성할 수 있다.

```
> library(ggplot2)
> ggplot(data=mtcars, mapping=aes(x=wt, y=mpg)) +
+   geom_point() +
+   labs(title="Fuel Consumption vs. Weight",
+        x="Weight (1,000 lbs)", y="Fuel Consumption (miles per gallon)")
```

그래프가 어떻게 생성되는지 코드를 각 함수별로 분해해보자. ggplot() 함수는 그래프를 초기화하고 사용할 데이터셋(mtcars)과 그래프상에서의 변수(wt, mpg)의 역할을 설정한다. 데이터셋은 데이터프레임 형식이어야 하며 data 인수에 지정한다. 각 변수가 그래프상에서 어떤 모습으로 표현되는지는 aes() 함수를 이용하여 mapping 인수에 지정한다. 즉 데이터와 그래프의 시각적 요소 간의 대응(mapping) 관계를 지정한다. 그래프의 시각적 요소는 에스테틱(aesthetic)이라고 하며 심볼, 선, 색상, 위치 등 그래프상에 표현되는 모든 것을 의미한다. 여기에서는 aes() 함수의 x 인수와 y 인수에 그래프의 X축과 Y축에 배치될 변수를 지정함으로써 변수와 축 간 관계를 설정한다. wt 값은 X축에 대응되고 mpg 값은 Y축에 대응된다. 이 밖에도 aes() 함수를 이용하여 데이터에 포함된 각 변수를 집단, 색상, 심볼 등으로 대응시켜 시각적으로 표현할 수 있다.

ggplot() 함수는 그래프 생성 환경을 초기화하는 역할을 수행하지만 그 자체로는 그래프의 시각적 결과물을 만들지 못한다. 실제 그래프는 점, 선, 막대, 상자 등의 기하객체(geometric object, ggplot2에서는 geom 객체라고 함)를 이용하여 생성된다. 하나 이상의 geom 함수(geom function)가 기하객체를 그래프상에 그려줌으로써 그래프의 시각적 결과물이 완성된다. 예를 들어, 여기에서는 geom_point() 함수가 그래프상에 점을 그림으로써 산점도를 생성한다. 산점도상에서 X축과 Y축에 대응되는 변수는 ggplot() 함수 내의 aes() 함수의 인수 지정을 따른다. 마지막에 연결된 labs() 함수는 그래프 자체를 생성하는 함수는 아니지만 그래프의 제목이라든가 축 이름 등과 같은 그래프 요소를 추가하여 그래프를 좀 더 풍부하게 만든다.

ggplot2 패키지는 다양한 geom 함수를 제공한다. 이 geom 함수를 이용하여 우리는 원하는 형태의 그래프를 생성할 수 있다. 예를 들어, geom_bar(), geom_boxplot(), geom_density(), geom_histogram(), geom_line(), geom_point(), geom_rug(), geom_violin() 등의 geom 함수는 각각 막대도표, 상자도표, 밀도도표, 히스토그램, 선도표, 산점도, 러그도표, 바이올린 도표 등의 표준화된 유형의 다양한 그래프를 생성한다. 이 밖에도 ggplot2 패키지에는 많은 유용한 geom 함수가 있다. geom_hline() 함수와 geom_vline() 함수는 각각 수평선과 수직선을 그리며 geom_smooth() 함수는 적합선을 생성한다. geom_jitter() 함수는 점의 위치를 조금씩 이동시켜

▶ 그림 A-2 ▌ **ggplot2 패키지의 geom 함수 예.** 히스토그램(geom_histogram() 함수), 상자도표(geom_boxplot() 함수), 밀도도표(geom_density() 함수), 산점도(geom_point() 함수), 적합선도표(geom_smooth() 함수), 선도표(geom_line() 함수) 등을 그릴 수 있다.

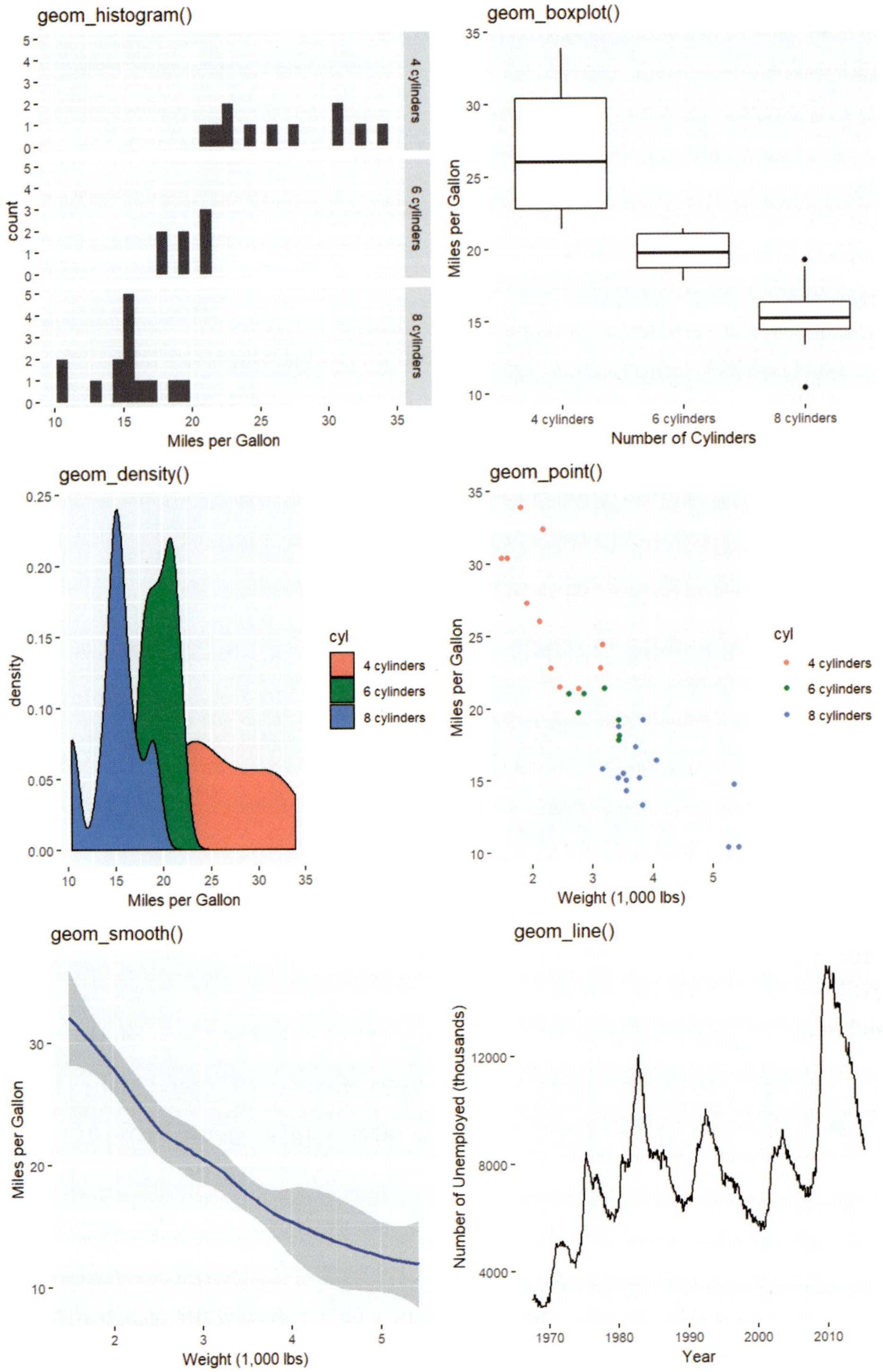

그래프 생성 시 점들이 가능한 덜 겹치게 만든다. 그리고 geom_text() 함수를 이용하면 그래프상에 텍스트 주석을 나타낼 수 있다. 다음 코드는 ggplot2 패키지에서 제공하는 다양한 그래프의 예이다. 생성된 그래프는 [그림 A-2]와 같다.

```
> data(mtcars)
> mtcars$cyl <- factor(mtcars$cyl, levels=c(4, 6, 8),
+                      labels=c("4 cylinders", "6 cylinders", "8 cylinders"))
> ggplot(data=mtcars, mapping=aes(x=mpg)) + geom_histogram() + facet_grid(cyl ~ .) +
+   labs(title="geom_histogram()", x="Miles per Gallon")
> ggplot(data=mtcars, mapping=aes(x=cyl, y=mpg)) + geom_boxplot() +
+   labs(title="geom_boxplot()", x="Number of Cylinders", y="Miles per Gallon")
> ggplot(data=mtcars, mapping=aes(x=mpg, fill=cyl)) + geom_density(outline.type="full") +
+   labs(title="geom_density()", x="Miles per Gallon")
> ggplot(data=mtcars, mapping=aes(x=wt, y=mpg, col=cyl)) + geom_point() +
+   labs(title="geom_point()", x="Weight (1,000 lbs)", y="Miles per Gallon")
> ggplot(data=mtcars, mapping=aes(x=wt, y=mpg)) + geom_smooth() +
+   labs(title="geom_smooth()", x="Weight (1,000 lbs)", y="Miles per Gallon")
> ggplot(data=economics, mapping=aes(x=date, y=unemploy)) + geom_line() +
+   labs(title="geom_line()", x="Year", y="Number of Unemployed (thousands)")
```

geom 함수를 + 기호로 연결하면 geom 객체가 각각의 레이어(layer)를 형성하게 되고 이들이 층을 이루면서 합쳐져서 하나의 그래프로 완성된다. 예를 들어, 다음과 같이 geom_point() 함수와 geom_smooth() 함수를 함께 사용하면 산점도 위에 적합선이 그려진 [그림 A-3]과 같은 그래프를 생성할 수 있다. 적합선에는 기본적으로 95% 신뢰구간이 함께 그려진다(적합선 주위의 회색 영역).

```
> ggplot(data=mtcars, mapping=aes(x=wt, y=mpg)) +
+   geom_point() +
+   geom_smooth() +
+   labs(title="Fuel Consumption vs. Weight",
+        x="Weight (1,000 lbs)", y="Fuel Consumption (miles per gallon)")
```

▶ 그림 A-3 ▌ 산점도와 적합선의 결합. geom_point() 함수와 geom_smooth() 함수는 산점도 위에 적합선이 그려진 그래프를 생성한다.

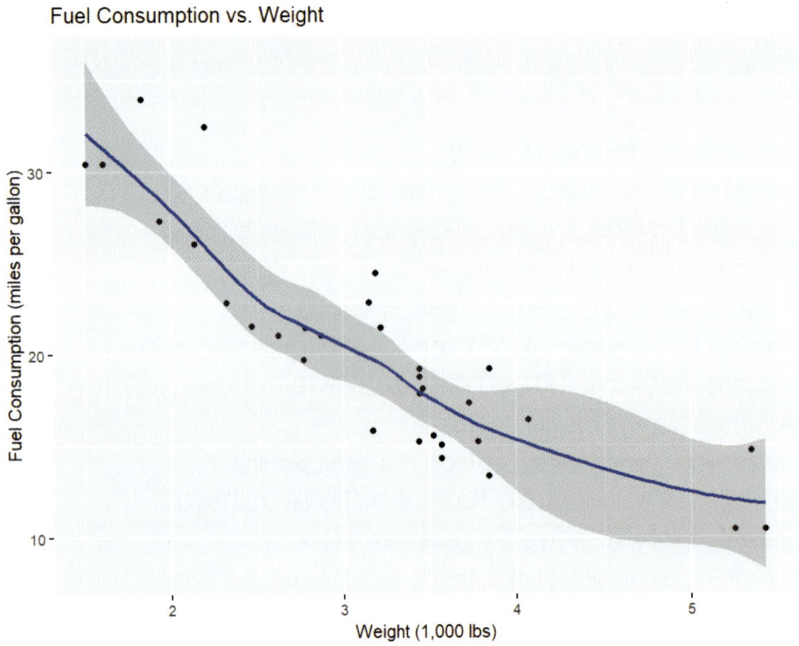

geom 객체 옵션

geom 함수에는 geom 객체를 표현하는 다양한 옵션을 인수로 지정할 수 있다. 예를 들어, 산점도 위에 적합선이 그려진 [그림 A-3]을 geom 함수에 인수 지정을 추가하여 다음과 같이 수정해보자. 생성된 그래프는 [그림 A-4]와 같다.

```
> ggplot(data=mtcars, mapping=aes(x=wt, y=mpg)) +
+   geom_point(pch=17, color="blue", size=2) +
+   geom_smooth(method="lm", color="red",linetype=2, size=1) +
+   labs(title="Fuel Consumption vs. Weight",
+        x="Weight (1,000 lbs)", y="Fuel Consumption (miles per gallon)")
```

그림 A-4 ▌ 산점도와 적합선의 결합. geom 함수의 인수 지정을 통해 심볼 유형 및 속성(색상, 크기), 적합선 유형 및 속성(색상, 형태, 크기) 등 그래프 요소를 다양하게 표현한다.

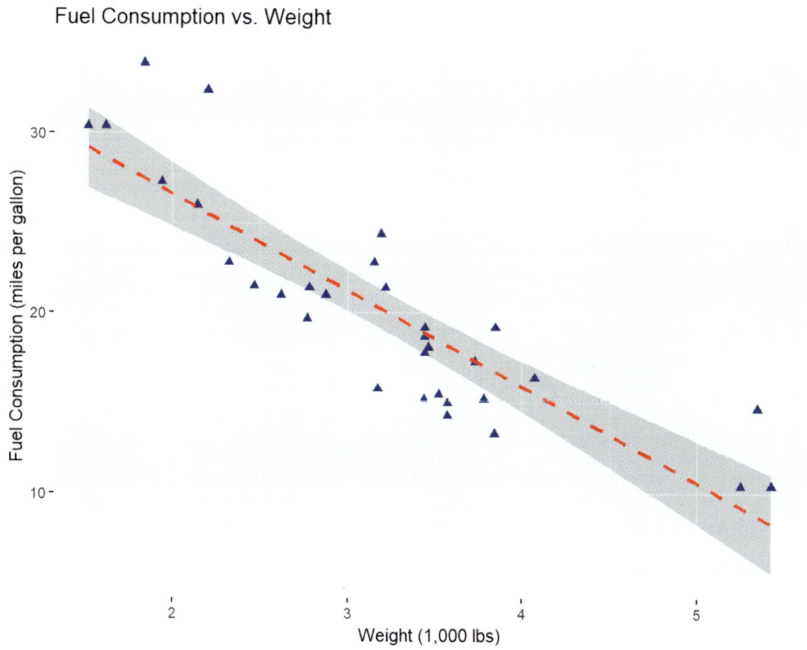

geom_point() 함수의 인수 지정을 통해 심볼의 모양을 삼각형(pch=17)으로 변경하고, 심볼은 파란색(color="blue")으로 나타내며, 심볼의 크기는 표준 크기보다 두 배(size=2) 크게 표현한다. geom_smooth() 함수에 대한 인수 지정을 통해 적합선으로 선형회귀선(method="lm")이 생성되도록 한다. 회귀선은 빨간색(color="red")의 점선(linetype=2)으로 표준 크기(size=1)로 표현한다. geom_smooth() 함수의 method 인수에는 적합선의 종류를 지정할 수 있다. 신뢰구간 영역을 나타내지 않으려면 se=FALSE를 지정한다.

산점도상의 심볼 옆에 레이블을 추가해보자. 그래프상에 텍스트를 포함시키기 위해서는 geom_text() 함수를 이용한다. label 인수에는 그래프상에 나타낼 텍스트를 지정한다. 텍스트가 놓여질 위치는 hjust 인수와 vjust 인수에 0과 1로 지정한다. 0과 1은 hjust 인수의 경우에는 심볼을 중심으로 텍스트가 각각 오른쪽과 왼쪽에 위치함을 나타내고 vjust 인수의 경우에는 위쪽과 아래쪽에 위치함을 의미한다. nudge_x 인수와 nudge_y 인수는 hjust 인수와 vjust 인수에 지정된 위치로부터 각각 수평 방향과 수직 방향으로 간격을 추가 조정하려고 할 때 유용하다. size 인수에는 텍스트의 크기를 지정한다. 다음 코드는 [그림 A-5]와 같이 산점도상에 레이블이 추가된 그래프를 생성한다.

그림 A-5 산점도와 적합선의 결합. geom 함수의 인수 지정을 통해 산점도상의 심볼에 레이블을 추가한다.

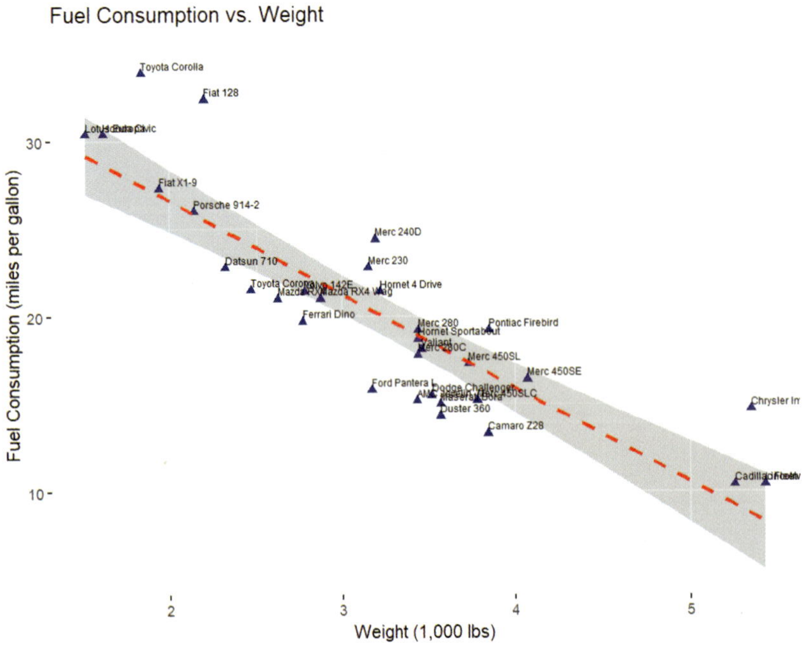


```
> ggplot(data=mtcars, mapping=aes(x=wt, y=mpg)) +
+   geom_point(pch=17, color="blue", size=2) +
+   geom_smooth(method="lm", color="red",linetype=2, size=1) +
+   geom_text(label=rownames(mtcars), hjust=0, vjust=0, nudge_y=0.7, size=2) +
+   labs(title="Fuel Consumption vs. Weight",
+        x="Weight (1,000 lbs)", y="Fuel Consumption (miles per gallon)")
```

이 밖에도 geom 함수에는 geom 객체를 표현하는 다양한 옵션을 인수로 지정할 수 있다. car 패키지에 포함된 Salaries 데이터셋을 이용하여 geom 함수에서 사용할 수 있는 인수에 대해 좀 더 살펴보자. Salaries 데이터셋은 대학교수의 직급(rank)과 성별(sex)에 따른 연봉(salary) 데이터이다. 여기에는 박사학위 취득 후 경과된 기간(yrs.since.phd)과 교수 재직기간(yrs.service) 데이터도 포함되어 있다.

다음과 같이 geom_boxplot(), geom_point(), geom_rug() 함수를 차례대로 지정하여 상자도표, 산점도, 러그도표가 결합된 [그림 A-6]과 같은 그래프를 생성할 수 있다. 생성된 그래프는 대학교수의 직급별 연봉의 분포를 하나의 그래프 창에 상자도표, 산점도, 러그도표의 형태로 동시에 보여준다.

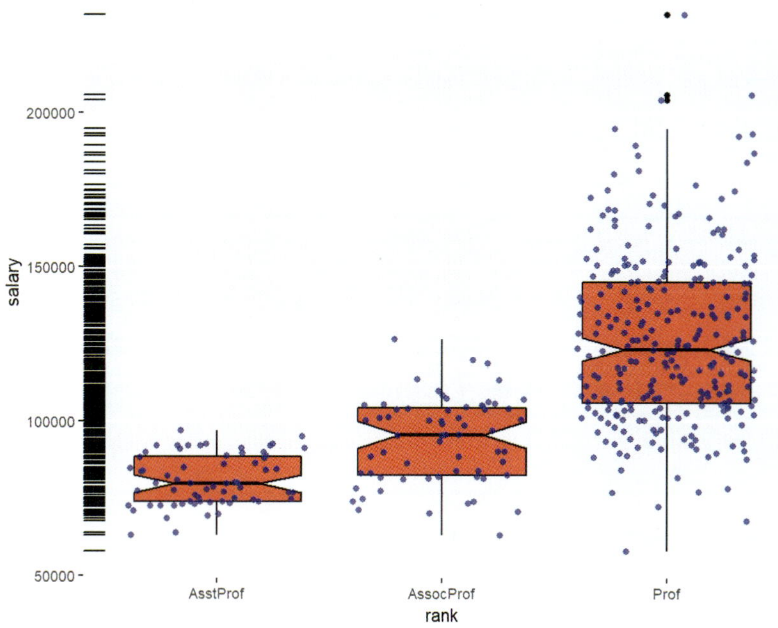

그림 A-6 **상자도표, 산점도, 러그도표의 결합.** geom_boxplot() 함수, geom_point() 함수, geom_rug() 함수를 결합한다.

```
> library(car)
> str(Salaries)
'data.frame': 397 obs. of  6 variables:
 $ rank         : Factor w/ 3 levels "AsstProf","AssocProf",..: 3 3 1 3 3 2 3 3 3 3 ...
 $ discipline   : Factor w/ 2 levels "A","B": 2 2 2 2 2 2 2 2 2 2 ...
 $ yrs.since.phd: int  19 20 4 45 40 6 30 45 21 18 ...
 $ yrs.service  : int  18 16 3 39 41 6 23 45 20 18 ...
 $ sex          : Factor w/ 2 levels "Female","Male": 2 2 2 2 2 2 2 2 2 1 ...
 $ salary       : int  139750 173200 79750 115000 141500 97000 175000 129000 ...
> ggplot(Salaries, aes(x=rank, y=salary)) +
+   geom_boxplot(fill="coral3", color="black", notch=TRUE) +
+   geom_point(position="jitter", color="blue", alpha=0.5) +
+   geom_rug(sides="l", color="black")
```

geom_boxplot(), geom_point(), geom_rug() 함수에 지정된 인수를 좀 더 자세히 살펴보자. geom_boxplot() 함수의 fill 인수에는 상자도표의 상자 색상을 지정한다. fill 인수는 상자도표뿐만 아니라 막대도표, 히스토그램, 밀도도표 등에서 도형 내부의 색상을 지정할 때 사용할 수 있다. color 인수에는 상자의 외곽선 색상을 지정한다. 상자도표, 막대도표, 히스토그램, 밀도도표 등에서의

color 인수는 도형 외곽선의 색상을 나타내지만 산점도나 선도표에서는 심볼 또는 선의 색상을 의미한다. notch=TRUE를 지정하면 중위수에 대한 95% 신뢰구간을 표시한다. 신뢰구간은 상자의 양 옆에 V 형태의 홈으로 표시된다.

geom_point() 함수의 position 인수는 산점도의 점을 표현하는 심볼의 위치를 조정한다. position="jitter"를 지정하면 점이 겹쳐서 나타나는 것을 어느 정도 피할 수 있다. alpha 인수에는 색상의 투명도를 지정한다. 0(완전 투명)에서 1(완전 불투명) 사이의 값을 가질 수 있다. 여기에서는 0.5를 지정하여 점이 상자도표를 완전히 가리지 않도록 하였다.

geom_rug() 함수의 sides 인수에는 러그도표의 위치를 지정한다. sides="l"(left), sides="t"(top), sides="r"(right), sides="b"(bottom)를 지정할 수 있으며 이 네 문자의 조합으로 지정할 수도 있다. 예를 들어, sides="bl"을 지정하면 그래프 아래쪽과 왼쪽에 러그도표가 위치한다 (sides="bl"이 기본값).

집단별 그래프

데이터셋에서 집단은 보통 범주형 변수의 레벨로 구분된다. ggplot2 패키지에서 하나의 그래프 창에 집단별 그래프를 겹쳐서 그리기 위해서는 집단변수(팩터)를 그래프상의 시각적 특성(도형, 점/선 색상, 채우기 색상, 선 유형 등)으로 대응시킨다. 예를 들어, 세 개의 집단으로 구분된 데이터셋이 있을 때 세 집단을 각각 빨간색, 초록색, 파란색으로 표현한다거나, 각각 원형, 삼각형, 사각형으로 나타낼 수 있다. ggplot() 함수 내의 aes() 함수는 각 변수를 그래프상에서의 역할(즉 그래프상의 시각적 특성)에 대응시킨다. aes() 함수를 이용하여 집단변수를 표현하려는 시각적 특성에 연결시킴으로써 하나의 그래프 창에 겹쳐 그려진 집단별 그래프를 생성할 수 있다.

car 패키지에 포함된 Salaries 데이터셋을 이용하여 다양한 방식으로 집단별 그래프를 생성해보자. 우선 하나의 집단변수에 의해 집단이 구분된 밀도도표를 생성해보자. 다음 코드는 [그림 A-7]과 같은 직급(rank; 조교수(assistant professor), 부교수(associate professor), 정교수(full professor))에 따른 연봉(salary)의 밀도도표를 생성한다.

```
> library(car)
> ggplot(Salaries, aes(x=salary, fill=rank)) +
+   geom_density(alpha=0.5, outline.type="full")
```

그림 A-7 **집단별 밀도도표.** 직급별로 대학교수 연봉의 밀도곡선을 생성하고(geom_density() 함수) 직급별 밀도도표는 내부를 채운 색상(fill=rank)에 의해 구분한다.

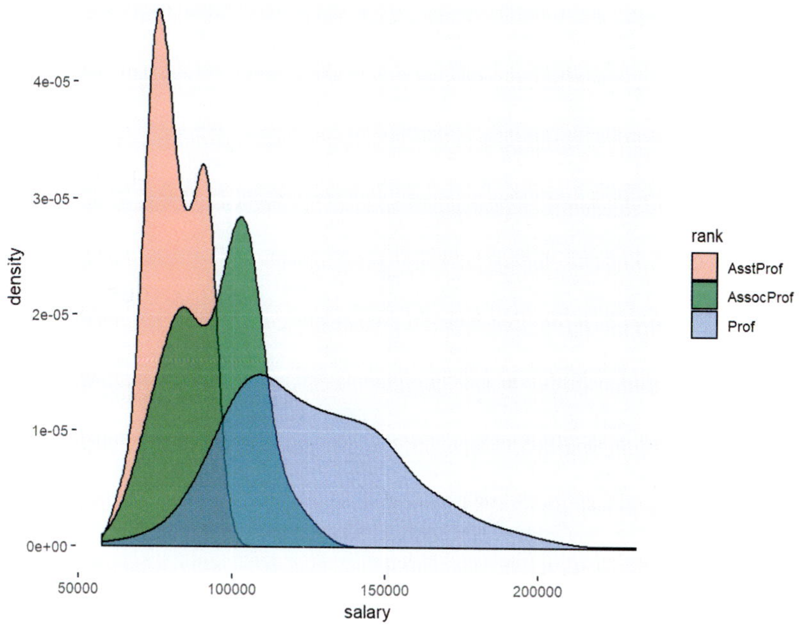

하나의 그래프상에 세 개의 밀도곡선이 직급별로 각각 그려진다. 직급별 밀도곡선은 밀도곡선 내부를 채운 색상(fill=rank)에 의해서 구분된다. 채우기 색상은 약간 투명하게 처리하여(alpha=0.5) 겹쳐진 밀도곡선의 내부가 서로를 안전히 가리지 않게 한다. 또한 밀도곡선의 외곽선은 전체 면적을 모두 감싸도록 그린다(outline.type="full").

이번에는 두 개의 집단변수가 하나의 그래프상에 표현된 집단별 산점도를 생성해보자. 다음 코드는 박사학위 취득 이후 기간(yrs.since.phd)과 연봉(salary) 간의 직급별 성별 산점도를 생성한다. 생성된 그래프는 [그림 A-8]과 같다.

```
> ggplot(Salaries, aes(x=yrs.since.phd, y=salary, color=rank, shape=sex)) +
+   geom_point()
```

그림 A-8 ▌ 집단별 산점도. 직급별 성별로 대학교수의 박사학위 취득 이후 기간과 연봉 간 산점도를 생성하고 (geom_point() 함수) 직급별 산점도와 성별 산점도는 각각 색상(color=rank)과 도형(shape=sex)에 의해 구분한다.

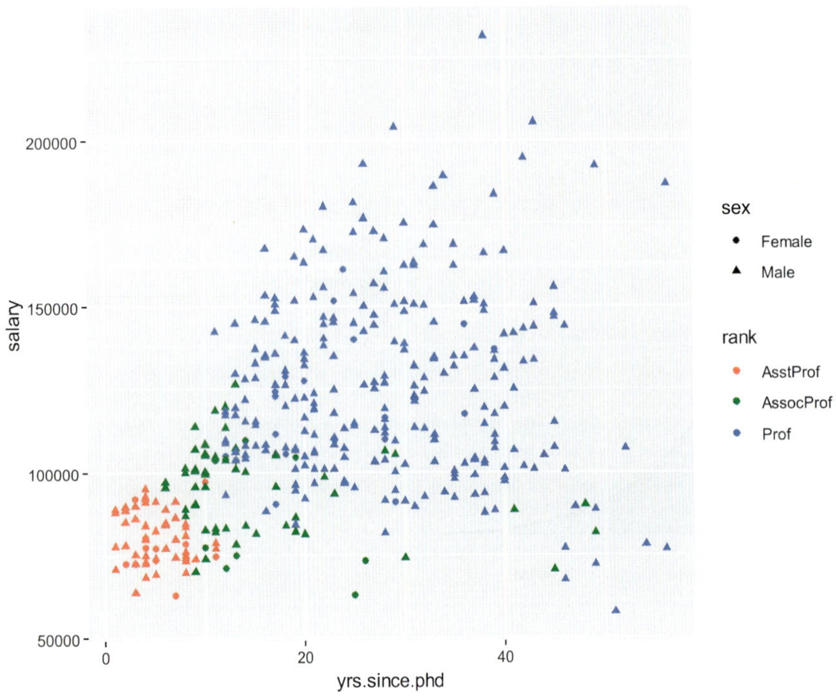

직급은 세 가지 서로 다른 색상(color=rank)으로 구분되며 동시에 성별은 두 가지 서로 다른 도형(shape=sex)으로 구분된다. 하나의 그래프상에 색상과 도형에 의해 집단을 구분한 산점도를 생성한다.

하나의 그래프상에 두 개의 집단변수가 표현된 막대도표를 생성해보자. 다음 코드는 [그림 A-9]와 같은 직급별 성별 대학교수의 빈도와 비율을 나타내는 막대도표를 생성한다. 각 직급에서 성별은 막대를 채운 색상(fill=sex)에 의해 구분한다. geom_bar() 함수의 position 인수에는 막대를 배치하는 형태를 지정한다. 첫 번째 코드는 수평배열 막대도표(position="dodge")를, 두 번째 코드는 수직누적 막대도표(position="stack", 기본값)를, 세 번째 코드는 100%로 척도 조정된 수직누적 막대도표(position="fill")를 생성한다.

```
> ggplot(Salaries, aes(x=rank, fill=sex)) +
+   geom_bar(position="dodge") +
+   labs(title='position="dodge"')
> ggplot(Salaries, aes(x=rank, fill=sex)) +
+   geom_bar(position="stack") +
+   labs(title='position="stack"')
```

그림 A-9 **집단별 막대도표.** 대학교수의 직급별 성별 빈도 및 비율 막대도표를 생성하고(geom_bar() 함수) 성별을 나타내는 하부막대는 색상(fill=sex)에 의해 구분한다.

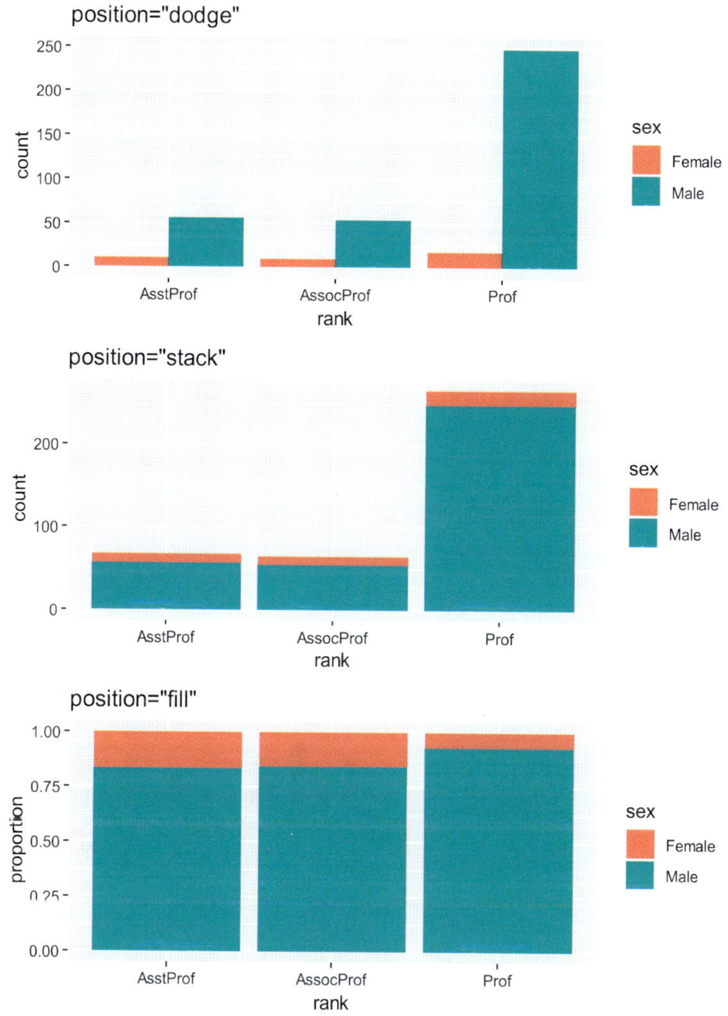


```
> ggplot(Salaries, aes(x=rank, fill=sex)) +
+   geom_bar(position="fill") +
+   labs(title='position="fill"', y="proportion")
```

지금까지는 하나의 그래프상에 색상, 도형 등으로 집단을 구분하는 집단별 그래프를 생성하였다. 즉 패널 하나에 여러 개의 집단이 중첩해서 표현되는 그래프를 다루었다. 그러나 때에 따라서는 각 집단별로 별도의 패널에 그래프를 그려서 집단별로 옆으로 또는 위아래로 비교하며 보는 것이 집단별 데이터 분포를 이해하는 데 더 유용할 수 있다. ggplot2 패키지의 facet_wrap() 함수와

facet_grid() 함수는 이러한 독립된 패널에 그려진 집단별 그래프를 생성한다. facet_grid() 함수는 행에 위치할 집단변수와 열에 위치할 집단변수를 ~를 중심으로 각각 왼쪽과 오른쪽에 인수로 지정한다. facet_wrap() 함수는 하나의 집단변수만을 ~ 다음에 지정하고 집단변수의 각 집단이 배치될 행의 개수(nrow) 또는 열의 개수(ncol)를 추가로 지정한다.

facet_wrap() 함수는 하나의 차원으로 구성된 집단별 그래프를 생성한다. 예를 들어, 다음과 같이 키(height)의 히스토그램을 성부(voice.part)별로 별도의 패널에 그린다(lattice 패키지의 singer 데이터셋). 생성된 그래프는 [그림 A-10]과 같다. 여덟 개의 성부별 키 히스토그램이 네 개의 행(nrow=4)에 차례대로 배열된다.

```
> library(lattice)
> ggplot(data=singer, aes(x=height)) +
+   geom_histogram() +
+   facet_wrap(~ voice.part, nrow=4)
```

그림 A-10 **복수의 패널에 생성한 집단별 히스토그램.** 집단별 패널을 생성하여(facet_wrap() 함수) 성부별 키 히스토그램(geom_histogram() 함수)을 그린다.

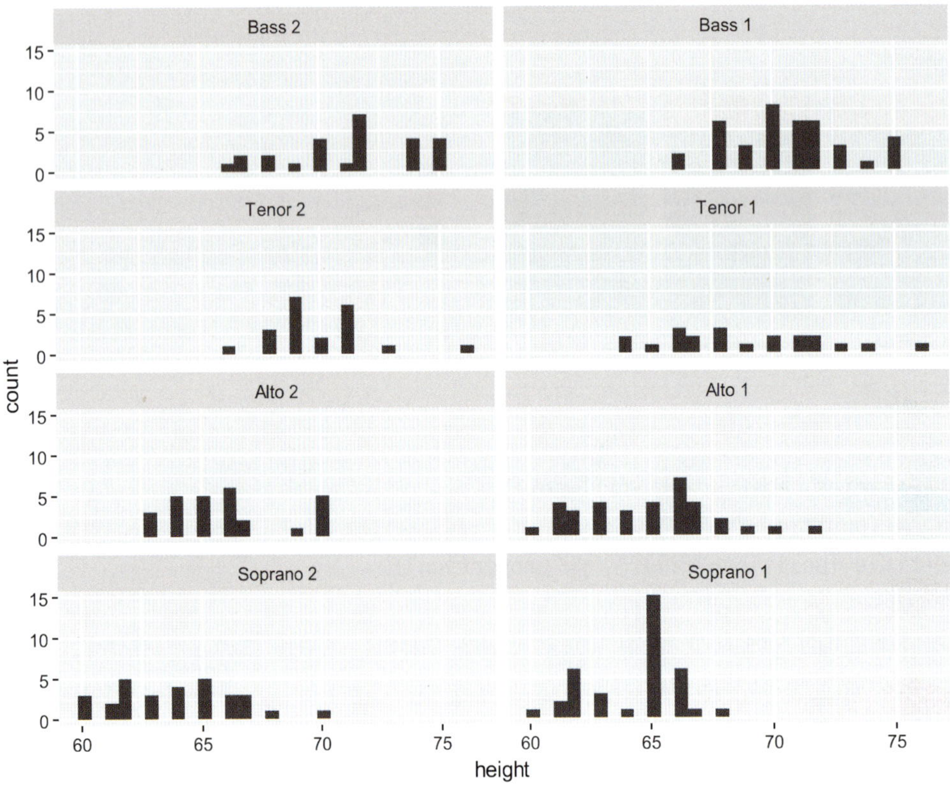

이번에는 facet_grid() 함수를 이용하여 독립된 패널에 성부별로 키의 밀도도표를 생성해보자. facet_grid() 함수는 두 개의 차원으로 구성된 집단별 그래프를 생성하지만 하나의 차원을 생략하면 facet_wrap() 함수를 사용한 것과 동일하게 한 개의 차원으로 구성된 집단별 그래프를 그릴 수 있다. 예를 들어, 다음 코드는 [그림 A-11]과 같이 여덟 개의 성부(voice.part)가 행으로 배치된 밀도도표를 생성한다. 모든 집단을 한 열에 수평으로 배열함으로써 집단 간 비교가 용이한 그래프가 생성된다. 여덟 개의 성부를 별도의 패널에 배치함과 동시에 이들의 밀도곡선을 색상으로도 구분한다 (fill=voice.part).

```
> ggplot(data=singer, aes(x=height, fill=voice.part)) +
+   geom_density(outline.type="full") +
+   facet_grid(voice.part ~ .)
```

그림 A-11 **복수의 패널에 생성한 집단별 밀도도표.** 집단별 패널을 생성하여(facet_grid() 함수) 성부별 키 밀도도표(geom_density() 함수)를 그린다.

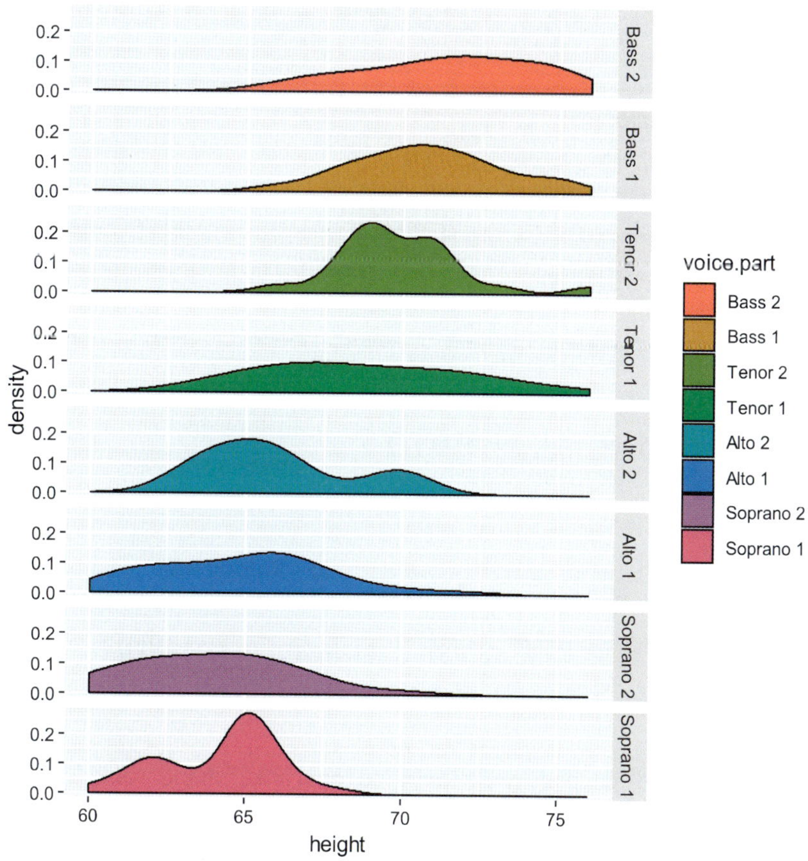

▶ 그림 A-12 **복수의 패널에 생성한 집단별 산점도.** 집단별 패널을 생성하여(facet_grid() 함수) 성별 직급별 박사학위 취득 이후 기간과 연봉 간 산점도(geom_point() 함수)를 그린다.

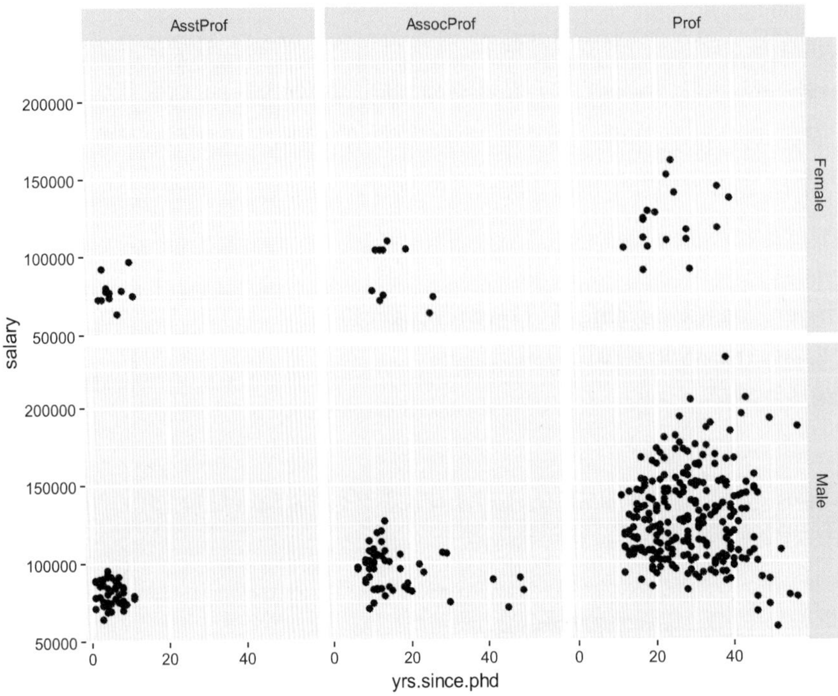

facet_grid() 함수를 이용하여 두 개의 차원으로 구성된 집단별 그래프를 생성해보자. 예를 들어, 다음 코드는 행에는 성별(sex)이, 열에는 직급(rank)이 배치된 집단별 산점도를 생성한다(car 패키지의 Salaries 데이터셋). 생성된 그래프는 [그림 A-12]와 같다.

```
> library(car)
> ggplot(Salaries, aes(x=yrs.since.phd, y=salary)) +
+   geom_point() +
+   facet_grid(sex ~ rank)
```

[그림 A-12]의 그래프를 [그림 A-13]과 같이 성별만을 열에 위치시키고(facet_grid(. ~ sex)) 직급은 색상과 도형으로 구분하여(color=rank, shape=rank) 성별에 좀 더 초점이 맞춰진 집단별 그래프를 생성할 수도 있다. 성별에 따른 데이터 분포가 좀 더 명확히 드러난다.

```
> ggplot(Salaries, aes(x=yrs.since.phd, y=salary, color=rank, shape=rank)) +
+   geom_point() +
+   facet_grid(. ~ sex)
```

그림 A-13 **복수의 패널에 생성한 집단별 산점도.** 집단별 패널을 생성하여(facet_grid() 함수) 성별에 따른 박사학위 취득 이후 기간과 연봉 간 산점도(geom_point() 함수)를 그린다. 각 패널 내에서 색상(color=rank)과 도형(shape=rank)으로 직급을 구분한다.

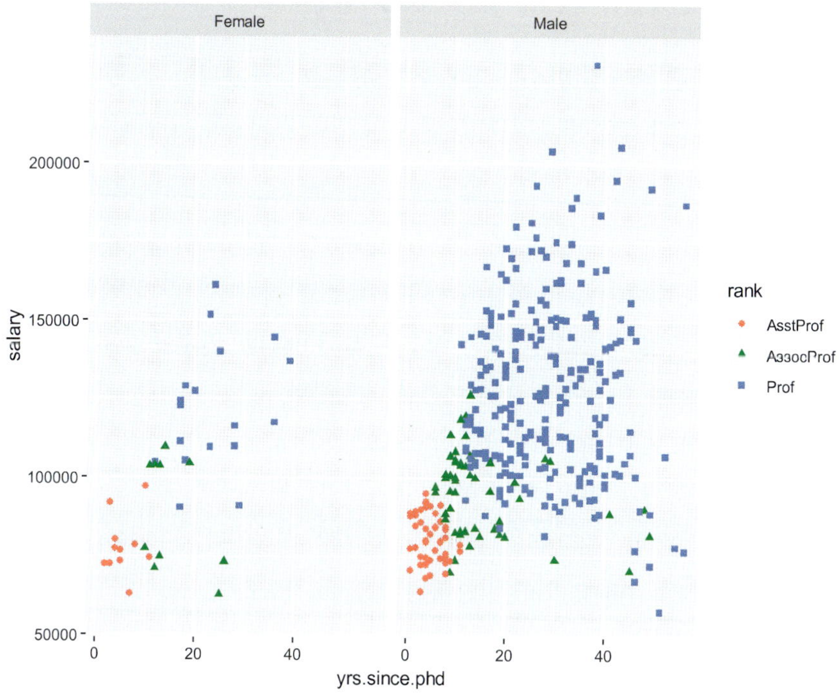

그래프 옵션

aes() 함수를 이용한 에스테틱 지정은 어떤 변수가 그래프상에서 어떻게 표현되는지 결정한다. 예를 들어, aes(shape=x)는 x 변수를 도형(shape)에 대응시켜 표현한다는 의미이다. 하지만 이때 어떤 도형이 그래프상에 사용되는지는 알 수 없다. ggplot2 패키지에 의해 정해진 기본값이 사용된다. 마찬가지로 aes(color=y)는 어떤 색상이 y 변수를 나타내기 위해 사용되는지 알려주지 않는다. 역시 ggplot2 패키지에 의해 미리 지정된 기본값이 사용된다. ggplot2 패키지에서 제공되는 그래프는 기본 형태만으로도 품질이 뛰어나기 때문에 대부분의 경우 그대로 사용해도 아무런 문제가 없다. 그러나 때에 따라서는 그래프의 외양을 목적에 맞도록 수정해야 할 필요도 있다. ggplot2 패키지에서는 제목, 축 이름, 축 레이블 및 눈금(tick mark), 범례, 심볼/선/상자 색상 등의 그래프 요소를 사용자의 필요에 의해 자유롭게 설정을 변경할 수 있다.

ggplot2 패키지에서는 변수와 그에 대응되어 지정된 에스테틱을 스케일(scale)이라고 한다. 위치(x, y), 색상(color), 채우기(fill), 크기(size), 도형(shape), 선 유형(linetype) 등의 그래프 요소에 대한 수정은 해당 스케일을 수정함으로써 이루어진다. ggplot2 패키지는 이러한 스케일 수정 작업을 수행할 수 있는 다양한 스케일 함수를 제공한다. 스케일 함수는 scale_<aesthetic>_<type>의 형식을 갖는다. <type>에는 데이터 형식(예: continuous, discrete), 색상 유형(예: brewer, distiller), 변환/변경 방법(예: sqrt, manual) 등을 나타내는 스케일 함수의 고유 이름이 지정된다.

우선 축에 대해 살펴보자. 다음과 같은 스케일 함수를 이용하여 축의 설정을 변경할 수 있다. X축을 설정하는 함수와 Y축을 설정하는 함수가 구분되어 있다. 또한 축이 연속형 변수를 나타내는지 범주형 변수(팩터)를 나타내는지에 따라 적용하는 함수가 다르다.

- scale_x_continuous(), scale_y_continuous(): breaks 인수에는 축의 눈금을 나타내는 숫자 벡터를 지정한다. labels 인수에는 눈금 이름에 사용할 텍스트 레이블을 문자 벡터로 지정한다. 지정하지 않으면 breaks 인수에 지정된 값이 사용된다. limits 인수에는 그래프상에 나타낼 값의 범위를 지정한다. name 인수에는 축의 이름을 지정한다.
- scale_x_discrete(), scale_y_discrete(): breaks 인수에는 축의 눈금을 나타내는 팩터의 레벨을 문자 벡터로 지정한다. labels 인수에는 눈금 이름에 사용할 텍스트 레이블을 문자 벡터로 지정한다. 지정하지 않으면 breaks 인수에 지정된 값이 사용된다. limits 인수에는 그래프상에 나타낼 레벨을 지정한다. name 인수에는 축의 이름을 지정한다.
- coord_flip(): X축과 Y축을 바꾼다.

car 패키지에 포함된 Salaries 데이터셋을 이용하여 축 눈금에 대한 옵션을 설정해보자. 다음 코드는 [그림 A-14]와 같은 직급별 성별 연봉의 상자도표를 생성한다. 스케일 함수를 이용하여 X축과 Y축의 축 눈금과 눈금의 레이블을 설정한다.

```
> library(car)
> ggplot(Salaries, aes(x=rank, y=salary, fill=sex)) +
+   geom_boxplot() +
+   scale_x_discrete(breaks=c("AsstProf", "AssocProf", "Prof"),
+                    labels=c("Assistant\nProfessor",
+                             "Associate\nProfessor", "Full\nProfessor")) +
+   scale_y_continuous(breaks=c(50000, 100000, 150000, 200000),
+                      labels=c("$50K", "$100K", "$150K", "$200K")) +
+   labs(title="Faculty Salary by Rank and Sex", x="", y="")
```

▶ 그림 A-14 ▌ **상자도표.** 스케일 함수를 이용하여 축 눈금과 눈금의 레이블을 설정한다.

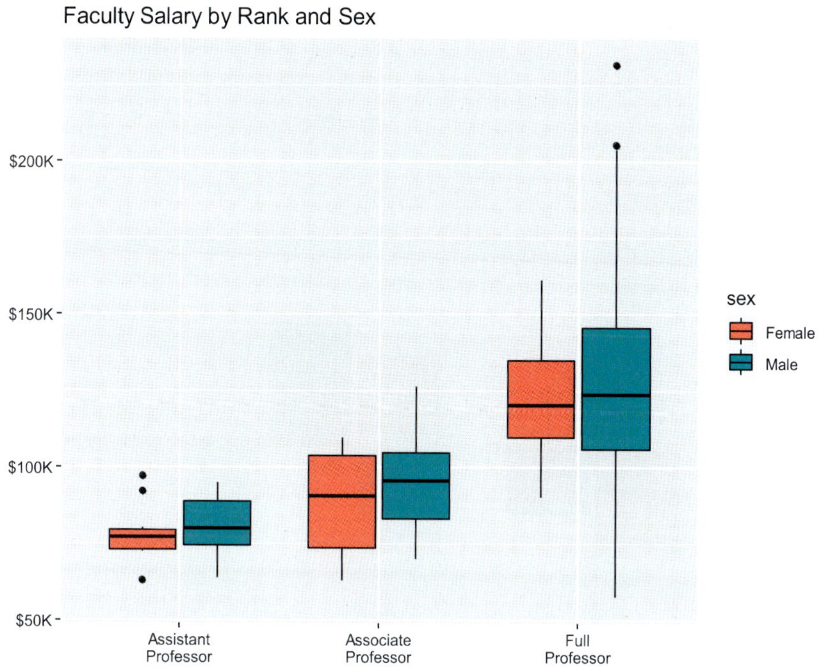

ggplot2 패키지는 범례를 자동으로 생성한다. 자동으로 생성된 범례는 대부분의 경우 그대로 사용해도 되지만 필요에 따라서는 범례의 제목이나 위치 등을 변경하고 싶을 수 있다. 범례의 제목을 변경할 때는 우선 범례로 나타내려는 범주 구분이 어떠한 에스테틱(색상, 도형, 크기, 채우기 등의 시각적 요소)으로 표현되었는지 확인해야 한다. 범례 제목의 변경을 위해서는 그래프상에 표현된 에스테틱 인수와 동일한 인수를 사용하여 `labs()` 함수에 범례의 제목을 지정한다. 범례의 위치는 `theme()` 함수의 `legend.position` 인수를 이용하여 지정한다. left, top, right, bottom 등을 지정할 수 있다. 기본값은 right이고 범례를 그래프상에 나타내지 않으려면 none을 지정한다. 그래프 내부에 범례를 위치시키려면 축 전체 길이를 1로 했을 때의 비율로 X축과 Y축의 좌표를 지정한다.

다음 코드는 [그림 A-15]와 같은 상자도표를 생성한다. 상자 색상으로 성별을 구별하였으므로 (`fill=sex`) 범례의 제목은 동일한 에스테틱 인수인 `labs()` 함수의 `fill` 인수를 이용하여 변경한다 (`fill="Gender"`). 범례는 X축의 왼쪽 끝으로부터 10%, Y축의 아랫쪽 끝으로부터 85%에 해당하는 곳에 위치하여 그래프 내부에 그려진다(`legend.position=c(0.1, 0.85)`).

▶ 그림 A-15 ▌ **상자도표.** labs() 함수와 theme() 함수를 이용하여 범례의 제목과 위치를 수정한다.

```
> ggplot(Salaries, aes(x=rank, y=salary, fill=sex)) +
+   geom_boxplot() +
+   scale_x_discrete(breaks=c("AsstProf", "AssocProf", "Prof"),
+                    labels=c("Assistant\nProfessor",
+                             "Associate\nProfessor", "Full\nProfessor")) +
+   scale_y_continuous(breaks=c(50000, 100000, 150000, 200000),
+                      labels=c("$50K", "$100K", "$150K", "$200K")) +
+   labs(title="Faculty Salary by Rank and Gender", x="", y="", fill="Gender") +
+   theme(legend.position=c(0.1, 0.85))
```

labs() 함수 대신에 스케일 함수의 name 인수를 이용하여 범례의 제목을 변경할 수도 있다. 범례를 나타내는 에스테틱에 따라 scale_fill_discrete() 함수, scale_shape_discrete() 함수, scale_color_discrete() 함수, scale_size_continuous() 함수 등의 name 인수를 이용한다. labs() 함수 대신에 scale_fill_discrete() 함수를 이용한 다음 코드는 [그림 A-15]와 동일한 그래프를 생성한다.

```
> ggplot(Salaries, aes(x=rank, y=salary, fill=sex)) +
+   geom_boxplot() +
+   scale_x_discrete(breaks=c("AsstProf", "AssocProf", "Prof"),
+                    labels=c("Assistant\nProfessor",
+                             "Associate\nProfessor", "Full\nProfessor")) +
+   scale_y_continuous(breaks=c(50000, 100000, 150000, 200000),
+                      labels=c("$50K", "$100K", "$150K", "$200K")) +
+   scale_fill_discrete(name="Gender") +
+   labs(title="Faculty Salary by Rank and Gender", x="", y="") +
+   theme(legend.position=c(0.1, 0.85))
```

aes() 함수에 변수와 시각적 요소 간의 대응관계를 지정하면 ggplot2 그래픽은 사전에 설정된 색상, 도형 등을 사용하여 그래프를 생성한다. ggplot2 패키지의 다양한 스케일 함수를 이용하여 기본적으로 제공되는 색상, 도형 등의 설정을 변경할 수 있다.

다음 코드는 [그림 A-16]과 같은 그래프를 생성한다. scale_fill_manual() 함수는 막대도표의 막대 색상을 변경한다. scale_fill_manual() 함수는 aes() 함수의 fill 인수 지정을 통해서 생성된 스케일의 채우기 속성을 values 인수에 지정된 색상으로 변경한다.

그림 A-16 ▌ **막대도표**. scale_fill_manual() 함수는 막대의 색상을 변경한다.

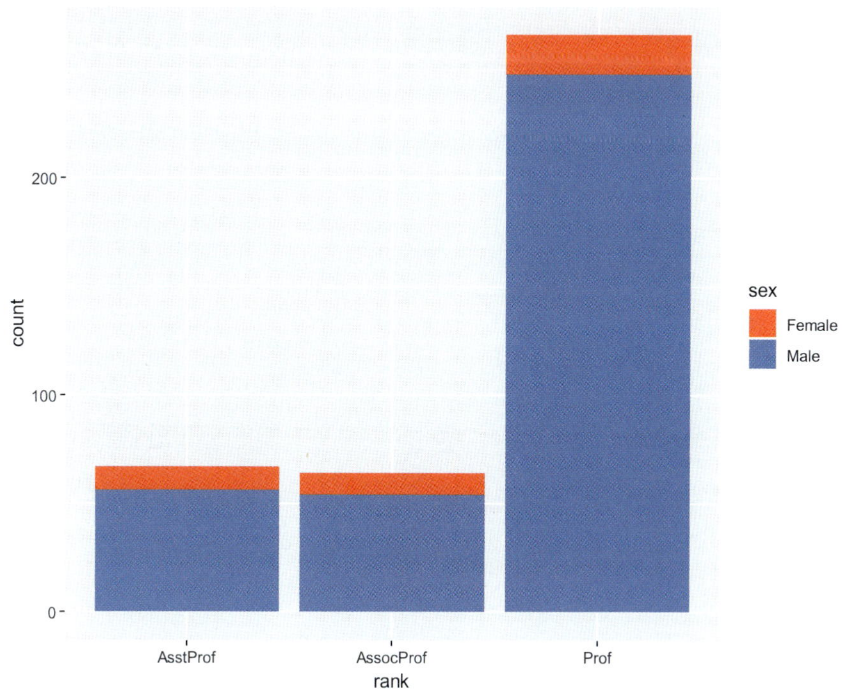

```
> ggplot(Salaries, aes(x=rank, fill=sex)) +
+   geom_bar() +
+   scale_fill_manual(values=c("tomato", "cornflowerblue"))
```

aes() 함수의 color 인수 지정을 통해 생성된 집단별 산점도의 점 색상은 scale_color_manual() 함수를 이용하여 변경할 수 있다. 다음 코드는 [그림 A-17]과 같은 산점도를 생성한다. scale_color_manual() 함수의 values 인수에 색상 지정을 하여 점의 색상을 변경한다.

```
> ggplot(Salaries, aes(x=yrs.since.phd, y=salary, color=rank)) +
+   geom_point(size=2) +
+   scale_color_manual(values=c("orange", "violetred", "steelblue"))
```

직접 색상을 지정하는 대신에 미리 정의된 색상 팔레트를 이용하여 색상을 변경할 수도 있다. scale_color_brewer() 함수나 scale_fill_brewer() 함수는 ColorBrewer(https://colorbrewer2.org)에서 제공하는 색상 팔레트를 이용한다. 예를 들어, 다음과 같이 scale_color_brewer() 함수에 palette="Accent"를 지정하면 Accent 색상 팔레트가 산점도의 점 색상에 사용된다. rank 변수에는 세 개의 직급이 포함되어 있으므로 Accent 색상 팔레트로부터 세 개의

그림 A-17 | 산점도. scale_color_manual() 함수는 점의 색상을 변경한다.

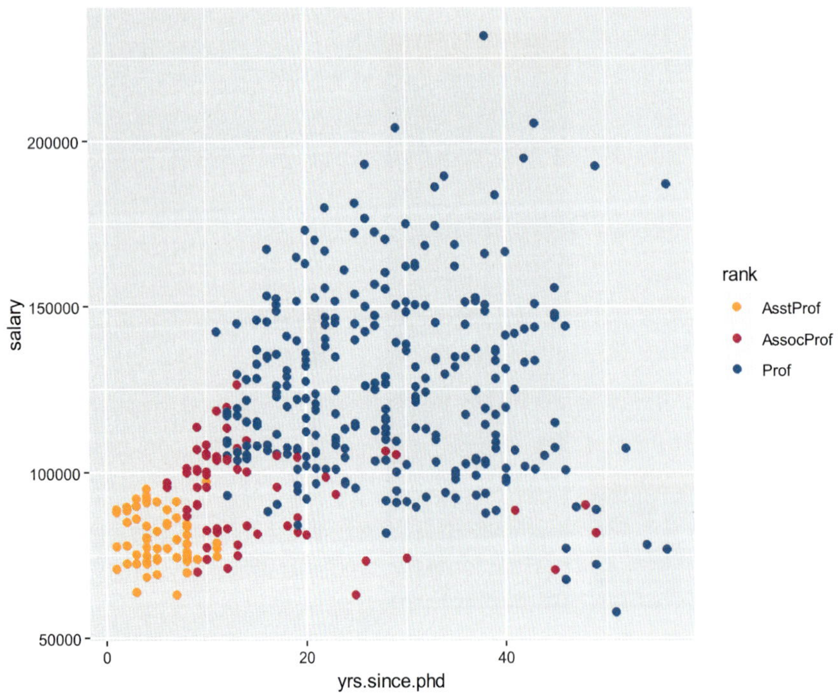

▶ 그림 A-18 ▮ **산점도.** `scale_color_brewer()` 함수는 ColorBrewer의 색상 팔레트를 이용하여 점의 색상을 변경한다.

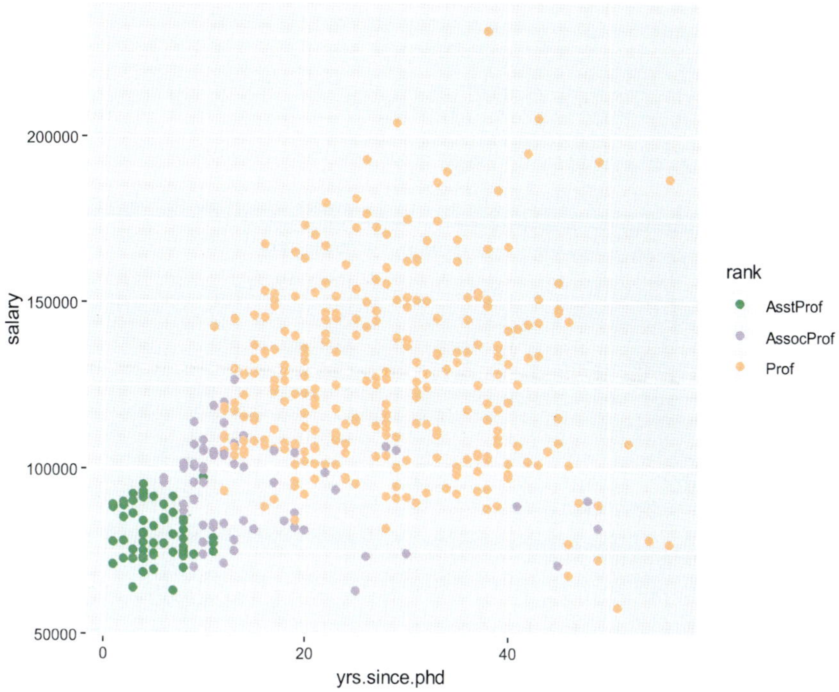

색상이 추출되어 각 직급을 나타내는 색상으로 사용된다.[7] 생성된 그래프는 [그림 A-18]과 같다.

```
> ggplot(Salaries, aes(x=yrs.since.phd, y=salary, color=rank)) +
+   geom_point(size=2) +
+   scale_color_brewer(palette="Accent")
```

지금까지는 범주형 변수를 시각적 요소로 대응시켜 범주형 변수가 나타내는 집단을 그래프상에서 색상, 도형 등으로 표현하였다. 연속형 변수도 동일한 방식으로 시각적 요소로 대응시킬 수 있다. 다음 코드는 [그림 A-19]와 같은 버블차트(bubble chart) 형태의 산점도를 생성한다. 연비(mpg)와 무게(wt) 간 산점도상의 점을 엔진 배기량(disp)의 크기로 표현하였다. `aes()` 함수에 `size=disp`를 지정하면 연속형 변수인 `disp`(엔진 배기량)에 대한 연속형 스케일이 생성되어 엔진 배기량의 크기에 비례하여 점, 즉 원의 크기가 결정된다.[8]

7 사용할 수 있는 색상 팔레트의 종류는 `RColorBrewer` 패키지의 도움말(`?RColorBrewer`)을 참고한다.

8 명시적으로 지정하지 않더라도 `scale_size_continuous()` 함수가 자동으로 적용된다.

▶ 그림 A-19 ▍ **버블차트 산점도.** 원의 크기는 엔진 배기량의 크기(size=disp)를 나타낸다.

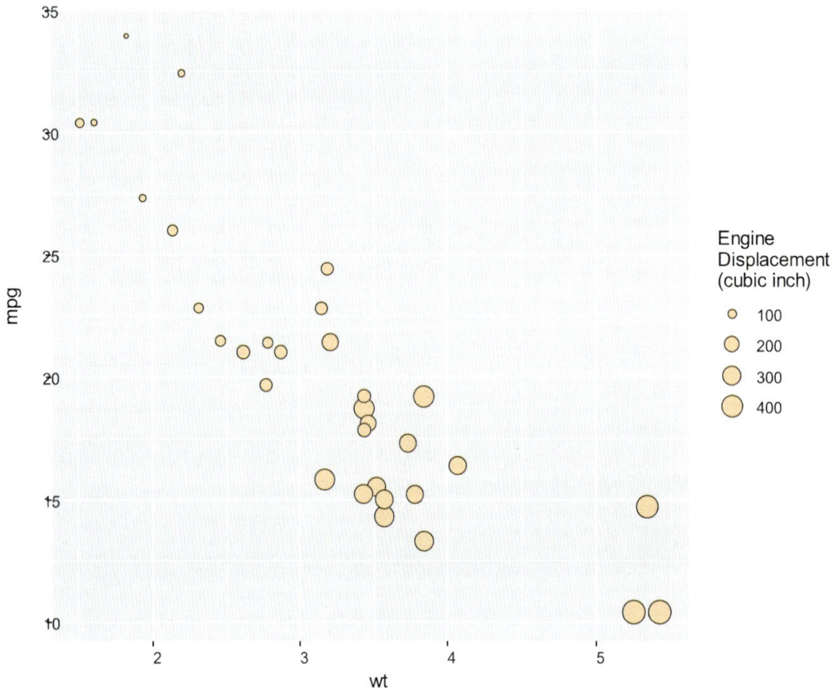


```
> ggplot(data=mtcars, aes(x=wt, y=mpg, size=disp)) +
+   geom_point(shape=21, color="black", fill="wheat") +
+   labs(size="Engine\nDisplacement\n(cubic inch)")
```

연속형 변수에 대한 연속형 스케일로 scale_size_continuous() 함수가 자동으로 적용되므로 다음과 같이 추가로 인수 지정을 하여(range=c(1, 12)) 그래프상에 표현되는 원의 상대적 크기를 조정할 수 있다. 수정된 그래프는 [그림 A-20]과 같다.

```
> ggplot(data=mtcars, aes(x=wt, y=mpg, size=disp)) +
+   geom_point(shape=21, color="black", fill="wheat") +
+   labs(size="Engine\nDisplacement\n(cubic inch)") +
+   scale_size_continuous(range=c(1, 12))
```

그림 A-20 ▌버블차트 산점도. 엔진 배기량의 크기를 나타내는 원의 상대적 크기를 조정한다.

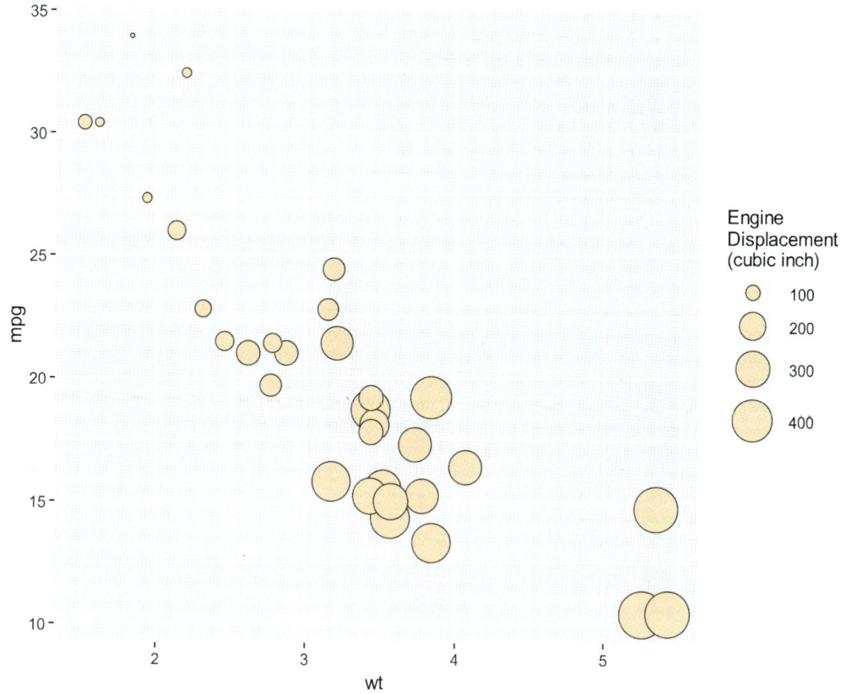

이번에는 연속형 변수를 색상으로 표현해보자. aes() 함수의 color 인수에 연속형 변수를 대응시킨 경우에는 앞에서 설명한 색상 변경 스케일 함수를 사용할 수 없다. 앞에서 소개한 함수들은 범주형 변수에 사용할 수 있는 이산형 스케일 함수이기 때문이다. 연속형 변수에 대해서는 연속형 스케일 함수를 이용한다. 예를 들어, 다음과 같이 scale_color_gradient() 함수를 이용하여 엔진 배기량의 크기에 따라 색상이 점차 진해지는 그러데이션 효과를 만들 수 있다.9 다음 코드는 [그림 A-21]과 같은 히트맵 산점도를 생성한다.

9 이산형 변수는 일반적으로 범주로 구분되는 제한된 값만 가지므로 상이한 색상으로 그래프를 표현할 수 있다. 반면에 연속형 변수는 무수히 많은 값을 가질 수 있으므로 색상의 그러데이션의 연속적인 변화로 표현하는 것이 보다 적절하다.

```
> ggplot(data=mtcars, aes(x=wt, y=mpg, color=disp)) +
+   geom_point(size=5) +
+   labs(color="Engine\nDisplacement\n(cubic inch)") +
+   scale_color_gradient(low="orange", high="maroon")
```

▶ 그림 A-21 ▌ **히트맵 산점도.** `scale_color_gradient()` 함수는 색상에 그러데이션 효과를 준다.

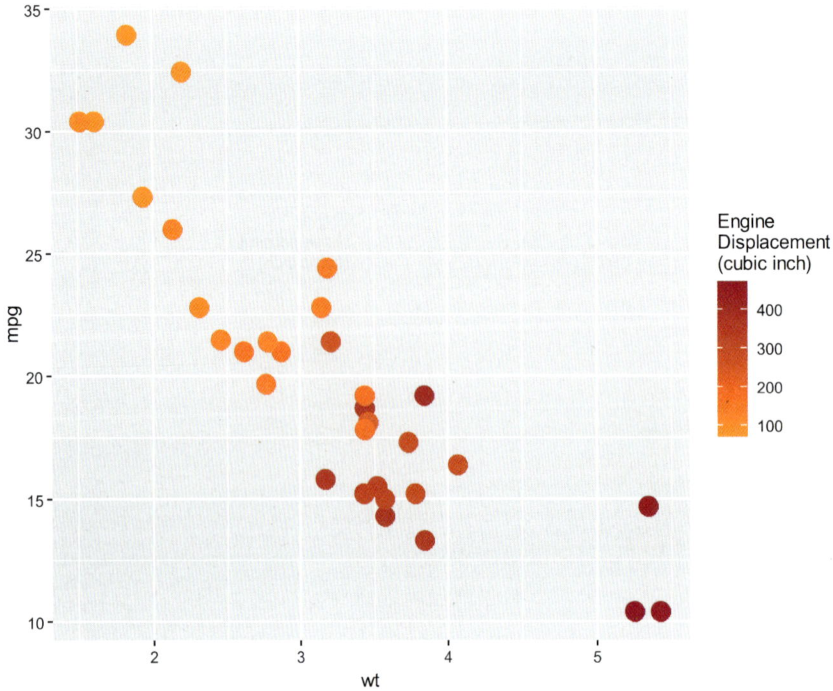

ColorBrewer에서 제공하는 색상 팔레트를 이용할 경우에는 **scale_color_distiller()** 함수나 **scale_fill_distiller()** 함수를 적용한다. 예를 들어, **scale_fill_distiller()** 함수로 **fill** 인수에 지정된 배기량을 그러데이션 색상으로 표현할 수 있다. 여기에서는 산점도를 표현할 심볼로서 **shape=21**을 지정하여 원의 내부와 테두리를 각각 다른 색상으로 표현할 수 있는 도형을 선택한다.[10] 원의 내부는 그러데이션 색상으로(fill=disp), 테두리는 검은색으로 표현된다(color="black"). 생성된 그래프는 [그림 A-22]와 같다.

10 사용할 수 있는 도형(심볼)의 종류는 points() 함수의 도움말(?points)에서 확인할 수 있다.

```
> ggplot(data=mtcars, aes(x=wt, y=mpg, fill=disp)) +
+   geom_point(shape=21, size=5, color="black") +
+   labs(fill="Engine\nDisplacement\n(cubic inch)") +
+   scale_fill_distiller(palette="YlOrRd", direction=1)
```

그림 A-22 **히트맵 산점도.** scale_fill_distiller() 함수는 ColorBrewer의 색상 팔레트를 이용하여 그러데이션 효과를 준다.

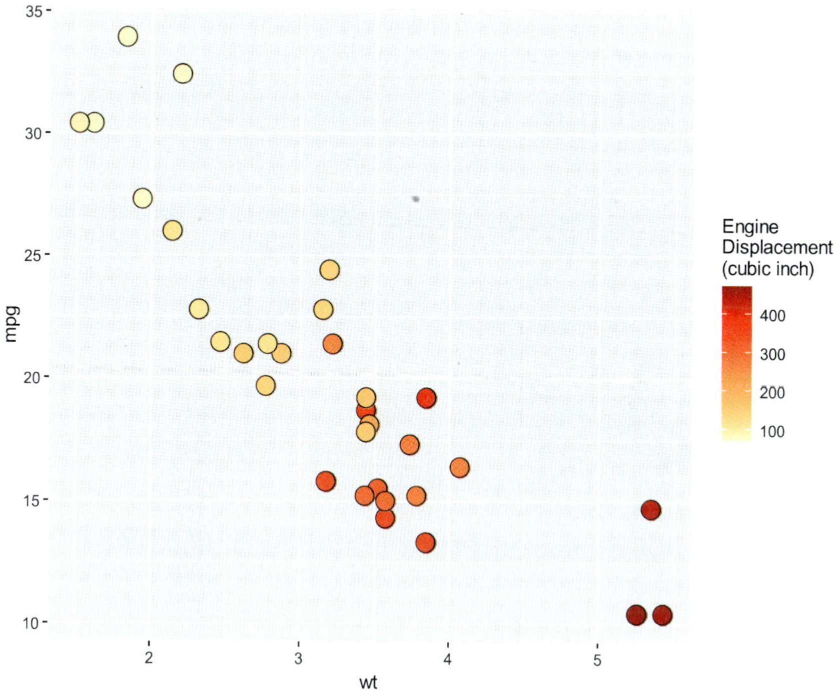

색상뿐만 아니라 도형(또는 심볼)의 모양도 기본적으로 제공되는 형태와 다르게 변경할 수 있다. aes() 함수를 이용하여 변수와 도형 간의 대응관계를 설정하였다면 다음과 같이 scale_shape_manual() 함수를 이용하여 기본적으로 제공되는 도형 모양을 변경할 수 있다. scale_shape_manual() 함수에 사용하려는 도형을 직접 지정한다. 생성된 그래프는 [그림 A-23]과 같다.

```
> ggplot(Salaries, aes(x=yrs.since.phd, y=salary, color=rank, shape=rank)) +
+   scale_shape_manual(values=c(15, 17, 19)) +
+   geom_point(size=2)
```

그림 A-23 ▌ 산점도. scale_shape_manual() 함수는 도형의 모양을 변경한다.

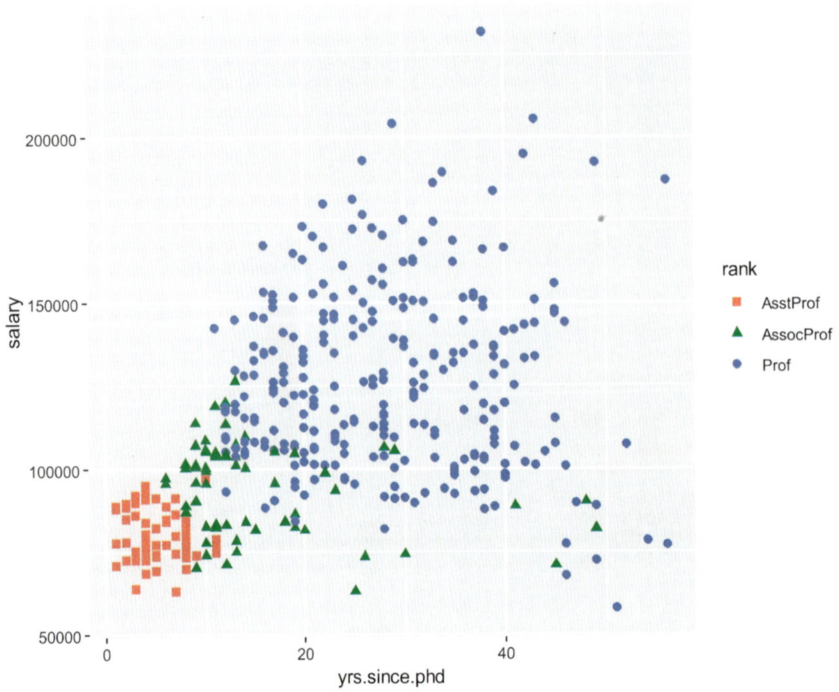

테마

ggplot2 패키지는 배경 색상, 글꼴의 색상 및 크기, 격자선 등이 사전에 정의된 여러 가지 유형의 테마(theme)를 제공한다. 미리 정의된 테마를 이용하여 다양한 외양을 갖는 그래프를 손쉽게 생성할 수 있다. 예를 들어, 다음 코드는 theme_dark() 테마가 적용된 [그림 A-24]와 같은 그래프를 생성한다. 사전 정의된 테마의 종류는 테마 도움말(?theme)에서 확인할 수 있다.[11] 아무런 테마도 지정하지 않을 때는 기본적으로 theme_gray() 테마가 적용된다.

11 theme() 함수 도움말의 'complete themes' 링크에서 볼 수 있다.

```
> library(car)
> ggplot(Salaries, aes(x=yrs.since.phd, y=salary, color=rank, shape=rank)) +
+   geom_point() +
+   facet_grid(. ~ sex) +
+   theme_dark()
```

theme() 함수를 이용하면 나만의 테마를 정의할 수 있다. theme() 함수는 글꼴, 글씨체, 배경, 색상, 격자선, 그래프 영역, 범례, 제목, 축 이름 및 레이블 등에 대한 옵션을 설정할 수 있는 다양한

▶ 그림 A-24 ▌ **테마.** 어두운 배경 화면의 theme_dark() 테마가 적용되었다.

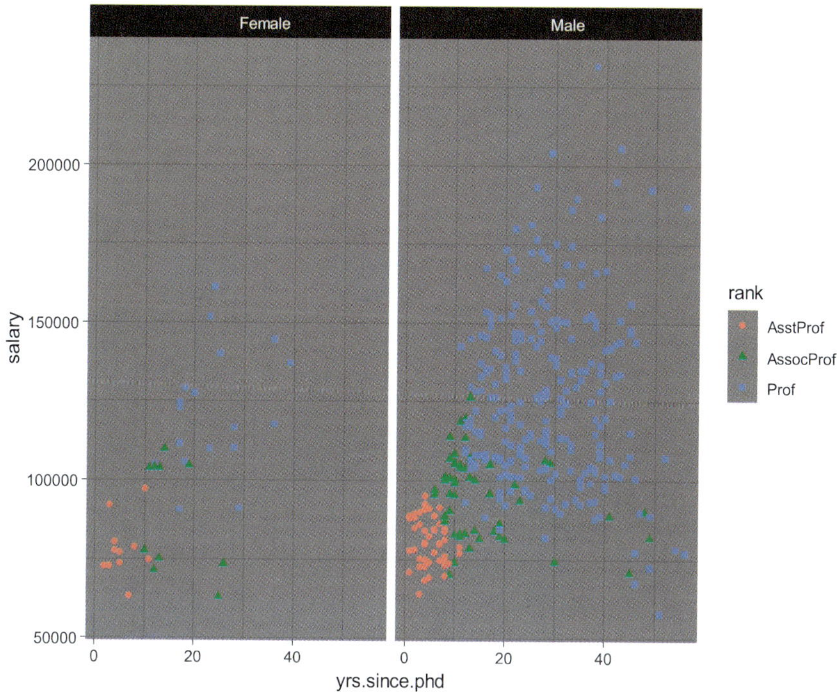

인수를 제공한다. 예를 들어, 다음과 같이 테마를 생성하여 이를 적용하면 [그림 A-25]와 같은 그래프를 생성할 수 있다.

```
> mytheme <- theme(plot.title=element_text(face="bold.italic",
+                                          size="14", color="brown"),
+                  axis.title=element_text(face="bold.italic",
+                                          size="10", color="tomato"),
+                  axis.text=element_text(face="bold",
+                                         size="9", color="royalblue"),
+                  panel.background=element_rect(fill="snow", color="darkblue"),
+                  panel.grid.major.y=element_line(color="gray", linetype="solid"),
+                  panel.grid.minor.y=element_line(color="gray", linetype="dashed"),
+                  legend.position="top")
> ggplot(Salaries, aes(x=rank, y=salary, fill=sex)) +
+   geom_boxplot() +
+   labs(title="Salary by Rank and Sex", x="Rank", y="Salary") +
+   mytheme
```

▶ 그림 A-25 ▌ 테마. theme() 함수를 이용하여 테마를 정의할 수 있다.

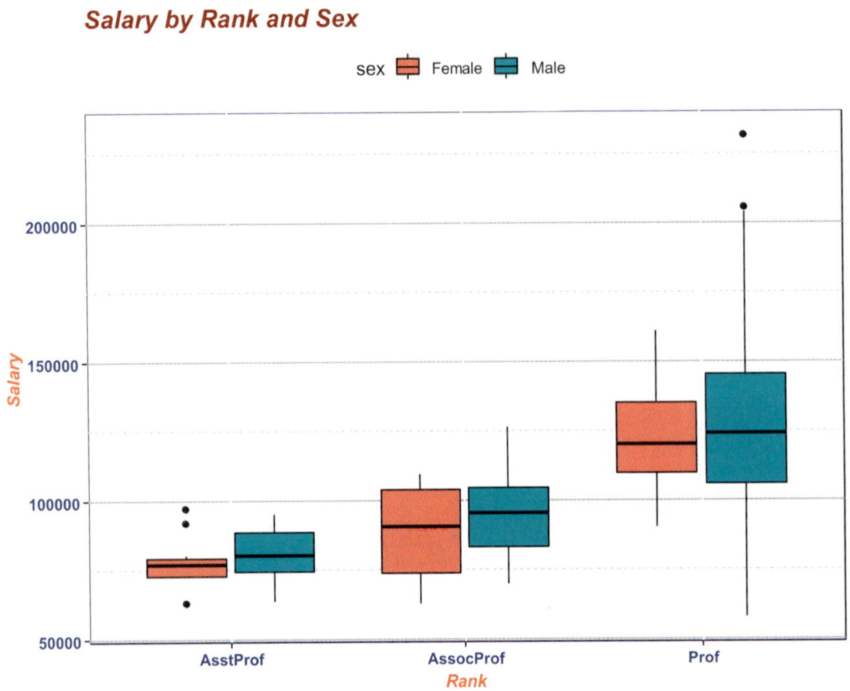

theme() 함수의 plot.title, axis.title, axis.text 인수를 이용하여 제목, 축 이름, 축 레이블의 글씨체, 크기, 색상 등을 지정한다. panel.background 인수에는 플롯 영역을 구성하는 사각형 내부와 테두리선의 색상을 지정한다. panel.grid.major.y 인수와 panel.grid.minor.y 인수를 이용하여 Y축을 가로지르는 주눈금과 보조눈금의 속성을 지정한다. 여기에서 주눈금은 회색 실선으로 표현하였고 보조눈금은 회색 점선으로 나타냈다. 범례는 legend.position 인수를 이용하여 그래프 상단에 위치시킨다.

그래프 배치 및 저장

하나의 그래프 창에 여러 개의 ggplot2 그래프를 배치하는 손쉬운 방법 가운데 하나는 gridExtra 패키지의 grid.arrange() 함수를 이용하는 것이다. grid.arrange() 함수에 배치할 그래프를 차례대로 지정하고 nrow 인수와 ncol 인수에 레이아웃 구조를 나타낼 행의 개수와 열의 개수를 지정한다. 다음 코드는 [그림 A-26]과 같은 그래프를 생성한다.

그림 A-26 **하나의 그래프 창에 여러 개의 그래프 배치하기.** grid.arrange() 함수를 이용하여 그래프 창의 레이아웃을 설정할 수 있다.

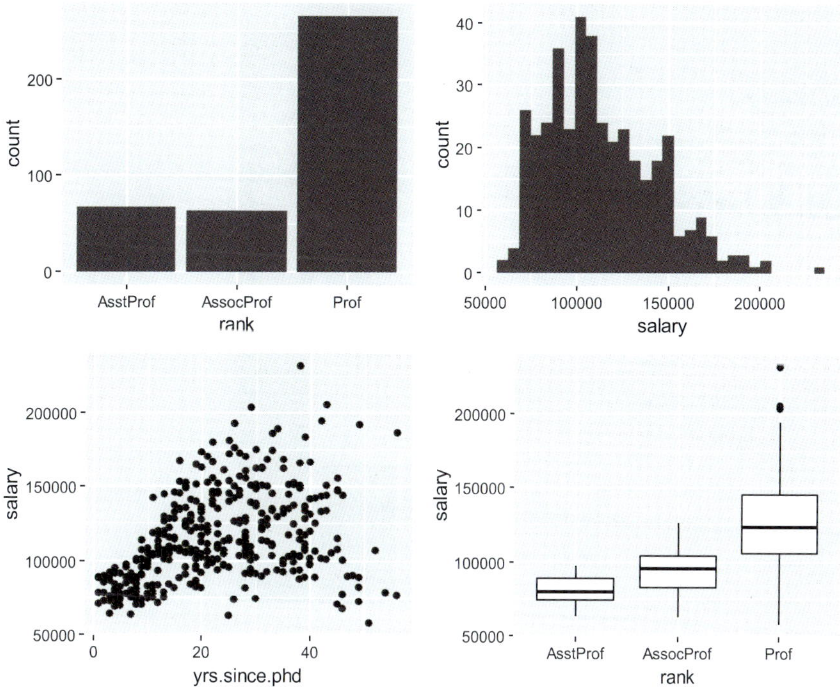


```
> library(car)
> p1 <- ggplot(Salaries, aes(x=rank)) + geom_bar()
> p2 <- ggplot(Salaries, aes(x=salary)) + geom_histogram()
> p3 <- ggplot(Salaries, aes(x=yrs.since.phd, y=salary)) + geom_point()
> p4 <- ggplot(Salaries, aes(x=rank, y=salary)) + geom_boxplot()
> library(gridExtra)
> grid.arrange(p1, p2, p3, p4, nrow=2, ncol=2)
```

arrangeGrob() 함수로 그래프를 묶은 다음 다시 이를 grid.arrange() 함수로 배치하면 좀 더 다양한 레이아웃 구조의 그래프를 생성할 수 있다. grid.arrange() 함수에는 추가로 widths 인수와 heights 인수를 지정할 수 있다. 각각 배치될 그래프의 X축과 Y축에서의 상대적 크기를 나타낸다. 다음 코드는 [그림 A-27]과 같은 레이아웃 구조를 갖는 그래프를 생성한다.

```
> grid.arrange(arrangeGrob(p3, p4, nrow=2, heights=c(0.5, 0.5)), p1,
+              ncol=2, widths=c(0.6, 0.4))
```

이제 끝으로 ggplot2 그래프를 저장하는 방법을 살펴보자. ggplot2 패키지에서 제공하는

그림 A-27 | 하나의 그래프 창에 여러 개의 그래프 배치하기. grid.arrange() 함수와 arrangeGrob() 함수를 함께 이용하여 좀 더 다양한 레이아웃 구조의 그래프를 생성할 수 있다.

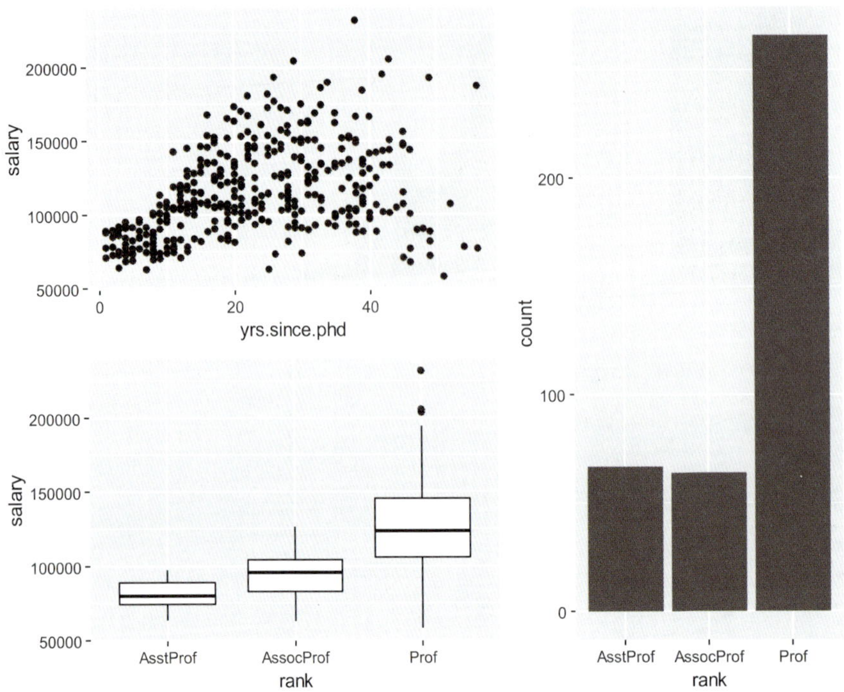

ggsave() 함수를 이용하여 ggplot2 그래프를 저장할 수 있다. file 인수에는 저장할 파일 이름을 지정한다. plot 인수에는 생성한 ggplot2 그래프 객체를 지정한다. width 인수와 height 인수에는 인치 단위로 그래프의 크기를 지정한다(units 인수에 in, cm, mm을 지정하여 각각 인치, 센티미터, 밀리미터 단위로 크기 단위를 변경할 수 있다).

다음 코드는 myggplot 변수에 저장된 ggplot2 그래프를 myplot.png라는 파일 이름으로 저장한다. 파일 확장자를 ps, tex, pdf, jpeg, tiff, png, bmp, svg, wmf 등으로 변경하면 해당 그래픽 포맷으로 저장된다.

```
> myggplot <- ggplot(mtcars, aes(x=wt, y=mpg)) + geom_point()
> ggsave(file="myplot.png", plot=myggplot, width=7.0, height=5.5)
```

plot 인수를 생략하면 가장 최근에 생성된 그래프가 저장된다. 따라서 현재 작업 중인 그래프는 다음과 같이 간단하게 파일로 저장할 수 있다.

```
> ggplot(Salaries, aes(x=rank, y=salary)) + geom_boxplot()
> ggsave(file="myplot.png")
```

| 참고문헌 |

곽기영 2022. R 기초와 활용. 서울: 도서출판 청람.

곽기영 2019. R을 이용한 통계데이터분석. 서울: 도서출판 청람.

곽기영 2017. 소셜네트워크분석. 서울: 도서출판 청람.

Adler, J. 2012. *R in a Nutshell*. Sebastopol, CA: O'Reilly.

Blei, D. M. 2012. "Probabilistic Topic Models," *Communications of the ACM* (55:4), pp. 77-84.

Chang, W. 2018. *R Graphics Cookbook*. Sebastopol, CA: O'Reilly.

Kabacoff, R. 2022. *R in Action*. Shelter Island, NY: Manning.

Nolan, D., and Lang, D. T. 2013. *XML and Web Technologies for Data Sciences with R*. New York, NY: Springer.

Lantz, B. 2019. *Machine Learning with R*. Birmingham, UK: Packt Publishing.

Ledolter, J. 2013. *Data Mining and Business Analytics with R*. Hoboken, NJ: John Wiley & Sons.

Matloff, N. 2011. *The Art of R Programming*. San Francisco, CA: No Starch Press.

Munzert, S., Rubba, C., Meißner, P., and Nyhuis, D. 2015. *Automated Data Collection with R*. Chichester, UK: John Wiley & Sons Ltd.

R-bloggers. https://www.r-bloggers.com.

Silge, J., and Robinson, D. 2017. *Text Mining with R: A Tidy Approach*. Sebastopol, CA: O'Reilly.

Stackoverflow. https://stackoverflow.com.

Teetor, P. 2019. *R Cookbook*. Sebastopol, CA: O'Reilly.

Tidyverse. https://www.tidyverse.org.

University of Cincinnati R Programming. https://uc-r.github.io.

Vries, A. and Meys, J. 2015. *R for Dummies*. West Sussex, England: John Wiley & Sons.

Wickham, H. 2016. *ggplot2: Elegant Graphics for Data Analysis*. Baltimore, MD: Springer.

Wickham, H., and Grolemund, G. 2017. *R for Data Science*. Sebastopol, CA: O'Reilly.

| 찾아보기 |

국문

영문

기타

| 저자약력 |

곽기영

곽기영 교수(kykwahk@kookmin.ac.kr)는 국민대학교 경영대학과 비즈니스IT전문대학원에 재직 중이다. 서울대학교 경영대학을 졸업하였으며 KAIST에서 석사 및 박사 학위를 취득하였다. 한국경영학회, 한국경영정보학회, 한국경영과학회, 한국지식경영학회, 한국지능정보시스템학회, 한국정보시스템학회, 디지털산업정보학회 등으로부터 논문상을 수상하였다. 『소셜네트워크분석』, 『R 기초와 활용』, 『R을 이용한 통계데이터분석』, 『SPSS를 이용한 통계데이터분석』 등의 저서를 출간하며, 통계 및 데이터분석 분야에서 활발한 저술 활동을 하고 있다. 삼성SDS에서 정부기관 및 기업을 상대로 정보전략계획, 비즈니스 프로세스 리엔지니어링, e-비즈니스 등과 관련된 프로젝트를 수행하며 IT 컨설턴트로 재직한 경험이 있으며 CISA(Certified Information Systems Auditor), PMP(Project Management Professional), CGEIT(Certified in the Governance of Enterprise IT) 등의 국제자격을 보유하고 있다.

YouTube: https://www.youtube.com/곽기영
GitHub: https://github.com/kykwahk

R을 이용한 웹스크레이핑과 데이터분석

2022년 4월 15일 1판 1쇄 인쇄
2022년 4월 20일 1판 1쇄 발행

저 자 | 곽기영
발행인 | 이수영
발행처 | 도서출판 청람
서울시 마포구 독막로 288(대흥동, 세양상가 109호)
전 화 | 02)3272-2601~2
팩 스 | 02)3272-2603
이메일 | crbooks@daum.net
홈페이지 | http://www.crbooks.co.kr
등 록 | 2000년 8월 26일 제6-0509호

ISBN 978-89-5972-873-2 93320 [정가 39,000원]